Medien- und Internetmanagement

Bernd W. Wirtz

Medien- und Internetmanagement

8., aktualisierte und überarbeitete Auflage

Prof. Dr. Bernd W. Wirtz
Deutsche Universität für Verwaltungswissenschaften Speyer
Speyer, Deutschland

ISBN 978-3-8349-3260-0   ISBN 978-3-8349-3770-4 (eBook)
DOI 10.1007/978-3-8349-3770-4

Die Deutsche Nationalbibliothek verzeichnet diese Publikation in der Deutschen Nationalbibliografie; detaillierte bibliografische Daten sind im Internet über http://dnb.d-nb.de abrufbar.

Springer Gabler
© Springer Fachmedien Wiesbaden 2000, 2001, 2003, 2005, 2006, 2009, 2011, 2013
Das Werk einschließlich aller seiner Teile ist urheberrechtlich geschützt. Jede Verwertung, die nicht ausdrücklich vom Urheberrechtsgesetz zugelassen ist, bedarf der vorherigen Zustimmung des Verlags. Das gilt insbesondere für Vervielfältigungen, Bearbeitungen, Übersetzungen, Mikroverfilmungen und die Einspeicherung und Verarbeitung in elektronischen Systemen.

Die Wiedergabe von Gebrauchsnamen, Handelsnamen, Warenbezeichnungen usw. in diesem Werk berechtigt auch ohne besondere Kennzeichnung nicht zu der Annahme, dass solche Namen im Sinne der Warenzeichen- und Markenschutz-Gesetzgebung als frei zu betrachten wären und daher von jedermann benutzt werden dürften.

Lektorat: Susanne Kramer / Renate Schilling

Gedruckt auf säurefreiem und chlorfrei gebleichtem Papier

Springer Gabler ist eine Marke von Springer DE. Springer DE ist Teil der Fachverlagsgruppe Springer Science+Business Media.
www.springer-gabler.de

Vorwort

Eines der wesentlichen Kennzeichen des Medien- und Internetmanagement ist seine erhebliche Dynamik und zunehmende Komplexität. Neben der erfreulichen Nachfrage nach der siebten Auflage des Lehrbuchs haben vor allem diese Dynamik und Komplexität die Bearbeitung einer achten Auflage erforderlich gemacht. Insbesondere wurden zahlreiche Abbildungen und Textabschnitte aktualisiert. Darüber hinaus wurden Abschnitte zu Crossmedia und Social Media sowie ein Abschnitt zur Entwicklung von Medien- und Kommunikationsanwendungen hinzugefügt.

Bei der Erstellung dieses Lehrbuchs erhielt ich vielfältige konzeptionelle und inhaltliche Unterstützung. Mein besonderer Dank gilt den Mitarbeitern und Doktoranden des Lehrstuhls, Herrn Diplom-Kaufmann Matias Bronnenmayer, Herrn Diplom-Ökonom Marc Elsäßer, Herrn Daniel Kličković, M.A., Herrn Diplom-Wirtschaftsingenieur Philipp Nitzsche, Herrn Robert Piehler, M.A., Herrn Diplom-Wirtschaftsinformatiker Adriano Pistoia, Frau Anna Schade, M. Sc. und Herrn Diplom-Kaufmann Marc-Julian Thomas für ihr hervorragendes Engagement. Schließlich gilt mein Dank dem Verlag Springer Gabler für die gute Zusammenarbeit bei der Drucklegung des Buchs.

Die wissenschaftliche Entwicklung eines Themenbereichs lebt wesentlich von der kritischen Auseinandersetzung und Diskussion der Konzepte und Inhalte. Vor diesem Hintergrund und dem zurzeit noch am Anfang stehenden Erkenntnisstand zum Medien- und Internetmanagement wäre ich für Verbesserungshinweise außerordentlich dankbar. Hierfür steht Ihnen die Facebook-Seite „Medien- und Internetmanagement" zur Verfügung: http://www.facebook.com/medien.und.internetmanagement.

Speyer, im August 2012

BERND W. WIRTZ

Inhaltsverzeichnis

Vorwort V

Kapitel 1: Grundlagen des Medienmanagement 1

1 Einführung 3
    1.1 Aufbau des Lehrbuchs 4
    1.2 Theoretischer und terminologischer Kontext 5
        1.2.1 Medien- und Internetmanagement als betriebswirtschaftliche Disziplin 6
        1.2.2 Entwicklung der Medienforschung 8
        1.2.3 Definition des Medien- und Internetmanagement 14
    1.3 Volkswirtschaftliche Bedeutung von Medien 24
    1.4 Entwicklung von Medien- und Kommunikationsanwendungen 27

2 Besonderheiten von Medienmärkten 35
    2.1 Abgrenzung der Medienmärkte 35
    2.2 Mehrdimensionaler Wettbewerb 38
    2.3 Produktspezifika 41
    2.4 Marktstruktur 48

3 Medien- und Internetmanagement im digitalen Zeitalter 54
    3.1 Veränderung des Mediennutzungsverhaltens 55
    3.2 Veränderung auf den Werbemärkten 59
    3.3 Medienwettbewerb und Konvergenz 61
    3.4 Umfeldveränderungen und Dynamiken im Medienbereich 71

4 Leistungssystem 76
    4.1 Wertschöpfung in Medienunternehmen 77
    4.2 Core Assets und Kernkompetenzen 79
        4.2.1 Ressourcentheoretische Ansätze 80
        4.2.2 Analyse von Core Assets und Kernkompetenzen in Medienunternehmen 88
        4.2.3 Management von Core Assets und Kernkompetenzen in Medienunternehmen 92
    4.3 Geschäftsmodelle und Geschäftstypen 94

Inhaltsverzeichnis

5 Aufgaben des Medien- und Internetmanagement 106
   5.1 Strategisches Management..106
      5.1.1 Strategieverständnis 107
      5.1.2 Strategieentwicklung..109
      5.1.3 Strategieebenen 111
      5.1.4 Strategieoptionen 113
   5.2 Beschaffungsmanagement 117
      5.2.1 Einflussfaktoren 117
      5.2.2 Beschaffungsstrategien 121
   5.3 Produktionsmanagement 123
      5.3.1 Einflussfaktoren 123
      5.3.2 Produktionsstrategien 125
   5.4 Marketing 128
      5.4.1 Produkt- und Programmpolitik..131
      5.4.2 Preispolitik..139
      5.4.3 Distributionspolitik 141
      5.4.4 Kommunikationspolitik..144
   5.5 Organisationsmanagement 145
      5.5.1 Organisationale Differenzierung 146
      5.5.2 Organisationale Integration..153
   5.6 Personalmanagement..159
      5.6.1 Personalbeschaffung und Personalauswahl................................162
      5.6.2 Personaleinsatz und Personalentwicklung.................................164
      5.6.3 Personalfreisetzung 167
      5.6.4 Vergütung und Arbeitsleistung 169
   5.7 Finanzmanagement...170
      5.7.1 Außenfinanzierung..171
      5.7.2 Innenfinanzierung 179
      5.7.3 Fallbeispiel Filmfonds 181

Kapitel 2: Zeitungs- und Zeitschriftenmanagement...185

1 Einführung 187
2 Marktstruktur und Marktverhalten 187
   2.1 Struktur der Zeitungs- und Zeitschriftenmärkte 187
   2.2 Interaktionen der Marktteilnehmer 197
   2.3 Technologisches und regulatives Umfeld 199
   2.4 Mediennutzungsverhalten der Leser...203
   2.5 Entwicklungsperspektiven im Zeitungs- und Zeitschriftenbereich 205

3 Leistungssystem 209
   3.1 Leistungsspektrum..210
      3.1.1 Zeitungen...210
      3.1.2 Zeitschriften...213
   3.2 Wertschöpfungsstrukturen 217
   3.3 Core Assets und Kernkompetenzen 219
   3.4 Geschäftsmodelle 220
      3.4.1 Geschäftsmodell Zeitungsverlag 222
      3.4.2 Geschäftsmodell Zeitschriftenverlag...225

4 Aufgaben des Zeitungs- und Zeitschriftenmanagement 228
   4.1 Strategisches Management 228
   4.2 Beschaffungsmanagement 229
      4.2.1 Einflussfaktoren 230
      4.2.2 Beschaffungsstrategien 233
   4.3 Produktionsmanagement 234
      4.3.1 Einflussfaktoren 234
      4.3.2 Produktionsstrategien 236
   4.4 Marketing 238
      4.4.1 Produktpolitik..238
      4.4.2 Preispolitik..242
      4.4.3 Distributionspolitik 244
      4.4.4 Kommunikationspolitik..248

5 Fallbeispiel Craigslist...249

Kapitel 3: Buchmanagement 255

1 Einführung 257

2 Marktstruktur und Marktverhalten 257
   2.1 Struktur der Buchmärkte..257
   2.2 Interaktionen der Marktteilnehmer 263
   2.3 Technologisches und regulatives Umfeld 265
   2.4 Mediennutzungsverhalten der Leser..268
   2.5 Entwicklungsperspektiven im Buchbereich 270

3 Leistungssystem 273
   3.1 Leistungsspektrum..273
   3.2 Wertschöpfungsstrukturen 275
   3.3 Core Assets und Kernkompetenzen 277

Inhaltsverzeichnis

    3.4   Geschäftsmodelle 278
           3.4.1   Erlös- und Leistungserstellungsmodelle 278
           3.4.2   Geschäftsmodell Buchverlag 281

4   Aufgaben des Buchmanagement...284
    4.1   Strategisches Management..284
    4.2   Beschaffungsmanagement 286
           4.2.1   Einflussfaktoren 286
           4.2.2   Beschaffungsstrategien 290
    4.3   Produktionsmanagement..291
           4.3.1   Einflussfaktoren 291
           4.3.2   Produktionsstrategien 293
    4.4   Marketing...294
           4.4.1   Produktpolitik..294
           4.4.2   Preispolitik..298
           4.4.3   Distributionspolitik 299
           4.4.4   Kommunikationspolitik...303

5   Fallbeispiel Knopf Doubleday Publishing 305

Kapitel 4: Filmmanagement..313

1   Einführung 315
2   Marktstruktur und Marktverhalten 315
    2.1   Struktur des Markts 316
           2.1.1   Filmproduktion..318
           2.1.2   Filmverleih und Rechtehandel 321
           2.1.3   Filmverwertung 325
    2.2   Interaktionen der Marktteilnehmer 330
    2.3   Technologisches und regulatives Umfeld 333
    2.4   Mediennutzungsverhalten der Filmrezipienten 338
    2.5   Entwicklungsperspektiven in der Filmindustrie...340
3   Leistungssystem 341
    3.1   Leistungsspektrum...341
    3.2   Wertschöpfungsstrukturen 343
    3.3   Core Assets und Kernkompetenzen 344
    3.4   Geschäftsmodelle 345
           3.4.1   Filmproduktion..349
           3.4.2   Filmverleih und Rechtehandel 351
           3.4.3   Filmverwertung 354

4	Aufgaben des Filmmanagement	356
	4.1 Strategisches Management	356
	4.2 Beschaffungsmanagement	359
	4.2.1 Einflussfaktoren	360
	4.2.2 Beschaffungsstrategien	361
	4.3 Produktionsmanagement	365
	4.3.1 Einflussfaktoren	365
	4.3.2 Produktionsstrategien	370
	4.4 Marketing	371
	4.4.1 Produktpolitik	371
	4.4.2 Preispolitik	373
	4.4.3 Distributionspolitik	376
	4.4.4 Kommunikationspolitik	376
5	Fallbeispiel Fox Filmed Entertainment – Der Blockbuster „Avatar"	380

Kapitel 5: TV-Management 387

1	Einführung	389
2	Marktstruktur und Marktverhalten	389
	2.1 Struktur der TV-Märkte	390
	2.2 Interaktionen der Marktteilnehmer	407
	2.3 Technologisches und regulatives Umfeld	410
	2.4 Nutzungsverhalten von TV-Rezipienten	416
	2.5 Entwicklungsperspektiven im TV-Bereich	419
3	Leistungssystem	426
	3.1 Leistungsspektrum	426
	3.1.1 Free TV	427
	3.1.2 Pay TV	429
	3.1.3 Tele-Shopping und Call In TV	432
	3.2 Wertschöpfungsstrukturen	435
	3.3 Core Assets und Kernkompetenzen	436
	3.4 Geschäftsmodelle	437
	3.4.1 Geschäftsmodell öffentlich-rechtlicher TV-Anbieter	441
	3.4.2 Geschäftsmodell privater TV-Anbieter	443
4	Aufgaben des TV-Management	450
	4.1 Strategisches Management	450
	4.2 Beschaffungsmanagement	453
	4.2.1 Einflussfaktoren	454
	4.2.2 Beschaffungsstrategien	460

        4.3 Produktionsmanagement 461
             4.3.1 Einflussfaktoren 461
             4.3.2 Produktionsstrategien 465
        4.4 Marketing 470
             4.4.1 Produkt- und Programmpolitik 470
             4.4.2 Preispolitik 478
             4.4.3 Distributionspolitik 481
             4.4.4 Kommunikationspolitik 483
5 Fallbeispiel ARD Mediathek 486

Kapitel 6: Radiomanagement 493

1 Einführung 495
2 Marktstruktur und Marktverhalten 495
   2.1 Struktur der Radiomärkte 496
   2.2 Interaktionen der Marktteilnehmer 503
   2.3 Technologisches und regulatives Umfeld 506
   2.4 Nutzungsverhalten von Radiohörern 508
   2.5 Entwicklungsperspektiven im Radiobereich 512
3 Leistungssystem 516
   3.1 Leistungsspektrum 516
   3.2 Wertschöpfungsstrukturen 517
   3.3 Core Assets und Kernkompetenzen 518
   3.4 Geschäftsmodelle 519
        3.4.1 Geschäftsmodell öffentlich-rechtlicher Radioanbieter 522
        3.4.2 Geschäftsmodell privater Radioanbieter 524
4 Aufgaben des Radiomanagement 527
   4.1 Strategisches Management 527
   4.2 Beschaffungsmanagement 529
        4.2.1 Einflussfaktoren 529
        4.2.2 Beschaffungsstrategien 531
   4.3 Produktionsmanagement 532
        4.3.1 Einflussfaktoren 532
        4.3.2 Produktionsstrategien 534

    4.4 Marketing 535
        4.4.1 Produkt- und Programmpolitik 535
        4.4.2 Preispolitik 544
        4.4.3 Distributionspolitik 547
        4.4.4 Kommunikationspolitik 549
5 Fallbeispiel last.fm 551

Kapitel 7: Musikmanagement 557

1 Einführung 559
2 Marktstruktur und Marktverhalten 559
    2.1 Struktur der Musikmärkte 560
    2.2 Interaktionen der Marktteilnehmer 564
    2.3 Technologisches und regulatives Umfeld 566
    2.4 Nutzungsverhalten der Musikhörer 571
    2.5 Entwicklungsperspektiven in der Musikindustrie 575
3 Leistungssystem 579
    3.1 Leistungsspektrum 579
    3.2 Wertschöpfungsstrukturen 582
    3.3 Core Assets und Kernkompetenzen 583
    3.4 Geschäftsmodelle 585
        3.4.1 Geschäftsmodell Tonträgerhersteller 587
        3.4.2 Geschäftsmodell Musikverlag 590
4 Aufgaben des Musikmanagement 591
    4.1 Strategisches Management 591
    4.2 Beschaffungsmanagement 593
        4.2.1 Einflussfaktoren 593
        4.2.2 Beschaffungsstrategien 595
    4.3 Produktionsmanagement 596
        4.3.1 Einflussfaktoren 596
        4.3.2 Produktionsstrategien 599
    4.4 Marketing 600
        4.4.1 Produktpolitik 600
        4.4.2 Preispolitik 603
        4.4.3 Distributionspolitik 605
        4.4.4 Kommunikationspolitik 606
5 Fallbeispiel iTunes 608

Inhaltsverzeichnis

Kapitel 8: Video- und Computerspielemanagement 615

1   Einführung 617
2   Marktstruktur und Marktverhalten 618
    2.1   Struktur der Märkte für Video- und Computerspiele 619
          2.1.1   Spielehardware 623
          2.1.2   Spielesoftware 633
    2.2   Interaktionen der Marktteilnehmer 639
    2.3   Technologisches und regulatives Umfeld 641
    2.4   Nutzungsverhalten von Video- und Computerspielespielern 644
    2.5   Entwicklungsperspektiven im Video- und Computerspielebereich 647
3   Leistungssystem 650
    3.1   Leistungsspektrum 650
    3.2   Wertschöpfungsstrukturen 653
          3.2.1   Spielehardwareindustrie 654
          3.2.2   Spielesoftwareindustrie 655
    3.3   Core Assets und Kernkompetenzen 657
    3.4   Geschäftsmodelle 658
          3.4.1   Geschäftsmodell Spielehardwareindustrie 660
          3.4.2   Geschäftsmodell Spielesoftwareindustrie 663
4   Aufgaben des Video- und Computerspielemanagement 670
    4.1   Strategisches Management 670
    4.2   Beschaffungsmanagement 674
          4.2.1   Einflussfaktoren 674
          4.2.2   Beschaffungsstrategie 675
    4.3   Produktionsmanagement 676
          4.3.1   Einflussfaktoren 676
          4.3.2   Produktionsstrategien 679
    4.4   Marketing 680
          4.4.1   Produktpolitik 681
          4.4.2   Preispolitik 683
          4.4.3   Distributionspolitik 685
          4.4.4   Kommunikationspolitik 685
5   Fallbeispiel Wii 687

Kapitel 9: Internetmanagement 693

1 Einführung 695
2 Marktstruktur und Marktverhalten 695
   2.1 Struktur der Internetmärkte 695
   2.2 Interaktionen der Marktteilnehmer 703
   2.3 Technologisches und regulatives Umfeld 706
   2.4 Mediennutzungsverhalten der Internetnutzer 709
   2.5 Entwicklungsperspektiven im Internetbereich 713
3 Leistungssystem 715
   3.1 Leistungsspektrum 715
   3.2 Wertschöpfungsstrukturen 717
   3.3 Core Assets und Kernkompetenzen 718
   3.4 Geschäftsmodelle 720
      3.4.1 Content 725
      3.4.2 Commerce 730
      3.4.3 Context 732
      3.4.4 Connection 734
   3.5 Geschäftsmodelle in Social Media 737
4 Aufgaben des Internetmanagement 747
   4.1 Strategisches Management 747
   4.2 Beschaffungsmanagement 750
      4.2.1 Einflussfaktoren 750
      4.2.2 Beschaffungsstrategien 752
   4.3 Produktionsmanagement 753
      4.3.1 Einflussfaktoren 753
      4.3.2 Produktionsstrategien 756
   4.4 Marketing 756
      4.4.1 Produktpolitik 757
      4.4.2 Preispolitik 758
      4.4.3 Distributionspolitik 761
      4.4.4 Kommunikationspolitik 763
5 Fallbeispiel Google 767

Kapitel 10: Internationales Medienmanagement 777

1 Einführung 779
   1.1 Definition und Charakteristika des Internationalen Medienmanagement....780
   1.2 Besonderheiten des Internationalen Medienmanagement 781
   1.3 Gründe und Motive der Internationalisierung im Medienbereich 783
2 Internationalisierungsstrategien von Medienunternehmen 784
   2.1 Markteintritts- und Marktbearbeitungsstrategien 785
      2.1.1 Export 786
      2.1.2 Lizenzierung 788
      2.1.3 Joint Ventures und strategische Allianzen 791
      2.1.4 Direktinvestive Alleingänge 795
      2.1.5 Fusionen 798
   2.2 Zielmarktstrategien 799
      2.2.1 Marktpräsenzstrategien 799
      2.2.2 Marktselektionsstrategien 803
      2.2.3 Marktsegmentierungsstrategien 807
   2.3 Timing-Strategien 808
3 Teilbereiche des Internationalen Medienmanagement 814
   3.1 Beschaffungsmanagement internationaler Medienunternehmen 815
   3.2 Produktionsmanagement internationaler Medienunternehmen 817
   3.3 Marketingmanagement internationaler Medienunternehmen 819
      3.3.1 Produktpolitik internationaler Medienunternehmen 819
      3.3.2 Preispolitik internationaler Medienunternehmen 823
      3.3.3 Distributionspolitik internationaler Medienunternehmen 824
      3.3.4 Kommunikationspolitik internationaler Medienunternehmen 826
4 Fallbeispiel News Corporation 827

Kapitel 11: Integrierte Medienverbundunternehmen und Crossmedia 833

1 Einführung 835
2 Grundlagen des Crossmedia-Management 836
   2.1 Erscheinungsformen von Crossmedia 838
   2.2 Ursachen und Katalysatoren für Crossmedia 840
   2.3 Crossmedia-Strategien, Prozesse und Erfolgsfaktoren 842
3 Integrierte Wertschöpfungsstrukturen und Geschäftsmodelle 852
   3.1 Ursachen und Katalysatoren integrierter Medienunternehmen 853

3.2	Dimensionen von Integrationsstrategien		860
3.3	Ausprägungen von Integrationsstrategien		861
	3.3.1	Integration auf Wertschöpfungskettenebene	862
	3.3.2	Integration auf Geschäftsmodellebene	866
3.4	Fallbeispiel Time Warner		867
3.5	Bewertung von Integrationsstrategien		870
4	Entwicklungsperspektiven		872

Literaturverzeichnis 875

Stichwortverzeichnis 923

Kapitel 1:
Grundlagen des Medienmanagement

1 Einführung 3
   1.1 Aufbau des Lehrbuchs..4
   1.2 Theoretischer und terminologischer Kontext 5
       1.2.1 Medien- und Internetmanagement als betriebswirtschaftliche Disziplin..6
       1.2.2 Entwicklung der Medienforschung...8
       1.2.3 Definition des Medien- und Internetmanagement.....................14
   1.3 Volkswirtschaftliche Bedeutung von Medien..24
   1.4 Entwicklung von Medien- und Kommunikationsanwendungen 27

2 Besonderheiten von Medienmärkten...35
   2.1 Abgrenzung der Medienmärkte...35
   2.2 Mehrdimensionaler Wettbewerb...38
   2.3 Produktspezifika 41
   2.4 Marktstruktur 48

3 Medien- und Internetmanagement im digitalen Zeitalter 54
   3.1 Veränderung des Mediennutzungsverhaltens 55
   3.2 Veränderung auf den Werbemärkten 59
   3.3 Medienwettbewerb und Konvergenz 61
   3.4 Umfeldveränderungen und Dynamiken im Medienbereich...................71

4 Leistungssystem 76
   4.1 Wertschöpfung in Medienunternehmen 77
   4.2 Core Assets und Kernkompetenzen 79
       4.2.1 Ressourcentheoretische Ansätze..80
       4.2.2 Analyse von Core Assets und Kernkompetenzen in Medienunternehmen..88
       4.2.3 Management von Core Assets und Kernkompetenzen in Medienunternehmen..92
   4.3 Geschäftsmodelle und Geschäftstypen 94

Kapitel 1: Grundlagen des Medienmanagement

5 Aufgaben des Medien- und Internetmanagement 106
   5.1 Strategisches Management 106
       5.1.1 Strategieverständnis 107
       5.1.2 Strategieentwicklung 109
       5.1.3 Strategieebenen 111
       5.1.4 Strategieoptionen 113
   5.2 Beschaffungsmanagement 117
       5.2.1 Einflussfaktoren 117
       5.2.2 Beschaffungsstrategien 121
   5.3 Produktionsmanagement 123
       5.3.1 Einflussfaktoren 123
       5.3.2 Produktionsstrategien 125
   5.4 Marketing 128
       5.4.1 Produkt- und Programmpolitik 131
       5.4.2 Preispolitik 139
       5.4.3 Distributionspolitik 141
       5.4.4 Kommunikationspolitik 144
   5.5 Organisationsmanagement 145
       5.5.1 Organisationale Differenzierung 146
       5.5.2 Organisationale Integration 153
   5.6 Personalmanagement 159
       5.6.1 Personalbeschaffung und Personalauswahl 162
       5.6.2 Personaleinsatz und Personalentwicklung 164
       5.6.3 Personalfreisetzung 167
       5.6.4 Vergütung und Arbeitsleistung 169
   5.7 Finanzmanagement 170
       5.7.1 Außenfinanzierung 171
       5.7.2 Innenfinanzierung 179
       5.7.3 Fallbeispiel Filmfonds 181

1 Einführung

In modernen Informationsgesellschaften haben Medien eine hohe Bedeutung für die ökonomische und gesellschaftliche Entwicklung. Innovationen in der Informations- und Kommunikationstechnologie verändern die Nutzungsgewohnheiten der Rezipienten, vereinfachen den Marktzutritt für neue Wettbewerber und ermöglichen neue Medienformate. Mit dieser Entwicklung ändern sich nicht nur die technischen, kulturellen und sozialen, sondern insbesondere auch die wirtschaftlichen Strukturen. Rezipienten nutzen gleichzeitig eine Vielzahl von Medien, um ihre Informations-, Kommunikations- und Unterhaltungsbedürfnisse zu befriedigen. Die Deregulierung der Medienmärkte hat die Markteintrittsbarrieren gesenkt. Durch das Eintreten neuer Marktteilnehmer und die zunehmende Globalisierung verlieren die etablierten lokalen Märkte an Bedeutung. Strategische Allianzen werden zunehmend auf internationaler Ebene geschlossen.

Insbesondere die zunehmende Verbreitung des Internet hat neue Nutzungsmöglichkeiten für Medien hervorgebracht. Interaktive Formate erlauben eine stärkere Einbindung der Rezipienten und die stärkere Personalisierung der Medienprodukte. Darüber hinaus stellt das Internet inzwischen einen etablierten Vertriebskanal für nahezu alle Arten von Medien dar. Die Nutzung verschiedener Distributionskanäle und der Transfer von Kernkompetenzen in verschiedene Mediengattungen sind zu wichtigen Erfolgsfaktoren von Medienunternehmen geworden.

Diesen Herausforderungen zu begegnen ist die vornehmliche Aufgabe des Medien- und Internetmanagement, das hier in seinen Grundzügen dargestellt werden soll. Die Betrachtungen konzentrieren sich dabei nicht nur auf die Analyse der Entwicklungen in den für die Medienbranche relevanten Teilgebieten, sondern auch auf die Frage, wie die mit der Informationsgesellschaft verbundenen Chancen von Medienunternehmen wirtschaftlich genutzt werden können, und wie potenziellen Risiken begegnet werden kann.

Im Rahmen des ersten Kapitels werden die Rahmenbedingungen dargestellt, die das Management von Medienunternehmen beeinflussen. Dazu erfolgt zunächst eine Abgrenzung der relevanten Begriffe. Im Anschluss daran wird das Umfeld der Medienunternehmen betrachtet, wobei neben grundsätzlichen Fragestellungen des Mediensektors vor allem die neueren Entwicklungen auf den Medien-, Informations- und Kommunikationsmärkten von Interesse sind. Daran schließt sich eine marktorientierte Darstellung des Medien- und Internetmanagement an. Aufbauend auf diesen Grundlagen erfolgt in den anschließenden Kapiteln eine branchenspezifische Betrachtung des Mediensektors.

Kapitel 1: Grundlagen des Medienmanagement

1.1 Aufbau des Lehrbuchs

Mit dem vorliegenden Lehrbuch soll ein Beitrag zur Betrachtung des Themas Medien- und Internetmanagement aus betriebswirtschaftlicher Sicht geleistet werden. Diese Forschungsrichtung gewinnt im deutschsprachigen Raum zunehmend an Bedeutung, wie die zahlreichen Veröffentlichungen innerhalb der letzten Jahre zeigen. Auch und vor allem im US-amerikanischen Raum bieten Universitäten Fächer im Gebiet des Medien- und Internetmanagement vor dem Hintergrund der Notwendigkeit einer integrierten betriebswirtschaftlichen Hochschulausbildung an, die den Anforderungen der sich neu formierenden und schnell wachsenden Medien- und Internetmärkte gerecht wird. Abbildung 1-1 gibt einen Überblick über die Struktur des Lehrbuchs.

Abbildung 1-1: Struktur des Medien- und Internetmanagement

- Kap. 1: Grundlagen des Medienmanagement
- Strategisches Management | Beschaffungsmanagement | Produktionsmanagement | Absatzmanagement
- Organisation
- Kap. 2: Zeitungs- und Zeitschriftenmanagement
- Kap. 3: Buchmanagement
- Kap. 4: Filmmanagement
- Kap. 5: TV-Management
- Kap. 6: Radiomanagement
- Kap. 7: Musikmanagement
- Kap. 8: Video- und Computerspielemanagement
- Kap. 9: Internet- und Multimediamanagement
- Kap. 10: Internationales Medienmanagement
- Kap. 11: Integriertes Medienmanagement

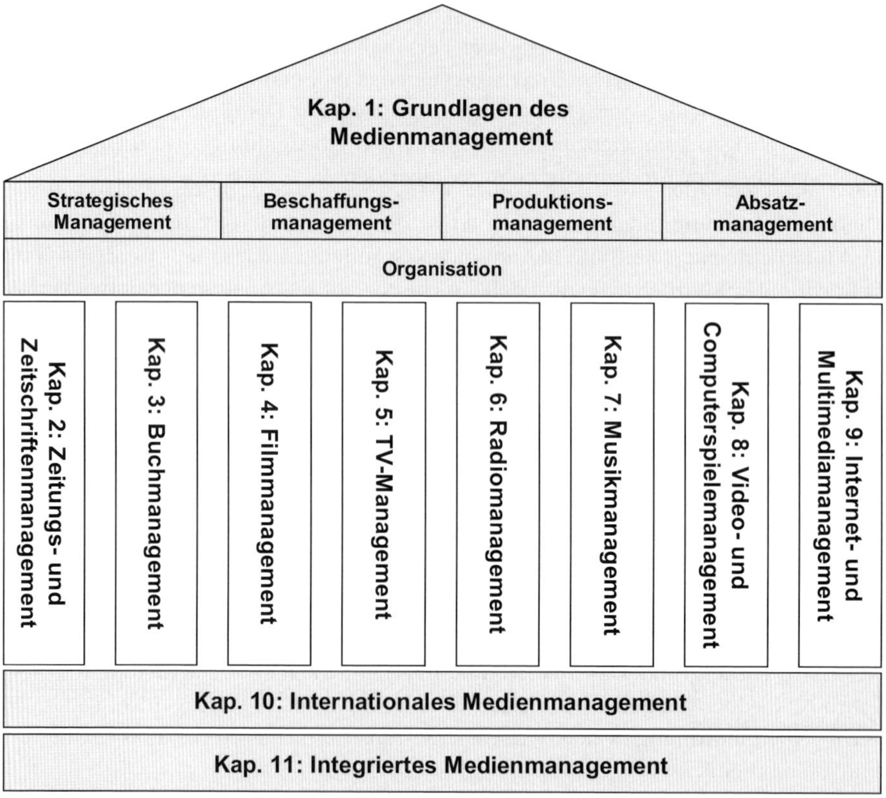

Einführung

Kapitel 1 vermittelt die Grundlagen des Medien- und Internetmanagement. Nach einer theoretischen und terminologischen Einordnung des Medien- und Internetmanagement werden zunächst die Charakteristika von Medienmärkten und Medienprodukten erläutert. Darüber hinaus werden die Auswirkungen der Digitalisierung auf das Medien- und Internetmanagement aufgezeigt und Wertschöpfungsstrukturen, Core Assets und Kernkompetenzen sowie Geschäftsmodelle von Medienunternehmen beschrieben.

Daran anschließend erfolgt die Darstellung der Aktionsparameter, die dem Management bei der Verfolgung der unternehmerischen Ziele von Medienunternehmen zur Verfügung stehen. Es wird ein allgemeiner Überblick über das strategische Management, das Beschaffungsmanagement, das Produktionsmanagement, das Marketing, das Organisationsmanagement, das Finanzmanagement und das Personalmanagement in Medienunternehmen gegeben.

In den darauffolgenden Kapiteln 2 bis 9 erfolgt eine branchenspezifische Betrachtung des Medien- und Internetmanagement. Im Einzelnen werden die Zeitungs- und Zeitschriften-, die Buch-, die Film-, die TV-, die Radio-, die Musik-, die Video- und Computerspiele- sowie die Internet- und Multimediabranche dargestellt. Hierbei wird ein Überblick über die Marktstruktur und das Marktverhalten sowie über Wertschöpfungsstrukturen, Core Assets und Kernkompetenzen sowie Geschäftsmodelle gegeben. Insbesondere wird auf das branchenspezifische Leistungsspektrum sowie auf die Spezifika des Management der jeweiligen Branchen eingegangen. Aufgrund der zunehmenden Internationalisierung von Medienprodukten sowie der zunehmenden Bedeutung des Management integrierter Medienunternehmen werden beide Themen in Kapitel 10 und 11 gesondert behandelt.

1.2 Theoretischer und terminologischer Kontext

Der Begriff des „Medien- und Internetmanagement" findet im deutschsprachigen Schrifttum noch keine einheitliche Verwendung. Vielmehr werden häufig die Begriffe „Medienökonomie" beziehungsweise „Medienwirtschaft" verwendet. Im angelsächsischen Schrifttum taucht neben dem Terminus „Media Management" zudem regelmäßig der Begriff „Media Economics" auf. Bei diesen Forschungsgebieten stehen in der Regel volkswirtschaftliche oder kommunikationswissenschaftliche Betrachtungsweisen im Vordergrund. Das Medien- und Internetmanagement soll im Rahmen dieses Lehrbuchs jedoch als betriebswirtschaftliche Disziplin konzipiert werden, sodass zunächst eine Einordnung in den wirtschaftswissenschaftlichen Kontext notwendig und sinnvoll erscheint.

1.2.1 Medien- und Internetmanagement als betriebswirtschaftliche Disziplin

Für die wissenschaftliche Konzipierung des Medien- und Internetmanagement muss zunächst untersucht werden, welche Stellung das Medien- und Internetmanagement in der Betriebswirtschaftslehre einnimmt. Außerdem ist es notwendig, das Verhältnis zwischen Management und Betriebswirtschaftslehre zu klären. Diese Konzipierung ist die Grundlage einer Definition des Medien- und Internetmanagement. Für die wirtschaftswissenschaftliche Einordnung des Medien- und Internetmanagement wird auf die Unterteilung der Betriebswirtschaftslehre in drei Teilbereiche zurückgegriffen.[1]

Als erster Teilbereich ist die betriebswirtschaftliche Verfahrenstechnik zu nennen, die Modelle, Methoden und Verfahren, also das Werkzeug für die Betriebswirtschaftslehre entwickelt und zur Verfügung stellt. In diesem Bereich sind zum Beispiel die Systeme der Buchhaltung und Kostenrechnung sowie Planungs- und Organisationstechniken angesiedelt. Der zweite Teilbereich der Betriebswirtschaftslehre umfasst das Gebiet der Allgemeinen Betriebswirtschaftslehre.

Ihre Aufgabe liegt in der Identifizierung, Beschreibung und Lösung von Problemen, die mehr oder weniger allen Unternehmen, unabhängig von ihrer Branchenzugehörigkeit, gemein sind. Dabei zielt die Betriebswirtschaftstheorie auf die Erkenntnis der betrieblichen Prozesse ab, während die Betriebswirtschaftspolitik die Gestaltung dieser Prozesse zum Ziel hat. Analog zur Allgemeinen Betriebswirtschaftslehre beschäftigen sich die speziellen Betriebswirtschaftslehren beziehungsweise Wirtschaftszweiglehren als drittes Teilgebiet mit den betriebswirtschaftlichen Problemen, die nur in einzelnen Gruppen von Unternehmen auftauchen, und die aus den Besonderheiten der Branche, in denen diese Unternehmen tätig sind, resultieren.

Hier sind beispielhaft die Bankbetriebslehre, die Versicherungsbetriebslehre oder die Industriebetriebslehre zu nennen. In diesem Lehrbuch wird das Medien- und Internetmanagement als Wirtschaftszweiglehre verstanden, die sich mit den besonderen betriebswirtschaftlichen Problemen von Medienunternehmen befasst. Das Verhältnis von Managementlehre und Betriebswirtschaftslehre wird im Schrifttum kontrovers diskutiert. Diese Diskussion soll hier nicht fortgesetzt werden. Stattdessen wird an dieser Stelle der Einschätzung von Kirsch (1997) gefolgt, der die Betriebswirtschaftslehre als angewandte Führungslehre konzipiert.[2]

Dieser Konzeption liegt die Idee einer „Lehre von der Führung" zugrunde, die die Rahmenbedingungen der Unternehmensführung zum Gegenstand der Untersuchung hat. Darauf aufbauend ist die Betriebswirtschaftslehre auch eine „Lehre für die Führung", die aus den erarbeiteten Resultaten Handlungsanweisungen für die betriebliche Praxis zur Verfügung stellt. Diese Konzeption wird mit der weitgehenden Konvergenz

---

[1] Vgl. Wöhe/Döring (2008), S. 47.
[2] Vgl. Kirsch (1997), S. 220 ff.

von deutschsprachiger Betriebswirtschaftslehre und angelsächsischer Managementlehre auf nahezu allen Handlungsfeldern begründet. Folgt man dieser Einschätzung, dann ist eine weitgehend synonyme Verwendung der Begriffe Betriebswirtschaftslehre und Managementlehre zulässig und sinnvoll.

Das Medien- und Internetmanagement wird im Rahmen dieses Lehrbuchs also als betriebswirtschaftliche Disziplin konzipiert, die betriebliche Erscheinungen und Probleme bei der Führung von Medienunternehmen identifiziert und beschreibt. Gleichzeitig ist sie eine angewandte Wissenschaft, die der betrieblichen Praxis Hilfestellungen zur Führung von Medienunternehmen geben soll.

Diese Einordnung des Medien- und Internetmanagement in die Betriebswirtschaftslehre führt dann zu dem Ergebnis, dass das Medien- und Internetmanagement als eigenständige Medienbetriebslehre dargestellt werden kann, die als vollwertige Wirtschaftszweiglehre neben den oben genannten Lehren in den Bereich der speziellen Betriebswirtschaftslehren eingeordnet wird.

Um dem Anspruch einer Führungslehre gerecht zu werden, wird hier insbesondere bei den branchenorientierten Betrachtungen in den Kapiteln 2 bis 9 der Schwerpunkt auf das strategische Management, das Beschaffungsmanagement, das Produktionsmanagement und das Marketing von Medienunternehmen gelegt, da diese Teilbereiche unter Rahmenbedingungen agieren, die sich von denen anderer Wirtschaftszweige erheblich unterscheiden.[1]

Das Management der Teilbereiche Organisation, Personal und Finanzierung in Medienunternehmen wird im Grundlagenkapitel dargestellt. Aufgrund der geringeren Branchenspezifität wird in den Kapiteln 2 bis 9 allerdings keine branchenbezogene Betrachtung vorgenommen. Das Medien- und Internetmanagement ist von einem betrieblichen Kommunikationsmanagement abzugrenzen, das sich mit den Problemen der innerbetrieblichen Kommunikation beschäftigt.

Medien- und Internetmanagement in diesem Sinne würde sich auf ein weitgehend branchenunabhängiges, betriebliches Problemfeld beziehen und somit in das Anwendungsgebiet der Allgemeinen Betriebswirtschaftslehre fallen. Die in diesem Buch verwendete Sichtweise des Medien- und Internetmanagement zielt vielmehr auf die ökonomischen, insbesondere betriebswirtschaftlichen Fragestellungen der Medienwirtschaft ab. Dabei muss auch den besonderen politischen und wirtschaftlichen Rahmenbedingungen des Mediensektors Rechnung getragen werden, da die Führung eines Unternehmens nicht losgelöst von seiner Umwelt betrachtet werden kann.

---

[1] Vgl. Wirtz/Sammerl (2005b), S. 87 ff.

1.2.2 Entwicklung der Medienforschung

Betrachtet man die Veröffentlichungen im Bereich des Media Management beziehungsweise der Media Economics, so ist bis Mitte der 1980er Jahre eine vergleichsweise geringe Publikationsintensität zu verzeichnen.[1] Ein spürbarer Anstieg der Publikationen kann ab Mitte der 1980er Jahre beobachtet werden. Ab Anfang der 1990er Jahre steigt sowohl die Anzahl in referierten Journals als auch die gesamte Artikelanzahl erheblich. Abbildung 1-2 stellt die Anzahl der Publikationen im Bereich Media Management beziehungsweise Media Economics im zeitlichen Verlauf dar.

Abbildung 1-2: Anzahl der Publikationen im Media Management/Media Economics[2]

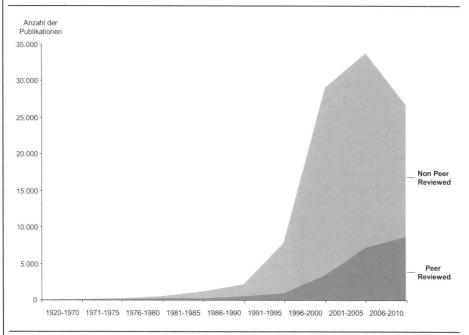

---

[1] Im Rahmen einer Datenbank Analyse (Ebsco) wurden insgesamt 97.383 Artikel identifiziert, die dem Forschungsgebiet Media Management/Media Economics zugeordnet werden können. Mit 76.661 Artikeln erschien der größte Teil der Publikationen in Non Peer Reviewed Journals, während lediglich 21% beziehungsweise 20.722 der Artikel in einem Peer Reviewed Journal publiziert wurden.

[2] Basierend auf einer Auswertung der Ebsco Datenbank 01/2011.

Einführung

Buch, Radio, Zeitung und Television stellen die vier ältesten Forschungsgebiete dar. Vereinzelte Publikationen finden sich bereits in den frühen 1920er Jahren. Erste grundlegende Arbeiten können in den 1950er Jahren verzeichnet werden. Ray untersuchte 1951 beziehungsweise 1952 erstmals den Wettbewerb und die Konzentration in der Zeitungsindustrie.[1] Zeitgleich analysierte Steiner (1952) im Jahre 1952 den Wettbewerb in der Radioindustrie. Grundlegende ökonomische Untersuchungen zum Thema Fernsehen können Levin (1958) sowie Berlson (1961) zugerechnet werden, die die TV-Marktstruktur sowie den Wettbewerb im Vergleich zu anderen Medientypen untersuchten.

In dieser frühen Phase der Media Economics wurden besonders häufig mikroökonomische Konzepte für die Analyse verwendet.[2] In den Jahren 1966 bis 1973 erschienen in den Forschungsgebieten Radio, Zeitung und Television die ersten Artikel, die explizit das Management beziehungsweise die praktische Umsetzung adressierten. Exemplarisch sei hier der Artikel „The Television Station Manager" von Winick (1966) aus dem Advanced Management Journal erwähnt, der sich gezielt mit dem TV-Management auseinandersetzt: „Here is a comprehensive analysis of the rarely examined management aspect of this vital communications medium."[3]

Mit Zeitschrift, Musik und Film kristallisierten sich in den 1970er Jahren weitere Forschungsgebiete heraus. Zeitgleich entwickelte sich der Trend, dass neben mikroökonomischen Konzepten vermehrt auch makroökonomische Konzepte zur Analyse verwendet wurden. Buchan/Siegfried (1978) beispielsweise nahmen in ihrem Artikel „An Economic Evaluation of the Magazine Industry" eine makroökonomische Perspektive ein. In den folgenden Jahren wurden in der Medienforschung immer wieder sowohl mikro- als auch makroökonomische Konzepte verwendet.

In allen etablierten Forschungsfeldern beschäftigte man sich im Rahmen der ökonomischen Betrachtung zunehmend mit der Erlösgenerierung. Besonders in den Bereichen Radio, Television, Zeitung und Zeitschrift lag der Fokus auf der optimalen Gestaltung sowie der Gewinnmaximierung durch Werbeerlöse. Collins/Jacobson (1978) beschäftigten sich beispielsweise mit der Wirkung von Radiowerbespots, während Landon (1971) die Auswirkung der Marktkonzentration in der Zeitungsindustrie auf die Advertising Rates analysierte.

Mit Internet Economics in den 1990er Jahren und Videogame Economics circa ab dem Jahr 2000 entwickelten sich schließlich die vorerst letzten beiden Forschungsfelder der Media Economics. Während sich Videogame Economics immer noch im Anfangsstadium der Entwicklung befinden und nur wenige Beiträge zu diesem Themengebiet identifiziert werden können, explodierte regelrecht die Anzahl der Artikel im Bereich Internet Economics.

---

[1] Vgl. Ray (1951); Ray (1952).
[2] Vgl. Albarran (2004), S. 294.
[3] Winick (1966), S. 53.

Das sehr starke Forschungsinteresse an Internet Economics kann unter anderem darauf zurückgeführt werden, dass diese Entwicklung einen signifikanten wirtschaftlichen Einfluss auf die etablierten Medien hat. Die Charakteristik der Medien als ein Informationsgut sowie die neue Distributionsform durch das Internet sorgten dafür, dass bestehende Erkenntnisse und ganze Branchenstrukturen neu überdacht werden mussten. Seit dem Jahr 2000 kann eine steigende Anzahl an Artikeln beobachtet werden, die sich mit Preisdifferenzierung, Gewinnmaximierung, Bundling und Versioning von Informationsgütern beschäftigen, beispielsweise Bakos/Brynjolfsson (2000), Varian (2000) oder auch Chuang/Sirbu (2000).

Hinsichtlich der Buchpublikationen kann konstatiert werden, dass eine analoge Entwicklung zu den Artikeln stattgefunden hat, wobei die ersten Bücher jeweils in den ältesten Forschungsgebieten zuerst erschienen. Beispielsweise können im Kontext der Buchindustrie erste umfangreiche ökonomische Analysen sowohl Grannis (1967) mit „What happens in book publishing" als auch Bingley (1972) mit „The business of book publishing" zugerechnet werden. Das Buch von Quaal/Brown (1968) „Broadcast management: radio, television" zeichnet sich durch eine erste parallele Betrachtung der Forschungsgebiete Radio und Television aus.

Eine ausschließliche Analyse der Television Economics wurde wenige Jahre später in dem Buch „Television Economics" von Owen/Beebe/Manning (1974) vorgenommen. Ebenfalls in den 1970er Jahren erschien mit „Movie business; American film industry practice" von Bluem (1972) die erste Monographie im Bereich der Movie Economics. Nachdem zunehmend Buchpublikationen in den einzelnen Forschungsgebieten erschienen waren, wurde im folgenden Jahrzehnt eine umfassendere Sicht eingenommen.

Eine der ersten ganzheitlichen Betrachtungen des Medienmanagement kann mit dem Buch „Electronic Media Management" McCavitt/Pringle (1986) zugerechnet werden. Nur drei Jahre später publizierte Picard (1989) mit dem Buch „Media Economics: Concepts and Issues" die erste Monographie, die sich forschungsgebietsübergreifend mit der Media Economics beschäftigte. Abbildung 1-3 stellt die zeitliche Etablierung der Media Management/Media Economic Forschungsgebiete zusammenfassend dar.

Insgesamt kann festgehalten werden, dass in den Anfängen des Media Management/Media Economics nur sehr wenige Artikel, besonders in Peer Reviewed Journals, erschienen sind. Auch wenn sich in dem Zeitraum zwischen den 1950er und 1980er Jahre sieben wesentliche Forschungsrichtungen etablierten, so war die reine Anzahl der Publikationen eher gering. Bis zu diesem Zeitpunkt stellten die Medien noch kein relevantes Forschungsfeld dar. Das wirtschaftswissenschaftliche Forschungsinteresse entwickelte sich jedoch parallel zu der größer werdenden Wirtschaftskraft der Medien.

Einführung

Abbildung 1-3: Zeitliche Entwicklung der Media Management/Media Economics Forschungsgebiete[1]

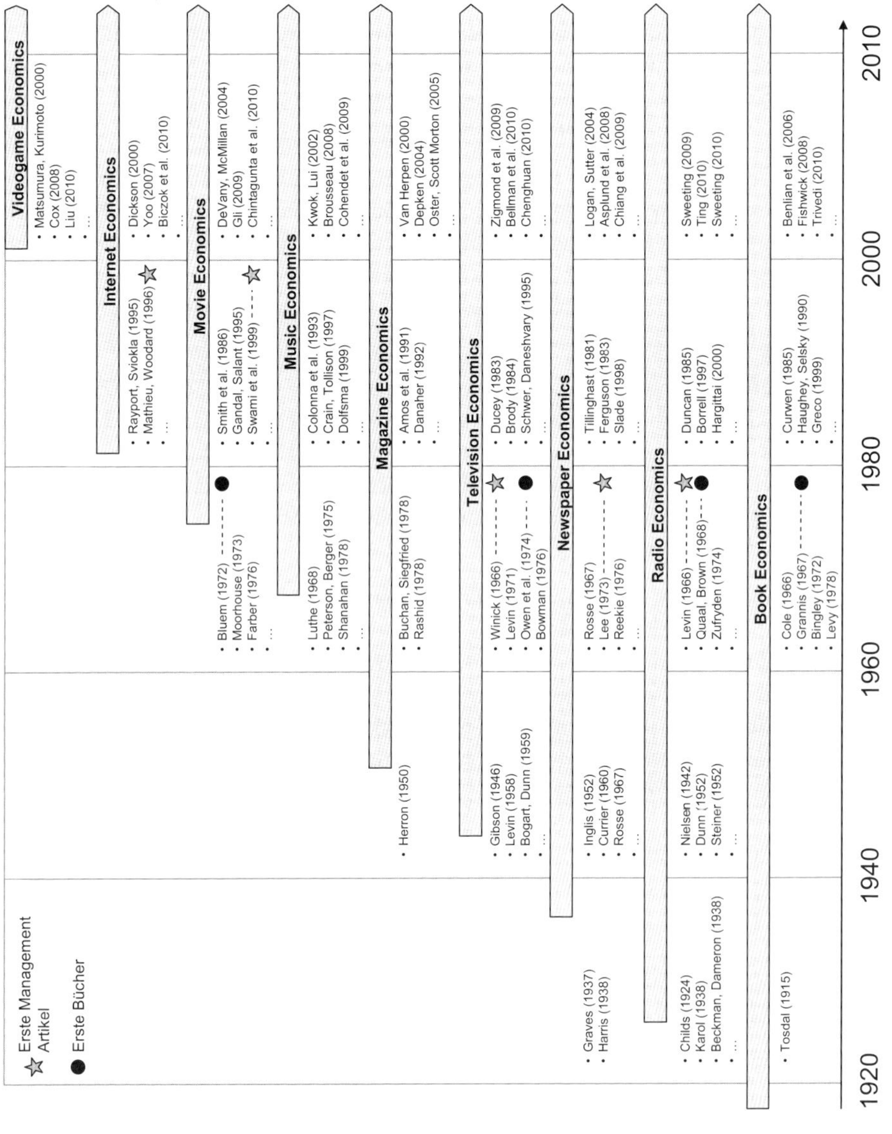

☆ Erste Management Artikel
● Erste Bücher

Videogame Economics
- Matsumura, Kurimoto (2000)
- Cox (2008)
- Liu (2010)

Internet Economics
- Rayport, Sviokla (1995)
- Mathieu, Woodard (1996)
- Dickson (2000)
- Yoo (2007)
- Biczok et al. (2010)

Movie Economics
- Smith et al. (1986)
- Gandal, Salant (1995)
- Swami et al. (1999)
- DeVany, McMillan (2004)
- Gil (2009)
- Chintagunta et al. (2010)

Music Economics
- Luthe (1968)
- Peterson, Berger (1975)
- Shanahan (1978)
- Colonna et al. (1993)
- Crain, Tollison (1997)
- Dolfsma (1999)
- Kwok, Lui (2002)
- Brousseau (2008)
- Cohendet et al. (2009)

Magazine Economics
- Buchan, Siegfried (1978)
- Rashid (1978)
- Amos et al. (1991)
- Danaher (1992)
- Van Herpen (2000)
- Depken (2004)
- Oster, Scott Morton (2005)

Television Economics
- Herron (1950)
- Winick (1966)
- Levin (1971)
- Owen et al. (1974)
- Bowman (1976)
- Ducey (1983)
- Brody (1984)
- Schwer, Daneshvary (1995)
- Zigmond et al. (2009)
- Bellman et al. (2010)
- Chenghuan (2010)

Newspaper Economics
- Gibson (1946)
- Levin (1958)
- Bogart, Dunn (1959)
- Rosse (1967)
- Lee (1973)
- Reekie (1976)
- Tillinghast (1981)
- Ferguson (1983)
- Slade (1998)
- Logan, Sutter (2004)
- Asplund et al. (2008)
- Chiang et al. (2009)

Radio Economics
- Graves (1937)
- Harris (1938)
- Inglis (1952)
- Currier (1960)
- Rosse (1967)
- Levin (1966)
- Quaal, Brown (1968)
- Zufryden (1974)
- Duncan (1985)
- Borrell (1997)
- Hargittai (2000)
- Sweeting (2009)
- Ting (2010)
- Sweeting (2010)

Book Economics
- Childs (1924)
- Karol (1938)
- Beckman, Dameron (1938)
- Nielsen (1942)
- Dunn (1952)
- Steiner (1952)
- Cole (1966)
- Grannis (1967)
- Bingley (1972)
- Levy (1978)
- Curwen (1985)
- Haughey, Selsky (1990)
- Greco (1999)
- Benlian et al. (2006)
- Fishwick (2008)
- Trivedi (2010)

- Tosdal (1915)

1920 — 1940 — 1960 — 1980 — 2000 — 2010

---

[1] Auf der Basis einer eigenen Auswertung der Ebsco Datenbank 01/2011.

Besonders in den 1980er Jahren durchliefen die Medienmärkte ein dynamisches Wachstum, getrieben wurde diese Entwicklung unter anderem durch neue informations- und kommunikationstechnologische Entwicklungen. Die wissenschaftlichen Betrachtungen erfolgten in den meisten Fällen zunächst für einzelne Teilbereiche des Mediensektors, vor allem für die Printbranche. In den 1980er Jahren wurde verstärkt die Konzentration, der Wettbewerb, die Markteintrittsbarrieren sowie das Nachfrageverhalten innerhalb dieser Branche untersucht.

Im Zuge der Privatisierung der elektronischen Medien rückten aber alle Teilbereiche des Mediensektors verstärkt in den Fokus von Forschung und Lehre. Im Jahr 1988 gab Robert G. Picard zum ersten Mal das „Journal of Media Economics" (JME) heraus. Damit wurde dem verstärkten Forschungsinteresse an der Media Economics Rechnung getragen. Seit dieser Zeit kann nicht nur ein stetiger Anstieg der Publikationen beobachtet werden, sondern auch innerhalb der Lehre wird dem Themengebiet immer mehr Bedeutung zugemessen.

Bei einer Betrachtung der Peer Reviewed-Artikel ergibt sich ein differenziertes Bild hinsichtlich der Forschungsschwerpunkte an den unterschiedlichen Branchen, das in Abbildung 1-4 veranschaulicht wird. Buch, Radio, Television und Zeitung werden als die ältesten Forschungsgebiete in letzter Zeit nicht mehr die meiste Aufmerksamkeit geschenkt. Es ist auffällig, dass derzeit in den Bereichen Internet, Film und Musik mit Abstand die meisten Artikel erscheinen.

Darüber hinaus ist das Forschungsinteresse in den Bereichen Internet, Film und Musik offensichtlich am stärksten ausgeprägt. Das Internet hat sämtliche Wertschöpfungsstrukturen der Medienbranche verändert, besonders sind jedoch die Film- und Musikindustrie betroffen. Heute bilden daher Internet, Film und Musik einen Schwerpunkt der Media Economics-Forschung. Abbildung 1-4 stellt die Anzahl der Publikationen nach Forschungsgebieten des Media Economics-Schrifttums im Zeitverlauf dar.

Abbildung 1-4: Forschungsgebietsbezogene Anzahl von Publikationen des Media Management/der Media Economics (nur Peer Reviewed-Artikel)[1]

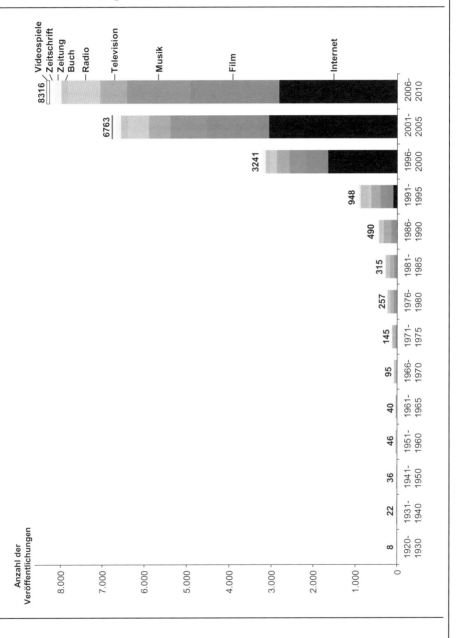

---

[1] Auf der Basis einer eigenen Auswertung der Ebsco Datenbank 01/2011.

1.2.3 Definition des Medien- und Internetmanagement

Auf die uneinheitliche Verwendung des Begriffs des „Medienmanagement" wurde bereits hingewiesen. Neben dem „Medienmanagement" findet eine Reihe weiterer Begriffe Verwendung, die sich allerdings inhaltlich unterscheiden. Insbesondere die US-amerikanische Forschung verwendet den Begriff „Media Economics", der in der deutschsprachigen Forschung keine einheitliche Übersetzung findet. So sind unter anderem Begriffe wie „Medienökonomie", „Medienbetriebswirtschaft" oder „Medienwirtschaft" zu finden. Um zu einer Definition des Medien- und Internetmanagement zu gelangen, wird zunächst die Medienbranche abgegrenzt und der hier verwendete Managementbegriff erläutert. Diese beiden Teile werden im Rahmen einer Abgrenzung zu den übrigen medienwissenschaftlichen Ansätzen zu einem Medien- und Internetmanagementbegriff zusammengeführt.

■ Definition Medien

Der Begriff Medium wird sowohl in den Kommunikations- und Medienwissenschaften als auch in der Psychologie, der Soziologie, der Physik, der Chemie und der Pädagogik verwendet. Grundlage für die durch die wissenschaftlichen Disziplinen geprägten Fachbegriffe bildet die lateinische Übersetzung „Mitte, Mittel, etwas Vermittelndes." In den Kommunikationswissenschaften, der Publizistik und der Medienökonomie ist man lange von einem technischen Medienbegriff ausgegangen.[1]

Danach gelten Medien als die „technischen Mittel oder Instrumente, die der Verbreitung von Aussagen dienen."[2] Nach den technisch induzierten Sende- und Empfangsqualitäten kann dabei zwischen dem Körper als primärem Medium (ohne Technikeinsatz, zum Beispiel Sprache), den sekundären Medien, die eine technische Apparatur auf Seiten der Produktion, nicht aber der Rezeption erfordern (zum Beispiel Zeitung, Zeitschrift), sowie den tertiären Medien, für die auf beiden Seiten technische Vorrichtungen notwendig sind (zum Beispiel Fernsehen, Radio) unterschieden werden.[3]

Medien sind jedoch nicht unabhängig von der Art und Weise ihrer politischen, sozialen und ökonomischen Organisation und Implementation in das System der Massenkommunikation sowie ihren Nutzungsweisen im Alltag zu sehen.[4] Medien besitzen demnach eine bestimmte Organisation(-sform), zum Beispiel das Zeitungsverlagshaus oder die Rundfunkanstalt, die in der Regel die medienspezifische Strukturierung publizistischer Leistungen gewährleistet. Darüber hinaus erfüllen sie jedoch auch eine Funktion, die einerseits die normativen Anforderungen in Form von Leistungen, die das Mediensystem erbringen soll, zum Beispiel Information, Kritik und Kontrolle, Unterhaltung, andererseits aber auch, auf einer abstrakteren Ebene, das „Dirigieren

---

1 Vgl. Pürer (2003), S. 208.
2 Maletzke (1998), S. 51.
3 Vgl. Pross (1972).
4 Vgl. Pürer (2003), S. 209.

der Selbstbeobachtung des Gesellschaftssystems"[1] umfasst. Neben der Erbringung von publizistischen Leistungen erfüllen Medien demnach eine gesellschaftliche Aufgabe. Nachfolgend sollen daher unter Medien in Anlehnung an Pürer (2003) die technischen Mittel (technischer Medienbegriff) und die hinter diesen Mitteln stehende Organisation beziehungsweise Institution (institutioneller Begriff) verstanden werden.[2] Tabelle 1-1 stellt die Definitionen dar.

Tabelle 1-1: Übersicht zu Definitionen des Begriffs Medien

Autor	Definition Medien
Burkart (2002)	„Medien sind Kommunikationsmittel, die durch technische Vervielfältigung und Verbreitung mittels Schrift, Bild oder Ton Inhalte an eine unbestimmte (weder eindeutig festgelegte, noch quantitativ begrenzte) Zahl von Menschen vermitteln und somit öffentlich an ein anonymes, räumlich verstreutes Publikum weitergeben."
Pürer (2003)	„Was den Begriff Massenmedium im klassischen Sinne betrifft, so bezeichnet der Begriff "Medium" immer noch die technischen Mittel und die hinter diesen Mitteln stehenden organisatorischen und institutionellen Gebilde, die redaktionelle und zahlreiche andere Inhalte bereitstellen, um Massenkommunikation und gesellschaftlichen Austausch von Informationen (im weitesten Sinne des Wortes) zu realisieren."

- Abgrenzung der Medienbranche

Das Medien- und Internetmanagement als Branchenbetriebswirtschaftslehre konzentriert sich auf Unternehmen der Medienbranche. Für eine Abgrenzung der einzelnen Branchen sind unterschiedliche Klassifikationen denkbar. So kann eine Identifizierung der relevanten Unternehmen zum Beispiel anhand ihrer Produkte, der Regulierung der Märkte, auf denen sie tätig sind, der Technologie oder ihrer Stellung in der Wertkette erfolgen.[3] An dieser Stelle soll als Abgrenzungskriterium die Leistungsausrichtung der Unternehmen herangezogen werden. Demzufolge gehören zur Medienbranche alle Unternehmen, die informative oder unterhaltende Inhalte (Content) für die Rezipienten- und/oder die Werbemärkte bereitstellen. In der Regel werden nur Medien betrachtet, die einen Absender und eine große Anzahl an Empfängern haben (One To Many-Kommunikation).

Konkret richtet sich der Fokus auf Zeitungen, Zeitschriften, Bücher, Film, Fernsehen, Radio, Musik und Games sowie das Internet. Einem integrierten Medien- und Internetmanagement wird diese Abgrenzung jedoch nicht in vollem Umfang gerecht. In den letzten Dekaden sind durch Fusionen und Übernahmen große Medienkonzerne entstanden, die in mehreren Medienbranchen tätig sind. Dem Management dieser

---

1 Luhmann (1996); vgl. Altmeppen (2000), S. 131.
2 Vgl. Pürer (2003), S. 212.
3 Vgl. Owers/Carveth/Alexander (2003), S. 4 f.

Unternehmen und den damit verbundenen Fragestellungen ist ein eigenes Kapitel zum integrierten Medien- und Internetmanagement gewidmet. Gleiches gilt für das internationale Medienmanagement, das ebenfalls in einem eigenen Kapitel betrachtet wird.

■ Definition und Abgrenzung von Medienunternehmen

Grundsätzlich kann für eine Definition des Begriffs Medienunternehmen auf die betriebswirtschaftliche Definition von Betrieben zurückgegriffen werden.[1] Demnach können Betriebe als planvoll organisierte Wirtschaftseinheiten, in denen Sachgüter und/oder Dienstleistungen erstellt und abgesetzt werden, verstanden werden.[2] Bei den Sachgütern und/oder Dienstleistungen, die ein Medienunternehmen erstellt und absetzt, handelt es sich annahmegemäß um Medien. Auf Basis dieser vorläufigen Definition soll nun anhand der Abgrenzung des Medienunternehmensbegriffs eine Konkretisierung des Begriffs Medienunternehmen erfolgen.

Wie erwähnt können Medien anhand verschiedener Kriterien abgegrenzt werden, zum Beispiel auf Basis der Eigentumsverhältnisse, der Rechtsform, der Leistungsart und der Betriebsgröße. Auf der ersten Ebene erfolgt dabei eine Abgrenzung von Medienunternehmen und Nicht-Medienunternehmen. Auf der zweiten Ebene wird eine Spezifizierung der Abgrenzung mittels konstituierender Wirtschaftsaktivitäten vorgenommen, da diese insbesondere geeignet sind, den in der vorläufigen Definition verwandten Sachverhalt der Erstellung und des Absatzes von Medien näher zu spezifizieren. Eine verfeinerte Abgrenzung verschiedener Medienunternehmenstypen voneinander soll anschließend auf der Basis der Leistungsart erfolgen.

Zentrale Merkmale von Medienunternehmen sind die Erstellung und der Absatz von Medien. Als die beiden konstituierenden Wertschöpfungsaktivitäten, die der Erstellung von Medien zugrunde liegen, lassen sich die Bündelung eigen- und fremderstellter redaktioneller Inhalte sowie die Transformation der Inhalte auf ein speicherfähiges Trägermedium verstehen. Als dritte konstituierende Wertschöpfungsaktivität soll die direkte oder indirekte Distribution mit aufgenommen werden. Nur bei einem gemeinsamen Vorliegen dieser drei Aktivitäten soll im Folgenden von einem Medienunternehmen gesprochen werden.

Davon abzugrenzen sind Nicht-Medienunternehmen, die, ebenso wie Medienunternehmen, Teil der Medienwirtschaft sind, bei denen jedoch nicht alle genannten Wertschöpfungsaktivitäten Bestandteil des Geschäftsmodells sind, wie zum Beispiel bei einer Druckerei. Vielmehr werden komplementäre Aufgaben innerhalb der Medienwirtschaft erfüllt. Damit lassen sich Medienunternehmen als planvoll organisierte Wirtschaftseinheiten definieren, in denen die Bündelung eigen- und fremderstellter redaktioneller Inhalte (informatorische und/oder unterhaltende Inhalte), die Transformation dieser Inhalte auf ein speicherfähiges Trägermedium sowie die direkte oder indirekte Distribution vorgenommen werden.

---

[1] Vgl. im Folgenden Wirtz (2007), S. 1182 ff.
[2] Vgl. Wöhe/Döring (2008), S. 2.

Einführung

Diese Abgrenzung erscheint insbesondere vor dem Hintergrund der Vielzahl der bei der Wertschöpfung im Medienbereich involvierten Akteure angemessen. Betrachtet man beispielsweise Fernsehsender, Radiosender, Zeitungsverlage oder Internet-Content-Anbieter, so finden sich durchgängig alle drei der konstituierenden Merkmale von Medienunternehmen. Dagegen finden sich bei Distributoren, logistischen Dienstleistern im Medienbereich (etwa das Pressegrosso im Zeitungs-/Zeitschriftenbereich), Rechteagenturen sowie reinen Händlern von Medienprodukten nicht alle der drei konstituierenden Wertschöpfungsaktivitäten. Sie fokussieren vielmehr auf eine Wertschöpfungsaktivität und unterstützen daher Medienunternehmen im Rahmen des Wertschöpfungsprozesses. In Abbildung 1-5 sind die konstituierenden Merkmale von Medienunternehmen und Beispiele für ihre Abgrenzung aufgeführt.

Abbildung 1-5:   *Abgrenzung von Medienunternehmen*

Abgrenzungskriterium von Medienunternehmen

Medienunternehmen können definiert werden als planvoll organisierte Wirtschaftseinheiten, in denen die Bündelung eigen- und fremderstellter redaktioneller Inhalte (informatorische und/oder unterhaltende Inhalte), die Transformation dieser Inhalte auf ein speicherfähiges Trägermedium sowie die direkte oder indirekte Distribution vorgenommen werden.

Bündelung eigen- und fremderstellter redaktioneller Inhalte	Transformation der Inhalte auf speicherfähiges Trägermedium	Distribution der Inhalte an Rezipienten
• Zusammenstellung verschiedener redaktioneller Inhaltsaspekte und -kategorien (beispielsweise informatorische und unterhaltende Inhalte • Diese Inhalte können eigenerstellt oder auch fremderstellt sein • Abzugrenzen sind redaktionelle Inhalte von Werbeinhalten	• Aufbringen der Inhalte auf Trägermedien, die der Verbreitung von Inhalten dienen • Trägermedium muss nicht zwingend identisch sein mit dem Medium, das der Rezipient letztlich nutzt	• Direkte Übermittlung oder indirekte Übermittlung durch Absatzmittler oder -helfer

Wesentliche Merkmale des Geschäftsmodells von Medienunternehmen

Beispiele für Medienunternehmen	Keine Medienunternehmen im Sinne der Abgrenzungskriterien
• Radiosender • Fernsehsender • Filmstudios • Zeitungsverlage, Zeitschriftenverlage • Buchverlage • Tonträgerhersteller • Video- und Computerspielehersteller • Internet-Content Provider • ...	• Druckerei • Reine Händler von Medienprodukten • Logistik-Dienstleister • Reine Netzbetreiber • Speichermedienhersteller • Selbstständige Künstler/Autoren/Reporter • Werbe- und Mediaagenturen • Rechteagenturen • ...

Kapitel 1: Grundlagen des Medienmanagement

▪ Inhaltlicher Aufbau der Managementlehre

Die Managementlehre im Sinne einer Führungslehre kann in drei Bereiche unterteilt werden:[1]

- Personalführung (Behavioural Sciences),
- Unternehmensforschung/Operations Research (Management Sciences) und
- Unternehmensführung (Business Administration).

Die Personalführung kann als verhaltenswissenschaftliches Teilgebiet der Managementlehre bezeichnet werden. Die Unternehmensforschung/Operations Research ist als formalwissenschaftlicher Teil der Managementlehre anzusehen. Beide Teilgebiete können im Rahmen eines Lehrbuches für Medien- und Internetmanagement jedoch unberücksichtigt bleiben, da sie im Bereich der Allgemeinen Betriebswirtschaftslehre angesiedelt sind und in der Regel keine branchenspezifischen Besonderheiten aufweisen.

Das Medien- und Internetmanagement beschäftigt sich somit ausschließlich mit der Unternehmensführung, die den betriebswirtschaftlichen Teil der Managementlehre darstellt. Unternehmensführung kann als die Gesamtheit derjenigen Handlungen der verantwortlichen Akteure bezeichnet werden, welche die Gestaltung und Abstimmung (Koordination) der Unternehmens-Umwelt-Interaktion im Rahmen des Wertschöpfungsprozesses zum Gegenstand haben und diesen grundlegend beeinflussen.[2] In einer weiteren Dimension wird das Management aus funktionaler und aus institutionaler Sicht betrachtet:[3]

- Managementinstitutionen (Managerial Roles Approach) und
- Managementfunktionen (Managerial Functions Approach).

Gegenstand des Management aus institutionaler Sicht sind Personen und Personengruppen, die Managementfunktionen wahrnehmen und insbesondere ihre Tätigkeiten und Rollen. Während im deutschen Sprachgebrauch der Begriff „Manager" meist auf die oberen Führungsebenen beschränkt bleibt, umfasst er im angelsächsischen Sprachgebrauch Top, Middle und Lower Management, denen allerdings unterschiedliche Aufgabeninhalte zugeordnet werden.[4] Dem Medien- und Internetmanagement liegt in diesem Lehrbuch ein funktionaler Managementbegriff zugrunde, da sich auf diese Weise die Aufgaben des Management besser erfassen lassen.

---

1 Vgl. Staehle (1999), S. 73.
2 Vgl. Macharzina/Wolf (2008), S. 37 f.
3 Vgl. Staehle (1999), S. 80 f.
4 Vgl. Staehle (1999), S. 82 ff.

Einführung

Die funktionsorientierte Sichtweise des Management beschreibt die Prozesse und Funktionen, die in arbeitsteiligen Institutionen zur Steuerung des Leistungsvollzugs notwendig sind. Im Vordergrund steht nicht die Frage, wie betriebliche Teilfunktionen wie zum Beispiel der Einkauf optimal zu erfüllen sind, sondern die übergreifende Planung, Organisation und Kontrolle der Teilfunktionen. Management ist nach diesem Begriffsverständnis eine Querschnittsaufgabe, die den Einsatz der Ressourcen und das Zusammenwirken der Sachfunktionen steuert.[1]

Die Managementfunktionen können in Form eines Managementregelkreises dargestellt werden, der in Abbildung 1-6 veranschaulicht wird. Im Wesentlichen sind hier die Funktionen Planung, Organisation und Kontrolle zu nennen. Einige Autoren nehmen zusätzlich die Funktionen Zielfindung und Zielformulierung sowie Entscheidung in den Regelkreis mit auf. Da der Planungsprozess mit der Zielfindung beginnt und mit der Entscheidung endet, werden sie hier unter dem Begriff der Planung subsumiert.

Abbildung 1-6: *Managementregelkreis*

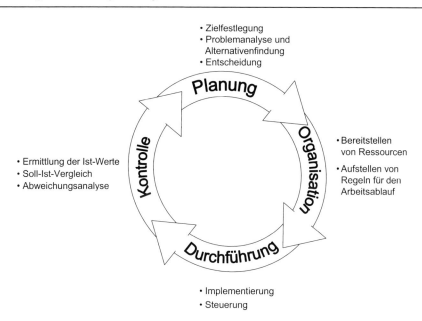

---

[1] Vgl. Steinmann/Schreyögg (2005), S. 6 f.

Kapitel 1: Grundlagen des Medienmanagement

Auch die Durchführung wird regelmäßig in den Management-Regelkreis aufgenommen, obwohl sie keine originäre Funktion des Management darstellt. Dies erfolgt aus formallogischen Gründen, da die Durchführung erstens zeitlich zwischen der Organisation und der Kontrolle liegt und zweitens eine unabdingbare Voraussetzung für die Kontrolle ist, da sie die zu kontrollierenden Ergebnisse liefert. Die Darstellung der Managementfunktionen in Form eines Regelkreises beruht auf der Annahme, dass die Kontrolle auch eine Abweichungsanalyse zwischen geplanten und realisierten Ergebnissen umfasst, die wiederum eine neue Planung und somit einen neuen Management-Zyklus notwendig macht.

■ Media Economics

Die US-amerikanischen Definitionen des Begriffs „Media Economics" weisen als gemeinsamen Nenner den Aspekt des Ressourceneinsatzes beziehungsweise der Ressourcenallokation zur Schaffung von distribuierbaren Inhalten auf, die in Tabelle 1-2 dargestellt sind. Dabei wird vor allem die volkswirtschaftliche Ausrichtung dieser Disziplin deutlich. Zwar beschäftigen sich die „Media Economics" in einigen Teilbereichen auch mit betriebswirtschaftlichen Problemen, doch eine Gleichsetzung mit dem „Medienmanagement" kann daraus nicht abgeleitet werden.

Tabelle 1-2: *Übersicht zu Definitionen von Media Economics*

Autor	Definitionen Media Economics
Picard (1989)	„Media Economics is a term employed to refer to the business and financial activities of firms operating in the various media industries. The operations of these firms are undertaken in the context of given market conditions and technological alternatives and their anticipated financial implications. Media Economics is concerned with how the media industries allocate resources to create information and entertainment content to meet the needs of audiences, advertisers, and other societal institutions."
Albarran (2010)	„Media Economics is the study of how media industries use scarce resources to produce content that is distributed among consumers in a society to satisfy various wants and needs."

■ Medienökonomie

Während die US-amerikanische Bezeichnung „Media Economics" der wirtschaftswissenschaftlichen Forschung zugerechnet werden kann, wurde der Begriff der „Medienökonomie" im deutschsprachigen Raum zunächst vorwiegend von der kommunikationswissenschaftlichen Forschung verwendet. Dies veranschaulicht Tabelle 1-3.[1] Eine in ihrer Bedeutung vollständige und umfassende Übersetzung des Begriffs „Media Economics" kann nicht mit dem deutschen Begriff „Medienökonomie" geleistet werden.

---

[1] Vgl. Heinrich (2001).

Allerdings ist in den Forschungsbemühungen der letzten Jahre ein inhaltlicher Wandel des Begriffs „Medienökonomie" erkennbar. Einerseits verändert sich die Medienökonomie zunehmend von einem geisteswissenschaftlichen zu einem wirtschaftswissenschaftlichen Fach, in dem weniger die kulturellen und sozialen Aspekte als die ökonomischen Aspekte der Medienwirtschaft im Fokus der Betrachtung stehen. Andererseits ist aber auch innerhalb dieser Betrachtungsweise eine Verschiebung von volkswirtschaftlichen zu betriebswirtschaftlichen Schwerpunkten zu erkennen.

Tabelle 1-3: *Übersicht zu Definitionen des Begriffs Medienökonomie*

Autor	Definition Medienökonomie
Heinrich (2001)	„Medienökonomie untersucht, wie die Güter Information, Unterhaltung und Verbreitung von Werbebotschaften in aktuell berichtenden Massenmedien produziert, verteilt und konsumiert werden. Sie untersucht also die ökonomischen Bedingungen des Journalismus."
Kiefer (2005)	„Versucht man eine Definition von Medienökonomie, [...] dann handelt es sich um eine Teildisziplin der PKW [Publizistik- und Kommunikationswissenschaft], die wirtschaftliche und publizistische Phänomene des Mediensystems kapitalistischer Marktwirtschaften mit Hilfe ökonomischer Theorien untersucht."

Die hier dargestellte Bandbreite des Untersuchungsgegenstandes macht die unterschiedlichen Auffassungen über die Zuordnung der Medienökonomie zur Wirtschaftswissenschaft beziehungsweise zur Kommunikationswissenschaft deutlich. Aber auch innerhalb der wirtschaftswissenschaftlichen Disziplin sind unterschiedliche Sichtweisen zwischen volkswirtschaftlichen und betriebswirtschaftlichen Autoren deutlich.

- Media Management

Bei dem Versuch, eine Übersicht zum Medienmanagement aus den Ansätzen des „Media Management" zu erstellen, kommt man zu dem Ergebnis, dass zwar ein grundsätzliches Einvernehmen über den betriebswirtschaftlichen Charakter des Medienmanagement herrscht, dass eine einheitliche Sichtweise jedoch noch nicht vorhanden ist. Im US-amerikanischen Medienschrifttum finden sich Definitionsansätze, die an ein funktionales Managementverständnis angelehnt sind: „Management may be defined as the process of planning, organizing, influencing, and controlling to accomplish organizational goals through the coordinated use of human and material resource,"[1] oder auch „The process of decision making equals the process of managing.

---

[1] Pringle/Starr/McCavitt (2006), S. 3.

Kapitel 1: Grundlagen des Medienmanagement

[...] We define decision making as the allocation of scarce resources by individuals or groups to achieve goals under conditions of uncertainty and risk."[1] Tabelle 1-4 stellt die Definitionen des Media Management von Sherman (1995) und Küng (2008) überblickartig dar.

Tabelle 1-4: Übersicht zu Definitionen des Begriffs Media Management

Autor	Definition Media Management
Sherman (1995)	„Media Management consists of (1) the ability to supervise and motivate employees and (2) the ability to operate facilities and resources in a cost-effective (profitable) manner."
Küng (2008)	„The core task of media management is to build a bridge between the general theoretical disciplines of management and the specificities of the media industry."

- Medienmanagement/Medienbetriebslehre

Auch im deutschsprachigen Bereich ist in den letzten Jahren ein zunehmendes Interesse an Fragestellungen des Medienmanagement festzustellen. Veröffentlichungen in diesem Bereich sind vor allem unter den Stichwörtern „Medienmanagement" und „Medienbetriebslehre" zu finden. Tabelle 1-5 stellt die Definitionen des Medienmanagement beziehungsweise der Medienbetriebslehre von Karmasin/Winter (2002) und Breyer-Mayländer/Werner (2003) überblickartig dar.

Tabelle 1-5: Übersicht zu Definitionen des Begriffs Medienmanagment/Medienbetriebslehre

Autor	Definition Medienmanagement/Medienbetriebslehre
Karmasin/Winter (2002)	„[...] wird Management als die permanente Wahrnehmung, Akkumulation und Artikulation von Alternativwissen und seine Anwendung auf den Leistungserstellungsprozess erkennbar. Diese Anwendung des Alternativwissens sollte dabei insbesondere in der Medienbranche nicht auf betriebswirtschaftliches Wissen eingeschränkt sein. [...] Die Aufgabe von Management ist es [...], Routinen in Organisationen derart durcheinanderzubringen, dass sie sich an veränderte eigene und externe Zustände anpassen können."
Breyer-Mayländer/Werner (2003)	„Medienbetriebslehre [...] umfasst einerseits die Darstellung der Besonderheiten der Medienbranche bezogen auf die Märkte und Produkte und beschreibt andererseits die branchenspezifischen Funktionen der klassischen betriebswirtschaftlichen Funktionen [...]."

---

[1] Sylvie et al. (2008), S. 1 f.

Medienmanagement stellt nach dieser Auffassung eine spezielle Betriebswirtschaftslehre beziehungsweise eine Wirtschaftszweiglehre dar, die allgemeine Fragestellungen der Betriebswirtschaft und des Management auf den besonderen Fall der Medienunternehmen und -produkte anwendet. Bezüglich ihrer Abgrenzung und theoretischen Fundierung sind jedoch große Unterschiede zwischen den Konzepten festzustellen. Neben Darstellungen, die sich weitgehend an der klassischen Betriebswirtschaftslehre orientieren, sind auch interdisziplinär angelegte Vorgehensweisen zu finden.

An dieser Stelle wird der funktionale Managementbegriff des Media Management aufgegriffen und um den Aspekt der Unternehmensführung erweitert. Unternehmensführung stellt ein zielgerichtetes, gestaltendes Eingreifen in den Wertschöpfungsprozess von Unternehmen dar.[1] Medien- und Internetmanagement erhält einen instrumentellen Charakter, da es der Verfolgung unternehmerischer Oberziele dient. Eine institutionelle Betrachtung des Management im Sinne eines Managerial Role Approach wird nicht verfolgt. Dieser Begriffsbestimmung zufolge soll Medien- und Internetmanagement nicht als interdisziplinäre Wissenschaft verstanden werden, sondern vielmehr als eine auf die Medienbranche bezogene Managementlehre.

Tabelle 1-6: *Definition Medien- und Internetmanagement*

Definition Medien- und Internetmanagement
Medien- und Internetmanagement umfasst alle zielgerichteten Aktivitäten der Planung, Organisation, Durchführung und Kontrolle im Rahmen des Erstellungs- und Distributionsprozesses von informativen oder unterhaltenden Inhalten (Content) in Medienunternehmen.

Medien- und Internetmanagement betrifft sowohl die strategische als auch die operative Ebene. Strategie wird als „ein geplantes Maßnahmenbündel der Unternehmung zur Erreichung ihrer langfristigen Ziele verstanden."[2] Im Gegensatz dazu findet operatives Management unter einem kurzfristigen Zeithorizont statt. Marktorientiertes Medien- und Internetmanagement befasst sich dabei vor allem mit den strategischen und handlungsorientierten Optionen in Bezug auf den Absatz medienspezifischer Produkte und Dienstleistungen unter besonderer Berücksichtigung des medienspezifischen Umfelds.

---

[1] Vgl. Macharzina/Wolf (2008), S. 35 ff.
[2] Welge/Al-Laham (2003), S. 13.

1.3 Volkswirtschaftliche Bedeutung von Medien

Die Notwendigkeit einer betriebswirtschaftlichen Durchdringung der Medienbranche ergibt sich aus der wachsenden Bedeutung der Medien als Wirtschaftsfaktor. Durch das Zusammenwachsen von bisher getrennten Wirtschaftsbereichen, wie Telekommunikation, Informationstechnik und Medien, ergeben sich erhebliche gesamtwirtschaftliche und beschäftigungspolitische Veränderungen. Die Innovationen in der Informations- und Kommunikationstechnologie haben den Wandel von einer Industriegesellschaft zur Informationsgesellschaft bewirkt. Hier spielen die Medien, die für die Verbreitung von Informationen mitverantwortlich sind, eine besondere Rolle.

Das zugrundeliegende Prinzip dieser Entwicklung kann mit dem Konzept der Kondratieff-Zyklen erläutert werden, nach dem die Zustandsformen gesellschaftlicher Entwicklungen im Wesentlichen durch technologische Innovationen bestimmt werden, die sinusartige Innovationswellen beziehungsweise -phasen begründen.[1] Der Informations- und Kommunikationstechnologie als Basisinnovation wird dabei eine ebenso große Bedeutung zugeschrieben wie anderen fundamentalen Technologien, wie zum Beispiel der Eisenbahn, der Elektrizität oder der Petrochemie. Damit gibt sie den Anstoß für einen technologischen, wirtschaftlichen und sozialen Wandel, den aktuellen fünften Kondratieff-Zyklus. Dieser ist in Abbildung 1-7 dargestellt.

Abbildung 1-7: Die Entwicklung technologischer Revolutionen[2]

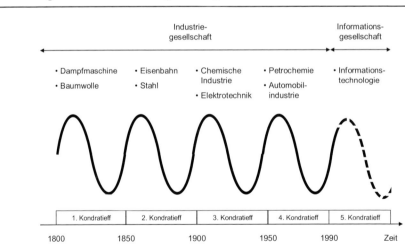

---

1 Vgl. Denger/Wirtz (1995), S. 20.
2 In Anlehnung an Nefiodow (2006), S. 3.

Einführung

Dieser Wandel hat weitreichende Auswirkungen auf die volkswirtschaftliche Beschäftigungssituation. Der Informations- und Kommunikationssektor bildet sich zunehmend zu einem eigenständigen (quartären) Sektor der Volkswirtschaft heraus, wie aus Abbildung 1-8 hervorgeht. Es ist eine Verlagerung der Beschäftigung von den traditionellen Sektoren Landwirtschaft und Produktion zugunsten der Informationswirtschaft zu erkennen.

Diese Entwicklung hat aber auch erhebliche Auswirkungen auf die Arbeitswelt, insbesondere in Form des Wandels von Berufs- und Beschäftigungsfeldern und des Entstehens neuer Arbeitsformen, zum Beispiel Telearbeit. Information wird damit zu einem Produktionsfaktor, dem im internationalen Standortwettbewerb eine immer größere Bedeutung zukommt.

Abbildung 1-8: Entwicklung zur Informationsgesellschaft[1]

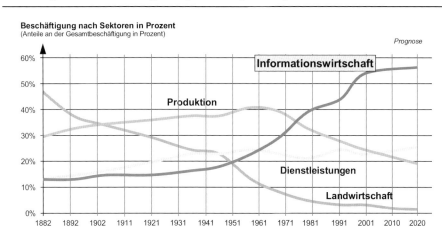

Es wird deutlich, dass sich die Informationswirtschaft gegenwärtig zu einem der wichtigsten Wirtschaftszweige für Wachstum und Beschäftigung entwickelt. In Deutschland waren im Jahr 2008 circa 1,4 Millionen Menschen im Bereich der Informationswirtschaft beschäftigt. Dies wird aus Tabelle 1-7 ersichtlich. Nach Angaben des Bundesverbands Informationswirtschaft, Telekommunikation und neue Medien haben die Unternehmen des Segments Software- und IT-Dienstleistungen im Jahr 2006 insgesamt 10.000 neue Jobs geschaffen, womit sie den Aufwärtstrend des Vorjahrs fortsetzen.[2]

---

[1] In Anlehnung an Dostal (2006), S. 205; Statistisches Bundesamt (2010b).
[2] Vgl. Bundesverband Informationswirtschaft (2007), S. 23.

Kapitel 1: Grundlagen des Medienmanagement

In der volkswirtschaftlichen Gesamtrechnung (VGR) existiert bislang kein einheitlich abgegrenzter Mediensektor als Wirtschaftszweig. Das hat zur Folge, dass internationale Vergleiche und möglichst realistische Prognosen, beispielsweise bezüglich des Erlöspotenzials der privaten Haushalte, aufgrund der vorhandenen statistischen Basis nur schwer zu leisten sind. Aus diesem Grund werden im Schrifttum eine Änderung der statistischen Erfassungskonvention und die Entwicklung einer standardisierten Definition und Erfassungsweise für den Mediensektor gefordert, die von den nationalen Statistikämtern verwendet werden kann.[1]

Tabelle 1-7: Erwerbstätige in der Informationswirtschaft[2]

Bereich	2005	2006	2007	2008
Hardware, Software und Services	**783.600**	**790.800**	**802.500**	**806.300**
Herstellung von Büro- und DV-Geräten	42.900	37.200	38.900	37.900
Software und IT-Dienstleistungen	451.400	477.900	500.700	518.300
Produktion von Nachrichtentechnikgeräten	65.700	61.000	58.000	55.400
Telekommunikationsdienste	223.600	214.700	204.900	194.700
Medien	**568.000**	**594.000**	**605.000**	**616.000**
Verlagsgewerbe	260.000	270.000	275.000	280.000
Werbung	150.000	160.000	163.000	165.000
Film- und Videoherstellung, -verleih, -vertrieb, Filmtheater	36.000	38.000	38.500	40.000
Hörfunk und Fernsehen, Programmherstellung	75.000	77.000	78.500	80.000
Korrespondenz- und Nachrichtenbüros, freie Journalisten	47.000	49.000	50.000	51.000
Insgesamt	**1.351.600**	**1.384.800**	**1.407.500**	**1.422.300**

---

1 Vgl. European Communication Council (2001), S. 34 f.
2 Datenquelle: Bundesagentur für Arbeit (2009); Bundesministerium für Wirtschaft und Technologie (2009), S. 44 ff.

Einführung

1.4 Entwicklung von Medien- und Kommunikationsanwendungen

Die Entwicklung der Medien- und Kommunikationsanwendungen blickt auf eine weitreichende Vergangenheit zurück. Bereits in der menschlichen Vorgeschichte, Antike und dem Mittelalter wurden grundlegende Voraussetzungen für die heutige Medien- und Kommunikationstechnologie geschaffen, auf die im Folgenden zunächst eingegangen wird. Erste im weitesten Sinne medienrelevante Erscheinungsformen traten in der Steinzeit auf. Explizites Wissen, zum Beispiel zu jagende Tiere, Jagdtechniken oder Wanderrouten von Tieren, wurde mithilfe von Höhlenmalereien in Form einer Symbolsprache festgehalten und weitergegeben. Die weltweit ersten Höhlenmalereien stammen circa aus dem Jahre 30.000 v. Chr. und wurden in der französischen Chauvet-Höhle entdeckt.

Erste echte Schriftsysteme entwickelten sich hingegen erst ab circa 3.000 v. Chr. Hierbei gelten die ägyptischen Hieroglyphen neben der sumerischen Keilschrift als die heute ältesten bekannten Schriftsysteme. Beide Schriften waren ursprünglich eine reine Bilderschrift und wurden vor allem von Völkern des alten Orients beziehungsweise in Ägypten und Nubien verwendet. Der Höhepunkt der Schriftenentwicklung liegt allerdings in der Entwicklung der phönizischen Schrift. Der genaue Ursprung der phönizischen Schrift ist bis heute ungeklärt. Sicher ist nur, dass die Phönizier sie circa um 1.500 v. Chr. im östlichen Mittelmeerraum entwickelten und dass mithin alle späteren, modernen Alphabetschriften einschließlich des kyrillischen, griechischen und des lateinischen Alphabets von der phönizischen Schrift abstammen.

Parallel zu den Schriften entwickelte sich in der Antike der zur Weitergabe von Informationen und Wissen notwendige Beschreibstoff. Als bekanntester Vorläufer der heute bekannten Buchform gilt die Papyrusrolle. Die alten Ägypter nutzten Papyrus erstmals 3.000 v. Chr. als Beschreibstoff und ausgehend von Griechenland fand die Papyrusrolle im kompletten römischen Reich eine weite Verbreitung. Obwohl bereits 300 v. Chr. in Griechenland erste einfache Bücher in der heute üblichen Kodex-Form hergestellt wurden, konnte sich die Papyrusrolle bis ins 5. Jahrhundert n. Chr. halten.

Mit der Verbreitung von Papyrusrollen und Kodex-Büchern gewannen Bibliotheken zunehmend an Bedeutung. So gilt beispielsweise die 285 v. Chr. in Ägypten gegründete Bibliothek von Alexandria als die bedeutendste Bibliothek des klassischen Altertums. Im Laufe der Zeit wurden immer mehr Bibliotheken gegründet, die als Wissensbasis für Gelehrte und Philosophen dienten. Eine weitere Verbreitung von Büchern wurde insbesondere im Mittelalter durch Schreiber und Mönche vorangetrieben, die Bücher durch händisches Abschreiben vervielfältigten. Abbildung 1-9 fasst die wesentlichsten Punkte der Entwicklung der Medien- und Kommunikationsanwendungen der Vorgeschichte, der Antike und des Mittelalters zusammen.

Abbildung 1-9: Entwicklung der Medien- und Kommunikationsanwendungen (Steinzeit bis Mittelalter)

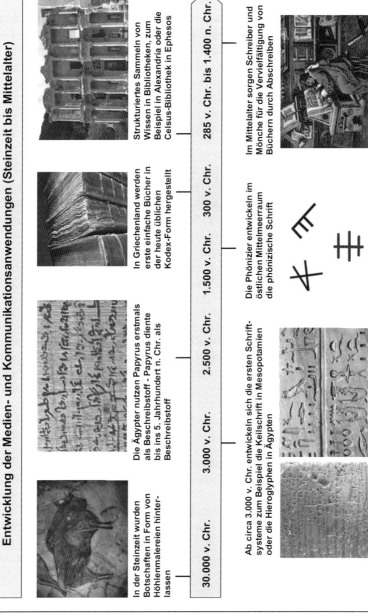

Einführung

Als eine der wichtigsten medienrelevanten Erfindungen gilt der von Johannes Gutenberg 1450 in Mainz entwickelte Buchdruck mit beweglichen Metall-Lettern (Mobilletterndruck). Gutenbergs Erfindung revolutionierte die Buchproduktion und gilt als der wesentliche Auslöser der Medienentwicklung. Mit Gutenbergs Buchdruckverfahren waren die Voraussetzungen für die Etablierung der Medienarten Zeitung und Zeitschrift geschaffen. Somit erschien 1605 in Straßburg im Elsass unter dem Titel „Relation aller fürnemmen und gedenckwürdigen Historien" die erste Zeitung der Welt und 1665 publizierte Denis de Sallo unter dem Titel „Journal des sçavans" in Paris (Frankreich) die erste Zeitschrift der Welt.

Eine weitere bahnbrechende Erfindung der Medien- und Kommunikationstechnologie wird Philipp Reis zugeschrieben, dem es 1861 in Friedrichsdorf gelingt, erstmals eine funktionierende elektrische Fernsprechverbindung aufzubauen. Philipp Reis gilt somit als zentraler Wegbereiter des Telefons. Aufbauend auf der Grundlagenforschung von Philipp Reis entwickelte Alexander Graham Bell den Reis'schen Telefonapparat bis zur Marktreife weiter. Vier Jahre später erfindet der Däne Hans Rasmus Johann Malling-Hansen die erste serienreife Schreibmaschine, die sogenannte Skrivekugle (Schreibkugel). Eine erste akzeptable Übertragung eines Bildes mittels eines Faxgerätes gelang hingegen 1904 dem deutscher Physiker Arthur Korn, die sogenannte Korn-Übertragung über eine Telefonleitung von München nach Nürnberg und zurück.

Eine für die Musikindustrie wesentliche Erfindung stammt von Emil Berliner. Der gebürtige Hannoveraner erfindet 1887 die Schallplatte und das Grammophon. Nur ein Jahr später präsentiert der Franzose Louis Le Prince die ersten Filmaufnahmen der Geschichte. Mit seinem nur zwei Sekunden langen Bewegtbildfilm „Roundhay Garden Scene" gilt Louis Le Prince als Begründer der Filmindustrie. Hierauf aufbauend produziert 1927 das Filmstudio Warner Bros. unter der Regie von Alan Crosland und mit Al Jolson in der Hauptrolle den ersten Tonfilm in Spielfilmqualität überhaupt. Zwei Jahre später strahlte BBC in Großbritannien die erste Fernsehsendung der Welt aus.

Die für die Radioindustrie wichtigsten Errungenschaften stammen 1895 von Nikola Tesla, Guglielmo Marconi, Alexander Popow. Ihnen wird die Entwicklung der technischen Grundlagen des Rundfunks zugeschrieben. Allerdings gelang es dem kanadischen Erfinder und Rundfunkpionier Reginald Fessenden erst elf Jahre später, von Brant Rock (USA) aus die erste Radiosendung zu übertragen. Abbildung 1-10 fasst die genannten Punkte der Entwicklung der Medien- und Kommunikationsanwendungen von 1450 bis 1930 zusammen.

Kapitel 1: Grundlagen des Medienmanagement

Abbildung 1-10: Entwicklung der Medien- und Kommunikationsanwendungen (1450 bis 1930)

Entwicklung der Medien- und Kommunikationsanwendungen (1450 bis 1930)

1450	Johannes Gutenberg erfindet den Buchdruck mit beweglichen Metall-Lettern
1605	Johann Carolus gründet die erste Zeitung der Welt „Relation"
1665	Denis de Sallo publiziert die erste Zeitschrift der Welt, das „Journal des Sçavans"
1861	Erfindung des Telefons und Aufbau der ersten funktionierenden Sprechverbindung durch Philipp Reis
1865	Rasmus Malling-Hansen erfindet die erste serienreife Schreibmaschine
1887	Emil Berliner erfindet das Grammophon und die Schallplatte
1888	Louis Le Prince präsentiert den ersten Bewegtbildfilm „Roundhay Garden Scene"
1895	Erfindung der technischen Grundlagen des Rundfunks von Nikola Tesla, Guglielmo Marconi, Alexander Popow
1904	Erste akzeptable Übertragung eines Bilds mittels eines Faxgeräts durch Arthur Korn
1906	Reginald Fessenden überträgt von Brant Rock aus die erste Radiosendung
1927	Erster abendfüllender Tonfilm unter der Regie von Alan Crosland
1929	Austrahlung der ersten Fernsehsendung durch BBC

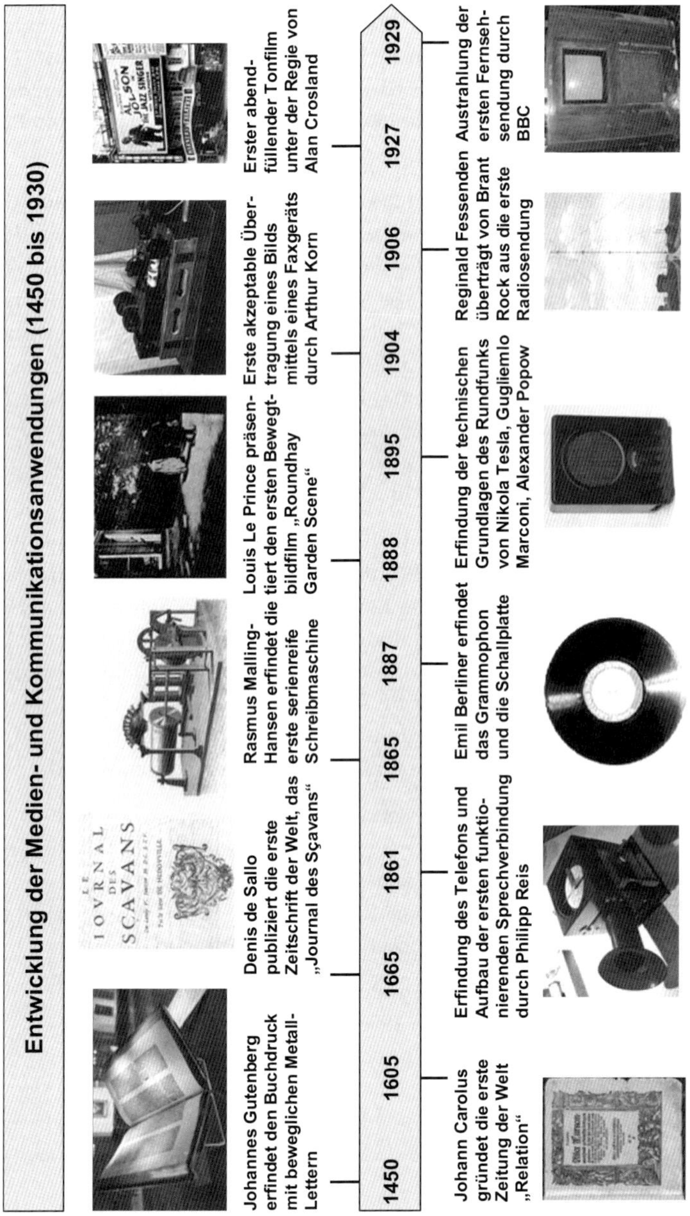

Einführung

Die Zeit vor 1930 ist hauptsächlich geprägt durch grundlegende Erfindungen der Medien- und Kommunikationstechnologie. Diese grundlegenden Erfindungen werden nach 1930 kontinuierlich weiterentwickelt und ergänzt. 1941 erfindet der deutsche Bauingenieur, Erfinder und Unternehmer Konrad Ernst Otto Zuse den ersten vollautomatischen, programmgesteuerten und frei programmierbaren Computer der Welt. Hierauf aufbauend entwickelt A. Sandy Douglas 1952 an der University of Cambridge (Großbritannien) das erste grafische Computerspiel „Noughts And Crosses" und gilt somit als ein Pionier der Computerspieleindustrie.

Eine weitere essentielle Entwicklung für die Video- und Computerspieleindustrie leistete 1967 der deutsch-amerikanische Spieleentwickler Ralph H. Baer, die erste für den Heimbedarf gedachte Spielekonsole Odyssey. Schließlich bereitete IBM durch die Vorstellung des ersten Personal Computer 1981 den Weg des Rechners in den privaten Haushalt und setzt grundlegende Maßstäbe für die Medien- und Kommunikationstechnologie. Unterstützt wird diese Entwicklung durch das vier Jahre später herausgebrachte Programm Windows 1.0. Mithilfe der grafischen Benutzeroberfläche soll der Umgang mit dem MS-DOS-Betriebssystem erleichtert werden.

Die Musikindustrie wird insbesondere durch Entwicklungen geprägt, mit deren Hilfe es möglich ist, Töne beziehungsweise Stimmen zu speichern und zu distribuieren. Als Grundlage für die von Philips 1963 vorgestellte Kassette und den zugehörigen Kassettenrekorder gilt das 1935 von dem deutschen Ingenieur Eduard Schüller entwickelte erste funktionierende Tonbandgerät. Allerdings führen Philips und Sony bereits 19 Jahre nach der Erfindung der Kassette (1982) die CD und den CD-Player ein.

Für die TV- und Filmindustrie ist hingegen im Zusammenhang mit der Speicherung und Distribution die Entwicklung des Videorekorders 1951 von dem US-amerikanischen Pionier der Magnetbandaufzeichnungstechnik Charles Paulson Ginsburg wichtig. Darüber hinaus gilt die Einführung des Farbfernsehens 1953 in den USA als ein weiterer wichtiger Meilenstein in der Entwicklung der Medien- und Kommunikationstechnologie für den TV- und Filmbereich.

Weitere wichtige Errungenschaften nach 1930, die ausschlaggebend sind für eine zunehmende Digitalisierung der Medien- und Kommunikationstechnologie, ist die Inbetriebnahme des weltweit ersten Mobilfunknetzes in den USA (1946) und das von Paul Baran und Donald Watts Davies 1969 erschaffene erste dezentrale Netzwerk ARPANET. Abbildung 1-11 fasst die genannten Punkte der Entwicklung der Medien- und Kommunikationsanwendungen von 1930 bis 1985 zusammen.

Kapitel 1: Grundlagen des Medienmanagement

Abbildung 1-11: Entwicklung der Medien- und Kommunikationsanwendungen (1931 bis 1985)

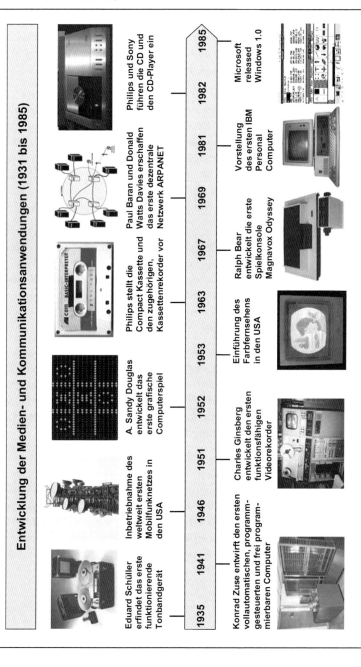

Einführung

Seit dem Start des World Wide Web 1989 prägt das Internet in zunehmendem Maß die Medienausgestaltung und löste einen Digitalisierungstrend der Medien- und Kommunikationsanwendungen aus, der bis heute anhält. So sendete beispielsweise der Sender WXYC bereits 1994 als erste traditionelle Radiostation sein Programm über das Internet (89.3 FM Chapel Hill, North Carolina USA) und Zattoo übertrug 2006 erstmals breitbandige Anwendungen, wie Fernsehprogramme und Filme, über das Internet.

Darüber hinaus entstehen neuartige Firmen, die Dienstleistungen anbieten, um die vorhandenen Informationen im Internet zu finden beziehungsweise zu organisieren. Das am 4. September 1998 von Larry Page und Sergei Brin gegründete Unternehmen Google Inc. ist hierbei das bekannteste und größte Unternehmen mit dem Ziel „to organize the world's information and make it universally accessible and useful."[1]

Für die Musikindustrie ist die Digitalisierung in dem Sinne weiter vorgeschritten, dass 1995 erstmals ein standardisiertes Verfahren zur Speicherung und Übertragung von Musik vorgestellt wird (MP3). Das MP3-Format wurde ab 1982 von einer Gruppe um Karlheinz Brandenburg unter der Leitung von Prof. Dr.-Ing. Hans-Georg Musmann am Fraunhofer-Institut für Integrierte Schaltungen in Erlangen sowie an der Friedrich-Alexander-Universität Erlangen-Nürnberg in Zusammenarbeit mit Thomson und AT&T Bell Labs entwickelt. Hierauf aufbauend gelingt es Apple Inc., mit der Entwicklung und dem Vertriebs des iPods beziehungsweise von iTunes, die digitale Musikdistribution zu etablieren.

Ein weiterer wichtiger Trend in der Entwicklung der Medien- und Kommunikationstechnologie enstand mit der Einführung des ersten Smartphones von Nokia 1996. Dieser Trend wird durch die Weiterentwicklung der Mobilfunknetze unterstützt. So gilt beispielsweise die 2001 stattgefundene Inbetriebnahme des weltweit ersten UMTS-Netzes auf der Isle Of Man durch die dort ansässige Firma Manx Telecom, als ein wesentlicher Meilenstein für die mobile Medien- und Kommunikationstechnologie. Allerdings ließ eine Weiterentwicklung nicht lange auf sich warten. Die schwedische Firma TeliaSonera nahm bereits am 15. Dezember 2009 in Stockholm (Schweden) und Oslo (Norwegen) die ersten kommerziellen LTE-Netzwerke in Betrieb.

Letztlich sind noch zwei Neuerungen im Bereich der Buch- und der TV-Industrie zu nennen. Zum einen die seit 2007 zunehmende Etablierung der digitalen Version von Büchern, der sogenannten E-Books, und zum anderen seit 2010 der Verkauf der ersten Fernsehgeräte mit 3D-Abspieltechnologie. Abbildung 1-12 fasst die genannten Punkte der Entwicklung der Medien- und Kommunikationsanwendungen von 1986 bis 2010 zusammen.

---

[1] Google Inc. (2011b).

Kapitel 1: Grundlagen des Medienmanagement

Abbildung 1-12: Entwicklung der Medien- und Kommunikationsanwendungen (1986 bis 2010)

Entwicklung der Medien- und Kommunikationsanwendungen (1986 bis 2010)

1989	Start des World Wide Webs
1994	Als erste traditionelle Radiostation sendet WXYC (89.3 FM Chapel Hill, NC USA) über das Internet
1995	Karlheinz Brandenburg entwickelt ein standardisiertes Verfahren zur Speicherung und Übertragung von Musik (MP3)
1996	Nokia entwickelt und vertreibt die ersten Smartphones
1998	Lawrence Edward Page und Sergei Brin gründen den Internetdienstleister Google Inc.
2001	Manx Telekom nimmt eines der weltweit ersten UMTS-Netze auf der Isle Of Man in Betrieb
2002	Apple etabliert mit Hilfe des Itunes/Ipod die digitale Musikdistribution
2006	Zattoo überträgt erstmals breitbandige Anwendungen, wie Fernsehprogramme und Filme, über das Internet
2007	Etablierung der digitalen Version von Büchern (E-Books)
2009	Inbetriebnahme der ersten kommerziellen LTE-Netzwerke von TeliaSonera in Stockholm und Oslo
2010	Verkauf der ersten Fernsehgeräte mit 3D-Abspieltechnologie

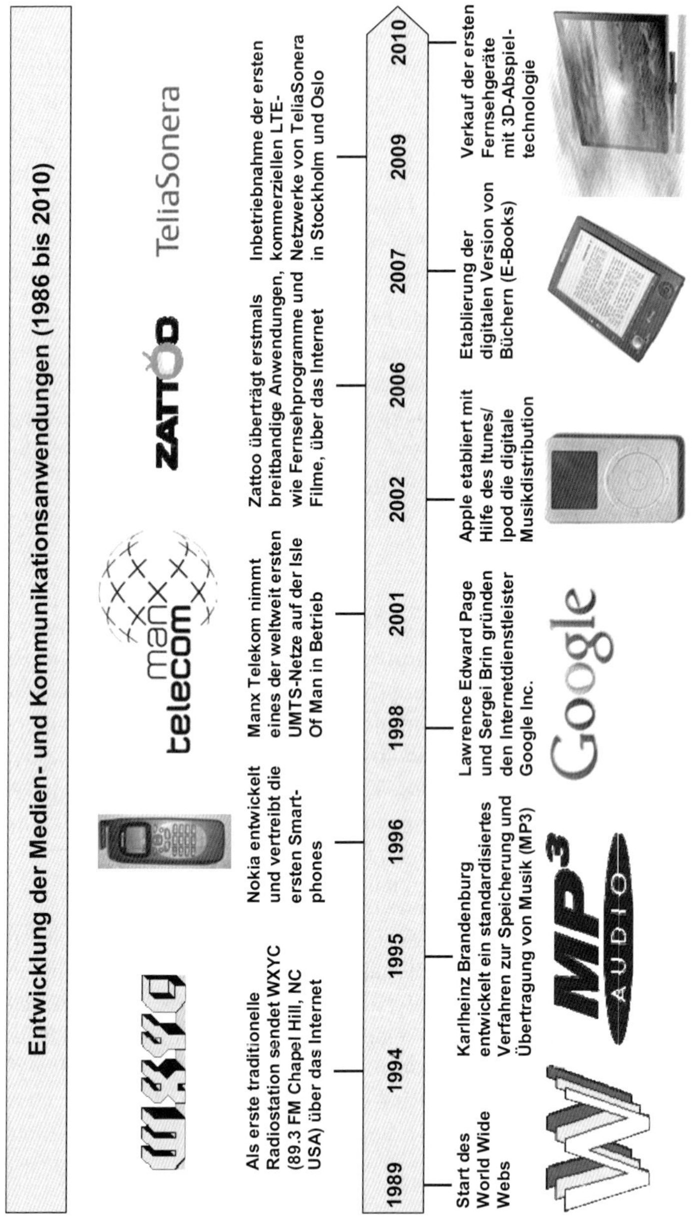

2 Besonderheiten von Medienmärkten

Medienmärkte weisen Besonderheiten auf, die sie von anderen Sektoren einer Volkswirtschaft unterscheiden. Diese Besonderheiten müssen vom Management eines Medienunternehmens zur erfolgreichen Unternehmensführung berücksichtigt werden. Nach einer Abgrenzung der Medienmärkte wird deshalb auf den mehrdimensionalen Wettbewerb auf den Medienmärkten eingegangen. Darauf aufbauend werden die besonderen Produkteigenschaften von Medienprodukten und die Marktstruktur auf den Medienmärkten erläutert.

2.1 Abgrenzung der Medienmärkte

Ökonomischer Wettbewerb vollzieht sich als dynamischer Prozess auf Märkten. Um die Aktionsparameter von Medienunternehmen im Wettbewerb darstellen zu können, ist es deshalb sinnvoll, zunächst die Märkte abzugrenzen, auf denen Medienunternehmen agieren. Die spezifische Besonderheit von Medienunternehmen besteht darin, dass sie ihre Leistungen nicht nur auf einem, sondern auf zwei Absatzmärkten gleichzeitig absetzen.

Die Leistungen, die von Medienunternehmen erbracht werden, stellen in der Regel ein Leistungsbündel aus Information und Unterhaltung (Content) einerseits und Werberaum andererseits dar.[1] Diese beiden Teilleistungen werden auf unterschiedlichen Märkten gehandelt. Für den Content sind dabei die Konsumentenmärkte relevant. Konsumenten werden in den Medienwissenschaften auch als Rezipienten bezeichnet. Abbildung 2-1 zeigt, dass sich die Absatzmärkte auf Konsumentenseite vor allem durch die Art und Weise, wie die Rezipienten den Medieninhalt aufnehmen, unterscheiden, zum Beispiel als Leser oder Hörer. Die Werberaumleistung hingegen wird auf Werbemärkten mit der werbungtreibenden Wirtschaft gehandelt.

Medienunternehmen stellen den Content, der in ihrem Leistungsbündel enthalten ist, in der Regel nicht vollständig in Eigenproduktion her. Sowohl im Informationsbereich als auch im Unterhaltungsbereich sind deshalb auch die Beschaffungsmärkte für die Inhalte von Bedeutung. Die Relevanz der Beschaffungsmärkte variiert, da der Anteil des eigenproduzierten Content sowohl in Abhängigkeit von der jeweiligen Branche als auch branchenintern unterschiedliche Ausmaße annimmt. Darüber hinaus stellen die Beschaffungsmärkte für Inhalte teilweise auch Absatzmärkte für Medienunternehmen dar. Die Unternehmen können beispielsweise die kompletten Rechte an einem Ereignis kaufen und in Form von Zweitverwertungsrechten wieder weiterverkaufen. Darüber hinaus besteht die Möglichkeit, eigene Produktionen weiterzuverwerten.

---

1 Vgl. Wirtz (1994), S. 18.

Kapitel 1: Grundlagen des Medienmanagement

Abbildung 2-1: Abgrenzung der Medienmärkte[1]

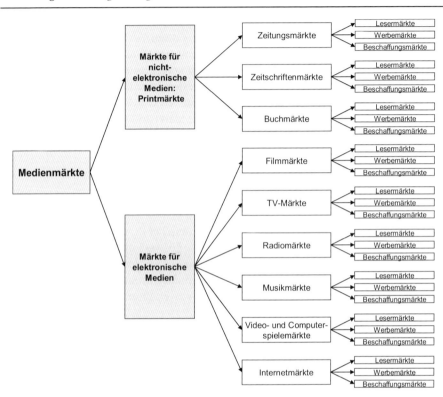

Im Rahmen dieses Lehrbuchs werden vorwiegend Unternehmen untersucht, die Content zur Verwertung in eigenen Medien produzieren und für die die Verwertung auf den Inhaltemärkten nur Nebenzweck ist. Neben den Inhalte-Beschaffungsmärkten sind Medienunternehmen noch auf weiteren Beschaffungsmärkten aktiv, wie zum Beispiel Finanzmärkten oder Personalmärkten. Da hier jedoch keine grundsätzlichen medienspezifischen Charakteristika vorliegen, wird auf diese Märkte nur bei branchenspezifischer Relevanz eingegangen. Eine sachliche Abgrenzung der Werbe-, Rezipienten- und Beschaffungsmärkte setzt die Bestimmung aller sich in ihren Eigenschaften, ihrem Verwendungszweck und ihrer Preislage nahestehenden Güter voraus, die die Verbraucher für die Deckung ihrer Bedürfnisse als geeignet ansehen, nachdem sie die Angebote miteinander verglichen und als austauschbar bewertet haben.[2] Für die genannten Märkte können dazu folgende Aussagen gemacht werden.

---

[1] In Anlehnung an Wirtz (1994), S. 26.
[2] Vgl. Markert (1981), S. 305.

- Die unterschiedlichen spezifischen Darstellungsformen der Werbung in den einzelnen Medien sprechen für getrennt zu behandelnde Werbemärkte in den Bereichen Zeitung und Zeitschriften, Buch, Film, TV, Radio, Musik, Video- und Computerspiele sowie Internet.[1] Zahlreiche Intermedien-Studien belegen, dass die einzelnen Medien große Unterschiede in der Wahrnehmungs- und Gestaltungsform aufweisen, sodass in diesem Zusammenhang nicht von substituierbaren, sondern vielmehr von komplementären Werbeträgern gesprochen werden kann. Der Aspekt der einzelnen Medien als Werbeträger wird in den branchenspezifischen Kapiteln dargestellt.

- Im Rezipientenmarkt stellen die Leistungen der jeweils anderen Mediengattungen ebenfalls abgrenzungsrelevante Bereiche dar. So werden beispielsweise Leistungen im Bereich Zeitungen und Zeitschriften im Allgemeinen nicht als funktionell austauschbare Substitute zu Fernsehangeboten gesehen.[2] Unterschiede ergeben sich primär aus den Nutzungsmöglichkeiten der Rezipienten, die zum Beispiel im Bereich der Nachrichtenberichterstattung liegen. Nachrichten in Zeitungen und Zeitschriften unterliegen in ihrer zeitlichen und räumlichen Nutzung beinahe keinen Beschränkungen, während die Nutzung von TV- oder Radioinhalten in der Regel nur zum Zeitpunkt ihrer Ausstrahlung und auch nur in Verbindung mit einem empfangsbereiten Gerät möglich ist. Über das Internet distribuierte Inhalte sind zwar derzeit noch größtenteils zeitlich unabhängig nutzbar, wenn man von „Live Broadcasts" absieht, setzen aber ebenso wie die TV-, Radio- oder Musikangebote ein funktionsfähiges Gerät voraus.

- Der Inhalte-Beschaffungsmarkt ist der Markt, in dem Medienunternehmen ihren Bedarf an verwertbaren beziehungsweise distribuierbaren Inhalten decken. Aus Sicht der nachfragenden Medienunternehmen erscheint es auch hier sinnvoll, von unterschiedlichen Teilmärkten für die jeweiligen Mediengattungen auszugehen.

In Abbildung 2-2 werden die Teilmärkte des Mediensektors dargestellt. Dabei wird deutlich, dass zwischen den Märkten starke Interdependenzen bestehen. Die Beziehungen zwischen den Märkten sind jedoch von unterschiedlicher Intensität. So existiert eine starke Beziehung zwischen dem Inhaltebeschaffungs- und dem Rezipientenmarkt, da die Attraktivität der Inhalte den Nachfrageerfolg bei den Rezipienten maßgeblich bestimmt. Eine ebenso starke Beziehung existiert zwischen dem Werbe- und Rezipientenmarkt, da der Erfolg bei den Rezipienten die Höhe der Werbeeinnahmen maßgeblich beeinflusst. Vor allem in Bereichen, in denen die Inhaltebeschaffung mit hohen Investitionen verbunden ist, wie beispielsweise bei Sendelizenzen für Sportübertragungen im TV-Bereich, sind die potenziell erzielbaren Werbeeinnahmen eine wichtige Bestimmungsgröße für die Investitionshöhe in diesem Bereich und damit letztlich auch wieder eine Bestimmungsgröße für die Attraktivität der Inhalte.

---

[1] Vgl. Wirtz (1994), S. 23.
[2] Vgl. Mestmäcker (1978), S. 80 f.

Abbildung 2-2: Interdependenzstruktur der Medienmärkte[1]

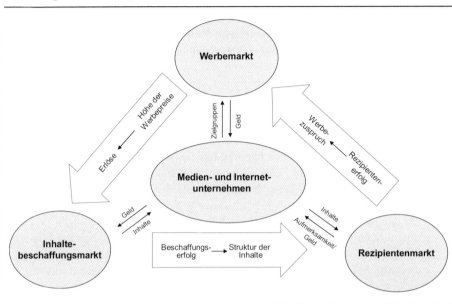

2.2 Mehrdimensionaler Wettbewerb

Der Wettbewerb von Medienunternehmen kann in unterschiedlichen Dimensionen betrachtet werden. Die erste Dimension ist die Art des Wettbewerbs. Die zweite Dimension stellen die unterschiedlichen Teilmärkte dar, auf denen Medienunternehmen miteinander konkurrieren. Die Unterscheidung zwischen intra- und intermediären Wettbewerb beschreibt die dritte Wettbewerbsdimension. Schließlich geht es in der vierten Dimension um den Wettbewerbsgegenstand an sich und somit um die Frage, worum die Medienunternehmen auf den Märkten konkurrieren. Die genannten vier Dimensionen des Wettbewerbs von Medienunternehmen werden nachfolgend einzeln beschrieben.

In der ersten Dimension des Wettbewerbs von Medienunternehmen wird nach der Art des Wettbewerbs, das heißt zwischen ökonomischen und publizistischen Wettbewerb unterschieden.[2] Der Unterschied zwischen ökonomischem und publizistischem Wettbewerb liegt in der Anwendung unterschiedlicher Maßstäbe zur Bewertung der Wett-

---

[1] In Anlehnung an Wirtz (1994), S. 19.
[2] Vgl. Kantzenbach (1988), S. 79 ff.; Wirtz (1994), S. 203 ff.

bewerbsergebnisse. Als ökonomischer Wettbewerb wird ein Wettbewerb bezeichnet, dessen Erfolgsmaßstab monetär ausgedrückt wird und sich in Gewinn, Marktanteilen, Absatz- oder Umsatzzahlen messen lassen kann. Der publizistische Wettbewerb dagegen unterliegt stärker qualitativen Erfolgsmaßstäben wie beispielsweise Aktualität der Information, Meinungsvielfalt oder Ausgewogenheit in der Berichterstattung.

Das kommunikationswissenschaftliche Schrifttum spricht von einem Widerspruch zwischen ökonomischem und publizistischem Wettbewerb.[1] Allerdings bleibt zu klären, ob in bestimmten Bereichen nicht enge Zusammenhänge zwischen beiden Sachverhalten bestehen. Dazu muss abhängig von der Medienbranche untersucht werden, ob Erfolge im publizistischen Wettbewerb nicht letztendlich auch zu Erfolgen im ökonomischen Wettbewerb führen, beziehungsweise ob ökonomisch erfolgreiche Medienunternehmen nicht zugleich auch publizistisch erfolgreiche Medienunternehmen darstellen.[2]

In der zweiten Dimension wird eine teilmarktspezifische Betrachtung des Wettbewerbs vorgenommen. Dabei ist der Wettbewerb auf den Rezipientenmärkten für Medienunternehmen der wichtigste, da auf dem Rezipientenmarkt einerseits ein bedeutender Teil der Erlöse erzielt wird, und andererseits der Erfolg auf den Rezipientenmärkten hohen Einfluss auf den Erfolg im Werbemarkt hat. Aufgrund der unterschiedlichen Anteile der Werbeerlöse an den Gesamterlösen ist die Bedeutung des Wettbewerbs auf dem Werbemarkt bei den verschiedenen Mediengattungen unterschiedlich hoch. Gleiches gilt für die Beschaffungsmärkte, da die Anteile von Eigen- und Fremdproduktion je nach Medienbranche variieren.

Als dritte Dimension des Medienwettbewerbs gilt die Unterscheidung zwischen intermediärem und intramediärem Wettbewerb. Zum einen unterliegen alle Medienprodukte einem kategorienimmanenten Wettbewerb. Dieser wird auch als intramediärer Wettbewerb bezeichnet, da hier die unterschiedlichen Produkte einer Medienkategorie auf allen Märkten miteinander in Konkurrenz stehen.

Beispielhaft können hier überregionale Tageszeitungen (Frankfurter Allgemeine Zeitung versus Süddeutsche Zeitung) oder Fernsehsender (RTL versus ProSieben) genannt werden. Zum anderen stehen Mediengattungen auch untereinander im Wettbewerb, das heißt es besteht zum Beispiel eine Wettbewerbssituation zwischen Print- und TV-Produkten (intermediärer Wettbewerb). Die Wettbewerbsintensität hängt von der Substituierbarkeit der Medien ab.

---

[1] Vgl. Knobloch/Schneider (1999), S. 13.
[2] Vgl. Beck (2005), S. 63 ff.

Die Substituierbarkeit zwischen den einzelnen Mediengattungen ist unterschiedlich hoch und hängt von den Funktionen ab, die sie für die Rezipienten erfüllen. So besteht beispielsweise zwischen den Medien Zeitung und Internet eine höhere Substituierbarkeit als zwischen Zeitung und TV, da TV-Programme im Gegensatz zu Zeitungen Bewegtbilder einsetzen und vorwiegend zur Unterhaltung genutzt werden. Die Frage des Wettbewerbsgegenstands als vierte Dimension des Medienwettbewerbs ist lediglich für die Konsumentenmärkte von Relevanz.

Während auf den Werbemärkten ein Wettbewerb um die Werbemittel der werbungtreibenden Wirtschaft und auf den Inhalte-Beschaffungsmärkten ein Wettbewerb um attraktiven Content herrscht, ist die Wettbewerbssituation auf den Konsumentenmärkten zunächst nicht eindeutig. Einerseits konkurrieren Medienunternehmen um die Ausgaben für den Kauf von Medienprodukten, andererseits auch um das Zeitbudget und die Aufmerksamkeit der Rezipienten.

Der Anteil der Ausgaben für Medienprodukte privater Haushalte am gesamten privaten Konsum lag in den letzten Jahren relativ konstant bei etwa 6%.[1] Durch die Medienausgaben der Rezipienten erzielen Medienunternehmen Verkaufserlöse. Während jedoch beispielsweise Bücher zum größten Teil durch Verkaufserlöse finanziert werden, fallen im Free TV keine Verkaufserlöse an, sodass TV-Sender nicht im Wettbewerb um Medienausgaben, sondern um das Zeitbudget der Zuschauer stehen.

Zeit ist ein knappes Gut. Daher ist die Mediennutzung aus Sicht der Rezipienten immer mit Opportunitätskosten verbunden. Unter Opportunitätskosten werden die Kosten des entgangenen Nutzens verstanden, da in der Zeit der Mediennutzung die Ausübung anderer Aktivitäten nicht oder nur eingeschränkt möglich ist.

Selbst wenn die Mediennutzung nicht mit einem monetären Entgelt verbunden ist, entstehen dem Rezipienten Kosten in Form von Opportunitätskosten. Daher kommt es auch bei Medien, für deren Nutzung kein Entgelt erhoben wird, zu einem Wettbewerb, dessen Gegenstand das Zeitbudget der Rezipienten ist. Abbildung 2-3 fasst die Ausführungen zu den vier Dimensionen des Wettbewerbs von Medienunternehmen überblicksartig zusammen.

---

[1] Vgl. Statistisches Bundesamt (2010a).

Abbildung 2-3: Die Dimensionen des Wettbewerbs von Medienunternehmen

Dimensionen des Wettbewerbs von Medienunternehmen			
1. Dimension: Ökonomischer versus publizistischer Wettbewerb	**2. Dimension: Multimarktwettbewerb**	**3. Dimension: Inter- versus intramediärer Wettbewerb**	**4. Dimension: Nachfragekomponentenwettbewerb**
• Der ökonomische Wettbewerb wird mithilfe von quantitativen Erfolgsmaßstäben ausgedrückt (zum Beispiel Gewinn, Marktanteil, Absatz- oder Umsatzzahlen) • Der publizistische Wettbewerb wird mithilfe von qualitativen Erfolgsmaßstäben ausgedrückt (zum Beispiel Aktualität und Qualität der Informationen, Meinungsvielfalt)	• Teilmarktspezifische Betrachtung des Wettbewerbs von Medienunternehmen (Rezipientenmärkte, Werbemärkte, Beschaffungsmärkte) • Rezipientenmärkte sind von besonderer Wichtigkeit für Medienunternehmen, da hier ein hoher Erlösanteil besteht und somit der Einfluss auf den Erfolg im Werbemarkt groß ist	• Der intermediäre Wettbewerb bezeichnet den Wettbewerb von Mediengattungen untereinander, wobei die Wettbewerbsintensität von der Substituierbarkeit der einzelnen Mediengattungen abhängig ist • Der intramediäre Wettbewerb bezeichnet hingegen die Konkurrenz von unterschiedlichen Produkten einer Medienkategorie auf allen relevanten Märkten	• Für die Konsumentenmärkte von Relevanz • Auf den Konsumentenmärkten besteht ein Wettbewerb um die Ausgaben für den Kauf von Medienprodukten, um das Zeitbudget und die Aufmerksamkeit der Rezipienten • Dabei müssen insbesondere auch die Opportunitätskosten der Rezipienten berücksichtigt werden

2.3 Produktspezifika

„The first and most serious mistake that an analyst of the television industry can make is to assume that TV stations are in business to produce programs. They are not. TV stations are in business of producing audiences. These audiences, or means of access to them, are sold to advertisers."[1] Diese Aussage von Owen/Beebe/Manning (1974) lässt sich nahezu auf den gesamten Mediensektor übertragen und verdeutlicht, dass es sich bei Medien um komplexe Produkte handelt, die verschiedene Gütereigenschaften vereinen. Diese Produktspezifika resultieren unter anderem aus der Erlösstruktur und dem Produktionsprozess von Medien. Da die Produktspezifika zahlreiche Managementaspekte, wie zum Beispiel die Produktpolitik betreffen, werden sie hier näher erörtert.

■ Medienprodukte als Verbundprodukte

Medienerlöse setzen sich üblicherweise aus Verkaufs- und Werbeerlösen zusammen. Medien agieren gleichzeitig auf Rezipienten- und Werbemärkten und bieten auf jedem dieser Märkte eine Leistung an. Die Leistung besteht auf den Rezipientenmärkten aus einer Kombination von Informations- und/oder Unterhaltungsleistung (Content) und auf dem Werbemarkt aus der Möglichkeit, Werbebotschaften über das Medium an die

---

[1] Owen/Beebe/Manning (1974), S. 4.

Kapitel 1: Grundlagen des Medienmanagement

Rezipienten zu übermitteln. Es wird die Erreichung einer möglichst hohen Anzahl von Zielgruppenkontakten bei gleichzeitiger Minimierung der Streuverluste angestrebt. Da die Leistung auf dem Werbemarkt nicht unabhängig von der Leistung auf dem Rezipientenmarkt erbracht werden kann, sondern beide Leistungsbestandteile in einem Endprodukt vereint werden, handelt es sich bei der Medienproduktion um eine Verbundproduktion.

Bei der Herstellung eines Medienprodukts müssen die Anforderungen der Rezipienten und der Werbekunden vom Management gleichermaßen berücksichtigt werden, um den langfristigen Markterfolg sicherzustellen. So ist zum Beispiel das Verlangen von Zeitungslesern nach einer objektiven und umfassenden Berichterstattung abzuwägen gegen die Interessen der Werbekunden an einer Berichterstattung, die sich möglichst an der werblich interessanten Zielgruppe orientiert. Abbildung 2-4 fasst den Sachverhalt Medienprodukte als Verbundprodukte grafisch zusammen.

Abbildung 2-4: Medienprodukte als Verbundprodukte

Input-Akteure	Produktkategorien	Akteure Rezipientenmarkt
	Verbundprodukte	
Zum Beispiel eigene Redaktion, Nachrichtenagenturen	Content	Rezipienten
Werbendes Unternehmen, Werbemarkt	Werbung	Rezipienten

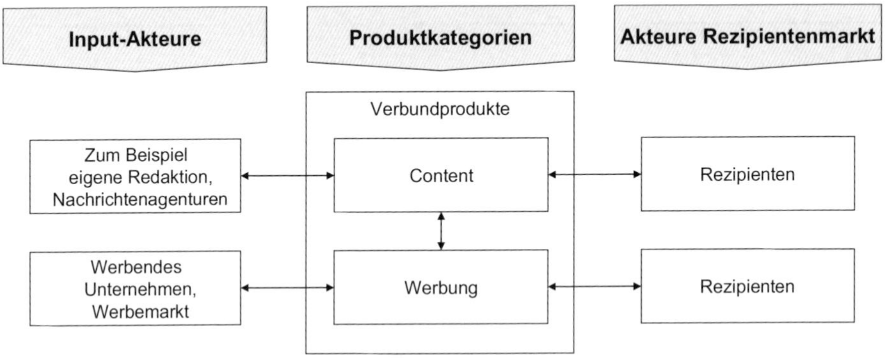

■ Medienprodukte als öffentliche Güter

Medienprodukte weisen zum Teil die Charakteristika öffentlicher Güter auf.[1] Merkmale von öffentlichen Gütern sind die Nichtausschließbarkeit vom Konsum sowie die Nichtrivalität im Konsum. Die Nichtausschließbarkeit vom Konsum bezeichnet die Tatsache, dass kein Rezipient an der Nutzung eines öffentlichen Guts gehindert werden kann. Die Nutzung des Guts kann damit nicht von einem Entgelt abhängig gemacht werden. Das zweite Merkmal, die Nichtrivalität im Konsum, bezieht sich auf die Tatsache, dass der Konsum des einzelnen Rezipienten die übrigen Rezipienten nicht im Konsum einschränkt.

---

[1] Vgl. Vogel (2007), S. 495.

Das Kriterium der Nichtausschließbarkeit vom Konsum trifft zum Beispiel auf den TV-Bereich zu, da die Nutzung unverschlüsselter Programme schwer zu verhindern ist.[1] Aus diesem Grund wird für die Nutzung unverschlüsselter TV-Programme kein Entgelt erhoben. Das Programm wird stattdessen über Gebühren oder Werbeerlöse finanziert. Fragwürdig ist allerdings die Annahme der Nichtausschließbarkeit vom Konsum beispielsweise im Printbereich, da die Medieninhalte an das Trägermedium Papier gebunden sind. So muss der Leser eine Zeitung käuflich erwerben und kann andere potenzielle Leser vom Konsum ausschließen, indem er die Zeitung für sich behält.

Bei der Nichtrivalität im Konsum ist zu unterscheiden, ob die Betrachtung lediglich den Content oder auch sein jeweiliges Trägermedium umfasst.[2] Für den Content alleine ist die Eigenschaft der Nichtrivalität zutreffend, da sich Informationen oder Unterhaltungsinhalte durch Konsum nicht abnutzen. Im Bereich des Fernsehens bedeutet dies zum Beispiel, dass jeder Zuschauer unabhängig von der Zahl der Gesamtzuschauer dasselbe Programm in derselben Qualität sieht.

Differenzierter ist dies allerdings unter Berücksichtigung des Trägermediums zu sehen. So kann sich zum Beispiel im Bereich Video-Streaming im Internet die Zahl der zeitgleichen Zugriffe auf das Reaktionsverhalten des betroffenen Servers auswirken, sodass die Qualität des Produkts bzw. dessen technische Bereitstellung von diesem Phänomen betroffen ist.

- Medienprodukte als Dienstleistungen

Medienprodukte sind eine Mischung aus Sachgut und Dienstleistung. Als Dienstleistungen bezeichnet man Tätigkeiten und Leistungen, die im Wesentlichen immaterieller Natur sind und keine direkten Besitz- und Eigentumsveränderungen mit sich bringen. Dabei kann die Leistungserbringung mit einem Sachgut verbunden sein.[3] Als konstitutive Eigenschaften von Dienstleistungen gelten dabei die Immaterialität des Produkts, die Bereitstellung von Leistungsfähigkeiten in Form personeller, sachlicher oder immaterieller Ressourcen und die Integration des externen Faktors.[4]

Die Immaterialität von Dienstleistungen lässt sich damit begründen, dass für die Leistungserstellung Leistungspotenziale verfügbar sein müssen, die vor ihrer Realisierung immateriell und nicht sinnlich wahrnehmbar sind. Aus der immateriellen Natur von Dienstleistungen ergibt sich ihre mangelnde Lager- und Transportfähigkeit. Dies bedeutet, dass eine Dienstleistung nur zum Zeitpunkt der Produktion und am Ort der Erstellung in Anspruch genommen werden kann.

---

1 Vgl. Müller (1983), S. 13.
2 Vgl. Heinrich (2001), S. 94.
3 Vgl. Kotler/Keller/Bliemel (2007), S. 733 ff.
4 Vgl. Meffert/Burmann/Kirchgeorg (2012), S. 29.

Kapitel 1: Grundlagen des Medienmanagement

Die notwendige Bereitstellung von Leistungsfähigkeiten heißt, dass für die Produktion von Dienstleistungen spezifische Fähigkeiten wie zum Beispiel Know How notwendig sind. Von der Integration des externen Faktors wird gesprochen, da das Subjekt beziehungsweise Objekt, an dem die Dienstleistung vollzogen wird, außerhalb des Einflussbereichs der Unternehmung liegt und der Erfolg der Dienstleistungsproduktion zumindest teilweise fremdbestimmt ist.

Medien erfüllen im Moment der Produktion die konstitutiven Eigenschaften von Dienstleistungen. So sind Medien in hohem Maß immaterielle Güter. Beispielsweise werden für die Aufführung eines Musikstücks Stimmen und Klänge benötigt, die erst im Moment der Leistungserstellung entstehen. Die mitwirkenden Musiker und Instrumente sind die sachlichen und personalen Ressourcen, die zur Erstellung der Dienstleistung Musik erforderlich sind.

Der Zuhörer bildet den externen Faktor, an dem die Dienstleistung erbracht wird. Aufgrund der Tatsache, dass im Leistungserstellungsprozess die menschliche Leistung dominiert, wird eine Musikaufführung, wie viele andere Medienprodukte auch, als eine persönliche Dienstleistung charakterisiert. Werden persönliche Dienstleistungen an ein Trägermedium gebunden, handelt es sich um veredelte Dienstleistungen.[1]

Sobald ein Medienprodukt auf einem Datenträger gespeichert wird, zum Beispiel auf einer CD oder als MP3, verliert es einen Teil seines Dienstleistungscharakters und wird zu einem materiellen Gut, auf das die konstitutiven Eigenschaften von Dienstleistungen nicht mehr in vollem Umfang zutreffen. Da die Speicherung auf einem Trägermedium bei den meisten Medienunternehmen notwendig ist, um dem Kunden das Produkt zugänglich zu machen, werden Medien als veredelte Dienstleistungen bezeichnet, die teilweise Sachgut- und teilweise Dienstleistungscharakter aufweisen.

Medienprodukte als meritorische Güter

Medienprodukte werden häufig als meritorische Güter bezeichnet. Meritorische Güter sind dadurch gekennzeichnet, dass sie in zu geringem Maße nachgefragt werden, wenn man als Maßstab einen gesellschaftlich wünschenswerten Versorgungsgrad heranzieht, der von staatlichen Entscheidungsträgern festgelegt wird.[2] Daraus wird geschlossen, dass die von den Nachfragern geäußerten Präferenzen durch Subventionierung oder Konsumzwang korrigiert werden müssen. Dies spiegelt sich zum Beispiel in einer niedrigen Umsatzsteuer auf Printprodukte oder einer Buchpreisbindung wider, die unter anderem mit einer wünschenswerten Meinungs- und Informationsvielfalt begründet werden.

Bei meritorischen Gütern wird befürchtet, dass ein vollkommen marktwirtschaftlich geregelter Wettbewerb zu einer adversen Selektion führen kann. Das bedeutet im Falle der Medien, dass die Rezipienten aufgrund asymmetrischer Information nicht in der

---

1   Vgl. Meffert/Bruhn (2006), S. 415.
2   Vgl. Fritsch/Wein/Ewers (2010), S. 362.

Lage sind, die Qualität von Medienprodukten zu beurteilen und somit nur bereit sind, einen durchschnittlichen Preis für diese Produkte zu zahlen. Anbieter qualitativ hochwertiger Produkte, die für ihre Leistung auch einen überdurchschnittlichen Preis erzielen wollen, werden bei dieser Zahlungsbereitschaft aus dem Markt gedrängt. Stattdessen überleben Anbieter minderwertiger Produkte, die mit dem durchschnittlichen Preis Gewinne erzielen können.[1]

Adverse Selektion tritt vor allem bei Erfahrungsgütern auf, die nicht regelmäßig konsumiert werden. Dies ist allerdings bei Medienprodukten, die keine Einzelstücke darstellen, häufig nicht der Fall. So kann der Käufer einer Zeitung nach mehrmaligem Kauf durchaus die Qualität der Informationen beurteilen und Vergleiche anstellen. Der Verkäufer ist nun ebenfalls daran interessiert, eine Reputation für Qualität aufzubauen, um den Absatz seines Produkts zu sichern, sodass nicht nur minderwertige Produkte am Markt existieren.

Eine weitere Möglichkeit zur Behebung des Problems asymmetrischer Information besteht in der Einschaltung vertrauenswürdiger Dritter, die die Qualität der Produkte regelmäßig überprüfen und garantieren. Dafür kommen zum Beispiel staatliche Stellen in Frage, die die Zulassung eines Anbieters von der Einhaltung bestimmter Normen abhängig machen. Hier können zum Beispiel die Landesmedienanstalten genannt werden, die Lizenzen für Rundfunkprogramme erteilen. Auch nichtstaatliche Institutionen können eine Kontrollfunktion übernehmen, beispielsweise Verbraucherorganisationen oder Berufsverbände.

Zudem ist die Meritorität von Medienprodukten sehr umstritten, da diese Einschätzung letztlich auf Werturteilen basiert. Neben der Auffassung, Medienprodukte seien meritorische Güter, von denen tendenziell zu wenig konsumiert wird, gibt es deshalb auch Meinungen, die einigen Medienprodukten eher demeritorische Eigenschaften attestieren.[2] Das bedeutet, dass bestimmte Medienprodukte in größerem Umfang konsumiert werden, als es gesellschaftlich wünschenswert ist. Als Beispiel wird hier häufig die unerwünscht häufige Ausstrahlung von Sendungen mit Darstellung von Gewalt im Kinderfernsehen genannt.

Qualität von Medienprodukten

Im kommunikationswissenschaftlichen Schrifttum wird regelmäßig die kulturelle Dimension von Medienprodukten betont. Dabei wird vor allem die Qualität von Medienprodukten diskutiert.[3] Für das Management von Medienunternehmen stellt sich die Frage, ob und wie die Qualität von Medienprodukten durch das Medienunternehmen und die Rezipienten beurteilt werden kann und inwieweit sie durch das Management beeinflussbar ist.

---

1 Vgl. Akerlof (1970).
2 Vgl. Heinrich (2001), S. 101 f.
3 Vgl. Knobloch/Schneider (1999), S. 13.

Kapitel 1: Grundlagen des Medienmanagement

Gerade die Qualität von Medienprodukten ist aufgrund ihrer lediglich subjektiven Messbarkeit ein wichtiger Faktor für das Medien- und Internetmanagement. Zwar werden in der Publizistik als objektive Kriterien für die Qualität von Medienprodukten überwiegend die Aktualität, die Relevanz, die Richtigkeit und die Vermittlung von Informationen genannt, doch sind auch diese Kriterien letztlich subjektiv und treffen zudem nicht für den Bereich der Unterhaltung zu.[1]

Somit ist die Qualität von Medienprodukten vom Management nur begrenzt plan- und kontrollierbar. Sie kann nicht zu Beginn der Produktionsphase garantiert werden und ist auch während der Produktionsphase nicht beliebig steuerbar. Zwar wird allgemein eine positive Korrelation zwischen dem zur Verfügung gestellten Budget und der Qualität einer Medienproduktion angenommen, doch ist dies immer nur eine durchschnittliche Betrachtung, bei der enorme Ausreißer nach oben und unten nicht selten sind.[2] Der begrenzte Einfluss des Management auf die Qualität von Medienprodukten beruht darüber hinaus auf der Tatsache, dass die Medienproduktion ein kreativer, häufig nicht standardisierbarer Prozess ist.

Aus Rezipientensicht ist die Qualitätsbeurteilung von Medienprodukten ebenfalls problematisch. Grundsätzlich können aus Konsumentensicht zur Qualitätsprüfung drei Qualitätsmerkmale herangezogen werden: Prüfqualitäten (Search Qualities), Erfahrungsqualitäten (Experience Qualities) und Vertrauensqualitäten (Credence Qualities). Prüfqualitäten können durch den Konsumenten zumindest teilweise durch Inspektion vor dem Produktkauf überprüft werden. Erfahrungsqualitäten können erst nach dem Konsum eines Produkts beurteilt werden. Bei Vertrauensqualitäten hat der Konsument selbst nach dem Konsum der Leistung keine Möglichkeit, deren Qualität zu bewerten.[3] Das Verhältnis dieser drei Qualitätsausprägungen wird in Abbildung 2-5 dargestellt.

---

[1] Vgl. Wirtz (1994), S. 90 f.; Heinrich (2001), S. 108 f.
[2] Vgl. Owen/Wildman (1992), S. 41 ff.
[3] Vgl. Weiber/Adler (1995).

Besonderheiten von Medienmärkten

Abbildung 2-5: Qualitätsbewertung von Sachgütern und Dienstleistungen[1]

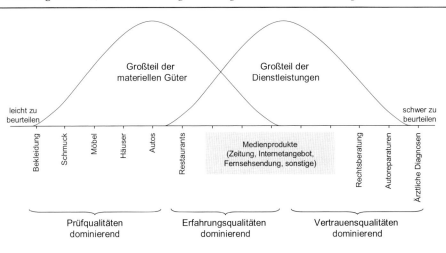

Einige Medienprodukte weisen Prüfqualitäten nur in geringem Maß auf. Viele Informations- und Unterhaltungsprodukte werden beispielsweise durch den erstmaligen Konsum bereits verbraucht. Daher ist eine Überprüfung der Qualität dieser Medienprodukte vor dem Konsum nicht möglich. So kann zum Beispiel erst nach dem Lesen eines Zeitungsartikels die Qualität der enthaltenen Informationen beurteilt werden, gleichzeitig besteht aber auch keine Notwendigkeit, die bereits aufgenommenen Informationen noch einmal zu lesen. Auch bei Büchern kann der Unterhaltungswert erst nach dem Lesen des Buchs beurteilt werden.

Viele Medien sind daher Erfahrungsgüter. Allerdings können Konsumenten versuchen, durch Produktmerkmale wie zum Beispiel den Autor, vor dem Konsum Vermutungen über die Qualität anzustellen. Neben den Erfahrungsqualitäten liegen im Medienbereich Vertrauensqualitäten vor, wenn die Qualität der Medienprodukte selbst nach dem Konsum nicht vom Rezipienten beurteilt werden kann. Dies ist teilweise im Bereich der Information der Fall. Hier kann der Rezipient zwar einschätzen, ob sein Informationsbedürfnis an sich befriedigt wurde, doch über die Richtigkeit und Vollständigkeit der Information kann er sich oft kein Urteil bilden.

---

[1] In Anlehnung an Zeithaml (1991), S. 42.

Abbildung 2-6: Produktspezifika von Medienprodukten

Produktspezifika von Medienprodukten				
Medienprodukte als Verbundprodukte	**Medienprodukte als öffentliche Güter**	**Medienprodukte als Dienstleistungen**	**Medienprodukte als meritorische Güter**	**Qualität von Medienprodukten**
• Medienerlöse setzen sich aus Verkaufs- und Werbeerlösen zusammen • Die Leistung auf dem Werbemarkt kann nicht unabhängig von der Leistung auf dem Rezipientenmarkt erbracht werden • Beide Leistungsbestandteile müssen in einem Endprodukt vereint werden	• Nichtausschließbarkeit vom Konsum: kein Rezipient kann an der Nutzung eines öffentlichen Guts gehindert werden, die Nutzung ist entgeltunabhängig • Nichtrivalität im Konsum: der Konsum eines Rezipienten schränkt den Konsum der übrigen Rezipienten nicht ein	• Medienprodukte erfüllen die konstitutiven Eigenschaften von immateriellen Dienstleistungen im Moment der Produktion • Für die meisten Medienunternehmen ist allerdings eine Speicherung auf einem Trägermedium notwendig, weshalb man von veredelten Dienstleistungen spricht	• Meritorische Güter sind dadurch gekennzeichnet, dass sie in zu geringem Maß nachgefragt werden als gesellschaftlich wünschenswert • Die Nachfrage muss mithilfe von Subventionierung oder Konsumzwang korrigiert werden (zum Beispiel gesenkte Umsatzsteuer auf Printprodukte)	• Die Qualität von Medienprodukten ist durch das Management nur begrenzt beeinflussbar, da die Medienproduktion in der Regel ein kreativer, schwer standardisierbarer Prozess ist • Qualitätsmerkmale aus Rezipientensicht: Prüfqualitäten, Erfahrungsqualitäten und Vertrauensqualitäten

2.4 Marktstruktur

Die Analyse der Marktstruktur gibt Aufschluss über die Wettbewerbsintensität innerhalb einer Branche. Daraus lassen sich Schlussfolgerungen auf die Rentabilität der Branchenunternehmen und auf die strategischen Optionen ziehen, die dem Management von Medienunternehmen bei der Verfolgung der Unternehmensziele offenstehen. Für das Medien- und Internetmanagement sind insbesondere zwei Aspekte der Marktstruktur von Bedeutung. Die Konzentration, das heißt die Struktur der Anbieter und Nachfrager auf den jeweiligen Märkten und die Markteintrittsbarrieren, die für etablierte und potenzielle Anbieter existieren.

■ Konzentration

Bei der Beurteilung der Konzentration auf Medienmärkten wird zwischen der publizistischen und der ökonomischen Konzentration unterschieden.[1] Die publizistische Konzentration hängt davon ab, unter wie vielen inhaltlich voneinander unabhängigen Anbietern die Konsumenten wählen können, während die ökonomische Konzentration daran gemessen wird, wie viele Anbieter einen wesentlichen Teil des Markts auf sich vereinen. Für den Grad der publizistischen Konzentration, die auch als Angebots-

---

[1] Vgl. Richter (1989), S. 91 ff.

konzentration bezeichnet wird, ist zum Beispiel auf dem Pressemarkt die Anzahl der selbstständigen Redaktionen entscheidend. Zur Beurteilung des Wettbewerbs innerhalb einer Branche wird häufig die ökonomische Konzentration als Indikator verwendet, indem ein positiver Zusammenhang zwischen der Anzahl der Anbieter und der Wettbewerbsintensität unterstellt wird.[1]

Die absolute Konzentration ergibt sich aus der Gesamtanzahl der in einem Markt agierenden Anbieter. Da mithilfe dieser Größe keine Aussagen über die Marktmacht der Anbieter gewonnen werden können, wird auch die relative Konzentration als Konzentrationsmaß herangezogen. Sie ergibt sich aus den kumulierten Umsatzanteilen der größten drei, sechs oder zehn Marktteilnehmer an den gesamten Umsätzen im relevanten Markt.

Publizistische und ökonomische Konzentration stehen in einem komplementären Verhältnis zueinander, denn es ist davon auszugehen, dass sich mit einer zunehmenden Anzahl wirtschaftlich selbstständiger Anbieter auch die Anzahl der vertretenen Meinungen erhöht. Umgekehrt wird erwartet, dass sich mit zunehmender ökonomischer Konzentration die Meinungsvielfalt verringert. Diese Entwicklung ist allerdings nicht zwangsläufig, vor allem dann nicht, wenn innerhalb einer wirtschaftlichen Einheit redaktionelle Unabhängigkeit besteht.[2]

Bei der Beurteilung der Konzentration der Medienmärkte muss berücksichtigt werden, dass Medienunternehmen auf Rezipienten-, Werbe- und Beschaffungsmärkten agieren, die jeweils eine unterschiedliche Nachfragerstruktur aufweisen. Dementsprechend ergeben sich auf den Teilmärkten unterschiedliche Marktformen und Verhaltensweisen. So wird auf den Rezipientenmärkten meist ein polypolistisch strukturierter Markt mit zahlreichen Nachfragern und geringer Konzentration angenommen.

Auf den Werbemärkten existieren zwar viele Nachfrager, doch ist es eher selten, dass ein Werbetreibender einen großen Marktanteil auf sich vereint. Die Konzentration ist dementsprechend moderat. Einige Beschaffungsmärkte, zum Beispiel der Markt für Sportausstrahlungsrechte, werden von wenigen Anbietern dominiert, die auf diesen Märkten erhebliche Marktmacht ausüben können.

■ Markteintrittsbarrieren

Unter Markteintrittsbarrieren versteht man „anything that requires an expenditure by a new entrant into an industry, but imposes no equivalent cost upon an incumbent."[3] Sie verringern die Wahrscheinlichkeit des Eintritts neuer Anbieter in einen Markt und schützen auf diese Weise etablierte Unternehmen. Es wird zwischen drei

---

[1] Vgl. Scherer/Ross (1990), S. 71.
[2] Vgl. Greiffenberg/Zohlnhöfer (1984), S. 592 f.
[3] Baumol/Panzar/Willig (1988), S. 198.

Arten von Markteintrittsbarrieren differenziert: strukturelle, strategische und institutionelle Markteintrittsbarrieren.[1]

Strukturelle Markteintrittsbarrieren entstehen durch die Produkteigenschaften und den Produktionsprozess von Medien. Zu den strukturellen Markteintrittsbarrieren in der Medienwirtschaft gehören Skalen- und Netzeffekte, Wechselkosten, Increasing Returns und der Spiraleffekt. Skaleneffekte, auch Economies Of Scale genannt, resultieren aus der Produktionskostenstruktur von Medien. Die Produktion von Medien ist durch einen hohen Fixkostenanteil gekennzeichnet. Bei der erstmaligen Erstellung eines Medienprodukts, zum Beispiel eines Films, fallen erhebliche Kosten für die technische und personelle Infrastruktur sowie für Nutzungsrechte an.

Diese sogenannten First Copy Costs sind zur Erstellung der ersten Kopie des Medienprodukts notwendig und unabhängig von der Anzahl der späteren Mediennutzer.[2] Wenn bei hohen First Copy Costs die variablen Kosten der Produktion vergleichsweise gering sind, lassen sich in der Verwertung von Medienprodukten umfangreiche Economies Of Scale realisieren. Dies bedeutet, dass mit der Erhöhung der Ausbringungsmenge die Durchschnittskosten rapide sinken. Die First Copy Costs werden auf die produzierten Exemplare umgelegt.

Je höher die Anzahl der produzierten Exemplare ist, desto geringer werden die Durchschnittskosten (Kostendegressionseffekt). Dieser Effekt ist bei allen Medien zu beobachten, besonders aber bei digitalen Produkten wie Videospielen. Die fixen Kosten für die Produktion eines Videospiels sind relativ hoch, die variablen Produktionskosten für Vervielfältigung auf DVD oder Blu-ray Disc jedoch vergleichsweise niedrig. Je mehr Exemplare des Spiels verkauft werden, desto geringer sind die Durchschnittskosten je Exemplar. Dies stellt Abbildung 2-7 dar.

---

[1] Vgl. Wirtz (1994), S. 40 f.
[2] Vgl. Wirtz (1994), S. 42.

Abbildung 2-7: Economies Of Scale durch First Copy Costs[1]

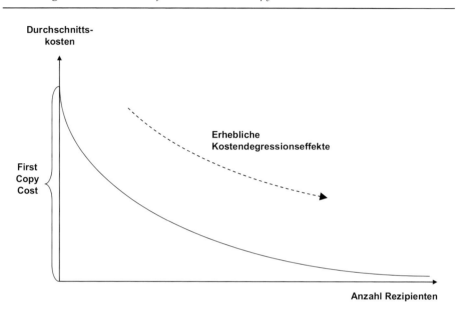

Die First Copy Costs führen zu einem hohen finanziellen Risiko bei der Produktion von Medienprodukten, da die First Copy Costs in der Regel Sunk Costs darstellen, das heißt irreversible Kosten (in der Vergangenheit getätigte Kosten, die nicht mehr rückwirkend beeinflusst werden können), die bei einem Misserfolg nicht wieder rückgängig gemacht werden können. Hohe First Copy Costs wirken hier als Markteintrittsbarriere, da viele potenzielle Anbieter nicht in der Lage sind, das Risiko einer Fehlinvestition einzugehen. Zusätzlich bevorteilen Economies Of Scale einen etablierten Anbieter mit hohen Produktionskapazitäten.

Neue Anbieter sind gezwungen, mit ähnlichen Produktionskapazitäten wie die etablierten Anbieter in einen Markt einzutreten und rasch hohe Stückzahlen zu erreichen, um keine Wettbewerbsnachteile durch zu hohe Durchschnittskosten zu erleiden. Neben Economies Of Scale finden sich bei Medienprodukten auch Economies Of Networks.[2] Diese Netzwerkeffekte beschreiben die externen Effekte, die in realen oder virtuellen Netzwerken durch eine steigende Anzahl von Nutzern entstehen.

---

[1] In Anlehnung an Owen (1975), S. 18.
[2] Vgl. Economides (1996), S. 2 ff.

Bei den realen Netzwerken liegt dabei eine tatsächliche, physische Vernetzung vor (zum Beispiel Internet), während mit virtuellen Netzwerken Gruppen bezeichnet werden, die das gleiche Produkt nutzen (zum Beispiel Nutzer von LINUX-Betriebssystemen). Steigt der Wert eines Netzwerks mit der Zahl seiner Nutzer, kommt es zu direkten Netzwerkeffekten. Bei direkten Netzwerkeffekten ist eine steigende Nutzerzahl gleichbedeutend mit einer Nutzensteigerung des Netzwerks.[1] Metcalfe's Law versucht, diese Beziehung in eine mathematische Form zu bringen: „The value of a network goes up as the square of the number of users."[2]

Indirekte Netzwerkeffekte treten überwiegend bei Gütern auf, die aus einem Basisprodukt und unterschiedlichen Komplementärprodukten bestehen (zum Beispiel Betriebssystem und Anwendungssoftware). Hier führt oftmals eine größere Anzahl der Nutzer des Betriebssystems zu einem erweiterten Angebot an Komplementärprodukten und somit indirekt zu einem gesteigerten Nutzen des Basisprodukts. Beispielsweise sind auf dem Markt für Videospielekonsolen starke indirekte Netzwerkeffekte zu beobachten, denn üblicherweise werden für die Videospielekonsole mit dem höchsten Marktanteil auch die meisten Spiele angeboten.

Die Teilnahme an einem bestimmten Netzwerk erfordert Investitionen in Güter, die den Anschluss an das Netzwerk ermöglichen. Diese Investitionen können sowohl monetärer Art (zum Beispiel der Kauf eines Pay-TV-Decoders) als auch nicht-monetärer Art sein (zum Beispiel Zeit, die ein Nutzer in das Verständnis und den Umgang mit einem Software-Produkt investiert).

Durch den Wechsel zu einem anderen Netzwerk werden diese Investitionen in der Regel nutzlos und stellen Sunk Costs dar.[3] Wechselkosten bestehen aus Investitions- und Opportunitätskosten. Investitionskosten sind diejenigen Kosten, die mit der Integration in das neue Netzwerk verbunden sind. Opportunitätskosten entstehen, wenn die Teilnahme an einem Netzwerk die Teilnahme an einem anderen Netzwerk ausschließt. Wechselkosten bewirken einen Lock In-Effekt, das heißt die Teilnehmer sind an das Netzwerk, für das sie sich entschieden haben, in einem gewissen Ausmaß gebunden.[4]

Um den Austausch zwischen den Netzwerkteilnehmern zu ermöglichen, müssen Kompatibilitätsentscheidungen getroffen werden. Kompatibilität wird durch die einheitliche Gestaltung von Schnittstellen erreicht (Standardisierung). Durch die gewählte Standardisierungsstrategie kann der Anbieter eines Netzwerks die Wechselkosten und damit die Stärke des Lock In-Effekts maßgeblich beeinflussen.[5] Je höher die Wechselkosten sind, desto teurer wird es für die Anwender, sich einem anderen Netzwerk anzuschließen.

---

[1] Vgl. Wirtz/Vogt/Denger (2001), S. 165.
[2] Shapiro/Varian (1998), S. 184.
[3] Vgl. Wirtz/Mathieu (2001), S. 828.
[4] Vgl. Shapiro/Varian (1998), S. 103 f.
[5] Vgl. Borowicz/Scherm (2001).

Konkurrierende Systeme müssen in der Lage sein, die Wechselkosten durch erheblichen Zusatznutzen zu kompensieren. Positive Netzwerkexternalitäten, hohe First Copy Costs und Wechselkosten können zu Increasing Returns führen. Durch direkte und indirekte Netzeffekte entsteht positives Feedback. Je mehr Nachfrager sich einem Netzwerk anschließen, desto höher ist dessen Attraktivität, was wiederum neue Nachfrager anzieht. Sinkende Durchschnittskosten aufgrund von Skaleneffekten ermöglichen Preissenkungen, während durch hohe Wechselkosten ein Abwandern der Nachfrager zu konkurrierenden Anbietern verhindert wird.

Im Mediensektor sind Netzwerkeffekte zum Beispiel in den Bereichen TV, Internet sowie Video- und Computerspiele zu finden. So führt eine steigende Teilnehmerzahl im Kabelnetz zu einem erweiterten Senderangebot und damit zu positiven Feedbacks. Auch im Internet ist die Entwicklung zu beobachten, dass eine steigende Nutzerzahl zu steigenden Medienangeboten führt. Dies gilt beispielsweise für Peer To Peer-Netzwerke. Durch strategische Entscheidungen, zum Beispiel bei der Standardisierung, kann das Management von Medienunternehmen erheblich zum Erfolg eines Netzwerks beitragen und hohe Marktzutrittschranken für neue Anbieter errichten.

Zu den strukturellen Markteintrittsbarrieren gehört ferner der Spiraleffekt, der die interdependenten Wirkungen zwischen Werbemärkten und Rezipientenmärkten beschreibt. Dieser entsteht, wenn durch hohe Marktanteile auf den Rezipientenmärkten die Erlöse auf den Werbemärkten überproportional steigen. Dadurch können Investitionen zur Steigerung der Produktattraktivität geleistet werden, was wiederum die Marktanteile auf den Rezipientenmärkten erhöht. Der Effekt wird auch umgekehrt wirksam, wodurch Konzentrationstendenzen auf den Medienmärkten begünstigt werden.[1] Der Spiraleffekt ist vor allem bei Medien mit einem hohen Anteil an Werbefinanzierung, zum Beispiel bei Zeitungen und Zeitschriften, festzustellen.

Strategische Markteintrittsbarrieren werden von Marktteilnehmern aufgebaut, um den Eintritt neuer Anbieter in einen Markt zu verhindern. Produktdifferenzierungsstrategien wirken als strategische Markteintrittsbarrieren. Sie dienen der Ausschöpfung des Marktpotenzials, um das Absatzpotenzial neuer Anbietern zu verringern. So konnten zum Beispiel im Zuge der Liberalisierung des deutschen TV-Markts Produktdifferenzierungsstrategien der öffentlich-rechtlichen Anbieter beobachtet werden.[2] Diese erweiterten ihr Programmangebot um stärker differenzierte Nischenprogramme wie etwa 3sat oder EinsPlus. Für die neu eintretenden privaten, TV-Anbieter reduzierten sich damit das Konsumentenpotenzial und die Attraktivität des Markteintritts.

Institutionelle Markteintrittsbarrieren sind Zutrittsschranken, die durch legislative oder administrative Maßnahmen begründet sind. Von institutionellen Markteintrittsbarrieren sind insbesondere die Bereiche TV und Radio betroffen, die in Deutschland einer starken Regulierung unterliegen. So kann beispielsweise die staatlich regulierte

---

[1] Vgl. Kantzenbach/Greiffenberg (1980), S. 198 ff.
[2] Vgl. Wirtz (1994), S. 48 ff.

Kapitel 1: Grundlagen des Medienmanagement

Vergabe von Sendelizenzen als institutionelle Markteintrittsbarriere genannt werden. Auch die Gebührenfinanzierung des öffentlich-rechtlichen Fernsehens wirkt zutrittsbeschränkend, da sie den Fernsehanstalten ARD und ZDF erhebliche Finanzierungsvorteile gegenüber den privaten TV-Sendern verschafft. Abbildung 2-8 fasst die Aussagen zu den einzelnen Markteintrittsbarrieren überblicksartig zusammen.

Abbildung 2-8: Übersicht Markteintrittsbarrieren

Markteintrittsbarrieren

Strukturelle Markteintrittsbarrieren	Strategische Markteintrittsbarrieren	Institutionelle Markteintrittsbarrieren
• Strukturelle Markteintrittsbarrieren entstehen durch die Produkteigenschaften und den Produktionsprozess von Medien • Zu den strukturellen Markteintrittsbarrieren in der Medienwirtschaft gehören Skalen- und Netzeffekte, Wechselkosten, Increasing Returns und der Spiraleffekt	• Strategische Markteintrittsbarrieren werden von Marktteilnehmern genutzt, um den Eintritt neuer Anbieter in einen bestehenden Markt zu erschweren beziehungsweise zu verhindern • In der Medienbranche können Marktteilnehmer bestehende Barrieren verstärken, Vergeltungsmaßnahmen signalisieren/etablieren beziehungsweise auf einen Eintritt eines neuen Marktteilnehmers entsprechend reagieren (zum Beispiel Preiskampf oder Qualitätsabbau)	• Durch legislative oder administrative Maßnahmen begründete Zutrittsschranken, insbesondere tarifäre und nicht-tarifäre Handelshemmnisse • Institutionelle Markteintrittsbarrieren sind in der Medienbranche insbesondere im TV- und Radiosektor vorzufinden (beispielsweise die staatlich regulierte Vergabe von Sendelizenzen oder die Gebührenfinanzierung des öffentlich-rechtlichen Rundfunks in Deutschland)

3 Medien- und Internetmanagement im digitalen Zeitalter

Medienunternehmen werden im digitalen Zeitalter vor neue Herausforderungen gestellt. Insbesondere das dynamische Wachstum des Internet mit seinen vielfältigen Angebotsmöglichkeiten und Nutzungsformen hat zu einer Veränderung von Unternehmensstrategien und Wertschöpfungsstrukturen beigetragen. Im Folgenden sollen die für das Medien- und Internetmanagement relevanten Umfeldveränderungen erläutert werden. Dabei soll vor allem auf Aspekte wie die Veränderung des Mediennutzungsverhaltens, Medienwettbewerb und Konvergenz sowie die Umfeldveränderungen und Dynamiken im Medienbereich eingegangen werden.

3.1 Veränderung des Mediennutzungsverhaltens

In diesem Abschnitt wird anhand von wesentlichen Kennzahlen ein Überblick über die Veränderung des Mediennutzungsverhaltens in Deutschland gegeben. Dabei liegt der Schwerpunkt der Darstellung auf dem intermediären Mediennutzungsverhalten. Darüber hinaus werden mögliche zukünftige Entwicklungen im Mediennutzungsverhalten erörtert. Zur Beschreibung des Mediennutzungsverhaltens werden insbesondere die Indikatoren Mediennutzungsdauer und Reichweite herangezogen.

Die Entwicklung der allgemeinen Mediennutzungszeiten in Deutschland ist in Abbildung 3-1 dargestellt. In den letzten Jahren ist die Zeit, die für die gesamte Mediennutzung aufgewendet wird, beständig gestiegen und liegt nach eigenen Analysen im Jahr 2010 bei schätzungsweise etwas mehr als 9,5 Stunden täglich. Auch die zunehmende parallele Nutzung von Medienangeboten hat zu diesem Anstieg beigetragen. Der größte Anteil der täglichen Mediennutzungszeit entfällt dabei auf das Radio (2010: 187 Minuten täglich) und das TV (2010: 206 Minuten täglich).

Das Internet hat seit dem Jahr 2000 einen raschen Bedeutungszuwachs erlebt. Im Zeitraum zwischen 2000 und 2005 hat sich die Nutzungszeit um über 300% auf 59 Minuten täglich erhöht und steigt im Jahr 2011 auf circa 100 Minuten täglich. Die Zuwachsraten in diesem Mediensegment liegen deutlich über dem Durchschnitt. Die Nutzung von Printmedien ist bislang weitgehend konstant geblieben, allerdings weist sie eine negative Tendenz bei der Nutzungszeit auf.

Für die Zukunft ist eine moderat steigende Mediennutzung zu erwarten. Es ist davon auszugehen, dass besonders die Internetnutzung weiter zunehmen wird, während die Nutzung von Rundfunk, klassischem Fernsehen und Printmedien auf Kosten des Internet stagnieren beziehungsweise zurückgehen dürfte.

Kapitel 1: Grundlagen des Medienmanagement

Abbildung 3-1: Entwicklung der Mediennutzungszeit[1]

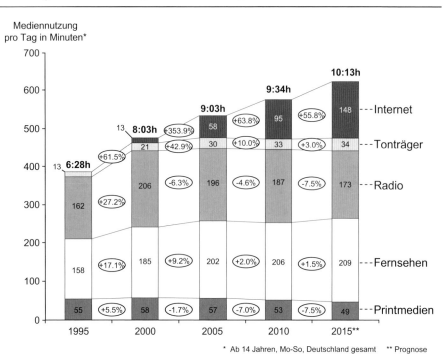

Erste Anzeichen für die Bedeutung, die das Internet als Massenmedium erreicht hat, sind vor allem bei jüngeren Medienkonsumenten zu beobachten. Für männliche Jugendliche ist der Computer vor dem Fernseher das wichtigste Medium geworden, für Jugendliche beiden Geschlechts ist das Internet ein wichtiger Bestandteil des Alltags.[2] Aber auch bei vielen älteren Menschen, die im Moment noch zurückhaltender gegenüber dem Internet eingestellt sind, wird die Nutzung dieses Mediums in den nächsten Jahren erheblich zunehmen.

---

[1] Datenquelle: Wirtz/Burda/Beaujean (2006), S. 85; ARD (2010); Bitkom (2010); SevenOne Media (2010a), S. 8; ARD (2011f).
[2] Vgl. Feierabend/Rathgeb (2005), S. 321 ff.

Die erhöhte Internetnutzung in den nächsten Jahren ist unter anderem darauf zurückzuführen, dass im Zuge der Konvergenz verschiedene Medienprodukte zunehmend über das Internet vertrieben werden. Dies bedeutet, dass insbesondere die Medien Print und Radio in Zukunft noch stärker über das Internet genutzt werden. Wahrscheinlich wird sich die tägliche Nutzungsdauer bis 2015 sowohl für Printmedien als auch für Radio um 7,5% auf durchschnittlich 49 Minuten (Printmedien) beziehungsweise 173 Minuten (Radio) verringern.

Da das Internet im Gegensatz zum klassischen TV über einen Rückkanal verfügt, können über das Internet distribuierte TV-Programme um interaktive Funktionen ergänzt werden. Dies ermöglicht eine wesentlich attraktivere Programmgestaltung als beim klassischen TV.[1] Bisher wurde die Verbreitung interaktiven TVs auf Basis des Internet durch die geringe Verfügbarkeit Breitbandinternetanschlüsse verzögert. Aufgrund des dynamischen Wachstums des deutschen Breitbandmarkts ist jedoch mit einer stärkeren Nutzung von Internet-TV in Zukunft zu rechnen.

Längsschnittstudien geben Hinweise auf das tägliche Konsumverhalten für die einzelnen Mediengattungen. Das Fernsehen wird am Nachmittag und am Abend als Informations- und Unterhaltungsmedium genutzt, während das Radio vor allem als „Tagesbegleiter" dient. Tageszeitungen werden meist am Morgen und in der Mittagszeit gelesen. Sie verlieren an Reichweite, jedoch nicht an Nutzungsintensität.[2]

Das gilt auch für andere Printmedien wie Bücher oder Zeitschriften. Vor allem bei jungen Konsumenten ist eine signifikant geringere Nutzung von Tageszeitungen festzustellen, gleichzeitig nutzen sie andere Medien intensiver als andere Altersgruppen. Tabelle 3-1 gibt einen Überblick über die Mediennutzung in Abhängigkeit von Alter und Geschlecht.

---

[1] Vgl. Holtrop/Döpfner/Wirtz (2004), S. 91 ff.
[2] Vgl. van Eimeren/Ridder (2005), S. 493 ff.

Tabelle 3-1: Freizeitaktivitäten nach Altersstruktur und Geschlecht, Montag bis Sonntag[1]

Tätigkeit	Mehrmals pro Woche (in %)										
	Gesamt	Mann	Frau	Alter							
				10-13	14-19	20-29	30-39	40-49	50-59	60-69	70+
Zeitungen lesen	71,2	71,0	71,3	24,1	39,0	56,2	64,7	72,6	81,4	88,4	87,2
Zeitschriften lesen	27,8	26,9	28,7	24,5	22,8	17,7	23,1	25,7	28,4	35,5	38,3
Bücher lesen	39,9	30,5	48,9	59,6	45,3	37,6	38,9	38,6	37,8	41,2	41,5
Fernsehen	86,7	85,6	87,8	89,2	86,5	76,8	79,5	84,8	89,6	93,5	95,7
Radio hören	79,5	78,5	80,5	67,6	69,3	69,9	79,9	83,1	84,6	85,9	80,4
Schallplatte, Kassetten, CDs, MP3s hören	39,4	41,7	37,2	62,1	66,9	61,6	47,3	39,8	28,9	24,2	15,7
Videos/DVDs ansehen	10,1	12,4	7,8	11,0	17,9	18,3	12,6	8,7	5,9	6,1	4,2
Ins Kino gehen	0,3	0,3	0,3	0,5	0,7	0,7	0,4	0,1	0,2	0,1	0,0
PCs, Laptops, Notebooks nutzen	60,9	68,3	53,8	69,1	83,1	85,0	79,7	70,0	55,5	41,5	17,8

Abbildung 3-2 gibt einen Überblick über die Reichweite der Medien in der Bundesrepublik Deutschland. Abgebildet ist die Reichweite der über 14-Jährigen. Das Fernsehen ist das Medium mit der höchsten Reichweite, beispielsweise werden 86% der Gruppe 14+ vom Fernsehen erreicht. Die Reichweite des Radios liegt mit 79% etwas niedriger. Printmedien erreichen einen wesentlich geringeren Teil der Zielgruppe.

Zeitungen erreichen 44% der Gruppe 14+, Zeitschriften sogar nur 11% der Befragten. Die geringste Reichweite haben Videos beziehungsweise DVDs sowie das Computer- und Videospiele mit 10%. Das Internet hat innerhalb weniger Jahre eine Reichweite von 43% erreicht und sich damit als Werbeträger mit hoher Reichweite in Deutschland etabliert.

---

[1] Datenquelle: ARD (2009); ARD (2011e).

Abbildung 3-2: Reichweite der Medien in Deutschland[1]

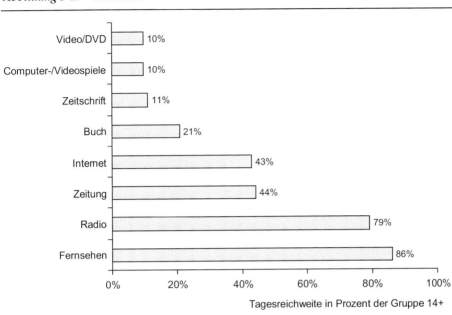

3.2 Veränderung auf den Werbemärkten

Neben Veränderungen auf den Rezipientenmärkten ist für die meisten Medienunternehmen auch die Entwicklung der Werbeerlöse von besonderer Bedeutung. Nach der Wiedervereinigung steigerten sich die Netto-Werbe-Einnahmen erfassbarer Werbeträger in Deutschland um über 86% von 12,5 Milliarden Euro im Jahr 1990 auf einen bislang nicht wieder erreichten Höchststand von 23,4 Milliarden Euro im Jahr 2000. Abgesehen von Direktmarketingformen per Postzustellung und dem Einsatz von Außenwerbung werden diese Erlöse von der Medienbranche erwirtschaftet. Wichtigster Werbeträger sind dabei Tageszeitungen, die bis zur Jahrtausendwende von einem wachsenden Beilagengeschäft, einer Zunahme von Immobilien- und Stellenanzeigen, sowie einer Umstellung auf Vierfarbanzeigen profitieren konnten.[2]

---

[1] Datenquelle: Ridder/Engel (2010), S. 528.
[2] Vgl. Zentralverband der deutschen Werbewirtschaft (1996), S. 14.

Kapitel 1: Grundlagen des Medienmanagement

An zweiter Stelle stehen Erlöse durch TV-Werbung, die sich im gleichen Zeitraum unter anderem durch hohe Zuwächse der Spartensender mehr als verdreifachten. Nach dem Jahr 2000 kam es zu einem konjunkturbedingten Einbruch des gesamten Werbemarkts. Der durch die Werberezession bedingte Einnahmeverlust der Medien in den Jahren zwischen 2000 und 2003 summiert sich auf 4,1 Milliarden Euro.[1] In den letzten Jahren hat sich der Werbemarkt wieder etwas erholt, insbesondere Tageszeitungen liegen aber mit Erlösen von knapp 4,4 Milliarden Euro im Jahr 2008 nach wie vor mehr als 30% unter den Umsätzen aus dem Jahr 2000.

Dies liegt vor allem in der Abwanderung der Rubrikenmärkte zu Online-Portalen begründet. Die zunehmende Verbreitung und Nutzung von konkurrierenden Internetangeboten stellt in diesem Segment eine besondere Bedrohung der klassischen Erlösstruktur von Verlagen dar. Die Digitalisierung wirkt sich aber generell in verschiedener Hinsicht auf die Entwicklung der Werbemärkte aus.

Auch klassische Medien profitieren von Weiterentwicklungen der Internet- und Telekommunikationsbranche, da der Wettbewerb zahlreicher neuer Anbieter untereinander bislang zu sehr hohen Werbeinvestitionen geführt hat. Darüber hinaus ist durch die weitgehend stabile Nutzung klassischer Medien bislang noch kein Kannibalisierungseffekt eingetreten.

Dennoch ergeben sich durch das Internet und die wachsende Bedeutung des E-Commerce neue Werbemöglichkeiten, die ergänzend zu herkömmlichen Kampagnenbestandteilen eingesetzt werden. Gleichzeitig hat der schnelle Zugriff auf beliebige Informationen im Internet aber auch eine Markttransparenz herbeigeführt, die frei von geografischen Grenzen die Vergleichbarkeit von Produkten ermöglicht und die Beeinflussung der Konsumenten durch Werbung erschwert.

Die Erlöse aus Online-Werbung stiegen bislang weniger stark, als von vielen Analysten vorausgesagt und lagen im Jahr 2010 mit 861 Millionen Euro bei einem Anteil von knapp 5% am gesamten Werbemarkt.[2] Insbesondere Hersteller von Markenartikeln im Bereich der Konsumgüter sind nach wie vor sehr zurückhaltend mit der Nutzung von Werbeformen im Internet. Einen Überblick über die Entwicklung der Nettowerbeerlöse zwischen 1991 und 2010 zeigt Abbildung 3-3.

---

[1] Vgl. Zentralverband der deutschen Werbewirtschaft (2004), S. 13.
[2] Vgl. Zentralverband der deutschen Werbewirtschaft (2011), S. 17.

Abbildung 3-3: Entwicklung der Nettowerbeerlöse in Deutschland[1]

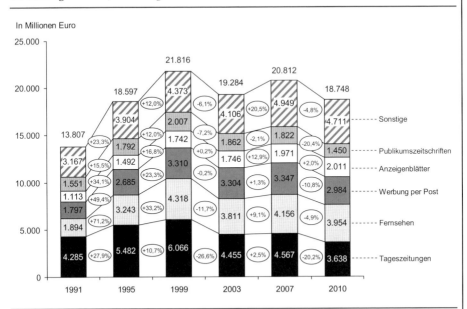

3.3 Medienwettbewerb und Konvergenz

Die Situation auf den Medienmärkten ist durch strukturelle Umwälzungen gekennzeichnet. Einerseits erfährt das Wettbewerbsumfeld der klassischen Medienunternehmen tiefgreifende Veränderungen, da neue Marktteilnehmer aus dem Computer- oder Telekommunikationsbereich in die Medienmärkte eintreten. Andererseits wird aber auch die Abgrenzung der relevanten Märkte schwieriger, da die Grenzen zwischen Medien-, Computer- und Telekommunikationsprodukten fließender werden.

Dies äußert sich beispielsweise in einer Ergänzung bereits etablierter Print- und TV-Produkte durch neue Angebote aus dem Internet- und Multimediabereich. So bietet beispielsweise der Harvard Business-Verlag einmal wöchentlich einen Podcast zum kostenlosen Download an, in dem aktuelle Ideen und Kommentare von führenden Business Managern vorgestellt werden.

---

[1] Datenquelle: Zentralverband der deutschen Werbewirtschaft (2011) und vorhergehende Ausgaben.

Kapitel 1: Grundlagen des Medienmanagement

Der Grund für diese Situation liegt in der zunehmenden Konvergenz zwischen den Bereichen Medien, Informationstechnologie und Telekommunikation. Dabei wird unter Konvergenz im Informations- und Kommunikationsbereich die Annäherung der zugrunde liegenden Technologien, die Zusammenführung einzelner Wertschöpfungsbereiche aus der Telekommunikations-, der Medien- und der Informationstechnologiebranche und letztendlich ein Zusammenwachsen der Märkte insgesamt verstanden.[1] Als Determinanten der Konvergenzentwicklung können im Wesentlichen folgende drei Sachverhalte angeführt werden, die auch in Abbildung 3-4 dargestellt sind: Digitalisierung, Deregulierung und die Veränderung der Nutzerpräferenzen.[2]

Abbildung 3-4: Konvergenz im Informations- und Kommunikationsbereich[3]

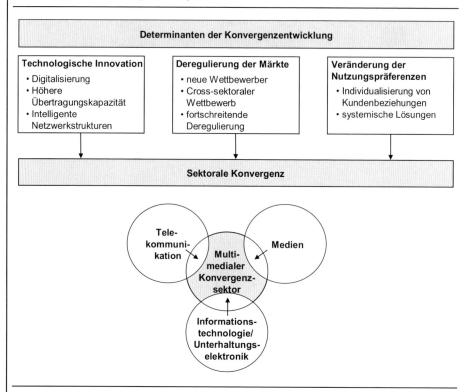

---

[1] Vgl. Denger/Wirtz (1995), S. 20 ff.
[2] Vgl. Wirtz (2000e), S. 291 ff.
[3] In Anlehnung an Wirtz (2000e), S. 294.

■ Digitalisierung

Die Digitalisierung eröffnet neue Darstellungs-, Speicherungs- und Distributionsmöglichkeiten für Medienprodukte. Sie bildet die technologische Basis der Konvergenz.[1] Die Vereinheitlichung bisher getrennter Speichermedien, zum Beispiel durch die Speicherung von Filmen, Musik und Text auf Festplatten ermöglicht die Ausnutzung von Economies Of Scope in vor- und nachgelagerten Wertschöpfungsstufen. Beispielsweise werden Nachschlagewerke als gebundene Ausgabe oder als multimediale Programme auf CD-ROM herausgegeben und wissenschaftliche Artikel in Zeitschriften oder als PDF-Dateien über das Internet vertrieben.

Die Digitalisierung hat auch Auswirkungen auf die technologische Infrastruktur. Mit der Umstellung von analogem auf digitalen Datenverkehr werden unterschiedliche Kommunikationsnetzwerke für die Datenübertragung nutzbar und damit untereinander substituierbar. So kann ein Internetzugang inzwischen über Telefon-, Kabel-, Satelliten und Mobilfunknetze sowie Wireless-LAN erfolgen. Damit gehen Leistungssteigerungen bei Datenübertragungsleistung und -kapazität sowie die Entwicklung neuer Interaktionsformate einher.

■ Deregulierung der Informations-, Medien- und Kommunikationsmärkte

Seit Mitte der 1990er Jahre sind in den USA umfangreiche Deregulierungen durchgeführt worden (Einführung des Cross-sektoralen Wettbewerbs und Liberalisierung der vertikalen Integrationsregeln). Auch in der EU führen Deregulierungsbestrebungen, wie beispielsweise die Liberalisierung des Telekommunikationssektors, zur Entstehung wettbewerblicher Strukturen in der Informations-, Medien- und Kommunikationsindustrie. Ohne diese Entwicklung hätte dem Konvergenzprozess in dieser Form der marktwirtschaftliche Rahmen gefehlt.

■ Veränderungen der Nutzerpräferenzen

Das zunehmende Angebot an medialen Dienstleistungen hat zu einer Fragmentierung des Medienkonsums geführt. Vor allem junge Konsumenten nutzen eine Vielzahl unterschiedlicher Angebote, um ihre Informations- und Unterhaltungsbedürfnisse zu befriedigen.[2] Gleichzeitig ist eine Veränderung der Nutzerpräferenzen hin zu einem Einsatz von persönlichen Informations- sowie Kommunikationsinstrumenten und eine eng an diese Entwicklung gekoppelte Personalisierung und Individualisierung der genutzten Medien festzustellen, zum Beispiel personalisierte Zeitungen wie Wsj.com, The Wall Street Journal Online, oder Mobilfunkdienste mit individuellen Informationsangeboten und Klingeltönen. Diese Vernetzung birgt letztendlich einen Trend zu systemischen Lösungen insofern, als dass Unternehmen zum einen durch Funktionsintegration und zum anderen durch Leistungsbündelung integrierte Informations- und Kommunikationsangebote schaffen.

---

[1] Vgl. Rayport/Jaworski (2001), S. 366.
[2] Vgl. Rayport/Jaworski (2001), S. 368 f.

Kapitel 1: Grundlagen des Medienmanagement

Diese Entwicklungen verändern die Wettbewerbsbedingungen für Medienunternehmen erheblich. Durch die technologische Konvergenz kommt es zu einem Zusammenwachsen von Märkten, die vormals voneinander abgegrenzt waren. Auf dem Markt für Kommunikationsdienstleistungen konkurrieren inzwischen Kabelnetzbetreiber, Telekommunikationsunternehmen aus dem Mobil- und Festnetzbereich sowie Satellitenanbieter miteinander.

Um sich von ihren Wettbewerbern zu differenzieren, diversifizieren sie durch Integrationsstrategien in dem Bereich der Content-Produktion und bedrohen somit Medienunternehmen als Konkurrenten. Dazu kommt das Internet als ein Kommunikationsraum, der sich durch seine Zeit- und Ortlosigkeit von anderen unterscheidet und die Möglichkeit bietet, auf Basis von Prozessinnovationen völlig neue Geschäftsmodelle zu entwickeln.[1]

Auf diesem neuen, großen Marktplatz reagieren die Unternehmen durch die Aufspaltung (Unbundling) und Neukombination (Rebundling) ganzer Wertschöpfungsketten.[2] Vormals getrennte Aktivitäten, wie Distribution und Produktion, werden durch neue, internetbasierte Geschäftsmodelle ersetzt. Andere Unternehmen erweitern durch Fusionen ihre Content-Basis und nutzen mehrere Vertriebsformen, um neue Nutzerschichten zu erschließen.

Dazu gehören TV-Unternehmen wie die News Corp., die über Kabel- und Satellitenübertragung ihre Programme weltweit vermarkten. Diese Entwicklung hat in den letzten Jahren zu einer starken und immer noch nicht abgeschlossenen Umstrukturierung der Wettbewerbslandschaft im Bereich der Medienunternehmen beigetragen. Innerhalb des multimedialen Konvergenzsektors lassen sich je nach Aggregationsniveau unterschiedliche Typen von Konvergenz beobachten.[3]

Neben der oben beschriebenen sektoralen oder auch Branchenkonvergenz lassen sich Konvergenztendenzen zunächst auf der Produktebene, auf der Geschäftsfeldebene und auf Unternehmensebene erkennen. Im Kontext des Medienmanagement lässt sich die Internetprotokoll-basierte Datenkommunikation als Ausgangspunkt der Konvergenzentwicklungen identifizieren.

Die oben beschriebene Digitalisierung sämtlicher Medieninhalte in Verbindung mit der Möglichkeit diese Daten ohne Qualitätsverlust zeit- und ortsunabhängig über Kanäle, die auf dem Internetprotokoll basieren, beliebig zu distribuieren, stellt den Ausgangspunkt der Konvergenz von Produkten und Services dar. Gab es zum Beispiel für den Musikkonsum und für das mobile Telefonieren ehemals jeweils eigene Endgeräte, so führte die zunehmende technologische Leistungsfähigkeit dazu, dass Mobiltelefone mittlerweile auch für die Wiedergabe und den Erwerb von Musik geeignet sind.

---

[1] Vgl. Choi/Stahl/Whinston (1997), S. 553 ff.
[2] Vgl. Wirtz (2001), S. 495 ff.
[3] Vgl. Greenstein/Khanna (1997), S. 205 f.

Anhand der Konvergenz unterschiedlicher Funktionalitäten in einem neuen Produkt lässt sich Produktkonvergenz erkennen. Als ein weiteres Beispiel für Produktkonvergenz lassen sich verschiedene Ausprägungen von kombinierten Breitbandinternetangeboten anführen. Darunter versteht man ein gebündeltes Angebot von Dienstleistungen, die von Verbrauchern zuvor in der Regel von verschiedenen Anbietern bezogen wurden, was mit einem relativ komplexen Auswahlprozess und einem nicht zu unterschätzenden Aufwand in Verbindung stand.

Die zentralen Vorteile von kombinierten Breitbandinternetangeboten liegen dabei in der Attraktivität des Produktbündels sowie in den Preisvorteilen des Gesamtprodukts gegenüber den Einzelprodukten. Komplementäre Konvergenz ist offensichtlich. Telekommunikationsprodukte (Internetzugang, Sprachkommunikation) werden mit inhaltlichen Angeboten angereichert, um dem Konsumenten einen Zusatznutzen zu bieten. Double Play bezeichnet dabei die Kombination aus Internetzugang und klassischer Telefonie oder Voice Over IP, Triple Play erweitert das Angebot um Entertainment-Dienste (zum Beispiel IP-TV) und Quadruple Play fügt als vierte Komponente die Mobilfunknutzung hinzu.

Die eigene Zusammenstellung der Kombinationsangebote durch den Kunden (auch bei verschiedenen Anbietern) wird als „Individual Multi Play" bezeichnet.[1] Die Entwicklung der Nutzerzahlen kombinierter Breitbandinternetangebote ist bis zum Jahr 2010 erheblich angestiegen, wobei sich Individual Multi Play und Quadruple Play ungefähr gleich stark entwickeln konnten. Bis zum Jahr 2015 prognostizieren Experten einen weiteren Anstieg von höherwertigen Breitbandinternetangeboten mit dem stärksten Anstieg bei Tripley Play-Angeboten. Einen Überblick über die Entwicklung der Nutzeranteile zeigt Abbildung 3-5.

Bei fortschreitender Produktkonvergenz kann es für Unternehmen, die von der Produktkonvergenz betroffen sind, attraktiv werden, entweder unternehmensintern aber auch durch unternehmensexterne Kooperationen konvergente Geschäftsfelder zu integrieren. Auf diese Weise können einerseits Skaleneffekte realisiert werden, andererseits entstehen so durch die Rekombination von einzelnen Leistungsmerkmalen bestehender Angebote aus den unterschiedlichen Geschäftsfeldern neue, innovative Produkte.

Betrifft die Konvergenz ehemals getrennter Angebote nicht Geschäftseinheiten innerhalb eines Unternehmens, sondern bezieht sich diese auf vollständige Unternehmen, so kann es im Zuge der Konvergenz zu Kooperationen bis hin zur Verschmelzung dieser ehemals getrennten Unternehmen kommen. In diesem Fall spricht man von Anbieter- oder Unternehmenskonvergenz. Dabei ist zu beachten, dass der Zusammenschluss von Unternehmen im Zuge der Konvergenz, die komplementäre Ressourcen einbringen insbesondere mit Blick auf den Integrationsprozess mit Schwierigkeiten verbunden sein kann.

---

[1] Vgl. Wirtz (2008a), S. 26 f.

Kapitel 1: Grundlagen des Medienmanagement

Abbildung 3-5: Entwicklung der Nutzerzahl kombinierter Breitbandinternetangebote bis zum Jahr 2015[1]

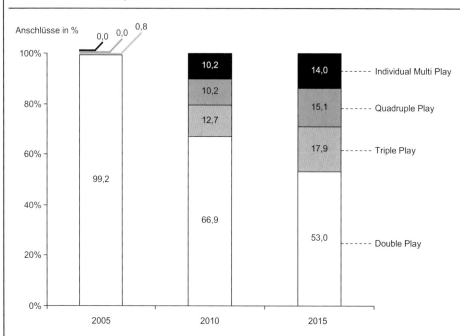

Für die Optimierung der Zielerreichung, die mit dem Zusammenschluss verbunden ist, spielt der Post Merger-Integrationsprozess eine entscheidende Rolle.[2] Geht man im Konvergenzsektor grundsätzlich von der Komplementarität der Produkte und Services aus, so kann der Ressourcen-Fit, das heißt also die Ähnlichkeit anderer Unternehmensressourcen, den Zusammenschluss zumindest erleichtern.[3] Der Begriff des multimedialen Konvergenzsektors deutet darauf hin, dass die Konvergenzentwicklung im Kontext von Telekommunikation, Informationstechnologie und klassischen Medien nicht auf einzelne Unternehmen beschränkt bleibt.

Vielmehr sind generelle Konvergenztendenzen zu beobachten, die sich somit auf die gesamten Branchen beziehen. Deshalb spricht man in diesem Kontext von Branchenkonvergenz oder sektoraler Konvergenz. Diese Form der Konvergenz ist als finale Stufe im Konvergenzprozess anzusehen und führt schließlich zur allmählichen Auflösung ehemaliger Branchengrenzen. Abbildung 3-6 fasst die verschiedenen Konvergenzebenen zusammen.

---

[1] Vgl. Wirtz (2008a), S. 27.
[2] Vgl. Wirtz/Wecker (2006), S. 711.
[3] Vgl. Wirtz/Becker (2006), S. 35.

Abbildung 3-6: 4-Ebenen-Konvergenzmodell

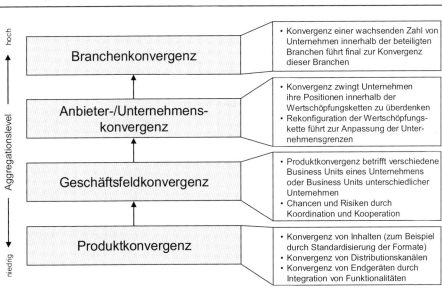

Die Branchenkonvergenz ist nicht nur ein Phänomen bei Unternehmen in Deutschland, sondern es kann eine große globale Bedeutung konstatiert werden.[1] Abbildung 3-7 gibt die Einschätzung von internationalen Experten zum Stand der Konvergenzprozesse in der Triade (Europa, USA und Asien) wieder. Demnach ist die Anbieterkonvergenz, also die Entstehung integrierter Anbieter von Breitband-Access, Content (Internet-TV, Video On Demand) und Sprachkommunikation in Form von Multi Play-Angeboten, am weitesten fortgeschritten.

Mit einigem Abstand folgt dann die Technologiekonvergenz. Unter diesem Begriff wird die IP-basierte Bereitstellung derselben Breitband-Services und Inhalte über Telefonnetze, Kabelnetze und Satellit zusammengefasst. Darauf folgt die Konvergenz der Endgeräte, worunter die Nutzung verschiedener Services und Netze über ein Endgerät zu verstehen ist. Am wenigsten weit fortgeschritten ist die Produktkonvergenz im Sinne der Integration verschiedener Funktionalitäten in einem Online-Angebot, zum Beispiel interaktives Shopping-TV.

---

[1] Vgl. Wirtz/Burda/Raizner (2006), S. 40 f.

Kapitel 1: Grundlagen des Medienmanagement

Abbildung 3-7: Stand der Konvergenzprozesse in der Triade[1]

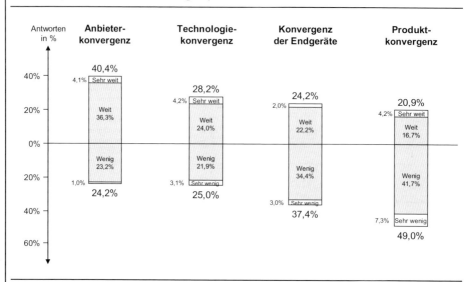

Aus diesen Ergebnissen ist ersichtlich, dass sich die Konvergenz in der Triade eher auf einem aggregierten Niveau vollzieht, da die Anbieter- und Technologiekonvergenz am weitesten fortgeschritten sind. Auf der Endgeräte- und Produktebene wird der Konvergenzprozess demnach in näherer Zukunft verstärkt stattfinden und so den Internetnutzern ein noch größeres Maß an integrierten Produkten und Services eröffnen. Die fortschreitenden Konvergenzprozesse haben erhebliche Auswirkungen auf Unternehmen in verschiedenen Branchen.[2]

Der Einschätzung internationaler Experten zufolge werden dabei Telekommunikationsunternehmen am stärksten von der Konvergenz betroffen sein. Es folgen Internet- und Medienunternehmen sowie unmittelbar dahinter TV-Kabelanbieter. Tabelle 3-2 veranschaulicht die Auswirkungen der Konvergenz und Wettbewerbsposition. Ein anderes Bild zeigt die Betrachtung der Ausgangsposition dieser Unternehmen. Die beste Wettbewerbsposition in der Konvergenz wird laut internationalen Experten den Internetunternehmen zugeschrieben. Mit einigem Abstand folgen dann Medien- und Telekommunikationsanbieter, während TV-Kabelanbieter über die schlechteste Wettbewerbsposition verfügen.

---

[1] Vgl. Wirtz/Burda/Raizner (2006), S. 41.
[2] Vgl. Wirtz/Burda/Raizner (2006), S. 34 f.

Medien- und Internetmanagement im digitalen Zeitalter

Tabelle 3-2: Auswirkungen der Konvergenz und Wettbewerbsposition[1]

Branchen-Player	Wirkungsausmaß der Medienkonvergenz auf Player (1 = kaum; 10 = sehr stark)	Wettbewerbsposition der Player in der Konvergenz (1 = kaum; 10 = sehr stark)
Telekommunikationsanbieter	8,4	6,7
Internetunternehmen	7,9	7,6
Medienunternehmen	7,9	6,8
TV-Kabelanbieter	7,8	6,2

Unternehmen in allen Branchen werden aber in den nächsten Jahren vom erheblichen Wachstum des Informations- und Telekommunikationsmarkts in Deutschland profitieren.[2] Nach einer Einschätzung von Breitbandexperten zur zukünftigen Marktanteilsentwicklung im konvergenten Breitbandmarkt, werden Telekommunikationsunternehmen sowohl 2010 als auch 2015 die größten Marktanteile besitzen. Abbildung 3-8 illustriert die prognostizierte Marktanteilsentwicklung im konvergenten Breitbandmarkt.

Abbildung 3-8: Prognostizierte Marktanteilsentwicklung im konvergenten Breitbandmarkt bis zum Jahr 2015[3]

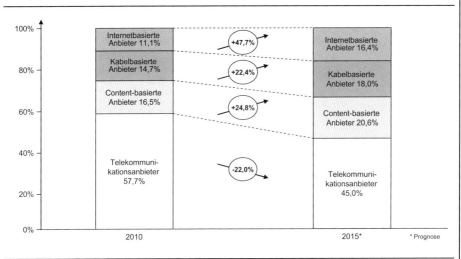

[1] Vgl. Wirtz/Burda/Raizner (2006), S. 35.
[2] Vgl. Wirtz/Burda/Raizner (2006), S. 37 f.
[3] Vgl. Wirtz/Burda/Raizner (2006), S. 38.

Kapitel 1: Grundlagen des Medienmanagement

Mit deutlichem Abstand folgen Content-basierte, kabelbasierte und internetbasierte Anbieter. Die Betrachtung der prognostizierten Marktanteilsentwicklung zwischen 2010 und 2015 zeigt, dass der relative Zugewinn der Internetunternehmen höher ausfällt, als bei den Inhalts- und Kabelanbietern. Innerhalb des derzeit deutlich wachsenden Gesamtmarkts können sich die Telekommunikationsanbieter vergleichsweise weniger stark entwickeln. Insbesondere die Medienunternehmen hatten in den vergangenen Jahren durch den konvergenzbedingten Wettbewerb zwischen Offline- und Online-Rubrikmärkten erhebliche Verluste zu verzeichnen.[1] Expertenmeinungen zufolge sind klassische Medienunternehmen nach wie vor nicht ausreichend auf die Branchenkonvergenz vorbereitet. Dies veranschaulicht Abbildung 3-9.

Am geringsten wurden demnach Organisations- und Redaktionsstrukturen an den dynamischen Wettbewerb mit innovativen Unternehmen aus dem Internet angepasst. Ebenso wurden bei der Ausgestaltung von Marketing- und Vertriebsaktivitäten die veränderten Rahmenbedingungen bislang nur in geringem Maß berücksichtigt. Auch bei der Anpassung ihrer Unternehmensstrategien an die Erfordernisse der Branchenkonvergenz sind Medienunternehmen noch nicht auf einem ausreichenden Niveau angelangt. Nur in Bereich der M&A-Aktivitäten können zum Teil gute Ausgangspositionen für den Wettbewerb innerhalb der konvergenten Medienbranchen bescheinigt werden.

Abbildung 3-9: Vorbereitung von Medienunternehmen auf die Konvergenz in verschiedenen Bereichen[2]

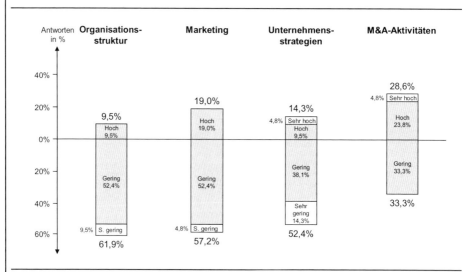

[1] Vgl. Wirtz/Burda/Raizner (2006), S. 38 f.
[2] Vgl. Wirtz/Burda/Raizner (2006), S. 39.

3.4 Umfeldveränderungen und Dynamiken im Medienbereich

Der Mediensektor befindet sich in einem kontinuierlichen Wandel. Bislang ist die Medienbranche neben den für die Entwicklung des Wettbewerbs förderlichen Deregulierungen vor allem von zwei Faktoren geprägt worden. Zum einen ist eine zunehmende Internationalisierung der Unternehmensaktivitäten zu erkennen. Zum anderen hat es forcierte Bestrebungen gegeben, durch Fusionen und Übernahmen integrierte Medienunternehmen zu bilden.

Im Rahmen der Internationalisierungsbestrebungen entwickeln sich Medienunternehmen, die sich bisher schwerpunktmäßig in nationalen Teilmärkten betätigt haben, zu stärker diversifizierten und weltweit tätigen Unternehmen. Als ein Beispiel ist in diesem Zusammenhang der Bertelsmann-Konzern zu nennen, der insgesamt 69,3% seines Umsatzes im Ausland generiert. Abbildung 3-10 illustriert diese Umsatzanteile.

Abbildung 3-10: Umsatzanteile ausgewählter Medienunternehmen im Inland/Ausland 2010[1]

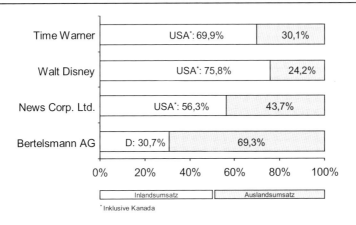

Bei Betrachtung der Umsatzstruktur großer Medienkonzerne wird ersichtlich, dass der Medienbereich in einigen Unternehmen nur einen Teil des Gesamtumsatzes ausmacht. Beispielsweise beträgt der Anteil der Medienumsätze am Gesamtumsatz bei Sony etwa 33%. Die meisten Unternehmen sind in mehreren Geschäftsfeldern wie beispielsweise TV-Produktion, Film, Radio und Printmedien aktiv. Dies wird aus Tabelle 3-3 ersichtlich. Die Ermittlung der Umsätze aus dem Bereich Internet ist problematisch, da viele Unternehmen Internet und Multimedia nicht mehr als eigenständiges Geschäftsfeld betrachten, sondern die Umsätze in den anderen Geschäftsbereichen verbuchen.

---

[1] Auf der Basis eigener Analysen und Abschätzungen sowie Geschäftsberichten.

Tabelle 3-3: Medienunternehmen nach Umsatzgröße 2010[1]

Unternehmen	Umsatz 2010 (in Millionen US-Dollar)	Anteil der Medienumsätze am Gesamtumsatz						
		Presse/-Magazine	Bücher	TV/Video	Film	Musik/Radio	Games	Internet/Multimedia
Sony (JP)*	83.342			12%		3%	12%	6%
Walt Disney (US)	38.063			46%	21%			
News Corporation (US)	32.403	21%	4%	28%	20%			20%
Viacom, CBS (US)	14.060			68%	2%	1%		
Time Warner (US)	26.888	13%			44%			23%
Cox Enterprises (US)	14.600	11%		65%				
Bertelsmann** (DE)	20.790	15%	12%	35%		19%		
Lagardere Media** (FR)	10.972	42%		20%				
Gannett (US)	5.439	77%		10%				13%
Pearson (GB)***	8.848	19%	81%					

*1 US-Dollar = 77,84 JPY   **1 US-Dollar = 0,76 Euro   *** 1 US-Dollar = 0,64 GBP

Um die Potenziale der technologischen und marktlichen Konvergenz ausnutzen zu können, müssen die Akteure neben ausreichenden Finanzierungsmöglichkeiten zudem über Zugang zu Inhalten, Distributionskanälen und Technologien verfügen. Da diese Bereiche häufig nicht von einem Unternehmen allein abgedeckt werden, sind in den letzten Jahren erhebliche Fusions- und Allianzaktivitäten in den internationalen Medienmärkten zu beobachten, um Kontrolle über diese strategisch wichtigen Ressourcen zu erlangen. Eine Übersicht über die wichtigsten Übernahmen im Informations- und Kommunikationsmarkt der vergangenen Jahre zeigt Tabelle 3-4.

---

[1] Auf der Basis eigener Analysen und Abschätzungen sowie Geschäftsberichten.

Tabelle 3-4: Ausgewählte Beispiele für Fusionen und Übernahmen in der Informations- und Kommunikationsbranche[1]

Unternehmenskäufer Geschäftsausrichtung	Übernommenes Unternehmen Geschäftsausrichtung	Übernahmepreis	Zeitpunkt/ Land
Vodafone Telekommunikationskonzern	Mannesmann Mischkonzern	140 Milliarden Euro	2000 GB/D
AOL Internetportal, Internet-Service Provider	Time Warner Printmedien, TV (unter anderem CNN, HBO), Musikverlag, Film	182 Milliarden US-Dollar	2001 USA
Walt Disney Medienkonzern	Fox Family worldwide, Fox Kids, Saban Entertainment (News Corp., Haim Saban) TV-Netzwerk, Distribution, Merchandising	5,3 Milliarden US-Dollar	2001 USA
Comcast Corp. Fernsehkabelnetzbetreiber	AT&T Broadband Kabelgeschäft von AT&T	47 Milliarden US-Dollar	2001 USA
Liberty Media Medienkonzern	Comcast Corp. QVC, Teleshopping-Sender	7,9 Milliarden US-Dollar	2003 USA
Vivendi Universal Entertainment Telekommunikation, Medien	NBC (General Electric) TV-Netzwerk	3,65 Milliarden US-Dollar	2004 F/USA
News Corporation Medienkonzern	MySpace Social Network	580 Millionen US-Dollar	2005 USA
Google Internetdienstleistungen	Youtube Videoportal	1,65 Milliarden US-Dollar	2006 USA
Vivendi Universal Entertainment Telekommunikation, Medien	Activision Game Publisher	8,1 Milliarden US-Dollar	2007 USA
Comcast Corp. Fernsehkabelnetzbetreiber	E! Networks, E! Entertainment und Style Network TV-Netzwerk	1,23 Milliarden US-Dollar	2009 USA
Walt Disney Medienkonzern	Marvel-Entertainment Comic-Konzern	4 Milliarden US-Dollar	2010 USA

Das Ziel dieser Bestrebungen ist der Aufbau integrierter Medienkonzerne, um die beschriebenen Konvergenzpotenziale ausnutzen zu können.[2] Es lassen sich drei Phasen von Fusionsaktivitäten mit unterschiedlichen Motiven beobachten:

---

[1] In Anlehnung an Wirtz (2000e), S. 293.
[2] Vgl. Wirtz (2000e), S. 297 ff.

Kapitel 1: Grundlagen des Medienmanagement

- In den Vereinigten Staaten waren sogenannte „Mega Merger" im Medienbereich verstärkt seit Mitte der 1990er Jahre zu beobachten. Als Beispiel ist der Kauf von ABC/Capital Cities durch Disney im Jahr 1995 zu nennen. Daneben kann der Kauf von Turner Broadcasting durch das Medienunternehmen Time Warner im selben Jahr angeführt werden, das durch diesen Zukauf das umsatzstärkste Medienunternehmen der USA wurde. Als Motiv können hier Bemühungen gesehen werden, einzelne Bereiche der Wertschöpfung zu integrieren und Verwertungsketten aufzubauen. Als Beispiel für die Integration von Wertschöpfungsstufen kann die Vereinigung von Produktionsfirmen und TV-Sendern genannt werden. Der Aufbau einer Verwertungskette kann beispielsweise in einer Integration von Kino, Pay TV und Free TV liegen.

- Seit Ende der 1990er Jahre sind verstärkt größere Telekommunikationsanbieter an den Akquisitionen beziehungsweise den Fusionen im Medienbereich beteiligt. Als Triebkraft für solche Fusionen oder Akquisitionen kann der Versuch einer Diversifikation in den Content-Markt betrachtet werden. Ein Beispiel hierfür ist die Fusion des französischen Telekommunikationsunternehmens Vivendi mit der Gruppe Canal+, dem kanadischen Konzern Seagram und mit den zugehörigen Unternehmen Universal Music und Universal Studios.

- Die dritte Phase ist geprägt durch M&A-Aktivitäten von Unternehmen aus dem Internetbereich und hat im Jahr 2000 mit der Übernahme von Time Warner durch AOL einen Höhepunkt erreicht. Dadurch wurden die inhaltlichen Ressourcen von Time Warner für AOL zugänglich gemacht und mithilfe eines neuen Distributionskanals erschlossen. Die Fusion von AOL und Time Warner verlief allerdings nicht erfolgreich. Nach Abschreibungen und Wertberichtigungen bei AOL wies der Konzern für das Geschäftsjahr 2002 einen Verlust von 99 Milliarden US-Dollar aus. Um der Abwärtsspirale entgegenzuwirken, wurde 2003 AOL wieder aus dem Firmennamen gestrichen. Letztendlich trennte sich Time Warner am 9. Dezember 2009 von seiner Problemtochter AOL. Die Internetsparte wurde aus dem Konzern herausgelöst und wird seitdem als eigenständiges Unternehmen an der Börse gehandelt. Ein weiteres Beispiel für M&A-Aktivitäten in der Medienbranche ist die Übernahme des Social Networks MySpace durch das traditionelle Medienunternehmen News Corp. im Jahr 2005.

Aufgrund der Übernahme- und Fusionsaktivitäten ist die Struktur der Medienbranche raschen Veränderungen unterworfen. Der amerikanische Unterhaltungskonzern Walt Disney hat den langjährigen Marktführer Time Warner vom ersten Platz verdrängt. Time Warner ist nach Börsenkapitalisierung zwar immer noch eines der größten Medienunternehmen weltweit, allerdings hat sich der Aktienkurs aufgrund der erfolglosen AOL- Fusion erheblich verringert.

Medien- und Internetmanagement im digitalen Zeitalter

Auch Viacom, ein vertikal integrierter Medienkonzern, ist überwiegend durch strategische Übernahmen gewachsen, wurde allerdings Anfang 2006 in zwei separate, börsennotierte Gesellschaften aufgespaltet: Viacom Inc. und CBS Corp. Dies sind Beispiele für die Potenziale und Risiken von M&A-Transaktionen in der Medienwirtschaft.[1] Mit Yahoo! hat sich inzwischen auch ein Internetunternehmen unter den größten Medienunternehmen etabliert. Dies veranschaulicht Abbildung 3-11.

Abbildung 3-11: *Ausgewählte Medienunternehmen nach Marktkapitalisierung 2011*[2]

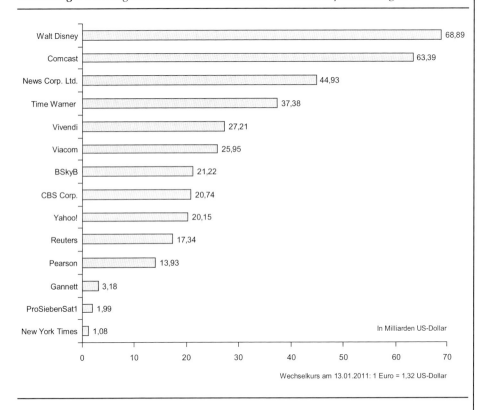

---

[1] Vgl. Wirtz (2006).
[2] Datenquelle: Ariva (2011).

Kapitel 1: Grundlagen des Medienmanagement

4 Leistungssystem

In den vorangegangenen Abschnitten lag der Schwerpunkt der Betrachtung überwiegend auf den externen Rahmenbedingungen, die auf das Handeln der Medienunternehmen Einfluss nehmen. In einem nächsten Schritt wird nun das Leistungssystem von Medienunternehmen beschrieben. Im Leistungssystem werden die Elemente erfasst, die für die Wettbewerbsfähigkeit und das Leistungsangebot eines Medienunternehmens entscheidend sind. Dies veranschaulicht Abbildung 4-1. Zu den wesentlichen Elementen zählen die Wertkette, die Core Assets und die Kernkompetenzen sowie das Geschäftsmodell von Medienunternehmen. Um das Leistungsangebot zu strukturieren, wird in den einzelnen Branchenkapiteln ein Überblick über das entsprechende Leistungsspektrum hinzugefügt.

Abbildung 4-1 gibt einen Überblick über das Leistungssystem von Medienunternehmen. Dabei sind Core Assets, Kernkompetenzen und Wertketten als komplementäre Untersuchungskonzepte zu betrachten. Die Wertkette ermöglicht die differenzierte und strukturierte Darstellung und Analyse der Aktivitäten in Medienunternehmen, während Core Assets und Kernkompetenzen die Grundlage von Wettbewerbsvorteilen beschreiben. Das Geschäftsmodell umfasst beide Konzepte und berücksichtigt darüber hinaus insbesondere externe Aspekte des Management von Medien- und Internetunternehmen.

Abbildung 4-1: Leistungssystem von Medienunternehmen

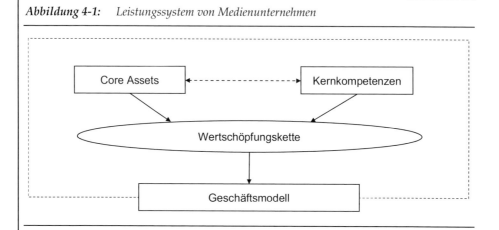

4.1 Wertschöpfung in Medienunternehmen

Für die Entwicklung eines Geschäftsmodells werden zunächst die einzelnen Wertschöpfungsaktivitäten innerhalb der Unternehmung analysiert. Damit geht es vor allem um physisch und technologisch unterscheidbare Aktivitäten im Unternehmen, die als Bausteine eines für den Abnehmer nutzenstiftenden Produkts betrachtet werden.[1] Ein relativ einfaches, aber erfolgreiches Instrument zur Darstellung der Wertschöpfung von Unternehmen bietet das Konzept der Wertkettenanalyse von Porter (1986), das in Abbildung 4-2 illustriert ist.

Abbildung 4-2: Wertkette der Unternehmensaktivitäten[2]

Die Wertkette dient der funktionalen Strukturierung der innerbetrieblichen Abläufe, um Ansatzpunkte für die Verbesserung der Qualität von Produkten und Prozessen zu identifizieren. In der ursprünglichen Form, die zunächst für produzierende Unternehmen entwickelt wurde, besteht die Wertkette aus primären Aktivitäten, die sich mit der physischen Produktion und der Weiterleitung des Produkts an den Kunden befassen. Dazu zählen der Eingang von Materialien, die Erstellung der Produkte, die Ausgangslogistik und die Produktvermarktung sowie die After Sales-Aktivitäten. Darüber hinaus gibt es unterstützende Aktivitäten, die während des gesamten Wertschöpfungsprozesses notwendig sind und auf die einzelnen Primäraktivitäten einwirken.

Zu den unterstützenden Aktivitäten zählen die Beschaffung, die Entwicklung von Technologien, das Personalmanagement und die Infrastruktur des Unternehmens. Die sequenzielle Darstellung aller Aktivitäten verdeutlicht die konsequente Ausrichtung aller Wertschöpfungsaktivitäten auf den Kunden, wobei am Ende die Gewinnspanne steht. Diese setzt sich zusammen aus der Differenz zwischen dem Gesamtwert und der Summe der Kosten, die bei der Ausführung der Wertaktivitäten entstanden sind.[3]

---

[1] Vgl. Porter (1986), S. 64.
[2] In Anlehnung an Porter (1986), S. 62.
[3] Vgl. Porter (1986), S. 64.

Kapitel 1: Grundlagen des Medienmanagement

Die Wertkette versteht sich als stark vereinfachte Struktur, die für jedes Unternehmen individuell angepasst werden kann und muss. Vor allem bei der Betrachtung der primären Aktivitäten wird allerdings deutlich, dass sich die Struktur nicht problemlos auf Dienstleistungsunternehmen respektive Medienunternehmen übertragen lässt. Die Eingangslogistik kann hier nicht als logistische Aktivität im warenwirtschaftlichen Sinne verstanden werden, da die Input-Faktoren des Produktionsprozesses oft immaterieller Natur sind. Darüber hinaus ist bei Aktivitäten, die auf den Werbemarkt gerichtet sind, an dieser Stelle schon der erste Kontakt zum Werbekunden gegeben, da das werbungtreibende Unternehmen einen erheblichen Beitrag zum Input leistet.

Bei der Darstellung der Produktion in Medienunternehmen ist es nicht sinnvoll, alle Produktionsaktivitäten in einer Stufe zusammenzufassen. Aus diesem Grund wird die Aggregation und Produktion der Inhalte von der Zusammenstellung des Produkts und der technischen Produktion getrennt. In Branchen, in denen die Inhalte zur Übermittlung an ein materielles Trägermedium gebunden sind, kann zwischen technischer Produktion und Distribution unterschieden werden, während in anderen Bereichen, zum Beispiel im Rundfunk, beide Aktivitäten weitestgehend zusammenfallen.

Auch der Kundendienst hat in der Wertschöpfungskette von Medienunternehmen nicht die Bedeutung, die er sowohl im Sachgüterbereich als auch bei vielen Dienstleistungsunternehmen einnimmt. Eine eventuell notwendige Analyse des Kundendiensts kann somit im Rahmen der Distribution erfolgen. Auch wenn der Mediensektor eine sehr heterogene Ausprägung aufweist, kann die generische Wertkette in Abbildung 4-3 als Basis für weitere Überlegungen dienen.

Dabei wird auf die Darstellung der unterstützenden Aktivitäten verzichtet, da sich hier in der Regel nur geringe medienspezifische Besonderheiten ergeben. Erste Ansatzpunkte für eine Differenzierung dieser Wertschöpfungskette wurden bereits angesprochen. Darauf aufbauend wird in den branchenspezifischen Kapiteln 2 bis 9 für jede Medienbranche ein eigenes Wertkettenmodell konzipiert, das die Spezifika der jeweiligen Branche berücksichtigt.

Abbildung 4-3: Wertkette in Medienunternehmen

4.2 Core Assets und Kernkompetenzen

Von hoher Bedeutung für den langfristigen Erfolg eines Medienunternehmens sind dessen Core Assets und Kernkompetenzen. Core Assets sind diejenigen materiellen und immateriellen Vermögensgegenstände, die eine zentrale Rolle bei der Leistungserstellung und -vermarktung einnehmen. Hierzu zählen beispielsweise die Unternehmensmarke und ihre Reichweite. Kernkompetenzen komplementieren darüber hinaus die Core Assets. Sie bezeichnen die Fähigkeiten des Unternehmens, seine Assets und Core Assets so zu kombinieren, dass dadurch ein besonderer Kundennutzen entsteht. Beispiele für die Kernkompetenzen eines Medienunternehmens sind eine herausragende Redaktions- und Programmgestaltungskompetenz oder eine crossmediale Vermarktungskompetenz.

Core Assets und Kernkompetenzen verschaffen Unternehmen einen nachhaltigen Wettbewerbsvorteil, der sich langfristig in der Erzielung überdurchschnittlicher Kapitalrenditen niederschlägt.[1] Deshalb sind die Identifikation und das Management von Core Assets und Kernkompetenzen für Medienunternehmen von besonderer Bedeutung. Das Konzept der Core Assets und Kernkompetenzen entspringt den ressourcentheoretischen Ansätzen des strategischen Management. Die Darstellung des Resource-based View und seiner Weiterentwicklungen Capability Based View, Dynamic Capability Based View und Knowledge Based View bilden die Basis für die Diskussion der Core Assets und Kernkompetenzen in Medienunternehmen. Darauf aufbauend werden die Core Assets und Kernkompetenzen in Medienunternehmen analysiert.

---

[1] Vgl. Fahy/Smithee (1999), S. 4.

4.2.1 Ressourcentheoretische Ansätze

Die ressourcentheoretischen Ansätze beschäftigen sich mit der Erklärung von Ergebnisunterschieden zwischen Unternehmen und der Ableitung von Handlungsstrategien, die dem Aufbau von Wettbewerbsvorteilen dienlich sein sollen.[1] Hierbei wird eine Inside Out-Perspektive eingenommen, das heißt die unternehmensintern akkumulierten Assets und Fähigkeiten stehen im Mittelpunkt der Betrachtung. Nachhaltige Wettbewerbsvorteile werden auf die einzigartigen, unternehmensspezifischen Assets und Kompetenzen eines Unternehmens zurückgeführt.

Dabei gehen die Ressourcenansätze von dem Beobachtungssachverhalt aus, dass sich Unternehmen auch innerhalb einer Branche hinsichtlich ihrer Asset- und Kompetenzausstattung unterscheiden. Diese Asset- und Kompetenzheterogenität konkurrierender Unternehmen im Wettbewerb begründen Erfolgsunterschiede. Verfügt beispielsweise Unternehmen A über wirkungsvollere Assets und Kompetenzen als Unternehmen B, dann ist A erfolgreicher als B.[2] Der Grundstein für die Ausformulierung einer Ressourcentheorie wurde Anfang der 1980er Jahre gelegt. Seitdem ist die Entwicklungsgeschichte der Ressourcenansätze durch verschiedene Strömungen charakterisiert. Es lässt sich der klassische Resource Based View von seinen Weiterentwicklungen Capability Based View sowie Knowledge Based View abgrenzen. Diese drei Forschungsrichtungen ergänzen sich und bilden gemeinsam die Basis für die Analyse der Core Assets und Kernkompetenzen in Medienunternehmen.

■ Klassischer Resource Based View

Der klassische Resource Based View beschäftigt sich primär mit den Assets und Core Assets eines Unternehmens. Kompetenzen werden in den frühen ressourcentheoretischen Arbeiten weitgehend vernachlässigt. Unter dem Begriff „Asset" oder „Produktionsfaktor" eines Unternehmens werden undifferenzierte Input-Güter verstanden, die frei auf Faktormärkten erwerbbar sind.[3] Sie bilden die notwendige Voraussetzung für sämtliche Aktivitäten eines Unternehmens. Zu diesen Assets zählen beispielsweise Finanzmittel und Humanressourcen.

Demgegenüber werden als Core Assets diejenigen firmenspezifischen Ressourcen und Assets bezeichnet, die eine besonders wichtige Rolle im Wertschöpfungsprozess eines Unternehmens einnehmen. Assets werden dann zu Core Assets für ein Unternehmen, wenn sie wertvoll und von gewisser Knappheit auf dem Markt sind. Sie dürfen zudem nicht leicht von der Konkurrenz zu imitieren und zu akquirieren sein, damit sie die Grundlage für einen nachhaltigen Wettbewerbsvorteil schaffen.[4] Solche

---

1 Vgl. Freiling (2001), S. 5.
2 Vgl. Seisreiner (1999), S. 171 ff.
3 Vgl. im Folgenden Teece/Pisano/Shuen (1997), S. 516.
4 Vgl. Barney (1991), S. 105 ff.

Core Assets können beispielsweise im Rahmen von unternehmensinternen Veredelungsprozessen aus einfachen Assets und Produktionsfaktoren entwickelt werden.[1] Auf Basis dieser Ausführungen lässt sich die folgende Definition für den Asset- und Core Asset-Begriff ableiten.

Tabelle 4-1: Definition Assets und Core Assets

Definition Assets und Core Assets
Assets sind materielle und immaterielle Ressourcen, die die Basis für die Aktivitäten und die Wettbewerbsfähigkeit eines Unternehmens bilden. Bei Core Assets handelt es sich um firmenspezifische Assets, die unternehmensintern akkumuliert oder zumindest veredelt wurden und eine besondere Werthaltigkeit für den Wertschöpfungsprozess des Unternehmens haben. Sie sind von relativer Knappheit und für die Konkurrenz schwer bis nicht imitierbar und substituierbar. Core Assets bilden die Grundlage für einen nachhaltigen Wettbewerbsvorteil.

Die zentralen argumentativen Säulen des Resource Based View bilden zum einen die Asset-Heterogenität und zum anderen die besonderen wettbewerbsvorteilkreierenden Eigenschaften von Assets.

- Asset-Heterogenität

Dem Resource Based View liegt die Prämisse der unvollkommenen und nicht-existenten Faktormärkte zugrunde. Diese Prämisse bildet die Voraussetzung für den Beobachtungssachverhalt der Asset-Heterogenität von Unternehmen. Über diejenigen Assets, die auf unvollkommenen Faktormärkten gehandelt werden, bilden Unternehmen unterschiedliche Erwartungen.[2] Da unterschiedliche Erwartungen abweichende Zahlungsbereitschaften und Akquiseverhaltensweisen begründen, resultiert daraus wiederum eine heterogene Asset-Ausstattung der Unternehmen. Wettbewerbsvorteile in Form von überdurchschnittlichen Renditen erzielt demnach dasjenige Unternehmen, das Assets akquiriert und implementiert, deren Wert die Kosten übersteigt. Hierzu muss ein Unternehmen genauere Erwartungen über den zukünftigen Wert der Assets bilden können als seine Konkurrenten.

Neben unvollkommenen Faktormärkten existieren in der Realität für sehr spezifische und zumeist immaterielle Unternehmens-Assets oftmals keine Faktormärkte.[3] So ist beispielsweise das Kundenvertrauen ein nicht am Markt erwerbbares Core Asset, sondern kann nur langfristig über hochwertige Produkte und Leistungen beim Kunden aufgebaut werden. Solche unternehmensintern akkumulierten Assets sind von weitaus größerer Wichtigkeit für den Unternehmenserfolg als die an Faktormärkten erwerbbaren.

---

[1] Vgl. Freiling (2001), S. 22.
[2] Vgl. Barney (1986), S. 1232 ff.
[3] Vgl. Dierickx/Cool (1989), S. 1504 ff.

Kapitel 1: Grundlagen des Medienmanagement

Da letztere prinzipiell von allen Marktteilnehmern erworben werden können, bieten sie kein wertvolles Differenzierungspotenzial. Die unternehmensintern akkumulierten Assets hingegen sind hochgradig unternehmensspezifisch und können zumeist nicht kurzfristig von der Konkurrenz imitiert und substituiert werden. Aufgrund ihrer hohen Unternehmensspezifität sind Core Assets auch oftmals schwer oder nicht sinnvoll auf andere Firmen zu transferieren, da dabei hohe Transaktions- und Wechselkosten entstehen würden.

- Besondere Eigenschaften von Core Assets

Core Assets zeichnen sich durch die vier charakteristischen Merkmale Werthaltigkeit, Seltenheit sowie eingeschränkte Imitier- und Substituierbarkeit aus.[1] Werthaltig ist ein Asset, wenn es zur Erreichung von Unternehmenszielen beiträgt. Dafür muss es entweder die Effizienz oder die Effektivität der Unternehmensleistungen erhöhen, das heißt, es muss dem Unternehmen einen Kostenvorteil gegenüber der Konkurrenz ermöglichen oder für den Kunden einen wahrnehmbaren Nutzen schaffen.[2]

Ist dieses Asset auch von relativer Seltenheit, sodass es nicht jedem Wettbewerber zur Verfügung steht, dann begründet es zumindest eine kurzfristig überlegene Wettbewerbsposition des Unternehmens. Kann ein Asset aufgrund seiner eingeschränkten Imitier- und Substituierbarkeit längerfristig den Bedrohungen durch die Wettbewerber standhalten, so ist die hinreichende Bedingung für die nachhaltige Wettbewerbsvorteilsrelevanz erfüllt.

Nicht-Imitierbarkeit bedeutet, dass ein wertvolles Asset nicht von einem anderen Unternehmen reproduziert werden kann. Schwer substituierbar ist ein Asset, dessen Nutzen nicht einfach durch ein anderes Asset oder Input-Gut ersetzt werden kann. Insbesondere für den Fall, dass ein Substitut wenig unternehmensspezifisch, leicht kopierbar und schnell beschaffbar ist, verliert das bedrohte Orginal-Asset sofort an Wettbewerbsvorteilsrelevanz.[3] Während die Substitutionsgefahr latent immer vorhanden und vom Unternehmen kaum beeinflussbar ist, lässt sich die Imitationsgefahr im Wesentlichen über die Barrieren Historizität, Größenvorteile, kausale Ambiguität und hohe Interdependenzen des Assets begrenzen.[4]

Historizität bedeutet, dass die aktuelle Asset-Position eines Unternehmens in hohem Maß pfadabhängig ist. Wenn ein strategisch relevantes Asset durch langjährige, erfahrungsbasierte Lernprozesse gebildet wurde (zum Beispiel redaktionelle Kompetenzen), dann kann dieser Lernprozess nicht in erheblich kürzerer Zeit von einem Konkurrenten nachgeholt werden.

---

[1]   Vgl. Barney (1991), S. 195 ff.
[2]   Vgl. Teece/Pisano/Shuen (1997), S. 513.
[3]   Vgl. Barney (1991), S. 111 f.
[4]   Vgl. im Folgenden Dierickx/Cool (1989), S. 1507 ff.; Burmann (2002), S. 147 f.

Spielen besondere, historische Kontextbedingungen in der Unternehmensgeschichte eine entscheidende Rolle für die Asset-Entwicklung, dann besteht eine zusätzliche Barriere dadurch, dass das imitierende Unternehmen unter anderen Bedingungen handelt. Klassische Größenvorteile implizieren, dass strategisch relevante Zuwächse zu einem bereits bestehenden großen Asset-Stock leichter und wahrscheinlicher sind als bei einer kleineren Ausgangsbasis, zum Beispiel Netzwerkeffekte oder hoher Marktanteil.

Dies bedeutet, dass Unternehmen, die in der Vergangenheit bereits erfolgreich waren, eine günstige Ausgangsposition für die Fortsetzung ihres Erfolgs in der Zukunft haben („success breeds success"[1]). Darüber hinaus können Assets kausal mehrdeutig sein. In diesem Falle ist für unternehmensexterne Personen die Ursache des Erfolgs nicht eindeutig erkennbar.

Dabei kann der Kausalzusammenhang zwischen Core Asset und Erfolg unklar sein oder die Struktur des Core Assets an sich. Verstärkt wird die kausale Mehrdeutigkeit durch ein hohes Maß an Interdependenzen zwischen verschiedenen Assets. Je stärker der Wettbewerbsvorteil auf einem komplexen und interdependenten Netzwerk aus Assets und Core Assets beruht, desto schwieriger ist die Wettbewerbsanalyse und -imitation.

Im Rahmen von Core Asset-basierten Wettbewerbsvorteilen können unterschiedliche Arten von Gewinnen beziehungsweise Renten erwirtschaftet werden.[2] Ricardo-Renten werden erzielt, wenn ein Unternehmen sich einen ausreichenden Anteil an knappen Assets sichern kann, die zu einer höheren Effizienz führen. Die Quasi- oder Pareto-Rente von Assets ergibt sich aus der Differenz zwischen dem unternehmensinternen, optimalen Einsatz und dem unternehmensexternen, nächstbesten Verwendungszweck des Assets.

Monopolistische Renten basieren auf Marktmacht. Sie werden erzielt, falls einzigartige Assets zu einer starken Position am Markt führen, die die Einschränkung der Produktionsmenge ermöglicht. Schumpeter-Renten oder auch Entrepreneurial Rents stellen Rückflüsse aus innovativen Leistungen dar, die auf der Basis von besonderen und einzigartigen Assets erbracht werden. Für die ressourcentheoretischbasierten Argumentationsweisen sind Ricardo-, Quasi- und Schumpeter-Renten am bedeutsamsten. Die ressourcentheoretische Argumentationsweise wird zusammenfassend in der Abbildung 4-4 dargestellt.

---

[1] Dierickx/Cool (1989), S. 1507.
[2] Vgl. im Folgenden Bürki (1996), S. 34 ff.

Abbildung 4-4: Core Assets und Kernkompetenzen als Basis für den Unternehmenserfolg[1]

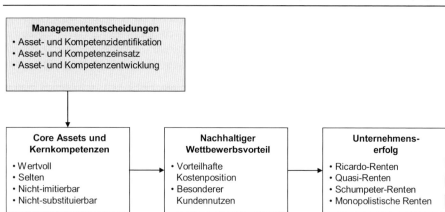

■ Capability und Dynamic Capability Based View

Die Antwort auf die Frage, wie ein Core Asset-basierter Wettbewerbsvorteil in überlegene Produkte und Leistungen am Markt übersetzt werden kann, liefert die Kompetenzperspektive der Ressourcentheorie. Organisationale Kompetenzen und Fähigkeiten ermöglichen die geschickte Kombination von Assets und Core Assets zu solchen verkaufsfähigen Produkten und Dienstleistungen, die sich von denen des Wettbewerbs unterscheiden und Präferenzen beim Nachfrager erzeugen.[2]

Mithilfe von Kompetenzen können Core Assets so koordiniert und verwendet werden, dass sich daraus Wettbewerbsvorteile für das Unternehmen ergeben. Organisationale Kompetenzen stellen somit eine Koordinationsleistung dar, die auf den sozialen Interaktionsmustern, dem Wissen und den Einzelfähigkeiten der Mitarbeiter basiert. Sie sind eine Form des regelbasierten, kollektiven Verhaltens (Routine), das durch wiederholte Ausübung erlernt wird und sich im Zeitverlauf entwickelt.

Von weitreichender Wirkung sind in diesem Zusammenhang Kernkompetenzen, da sie zu einem nachhaltigen Wettbewerbsvorteil und damit zu langfristigem Unternehmenserfolg führen. Das Konzept der Kernkompetenzen geht maßgeblich auf die managementorientierte Veröffentlichung der Autoren Prahalad/Hamel (1990) zurück.[3] Kernkompetenzen zeichnen sich nach Ansicht der Autoren durch drei Merkmale aus.

---

[1] In Anlehnung an Fahy/Smithee (1999), S. 10.
[2] Vgl. im Folgenden Burmann (2002), S. 153 ff.
[3] Vgl. im Folgenden Prahalad/Hamel (1990), S. 79 ff.

Zunächst eröffnet eine Kernkompetenz dem Unternehmen Zugang zu verschiedenen Geschäftsfeldern. Kernkompetenzen sind auf eine Vielzahl von Produkten, Diensten und/oder Kundengruppen transferierbar. Dabei bilden die Kernkompetenzen eines Unternehmens die Basis für dessen Kernprodukte, die wiederum Geschäftsfelder erzeugen, aus denen Endprodukte entstehen. Dies illustriert Abbildung 4-5.

Abbildung 4-5: Kernkompetenzen[1]

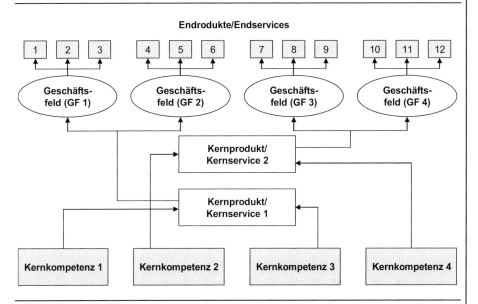

Prahalad/Hamel (1990) nennen hier exemplarisch die Kompetenz eines Unternehmens, Displays zu erstellen. Das Unternehmen könnte mit dieser Kompetenz zum Beispiel die Märkte für Mobiltelefone, Handhelds, Taschenrechner und Fahrzeugcomputer bedienen. Für ein ähnliches medienspezifisches Beispiel kann das Unternehmen Viacom Inc. angeführt werden.

Viacom Inc. verfügt sowohl über herausragende Inhalteproduktionskompetenzen als auch überlegene Vermarktungs- und Distributionskompetenzen. Dies ermöglicht es dem Unternehmen auf Basis seiner Kernprodukte (den Inhalten) verschiedene Endprodukte zu erstellen und diese in verschiedenen Medienmärkten (Kino-, TV-, Buch-, Video- und Computerspielemarkt) abzusetzen. Beispielsweise werden die von den Paramount Studios produzierten Star Trek-Filme innerhalb des Viacom-Konzerns mehrfach crossmedial verwertet.

---

[1] In Anlehnung an Prahalad/Hamel (1990), S. 81.

Kapitel 1: Grundlagen des Medienmanagement

Zunächst erfolgt die Ausstrahlung der Filme in Kinos. Anschließend werden DVDs beziehungsweise Blu-ray Discs zu den Filmen von Paramount Home Video produziert. Zu einem späteren Zeitpunkt werden die Filme über Pay und Free TV ausgestrahlt. In einer weiteren Verwertungsstufe werden von der Unternehmenstochter Simon & Schuster Bücher und Audiobücher erstellt sowie vereinzelt auch Star Trek-Video- und Computerspiele produziert.

Ein weiteres essentielles Merkmal von Kernkompetenzen ist, dass sie wesentlich zum wahrgenommenen Kundennutzen eines Endprodukts beitragen. Auf Kernkompetenzen basierende Endprodukte vermögen die Kernbedürfnisse der Kunden auf einzigartige Weise zu befriedigen. Beispielsweise kann hier Sonys lange Zeit überragende Fähigkeit zur Miniaturisierung von Elektronikartikeln genannt werden.[1]

Darüber hinaus zeichnet sich eine Kernkompetenz dadurch aus, dass sie von der Konkurrenz nicht einfach zu imitieren und substituieren ist, wodurch die Nachhaltigkeit sichergestellt wird. Damit sind Kernkompetenzen ebenso wie Core Assets durch die vier Attribute Werthaltigkeit, Knappheit, Nicht-Imitierbarkeit und Nicht-Substituierbarkeit charakterisiert. Auf Basis der vorangegangenen Ausführungen lassen sich Kompetenzen und Kernkompetenzen zusammenfassend wie folgt definieren.

Tabelle 4-2: Definition Kompetenz und Kernkompetenz

Definition Kompetenz und Kernkompetenz
Kompetenzen bilden die Grundlage für das kollektive Handeln in einem Unternehmen und ermöglichen den Leistungserstellungsprozess, in dem Assets und Core Assets zu verkaufsfähigen Marktleistungen kombiniert werden. Kernkompetenzen sind eine spezielle Form von Kompetenzen, sie sind von relativer Knappheit und für die Konkurrenz schwer bis nicht imitierbar und substituierbar. Kernkompetenzen tragen bedeutend zum wahrgenommenen Kundennutzen eines Endprodukts bei und verschaffen Unternehmen einen nachhaltigen Wettbewerbsvorteil.

Die ressourcentheoretische Perspektive wurde im Rahmen des Dynamic Capability-Ansatzes um dynamische Aspekte ergänzt. Dynamic Capabilities erklären die Ressourcen- und Kompetenzentwicklung im Zeitverlauf. Unternehmen sind aufgrund von Umweltveränderungen dazu gezwungen, ihre Asset- und Kompetenzbasis an veränderte Marktbedingungen anzupassen. Dabei müssen vorhandene Assets und Kompetenzen überprüft, weiterentwickelt oder gegebenenfalls abgebaut, neue Kompetenzen aufgebaut sowie unternehmensexterne Assets und Fähigkeiten beschafft und integriert werden. Dynamic Capabilities stellen die organisationale Metafähigkeit dar, originäre Kompetenzen und Assets zu bilden, rekonfigurieren, integrieren und koordinieren.[2]

---

[1] Vgl. Prahalad/Hamel (1990), S. 82.
[2] Vgl. Teece/Pisano/Shuen (1997), S. 515 ff.

Diese Prozesse können durch die Unternehmensleitung auf Grundlage kompetenzgestützter Ziele und Strategien gesteuert werden. Dabei sollten insbesondere Kundenbedürfnisse als Maßstab für die kontinuierliche Überprüfung des Core Asset- und Kernkompetenzprofils dienen. Diese werden in Abbildung 4-6 dargestellt.

Abbildung 4-6: Core Asset- und Kernkompetenzentwicklung

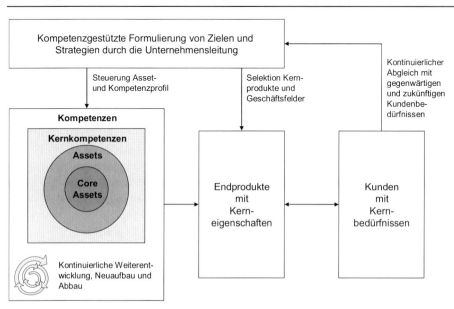

- Knowledge Based View

Bei der Suche nach Core Assets, die die Kriterien hohe Firmenspezifität, relative Knappheit, besondere Werthaltigkeit sowie schwere Imitierbarkeit und Substituierbarkeit in starkem Maß erfüllen und damit für den Aufbau nachhaltiger Wettbewerbsvorteile genutzt werden können, wurde der Fokus vieler Forscher auf immaterielle Ressourcen gelenkt, insbesondere die Wissensressource.[1]

---

[1] Vgl. Burmann (2002), S. 185.

Im Knowledge Based View wird Wissen als Grundlage von Core Assets und Kernkompetenzen erachtet und damit als wichtigste Quelle nachhaltiger Wettbewerbsvorteile für Unternehmen. Wissen wird von Individuen subjektiv konstruiert und repräsentiert deren Erwartungen über Ursache-Wirkungs-Zusammenhänge.[1] Es entsteht in der sozialen Interaktion und muss sich in dieser bewähren, um dann verworfen oder institutionalisiert zu werden.

Wissen kann in explizites und implizites Wissen differenziert werden. Bei explizitem Wissen handelt es sich um objektives Verstandeswissen, dass in formaler systematischer Sprache artikulierbar, dokumentierbar und transferierbar ist. Implizites Wissen hingegen ist nur sehr schwer und unvollständig artikulierbar und nicht kodifizierbar. Es ist in hohem Maß personen- sowie kontextspezifisch und umfasst zum einen mentale Modelle sowie zum anderen praktisches Können und Fertigkeiten.[2] Aus Unternehmensperspektive ist die Handlungsorientierung des Wissens entscheidend, denn nur dann kann es in konkrete zielorientierte Aktivitäten überführt werden und einen ökonomischen Beitrag leisten.

Handlungsorientiertes Wissen ist die Basis für sämtliche organisationalen Wertschöpfungsaktivitäten. Verfügt ein Unternehmen über seltenes und besonderes werthaltiges Handlungswissen, dann handelt es sich hierbei um ein Core Asset, das einen Wettbewerbsvorsprung begründet. Basiert dieser Wettbewerbsvorteil insbesondere auf implizitem Wissen, so ist er aufgrund der hohen sozialen Komplexität in besonderem Maß vor Imitations- und Substitutionsbestrebungen der Konkurrenz geschützt.[3]

4.2.2 Analyse von Core Assets und Kernkompetenzen in Medienunternehmen

Core Assets und Kernkompetenzen verschaffen Medienunternehmen nachhaltige Wettbewerbsvorteile auf den Rezipienten- und Werbemärkten. Deshalb werden in diesem Abschnitt die wichtigsten Core Assets und Kernkompetenzen von Medienunternehmen dargestellt. Darüber hinaus wird ihre Bedeutung für den langfristigen Unternehmenserfolg erläutert.

Zu den bedeutendsten Core Assets von Medienunternehmen zählen im Wesentlichen die Mitarbeiter, die Marke, Netzwerke und der Kundenstamm. Mitarbeiter sind Know How-Träger und verfügen häufig über komplementäre Fähigkeiten. Die Kombination individueller Fähigkeiten in einem Team kann zu einer verbesserten Leistungserstellung und damit zu Wettbewerbsvorteilen führen.

---

[1] Vgl. Probst/Raub/Romhardt (2010), S. 35 ff.
[2] Vgl. Nonaka/Takeuchi (1997), S. 72 f.
[3] Vgl. Freiling (2001), S. 116 ff.

Allerdings sind nur diejenigen Mitarbeiter als Core Assets anzusehen, die von zentraler Bedeutung für die Leistungserstellung und -vermarktung sind, beispielsweise Mitarbeiter in der Redaktion von Zeitungsverlagen. Da die Interaktionsmuster innerhalb der Teams von außen kaum nachzuvollziehen und nicht an einzelne Mitarbeiter gebunden sind, ist dieses Core Asset von Wettbewerbern nur schwer imitierbar. Bei einer Marke handelt es sich um „ein Nutzenbündel mit spezifischen Merkmalen, die dafür sorgen, dass sich dieses Nutzenbündel gegenüber anderen Nutzenbündeln, welche dieselben Basisbedürfnisse erfüllen, aus Sicht der relevanten Zielgruppen nachhaltig differenziert."[1]

Marken stellen ein Wertversprechen dar und werden vom Kunden mit bestimmten, meist positiven Produkteigenschaften assoziiert. Sie sind durch ihre Einzigartigkeit in der Regel nicht imitierbar sowie kaum substituierbar und stellen deshalb ein Core Asset von Medienunternehmen dar. Da es sich bei Medienprodukten um Erfahrungsgüter handelt, kann durch eine Marke eine überlegene Produktqualität signalisiert werden. Dies ist beispielsweise bei der Produktneueinführung von Vorteil, wenn dazu eine bereits bekannte Marke genutzt werden kann, um die Werbungskosten zu senken.

In der Medienbranche können Netzwerke an verschiedenen Punkten des Leistungserstellungsprozesses entstehen. Sie dienen beispielsweise der Informationsbeschaffung, um Input für die Content-Erstellung zu liefern. In vielen Medienbranchen existieren Produktionsnetzwerke aus spezialisierten Akteuren und auch in der Distribution ist der Zugang zu bestimmten Distributionskanälen häufig nur über Netzwerke möglich. Netzwerke erfordern intensive Pflege und häufig persönliches Engagement, sie sind historisch gewachsen und deswegen nur schwer imitierbar.

Darüber hinaus beschränkt die Knappheit potenzieller Netzwerkpartner die Imitationsmöglichkeiten. Sofern sie hohe Bedeutung für die Leistungserstellung haben und Medienunternehmen einen Differenzierungs- oder Kostenvorteil verschaffen, stellen Netzwerke ein Core Asset dar. Der Umfang des Kundenstamms auf dem Rezipientenmarkt wird in der Medienbranche auch häufig unter dem Begriff der Reichweite zusammengefasst. Dieser Kundenstamm ist in vielen Fällen das Ergebnis einer langfristigen erfolgreichen Tätigkeit in einem bestimmten Marktsegment. Er ist deshalb von Wettbewerbern nur schwer zu imitieren.

Durch die Interdependenz von Rezipienten- und Werbemärkten ergibt sich aus einer großen Reichweite ein eindeutiger Wettbewerbsvorteil. Je höher die Reichweite auf den Rezipientenmärkten ist, desto höher sind tendenziell auch die Werbeerlöse. Zur Nutzung der Core Assets sind Kernkompetenzen erforderlich. Zu den Kernkompetenzen von Medienunternehmen zählen insbesondere die Content Sourcing-Kompetenz, die Content Creation-Kompetenz, die Formatkompetenz, die Distributionskompetenz und die Technologiekompetenz.

---

[1] Meffert/Burmann/Koers (2005), S. 3.

Kapitel 1: Grundlagen des Medienmanagement

Mit der Content Sourcing-Kompetenz wird die Fähigkeit beschrieben, qualitativ hochwertige Informationen und Unterhaltungsinhalte, aber auch Autoren oder Produzenten als Input für die Inhalteproduktion zu gewinnen. Diese Fähigkeit verschafft Medienunternehmen, die für die Content-Produktion in großem Umfang auf Input-Güter angewiesen sind, einen einzigartigen Wettbewerbsvorsprung gegenüber den Wettbewerbern.

Dies ist insbesondere dann der Fall, wenn besonders exklusive Inhalte beschafft werden können. Die Content Creation-Kompetenz umfasst alle Fähigkeiten, die zur Herstellung erfolgreicher Medieninhalte erforderlich sind. Sie lässt sich in verschiedene Subkompetenzen differenzieren, wie beispielsweise die Trendkompetenz und die Veredelungskompetenz, das heißt die Fähigkeiten, gesellschaftliche Entwicklungen frühzeitig aufzugreifen (Trendkompetenz) und in hochwertige informierende oder unterhaltende Medienprodukte wie TV-Sendungen umzusetzen (Veredelungskompetenz).

Subkompetenzen sind hochgradig medien-, genre- und formatspezifisch, denn die Faktoren, die Inhalte aus Sicht der Rezipienten attraktiv machen, sind je nach Mediennutzungszweck und Zielgruppe unterschiedlich. So müssen zum Beispiel für die Herstellung von informativen Inhalten andere Fähigkeiten eingesetzt werden als für die Herstellung von Unterhaltungsinhalten.

Die Content Creation-Kompetenz wird in hohem Maß durch das implizite Wissen der Mitarbeiter und durch organisationsspezifische Routinen beeinflusst. Deren Wirkungsmechanismen sind für Außenstehende nur schwer nachvollziehbar, sodass diese Kompetenz kaum imitierbar und aufgrund ihrer hohen Bedeutung für die Leistungserstellung auch kaum substituierbar ist.

Die Content Creation-Kompetenz ermöglicht die Erreichung dauerhafter Wettbewerbsvorteile durch überlegene Leistungserstellung und stellt eine der wichtigsten Kernkompetenzen der meisten Medienunternehmen dar. Zur vorteilhaften Positionierung auf den Rezipienten- und Werbemärkten trägt die Produktentwicklungskompetenz bei. Die Produktentwicklungskompetenz besteht aus der Fähigkeit, erfolgversprechende Medienprodukte zu entwickeln und sie hinsichtlich ihrer Marktattraktivität und Refinanzierungschancen beurteilen zu können.

Sie erfordert großes Wissen über das spezifische Marktsegment, in dem das Medienunternehmen tätig ist. Dieses Wissen ist meist nur als implizites Wissen im Unternehmen vorhanden und daher nicht transferierbar. Es ist von großer Bedeutung für die Produktpolitik von Medienunternehmen, da ein ausgewogenes Produktportfolio stetige Erlösströme ermöglicht.

Die Promotion-Kompetenz von Medienunternehmen ist vor allem für Medienprodukte relevant, die Einzelprodukte darstellen und bei denen eine Markenbildung mit Schwierigkeiten verbunden ist. Dazu zählen zum Beispiel Filme, Musik oder Bücher. Die Promotion-Kompetenz umfasst die Fähigkeit, Medienprodukten öffentliche Aufmerksamkeit zu verschaffen und auf diese Weise eine vorteilhafte Marktposition zu erzielen beziehungsweise die Marktposition zu verbessern.

Sie beruht auf unternehmensintern generiertem Wissen und ist deshalb schwierig zu imitieren. Da die Promotion-Kompetenz bei vielen Medienprodukten einen wesentlichen Erfolgsfaktor im Rahmen der Erlöserzielung darstellt, ist sie als Kernkompetenz anzusehen. In verschiedenen Medienbranchen ist auch die crossmediale Verwertungskompetenz von Relevanz.

Sie bezieht sich auf die Fähigkeit, Inhalte rechtzeitig, in der gewünschten Menge und über den richtigen Kanal für die Rezipienten bereitzustellen. Zum einen müssen Medienprodukte häufig kanalspezifisch an die jeweilige Zielgruppe angepasst werden, zum anderen müssen Medienunternehmen auch in der Lage sein, die Distributionskanäle technologisch und logistisch zu beherrschen.

Wettbewerbsvorteile entstehen durch Economies Of Scope bei der Content-Verwertung und eine bessere Erreichbarkeit der Rezipienten. Eng verbunden mit der Distributionskompetenz ist die Technologiekompetenz. Sie beschreibt insbesondere die Fähigkeit, moderne Informations- und Kommunikationstechnologie zur Erstellung und Vermarktung von Content einzusetzen.

Dadurch können Effizienzvorteile erzielt und Kostensenkungspotenziale realisiert werden. Beide Kompetenzen erfordern erhebliches Wissen über die Vertriebskanäle beziehungsweise über die einsetzbaren oder die verwendeten Technologien. Dieses Wissen entsteht durch interne Lernprozesse, über die implizites und damit nicht transferierbares Wissen generiert werden kann. Eine zusammenfassende Darstellung der Core Assets und Kernkompetenzen von Medienunternehmen gibt Abbildung 4-7.

Abbildung 4-7: Core Assets und Kernkompetenzen von Medienunternehmen

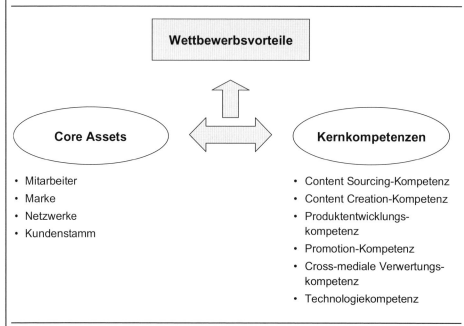

4.2.3 Management von Core Assets und Kernkompetenzen in Medienunternehmen

Das Kernkompetenzenkonzept bietet eine wertvolle Grundlage für den Strategiebildungsprozess in Medienunternehmen. Die Analyse der aktuellen Asset- und Kompetenzbasis eines Unternehmens stellt eine wichtige Voraussetzung für die Formulierung von Handlungsempfehlungen zur Sicherung des zukünftigen Unternehmenserfolgs dar. Auf Basis einer externen Marktanalyse, sind zunächst die in der Zukunft strategisch bedeutenden Assets und Kernkompetenzen zu prognostizieren.

Hierbei können Entwicklungsszenarien für den zukünftigen Beschaffungs-, Werbe-, Wettbewerber- und Rezipientenmarkt herangezogen werden, aus denen zukunftsträchtige Core Assets und Kernkompetenzen abgeleitet werden können. Beispielsweise ist davon auszugehen, dass es in Zukunft für Medienunternehmen immer wichtiger sein wird, Inhalte multimedial über verschiedene Kanäle vermarkten zu können.

Ein Abgleich des aktuellen Asset- und Kompetenzprofils mit dem zukünftig relevanten gibt Hinweise auf Handlungsbedarfe. Demnach sollte ein Unternehmen, das über die künftig notwendigen Kompetenzen derzeit noch nicht verfügt, durch einen aktiven Auf- und Ausbau seiner Asset- und Kompetenzbasis den nahenden Bedarf sicherstellen. Dabei betreffen strategische Überlegungen im Rahmen einer Kompetenzanalyse auch den möglichen Abbau von vorhandenen Assets und Kompetenzen.

So sollte auf Asset- und Kompetenzbereiche, die nicht zu den Kernbereichen eines Unternehmens zählen und bei denen davon auszugehen ist, dass sie auch zukünftig nicht von strategischer Bedeutung für das Medienunternehmen sein werden, verzichtet werden. Denn nur so können alle verfügbaren Ressourcen und Kompetenzen eines Unternehmens zielorientiert auf die Erfüllung der Kernaufgaben gerichtet werden. In Abbildung 4-8 sind der Analyseprozess und die strategischen Handlungsoptionen überblicksartig dargestellt.

Abbildung 4-8: Analyse und Management von Core Assets und Kernkompetenzen

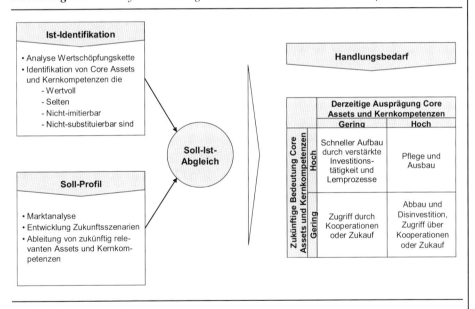

4.3 Geschäftsmodelle und Geschäftstypen

Im Schrifttum wird der Begriff des Geschäftsmodells (Business Model) sehr uneinheitlich verwendet. Aus dem vielfachen Gebrauch des Begriffs Geschäftsmodell kann jedoch geschlossen werden, dass dieser zumeist auf die Fragen nach dem Schwerpunkt der unternehmerischen Aktivitäten und der Erlöserzielung beschränkt wird.[1] „A business model is defined as the organization (or 'architecture') of product, service and information flows, and the sources of revenues and benefits for suppliers and customers."[2] Ein Geschäftsmodell bildet demnach den Material-, Arbeits-, Informations- und Finanzmittelfluss sowohl zwischen Unternehmen und Umwelt als auch innerhalb des Unternehmens ab und kann wie folgt definiert werden.[3]

Tabelle 4-3: Definition Geschäftsmodell

Definition Geschäftsmodell
„Ein Business Model stellt eine stark vereinfachte und aggregierte Abbildung der relevanten Aktivitäten einer Unternehmung dar. Es erklärt, wie durch die Wertschöpfungskomponente einer Unternehmung vermarktungsfähige Informationen, Produkte und/oder Dienstleistungen entstehen. Neben der Architektur der Wertschöpfung werden die strategische sowie die Kunden- und Marktkomponente berücksichtigt, um das übergeordnete Ziel der Generierung beziehungsweise Sicherung des Wettbewerbsvorteils zu realisieren."[4]

Das Geschäftsmodell geht damit über das Konzept der Wertkette hinaus, da es nicht an einen physischen Produktionsprozess gebunden ist, sondern auch Dienstleistungsprozesse abbildet. Ein Geschäftsmodell enthält damit Aussagen darüber, durch welche Kombination von Produktionsfaktoren die Geschäftsstrategie eines Unternehmens umgesetzt werden soll und welche Funktionen den involvierten Akteuren dabei zukommen.

Es schließt Zulieferer oder strategische Partner ausdrücklich mit ein, denn „the unit of strategic analysis has moved from the single company [...] to an enhanced network."[5] Dabei greifen Geschäftsmodelle auf die Inhalte der relevanten, spezifischen Betriebswirtschaftslehren zurück. Die Intention, die mit der Geschäftsmodellabbildung verfolgt wird, besteht in der Aggregation wesentlicher Aspekte aus den betriebswirtschaftlichen Teildisziplinen, um hierdurch zu einem vereinfachten, komprimierten Überblick der Geschäftsaktivitäten in grafischer Modellform zu gelangen.

---

1 Vgl. Wirtz (2011a), S. 66 ff.
2 Timmers (2001), S. 31.
3 Vgl. Wirtz (2011a), S. 65 ff.
4 Wirtz (2011a), S. 72.
5 Prahald/Ramaswamy (2000), S. 81.

Leistungssystem

Das Denken in Geschäftsmodellen dient insbesondere bei Start Up-Unternehmen, bei Ausgründungen (Spin Offs) oder auch bei Markteintritten in neue Geschäftsfelder der gesamthaften Ideen- und Konzeptfindung sowie deren Überprüfung und ist insbesondere im angloamerikanischen Bereich sowie in der Unternehmenspraxis weit verbreitet. Es unterstützt die Entwicklung und Klassifikation nachhaltig erfolgreicher Unternehmensstrategien.[1]

Damit bezweckt die Geschäftsmodelldarstellung nicht die Substitution einzelner betriebswirtschaftlicher Teilanalysen, sie bietet vielmehr eine aggregierte Darstellungs- und Konzeptionsform. Dazu gehören das Markt- (Wettbewerbs- und Nachfragermodell), das Beschaffungs-, das Leistungserstellungs-, das Leistungsangebots-, das Distributions- und das Kapitalmodell (Finanzierungs- und Erlösmodell) als Partialmodelle eines integrierten Geschäftsmodells.[2] Abbildung 4-9 stellt ein integriertes Geschäftsmodell und seine Partialmodelle grafisch dar.

Abbildung 4-9: Partialmodelle eines integrierten Geschäftsmodells

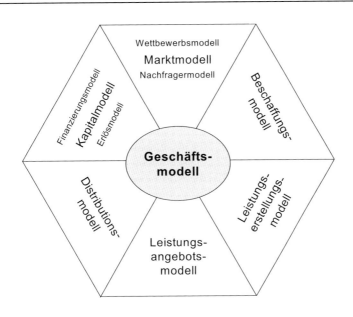

---

1 Vgl. Wirtz/Becker (2002).
2 Vgl. Wirtz/Kleineicken (2000), S. 629.

Kapitel 1: Grundlagen des Medienmanagement

Das Marktmodell zeigt auf, welchen Akteuren das Unternehmen in welchen Märkten gegenübersteht. Ferner wird die Struktur der Märkte in vereinfachter Form dargestellt. Bei den Akteuren kann zwischen Nachfragern und Wettbewerbern unterschieden werden. Entsprechend dieser Unterscheidung untergliedert sich das Marktmodell in ein Nachfrager- und ein Wettbewerbsmodell. Das Nachfragermodell gibt Auskunft darüber, welcher Nachfrager welche Leistungen in welcher Menge nachfragt und welche Zahlungsbereitschaft er aufweist.

Hierzu sind zunächst die relevanten Nachfragermärkte der Unternehmung zu bestimmen. Dabei konstituiert sich jeder Markt aus einer Vielzahl aktueller und potenzieller Kunden, die sich durch unterschiedliche Bedürfnisse bezüglich der angebotenen Leistungen differenzieren. Folglich besteht die Möglichkeit, den Gesamtmarkt mittels bestimmter Merkmale der Kunden in homogene Teilmärkte zu segmentieren. Dadurch kann den heterogenen Bedürfnissen der verschiedenen Marktsegmente durch differenzierte Marktleistungen besser entsprochen werden. Das Wettbewerbsmodell betrachtet das Wettbewerbsumfeld der Unternehmung.

Von hoher Relevanz sind dabei die Marktstruktur sowie das Marktverhalten auf den Absatzmärkten des Unternehmens. Dabei ist für jeden Absatzmarkt ein eigenes Wettbewerbsmodell zu entwickeln, da sich die Märkte bezüglich ihrer Struktur und des Marktverhaltens unterscheiden. Die Markstruktur wirkt unmittelbar auf das Verhalten bereits am Markt agierender Unternehmen. Umgekehrt kann das Marktverhalten auch Veränderungen der Markstruktur nach sich ziehen. Darüber hinaus muss die Wirkung externer Einflussfaktoren berücksichtigt werden. Hier sind vor allem wirtschaftspolitische Rahmenbedingungen, Konjunkturentwicklungen, rechtliche Bestimmungen sowie tarifliche Entwicklungen zu nennen.

Das Beschaffungsmodell stellt dar, welche Input-Faktoren von externen Lieferanten oder Partnern beschafft werden. Hierzu werden ausgehend von den zu produzierenden Produkten und Dienstleistungen die Art und Menge der benötigten Input-Faktoren festgelegt. Die innerbetrieblichen Prozesse und Strukturen werden im Leistungserstellungsmodell abgebildet. Dabei ist es nicht notwendig, jeden einzelnen Prozess im Unternehmen darzustellen. Vielmehr müssen Kernprozesse definiert werden, die einen Mehrwert für den Kunden generieren und die von elementarer Bedeutung für die Leistungserstellung sind.

Zur Optimierung müssen insbesondere quantitative Angaben, zum Beispiel zu Kosten, Durchlaufzeiten oder Prozessqualität erhoben und herangezogen werden, damit Ansatzpunkte und Prioritäten für Prozessverbesserungen identifiziert werden können. Im Leistungsangebotsmodell wird spezifiziert, welches Leistungsspektrum welchen Nachfrager- beziehungsweise Kundengruppen angeboten werden soll. Die Kunden unterscheiden sich dabei in ihren Nachfragewünschen zum Teil erheblich. Um die Wünsche der Kunden zu befriedigen, muss versucht werden, das Leistungsangebot auf den speziellen Bedarf der einzelnen Kunden auszurichten.

Hierzu dient unter anderem die im Rahmen des Nachfragermodells dargestellte Segmentierung der Nachfrager. Den einzelnen Nachfragergruppen wird jeweils ein segmentspezifisches Angebot unterbreitet, das auf ihre Nachfragerbedürfnisse abgestimmt ist. Das Distributionsmodell beschreibt die Art und Weise, wie Güter vom Medienunternehmen an die Rezipienten übertragen werden. Dabei wird zwischen akquisitorischer und logistischer Distribution unterschieden.

Unter der akquisitorischen Distribution wird die Gestaltung der Beziehung zu den Absatzmittlern verstanden. Die logistische Distribution befasst sich mit der Frage, wie die physische Übermittlung von Medienprodukten an den Rezipienten erfolgt.[1] Die Ausgestaltung des Distributionsmodells ist insbesondere dann von Bedeutung, wenn das Medium an ein physisches Trägermedium gebunden ist und zur Distribution die Einschaltung von Absatzmittlern oder -helfern erforderlich ist.

Das Kapitalmodell einer Unternehmung zeigt, welche finanziellen Ressourcen der Unternehmung zugeführt werden und welche Formen der Refinanzierung dem Unternehmen zur Verfügung stehen. Folglich lässt sich das Kapitalmodell in ein Finanzierungs- und ein Erlösmodell differenzieren. Das Finanzierungsmodell gibt Auskunft darüber, aus welchen Quellen das zur Finanzierung der Unternehmenstätigkeit eingesetzte Kapital stammt. Von besonderer Bedeutung ist das Erlösmodell, das im Folgenden für den Mediensektor systematisiert werden soll.

Erlösmodell

Das Erlösmodell stellt einen wesentlichen Bestandteil des Geschäftsmodells eines Unternehmens dar, ist aber nicht mit diesem gleichzusetzen.[2] Im Rahmen der Fragestellung, auf welche Art und Weise Erlöse erzielt werden sollen, sind im Mediensektor zahlreiche unterschiedliche Erlösformen denkbar. Um im Rahmen des strategischen Management eine grundsätzliche Entscheidung über mögliche Erlösformen treffen zu können, ist eine Systematisierung der Erlösformen notwendig.

Dazu wird die Unternehmung in ihrem wirtschaftlichen Umfeld dargestellt. In diesem Umfeld steht sie unterschiedlichen privaten und staatlichen Personen oder Körperschaften gegenüber, die auf Märkten oder in Form staatlicher Institutionen in Aktion treten. Diese Systematik illustriert Abbildung 4-10. Entscheidend ist bei dieser Darstellung allein der Zahlungsstrom, der in die Unternehmung fließt. Zahlungsströme zwischen den externen Akteuren sind hier nicht relevant.

Da Medienprodukte sich an Rezipienten wenden, sollen zunächst die Rezipientenmärkte als Quelle der Erlöserzielung dargestellt werden. Bei transaktionsabhängigen Entgelten zahlt der Nutzer nur für die Nutzung eines Medienprodukts, wobei sich die Höhe des Entgelts nach der Leistungsmenge (zum Beispiel Preis pro Zeitung, Preis pro

---

[1] Vgl. Meffert/Burmann/Kirchgeorg (2012), S. 543 f.
[2] Vgl. Wirtz/Kleineicken (2000), S. 629 ff.; Wirtz (2011a), S. 141 ff.

Film beim Pay Per View TV) oder der Leistungsdauer (zum Beispiel Minutenpreis bei Online-Medien) richtet. Dagegen zahlt der Rezipient bei transaktionsunabhängigen Entgelten nicht für eine tatsächliche Nutzung der Medienprodukte, sondern lediglich für die Möglichkeit der Nutzung.

Abbildung 4-10: Systematik der Erlösformen

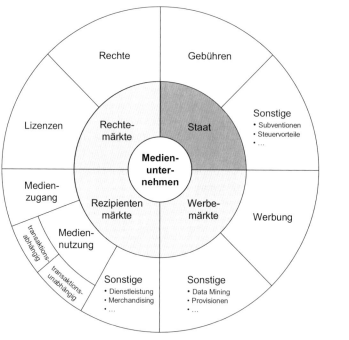

Transaktionsunabhängige Entgelte sind überwiegend regelmäßig zu entrichten (zum Beispiel Zeitungsabonnement, Pay TV-Abonnement). In welchem Umfang dann tatsächlich eine Nutzung erfolgt, ist für die Entgeltzahlung unerheblich. Die Nutzung ist häufig durch natürliche und technische Restriktionen begrenzt. So wird zum Beispiel der Fernsehkonsum eines Rezipienten durch die Zeit sowie der Datentransfer bei Online-Medien durch Bandbreiten oder Serverkapazitäten eingeschränkt.

Außer den Entgelten für die Mediennutzung kann auch ein Entgelt für den Medienzugang erhoben werden. Durch dieses in der Regel einmalige Entgelt erhält der Kunde die technischen und administrativen Voraussetzungen für die Nutzung eines Medienprodukts. Zur tatsächlichen Nutzung ist er damit jedoch üblicherweise noch nicht berechtigt. Entgelte für den Medienzugang können zum Beispiel in Form von Anmeldegebühren erhoben werden. Aber auch der Erwerb eines technischen Gerätes fällt hierunter, wenn die Zahlung an das Medienunternehmen erfolgt (zum Beispiel Decoder für Pay TV). In beiden Fällen ist in der Regel jedoch ein zusätzliches Entgelt für die Mediennutzung zu entrichten. Auf den Rezipientenmärkten können außer den Entgelten für den Medienzugang und die -nutzung noch weitere Erlöse erzielt werden.

In diesem Kontext sind zum Beispiel Erlöse aus Dienstleistungen wie der Nutzung von Archivdiensten von Zeitungen oder Fernsehsendern zu nennen. Auch der zunehmende Vertrieb von Merchandising-Produkten ist hier anzusiedeln. Bei einigen Medien wird ein bedeutender Teil der Erlöse auf den Werbemärkten erzielt. Werbungtreibende Unternehmen zahlen für die Werberaumleistung der Medienunternehmen. Die Werberaumleistung besteht zum Beispiel aus Zeitungsanzeigen, TV-Spots oder Internetbannern.

Darüber hinaus werden zusätzliche Werbeformen vermarktet, zum Beispiel im Rahmen von Product Placement und Sponsorship. Neben den Werbeerlösen können auf den Werbemärkten noch sonstige Erlöse anfallen. Hier ist beispielsweise der Verkauf von Nutzerdaten zu nennen. Darüber hinaus werden vor allem im Internet zunehmend Provisionen an Medienunternehmen gezahlt, wenn Transaktionen mit einem Kunden über einen Link bei diesem Medienunternehmen zustande kommen, zum Beispiel beim Affiliate Program von Amazon.

Als dritte Erlösform sind Verwertungsrechte und Lizenzen relevant. Als Verwertungsrechte werden in diesem Zusammenhang originäre Rechte bezeichnet, die dem Besitzer jede beliebige Verwertung der Inhalte erlauben. Lizenzen sind abgeleitete Rechte, die nur in dem Umfang genutzt werden dürfen, den der Besitzer der originären Rechte zulässt. Beispielhaft können hier Buchverlage genannt werden, die die Verwertungsrechte an einem Bestseller besitzen und Lizenzen für Taschenbuchausgaben vergeben.

Auf den Rechtemärkten treten Medienunternehmen sowohl als Nachfrager als auch als Anbieter auf. Die Erlöse werden dabei überwiegend durch die Verwertung eigener Produktionen, aber auch durch den Weiterverkauf von zuvor erworbenen Verwertungsrechten und Lizenzen erzielt. Neben den dargestellten Erlösformen wird in Abbildung 4-10 als viertes Element der Staat als Erlösquelle aufgeführt.

Auch wenn die hier erzielbaren Gebühren keine Erlöse im betriebswirtschaftlichen Sinne sind, sind sie aufgrund ihres großen Umfangs in bestimmten Medienbranchen für das Management von Medienunternehmen von Bedeutung. Als wichtigste Erlösform sind zunächst die Gebühren im Rundfunkbereich zu nennen. Gebührenpflichtig sind alle Personen, die bestimmte staatlich festgelegte Kriterien erfüllen.

Allerdings ist es grundsätzlich möglich, den Gebührenzwang zu umgehen. Die Menge der gebührenzahlenden Personen muss demzufolge nicht mit der Menge der Nutzer des gebührenfinanzierten Mediums identisch sein. Die Gebührenzahlung erfolgt nicht direkt an die Medienunternehmen, sondern wird an eine staatliche Einzugsstelle geleistet, die Gebühreneinzugszentrale der öffentlich-rechtlichen Rundfunkanstalten in der Bundesrepublik Deutschland (GEZ), die die Erlöse an die empfangsberechtigten Medienunternehmen weiterleitet. Aus diesem Grund kann als Ort der Erlöserzielung nicht der Rezipientenmarkt angesehen werden. Auch die Höhe des Entgelts wird nicht durch Angebot und Nachfrage ermittelt, sondern staatlich festgelegt.

Neben den Rundfunkgebühren sind im Rahmen der staatlich beeinflussten Erlöserzielung noch Subventionen und sonstige erlössteigernde Regelungen, zum Beispiel der verringerte Umsatzsteuersatz für Printprodukte, zu nennen. Bei Ersteren kommt die Zahlung direkt vom Staat, bei Letzteren verzichtet der Staat auf Steuereinnahmen zugunsten der Medienunternehmen. Die hier dargestellten Erlösformen nehmen in der Systematik der Erlösformen eine Sonderstellung ein, da sie staatlich reguliert sind und somit nicht als Aktionsparameter des Management angesehen werden können.

Über die Relevanz der dargestellten Erlösformen für die Finanzierung von Medienunternehmen kann keine generelle Aussage getroffen werden. Das liegt zum einen daran, dass der Erlös-Mix branchenspezifisch ist. Darüber hinaus sind aber auch innerhalb der einzelnen Medienbranchen keine generellen Aussagen möglich, da die Wahl der Erlösformen vom gewählten Geschäftsmodell abhängt. Allerdings sollten bei der Entscheidung über die Gestaltung des Erlösmodells zwei wichtige Aspekte beachtet werden.[1]

Einerseits sollte sich die Wahl der Erlösformen an der Kostensituation der Unternehmung orientieren. So können beispielsweise bei überwiegend laufenden Kosten regelmäßige Entgeltzahlungen bevorzugt werden, während bei hohen Entwicklungskosten Einmalzahlungen für den Medienzugang sinnvoller sind. Andererseits muss aber auch die Nutzenwahrnehmung der Rezipienten berücksichtigt werden. Das ist besonders dann problematisch, wenn die hohen Entwicklungskosten eines neuen Produkts eine hohe Zahlung für den Medienzugang rechtfertigen würden, die Rezipienten aber aufgrund der Neuartigkeit des Produkts seinen Nutzen im Voraus nicht beurteilen können.

Für den Vergleich von Unternehmen und Branchen ist es zweckmäßig, die unterschiedlichen Geschäftsmodelle der Medienunternehmen zu klassifizieren. Dazu werden Geschäftsmodelle anhand ausgewählter Charakteristika zu Gruppen zusammengefasst. Eine eindeutige Abgrenzung ist dabei nicht immer möglich, sodass es durchaus zu Überschneidungen zwischen den Gruppen kommen kann. Entscheidend ist jedoch, dass die Geschäftsmodelle innerhalb einer Gruppe relativ homogen und zwischen den Gruppen möglichst heterogen sind. An diesen Anforderungen hat sich auch die Wahl der Abgrenzungskriterien zu orientieren.

---

[1] Vgl. European Communication Council (2001), S. 26 ff.

Die Geschäftsmodelle der Medienunternehmen können anhand des Kriteriums des Leistungsangebots voneinander abgegrenzt werden. Damit wird eine klare Homogenisierung der Geschäftsmodelle innerhalb der Klassen mithilfe produkt- und dienstleistungsspezifischer Kriterien ermöglicht. Unternehmen innerhalb der Klassen verfügen üblicherweise über ähnliche Leistungs- und Wertschöpfungsprozesse. Auch im Rahmen einer marktorientierten Sichtweise des Medien- und Internetmanagement ist diese Abgrenzung der Geschäftsmodelle anhand des Leistungsangebots sinnvoll. Nach dem Bedarfsmarktkonzept können zur Abgrenzung des sachlich relevanten Markts diejenigen Produkte herangezogen werden, die in ihrer Bewertung von den Nachfragern als gleichwertig und somit substituierbar angesehen werden.

Andere Abgrenzungskriterien erlauben zumeist nur einen deutlich niedrigeren Homogenitätsgrad bei der Klassifikation. Bei einer Abgrenzung anhand von Nachfrager-/Zielgruppen kommt es in vielen Fällen zu einer Doppelerfassung von Geschäftsmodellen, da Unternehmen oftmals nicht nur eine einzelne Zielgruppe ansprechen. Zudem würde eine solche Form der Klassifizierung zu in sich heterogenen Klassen führen, da Unternehmen mit gleicher Zielgruppe gleichwohl stark unterschiedliche Leistungs- und Wertschöpfungsprozesse und damit auch Geschäftsmodelle aufweisen können.

▪ Leistungserstellungsmodell

Das Leistungserstellungsmodell bildet die Kernaktivitäten von Medienunternehmen ab, die zur Herstellung und Auslieferung der Medienprodukte notwendig sind. Durch die Analyse der wichtigsten Prozesse und Vorgänge können Kostentreiber und Ansatzpunkte für Kostensenkungsmaßnahmen erkannt werden. Der Vergleich der Modelle der Leistungserstellung verschiedener Unternehmen erlaubt außerdem die Identifikation von Wettbewerbsvorteilen, die auf einer überlegenen Prozessstruktur oder der Elimination bestimmter Prozesse beruhen. In einigen Branchen ist zum Beispiel eine direkte Distribution üblich, wohingegen in anderen Branchen komplexe Mehrkanalsysteme mit Einschaltung von Intermediären existieren.

Zur Veranschaulichung des Leistungserstellungsmodells kann die Kosten- und Erlösstruktur der Leistungserstellung herangezogen werden. Abbildung 4-11 stellt die typische Kosten- und Erlösstruktur von Medienunternehmen dar. Ausgangspunkt der Darstellung sind die Erlöse, die dem Medienunternehmen aus einem verkauften Exemplar des Medienprodukts zufließen. Die Erlöse sind nach den verschiedenen Erlösquellen strukturiert, zum Beispiel nach Werbe- und Verkaufserlösen. Daran schließt sich die Aufgliederung der Kosten und Kostenanteile an, die bei der Herstellung und Auslieferung des Medienprodukts anfallen.

Die einzelnen Kostenblöcke können zu First Copy Costs, Produktions- und Vertriebskosten sowie der Handelsspanne zusammengefasst werden. Unter den First Copy Costs werden alle Kosten verstanden, die im Rahmen der Erstellung des ersten Exemplars eines Medienprodukts (Urkopie) anfallen. Dazu zählen beispielsweise die Nullkopie eines Films oder das Master-Tape einer Musikproduktion.

Kapitel 1: Grundlagen des Medienmanagement

Die Zusammensetzung der First Copy Costs ist medienspezifisch. In allen Medienbranchen sind in den First Copy Costs neben den Kosten für die Produktion des Medienprodukts (Content-Produktion) auch die Kosten für Marketing und Verwaltung enthalten. In einigen Medienbranchen fallen darüber hinaus noch Kosten für die Werbeakquisition und Lizenzkosten an. Der durchschnittliche Anteil der First Copy Costs am Gesamtumsatz einer Medienproduktion liegt bei 55,8%, schwankt jedoch zwischen den einzelnen Mediengattungen sehr stark. Je höher der Anteil der First Copy Costs an den Gesamtkosten ist, desto stärker sind die Kostendegressionseffekte bei der Vervielfältigung des Medienprodukts.

Abbildung 4-11: Kosten- und Erlösstruktur der Leistungserstellung in der Medienwirtschaft[1]

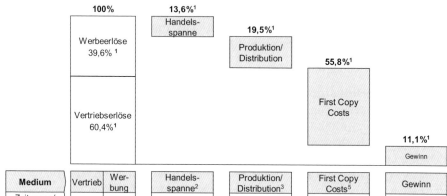

Medium	Vertrieb	Werbung	Handelsspanne[2]	Produktion/ Distribution[3]	First Copy Costs[5]	Gewinn
Zeitungen/ Zeitschriften	38%	62%	-	48%[4]	42%	10%
Buch	100%	-	29%	23%	39%	9%
Film	100%	-	33%	14%	49%	4%
TV	14%	86%	-	12%	78%	10%
Radio	13%	87%	-	7%	84%	9%
Musik	100%	-	20%	39%	35%	6%
Video-/Computerspiele	100%	-	27%	13%	44%	16%
Internet	18%	82%	-	-	75%	25%
Durchschnitt	60,4%	39,6%	13,6%	19,5%	55,8%	11,1%

1) Durchschnitt für untenstehende Medienbranchen 2) Handelsspanne = Intermediationskosten 3) Vervielfältigungskosten und Auslieferung an Intermediäre
4) Inklusive Presse-Grosso 5) Enthält Kosten für Content-Produktion, Lizenzen, Werbeakquise, Marketing und Verwaltung

---

[1] Auf der Basis eigener Analysen und Abschätzungen.

Die Produktions- und Vertriebskosten enthalten alle Kosten, die zur Vervielfältigung der Urkopie (Produktion) und zur Auslieferung der Vervielfältigungen an eventuelle Intermediäre (Vertrieb) anfallen. Zu den Produktionskosten zählen beispielsweise die Kosten des Zeitungsdrucks oder der Pressung von CDs, DVDs und Blu-ray Discs. Der Anteil der Produktions- und Vertriebskosten liegt in der Medienwirtschaft bei durchschnittlich 19,5%, jedoch sind je nach Teilbranche große Unterschiede beim Anteil der Produktions- und Vertriebskosten an den Gesamtkosten festzustellen.

Medien, die auf ein physisches Trägermedium wie Papier und aufwendige Herstellungsverfahren angewiesen sind, haben einen sehr hohen Anteil an Produktions- und Vertriebskosten, während besonders bei digitalen Produkten der Anteil der Vervielfältigungskosten sehr gering ist. Falls die Auslieferung der Medienprodukte an die Rezipienten nicht direkt vom Produzenten durchgeführt wird, müssen zusätzlich die Kosten der einzelnen, externen Distributionsstufen (Intermediäre) berücksichtigt werden.

Die Handelsspanne liegt durchschnittlich bei 13,6%. Da diese in einigen Branchen einen großen Teil des Endverbraucherpreises ausmacht, stellt die Umgehung der Handelsstufen durch einen Direktvertrieb für viele Medienunternehmen eine interessante strategische Alternative dar. Dies trifft zum Beispiel in der Buchbranche zu, da der Anteil der Handelsspanne hier bei etwa 29% des Gesamtumsatzes liegt.

Geschäftstypen

Die in Abschnitt 4.1 vorgestellte Wertschöpfungskette in Medienunternehmen stellt den Ansatzpunkt für die Unterscheidung verschiedener Geschäftstypen im Medienbereich dar. Dabei definiert sich ein bestimmter Geschäftstyp insbesondere dadurch, welche Aktivitäten innerhalb der Wertkette durch ein Medienunternehmen übernommen werden. Als die drei geläufigsten Geschäftstypen im Medien- und Internetmanagement gelten die Content-Integration, das Content Bundling und die Content-Präsentation.

Übernimmt ein Medienunternehmen sämtliche Aktivitäten entlang der Wertschöpfungskette, spricht man auch von einem Content-Integrator. Dieses Unternehmen zeichnet sich durch eine insgesamt hohe vertikale Integrationstiefe aus. Insbesondere erfolgen die Konzeption des inhaltlichen Programms sowie die Entwicklung der Inhalte durch das Unternehmen selbst. Im Rahmen der Inhalteentwicklung erfolgt in der Regel sowohl eine Produktion von eigenen Inhalten als auch die Beschaffung von Content aus fremden Quellen. Der Vorteil eines solchen Geschäftstyps liegt vor allem in der Möglichkeit, sich vom Wettbewerb durch attraktive Inhalte zu differenzieren. Dies kann mittelfristig zum Aufbau einer starken Marke führen.

Allerdings muss hierbei beachtet werden, dass dieser Geschäftstyp in seiner Umsetzung mit hohen Aufwendungen verbunden ist. Sollen attraktive Inhalte entwickelt werden, sind bestimmte Core Assets und Kompetenzen erforderlich. So muss beispielsweise eine gut ausgebildete Programmredaktion vorhanden sein, damit qualitativ hochwertiger Content bereitgestellt werden kann.

Weiterhin stellt die Ideengenerierung im Rahmen der Programmkonzeption eine bedeutende Rolle für ein Unternehmen dar, um sich vom Wettbewerb differenzieren zu können. Typische Content-Integratoren in der Praxis sind Zeitungen, wie beispielsweise das Handelsblatt, oder auch Zeitschriften, wie der Spiegel. Bei diesen Unternehmen erfolgt die Inhaltsentwicklung zu einem großen Teil über eigene Redakteure.

Greift ein Medienunternehmen überwiegend auf Marktinhalte zurück, bei denen lediglich eine leichte redaktionelle Veredelung in Einzelfällen stattfindet, spricht man von Content-Bundling als Geschäftstyp. Es liegt eine insgesamt mittlere vertikale Integrationstiefe vor. Das Unternehmen ist vornehmlich damit beschäftigt, Produktbestandteile auszuwählen und das Content-Programmangebot zu gestalten.

Da auch hier bestimmte redaktionelle Bearbeitungen erfolgen, sind beim Content-Bundling ebenfalls bestimmte Ressourcen notwendig, jedoch erweist sich der Ressourcenaufwand als eher mittelmäßig hoch. Der Vorteil besteht daher auch in der Kosteneffizienz und einer insgesamt relativ breiten Abdeckung verschiedener Themen insbesondere auch von Randthemen.

Der Nachteil liegt vor allem darin, dass eine Differenzierung beziehungsweise eigene Positionierung schwieriger ist. Im Internetbereich gibt es einige Unternehmen, die typische Vertreter diesen Geschäftstyps sind. So ist beispielsweise Gmx.de ein Unternehmen, das unter anderem auch Content-Bundling betreibt. Als dritter Geschäftstyp soll abschließend auf die Content-Präsentation eingegangen werden.

Bei diesem Geschäftstyp liegt im Rahmen aller drei Typen die geringste vertikale Integrationstiefe vor. Der Anbieter spezialisiert sich auf die Zusammenstellung beziehungsweise das Layout der Inhalte, ohne jedoch eine redaktionelle Veredelung der Inhalte vorzunehmen. Der Inhalt wird entweder komplett von einem Content-Partner übernommen oder aber aus standardisiertem Markt-Content generiert.

Der Ressourcenaufwand ist bei diesem Geschäftstyp sehr gering, da keine eigenen Redakteure für die Entwicklung der Inhalte beschäftigt sind. Daher handelt es sich bei der Content-Präsentation um die kostengünstigste Lösung. Ähnlich wie beim Content Bundling ist das Wettbewerbsdifferenzierungspotenzial allerdings als sehr gering einzustufen.

Dieser Geschäftstyp sollte insbesondere dann von einem Unternehmen gewählt werden, wenn dieses sich in der Anfangsphase befindet und auf eine schnelle Verfügbarkeit von Inhalten Wert legt beziehungsweise nicht über die zur Entwicklung von attraktiven Inhalten notwendigen Ressourcen verfügt. Content-Präsentation als Geschäftstyp ist nahezu ausschließlich bei Internetunternehmen anzutreffen.

Leistungssystem

Internetanbieter von Finanzinformationen beispielsweise greifen in der Regel auf gekaufte Inhalte zurück und stellen diese ohne redaktionelle Veränderung dar. Die unterschiedlichen Geschäftstypen sind in Abbildung 4-12 dargestellt. Die Länge des jeweiligen Pfeils gibt an, welche Aktivitäten beim jeweiligen Geschäftstyp durch ein Medienunternehmen übernommen werden und wie stark sich die vertikale Integrationstiefe darstellt. Dabei wurde auf die Wertschöpfungskette aus Abschnitt 4.1 in leicht modifizierter Form zurückgegriffen.

Abbildung 4-12: Überblick Geschäftstypen

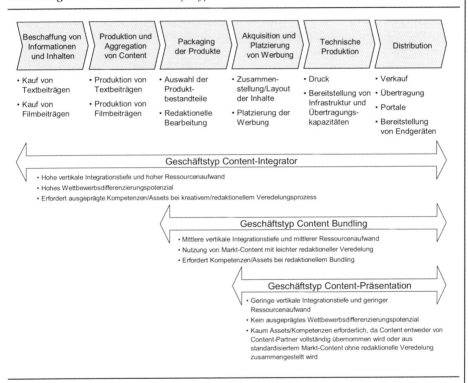

5 Aufgaben des Medien- und Internetmanagement

In den vorangegangenen Abschnitten wurden die Rahmenbedingungen des Medien- und Internetmanagement und die verschiedenen Elemente des Leistungssystems von Medienunternehmen dargestellt. Im nächsten Schritt sollen die Aktionsparameter des Medien- und Internetmanagement aufgezeigt werden. Zunächst wird dabei auf das strategische Management eingegangen. Daran anschließend werden das Beschaffungsmanagement, das Produktionsmanagement sowie das Marketing von Medienunternehmen näher dargestellt. Daran schließt sich ein Überblick über das Organisationsmanagement, das Finanzmanagement und das Personalmanagement an.

5.1 Strategisches Management

Im Rahmen des strategischen Management muss die Unternehmensführung grundlegende Entscheidungen über die mittel- und langfristigen Ziele und Aktivitäten der Unternehmung treffen. Der Strategiebildung geht dabei ein Prozess voraus, der die Entwicklungsstufen Vision, Mission Statement und Goals durchläuft. Dabei beschreibt die Vision der Unternehmung die Ideale, die hinter ihrem Handeln stehen und die die Berechtigung für ihre Existenz darstellen. Die Vision ist ein einfaches, verständliches Bild, das allen Beteiligten verdeutlicht, welche Idee hinter der Unternehmung steht.[1] Ein bezeichnendes Beispiel für den Mediensektor ist in diesem Zusammenhang die Walt Disney Company, deren Vision darin besteht „to make people happy."[2] Auf der Basis dieser Vision entsteht eine Mission, die die langfristigen Ziele der Unternehmung definiert.

Im Rahmen des Mission Statement findet eine Operationalisierung statt, auf welchem Weg die Vision Wirklichkeit werden soll. Hier ist beispielsweise die Definition der strategischen Geschäftsfelder angesiedelt, in denen die Unternehmung aktiv ist oder zukünftig aktiv werden will. Aufbauend auf der Mission können die Goals entwickelt werden, die die mittel- bis langfristigen Ziele der Unternehmung darstellen. Auch wenn diese Entwicklungsstufen nicht immer eindeutig voneinander abzugrenzen sind, so zeigen sie dennoch das Fundament, auf dem das strategische Management der Medienunternehmung basiert. Die folgenden Ausführungen geben zunächst einen Überblick über das grundlegende Verständnis, das dem strategischen Management hier zugrunde liegen soll.

---

[1] Vgl. Wirtz (1996b), S. 373; Wirtz (1996a), S. 257.
[2] O'Shaugnessy (1995), S. 40.

Im Anschluss daran wird die Vorgehensweise der Strategieentwicklung systematisiert. Ferner werden die Ebenen der Unternehmung dargestellt, auf denen Strategien entwickelt werden. Abschließend erfolgt eine Beschreibung der grundlegenden Strategieoptionen, die dem Medien- und Internetmanagement zur Verfügung stehen.

5.1.1 Strategieverständnis

Der Begriff der Strategie kommt ursprünglich aus dem griechischen und steht in engem Zusammenhang mit militärischen Handlungen. Strategie war in diesem Kontext die Führung eines Heeres bis zum ersten Zusammenstoß mit dem Feind, da ab diesem Zeitpunkt die Heeresführung taktisch wird. Dieses militärisch geprägte Strategieverständnis ist nur noch rudimentär im heutigen betriebswirtschaftlichen Strategieverständnis wiederzufinden. Der modernen strategischen Unternehmensführung liegt als wesentliches Element die Schaffung einer dauerhaften, strategiebedingten Rente zugrunde: „Strategy can be viewed as a continuing search for rent."[1]

Insbesondere in den 1980er und 1990er Jahren haben sich aus der angloamerikanischen Managementforschung zwei dominierende Strategieparadigmen entwickelt. Zum einen ist dies der sogenannte Market Based View, der sich im Wesentlichen auf das von Porter (1980) weiterentwickelte Gedankengut der Industrial Organization-Forschung stützt.[2] Zum anderen ist dies der sogenannte Resource Based View, der dauerhaften Unternehmenserfolg auf die Besonderheit von Unternehmensressourcen zurückführt.[3]

Dem Market Based View dient das aus der Industrial Organization-Forschung bekannte Structure Conduct Performance-Paradigma als Basis. Der nachhaltige Erfolg eines Unternehmens gegenüber Mitbewerbern (Performance) wird hier einerseits durch die Struktur der Branche (Structure) und andererseits durch das strategische Verhalten des Unternehmens (Conduct) determiniert. Der Market Based View integriert für die Strategieformulierung diese Marktstruktur- und Marktverhaltenselemente: „To explain the competitive success of firms, we need a theory of strategy which links environmental circumstances and firm behavior to market outcomes."[4]

Dabei wird die Struktur der Branche hauptsächlich durch die Wettbewerbsintensität und damit deren Attraktivität bestimmt. Ziel der Unternehmung muss es demzufolge sein, in Branchen mit geringer Wettbewerbsintensität tätig zu werden, da hier der größte Erfolg möglich ist. Nach der Wahl der Branche stehen der Unternehmung zwei generische Strategien zur Verfügung.

---

[1] Mahoney/Pandian (1992), S. 364.
[2] Vgl. Porter (1980); Porter (1985); Porter (1987).
[3] Vgl. Wernerfelt (1984); Barney (1991); Barney (1999).
[4] Porter (1991), S. 99.

Das Verhalten der Unternehmung kann auf eine Kostenführerschaft oder auf eine Differenzierung abzielen.[1] Bei einer Kostenführerschaftsstrategie versucht die Unternehmung, die Kosten für ihr Produkt im Vergleich zu allen Wettbewerbern zu minimieren. Dagegen soll eine Differenzierungsstrategie zu einem einzigartigen Produkt mit einem, ihm eigenen Kundennutzen führen. Damit wird die Nachfrage preisunelastischer, sodass Kostennachteile gegenüber Wettbewerbern ausgeglichen werden können. Die Wahl einer attraktiven Branche in Verbindung mit einer auf Kostenführerschaft oder Differenzierung beruhenden Führungsposition kann somit eine dauerhafte Führungsposition der Unternehmung nach sich ziehen. Diese Strategien können sowohl in Teilmärkten als auch im Gesamtmarkt verfolgt werden.

Der Market Based View des strategischen Management wird in den letzten Jahren vor allem aufgrund der einseitigen Ausrichtung auf die Absatzmärkte kritisiert. Traditionell als Gegenrichtung zum Market Based View wird der Resource Based View des strategischen Management angesehen. Der Resource Based View versucht, die Entstehung von Wettbewerbsvorteilen, die zu langfristig überdurchschnittlichen Kapitalrenditen führen, durch Ressourcenheterogenitäten zu erklären: „Regardless of the nature of the rents, sustained competitive advantage requires that the condition of heterogeneity be preserved."[2] Da die Grundlagen des Resource Based View und seine Weiterentwicklungen bereits behandelt wurden, sei an dieser Stelle auf Abschnitt 4.2 verwiesen.

Die strategische Unternehmensführung ist wesentlich durch das duale Strategieverständnis auf der Basis des Market Based View und des Resource Based View geprägt. Zunehmend finden sich Annäherungen der beiden Strategieschulen. Eine isolierte Entwicklung von Strategien scheint in steigendem Maß obsolet zu werden, da eine einseitige Ausrichtung nur auf ressourcenorientierte Kompetenzen oder auf marktstrukturelle und marktverhaltensbedingte Faktoren die jeweils anderen strategierelevanten Aspekte negiert. Daher dürfte ein integratives Strategieverständnis, die die wesentlichen, erfolgsrelevanten Elemente des Market Based View und des Resource Based View zusammenführt, zukünftig eine weit verbreitete Basis für die Strategieformulierung darstellen.[3]

Diese integrative Sichtweise ist auch für das Medien- und Internetmanagement eine sinnvolle Ausgangsbasis. Zum einen baut die Geschäftstätigkeit von Medienunternehmen in erheblichem Umfang auf den verfügbaren Ressourcen auf. Hier sind vor allem die Inhalte, aber auch Humanressourcen in Form von kreativem Potenzial von großer Bedeutung. Zum anderen ist der Mediensektor in besonderen Maß durch strategische Marktverhaltensweisen (zum Beispiel Bildung von Produktfamilien) und Marktstrukturfaktoren (zum Beispiel Markteintrittsbarrieren oder Economies Of Scale informationsbasierter Güter) gekennzeichnet.

---

[1] Vgl. Porter (1980), S. 35 ff.
[2] Peteraf (1993), S. 182.
[3] Vgl. Schoemaker (1993); Rühli (1994).

5.1.2 Strategieentwicklung

Die Entwicklung und Umsetzung von Strategien folgt in der Regel einer Systematik, die von der Zielsetzung der Unternehmung ausgeht. Darauf aufbauend muss eine eingehende Analyse der Unternehmenssituation erfolgen. Erst dann kann auf Basis der gewonnenen Erkenntnisse eine Unternehmensstrategie entwickelt werden. Diese Systematik ist in Abbildung 5-1 dargestellt.

Abbildung 5-1: Systematik der Strategieentwicklung

Unternehmensziele	Situationsanalyse	Strategieformulierung	Strategieimplementierung
• Ableitung der Unternehmensziele aus der Unternehmensmission und -vision • Formulierung expliziter Ziele als Grundlage gegenwärtiger und künftiger Verhaltensweisen	• Externe Analyse: Umfeld und Wettbewerber • Interne Analyse: Kompetenzen und Ressourcen	• Formulierung von Handlungsalternativen auf Basis des Ergebnisses der Situationsanalyse • Bewertung und Auswahl einer Strategie	• Überführung der verabschiedeten Strategie in Handlungsanweisungen • Zuteilung der notwendigen Ressourcen und Kontrolle des Realisierungsfortschritts

Ein wichtiger Schritt der Strategieentwicklung liegt in der Situationsanalyse. Diese durchläuft die Schritte Umfeldanalyse, Marktanalyse, Wettbewerberanalyse und Kompetenz-/Ressourcenanalyse. Die Wettbewerberanalyse und die Kompetenz-/Ressourcenanalyse werden zu einer Stärken-Schwächen-Analyse integriert. Diese geht wiederum zusammen mit der Umfeldanalyse und der Marktanalyse in eine Chancen-Risiken-Analyse ein. Diese Vorgehensweise wird im Folgenden erläutert und in Abbildung 5-2 illustriert.

Im Rahmen der Situationsanalyse erfolgt zunächst eine Umfeldanalyse, die die Rahmenbedingungen darstellt, unter denen die Medienunternehmung agiert. Hier ergeben sich spezielle Probleme für den Mediensektor, die aus den bereits dargestellten technischen und regulativen Entwicklungen resultieren. Darüber hinaus müssen aber auch weitere Einflussfaktoren berücksichtigt werden, wie beispielsweise das gesellschaftspolitische Umfeld. Daran anschließend ist eine Marktanalyse notwendig. Hier ist im Mediensektor die Struktur der Werbe- und Rezipientenmärkte einer eingehenden Betrachtung zu unterziehen. Dabei ist das Verhalten der Nachfrager auf diesen Märkten zu analysieren.

Kapitel 1: Grundlagen des Medienmanagement

Im Medienbereich ist jedoch auch die Analyse der Beschaffungsmärkte von großer Bedeutung. Hier stellen die Inhalte einen erheblichen Engpassfaktor dar, sodass ein starker Konkurrenzkampf herrscht, zum Beispiel um Spielfilme, Sport- und Kulturveranstaltungen oder Autoren. In einem nächsten Schritt muss eine Wettbewerberanalyse durchgeführt werden. Dazu erfolgt eine Identifikation aller tatsächlichen und potenziellen Konkurrenten. Hier liegt ein besonderes Problem des Mediensektors, da durch die zunehmende Konvergenz neue Konkurrenten an den Markt treten, die bisher auf anderen Märkten aktiv waren.

Abbildung 5-2: Phasen der Situationsanalyse

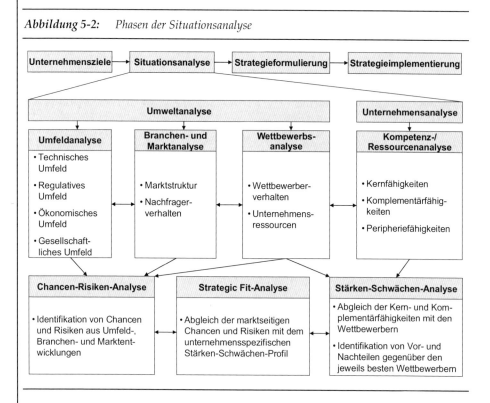

Dabei können Branchen mit relativ hohen Markteintrittsbarrieren, vor allem der TV- und Radiobereich, den Schwerpunkt auf die bestehenden Konkurrenten setzen. In Branchen mit niedrigen Markteintrittsbarrieren, wie zum Beispiel im Internet, ist die vorausschauende Beobachtung potenzieller Konkurrenten schwierig. Wenn die Wettbewerber identifiziert werden können, ist zunächst deren Verhalten auf den Märkten zu untersuchen. Daran anschließend müssen die Ressourcen der Wettbewerber analysiert werden.

Analog zur Wettbewerberanalyse muss eine Untersuchung der eigenen Kompetenzen und Ressourcen durchgeführt werden. Diese kann und muss naturgemäß weitaus detaillierter erfolgen als die Wettbewerberanalyse. Dabei wird zwischen Kernfähigkeiten, Komplementärfähigkeiten und Peripheriefähigkeiten unterschieden.[1] Als Kernfähigkeiten werden die zwingend notwendigen Ressourcen bezeichnet, die von der Unternehmung in internalisierter Form zur Leistungsbereitstellung benötigt werden.

Die Komplementärfähigkeiten hingegen sind die notwendigen Ressourcen, die auch durch einen Zugriff auf Kooperationspartner bereitgestellt werden können. Die Peripheriefähigkeiten schließlich stellen keinen notwendigen Ressourcenbesitz dar, sondern können vom Markt bezogen werden. Es wird deutlich, dass in dieser frühen Phase der Strategieentwicklung bereits eine Integration von Market Based View und Resource Based View möglich und sinnvoll sein kann.

Auf der Basis der Wettbewerberanalyse und der Kompetenzen-/Ressourcenanalyse kann eine Stärken-Schwächen-Analyse durchgeführt werden, in der ein Vergleich zwischen der Medienunternehmung und einem oder mehreren Wettbewerbern gezogen wird. Dabei gilt es, die Vor- und Nachteile zu identifizieren, die gegenüber den wichtigsten Wettbewerbern bestehen und daraus Handlungsspielräume offensiver und defensiver Art abzuleiten.

Das Ergebnis dieser Stärken-Schwächen-Analyse geht zusammen mit den Ergebnissen der Umfeldanalyse und der Marktanalyse in eine Chancen-Risiken-Analyse ein. Dabei wird die externe Situation der Medienunternehmung ihrer internen Situation gegenübergestellt. Ziel ist es, frühzeitig Entwicklungstendenzen des Umfelds und der Märkte zu identifizieren und anschließend zu eruieren, ob die zukünftigen Entwicklungen auf eine Stärke oder eine Schwäche der Unternehmung treffen. Daraus lassen sich Hinweise auf einen eventuellen strategischen Handlungsbedarf ableiten. Auf Basis dieser Ergebnisse kann dann die Strategie der Medienunternehmung entwickelt werden.

5.1.3 Strategieebenen

Die betriebswirtschaftliche Strategieforschung ist traditionell durch die gesamtunternehmensbezogene beziehungsweise geschäftsbereichsorientierte Sichtweise unternehmerischer Aktivitäten geprägt. Entsprechend dieser Perspektive werden Strategien oder Aktivitäten zumeist auf verschiedenen Unternehmensebenen entwickelt und eingeordnet.[2] Zum einen werden Grundstrategien auf der Unternehmensgesamtebene in übergeordneter Form entwickelt.

---

[1] Vgl. Wirtz (2000g), S. 102 f.
[2] Vgl. Hofer/Schendel (1978); Lorange (1980).

Diese haben die Funktion, die wesentlichen strategischen Entscheidungen der gesamten Unternehmung für einen längerfristigen Zeitraum festzulegen.[1] Zum anderen werden diese Grundstrategien auf der Ebene des Geschäftsbereichs zumeist in Form der bekannten Wettbewerbsstrategien für einen eigenständigen Geschäftsbereich fortentwickelt.[2] Hierbei steht die Strategieformulierung insbesondere für bestimmte Produkt-/Marktbereiche im Vordergrund.

Auf der Ebene der Funktionsbereiche sollen die funktionalen Strategien die Aktionsparameter für einzelne Funktionsbereiche wie etwa Produktion, Marketing oder Beschaffung entwickeln und diese gegebenenfalls unternehmensübergreifend koordinieren. Implizit liegt der Strategieformulierung auf der Basis der Unternehmensebenen ein Mehr-Ebenen-Modell zugrunde, das grundsätzlich konzeptionell erweiterungsfähig ist.

Dieses Modell beruht auf der Möglichkeit der Aggregation beziehungsweise Disaggregation von unternehmerischen Aktivitäten. Insofern können Aktivitäten auf der Betrachtungsebene des Gesamtunternehmens als höchste, unternehmensinterne Aggregationsstufe angesehen werden. Weitere Aggregationsstufen stellen mithin die Geschäftsbereichs- beziehungsweise Funktionsbereichsebene dar.

Als unterste Aggregationsstufe kann in diesem Modell der Unternehmensaktivitäten die Geschäftsbeziehung definiert werden. Die beschriebene Systematik wird in Abbildung 5-3 veranschaulicht. Die Differenzierung unternehmerischer Aktivitäten nach ihrer Einordnung in Form der Unternehmensebenen kann als ein Bezugspunkt zur Einordnung der Strategieoptionen im Medien- und Internetmanagement herangezogen werden.

Das bedeutet, dass sich auf allen vier Ebenen ein Prozess der Strategieentwicklung vollziehen kann, der der jeweiligen Aggregationsstufe gerecht wird. Die folgende Darstellung der strategischen Optionen konzentriert sich dabei auf das Corporate Level, also die Unternehmensgesamtebene. Durch die weitreichenden Veränderungen im Mediensektor ergeben sich hier die größten Herausforderungen an das strategische Medien- und Internetmanagement.

---

[1] Vgl. Welge/Al-Laham (2003), S. 328.
[2] Vgl. Porter (1980).

Abbildung 5-3: *Aktionsebenen der Strategieformulierung*[1]

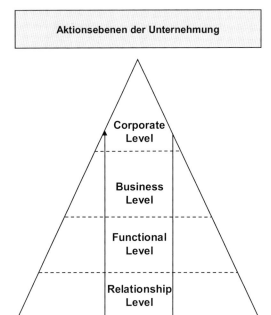

5.1.4 Strategieoptionen

Die strategischen Optionen von Medienunternehmen können nach unterschiedlichen Kriterien systematisiert werden. Dabei ist beispielsweise eine strategische Ausrichtung auf Absatzmärkte, Beschaffungsmärkte, Produkte oder Kunden denkbar. In diesem Abschnitt sollen die Strategieoptionen anhand der Medienwertkette entwickelt werden. Strategische Optionen werden demzufolge aus zwei Positionen entwickelt: der Position, die ein Unternehmen auf der Wertkette einnimmt und der Position, die es zukünftig anstrebt.

▪ Fokussierungsstrategien

Im Rahmen einer Fokussierungsstrategie beschränkt sich das Medienunternehmen auf eine Stufe der medialen Wertkette und versucht, in diesem Bereich eine herausragende Stellung zu erreichen.[2] Durch eine Fokussierungsstrategie können auf einer Stufe der

---

[1] Vgl. Wirtz (1999), S. 21.
[2] Vgl. Denger/Wirtz (1995), S. 22 f.

Wertkette Kosten- oder Differenzierungsvorteile erreicht werden. Ein Beispiel für fokussierte Unternehmen sind TV-Produktionsunternehmen, die sich auf die Produktion von Nachrichtenbeiträgen spezialisieren. Eine Fokussierungsstrategie kann auch in komplexen und innovativen Märkten sinnvoll sein, wenn die Kernkompetenzen der Unternehmung eine Führungsposition auf der entsprechenden Wertschöpfungsstufe ermöglichen.

Bei Medienunternehmen zeigt sich jedoch, dass Fokussierungsstrategien auf Dauer eher nicht geeignet sind, um eine herausragende Position auf internationalen Medienmärkten zu erlangen.[1] Diese strategische Option ist somit eher als Übergangsstufe für Unternehmen anzusehen, die neu in die Medienbranche eintreten oder sich im Rahmen einer Reorganisation von überflüssigen Geschäftsbereichen trennen. Beispiele hierfür sind in der Frühphase vieler Internetunternehmen zu finden. So war Yahoo! zunächst ein reiner Suchmaschinenanbieter, der sich auf die Navigation im Internet spezialisiert hatte. Das Leistungsangebot wurde allerdings schnell auf Content-Angebote wie Nachrichten oder Communication Services, wie E-Mail, ausgedehnt.

■ Integrationsstrategien

Im Gegensatz zu Fokussierungsstrategien zielen Integrationsstrategien auf eine Erweiterung des Leistungsspektrums. Aufgrund einer mangelnden einheitlichen Verwendung des Integrationsbegriffs soll dabei als Integration die Ausdehnung des Leistungsspektrums verstanden werden, wobei in Abhängigkeit von der Wertschöpfungskette und der Wertschöpfungsstufe zwischen horizontalen, vertikalen und lateralen Integrationsstrategien unterschieden werden kann. Dabei können Integrationsstrategien sowohl durch den eigenständigen Aufbau neuer Leistungen (interne Ausdehnung) als auch durch den Zukauf von bestehenden Anbietern (externe Ausdehnung) verfolgt werden.

Im Rahmen einer horizontalen Integrationsstrategie versuchen Medienunternehmen, ihr Leistungsspektrum auf bestehenden Wertschöpfungsstufen auszuweiten. Dabei zielen sie auf eine Besetzung neuer Märkte oder Marktsegmente. Weitere Gründe können beispielsweise in der Realisierung von Synergieeffekten liegen. Horizontale Integrationstendenzen können in allen Medienbranchen beobachtet werden. So ist zum Beispiel in der TV-Branche die Bildung von Senderfamilien zu beobachten, wobei jeder Sender in der Regel ein spezielles Marktsegment abdeckt (zum Beispiel RTL, RTL II, Super RTL, VOX).

In der RTL-Gruppe ist aber gleichzeitig auch eine horizontale Integration zur Erschließung neuer, internationaler Märkte zu erkennen. So zählen zu den Fernsehgeschäften des größten europäischen Rundfunkunternehmens neben den Aktivitäten in Deutschland die Groupe M6 in Frankreich, Five in Großbritannien und die RTL-Sender in den Benelux-Staaten, Kroatien und Ungarn, sowie Ren TV in Russland und Antena 3 in Spanien.

---

[1] Vgl. Wirtz (1999), S. 21.

Im Unterschied zur horizontalen Integration liegt der Schwerpunkt einer vertikalen Integration auf einer Erweiterung des Leistungsspektrums um vor- beziehungsweise nachgelagerte Stufen der Wertschöpfungskette. Bei der Integration vorgelagerter Stufen (Rückwärtsintegration) wird die Medienunternehmung auf Geschäftsfeldern tätig, die Input-Faktoren für ihre bisherigen Geschäftsprozesse liefern. Auch hier kann beispielhaft die TV-Branche angeführt werden, in der die Anbieter von TV-Programmen zunehmend eigene Produktionsfirmen betreiben, die von ihnen akquiriert oder eigenständig aufgebaut werden.

Die Integration von nachgelagerten Wertschöpfungsstufen (Vorwärtsintegration) verfolgt den entgegengerichteten Weg und erweitert somit die Geschäftstätigkeit auf Felder, die das bisherige Leistungsspektrum der Unternehmung als Input verwenden. Ein mögliches Motiv für vertikale Integrationstendenzen ist die Sicherung von Beschaffungs- und Absatzkanälen. Aber auch die Abschöpfung von Margen anderer, lukrativer Wertschöpfungsstufen kann hier eine treibende Kraft sein.

Beispielhaft können hier die Zeitungsverlage genannt werden, die das Internet als neuen Distributionskanal nutzen, oder die großen amerikanischen Filmproduzenten, die sich in Kinos, im Video-Verleih und im Fernsehen engagieren. Hintergrund dieser Strategien ist häufig die Integration von Verwertungsketten, das heißt die Inhalte können auf mehreren Stufen und in unterschiedlichen Marktsegmenten gewinnmaximierend verwertet werden. So kann das Unternehmen Walt Disney die von ihm produzierten Spielfilme zunächst im Kino, danach auf DVD beziehungsweise Blu-ray und schließlich im TV vermarkten.

Als laterale Integration wird hier die Integration von Wertschöpfungsstufen bezeichnet, die in fremden oder neu entstehenden medialen Wertschöpfungsketten angesiedelt sind. Bestehende Kernkompetenzen eines Unternehmens sollen ausgenutzt und die Abhängigkeit von einem Markt verringert werden. Als Beispiel kann der Eintritt von Sony in das Geschäft für Videospielkonsolen (PlayStation) herangezogen werden.

- Netzwerkstrategien

Neben Fokussierungs- und Integrationsstrategien steht den Medienunternehmen die Option einer Netzwerkstrategie offen. Sie beinhaltet die Bildung von Unternehmensgruppen, die gemeinsam und kooperativ an einem Wertschöpfungsprozess arbeiten.[1] Im Mediensektor sind diese Netzwerkstrategien auf horizontaler, vertikaler und lateraler Ebene zu beobachten.[2] Dabei sollen Kooperationen mit horizontaler Ausrichtung hier als strategische Allianzen benannt werden, während Kooperationen mit vertikaler oder lateraler Ausrichtung als strategische Netzwerke bezeichnet werden.[3] Im Rahmen von Netzwerkstrategien behalten die Unternehmen ihre rechtliche Unabhängigkeit und sind lediglich über ihre gemeinsame Zielsetzung verbunden.

---

[1] Vgl. Albach (1994), S. 324 f.; Kieser/Hegele/Klimmer (1998), S. 71.
[2] Vgl. Albarran (2010), S. 221 ff.
[3] Vgl. Backhaus/Meyer (1993), S. 332.

Medienunternehmen sind mithilfe von Netzwerkstrategien in der Lage, die Vorteile von Fokussierungsstrategien und Integrationsstrategien zu verbinden. Einerseits ist es der Unternehmung möglich, sich auf die bisherige Wertschöpfungsstufe zu konzentrieren und ihre Kernkompetenzen auszubauen. Andererseits können viele im Rahmen der Integrationsstrategien beschriebene Vorteile realisiert werden. Sowohl die Komplexität der Medienmärkte als auch die zunehmende Innovationsgeschwindigkeit machen es für Unternehmen immer schwerer, marktfähige Produkte aus eigener Kraft heraus anzubieten.

Als strategische Alternative zur eigenständigen Entwicklung und Herstellung von Produkten haben die Medienunternehmen die Möglichkeit, sich mit anderen Unternehmen zusammenzuschließen und kooperativ Leistungen am Markt anzubieten. Hierbei konzentriert sich jedes der teilnehmenden Unternehmen auf seine Kernkompetenzen und erbringt die Teilleistung, für die es am besten qualifiziert ist. Leistungsprozesse, die ein Unternehmen nicht effizient erbringen kann, werden an Netzwerkpartner ausgegliedert und erst am Ende des Leistungserstellungsprozesses im Netzwerk wieder zu einer Gesamtleistung zusammengefügt.

Vor allem in Branchen mit hohem Innovationsdruck kann die Bildung von Netzwerken für die Entwicklung neuer Systeme sinnvoll sein. Dabei geht es vorrangig um die Bündelung von Investitionskräften und die Streuung des Risikos. Beispiele für strategische Netzwerke finden sich im Mediensektor häufig bei Kooperationen zwischen Content-Produzenten und Content-Distributoren, wodurch der Produzent Zugang zu neuen Märkten findet und der Distributor exklusiven Zugriff auf attraktive Inhalte erhält.

Mithilfe von Netzwerkstrategien sind Unternehmen eher in der Lage, mit der zunehmenden Innovationsgeschwindigkeit Schritt zu halten und unter Umständen selbst als Innovationsführer aufzutreten. Allerdings sind damit auch Gefahren durch den Abfluss von Know How zu Konkurrenzunternehmen oder durch Freeriding von Kooperationspartnern verbunden. Zudem zeichnen sich Netzwerke in der Regel durch eine geringe Stabilität aus.[1] Oft bestehen bei größeren Netzwerken ein Kern von Unternehmen, der langfristig dem Netzwerk angehört und ein weit größerer Kreis von assoziierten Unternehmen, die nur sporadisch am Netzwerk beteiligt sind.

Diese fehlende Stabilität stellt eine wesentliche Unsicherheit für die beteiligten Unternehmen dar und erschwert nicht selten eine reibungslose Zusammenarbeit der Unternehmen, wodurch Vorteile wieder aufgehoben werden. Ein weiterer Nachteil der Netzwerkstrategie ist im Falle einer Aufgabe von Wertschöpfungsstufen in dem damit verbundenen Umsatzverlust zu sehen, da der Mehrabsatz der erbrachten Spezialleistung im Netzwerk vielfach den aufgegebenen Umsatz nicht ausgleichen kann. Abbildung 5-4 gibt einen Überblick über die von Medienunternehmen verfolgten Strategien.

---

[1] Vgl. Wirtz (2000g), S. 105.

Abbildung 5-4: Strategien von Medienunternehmen

5.2 Beschaffungsmanagement

Die externe Beschaffung von Inhalten ist für einen großen Teil der Medienunternehmen von erheblicher Bedeutung. So hat beispielsweise das Beschaffungsmanagement einen engen Bezug zur Marketingstrategie, da eine strategische Positionierung häufig nur mithilfe extern beschaffter Inhalte möglich ist. Für eine langfristige strategische Produkt- und Programmausrichtung ist somit auch ein strategisches Verhalten auf dem Beschaffungsmarkt notwendig. Hierbei sind zunächst die Einflussfaktoren des Beschaffungsmanagement von besonderer Wichtigkeit. Anschließend werden Beschaffungsstrategien dargestellt, die Medienunternehmen zum externen Bezug von Inhalten nutzen.

5.2.1 Einflussfaktoren

Das Beschaffungsmanagement von Medienunternehmen wird im Wesentlichen von sechs Faktoren beeinflusst. Dabei handelt es sich um die Kosten für den Erwerb der Inhalte, die Erlöserwartungen, die Attraktivität der Inhalte, die Vertragsbedingungen, das Verhalten der Wettbewerber sowie um staatliche Vorgaben. Abbildung 5-5 stellt diese Einflussfaktoren dar.

Abbildung 5-5: Einflussfaktoren des Beschaffungsmanagement[1]

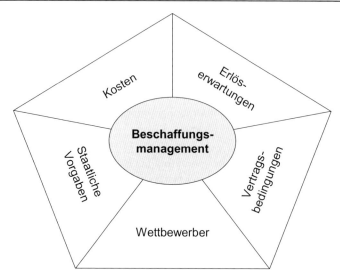

Die genannten Einflussfaktoren werden im Folgenden dargestellt. Dabei soll es sich zunächst um eine allgemeine Betrachtung handeln, die für den überwiegenden Teil der betrachteten Medienbereiche Gültigkeit besitzt. Medienbereichsspezifische Charakteristika werden in den jeweiligen Branchenkapiteln erläutert. Ferner soll bereits an dieser Stelle darauf hingewiesen werden, dass die Einflussfaktoren Interdependenzen aufweisen. So führen beispielsweise hohe Erlöserwartungen für Inhalte zu einer steigenden Nachfrage und somit auch zu einer Erhöhung von Beschaffungspreisen.

- Kosten

Die Kosten für die Beschaffung der Inhalte stellen einen wichtigen Einflussfaktor des Beschaffungsmanagement von Medienunternehmen dar. Dies kann insbesondere auf den intensiven Wettbewerb auf dem Beschaffungsmarkt von Inhalten zurückgeführt werden. Grundsätzlich sind zwei Kostenkomponenten zu berücksichtigen, der Beschaffungspreis, der für die Inhalte bezahlt wird, und die Transaktionskosten des Vertragsschlusses. Der Beschaffungspreis wird maßgeblich von der Qualität und Exklusivität der Inhalte bestimmt, wobei mit zunehmender Qualität und Exklusivität der Inhalte üblicherweise auch der Preis steigt. Darüber hinaus wird der Preis der Inhalte auch durch den Umfang der Verwertungsrechte beeinflusst. Abgesehen vom Beschaffungspreis fallen bei der Beschaffung zusätzlich Transaktionskosten an.

---

[1] In Anlehnung an Wirtz (1994), S. 91.

Die Transaktionskosten bestehen aus mehreren Kostenbestandteilen, den Anbahnungskosten, Vereinbarungskosten, Kontrollkosten, Durchsetzungskosten und Anpassungskosten. Anbahnungskosten fallen vor allem als Informationskosten bei der Suche nach geeigneten Lieferanten an, zum Beispiel bei der Nutzung von Datenbanken. Durch den Vertragsabschluss entstehen Vereinbarungskosten, durch die Überprüfung der Einhaltung der Vertragsbedingungen Kontrollkosten. Sofern eine der Vertragsparteien gegen die Vereinbarungen verstößt, müssen Mittel für die Vertragsdurchsetzung, beispielsweise für Anwälte, aufgewendet werden. Bei einer Änderung der Vertragsbedingungen kommt es zu Anpassungskosten.

- Erlöserwartungen

Die potenziellen Erlöse für Inhalte nehmen mit höherer Attraktivität der Inhalte tendenziell zu. Allerdings ist die Attraktivität von Medieninhalten nur schwer abzuschätzen, da kaum aussagekräftige Indikatoren zur Attraktivitätsbeurteilung existieren. Indikatoren wie Aktualität oder Richtigkeit, anhand derer beispielsweise die Qualität als ein Bestandteil der Attraktivität von Medienprodukten beurteilt werden kann, sind subjektiv und stimmen auch nicht generell mit den Präferenzen der Konsumenten überein.

Daher können für die Erlöserwartungen für bestimmte Inhalte nur Erwartungswerte gebildet werden. Dennoch ist im Rahmen der Beschaffung die Bildung von Erlöserwartungen eine wichtige Aufgabe des Medien- und Internetmanagement. Dies betrifft sowohl die Erlöse auf den Rezipientenmärkten als auch die Erlöse auf den Werbemärkten. Dabei kann zwischen unmittelbar und mittelbar erzielten Erlösen unterschieden werden.

Unmittelbare Erlöse werden durch einen direkten Effekt auf den Rezipienten- und Werbemärkten generiert. So sind beispielsweise mit der Veröffentlichung von attraktiven Inhalten im Bereich der General-Interest-Zeitschriften (zum Beispiel Exklusivinterviews) höhere Abverkaufszahlen und Reichweiten verbunden. Mittelbare Erlöse werden erst durch längerfristig feststellbare Effekte erreicht, wie zum Beispiel durch eine dauerhaft verbesserte Marktposition eines Mediums in einer relevanten Zielgruppe.

Um diesen Effekt zu erreichen, ist bei Medienunternehmen ein strategischer Inhalteerwerb zu beobachten. In diesem Fall amortisieren sich die Kosten für die Beschaffung sehr attraktiver Inhalte, wie zum Beispiel Sportübertragungsrechte, nicht unmittelbar bei der Veröffentlichung oder Ausstrahlung der Inhalte, sondern erst im Fall einer Imageverbesserung oder einer erheblich besseren Positionierung im Werbemarkt. So kann es durchaus sinnvoll sein, für einzelne, hochattraktive Inhalte Preise zu zahlen, die durch den Verkauf des Medienprodukts oder der Werberaumleistung nicht refinanziert werden können, wenn dadurch eine Positionierung im gewünschten Marktsegment erreicht oder gefestigt wird.

Kapitel 1: Grundlagen des Medienmanagement

■ Vertragsbedingungen

Die Vertragsbedingungen, das heißt die Konditionen, unter denen eine Übertragung von Rechten und Lizenzen an Inhalten zwischen den Vertragspartnern erfolgt, stellen ebenfalls einen wichtigen Einflussfaktor des Beschaffungsmanagement dar. Inhalte weisen dabei in der Regel eine Nichttrivialität im Konsum auf. Demzufolge können Rechte und Lizenzen von deren Eigentümern mehrfach an nachfragende Medienunternehmen verkauft werden. Die Attraktivität der Inhalte hängt dann entscheidend vom Zeitpunkt der Verwertung ab.

Hierbei ist vor allem das Kriterium der Aktualität der Veröffentlichung beziehungsweise Bereitstellung von Inhalten ausschlaggebend. So wird mit der Erstveröffentlichung von TV-Beiträgen oder der Bereitstellung aktueller oder innovativer Inhalte im Internet in der Regel das größte Rezipientenpotenzial erreicht. Dies gilt sowohl für Unterhaltungsinhalte als auch für Informationen. Wiederholungen erreichen hingegen nur in seltenen Fällen eine ähnlich hohe Aufmerksamkeit bei Rezipienten wie eine Erstveröffentlichung beziehungsweise Erstausstrahlung.

Um das Risiko eines Wertverlusts zu eliminieren, ist es vertraglich möglich, den exklusiven Erwerb von Rechten und Lizenzen zu vereinbaren.[1] Dieser Erwerb kann umfassend und ausschließlich sein, aber auch räumliche, zeitliche oder sachliche Begrenzungen aufweisen. Ferner kann festgehalten werden, dass nicht in allen Medienbereichen der Erwerb von Eigentum an den Inhalten möglich ist. In diesen Fällen wird dem Käufer hingegen ein mehr oder weniger eingeschränktes Recht zur Verwertung der Inhalte eingeräumt, das in der Regel zeitlichen und anderen Restriktionen unterliegt.

Darüber hinaus kann im Rahmen der vertraglichen Bestimmungen des Beschaffungsmanagement zunehmend die Tendenz festgestellt werden, dass nicht mehr Rechte und Lizenzen an einzelnen Inhalten erworben werden. Vielmehr werden zunehmend Komplettrechte vereinbart sowie Pre Sales-Verträge, Package und Output Deals abgeschlossen. Bei einem Erwerb von Komplettrechten erhält der Käufer die Befugnis, den erworbenen Inhalt über verschiedene Verwertungsstufen zu vermarkten.

Bei Pre Sales-Verträgen werden von der beschaffenden Unternehmung die Rechte an bereits projektierten, jedoch noch nicht produzierten Inhalten erworben.[2] Bei Package-Deals werden Rechte an einem Inhaltepaket erworben, das zum Beispiel mehrere TV-Produktionen eines Genres umfassen kann. Output Deals stellen sich als eine Kombination von Pre Sales-Verträgen und Package Deals dar. Dabei handelt es sich um den Verkauf eines Programmpakets zuzüglich der Bezugsrechte an zukünftigen Produktionen. Diese stellen eine Art Vorkaufsrecht für den Käufer dar, sodass der ungewollte Zugriff von Wettbewerbern auf die Verwertungsrechte unterbunden werden kann.

---

[1] Vgl. Wirtz (1994), S. 90.
[2] Vgl. Wirtz (1994), S. 94 ff.

- Wettbewerber

Für den Bereich Medien im Allgemeinen kann eine kontinuierlich zunehmende Konkurrenzsituation festgestellt werden. Dieser sich intensivierende Wettbewerb findet dabei sowohl zwischen den Konkurrenten innerhalb einer speziellen Medienbranche als auch zwischen den verschiedenen Mediengattungen statt. So gelten attraktive Inhalte auf den Beschaffungsmärkten als knappes Gut.

Zudem wurde insbesondere in den Ausführungen zu den Vertragsbedingungen dargestellt, dass das Verhalten der Medienunternehmen auf den Inhaltebeschaffungsmärkten primär darauf abzielt, sich den exklusiven Zugriff auf Inhalte zu sichern. Folglich ist es für das einzelne Medienunternehmen von hoher Wichtigkeit, einerseits das Verhalten brancheninterner Wettbewerber zu verfolgen und andererseits den gesamten Medienmarkt permanent zu beobachten, da auch die Gefahr des Brancheneintritts von Unternehmen aus anderen Medienbranchen besteht.

- Staatliche Vorgaben

Der Einflussfaktor der staatlichen Vorgaben ist für die verschiedenen Medienbereiche von unterschiedlicher Relevanz. Während staatliche Vorgaben beispielsweise bei der Inhaltebeschaffung im Bereich Internet und Multimedia nur einen sehr geringen Einfluss haben, müssen sie von Unternehmen aus dem Bereichen TV und Hörfunk stärker berücksichtigt werden. So nimmt beispielsweise der Staat sowohl durch meritorische Zielvorgaben für öffentlich-rechtliche Anbieter, als auch durch Vorgaben bezüglich der Programmzusammensetzung von privaten Anbietern Einfluss auf die Programmgestaltung und somit mittelbar auf das Beschaffungsmanagement.

Neben dem nationalen Recht gewinnt zunehmend auch das internationale Recht für das Beschaffungsverhalten an Bedeutung. So erlaubt es beispielsweise die Fernsehrichtlinie der Europäischen Union den Einzelstaaten, Veranstaltungen von nationalem Interesse zu benennen, die den Rezipienten über frei empfangbaren Rundfunk zugänglich gemacht werden müssen.

5.2.2 Beschaffungsstrategien

Basierend auf den Einflussfaktoren des Beschaffungsmanagement können grundlegende Beschaffungsstrategien identifiziert werden, die für Medienunternehmen relevant sind. Bei diesen Strategien handelt es sich um die Direktkontrahierungs-, die Kooperations- beziehungsweise Partnerschafts- und die Syndikationsstrategie. Abbildung 5-6 stellt die verschiedenen Beschaffungsstrategien dar.

Kapitel 1: Grundlagen des Medienmanagement

Abbildung 5-6:   *Beschaffungsstrategien für Medienunternehmen*

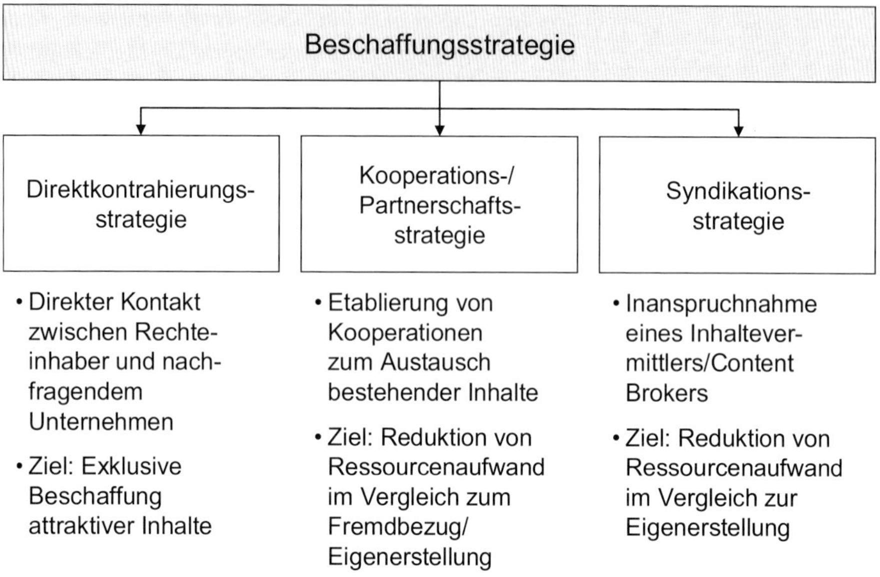

Beschaffungsstrategie		
Direktkontrahierungs-strategie	Kooperations-/ Partnerschafts-strategie	Syndikations-strategie
• Direkter Kontakt zwischen Rechte-inhaber und nach-fragendem Unternehmen • Ziel: Exklusive Beschaffung attraktiver Inhalte	• Etablierung von Kooperationen zum Austausch bestehender Inhalte • Ziel: Reduktion von Ressourcenaufwand im Vergleich zum Fremdbezug/ Eigenerstellung	• Inanspruchnahme eines Inhaltever-mittlers/Content Brokers • Ziel: Reduktion von Ressourcenaufwand im Vergleich zur Eigenerstellung

Die Beschaffungsstrategien sollen an dieser Stelle auf einer allgemeinen und abstrakten Ebene beschrieben werden. Die Konkretisierung und detaillierte Darstellung erfolgt in den branchenspezifischen Kapiteln. Im Rahmen der Direktkontrahierungsstrategie tritt das inhaltenachfragende Unternehmen unmittelbar mit dem Inhaber der Rechte zum Zweck des Abschlusses eines bilateralen Vertrags in Verbindung.

Es steht insbesondere die exklusive Beschaffung von qualitativ hochwertigen Inhalten im Vordergrund. Die Direktkontrahierung ist beispielsweise im Bereich des TV-Management von großer Bedeutung. Bei der Verfolgung von Kooperations- beziehungsweise Partnerschaftsstrategien erfolgt ein Austausch von bereits existierenden Inhalten zwischen den Partnern. Kooperationen werden sowohl auf nationaler wie auch auf internationaler Ebene etabliert. So tauschen beispielsweise im Bereich des Radiomanagement Hörfunksender ihre Inhalte teilweise untereinander aus.

Vorrangiges Ziel dieser Strategie ist die Nutzung von Synergieeffekten und die Reduktion von materiellen und personellen Aufwendungen, wie sie beim kostenpflichtigen Fremdbezug oder der Selbsterstellung von Inhalten auftreten. Als weitere Strategie kann in diesem Kontext die Syndikationsstrategie genannt werden. Bei dieser Strategie tritt das nachfragende Unternehmen an einen Inhaltevermittler, den sogenannten Content Broker, heran. Dieser ist in der Regel anbieterunabhängig und arbeitet auf der Beschaffungsseite selbst mit Inhalteanbietern zusammen.

Content Broker bündeln die Angebote dritter Unternehmen. Auf der Absatzseite treten sie den Medienunternehmen als Inhaltelieferanten gegenüber. Aus den durch den Content Broker zusammengestellten Inhalten können die beschaffenden Unternehmen gegen Entgelt die gewünschten Inhalte erwerben. Ziel dieser Strategie ist die Verringerung der Transaktionskosten. Durch die Aggregation des Beschaffungsvolumens bei einem Anbieter verringern sich die Suchkosten in der Anbahnungsphase. Außerdem kann darauf verzichtet werden, mit zahlreichen Content-Lieferanten vertragliche Vereinbarungen abzuschließen, sodass auch die Transaktionskosten insgesamt reduziert werden können.

5.3 Produktionsmanagement

Die Produktion von Mediengütern ist aufgrund der Eigenschaften von Medienprodukten mit branchenspezifischen Eigenarten verbunden. Dabei soll weniger die technische Produktion, also beispielsweise das Pressen von Tonträgern oder der Druck von Zeitungen, im Vordergrund stehen, sondern es wird vielmehr die Entwicklung der Inhalte betrachtet. Die Content-Produktion ist eine zentrale Aufgabe des Medien- und Internetmanagement.

Die produzierten Inhalte stellen den Leistungskern des Medienprodukts dar und haben einen wesentlichen Einfluss auf das Markenprofil der Medienunternehmung. Um die Anforderungen an das Produktionsmanagement von Medienunternehmen darzustellen, wird zunächst auf die Einflussfaktoren der Medienproduktion eingegangen. Im Anschluss daran wird ein Überblick über die strategischen Handlungsalternativen der Medienproduktion gegeben.

5.3.1 Einflussfaktoren

Unter der Produktion versteht man allgemein die Kombination von Produktionsfaktoren zu Produkten nach bestimmten Verfahren.[1] Einflussfaktoren der Produktion sind der Produktionsprozess, die Produktionsfaktoren und die Struktur der Produktionskosten. Bei den Produktionskosten sind vor allem die medienspezifischen Eigenschaften des Produktionsprozesses von Bedeutung.

- Produktionsprozess

Eine schematische Darstellung des Produktionsprozesses von Medien wird in Abbildung 5-7 gezeigt. Den Ausgangspunkt der Medienproduktion bildet dabei in der Regel eine Idee für ein bestimmtes Medienprodukt. Diese Idee resultiert häufig aus dem Erkennen von Trends oder, besonders im Informationsbereich, aus Ereignissen des Zeitgeschehens. Basis

---

[1] Vgl. Schweitzer (1993), S. 3328.

für ein Konzept können aber auch bereits bestehende Inhalte sein, wobei hier beispielsweise ein Buch die Idee für eine Fernsehproduktion liefern kann. Die Initiative muss dabei nicht zwangsläufig vom Medienunternehmen selbst ausgehen, sondern geht häufig auch von externen Personen wie Künstlern, Agenten oder Produzenten aus.[1]

Abbildung 5-7: Produktionsprozess von Medien

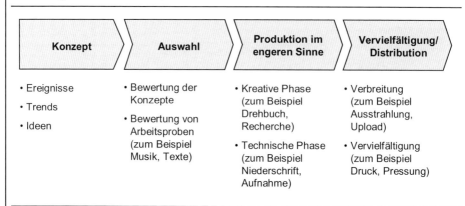

Im ersten Schritt wird die Idee in einem Konzept formuliert. Im Auswahlprozess werden nicht nur die qualitative Kongruenz von Konzept und Anspruch des Medienunternehmens, sondern auch die ökonomische Sinnhaftigkeit aufgrund der zu erwartenden Kosten und Erlöse geprüft. Erst nach der Auswahl eines erfolgversprechenden Konzepts beginnt die Phase der Produktion im engeren Sinn. In dieser Phase finden die notwendigen kreativen und technischen Prozesse zur Schaffung des eigentlichen Werkes statt, das heißt in diesem Teilprozess entsteht beispielsweise ein Nachrichtenbeitrag, ein Manuskript, ein Film oder eine Tonaufnahme. In der letzten Phase des Produktionsprozesses finden die Vervielfältigung und die Distribution statt.

Ressourcen

Ein weiterer Einflussfaktor des Produktionsmanagement sind die Ressourcen, die für die Produktion von Inhalten benötigt werden. Dabei kann eine Einteilung in materielle und personelle Ressourcen vorgenommen werden. In den Bereich der materiellen Produktionsressourcen fallen die für die Content-Produktion notwendigen technischen Einrichtungen. Diese haben abhängig von der Mediengattung eine unterschiedliche Bedeutung für die Produktion. So sind beispielsweise für das Erstellen eines Zeitungsartikels weitaus weniger materielle Ressourcen notwendig als für die Produktion eines Fernsehbeitrags. Die Verfügbarkeit materieller Ressourcen stellt sich im Medienbereich in der Regel als unproblematisch dar.

---

[1] Vgl. Sehr (1998), S. 16.

Anders sieht es hingegen im Bereich der personellen Ressourcen aus. So sind an dieser Stelle vor allem kreative Mitarbeiter und Künstler von herausragender Bedeutung. Diese bestimmen in allen Bereichen der Medienbranche die Qualität und Attraktivität der Inhalte. Hier sind beispielsweise Autoren, Schauspieler, Musiker oder Moderatoren zu nennen. Im Gegensatz zu den materiellen Ressourcen stellen die personellen Ressourcen regelmäßig einen Engpass in der Content-Produktion dar.

- Produktionskosten

Auch die strukturellen Merkmale der Medienproduktion haben Einfluss auf das Produktionsmanagement. Ein wesentliches Merkmal kann dabei in der Struktur der Produktionskosten gesehen werden. Die Produktion von Inhalten ist mit hohen Fixkosten verbunden. Diese werden vor allem durch die Bereitstellung personeller Ressourcen verursacht. Darüber hinaus kann für einige Medienbereiche auch ein hoher Anteil an materiellen Ressourcen attestiert werden. Hier ist vor allem der Betrieb von Produktionsstudios in den Bereichen Fernsehen, Radio oder Musik zu nennen.

Neben dem hohen Fixkostenanteil ist die Produktion von Medienprodukten vor allem durch eine hohe Unsicherheit gekennzeichnet. Die Medienproduktion weist Projektcharakter auf, da in der Regel Unikate produziert werden und die Produktionsabläufe nur eine geringe Regelmäßigkeit aufweisen. Gerade im kreativen Umfeld der Content-Produktion erweist sich die Produktionsplanung als äußerst unsicher.

So kommt es in allen Bereichen der Medienbranche bei der Produktion der Inhalte regelmäßig zu unvorhersehbaren Ereignissen, sodass die Produktionskosten die ursprüngliche Planung übersteigen. Der Projektcharakter der Medienproduktion führt jedoch gleichzeitig dazu, dass eine Verwertung des Medienprodukts nur bei einer vollständigen Durchführung des Projekts möglich ist. Bei einem vorzeitigen Abbruch der Produktion ist in der Regel keine Verwertung von Teilprodukten möglich, sodass die bis zu diesem Zeitpunkt entstandenen Kosten als Sunk Costs angesehen werden müssen.

5.3.2 Produktionsstrategien

Bei der Produktion des Content steht die Medienunternehmung vor einer Make Or Buy-Entscheidung. Das bedeutet, dass das Unternehmen dahingehend eine Entscheidung fällen muss, ob die Inhalte in Eigenproduktion oder von einem externen Anbieter in Fremdproduktion erstellt werden sollen. Im Rahmen der Eigenproduktion übernimmt das Medienunternehmen selbst die Durchführung der Produktionsprozesse, bei der Fremdproduktion hingegen werden die Produktionsprozesse von einem rechtlich und wirtschaftlich unabhängigen Content-Produzenten durchgeführt.

Kapitel 1: Grundlagen des Medienmanagement

Dabei ist es nicht zwangsläufig notwendig, dass der gesamte Produktionsprozess ausgelagert wird. Vielmehr ist es üblich, dass nur Teilprozesse der Produktion, vor allem die Produktion im engeren Sinn, an externe Dienstleister vergeben werden. Die Eigen- und Fremdproduktion von Informationen sind nicht als sich ausschließende Produktionsformen zu verstehen. Vielmehr haben eine Vielzahl von Informationsproduktionen sowohl eigen- als auch fremdproduzierte Anteile. So liegen einem Informationsbeitrag, der von der unternehmenseigenen Redaktion erstellt wird, häufig externe Informationen zugrunde, die auf Beschaffungsmärkten, zum Beispiel über Nachrichtenagenturen, bezogen werden.

Dennoch gelten solche Beiträge als eigenproduziert. Andererseits gilt beispielsweise eine Nachrichtensendung im TV mit gekauften Beiträgen als fremdproduziert, auch wenn die Sendung von eigenen Mitarbeitern zusammengestellt und moderiert wird. Auch die Auslagerung an einen rechtlich und wirtschaftlich abhängigen Content-Produzenten kann als Eigenproduktion angesehen werden.[1] Durch die Fremdproduktion von Inhalten streben die Medienunternehmen in der Regel eine Reduzierung der Produktionskosten an.

Die Vergabe von Teilaufgaben der Content-Produktion an externe Dienstleister führt dabei jedoch aufgrund des Projektcharakters der Medienproduktion nicht automatisch zu Skaleneffekten. Skaleneffekte entstehen beispielsweise, wenn die fixen Kosten der Produktion zu einem erheblichen Teil aus materiellen Ressourcen, wie beispielsweise Produktionsstudios resultieren und durch Fremdvergabe die Auslastung der Kapazitäten des Zulieferers erhöht wird. In der Regel entsteht der Großteil der Fixkosten jedoch aus personellen Ressourcen, die bei jedem Produktionsprojekt neu anfallen.

Externe Produktionsfirmen können allerdings durch eine gezielte Spezialisierung auf bestimmte Inhalte Lernkurveneffekte realisieren, die zu einer Senkung der Produktionskosten im Zeitverlauf führen können. Medienunternehmen können durch die Content-Fremdproduktion Kosten- und Kapitalstruktureffekte erzielen. Der Abbau von personellen und materiellen Produktionskapazitäten reduziert die fixen Kosten der Produktion, die mit dem Kauf einzelner Content-Beiträge in variable Kosten transformiert werden (Kostenstruktureffekt). Auch bilanziell hat der Fremdbezug von Content Vorteile für Medienunternehmen. Produktionskapazitäten werden im Anlagevermögen bilanziert, sodass sich ein Abbau von Produktionskapazitäten positiv auf Bilanzkennzahlen wie den Return On Investment auswirkt (Kapitalstruktureffekt).

Außerdem wird durch Fremdbezug das Risiko von Sunk Costs verringert, denn bei einem Erwerb von Content zu weitgehend festen Preisen liegt das Risiko nahezu vollständig beim externen Produzenten. Während die Beweggründe für die Fremdproduktion von Inhalten überwiegend im Bereich der Produktionskosten liegen, sind die Ursachen für eine Eigenproduktion in anderen Bereichen zu finden. Ein wesentlicher Grund für die Eigenproduktion von Content liegt in der Sicherstellung der gewünschten Qualität.[2] Da die Inhalte das Markenprofil der Medienunternehmung entschei-

---

[1] Vgl. Heinrich (1999), S. 155.
[2] Vgl. Heinrich (1999), S. 158.

dend beeinflussen, müssen vor allem diejenigen Inhalte, über die sich die Unternehmung vorrangig am Markt positioniert, kontinuierlich hohen Qualitätsansprüchen genügen.[1] Qualität stellt im Rahmen der Medienproduktion eine äußerst schwierig messbare beziehungsweise steuerbare Größe dar.

Bei einer Fremdproduktion von Inhalten besteht somit die Gefahr, dass die Produktqualität nicht das gewünschte Niveau erreicht. Die Fremdvergabe der Produktion kann zu einer Verwässerung des Markenprofils der Medienunternehmung führen.[2] Diese Gefahr ist besonders bei fixen Abnahmepreisen groß, da der Produzent seine Marge nur über die Reduktion der Kosten verbessern kann. Es besteht ein Principal Agent-Problem. Darüber hinaus müssen besonders tagesaktuelle Inhalte häufig rasch beschafft werden, sodass eine kontinuierliche Qualitätskontrolle bei einer Fremdproduktion dieser Inhalte praktisch nicht möglich ist. Der Grund für die Eigenproduktion liegt hierbei somit nicht nur in einer Verbesserung der Qualität, sondern auch in einer Reduktion der Transaktionskosten.

Als Transaktionskosten sind dabei neben den Kosten für die Qualitätskontrolle diejenigen Kosten zu verstehen, die durch die Anpassungsnotwendigkeit aufgrund häufiger, aktueller Änderungen begründet sind. So lässt sich beispielsweise beobachten, dass Medienunternehmen mit tagesaktuellen Produkten, wie zum Beispiel Zeitungsverlage, tendenziell einen größeren Anteil an eigenproduzierten Inhalten aufweisen als andere Medienunternehmen, wie beispielsweise Buchverlage. Aber auch innerhalb der einzelnen Medienkategorien werden eher die aktuellen Inhalte eigenproduziert (zum Beispiel Nachrichten), während externe Content-Produzenten tendenziell eher mit weniger aktuellen Inhalten, wie beispielsweise Unterhaltungsbeiträgen, beauftragt werden.[3]

Wie in allen Branchen besteht auch im Medienbereich die Gefahr, dass durch die Auslagerung von Produktionsprozessen Kernkompetenzen der Medienunternehmung verlorengehen. Die Wahl der fremdproduzierten Inhalte muss demzufolge auch am Erhalt der Eigenproduktionsfähigkeit wichtiger Beiträge ausgerichtet sein.[4] Um die Vorteile von Fremd- und Eigenproduktion zu kombinieren, wählen Medienunternehmen zunehmend hybride Strategien der Produktion. Dabei werden die Aufträge zur Content-Produktion an externe Dienstleister vergeben, die zwar rechtlich unabhängig, jedoch in einem mehr oder weniger starken Umfang wirtschaftlich von der Medienunternehmung abhängig sind.

Diese wirtschaftliche Abhängigkeit wird in der Regel über eine Kapitalbeteiligung erreicht. Dabei können die Medienunternehmen an den Gewinnchancen der Produktion teilhaben, gleichzeitig entscheidenden Einfluss auf die Festlegung und Einhaltung

---

[1] Vgl. Schwarz (1999), S. 36.
[2] Vgl. Heinrich (1999), S. 155.
[3] Vgl. Heinrich (1999), S. 158.
[4] Vgl. Stolte (1999), S. 10.

von Qualitätsstandards nehmen und damit das Risiko von Sunk Costs verringern. Darüber hinaus kann die Medienunternehmung Kernkompetenzen in ihrem Einflussbereich halten und Spezialisierungsvorteile nutzen. Abbildung 5-8 gibt einen Überblick über die von Medienunternehmen genutzten Produktionsstrategien.

Abbildung 5-8: Produktionsstrategien in der Medienwirtschaft

5.4 Marketing

Das Marketing wird häufig als duales Führungskonzept angesehen, das einerseits als Leitbild des Management dient, andererseits aber auch eine gleichberechtigte Unternehmensfunktion innehat.[1] An dieser Stelle soll der Schwerpunkt der Darstellung auf den funktionalen Besonderheiten des Marketing liegen. Das Verständnis des Marketing als marktorientierte Unternehmensführung soll damit nicht eingeschränkt werden, sondern tritt aus didaktischen Erwägungen in den Hintergrund. Das Marketing stellt für Medienunternehmen eine besondere Herausforderung dar.

Die Gründe hierfür sind vielseitig. Einerseits müssen Marketingkonzepte für Rezipienten- und Werbemärkte und somit auch für Kunden mit unterschiedlichen und teilweise gegensätzlichen Bedürfnissen entwickelt werden. Andererseits stehen diese Märkte in einer starken Interdependenz, was zum Beispiel in der Auflagen-Anzeigen-Spirale zum Ausdruck kommt. Das führt dazu, dass diese Konzepte nicht separat entwickelt werden können, sondern zu einem Gesamtkonzept integriert werden müssen.

---

[1] Vgl. Meffert/Burmann/Kirchgeorg (2012), S. 13 ff.

Häufig erfolgt bei der Erörterung des Marketing lediglich eine Darstellung des marketingpolitischen Instrumentariums und dessen Kombination zum Marketing-Mix. Dieses Vorgehen wird jedoch der Stellung des Marketing als Führungskonzeption nicht gerecht. Die Kernaufgabe des Marketing muss in der Implementierung der Marketingkonzeption in das unternehmerische Gesamtkonzept und der Sicherstellung der Umsetzung dieser Konzeption gesehen werden.

In diesem Zusammenhang muss das Zielsystem des Marketing aus dem Gesamtzielsystem der Medienunternehmung abgeleitet werden. Das marketingpolitische Instrumentarium stellt die elementaren Aktionsparameter zur Verfügung. Es wird in der Regel in die Bereiche Produkt- und Programmpolitik, Preispolitik, Distributionspolitik und Kommunikationspolitik unterteilt, wie Abbildung 5-9 illustriert. Diese Unterteilung wird in der anschließenden Darstellung weiter verfolgt, wobei der Schwerpunkt auf den medienspezifischen Aspekten des Marketinginstrumentariums liegt.

Abbildung 5-9: Marketinginstrumente[1]

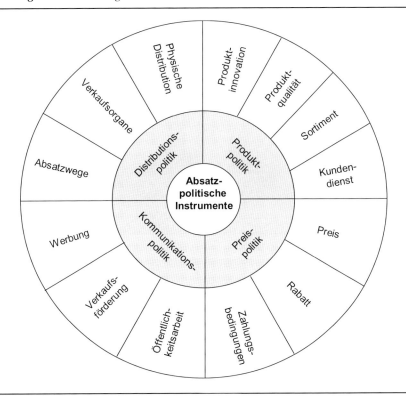

[1] In Anlehnung an Wöhe/Döring (2008), S. 418.

Kapitel 1: Grundlagen des Medienmanagement

Eine wichtige Aufgabe des Marketing ist das Management der Kundenbeziehung.[1] Ziel des Kundenbeziehungsmanagement ist die Aufrechterhaltung der Kundenbeziehung, um bereits gewonnene Kunden zum weiteren Erwerb des gleichen oder eines ähnlichen Produkts zu bewegen. Der Kundenbeziehungsprozess lässt sich als Abfolge von verschiedenen Einzelphasen darstellen. Dies stellt Abbildung 5-10 dar.

Die wichtigsten Einzelphasen sind die Kontaktphase, die Auftragsgewinnungsphase, die Kaufphase, die Nutzungsphase, die Neuauftragsgewinnungsphase, die Abwanderungsphase und die Rückgewinnungsphase. Die Marketinginstrumente werden in jeder Einzelphase in unterschiedlichem Ausmaß genutzt, um das Gesamtziel der Aufrechterhaltung der Kundenbeziehung zu erreichen. Unter dem Begriff Kunden werden bei der Betrachtung des Kundenbeziehungsprozesses sowohl Individuen als auch Kundenzielgruppen verstanden.

Abbildung 5-10: Kundenbeziehungsprozess[2]

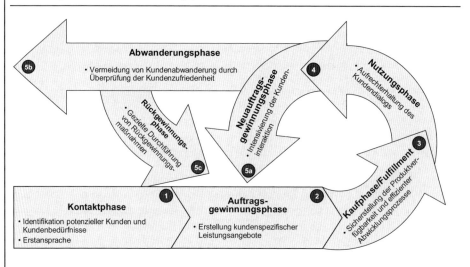

In der Kontaktphase wird der Erstkontakt mit dem Kunden aufgebaut. Dazu müssen zuerst potenzielle Kunden und ihre Bedürfnisse identifiziert werden, um eine gezielte Ansprache, beispielsweise durch kommunikationspolitische Maßnahmen, zu ermöglichen. Bei einer erfolgreichen Erstansprache werden den potenziellen Kunden im Verlauf der Auftragsgewinnungsphase auf ihre Bedürfnisse abgestimmte Leistungsangebote unterbreitet.

---

1 Vgl. Wirtz (2011b), S. 21 ff.
2 In Anlehnung an Wirtz (2011b), S. 23; Wirtz (2012), S. 377.

Dies ist vorrangig eine Aufgabe der Produkt- und der Preispolitik. Kommt es zu einem Kauf durch den Kunden, muss während der Kaufphase die Auslieferung des Produkts an den Kunden sichergestellt werden. Im Anschluss an die Transaktion müssen Maßnahmen ergriffen werden, um den Kunden zum Wiederkauf zu bewegen. Dazu sollte während der Nutzung des Produkts durch den Kunden (Nutzungsphase) weiterhin ein Dialog zwischen Medienunternehmen und Kunde stattfinden.

Durch Feedback von Kundenseite sollte die Kundenzufriedenheit überprüft werden, um einer möglichen Abwanderung vorzubeugen. Haben diese Maßnahmen Erfolg, kann in die Neuauftragsgewinnungsphase eingetreten werden. Ist es jedoch zu einer Abwanderung gekommen, sollten in der Rückgewinnungsphase gezielte Maßnahmen eingeleitet werden, um den Kunden nicht dauerhaft zu verlieren.

5.4.1 Produkt- und Programmpolitik

Die Produkt- und Programmpolitik kann als Kern des Marketing bezeichnet werden, da hier die Leistungsbündel zur Erlöserzielung auf den Absatzmärkten erstellt werden.[1] Nur wenn im Rahmen der Produkt- und Programmpolitik eine Ausrichtung auf die optimale Befriedigung der Kundenbedürfnisse stattfindet, kann das langfristige Überleben der Unternehmung durch anhaltende Erlöserzielung sichergestellt werden.

Die Marktadäquanz, also die Ausrichtung an den Ansprüchen des Markts, muss somit der Ausgangspunkt aller leistungsbezogenen Gestaltungsmaßnahmen sein.[2] Als Produkt wird in diesem Zusammenhang ein Bündel aus verschiedenen nutzenstiftenden Eigenschaften bezeichnet, das von Unternehmen als Einheit vermarktet wird.[3] Demgegenüber wird mit dem Programm die Gesamtheit aller Produkte bezeichnet, die ein Unternehmen anbietet.

Allerdings kann die Wirkung des Programms nicht mit der Summe der Wirkungen aller Produkte gleichgesetzt werden. Vielmehr treten durch die Programmpolitik zusätzliche Effekte auf, da in der Regel Interdependenzen zwischen einzelnen Produkten bestehen. Aus diesem Grund spielt die Programmpolitik im Marketing von Medienunternehmen eine bedeutende Rolle und wird als gleichwertiger Teil einer integrierten Produkt- und Programmpolitik angesehen.

Da als Absatzmärkte von Medienunternehmen die Rezipientenmärkte und die Werbemärkte relevant sind, muss auch die Produkt- und Programmpolitik aus unterschiedlichen Blickwinkeln betrachtet werden. Um auf die medienspezifischen Sachverhalte einzugehen, müssen jedoch zunächst die Begriffe Produkt und Programm näher erläutert werden. Auf den Werbemärkten ist dies mithilfe der oben genannten Definition möglich.

---

1   Vgl. Meffert/Burmann/Kirchgeorg (2012), S. 385.
2   Vgl. Nieschlag/Dichtl/Hörschgen (2002), S. 156.
3   Vgl. Brockhoff (1999), S. 12 f.

Demnach können als Produkte die einzelnen Werberaumleistungen definiert werden, zum Beispiel Werbespots, Banner oder Anzeigen und alle sonstigen Werbeaktivitäten. Das Programm setzt sich aus allen unterschiedlichen Werberaumleistungen zusammen, die vom jeweiligen Unternehmen angeboten werden.[1] Dagegen ist die Definition von Produkt und Programm auf den Rezipientenmärkten schwieriger.

Eine Zeitung, ein Internetangebot oder ein Fernsehprogramm bestehen aus unterschiedlichen Teilleistungen, sodass hier teilweise ein Abgrenzungsproblem zwischen Produkt und Programm besteht. So ist es beispielsweise möglich, bei einem TV-Sender eine Informationssendung oder einen Film als Produkt anzusehen. Im Rahmen einer Senderfamilie kann aber auch der ganze Sender einen Produktcharakter haben. Im Printbereich dagegen scheint immer die gesamte Zeitung oder Zeitschrift das Produkt zu bilden, nicht jedoch der einzelne Artikel.

Es wird deutlich, dass die Abgrenzung teilweise kontextabhängig ist. Daher wird bei Bedarf im jeweiligen Branchenkapitel spezifisch hierauf eingegangen. Bei der Gestaltung der Produktpolitik und Programmpolitik stehen unterschiedliche Aktionsparameter zur Verfügung. Sie werden in der Regel in die Bereiche Leistungskern, Verpackung, Markenpolitik und Dienstleistungen unterteilt.[2]

■ Leistungskern

Der Leistungskern bildet den eigentlichen Vermarktungsgegenstand der Unternehmung. Im Medienbereich sind dies zum einen die Inhalte und zum anderen die unterschiedlichen Arten der Werberaumleistung. Im Rahmen der inhaltlichen Gestaltung des Programms hat die Medienunternehmung verschiedene Entscheidungen zu treffen. Hier ist zunächst eine programmpolitische Grundorientierung festzulegen.

Diese ergibt sich aus der Markt- und Geschäftsfelddefinition, die von der Unternehmensführung vorgegeben wird. Darüber hinaus müssen die Struktur und der Umfang des Leistungsangebots festgelegt werden. Dabei kann zwischen der Programmbreite und der Programmtiefe unterschieden werden. Im Medienbereich wird mit der Programmbreite die inhaltliche Vielfalt des Angebots und mit der Programmtiefe die Zahl der Produkte innerhalb einer inhaltlichen Programmlinie bezeichnet.

So kann unter anderem bei Zeitungen und Zeitschriften von einem breiten Angebot gesprochen werden, wenn das Angebot neben General Interest-Titeln auch ein umfangreiches Sortiment an Special Interest-Titeln abdeckt. Ein tiefes Angebot ist dagegen zum Beispiel oft bei Computerzeitschriften für PC-Spiele, Xbox-Spiele und PlayStation-Spiele vorzufinden. Sind diese Entscheidungen gefallen, besteht der wesentliche Bestandteil der Produkt- und Programmpolitik in der Gestaltung des Leistungskerns.

---

[1] Vgl. Wirtz (1994), S. 22 ff.
[2] Vgl. Nieschlag/Dichtl/Hörschgen (2002), S. 234.

Hier ist das „Media Packaging" anzusiedeln, dessen Aufgabe die Zusammenstellung der Inhalte und die Platzierung der Werbung umfasst. Dabei sieht sich das Medien- und Internetmanagement mit unterschiedlichen Restriktionen konfrontiert. Zunächst ist hier der regulative Rahmen des Mediensektors zu nennen, der die inhaltliche Gestaltung des Produkts beeinflusst. Dies ist vorrangig für den TV- und den Radiobereich relevant.

Auch die Zeitungs- und Zeitschriftenbranche hat mit dem Presserat ein, wenn auch freiwilliges, Kontrollorgan, das die Einhaltung gewisser Regeln, wie zum Beispiel die Beachtung der Persönlichkeitsrechte, überwacht. Damit ist ein regulativer Rahmen vorhanden, innerhalb dessen die Gestaltung des Leistungskerns stattfinden kann. Erheblich wichtiger und gleichzeitig auch problematischer ist die Ausrichtung des Leistungskerns auf die Nachfragerwünsche.

Hier gilt es, für einen Massenmarkt ein Paket zusammenzustellen, das die Aufmerksamkeit der Zielgruppe erreicht. Der Erfolg hängt überwiegend von der Zielgruppe und der programmpolitischen Grundorientierung ab. Zudem muss in der Regel auch eine Entscheidung über die Eigen- oder Fremdproduktion der Inhalte fallen. Dabei liegt eine Besonderheit des Mediensektors darin, dass dies keine klassische „Make Or Buy-Entscheidung" ist, bei der gleichartige Produkte entweder selbst produziert oder zugekauft werden können.

Die Entscheidung muss für Informations- und Unterhaltungsprodukte unterschiedliche Rahmenbedingungen berücksichtigen. Für das Marketing beinhaltet die Entscheidung zwischen Eigen- und Fremdproduktion von Informationen sowohl eine journalistische als auch eine wirtschaftliche Fragestellung. Aus journalistischer Sicht ist in der Regel ein möglichst hoher Anteil an Eigenproduktionen wünschenswert, denn so kann die Qualität der Inhalte und die Adaption der journalistischen Grundhaltung gewährleistet werden.

Die Eigenproduktion von Informationen kann trotz höherer Kosten einen erheblichen Zeitvorteil zur Folge haben. Dazu werden jedoch umfangreiche journalistische Kapazitäten benötigt. Hier ist beispielsweise an ein Netz von Auslandsreportern oder das Vorhalten von Fachleuten für zahlreiche Sachgebiete zu nennen. Da mit einer Eigenproduktion meist hohe Kosten verbunden sind, muss entschieden werden, ob durch zusätzliche Erlöse die Kosten der Eigenproduktion erwirtschaftet werden können.

Auch auf den Werbemärkten hat die Ausgestaltung des Leistungskerns eine hohe Bedeutung. Dies liegt vor allem daran, dass der Werberaum in Medienprodukten häufig begrenzt ist. Das bedeutet beispielsweise, dass der Anteil der Werbezeit von TV-Sendern nicht mehr erheblich erweitert werden kann. Somit muss das Marketingmanagement hier neue Wege einschlagen und den Leistungskern eventuell neu definieren. Hier ist vor allem über Erweiterungen des Leistungsspektrums, zum Beispiel durch Sponsorship, nachzudenken.

- Verpackung

Die Verpackung der Produkte hat im Mediensektor, mit Ausnahme des Zeitungs- und Zeitschriften- sowie des Buch- und Musikbereichs, nicht die gleiche Bedeutung wie im Sachgüterbereich. Dort muss die Verpackung bestimmte Eigenschaften haben, um den Bedürfnissen der Hersteller, des Handels und der Verbraucher gerecht zu werden. Im den einzelnen Medienbranchen ist die Frage der Produktverpackung von unterschiedlicher Bedeutung.

Die Verpackung ist vor allem für die Medienprodukte relevant, die auf ein Trägermedium angewiesen sind. Dazu gehören zum Beispiel Musik-CDs, DVDs, Blu-rays oder Video- und Computerspiele. Bei diesen Produkten spielt die Verpackung zum Schutz des Produkts während des Transports und für die Wahrnehmung des Käufers beim Erwerb eine große Rolle. TV- oder Radioprogramme hingegen sind nicht auf ein Trägermedium angewiesen, deshalb erübrigt sich die Frage der Verpackung.

- Markenpolitik

Die Markierung von Produkten dient dazu, diese aus der Anonymität der Märkte herauszuheben. Diese Markierung kann zum Beispiel vom Gesetzgeber vorgeschrieben sein oder von öffentlichen und privaten Institutionen in Form von Gütezeichen vergeben werden. Darüber hinaus kann ein Anbieter eine Marke für seine Produkte eigenständig aufbauen. In der Legaldefinition des Markengesetzes versteht man unter einer Marke ein Kennzeichen, das es dem legitimen Verwender erlaubt, seine Waren im Sinne eines Exklusivrechts von denen der Wettbewerber abzuheben.

Marken sind ein in der Psyche des Konsumenten verankertes, unverwechselbares Vorstellungsbild von einem Produkt oder einer Dienstleistung.[1] Die Marke ist nicht lediglich ein Name oder ein Symbol, vielmehr soll sie dem Konsumenten Produkteigenschaften wie beispielsweise die hohe Qualität, den überlegenen Nutzen oder die Charakteristika des Produkts kommunizieren. Durch die Signalisierung positiver Produkteigenschaften soll die Unsicherheit des Kunden vor dem Kauf reduziert werden. Dies ist besonders bei Medienprodukten von Bedeutung, die in besonderem Maß ein Erfahrungs- und Vertrauensgut darstellen.

Da der Rezipient die Qualität von Medien vor dem Konsum nur unzureichend prüfen kann, ist die Signalfunktion der Marke von hoher Bedeutung für die Kauf- oder Nutzungsentscheidung des Konsumenten. In der Medienbranche hat die Markenpolitik verschiedene Entwicklungen genommen. Während insbesondere der Zeitungs- und Zeitschriftensektor aufgrund des weitgehend liberalen Markts relativ frühzeitig mit der Bildung von Marken begann, war dies im TV- oder Radiosektor aufgrund der starken Regulierung lange Zeit nicht notwendig. Erst mit der Deregulierung der Rundfunkmärkte begannen die privaten Sender allmählich mit einer einheitlichen Markenkonzeption.

---

1 Vgl. Meffert/Burmann/Kirchgeorg (2012), S. 357 ff.

Aufgaben des Medien- und Internetmanagement

Im Internetsektor hingegen hat es diese Verzögerungen in der Markenbildung nicht gegeben. Hier war von Beginn an eine starke Markenorientierung vorhanden. Die Etablierung einer Marke ist mit erheblichen Aufwendungen verbunden, insbesondere für Kommunikationsmaßnahmen. Diesen Aufwendungen stehen jedoch große Vorteile auf den Rezipienten- und Werbemärkten gegenüber. Durch die Signalfunktion der Marke können den Rezipienten einheitliche Standards bezüglich der Produktqualität kommuniziert werden.

Dies reduziert die Unsicherheit der Rezipienten und erhöht die Bindung an das entsprechende Medium. Auf diese Weise werden der Umfang und die Zusammensetzung des Kundenstamms im Rezipientenmarkt (Reichweite) stabilisiert. Darüber hinaus kann durch eine Veränderung der Markenpolitik eine Änderung der Struktur des Kundenstamms erreicht werden. Eine stabile Reichweite verschafft den Medienunternehmen gleichzeitig Vorteile im Werbemarkt.

Die durch die Markenbildung erreichte Konstanz bezüglich der Merkmale Umfang und Zusammensetzung des Kundenstamms ermöglicht eine exakte Ermittlung der qualitativen Reichweite und damit eine eindeutige Positionierung im Werbemarkt. Dies wirkt sich positiv auf die Werbeerlöse aus. Bei der Markenführung können verschiedene Markenstrategien verfolgt werden. Markenstrategien unterscheiden sich in der Tiefe, das heißt in der Anzahl der unter einer Marke vertriebenen Produkte und der Breite, das heißt nach der Anzahl der Marken in einem Leistungsbereich.

Als Optionen kommen eine Einzel- oder Mehrmarkenstrategie, eine Markenfamilienstrategie oder eine Dachmarkenstrategie in Betracht.[1] Bei Verfolgung einer Einzelmarkenstrategie wird in einem Markt für ein einzelnes Produkt eine eigene Marke angeboten. Die Vorteile dieser Strategie liegen vor allem in der klaren Positionierung des Produkts und der damit verbundenen Konzentration auf eine eindeutig spezifizierte Zielgruppe. Zudem wird bei einem Misserfolg des Produkts ein Transfereffekt auf andere Produkte des Unternehmens in der Regel vermieden.[2] Allerdings dauert der Aufbau einer Markenpersönlichkeit relativ lange und das einzelne Produkt muss das gesamte Markenbudget tragen.

Beispielhaft für eine Einzelmarkenstrategie ist die FAZ-Gruppe, die mit der Marke Frankfurter Allgemeine Zeitung das Marktsegment der überregionalen Qualitätszeitungen abdeckt. Bei einer Mehrmarkenstrategie werden in jedem Produktbereich mindestens zwei auf den Gesamtmarkt ausgerichtete Marken parallel geführt.[3] Ziel dieser Strategie ist es, Konsumenten trotz eines Markenwechsels als Kunden des eigenen Unternehmens zu erhalten und Marktzutrittschranken für Wettbewerber aufzubauen. Die Marktsegmentierung hat eine Vergrößerung der Zielgruppe bei gleichzeitiger Verkleinerung der ansprechbaren Zielgruppensegmente je Marke zur Folge.

---

[1] Vgl. Meffert/Burmann/Kirchgeorg (2012), S. 140 ff.
[2] Vgl. Becker (2009), S. 195 ff.
[3] Vgl. Meffert/Burmann/Kirchgeorg (2012), S. 367 ff.

Problematisch ist, dass den hohen Aufwendungen, die zur Etablierung einer zweiten oder weiteren Marken notwendig sind, immer kleinere Umsatzzuwächse gegenüberstehen. Außerdem verursacht die parallele Marktbearbeitung hohe Kosten, sodass Mehrmarkenstrategien negative Auswirkungen auf die Rentabilität haben können.[1] Die WAZ-Gruppe, die mit verschiedenen eigenständigen Titeln (Westdeutsche Allgemeine Zeitung, Neue Rhein/Neue Ruhr Zeitung, Westfälische Rundschau) einen regional eingegrenzten Markt vollständig abdeckt, kann als Beispiel für eine Mehrmarkenstrategie im Medienbereich herangezogen werden.

Das Konzept der Markenfamilie besteht darin, unter einem einheitlichen Markennamen verschiedene Produkte anzubieten, und so das positive Image eines Markennamens auf mehrere Produkte zu übertragen. Anders als bei der Dachmarkenstrategie ist nicht der Unternehmensname selbst die Marke, sondern die Produktgruppe oder Produktlinie. Die Aufwendungen zur Etablierung und Pflege der Marke werden von verschiedenen Produkten getragen und ermöglichen die Realisierung von Economies Of Scope. Zudem stoßen Neuprodukte auf eine größere Akzeptanz bei Verbrauchern und im Handel.

Als nachteilig sind vor allem negative Ausstrahlungseffekte auf die Marke anzusehen, falls die Produkte stark unterschiedlich positioniert sind oder bei einem Produkt Qualitätsprobleme bestehen. Zudem sind Repositionierungsmöglichkeiten für einzelne Produkte begrenzt, da stets auf den Markenkern Rücksicht genommen werden muss.[2] Die Axel Springer AG verfolgt mit der Herausgabe unterschiedlicher Zeitungen unter der Marke „Bild" eine Markenfamilienstrategie: Bild, Auto Bild, Computer Bild, Sport Bild, Bild der Frau, Bild am Sonntag. Im Gegensatz zu Markenfamilienstrategien, bei der innerhalb eines Unternehmens mehrere Marken existieren können, werden bei Dachmarkenstrategien alle Produkte eines Unternehmens unter einer einheitlichen Dachmarke, dem Unternehmensnamen, angeboten.

Dies erlaubt eine Verteilung des Markenbudgets auf alle Produkte, ist aber nur möglich, wenn sich die Zielgruppen der einzelnen Produkte nicht wesentlich unterscheiden. Ist dies nicht der Fall, ist die Herausarbeitung eines kundenspezifischen Markenprofils äußerst schwierig.[3] Im Medienbereich ist oft eine Kombination der verschiedenen Markenstrategien anzutreffen. Im TV-Bereich sei hier beispielhaft das ZDF genannt, das zunehmend versucht, seinen Namen als Dachmarke zu etablieren (ZDFneo, ZDFinfokanal, ZDFtheaterkanal, ZDFtivi, ZDFvision, ZDF Enterprises). Gleichzeitig werden jedoch im Rahmen der Markenstrategie einzelne Sendungen als Marken aufgebaut, die besondere Highlights des Programms darstellen und von denen Wechselwirkungen mit der Dachmarke erwartet werden.

---

[1] Vgl. Meffert/Perrey (2005), S. 208 ff.
[2] Vgl. Becker (2005), S. 388 f.
[3] Vgl. Becker (2005), S. 391.

Aufgaben des Medien- und Internetmanagement

So ist etwa die Sendung „heute" inzwischen als Markenname anerkannt, mit dem allgemein eine sehr hohe Glaubwürdigkeit assoziiert wird. Hier wird das enge Zusammenspiel der marketingpolitischen Instrumente deutlich, da es das ZDF geschafft hat, die vom Rezipienten empfundene Produktqualität durch den Aufbau einer Marke auf ein konstant hohes Niveau zu bringen.

- Dienstleistungen

Einen weiteren produktpolitischen Aktionsparameter stellt das Angebot von kauf- und nutzungsbezogenen Dienstleistungen dar. Sie bilden eine Möglichkeit zur Differenzierung von fremden Unternehmen und Produkten. Die bloße Distribution des Kernprodukts reicht häufig nicht aus, um die Kundenbedürfnisse zu befriedigen. Im Sachgüterbereich werden deshalb oft zusätzlich zum physischen Produkt Sekundärdienstleistungen, zum Beispiel in Form von Beratungs-, Support- oder Transportleistungen, angeboten, um den Kunden vor, während und nach dem Kauf zu unterstützen.

Dabei ist die Tendenz zu erkennen, dass der Umfang der Sekundärdienstleistungen mit der Komplexität des Primärprodukts steigt. So ist beispielsweise die Schulungsnotwendigkeit bei einer Individualsoftware erheblich höher als bei einer etablierten Standardsoftware. Das Konzept der Sekundärdienstleistungen lässt sich auch auf den Mediensektor übertragen.

Aufgrund des sehr umfangreichen Angebots werden Rezipienten häufig Informationsdienstleistungen angeboten, um ihnen die Nutzung von Medienprodukten zu erleichtern. Aus diesem Grund informieren TV-Anbieter ihre Zuschauer regelmäßig in ihrem Teletextangebot über das aktuelle Programm, Nachrichten und Sportergebnisse. Pay TV-Anbieter (zum Beispiel Sky) senden ihren Kunden eine eigene Programmzeitschrift zu.

Auch auf den Werbemärkten werden Sekundärdienstleistungen in Abhängigkeit von der Produktkomplexität angeboten. So wird der private Anzeigenkunde einer Tageszeitung kaum Beratungsleistung benötigen, während für den gewerblichen Kunden im Rahmen einer umfangreichen Werbespotkampagne eine detaillierte Maßnahmenberatung mit anschließender Wirksamkeitsstudie sehr wichtig ist.

Zum Nachweis der Werbewirksamkeit werden von Verbänden, aber auch von Medienunternehmen in regelmäßigen Abständen Marktstudien durchgeführt, die das Mediennutzungsverhalten anhand verschiedener Indikatoren beschreiben. Die Indikatoren sind dabei überwiegend quantitativer Natur. Dies verdeutlicht Tabelle 5-1. Die Mediennutzungsforschung bedient sich seit kurzem aber auch qualitativer Ansätze, die zum einen erheblich preiswertere Erhebungen und zum anderen Aussagen über die Kontaktqualität zulassen, was für die werbungtreibende Industrie von zentraler Bedeutung ist.

Tabelle 5-1: Indikatoren der Mediennutzung im Vergleich[1]

Indikatoren	Leser-forschung (Print)	Zuschauer-/Hörerforschung (TV/Radio)	Online-Forschung (Internet)
Technische Reichweite	Verbreitungsgebiet/ Haushaltsabdeckung	Prozent der Haushalte pro Gerät	Prozent der Haushalte pro Gerät
Weitester Nutzungskreis	Weitester Leserkreis der letzten 14 Tage	Weitester Seher-/Hörer-kreis der letzten 14 Tage	Visits der letzten 14 Tage
Stichtags-/(Tages-)reichweite	Leser gestern, Leser pro Ausgabe, Leser pro Seite	Seher/Hörer gestern, Seher/Hörer pro Tag/Sender, Seher/Hörer pro Tag/Sendung	Visits gestern, Visits pro Zeitperiode, Page Impressions
Werbemittel Kontaktchance	Leser pro werbeführende Seite	Durschschnittliche Reichweite pro ¼ Stunde mit Werbung	Ad Impressions
Werbemittel Kontakt	---	Werbeblockreichweite	AdClick
Durchschnittliche Nutzungsdauer (nach Zielgruppe)	Pro (Tages-) Zeitabschnitt in Minuten	Pro (Tages-) Zeitabschnitt in Minuten	Pro (Tages-) Zeitabschnitt in Minuten
Durchschnittliche Verweildauer (der Nutzer)	Pro (Tages-) Zeitabschnitt in Minuten	Pro (Tages-) Zeitabschnitt in Minuten	Pro (Tages-) Zeitabschnitt in Minuten
Nutzungsfrequenz	Häufigkeit pro Zeitabschnitt	Häufigkeit pro Zeitabschnitt	Häufigkeit pro Zeitabschnitt
Vermissensfrage	In % von Zielgruppen	In % von Zielgruppen	In % von Zielgruppen
Entscheidungsfrage	In % von Zielgruppen	In % von Zielgruppen	In % von Zielgruppen
Nutzungssituation	Innerhalb beziehungsweise außerhalb der Freizeit, im/außer Haus, privat, beruflich, und so weiter		
Kontaktqualität/ Aufmerksamkeit	Haupt- oder Nebenbeschäftigung, Nutzungsintensität/Involvement, Glaubwürdigkeit		
Inhaltenutzung beziehungsweise Präferenzen	Reichweite bestimmter Inhalte in Zielgruppen, Interesse an bestimmten Inhalten in Zielgruppen		

---

[1] In Anlehnung an Prognos/Bild (1998), S. 7.

5.4.2 Preispolitik

Die Preispolitik umfasst die Festlegung und den Vergleich von alternativen Preisforderungen gegenüber potenziellen Kunden und deren Durchsetzung unter Ausschöpfung des durch unternehmensinterne und -externe Faktoren beschränkten Entscheidungsspielraums.[1] Die Nutzung des Preises als Aktionsparameter des Marketing hat verschiedene Vorteile. Preispolitische Maßnahmen haben geringe Vorlaufzeiten und können häufig schneller umgesetzt werden als andere Marketingmaßnahmen.[2] Darüber hinaus reagieren Nachfrager schnell und vergleichsweise stark auf Preisänderungen.

Andererseits können auch konkurrierende Unternehmen aus dem gleichen Grund ohne größeren Zeitverzug auf diese Maßnahmen reagieren. Die Bedeutung der Preispolitik für das Medien- und Internetmanagement muss aufgrund der stark divergierenden Erlösstrukturen abhängig von der Branche und den betroffenen Märkten dargestellt werden. Die innerbetriebliche Preisfindung kann nach verschiedenen Kriterien erfolgen. Es kann dabei zwischen kostenorientierter, nachfrageorientierter und konkurrenzorientierter Preisfindung unterschieden werden.[3] Im Rahmen der kostenorientierten Preisfindung werden die Kosteninformationen als Basis der Preisfindung verwendet. Hier können sowohl Voll- als auch Teilkostenansätze zur Anwendung kommen.

Damit ist es einerseits möglich, langfristig kostendeckende Preise festzulegen, andererseits können auch kurzfristige Preisuntergrenzen ermittelt werden, bei denen gerade noch ein positiver Deckungsbeitrag erwirtschaftet wird. Der nachfrageorientierten Preisfindung dagegen liegt das Konzept der Preis-Absatz-Funktion zugrunde. Die Preis-Absatz-Funktion stellt alle Preis-Mengen-Kombinationen auf dem Absatzmarkt dar und lässt so Rückschlüsse auf das Nachfragerverhalten bei Preisänderungen zu.

Von entscheidender Bedeutung ist dabei die Preiselastizität der Nachfrage, die das Verhältnis zwischen relativer Änderung der Absatzmenge und relativer Preisänderung ausdrückt. Grundlage der Preisentscheidung ist somit die voraussichtliche Reaktion des Nachfragers. Bei der konkurrenzorientierten Preisfindung steht das Verhalten der Wettbewerber auf den entsprechenden Märkten im Mittelpunkt der Entscheidungsfindung.

Der Anbieter verzichtet dabei auf eine autonome Preisfindung und richtet sich stattdessen nach einem Preisführer. Eine weitere Möglichkeit besteht in der Übernahme von branchenüblichen Preisen. Auf den Rezipientenmärkten spielt die Preispolitik nicht in allen Branchen eine Rolle. Wichtig ist sie im Zeitungs-, Zeitschriften-, Buch- und Musiksektor, da hier für die Produkte in der Regel ein Entgelt gefordert wird.

---

[1] Vgl. Meffert/Burmann/Kirchgeorg (2012), S. 469 f.
[2] Vgl. Diller (2007), S. 34.
[3] Vgl. Becker (2009), S. 486 ff.

Kapitel 1: Grundlagen des Medienmanagement

Im TV- und Radiobereich dagegen kann die Preispolitik häufig vernachlässigt werden. Der Anteil der entgeltpflichtigen Leistungen (wie etwa Pay TV) nimmt jedoch zu, sodass die Preispolitik auch hier zunehmend an Bedeutung gewinnt. Der Internetbereich zeichnete sich bisher durch einen hohen Anteil von kostenlos zur Verfügung gestelltem Content aus. Allerdings ist hierbei ein zunehmender Trend zum Paid Content festzustellen (zum Beispiel Video On Demand). Eine kostenorientierte Preisfindung erscheint bei Medien, die zumindest teilweise werbefinanziert sind, nicht sinnvoll. Aber auch bei rein entgeltfinanzierten Medien (wie etwa beim Pay TV) ist die Kostenorientierung nicht immer angebracht. In diesem Fall ist ein technisches Gerät, der Decoder, für den Medienzugang notwendig.

Ein notwendiger Kauf des Geräts wird viele Kunden von der Teilnahme abhalten, sodass eine Amortisation des Geräts über die Abonnement-Beiträge erfolgen muss. Die innerbetriebliche Preisfindung wird dann nachfrage- oder wettbewerbsorientiert erfolgen. Die entscheidenden Einflussfaktoren sind dabei die Preisbildung der Konkurrenz sowie die Preiselastizität der Nachfrage. Hier ist festzustellen, dass bei wachsender Vertrautheit des Rezipienten mit der Leistung die Preiselastizität sinkt. Dieses Phänomen wird beispielsweise im Zeitungs- und Zeitschriftenbereich als Leser-Blatt-Bindung bezeichnet.

Medienunternehmen setzen auf den Rezipientenmärkten regelmäßig die Preisdifferenzierung als preispolitisches Instrument ein. Mithilfe der Preisdifferenzierung werden identische Leistungen zu unterschiedlichen Preisen verkauft. Zu diesem Zweck kann die Nachfragerseite nach unterschiedlichen Kriterien unterteilt werden. Häufig werden hier persönliche Merkmale des Nachfragers (zum Beispiel Alter, Zugehörigkeit zu einer bestimmten Gruppe) angewandt. Aber auch lokale, zeitliche und quantitative Unterschiede dienen regelmäßig als Kriterien der Preisdifferenzierung.

Die Preisdifferenzierung dient in der Regel der Abschöpfung der Kaufkraft verschiedener Käufergruppen. Im Medienbereich kann allerdings auch ein anderes Ziel im Vordergrund stehen. Gerade bei überwiegend werbefinanzierten Medien dient die Preisdifferenzierung dazu, bestimmte Käufergruppen, zum Beispiel Studenten, frühzeitig an das Medienprodukt zu binden. Bei werbefinanzierten Medienunternehmen liegt der innerbetrieblichen Preisfindung für die Werbemärkte überwiegend eine Kostenorientierung zugrunde. Jedoch sind aufgrund der sehr transparenten Märkte und der standardisierten Produkte auch Nachfrage- und Wettbewerbsüberlegungen notwendig.

So stehen die Medienunternehmen einer relativ preiselastischen Nachfrage und einem intensiven inter- und intramediären Wettbewerb gegenüber. Hier können unterschiedliche Preisstrategien verfolgt werden. Auch auf den Werbemärkten ist die Preisdifferenzierung ein wichtiges Instrument der Preisbildung. Hier dient sie allerdings überwiegend der Abschöpfung von Kaufkraft und der Auslastung der Kapazitäten. Bei der Produktion von Medienprodukten entsteht eine relativ konstante Kapazität an Werberaum, die jedoch einer in der Zeit schwankenden Nachfrage unterliegt.

So ist beispielsweise TV-Werbung zur Prime Time (19-22 Uhr) weitaus attraktiver als während der Nacht. Da die Werberaumleistung als Dienstleistung nicht lagerfähig ist, eine bestimmte marktgerechte Kapazität aber vorgehalten werden muss, kann die Preispolitik zur aktiven Nachfragesteuerung eingesetzt werden.[1] Dementsprechend werden die Preise zeitlich differenziert, was zu einer Nivellierung der Nachfrage führt. Als Beispiel für persönliche Differenzierung können dagegen Zeitungen und Zeitschriften angeführt werden, die für private und gewerbliche Anzeigen unterschiedliche Preise ansetzen.

Hier liegen unterschiedliche Preis-Absatz-Funktionen bei den Käufergruppen vor, sodass durch Preisdifferenzierung die Kaufkraft beider Gruppen optimal abgeschöpft werden kann. Neben der Preisdifferenzierung ist hier auch die Preisbündelung (Price Bundling) ein weit verbreitetes Instrument. Dabei werden mehrere Produkte als Produktpaket gebündelt zu einem Preis verkauft, der unterhalb der Summe der Einzelpreise liegt. Je nachdem, ob die Produkte auch einzeln oder ausschließlich im Bündel zu erwerben sind, spricht man von Mixed Bundling beziehungsweise Pure Bundling.[2]

Im Rahmen des Medienmanagement kann beispielhaft die Bündelung von attraktivem und weniger attraktivem Werberaum im TV oder die Bündelung mehrerer regionaler Angebote bei Zeitungen angeführt werden. Auch hier liegt die Zielsetzung in der Abschöpfung von Kaufkraft und der Auslastung von freien Kapazitäten. Teilweise wird die Preisbündelung jedoch auch genutzt, um die Markttransparenz zu verringern und so eine Abgrenzung von den Wettbewerbern und letztlich einen höheren Preis zu erzielen.

5.4.3 Distributionspolitik

Die Distributionspolitik befasst sich mit der Fragestellung, wie ein Produkt oder eine Dienstleistung zur Verwendung oder zum Verbrauch verfügbar gemacht werden kann.[3] Im Rahmen der Distributionspolitik müssen Entscheidungen bezüglich der Gestaltung der Absatzwege (akquisitorische Distribution) und des logistischen Systems getroffen werden.[4] Die Absatzwege umfassen die Beziehungen aller Personen, die am Distributionsprozess beteiligt sind, während beim logistischen System die physische Übermittlung der Produkte im Mittelpunkt der Betrachtung steht.

---

[1] Vgl. Becker (2009), S. 712 ff.
[2] Vgl. Wirtz/Lütje (2006), S. 386 f.
[3] Vgl. Kotler/Keller/Bliemel (2007), S. 861.
[4] Vgl. Specht/Fritz (2005), S. 13 ff.; Meffert/Burmann/Kirchgeorg (2012), S. 543.

Im Rahmen der Gestaltung der Absatzwege unterscheidet die Marketinglehre zwischen direkter und indirekter Distribution. Die direkte Distribution wird als klassisches Instrument des Dienstleistungsmarketing angesehen, bei dem ein direkter Kontakt zwischen Anbieter und Nachfrager zustande kommt. Dies ergibt sich aus der Erbringung der Dienstleistung an einem Subjekt oder Objekt. Bei der indirekten Distribution hingegen wird zwischen beiden Akteuren mindestens eine zusätzliche Distributionsstufe geschaltet. Sie wird vor allem dann gewählt, wenn die Erbringung der Dienstleistung abgeleitete Distributionsaufgaben mit sich bringt, zum Beispiel Kartenvorverkauf für Konzerte. Mit der Gestaltung des Distributionssystems verfolgt das Marketing unterschiedliche Ziele.

Als Zielgrößen sind neben den übergeordneten Marketingzielen vor allem die Vertriebskosten, der Distributionsgrad, das Image des Absatzkanals, die Aufbaudauer und Flexibilität sowie die Beeinflussbarkeit des Absatzkanals zu nennen.[1] Die Bedeutung der Distributionspolitik für das Marketing von Medienunternehmen variiert jedoch in Abhängigkeit von der Branche. So können beispielsweise auf den Rezipientenmärkten die Vertriebskosten für TV-, Radio- und Internetunternehmen als Zielgröße vernachlässigt werden, da sie überwiegend fix sind und eher von der Technologie als vom Distributionskanal abhängen. Der Zeitungs-, Zeitschriften-, Buch- und Musiksektor haben dagegen die Vertriebskosten aufgrund des materiellen Trägermediums weitaus stärker zu berücksichtigen.

In den Bereichen TV, Radio und Internet haben die abgeleiteten Distributionsaufgaben nur einen geringen Umfang. Aus diesem Grund erfolgt die Distribution hier vorwiegend direkt. Der TV-Sender verbreitet sein Programm ohne zusätzliche Distributionsstufe über Kabel oder Satellit an den Rezipienten. Ebenso stellt der Inhalteanbieter im Internet seine Dienste direkt zur Verfügung. Beide Bereiche bedienen sich dabei eventuell externer Übertragungstechnik, die jedoch nicht als eigene Distributionsstufe angesehen werden kann. Demgegenüber sind im Zeitungs-, Zeitschriften-, Buch- und Musikbereich indirekte Distributionssysteme üblich. Dies hängt mit den materiellen Eigenschaften des Trägermediums zusammen.

Allerdings ist es grundsätzlich möglich, dass auch bei Medien, die direkt vertrieben werden, für den erstmaligen Zugang besondere technische Voraussetzungen oder Beratungsdienstleistungen erforderlich sind, sodass zwar die Distribution der Medienprodukte von abgeleiteten Dienstleistungen frei ist, die Einrichtung des Medienzugangs jedoch eine zusätzliche Distributionsstufe sinnvoll erscheinen lässt. So wird beispielsweise die für Pay TV notwendige Hardware teilweise über den Fernsehhandel vertrieben. Die Zugangssoftware von Internetanbietern dagegen liegt häufig Zeitschriften in Form von Gratis-CDs bei.

---

[1] Vgl. Meffert/Burmann/Kirchgeorg (2012), S. 544.

Auch auf den Werbemärkten sind unterschiedliche Absatzwege anzutreffen. Dabei überwiegt im Zeitungs- und Zeitschriftenbereich die direkte Distribution. Die Unternehmen in dieser Branche verkaufen ihre Werberaumleistung in der Regel ohne die Einschaltung von Absatzmittlern an den Endkunden. Ob es sich bei dem Werbekunden um ein werbungtreibendes Unternehmen oder eine von diesem beauftragte Agentur handelt, hat dabei keine Relevanz, da auch die Agentur dem Printunternehmen gegenüber als Kunde auftritt. In der TV- oder Radiobranche dagegen werden häufig Werbemittler eingesetzt, die Werberaumkontingente bei unterschiedlichen Sendern buchen und in Paketform an werbungtreibende Unternehmen oder Agenturen verkaufen. Die Werbemittler erhalten von den Medienunternehmen eine Provision für diese Leistung.

Neben den Absatzwegen müssen auch Entscheidungen zur physischen Distribution getroffen werden. Sie befasst sich mit der Fragestellung, wie das Produkt physisch vom Anbieter zum Nachfrager gelangt. Dabei können Werbe- und Rezipientenmärkte simultan dargestellt werden, da mit der Distribution der Medienprodukte an den Rezipienten simultan die Werberaumleistung erbracht wird. In der Zeitungs- und Zeitschriften- sowie der Buchbranche liegen dabei die Probleme überwiegend im Bereich der Lagerung und des Transports sowie der Qualität des Lieferservice. Diese Überlegung gilt auch für Internetunternehmen, die dem Kunden physische Produkte anbieten.

Für sie hat das Logistiksystem eine elementare Bedeutung, da die Übermittlung der Produkte häufig ein wesentliches Abgrenzungskriterium gegenüber klassischen Unternehmen darstellt. In anderen Medienbereichen reduziert sich dieses Problem größtenteils auf Entscheidungen über den Einsatz bestimmter Technologien. So kann beispielsweise in TV-Unternehmen die Frage aufkommen, ob das Programm per Satellit oder per Kabel gesendet wird. Es wird deutlich, dass sich die Überlegungen zur allgemeinen Distributionspolitik nicht einfach auf den Mediensektor übertragen lassen. Vor allem der Einsatz der Technik und das Produkt „Content" sind für die Besonderheiten der Distribution auf den Rezipientenmärkten verantwortlich.

Einerseits ermöglicht die Technik völlig neue Distributionskanäle, andererseits hat die Distribution selbst Auswirkungen auf die Eigenschaften der Produkte.[1] Insbesondere im Informationsbereich entscheidet die Schnelligkeit der Zustellung darüber, welchen Wert ein Produkt hat. Die distributionspolitischen Ziele können deshalb in der Regel nicht unabhängig von den übergeordneten, marketingstrategischen Zielen betrachtet werden. Darüber hinaus bestehen häufig Abhängigkeiten zu den übrigen Instrumenten. Darauf aufbauend muss eine Strategie bezüglich der Absatzwege und des logistischen Systems abgeleitet werden.

---

1 Vgl. Geretschläger/Leinschitz (1994), S. 509.

5.4.4 Kommunikationspolitik

Für Medienunternehmen, die auf Werbe- und Rezipientenmärkten im Wettbewerb stehen, ist es nicht ausreichend, lediglich ihre Produkte dort zur Verfügung zu stellen. Vielmehr müssen den vorhandenen und potenziellen Kunden Informationen über die Produkte und das Unternehmen zur Verfügung gestellt werden. Die Kommunikationspolitik hat dabei die Aufgabe, die jeweiligen Adressaten zieladäquat zu beeinflussen und somit ein Verhalten auszulösen, das mittelbar oder unmittelbar den obersten Zielen der Unternehmung entspricht.[1]

Der strategische Teil der Kommunikationspolitik befasst sich überwiegend mit der kommunikativen Positionierung auf den jeweiligen Märkten. Hier kommt vor allem eine Positionierung durch Aktualität, über Emotionen oder über Sachinformationen in Frage.[2] Dahingegen muss im Rahmen der operativen Kommunikationspolitik eine Operationalisierung dieser Positionierungsziele erfolgen, was zum Beispiel mithilfe von Bekanntheitsgraden geschehen kann.

Gerade die Tatsache, dass Medienprodukte einen Dienstleistungscharakter aufweisen, macht die Kommunikation sehr wichtig, da sie die Aufgabe hat, die besonderen Kompetenzen zur Problemlösung sichtbar zu machen. Der Kommunikationspolitik steht neben der klassischen Werbung eine Vielzahl anderer Instrumente zur Verfügung. Eine einheitliche Klassifizierung ist im Schrifttum nicht zu finden, eine Einteilung in fünf Kategorien scheint jedoch sinnvoll.[3] Dabei bezeichnet die Werbung die nicht-persönliche Präsentation und Förderung von Produkten gegenüber einer Gruppe von potenziellen Kunden.

Beim Direktmarketing hingegen werden persönliche Mittel eingesetzt, um ausgewählte Personen anzusprechen und eine Reaktion auszulösen. Im Rahmen der Verkaufsförderung werden kurzfristige Anreize zum Kauf eines Produkts gegeben. Mit Public Relations werden die Aktivitäten zusammengefasst, die auf indirektem Weg zur Verbesserung des Image der Produkte beziehungsweise des Unternehmens beitragen sollen. Beim persönlichen Verkauf schließlich findet ein direkter Kontakt mit dem potenziellen Kunden statt.

Über die Einsatzmöglichkeiten der Kommunikationsinstrumente im Mediensektor ist keine generelle Aussage möglich. Auch hier ist eine differenzierte Betrachtung der einzelnen Branchen sowie der relevanten Märkte notwendig. Auf den Rezipientenmärkten sind unterschiedliche Positionierungsziele möglich. Im Allgemeinen überwiegt die Positionierung durch Emotionen, vor allem wenn bestimmte Erlebniskategorien übermittelt werden sollen. Als Kommunikationsinstrument spielt hierbei die Werbung die größte Rolle. Hier sind vor allem Anzeigen und Spots in Massenmedien relevant.

---

[1] Vgl. Hansen (1990), S. 387.
[2] Vgl. Kroeber-Riel/Esch (2004), S. 17.
[3] Vgl. Kotler/Keller/Bliemel (2007), S. 678.

Dabei fungieren Medienprodukte selbst als Werbeträger und können zur Kommunikation genutzt werden. Je nach Mediengattung wird entweder das Produkt selbst als Werbeträger genutzt, beispielsweise im TV-Bereich, oder es werden andere Medien aus demselben Eigentümerverbund eingesetzt. Eigenwerbung ist beispielsweise im Rahmen einer Kundenbindungsstrategie sinnvoll, wenn bereits vorhandene Rezipienten das Produkt erneut nutzen oder an andere Teilprodukte herangeführt werden sollen.

Zur Gewinnung von Neukunden ist dagegen eine Kommunikation über andere Medien notwendig. Der Weg über ein Konkurrenzmedium liegt dabei auf der Hand, wird aber in der Regel vom konkurrierenden Unternehmen verweigert. Deshalb ist es sinnvoll, Werbung in solchen Medien zu schalten, die zwar weitgehend die gleiche Zielgruppe ansprechen, aber nicht in direkter Konkurrenz zum eigenen Produkt stehen. So schalten überregionale Zeitungen regelmäßig Anzeigen in Studentenzeitschriften, und Wirtschaftsmagazine buchen TV-Spots bei Nachrichtensendern.

Auch die Verkaufsförderung ist ein häufig eingesetztes Instrument, wobei auch hier das Problem besteht, dass Gewinnerhöhungsmaßnahmen häufig über das eigene Medium propagiert werden und deshalb nur in begrenztem Umfang zur Neukundenakquise geeignet sind. Zeitlich begrenzte Sonderangebote hingegen können nur für Medienprodukte angeboten werden, die entgeltlich distribuiert werden. Deshalb ist es nicht verwunderlich, dass in den letzten Jahren die Public Relations gerade im Bereich der elektronischen Medien erheblich an Bedeutung gewonnen hat. Hier sind vor allem das Sponsoring und das Event-Marketing zu nennen.

Auf den Werbemärkten überwiegt die Strategie, eine Positionierung über Sachinformationen zu erreichen. Dies liegt zum einen an der besseren Möglichkeit einer objektiven Qualitätsbeurteilung, zum anderen aber auch an der Struktur der Märkte, in denen sich überwiegend ökonomisch rational handelnde Unternehmen gegenüberstehen. Als Kommunikationselemente werden deshalb Werbung und Direktmarketing, in vielen Marktsegmenten aber auch persönliche Formen der Kommunikation eingesetzt.

5.5 Organisationsmanagement

Wesentliche Merkmale erfolgreicher Unternehmen, wie beispielsweise hohe Transparenz, flache Hierarchien, klare Verantwortlichkeiten, kurze Entscheidungswege, ausgeprägte Marktorientierung sowie eine hohe Mitarbeitermotivation und -zufriedenheit sind maßgeblich auf die Organisationsstruktur zurückzuführen. Speziell bei Medienunternehmen zeigt sich die Bedeutung des Organisationsmanagement zum Beispiel an der Notwendigkeit eindeutig geregelter Kompetenzen und Zuständigkeiten innerhalb der Redaktion, um schnell auf unerwartete Geschehnisse reagieren zu können beziehungsweise an der marktnahen Organisationsstruktur großer Medienunternehmen als Voraussetzung zur kundenorientierten Ausrichtung ihrer Produktlinien.

Es wird deutlich, dass es sich bei den Begriffen „Organisation" beziehungsweise „Organisationsmanagement" hauptsächlich um das Schaffen von Regeln und Richtlinien handelt, mit deren Hilfe ein abgestimmter und damit effizienter Unternehmensalltag beziehungsweise -ablauf sichergestellt werden soll. Diese Regeln beschränken den individuellen Handlungsspielraum der Mitarbeiter und sorgen auf diese Weise für ein organisationskonformes, den Unternehmenszielen entsprechendes Verhalten.

Gleichzeitig können sie negative Auswirkungen auf die Flexibilität des Unternehmens und die Motivation der Mitarbeiter haben. Die Organisationsstruktur sollte deshalb auf die internen und externen Anforderungen des jeweiligen Unternehmens abgestimmt werden. So kann die optimale Struktur zur Erreichung der Unternehmensziele, beispielsweise für einen Zeitungsverlag mit eher stabilem Sortiment und Marktumfeld eine völlig andere sein, als für ein Online-Unternehmen, das sich in einem turbulenten Marktumfeld bewegt.

Eine zielführende Leistungserstellung im Rahmen des Medienmanagement bedarf neben spezifischen Qualifikationen zusätzlich der Ordnung und Zusammenführung der einzelnen Aktivitäten. Dies bedeutet, dass im Anschluss an die notwendige Arbeitsteilung beziehungsweise -aufsplittung zur Leistungserstellung immer auch eine entsprechende Zusammenführung oder Vereinigung der einzelnen Arbeitsschritte erfolgen muss.

Daher werden im einschlägigen Organisationsschrifttum häufig „Differenzierung" und „Integration" als Grundelemente des organisationalen Management bezeichnet. Zu berücksichtigen ist hierbei allerdings der grundsätzlich sequentielle und gegenläufige Verlauf dieser beiden Managementfunktionen. Je intensiver die Differenzierung einer Organisation betrieben wird, desto schwieriger ist die nachfolgende Integration zu bewerkstelligen.[1] Auf diese beiden fundamentalen Prinzipien der Managementfunktion „Organisation" soll nachfolgend eingegangen werden, wobei es jeweils auch Spezifika von Medienunternehmen herauszuarbeiten gilt.

5.5.1 Organisationale Differenzierung

Da die notwendigen Tätigkeiten zur Erreichung der Unternehmensziele im Allgemeinen nicht von einer Einzelperson erledigt werden können, bildet die optimale Aufteilung beziehungsweise Zuteilung von Arbeitsschritten auf die Organisationsmitglieder den Ausgangspunkt jeder systematisch betriebenen organisationalen Differenzierung. Als Resultat liegen formal festgelegte Unternehmensstrukturen vor, deren Differenziertheit von dem Spezialisierungsgrad der Abteilungen beziehungsweise Bereiche abhängt.[2]

---

[1] Vgl. Steinmann/Schreyögg (2005), S. 443 ff.
[2] Vgl. Steinmann/Schreyögg (2005), S. 448.

Voraussetzung für die organisatorische Aufteilung beziehungsweise Zuteilung der Arbeitsschritte ist eine detaillierte Aufgabenanalyse, die anhand der fünf Dimensionen Verrichtungen, Objekte, Rang, Phase und Zweckbeziehung erfolgen kann. Hieran anschließend können im Rahmen einer Aufgabensynthese entsprechende organisatorische Einheiten herausgearbeitet werden.[1] In der Unternehmenspraxis wird alternativ auf unterschiedliche organisationale Anforderungen rekurriert, wobei hier insbesondere die Aufgabenschwierigkeit, -variabilität, -interdependenz, -komplexität, -neuigkeit und -strukturiertheit zu nennen sind.[2]

Wurde die Gesamtaufgabe der Unternehmung schließlich unter Zuhilfenahme der genannten Kriterien aufgegliedert, sind die auf diese Weise ermittelten Aufgabenblöcke bestimmten Stellen beziehungsweise Abteilungen zuzuordnen. Im Rahmen der horizontalen Stellenbildung werden hierbei die Strukturierungsprinzipien Zentralisation (Zusammenfassung gleichartiger Teilaufgaben in einer Stelle/Abteilung) und Dezentralisation (Trennung gleichartiger Aufgaben und Zuordnung auf mehrere Stellen/Abteilungen) unterschieden, während die vertikale Stellenbildung zwischen Linienautorität (direkte Befehlsgewalt des Vorgesetzten gegenüber den Unterstellten) und Stabsautorität (fachliche Unterstützung der Linie und anderer Stellen) trennt.[3]

Typisch für Medienunternehmen ist beispielsweise die Zentralisation der Werbevermarktung im Online-Bereich im Vergleich zur dezentralen Vermarktung der Printwerbung, bei der der Standort des Kunden oftmals gegenüber räumlichen Bündelungsmöglichkeiten dominiert. Insgesamt sollte der Prozess der Stellenbildung jedoch nicht statisch, sondern vielmehr flexibel angelegt werden, da die einzelnen Stellen im Laufe der Zeit erheblichen Veränderungen unterliegen können. Während in der Vergangenheit technisches Verständnis und Know How keine zwingend notwendigen Qualifikationen für einen Redakteur darstellten, zählen sie heute als eine Basisqualifikation.[4] Als Grundprinzipien der organisationalen Differenzierung können die funktionale beziehungsweise objektorientierte Struktur unterschieden werden.

- Funktionale Organisation

Nach dem Grundgedanken der Funktionalorganisation werden alle für ein homogenes Aufgabenspektrum erforderlichen Kompetenzen in einer Entscheidungseinheit zusammengefasst, das heißt die Bildung der Organisationseinheiten erfolgt nach dem Verrichtungsprinzip.[5] Die Funktionalorganisation ist primär bei kleinen bis mittleren Unternehmen vorzufinden, die oft nur in einem Geschäftsfeld mit einem relativ homogenen Produktionsprogramm agieren und keinen starken Umweltveränderungen ausgesetzt sind. Auch werden erste Internationalisierungsbemühungen häufig mit der Einrichtung einer eigenen Exportabteilung organisatorisch verankert.

---

[1] Vgl. Kosiol (1992), S. 42.
[2] Vgl. Staehle (1999), S. 676.
[3] Vgl. Staehle (1999), S. 698 ff.
[4] Vgl. Breyer-Mayländer/Werner (2003), S. 248 ff.
[5] Vgl. Frese (2005), S. 445.

Kapitel 1: Grundlagen des Medienmanagement

Den Vorteilen der effizienten Leistungserstellung und der Erzielung von Produktivitätsgewinnen durch funktionale Spezialisierung stehen jedoch mit fragmentierten Arbeitsabläufen und Ressortegoismus, mangelnder bereichsübergreifender Koordination (insbesondere mit zunehmender Unternehmensgröße, Differenzierung des Produktspektrums und regionaler Expansion) sowie gering ausgeprägter Flexibilität und Kundenorientierung erhebliche Nachteile gegenüber.[1] Innerhalb der Medienbranche finden sich funktionale Organisationsstrukturen vorwiegend bei regional tätigen Unternehmen, die auf bestimmte Formate fokussiert sind. Abbildung 5-11 illustriert dies am Beispiel eines Printmedienunternehmens.

Abbildung 5-11: Typische Funktionalorganisation eines Printmedienunternehmens

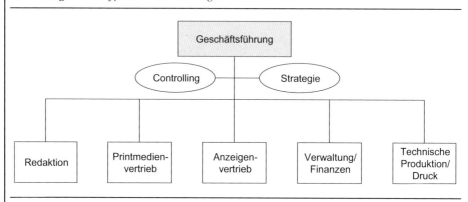

Positiv zu erwähnen ist an dieser Organisationsstruktur die Bündelung der jeweiligen Spezialisten und die Vermeidung von Ressourcendopplungen. Zu bemängeln ist eine Verstärkung der ohnehin traditionellen Kluft zwischen eher betriebswirtschaftlich und primär publizistisch motivierten Interessen innerhalb eines Verlags. Neben Ineffizienzen im Arbeitsablauf können diese möglichen Kommunikationsbarrieren zwischen Redaktions- und Anzeigen-/Vertriebsabteilungen eine durchgängige Kundenorientierung verhindern.[2]

- Objektorientierte Organisation

Der Unterschied zwischen einer funktionalen und objektorientierten Organisation lässt sich meist auf der zweiten Hierarchieebene festmachen, wenngleich die Entscheidung für eine Verrichtungs- oder Objektstruktur grundsätzlich auf jeder Hierarchieebene getroffen werden kann und sich die beiden Organisationsprinzipien keineswegs

---

[1] Vgl. Staehle (1999), S. 740 f.
[2] Vgl. Breyer-Mayländer/Werner (2003), S. 99 f.

gegenseitig ausschließen. Während erstere anhand der Funktionen entlang der Wertschöpfungskette gegliedert ist, stellen bei letzterer Produkte/Dienstleistungen, Kunden oder Regionen beziehungsweise Märkte die organisationsbildenden Kriterien dar.

Im Gegensatz zur funktionalen Organisation, bei der gleichartige Verrichtungen zusammengefasst werden, findet bei konsequenter Umsetzung des objektorientierten Prinzips eine Bündelung aller derjenigen (verschiedenartigen) Verrichtungen statt, die zur Realisierung des jeweiligen Objekts notwendig sind.[1] Bei der Verwirklichung der Objektorientierung wird oft auch von einer divisionalen, Sparten- oder Geschäftsbereichsorganisation gesprochen.

Diese Organisationsform findet sich häufig bei international ausgerichteten Unternehmungen mit heterogenem Produktionsprogramm, die eine Strategie der Diversifikation verfolgen. Die quasi-autonomen Geschäftsbereiche, Divisionen oder Sparten verfügen dabei in der Regel über alle Kompetenzen, die zur Aufgabenerfüllung notwendig sind, während zentral gewöhnlich nur noch Querschnittsfunktionen wie Finanzen oder Rechnungswesen vorgehalten werden, in denen man sich die Realisation erheblicher Synergiepotenziale verspricht.

Objektorientierte Organisationsstrukturen finden im Medienbereich primär ihren Ausdruck durch Orientierung an Formaten beziehungsweise Produkten oder Regionen. So empfehlen Vizjak/Spiegal (2001) Mehrproduktunternehmen der Medienindustrie, deren Kernkompetenzen im Bereich Marketing beziehungsweise Vertrieb liegen, eine Dezentralisierung der Business Units nach Produkten und eine Zentralisierung der Funktionen Marketing und Vertrieb. Während Einproduktunternehmen, deren Fokus auf der Inhaltegenerierung und -aggregation liegt, dieses Wissen zentralisieren und an regionale Units weiterreichen sollten.[2]

In der Praxis findet man für größere, integrierte Medienunternehmen typischerweise eine Strukturierung nach Produkten. So herrscht bei der Walt Disney Company eine produktorientierte Gliederung der einzelnen Business Units vor. Lediglich die Corporate-Bereiche wie Human Resources, Global Security, Corporate Strategy, Corporate Finance and Corporate Communications sind nach funktionalen Kriterien abgegrenzt. Hierdurch wird ein weltweit einheitlicher Absatz der Produkte erreicht. Es ergibt sich eine weltweite Linienverantwortung auf der Produktebene. Die Organisationsstruktur der Walt Disney Company ist in Abbildung 5-12 dargestellt.

---

[1] Vgl. Steinmann/Schreyögg (2005), S. 447 ff.
[2] Vgl. Vizjak/Spiegal (2001), S. 123 f.

Kapitel 1: Grundlagen des Medienmanagement

Abbildung 5-12: Produktorientierte Organisation der Walt Disney Company[1]

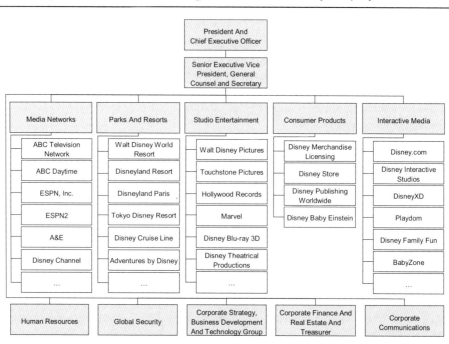

In international operierenden Medienunternehmen lassen sich auch regional differenzierte Organisationsstrukturen feststellen. Eine solche Struktur weist zum Beispiel das größte Schweizer Medienunternehmen auf, die Ringier Holding. Diese ist in Abbildung 5-13 dargestellt. Hier folgt die grundlegende Organisationsstruktur regionalen beziehungsweise sprachlichen Kriterien.

Neben der Organisation von Events und Konzerten inklusive Ticketing tritt das Unternehmen hauptsächlich als Verleger von weltweit mehr als 120 Zeitschriften und Zeitungen sowie als Produzent und Vermarkter von 20 Fernsehsendungen auf.[2] In diesem Kontext sind die Unternehmensgeschäfte in vier Regionen gebündelt, die sich jeweils auf einen bestimmten Sprachraum spezialisiert haben.

---

[1] Auf der Basis eigener Analysen und Abschätzungen sowie Disney (2011).
[2] Vgl. Ringier AG (2011).

Abbildung 5-13: Regionalorientierte Organisation der Ringier Holding AG[1]

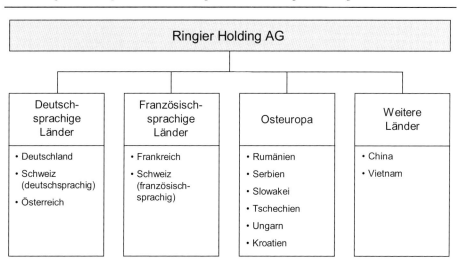

Die stärkste Ausprägung der objektorientierten Struktur spiegelt sich in der Einrichtung selbstständiger Unternehmenseinheiten als Profit Center wider, die den ihnen übertragenen Verantwortungsbereich in hoher Eigenständigkeit und unter dem Ziel der Gewinn- beziehungsweise Deckungsbeitragsmaximierung leiten.[2] Werden die Profit Center auch unter rechtlichen Gesichtspunkten verselbstständigt, entsteht eine Konzerngesellschaft. Dabei werden die Profit Center selbst zum Teilkonzern, wenn sie (rechtlich selbstständige) Tochter- beziehungsweise Enkelgesellschaften ausgliedern.

Die Muttergesellschaft nimmt dann häufig die Funktion einer Holding wahr, die sich auf reine Führungsaufgaben beschränkt und nur indirekt in das operative Geschäft eingreift.[3] Der Hubert Burda Media Konzern ist beispielsweise als Management-Holding mit selbstständigen Profit Centern organisiert. Zentrale Strukturierungskriterien bilden hierbei das Leistungsprogramm und die Unternehmensfunktionen. Hieraus ergibt sich die in Abbildung 5-14 dargestellte Organisationsstruktur.

---

[1] Auf der Basis eigener Analysen und Abschätzungen.
[2] Vgl. Staehle (1999), S. 741 ff.
[3] Vgl. Steinmann/Schreyögg (2005), S. 450 f.

Kapitel 1: Grundlagen des Medienmanagement

Abbildung 5-14: Profit Center-Organisation der Hubert Burda Media[1]

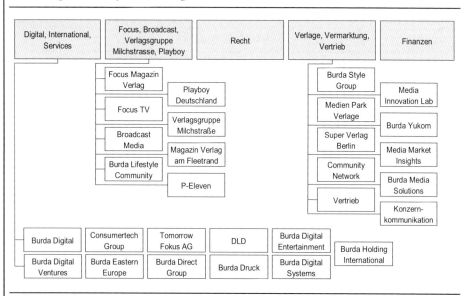

Historisch betrachtet ist die objektorientierte Organisation als Folge der Diversifikationsstrategie entstanden, als breit aufgestellten Konzernen die Funktionalorganisation zu schwerfällig und zu intransparent wurde. Auch diese Organisationsform ist mit Vor- und Nachteilen behaftet, die überblicksartig in Tabelle 5-2 darstellt sind. Zu berücksichtigen ist dabei, dass die Vorteile der Funktionalorganisation den Nachteilen der objektorientierten entsprechen et vice versa.[2]

Wie in der generellen Vor- und Nachteilsbetrachtung objektorientierter Organisationsstrukturen skizziert ist mit dieser Organisationsform zwar eine hohe Marktnähe und Flexibilität der einzelnen Produktgruppen realisierbar, jedoch werden für jeden Produktbereich eigene funktionale Einheiten wie zum Beispiel Redaktion und Vermarktung benötigt, ohne dass die Möglichkeit zur bereichsübergreifenden Spezialisierung gegeben wäre.[3]

---

1 Auf der Basis eigener Analysen und Abschätzungen.
2 Vgl. Steinmann/Schreyögg (2005), S. 452.
3 Vgl. Breyer-Mayländer/Werner (2003), S. 250 f.

Tabelle 5-2: Vor- und Nachteile der objektorientierten Organisation[1]

Vorteile	Nachteile
Spezifischere Ausrichtung auf Geschäftsbereichsstrategie	Effizienzverlust durch mangelnde Teilbarkeit der Geschäftsaktivitäten oder suboptimale Betriebsgrößen
Höhere Flexibilität überschaubarer, abgegrenzter Unternehmenseinheiten	Ressourcendopplung
Erleichterte Durchführung von Akquisitionen und Fusionen	Hoher Administrationsaufwand (zum Beispiel Deckungsbeitragsrechnung, innerbetriebliche Leistungsverrechnung)
Entlastung der Muttergesellschaft von dem operativen Tagesgeschäft	Hohes Konfliktpotenzial zwischen den Zielen des Unternehmens und des Geschäftsbereichs
Höhere Transparenz der Performance der einzelnen Geschäftsbereiche	Gefahr der Substitutionskonkurrenz zwischen Geschäftsbereichen
Motivationssteigerung durch Autonomie und Unabhängigkeit	
Verbesserte Leistungsbeurteilung des Top-Management	

5.5.2 Organisationale Integration

Die im Rahmen der organisationalen Differenzierung eingerichteten Stellen und Abteilungen haben aufgrund ihrer personellen, zeitlichen, geografischen und sachlichen Separierung zwangsläufig Friktionen des Leistungsprozesses zur Folge. Daher ist es nicht verwunderlich, dass die organisationale Integration oftmals als die komplexere und bedeutsamere Aufgabenstellung des Organisationsmanagement angesehen wird. Mit Hierarchie, Richtlinien und Plänen sowie Selbstabstimmung in Gruppen werden nachfolgend drei wichtige Mechanismen zur Lösung der organisationalen Integration vorgestellt, wobei das Hauptaugenmerk auf der hierarchischen Koordination liegt.[2]

- Integration durch Hierarchie

Zielsetzung der Hierarchisierung ist es, durch eine asymmetrische Verteilung der Macht die im Zuge der organisationalen Differenzierung entstandenen Stellen und Abteilungen in eine Systematik aus Über-, Unter- und Gleichordnung zu bringen, um sie besser koordinieren und steuern zu können. Für eine sinnvolle Aufgabenerfüllung sollten dabei nach dem Kongruenzprinzip die Kompetenzen, das heißt die Rechte und Befugnisse der Stelle beziehungsweise Abteilung, ihren jeweiligen Aufgaben beziehungsweise Verantwortlichkeiten entsprechen.

---

[1] In Anlehnung an Steinmann/Schreyögg (2005), S. 453.
[2] Vgl. Steinmann/Schreyögg (2005), S. 455 ff.

Kapitel 1: Grundlagen des Medienmanagement

Die organisatorische Hierarchie wird gewöhnlich über Linien abgebildet, wobei zum einen von Befehlslinien (von oben nach unten verlaufend), zum anderen von Meldungs-, Mitteilungs- und Beschwerdelinien (von unten nach oben verlaufend) gesprochen wird. Ist die untergeordnete Stelle jeweils nur mit einer Linie an eine einzige übergeordnete Stelle angebunden, liegt ein sogenanntes Einliniensystem vor. Bestehen hingegen Verbindungen zu mehreren hierarchisch übergeordneten Stellen, spricht man von einem Mehrliniensystem.

Die Stab-Linien-Organisation, bei der die durch das Tagesgeschäft überlastete Linieninstanz durch eine Stabsstelle, die sich mit konzeptionellen und strategischen Aufgaben beschäftigt, unterstützt wird, versucht die Vorteile aus Einliniensystem und funktionaler Spezialisierung zu verbinden. Allerdings hat sich die Kombination aus oftmals überlegenem Know How und fehlender Weisungsbefugnis der Stabsstelle in der Praxis als äußerst konfliktreich erwiesen.[1] Dabei werden die Stabsstellen von Medienunternehmen häufig mit Rechtsexperten (zum Beispiel für Personal, Medien- und Wettbewerbsrecht) oder IT-Spezialisten besetzt.[2] Zwei in der Medienbranche häufig verwendete Organisationsformen nach dem Mehrliniensystem sind die Matrix- und Projektorganisation.

■ Matrixorganisation

Die Matrixorganisation ist eine Mehrlinienorganisation, die funktionale und objektorientierte Gliederungskriterien kombiniert. Auch wenn grundsätzlich beliebige Kombinationen vorstellbar sind, ist die vertikale Dimension in der Regel funktional orientiert, während die horizontale objektorientiert ausgerichtet ist. Die Matrixorganisation kann als allgemeines Strukturierungsprinzip auf jeder Hierarchieebene eines Unternehmens zur Anwendung kommen, wobei man von einer Tensororganisation spricht, wenn die zweidimensionale Gliederung um zusätzliche Dimensionen ergänzt wird.

Als kritisch hat sich für die Matrixorganisation insbesondere die eindeutige Abgrenzung von Entscheidungs- und Weisungsbefugnissen herausgestellt. Zwar werden ihr unter anderem die Vorteile kürzerer Kommunikationswege, Berücksichtigung unterschiedlicher Standpunkte zur Problemlösung sowie Vorrang von Sachkompetenz gegenüber Hierarchie attribuiert. Dem stehen jedoch als gravierende Nachteile ein großes Potenzial für Konflikte und Machtkämpfe, mangelnde Zurechenbarkeit von Erfolg beziehungsweise Misserfolg und ein hoher Kommunikationsbedarf entgegen.

Darüber hinaus bestehen Nachteile durch langwierige Entscheidungsfindungsprozesse sowie die Gefahr der Umsetzung suboptimaler Kompromisse.[3] In der Medienindustrie wird die Matrixorganisation teilweise von Buchverlagen eingesetzt, bei denen das Lektorat als Produktmanagement agiert. Zudem finden sich häufig auch in Zeitschriftenhäusern Verlagsleiter, denen in Zusammenarbeit mit den funktionalen Einhei-

---

[1] Vgl. Staehle (1999), S. 701 ff.
[2] Vgl. Breyer-Mayländer/Werner (2003), S. 252.
[3] Vgl. Schulte-Zurhausen (2010), S. 251 ff.

ten die Verantwortung für die jeweiligen Titel übertragen wird. Darüber hinaus kann die meist an Produktgruppen orientierte Gliederung des Innen- und Außendiensts um regionale Komponenten ergänzt werden.[1] Eine typische Matrixorganisation in einem Buchverlag zeigt Abbildung 5-15.

Abbildung 5-15: Typische Matrixorganisation eines Buchverlags[2]

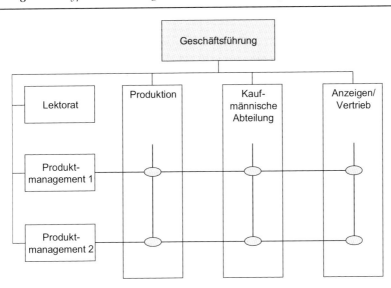

- Projektorganisation

Die formale Organisationsstruktur von Unternehmen, die sogenannte Primärorganisation, wird zur Bearbeitung neuer oder zeitlich befristeter Themenstellungen oftmals von sekundären Organisationsstrukturen überlagert. Gerade für die kurzfristige Konzentration von Aktivitäten und Maßnahmen hat sich dabei die Projektorganisation bewährt, bei der Spezialisten aus unterschiedlichen Fachbereichen für die Dauer des Projekts organisatorisch zusammengeführt werden. In Abhängigkeit von Bedeutung und notwendiger Entscheidungsbefugnis des Projektmanagers haben sich in der Praxis die drei Alternativen Stabs-, Matrix- und Linien-Projektorganisation entwickelt.[3]

---

1 Vgl. Breyer-Mayländer/Werner (2003), S. 64 ff.
2 In Anlehnung an Breyer-Mayländer/Werner (2003), S. 65.
3 Vgl. Staehle (1999), S. 762 ff.

Bei Einrichtung einer Stabs-Projektorganisation wird eine zusätzliche Stabsstelle ohne disziplinarische oder fachliche Weisungsbefugnis geschaffen, deren vorwiegende Aufgabe in der Vorbereitung wichtiger Projektentscheidungen sowie in deren Überwachung hinsichtlich Zeit und Kosten liegt. Die Gesamtverantwortung für das Projekt haben jeweils die übergeordnete Leitungsstelle, die Teilverantwortung für Einzelmaßnahmen hingegen die teilnehmenden Fachabteilungen inne.

Aufgrund der geringen organisationalen Kompetenzen ist für eine erfolgreiche Projektdurchführung ein hohes Maß an informeller Einflussnahme durch den Stabsstellenleiter notwendig, weshalb diese Organisationsform häufig auch als Einfluss-Projektorganisation bezeichnet wird. Den Vorteilen geringer organisatorischer Umstellungen insbesondere auch aufgrund der Möglichkeit zur parallelen Ausführung des bisherigen Aufgabenspektrums sowie der Projektarbeit stehen als Nachteile die mangelnden formalen Kompetenzen des Projektleiters gegenüber, die eine reibungslose Projektdurchführung erschweren können.[1]

Die Matrix-Projektorganisation beruht auf einer Kompetenzenteilung zwischen Projekt- und Primärorganisation, wobei die Projektleitung in der Regel die Gesamtverantwortung für das Projekt trägt und gegenüber den am Projekt ganz- oder teilzeitlich eingesetzten Mitarbeitern der Linienorganisation fachlich, jedoch nicht disziplinarisch weisungsbefugt ist. Diese Überlagerung der Entscheidungskompetenzen birgt, wie bereits bei der Matrix-Primärorganisation geschildert, ein hohes Konfliktpotenzial. Andererseits billigt die Matrix-Projektorganisation dem Projektleiter hohe Verantwortung und Durchsetzungsvermögen zu und ermöglicht eine flexible Personalpolitik, da Spezialisten und Mitarbeiter der Fachabteilungen je nach Bedarf teilzeitlich und/oder nur für bestimmte Projektabschnitte eingesetzt werden können.[2]

Bei der Linien- oder reinen Projektorganisation hat der Projektleiter als zeitlich befristeter Vorgesetzter uneingeschränkte Weisungsbefugnis gegenüber den Projektmitarbeitern, die vollständig aus der Primärorganisation herausgelöst sind und ihre gesamte Arbeitszeit für projektbezogene Tätigkeiten aufwenden. Diese hohe formale Kompetenzzuweisung gewährleistet, dass der Projektleiter klare Entscheidungen und Richtlinien vorgeben und weitgehend unabhängig von den Interessen einzelner Fachabteilungen durchführen kann.

Als problematisch kann sich die reine Projektorganisation erweisen, wenn zeitgleich mehrere Projekte in dieser Struktur durchgeführt werden und zu hohen Koordinations- und Schnittstellenproblemen führen oder die Projektteilnehmer aufgrund einer langen Projektdauer von wichtigen Entwicklungen und Veränderungen ihrer Fachabteilungen ausgeschlossen werden.[3] In der Medienindustrie finden sich Projektorganisationen als sekundäres Strukturierungsmerkmal querschnittlich über alle Medien

---

[1] Vgl. Frese (2005), S. 516 ff.
[2] Vgl. Schulte-Zurhausen (2010), S. 309 f.
[3] Vgl. Frese (2005), S. 521 ff.

wieder, während sie als Primärorganisation typischerweise bei Filmen zum Tragen kommt. Insbesondere große Spielfilmproduktionen greifen aufgrund des hoch spezifischen Anforderungsprofils und des zeitlich befristeten Einsatzes neben einem Grundgerüst von administrativen Tätigkeiten innerhalb des Produktionsunternehmens auf zahlreiche freie Mitarbeiter und Dienstleister für die Dauer des Projekts zurück.[1]

- Integration durch Richtlinien und Pläne

Neben der Hierarchie kommen vor allem in größeren Organisationen zusätzlich Richtlinien im Sinne von Regeln und Programmen sowie Pläne als Integrationshilfe zur Anwendung, um eine gleichartige Aufgabenerfüllung sowie eine koordinative Entlastung der Linienorganisation zu garantieren. Dabei ist zu berücksichtigen, dass Regeln und Programme, die langfristig ausgerichtet und schriftlich festgehalten sind, das heißt keiner persönlichen Kommunikation bedürfen, im Sinne von Wenn-Dann-Entscheidungshilfen nur für Problemstellungen mit einem hohen Standardisierungsgrad sinnvoll eingesetzt werden können.

Neben Routine- (festgelegte Reaktion auf bestimmte Ausgangssituationen) und Zweckprogrammen (angestrebter Zustand wird für verbindlich erklärt) werden im Schrifttum in Abhängigkeit von dem verbleibenden Handlungsspielraum Policies (Grundsätze und Richtlinien beispielsweise für die Produkt- oder Einkaufspolitik), Procedures (detaillierte Vorschriften für einen Teilbereich, wie zum Beispiel die Auftragsabwicklung) oder Rules (konkrete Handlungsanweisungen in Form von erlaubt – nicht erlaubt) unterschieden.

Die zahlreichen Vorteile formalisierter Regelungen, wie zum Beispiel stabilere Verhaltenserwartungen, objektivierbare Handlungen beziehungsweise reduziertes individuelles Handlungsrisiko und verminderte direkte Eingriffsmöglichkeiten des Vorgesetzten haben jedoch mit der Gefahr der Beschränkung auf formale Anweisungen, einer unpersönlichen Steuerung und einer Trägheit beziehungsweise geringen Flexibilität auch gravierende Nachteile zur Folge.

Da Pläne im Gegensatz zu Regeln und Programmen beziehungsweise Hierarchien kurzfristig ausgerichtet sind, stellen sie einen deutlich flexibleren Integrationsmechanismus dar. Zwar dient auch die Planung der formalisierten Zielvorgabe an die Organisation, bei der die persönliche Kommunikation – abgesehen von der Planungserstellung – entfällt, allerdings bleiben die Mittel zur Zielerreichung den jeweiligen Abteilungsleitern vorbehalten.[2] Richtlinien und Pläne sind eher unternehmens- als branchenspezifisch ausgerichtet.

---

[1] Vgl. Breyer-Mayländer/Werner (2003), S. 149 f.
[2] Vgl. Staehle (1999), S. 755 f.

Daher erscheint ein besonderer Medienbezug lediglich unternehmensbezogen, beispielsweise bei bestimmten Richtlinien zur Auswahl und Produktion von Spielfilmen (zum Beispiel Beschränkung auf deutschsprachige Produktionen oder restriktiver Umgang mit nicht jugendfreien Inhalten), der Vorgabe einer gewissen politischen Grundrichtung und eines engen journalistischen Recherche- und Schreibstils in einem Zeitungsverlag oder der festgelegten Quote von Musiktiteln bei einem Radiosender denkbar.

- Integration durch Selbstabstimmung in Gruppen

Als dritter Integrationsmechanismus hat sich in Unternehmen die Selbstabstimmung etabliert, die vor allem auf die direkte Abstimmung terminlich beziehungsweise fachlich unvorhersehbarer Problemstellungen zwischen den involvierten Abteilungen abzielt und von einer Überlegenheit der Teamarbeit gegenüber Linienvorgaben ausgeht. Während die spontane (horizontale) Selbstabstimmung keinerlei institutionelle Verankerung aufweist, gibt es mit Ausschüssen und Arbeitsgruppen, Abteilungsleiterkonferenzen, sowie Koordinations- und Integrationsstellen inzwischen zahlreiche formal organisierte, horizontale Selbstabstimmungen.[1]

Der Selbstabstimmung wird von ihren Befürwortern eine hohe Integrationskraft sowie eine qualitativ hochwertigere Willensbildung sowie effizientere Willensdurchsetzung attestiert, während ihre Gegner sie für teuer und zeitaufwendig halten und die Gefahr sehen, dass unvorteilhafte Kompromisse geschlossen und Minoritätsmeinungen unterdrückt werden.

Insgesamt kritisch erscheint zudem, dass die Selbstabstimmung unterschwellig eine hohe Autonomie der Abstimmungsparteien und ihrer Zielsetzungen unterstellt, die so in der Wirklichkeit nur selten vorzufinden ist. Darüber hinaus erfordert dieser Integrationsmechanismus neben einer ausgeprägten Kooperationsbereitschaft eine starke Identifikation mit den unternehmensinternen Ziel- und Wertvorstellungen, um sich über Regeln, Programme und hierarchische Zwänge hinwegsetzen zu können.[2]

---

[1] Vgl. Steinmann/Schreyögg (2005), S. 466 ff.
[2] Vgl. Staehle (1999), S. 757 ff.

5.6 Personalmanagement

Personal ist eine Schlüsselressource im Medienbereich, die entscheidend zum Erfolg eines Medienunternehmens beiträgt. Medienprodukte, wie beispielsweise Zeitschriften, Zeitungen, Bücher, Internetauftritte, Fernsehserien oder Filme, entstammen den Köpfen der Mitarbeiter und leben daher von ihrer Kreativität, ihrem Engagement und ihrer Begeisterung.[1] Deshalb leistet das Personalmanagement einen wichtigen Beitrag zum Erfolg von Medienunternehmen.

Aufgrund ihres Dienstleistungscharakters weisen Medienprodukte einen relativ hohen Personalkostenanteil auf. Dies schlägt sich auch in den Bilanzen von Medienunternehmen nieder. So stellen beispielsweise bei der Bertelsmann-Gruppe die Personalkosten den zweithöchsten Kostenblock nach den Materialkosten dar. Dies illustriert Abbildung 5-16. Im Filmmanagement nehmen die Kosten für Personal und die Verwertungsrechte der Filmvorlage je nach Bekanntheit des Schauspielers oder Schriftstellers einen großen Anteil der gesamten Produktionskosten ein.

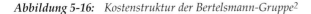

Abbildung 5-16: Kostenstruktur der Bertelsmann-Gruppe[2]

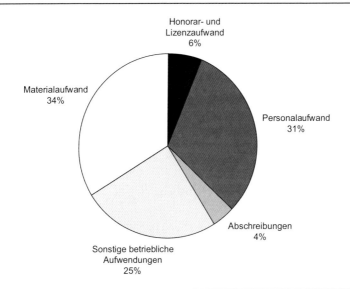

---

[1] Vgl. Raulf (1997), S. 93.
[2] Datenquelle: Bertelsmann (2011a).

Kapitel 1: Grundlagen des Medienmanagement

Zentraler Gegenstand des Personalmanagement ist die Steuerung und Regelung der Ressource „Personal." Grundlage ist die Personalplanung, die als Projektion des gewollten personalwirtschaftlichen Handelns in die Zukunft verstanden wird. Ausgangspunkt für die Personalplanung ist die Personalbedarfsplanung, durch die der qualitative und quantitative Personalbedarf festgelegt wird.

Auf Basis dieser Daten erfolgen die Personalbeschaffungsplanung, die Personaleinsatzplanung, die Personalentwicklungsplanung und die Personalfreisetzungsplanung. Flankiert werden diese Maßnahmen von der Personalkostenplanung, die eine ausgewogene Berücksichtigung der Personalkosten gewährleistet. Die Umsetzung der Personalplanung erfolgt schließlich in der Beschaffung von Personal am Arbeitsmarkt, der dazu notwendigen Personalauswahl, dem anschließenden Personaleinsatz, der Personalentwicklung und der Personalfreisetzung.

Die Personalplanung basiert auf der Business und Human Resource-Management-Strategie des Unternehmens. Genauso wie die Personalstrategie mit der Unternehmensstrategie ist die Personalplanung mit den übrigen Teilplanungen des Unternehmens wechselseitig interdependent.[1] So ist beispielsweise die Absatz- und Produktplanung ausschlaggebend für die Art und Anzahl des künftig benötigten Personals.

Auf der anderen Seite bestimmt der Personalbereich beispielsweise die künftigen Personalkosten, die Auswirkungen auf die Finanzplanung haben. Die Personalplanung ist daher stets im Einklang mit anderen Teilplanungen des Unternehmens durchzuführen. Abbildung 5-17 fasst den Gegenstand der Personalplanung sowie die daraus abgeleiteten Handlungsfolgen zusammen und stellt die Schnittstellen der Personalplanung mit anderen Bereichen der Unternehmensplanung dar.

---

[1] Vgl. Oechsler (2006), S. 162.

Abbildung 5-17: Teilbereiche und Eingliederung der Personalplanung[1]

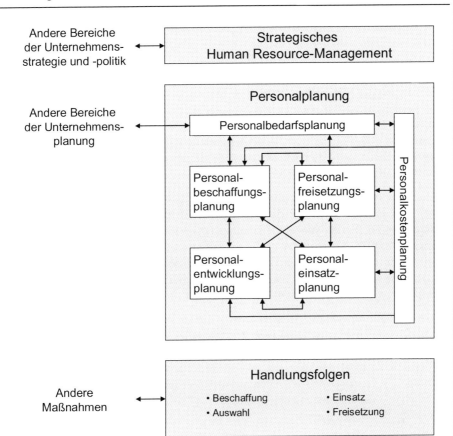

Im Folgenden wird besonders auf die Planungsumsetzung näher eingegangen, wobei jeweils die Besonderheiten von Medien- und Internetunternehmen herausgearbeitet werden. Darüber hinaus gilt es noch einen weiteren wichtigen Aspekt des Personalmanagement, die Vergütung und die Ermittlung der Arbeitsleistung, näher zu betrachten.

---

1 In Anlehnung an Oechsler (2006), S. 161.

5.6.1 Personalbeschaffung und Personalauswahl

Die Versorgung des Medienunternehmens mit geeigneten Arbeitskräften ist eine wichtige Aufgabe des Personalmanagement. Es wird dabei zwischen Personalbeschaffung und Personalauswahl unterschieden.

- Personalbeschaffung

Die Aufgabe der Personalbeschaffung besteht darin, das Unternehmen bedarfsgerecht und kostengünstig mit potenziellen Arbeitskräften zu versorgen.[1] Grundlage hierfür bildet die Personalbestandsanalyse und die Personalbedarfsbestimmung. Wird ein quantitativer oder qualitativer Bedarf festgestellt, kommt es zur Personalbeschaffung. Hierbei ergeben sich grundsätzlich zwei Handlungsalternativen, die Beschaffung von neuen Mitarbeitern aus dem internen oder externen Arbeitsmarkt.[2]

Stehen im Einzelfall beide Möglichkeiten zur Verfügung, so sind diese jeweils anhand einer Vor- und Nachteilsbetrachtung zu bewerten (zum Beispiel Signalwirkung für Mitarbeiter im Betrieb versus Gewinnung neuer Ideen, eventuell geringere Fortbildungskosten). Die externe Personalbeschaffung greift auf verschiedene Instrumente zurück, um den Personalbedarf zu decken. Zur Besetzung von Führungspositionen durch neue Mitarbeiter wird häufig auf die Dienstleistungen von Headhuntern oder auf Executive Search spezialisierten Unternehmen zurückgegriffen.

Nachwuchsführungskräfte werden durch direkte Kontakte zu Universitäten oder Fachhochschulen, Hochschulmessen, Praktika oder Abschlussarbeiten rekrutiert. Darüber hinaus wird es bei Medienunternehmen immer gebräuchlicher, den Bedarf an Arbeitskräften nicht nur über fest angestellte Mitarbeiter zu decken, sondern Selbstständige als Freelancer zu engagieren. Freelancer erbringen persönlich, eigenverantwortlich und fachlich unabhängig geistig-ideelle Leistungen im Interesse ihrer Auftraggeber und der Allgemeinheit.

Im Gegensatz zu Angehörigen freier Berufe unterliegen Freelancer keinen berufsrechtlichen Bindungen nach Maßgabe der staatlichen Gesetzgebung oder der jeweiligen Berufsvertretung. Freelancer werden in großer Zahl in allen Medienbranchen beschäftigt, besonders allerdings im Bereich der elektronischen Medien. Ein temporärer Bedarf an Mitarbeitern kann auch über Personal-Leasing gedeckt werden.

Der Mitarbeiter wird dabei von einer Personal-Leasing-Agentur fest angestellt und einem anderen Unternehmen gegen Entgelt in der Regel zeitlich befristet angeboten. Für das Unternehmen ergibt sich dabei der Vorteil, kurzfristige personelle Engpässe durch qualifizierte Mitarbeiter abdecken zu können, ohne ein langfristiges Beschäftigungsverhältnis eingehen zu müssen.

---

[1] Vgl. Beck/Oechsler (2001), S. 57 f.
[2] Vgl. Scholz (2000), S. 83 ff.

Häufig ist die Entlohnung der Mitarbeiter einer Personal-Leasing-Agentur aufgrund anderer Tarifbedingungen auch geringer als die Entlohnung fest angestellter Mitarbeiter. Der in einem Leasing-Unternehmen beschäftigte Mitarbeiter hat gegenüber dem Freelancer den Vorteil einer dauerhaften Einstellung durch das Leasing-Unternehmen und damit ein geringeres Beschäftigungsrisiko. Als Instrumente der internen Beschaffung bieten sich je nachdem, ob sie zur Deckung des kurzfristigen oder mittel- bis langfristigen Personalbedarfs angewandt werden, Maßnahmen wie beispielsweise Versetzung, Umschulung, die Übernahme von Auszubildenden oder die Umwandlung von Teilzeit- in Vollzeitarbeits- beziehungsweise befristeten in unbefristete Verträge an.

Besondere Bedeutung kommt hier auch der Personalentwicklung zu. So werden zur internen Ausbildung potenzieller Führungskräfte häufig spezielle Einführungs- und Ausbildungsprogramme, sogenannte Trainee-Programme, angeboten. Diese Programme dauern in der Regel zwischen 12 und 36 Monaten und sind eine Kombination aus „Training On The Job", „Job Rotation" sowie interner und externer Fortbildung. Einem ausgewählten Personenkreis wird jedoch auch der Einstieg als Assistent einer Führungskraft der obersten Ebene (Vorstand, Geschäftsführer) angeboten.

Im Bereich der redaktionellen Mitarbeiter haben insbesondere große Verlage Möglichkeiten entwickelt, den internen Nachwuchs auszubilden. Unternehmen wie Hubert Burda Media, Gruner & Jahr, Springer, Holtzbrinck, WAZ und RTL unterhalten eigene Journalistenschulen, während mittelständische Unternehmen die betriebliche Ausbildung durch unternehmensübergreifende Elemente wie beispielsweise Seminare mit anderen Verlagen ergänzen.[1] In diesem Zusammenhang können noch die im Medienbereich bekannten Berufsakademien genannt werden, die im dualen Studiensystem das wissenschaftliche Studium an einer staatlichen Hochschule mit einer praktischen, unternehmensbezogenen Ausbildung verbinden.

- Personalauswahl

Nach erfolgter Personalbeschaffung steht die Auswahl geeigneter Kandidaten im Vordergrund. Aufgabe der Personalauswahl ist es, einen Abgleich der Bewerbereignung mit den Anforderungen der zu besetzenden Stelle mithilfe geeigneter Auswahlinstrumente zu schaffen. Das Anforderungsprofil an Mitarbeiter in Medienunternehmen ist dabei unterschiedlich, Erfahrungen im jeweiligen Mediensektor sowie ein souveräner Umgang mit den modernen Telekommunikations- und Recherchemedien (PC, Internet, Multimedia) sind jedoch ein wichtiger Bestandteil.[2]

Zur Personalauswahl steht eine Reihe von unterschiedlichen Verfahren zur Verfügung. Der Bewerbungsprozess vollzieht sich dabei in der Regel in mindestens zwei Stufen. In der ersten Phase wird versucht, aufgrund von Bewerbungsunterlagen wie beispielsweise Lebenslauf, Bewerbungsschreiben, Schul-, Ausbildungsabschluss-, Prüfungs-

---

1 Vgl. Mast et al. (2000), S. 18.
2 Vgl. Giesler (2003), S. 34.

und Berufszeugnissen sowie Referenzen ein Profil des Bewerbers zu erstellen. Entspricht dieser erste Eindruck des Kandidaten dem Anforderungsprofil der zu besetzenden Stelle, so setzt Schritt zwei des Bewerbungsprozesses ein. Hierbei können eine Reihe von Verfahren angewendet werden, die im Wesentlichen in drei Kategorien eingeteilt werden können.[1]

- Interview: Das Interview ist das in der Praxis am häufigsten genutzte Auswahlinstrument. Ziel ist es, einen persönlichen Eindruck des Kandidaten zu gewinnen und somit nähere Anhaltspunkte für dessen Eignung für die zu besetzende Stelle zu sammeln. Das Interview wird in der Regel vom potenziellen Vorgesetzten des Bewerbers zusammen mit einem Vertreter des Personalbereichs durchgeführt. Größter Nachteil dieses Verfahrens ist die mögliche Verfälschung der Beurteilung durch das subjektive Empfinden des Interviewers.

- Assessment Center: Das Assessment Center ist ein Verfahren zur Feststellung von Verhaltenselementen beziehungsweise -defiziten. Zu diesem Zweck werden mehrere Bewerber gleichzeitig Spiel- und Testsituationen ausgesetzt und von Führungskräften sowie Personalspezialisten beurteilt. Ziel der Methode ist es, das Verhalten des Kandidaten unter typischen Bedingungen für die spätere berufliche Tätigkeit kennenzulernen und somit seine Qualifikation für die zu besetzende Stelle zu ermitteln. Kritisch anzumerken sind jedoch die hohen Kosten des Verfahrens. Darüber hinaus belegen zahlreiche empirische Studien, dass die Prognoseleistung von Assessment Centern eher gering ist.

- Test: Durch standardisierte Tests können relativ konstante Eigenschaften des Kandidaten, die Beherrschung von Verhaltensweisen oder die Existenz von Kenntnissen überprüft werden. Nach dem Gegenstand von Tests kann zwischen persönlichkeitsorientierten (zum Beispiel Intelligenz-, Leistungs-, Wissens-, Eignungs- und Einstellungstests) und verhaltensorientierten Situationstests unterschieden werden. Hauptschwäche der meisten Tests ist, dass Persönlichkeitsmerkmale in der Form von theoretischen Konstrukten nicht direkt, sondern nur indirekt über Indikatoren gemessen werden können.

5.6.2 Personaleinsatz und Personalentwicklung

Um die Mitarbeiter aus Unternehmenssicht optimal einsetzen zu können, ist eine Personaleinsatzplanung erforderlich. Die Personalentwicklung ist besonders für die Ausbildung von Führungskräften relevant, da auf diese Weise unternehmensinternes Wissen vermittelt werden kann.

---

[1] Vgl. Schumann/Hess (2009), S. 99.

◾ Personaleinsatz

Mithilfe der Personaleinsatzplanung werden Mitarbeiter und Stellen unter Berücksichtigung von Arbeitssituation und Arbeitsablauf zusammengeführt. Dabei sind vier Dimensionen zu berücksichtigen.[1]

- In der organisatorischen Dimension wird festgelegt, wie die Zuordnung von Arbeitsplatz und Mitarbeiter erfolgt,
- die zeitliche Dimension bestimmt die Dauer des Arbeitseinsatzes,
- auf globalem Niveau müssen die Voraussetzungen geschaffen werden, die sich auf den Einsatzort des Mitarbeiters beziehen und
- auf sozialer Ebene ist festzulegen, wie der Arbeitseinsatz an die Mitarbeitererfordernisse und -interessen angepasst werden kann.

Im Zuge des technisch-organisatorischen Wandels und aufgrund der veränderten Bedingungen am Arbeitsmarkt wird die Flexibilisierung des Personaleinsatzes immer wichtiger. Gerade in der Medienbranche kommt die Versetzung von Mitarbeitern in ein neues Arbeitumfeld häufig vor. Die Flexibilität der Mitarbeiter kann bereits bei der Personalauswahl berücksichtigt werden und stellt in vielen Unternehmen ein karriereentscheidendes Kriterium dar.

Darüber hinaus werden jedoch auch die Arbeitsverhältnisse immer flexibler. Das unbefristete Vollzeitarbeitsverhältnis dient zwar bei arbeits- und sozialrechtlichen Fragen noch immer als Referenzfall, dennoch hat sich in der betrieblichen Praxis eine Vielzahl abweichender Beschäftigungsformen durchgesetzt.[2] Neben der zunehmenden Dominanz von Freelancern, die auf selbstständiger Basis für das Unternehmen arbeiten, existieren im Medienbereich zahlreiche atypische Vertragsgestaltungen.

So sind beispielsweise im Verhältnis zwischen Unternehmen und Künstler Verträge mit festen Laufzeiten (Laufzeitverträge) oder produktionsbezogene Verträge mit entsprechenden Output Deals üblich. Diese Vertragstypen sind besonders in der Musik- und Filmindustrie von Bedeutung, kommen jedoch auch in anderen Bereichen der Medienwirtschaft vor. Abschließend ist noch anzumerken, dass sich auch im Medienbereich neue Flexibilisierungsvarianten wie zum Beispiel Teilzeitarbeitsverhältnisse, Arbeitszeitkonten und Telearbeit immer stärker durchsetzen.

◾ Personalentwicklung

Die Medienwirtschaft ist neben dem Software- und Telekommunikationssektor eine Branche, in der sich strukturelle Veränderungen in den Produktions- und Dienstleistungsabläufen und den Beschäftigungsstrukturen sehr schnell vollziehen. Diese Veränderungen der Märkte führen aber auch zu einer Änderung der benötigten Personal-

---

[1] Vgl. Scholz (2000), S. 575.
[2] Vgl. Oechsler (2006), S. 249.

qualifikationen. An diesem Punkt setzt eine zentrale Aufgabe des Personalmanagement an, die Personalausbildung und -entwicklung. Studien zeigen, dass gerade auf diesem Gebiet in der Medienbranche noch Entwicklungspotenzial besteht, da es nur vereinzelt Weiterbildungsangebote gibt, die vor allem punktuell und auf den kurzfristigen Bedarf zugeschnitten sind. Aufgabe der Personalentwicklung ist es, Mitarbeitern auf allen Hierarchieebenen Qualifikationen zur Bewältigung der gegenwärtigen und zukünftigen Anforderungen zu vermitteln. Die Elemente der Personalentwicklung können anhand des in Abbildung 5-18 dargestellten Regelkreises verdeutlicht werden.

Abbildung 5-18: Regelkreis der Personalentwicklung[1]

Ausgangspunkt der Personalentwicklung ist die Personalentwicklungsplanung. Ziel dieser Planung ist die Feststellung des Entwicklungsbedarfs, der durch Abgleich zwischen gegenwärtigem und zukünftigem qualitativen Personalbedarf und Personalbestand ermittelt wird. Die Instrumente der Personalförderung basieren auf der Personalentwicklungsplanung. Beispiele hierfür sind die Personalentwicklungsdatei, das Beratungs- und Förderungsgespräch, die Laufbahngestaltung und die innerbetriebliche Stellenausschreibung.

---

[1] In Anlehnung an Oechsler (2006), S. 497.

Auf Basis der durch diese Instrumente gewonnenen Informationen wird die Laufbahn- und Nachfolgeplanung durchgeführt. Ziel dieser Planung ist es, die einzelnen Schritte des beruflichen Werdegangs der Mitarbeiter festzulegen. Zur Schließung der durch die Personalentwicklungsplanung und -förderung aufgedeckten Qualifikationslücken müssen Maßnahmen der Qualifikationsvermittlung ergriffen werden. Schließlich wird mithilfe der Erfolgskontrolle analysiert, inwieweit die eingesetzten Instrumente die Soll-Anforderungen erfüllt haben. Zur Durchführung der Qualifikationsvermittlung stehen sechs verschiedene Instrumente zur Verfügung.[1]

- Besonders relevant im Mediensektor ist die Personalentwicklung Into The Job, die den Mitarbeiter an seine neue Tätigkeit heranführen soll. Beispiele hierfür sind die berufliche Erstausbildung im Rahmen des dualen Systems oder über duale Studiengänge, Praktika, Volontariate, redaktionelle Hospitationen sowie Trainee-Programme.

- Die Personalentwicklung „On The Job" beinhaltet alle direkten Maßnahmen am Arbeitsplatz. Zu diesem Segment gehören die Elemente der Arbeitsgestaltung wie „Job Enlargement", „Job Enrichment" und „Job Rotation", Strategie-Workshops oder die Einbindung in konkrete Projekte. Letzteres wird bei Medienunternehmen oft zur funktionsübergreifenden Vorbereitung neuer Produkte oder bei der Planung von übergreifenden Marketingaktionen angewendet.

- Als Personalentwicklung „Near The Job" wird arbeitsplatznahes Training und Stellvertretung bezeichnet. Letzteres kommt bei Medienunternehmen häufig in den unterschiedlichen Leitungsfunktionen im redaktionellen Bereich vor.

- Begleitet werden diese Maßnahmen durch die Personalentwicklung „Off The Job", die die Weiterbildung außerhalb der Arbeitszeit durch Seminare, Fallstudien, Sensitivitätstraining oder dem Besuch einer Corporate University umfasst. So bietet die Bertelsmann-Gruppe beispielsweise ihren Nachwuchsführungskräften eigene Managementseminare als Training für Führungsfertigkeiten an.[2]

5.6.3 Personalfreisetzung

Unter Personalfreisetzung wird die Reduzierung des Personalbestands verstanden. Gründe für einen Personalabbau ergeben sich sowohl aus negativen Entwicklungen im Unternehmensumfeld als auch aus unternehmensinternen Faktoren, die Veränderungen des Aufgabenvolumens und/oder der Anforderungen an die Mitarbeiter und somit eine Veränderung des Personalbedarfs bewirken. So haben viele Medienunternehmen

---

[1] Vgl. Scholz (2000), S. 510 f.
[2] Vgl. Türnau (1996), S. 25.

im Zuge der anhaltend schlechten Konjunkturlage nach dem Boomjahr 2000 und dem Zusammenbruch des Anzeigenmarkts Restrukturierungsmaßnahmen und Kosteneinsparungsprogramme beschlossen, wodurch zahlreiche Stellen abgebaut wurden.

Die Beendigung des Arbeitsverhältnisses ist auf verschiedene Arten und Weisen möglich. In Analogie zur Personalbeschaffung kann sie sowohl intern durch qualitative, quantitative oder örtliche Anpassung oder extern durch Abgabe von Personal an den Arbeitsmarkt erfolgen. Befristete und bedingte Arbeitsverhältnisse enden durch Fristablauf oder Eintritt der Bedingungen gemäß § 620 BGB. Bei gegenseitigem Einvernehmen zwischen Arbeitgeber und Arbeitnehmer kann das Arbeitsverhältnis auch durch den Abschluss eines Aufhebungsvertrags beendet werden, wobei mit dem Arbeitgeber üblicherweise die Zahlung eine Abfindung vereinbart wird. Die häufigste und von der gesetzlichen Regelung her bedeutsamste Form der Personalfreisetzung ist die Kündigung.

In Abhängigkeit von der Gewährung einer Kündigungsfrist sind die außerordentliche Kündigung, die fristlos oder mit einer Auslauffrist erfolgt, und die ordentliche Kündigung, die erst nach Ablauf eines gewissen Kündigungszeitraums wirksam wird, zu unterscheiden. Die außerordentliche Kündigung ist nur dann möglich, wenn die Fortsetzung der Beschäftigung unzumutbar ist und ein wichtiger Grund vorliegt (§ 626 BGB). Bei der Personalfreisetzung sind neben rechtlichen und finanziellen Aspekten bei der Auflösung eines Arbeitsvertrags auch die Wirkung auf das Unternehmensimage am Arbeitsmarkt sowie die Atmosphäre innerhalb des Unternehmens bei den verbleibenden Arbeitnehmern zu beachten.

Vielfach ist die Belegschaft nach zahlreichen Umstrukturierungsmaßnahmen verunsichert und reagiert lethargisch, demotiviert und ohne Initiative. Aus diesem Grund sollte in jedem Fall versucht werden, zukünftige Jobverluste durch natürliche Fluktuation oder Maßnahmen wie Altersteilzeit, Abfindungen, Versetzungen an einen anderen Standort, Wechsel des Aufgabengebiets oder eine restriktivere Einstellungspolitik zu umgehen. Besondere Bedeutung kommt der Unterstützung der freigesetzten Mitarbeiter durch sogenannte Outplacement-Beratungen zu.

Die Beratung beginnt mit der Analyse des beruflichen Werdegangs und der Erstellung eines Stärken-Schwächen-Profils und reicht von der Hilfe bei der Suche am Arbeitsmarkt, dem Erstellen von professionellen Bewerbungsunterlagen bis hin zu Ratschlägen für das richtige Auftreten beim Vorstellungsgespräch. Outplacement-Beratungen werden von den Unternehmen besonders zur Unterstützung von ehemaligen Angehörigen der mittleren und oberen Führungsebene, teilweise aber auch bei der Entlassung von tariflichen Mitarbeitern engagiert.

5.6.4 Vergütung und Arbeitsleistung

Aus motivationstheoretischen Aspekten ist die korrekte Bemessung der Entgelthöhe von großer Bedeutung. Dabei wird unter dem Begriff Entgelt nicht nur die monetäre Leistung des Arbeitgebers, sondern auch geldwerte nicht-finanzielle Vorteile wie zum Beispiel die Überlassung von Werkswohnungen oder Dienstwagen verstanden. Im Mediensektor sind hier insbesondere die private Nutzung von dienstlichen Mobiltelefonen, der Abschluss einer Direktversicherung, Fahrtkostenübernahme, der private Gebrauch dienstlicher Hardware sowie die private kostenlose Pkw-Nutzung zu nennen. Die Entgelthöhe wird meist durch ein fixes Grundgehalt und eine variable, leistungsbezogene Komponente bestimmt.

Ausgangspunkt für die Festlegung des Grundgehalts bildet die Arbeitsplatzbewertung, die die Anforderungen an die jeweilige Position unabhängig vom Stelleninhaber monetär evaluiert. Als Basis für die Berechnung der leistungsbezogenen Komponente wird die individuelle Leistung beziehungsweise die Leistung der nächsthöheren Ebene des Unternehmens herangezogen. So sichert beispielsweise der Bertelsmann-Konzern allen fest angestellten Mitarbeitern ab einer Betriebszugehörigkeit von zwei Jahren bei erfolgreicher Geschäftsentwicklung eine Gewinnbeteiligung zu.

Die Ermittlung der persönlichen Leistung kann objektiv (zum Beispiel nach Anzahl geschriebener Worte oder erwirtschaftetem Gewinn in Euro) oder subjektiv durch persönliche, summarische Einschätzung des Vorgesetzten erfolgen. Ein Beispiel für Letzteres sind die Zielsetzungs- und Beratungsgespräche der Bertelsmann-Gruppe, die unmittelbar vor Beginn einer bereichs- beziehungsweise abteilungsbezogenen Planungsrunde angesetzt werden. Im Einzelnen werden Leistung und Verhalten des Mitarbeiters beurteilt sowie Aufgabenveränderungen, Weiterbildungsmaßnahmen, Entwicklungsperspektiven und andere für den Arbeitnehmer wichtige Themen besprochen.[1]

Eine Umfrage, die vom deutschen Multimedia-Verband im Jahr 2003 durchgeführt wurde, ergab, dass rund ein Drittel der befragten deutschen Internet- und Multimediafirmen ihren Mitarbeitern neben einem Grundgehalt auch weitere finanzielle Leistungen anbieten. Jahresprämien sind die am stärksten verbreitete Form (23%) und werden als zusätzliche Monats- beziehungsweise Jahresgehaltszahlung, als Anteil am Unternehmensgewinn oder als feste Beträge in Abhängigkeit von der Umsatzlage und/oder dem Erreichen der persönlichen beziehungsweise der Unternehmensziele ausgezahlt.

---

[1] Vgl. Türnau (1996), S. 30 f.

Akquisitionsprovisionen (18%) sind besonders für freie Vertriebsmitarbeiter relevant, die auf diese Weise bis zu 15% des akquirierten Projektvolumens erhalten können. Stock Options boomten im Jahr 2000, wurden aber 2003 nur noch von 2% der befragten Unternehmen angewendet. 5% der Unternehmen gewährten Projektabschlussprovisionen, die in der Regel zwischen 10% des Projektgewinns und 10% des Projektvolumens ausmachten.[1]

5.7 Finanzmanagement

Im Rahmen der Finanzierung stehen Fragen der Bereitstellung finanzieller Mittel im Zentrum der Betrachtungen. Dabei sind dem Finanzbereich die mit der Gestaltung und Abstimmung der Zahlungsströme verbundenen dispositiven Aufgaben zuzuordnen. Entscheidungen sind im Rahmen der Finanzierung insbesondere über die Finanzierungsform zu treffen. Finanzierungsformen lassen sich dabei einerseits nach dem Kriterium der Rechtsstellung der Kapitalgeber sowie andererseits nach dem Kriterium der Mittelherkunft unterscheiden.[2]

Nach der Rechtsstellung der Kapitalgeber erfolgt eine Unterscheidung in die Eigen- und die Fremdfinanzierung. Im Rahmen der Eigenfinanzierung werden die Finanzmittel dem Eigenkapital der Unternehmung in Form von Einlagen der Unternehmenseigner oder durch den Gewinn des Unternehmens zugeführt. Bei einer Fremdfinanzierung hingegen fließen die entsprechenden Finanzmittel dem Fremdkapital der Unternehmung zu. Hierbei ist zu beachten, dass das Eigenkapital gegenüber den Gläubigern der Unternehmung für die Verbindlichkeiten und Risiken haftet.

Eigenkapital wird dem Unternehmen zudem in der Regel zeitlich unbefristet zur Verfügung gestellt. Fremdkapital dagegen wird dem Unternehmen zeitlich befristet überlassen und unterliegt einer Verzinsungs- und Rückzahlungspflicht. Nach der Herkunft der Finanzmittel wird zwischen einer Innen- und einer Außenfinanzierung unterschieden. Bei der Innenfinanzierung handelt es sich um einen Zufluss von Finanzmitteln aus operativen Cash Flows, der sich aus den Komponenten Gewinn, Abschreibungsrückflüssen und Rückstellungsbildungen zusammensetzt, während die Finanzmittel bei der Außenfinanzierung der Inanspruchnahme von Finanzmärkten entspringen.

Ebenfalls zu einem Zufluss von Finanzmitteln führt die Veräußerung von Vermögensteilen einer Unternehmung (Verflüssigung). Allerdings ergibt sich hieraus keine Ausweitung des Gesamtvermögens beziehungsweise des Gesamtkapitals. Die Liquidation von Aktiva bildet eine Desinvestition, die nachfolgend der Außenfinanzierung zugerechnet werden soll. Mezzanine-Finanzierungen schließlich stellen Fremdkapitalinstrumente mit Eigen- beziehungsweise Risikokapitalelementen dar.

---

[1] Vgl. Giesler (2003), S. 18 ff.
[2] Vgl. Perridon/Steiner/Rathgeber (2009), S. 357 ff.

Aufgaben des Medien- und Internetmanagement

Abbildung 5-19 zeigt die anhand der genannten Kriterien abgegrenzten Finanzierungsformen. Dabei stehen Medienunternehmen grundsätzlich alle Finanzierungsformen zur Verfügung, wobei sich allerdings Unterschiede insbesondere bezüglich Rechtsform und Größe ergeben. Eine Sonderform der Beteiligungsfinanzierung speziell im Medienbereich stellen sogenannte Medienfonds dar, welche nach der Darstellung der grundlegenden Finanzierungsformen als Fallbeispiel betrachtet werden.

Abbildung 5-19: Überblick über Finanzierungsarten[1]

Rechtsstellung der Kapitalgeber / Mittelherkunft	Fremdkapital	Eigenkapital	Verflüssigung
Außenfinanzierung	Kreditfinanzierung	Beteiligungsfinanzierung	Vermögensverflüssigung
	Mezzanine-Finanzierung		
Innenfinanzierung	Rückstellungsfinanzierung	Selbstfinanzierung (Gewinn)	Abschreibungsgegenwerte

5.7.1 Außenfinanzierung

Bei der Außenfinanzierung werden die Finanzmittel, die zur Aufrechterhaltung der Unternehmenstätigkeit erforderlich sind, extern beschafft. Als Quellen kommen zum Beispiel Banken oder die Finanzmärkte in Frage. Im Rahmen des Medien- und Internetmanagement sollen die Kreditfinanzierung, die Beteiligungsfinanzierung, die Vermögensverflüssigung und die Mezzanine-Finanzierung betrachtet werden.

▓ Kreditfinanzierung

Formen der Kreditfinanzierung lassen sich unter anderem nach den jeweiligen Kreditgebern differenzieren. Dabei wird insbesondere zwischen Finanzkreditgebern und über den Leistungsprozess verbundene Fremdkapitalgebern unterschieden. Finanzkapitalgeber können hierbei Banken, Nicht-Banken (Unternehmen und Privatpersonen) sowie öffentliche Haushalte sein. Über den Leistungsprozess verbundene Fremdkapitalgeber

---

[1] In Anlehnung an Perridon/Steiner/Rathgeber (2009), S. 357 ff.

stellen Lieferanten und Kunden dar. Abbildung 5-20 zeigt eine Systematisierung unterschiedlicher Kreditformen. Die für die Medienbranche wichtigsten Formen werden detaillierter beschrieben.

Abbildung 5-20: Systematik von Kreditformen[1]

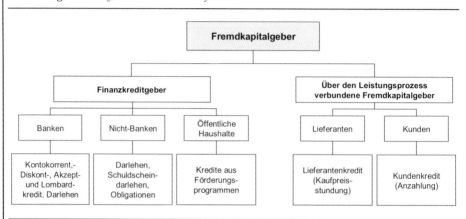

Unter den von Banken vergebenen kurzfristigen Krediten spielt der Kontokorrentkredit die wichtigste Rolle. Der Kontokorrentkredit ist dadurch gekennzeichnet, dass dem Kreditnehmer das Recht eingeräumt wird, sein Kontokorrent-/Girokonto bis zur Höhe des vertraglich festgelegten Maximalbetrags (Kreditlinie) ohne weitere Formalitäten zu überziehen. Innerhalb dieses Rahmens kann der Kreditnehmer somit Gelder in beliebigen Teilmengen entnehmen.

Diskontkredite sind den Wechselkrediten zuzuordnen. Wechsel stellen hierbei Wertpapiere dar, die ein Zahlungsversprechen des Schuldners enthalten. Zu unterscheiden ist zwischen „eigenen" Wechseln (Solawechseln), bei welchen sich der Aussteller selbst verpflichtet, die Wechselsumme zu zahlen und „gezogenen" Wechseln (Tratte), in welchen der Aussteller dem Bezogenen (Wechselschuldner) die Anweisung gibt, die Wechselsumme an einen Dritten (Remittenten) zu zahlen.

Der Aussteller haftet bei dieser Form als Rückgriffsschuldner. Aus dem Verkauf noch nicht fälliger Wechsel an die Bank unter Abzug der Zinsen resultiert der Diskontkredit. Bedeutung hat er vor allem dort, wo Lieferanten ihren Kunden einen in Wechselform verbrieften Kredit gewähren, selbst aber nicht auf die Einlösung des Wechsels durch den Schuldner warten wollen oder können. Die Bank schreibt dem Lieferanten hierbei die Wechselsumme vermindert um Zinsen für die Restlaufzeit und Spesen gut und gewährt ihm hierdurch einen Kredit.

---

[1] In Anlehnung an Wöhe/Bilstein (2002), S. 151.

Eine weitere Form von Bankkrediten stellen schließlich langfristige Bankdarlehen dar. Diese sind insbesondere für Klein- und Mittelunternehmen interessant, denen der Markt für Obligationen und Schuldscheindarlehen nicht ohne weiteres offen steht.[1] Für solche Unternehmen stellen langfristige Bankdarlehen oftmals die einzig mögliche Form einer langfristigen Kreditfinanzierung dar. In der Regel werden derartige Darlehen gegen dingliche Sicherheiten gewährt.

Obligationen (auch als Industrieschuldverschreibungen oder Anleihen bezeichnet) stellen langfristige Darlehen in verbriefter Form dar, welche Unternehmungen über die Börse aufnehmen. Zu diesem Zweck wird die Gesamtsumme in Teilschuldverschreibungen gestückelt, deren hohe Kapitalmarktfungibilität (Handelbarkeit) es dem Unternehmen ermöglicht, größere Kapitalsummen bei einer Vielzahl von einzelnen Kapitalgebern (Obligationären) auch in kleinen Teilbeträgen zu platzieren.

Obligationen können von Seiten der Gläubiger nicht gekündigt werden. Das Kreditverhältnis kann durch die Gläubiger nur über einen Verkauf der Schuldverschreibung am Kapitalmarkt für ihn persönlich beendet werden.[2] Schuldscheindarlehen kommen ohne die Zwischenschaltung einer Börse aufgrund eines individuellen, nicht typisierten Darlehensvertrags zustande. Im Normalfall werden Schuldscheindarlehen langfristig und oftmals in Millionenhöhe gewährt.

Damit werden Schuldscheindarlehen im Gegensatz zu börsengehandelten Obligationen in erster Linie bei Kapitalsammelstellen platziert. Hier treten insbesondere Lebensversicherungen auf, die mit der Gewährung von Schuldscheindarlehen überschüssige Prämieneinnahmen einer langfristigen, deckungsstockfähigen Vermögensanlage zuführen. Als Deckungsstock wird das Sondervermögen bezeichnet, aus dem ein Versicherungsunternehmen seine zukünftigen Verpflichtungen zu leisten hat.

Sowohl Obligationen als auch Schuldscheindarlehen stellen in der Praxis von Medienunternehmen vielfach verwendete Finanzierungsinstrumente dar. So hat etwa die Bertelsmann-Gruppe in den vergangenen Jahren mehrfach Anleihen über den Kapitalmarkt ausgegeben. Diese wurden vorwiegend bei institutionellen Investoren sowie bei Retail Investoren platziert. Gegenwärtig sind börsennotierte Anleihen im Gesamtvolumen von 3,5 Milliarden Euro ausstehend. Bertelsmann zählt damit zu den größten Emittenten von Euro-Anleihen im Mediensegment. Tabelle 5-3 gibt einen Überblick über die ausstehenden börsennotierten Anleihen des Bertelsmann-Konzerns.

---

1 Vgl. Schierenbeck (1995), S. 412.
2 Vgl. Perridon/Steiner/Rathgeber (2009), S. 399.

Tabelle 5-3: *Ausstehende börsennotierte Anleihen des Bertelsmann-Konzerns[1]*

Kupon	Volumen	Emission	Fälligkeit	ISIN
4,625%	750 Millionen Euro	2003	2010	XS0169240164
3,625%	500 Millionen Euro	2005	2015	XS0230962853
4,375%	500 Millionen Euro	2006	2012	XS0268584298
4,750%	1.000 Millionen Euro	2006	2016	XS0268583993
7,875%	750 Millionen Euro	2009	2014	XS0408678133

Zu den Krediten von über den Leistungsprozess verbundenen Fremdkapitalgebern sind insbesondere Lieferantenkredite und Kundenanzahlungen zu zählen. Lieferantenkredite kommen dadurch zustande, dass das Unternehmen von Lieferanten eingeräumte Zahlungsziele in Anspruch nimmt. Empfangene Lieferungen werden somit nicht sofort bei Empfang, sondern erst später bezahlt.

Die Sicherung des Zahlungsanspruchs wird hierbei durch den Lieferanten über einen Eigentumsvorbehalt gesichert. Das Zinselement ist bei dieser Kreditart im Skonto zu finden. So gewähren Lieferanten in der Regel ein Skonto, das heißt wird der Rechnungsbetrag innerhalb einer definierten Frist (zum Beispiel 10 Tage) beglichen, so hat der Abnehmer das Recht, vom Rechnungsbetrag den vereinbarten Skontosatz (etwa 3%) abzuziehen. Bei späterer Zahlung verfällt dieses Recht.

Eine Kundenanzahlung bezeichnet eine Zahlung des Abnehmers noch bevor die Lieferung der Ware erfolgt. Dabei sind Anzahlungen teils bereits vor Aufnahme der Produktion, teils bei partieller Fertigstellung zu zahlen. Die Finanzierungsfunktion von Kundenanzahlungen ergibt sich insbesondere daraus, dass sie Kapitalbedarf und Vorfinanzierungsleistung des Produzenten reduzieren. Gleichzeitig sichern sie auch den Produzenten vor dem Risiko, dass der Kunde die in Auftrag gegebenen Leistungen nach Fertigstellung nicht abnimmt.

- Beteiligungsfinanzierung

Als Beteiligungsfinanzierung werden alle Formen der Bereitstellungen zusätzlichen Eigenkapitals bezeichnet. Dies umfasst sowohl die Erhöhung der Kapitaleinlagen von bereits vorhandenen Anteilseignern als auch die Aufnahme neuer Anteilseigner gegen Bar- oder Sacheinlagen. Die Modalitäten und Möglichkeiten einer Aufbringung zusätzlichen Eigenkapitals werden dabei maßgeblich durch die Rechtsform der Unternehmung und damit indirekt auch von ihrer Größe bestimmt. Zu unterscheiden ist in diesem Zusammenhang zwischen emissionsfähigen und nicht-emissionsfähigen Unternehmen.

---

[1] Datenquelle: Bertelsmann (2011a).

Nicht-emissionsfähige Unternehmen bilden insbesondere Einzelfirmen, die offene Handelsgesellschaft (OHG), die Kommanditgesellschaft (KG) sowie die Gesellschaft mit beschränkter Haftung (GmbH). Diesen Unternehmensformen ist gemein, dass ihnen kein organisierter Kapitalmarkt zur Beschaffung von Eigenkapital zur Verfügung steht. Die mangelnde Fungibilität der Beteiligung, das Fehlen eines organisierten Markts und der Nachteil zumeist unerwünschter Mitspracherechte der neuen Teilhaber sowie Schwierigkeiten bei der Aufteilung stiller Reserven führen häufig zu einem Mangel an Beteiligungskapital bei nicht-emissionsfähigen Unternehmen.

Eine relativ neue Möglichkeit für solche nicht-emissionsfähigen Unternehmen, Eigenkapital zu erhalten, stellt der Venture Capital-Markt dar. Die Venture Capital-Finanzierung unterscheidet sich von der klassischen Eigenkapitalfinanzierung insbesondere dadurch, dass der Kapitalgeber und das finanzierte Unternehmen in einem aktiven Betreuungsverhältnis zueinander stehen.

Dabei beeinflussen die Kapitalgeber die Entwicklung des betreffenden Unternehmens häufig direkt. Das Engagement der Kapitalgeber ist zumeist zeitlich begrenzt. Als Kapitalgeber treten am Venture Capital-Markt vor allem Kapitalbeteiligungsgesellschaften auf. Diese bündeln und verwalten das Kapital von Unternehmen, privaten Haushalten und/oder staatlichen Einrichtungen in Fonds, um es dann an die Unternehmen weiterzugeben.

Daneben treten auch vermögende Privatpersonen als Venture Capital-Geber auf. Der Venture Capital-Markt stellt insbesondere für kleine und mittlere Unternehmen eine Alternative dar, die keinen Zugang zur Börse haben und zudem mangels banküblicher Sicherheiten ein Problem bei der langfristigen Kreditaufnahme besitzen. Sie benötigen langfristig zur Verfügung stehendes Kapital, ohne dass die Liquidität durch hohe Zinszahlungen gefährdet wird.

Emissionsfähige Unternehmen in der Rechtsform der Aktiengesellschaft oder der Kommanditgesellschaft auf Aktien besitzen bezüglich der Finanzierung mit Eigenkapital deutliche Vorteile, die insbesondere aus der Möglichkeit resultieren, Aktien auf organisierten Kapitalmärkten auszugeben. Die ausgegebenen Anteile stellen Effekten und damit vertretbare, an der Börse gehandelte Wertpapiere dar, wodurch sie eine hohe Fungibilität aufweisen.[1]

Nach der Form der Kapitalerhöhung ist zwischen Erstemissionen bisher nicht börsennotierter Unternehmen und Kapitalerhöhungen bereits börsennotierter Unternehmen zu unterscheiden. Im Rahmen einer Erstemission erfolgt hierbei eine erstmalige Veräußerung von Aktien als verbrieften Anteilen an externe Kapitalgeber über organisierte Finanzmärkte mit dem Ziel einer Aufnahme von Eigenmitteln.[2] Ein anonymes Anlegerpublikum erhält so erstmalig die Möglichkeit, sich im Rahmen einer öffentlichen Emission oder einer Privatplatzierung am Eigenkapital der Gesellschaft zu beteiligen.

---

[1] Vgl. Perridon/Steiner/Rathgeber (2009), S. 357 ff.
[2] Vgl. Wirtz/Salzer (2004), S. 102.

Nach der Emission werden die emittierten Anteilsscheine in einen Sekundärmarkt eingeführt und ein regelmäßiger Handel angestrebt. Kapitalerhöhungen bereits börsennotierter Unternehmen dienen gleichfalls einer Erweiterung der Eigenkapitalbasis. Hierbei wird nach dem deutschen Aktiengesetz zwischen verschiedenen Formen der Kapitalerhöhung unterschieden, für deren Beschluss jeweils eine Dreiviertelmehrheit des bei der Hauptversammlung vertretenen Kapitals erforderlich ist. An dieser Stelle soll nur auf die ordentliche Kapitalerhöhung eingegangen werden, da diese die wohl bedeutendste Form darstellt.[1] Eine ordentliche Kapitalerhöhung erfolgt durch die Ausgabe von neuen („jungen") Aktien gegen Barzahlung oder Sacheinlagen. Unterpari-Emissionen sind hierbei grundsätzlich nicht zulässig.[2] Der Nennwert stellt somit die Untergrenze für den Bezugspreis der jungen Aktien dar.

Bei Überpari-Emissionen ist die Differenz zwischen Ausgabekurs und Nennwert (Agio) in die Kapitalrücklage einzustellen, sodass sich das gezeichnete Kapital grundsätzlich nur um den Nennwertbetrag der Emission erhöht. Die Obergrenze für den Bezugskurs ist durch den aktuellen Börsenkurs der Altaktien gegeben. Um einen Anreiz für die Zeichnung der jungen Aktien zu geben, sollten diese billiger sein als die alten Aktien. Die bisherigen Aktionäre besitzen ein gesetzlich verbrieftes Bezugsrecht auf die jungen Aktien, sofern dieses nicht mit einer Dreiviertelmehrheit des bei der Hauptversammlung vertretenen Kapitals ausgeschlossen wird. Das Bezugsrecht sichert dem Altaktionär das Recht zu, bei der Kapitalerhöhung im Verhältnis seines bisherigen Anteils am Grundbesitz der Gesellschaft neue Aktien zu erwerben.

Bezugsrechte können gekauft und verkauft werden. Zu diesem Zweck werden sie an der Börse gehandelt und auch selbstständig notiert. Das Bezugsrecht soll einem Schutz der Vermögensinteressen der Altaktionäre dienen. Ein Vermögensverlust der Altaktionäre würde daraus resultieren, dass sich der Kurswert aller bisher ausgegebenen Aktien zusammengenommen aufgrund der vorgenommenen Kapitalerhöhung auf eine höhere Anzahl von Aktien verteilt. Durch die Ausübung seines Bezugsrechts kann ein Altaktionär außerdem seinen Stimmrechtsanteil wahren. Eine Eigenkapitalfinanzierung über die Börse stellt für Medienunternehmen eine interessante Option dar.

So führte etwa die ProSiebenSat1-Media AG zum 28. April 2004 durch die Ausgabe neuer Aktien eine Kapitalerhöhung in Höhe von 282 Millionen Euro durch. Mit dem aufgenommenen Kapital sollen Schulden des Unternehmens abgebaut werden. Im Rahmen der Kapitalerhöhung wurden je zur Hälfte börsennotierte stimmrechtslose Vorzugsaktien und nicht notierte Stammaktien ausgegeben. Der Preis wurde für beide Aktiengattungen identisch auf 11,60 Euro je Aktie festgelegt. Die bisherigen Aktionäre hatten die Möglichkeit, für jeweils acht ProSiebenSat1-Aktien eine neue Aktie zu beziehen. Dabei konnten Vorzugsaktionäre jedoch nur stimmrechtslose Vorzugsaktien beziehen, Stammaktionäre nur Stammaktien.

---

[1] Vgl. Perridon/Steiner/Rathgeber (2009), S. 360 ff.; §§ 182 ff. AktG.
[2] Vgl. § 9 AktG.

- Vermögensverflüssigung

Durch eine Vermögensverflüssigung wird dem Unternehmen kein neues Kapital von außen zugeführt. Zwar fließen dem Unternehmen Geldmittel zu, gleichzeitig scheiden jedoch Vermögensgegenstände aus dem Betrieb aus. Mithin findet lediglich ein Aktivtausch statt. Die aus einem Vermögensverkauf erzielten Einzahlungsüberschüsse sind für den Betrieb frei disponierbar. Daher bietet ein Verkauf nicht-betriebsnotwendiger Vermögensgegenstände eine Möglichkeit, relativ kurzfristig die Liquidität des Unternehmens zu erhöhen.

- Mezzanine-Finanzierung

Unter Mezzanine-Finanzierung werden diejenigen Finanzierungsmittel zusammengefasst, die eine Zwischenform zwischen Eigen- und Fremdkapital darstellen. Solche Finanzierungsformen erlangen insbesondere vor dem Hintergrund von Basel II eine erhöhte Bedeutung. Hiernach soll die Eigenkapitalhinterlegung von Krediten durch die Kreditinstitute wesentlich stärker von der Bonität des Kreditnehmers abhängen.

Daraus kann gefolgert werden, dass Unternehmen, deren Bonität als gering eingeschätzt wird, Kredite zu deutlich schlechteren Konditionen erhalten. Als ein wesentlicher Indikator für die Bonität eines Unternehmens wird dessen Eigenkapitalquote angesehen. In der Folge von Basel II wird deshalb vermehrt über Alternativen zur klassischen Kreditfinanzierung, wie Mezzanine-Finanzierungen, nachgedacht.

Dabei werden üblicherweise die folgenden Finanzierungsarten unter den Begriff der Mezzanine-Finanzierung gefasst: nachrangige und partiarische Darlehen, stille Beteiligungen, Wandel- und Optionsanleihen sowie Genussscheine.[1] Nachrangige Darlehen weisen die größte Nähe zur klassischen Fremdkapitalfinanzierung auf. Im Gegensatz zu dieser sind sie jedoch nicht besichert, und ordentliche Kreditgeber werden im Falle einer Insolvenz bei der Befriedigung ihrer Forderungen bevorzugt behandelt.

Mithin trägt der Gläubiger bei einem nachrangigen Darlehen ein deutlich höheres Risiko, das sich im Regelfall in einem höheren Zins widerspiegelt. Dieser Zins kann sich hierbei neben einem festen Zinssatz auch aus einem sogenannten Equity Kicker zusammensetzen, der in diesem Fall eine variable, gewinnabhängige Komponente darstellt.

Damit unterscheidet sich das nachrangige Darlehen nur marginal vom partiarischen Darlehen, das nicht mit einem festen Zinssatz, sondern durch eine Gewinnbeteiligung abgegolten wird. Sowohl beim nachrangigen Darlehen als auch beim partiarischen Darlehen wird eine Verlustbeteiligung des Kapitalgebers ausgeschlossen, sodass sein Risiko auf den Darlehensbetrag beschränkt ist. Bilanziell werden die Darlehen als Fremdkapital ausgewiesen.

---

[1] Vgl. Link/Reichling (2000), S. 266 ff.

Im Rahmen der Bilanzanalyse allerdings werden sie aufgrund ihrer Nachrangigkeit häufig als wirtschaftliches Eigenkapital umqualifiziert, sodass solche Darlehen bei einem Rating tatsächlich zu einer verbesserten Eigenkapitalquote führen. Bei der in den §§ 230 ff. HGB kodifizierten stillen Gesellschaft handelt es sich um eine reine Innengesellschaft, die per Gesellschaftsvertrag zwischen dem Geschäftsinhaber (Einzelkaufmann, Personenhandelsgesellschaft oder Kapitalgesellschaft) und dem stillen Gesellschafter geschlossen wird.

Wandelanleihen beinhalten zusätzlich zu den Rechten normaler Industrieobligationen die Berechtigung, die Schuldverschreibungen innerhalb bestimmter Fristen in eine vertraglich festgelegte Menge an Aktien umzutauschen, wobei eventuell eine Zuzahlung zu leisten ist. Sie sind daher nur für Aktiengesellschaften möglich. Sehr ähnlich konzipiert sind Optionsanleihen. Allerdings wird das Fremdkapital hier nicht direkt umgewandelt.

Vielmehr erhält der Erwerber das Recht, eine bestimmte Anzahl von Aktien zu einem bestimmten Termin und zu einem zum Emissionszeitpunkt der Optionsanleihe festgelegten Kurs zu erwerben. Die Option kann hierbei oftmals auch von der Anleihe getrennt und verkauft werden. Aus Sicht des Kapitalnehmers besteht ein wesentlicher Vorteil von Wandel- beziehungsweise Optionsanleihen in einem gegenüber der reinen Fremdkapitalanleihe niedrigeren Zinssatz.

Dieser ergibt sich aus der Möglichkeit der Kapitalgeber, am Wertzuwachs des Unternehmens zu partizipieren. Dem steht als Nachteil allerdings gegenüber, dass das Eigenkapital erst mit Wandlung beziehungsweise mit Ausübung der Option gestärkt wird. Genussscheine schließlich stellen eine Kategorie von Wertpapieren dar, die zwar bestimmte Vermögensrechte, allerdings keine Mitgliedschaftsrechte an der Unternehmung beinhalten.

Dabei verbrieft der Genussschein in der Regel Ansprüche auf Anteile am Reingewinn, am Liquidationserlös oder auf den Bezug neuer Genussscheine oder gegebenenfalls Aktien. Wie bei Aktien ist die Emission von Genussscheinen an die Zustimmung einer Dreiviertelmehrheit des bei der Hauptversammlung vertretenen Kapitals gebunden.[1] Die Aktionäre besitzen ein Bezugsrecht.[2]

Für die Ausgestaltung von Genussscheinen bestehen keinerlei gesetzliche Vorschriften, ihre Gestaltung kann daher auf die individuellen Bedürfnisse des Unternehmens ausgerichtet werden. Aus Unternehmenssicht besitzen Genussscheine diverse Vorteile. So ergibt sich zunächst im Vergleich zur Emission von Stammaktien keine Verschiebung der Aktionärsstruktur. Auch ein zeitlich begrenztes Aufleben des Stimmrechts wie im Falle stimmrechtsloser Vorzugsaktien kann nicht entstehen. Ein Vorteil gegenüber Anleihen ergibt sich daraus, dass keine festen Zins- und Tilgungspflichten bestehen.

---

[1] Vgl. § 221 (3) AktG.
[2] Vgl. § 221 (4) AktG.

Durch die Möglichkeit der individuellen Ausgestaltung können Genussrechte sowohl Eigen- als auch Fremdkapitalcharakter aufweisen und entsprechend bilanziell ausgewiesen werden. Im Medienbereich sind insbesondere die Genussscheine der Bertelsmann AG bekannt geworden. Die Notierung an der Börse erfolgt als Prozentnotiz. Die Zielausschüttung für diesen Genussschein beträgt 15% des Grundbetrags von 10 Euro. Sie wird immer dann ausgeschüttet, wenn ausreichend Konzernjahresüberschuss und Jahresüberschuss der Bertelsmann AG erwirtschaftet wurden.

Die Ermittlung der Ausschüttung erfolgt hierbei in zwei Schritten. Zunächst wird der sogenannte Gewinnanteil des Genussscheins in Abhängigkeit von der Höhe des Konzernjahresüberschusses ermittelt. Dieser beträgt grundsätzlich 15% des Grundbetrags solange der Konzernjahresüberschuss nach Abzug des Mitgesellschafteranteils ausreicht. Ist der Konzernjahresüberschuss nicht ausreichend, so wird der Gewinnanteil auf Basis des dann verfügbaren Konzernjahresüberschusses anteilig ermittelt, woraus sich ein geringerer als der 15%-ige Gewinnanteil ergeben würde.

In einem darauffolgenden zweiten Schritt wird dann ermittelt, ob der für die Ausschüttung des Gewinnanteils erforderliche Jahresüberschuss der Bertelsmann AG, als Obergesellschaft des Bertelsmann Konzerns, vorhanden ist. Sollte der Jahresüberschuss der Bertelsmann AG für die Ausschüttung des im ersten Schritt ermittelten Gewinnanteils nicht ausreichen, verringert sich die Ausschüttung entsprechend. Der nicht ausgeschüttete Teil des Gewinnanteils wird dann zukünftig nachgezahlt, sofern ausreichende Ergebnisse vorliegen. Die Ausschüttung erfolgt seit 2002 regelmäßig im Frühjahr eines jeden Jahres. Seit der Börseneinführung des Genussscheins im Jahr 1986 betrug die Ausschüttung in jedem Geschäftsjahr 15%.

5.7.2 Innenfinanzierung

Im Rahmen der Innenfinanzierung fließen dem Unternehmen Finanzmittel aus eigener unternehmerischer Tätigkeit zu. Diese Finanzmittelflüsse lassen sich in mehrere Teilkomponenten aufspalten. Üblicherweise wird dabei nach Selbstfinanzierung durch Gewinn, Rückstellungsfinanzierung und der Finanzierung durch Abschreibungsgegenwerte unterschieden. Diese drei Komponenten werden im Folgenden dargestellt.

- Selbstfinanzierung

Als Selbstfinanzierung wird eine Finanzierung aus zurückbehaltenem (thesauriertem) Gewinn bezeichnet. Das Selbstfinanzierungspotenzial ist damit direkt abhängig von der Gewinnausschüttung der Unternehmung, wobei zwischen offener und stiller Selbstfinanzierung zu unterscheiden ist. Im Rahmen der offenen Selbstfinanzierung verzichten die Gesellschafter auf die Vereinnahmung eines Teils des ausgewiesenen Unternehmensgewinns. Im Rahmen einer stillen Selbstfinanzierung werden durch die bewusste Nutzung bilanzpolitischer Spielräume stille Rücklagen gebildet und so der Gewinnausweis verkürzt.

Da der ausgewiesene Gewinn zugleich als Ausschüttungsrichtgröße fungiert, kommt es bei einer Verkürzung des Gewinnausweises zu einer stillen Selbstfinanzierung in Höhe der stillen Rücklagen. Medienunternehmen sahen sich in den letzten Jahren einem starken Rückgang der Werbeumsätze ausgesetzt. Dieser Rückgang bei einer wesentlichen Erlösquelle konnte vielfach nicht kompensiert werden, sodass es auch zu Gewinnrückgängen und mithin zu einer Einschränkung des Selbstfinanzierungspotenzials der Unternehmen kam.

- Rückstellungsfinanzierung

Rückstellungen müssen für ungewisse, zukünftige Verpflichtungen gebildet werden und dienen einer periodengerechten Aufwandsverrechnung. Hieraus resultiert ein Finanzierungseffekt dergestalt, dass in einer Periode Aufwand verrechnet wird, welcher erst in der Zukunft zu Auszahlungen führt. Notwendige Voraussetzung für diesen Finanzierungseffekt ist, dass den verrechneten Aufwendungen einzahlungswirksame Erträge in zumindest gleicher Höhe gegenüberstehen.

Durch die Rückstellungsbildung kann ein Teil der erwirtschafteten Erträge bis zur tatsächlichen Auszahlung im Unternehmen gehalten werden und bietet dem Unternehmen eine temporäre Dispositionsfreiheit über die Mittel, sodass ein Finanzierungseffekt resultiert. Dieser Finanzierungseffekt kann in Abhängigkeit von der Frist zwischen der Bildung und der Auflösung der Rückstellung als kurz-, mittel- oder langfristig charakterisiert werden. So bilden etwa Pensionsrückstellungen ein typisches Beispiel für langfristige Rückstellungen, von denen naturgemäß auch ein langfristiger Finanzierungseffekt ausgeht.

- Abschreibungsgegenwerte

Die Aufgabe planmäßiger Abschreibungen liegt darin, die Anschaffungs- oder Herstellungskosten langlebiger, abnutzbarer Wirtschaftsgüter über die Jahre der Nutzungsdauer zu verteilen. Die verrechneten Abschreibungswerte stellen dabei Aufwand der jeweiligen Periode dar. Eine Finanzierungswirkung geht von den Abschreibungen aufgrund eines Desinvestitionsprozesses aus.

Die verrechneten Abschreibungsbeträge bilden einen Bestandteil der Herstellungskosten der produzierten Güter, das heißt ein Teil der Anschaffungskosten geht auf die produzierten Produkte über. Damit werden Teile des Anlagevermögens in Form der langlebigen Wirtschaftsgüter in Umlaufvermögen in Form von Halb- und Fertigfabrikaten transformiert.

Es findet also ein Aktivtausch statt. Bei einem kostendeckenden Verkauf der produzierten Produkte fließen auch die in den Herstellungskosten verrechneten Abschreibungsgegenwerte dem Unternehmen zu. Auf diese Art werden stufenweise Sachanlagevermögen in Geldvermögen umgewandelt. Die Abschreibungsgegenwerte können genutzt werden, um aktuell erforderliche Zahlungsverpflichtungen zu erfüllen, oder sie können angesammelt und für Investitionen (Ersatzinvestitionen) verwendet werden.

Die Ersatzinvestitionen müssen hierbei nicht unbedingt sofort getätigt werden, die erwirtschafteten Abschreibungsgegenwerte fließen dem Betrieb aber während der gesamten Nutzungsdauer eines Wirtschaftsguts kontinuierlich zu und können bis zur Auszahlung für Ersatzinvestitionen frei disponiert werden. Dies wird als Kapitalfreisetzungseffekt bezeichnet.

5.7.3 Fallbeispiel Filmfonds

Gerade technisch aufwendige Filmproduktionen sind häufig mit erheblichen Produktionskosten verbunden. So verursachte etwa die Produktion der Hollywoodtrilogie „Herr der Ringe" Kosten von nahezu 330 Millionen US-Dollar. Die Finanzierung dieses Großprojekts erfolgte über einen sogenannten Filmfond der in München ansässigen Firma Hannover Leasing.

Dies folgt einem häufig angewandten Muster, nach dem die Finanzierung teurer Hollywoodfilme über deutsche Filmfonds erfolgt. So betrugen die Medienfondumsätze in Deutschland bereits im Jahr 1999 mehr als eine Milliarde Euro. In den darauffolgenden Jahren waren es sogar jeweils um die zwei Milliarden Euro. Die besondere Attraktivität von Filmfonds in Deutschland ist auf die hiesige Steuergesetzgebung zurückzuführen.

So besteht nach § 248 (2) HGB beziehungsweise nach § 5 (2) EStG für unentgeltlich (das heißt auch für selbsterstellte) erworbene, immaterielle Vermögensgegenstände des Anlagevermögens ein Aktivierungsverbot in der Bilanz. Die in Zusammenhang mit der Herstellung eines Films entstehenden Aufwendungen sind daher als sofort abziehbare Betriebsausgaben zu berücksichtigen.

Die hieraus entstehenden Verluste werden den Kapitalanlegern zugewiesen. Diese können sie in ihrer Steuererklärung geltend machen und so ihre persönliche Steuerlast senken. Abgesehen von diesem Steuereffekt wurde die Rentabilität der Filmfonds vielfach sehr kritisch gesehen. Teilweise wurden sogar weltweite Kassenschlager wie der Film „Face/Off" mit John Travolta und Nicolas Cage als „Totalausfall" verbucht, da laut US-Studio keinerlei Gewinn abgefallen war.[1]

Mit einem Medienerlass des Bundesfinanzministeriums wurden die Abschreibungsmöglichkeiten der Filmfonds deutlich eingeschränkt. Kernpunkt dieses Erlasses ist es, dass ein Filmfond zukünftig nicht mehr als Hersteller, sondern als Erwerber eines Films gilt, falls „der Initiator ein einheitliches Vertragswerk vorgibt und die Gesellschafter hierauf keine wesentlichen Einflussmöglichkeiten besitzen." Als Konsequenz ergibt sich, dass die Kosten für den Erwerb des Films über 50 Jahre verteilt abzuschreiben sind und sich so für die Anleger kaum noch Steuervorteile ergeben.

---

[1] Vgl. Machold (2003).

Kapitel 1: Grundlagen des Medienmanagement

Hat der Anleger hingegen Einflussmöglichkeiten, so wird er als Hersteller des Films betrachtet und kann die Herstellungskosten des Films sofort als Aufwand verbuchen.[1] Aufgrund dieses Erlasses wurde das Konzept der Filmfonds verändert. Es dürfte zukünftig kaum noch Filmfonds geben, bei denen die Filmproduktionen, an denen sich die Anleger beteiligen sollen, im Vorhinein feststehen. In diesem Fall hätten die Anleger keine Einflussmöglichkeiten und ihre Herstellereigenschaft wäre zu verneinen. Vielmehr werden die Fonds zukünftig als „Blind Pools" konzipiert werden, die später konkret mit Filmproduktionen zu füllen sind.

Hier wird die Einflussmöglichkeit der Anleger und mithin ihre Herstellereigenschaft dadurch gewahrt, dass sie über Alternativen verfügen, was die Auswahl des Filmstoffs, des Drehbuchs, der Besetzung, der Kalkulation, des Drehplans sowie der Finanzierung des Films anbelangt. Eine andere Möglichkeit besteht darin, dass die Fonds zukünftig nicht mehr die Herstellung, sondern vielmehr die Vermarktung der Filme finanzieren.

Ein Beispiel für einen solchen Fond bildet der Mediastream IV der Ideenkapital Media Finance AG. Nach diesem Fondkonzept ist die Herstellereigenschaft der Anleger nicht länger erforderlich. Die vom Fond getragenen Vermarktungs- und Vertriebskosten bilden sofort abzugsfähige Betriebsausgaben der Fondgesellschaft, sodass hier wieder ein starker Steuereffekt eintritt.

---

[1] Vgl. Fischer (2003).

Wiederholungsfragen

1. Erklären Sie kurz, welche Stellung das Medien- und Internetmanagement in der Betriebswirtschaftslehre einnimmt!
2. Wie lassen sich die Medienmärkte abgrenzen und welche Interdependenzstrukturen zeigen die Medienmärkte?
3. Wodurch unterscheidet sich die traditionelle Mediennutzung von der Mediennutzung im Internetzeitalter?
4. Was bedeutet mediale Konvergenz und welche Auswirkungen hat sie für die Medienlandschaft?
5. Welche Merkmale beinhaltet die Definition von Medien- und Internetmanagement?
6. Was wird unter einem Leistungssystem verstanden? Beschreiben Sie die einzelnen Aspekte des Leistungssystems von Medienunternehmen!
7. Welche Systematik weist die Strategieentwicklung im Medienbereich auf?
8. Welche einzelnen Schritte sind im Produktionsprozess bei Medien durchzuführen? Nennen Sie spezifische Beispiele!
9. Welche absatzpolitischen Instrumente sind in der Medienbranche von besonderer Bedeutung?
10. Welche zentralen Ansätze der Organisation gibt es in Medienunternehmen? Verdeutlichen Sie die Profit Center-Organisation der Hubert Burda Media!

Kapitel 2:
Zeitungs- und Zeitschriftenmanagement

1 Einführung 187
2 Marktstruktur und Marktverhalten 187
   2.1 Struktur der Zeitungs- und Zeitschriftenmärkte 187
   2.2 Interaktionen der Marktteilnehmer 197
   2.3 Technologisches und regulatives Umfeld 199
   2.4 Mediennutzungsverhalten der Leser 203
   2.5 Entwicklungsperspektiven im Zeitungs- und Zeitschriftenbereich 205
3 Leistungssystem 209
   3.1 Leistungsspektrum 210
      3.1.1 Zeitungen 210
      3.1.2 Zeitschriften 213
   3.2 Wertschöpfungsstrukturen 217
   3.3 Core Assets und Kernkompetenzen 219
   3.4 Geschäftsmodelle 220
      3.4.1 Geschäftsmodell Zeitungsverlag 222
      3.4.2 Geschäftsmodell Zeitschriftenverlag 225
4 Aufgaben des Zeitungs- und Zeitschriftenmanagement 228
   4.1 Strategisches Management 228
   4.2 Beschaffungsmanagement 229
      4.2.1 Einflussfaktoren 230
      4.2.2 Beschaffungsstrategien 233
   4.3 Produktionsmanagement 234
      4.3.1 Einflussfaktoren 234
      4.3.2 Produktionsstrategien 236

	4.4	Marketing	238
	4.4.1	Produktpolitik	238
	4.4.2	Preispolitik	242
	4.4.3	Distributionspolitik	244
	4.4.4	Kommunikationspolitik	248
5	Fallbeispiel Craigslist		249

1 Einführung

Die Printmedienindustrie ist einer der bedeutendsten Zweige der Medienindustrie. Zu den Printprodukten zählen alle Medienprodukte, die in gedruckter Form verbreitet werden, also vor allem Zeitungen, Zeitschriften und Bücher. Unter Printmedienunternehmen werden diejenigen Unternehmen verstanden, die diese Printprodukte erstellen und/oder an einem Markt absetzen. In diesem Kapitel wird das Management von Zeitungs- und Zeitschriftenverlagen betrachtet.

Zeitungs- und Zeitschriftenverlage sehen sich durch die zunehmende Akzeptanz des Internet sowie den Markteintritt neuer Konkurrenten einem zunehmenden Wettbewerbs- und Veränderungsdruck ausgesetzt. Vor diesem Hintergrund werden in diesem Kapitel zunächst die Struktur der Zeitungs- und Zeitschriftenmärkte und das Marktverhalten der Marktteilnehmer dargestellt. Darüber hinaus wird auf die Wertschöpfungsstrukturen, Kernkompetenzen und Core Assets und die Geschäftsmodelle von Zeitungs- und Zeitschriftenverlagen sowie auf die Aufgaben des Zeitungs- und Zeitschriftenmanagement eingegangen.

2 Marktstruktur und Marktverhalten

Für ein ganzheitliches Verständnis von Strategien in Medienmärkten ist das Wissen um Strukturen und Verhalten der Marktteilnehmer als Planungsgrundlage unerlässlich. Im ersten Abschnitt dieses Kapitels wird daher die Marktstruktur der Printmedienmärkte erläutert. Daran schließt sich eine Darstellung der gegenwärtigen Rahmenbedingungen für Zeitungs- und Zeitschriftenverlage an und im dritten Abschnitt wird das Nachfragerverhalten dargestellt. Abschließend werden die Entwicklungsperspektiven des Zeitungs- und Zeitschriftenmanagement betrachtet.

2.1 Struktur der Zeitungs- und Zeitschriftenmärkte

Für die Struktur der Zeitungs- und Zeitschriftenmärkte ist in besonderem Maß die Anbieterseite von Bedeutung, da auf der Nachfragerseite die Lesermärkte als Massenmärkte keine strukturellen Besonderheiten aufweisen. Nach einer Definition der Begriffe Zeitung sowie Zeitschrift und einem Überblick über die Marktentwicklung

Kapitel 2: Zeitungs- und Zeitschriftenmanagement

werden insbesondere die Elemente dargestellt, die von der Anbieterseite her einen Einfluss auf die Art des Wettbewerbs und die Preisbildung auf dem Markt ausüben. Hierbei wird der Fokus auf Konzentrationsaspekte und Markteintrittsbarrieren gelegt.

- Marktabgrenzung

Zeitungen und Zeitschriften können durch die Kriterien Aktualität (Gegenwartsbezogenheit), Publizität (Zugänglichkeit), Universalität (Offenheit für alle Lebensbereiche) und Periodizität (regelmäßiges Erscheinen) beschrieben und voneinander abgegrenzt werden. Zeitungen werden definiert als „alle periodischen Veröffentlichungen, die in ihrem redaktionellen Teil der kontinuierlichen, aktuellen und thematisch nicht auf bestimmte Stoff- oder Lebensgebiete begrenzten Nachrichtenübermittlung dienen.

„Dies beinhaltet in der Regel mindestens die Sparten Politik, Wirtschaft, Zeitgeschehen, Kultur, Unterhaltung sowie Sport umfassen und mindestens zweimal wöchentlich erscheinen."[1] Sonntagszeitungen, aber auch andere Zeitungen, die diese strengen Kriterien teilweise verletzen, sollen hier dennoch als Zeitungen betrachtet werden. Die Unterscheidung zu Zeitschriften bezieht sich vor allem auf das Kriterium Periodizität.

Als Zeitschriften werden alle „periodischen Druckwerke mit kontinuierlicher Stoffdarbietung angesehen, die mit der Absicht eines zeitlich unbegrenzten Erscheinens mindestens viermal jährlich herausgegeben werden, soweit sie keine Zeitungen sind."[2] Darüber hinaus stellen Zeitschriften eher Special Interest-Medien dar, weichen also vom Kriterium der Universalität ab und weisen durch ihre nicht-tägliche Erscheinungsweise einen geringeren Aktualitätsgrad als Zeitungen auf.

- Marktentwicklung

Der Gesamtumsatz in der deutschen Zeitungsbranche verschlechterte sich im Jahr 2009 auf 8,46 Milliarden Euro, was einem starken Rückgang im Vergleich zu den Vorjahren entspricht.[3] 2010 stieg der Umsatz auf 8,52 Milliarden Euro, was ein Wachstum von 0,71% gegenüber dem Vorjahr darstellt. Nach einem Höhepunkt im Jahr 1991 sind die Auflagen der Tageszeitungen in Deutschland kontinuierlich zurückgegangen.

Inklusive der Wochen- und Sonntagszeitungen lag die gesamte Zeitungsauflage im zweiten Quartal 2011 bei 23,8 Millionen Exemplaren.[4] Die Netto-Werbeerlöse betrugen 2010 4,17 Milliarden Euro, ein Rückgang um mehr als 30% im Vergleich zum bisherigen Höchstwert im Jahr 2000.[5] Auf dem Zeitschriftensektor ist ebenfalls ein Auflagenrückgang zu verzeichnen. Bei den Publikumszeitschriften, dem größten Marktsegment, betrug die jährliche Auflage 113,12 Millionen Exemplare (drittes Quartal 2011), was einem Rückgang von 1,6% gegenüber dem vierten Quartal 2008 entspricht.[6]

---

1 Heinrich (2001), S. 217.
2 Heinrich (2001), S. 217.
3 Vgl. Handelsblatt (2010b).
4 Vgl. Pasquay (2011a), S. 5 ff.
5 Vgl. Zentralverband der deutschen Werbewirtschaft (2011), S. 17.
6 Vgl. IVW (2011a).

Ebenso bleibt auch der Zeitschriftenmarkt vom Rückgang der Werbeerlöse nicht verschont. Die Werbeerlöse der Publikumszeitschriften sanken von 2,25 Milliarden Euro im Jahr 2000 auf 1,45 Milliarden Euro im Jahr 2010. Dies entspricht einem Rückgang von 37,6%.[1]

Konzentration

In der deutschen Pressebranche existieren circa 350 Zeitungstitel und etwa 6.200 Zeitschriftentitel.[2] Damit herrscht in Deutschland die größte Titelvielfalt europaweit.[3] Betrachtet man die Größenstruktur der Verlage in Bezug auf den Umsatz, wird deutlich, dass sich die Märkte für Zeitungen und Zeitschriften hinsichtlich der Verlagsgröße erheblich unterscheiden. Aus Tabelle 2-1 wird ersichtlich, dass 1994 bei den Zeitungsverlagen nur wenige sehr kleine Verlage mit einem Umsatz von weniger als 0,5 Millionen DM (knapp 256.000 Euro) existierten. Bei dem überwiegenden Teil der Verlage handelte es sich gemessen am Umsatzvolumen um kleine und mittlere Unternehmen (KMU).

Tabelle 2-1: Größenstruktur der Zeitungs- und Zeitschriftenverlage 1994[4]

Zeitungen	Zahl der Verlage		Umsätze		Beschäftigte		Pro Kopf-Umsatz	Verlegte Zeitungen
Umsatzklassengröße in Millionen DM (Euro)	absolut	in %	in TDM (TEuro)	in %	insgesamt	in %	gesamt in DM (Euro)	(Hauptausgaben)
bis 0,5 (bis 0,26)	8	2,46	2.545 (1.301)	0,01	51	0,04	49.902 (25.512)	8
0,5 bis 1 (0,26 bis 0,51)	4	1,23	2.847 (1.456)	0,01	39	0,03	73.000 (37.321)	4
1 bis 2 (0,51 bis 1,02)	9	2,77	15.212 (7.777)	0,07	112	0,09	135.821 (69.439)	9
2 bis 5 (1,02 bis 2,56)	31	9,54	102.791 (52.552)	0,49	1.627	1,29	63.178 (32.300)	32
5 bis 10 (2,56 bis 5,11)	62	19,08	446.377 (228.211)	2,14	5.816	4,60	76.750 (39.239)	62
10 bis 25 (5,11 bis 12,78)	65	20,00	1.048.074 (535.830)	5,03	8.509	6,72	123.172 (62.972)	67
25 bis 50 (12,78 bis 25,56)	51	15,69	1.820.941 (930.960)	8,74	14.350	11,34	126.895 (64.875)	57
50 bis 100 (25,56 bis 51,13)	35	10,77	2.478.330 (1.267.051)	11,89	16.241	12,83	152.597 (78.016)	39
100 und mehr (51,13 und mehr)	60	18,46	14.921.530 (7.628.660)	71,62	79.810	63,06	186.963 (95.585)	81
Gesamt	325	100,00	20.838.647 (10.653.789)	100,00	126.555	100,00	988.278 (505.259)	359

---

1 Vgl. Zentralverband der deutschen Werbewirtschaft (2011), S. 17.
2 Vgl. Verband Deutscher Zeitschriftenverleger (2008).
3 Vgl. Meier/Schanne/Trappel (1993), S. 203.
4 Datenquelle: Statistisches Bundesamt (1996), S. 14.

Kapitel 2: Zeitungs- und Zeitschriftenmanagement

Zeitschriften Umsatzklassengröße in Millionen DM (Euro)	Zahl der Verlage		Umsätze		Beschäftigte		Pro Kopf-Umsatz	Verlegte Zeitschriften
	absolut	in %	in TDM (TEuro)	in %	insgesamt	in %	gesamt in DM (Euro)	
bis 0,5 (bis 0,26)	572	29,32	131.038 (66.993)	0,79	2.549	2,30	51.408 (26.282)	702
0,5 bis 1 (0,26 bis 0,51)	271	13,89	196.111 (100.262)	1,18	2.743	2,48	71.495 (36.552)	448
1 bis 2 (0,51 bis 1,02)	262	13,43	374.971 (191.705)	2,26	4.783	4,32	78.397 (40.081)	591
2 bis 5 (1,02 bis 2,56)	384	19,67	1.237.283 (632.563)	7,47	14.927	13,48	82.889 (42.377)	1.266
5 bis 10 (2,56 bis 5,11)	217	11,12	1.516.715 (775.423)	9,16	12.764	11,53	118.828 (60.751)	993
10 bis 25 (5,11 bis 12,78)	144	7,38	2.244.568 (1.147.540)	13,56	32.133	29,02	69.852 (35.712)	1.215
25 bis 50 (12,78 bis 25,56)	61	3,13	2.100.186 (1.073.724)	12,68	10.433	9,42	201.302 (102.916)	516
50 bis 100 (25,56 bis 51,13)	20	1,03	1.380.147 (705.603)	8,34	14.070	12,71	98.091 (50.149)	181
100 und mehr (51,13 und mehr)	20	1,03	7.376.619 (3.771.310)	44,56	16.310	14,74	452.276 (231.227)	453
Gesamt	**1.951**	**100,00**	**16.557.639 (8.465.124)**	**100,00**	**110.712**	**100,00**	**1.224.538 (626.047)**	**6.365**

Der Zeitschriftenmarkt hingegen wies einen erheblichen Anteil an Verlagen auf, die weniger als 0,5 Millionen DM (knapp 256.000 Euro) Umsatz erzielten. Hier sind im Vergleich zum Zeitungsmarkt nur relativ wenige große Verlage mit mehr als 50 Millionen DM (25,56 Millionen Euro) Umsatz zu finden. Auf der Nachfrageseite der Pressemärkte ist weder bei den Lesern noch bei den Werbetreibenden eine wettbewerbsbeschränkende Konzentration zu verzeichnen. Im Zeitungsmarkt kann beim Lesermarkt von einem Polypol, im Werbemarkt zumindest von einem weiten Oligopol ausgegangen werden.[1]

Bei der Bestimmung des Konzentrationsgrads auf der Anbieterseite wird auch im Pressemarkt zwischen der publizistischen und der ökonomischen Konzentration unterschieden.[2] Die ökonomische Konzentration bildet die Wettbewerbsintensität auf den Märkten ab und wird daran gemessen, wie viele Anbieter einen wesentlichen Teil des Markts auf sich vereinen. Die publizistische Konzentration ist ein Indikator für die Meinungsvielfalt und kann anhand der Anzahl der unabhängigen Redaktionen in einem bestimmten, geografisch abgegrenzten Verbreitungsgebiet oder Marktsegment beurteilt werden. Im Folgenden wird zuerst die Konzentration auf dem Zeitungsmarkt und anschließend auf dem Zeitschriftenmarkt betrachtet.

---

[1] Vgl. Sjurts (1996), S. 10.
[2] Vgl. Richter (1989), S. 91 ff.

Abbildung 2-1: Entwicklung der Anzahl der deutschen Tageszeitungsverlage[1]

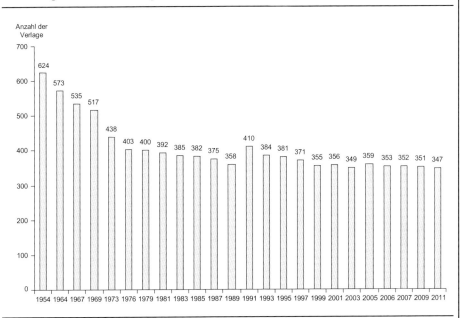

Es kann konstatiert werden, dass sich die Anzahl der Tageszeitungsverlage seit 1954 um beinahe 45% reduziert hat. Der Anstieg der Anzahl der deutschen Tageszeitungsverlage nach 1989 stellt keine Unterbrechung dieser Entwicklung dar. Er resultiert aus einer Veränderung der Bemessungsgrundlage, da nach der deutschen Wiedervereinigung auch die Verlage aus den neuen Bundesländern in der Statistik mit berücksichtigt wurden.

Werden die Marktanteile der zehn größten Zeitungsverlage, wie Abbildung 2-2 illustriert, im Lesermarkt als Indikator für den relativen Konzentrationsgrad herangezogen, besteht im Zeitungsmarkt eine moderate Konzentration. Der größte Anbieter im Lesermarkt der Tageszeitungen in Deutschland ist die Axel Springer AG, die im Jahr 2010 einen Marktanteil von 19,6% am Tageszeitungsmarkt aufweist. Insgesamt vereinen im Jahr 2010 die zehn größten Verlagsgruppen einen Marktanteil von 58,1% auf sich. Über die letzten Jahre blieb die ökonomische Konzentration relativ stabil, der Marktanteil der zehn führenden Verlagsgruppen lag seit 1989 zumeist bei über 50%.

---

[1] Vgl. Pasquay (2011a), S. 9.

Kapitel 2: Zeitungs- und Zeitschriftenmanagement

Abbildung 2-2: *Marktanteile der Verlagsgruppen am deutschen Tageszeitungsmarkt*[1]

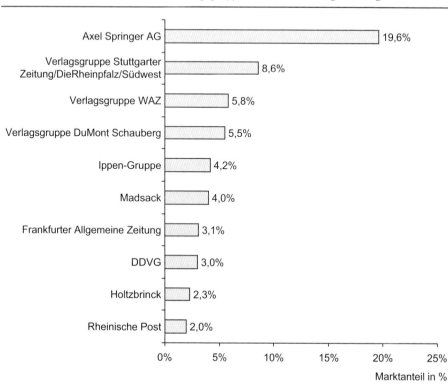

Differenziert man die relative Konzentration nach Vertriebsart, ändert sich das Bild. So konnten die fünf größten Abonnementzeitungen seit 1989 ihren Marktanteil von 24,9% auf 32,3% im Jahr 2010 steigern, was gleichzeitig einen geringen Rückgang gegenüber 2008 (33,9%) bedeutet. Bei den Straßenverkaufzeitungen ist im Gegensatz dazu ein leichter Konzentrationsrückgang zu verzeichnen. Der Konzentrationsgrad lag 2010 mit 98,0% Marktanteil der fünf größten Anbieter allerdings immer noch sehr hoch.[2]

---

[1] Datenquelle: Röper (2010), S. 222.
[2] Vgl. Röper (2010), S. 222.

Bezüglich der publizistischen Konzentration sind auf dem Zeitungsmarkt zunehmende Konzentrationstendenzen zu beobachten. So hat die Anzahl der publizistischen Einheiten seit 1954 stark abgenommen. Als publizistische Einheit werden Zeitungen bezeichnet, die denselben aktuellen und politischen Teil (Mantel) haben und sich nur im lokalen Text- und Anzeigenteil unterscheiden. Im Zeitraum von 1991 bis 2011 verringerte sich in Deutschland die Zahl der von den Verlagen unterhaltenen publizistischen Einheiten von 158 auf 133 Einheiten.[1]

Im Jahr 2004 stellten von den 443 kreisfreien Städten beziehungsweise Kreisen 67,5% sogenannte Ein-Zeitungs-Kreise dar, das heißt Regionen, in denen nur eine einzige Tageszeitung mit Lokal-/Regionalberichterstattung existierte. Maximal zwei Zeitungen waren in rund 90% der Regionen vorhanden. Der Grund für diese Monopole beziehungsweise Duopole liegt in den Markteintrittsbarrieren auf dem Zeitungsmarkt. Im Gegensatz zum Tageszeitungsmarkt stellt der Markt für überregionale Tageszeitungen ein Oligopol dar.

Hier konkurrieren die Frankfurter Allgemeine Zeitung, die Frankfurter Rundschau, die Süddeutsche Zeitung, die Welt und die tageszeitung, dazu kommen noch die Wirtschaftszeitungen Financial Times Deutschland und das Handelsblatt. Von besonderem wirtschaftlichem Interesse im Zeitschriftenmarkt sind die Publikumszeitschriften, da in diesem Marktsegment die auflagenstärksten Zeitschriften vertrieben und ein Großteil der Werbeerlöse erzielt werden.

Die ökonomische Konzentration ist dabei stärker ausgeprägt als im Zeitungsmarkt. Der Lesermarkt für Publikumszeitschriften wird von fünf Großverlagen beherrscht, die zusammen einen Marktanteil von 65% auf sich vereinen. Die jeweiligen Marktanteile dieser fünf Großverlage Bauer, Springer, Hubert Burda Media, WAZ und Gruner & Jahr sind in Abbildung 2-3 dargestellt. Die Konzentration hat im Vergleich zum Jahr 2000 um 10,8% zugenommen.

Bei der gesonderten Betrachtung der mindestens 14-täglich erscheinenden Titel zeigt sich eine noch höhere Konzentration. Der Marktanteil der fünf Großverlage liegt bei 87,5%.[2] Der hohe Marktanteil fällt umso schwerer ins Gewicht, da es sich um das auflagen- und zugleich umsatzstärkste Segment handelt. Auch im Segment der seltener erscheinenden Titel haben die fünf größten Verlage einen Marktanteil von 40,9%.

---

1 Vgl. Pasquay (2011a), S. 4.
2 Vgl. Vogel (2010a), S. 298.

Abbildung 2-3: Anteile der fünf größten Verlagsgruppen am Publikumszeitschriftenmarkt[1]

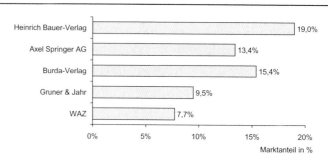

Betrachtet man die Anzahl der gebuchten Anzeigen und damit einhergehend die Bruttowerbeinvestitionen, so lassen sich im Kontext der Publikumszeitschriften erhebliche Differenzen bezüglich der verschiedenen Segmente konstatieren. Am beliebtesten bei den Werbenden sind vor allem Frauenzeitschriften mit Bruttowerbeinvestitionen von 805,3 Millionen Euro und Aktuelle Zeitschriften (746,9 Millionen Euro). In Abbildung 2-4 sind die einzelnen Publikumszeitschriftensegmente mit den jeweiligen Bruttowerbeinvestitionen überblickartig dargestellt.

Abbildung 2-4: Bruttowerbeinvestitionen nach Publikumszeitschriftensegmenten 2010[2]

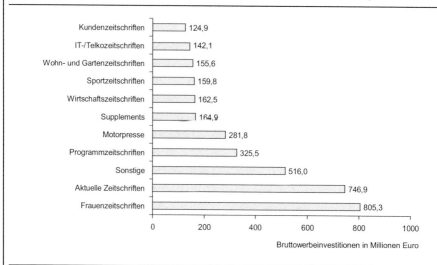

[1] Datenquelle: Vogel (2010a), S. 298.
[2] Datenquelle: SevenOne Media (2011), S. 15.

■ Markteintrittsbarrieren

Auf dem deutschen Zeitungsmarkt ist die Konzentration aufgrund der zahlreichen Ein-Zeitungs-Kreise relativ hoch. Den zahlreichen Marktaustritten in der Vergangenheit standen kaum Neugründungen gegenüber. Ursache sind im Wesentlichen strukturelle Markteintrittsbarrieren. Durch sie wird der Markteintritt für neue Wettbewerber erheblich erschwert oder verhindert. Auf dem Zeitschriftenmarkt sind hingegen aufgrund niedrigerer Markteintrittsbarrieren häufige Neugründungen zu beobachten.

Auf dem Zeitungsmarkt bilden Economies Of Scale eine strukturelle Markteintrittsbarriere und wirken sich konzentrationsfördernd aus. Großverlage können in der Regel zu geringeren Durchschnittskosten produzieren als kleinere Anbieter. Neu eintretende Anbieter werden auf diese Weise gezwungen, bereits mit hohen Volumina in den Markt einzutreten oder durch Kooperationen mit anderen Verlagen die notwendige Größe zu erreichen.

Die Economies Of Scale, die zunächst eine Markteintrittsbarriere auf den Lesermärkten darstellen, sind auch auf den Werbemärkten als strukturelle Barriere anzusehen.[1] Aber auch bei etablierten Wettbewerbern begünstigen Economies Of Scale den größeren Anbieter. Dieses Phänomen wird häufig anhand der Auflagen-Anzeigen-Spirale erläutert. Diese illustriert Abbildung 2-5.

Der Wettbewerb im Pressemarkt wird in diesem Modell auf zwei Teilmärkten betrachtet. Auf dem Lesermarkt wird ein Qualitätswettbewerb, auf dem Anzeigenmarkt ein Preiswettbewerb angenommen. Auflagensteigerungen werden auf dem Lesermarkt durch Qualitätsverbesserungen erreicht. Werden von einem Wettbewerber Qualitätsverbesserungen durchgeführt, kommt es zu einer Erhöhung der verkauften Auflage.

Dies führt einerseits zu einer Kostendegression in der Zeitungsproduktion und andererseits (bei gleichbleibendem Anzeigenpreis) zu einer Senkung des Tausender-Kontakt-Preises. Bei konstanten Preisen für den Anzeigenraum ist in diesem Fall von einer Umsatzerhöhung infolge zunehmender Anzeigen (Mengeneffekt) auszugehen. Andererseits kann der Anbieter bei gegebenem Anzeigenvolumen alternativ auch einen höheren Anzeigenpreis durchsetzen (Preiseffekt).

In beiden Fällen führt die Auflagenerhöhung zu Umsatz- und Gewinnsteigerungen.[2] Damit kann auf den Lesermärkten eine weitere Qualitätsverbesserung finanziert werden, zum Beispiel in Form von Beilagen, Gastbeiträgen oder einer größeren Themenvielfalt. Diese führt in der Regel wiederum zu einer Auflagensteigerung und somit zur Auflagen-Anzeigen-Spirale. Mithilfe dieses Modells kann beispielsweise die zunehmende Anzahl von Ein-Zeitungs-Kreisen erklärt werden. Eine weitere Markteintrittsbarriere ist in den hohen Sunk Costs zu sehen, die bei einem Misserfolg eines Angebots entstehen.

---

1 Vgl. Wirtz (1994), S. 42 f.
2 Vgl. Zohlnhöfer (1989), S. 47 ff.

Kapitel 2: Zeitungs- und Zeitschriftenmanagement

Diese irreversiblen, verlorenen Kosten, beispielsweise für Werbung und Vorhalten eines Inhaltsangebots, werden zwar tendenziell eher als Marktaustrittsbarriere angesehen, können aber bei kleinen potenziellen Marktteilnehmern aufgrund des hohen Verlustrisikos schon den Markteintritt verhindern.[1] Sunk Costs fallen sowohl auf dem Zeitungs- als auch auf dem Zeitschriftenmarkt an.

Abbildung 2-5: Auflagen-Anzeigen-Spirale[2]

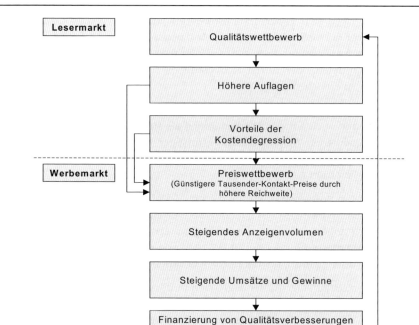

Neben den dargestellten Größenvorteilen sind auch Verbundvorteile als Markteintrittsbarriere aufzuführen. Economies Of Scope können von Zeitungs- und Zeitschriftenverlagen durch die Produktion mehrerer Titel im gleichen Verlag realisiert werden. Hier können Kostenersparnisse erzielt werden, die sich beispielsweise daraus ergeben, dass Rechercheleistungen oder Korrespondentenbeiträge mehrfach von verschiedenen, getrennt produzierten Titeln verwendet werden, wobei die Kosten der entsprechenden Leistungen lediglich einmalig anfallen.

---

[1] Vgl. Wirtz (1994), S. 48.
[2] In Anlehnung an Kantzenbach/Greiffenberg (1980), S. 199.

Diese Verbundvorteile nutzen die Unternehmen nicht nur auf der redaktionellen Seite, sondern spielen auch beim Verkauf von Werberaum eine entscheidende Rolle. Mit dem Angebot von Kombinationstarifen für die Belegung verschiedener Titel können sie sicherstellen, dass auch weniger nachgefragte Titel ihren Werberaum füllen können.

2.2 Interaktionen der Marktteilnehmer

Der Zeitungs- und Zeitschriftenmarkt in Deutschland kann hinsichtlich seiner Akteure und Interaktionen als weitgehend stabil bezeichnet werden. Durch den Einfluss staatlicher Regulierung ist trotz des erhöhten Wettbewerbdrucks durch Online-Journalismus und verschiedene Werbekrisen eine wesentliche Umstrukturierung in diesem Bereich ausgeblieben. Im Zentrum des Geschäftsmodells im Zeitungs- und Zeitschriftenmarkt stehen Verlagsunternehmen, die auf zwei Teilmärkten Kundenbeziehungen gestalten. Abbildung 2-6 stellt die wesentlichen Akteure und Interaktionen im Zeitungs- beziehungsweise Zeitschriftenmarkt im Überblick dar.

Zum einen stellen sie privaten Endkunden gedruckte, redaktionelle Inhalte und Werbung gegen Entgelt zur Verfügung. Dabei wird im Vertrieb zwischen Abonnement, Einzelverkauf und Lesezirkeln unterschieden. Die Distributionsfunktion wird dabei jeweils von spezialisierten Zustelldiensten beziehungsweise von Groß- und Einzelhandel übernommen. Das Risiko von Rückläufern nicht verkaufter Exemplare, sogenannten Remittenden, bleibt jedoch beim klassischen Handelsweg im Einzelverkauf beim Zeitungs- oder Zeitschriftenverlag.

Kapitel 2: Zeitungs- und Zeitschriftenmanagement

Abbildung 2-6: Akteure und Interaktionen im Zeitungs- und Zeitschriftenmarkt

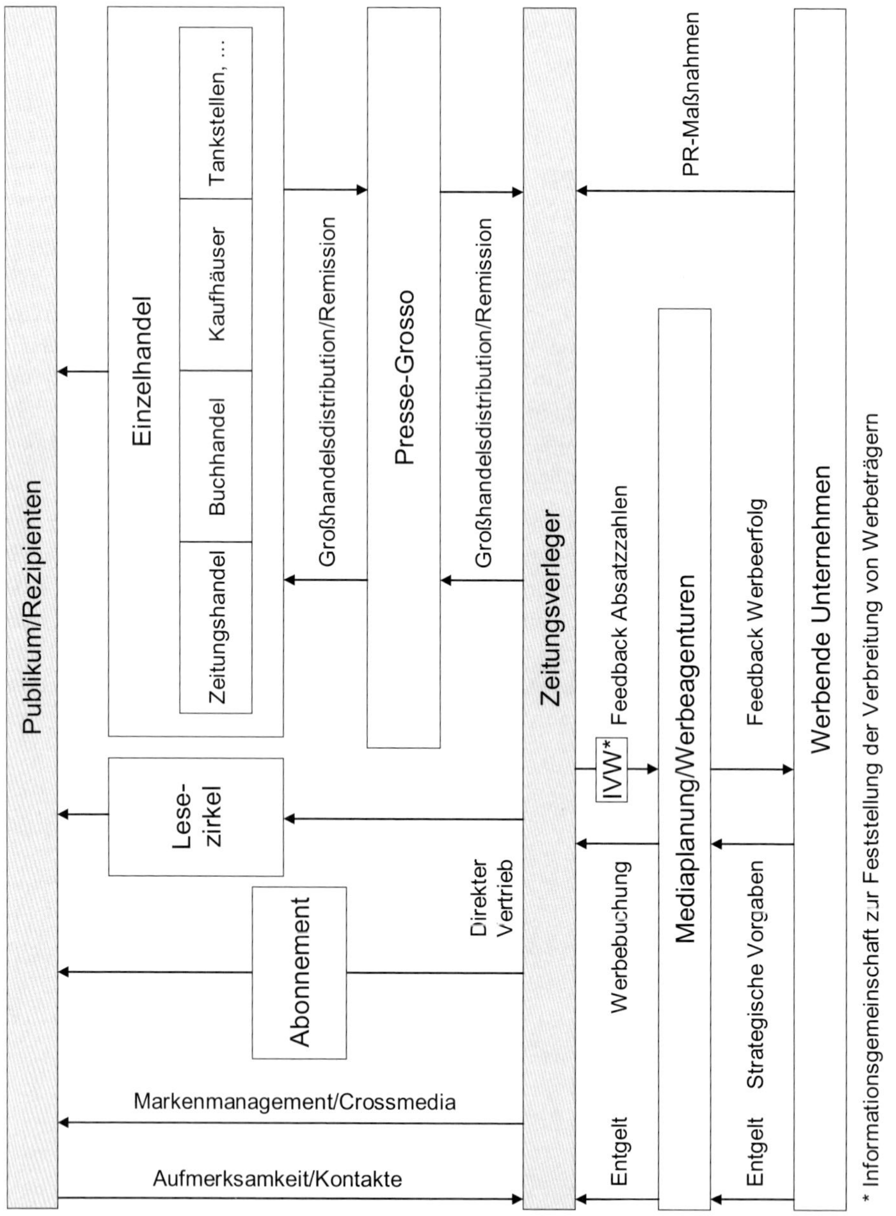

Zum anderen wird die Aufmerksamkeit der Rezipienten auf dem Werbemarkt als Ressource zur Erzielung von Erlösen genutzt. Werbende Unternehmen können in diesem Kontext über Agenturen verfügbaren Werberaum in den Zeitungen und Zeitschriften buchen. Die Ermittlung der verkauften Auflage als Grundlage zur entsprechenden Entscheidungsfindung wird durch die Informationsgemeinschaft zur Feststellung der Verbreitung von Werbeträgern (IVW) durchgeführt.

Darüber hinaus versuchen Unternehmen über PR, wie spezielle Presse-Events oder Pressereisen, Zugang zum redaktionellen Teil von Zeitungen und Zeitschriften zu erlangen. Zur Erhöhung der Attraktivität der eigenen Produkte auf Rezipienten- und Werbemarkt führen Verlagsunternehmen Markenmanagement und Crossmedia-Aktivitäten durch. So werden beispielsweise häufig Nachrichtenmagazine auch als TV-Ableger vermarktet, was zudem die Ausnutzung von redaktionellen Synergien ermöglicht. In diesem Kontext können die Magazine Der Spiegel oder Stern als Beispiel angeführt werden.

2.3 Technologisches und regulatives Umfeld

Bei der Betrachtung der Zeitungs- und Zeitschriftenmärkte sind sowohl das technologische, als auch das regulative Umfeld von Relevanz. Dabei sind unter anderem die zunehmende Digitalisierung des Produktionsprozesses, die anhaltende Konvergenzentwicklung wie auch die regulativen Rahmenbedingungen zu nennen, die insbesondere zum Schutz der Pressefreiheit und zur Aufrechterhaltung der Meinungsvielfalt existieren.

- Technologisches Umfeld

Von der Digitalisierung sind Zeitungs- und Zeitschriftenverlage in zweierlei Hinsicht betroffen. Zum einen werden aufgrund der zunehmenden Digitalisierung die Abläufe und Schnittstellen zwischen den einzelnen Geschäftsprozessen und Akteuren verändert, beispielsweise bei Werbetreibenden, Redaktionen und Druckereien. Dies hat für die Verlage weitreichende Prozessänderungen zur Folge.

Die verlagsintern eingesetzten technologischen Innovationen führen zu Rationalisierungseffekten sowie zu einer Ausweitung der Produktgestaltungsmöglichkeiten.[1] So werden beispielsweise in die Redaktionen zunehmend Aufgaben integriert, die bislang der Druckvorstufe zugeordnet waren, wie zum Beispiel Layout-Tätigkeiten. Zum anderen wird eine technologische Grundlage für eine erweiterte Nutzung bereits vorhandener Inhalte geschaffen.

---

[1] Vgl. Seufert (1994), S. 212.

Kapitel 2: Zeitungs- und Zeitschriftenmanagement

In diesem Kontext sind neue Angebotsformen, wie beispielsweise Online-Angebote, Datenbanken oder CD-ROM zu nennen. Die digitalen Zugriffsmöglichkeiten auf Printmedieninhalte eignen sich in besonderem Maß für die gezielte Suche nach zeitkritischen Informationen, bedrohen aber gleichzeitig durch die hohe Verfügbarkeit von frei erhältlichem Content die Erlösmodelle von Zeitungs- und Zeitschriftenverlagen.

Eine besondere Bedeutung für digitale Zeitungs- und Zeitschriftenangebote weisen mobile Reader-Geräte, wie das Apple iPad oder der Amazon Kindle auf. Sie ermöglichen eine ubiquitäre Nutzung der digitalen Inhalte und zeichnen sich häufig durch eine direkte Verknüpfung mit einer Content-Plattform aus. Abbildung 2-7 stellt dies exemplarisch dar.

Das mobile Endgerät Apple iPad zeichnet sich durch eine einfache Bedienbarkeit, hohe Akkulaufzeit sowie weitreichende Multimediafähigkeiten aus, die, neben Verlagsinhalten, auch die Wiedergabe von Musik, Filmen und Spielen umfassen. Das Gerät ist über den iTunes Store, der den direkten Erwerb von E-Books, elektronischen Periodika, Musik, Videos und Apps erlaubt, und die iTunes-Software, die einen Datenabgleich mit PCs oder Laptops ermöglicht, an die zentrale Plattform iTunes gekoppelt.

Diese bietet lizenzierten Content einem breiten Publikum an, wobei durch die hohe Nutzerzahl eine konzentrierte Marktmacht seitens Apple bei Verhandlungen mit den Rechteinhabern des Content besteht. Die Endkunden unterliegen jedoch durch die enge Verknüpfung von Hardware und Content einem erheblichen Lock In-Effekt, da sich erworbene Inhalte nur schwierig oder gar nicht auf Geräte von Wettbewerbern übertragen lassen.

Abbildung 2-7: Apple iPad als Beispiel für die Verknüpfung von mobilem Lesegerät und Content-Plattform[1]

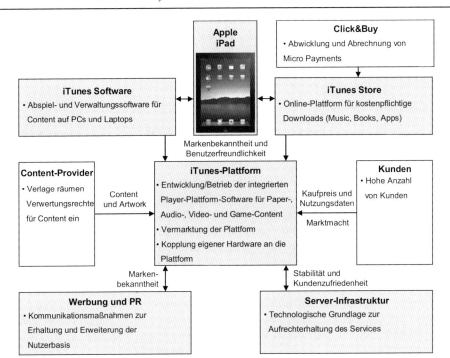

Das Apple iPad setzt ein farbiges, leuchtstarkes und schnelles IPS-LCD-Panel als Bildschirm ein. Damit lassen sich, neben elektronischen Presseerzeugnissen, auch Videos und Spiele angemessen darstellen. Als Alternative zur LCD-Technologie, die bereits seit langem zur Produktion von Flachbildschirmen eingesetzt wird, hat in diesem Kontext jedoch auch elektronisches Papier auf Basis der E-Ink-Technologie die Entwicklung vorangetrieben.

E-Ink-Displays zeichnen sich durch einen geringen Stromverbrauch und eine verbesserte Lesbarkeit aus, die an das Schriftbild klassischer Drucksachen heranreicht. Demgegenüber ist die Reaktionsgeschwindigkeit der Anzeige jedoch langsamer als in LCD-Displays, was unter anderem die Darstellung von Videos einschränkt, und die Farbdarstellung begrenzt. Die Technik wird beispielsweise in dem Kindle-Reader von Amazon eingesetzt. Aufgrund der technologischen Möglichkeiten und neuen mobilen Nutzungsmuster sollten Verlage ihre Geschäftsmodelle für die mobile Form der digitalen Nutzung anpassen.

---

1 Auf der Basis eigener Analysen und Abschätzungen.

Dabei muss beispielsweise entschieden werden, auf welchen Plattformen die Inhalte angeboten werden und inwiefern es sich dabei um ein offenes oder geschlossenes System handelt. Ebenso muss eine strategische Ausrichtung erfolgen, ob Inhalte in aggregierter oder disaggregierter Form angeboten werden. Dabei werden entweder weiterhin Inhaltsbündel in Form einer mobilen Ausgabe der Zeitung oder Zeitschrift vermarktet oder es wird eine themen- beziehungsweise artikelspezifische Auswahl angeboten. Darüber hinaus sind auch Hardware-Subventionen als Anreizinstrument für mobile, digitale Abonnements als mögliche Option zu prüfen.

- Regulatives Umfeld

Als Kernstück des regulativen Umfelds von Verlagen ist der Schutz der in Artikel 5 des Grundgesetzes verankerten Pressefreiheit zu nennen. Sie stellt sicher, dass die Printmedien ihre Funktion im Prozess der öffentlichen Meinungs- und Willensbildung wahrnehmen können. Die besonderen Freiheitsrechte der Presse sind allerdings auch mit entsprechenden Pflichten verbunden. Hierbei ist vor allem die journalistische Sorgfaltspflicht von Bedeutung, die besagt, dass alle Nachrichten vor ihrer Verbreitung auf Wahrheit, Inhalt und Herkunft zu prüfen sind. Die maßgeblichen Verhaltensregeln sind im Pressekodex des Deutschen Presserats zusammengefasst.[1]

Der Deutsche Presserat ist ein staatlich mitfinanziertes Organ der freiwilligen Selbstkontrolle, das 1956 von der deutschen Presse gegründet wurde. Die Regulierung von Zeitungs- und Zeitschriftenverlagen erfolgt weitestgehend durch Eingriffe in den Markt. Die Regulierung besteht in dieser Branche fast ausnahmslos aus der Wettbewerbspolitik, die im Gesetz gegen Wettbewerbsbeschränkungen (GWB) festgeschrieben ist.

Da eine wirtschaftliche Konzentration im Medienbereich als Gefährdung der Meinungsvielfalt angesehen wird, ist das Pressewesen vor allem im Rahmen der Fusionskontrolle betroffen, wobei hier als maßgebliches Eingreifkriterium die Entstehung oder Verstärkung marktbeherrschender Stellungen zu nennen ist. Seit 1976 sind in den Vorschriften zur Fusionskontrolle auch besondere presserechtliche Bestimmungen enthalten, die die Fusionskontrolle auf kleine und lokale Verlage ausweiten.[2] Relevante Vorschriften im Rahmen des GWB liegen im Kartellverbot und in der Missbrauchsaufsicht marktbeherrschender Unternehmen, in der Kontrolle vertikaler Vertriebsverbindungen sowie in der Preisbindung bei Zeitungen und Zeitschriften.

Neben den Normen des GWB gibt es noch weitere Maßnahmen, die zur Aufrechterhaltung der Meinungsvielfalt dienen sollen. In diesem Zusammenhang sind der auf 7% ermäßigte Mehrwertsteuersatz für Vertriebserlöse, der subventionierte Postzeitungsdienst für Zeitungen und Zeitschriften sowie die erlaubten Gebietsschutzkartelle im Presse-Grosso zu nennen.

---

[1] Vgl. Deutscher Presserat (2008).
[2] Vgl. Greiffenberg/Zohlnhöfer (1984), S. 616.

Aus wettbewerbspolitischer Sicht schließt die Preisbindung den Preiswettbewerb auf den Handelsstufen aus. Dagegen verhindert der Gebietsschutz den Wettbewerb der Verlage um den Absatzweg zum Einzelhandel. Ohne diese Maßnahmen würde es verstärkt zu einer Konzentration im Einzelhandel kommen und vermutlich zu einer Vorwärtsintegration der Verlage in den Vertrieb. Dies würde die Markteintrittschancen für kleinere Verlage erschweren und die Titelvielfalt deutlich verringern.[1]

2.4   Mediennutzungsverhalten der Leser

Anders als bei den elektronischen Medien sind für die Nutzung von Printmedien nicht zwingend technische Endgeräte, wie Fernseher oder PC, notwendig. Ein weiterer Unterschied in der Rezeption von Printmedien zu elektronischen Medien besteht in der Nutzungsweise. Die Nutzung von Zeitungen und Zeitschriften gehört zu den zehn beliebtesten Freizeitbeschäftigungen in Deutschland. 36% der Deutschen lesen in ihrer Freizeit besonders gern Tageszeitungen, 21% geben dies für Zeitschriften an.[2]

Für die Leser erfüllen Printmedien vorrangig eine Informationsfunktion. 87% der Bevölkerung lesen Tageszeitungen zur Befriedigung des eigenen Informationsbedürfnisses. Zudem halten 43% die Tageszeitung für das glaubwürdigste Medium, gefolgt vom öffentlich-rechtlichen Fernsehen mit 27%.[3] Zeitschriften hingegen sprechen neben dem Informations- auch das Unterhaltungsbedürfnis der Rezipienten an. Dies spiegelt sich auch in der Nutzungsintensität von Zeitungen und Zeitschriften wider. So zeigen die Ergebnisse der Studie Media Analyse 2011 Radio II, dass 71,2% der Befragten mehrmals in der Woche Tageszeitung lesen.[4]

Mit 94% ist die eigene Wohnung der bevorzugte Ort für die Zeitungslektüre, 14% der Befragten gaben an, Tageszeitungen auch am Arbeitsplatz, in der Schule oder der Universität zu lesen. 15% der Befragten bevorzugen es, Zeitungen unterwegs, zum Beispiel in Auto, Bus oder Bahn zu lesen.[5] Hinsichtlich der Nutzungsintensität existieren Unterschiede zwischen den aufgrund ihrer Aktualität sehr rege genutzten Tageszeitungen und den tendenziell insgesamt weniger zeitkritischen Informationen der Zeitschriften. Laut den Ergebnissen einer Studie gaben 27,8% der Befragten an, mehrmals in der Woche Zeitschriften zu lesen. Auch unter jugendlichen Nutzern (10-19 Jahre) werden Printmedien regelmäßig genutzt. 39,0% der Jugendlichen lesen mehrmals in der Woche Tageszeitungen, 22,8% lesen regelmäßig Zeitschriften.[6]

---

1   Vgl. Heinrich (2001), S. 138 ff.
2   Vgl. Börsenverein des Deutschen Buchhandels (1998), S. 14 ff.
3   Vgl. Pasquay (2010), S. 35.
4   Vgl. ARD (2011e).
5   Vgl. van Eimeren/Gerhard/Frees (2001), S. 155.
6   Vgl. ARD (2011e).

Kapitel 2: Zeitungs- und Zeitschriftenmanagement

Im intermediären Vergleich wird für die Nutzung von Printmedien weniger Zeit aufgewendet als für die Nutzung elektronischer Medien. Im Jahr 2005 betrug die durchschnittliche tägliche Nutzungsdauer von Zeitungen 28 Minuten, Zeitschriften wurden durchschnittlich 12 Minuten täglich gelesen. Die Nutzungszeit von Zeitungen und Zeitschriften entspricht einem Anteil von 7% des täglichen Zeitbudgets für Mediennutzung und liegt unter dem Anteil von TV, Radio und Internet.[1]

Die Mediennutzung im Printbereich kann auch anhand der privaten Ausgaben für Printprodukte dargestellt werden. Die monatlichen Ausgaben der deutschen Haushalte für Zeitungen und Zeitschriften beliefen sich 1997 auf insgesamt 33,84 Euro. Von diesem Betrag entfielen circa 60% auf Zeitungen und circa 40% auf Zeitschriften. Eine detaillierte Gliederung der Ausgabenstruktur wird in Abbildung 2-8 gegeben.

Abbildung 2-8: Monatliche Ausgaben für Printprodukte[2]

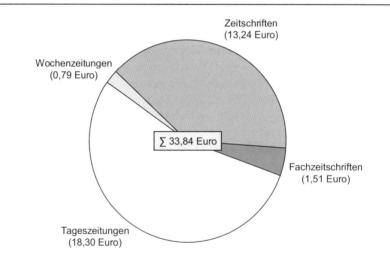

---

[1] Vgl. Fritz/Klingler (2006), S. 226.
[2] Datenquelle: Statistisches Bundesamt (1996), S. 18.

2.5 Entwicklungsperspektiven im Zeitungs- und Zeitschriftenbereich

Maßgeblichen Einfluss auf die Zukunft von Zeitungs- und Zeitschriftenverlagen werden die Entwicklung der Internetnutzung und die Verfügbarkeit von kostenlosem Content haben. Darüber hinaus wurden neue Technologien und Formate entwickelt, wie elektronisches Papier oder Tabloids, die die Nutzbarkeit von Printmedien erhöhen sollen. Elektronisches Papier hat das Potenzial, die Nutzungsgewohnheiten der Zeitungsleser zu verändern. Dieses besteht aus einer millimeterdünnen Folie, die sich wie eine Zeitung zusammenrollen und immer wieder mit digitalen Inhalten füllen lässt. Mithilfe elektronischer Tinte kann jeder beliebige Text angezeigt werden.

Anders als elektronische Bücher fühlt sich das Medium fast wie Papier an und soll beim Leser den Eindruck vermeiden, er sitze vor einem Laptop. Das elektronische Papier könnte künftig als Zeitung gebunden werden oder in den verschiedensten mobilen Geräten zum Einsatz kommen und so teilweise Zeitungen und Bücher aus Papier ergänzen. Ein weiterer Trend im Zeitungsmarkt ist der Verkauf von Zeitungen im Tabloid-Format (235 x 315 mm) anstelle der klassischen Großformate. Dies spricht jüngere Leser und, aufgrund der Platzverhältnisse in öffentlichen Verkehrsmitteln, besonders Pendler an. Der britische „Independent" konnte als erste Qualitätszeitung im Tabloid-Format auf dem britischen Zeitungsmarkt die Auflage um 20% erhöhen.[1]

Allerdings erfordert das Tabloid-Format einen anderen Seitenumbruch als Großformate und erhöht damit bei der gleichzeitigen Herausgabe von zwei Formaten die Produktionskosten. In Deutschland erscheint eine zusätzliche Ausgabe der „Welt" seit Mai 2004 als „Welt kompakt" im Tabloid-Format. Im Frühjahr 2007 wurde die Gesamtausgabe der Frankfurter Rundschau ebenfalls auf das handlichere Format umgestellt. Die zuvor zehn Jahre lang rückläufige Auflage konnte durch diesen Schritt zumindest stabilisiert und die Leserschaft geringfügig verjüngt werden.[2]

Durch die schnelle Etablierung des Internet als bedeutendes Massenmedium und die kostenlose Verfügbarkeit vielfältiger Informationen sehen sich Unternehmen der Pressewirtschaft durch eine Abwanderung insbesondere jüngerer Leser bedroht. Die wichtigste Kernkompetenz klassischer Printunternehmen, die redaktionelle Aufbereitung von Inhalten, verliert durch die steigende Nutzung von User Generated Content im Internet zunehmend an Bedeutung. Während im Jahr 2006 noch etwa die Hälfte aller aufgerufenen Seiten im Internet überwiegend redaktionelle Inhalte enthielt, waren es in den Jahren 2008 bis 2011 nur noch circa 25%.[3] Einen Überblick über die Zugriffszahlen verschiedener Online-Angebote von 2006 bis 2011 zeigt Tabelle 2-2.

---

[1] Vgl. Voss (2004).
[2] Vgl. Lückerath (2008).
[3] Vgl. Vogel (2008), S. 245 f.; IVW (2011b).

Tabelle 2-2: Schwerpunkte der Internetnutzung 2006 bis 2011 in Deutschland[1]

Page Impressions in Millionen	2006	2008	2011
Redaktioneller Content			
Homepage	1.395	1.879	3.744
Entertainment und Lifestyle	1.294	1.607	3.083
Nachrichten	711	925	1.527
Consumer Electronic	517	716	1.758
Sport	314	638	1.827
Wirtschaft/Finanzen	433	570	670
User Generated Content			
Social Networking	*	14.435	14.966
Homepage	n.e.	717	413
E-Commerce			
Rubrikenmärkte	1.635	2.819	4.018
Online Shops	183	264	2.765
Kommunikation			
E-Mail, SMS, E-Cards	902	1.075	7.609
Chat	756	422	14
Messenger	94	368	157
Suche/Verzeichnisse			
Verzeichnisse, Auskunftsdienste	355	849	3.655
Suchmaschinen	384	384	569

* Foren, Dating (Community) 2006/07 in „Chat" enthalten

In der Tabelle 2-2 zeigt sich auch sehr deutlich die Abwanderung der Rubrikenmärkte in Richtung Internet, die insbesondere bei Zeitungen eine zusätzliche Bedrohung des klassischen Geschäftsmodells durch zurückgehende Werbeerlöse darstellt. Von 2006 bis 2011 sind die Zugriffe auf Internetseiten mit Kleinanzeigen beziehungsweise Rubrikenmärkten um mehr als 145% angestiegen.

In den USA ist die Kannibalisierung der klassischen Rubrikenmärkte durch Online Services bereits sehr weit fortgeschritten. Insbesondere in der Bay Area um San Francisco zeigte sich diese Entwicklung durch den Markteintritt des kostenlosen Online-Portals Craigslist.com sehr deutlich (siehe Fallbeispiel am Ende des Kapitels). Diese Entwicklung wurde von den traditionellen Verlagshäusern in Deutschland zu spät erkannt, wodurch sich branchenfremde Rubrikenplattformen in der Vergangenheit erfolgreich positionieren konnten.

---

[1] Vgl. Vogel (2008), S. 246; IVW (2011b).

Bei Kraftfahrzeuganzeigen etablierten sich Autoscout24.de (Telekom) und Mobile.de (eBay), während sich im Bereich der Stellenanzeigen mit der Übernahme von Jobpilot.de durch Monster.de ein neuer Marktführer etabliert hat. Im Sektor der Immobilienanzeigen konkurriert Immobilienscout24.de (Telekom) unter anderem mit dem Portal Immonet.de (Axel Springer AG).

Um Marktanteile zurückzuerobern, sind zahlreiche Verlage eine Kooperation in Form der Rubrikanzeigen-Holding markt.gruppe eingegangen. Die Gesellschaft wurde 2003 unter dem Namen ISA von den Verlagsgruppen Holtzbrinck, Ippen und WAZ gegründet und hält unter anderem Mehrheitsanteile an den Portalen Immowelt.de, Stellenanzeigen.de, Autoanzeigen.de, Trauer.de, Motoso.de und Markt.de.

Durch die Kooperation können Kosten reduziert und eine kritische Masse an Inseraten erreicht werden. Damit traditionelle Printunternehmen sich zukünftig gegen neue Wettbewerber auf konvergierenden Märkten durchsetzen können, ist eine flexible Anpassung der Geschäftsmodelle erforderlich. Die Integration von Online-Geschäftsfeldern folgt dabei vier Entwicklungsstufen, die in Abbildung 2-9 illustriert werden. Auf der ersten Stufe erfolgt dabei eine einfache Übertragung der für Printprodukte erstellten Inhalte auf zusätzliche Medienkanäle.

Im zweiten Entwicklungsschritt werden medienspezifische Funktionalitäten zur Anpassung der Inhalte genutzt. Die dritte Stufe erfordert die Erweiterung bestehender Kernkompetenzen um neue und innovative Online-Geschäftsfelder, wie zum Beispiel Social Networks. Erst durch die Berücksichtigung konvergierender Märkte in allen Stufen des Wertschöpfungsprozesses kann schließlich die Wandlung vom traditionellen Verlag zum vollständig integrierten Crossmedia-Unternehmen erfolgen, womit die vierte Entwicklungsstufe erreicht ist.

Zahlreiche große Unternehmen der Pressewirtschaft haben die Notwendigkeit zur Weiterentwicklung ihrer Geschäftsmodelle erkannt. In diesem Kontext spielt vor allem die fortschreitende Digitalisierung eine zunehmende Rolle. So gewinnt zum Beispiel für Hubert Burda Media, neben der zweiten starken Säule Dialogmarketing, das Digitalgeschäft zunehmend an Bedeutung.

Abbildung 2-9: *Entwicklungsstufen der Integration von Online-Geschäftsfeldern in Unternehmen der Pressewirtschaft*

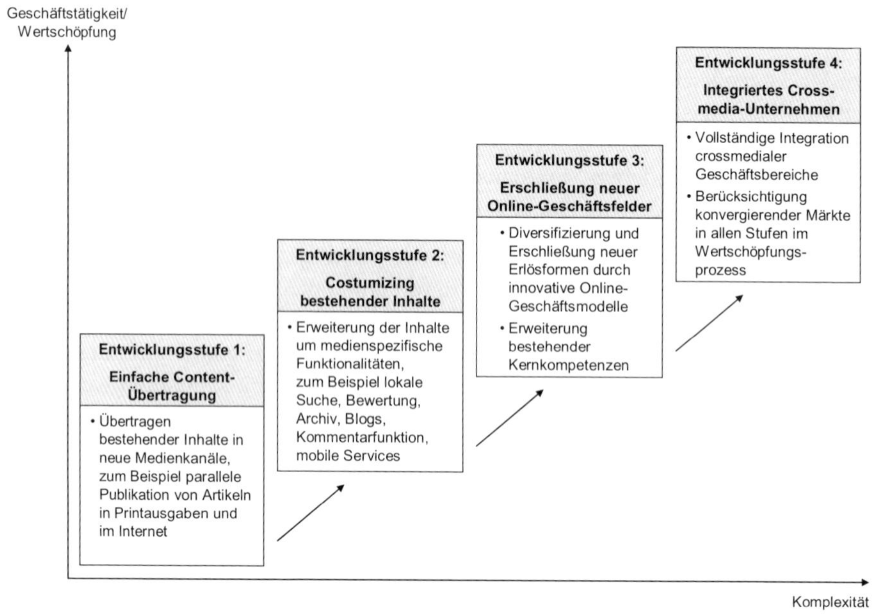

Entwicklungsstufe 1: Einfache Content-Übertragung
- Übertragen bestehender Inhalte in neue Medienkanäle, zum Beispiel parallele Publikation von Artikeln in Printausgaben und im Internet

Entwicklungsstufe 2: Costumizing bestehender Inhalte
- Erweiterung der Inhalte um medienspezifische Funktionalitäten, zum Beispiel lokale Suche, Bewertung, Archiv, Blogs, Kommentarfunktion, mobile Services

Entwicklungsstufe 3: Erschließung neuer Online-Geschäftsfelder
- Diversifizierung und Erschließung neuer Erlösformen durch innovative Online-Geschäftsmodelle
- Erweiterung bestehender Kernkompetenzen

Entwicklungsstufe 4: Integriertes Crossmedia-Unternehmen
- Vollständige Integration crossmedialer Geschäftsbereiche
- Berücksichtigung konvergierender Märkte in allen Stufen im Wertschöpfungsprozess

Achsen: Geschäftstätigkeit/Wertschöpfung (y), Komplexität (x)

Auch die Axel Springer AG hat das erklärte Ziel, zu einem in Europa führenden multimedial integrierten Print-, Online- und TV-Unternehmen zu wachsen. Die Verlagsgruppe Holtzbrinck setzt ebenfalls verstärkt auf das digitale Geschäft. Den größten Teil seines Online-Engagements betreibt der Holtzbrinck-Konzern über seine vier Tochtergesellschaften Digital, Ventures, eLAB und Online Services. Eine Übersicht über die wichtigsten Beteiligungen der Gesellschaften zeigt Abbildung 2-10.

Weitere Verlagshäuser haben bereits angekündigt, dass sie zukünftig mehr als ein Fünftel ihres Umsatzes durch Online-Aktivitäten erzielen wollen.[1] Dieses Ziel lässt sich nur durch eine erhebliche Ausweitung eher medienferner Angebote und Dienste erreichen, in denen die ursprüngliche Kernkompetenz der publizistischen Inhalte deutlich an Bedeutung verliert.

---

[1] Vgl. Vogel (2008), S. 246.

Abbildung 2-10: Online-Firmenportfolio der Holtzbrinck-Verlagsgruppe[1]

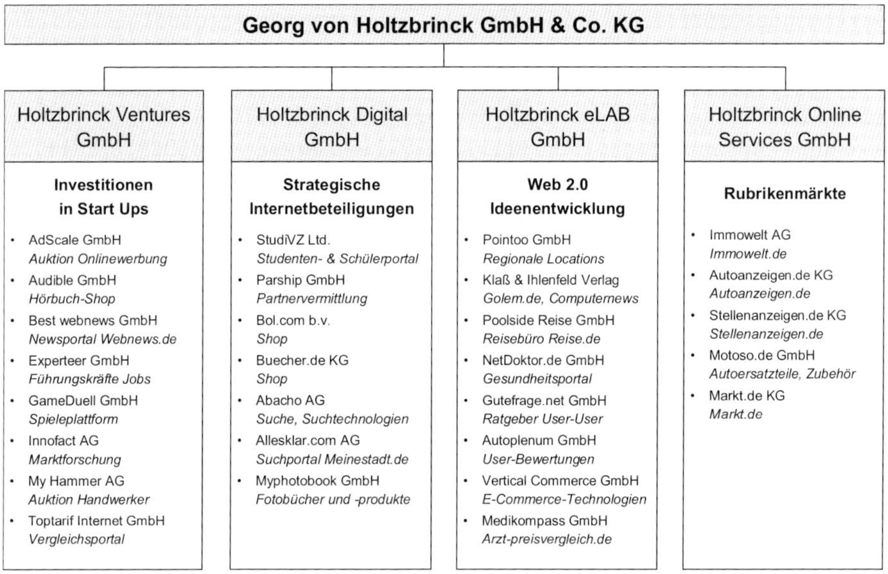

```
                    Georg von Holtzbrinck GmbH & Co. KG
```

Holtzbrinck Ventures GmbH	Holtzbrinck Digital GmbH	Holtzbrinck eLAB GmbH	Holtzbrinck Online Services GmbH
Investitionen in Start Ups	**Strategische Internetbeteiligungen**	**Web 2.0 Ideenentwicklung**	**Rubrikenmärkte**

• AdScale GmbH
  Auktion Onlinewerbung
• Audible GmbH
  Hörbuch-Shop
• Best webnews GmbH
  Newsportal Webnews.de
• Experteer GmbH
  Führungskräfte Jobs
• GameDuell GmbH
  Spieleplattform
• Innofact AG
  Marktforschung
• My Hammer AG
  Auktion Handwerker
• Toptarif Internet GmbH
  Vergleichsportal
	• StudiVZ Ltd.
	  Studenten- & Schülerportal
	• Parship GmbH
	  Partnervermittlung
	• Bol.com b.v.
	  Shop
	• Buecher.de KG
	  Shop
	• Abacho AG
	  Suche, Suchtechnologien
	• Allesklar.com AG
	  Suchportal Meinestadt.de
	• Myphotobook GmbH
	  Fotobücher und -produkte
		• Pointoo GmbH
		  Regionale Locations
		• Klaß & Ihlenfeld Verlag
		  Golem.de, Computernews
		• Poolside Reise GmbH
		  Reisebüro Reise.de
		• NetDoktor.de GmbH
		  Gesundheitsportal
		• Gutefrage.net GmbH
		  Ratgeber User-User
		• Autoplenum GmbH
		  User-Bewertungen
		• Vertical Commerce GmbH
		  E-Commerce-Technologien
		• Medikompass GmbH
		  Arzt-preisvergleich.de
			• Immowelt AG
			  Immowelt.de
			• Autoanzeigen.de KG
			  Autoanzeigen.de
			• Stellenanzeigen.de KG
			  Stellenanzeigen.de
			• Motoso.de GmbH
			  Autoersatzteile, Zubehör
			• Markt.de KG
			  Markt.de

Beispiele für Beteiligungen mit mindestens 10%, Zwischengesellschaften ausgeblendet

3 Leistungssystem

Die verschiedenen Formen der Leistungserstellung und die zugehörigen Stufen der Wertschöpfung stellen zentrale Aspekte für die Unternehmensstrategie dar. Im folgenden Abschnitt wird in diesem Kontext auf die unterschiedlichen Angebotsformen von Zeitungs- und Zeitschriftenverlagen eingegangen. Darauf folgt eine Darstellung der entsprechenden Wertschöpfungsstruktur sowie der Core Assets und Kernkompetenzen. Den Abschluss bilden die spezifischen Geschäfts- und Erlösmodelle der Verlage.

---

[1] In Anlehnung an Vogel (2008), S. 241 f.

3.1 Leistungsspektrum

Das Leistungsspektrum eines Zeitungs- oder Zeitschriftenverlags umfasst alle angebotenen Produkte und Services. Aufbauend auf den in Abschnitt 2.1 dargestellten Definitionen von Printmedien kann jedoch eine weitere Unterteilung des Leistungsspektrums von Zeitungs- und Zeitschriftenverlagen vorgenommen werden. Im weiteren Verlauf des Abschnitts werden die unterschiedlichen Zeitungs- und Zeitschriftentypen beschrieben und ihre Marktentwicklung dargestellt. Abbildung 3-1 gibt einen Überblick über das gesamte Leistungsspektrum von Zeitungs- und Zeitschriftenverlagen.

Abbildung 3-1: Produktformen im Pressebereich

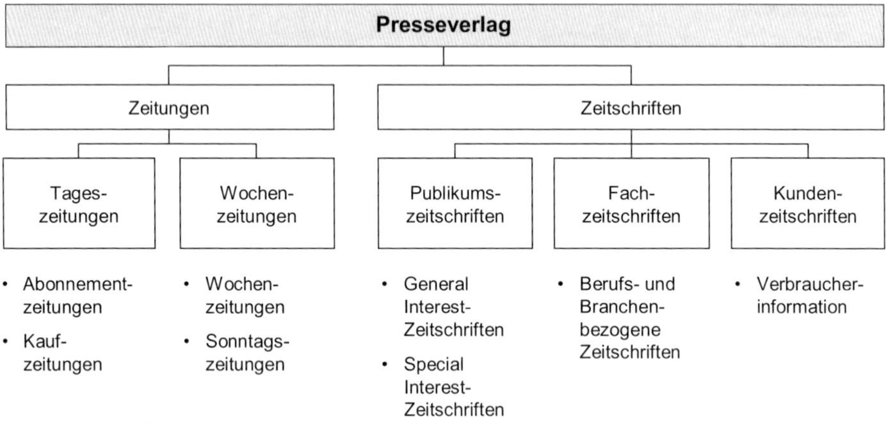

```
                            Presseverlag
                    ┌────────────┴────────────┐
                 Zeitungen                Zeitschriften
              ┌─────┴─────┐         ┌─────────┼─────────┐
          Tages-      Wochen-   Publikums-  Fach-    Kunden-
        zeitungen   zeitungen   zeitschr.  zeitschr. zeitschr.
```

- Abonnementzeitungen
- Kaufzeitungen

- Wochenzeitungen
- Sonntagszeitungen

- General Interest-Zeitschriften
- Special Interest-Zeitschriften

- Berufs- und Branchenbezogene Zeitschriften

- Verbraucherinformation

3.1.1 Zeitungen

Zeitungstypen werden üblicherweise anhand von drei Kriterien unterschieden. Dazu zählen ihre Periodizität beziehungsweise Erscheinungshäufigkeit (täglich, sonntäglich und wöchentlich), ihre Vertriebsform (Abonnentenzeitung, Kaufzeitung) und ihr Verbreitungsgebiet (lokal, regional, überregional).[1] Zur Abgrenzung von Gratiszeitungen wird als weiteres Merkmal die Entgeltlichkeit des Vertriebs hervorgehoben.[2]

---

[1] Vgl. Unger et al. (2007), S. 226.
[2] Vgl. Schütz (2000), S. 9.

Leistungssystem

■ Tageszeitungen

Tageszeitungen werden unterschieden in Abonnementzeitungen, die vorwiegend per Boten oder per Post geliefert werden, und in Kaufzeitungen, die fast ausschließlich am Kiosk oder im sonstigen Handel erworben werden können.[1] Im Jahr 2010 gab es insgesamt 347 Tageszeitungen am deutschen Markt, davon 339 Abonnementzeitungen und acht Kaufzeitungen.[2] Die Gesamtauflage der Tagespresse ist seit 1995 rückläufig. Lag die Auflage 1995 bei 26 Millionen Exemplaren, sank sie bis 2011 auf nur noch 18,9 Millionen Zeitungen, wie in Abbildung 3-2 dargestellt wird.

Abbildung 3-2: *Auflagenentwicklung der Tageszeitungen zwischen 1995 und 2011*[3]

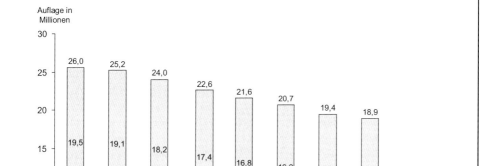

Die Abonnementzeitungen hatten im Jahr 2011 eine Gesamtauflage von 15 Millionen Exemplaren. Bei den im Abonnement vertriebenen Tageszeitungen ist eine positive Auflagenentwicklung für qualitätsorientierte Titel, die sich in hohem Maß auf Information fokussieren und sich deutlich von der Boulevardpresse abgrenzen, zu erkennen. Es existieren sowohl Abonnementzeitungen mit lokalem als auch mit überregionalem Bezug. Lokalzeitungen werden für ein regional begrenztes Vertriebsgebiet hergestellt und in der Regel vorwiegend im Abonnement vertrieben.

[1] Vgl. Maaßen (1996), S. 33.
[2] Vgl. Pasquay (2011a), S. 3.
[3] In Anlehnung an Pasquay (2011b).

Trotz der rückläufigen Werbeeinnahmen ist die Tageszeitung immer noch einer der beliebtesten Werbeträger. Laut dem Zentralverband der deutschen Werbewirtschaft (ZAW) waren Tageszeitungen mit einem Anteil von 19% im Jahr 2010 nach dem Fernsehen der größte Werbeträger in Deutschland.[1] Jedoch geht ihr Anteil am Gesamtvolumen der Werbeaufwendungen seit Mitte der 1980er Jahre zurück und wurde bereits 2011 von TV und Internet abgelöst. Mitverantwortlich für die bis 2009 führende Position der Zeitungen bei den Werbeerlösen ist die Tatsache, dass auch die Erlöse aus Rubrikenanzeigen als Werbeeinnahmen verbucht werden.

Über die Hälfte der Erlöse aus den Werbemärkten werden bei Lokalzeitungen durch lokale Geschäftsanzeigen sowie weitere Werbeanzeigen mit lokalem Bezug generiert. Unter überregionalen Tageszeitungen werden pressestatistisch diejenigen Zeitungen verstanden, die mehr als die Hälfte ihrer Auflage außerhalb eines lokal oder regional begrenzten Verbreitungsgebiets verkaufen.[2] Als Beispiele für klassische Abonnementzeitungen sind zum einen Titel mit regionalem Verbreitungsgebiet wie „Mannheimer Morgen" oder „Stuttgarter Nachrichten" zu nennen und zum anderen überregionale Tageszeitungen wie „Frankfurter Allgemeine Zeitung" oder „Süddeutsche Zeitung."

Kaufzeitungen werden aufgrund ihres Vertriebsschwerpunkts auch als Boulevardzeitungen bezeichnet und existieren wie die Abonnementzeitungen sowohl als regionale Zeitungen („Berliner Kurier" oder „Kölner Express"), als auch als überregionale Zeitungen („Bild"). Die Auflagenverluste im Tageszeitungsbereich sind vorwiegend zu Lasten der Kaufzeitungen gegangen. Zwischen den Jahren 2000 und 2010 ist die Gesamtauflage der Boulevardzeitungen um 1.579.228 Exemplare beziehungsweise 28,3% auf vier Millionen Exemplare zurückgegangen. Im gleichen Zeitraum verloren die Abonnementzeitungen 15,4% an Auflage.[3]

■ Wochenzeitungen

Wochenzeitungen lassen sich entsprechend ihres redaktionellen Konzepts in Wirtschaftszeitungen, konfessionelle Zeitungen („Rheinischer Merkur") und allgemeine Wochenzeitungen („Die Zeit") unterscheiden. Weiterhin lassen sich lokale und regionale Anzeigenblätter abgrenzen, die unentgeltlich an alle Haushalte im Verbreitungsgebiet verteilt werden und ausschließlich durch Erlöse auf den Werbemärkten finanziert werden.

Da Wochenzeitungen einmal pro Woche erscheinen, kann zusätzlich eine Einteilung anhand des Erscheinungstags vorgenommen werden. Neben den Wochenzeitungen, die werktags erscheinen, existiert die Gruppe der Sonntagszeitungen. Im Jahr 2011 gab es insgesamt 21 Wochenzeitungen und sechs Sonntagszeitungen. Die Wochenzeitungen hatten 2011 eine Gesamtauflage von 1,77 Millionen Exemplaren, die Gesamtaufla-

---

1 Vgl. Zentralverband der deutschen Werbewirtschaft (2011), S. 17.
2 Vgl. Bundesregierung (1998).
3 Vgl. Röper (2010), S. 219.

ge der Sonntagszeitungen lag bei 3,25 Millionen.[1] Wochen- und Sonntagszeitungen haben traditionell eine höhere Auflage als Tageszeitungen, da viele Leser aus Zeitgründen die Lektüre einer wöchentlich erscheinenden Zeitung einer Tageszeitung gegenüber vorziehen. Darüber hinaus sprechen die Sonntagszeitungen Leser an, die am Wochenende nicht auf die gewohnte Zeitungslektüre verzichten möchten.[2]

Deutschlandweit existieren drei überregionale Sonntagszeitungen. Dies sind die „Bild am Sonntag" und die „Welt am Sonntag", beide von der Axel Springer AG herausgegeben, sowie die „Frankfurter Allgemeine Sonntagszeitung." Darüber hinaus gibt es insbesondere in Ballungsgebieten vereinzelt Sonntagsausgaben der dort ansässigen Tageszeitungen wie „Sonntag aktuell" in Stuttgart „B.Z. am Sonntag" in Berlin, „Morgenpost am Sonntag" in Dresden und die „Lübecker Nachrichten am Sonntag." Im Gegensatz zu den Tageszeitungen gingen die Auflagen der Sonntagszeitungen nicht so stark zurück.

3.1.2 Zeitschriften

In der Praxis hat sich eine Typologisierung der Zeitschriften in Publikums-, Fach- und Kundenzeitschriften durchgesetzt.[3] Darüber hinaus werden mitunter die konfessionelle Presse, Anzeigenblätter, Amtliche Blätter sowie kommunale Amtsblätter genannt.[4] Im Folgenden soll insbesondere auf Publikumszeitschriften und Fachzeitschriften eingegangen werden.

- Publikumszeitschriften

Publikumszeitschriften decken in der Regel ein breites Zielgruppenspektrum ab. Die redaktionellen Inhalte bestehen vorwiegend aus aktuellen Themen, allgemeinverständlichen Informationen sowie unterhaltenden Elementen. Die Heftstruktur der Publikumszeitschriften im Jahr 2006 ist in Abbildung 3-3 dargestellt, sie bestehen zu fast drei Vierteln aus dem redaktionellen Inhalt. Die Erscheinungsintervalle von Publikumszeitschriften variieren von einer Woche über ein 14-tägliches Erscheinen, eine monatliche oder zweimonatige Erscheinungsweise bis hin zu vierteljährlichen Ausgaben.

---

1 Vgl. Pasquay (2011a), S. 3.
2 Vgl. Picard/Brody (1997), S. 13.
3 Vgl. Unger et al. (2007), S. 226.
4 Vgl. Bundesregierung (1998).

Kapitel 2: Zeitungs- und Zeitschriftenmanagement

Abbildung 3-3: Heftstruktur der Publikumszeitschriften[1]

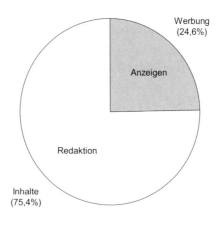

Die Gesamttitelzahl der Publikumspresse hat im Zeitverlauf deutlich zugenommen. So existierten im Jahr 2006 bereits 1.392 Titel am Markt, während 1975 lediglich 340 Publikumszeitschriften am Markt verfügbar waren.[2] Als weitverbreitete und weitergehende Klassifikation ist im Bereich der Publikumszeitschriften die Unterscheidung nach General beziehungsweise Special Interest-Zeitschriften zu nennen, wobei dies eine stark vereinfachte Einteilung darstellt. Abbildung 3-4 zeigt die Verteilung der Werbeerlöse im Bereich der Publikumszeitschriften. Aktuelle Zeitschriften und Magazine sind dabei eher den General Interest-Titeln zuzuordnen, während zum Beispiel Lifestyle- und Motorpresse eher zu den Special Interest-Titeln zählen.

Im Gegensatz zu Special Interest-Zeitschriften erfüllen General Interest-Titel in größerem Maß das Kriterium der Universalität. Sie sind für breite Publikumskreise konzipiert und bieten den Lesern ein umfangreiches Spektrum an Informationen aus den Bereichen Politik, Wirtschaft, Zeitgeschehen, Kultur, Unterhaltung sowie Sport. Zu den bekanntesten General Interest-Titeln zählen in Deutschland „Der Spiegel" und der „Stern." Special Interest-Zeitschriften wenden sich mit einer speziellen Thematik an ein abgegrenztes Lesermarktsegment, das an informativen und unterhaltenden Inhalten zu einem bestimmten Thema interessiert ist. Dabei bringen sie dem Leser den Themenschwerpunkt auf eine allgemeinverständliche und unterhaltende Weise näher und werden nicht, wie Fachzeitschriften, aus vorwiegend beruflichem Interesse genutzt.[3]

---

[1] Datenquelle: Verband Deutscher Zeitschriftenverleger (2007), S. 4.
[2] Vgl. Vogel (2006), S. 381.
[3] Vgl. Koschnick (2003), S. 1633.

Abbildung 3-4: Entwicklung der Werbeumsätze der Publikumszeitschriftengattungen[1]

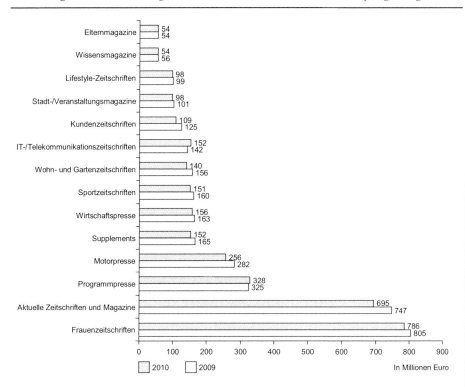

Special Interest-Titel profitieren von dem anhaltenden Verdrängungswettbewerb unter den Publikumszeitschriften, da sie dem Informationsbedürfnis der Leser offenbar besser nachkommen als allgemeine Illustrierte. So hält der Medienbericht der Bundesregierung eine dynamische Aufwärtsentwicklung bei der Titelanzahl und Auflagenhöhe fest.[2]

Neben den alters- und geschlechtsspezifischen Angeboten der Frauen-, Familien- oder Jugendzeitschriften decken Special Interest-Titel insbesondere unterschiedliche Hobby- und Interessensbereiche wie beispielsweise Motorsport, Computer/IT, Reisen, Sport, Gesundheit oder Wirtschaft ab. Konfessionelle Zeitschriften sind ebenso zu Special Interest-Zeitschriften zu zählen.

---

1 Datenquelle: Verband Deutscher Zeitschriftenverleger (2011), S. 3.
2 Vgl. Bundesregierung (1998).

■ Fachzeitschriften

Fachzeitschriften weisen eine weitgehend homogene Zielgruppenstruktur und aufgrund dieser Spezialisierung einen inhaltlichen Schwerpunkt auf. Der Verband der Deutschen Fachpresse bezeichnet alle periodischen Druckwerke (hierzu zählen auch alle wissenschaftlichen Zeitschriften), die mit der Absicht eines zeitlich unbegrenzten Erscheinens mindestens viermal jährlich herausgegeben werden und sich in erster Linie mit beruflich relevanten Inhalten befassen, als Fachzeitschriften. Fachzeitschriften berichten im Wesentlichen über wissenschaftliche, technische und wirtschaftliche Bereiche.

Die Fachpresseaktivitäten sind in der Regel in ein größeres Unternehmen eingebunden und somit eine Teilaktivität der Verlage. Der Beitrag der Fachpresseaktivitäten zum Gesamtumsatz dieser Unternehmen lag im Jahr 2010 im Durchschnitt bei 59,5%. Der mit Fachzeitschriften erzielte Gesamtumsatz betrug im Jahr 2010 circa 1,8 Milliarden Euro. Der Vertriebsumsatz von 900 Millionen Euro macht 45% des mit Fachzeitschriften erzielten Gesamtumsatzes aus, der Anzeigenumsatz mit 1.016 Millionen Euro 51%, sonstige Erlöse liegen bei vier Prozent. Die Titelanzahl sinkt leicht nach einem kontinuierlichen Wachstum in den letzten Jahren. Erschienen im Jahr 2002 3.563 Titel, so waren es 2010 mit 3.829 Titeln 7,5% mehr. Trotz dieser Titelvielfalt sank die verkaufte Auflage im gleichen Zeitraum von 250,56 Millionen um circa 10,4% auf 224,48 Millionen.[1]

Die Fachtitel decken einerseits das gesamte Spektrum der Fachzeitschriften mit überwiegend wissenschaftlichem Inhalt und andererseits das Gebiet der sonstigen Fachzeitschriften ab. Abbildung 3-5 gibt eine Übersicht über die inhaltliche Ausrichtung der Verlage von Fachzeitschriften. Dabei wird zwischen Fachzeitschriften mit überwiegend wissenschaftlichem Inhalt und anderen, überwiegend nicht wissenschaftlich ausgerichteten Titeln unterschieden. Verlage sind durchschnittlich in etwa 1,7 Fachgebieten tätig, also relativ fokussiert in ihrem Angebot.

Als Beispiele für Fachzeitschriften sind für den Medienbereich die Titel „Buchreport", „werben & verkaufen" oder „Horizont" zu nennen. Insgesamt bieten 92% aller Fachverlage Online-Angebote zu den von ihnen publizierten Fachzeitschriftentiteln an, von denen bislang jedoch nur wenige kostendeckend arbeiten. Oftmals sind diese Online-Angebote in ein Fachportal integriert beziehungsweise die Verlage betreiben eigene Fachportale oder stellen ihren Content sowohl unentgeltlich als auch gegen Gebühren anderen Web-Angeboten zur Verfügung.[2]

---

[1] Vgl. Verein Deutsche Fachpresse (2011), S. 10 ff.
[2] Vgl. Verein Deutsche Fachpresse (2001), S. 7 ff.

Abbildung 3-5: Inhaltliche Ausrichtung der Verlage von Fachzeitschriften[1]

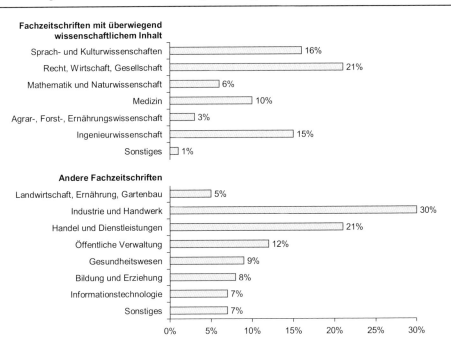

3.2 Wertschöpfungsstrukturen

Wertschöpfungsstrukturen beschreiben die Konfiguration, Stufen und Interaktionspartner der Wertschöpfung bei der Erbringung einer Leistung. Die Wertkette von Zeitungs- und Zeitschriftenverlagen kann anhand von fünf Wertschöpfungsstufen dargestellt werden, die zur Erstellung eines Presseprodukts durchlaufen werden. Diese werden in Abbildung 3-6 dargestellt. Die ersten beiden Stufen der Wertschöpfungskette umfassen die Inhalteerstellung. Hierfür müssen zunächst Informationen extern beschafft (zum Beispiel von Nachrichtenagenturen) oder intern generiert werden (zum Beispiel durch eigene Reporter). Diese Rohdaten werden anschließend in der zweiten Stufe der Inhalteerstellung redaktionell aufbereitet. Parallel zur Produktion der Inhalte laufen Werbeakquise und -platzierung ab. In der dritten Stufe erfolgt das Packaging der Inhalte, das heißt das Zusammenführen von Anzeigen und redaktionellen Beiträgen. Hier wird auch die Layout-Erstellung, also die grafische Gestaltung der Produkte vorgenommen.

---

[1] Datenquelle: Verband Deutscher Zeitschriftenverleger (2001).

Kapitel 2: Zeitungs- und Zeitschriftenmanagement

Die vierte Stufe der Wertschöpfungskette bezieht sich auf die physische Herstellung, das heißt den Druck des Mediums. Durch den verstärkten Computereinsatz fällt die Druckvorstufe immer häufiger weg, es kommt zu einer zunehmenden Verschmelzung von Packaging und Print. Diese Entwicklung ermöglicht einen zeitnahen Druck und einen späteren Redaktionsschluss. Die letzte Stufe Distribution umfasst den Vertrieb der fertigen Printprodukte über den Groß- und Einzelhandel, per Abonnement oder sonstige Vertriebsformen, wie beispielsweise über Lesezirkel.

Abbildung 3-6: Wertkette von Zeitungen und Zeitschriften

a. Informationsbeschaffung / b. Inhaltegenerierung / c. Werbeakquisition	a. Redaktion / b. Werbeplatzierung	Packaging der Produkte	Print	Distribution	Leser
Kernaufgaben					
• Beschaffung und Generierung von Inhalten und Werberaumleistungen	• Erstellung von redaktionellen Inhalten • Annahme von Anzeigen	• Layout-Erstellung, Satz, Titelgestaltung	• Vervielfältigung beziehungsweise Druck der Printprodukte	• Vertrieb über Groß- und Einzelhandel • Direktvertrieb	
Anbieter					
• Nachrichten- und Bild-Agenturen • Autoren, Journalisten • Anzeigenabteilungen der Verlage	• Redaktionen • Anzeigenabteilungen	• Art-Director • Grafiker • Layouter	• Druckereien	• Presse-Grosso • Kiosk, Tankstelle, Supermarkt • Abonnement • Lesezirkel	
Beispiele					
• dpa, Reuters, Associated Press • Anzeigenabteilungen von G&J, Springer, Bauer, Burda	• Spiegel-, Focus oder Stern-Redaktion • Anzeigenabteilungen der FAZ, SZ, Die Welt	• Grafikabteilungen von Springer, G & J, Bauer, Burda	• Mohn Media, Druckereien des Springer Verlags	• PVG Presse Vertriebsgesellschaft KG, Sussmann's Presse & Buch GmbH • Stilke Aktuell, BP, Edeka	

Bei der Distribution der Inhalte über Online-Ausgaben werden redaktionelle Beiträge entweder unverändert in der Online-Ausgabe veröffentlicht oder von einer eigenen Online-Redaktion internetspezifisch aufbereitet. So verfügt zum Beispiel „Spiegel Online" über eine eigene Online-Redaktion. Spätestens nach der zweiten Stufe Redaktion wird bei der Produktion von Online-Ausgaben die in Abbildung 3-6 gezeigte Wertkette verlassen, Packaging und Distribution erfolgen in einer eigenen Online-Wertkette. Auch wenn die meisten Zeitungs- und Zeitschriftenverlage eine eigene Redaktion besitzen, beziehen viele Verlage zusätzliche redaktionelle Teilleistungen, wie beispielsweise den Zeitungsmantel, von externen Dienstleistern.

Als Zeitungsmantel wird der allgemeine Teil mit Weltnachrichten und Politikberichterstattung bezeichnet. Darüber hinaus wird auch der Werberaum nicht immer ausschließlich von den Verlagen selbst verkauft. In diesem Kontext existieren, beispielsweise im Bereich der Stadtillustrierten, Zusammenschlüsse, die den Anzeigenraum der einzelnen Stadtzeitschriften zentral vermarkten und so einerseits den Verlagen zu Kosteneinsparungen verhelfen und andererseits den Werbetreibenden die Möglichkeit einer unkomplizierten bundesweiten Schaltung ihrer Werbung bieten.

3.3 Core Assets und Kernkompetenzen

Kernkompetenzen sind von erheblicher Bedeutung für den Wettbewerbserfolg von Medienunternehmen. Zu den Core Assets von Zeitungs- und Zeitschriftenverlagen zählen die Mitarbeiter, die Marke, das Kontaktnetzwerk und die Reichweite. Mitarbeiter sind dabei Know How-Träger mit häufig komplementären Fähigkeiten und haben eine zentrale Funktion für die Leistungserstellung und -vermarktung. Die Marke der Publikation, also zum Beispiel der Name einer Lokalzeitung, sorgt für die Unverwechselbarkeit der Zeitung beziehungsweise Zeitschrift. Ein Kontaktnetzwerk besteht aus verschiedenen Informationsquellen, über die sich der Verlag Input für die Inhalteproduktion und Marktinformationen für den Anzeigenvertrieb verschafft. Die Reichweite als Umfang des Kundenstamms ist Ergebnis einer langfristigen, erfolgreichen Verlagstätigkeit und stellt einen wichtigen Faktor für die Generierung von Anzeigenerlösen dar.

Zur Nutzung der Core Assets sind mit der Content Sourcing-Kompetenz, der Content Creation-Kompetenz (redaktionelle Kompetenz), der Produktentwicklungskompetenz (Formatkompetenz) und der crossmedialen Vermarktungskompetenz vier zentrale Kernkompetenzen erforderlich. Die zielgerichtete Verknüpfung von Core Assets und Kernkompetenzen kann Zeitungs- und Zeitschriftenverlagen erhebliche Wettbewerbsvorteile im Leser- und Anzeigenmarkt verschaffen.

Ein Beispiel für die erfolgreiche Kombination von Core Assets und Kernkompetenzen ist die Zeitschrift „GEO" aus dem Verlagshaus Gruner & Jahr. Die Core Assets Marke und Kundenstamm wurden mit der hochspezialisierten, redaktionellen Kompetenz der „GEO"-Redaktion und der Formatkompetenz des Verlags Gruner & Jahr kombiniert, um mehrere Zeitschriften herauszugeben, die ein ähnliches, jedoch auf ein engeres Themengebiet fokussiertes, redaktionelles Konzept verfolgen (zum Beispiel „Geo Epoche" oder „Geo Wissen"). Auf diese Weise werden durch die Kombination der Core Assets und Kernkompetenzen eine bessere Marktabdeckung und höhere Verkaufs- und Werbeerlöse erzielt.

3.4 Geschäftsmodelle

Geschäftsmodelle haben als integriertes Managementkonzept in den letzten Jahren einen erheblichen Bedeutungszuwachs erfahren.[1] Die Darstellung der Geschäftsmodelle von Zeitungs- und Zeitschriftenverlagen erfolgt in den folgenden Abschnitten auf der Basis vereinfachter Geschäftsmodelle, wie sie im ersten Kapitel entwickelt worden sind. Als Abgrenzungskriterium für die unterschiedlichen Geschäftsmodelle einer Branche wurde im ersten Kapitel das Leistungsangebot der Medienunternehmen vorgeschlagen. Dieser Vorgehensweise wird in den weiteren Ausführungen gefolgt, da Printunternehmen sinnvoll anhand ihres Leistungsangebots unterteilt werden können. Nach einer allgemeinen Darstellung von Erlös- und Leistungserstellungsmodellen werden die Besonderheiten der Geschäftsmodelle von Zeitungs- und Zeitschriftenverlagen dargestellt.

- Erlösmodelle

Das Erlösmodell wurde im vorangegangenen Kapitel als elementarer Teil des Geschäftsmodells dargestellt. Die dort entwickelte Erlössystematik soll an dieser Stelle auf den Pressebereich übertragen werden. Auf den Lesermärkten sind vor allem die Erlöse aus der Mediennutzung relevant. Als transaktionsabhängige Erlöse können hier im Wesentlichen die Verkaufserlöse im Einzelhandel angesehen werden. Transaktionsunabhängige Erlöse entstehen hingegen überwiegend im Abonnement-Verkauf.

Erlöse aus dem Medienzugang sind in der Printbranche nicht relevant. Auch die sonstigen Erlöse auf den Lesermärkten beschränken sich auf wenige Merchandising-Erlöse und Dienstleistungen, zum Beispiel Archivdienste. Die Erlösgenerierung auf den Werbemärkten ist für Zeitungs- und Zeitschriftenverlage von besonderer Bedeutung. Die Werbeeinnahmen, die 40-60% der Gesamterlöse von Zeitungs- und Zeitschriftenverlagen ausmachen, bilden eine wichtige Einnahmequelle der Verlage.

Bei Gratiszeitungen und Anzeigenblättern findet die Erlöserzielung sogar ausschließlich auf den Werbemärkten statt. Das Produktangebot im Werbemarkt besteht überwiegend aus klassischen Werberaumleistungen wie Anzeigen und Beilagen. Schließlich spielt die Erlöserzielung auch auf den Rechtemärkten für Zeitungs- und Zeitschriftenverlage eine Rolle. Dabei geht es häufig um den Verkauf von Teilrechten für geografisch eingegrenzte Ausgaben, wie beispielsweise für Lizenzausgaben in bestimmten Ländern. Der Staat als vierte Erlösquelle des Erlösmodells ist im Printbereich nicht relevant.

---

[1] Vgl. Wirtz (2011a), S. 3.

Leistungserstellungsmodell

Presseprodukte werden von Zeitungs- beziehungsweise Zeitschriftenverlagen herausgegeben. Schwerpunkte der Verlegertätigkeit sind hierbei die Produktion und der Vertrieb der Produkte. Im Leistungserstellungsmodell werden die wichtigsten Tätigkeiten zusammengefasst, die bei der Herstellung von Zeitungen und Zeitschriften anfallen. Von besonderer Bedeutung für das Verlagsmanagement ist dabei die Kostenstruktur der Leistungserstellung.

Durch eine Verringerung der Produktionskosten können Wettbewerbsvorteile in Form von Kostenvorteilen entstehen. Aufgrund der Tatsache, dass Verlagsunternehmen oftmals in zahlreichen Geschäftsfeldern tätig sind, gestaltet es sich allerdings schwierig, die Kosten der Leistungserstellung im Zeitungs- oder Zeitschriftenbereich eindeutig zuzuordnen.

Abbildung 3-7 gibt einen Überblick über die Kosten- und Erlösstruktur der Leistungserstellung in Zeitungs- und Zeitschriftenverlagen. Bei den angegebenen Werten handelt es sich um Durchschnittswerte. Der Anteil der First Copy Costs am Gesamtumsatz liegt bei den Zeitungs- und Zeitschriftenverlagen bei 42%. Den größten Anteil an den First Copy Costs hat mit 20% die Redaktion, die auch maßgeblich für die inhaltliche Produktgestaltung verantwortlich ist.

Etwa 12% des Umsatzes decken die durch Anzeigenakquise verursachten Kosten. Die Gewinnspanne im Zeitungs- und Zeitschriftensektor liegt bei durchschnittlich 10%. Mit etwa 50% des Gesamtumsatzes ist der Anteil der Produktions- und Vertriebskosten in der Zeitungs- und Zeitschriftenbranche im Vergleich zu anderen Mediengattungen relativ hoch.

Dies kann vor allem auf das physische Medium Papier zurückgeführt werden. Die Druckkosten bilden mit 28% den größten Kostenblock innerhalb des Leistungserstellungsmodells. Die Vertriebskosten umfassen vor allem die Kosten für die Zustelldienste und für den Presse-Grosso. Einer der bedeutendsten Kostentreiber in Zeitungs- und Zeitschriftenverlagen sind die Ausgaben für das Papier.

Diese Kosten sind vom Management nur zum Teil steuerbar, da die Einkaufspreise von den einzelnen Verlagen nur in geringem Maß beeinflusst werden können. Mehr Gestaltungsspielraum hat das Management in Bezug auf die Kostenstruktur bei der Erstellung redaktioneller Leistungen. Hierbei versuchen die Verlage verstärkt, Kostensenkungsmaßnahmen durchzuführen. Dazu zählt vor allem das Outsourcing redaktioneller Leistungen an freie Mitarbeiter oder spezialisierte Dienstleister.

Kapitel 2: Zeitungs- und Zeitschriftenmanagement

Abbildung 3-7: Kosten- und Erlösstruktur der Leistungserstellung von Zeitungen und Zeitschriften[1]

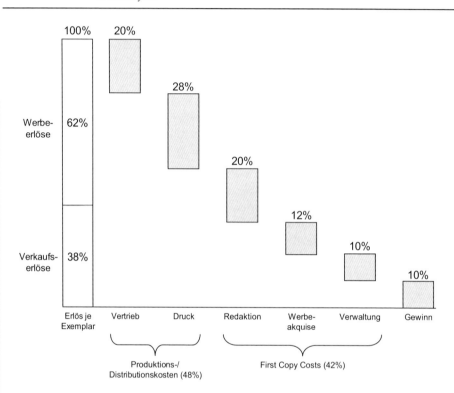

3.4.1 Geschäftsmodell Zeitungsverlag

Bezüglich ihres Erlösmodells weisen Zeitungen und Zeitschriften Unterschiede auf. Beide Medien finanzieren sich zwar zu einem großen Teil über Werberlöse, die Werbeformen und die Struktur der Werbekunden sind aber sehr heterogen. Daher werden beide Gattungen separat betrachtet. 83,5% der Werbeerlöse von Zeitungen werden über Anzeigen erzielt, 16,5% der Werbeerlöse entfallen auf Fremdbeilagen.[2] Letztere werden meist als Loseblattsammlung in die Zeitung eingelegt. Darüber hinaus vertreiben zahlreiche Zeitungsverlage zusätzliche Anzeigenblätter, die nur zu einem geringen Teil aus redaktionellen Inhalten bestehen, um den lokalen Werbemarkt umfassend abzudecken.

---

[1] Auf der Basis eigener Analysen und Abschätzungen.
[2] Vgl. Bundesverband deutscher Zeitungsverleger e.V. (2011), S. 24.

Leistungssystem

Ein wichtiger Bestandteil der Werbeerlöse von Zeitungen stammt aus dem Rubrikengeschäft. Beim Rubrikengeschäft handelt es sich vorrangig um ein lokales Geschäft, das vorwiegend Kunden aus dem unmittelbaren Verbreitungsgebiet der Zeitung anzieht. 28% der gesamten Rubrikenerlöse machen Erlöse aus lokalen Geschäftsanzeigen aus. Darüber hinaus spielen überregionale, Stellen, Familien-, Immobilien- und Kfz-Anzeigen eine wichtige Rolle im Rubrikengeschäft.[1]

Allerdings wandert ein Teil dieser Rubrikenanzeigen zunehmend zu Internetanbietern wie Scout24 (AutoScout24.de sowie ImmobilienScout24.de) oder Monster.de ab. Für deutschlandweit verbreitete Zeitungen, wie beispielsweise die „FAZ", bilden außerdem überregionale Anzeigen eine bedeutende Erlösquelle. Darüber hinaus haben viele Unternehmen mithilfe der neuen technologischen Möglichkeiten ihr Angebotsspektrum auf den Rezipientenmärkten erweitert und bieten neben den traditionellen Presseerzeugnissen zunehmend auch Videos, CD-ROMs oder Online-Dienste sowie darüber hinausgehende Services an.

Zur Darstellung eines vereinfachten Geschäftsmodells von Zeitungsverlagen kann das Beispiel Handelsblatt herangezogen werden, das in Abbildung 3-8 dargestellt ist. Hieraus gehen die Leistungserstellungsprozesse der einzelnen Angebotsleistungen sowie die Schnittstellen zu externen Partnern im Rahmen dieser Prozesse hervor. In der Abbildung werden die einzelnen Prozesse sichtbar, die bereits im Rahmen der Wertkette dargestellt worden sind.

Das Leistungsspektrum des Handelsblatts ist einerseits auf die Lesermärkte und andererseits auf die Werbemärkte ausgerichtet. Neben der Wirtschaftszeitung Handelsblatt werden auch Magazine (Junge Karriere, Wirtschaftswoche), Fachzeitschriften (Absatzwirtschaft, Lebensmittelpraxis) und Fachbücher auf den Lesermärkten angeboten. Darüber hinaus verfügt die Verlagsgruppe Handelsblatt über eigene Internetangebote (Handelsblatt.com, Wiwo.de, Karriere.de).

Auf den Werbemärkten setzt sich das Leistungsspektrum der Verlagsgruppe aus einem Set von unterschiedlichen Werberaumleistungen zusammen. So werden Werberaumleistungen in Form von klassischen Printanzeigen und Beilagen in allen Zeitungen, aber auch Sonderwerbeformen wie beispielsweise Sponsoring oder Promotion angeboten. Im Bereich der Online-Werbung bietet das Handelsblatt verschiedene Werbeformate, beispielsweise Werbung in Newslettern, Banner-Werbung sowie Werbung über SMS, WAP und PDA. Dabei richtet sich das Angebot der Bereitstellung von Werberaum an die Werbetreibenden selbst sowie an Mediaagenturen, die im Auftrag der werbetreibenden Industrie agieren.

---

[1] Vgl. Bundesverband deutscher Zeitungsverleger e.V. (2011), S. 23.

Kapitel 2: Zeitungs- und Zeitschriftenmanagement

Abbildung 3-8: Geschäftsmodell eines Zeitungsverlags[1]

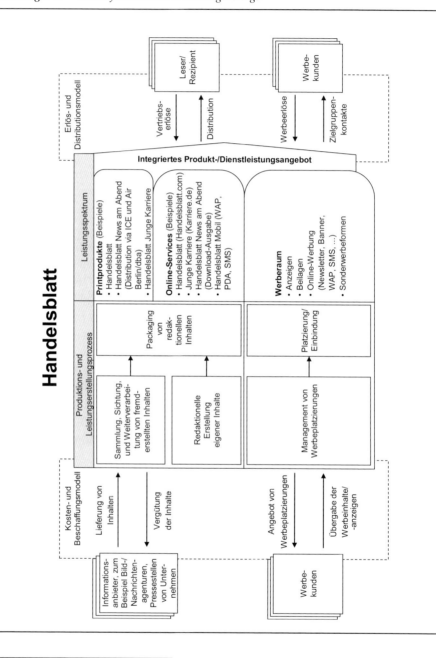

---

[1] Auf der Basis eigener Analysen und Abschätzungen.

3.4.2 Geschäftsmodell Zeitschriftenverlag

Die Erlöse von Zeitschriftenverlagen gliedern sich in drei Erlösblöcke. Dies sind im Einzelnen Erlöse aus dem Verkauf von Werberaum, Erlöse aus dem Verkauf der einzelnen Zeitungen beziehungsweise Zeitschriften sowie sonstige Erlöse. Letztere umfassen insbesondere Erlöse aus anderen Geschäftstätigkeiten der Verlage, wie zum Beispiel Druckerlöse. Im Vergleich zu Zeitungen liegt der Anteil der Werbeerlöse an den Gesamterlösen bei Zeitschriften niedriger als bei Zeitungen.

Demzufolge sind Zeitschriften von konjunkturell bedingten Schwankungen der Werbeerlöse tendenziell in einem geringeren Ausmaß betroffen als Zeitungsverlage. Aufgrund der überregionalen Verbreitung sind Zeitschriften zudem weniger für lokale Inserenten als für bundesweit werbende Unternehmen interessant. Da Zeitschriften in den meisten Fällen farbig und auf hochwertigem Papier gedruckt werden, stehen den Werbekunden vielfältigere Gestaltungsmöglichkeiten als bei Zeitungen offen. Der Anteil vierfarbiger Anzeigen liegt bei Publikumszeitschriften bei über 60%.[1]

Abbildung 3-9 stellt die Erlösprofile der drei größten deutschen Zeitschriftenverlage vergleichend dar. Der Anteil der Anzeigenerlöse liegt bei keinem der Anbieter über 45%. Während Gruner & Jahr und die Axel Springer AG ihre Erlöse zu etwa gleichen Teilen aus dem Anzeigen- und Vertriebsgeschäft erzielen, erwirtschaftet der Heinrich Bauer Verlag seine Erlöse zu knapp 65% aus dem Vertrieb der verlegten Objekte.

Diese Abweichung kann auf die unterschiedliche Zusammensetzung der Verlagsprogramme zurückgeführt werden. Der Heinrich Bauer Verlag konzentriert sich vorwiegend auf niedrigpreisige Titel in den Segmenten Programm, Jugend, Frauen und Yellow Press. Da die Zielgruppe dieser Titel für Werbekunden weniger attraktiv ist, werden die Objekte stärker aus Verkaufs- als aus Werbeerlösen finanziert.

Bei der Betrachtung des Leistungserstellungsmodells ist der Anteil der Druckkosten an den Gesamtkosten für Zeitschriften etwas niedriger anzusetzen als bei Zeitungen. Aufgrund der nicht-täglichen Erscheinungsweise besteht bei Zeitschriften, anders als bei Zeitungen, nicht die Notwendigkeit der Einschaltung eines Zustelldiensts. Zeitschriften werden in den meisten Fällen per Post ausgeliefert.

---

1 Vgl. Focus Medialine (2010).

Kapitel 2: Zeitungs- und Zeitschriftenmanagement

Abbildung 3-9: Erlösstruktur ausgewählter Zeitschriftenverlage[1]

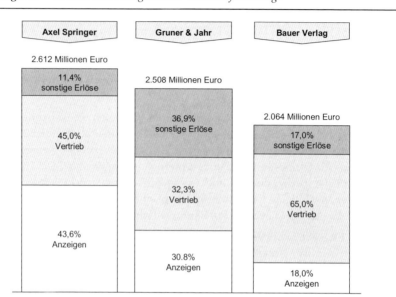

Die Darstellung des Geschäftsmodells von Zeitschriftenverlagen soll am Beispiel des Burda Verlags erfolgen. Dieses illustriert Abbildung 3-10. Der Burda Verlag dient als Dachmarke für eine Reihe von Verlagen, die alle eigenständig geführt werden. Die herausgegebenen Titel der Verlagsgruppe Milchstrasse waren First Mover und besetzten, durch die Abstimmung auf aktuelle Trends, erst im Entstehen begriffene Marktnischen.[2] Auch das Leistungsspektrum des Burda Verlags ist sowohl auf die Lesermärkte, als auch auf die Werbemärkte ausgerichtet. Die Angebotsleistungen auf den Lesermärkten umfassen die Bereitstellung von Zeitschriften sowie deren Online-Ausgaben.

Auf den Werbemärkten setzt sich das Leistungsspektrum aus einem Spektrum von unterschiedlichen Werberaumleistungen in den Print- beziehungsweise Online-Titeln zusammen. Neben den klassischen Werberaumleistungen (Anzeigen oder Banner) können in diesem Zusammenhang unter anderem auch Beilagen und Themen-Specials genannt werden. Als Erlösquellen können am Beispiel des Burda Verlags zusätzlich die Erlöse aus der Content Syndication und dem Kinoarchiv genannt werden. Zum Bereich Syndication gehört auch die Lizenzierung. Derzeit werden Lizenzen für zahlreiche Zeitschriften im Ausland vermarktet. Die Marke Fit For Fun wird darüber hinaus auch in den Bereichen Reisen, Weiterbildungsakademie, Musik-CDs, Nahrungsmittel, Fitnesscenter und TV-Format lizenziert.

---

[1] Datenquelle: Vogel (2010a), S. 301.
[2] Vgl. Sjurts (2005), S. 184.

Leistungssystem

Abbildung 3-10: Geschäftsmodell eines Zeitschriftenverlags[1]

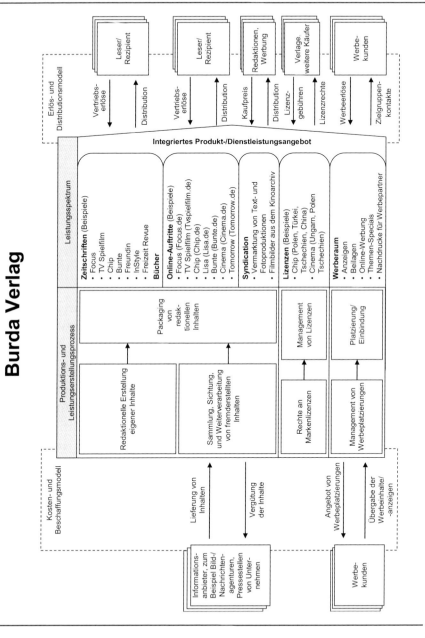

---

[1] Auf der Basis eigener Analysen und Abschätzungen.

4 Aufgaben des Zeitungs- und Zeitschriftenmanagement

Nachdem die Märkte und Geschäftsmodelle von Zeitungs- und Zeitschriftenverlagen betrachtet worden sind, wird im Folgenden auf das Management dieser Unternehmen eingegangen. Dabei werden die branchenspezifischen Besonderheiten des strategischen Zeitungs- und Zeitschriftenmanagement, des Beschaffungs-, des Produktions- sowie des Marketing von Zeitungs- und Zeitschriftenverlagen dargestellt.

4.1 Strategisches Management

Das strategische Management ist für die langfristige Planung, die Mitarbeiterführung und die Kontrolle von Unternehmensaktivitäten verantwortlich. Aufgrund der in den Abschnitten 2.1 und 3.1 aufgezeigten Entwicklungen in der Pressebranche bestehen besondere strategische Herausforderungen für das Management von Zeitungs- und Zeitschriftenverlagen.

Versucht man vor diesem Hintergrund, die im ersten Kapitel beschriebenen strategischen Optionen auf die Zeitungs- und Zeitschriftenverlage zu übertragen, wird deutlich, dass Fokussierungsstrategien von diesen Unternehmen nur in seltenen Fällen erfolgreich umgesetzt werden können. Die wachsende Konkurrenz der elektronischen Medien sowie die zunehmende Internationalisierung der Printmärkte machen es für Verlage schwierig, sich auf Teilbereiche der Wertschöpfung zu konzentrieren. Vielmehr nimmt die Bedeutung von Integrationsstrategien für Verlage in erheblichem Maß zu.[1]

Integrationstendenzen sind in den Pressemärkten in horizontaler, vertikaler und lateraler Ausrichtung zu beobachten. Dabei stehen bei horizontalen Integrationsstrategien häufig die Bündelung von Ressourcen und die Ausnutzung von Synergieeffekten im Vordergrund. Aufgrund der hohen Fixkosten bei der Produktion von Printprodukten macht eine Integration gerade bei mehreren Produkten mit jeweils geringen Auflagen Sinn.

Hier kann nur durch eine Bündelung der Produkte eine ökonomisch vertretbare Auslastung der technischen Kapazitäten erreicht werden. Aber auch im Bereich der Inhalteproduktion ergeben sich durch horizontale Integrationsbemühungen Synergiepotenziale, die sich vor allem in der Mehrfachverwertung von Inhalten bemerkbar machen. Hier kann beispielsweise die Produktion von Zeitungsmänteln genannt werden.

---

[1] Vgl. Albarran (2002), S. 147 ff.

Horizontale Integrationsstrategien dienen auch der Erschließung neuer Absatzmärkte. Bedingt durch die Sättigungserscheinungen der nationalen Pressemärkte muss ein weiteres Wachstum der Verlage überwiegend auf ausländischen Märkten erreicht werden. Dabei ist in den großen Märkten in Europa und den USA ein Wachstum nur noch durch Verdrängung möglich, während es in Osteuropa und Asien noch Expansionschancen gibt.

Aus diesem Grund sind seit den 1980er Jahren zunehmend Internationalisierungstendenzen zu beobachten, die sich zunächst im Zeitschriftenmarkt erkennen ließen und zunehmend die Zeitungsverlage betreffen. Deutsche Verlage expandieren vor allem auf osteuropäischen Märkten. Dabei wird das zusätzliche Leistungsspektrum von den Printunternehmen häufig nicht intern aufgebaut, sondern extern akquiriert. Dies hat den Vorteil, dass auf eine bestehende Infrastruktur und vor allem auf ein vorhandenes Know How bezüglich der neuen Märkte zurückgegriffen werden kann.

Im Rahmen der Internationalisierungstendenzen sind auch vertikale Integrationsstrategien erkennbar. Hierbei stehen insbesondere Unternehmensübernahmen im Vordergrund, die das Ziel haben, die Margen der unterschiedlichen Wertschöpfungsstufen zu internalisieren. So ist zum Beispiel die Integration von Content-Lieferanten zu beobachten, wodurch eine Versorgung mit den notwendigen Input-Leistungen sichergestellt werden soll. Neben horizontalen und vertikalen Integrationsstrategien können in der Pressebranche auch laterale Integrationsstrategien verzeichnet werden.

Diese Strategie ist beispielsweise bei der WAZ-Gruppe zu beobachten, die neben mehreren Lokalzeitungen, zu denen unter anderem die Westdeutsche Allgemeine Zeitung und die Westfälische Rundschau zählen, diverse Beteiligungen an lokalen Radiosendern hält. Auf diese Weise kann die WAZ-Gruppe die Zielgruppe im Ballungsgebiet Nordrhein-Westfalen nicht nur über das traditionelle Printangebot bedienen, sondern auch durch die Beteiligungen an Sendern, wie beispielsweise „Radio Hagen", „Antenne Ruhr", „Radio Herne 90acht" oder „Radio Sauerland", über Radiosendungen erreichen.

4.2 Beschaffungsmanagement

Die Qualität der Inhalte hat maßgeblich den Erfolg von Zeitungen und Zeitschriften auf den Lesermärkten beeinflusst. Aufgrund der dargestellten positiven Beziehung zwischen Inhaltsqualität und Akzeptanz auf den Lesermärkten besteht eine zentrale Aufgabe des Beschaffungsmanagement von Zeitungs- und Zeitschriftenverlagen in der Beschaffung von hochwertigen Inhalten. Es ist davon auszugehen, dass sich die Beschaffung von hochwertigem Content, aufgrund des zunehmenden Wettbewerbsdrucks, in Zukunft für die Verlage schwieriger gestalten wird.

Kapitel 2: Zeitungs- und Zeitschriftenmanagement

Im Rahmen des Beschaffungsmanagement von Zeitungs- und Zeitschriftenverlagen müssen insbesondere die Optionen des Fremdbezugs, also des Zukaufs von Beilagen (zum Beispiel TV-Supplements, Zeitungsmänteln, redaktionellen Beiträgen, einzelnen Nachrichten und Fotos beziehungsweise Grafiken betrachtet werden. Eine Befragung von 78 Verlagen, die vorgefertigte Teile ihrer Zeitungen zukaufen, ergab, dass insbesondere der politische Teil häufig fremdbezogen wird. Die Ergebnisse der Befragung sind in Abbildung 4-1 dargestellt.

Neben dem politischen Teil beziehen viele Verlage auch den Feuilleton und den Sportteil aus externen Quellen. Dagegen wird der Lokalteil von fast allen Verlagen in Eigenregie erstellt. In diesem Abschnitt werden zunächst die relevanten Einflussfaktoren des Beschaffungsmanagement erörtert und anschließend unterschiedliche Beschaffungsstrategien der Verlage dargestellt.

Abbildung 4-1: *Fremdbezug der Verlage nach Themengebiet*[1]

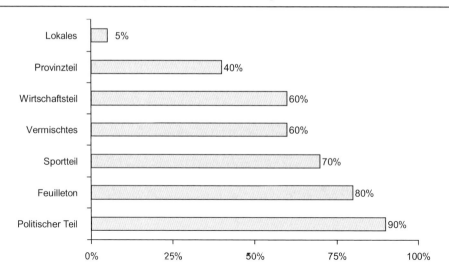

4.2.1 Einflussfaktoren

Als Einflussfaktoren des Beschaffungsmanagement können die im Rahmen der Beschaffung entstehenden Kosten, die zu erwartenden Erlöse, die Vertragsbedingungen, das Verhalten der Wettbewerber sowie staatliche Vorgaben genannt werden. Diese sollen im Folgenden näher betrachtet werden.

---

[1] Datenquelle: Mestmäcker (1978), S. 164 f.

Kosten

Für die Produktion von Content benötigen die Verlage Rohmaterial, das sie beispielsweise in Form von Pressemitteilungen oder Bildmaterial von Nachrichtenagenturen, Datenbanken oder Verwertungsgesellschaften beziehen können. Hierbei haben Zeitungs- und Zeitschriftenverlage vor allem die Kosten für Nutzungsrechte an fremdproduziertem Content, wie zum Beispiel die Nutzungsrechte an Agenturmeldungen oder Bildern, sowie die Transaktionskosten des Rechteerwerbs zu berücksichtigen.[1] Die Beschaffungskosten für die Inhalte von Zeitungen und Zeitschriften sind von unterschiedlichen Faktoren abhängig.

So ist beispielsweise davon auszugehen, dass die Kosten mit zunehmender Qualität und Aktualität der Inhalte steigen. Demgegenüber sinkt der Wert einer Information aus Nachfragersicht mit zunehmender Anzahl ihrer Publikationen. Je häufiger eine Information publiziert wird, desto geringer ist daher auch die Zahlungsbereitschaft der Zeitungs- und Zeitschriftenverlage.[2] Gleiches gilt für das Alter einer Information. Gerade tagesaktuelle Informationen verlieren oft schon innerhalb von Stunden an Wert. Daher sinkt die Zahlungsbereitschaft der Verlage auch mit abnehmender Aktualität des Informationsangebots.

Erlöserwartungen

Einen weiteren Einflussfaktor des Verhaltens der Zeitungs- und Zeitschriftenverlage auf den Beschaffungsmärkten stellen die zu erwartenden Erlöse dar, die durch die Verwertung des Rohmaterials zu journalistischen Beiträgen generiert werden können. Dabei sind die Erlöse maßgeblich von der Attraktivität der Inhalte abhängig, die Kriterien für Attraktivität unterscheiden sich jedoch bei Zeitungen und Zeitschriften. Tagesaktuelle Medien wie Tageszeitungen müssen jeden Tag aktuelle Informationen beschaffen, Zeitschriften oder wöchentlich erscheinende Zeitungen benötigen dagegen eher exklusive und innovative Informationen. So werden beispielsweise im Bereich der Yellow Press (zum Beispiel „Bunte", „Gala") sehr hohe Beträge für exklusive Fotos bezahlt, da diese auf den Absatzmärkten höhere Verkaufszahlen generieren können.

Vor dem Hintergrund der Digitalisierung müssen zudem die Erlöspotenziale aus der Content-Syndikation bei der Berechnung der Erlöserwartungen einbezogen werden. Die Lizenzierung redaktioneller Inhalte von Zeitungs- und Zeitschriftenverlagen an andere Anbieter im Internet ist eine häufig genutzte Erlösquelle, zum Beispiel bot „GMX" im Content-Bereich vor dem Aufbau einer eigenen Redaktion lange Zeit Inhalte von „Spiegel Online" an. Weitere Erlöspotenziale der Inhalteverwertung ergeben sich aus der zunehmenden Anzahl neuer Distributionskanäle für Content, wie beispielsweise die Übertragung auf Mobiltelefone via SMS beziehungsweise WAP, als Online-Version auf PDAs oder per E-Mail. Neben der Inhalteverwertung können auch mögliche Erlöse aus dem Verkauf von Markenrechten und -lizenzen in die Kalkulation einfließen.

---

1 Vgl. Lehr (1999), S. 111.
2 Vgl. Mundhenke (1994), S. 77.

Kapitel 2: Zeitungs- und Zeitschriftenmanagement

▪ Vertragsbedingungen

Eine weitere Besonderheit bilden die Vertragsbedingungen auf den Rechtemärkten. Im Rahmen der Vertragsgestaltung mit den sogenannten Content Providern ist die vollständige Sicherung aller notwendigen Rechte, wie beispielsweise des Rechts auf digitale Speicherung und Mehrfachnutzung des Materials, von hoher Bedeutung. Seit der Verbreitung des Internet und der zunehmenden Digitalisierung umfassen Verträge mit freien Journalisten oder Bildagenturen oft auch die Online-Nutzungsrechte an den Artikeln beziehungsweise Fotos.

Der Umfang und die Bedingungen des Handels mit Verwertungsrechten sind unterschiedlich ausgestaltet. So erwirbt der Verlag bei Bildmaterial üblicherweise nicht die Eigentumsrechte, sondern lediglich ein auf eine spezielle Ausgabe begrenztes Nutzungsrecht. Werden Bild- und Textmaterial aus verschiedenen Bezugsquellen im Rahmen eines redaktionellen Beitrags miteinander verknüpft, müssen die Nutzungsrechte bei unterschiedlichen Verwertungsgesellschaften erworben werden.

▪ Verhalten der Wettbewerber

Zeitungs- und Zeitschriftenverlage stehen in einem intensiven Wettbewerb um exklusive Informationen. Allerdings ist es kaum möglich, für bestimmte Inhalte wie für die Berichterstattung über Naturkatastrophen oder Flugzeugabstürze exklusive Rechte zu erhalten. Hier kommt der Charakter von Nachrichten als öffentliches Gut zum Tragen.[1] Deshalb ist die Realisierung von Wettbewerbsvorteilen durch extern beschaffte Informationen nicht in allen Fällen möglich.

Über ihre Kontaktnetzwerke können Printmedien hingegen exklusive Inhalte beschaffen, bei denen auch eine Ausschlussmöglichkeit für Wettbewerber besteht. So sind Informantenberichte für die Öffentlichkeit kaum zugänglich, konkurrierende Printmedien können dann nur noch auf bereits veröffentlichtes Material zurückgreifen, das keinen exklusiven Charakter mehr hat. Dementsprechend ist das Verhalten der Wettbewerber darauf gerichtet, durch eigene Recherchen möglichst exklusive Informationen zu erhalten und diese vor anderen Anbietern zu publizieren.

▪ Staatliche Vorgaben

Als Einflussfaktor des Beschaffungsmanagement im Pressebereich können auch staatliche Vorgaben und Regelungen angesehen werden. In diesem Zusammenhang ist insbesondere auf das Urheberrecht und die damit verwandten Schutzrechte zu verweisen, auf deren Basis Autoren und Verlage ihre Werke schützen lassen. Hierbei sind zwei Rechtsbereiche relevant, zum einen das Urheberpersönlichkeitsrecht (insbesondere das Recht des Urhebers auf Anerkennung seiner Urheberschaft nach § 13 UrhG) und zum anderen die Verwertungsrechte (wichtig sind hier vor allem die Vervielfältigungs- und Verbreitungsrechte gemäß §§ 16, 17 UrhG).

---

1 Vgl. Lehr (1999), S. 108 ff.

Solange ein Werk urheberrechtlichen Schutz genießt, darf es grundsätzlich nur mit der Einwilligung des Werkschöpfers beziehungsweise eines anderen Berechtigten vervielfältigt und verbreitet werden. Dies trifft insbesondere auf die Vervielfältigung journalistischer Texte in Zeitungen und Zeitschriften zu. In Bezug auf die Verwaltung von Urheberrechten sind zwei Organisationen von besonderer Relevanz. Dies ist zum einen die „Verwertungsgesellschaft WORT", die treuhänderisch die Urheberrechte für Autoren und Verlage verwaltet. Sie nimmt die Tantiemen aus Zweitnutzungsrechten ein und gibt diese nach Abzug der Verwaltungskosten in Höhe von etwa 7,1 Prozent an die Autoren und Verlage weiter.

Im Jahr 2008 wurden Erlöse von etwa 121 Millionen Euro an 153.589 Autoren und 4.898 Verlage ausgeschüttet.[1] Zum anderen ist auch die „Verwertungsgesellschaft Bild-Kunst" in diesem Kontext relevant, die Zweitverwertungsrechte für Fotografen, Fotojournalisten, Grafiker, Designer, Karikaturisten, Pressezeichner und Bildarchive wahrnimmt. In diesem Zusammenhang relevante Rechte sind zum Beispiel Bibliothekstantiemen, Fotokopiervergütungen, Pressespiegelvergütung oder Lesezirkelvergütung. Die in diesem Kontext skizzierte Sicherung der Eigentums- und Verwertungsrechte an den immateriellen Wirtschaftsgütern ist für Zeitungs- und Zeitschriftenverlage von hoher Bedeutung.

4.2.2 Beschaffungsstrategien

Im Vergleich zu anderen Medien haben Beschaffungsstrategien für Zeitungen und Zeitschriften eine geringere Bedeutung. Ein großer Teil der Inhalte wird innerhalb des Verlags von eigenen Redaktionen erstellt, auch freie Mitarbeiter sind meist vertraglich an den Verlag gebunden. Zur Informationsbeschaffung wird jedoch häufig die Kooperationsstrategie genutzt. Vor allem Zeitungsverlage sind auf tagesaktuelle und zuverlässige Meldungen angewiesen. Der Unterhalt eines eigenen Netzes von Korrespondenten zur Nachrichtenbeschaffung ist jedoch sehr aufwendig. Daher kooperieren Zeitungs- und Zeitschriftenverlage mit anderen Medien bei der Nachrichtenbeschaffung. So können Skaleneffekte erzielt werden, da die Kosten eines Korrespondenten auf mehrere Medien verteilt werden.

Die bekannteste Kooperation im Bereich der Nachrichtenbeschaffung ist die Deutsche Presse-Agentur (dpa). Die dpa gehört zu den größten global tätigen Nachrichtenagenturen und beschäftigt weltweit mehr als 1.500 Mitarbeiter. Im Jahr 2010 wurden knapp 88 Millionen Euro umgesetzt.[2] Gesellschafter der dpa sind Zeitungs- und Zeitschriftenverlage, Verleger sowie Rundfunkanstalten und -gesellschaften. Die dpa liefert neben Textmeldungen zu internationalen Ereignissen, unter anderem auch Bilder. Die Agenturmeldungen bilden die Grundlage von Zeitungs- und Zeitschrifteninhalten und werden in der Redaktion zu Artikeln aufbereitet.

---

1 Vgl. Verwertungsgesellschaft Wort (2011), S. 2.
2 Vgl. Deutsche Presse-Agentur (2011).

4.3 Produktionsmanagement

Im Rahmen der Betrachtung des Produktionsmanagement bei Zeitungs- und Zeitschriftenverlagen soll insbesondere auf die Produktion der Inhalte eingegangen werden, die eine zentrale wertschöpfende Tätigkeit der Zeitungs- und Zeitschriftenverlage darstellt. Um die Anforderungen an das Produktionsmanagement zu veranschaulichen, wird im Folgenden zunächst auf die Einflussfaktoren der Content-Produktion eingegangen. Im Anschluss daran werden einzelne Strategien im Rahmen der Content-Produktion von Zeitungs- und Zeitschriftenverlagen behandelt.

4.3.1 Einflussfaktoren

Die Struktur des Produktionsprozesses hat erheblichen Einfluss auf das Management der Zeitungs- und Zeitschriftenproduktion. Darüber hinaus sind die zur Verfügung stehenden Ressourcen und die Produktionskosten im Rahmen des Produktionsmanagement zu berücksichtigen. Im Folgenden sollen die verschiedenen Einflussfaktoren des Produktionsmanagement näher betrachtet werden.

- Produktionsprozess

Am Beginn des Produktionsprozesses steht das redaktionelle Konzept des Titels. Dieses Konzept muss für jede Ausgabe einer Zeitung oder Zeitschrift mit Inhalten gefüllt werden. Geeignete Inhalte können aus internen Quellen, zum Beispiel eigenen Recherchen, oder extern verfügbaren Informationen generiert werden. Allerdings müssen die Inhalte mit dem redaktionellen Konzept des Titels übereinstimmen, sodass ein Selektionsprozess erforderlich ist.

Dem redaktionellen Auswahlprozess schließen sich die Recherche und das Schreiben der Artikel an. Im nächsten Schritt erfolgt das Packaging der Inhalte. Dabei sind vor allem die Zusammenstellung der einzelnen Text- und Bildbestandteile sowie die Layout-Erstellung, also die grafische Gestaltung des Objekts erforderlich. Zuletzt erfolgt die technische Produktion, das heißt Vervielfältigung beziehungsweise der Druck der Zeitungen und Zeitschriften. Der hier beschriebene Produktionsprozess ist in Abbildung 4-2 dargestellt.

Aufgaben des Zeitungs- und Zeitschriftenmanagement

Abbildung 4-2: Produktionsprozess von redaktionellen Beiträgen

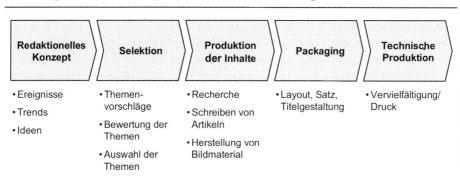

■ Ressourcen

Ein wichtiger Einflussfaktor des Produktionsmanagement sind die Ressourcen, die für die Herstellung der redaktionellen Beiträge benötigt werden. Zeitungs- und Zeitschriftenverlage verfügen traditionell über umfangreiche, personelle Ressourcen, da die Erstellung von Inhalten ein kreativer Prozess ist. In den 1990er Jahren war eine Verstärkung der personellen Ressourcen durch den Aufbau zusätzlicher Online-Redaktionen zu beobachten. Neben den Journalisten sind weiterhin Grafiker und Layouter zu nennen, die für den visuellen Bereich der Inhalteproduktion zuständig sind. Aktuell ist ein gegenläufiger Trend zu beobachten, der durch Werbekrise verursacht.

Die personellen Ressourcen tragen in erheblichem Maß zu den Kernkompetenzen und Core Assets von Verlagen bei. Eine hohe Qualifikation der redaktionellen Mitarbeiter wirkt positiv auf die redaktionelle Kompetenz von Zeitungs- und Zeitschriftenverlagen. Durch Einbringung ihrer persönlichen Fähigkeiten sind sie maßgeblich an der Erstellung der Inhalte beteiligt. Außerdem sind die sozialen Fähigkeiten des Personals von hoher Bedeutung für den Aufbau und die Pflege des Kontaktnetzwerks, da dieses zu einem großen Teil durch persönliche Beziehungen aufrecht erhalten wird.

Materielle Ressourcen werden insbesondere in den Phasen des Packaging und der technischen Produktion benötigt. Im Bereich des Packaging ist die zunehmende Bedeutung von Content Management-Systemen zu erwähnen. Sie ermöglichen die rasche Verwertung von Inhalten über verschiedene Kanäle, zum Beispiel Print und Online. In der technischen Produktion erfolgt der Druck von Zeitungen und Zeitschriften. Neben dem Zugriff auf Produktionsanlagen, wie beispielsweise eine Druckerei, findet hier ein erheblicher Verbrauch von Rohstoffen wie Papier und Druckfarbe statt.

■ Produktionskosten

Die Produktionskostenstruktur von Zeitungs- und Zeitschriftenverlagen ist im Vergleich zu anderen Medien durch einen relativ geringen Anteil der First Copy Costs gekennzeichnet. Ihr Anteil beträgt bei Zeitungs- und Zeitschriftenverlagen rund 47% der Gesamtkosten. Ein Großteil dieser Kosten entfällt auf die Redaktion und die darin eingesetzten personellen Ressourcen. First Copy Costs stellen Fixkosten der Zeitungs- und Zeitschriftenproduktion dar, da sie unabhängig von der verkauften Auflage anfallen.

Die variablen Kosten der Zeitungs- und Zeitschriftenproduktion entstehen bei der Produktion und der Distribution. Aufgrund des hochwertigeren Papiers sind die Papierkosten bei Zeitschriften höher als bei Zeitungen. Durch den Einsatz eigener Zustelldienste, die die Zustellung von Zeitungen in den frühen Morgenstunden garantieren sollen, liegen allerdings die Distributionskosten der Zeitungsverlage tendenziell höher als bei Zeitschriftenverlagen. Der Anteil der variablen Produktionskosten ist deshalb bei Zeitungen und Zeitschriften ähnlich hoch.[1]

Im Vergleich zu anderen Medien führt die Produktionskostenstruktur von Zeitungs- und Zeitschriftenverlagen zu weniger ausgeprägten Economies Of Scale. Zwar können die First Copy Costs auf alle Exemplare einer Auflage umgelegt werden, durch den hohen Anteil variabler Kosten sind die Kostendegressionseffekte jedoch geringer. Dies gilt allerdings nicht für Online-Ausgaben von Zeitungen, denn durch den Verzicht auf das Trägermedium Papier entstehen für einen zusätzlichen Leser nur geringfügige zusätzliche Produktionskosten. Der Vorteil geringerer variabler Produktionskosten für digitale Ausgaben einer Zeitung oder Zeitschrift kann jedoch durch Verlage so lange nicht genutzt werden, wie die erzielbaren Erlöse nicht mindestens die First Copy Costs decken.

4.3.2 Produktionsstrategien

Die Produktion redaktionellen Contents stellt den Leistungskern von Printunternehmen dar. Die Verlage stehen hier vor einer Make Or Buy-Entscheidung. Sie müssen entscheiden, ob der Content in Eigen- oder Fremdproduktion erstellt werden soll. Für die Eigenproduktion sprechen die leichtere Aufrechterhaltung der journalistischen Qualität und die Wahrung der redaktionellen Grundhaltung durch interne Qualitätskontrollen. Vom Verlag selbst eingestellte und im Rahmen von Redaktionsvolontariaten oder durch eine verlagseigene Journalistenschule selbst ausgebildete Journalisten kommen den Anforderungen der Verlage in der Regel eher nach als solche, die außerhalb des jeweiligen Zeitungs- beziehungsweise Zeitschriftenverlags stehen.

---

[1] Vgl. Wössner (1999), S. 25.

Dennoch wird ein bedeutender Teil der redaktionellen Inhalte auf dem Weg der Fremdproduktion erstellt. Auf diese Weise kann der Fixkostenblock, der durch hohe Personalkosten entsteht, in variable Kosten transformiert werden. Folgende Fremdproduktionsstrategien lassen sich bei Printmedien identifizieren: Bezug von Mänteln, Beschäftigung freier Mitarbeiter und Outsourcing.

Bei Tageszeitungen ist der Fremdbezug von Mänteln eine wichtige Produktionsstrategie. Dabei wird ein Teil der Zeitung, zum Beispiel der politische Teil, von einer anderen Redaktion als der Redaktion der herausgebenden Tageszeitung hergestellt. Diese Form der Fremdproduktion ist besonders in Verlagen zu finden, die mehrere Regionalzeitungen herausgeben. Während der Lokalteil durch die jeweiligen Lokalredaktionen gestaltet wird, werden überregionale Inhalte von einer Zentralredaktion beschafft und im Layout an die jeweilige Regionalausgabe angeglichen.

Auf diese Weise können erhebliche Skaleneffekte erzielt werden, weil die First Copy Costs des Mantels auf eine große Anzahl von Zeitungsexemplaren umgelegt werden. Da die Übernahme von Mänteln jedoch häufig innerhalb eines Verlages geschieht, handelt es sich nicht um eine echte Fremdbeschaffung. Bei der Beschaffung von Inhalten durch die Beschäftigung freier Mitarbeiter wird der Content nicht innerhalb des Verlags hergestellt, sondern durch den freien Mitarbeiter produziert und dem Verlag gegen Entgelt zur Verfügung gestellt.

Es handelt sich damit um Fremdproduktion. Aufgrund von Spezialisierungsvorteilen können freie Mitarbeiter Themen besser bearbeiten, für die in der Redaktion keine besondere Kompetenz vorgehalten wird (zum Beispiel für Musikkritiken in einer Tageszeitung). Auf diese Weise kann durch Fremdproduktion die Qualität der Inhalte erhöht werden. Fremdproduktion durch freie Mitarbeiter hat bei Printmedien eine hohe Bedeutung. Von insgesamt circa 54.000 in Deutschland beschäftigten Journalisten im Print- und Rundfunkbereich arbeiten rund ein Drittel als freie Mitarbeiter.[1]

Durch Outsourcing wird die Leistungserstellung vollständig an externe Zulieferer vergeben. Die Kostenreduktion durch Outsourcing spielt inzwischen auch bei Printmedienunternehmen eine große Rolle. Beispielsweise werden Beilagen und Sonderseiten von Lokalzeitungen fremdbezogen. Die Lokalpresse Service GmbH bietet etwa Mitgliedern des Verbands Deutscher Lokalzeitungen die Erstellung von Ratgeber- und Horoskopseiten an.

Mittlerweile werden auch Redaktionen vollständig ausgelagert. So hat beispielsweise der Bauer Verlag die Redaktion der Zeitschriften „Bravo Sport" und „Geldidee" an einen Mediendienstleister vergeben.[2] Allerdings besteht dabei die Gefahr, dass der Verlag durch den Abfluss von originärem Know How Kernkompetenzen verliert und sich stark von Dienstleistern abhängig macht.

---

[1] Vgl. Maaßen (1996), S. 71.
[2] Vgl. Engelhardt/Hamann (2003).

4.4 Marketing

Im Rahmen des Marketing stehen die Zeitungs- und Zeitschriftenverlage vor der Frage, mit welchen Instrumenten eine Rezipientenbindung erreichbar ist, durch die die angestrebten Vertriebserlöse erzielt werden und wie eine mit möglichst geringen Streuverlusten operierende Werberaumleistung zu den gewünschten Anzeigenerlösen führt.

Der Erfolg der Printunternehmen hängt dabei im wesentlichen davon ab, ob es gelingt, durch thematische Kompetenz und die Integration des marketingpolitischen Instrumentariums attraktive Leserpotenziale zu schaffen, die mit den werblichen Zielgruppen übereinstimmen.[1] Darüber hinaus muss sichergestellt werden, dass Zeitungen und Zeitschriften die Rezipienten rechtzeitig und zuverlässig erreichen.

4.4.1 Produktpolitik

Im Rahmen der Produktpolitik bei Zeitungs- und Zeitschriftenverlagen werden Leistungsbündel sowohl für die Lesermärkte als auch für die Werbemärkte entwickelt. Auf den Lesermärkten steht die zielgruppenspezifische Bereitstellung von Inhalten im Vordergrund, auf den Werbemärkten dagegen die Vermarktung der Leserschaft an die Werbekunden. Notwendig ist ein abgestimmtes Gesamtkonzept des Verlags, das die Erfordernisse von beiden Märkten berücksichtigt.[2]

Produktpolitik findet sowohl auf Verlagsebene als auch auf Titelebene statt. Im Rahmen der Produktpolitik auf Verlagsebene wird das Titelportfolio des Verlags gestaltet. Es muss festgelegt werden, welche Marktsegmente im Leser- und Werbemarkt mit welchen Publikationen abgedeckt werden sollen.[3] Darüber hinaus ist über die Neueinführung beziehungsweise den Relaunch oder die Streichung von Titeln aus dem Verlagsprogramm zu entscheiden.

Gegenstand der Produktpolitik auf Titelebene ist das Leistungsangebot einer einzelnen Publikation im Leser- und Anzeigenmarkt. Auf Titelebene sind Entscheidungen über inhaltliche Konzeption, Layout und Werberaumleistungen zu treffen. Ein wichtiges Analyseelement der Portfolioanalyse ist das Konzept des Produktlebenszyklus. Es soll nachfolgend als Instrument der Produktpolitik auf Verlagsebene betrachtet werden. Das Konzept des Produktlebenszyklus basiert auf den Annahmen, dass Produkte eine begrenzte Lebensdauer auf Märkten haben und dass ihre Umsatzentwicklung verschiedene Phasen durchläuft.

---

[1] Vgl. Melcher-Smejkal (1992), S. 593.
[2] Vgl. Oppenberg (1987), S. 152.
[3] Vgl. Laitin (1996), S. 268.

Aufgaben des Zeitungs- und Zeitschriftenmanagement

Zudem wird davon ausgegangen, dass die Gewinnpotenziale mit den unterschiedlichen Lebenszyklusphasen steigen beziehungsweise fallen und dass in den einzelnen Phasen unterschiedliche produktpolitische Strategien sinnvoll sind.[1] Für den Pressebereich zeigt Abbildung 4-3 den Produktlebenszyklus anhand der Umsatzentwicklung eines idealtypischen Presseprodukts. Dieser Zyklus lässt sich in die vier Phasen Einführung, Wachstum, Reife und Niedergang einteilen.

Die strategischen Implikationen der jeweiligen Lebenszyklusphase sind in Abbildung 4-3 am Beispiel von Zeitungen und Zeitschriften dargestellt. Die Einführungsphase ist in der Regel mit hohen Kosten verbunden.[2] Nach der Erstellung eines Gesamtkonzepts durch eine Entwicklungsredaktion wird ein „Dummy" produziert, der bei den Leser- und Anzeigenzielgruppen getestet wird. Dieser Dummy ist eine Vorabausgabe der Zeitschrift, die alle Kriterien des geplanten Produkts erfüllt und für die Prognose des Publikumserfolgs eingesetzt wird. Zu diesem Zeitpunkt beginnt die Anzeigenakquisition, die zunächst vorsichtig erfolgt, um im Falle eines Misserfolgs die nachteiligen Auswirkungen auf den Werbemärkten zu begrenzen.

Abbildung 4-3: Produktlebenszyklus von Zeitungen und Zeitschriften[3]

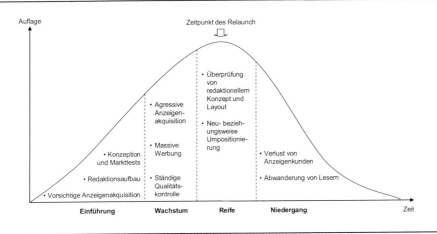

Das neue Verlagsobjekt wird anfangs oftmals zu einem vergleichsweise niedrigen Einführungspreis im Anzeigenmarkt und, zumindest in preissensitiven Märkten wie beispielsweise im Markt der Programmzeitschriften, im Lesermarkt eingeführt. Aufgrund der hohen Entwicklungskosten werden noch keine Gewinne erwirtschaftet. In dieser Phase entscheidet sich, ob das neue Produkt ein Erfolg wird. Nicht alle Neuentwick-

---

1 Vgl. Kotler/Keller/Bliemel (2007), S. 492 ff.
2 Vgl. Bleis (1996), S. 78 ff.
3 In Anlehnung an von Keller/Pfänder/Wunderle (1994), S. 33.

Kapitel 2: Zeitungs- und Zeitschriftenmanagement

lungen gelangen bis zur Marktreife oder werden nach einer kurzen Zeit aufgrund einer signifikanten Fehlentwicklung wieder vom Markt genommen. Als spektakulärste „Flops" sind in diesem Zusammenhang die Zeitschriftenprojekte „Ergo" und „Tango" zu nennen. „Ergo" kostete den Heinrich Bauer Verlag circa 31 Millionen Euro. Durch „Tango" entstanden Gruner & Jahr Kosten in Höhe von 26 Millionen Euro.

In der Wachstumsphase setzt bei zunehmender Marktakzeptanz eine starke Nachfrage ein, die signifikante Umsatz- und Gewinnzuwächse zur Folge hat. Auf Basis von Qualitätskontrollen, beispielsweise durch Leserrückmeldungen, werden Qualitätsverbesserungen durchgeführt. Darüber hinaus können, soweit geringe Einführungspreise verlangt wurden, diese schrittweise erhöht werden.

Trotz weiterhin intensiver Marketingmaßnahmen sinken die Werbeausgaben relativ zum Umsatz. Die Reifephase einer Zeitschrift beginnt, wenn das Objekt bei den Lesern und im Anzeigenmarkt akzeptiert ist und keine signifikanten Umsatz- und Gewinnzuwächse mehr zu verzeichnen sind. Zu diesem Zeitpunkt ist das Marktpotenzial der Zeitschrift weitgehend ausgenutzt. In dieser Phase sollten nur noch geringe Marketingaufwendungen vorgenommen werden und die Cash Flows abgeschöpft werden.

Am Wendepunkt der Auflagenentwicklung ist der Zeitpunkt für eine Überprüfung der redaktionellen Inhalte sowie des Layout erreicht. Falls ausreichend Marktpotenzial besteht, sollte gegebenenfalls eine Neu- beziehungsweise Umpositionierung (Relaunch) des Produkts vorgenommen werden. In der Rückgangsphase sinken Umsatz und Gewinne durch den Verlust von Lesern und Anzeigenkunden.

Der Verleger muss entscheiden, ob der Titel weiterhin erscheinen soll oder ob die Produktion eingestellt wird. Die Dauer der einzelnen Phasen des Produktlebenszyklus unterscheidet sich von Zeitschrift zu Zeitschrift. Es kann jedoch festgehalten werden, dass die allgemeine Entwicklung, aufgrund eines hohen Wettbewerbsdrucks, zu kürzeren Lebenszyklen führt, in denen hohe Entwicklungskosten möglichst durch das schnelle Erreichen der Gewinnzone kompensiert werden sollten.

Ein ausgewogenes Produktportfolio sollte Publikationen in allen Phasen des Produktlebenszyklus enthalten, da über Produkte in der Reife- und Stagnationsphase die notwendigen Finanzmittel zur Weiterentwicklung von Titeln in der Einführungs- und Wachstumsphase generiert werden. Produktpolitik auf Titelebene befasst sich mit allen Entscheidungen, die bezüglich des Leistungsangebots eines einzelnen Titels getroffen werden müssen.

Ein großer Teil der Produktpolitik im Lesermarkt obliegt in Zeitungs- und Zeitschriftenverlagen der Redaktion. Die Redaktion bestimmt darüber, welche Artikel veröffentlicht werden und hat damit Entscheidungsgewalt über den bedeutendsten Teil des Leistungskerns von Printmedien. Die Inhalte sind maßgeblich für die Attraktivität eines Printmediums auf den Lesermärkten verantwortlich.

Aufgaben des Zeitungs- und Zeitschriftenmanagement

Die auf dem Anzeigenmarkt angebotenen Produkte sind vor allem durch die Strukturdaten der Leserschaft und die Gestaltungsmöglichkeit des Werberaums gekennzeichnet. Dabei wird bei Printprodukten in der Regel nach dem Seitenanteil des Werberaums, also 1/1-Seite, 1/2-Seite, 1/3-Seite und so weiter, sowie nach der Farbhaltigkeit des Werberaums, also vierfarbig (4c), schwarz/weiß (s/w) oder schwarz/weiß mit Zusatzfarbe, unterschieden. Darüber hinaus existieren weitere Werbeformen wie Beilagen oder Beihefte sowie Sonderwerbeformen, beispielsweise in Form von Produktzugaben (CD-ROM oder Produktproben aus dem Kosmetikbereich).

Zwischen der Produktpolitik auf dem Leser- und auf dem Anzeigenmarkt bestehen Interdependenzen. So werden Zeitungs- und besonders Zeitschriftentitel nicht allein entsprechend der Leserbedürfnisse gestaltet, sondern auch immer vor dem Hintergrund der Zielgruppen-Kontaktbedürfnisse der Anzeigenkunden. Zeitungen und Zeitschriften veröffentlichen zum Beispiel Sonderseiten zu den Themen Mode oder Lifestyle, die für Anzeigenkunden ein besonders attraktives werbliches Umfeld schaffen.

Durch die Interdependenzen entstehen allerdings auch Konflikte, wenn zum Beispiel Werbekunden versuchen, Einfluss auf die Berichterstattung zu nehmen. Aufgabe des Management von Zeitungs- und Zeitschriftenverlagen ist die Berücksichtigung und der Ausgleich der Interdependenzen, um den langfristigen Erfolg auf den Leser- und Anzeigenmärkten zu sichern. Aufgrund des zunehmenden Wettbewerbs gewinnen die Markenbildung und -führung auf den Pressemärkten zunehmend an Bedeutung.

Auf den Lesermärkten ist der Name der Zeitung beziehungsweise der Zeitschrift als die relevante (Einzel-) Marke anzusehen, da Glaubwürdigkeit und Verlässlichkeit mit dem Medienprodukt und nicht dem herausgebenden Verlag assoziiert werden. Im Gegensatz dazu wird auf den Werbemärkten in vielen Fällen der Verlagsname und nicht der Publikationsname als Marke eingesetzt, da viele Verlage mehrere Zeitungen oder Zeitschriften vertreiben. Der Verlagsname ist dabei die Dachmarke für die verschiedenen Publikationen.

In den meisten Fällen wird eine Publikation als Einzelmarke in einem bestimmten Marktsegment geführt, zum Beispiel Lokalzeitungen. Teilweise ist jedoch auch die Entwicklung von Markenfamilien zu beobachten, bei denen ein bekannter Zeitungs- oder Zeitschriftenname zur Einführung neuer Titel in anderen Marktsegmenten genutzt wird.

In diesem Kontext ist beispielsweise die Bild-Zeitung zu nennen, die die Marke Bild nicht nur im Zeitungsmarkt, sondern auch im Zeitschriftenmarkt erfolgreich einsetzt. Neben der Bild am Sonntag sind auf diese Weise in den vergangenen Jahren unter anderem die Zeitschriften Bildwoche, Sport Bild, Auto Bild, Bild der Frau, Computer Bild und Computer Bild Spiele entstanden, die hohe Marktanteile in den jeweiligen Segmenten erreichen konnten.

4.4.2 Preispolitik

Im Pressebereich wird der Preispolitik sowohl auf den Werbemärkten als auch auf den Rezipientenmärkten eine hohe Bedeutung beigemessen. Die Preisfindung muss nachfrage- und wettbewerbsorientiert erfolgen. Entscheidende Einflussfaktoren der Preispolitik sind zum einen die Preisbildung der Wettbewerber und zum anderen die Preiselastizität der Nachfrage. So ist beispielsweise bei der Preisbildung in Zeitungsverlagen ein ausgeprägt oligopolistisches Verhalten festzustellen, das heißt viele Verlage passen ihren Verkaufspreis dem des Marktführers an beziehungsweise orientieren sich stark an diesem.[1]

Die Leser-Blatt-Bindung kann als Indikator für die Preiselastizität der Nachfrage herangezogen werden. Dabei wird eine sinkende Preiselastizität bei wachsender Bindung der Leser an eine Zeitung beziehungsweise Zeitschrift unterstellt. Zeitungs- und Zeitschriftenverlage setzen die Preisdifferenzierung als preispolitisches Instrument auf den Rezipientenmärkten ein. So sind Tageszeitungen im Einzelverkauf in der Regel teurer als im Abonnement, bei dem die Preise wiederum nach Zahlungsweise (jährlich, halbjährlich, quartalsweise oder monatlich) beziehungsweise nach Lesergruppe (zum Beispiel Studentenabonnements) unterschieden werden. Auf den Werbemärkten liegt der innerbetrieblichen Preisfindung werbefinanzierter Produkte überwiegend eine Kostenorientierung zugrunde.

Allerdings sind aufgrund des hohen Grads an Markttransparenz und der Standardisierung der Produkte auch Nachfrage- und Wettbewerbsüberlegungen notwendig. Hier stehen insbesondere Zeitungs- und Zeitschriftenverlage einer relativ preiselastischen Nachfrage sowie einem intensiven inter- und intramediären Wettbewerb gegenüber. Als Preismaßstab auf den Werbemärkten wird häufig der Tausender-Kontakt-Preis (TKP) herangezogen, der eine Messgröße für den Preis eines bestimmten Anzeigenraums je 1.000 Leserkontakten darstellt.[2] Da der TKP eine Relation von Anzeigenpreis und Reichweite darstellt, ist nicht allein der absolute Anzeigenpreis, sondern auch die Reichweite, also die Anzahl der Leser des Mediums, entscheidend. Abbildung 4-4 stellt die Formel des TKP dar.

Abbildung 4-4: Formel des Tausender-Kontakt-Preises[3]

$$TKP = \frac{\text{Schaltkosten (Preis einer x-seitigen Anzeige)}}{\text{Anzahl der potenziell erreichbaren Personen (Anzeigenreichweite)}} \times 1000$$

---

[1] Vgl. Oppenberg (1987), S. 152.
[2] Vgl. Seufert (1994), S. 222.
[3] In Anlehnung an Wirtz (1994), S. 143.

Auf den Werbemärkten können häufig Preisbündelungsstrategien (Price Bundling Strategies) beobachtet werden. Das bedeutet, dass die Schaltung der Anzeige in verschiedenen Titeln oder Ausgaben parallel erfolgt. Ziel der Preisbündelung ist es, die unterschiedlichen Zahlungsbereitschaften der Kunden besser als mithilfe von Einzelpreisen ausnutzen zu können. Im Rahmen der Preispolitik gewähren Zeitschriftenverlage ihren Werbekunden Rabatte auf die in den Preislisten genannten Preise, die bis zu 20% erreichen können. Das Problem der Preisfindung stellt sich insbesondere bei der Neueinführung einer Zeitung oder einer Zeitschrift. Die Festsetzung von Preisen wird im Rahmen des gewählten Erlösmodells vollzogen und folgt einer sechsstufigen Systematik, die in Abbildung 4-5 dargestellt ist.[1]

Abbildung 4-5: Preissetzung im Zeitungs- und Zeitschriftenmarkt

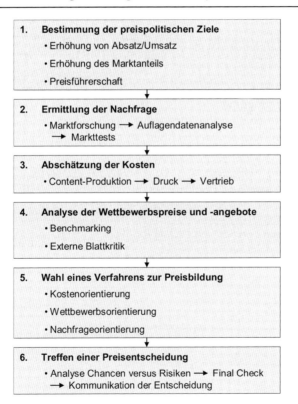

---
[1] Vgl. Kotler/Keller/Bliemel (2007), S. 587 ff.

Kapitel 2: Zeitungs- und Zeitschriftenmanagement

Die Preispolitik in Zeitungs- und Zeitschriftenverlagen umfasst dabei nicht nur die Bestimmung des Preises beziehungsweise die Preisbildung für eine neue Angebotsleistung, sondern auch die prinzipielle Festlegung des Preissegments, in dem ein Verlag operieren will. Als weitere Bestandteile der Preispolitik sind außerdem die Änderung von Preisen bestehender Angebotsleistungen sowie die Festlegung der Preise für die einzelnen Stufen des Distributionsprozesses, also Großhandel und Endverbraucher zu nennen. Bei letzteren betreffen die preispolitischen Entscheidungen zum einen den Laden- beziehungsweise Einzelverkaufspreis, den der Leser beim Erwerb eines Printprodukts zahlt, und zum anderen den Abgabepreis gegenüber dem Handel.

4.4.3 Distributionspolitik

Im Rahmen der Darstellung der Distributionspolitik von Zeitungs- und Zeitschriftenverlagen werden verschiedene Optionen betrachtet, die den Verlagen bei der Distribution von Presseprodukten zu den Rezipienten zur Verfügung stehen. Dabei ist die Darstellung auf die Distributionspolitik in den Lesermärkten fokussiert, von einer Betrachtung der Abwicklung von Transaktionen auf den Werbemärkten wird hier abgesehen. Der Schwerpunkt der Ausführungen liegt auf den zur Verfügung stehenden Absatzwegen.

Zum direkten Vertrieb ihrer Produkte stehen den Verlagen die Instrumente Abonnement und der sogenannte Direktvertrieb durch Außendienstmitarbeiter zur Verfügung. Abbildung 4-6 stellt die direkten Distributionswege überblickartig dar. Das Abonnement ist vor allem deswegen eine wichtige Verkaufsform, da es stabile Einnahmen garantiert. Der Leser verpflichtet sich, für einen gewissen Zeitraum zur regelmäßigen Abnahme der Zeitung oder Zeitschrift.[1] Bei Zeitschriftenabonnements erfolgt der Vertrieb über die Deutsche Post oder ihre Mitbewerber. Dabei werden staatliche Sonderkonditionen für den Vertrieb von Presseprodukten gewährt, sodass der Transportkostenanteil für die Verlage bei circa 53% liegt.

Abbildung 4-6: Direkte Distributionswege für Zeitungen und Zeitschriften

---

1 Vgl. Beck (2005), S. 116.

Aufgaben des Zeitungs- und Zeitschriftenmanagement

Den Hauptteil der Sendungen stellen Monatszeitschriften mit einem Anteil von 54% dar, gefolgt von Wochenzeitungen mit etwa 24%. Zeitungsabonnements hingegen werden in der Regel durch Zusteller ausgetragen. Die Zusteller gehören entweder zum Verlag oder zum Grossisten. Der Unterhalt eines Zustelldiensts ist für die Verlage relativ aufwendig, daher teilen sich viele Verlage die Dienste der Zusteller, die oft verschiedene Zeitungen verteilen.[1]

Neben den direkten Distributionswegen sind eine Reihe indirekter Absatzwege über den Handel möglich, die in Abbildung 4-7 aufgeführt sind. Hier ist zunächst der Einzelhandel zu nennen, der den Endkunden als Zielgruppe hat. Verkaufsstellen sind entweder reine Zeitungsverkaufsstellen oder Zeitschriftenspezialverkaufsstellen, aber auch Kioske, Tankstellen, Bäckereien, Getränkehändler, Discounter, Lebensmittelhändler und Gemischtwarengeschäfte.

Als Besonderheit sind hier die Lesezirkel anzusehen, die sich auf die ein- oder mehrmalige Vermietung von Lesemappen spezialisiert haben. Diese sind zwar eigenständige Einzelhändler, stellen aber eine abonnementähnliche Vertriebsform dar. Dieses Angebot richtet sich an Privatpersonen, aber vor allem auch an Unternehmen, bei denen die Leistungsbereitstellung mit hohen Wartezeiten für den Käufer verbunden ist, wie beispielsweise bei Arztpraxen oder Friseuren. Lesezirkel sind insbesondere ein wirksames Vertriebsinstrument, um die Anzahl der Leser einer Ausgabe deutlich zu erhöhen. Durch die somit erzielte Reichweitensteigerung eines Titels ist es möglich, höhere Werbeerlöse zu realisieren.

Abbildung 4-7: Indirekte Distributionswege für Presseprodukte

Presse-Einzelhandel	Presse-Großhandel	Sonstiger Handel, der Presseprodukte führt
• Bahnhofsbuchhandel • Werbender Zeitschriftenhandel • Presse-Einzelhandel • Lesezirkel	• Fachgrossisten • Presse-Grosso	• Fachhandel verschiedener Richtungen • Kauf- und Warenhäuser • Papier-, Büro-, Schreibwareneinzelhandel und Grossisten • Tankstellen • Zeitungsverlage (Prämien und Sonderproduktion)

---

1 Vgl. Beck (2005), S. 116 f.

Einen weiteren Absatzweg bilden Verlagsvertreter, die in regelmäßigen Abständen die Verkaufsstellen ihres Zuständigkeitsbereichs besuchen. Sie sind nicht generell in der oben erfolgte Systematisierung einzuordnen. Verlagsvertreter werden entweder direkt beim Verlag beschäftigt oder arbeiten als selbstständige Handelsvertreter und vertreten in dieser Funktion mehrere Verlage.

Diese Mittlerfunktion des Verlagsvertreters ist sowohl im Lesermarkt als auch im Werbemarkt vorzufinden, wo regionale Verlagsrepräsentanten die Betreuung der Werbekunden vor Ort gewährleisten. Ein weiterer Absatzmittler ist der Verlagsgroßhandel, der in der Regel zwischen Verlag und Einzelhandel geschaltet ist und auch als Presse-Grosso bezeichnet wird. Tabelle 4-1 stellt die Anzahl der Grosso-Firmen und die Anzahl der Grosso- und Filialgebiete sowohl für die alten als auch die neuen Bundesländer überblicksartig dar.

Tabelle 4-1: Presse-Grosso in Deutschland 2010[1]

Gebiet	Anzahl Grosso-Firmen	Anzahl Grosso- und Filialgebiete
Alte Bundesländer	53	66
Neue Bundesländer	16	16
Gesamt	69	82

Die Verlage verbinden den Vertriebsauftrag mit dem Recht für den Grossisten, alleinverantwortlich für den Vertrieb des Titels im jeweiligen Vertriebsgebiet zu sein. Die Einzelhändler können die betreffenden Titel nur vom Grossisten beziehen. Damit kann der Grossist dem Einzelhändler praktisch vorschreiben, wie viele und welche Titel er zu beziehen hat. Dafür hat der Einzelhändler das Recht, nach Ablauf der Angebotszeit alle unverkauften Exemplare zurückzuschicken, sogenannte Remittenten. Dieses Recht räumen wiederum auch die Verlage den Großhändlern ein. Dies geschieht entweder

- durch einen Nachweis auf dem Verrechnungsweg, also körperlos,
- durch Rücksenden der Kopf- oder Fußleisten (Titelblatt-Remission) oder
- durch Ganzkörperremission, alle Exemplare werden zurückgeschickt.[2]

Dafür verpflichtet sich der Großhandel, nicht außerhalb seines Vertragsgebiets tätig zu werden. Durch das Remissionsrecht verbleibt das Absatzrisiko beim Verlag. Damit die Pressefreiheit gewährleistet werden kann, steht der Zugang zum Großhandel im Rahmen des Dispositionsrechts allen Anbietern von Printprodukten zur Verfügung.

---

[1] Datenquelle: BVPG (2010).
[2] Vgl. Beck (2005), S. 114 ff.

Aufgaben des Zeitungs- und Zeitschriftenmanagement

Damit können auch kleine Verlage leicht Zugang zu einem umfangreichen Vertriebsnetz erlangen. Der Zugang kann nur dann verweigert werden, wenn sich ein neuer Titel nach Ablauf einer gewissen Frist als unverkäuflich erweist. Ein BGH-Urteil könnte allerdings das Monopolsystem der Grossisten aufweichen. Der Hamburger Bauer Verlag darf demnach über eine verlagseigene Vertriebstochter die Kioske im Süden Schleswig-Holsteins beliefern, nachdem Unzufriedenheit mit der Lieferleistung der bisher zuständigen Grossisten herrschte und diesen gekündigt wurden.

Ein Urteil bezüglich einer weiteren Klage des Bauer Verlags steht hingegen noch aus. Der Verlag strebt an, dass zukünftig die Konditionen direkt zwischen Zwischenhändler und den Verlagen ausgehandelt werden. Bisher ist dies die Aufgabe des Grosso-Verbands. Fällt das Urteil zugunsten des Bauer Verlags aus, besäßen die großen Verlage die Möglichkeit, die Handelsspannen (zwischen 15,5% und 29,3%) der Zwischenhändler stark reduzieren zu können.[1]

Der Produktionsstandort von Printmedien hat erhebliche Auswirkungen auf die Distributionspolitik. Der Grund hierfür liegt in der Zeitsensibilität von Presseprodukten. Im Gegensatz zu elektronischen Medien muss bei Presseprodukten auch die Zeit berücksichtigt werden, die für die Auslieferung zum Kunden benötigt wird. Vor allem bei regionalen Zeitungen kann es deshalb Sinn machen, die Produktion räumlich möglichst nah zum Endkunden vorzunehmen. Bei überregionalen Zeitungen sind unter Umständen verschiedene Druckstandorte verteilt über das Bezugsgebiet sinnvoll.

Um eine zeitnahe Distribution der Presseprodukte gewährleisten zu können, kann es für Verlage sinnvoll sein, Produktionsauslagerungen vorzunehmen. Bislang war es unmöglich, den Massenmarkt ohne Zugang zu den bestehenden Distributionssystemen zu erschließen. Mittlerweile stellt sich die Situation durch die Möglichkeiten der digitalen Distribution von Medieninhalten verändert dar. Durch die digitale Distribution können Anbieter ihre Medieninhalte unmittelbar an die Endkunden vertreiben und auf diese Weise Absatzmittler ausschließen.

Dieser Trend lässt sich unter anderem im Tageszeitungsgeschäft erkennen. Hier können beispielsweise die Inhalte der Financial Times Deutschland neben der Printausgabe auch auf der Website Ftd.de genutzt werden. Allerdings werden durch den Online-Vertrieb bisher kaum Vertriebserlöse erzielt, da der größte Teil der im Internet verfügbaren Inhalte Free Content darstellt, der für den Nutzer kostenlos zu beziehen ist. Daher existieren bis auf wenige Ausnahmen bisher kaum profitable Online-Angebote.

---

1 Vgl. Hübner (2011).

4.4.4 Kommunikationspolitik

Im Rahmen der Kommunikationspolitik verfolgen die Zeitungs- und Zeitschriftenverlage das Ziel, relevante Zielgruppen durch eine spezifische Ansprache zum Kauf der angebotenen Produkte zu bewegen. Neben klassischer Werbung, Verkaufsförderung und Public Relations setzen die Verlage eine Reihe weiterer Instrumente zur Kommunikation mit Lesern und Werbekunden ein. Eine Übersicht über die Kommunikationsaktivitäten auf den Lesermärkten findet sich in Abbildung 4-8.

Abbildung 4-8: Kommunikations-Mix zur Bearbeitung der Lesermärkte[1]

	Einführungskampagne	Markteintritt	Absatzsteigerung	Leser-Blatt-Bindung	Abonnentenwerbung	Blatt-Bindung	Abonnentenrückgewinnung
Ziel	Aufmerksamkeit erzeugen	Regionale Nähe zeigen	Interesse wecken	Blattbindung aufbauen beziehungsweise stärken	Abonnentenstamm aufbauen	Abonnenten halten	Abonnenten zurückgewinnen/ Aboverlängerung
Inhalte	Image	Verfügbarkeit	Aktualität	Service	Preis, Convenience	Serviceangebote	Überzeugung
Medien	Alle verfügbaren Medien	Regionale Medien	Plakate, Hörfunk, sonstige Medien	Redaktionelle Ankündigungen	Anzeigen im betreffenden Medium, Direct Marketing	Direct Mailings, Leser werben Leser	Direct Mailings, Telefon-Marketing

Die Kommunikationsmaßnahmen dienen der Lesergewinnung und der Verstärkung der Leser-Blatt-Bindung bei bestehenden Kunden. Beide Phasen werden in Abbildung 4-8 dargestellt. Neben den Phasen werden auch die entsprechenden Kommunikationsziele, -inhalte und -medien ersichtlich. Generell lässt sich bei Zeitungs- und Zeitschriftenverlagen bei der Kommunikation mit den Lesern eine hohe Affinität zu Werbung in Printmedien konstatieren. Dies liegt vor allem an der Möglichkeit, die eigenen Medien als Werbeträger nutzen zu können.[2] Auf den Werbemärkten hingegen ist der persönliche Verkauf ein häufig eingesetztes Kommunikationsinstrument. Als Ursache hierfür kann die hohe Erklärungsbedürftigkeit der Printprodukte hinsichtlich ihrer Leistungen als Werbeträger angeführt werden. Darüber hinaus muss das Produkt selbst häufig auf die Wünsche der werbetreibenden Unternehmen angepasst werden.

---

[1] In Anlehnung an Büchelhofer/Girsich/Karmasin (1993), S. 435.
[2] Vgl. Büchelhofer/Girsich/Karmasin (1993), S. 464.

Dabei kann der persönliche Verkauf einerseits direkt von den Anzeigenabteilungen der Verlage durchgeführt werden. Andererseits kann der unmittelbare Kontakt mit den potenziellen Werbekunden auch durch Außendienstmitarbeiter erfolgen, die zu den von den Verlagen oftmals unterhaltenen regionalen Verlagsbüros gehören. Ergänzend zu einem persönlichen Gespräch werden in der Regel Verkaufshilfen ausgearbeitet, in denen die genauen Mediadaten des jeweiligen Werbeträgers entsprechend den Anforderungen des Werbekunden aufbereitet sind. Da die Buchung des Werberaums zunehmend über das Internet abgewickelt wird, sind auch die Mediadaten der Verlage verstärkt im Internet zu finden.

So erhält beispielsweise ein Hersteller von Kosmetikprodukten Informationen über die für ihn relevanten Nutzungs- und den Kaufgewohnheiten der Leser sowie Angaben zu Reichweite und Kosten der Belegung des Werbeträgers. Als weitere Kommunikationsinstrumente sind auf den Werbemärkten Aktionen zu nennen, auf denen eine Präsentation der Werberaumleistungen erfolgt. Dies sind häufig Reisen oder Veranstaltungen, zu denen bestehende oder potenzielle Werbekunden von den Verlagen eingeladen werden. Darüber hinaus gibt es auch in der Werbewirtschaft relevante Fach- beziehungsweise Branchenpublikationen, in denen Printunternehmen regelmäßig Werbung treiben.

5 Fallbeispiel Craigslist

Craigslist hat sich als größte kostenlose Kleinanzeigen-Website weltweit etabliert. Vor dem Hintergrund der Kultur der vorwiegend kostenlosen Online-Kleinanzeigen sowie der starken Abwanderung der Rubrikenmärkte von den klassischen Printmedien hin zu den günstigeren, flexibleren Online-Portalen, stellt Craigslist als Vorreiter dieser Entwicklung eine wesentliche Bedrohung für die klassischen Zeitungsverlage dar. Craigslist ist ein zentraler Online-Marktplatz, auf dem städtebezogene Kleinanzeigen abgerufen und aufgegeben werden können. Der Aufbau der Plattform ist im „No Frills-Design" gehalten und beinhaltet zahlreiche Rubriken, in denen von Dienstleistungen bis zu Gegenständen alles gesucht und angeboten werden kann, das entweder per externem Geldtransfer oder Tausch den Besitzer wechselt.

Außerdem besteht die Möglichkeit, sich in Foren zu verschiedenen Themen auszutauschen. Ursprünglich ist Craigslist 1995 aus einem E-Mail-Verteiler des IT-Spezialisten Craig Newmark hervorgegangen. Newmark verfolgte zu Beginn die Intention mithilfe des Verteilers Freunde und Arbeitskollegen auf interessante Veranstaltungen in San Francisco hinzuweisen. Schnell entstand daraus ein Internetforum, das neben Veranstaltungen auch weitere Kategorien anbot, jedoch immer noch mit der lokalen Beschränkung auf San Francisco. Erst im Jahr 2000, nachdem Newmark erste Mitarbeiter einstellte und das Internetforum als Unternehmen etablierte, wurde das Portal auch auf weitere Städte ausgeweitet. Heute ist das Angebot des Portals für über 500 Städte weltweit abrufbar, davon 15 Städte in Deutschland. Geleitet wird Craigslist weiterhin vom Gründer und Namensgeber des Portals, Craig Newmark und dem CEO Jim Buckmaster, der Ende 2000 diese Position übernommen hat.

Finanziert wird Craigslist durch die Einnahmen aus Jobangebots- sowie Immobilieninseraten, die jedoch nur für einige Städte entrichtet werden, wie beispielsweise Los Angeles oder San Francisco. Die Kosten für diese Kleinanzeigen liegen jedoch weit unter den üblichen Marktpreisen und variieren zwischen 25 und 75 US-Dollar. Im Vergleich dazu muss man für ein Job-Inserat auf der Online-Plattform Monster mindestens 500 US-Dollar entrichten. Außerdem bietet Craigslist unbegrenzten Text für die jeweiligen Anzeigen. Abbildung 5-1 illustriert die Startseite von Craigslist.

Abbildung 5-1: Craigslist-Startseite[1]

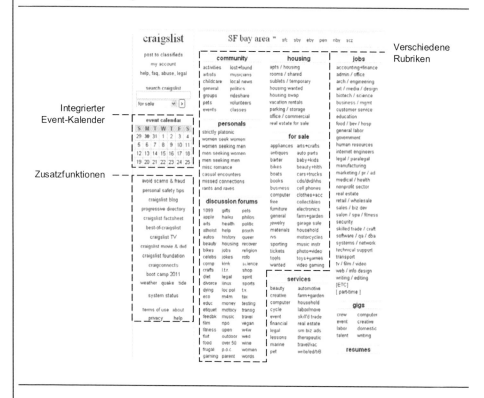

[1] Vgl. Craigslist (2008).

Fallbeispiel Craigslist

Der jährliche Umsatz wird vom Unternehmen nicht genannt, liegt jedoch Schätzungen zufolge zwischen 15 und 25 Millionen US-Dollar. Ein Börsengang oder ein Verkauf von Craigslist ist nach Unternehmensangaben nicht geplant. Eine Ausnahme bildete der als „Panne" bezeichnete Verkauf von 25% der Firmenanteile an eBay durch einen ehemaligen Mitarbeiter des Unternehmens im August 2004.

Zusätzlich distanziert man sich von der Möglichkeit, Internetwerbung auf den Craigslist-Sites zu schalten.[1] Die Betreiber der Plattform betonen stets, dass sie nicht zwingend gewinnorientiert arbeiten und bestätigen damit das unkonventionelle Konzept des Unternehmens. Was eher als privates Engagement begann, hat sich über die Jahre zu einer der meistbesuchten Internetseiten der USA entwickelt. Im Alexa-Ranking ist Craigslist sogar bei den zehn meistbesuchten Internetseiten in Amerika gelistet.[2]

Eigenen Angaben zufolge verzeichnet das Unternehmen mehr als 20 Milliarden Aufrufe pro Monat. Mit mehr als 50 Millionen Nutzern pro Monat allein in den USA, sowie 50 Millionen neuen Kleinanzeigen und eine Million Stellenangeboten, die jeden Monat geschaltet werden, kann Craigslist als weltweit populärstes Kleinanzeigenportal bezeichnet werden.[3] Nachdem eine Führerschaft auf dem amerikanischen Markt erreicht wurde, expandierte das Unternehmen auch auf andere Kontinente, wie beispielsweise Europa, auf dem sich Craigslist der Konkurrenz stellen muss.

Das Unternehmen eBay startete beispielsweise Anfang 2005 mit einem vergleichbaren Angebot im Online-Kleinanzeigensegment namens Kijiji. Das Konzept von Kijiji ist darauf ausgelegt, schwerpunktmäßig die Märkte in Europa und Asien zu bedienen. Im September 2009 ist das Angebot in den eBay-Kleinanzeigenmarkt integriert worden. Es wird allerdings keine Konfrontationsstrategie auf dem nordamerikanischen Markt gesucht.

Als eines der erfolgreichsten Internetunternehmen und größter Online-Kleinanzeigenmarkt der Welt, wird Craigslist oft auch als Zeitungsanzeigen-Killer bezeichnet.[4] Im Gegensatz zur kostenpflichtigen Annoncenschaltung in Zeitungen, kann der Nutzer auf der Craigslist-Plattform kostenlos inserieren und der Kreis potenzieller Interessenten ist um ein vielfaches größer.

Ein weiterer wichtiger Vorteil der Online-Kleinanzeigen ist, dass sie aufgrund der individuellen Such- und Finderfunktion eine höhere Transparenz und Vergleichbarkeit der Angebote ermöglichen. Weitere Vorteile der Online-Kleinanzeigen gegenüber denen im Printbereich sind die besseren Funktionalitäten, die Aktualität der Anzeigen sowie die einfache und schnelle Handhabung des Kleinanzeigeninserats. Außerdem ist bei Online-Kleinanzeigen eine wesentlich höhere Dauerhaftigkeit der Anzeige gegeben. Denn während eine Printkleinanzeige normalerweise nur für eine Zeitungsaus-

---

1 Vgl. Stolze (2005); Lindner (2006).
2 Vgl. Alexa (2011).
3 Vgl. Craigslist (2010).
4 Vgl. Frickel (2008).

gabe geschaltet wird, ist die Online-Kleinanzeige über einen wesentlich längeren Zeitraum jederzeit online abrufbar. Die Zeitungsverlage sehen in Online-Kleinanzeigen daher eine wesentliche Bedrohung für eine ihrer wichtigsten Umsatzquellen. Die Dynamik dieser Entwicklung ist in Abbildung 5-2 dargestellt.

Abbildung 5-2: Entwicklungsstruktur von Craigslist im Bereich Online-Anzeigen

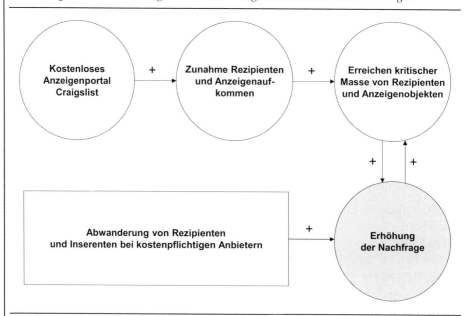

Die Zeitungsverlage haben schon heute mit einer großen Abwanderung der Erlöse aus den Rubrikenmärkten zu kämpfen. Durch die Online-Kleinanzeigenkonkurrenz wird diese Abwanderung noch verstärkt. Dies erfolgt durch die Kannibalisierung der klassischen Rubrikenmärkte im Offline-Bereich durch kostenlose Rubrikenmärkte innerhalb von Online-Portalen. Der Branchendienst Classified Intelligence Report hat in einer Studie gezeigt, dass Craigslist allein im Umkreis von San Francisco den Zeitungsverlagen Verluste in Höhe von 50 bis 65 Millionen US-Dollar im Jahr beschert.[1]

Diese Verluste haben zum Zusammenbruch der Rubrikenmärkte in der San Francisco Bay Area beigetragen. Die Erfolge der kostenlosen Konkurrenz verdeutlichen, dass der geschwächte Zeitungsverlagsmarkt sich in Zukunft neuen Geschäftsmodellen widmen muss, um überlebensfähig zu bleiben. Einen Überblick über die strategische Ausrichtung von Craigslist zeigt Abbildung 5-3.

---

[1] Vgl. Stolze (2005); Lindner (2006).

Abbildung 5-3: Strategische Ausrichtung von Craigslist

	Aspekte
Strategie	• Online-Kleinanzeigenplattform, überwiegend Non Profit-Portal • Kostenführerschaft im Segment der Job- und Immobilienanzeigen im Online-Bereich • User Generated Content-Strategie
Geschäftsmodell	• Kein selbst generierter Content, alle Anzeigen sind User Generated Content • Transaktionsabhängige direkte Erlösgenerierung (zum Beispiel Erlöse aus kostenpflichtigen Job- und Immobilienkleinanzeigen in Ballungsgebieten)
Leistungsspektrum	• Kostenlose Online-Kleinanzeigen, mit der Ausnahme der kostenpflichtigen Job- und Immobilienanzeigen • Zur Verfügung stellen von Forenplätzen • Veranstaltungskalender • Best Of Craigslist (Auswahl bester Postings)
Erfolgsfaktoren	• Hohes Traffic-Aufkommen auf der Plattform • First Mover und daher hoher Bekanntheitsgrad als Community-/Kleinanzeigen-Website (vorwiegend Bekanntheit in den USA, der europäische Markt wird jedoch langsam erschlossen) • Kontinuierliche Erweiterung des Geschäftsmodells in neue geografische Bereiche • Uneigennütziges Konzept

Kapitel 2: Zeitungs- und Zeitschriftenmanagement

Wiederholungsfragen

1. Wie stellt sich die Entwicklung der deutschen Tageszeitungsverlage dar? Gibt es Verlagsgruppen, die eine deutliche Vormachtstellung in Deutschland einnehmen?
2. Wodurch charakterisiert sich die Auflagen-Anzeigen-Spirale?
3. Welche unterschiedlichen Produktformen gibt es im Zeitungs- und Zeitschriftenbereich?
4. Welche Unterschiede bestehen zwischen den Publikums- und Fachzeitschriften? Bestehen Unterschiede in den Werbeumsätzen zwischen diesen beiden Gattungen?
5. Welche Stufen beinhaltet die Wertkette von Zeitungen und Zeitschriften? Geben Sie Beispiele!
6. Nennen sie wesentliche Aspekte des Beschaffungsmanagement der Zeitungen und Zeitschriften!
7. Welche einzelnen Schritte sind im Produktionsprozess von redaktionellen Beiträgen zu berücksichtigen?
8. Welche verschiedenen Optionen stehen Zeitungen und Zeitschriften im Kommunikations-Mix zur Verfügung?
9. Was sind Tausender-Kontakt-Preise?
10. Welche verschiedenen Optionen stehen Zeitungen und Zeitschriften im Kommunikations-Mix zur Verfügung?

Kapitel 3:
Buchmanagement

1 Einführung 257
2 Marktstruktur und Marktverhalten 257
   2.1   Struktur der Buchmärkte 257
   2.2   Interaktionen der Marktteilnehmer 263
   2.3   Technologisches und regulatives Umfeld 265
   2.4   Mediennutzungsverhalten der Leser 268
   2.5   Entwicklungsperspektiven im Buchbereich 270
3 Leistungssystem 273
   3.1   Leistungsspektrum 273
   3.2   Wertschöpfungsstrukturen 275
   3.3   Core Assets und Kernkompetenzen 277
   3.4   Geschäftsmodelle 278
         3.4.1   Erlös- und Leistungserstellungsmodelle 278
         3.4.2   Geschäftsmodell Buchverlag 281
4 Aufgaben des Buchmanagement 284
   4.1   Strategisches Management 284
   4.2   Beschaffungsmanagement 286
         4.2.1   Einflussfaktoren 286
         4.2.2   Beschaffungsstrategien 290
   4.3   Produktionsmanagement 291
         4.3.1   Einflussfaktoren 291
         4.3.2   Produktionsstrategien 293
   4.4   Marketing 294
         4.4.1   Produktpolitik 294
         4.4.2   Preispolitik 298
         4.4.3   Distributionspolitik 299
         4.4.4   Kommunikationspolitik 303
5 Fallbeispiel Knopf Doubleday Publishing 305

1 Einführung

Das Buch nimmt in der Medienlandschaft eine besondere Stellung ein. Es ist das älteste Massenmedium und wird als Medienprodukt mit dem höchsten kulturellen Anspruch angesehen. Gleichzeitig muss die Buchbranche trotz dieser Sonderstellung in immer stärkerem Maß ökonomische Gegebenheiten berücksichtigen. Mit diesem Widerspruch von kulturellem Anspruch bei gleichzeitigem ökonomischem Handeln ist das Management von Buchverlagen konfrontiert.

Der folgende Abschnitt gibt einen Überblick über das wirtschaftliche Umfeld, in dem Buchverlage heute agieren. Daran anschließend werden die Besonderheiten der Wertschöpfung im Buchverlag, die Core Assets und Kernkompetenzen sowie Geschäfts- und Erlösmodelle von Buchverlagen dargestellt und danach die Aufgaben des Buchmanagement erläutert. Die kulturellen Aspekte finden dabei zwangsläufig Beachtung, beschränken sich allerdings auf solche Sachverhalte, die ökonomische Konsequenzen nach sich ziehen.

2 Marktstruktur und Marktverhalten

Die Unternehmensumwelt ist für die Betrachtung branchenspezifischer Wertschöpfung in hohem Maß relevant. Für die Darstellung des Management von Buchverlagen ist daher eine Analyse der relevanten Märkte, deren Struktur und des Verhaltens der Marktteilnehmer sinnvoll. Diese Betrachtung erfolgt im nächsten Abschnitt. Neben der Struktur der Buchmärkte werden das technologische und regulative Umfeld der Buchverlage sowie relevante Aspekte des Mediennutzungsverhaltens dargestellt. Abschließend werden die wichtigsten Entwicklungsperspektiven der Buchbranche skizziert.

2.1 Struktur der Buchmärkte

■ Marktabgrenzung

Für das Medium Buch existiert keine einheitliche und eindeutige Definition. So werden als Definitionskriterien teilweise der Druck und der Umfang von Schriften genannt. Danach kann ein Buch als eine in einem Umschlag oder durch Heftung zusammengefasste, meist größere Anzahl von leeren, beschriebenen oder bedruckten Papier-

Kapitel 3: Buchmanagement

blättern oder Lagen beziehungsweise Bogen beschrieben werden.[1] Neben dem Kriterium der Bindung werden unter dem Begriff des Buchs Werke verstanden, die als verlags- oder buchhandelstypisch anzusehen sind.[2] Andere Ansätze grenzen das Buch von Presseprodukten anhand des Kriteriums der Periodizität ab. Danach zählen periodisch erscheinende Titel als Presseprodukte. Beide Definitionen führen nicht immer zu einer trennscharfen Abgrenzung dessen, was in der Umgangssprache als Buch bezeichnet wird.

So gibt es sowohl durch Heftung zusammengefasste Zeitschriften als auch Bücher. Andererseits werden auch periodisch erscheinende Jahrbücher publiziert. Zudem berücksichtigen die Definitionen nicht die neueren Entwicklungen, wie zum Beispiel das E-Book, das in digitaler Form vorliegt. Je nach Ausführung können E-Books zwar ebenso ausgedruckt werden, sie sind jedoch nicht an das Papier als Trägermedium gebunden, sondern können auch auf einem PC oder E-Reader gelesen werden.

An dieser Stelle wird das Kriterium der Periodizität als wesentliches Abgrenzungsmerkmal gewählt. Als weiteres Charakteristikum von Büchern ist darüber hinaus die lange Vorhaltezeit der einmal veröffentlichten Inhalte zu nennen. So erscheinen Bücher oftmals in mehreren Auflagen und sind zum Teil über Jahrhunderte hinweg inhaltlich geringfügig verändert erhältlich, wie beispielsweise die Bibel oder Werke von Goethe und Schiller.

Im Gegensatz zu anderen Medienbranchen kann die Betrachtung der Buchmärkte absatzseitig auf die Rezipientenseite eingeschränkt werden. Werbeerlöse werden auf dem Buchmarkt nur in geringem Umfang erzielt. Zwar ist auch bei Büchern vereinzelt die Vermarktung von Werberaumleistung anzutreffen, doch handelt es sich dabei in der Regel um Einzeltransaktionen mit einem geringen Umsatzvolumen.

Oft handelt es sich in diesem Kontext eher um eine Form von Sponsoring zur besseren Verbreitung des Buchs. Nennenswerte Umsätze auf den Werbemärkten generieren vor allem die Verzeichnismedien, zum Beispiel Telefonbücher, Branchenverzeichnisse und Bewerbungsratgeber. Diese werden hier jedoch nur am Rande betrachtet. Die folgenden Darstellungen konzentrieren sich auf den Lesermarkt.

■ Marktentwicklung

Der deutsche Buchmarkt hat eine erhebliche Bedeutung innerhalb der Medienbranche. Bei einer Gesamtauflage von circa eine Milliarde Büchern im Jahr 2010 konnte der deutsche Buchhandel insgesamt ein Umsatzvolumen von gut 9,7 Milliarden Euro generieren und somit das Vorjahresergebnis um 0,4% steigern. Mit 95.838 Neuerscheinungen im Jahr 2010 ist Deutschland einer der wichtigsten Buchmärkte weltweit.[3]

---

1 Vgl. Hiller/Füssel (2006), S. 58.
2 Vgl. Menche (2002), S. 1.
3 Vgl. Börsenverein des Deutschen Buchhandels (2010a), S. 65.

Trotz der wieder steigenden Zahl der Neuerscheinungen hat der Markt jedoch nicht die gleiche Wachstumsdynamik wie andere Medienbranchen, zum Beispiel wie die TV-Branche. Der deutliche Anstieg der Titelproduktion seit 2004 ergibt sich auch durch eine Änderung der statistischen Erfassung. Veröffentlichungen von Institutionen, die nicht zu Branchenunternehmen im engeren Sinn gehören, werden seit diesem Zeitpunkt zur Gesamtsumme hinzugezählt. Diese Entwicklung illustriert Abbildung 2-1.

Abbildung 2-1: Titelproduktion von 1993 bis 2010[1]

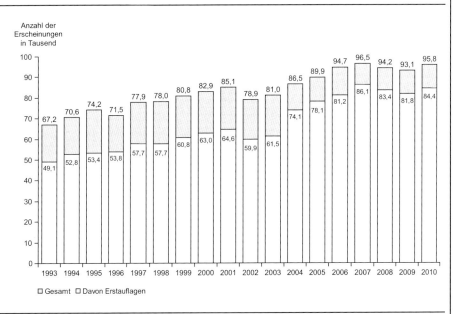

Die Umsatzentwicklung der Buchverlage, die in Abbildung 2-2 dargestellt ist, kann in den letzten Jahren unter Berücksichtigung der Inflation real als Stagnation gewertet werden. Im Zusammenhang mit der zuletzt deutlich gestiegenen Anzahl an Neuveröffentlichungen zeigt sich, dass die durchschnittliche Auflage einzelner Titel sinkt. Unter Einbeziehung der stark rückläufigen Anzahl an Neuauflagen zeichnet sich ein Trend zu einem immer schneller verlaufenden Novitäten-Durchsatz ab. Im Vergleich zu anderen Medienbranchen zeigt der Buchmarkt keine starken Schwankungen bei der Umsatzentwicklung, da der Buchmarkt von der Schwäche der Anzeigenmärkte nur am Rande betroffen ist. Dies wird durch Abbildung 2-2 verdeutlicht.

---

[1] Vgl. Medialine (2004), S. 5; Börsenverein des Deutschen Buchhandels (2011a), S. 65.

Kapitel 3: Buchmanagement

Abbildung 2-2: Umsatzentwicklung der deutschen Buchverlage 1997 bis 2010[1]

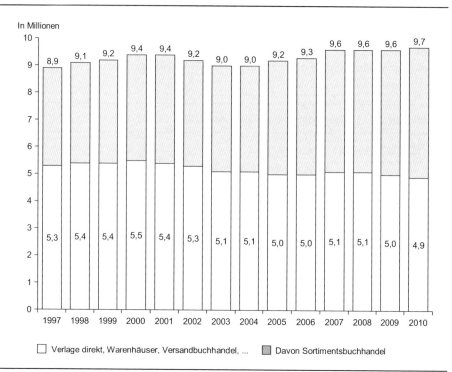

- Konzentration

Der deutsche Buchmarkt ist ein sehr heterogener Markt. Insgesamt existierten in Deutschland im Jahr 2010 etwa 22.300 buchhändlerische Unternehmen, davon fast zwei Drittel Verlage.[2] Dabei ist eine mittelständische Struktur vorherrschend, die eine vergleichsweise geringe publizistische Konzentration sicherstellt. Die ökonomische Konzentration ist dagegen wesentlich höher.

So entfallen auf die 100 größten Verlage und Verlagsgruppen, die circa 450 Einzelverlage auf sich vereinen, etwa 85% des Gesamtumsatzes der Branche. Die zehn umsatzstärksten deutschen Buchverlage sind in Tabelle 2-1 aufgeführt. Allerdings werden bei den Umsätzen auch die Erlöse eingerechnet, die nicht mit Büchern, sondern mit anderen Verlagsprodukten wie Zeitschriften erwirtschaftet werden. Besonders auffällig ist die starke Marktposition von Fach- und Schulbuchverlagen. Mit Random House gehört nur ein Publikumsverlag zu den fünf umsatzstärksten Buchverlagen.

---

[1] Vgl. Börsenverein des Deutschen Buchhandels (2011a), S. 5.
[2] Vgl. Börsenverein des Deutschen Buchhandels (2011a), S. 30.

Marktstruktur und Marktverhalten

Tabelle 2-1: Die zehn größten deutschen Buchverlage[1]

Rang	Verlag	Umsatz 2010 (In Millionen Euro)
1	Springer Science+Business Media, Berlin	482
2	Klett-Gruppe, Stuttgart	465
3	Cornelsen Verlagsgruppe, Berlin	440
4	Random House, München	319
5	Westermann Verlagsgruppe, Braunschweig	258
6	MairDuMont, Ostfildern	200
7	Haufe Gruppe, Freiburg	193
8	Wolters Kluwer Deutschland, Köln	192
9	Weka Holding, Kissing	163
10	C.H. Beck, München	138

Aufgrund der Bedeutung des Zugangs zu Distributionskanälen, die sich aus der großen Anzahl von lieferbaren Buchtiteln ergibt, wird in Tabelle 2-2 ein Überblick über die fünf größten Anbieter auf dem Buchhandelsmarkt gegeben. Diese bisher mittelständisch geprägte Branche ist von zwei Tendenzen geprägt: erstens der Entstehung großer Buchhandelsketten und zweitens der Entwicklung des Online-Buchhandels. Mit der zunehmenden Konzentration im Buchhandel steigt die Einkaufsmacht des Buchhandels, was sich vor allem zu Lasten kleiner Verlage auswirkt. Auf den Online-Buchhandel entfielen mit circa 1,35 Milliarden Euro im Jahr 2010 etwa 13,8% des Gesamtumsatzes im Buchhandel.[2]

Tabelle 2-2: Die fünf größten deutschsprachigen Buchhandlungen[3]

Rang	Buchhandlung	Umsatz 2010 (Millionen Euro)
1	Thalia Holding, Hagen	1002
2	DBH, München (Hugendubel, Weltbild, Wohlthat'sche)	731
3	Mayersche Buchhandlung, Aachen	175
4	Schweitzer Fachinformation, München	165
5	Orell Füssli, Zürich	90

---

[1] Datenquelle: Buchreport (2011).
[2] Vgl. Börsenverein des Deutschen Buchhandels (2010a).
[3] Datenquelle: Buchreport (2010).

Kapitel 3: Buchmanagement

■ Markteintrittsbarrieren

Als strukturelle Markteintrittsbarrieren lassen sich im Buchmarkt vor allem Größen- und Verbundvorteile der Buchproduktion anführen, die durch First Copy Costs bedingt sind. Da die First Copy Costs nur etwas mehr als ein Drittel der Gesamtkosten der Buchproduktion ausmachen, sind diese Barrieren im Vergleich zu anderen Mediengattungen relativ niedrig.[1] Von höherer Relevanz ist die Möglichkeit der Risikostreuung durch große Verlage, da in umfangreichem Maß eine Quersubventionierung zwischen erfolgreichen und weniger erfolgreichen Titeln möglich ist.

Wesentliche Verbundeffekte ergeben sich darüber hinaus im Bereich des Marketing, da große Verlage mit einem ausgedehnten Titelangebot die Werbung bekannter und auflagenstarker Produktionen mit Neuerscheinungen unbekannter Autoren kombinieren können (Cross Promotion). Dabei kommt besonders die Struktur der Großverlage zum Tragen, die in der Regel nicht nur auf dem Buchmarkt, sondern auch auf dem Zeitungs- und Zeitschriftenmarkt verlegerisch tätig sind.

Dies führt dazu, dass die Buchtitel in der verlagseigenen Publikums- und Fachpresse kostengünstig beworben werden können, sodass besonders kleine, finanzschwache Verlage, die keine Verbindungen zu Presseverlagen haben, auf Barrieren beim Markteintritt stoßen. Das Ausmaß dieser Werbung in verlagseigenen Publikationen kann daran gezeigt werden, dass sich das vom Werbeforschungsunternehmen ACNielsen ausgewiesene Werbevolumen der Buchverlage durch die Einbeziehung der Eigenwerbung im Berichtsjahr 1998 mehr als verdoppelt hat.[2]

Ferner entstehen Verbundeffekte durch die gemeinsame Nutzung von verlagseigenen Vertriebsnetzen oder Lektoraten. Insgesamt sind die strukturellen Markteintrittsbarrieren im Buchmarkt jedoch nicht so stark ausgeprägt, wie dies auf anderen Medienmärkten zu beobachten ist. Darüber hinaus kann davon ausgegangen werden, dass institutionelle Markteintrittsbarrieren auf dem deutschen Buchmarkt nicht existieren. Das regulative Umfeld ist vielmehr darauf ausgerichtet, den Markteintritt zu erleichtern. So entspricht es gerade dem Grundgedanken der Pressefreiheit, eine möglichst große mediale Vielfalt zu gewährleisten und Konzentrationstendenzen mit Instrumenten wie der Buchpreisbindung entgegenzuwirken.

Aufgrund der schwach ausgeprägten strukturellen und fehlenden institutionellen Markteintrittsbarrieren bauen Verlage strategische Markteintrittsbarrieren. Als wesentliche strategische Maßnahmen kann dabei die Sicherung der Vertriebswege und die Belegung von Handelsflächen angesehen werden. Der weitaus größte Teil der Bücher wird trotz zunehmender Alternativen über den Sortimentsbuchhandel vertrieben. Aus diesem Grund ist es für die Verlage von großer Bedeutung, ihre Präsenz in den Verkaufs- und Präsentationsflächen des Handels zu erhöhen.

---

[1] Vgl. Schönstedt (1999), S. 143.
[2] Vgl. Focus Medialine (1999), S. 26.

Dementsprechend verwenden die großen Buchverlage bis zu 60% ihres gesamten Werbeetats nicht mehr für die Publikumswerbung, sondern zur Gewinnung des Handels.[1] Für neue Verlage wird es damit zunehmend schwieriger, eine Absatzplattform im Handel zu finden. Zwar sind auch neue Verlage mit ihren Titeln im Verzeichnis lieferbarer Bücher (VLB) gelistet, doch die fehlende Präsenz im Handel sowie die Schwierigkeiten einer kostengünstigen Eigenwerbung stellen eine wirksame Markteintrittsbarriere dar.

Neben diesen absatzseitigen Strategien sind auch beschaffungsseitige Maßnahmen zum Aufbau von Markteintrittsbarrieren auf dem Buchmarkt zu beobachten. Dabei handelt es sich vorrangig um die Gewinnung und Bindung erfolgreicher Autoren und Manuskripte. Beispielhaft können hier Internationalisierungstendenzen genannt werden, die auch dazu führen, dass erfolgreiche fremdsprachige Autoren bereits im Herkunftsland an verbundene oder kooperierende Verlage gebunden werden, sodass die Lizenzen für den Heimatmarkt gesichert werden können.

Darüber hinaus kann auch die Positionierung von Verlagen in fachspezifischen Segmenten zu einem verbesserten Image, nicht nur auf Leserseite, sondern auch auf Autorenseite führen. Damit besteht für Autoren ein starker Anreiz, ihre Werke bei renommierten Verlagen zu veröffentlichen. Weniger renommierte Wettbewerber haben deshalb Schwierigkeiten, attraktive Manuskripte zu erwerben.

2.2 Interaktionen der Marktteilnehmer

Die Akteure und Interaktionsstruktur des Buchmarkts können im intermedialen Vergleich relativ einfach klassifiziert werden. Dies liegt vor allem in der fehlenden Bedeutung von Werbung im Buchmarkt begründet. Damit kann die Branche anhand eines klassischen unidirektionalen Absatzmarkts analysiert werden. Die Interaktionen im Buchmarkt werden in Abbildung 2-3 überblickartig dargestellt.

---

[1] Vgl. Focus Medialine (1999), S. 15.

Kapitel 3: Buchmanagement

Abbildung 2-3: Akteure und Interaktionen im Buchmarkt

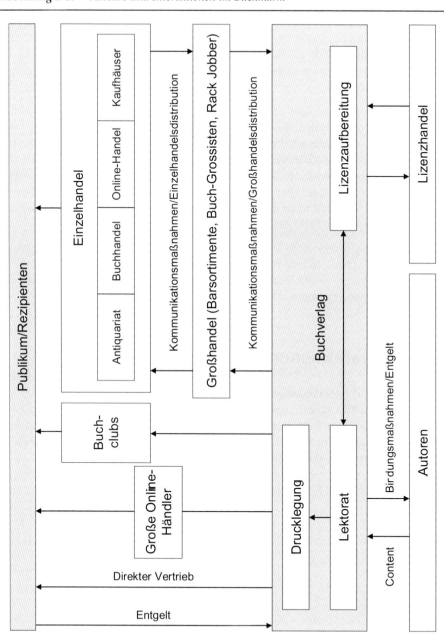

Als zentraler Akteur im Geschäftsmodell der Buchbranche erwerben Verlage Content, den sie zum Buch oder E-Book aufbereiten und unter Ausnutzung verschiedener Distributionsstufen und -akteure als Produkt dem Rezipienten anbieten. Die Beschaffung der Inhalte kann dabei grundlegend in direkten Kontakt zu Autoren und den Erwerb von Lizenzen unterteilt werden. Während bei Ersterem neue Inhalte entwickelt werden und das Management der Auswahl und Bindung von erfolgreichen Autoren maßgeblich ist, werden bei Letzterem bereits vorhandene Stoffe aus anderen Medien oder Ländern auf den Zielmarkt angepasst.

Darüber hinaus können auch Inhalte von eigenen Autoren auf dem Lizenzmarkt angeboten werden, um weitere Einnahmen zu erzielen. Die Struktur des Handels ist im Buchmarkt äußerst differenziert. Neben Sonderformen des Vertriebs, wie zum Beispiel Buchclubs, ist dabei vor allem der Großhandel beachtenswert. Neben dem klassischen Großhandel finden sich sogenannte Barsortimenter, die als Fachgroßhandel auf eigene Rechnung das Lagerungs- und Absatzrisiko übernehmen und eine Belieferung des Einzelhandels innerhalb von 24 Stunden sicherstellen.

Darüber hinaus bieten Rack Jobber die Bestückung von Waren- oder Kaufhäusern mit Büchern als Zusatzdienstleistung an. Einige bedeutende Online-Händler, wie beispielsweise Amazon, erwerben ihr Sortiment dagegen direkt bei den Verlagen und teilen sich mit diesen die Zwischenhandelsmarge, da die Endkundenpreise per Gesetz einheitlich vorgeschrieben sind. Der Direktvertrieb hat aufgrund der hohen Marktmacht des Handels nur eine geringe Bedeutung innerhalb des Buchmarkts.

2.3 Technologisches und regulatives Umfeld

Auch die Buchverlage können sich der zunehmenden Digitalisierung des Mediensektors nicht entziehen. Die daraus resultierenden Auswirkungen auf das technologische Umfeld werden im Folgenden skizziert. Im Anschluss daran werden die regulativen Rahmenbedingungen der Buchbranche dargestellt, wobei vor allem auf die Buchpreisbindung in Deutschland eingegangen wird.

Technologisches Umfeld

Für Buchverlage ergeben sich durch die technischen Entwicklungen ähnliche Konsequenzen, wie sie bereits für Zeitungs- und Zeitschriftenverlage beschrieben wurden. Die Digitalisierung bietet neue Möglichkeiten für die Buchproduktion und -distribution. Manuskripte können zwischen Autoren, Verlagen und Druckereien in digitaler Form übertragen werden. Die Print On Demand-Technologie ermöglicht es, Bücher einzelbestellungsweise herzustellen.

Kapitel 3: Buchmanagement

Digital vorgehaltene Inhalte können durch Speicherung im XML-Format unabhängig vom Ausgabeformat immer wieder neu kombiniert werden und erlauben so beispielsweise die Erstellung individualisierter Reiseführer. Der Einsatz von Digitaldruckverfahren erlaubt darüber hinaus den Verzicht auf Druckplatten und senkt auf diese Weise die Fixkosten, da die Vorlage direkt aus dem Speicher gelesen wird. Im Falle einer On Demand-Produktion von Büchern müssen jedoch im Gegenzug etwas höhere variable Druckkosten in Kauf genommen werden.

Dabei ergeben sich neue Ansätze für Verlage. Das Print On Demand-Modell erlaubt die wirtschaftliche Herstellung kleinerer Auflagen, da die Druckkosten niedriger sind als bei konventionellen Verfahren. Es fallen weder Lagerkosten für gedruckte Bücher an, noch ist die Vernichtung nicht verkaufter Auflagen erforderlich. Falls sich allerdings ein im Print On Demand-Modell verlegtes Buch zum Bestseller entwickelt, entstehen höhere Druckkosten als bei der Verwendung konventioneller Offset-Druckverfahren. Print On Demand ist demnach nur für Bücher mit kleiner Auflage interessant. In Frage kommt dies vor allem für nicht mehr lieferbare Titel der Backlist der Verlage, Bedienungsanleitungen, Kataloge, Mitarbeiterinformationen, Festschriften, Tagungsbände, Schulungsunterlagen, Manuals, wissenschaftliche Veröffentlichungen aller Art, Romane, Kurzgeschichten, Gedichte, Memoiren und Ratgeber.

Durch die als Electronic Publishing bezeichnete Auslieferung von Büchern in elektronischer Form, besonders über das Internet, kann der Ausdruck der Werke auf den Leser verlagert werden oder komplett entfallen. Es stellt sich die Frage, ob das papiergebundene Buch durch elektronische Medien als Medium zunehmend ersetzt wird. Als mögliches Substitut für das papiergebundene Buch ist das elektronische Buch (E-Book) zu nennen, das 1999 auf der Frankfurter Buchmesse erstmals vorgestellt wurde. E-Books sind digitale Versionen von Büchern, die auf einem Bildschirm betrachtet werden können.

Dazu gibt es verschiedene Software-, wie auch Hardware-Lösungen. Diesen ist gemeinsam, dass der Leser per Tastendruck oder Touchscreen-Input durch den Text navigieren kann. Zudem kann er dem Gelesenen häufig eigene Notizen hinzufügen. Neben der Möglichkeit, E-Books über das sogenannte Portable Document Format (PDF) am Computerbildschirm zu betrachten, erfreuen sich zunehmend Hardware-Lösungen in Form von E-Readern, wie zum Beispiel das Kindle von Amazon, wachsender Beliebtheit.

- Regulatives Umfeld

Als wettbewerbspolitische Maßnahme kann auch im Buchbereich zunächst der reduzierte Mehrwertsteuersatz von 7% für Verlagsprodukte angesehen werden. Dieser führt zu einer relativen Verbilligung von Büchern und damit zu einer vergrößerten Nachfrage. Einen entscheidenden Bestandteil des regulativen Umfelds der deutschen

Buchbranche stellt die Buchpreisbindung dar. Dabei handelt es sich um eine vertikale Preisbindung zwischen Verlagen und Buchhandel, wobei die Endverbraucherpreise für Verlagsprodukte von den Verlagen festgelegt werden.

Die Buchpreisbindung basierte bis zum Jahr 2002 auf einem Kartellvertrag zwischen den Verlagen einerseits und dem Buchhandel andererseits, in welchem sich der Buchhandel verpflichtete, die von Verlagen festgesetzten Ladenpreise einzuhalten (Sammelrevers). Als Gegenleistung verzichteten die Verlage auf die Lieferung von Büchern an Endverbraucher.

Im Gesetz gegen Wettbewerbsbeschränkungen (GWB) wurde dafür ein Ausnahmetatbestand geschaffen, der die vertikale Preisbindung für Bücher und Verlagserzeugnisse gestattete (§ 15 Abs. 1 GWB a. F.). Seit dem 1. Oktober 2002 gilt in Deutschland das Buchpreisbindungsgesetz (BuchPrG). Es erfasst auch Musiknoten, kartografische Produkte sowie elektronische Verlagserzeugnisse, die das Buch substituieren können.

Dazu gehören vor allem CD-ROMs mit vorwiegendem Textinhalt, die über den Buchhandel vertrieben werden. Deutschsprachige Bücher, die aus dem Ausland eingeführt werden, fallen nicht unter die Buchpreisbindung, sofern diese nicht nur für den deutschen Markt produziert wurden. Reimporte sind allerdings nicht gestattet. Für fremdsprachige Bücher, die aus dem Ausland importiert werden, gilt die Buchpreisbindung generell nicht.

Im Unterschied zur vorherigen Regelung ermöglicht das BuchPrG den Verlagen keinen Verzicht auf die Buchpreisbindung. Verlage müssen für alle Erzeugnisse verbindliche Ladenpreise festsetzen. Diese können frühestens 18 Monate nach Erscheinungsdatum wieder aufgehoben und geändert werden. Grundsätzlich betrifft die Preisbindung nur Unternehmen, die an Endverbraucher vertreiben und nicht den Zwischenhandel beliefern.

Die Einführung des BuchPrG ist insofern bedeutsam, als dass auf diese Weise eine privatwirtschaftlich organisierte Vereinbarung mit Kartellwirkung, bei der ein Ausscheiden grundsätzlich möglich war, durch eine gesetzliche Regelung ersetzt wurde, die nicht umgangen werden kann. Dies hat für Buchverlage und -handel eine erhebliche Einschränkung der Konditionen- und der Preispolitik zur Folge.

Die Buchpreisbindung wird von ihren Befürwortern als wichtiges Instrument angesehen, um die hohe Qualität und die Vielfalt des publizistischen Angebots zu sichern. Die Sortimentsbreite im deutschen Buchhandel und die Vielzahl der Verlage werden als gefährdet angesehen, falls die Preisfindung auf den Buchmärkten allein den Gesetzen des Markts überlassen wird.

Diese Argumentation basiert auf den Kostenstrukturen der Verlagsbranche, die Bücher mit hohen Auflagen aufgrund der Skaleneffekte begünstigt. Es wird befürchtet, dass die Verlage bei Wegfall der Preisbindung dazu neigen würden, nur Bestseller zu verlegen und hochwertige Nischenliteratur allenfalls zu prohibitiv hohen Preisen anzubie-

Kapitel 3: Buchmanagement

ten. Von den Befürwortern der Buchpreisbindung wird zudem der Widerspruch zwischen ökonomischem und publizistischem Wettbewerb angeführt, da gerade die Bücher mit hohen Auflagen häufig nicht auf kulturelle Vielfalt, sondern auf einen gewinnsteigernden Massengeschmack abzielen.

Die Kritiker der Buchpreisbindung hingegen sehen im Buch lediglich ein Wirtschaftsgut und in der Buchpreisbindung eine unzulässige Wettbewerbsbeschränkung. Die Buchpreisbindung ermöglicht die Quersubventionierung wenig nachgefragter Titel durch nachfragestarke Bücher, bei denen aufgrund der geringeren Preiselastizität höhere Preise durchsetzbar sind.[1] Ob diese Quersubventionierung in den einzelnen Verlagen tatsächlich erfolgt, ist jedoch nicht nachgewiesen. Neben diesen wettbewerbspolitischen Regelungen sind für die Buchbranche vor allem die Bestimmungen des Urheberrechts von besonderer Bedeutung.

Hierzu gehören beispielsweise das Urheberpersönlichkeitsrecht, das Recht zur wirtschaftlichen Verwertung, das Veröffentlichungsrecht sowie die Rechte zur Vervielfältigung, Verbreitung und Ausstellung. Das Urhebervertragsrecht regelt die Gestaltung der Verträge zwischen Urhebern und Verwertern von Werken, das heißt zwischen Autoren und Verlagen. Da sowohl auf Seiten der Wirtschaft als auch der Politik ein Änderungsbedarf gesehen wurde, ist das Urheberrecht neu geregelt worden. Ziel war es, das noch am analogen Umfeld ausgerichtete Urheberrecht an die neuen Entwicklungen, vor allem im Bereich der digitalen Technologien, anzupassen. Das neue Gesetz regelt unter anderem das Vorgehen bei Uneinigkeiten zwischen Autor und Verlag.

2.4 Mediennutzungsverhalten der Leser

In Studien zum Mediennutzungsverhalten wird das Buch häufig als das Medium angeführt, das aufgrund der technischen Entwicklung am stärksten mit einer rückläufigen Nutzung konfrontiert wird. So gaben bei einer Untersuchung der Stiftung Lesen im Jahr 2008 25% der Befragten an, dass sie nie ein Buch lesen.[2] In den verschiedenen Altersgruppen sind jedoch erhebliche Unterschiede in der Mediennutzung zu erkennen, wie Abbildung 2-4 illustriert.

Es fällt auf, dass insbesondere die Altersgruppe von 14 bis 19 Jahren vergleichsweise häufig Bücher liest. Gerade dieser Altersgruppe werden jedoch eine Vernachlässigung des Buchs und eine Bevorzugung elektronischer Medien nachgesagt. Neben den demografischen Daten haben auch soziodemografische Merkmale, beispielsweise Ausbildung oder Milieuzugehörigkeit der Nutzer, einen Einfluss auf das Leseverhalten.

---

[1] Vgl. Beck (2005), S. 155 ff.
[2] Vgl. Stiftung Lesen (2008), S. 22.

Marktstruktur und Marktverhalten

Abbildung 2-4: Buchnutzung nach Alter und Schulbildung[1]

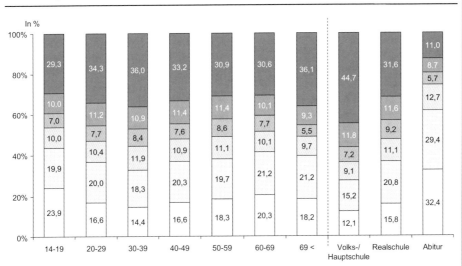

Ebenso deutliche Unterschiede in Abhängigkeit von der Schulbildung ergeben sich bei der Betrachtung von Buch- und Hörbuchkäufen. Dies illustriert Abbildung 2-5. In Bezug auf die verschiedenen Altersgruppen zeigt sich, dass Hörbücher im Vergleich zu gedruckten Titeln eine etwas jüngere Käuferschicht ansprechen. Trotz der rückläufigen Entwicklung bei der Mediennutzung im Buchbereich ist die Zahl der gekauften Bücher steigend.

Dies liegt unter anderem darin begründet, dass mit dem Kauf eines Buchs keine unmittelbare Produktnutzung in Form von Lesen verbunden ist. Bücher stellen in größerem Umfang als andere Medien (zum Beispiel TV, Zeitung) Sachgüter dar, die nicht unbedingt zum sofortigen Konsum beziehungsweise zur sofortigen Nutzung gekauft werden. Die Zahl der gekauften Bücher ist nicht mit der Zahl der gelesenen Bücher gleichzusetzen, sondern liegt wahrscheinlich wesentlich höher.

Darüber hinaus werden Bücher zunehmend nicht mehr vollständig, sondern nur auszugsweise gelesen. Dies ist vor allem in der Gruppe der unter 30-jährigen Weiterbildungsleser der Fall, denen der Großteil der Sach- und Fachbücher zur beruflichen und schulischen Weiterbildung dient. Die Zahl der Leser, die Bücher nur auszugsweise lesen, steigt folglich an. Zusätzlich zeigt sich besonders bei jüngeren Lesern eine stei-

---

1 Datenquelle: IfD Allensbach: Allensbacher Markt- und Werbeträgeranalyse (2011).

gende Tendenz des „Lesezapping."[1] Damit werden Verhaltensweisen beschrieben, die durch Lesepausen, paralleles Lesen mehrerer Bücher, Überfliegen von Büchern oder vorzeitigen Abbruch des Lesens gekennzeichnet sind. Dies führt zu einer partiellen, oberflächlichen Rezeption der Inhalte, sodass trotz sinkender Nutzungszeit eine Steigerung der Zahl der gelesenen Bücher möglich ist.

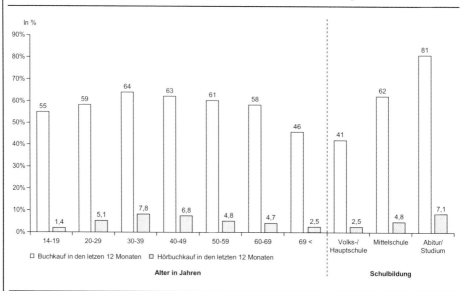

Abbildung 2-5: Buch- und Hörbuchkauf nach Alter und Schulbildung[2]

2.5 Entwicklungsperspektiven im Buchbereich

Die Entwicklungsperspektiven der Buchbranche werden im Wesentlichen von den Möglichkeiten beeinflusst, die sich durch die zunehmende Digitalisierung ergeben. Viele Werke werden nicht mehr ausschließlich in gedruckter Form publiziert. Zahlreiche Publikationen sind neben einer Printversion auch als E-Book, CD oder DVD erhältlich. Exemplarisch können in diesem Zusammenhang Lexika und Nachschlagewerke sowie Kartenmaterial und Reiseführer genannt werden.

---

1 Vgl. Franzmann (2001), S. 93 f.
2 Datenquelle: Börsenverein des Deutschen Buchhandels (2011a), S. 24 ff.

Für den Vertrieb von Buchprodukten bedeutet die Digitalisierung, dass neue Distributionskanäle entstehen, die bisherige Formen der Veröffentlichung kannibalisieren können. Neben dem Vertrieb physischer Produkte über digitale Absatzkanäle ist ebenso der digitale Vertrieb von Büchern in Form von E-Books möglich. Der Kunde lädt sich dazu die entsprechenden Daten aus dem Internet direkt auf seinen Computer, Multimedia-Tablet, Handy oder E-Reader.

Beispielhaft seien in diesem Kontext Amazons E-Reader Kindle sowie Apples Multifunktionsgerät iPad genannt. Weitere Geräte wie zum Beispiel der E-Reader von Weltbild sind mittlerweile zu sehr günstigen Preisen zu haben (79,99 Euro). Laut einer Prognose des Börsenvereins des Deutschen Buchhandels werden in der Zukunft allerdings eher Tablet-Computer als E-Reader dienen.[1] Abbildung 2-6 zeichnet die weltweite Absatzentwicklung von E-Readern nach und prognostiziert deren Nutzung bis 2014.

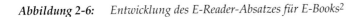

Abbildung 2-6: Entwicklung des E-Reader-Absatzes für E-Books[2]

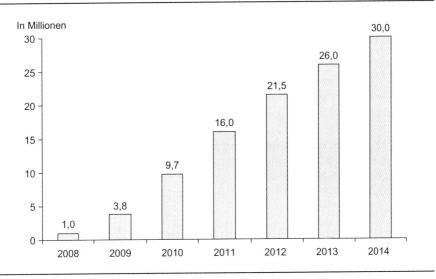

Als Beispiel für ein erfolgreiches E-Book kann auf den im Jahr 2000 im Internet veröffentlichten Roman des Bestsellerautors Stephen King verwiesen werden. Der Leser erhielt die Inhalte in digitaler Form gegen Entgelt direkt aus dem Internet. Inwiefern das elektronische Buch die traditionellen Druckausgaben ersetzen wird, bleibt fraglich. Dennoch ist es ein anschauliches Beispiel für die Verschmelzung von Datentransfer,

---

[1] Vgl. Börsenverein des Deutschen Buchhandels (2011a), S. 17.
[2] In Anlehnung an Statista (2012a).

Kapitel 3: Buchmanagement

Inhalten und Endgerät zu einem neuen Multimediaprodukt bei gleichzeitigem Verzicht auf traditionelle Distributionswege. Entwicklungen wie E-Books und Books On Demand bieten Verlagen neue Möglichkeiten. Sie können ihre Produkte direkt über das Internet vertreiben und auf diese Weise den stationären Buchhandel umgehen (Disintermediation). Gleichzeitig ist der Vertrieb von E-Books nicht mehr an einen Verlag gebunden, sondern Autoren können ihre Werke direkt in Eigenregie vertreiben.

Diese Möglichkeit bieten ebenso Books On Demand, die sich vor allem für kleine Auflagen eignen. Dabei wird der digital vorhandene Inhalt vom Kunden ausgewählt und individuell zusammengestellt. Die Lieferung erfolgt meist in digitaler Form. Den Verlagen bietet sich damit die Möglichkeit Titel, die in den regulären Programmen der Verlage nicht mehr nachgedruckt werden können, lieferbar zu halten und so die Backlist zu nutzen.

Der Trend zu Eigenverlagen, der durch diese digitalen Produktions- und Vertriebsmöglichkeiten ermöglicht wird, stellt eine erhebliche Gefahr für die Existenz spezialisierter Verlage dar. Insbesondere wissenschaftliche Fach-Communities können sich von Verlagen unabhängig machen, indem sie selbst Verlagsfunktionen übernehmen. Allerdings weist das Books On Demand-Verfahren den Nachteil auf, dass der Kunde nicht die Möglichkeit hat, das Endprodukt vor dem Kauf zu begutachten. Außerdem ist häufig mit Lieferfristen von bis zu zwei Wochen für Books On Demand zu rechnen.

Es zeigen sich jedoch auch Entwicklungen, die nicht durch technische Innovationen vorangetrieben worden sind, sondern sich vielmehr aus veränderten Bedürfnissen der Konsumenten ergeben haben. Beispielhaft steht dafür der Markt der Hörbücher, auch Audio Books oder Talking Books genannt. Dies sind CDs oder Audio-DVDs, auf denen Bücher vorgelesen oder als Hörspiel inszeniert werden. Hörbücher haben in jüngster Vergangenheit eine Wiederbelebung erfahren und gewinnen zunehmend an Bedeutung. Im Vergleich zum Buchmarkt ist der Markt für Hörbücher noch klein. Der Anteil von Hörbüchern am Gesamtumsatz buchhändlerischer Betriebe lag 2010 bei 4,1%. Bezogen auf den Teilbereich der Belletristik betrug der Umsatzanteil von Hörbüchern 46,4%.[1]

Der Markt für Hörbücher befindet sich nach sehr hohen Zuwachsraten bis zum Jahr 2006 mittlerweile in einer kontinuierlichen Wachstumsphase. Im Jahr 2010 waren mehr als 25.000 Hörbücher von circa 600 Verlagen lieferbar, pro Jahr kommen etwa 2.000 Neuerscheinungen hinzu.[2] Auf der Frankfurter Buchmesse sind Hörbücher mit einem eigenen Forum vertreten. Ein besonders hoher Umsatzanteil entfällt auf die Warengruppen Belletristik (46,4%) sowie Kinder- und Jugendbuch (34,9%).[3] Anfang 2008 wurden beispielsweise von der Audioversion des siebten „Harry Potter"-Bands bereits

---

[1] Vgl. Börsenverein des Deutschen Buchhandels (2010b).
[2] Vgl. Leipziger Buchmesse (2011).
[3] Vgl. Statista (2010).

in den ersten drei Wochen nach Erscheinen 80.000 Exemplare verkauft.[1] Neue Bestseller werden fast gleichzeitig mit der Buchausgabe vertont, die Märkte für gedruckte und gesprochene Bücher hängen eng zusammen. Buch und Hörmedium kannibalisieren sich nicht zwingend, vielmehr können sie sich gegenseitig ergänzen. Das Erscheinen des jeweiligen Mediums kann die Absatzzahlen für die anderen Produkte in die Höhe treiben. Auch der Handel hat auf die veränderte Nachfrage reagiert. Hörbuchtitel werden prominent in den Verkaufsstellen platziert, die großen Buchhandlungen verfügen über Hörstationen und auch die Printmedien veröffentlichen vermehrt Hörbuchkritiken.[2]

3 Leistungssystem

Das Leistungssystem und die damit verbundene Wertschöpfung haben innerhalb der Buchbranche eine zentrale Bedeutung für erfolgsorientiertes Management. Der folgende Abschnitt befasst sich daher mit den grundlegenden Strukturen der Wertschöpfung in der Buchbranche. Dazu wird zunächst das Leistungsspektrum der Buchverlage beschrieben. Danach wird die typische Wertkette der Buchbranche dargestellt und die Kernkompetenzen und Core Assets der Buchverlage detailliert aufgezeigt. Abgeschlossen wird dieser Abschnitt durch eine Übersicht zu Geschäftsmodellen von Buchverlagen.

3.1 Leistungsspektrum

Das von den Verlagen angebotene Leistungsspektrum ist vielschichtig. Die Gesamtheit der Bücher kann in unterschiedliche Sachgebiete eingeteilt werden.[3] So nimmt der Börsenverein des Deutschen Buchhandels beispielsweise folgende Systematisierung vor: Allgemeines/Informatik/Informationswissenschaft, Philosophie und Psychologie, Religion, Sozialwissenschaften, Sprache, Naturwissenschaften und Mathematik, Technik/Medizin/Angewandte Wissenschaften, Künste und Unterhaltung, Literatur, Geschichte und Geografie.[4] Darüber hinaus kann eine Unterscheidung nach der jeweiligen Präsentationsform (Editionsform) erfolgen. Hier wird in der Regel unterschieden zwischen: Hardcover (Festeinband), Paperback (Taschenbuch), Hörbuch und neuen Medien (E-Book, CD-ROM, digital verfügbares Buch aus dem Internet).

---

1 Vgl. Schwietert (2008), S. 14 ff.
2 Vgl. Gaisa (1998), S. 44.
3 Vgl. Greco (2000), S. 2.
4 Vgl. Börsenverein des Deutschen Buchhandels (2009), S. 67 ff.

Kapitel 3: Buchmanagement

Für eine kurze Darstellung des Leistungsspektrums wird im Folgenden eine Einteilung in die Kategorien allgemeine Literatur, Fachbücher und Sonstige verwendet. Abbildung 3-1 stellt diese dar. Es handelt sich bei dieser Einteilung um eine Abgrenzung, die die wichtigsten inhaltlichen und verwendungsbezogenen Charakteristika der einzelnen Marktsegmente erfasst.

Abbildung 3-1: *Produktformen im Printbereich*

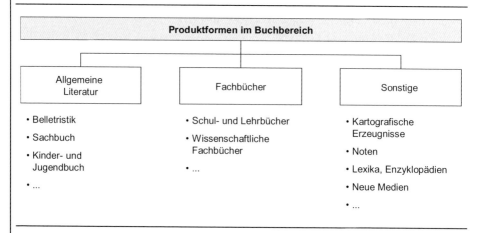

■ Allgemeine Literatur

Zur allgemeinen Literatur ist zunächst die Belletristik zu zählen, bei der es sich um die titelstärkste Sachgruppe handelt und die sich aus erzählender und unterhaltender Literatur, der so genannten schöngeistigen Literatur, zusammensetzt. Als weitere Gattungen sind Sach-, Kinder- und Jugend- sowie Bilderbücher zu nennen.

■ Fachbücher

In die Kategorie der Fachbücher fällt sämtliche Literatur, die sich mit wissenschaftlichen Themen aus den Disziplinen Technik, Natur-, Geistes- und Sozialwissenschaften auseinander setzt. Die Abgrenzung zu den Sachbüchern, die sich zu einem geringen Teil ebenfalls mit wissenschaftlichen Themen beschäftigen, kann dabei anhand der populärwissenschaftlichen Darstellungsweise getroffen werden, auf welche die Fachbücher zurückgreifen. Ebenfalls zur Gruppe der Fachbücher zählen Lehr- und Schulbücher.

■ Sonstige Produkte

Unter der Kategorie sonstige Produkte werden alle weiteren Verlagserzeugnisse zusammengefasst, die kaum zusammenhängenden Text aufweisen. Diese Veröffentlichungen machen einen beträchtlichen Teil der jährlichen Buchproduktion aus, da sie häufig aktualisiert werden müssen.

3.2 Wertschöpfungsstrukturen

Die Wertschöpfung von Buchverlagen unterscheidet sich in erheblichem Umfang von den im vorangegangenen Kapitel beschriebenen Zeitungs- und Zeitschriftenverlagen. Der Anteil an der Erstellung der Inhalte nimmt bei Buchverlagen ein wesentlich geringeres Ausmaß an als bei anderen Printunternehmen. Insgesamt kann die Wertkette von Buchverlagen anhand von fünf Wertschöpfungsstufen dargestellt werden. Abbildung 3-2 illustriert die Wertkette von Buchverlagen.

Für die Beschaffung und Bearbeitung der Manuskripte ist im Buchverlag das Lektorat zuständig. Ausgangspunkt ist dabei die Programm- und Titelplanung. Im Rahmen der festgelegten Programmstruktur erfolgen die Beschaffung von Content, also die Akquise von attraktiven Autoren und Manuskripten sowie die Beschaffung von Lizenzen für erfolgreiche Bücher. Bei der Beschaffung von Inhalten übernehmen Agenten eine wichtige Rolle. Sie nehmen Autoren unter Vertrag und bieten die Manuskripte den Verlagen an. Die Arbeit des Lektorats ist jedoch nicht nur durch die Gewinnung neuer Autoren geprägt, sondern vor allem durch die Sichtung und Bewertung von Manuskripten.[1] Die Tätigkeiten der Inhalteproduktion beschränken sich in diesem Kontext weitgehend auf das Redigieren der Manuskripte (inhaltliche und formale Bearbeitung) und die organisatorische Abwicklung der Publikation. Zu den Aufgaben des Lektorats gehört darüber hinaus auch die Betreuung der vom Verlag gewonnenen Autoren.

Die Content-Produktion von Spezialverlagen bleibt bei dieser Betrachtung unberücksichtigt. Dennoch soll darauf hingewiesen werden, dass in Spezialverlagen die Produktionsleistung teilweise erheblich umfangreicher ist, da hier Inhalte in einer Rohfassung beschafft und vom Verlag zum fertigen Produkt in eigenen Buchredaktionen veredelt werden. So umfasst beispielsweise die Content-Produktion von kartografischen Verlagen auch die zweckorientierte Aufbereitung von Kartenmaterial auf der Basis von Satellitenaufnahmen oder amtlichen topografischen Karten. Ein anderes Beispiel für Buchverlage mit umfangreichen redaktionellen Tätigkeiten sind Schulbuch- und Lexikonverlage.

---

1 Vgl. Behm/Hardt/Schulz (1999), S. 49.

Kapitel 3: Buchmanagement

Abbildung 3-2: Wertkette von Buchverlagen

Beschaffung der Inhalte	Lektorat/ Redaktion	Lizenz- und Rechtehandel	Print	Distribution	Leser
Kernaufgaben					
• Beschaffung von Manuskripten • Werbung von Autoren • Kauf von Lizenzen	• Planung, Steuerung und Ausführung der Produktion	• Verwertung von Rechten und Lizenzen	• Technische Produktion der Bücher	• Direktvertrieb • Vertrieb über Zwischenhandel, Großhandel und Einzelhandel	
Anbieter					
• Verlage • Agenten	• Redaktionen • Lektoren/Verlagslektoren	• Verlage • Agenten • Autoren • Verwertungsgesellschaften	• Druckereien • Buchbinderei	• Verlage • Autoren • Barsortiment, Grossist, Rack Jobber • Buchhandlungen; Warenhäuser • Buchklub	
Beispiele					
• Random House, Rowohlt, Gabler • Bookpartner, Eggers & Landwehr	• Duden-Verlag • Bookpartner/ Random House	• Random House • Bookpartner, Eggers & Landwehr • VG Wort	• Druckerei C.H. Beck, Lengericher Handelsdruckerei • Großbuchbinderei Kornelius Kaspers	• Martin Schmitz Verlag • Stephen King • Libri, K&V, KNO • Thalia, Hugendubel; Karstadt, Kaufhof • Der Club	

Als weitere Wertschöpfungsstufe kann die Verwertung der Rechte angesehen werden, die der Autor, Agent oder Verlag an dem zu publizierenden Manuskript hält. Die Möglichkeiten dieser Rechteverwertung hängen davon ab, in welchem Umfang der Verlag oder Agent die Rechte an dem Manuskript erwirbt beziehungsweise der Autor sie veräußert. Diese Wertschöpfungsstufe entfällt beispielsweise, wenn der Verlag selbst nur eine einzige Lizenzausgabe produzieren darf. Da es für die Inhaber von Urheber- und Leistungsschutzrechten oftmals nicht möglich ist, alle Rechte selbst wahrzunehmen, beauftragen sie Verwertungsgesellschaften. Im Buchbereich ist dies die Verwertungsgesellschaft Wort (VG Wort).

Zum Lizenz- und Rechtehandel kann weiterhin das Imprintgeschäft gezählt werden. Hier nutzt der Imprintnehmer den Verlagsnamen und das Verlagslogo als Absender, wodurch ein höherer Absatz der Bücher erzielt werden soll. Insbesondere sind hierbei Kooperationen zwischen Presse- und Buchverlagen zu beobachten. So ist der Spiegel-Verlag beispielsweise Imprintnehmer bei Rowohlt und veröffentlicht bei Rowohlt die Reihe „Spiegel-Buch im Rowohlt Verlag." Hierbei liegen die klassischen Lektoratsaufgaben, also Auswahl und Redaktion der Inhalte, beim Spiegel-Verlag, während Rowohlt die Herstellung, die Werbung und den Vertrieb übernimmt.

Nicht zu vernachlässigen ist auch der Handel mit Lizenzen für Merchandising-Produkte, mit dem mittlerweile hohe Erlöse erzielt werden. Nach dem letzten Korrekturgang erteilt das Lektorat die Druckfreigabe, das Imprimatur. Der Druck und die Bindung stellen die physische Produktion des Mediums Buch dar. Während der Druck der Bücher vergleichbar mit dem von Zeitungen und Zeitschriften ist, werden Bücher anders gebunden als Zeitschriften.

Die Distribution umfasst größtenteils die Belieferung des Zwischen- und Großhandels. Teilweise wird der Einzelhandel aber auch direkt beliefert. Der Fachgroßhandel wird als Barsortiment bezeichnet, der Großhändler, der Bücher als Nebenbranche führt, als Grossist und der Großhändler, der als Zusatzdienstleistung auch die Regale mit Büchern bestückt (vor allem in Kaufhäusern, Super- und Verbrauchermärkten), als Rack Jobber.[1] In geringem Umfang existiert auch ein Direktvertrieb der Verlage oder Autoren beziehungsweise Eigenverlage an den Endkunden.

Einige Verlage beschränken sich auf diesen Vertriebsweg und vertreiben ihre Bücher ausschließlich direkt, vor allem Kleinverlage. Zwar bietet der Online-Buchhandel für Verlage neue Möglichkeiten des Direktvertriebs, die jedoch wegen der Marktmacht des Sortimentsbuchhandels nur sehr beschränkt genutzt werden. Eine weitere Form des Direktvertriebs ist der Buchclub, in Deutschland ist in diesem Zusammenhang vor allem „Der Club" von Bertelsmann bekannt. Das Buchclubgeschäft ist in Europa eher auf dem Rückzug, in Märkten wie China zeigen sich jedoch noch erhebliche Wachstumspotenziale.

3.3 Core Assets und Kernkompetenzen

Core Assets und Kernkompetenzen stellen die zentralen materiellen, konzeptionellen und prozessualen Ressourcen im Geschäftsmodell dar. Zu den Core Assets von Buchverlagen gehören die Mitarbeiter, die Netzwerke, die Marke und der Kundenstamm. Zwar wird bei einem großen Teil der Buchverlage der Input von externen Autoren erstellt, doch sind besonders im Lektorat und in Redaktionen von Fach- und Spezialverlagen Mitarbeiter mit stark spezialisierten Fertigkeiten beschäftigt, die vor allem durch Teamwork eine bessere Leistungserstellung ermöglichen.

Netzwerke stellen ein Core Asset dar, da auf den Beschaffungsmärkten für Lizenzen der Kontakt zu potenziellen Autoren und Agenten wichtig ist, um eher als die Wettbewerber Zugriff auf attraktive Manuskripte zu erhalten. Darüber hinaus nutzen kleine Verlage bei der Produktion von Büchern oft ein Netzwerk aus spezialisierten Anbietern für Dienstleistungen wie Lektorat oder Layout und können durch eine flexible Netzwerkgestaltung Wettbewerbsvorteile erzielen.

---

1 Vgl. Bez (2009), S. 32.

Kapitel 3: Buchmanagement

Fach-, Wissenschafts- und Spezialverlage signalisieren den potenziellen Käufern durch ihren Markennamen einen hohen Standard der Publikationsqualität und reduzieren so das Risiko des Bucherwerbs. Ähnlich wie eine Marke zählt auch der Kundenstamm besonders bei Fach-, Wissenschafts- und Spezialverlagen zu den Core Assets, da sich der Käufer nicht nur am Autor, sondern auch am Verlag orientiert.

Die zur Nutzung der Core Assets erforderlichen Kernkompetenzen von Buchverlagen sind die Content Sourcing-Kompetenz, die Lektoratskompetenz und die Promotion-Kompetenz. Im Rahmen der Content Sourcing-Kompetenz muss es das Ziel eines Verlags sein, attraktive Manuskripte, die zu einem großen Teil von verlagsexternen Autoren produziert werden, zu erlangen.

Die Content Creation-Kompetenz von Verlagen wird auch als Lektoratskompetenz bezeichnet, die aus zwei Subkompetenzen besteht. Zum einen ist in diesem Kontext die Fähigkeit von Bedeutung, Manuskripte so zu überarbeiten, dass sie für eine Veröffentlichung geeignet sind (Veredlungskompetenz). Zum anderen ist auch die Fähigkeit relevant, Autoren durch umfassende und individuelle Betreuung langfristig an den Verlag zu binden (Betreuungskompetenz).

Die Promotion-Kompetenz von Buchverlagen beschreibt die Fähigkeit, für ein Buch durch Promotion-Aktivitäten (zum Beispiel Lesereisen) öffentliche Aufmerksamkeit herzustellen. Dadurch sollen Leser auf den Autor und sein Buch aufmerksam gemacht und von einem Buchkauf überzeugt werden.

3.4 Geschäftsmodelle

Geschäftsmodelle als integriertes Management-Tool weisen auch in der Buchbranche eine herausragende Bedeutung auf. Im folgenden Abschnitt wird für Buchverlage eine generelle Charakterisierung der Erlös- und Leistungserstellungsmodelle vorgenommen. Darüber hinaus wird ein vereinfachtes Geschäftsmodell entwickelt und dargestellt. Dazu werden die wichtigsten Partialmodelle beschrieben, wobei neben dem Beschaffungs- und Leistungserstellungsmodell insbesondere das Erlösmodell von Buchverlagen betrachtet wird.

3.4.1 Erlös- und Leistungserstellungsmodelle

In diesem Abschnitt sollen die Erlösmodelle von Buchverlagen herausgearbeitet werden. Daran schließt sich eine Darstellung des Leistungserstellungsmodells an, um die typische Kosten- und Erlösstruktur von Buchverlagen abzubilden. Es bietet sich in diesem Kontext an, Erlös- und Leistungserstellungsmodelle von Buchverlagen anhand eines Fallbeispiels zu veranschaulichen.

Erlösmodell

Vergleicht man die Erlösmodelle von Buchverlagen und Zeitungs- beziehungsweise Zeitschriftenverlagen, so lassen sich deutliche Unterschiede feststellen. Die Generierung von Erlösen findet im Buchbereich überwiegend durch den Verkauf der Bücher auf den Rezipientenmärkten statt. Die Leistungserstellung ist im Wesentlichen auf Informations- und Unterhaltungsleistung beschränkt und beinhaltet kaum Werberaum. Als Besonderheit ist das Buchclubgeschäft anzusehen, das teilweise Abonnementcharakter hat.

Das Abonnement tritt in der Regel erst dann ein, wenn innerhalb eines bestimmten Zeitraums keine Transaktion vom Kunden initiiert, das heißt kein Buch gekauft wurde. In diesem Fall wird zwangsweise eine Transaktion durchgeführt, wobei der zu zahlende Betrag nicht einheitlich ist, sondern vom Produkt abhängt, das in diesem Fall vom Unternehmen ausgewählt wird. Andere Erlösformen haben dagegen meist nur eine untergeordnete Bedeutung.

Ein wichtiger Bereich innerhalb dieser anderen Erlösformen sind die Erlöse auf den Rechte- und Lizenzmärkten. Dabei geht es häufig um den Verkauf von Teilrechten für geografisch eingegrenzte Buchausgaben sowie für Lizenzausgaben in bestimmten Formaten, zum Beispiel als Taschenbuch. Im Jahr 2010 wurden so 8.191 Lizenzen an ausländische Verlage vergeben. Die dominierenden Sprachen bei der Übersetzung deutschsprachiger Titel sind Polnisch, Russisch, Tschechisch, Chinesisch, Englisch und Koreanisch.[1]

Darüber hinaus können auch mit den Verwertungsrechten außerhalb des Printbereichs Erlöse generiert werden. Dabei geht es vorrangig um die Verwertung erfolgreicher Manuskripte über Film, Fernsehen, Video/DVD, Zeitschriften und Merchandising. Für die Filmrechte des Bestsellers „Das Parfüm" von Patrick Süskind bezahlte die Constantin Film AG im April 2003 beispielsweise zehn Millionen Euro.[2] Auch Merchandising ist inzwischen eine wichtige Einnahmequelle für Medienunternehmen geworden. Warner Brothers kaufte 1998 sämtliche Merchandising-Rechte an Harry Potter von der Autorin J.K. Rowling und verkauft Sublizenzen weiter. Im November 2001 hatte Warner Brothers bereits über 300 Sublizenzen verkauft und damit mehr als 100 Millionen US-Dollar eingenommen.[3]

Die Erlöse können dabei einerseits über einen Verkauf der Rechte, andererseits in Form von Tantiemen für die Nutzung der Rechte erzielt werden. Bei den Erlösen aus dem Rechte- und Lizenzgeschäft sind jedoch Unterschiede zwischen den Buchgattungen erkennbar. So bestehen durchschnittlich 2% der Erlöse aus Nebenrechtserträgen. Bei religiösen Büchern und Kunstbüchern liegt der Anteil dieser Erlösquelle etwa doppelt so hoch. Noch deutlicher wird dieser Sachverhalt bei der Betrachtung der Anzeigen-

---

[1] Vgl. Börsenverein des Deutschen Buchhandels (2010a).
[2] Vgl. Rosenbach (2003).
[3] Vgl. Schulz (2001).

Kapitel 3: Buchmanagement

erlöse im Buchbereich. Bei den meisten Buchgattungen ist diese Erlösform nicht vorhanden. In der Kategorie der Sachbücher jedoch machen Werbeerlöse durchschnittlich 17% der Gesamterlöse aus. Die Tatsache, dass auch Werbeanzeigen in Sachbüchern geschaltet werden, kann hier als Ausnahme angesehen werden.

◼ Leistungserstellungsmodell

Schwerpunkte der wirtschaftlichen Tätigkeit von Buchverlagen sind insbesondere die Produktion und der Vertrieb. Im Leistungserstellungsmodell werden die wichtigsten Tätigkeiten zusammengefasst, die bei der Herstellung von Büchern anfallen. Von besonderer Bedeutung für das Verlagsmanagement ist dabei die Kostenstruktur der Leistungserstellung. Durch eine Verringerung der Produktions- und Vertriebskosten können Wettbewerbsvorteile in Form von Kostenvorteilen entstehen. Abbildung 3-3 gibt einen Überblick über Kosten- und Erlösstrukturen in der deutschen Buchbranche.

Abbildung 3-3: Kosten- und Erlösstruktur der Leistungserstellung[1]

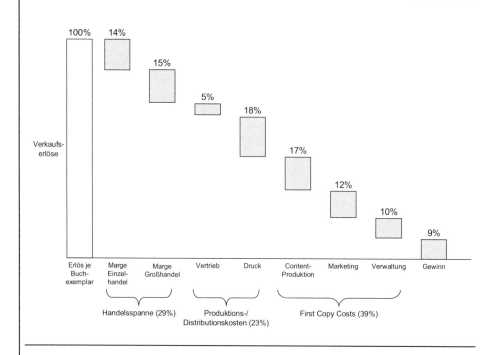

---

1 Auf der Basis eigener Analysen und Abschätzungen.

280

Leistungssystem

Erlöse werden im Buchmarkt vorwiegend durch den Verkauf von Büchern erzielt, Werbeerlöse fallen deshalb so gut wie nicht an. Die Kostenstruktur wird sehr stark durch die Tatsache geprägt, dass Bücher auf das Trägermedium Papier angewiesen sind und deswegen sowohl die Produktion als auch der Vertrieb mit erheblichen Kosten verbunden sind. In Deutschland werden Bücher über ein zweistufiges Vertriebssystem an die Rezipienten vertrieben, die Handelsmarge liegt bei durchschnittlich 29%. Auf Produktion und Distribution, das heißt den Druck und die Auslieferung an den Handel, entfallen 23% des Gesamtumsatzes.

Der Anteil der First Copy Costs am Gesamtumsatz liegt bei durchschnittlich 39%. Die Kosten der Content-Produktion umfassen insbesondere die Kosten für Manuskripte und Verwertungsrechte. Die Marketingkosten liegen bei durchschnittlich 12%, auf die Verwaltungskosten entfallen durchschnittlich 10%. Die Gewinnmarge der Buchverleger liegt bei circa 9%. Diese Kostenstruktur veranschaulicht, dass wesentliche Ansatzpunkte für Kostenreduzierungen in den Produktions-, Distributions- und Vertriebskosten liegen. Besonders die direkte Distribution über das Internet ist für Verlage attraktiv, da sie damit die Handelsspanne internalisieren können.

3.4.2 Geschäftsmodell Buchverlag

Bei Buchverlagen handelt es sich um Unternehmen, die einerseits wie andere Unternehmen gewinnorientiert handeln, die sich aber andererseits auch als kulturwirtschaftliche Unternehmungen verstehen. Das Management von Buchverlagen muss bei der Entscheidungsfindung sowohl den kulturellen Auftrag als auch die am Markt auftretende Nachfrage berücksichtigen. Demnach kann ein Buchverlag nach einer kulturellen und einer wirtschaftlichen Dimension unterschieden werden, was zur Folge hat, dass über die Veröffentlichung eines Buchs unter Umständen nicht allein nach wirtschaftlichen Prinzipien entschieden wird.

„A book is published because an editor believes a title has a great literary merit, makes a convincing argument, has commercial potencial, or needs to be published."[1] Die kulturelle Dimension von Büchern findet sich auch in den besonderen gesetzlichen Rahmenbedingungen für Bücher wieder. Der Tätigkeitsbereich von Buchverlagen liegt in der Veröffentlichung ausgewählter Manuskripte. Der Leistungserstellungsprozess kann dabei verkürzt dargestellt werden.

Beschaffungsseitig benötigt der Verlag zunächst ein Manuskript beziehungsweise ein Nutzungsrecht für ein bereits veröffentlichtes Manuskript. Dieses Manuskript wird in einem Lektorat überarbeitet und gelangt in einem nächsten Schritt in die Herstellungsstufe, die traditionell den Satz und Druck umfasst. Hier wird ein wichtiger Unterschied im Leistungserstellungsmodell von Buchverlagen im Vergleich zu Zeitungen und Zeitschriften deutlich. Die vom Buchverlag aggregierten Inhalte sind fast ausschließlich

---

1 Greco (2005), S. 8.

fremderstellt. Ein Buchverlag publiziert in der Regel Titel, die von externen Autoren und in geringem Umfang von Lektoren produziert werden. Im Anschluss an die Produktion wird das fertige Produkt über die bestehenden Vertriebskanäle ausgeliefert und dem Leser zum Kauf angeboten. Dabei ist zu berücksichtigen, dass neben der Buchhandlung mit dem Internet neue Distributionsmöglichkeiten entstanden sind.

Unter anderem ermöglichen diese unter Umgehung der traditionellen Buchhandlung ebenso die direkte Belieferung der Buchkäufer. Das Geschäftsmodell eines Buchverlags ist in Abbildung 3-4 am Beispiel der Buchaktivitäten der Verlagsgruppe Random House vereinfacht dargestellt. Die Verlagsgruppe Random House ist Teil von Random House Inc., der weltweit führenden Gruppe von Publikumsverlagen. Die Verlagsgruppe besteht aus 45 Buchverlagen, die rund 200 Neuerscheinungen pro Monat veröffentlichen.

Das Autorenspektrum von Random House ist vielfältig. Neben international erfolgreichen Autoren wie zum Beispiel Stephen King, John Grisham oder Michael Crichton zählen auch bekannte Namen der zeitgenössischen Literatur sowie der Weltliteratur zu diesem Pool, darunter zum Beispiel António Lobo Antunes, Ernst Jandl und Walter Kempowski. Junge Autoren wie zum Beispiel Wladimir Kaminer und Terézia Mora sowie Persönlichkeiten wie Frank Schirrmacher als Herausgeber der FAZ oder Altbundeskanzler Helmut Schmidt komplettieren die Autorenliste.

Das Leistungsspektrum von Random House im Buchgeschäft ist dabei im Wesentlichen auf Lesermärkte ausgerichtet. Die Angebotsleistung umfasst Bücher unterschiedlicher Sachgruppen und Editionsformen. Dabei werden die Erstausgaben meist in gebundener Form publiziert, während die preiswerteren Taschenbuchausgaben in der Regel nach einer bestimmten Zeit die gebundene Ausgabe ablösen. Ein weiterer Bestandteil der Angebotsleistungen sind digitale und elektronische Produkte, hierzu sind insbesondere CD-ROMs, Hörbücher und E-Books zu zählen.

Die verschiedenen Verlage bei Random House haben dabei eine spezielle Ausrichtung hinsichtlich der Sachgebiete und Zielgruppen sowie der Editionsformen. So ist das Angebot der Verlage Goldmann und Heyne beispielsweise auf Belletristik und Sachbücher, hauptsächlich im Taschenbuchformat, ausgerichtet, während der Südwest-Verlag auf Ratgeberliteratur und der cbj-Verlag auf Kinder- und Jugendbücher spezialisiert ist. Um die umfangreichen Backlist-Archive dem Konsumenten zugänglich zu machen, werden seit Juni 2001 viele der Titel, die in den regulären Programmen der Verlagsgruppe Random House nicht mehr nachgedruckt werden können, unter dem Label Impressione lieferbar gehalten.

Abbildung 3-4: Geschäftsmodell eines Buchverlags[1]

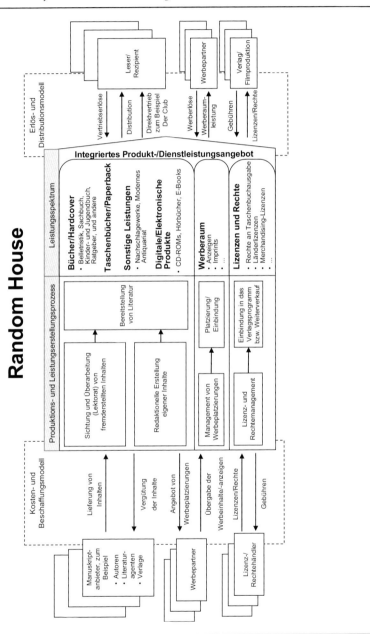

---
[1] Auf der Basis eigener Analysen und Abschätzungen.

Kapitel 3: Buchmanagement

Auf den Lizenz- und Rechtemärkten besteht die Angebotsleistung aus diversen Rechten und Lizenzen, beispielsweise für Taschenbuchausgaben oder die Übersetzung eines Manuskripts in eine andere Sprache sowie Merchandising. Diese Lizenz- und Rechteangebote werden in einer zentralen Abteilung für die gesamte Gruppe koordiniert.

Durch die internationale Präsenz ist es dem Verlag möglich, für seine verschiedenen Landesgesellschaften konzernintern attraktive Lizenzen zu vergeben. Eine Besonderheit besteht in der Einbindung in einen größeren Medienkonzern. Über die Bertelsmann-Gruppe bezieht Random House nicht nur Leistungen in der Produktion (Arvato), sondern hat über die Buchclubs und Medien-Shops der DirectGroup auch weltweiten Zugang zu Endkunden.

4 Aufgaben des Buchmanagement

Die vorangegangenen Abschnitte haben die ökonomischen Rahmenbedingungen gezeigt, mit denen sich das Management von Buchverlagen konfrontiert sieht. Diese betrafen einerseits das Umfeld der Buchbranche, andererseits die grundlegenden Strukturen der Geschäftstätigkeit von Buchverlagen. Aufbauend auf diesen Überlegungen wird im folgenden Abschnitt dargestellt, welche Aufgaben sich aufgrund der spezifischen Rahmenbedingungen für das Management von Buchverlagen ergeben. Dabei wird zunächst auf das strategische Management von Buchverlagen eingegangen. Darüber hinaus werden im operativen Bereich die Besonderheiten des Beschaffungs-, des Produktions- und des Marketingmanagement dargestellt.

4.1 Strategisches Management

Der stagnierende und teilweise rückläufige Umsatz, die technischen Entwicklungen sowie die zunehmende Konzentration im Buchhandel zeigen, dass das Management von Buchverlagen vor besonderen strategischen Herausforderungen steht. Um in diesem Umfeld zu bestehen, verfolgen die Verlage zum Teil grundlegend unterschiedliche Strategien. Während einige Buchverlage auf Integrationsstrategien setzen, verfolgen andere Fokussierungsstrategien.

Die im Rahmen einer horizontalen Integrationsstrategie geplante Nutzung von Synergiepotenzialen liegt zum einen im Produktions- und Lagerbereich, da hier Skaleneffekte und statistische Ausgleichseffekte genutzt werden können. Darüber hinaus kann eine Akquisition von spezialisierten Verlagen auf horizontaler Ebene der Vervollständigung des Sortiments und somit der Abschöpfung von Nachfrage und der Steuerung von Risiken dienen. So hat Random House mit der Übernahme des Heyne-Verlags seine Position im Markt für Belletristik erweitert und deckt verstärkt den Markt für Taschenbücher ab. Vertikale Integrationsstrategien sind ebenfalls in der Buchbranche zu beobachten. Im stationären Handel stellt etwa der Bertelsmann-Buchclub „Der Club" ein Beispiel für Vorwärtsintegration in die Handelsstufe dar. Bei der Gründung des Print On Demand-Anbieters BoD durch den Buchgroßhändler Libri handelt es sich dagegen um eine Rückwärtsintegration, mit der Libri in das Verlagsgeschäft expandiert.

Laterale Integrationsstrategien in der Verlagsbranche dienen einerseits der Ausweitung der Verwertungskette für Buchprodukte, andererseits können umfangreiche Verbundvorteile genutzt werden. Hier ist beispielsweise die dargestellte Betätigung von Buchverlagen im Zeitungs- und Zeitschriftengeschäft zu nennen. Diese bietet den Buchverlagen ein effektives Instrument zur Bewerbung von Buchprodukten in den eigenen Verlagsprodukten.

Insbesondere für Fachverlage ist diese Form der Eigenwerbung über wissenschaftliche Zeitschriften von erheblicher Bedeutung. Ein weiteres häufig zu beobachtendes Phänomen ist die Expansion der Buchverlage in ausländische Märkte. Viele Unternehmen reagieren auf die Sättigung der nationalen Märkte durch eine Ausweitung ihrer Aktivitäten auf internationale Märkte. Dabei kann der Marktzugang kurzfristig schneller durch eine Übernahme bereits am Markt aktiver Verlage als durch den Neuaufbau eines eigenen Geschäfts erfolgen.

Darüber hinaus kann durch diese Art der horizontalen Integration einfach auf bestehendes Know How über die fremden Märkte zugegriffen werden. Als Beispiel für eine internationale Akquisition kann die Übernahme von Elsevier durch Reed im Jahr 1992 genannt werden. Zudem können die großen Zusammenschlüsse im Buchmarkt aus dem Jahr 1998 angeführt werden, als beispielsweise Bertelsmann den US-Verlag Random House übernahm.

Ein Beispiel für eine laterale Integrationsstrategie ist Pearson Education, einer der weltweit führenden Schul- und Lehrbuchverlage. Durch Akquisitionen und strategische Allianzen in den vergangenen Jahren ist der Verlag in verschiedene Bereiche rund um Bildung sowie Aus- und Weiterbildung vorgedrungen. So bietet das Unternehmen heute neben bildungs- und wissensbezogenem Content auch Online-Testtools an, um den Leistungsstand von Schüler und Studenten zu bewerten.

Weitere Angebote sind Internetportale rund um das Thema Bildung, darunter fallen verschiede internetbasierte Bildungsprogramme für Schulen und Universitäten sowie Software-Lösungen für das Verwalten von Schüler und Studenten. Neben Übernahmen im Rahmen der Integrationsstrategien sind auch Fokussierungsstrategien zu beobachten. So trennte sich Random House 2003 vom erst 1998 erworbenen Berlin-Verlag. Die Verlagsgruppe konzentriert sich im Rahmen einer Fokussierungsstrategie auf Publikumsverlage und verkaufte unter anderem auch den Fachverlag BertelsmannSpringer. Eine wichtige Rolle spielen in diesem Zusammenhang Beteiligungsgesellschaften.[1] Ein weiteres Beispiel für eine Fokussierungsstrategie ist wiederum Pearson, das den Lehr- und Schulbuchbereich von Simon & Schuster erworben hat. Pearson formte damit, zusammen mit der bereits 1996 erworbenen HarperCollins Educational Publishing, Pearson Education, einen der größten Anbieter im Lehr- und Schulbuchbereich.

4.2   Beschaffungsmanagement

Die Beschaffung von Manuskripten ist für Buchverlage von wesentlicher Bedeutung für den Unternehmenserfolg. Auch wenn das Lektorat eine wichtige Funktion bei der Erstellung eines Buches hat, wird der größte Teil der kreativen Leistung verlagsextern durch den Autor erbracht. Die wesentlichen Einflussfaktoren des Beschaffungsmanagement und deren Auswirkungen auf die Beschaffungsstrategien von Buchverlagen werden im Folgenden dargestellt.

4.2.1   Einflussfaktoren

Das Verhalten der Verlage auf den Beschaffungsmärkten wird von unterschiedlichen Faktoren beeinflusst. Neben den Kosten, der Attraktivität und den Erlöserwartungen an die Publikationen sind das Verhalten der Wettbewerber sowie vor allem die vertraglichen Bedingungen zwischen Autoren und Verlagen wichtige Aspekte im Rahmen des Beschaffungsmanagement.

- Kosten

Die Kosten für Inhalte als Einflussfaktor der Beschaffung setzen sich weitgehend aus dem Autorenhonorar beziehungsweise aus dem Preis für die Nutzungsrechte an bereits publizierten Titeln zusammen (Lizenzgebühr). In der Regel wird hier eine variable Vergütung vereinbart, die bei Hardcover-Ausgaben in der Regel bei 10% des Nettoverkaufspreises liegt. Für Taschenbuchausgaben liegen die Honorarsätze üblicherweise bei 5 bis 7%. Abweichungen sind dabei nach oben wie nach unten hin möglich. Neben dem variablen, prozentualen Autorenhonorar gibt es im Non-Fiction-Bereich auch Festhonorare.

Ein wesentlicher Bestandteil des Autorenhonorars ist der Vorschuss. Dieses garantierte Mindesthonorar wird zumeist in drei Raten (bei Vertragsabschluss, Ablieferung des Manuskripts und bei Veröffentlichung des Werks) gezahlt. Der Vorschuss wird später mit den Honorarzahlungen verrechnet und muss selbst dann nicht zurückgezahlt wer-

---

[1] Vgl. Fuhrmann (2003), S. 12 f.

den, wenn die Verkäufe hinter den Erwartungen zurückbleiben und die tatsächliche Honorarsumme geringer als der Vorschuss ausfällt. Im Gegensatz zu anderen Mediengattungen liegt in den Kosten für Manuskripte ein weitaus geringeres Risikopotenzial für Sunk Costs, da die Beschaffungskosten in der Buchbranche durch die Umsatzbeteiligung des Autors bis auf den Vorschuss weitgehend variabel sind.

Während die Kosten anderer Nutzungsrechte, beispielsweise der von Filmrechten, auf Basis der potenziellen Rezipientenzahl festgelegt werden, entstehen dem Buchverlag die Kosten aufgrund der tatsächlichen Rezipientenzahl. Darüber hinaus fällt der Großteil der Kosten in der Regel erst im Anschluss an die Erlöserzielung an. Beim Erwerb von Nutzungsrechten bereits veröffentlichter Titel, zum Beispiel für Taschenbuchlizenzen, entstehen hingegen in der Regel fixe Kosten, die nicht an die verkaufte Auflage gekoppelt sind. Allerdings kann dabei, auf Basis des ursprünglichen Erfolgs, in der Regel eine vergleichsweise zuverlässigere Absatzprognose erstellt werden.

Zwar sind auch in der Buchbranche erhebliche Preisunterschiede zwischen vermeintlich attraktiven und weniger attraktiven Inhalten erkennbar, doch bleiben diese Kosten aufgrund der dargestellten Rahmenbedingungen weitgehend kalkulierbar. Abgesehen von der Vereinbarung des Honorars für die Erstausgabe werden im Zuge der Honorarvereinbarungen und bei Lizenzkäufen auch Regelungen für die weiteren Verwertungsstufen getroffen. Hierunter fallen die Taschenbuch-, die Buchclub- und die fremdsprachigen Lizenzausgaben. Für die Verwertung der Nebenrechte wird in der Regel eine 50:50-Aufteilung vorgenommen, aber auch in diesem Bereich sind Abweichungen möglich. Einen weiteren Kostenblock stellen die Honorare für Übersetzungen bei fremdsprachigen Titeln dar.

Üblich ist in diesem Zusammenhang eine pauschale Vergütung pro Normseite. Dabei variiert das Honorar sehr stark in Abhängigkeit vom Arbeitsaufwand, der zu übersetzenden Sprache und vom Renommee des Übersetzers. Auch in diesem Bereich gibt es Unterschiede zwischen Hardcover- und Taschenbuchausgaben. Weiterhin ist es üblich, besonders profilierten Übersetzern ab einer bestimmten Auflage ein zusätzliches Honorar, teilweise in Form einer prozentualen Beteiligung, einzuräumen.

Änderungen der bisherigen Vergütungspraxis sind durch die am 1. Juli 2002 in Kraft getretene Neuregelung des „Gesetzes zur Stärkung der vertraglichen Stellung von Urhebern und ausübenden Künstlern" des Urheberrechtsgesetzes. Diese Neuregelung gesteht den Kreativen einen Anspruch auf Abänderung der mit ihren Verlagen vereinbarten Vergütung zu, wenn diese nicht angemessen ist. Die Definition, was angemessen ist, wurde vom Gesetzgeber den Beteiligten überlassen, die zurzeit in Verhandlungen über gemeinsame Vergütungsregeln stehen.[1]

---

1 Vgl. Börsenverein des Deutschen Buchhandels (2004a); Börsenverein des Deutschen Buchhandels (2004b).

Kapitel 3: Buchmanagement

▪ Erlöserwartungen

Die Attraktivität von Manuskripten und die damit verbundenen Erlöserwartungen können in diesem Abschnitt zusammen betrachtet werden, da gerade im Buchbereich ein sehr enger Zusammenhang zwischen beiden Sachverhalten besteht. Anders als in anderen Medienbranchen umfasst ein Buch in der Regel genau einen urheberrechtlichen Beitrag, sodass jeder Beitrag als eigenständiges Produkt verkauft wird.

Dadurch spiegelt sich die Attraktivität eines Beitrags direkt in seinen Erlösen wider. Das Packaging von attraktiven und weniger attraktiven Inhalten zu einem Gesamtprodukt, wie es zum Beispiel bei Zeitungen oder im TV möglich ist, findet im Buchbereich nur in geringem Umfang statt. Zwar wird auch ein Buchverlag nicht nur Bestseller, sondern ebenso weniger verkaufsträchtige Bücher im Verlagsprogramm platzieren. Letztlich sollte jedoch jeder Titel in ausreichendem Umfang Erlöse generieren, um die Kosten der Beschaffung zu kompensieren.

Die Bewertung der Attraktivität von Titeln gestaltet sich dabei äußerst schwierig. Es besteht hohe Informationsunsicherheit bezüglich des Erfolgspotenzials. Geringere Unsicherheit besteht bei Autoren, die bereits erfolgreich Titel veröffentlicht haben sowie bei deutschen Ausgaben internationaler Bestseller. Der Rechteerwerb ist allerdings teurer, was die Sunk Costs im Falle eines Fehlschlags erhöht. Auch im Bereich der Sachbücher kann die Attraktivität von Publikationen häufig über allgemeine Trends und Lesetendenzen vergleichsweise gut prognostiziert werden.

Problematisch ist hingegen die Attraktivitätsbewertung bei Werken unbekannter Autoren, vor allem im Belletristikbereich. Die Honorarforderungen unbekannter Autoren sind zwar in der Regel geringer, allerdings ist auch das Risiko eines Flops höher. Dabei kann zwar eine subjektive Bewertung der literarischen Qualität durch das Lektorat erfolgen, eine Aussage über die Attraktivität auf den Lesermärkten ist hingegen kaum möglich.

▪ Vertragsbedingungen

Die Vertragsbedingungen zwischen Autoren und Verlagen spielen eine entscheidende Rolle bei der Beschaffung von Inhalten. Der Autor überträgt dem Verlag mit der Unterzeichnung des Vertrags die Nutzungsrechte an seinem Werk. Gerade bei jungen, unbekannten Autoren erwirbt der Verlag in der Regel die kompletten Verwertungsrechte am Manuskript.

So umfasst beispielsweise der Normvertrag des Börsenvereins des Deutschen Buchhandels neben der Übertragung des Hauptrechts zur exklusiven Vervielfältigung und Verbreitung aller Auflagen in unbegrenzter Höhe in deutscher Sprache auch die Übertragung sämtlicher Nebenrechte, zum Beispiel zur Übersetzung, zur Vergabe von Lizenzen oder zur Verwertung als Hörspiel, Bühnenstück oder Film. Bei bekannten und erfolgreichen Autoren ist diese Vertragsgestaltung jedoch nicht üblich.

Hier werden die Rechte in der Regel einzeln vermarktet. Bei der Vertragsgestaltung kommt vor allem das bereits erwähnte Urheberrechtsgesetz zum Tragen. Das Urheberrechtsgesetz wurde nach einer Empfehlung der Europäischen Kommission und einer nationalen Enquete-Kommission des Deutschen Bundestags sowie Gutachten überarbeitet und trat in der abgewandelten Form zum 1. Januar 2003 in Kraft. Das neue Gesetz soll beispielsweise sogenannte Buyout-Verträge verhindern. Dies sind Verträge, in denen zwischen dem Verlag und dem Autor ein Honorar in Form einer einmaligen Vergütung vereinbart wird, die unabhängig vom Erfolg der Publikation anfällt.

Neben der Verwertung einzelner Manuskripte dienen Verlagsverträge auch zur langfristigen Bindung von Autoren an den Verlag. Hier sind einerseits Output Deals möglich, die nicht nur einen Titel, sondern eine festgelegte Anzahl von Titeln des Autors umfassen. Damit sichern sich die Verlage frühzeitig den exklusiven Zugriff auf zukünftige Werke erfolgreicher Autoren. Darüber hinaus sind besonders bei jungen Autoren, die ihr Erstlingswerk verlegen lassen, Optionsklauseln üblich, die dem Verlag die Möglichkeit geben, ein Vorkaufsrecht auf das nächste Werk des Autors wahrzunehmen.

In diesen Optionsklauseln sehen die Verlage eine mögliche Risikovergütung für ihre Aufbauarbeit. Die mit der Publikation eines unbekannten Autors verbundenen Risiken sollen dadurch kompensiert werden, dass im Falle eines finanziellen Erfolgs auch das nächste Werk bei demselben Verlag veröffentlicht werden kann. Insgesamt ist im Beschaffungsbereich von Buchverlagen jedoch der Aufbau einer langfristig vertrauensvollen Zusammenarbeit zwischen Autor und Verlag wichtiger als die vertraglichen Vereinbarungen.

- Verhalten der Wettbewerber

Das Verhalten der Wettbewerber hat ebenfalls einen weitreichenden Einfluss auf die Beschaffung von Manuskripten. Verlage stehen auf dem Beschaffungsmarkt im Wettbewerb um Inhalte und müssen den Markt beobachten, um attraktive Inhalte vor den Wettbewerbern zu identifizieren. Dabei beschränkt sich die Beobachtung der Wettbewerber nicht auf die deutschsprachigen Beschaffungsmärkte. 12,8% der Neuerscheinungen auf dem deutschen Buchmarkt sind Übersetzungen ausländischer Werke.

Diese stammen überwiegend aus dem Englischen (circa 65%) und gehören größtenteils zum Bereich Belletristik (circa 49%).[1] Der Wettbewerb findet dementsprechend zunehmend auf den internationalen Rechtemärkten statt. Damit werden auch ausländische Verlage in steigendem Maß zu relevanten Wettbewerbern auf den Beschaffungsmärkten, da der Erwerb der Originalrechte häufig die Übersetzungsrechte umfasst.

---

[1] Vgl. Börsenverein des Deutschen Buchhandels (2011a), S. 78 ff.

Darüber hinaus müssen auch die internationalen Rechteagenturen als Wettbewerber auf den Beschaffungsmärkten angesehen werden. Diese werden im Auftrag der Autoren aktiv und übernehmen die Verhandlung mit den Verlagen, um eine für den Autor optimale Verwertung der Rechte zu erreichen. Die Agenturen sind somit einerseits Anbieter von Manuskripten auf den Beschaffungsmärkten, gleichzeitig jedoch auch Wettbewerber der Verlage beim direkten Zugriff auf die Autoren.

4.2.2 Beschaffungsstrategien

Aufgrund der Bedeutung des Autors für die Erstellung eines Buchs ist die bisher vorherrschende Beschaffungsstrategie im Buchmanagement die Direktkontrahierungsstrategie, das heißt, dass eine Vertragsbeziehung direkt zwischen dem Besitzer der Nutzungsrechte und dem Verlag geschlossen wird. Im internationalen Buchmanagement treten jedoch oft Agenturen oder ausländische Verlage als Intermediäre auf. Die Beschaffungsstrategie von Buchverlagen verfolgt dabei vorrangig zwei Ziele.

Im Mittelpunkt steht zum einen die kostengünstige Beschaffung attraktiver Inhalte auf den nationalen und internationalen Märkten. Zum anderen dient die Beschaffungsstrategie der frühzeitigen Bindung von attraktiven Potenzialen. Die Beschaffungsstrategie von Buchverlagen kann in diesem Kontext in drei Teilbereiche gegliedert werden. Dabei ist zunächst der Erwerb von bereits existierenden Manuskripten oder Lizenzausgaben von Bedeutung.

Die Strategie der Buchverlage muss demnach darauf ausgerichtet sein, einen möglichst frühen und exklusiven Zugang zu diesen Titeln zu erreichen, um Wettbewerber auszuschließen. Gerade auf den internationalen Märkten müssen die strategischen Maßnahmen demzufolge einerseits auf die Rechteagenturen sowie andererseits auf ausländische Verlagshäuser gerichtet sein. Hier können beispielsweise internationale Kooperationen beziehungsweise Beteiligungen an ausländischen Verlagen sinnvoll sein, um so den Zugriff auf die Übersetzungen erfolgreicher Titel zu sichern.

Ein weiterer Teilbereich der Beschaffungsstrategie liegt in der Akquisition neuer Autoren. Darin liegt eine besondere Schwierigkeit der Verlagsbranche, da erfolgreiche Autoren in der Regel schon an Verlage gebunden sind und sich zwischen Autor und Verlag häufig bereits eine enge Bindung entwickelt hat. Besonders in der deutschen Verlagslandschaft wird dieser Bindung eine große Bedeutung beigemessen, sodass von einer vergleichsweise geringen Bereitschaft der Autoren zum Verlagswechsel ausgegangen werden sollte.

Das Abwerben von Autoren über Vertragskonditionen ist somit entweder sehr schwierig oder sehr teuer. Ein unverzichtbares Instrument der Beschaffung ist demzufolge die Akquisition erfolgversprechender unbekannter Autoren, wobei naturgemäß erhebliche Risiken bezüglich der Qualität bestehen. Neben der Gewinnung neuer Autoren stellt die Bindung von Autoren, die bereits für den Verlag tätig sind, eine nicht zu unterschätzende Teilstrategie der Beschaffung dar. Inwiefern dazu allerdings die dargestellten vertraglichen Instrumente geeignet sind, ist fraglich. Im Buchbereich werden Inhalte oftmals nicht losgelöst vom Distributor erstellt. Vielmehr entsteht ein Manuskript häufig in enger Zusammenarbeit zwischen Autor und Verlag. Die vertragliche Verpflichtung zur Ablieferung eines Manuskripts wird deshalb im Falle eines gestörten Verhältnisses zwischen Autor und Verlag in der Regel nicht dazu führen, dass ein qualitativ hochwertiges Werk geliefert wird.

Der Autor kann eine Optionsklausel beispielsweise dadurch umgehen, dass er dem Verlag ein unattraktives Manuskript anbietet, das eventuell ursprünglich gar nicht zur Veröffentlichung vorgesehen war. Die alleinige Bindung von Autoren durch vertragliche Verpflichtungen scheint deshalb als Teilstrategie der Beschaffung nicht geeignet zu sein. Vielmehr muss die Bindung von erfolgreichen Autoren durch einen umfassenden Instrumenten-Mix sichergestellt werden.[1] Möglichkeiten dazu liegen einerseits in der Person des Verlegers oder des betreuenden Lektors. Andererseits ist aber auch die Ausgestaltung der Konditionenpolitik, der Informationspolitik oder der Sortimentspolitik dazu geeignet, eine Bindung zwischen Autor und Verlag zu fördern.

4.3 Produktionsmanagement

Unter der Buchproduktion werden alle zur Fertigstellung eines Buchs notwendigen Tätigkeiten verstanden, soweit sie vom Verlagsmanagement zu beeinflussen sind. Bei der Erläuterung des Produktionsmanagement wird schwerpunktmäßig der Produktionsprozess betrachtet. Im Rahmen der Produktionsstrategie sind Produktionsnetzwerke von Interesse, die kleineren Verlagen erst die wirtschaftliche Buchproduktion ermöglichen.

4.3.1 Einflussfaktoren

Das Produktionsmanagement im Sinne der Gestaltung und Steuerung der Content-Produktion ist im Buchverlag nur in ausgewählten Bereichen relevant. Ein Großteil der produktiven und kreativen Leistung wird vom Autor erbracht. Der Produktionsprozess innerhalb des Verlags beschränkt sich dann meist weitgehend auf das Lektorat dieser Titel. Dennoch gibt es einige Fälle, in denen auch der klassische Medienproduktionsprozess durchlaufen wird. In diesem Kontext können beispielsweise Herausgeberbände, Schulbücher oder Verzeichnismedien genannt werden. Abbildung 4-1 illustriert den Produktionsprozess.

---

[1] Vgl. Schönstedt (1999), S. 242 f.

Kapitel 3: Buchmanagement

Abbildung 4-1: Produktionsprozess im Buchverlag

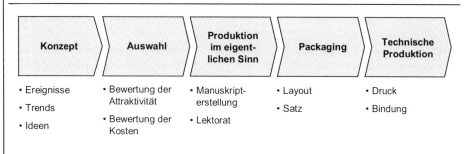

Der Produktionsprozess der genannten Verlagsprodukte beginnt mit einem Konzept, wobei die Initiative von verschiedenen Instanzen ausgehen kann. Die meisten Buchmanuskripte schreiben die Autoren aus Eigeninitiative. Herausgeberbände im wissenschaftlichen Bereich entstehen häufig aus einer bereits bestehenden Kooperation von Verlag und Herausgeber, aus der sich gemeinsam eine Idee entwickelt. Neue Schulbücher hingegen werden häufig aufgrund gesetzlicher Regelungen von Lehrplänen oder neuerer Forschungsergebnisse notwendig. Einen erheblichen Bedarf an neuen Lehrbüchern ließ beispielsweise die Einführung der neuen deutschen Rechtschreibung entstehen.

Auch Computersoftware wird heute von einer Vielzahl von Büchern begleitet. Verzeichnismedien, Kartenmaterial und fachwissenschaftliche Bücher unterliegen einem natürlichen stetigen Aktualisierungszwang, der zu laufenden Neuauflagen führt. So müssen beispielsweise Telefonbücher, Straßenkarten und Lehrbücher regelmäßig neu herausgegeben werden, um deren Aktualität zu gewährleisten.

Das Lektorat umfasst in der Regel die organisatorische Betreuung der Publikation und die Korrektur der Manuskripte. Im nächsten Schritt werden der Entwurf des Innen- und Umschlag-Layout und die Kontrolle des Buchsatzes durchgeführt. Im letzten Schritt des Produktionsprozesses wird das Buch gedruckt, gebunden und im Verlagsmarketing für die Distribution vorbereitet. Die Produktion im engeren Sinne und damit die Erstellung der Manuskripte werden jedoch auch in den dargestellten Beispielen der Herausgeberbände und Schulbücher nicht vom Verlag durchgeführt. Vielmehr werden auch dabei externe Autoren hinzugezogen, die allerdings nicht zwangsläufig frei in der Erstellung der Inhalte sind.

So werden die Anforderungen an ein Manuskript für ein Schulbuch vergleichsweise eng vom herausgebenden Verlag definiert, sodass im weitesten Sinne von einer Auslagerung der Produktion gesprochen werden kann. Das Lektorat umfasst in der Regel die organisatorische Betreuung der Publikation, die Korrekturen der Manuskripte sowie die Kontrolle des späteren Layout. Im nächsten Schritt werden das Buch-Layout und das Titel-Layout entworfen und gesetzt. Im letzten Schritt des Produktionsprozesses wird der Titel gedruckt, gebunden und somit für die Distribution vorbereitet. Aussagen zum Produktionsmanagement können besonders in Hinsicht auf Spezialverlage nicht als allgemein gültig für die Buchbranche bezeichnet werden. So hat beispielsweise die Inhaltebeschaffung von kartografischen Verlagen nur untergeordnete Bedeutung, während die eigentlich schöpferische Leistung von verlagseigenen Mitarbeitern erbracht wird.

In Spezialverlagen spricht man daher nicht mehr von Lektoren, sondern von Redakteuren. Dem Produktionsmanagement kommt in diesem Bereich somit eine entscheidende Bedeutung zu. So werden zum Beispiel in der geografischen Verlagsgruppe Mair die Karten auf der Basis des amtlichen Kartenmaterials komplett neu erstellt, mit produktspezifischen Eigenschaften versehen und um zusätzliche Informationen des verlagseigenen Erkundungsdiensts angereichert. Dabei wird deutlich, dass die Ausführungen dieses Abschnitts nur begrenzt für Spezialverlage Gültigkeit besitzen.

4.3.2 Produktionsstrategien

Auch bei Buchverlagen müssen Entscheidungen über die Eigenproduktion oder den Fremdbezug von Leistungen getroffen werden. Verlage sind typischerweise keine integrierten Unternehmen. Vielmehr unterhalten sie eine relativ hohe Anzahl von kooperativen Lieferanten-Abnehmerbeziehungen.[1] Im Rahmen dieser Produktionsnetzwerke werden Aktivitäten, die nicht zu den Kernkompetenzen des Verlags gehören oder aufgrund von Ressourcenknappheit nicht selbst bewältigt werden können, an andere Unternehmen abgegeben.

Im Laufe der Zeit haben sich viele Buchverlage ein stabiles Netz von Partnerunternehmen aufbauen können. Zu diesen Partnerunternehmen gehören nicht nur die Autoren und die freien Mitarbeiter (Lektoren, Grafiker, Fotografen) sondern vor allem die grafischen Betriebe (Setzerei, Druckerei) und die Dienstleister aus dem Bereich der Distribution (Lagerhaltung, Logistik). Die Verlage nehmen eine koordinierende Stellung innerhalb dieses Netzwerks ein.

Die Netzwerkorganisation ermöglicht es den Verlagen, flexibel auf Umweltveränderungen zu reagieren und Risiko zu reduzieren. Durch den Rückgriff auf externe Kompetenzen und Kapazitäten können die Verlage die Gefahr vermeiden, Sunk Costs aufgrund der Tätigkeit von Investitionen in den Aufbau sich später als unterlegen herausstellender Technologien oder Fähigkeiten zu generieren.

---

[1] Vgl. Heinold (2001), S. 18 ff.

Kapitel 3: Buchmanagement

4.4 Marketing

Das Marketing von Buchverlagen unterscheidet sich erheblich vom Marketing anderer Medienunternehmen. Die Gründe dafür liegen vor allem im nicht-periodischen Erscheinen und in den besonderen kulturellen und physischen Produkteigenschaften des Buchs. Darüber hinaus ist das Marketing von Buchverlagen weitgehend auf die Lesermärkte fokussiert. Der folgende Abschnitt zeigt die Besonderheiten des Marketing von Buchverlagen in den Bereichen Produkt-, Preis-, Kommunikations- und Distributionspolitik auf.

4.4.1 Produktpolitik

Die Produktpolitik des Buchverlags bestimmt die Leistung, die der Verlag auf den Lesermärkten bereitstellt. Dabei ist als Leistungskern in diesem Kontext allein der Inhalt von Relevanz. Der Werberaum als Bestandteil der Verlagsleistung wird aufgrund seiner untergeordneten Bedeutung an dieser Stelle nicht betrachtet. Als Ausgangspunkt der Produktpolitik hat der Verlag zunächst die programmatische Grundrichtung festzulegen. Besonders kleine und mittlere Verlage können sich nur über eine klare und für den Leser erkennbare, inhaltliche Ausrichtung auf den Absatzmärkten positionieren.

Die Gestaltung des Sortiments geht in der Verlagsbranche tendenziell eher in die Tiefe als in die Breite, das heißt die einzelnen Verlage konzentrieren sich in der Regel auf ausgewählte Themengebiete wie Belletristik, Ratgeber, Lexika oder wissenschaftliche Bereiche. Auch Verlagsgruppen wie Random House belassen die Kompetenz für die unterschiedlichen Themengebiete bei den einzelnen Verlagen, sodass sich diese als eigenständige Verlage mit eigenem Profil auf den Märkten positionieren können. Dabei können etwa die großen Publikumsverlage Heyne und Goldmann, der Diana Verlag für deutschsprachige und internationale Unterhaltungsliteratur und der Südwest-Verlag für Ratgeberliteratur als Beispiele aus verschiedenen Bereichen angeführt werden.

Die Entscheidung über produktpolitische Maßnahmen, wie beispielsweise Innovation oder Elimination, können auf der Grundlage des Lebenszyklus von Büchern getroffen werden. Wie aus Abbildung 4-2 hervorgeht, hängen die Lebenszyklen bei Büchern maßgeblich von der Gattung des Buchs ab. So wird beispielsweise Belletristik im Vergleich zu einem Lehrbuch wesentlich schneller vom Markt angenommen. Positive Rezensionen, Empfehlungen von Bekannten und Bestseller-Listen verstärken diesen Bucherfolg weiter und der Absatz des Romans steigt vergleichsweise stark bis zu einem kritischen Punkt.

Abbildung 4-2: Lebenszyklen von Büchern[1]

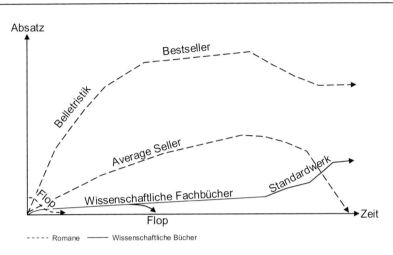

Eine mögliche Entwicklung ist nun ein deutliches Abfallen der Kurve, da zu diesem Zeitpunkt der Großteil der potenziellen Leser den Roman bereits gekauft hat. Darüber hinaus ist eine Stagnation auf einem hohen Niveau möglich, wenn sich der Roman zu einem (Long) Seller entwickelt und mehr oder weniger kontinuierlich stark nachgefragt wird. Neue Ausgaben, zum Beispiel im Buchclub oder als Taschenbuch können einen Relaunch darstellen.

Bei einem Lehrbuch dagegen verläuft der Lebenszyklus anders. Hier kaufen zunächst nur Personen, die sich unmittelbar mit dem Thema beschäftigen, und Bibliotheken das Buch. Aus diesem Grund verläuft die Kurve zu Beginn extrem flach mit einer nur leichten Aufwärtstendenz. Wird das Buch in Fachkreisen akzeptiert und infolgedessen im Rahmen der Lehre eingesetzt und in Vorlesungen empfohlen, entwickelt es sich zu einem Standardwerk. Daher ist im Zeitverlauf erst wesentlich später als in der Belletristik ein Ansteigen der Kurve zu erkennen.

Auch bei Büchern handelt es sich um Leistungsbündel, deren Hauptbestandteil die Dienstleistung in Form des Content darstellt. Bücher sind allerdings im Vergleich zu anderen Medienprodukten durch die sehr große Bedeutung des Trägermediums gekennzeichnet. Dabei ist die Entscheidung über die Gestaltung des Trägermediums zunächst eine Entscheidung über die Produktionskosten und damit auch über das Preissegment des Produkts. Taschenbücher sind in ihrer Herstellung weniger kostenintensiv als Hardcover-titel, sodass die Entscheidung über das Trägermedium nicht ohne preispolitische Überlegungen getroffen werden kann.

---

[1] In Anlehnung an Wirtz (2011c), S. 188.

Darüber hinaus hat die Gestaltung des Trägermediums aber auch Auswirkungen auf den Leistungskern. Für viele Buchkäufer kann der Nutzen des Leistungsbündels durch die Gestaltung des Trägermediums erheblich steigen. Dabei können einerseits rein technische Aspekte eine Rolle spielen. Bei Nachschlagewerken ist von einem regelmäßigen und langfristigen Gebrauch des Produkts auszugehen. Aus diesem Grund sollten diese Nachschlagewerke als Hardcover gebunden werden. Durch eine solche qualitativ hochwertige Bindung kann der Gebrauchswert und insbesondere die Nutzungsdauer des Produkts deutlich verbessert werden.

Neben Gebrauchsaspekten spielen auch ästhetische Gründe bei der Buchgestaltung eine erhebliche Rolle. Viele Leser messen dem Lesen eines Hardcover-Buchs ein höheres Lesevergnügen bei als dem Lesen eines Taschenbuchs. Darüber hinaus werden Bücher nicht nur gelesen, sondern dienen häufig auch als dekorativer Einrichtungsgegenstand. Dies ist beispielsweise bei sogenannten Coffeetable Books, aufwendigen Bildbänden für den Couchtisch, der Fall. Ein Buch erzeugt für den Käufer auch nach dem Lesen einen Nutzen, wenn es in der privaten Bibliothek platziert ist.

Im Extremfall kann das Trägermedium sogar völlig unabhängig vom Inhalt einen Nutzen für den Käufer darstellen, beispielsweise wenn das Buch aus rein ästhetischen Gründen erworben wird. Der Verlag hat zudem die Möglichkeit, das Leistungsbündel des Produkts durch eine Zugabe anzureichern und damit den Nutzen für den Verbraucher zu erhöhen. Gerade bei Ratgebern, Lehrbüchern und Nachschlagewerken liegen dem Druckexemplar oftmals CD-ROMs bei, die Vorlagen, Übungen oder Filme beinhalten und so das Produkt attraktiver gestalten sollen.

Das Buch-Cover, das Papier und die Bindung eines Buchs sind weitaus mehr als nur eine Produktverpackung. Sie stellen gleichzeitig ein Qualitätsmerkmal des Buchs dar und können im Rahmen der Markenpolitik genutzt werden. Beispielsweise ist es besonders im wissenschaftlichen Bereich üblich, über eine einheitliche Gestaltung des Layout einen einheitlichen Qualitätsstandard zu kommunizieren und einen hohen Wiedererkennungswert beim Leser zu erreichen.

Dabei wird deutlich, dass Markenstrategien im Buchbereich in der Regel als Dachmarkenkonzepte entwickelt werden. Der einzelne Titel hat in den meisten Fällen einen zu kurzen Lebenszyklus, als dass sich der Aufbau einer Produktmarke als sinnvoll erweisen würde. Vielmehr ist es bei einem Dachmarkenkonzept möglich, eine Marke kontinuierlich aufzubauen und kurzfristig Markentransfereffekte für neue Publikationen zu nutzen.

Dachmarkenkonzepte im Buchbereich können in diesem Zusammenhang auf unterschiedlichen Ebenen identifiziert werden. Es gibt Marken auf der Verlagsebene (zum Beispiel Taschen-Verlag), der Autorenebene (zum Beispiel Stephen King) und der Titelebene (zum Beispiel Werner). Darüber hinaus gibt es bei Büchern Marken, die sich auf die Protagonisten des Buchs beziehen.

Ein Beispiel hierfür ist Kommissar Wallander, eine Kriminalromanfigur des Autors Henning Mankell. Verlage sind Dachmarken in dem Sinne, dass sie für die Positionierung des gesamten Verlagsprogramms stehen. So erhalten Verlagsgruppen in der Regel akquirierte Verlage als Marken auf dem Markt. Diese haben für den Leser und vor allem für den Buchhandel eine starke Orientierungsfunktion. Die Verlagsgruppe dagegen tritt nicht als Marke auf.

Thematische Dachmarkenkonzepte auf Verlagsebene sind eher selten zu finden. Dies ist nur für kleine Verlage beziehungsweise für Verlage mit einem kleinen Verlagsprogramm sinnvoll. Als Beispiel kann hier der Chronik-Verlag genannt werden, der unter dem Markennamen Chronik diverse historische Lexika zu unterschiedlichen Themengebieten veröffentlicht, neben der „Chronik des 20. Jahrhunderts" beispielsweise die „Chronik der Technik" oder die „Chronik der Medizin."

Unterhalb der Verlagsebene ist ein Dachmarkenkonzept vor allem für große Verlage relevant, die sich auf sehr differenzierten Märkten positionieren wollen. Im Gegensatz zu den oben dargestellten Verlagsgruppen können diese Verlage nicht mit einzelnen Verlagstöchtern auf den unterschiedlichen Märkten agieren. Deshalb versucht beispielsweise der Deutsche Taschenbuch-Verlag (dtv), sich mit zahlreichen Dachmarken auf unterschiedlichen Märkten zu positionieren (zum Beispiel dtv Literatur, dtv Junior, Beck Rechtsberater).

Die am häufigsten anzutreffende Form von Dachmarken sind thematisch zusammengehörige Serien. Dabei kann einmalig eine Zusammenstellung von Titeln erfolgen. Es ist aber auch eine kontinuierliche Erweiterung der Serie möglich. Dies ermöglicht umfangreiche Markentransfereffekte, wenn bekannte und erfolgreiche Titel mit weniger bekannten Titeln zu einer Serie kombiniert werden. Das Dachmarkenkonzept auf Autorenebene ist häufig auch mit einem bestimmten Design verbunden, damit der Kunde schon auf den ersten Blick die Werke eines Autors im Buchhandel findet.

Diese Art von Dachmarkenkonzept kann jedoch auch zu Problemen führen, wie die Veröffentlichungen von Noah Gordon (zum Beispiel Der Medicus, Der Schamane) im Droemer Knaur Verlag zeigen. Nachdem sich die grafische Gestaltung der Bücher beim Leser etabliert hatte, imitierten zahlreiche Verlage das Design und veröffentlichten ihre historischen Romane in ähnlicher Form. Die darauffolgende Designänderung bei einem neuen Titel Gordons führte zu erheblichen Irritationen bei der Leserschaft, die die Veröffentlichung jetzt nur noch durch gezielte Suche finden konnte und aufgrund des fehlenden Wiedererkennungseffektes nicht mehr beim Stöbern darauf aufmerksam wurde.

4.4.2 Preispolitik

Die Preispolitik stellt für den Buchverlag ein besonderes Problem dar. Im Gegensatz zu periodisch erscheinenden Medienprodukten ist es im Buchbereich erheblich schwieriger, verlässliche Prognosen über den Absatz von Titeln und die zugrunde liegende Preis-Absatz-Funktion zu geben. Aufgrund der Buchpreisbindung ist es Verlagen zudem nur in stark eingeschränktem Maß möglich, eine unvorteilhafte Preissetzung nachträglich schnell zu korrigieren.

Darüber hinaus zeigen sich Tendenzen, dass Leser zunehmend nicht mehr bereit sind, hochpreisige Bücher zu erwerben. Die Bedeutung von preiswerten Taschenbüchern, Sonderausgaben und modernen Antiquariaten nimmt deshalb kontinuierlich zu.[1] Aus diesem Grund müssen im Rahmen der Preissetzung sowohl kostenorientierte, als auch marktorientierte Überlegungen in zunehmendem Maß einfließen. Dabei sind vor allem Betrachtungen der Preiselastizität der Nachfrage von großer Bedeutung. So kann davon ausgegangen werden, dass gerade bei erfolgreichen Autoren und Bestsellern eine vergleichsweise geringe Preiselastizität vorliegt, sodass ein höherer Spielraum für preispolitische Entscheidungen zur Verfügung steht.

In diesem Fall ist es möglich, eine hochpreisige Hardcover-Ausgabe anzubieten. Bei unbekannten Autoren hingegen ist mit einer wesentlich höheren Preiselastizität der Nachfrage zu rechnen. Ein überhöhter Preis dürfte daher zu erheblichen Absatzeinbußen führen. Eine Erstveröffentlichung als preiswerte Taschenbuchausgabe erscheint demnach in vielen Fällen sinnvoller. Der Preis des einzelnen Titels sollte jedoch immer am Gesamtpreisniveau des Verlagsprogramms ausgerichtet werden. Das bedeutet, dass sich die Preispolitik an der strategischen Ausrichtung des Marketingmanagement zu orientieren hat.

Versucht ein Verlag, sich in einem niedrigen Preissegment mit Taschenbüchern zu etablieren, könnte eine vergleichsweise teure Publikation auf Akzeptanzprobleme stoßen und dazu führen, dass das Niedrigpreisimage des Verlags zu Schaden kommt. Gravierender könnte dieser Aspekt allerdings bei Verlagen sein, die tendenziell im Hochpreissegment angesiedelt sind und nun niedrigpreisige Titel anbieten. Hier kann der niedrige Preis vom Leser eventuell mit einer mangelhaften Qualität in Verbindung gebracht werden oder zu einer Aufweichung des Hochpreisimage führen.

Aus kostenorientierter Sichtweise besteht im Buchbereich die Besonderheit, dass bei der Festsetzung des Verkaufspreises nicht zwangsläufig eine Vollkostenrechnung zugrunde liegen muss. Gerade die hohen First Copy Costs können hier, anders als bei sonstigen Medienprodukten, auf mehrere Auflagen verteilt werden. Dabei steht nicht im Vordergrund, dass derselbe Inhalt im Rahmen einer Crossmedia-Strategie in unterschiedlichen Medienprodukten Verwendung findet, sondern dass das gleiche Produkt erneut produziert und in seiner ursprünglichen Form vertrieben wird.

---

[1] Vgl. Focus Medialine (1999), S. 14.

Diese Verteilung der First Copy Costs ist jedoch risikobehaftet und kann nur funktionieren, wenn davon ausgegangen werden kann, dass Folgeauflagen des Buchs produziert werden. Üblich ist diese Form der Preissetzung beispielsweise im Bereich der Schulbücher, bei denen im Normalfall mit einem, aufgrund von Geburtenzahlen, planbaren regelmäßigen Absatz zu rechnen ist. Eine Preisdifferenzierung ist Verlagen nur in begrenztem Umfang möglich. Vor dem Hintergrund der Buchpreisbindung ist ihnen eine lokale Preisdifferenzierung nicht gestattet. Auch eine Preisdifferenzierung in Abhängigkeit von persönlichen Merkmalen des Käufers ist nur in begrenztem Umfang zulässig (zum Beispiel Bibliotheksnachlass), wobei diese aufgrund des erhöhten Verwaltungsaufwands eher als verlustbringend angesehen werden muss.

Zum Zwecke der Abschöpfung der Konsumentenrente bleibt den Verlagen das Instrument der zeitlichen Preisdifferenzierung. Dabei wird in der Regel zunächst eine hochpreisige Hardcover-Ausgabe eines Titels veröffentlicht, um die Zahlungsbereitschaft in diesem Preissegment abzuschöpfen. Erst mit zeitlicher Verzögerung wird der Titel in einer niedrigeren qualitativen Ausstattung, zumeist als Taschenbuch, verkauft (chronologischer Split). Dazwischen liegt häufig die Verwertung als Buchclubausgaben. Mit der preiswerteren Taschenbuchausgabe wird auch die Zahlungsbereitschaft im niedrigeren Preissegment abgeschöpft. Die zeitgleiche Veröffentlichung von Hardcover- und Taschenbuchausgabe (simultaner Split) ist ebenfalls möglich, kommt jedoch bei eindeutig abgrenzbaren Teilmärkten nur selten zur Anwendung.[1]

Eine zeitliche Preisdifferenzierung ist darüber hinaus über die Aufhebung der Preisbindung durch den Verlag möglich. Diese behalten sich die Verlage für den Fall vor, dass ein Abverkauf der gesamten Auflage zum regulären Preis nicht mehr zu erwarten ist. Der Vertrieb dieser Restauflagen erfolgt über spezielle Buchhandlungen, das sogenannte Moderne Antiquariat. Da das Preisbindungsgesetz nicht für Hörbücher gilt, ist in diesem Bereich eine Preisdifferenzierung in größerem Umfang möglich. Der Download von Audiodateien ist dabei in der Regel günstiger als der Erwerb von Audio-CD-Ausgaben. Download-Portale wie Audible bieten darüber hinaus Abonnement-Modelle an, die ähnlich wie Buchclubs zu einer regelmäßigen Abnahme verpflichten, dafür aber im Vergleich zum Einzelerwerb deutliche Preisvorteile bieten.

4.4.3 Distributionspolitik

Für die Distribution von Büchern stehen den Verlagen unterschiedliche Absatzwege zur Verfügung. Traditionell ist die Distribution im Buchmarkt in Deutschland indirekt und zweistufig organisiert. Wichtige Absatzmittler in der Distributionskette zwischen Verlag und Leser sind in der Regel der Buchgroßhandel und der Bucheinzelhandel. Darüber hinaus sind neben dem Bucheinzel- und Buchgroßhandel häufig auch sonstige Handelsformen an der Distribution von Buchprodukten beteiligt. Wesentliche Akteure dieses zweistufigen Systems sind in Abbildung 4-3 dargestellt.

---

[1] Vgl. Schönstedt (1999), S. 205.

Kapitel 3: Buchmanagement

Abbildung 4-3: Akteure der indirekten Buchdistribution

Bucheinzelhandel	Buchgroßhandel	Sonstiger Handel
• Allgemeiner Sortimentsbuchhandel • Fachbuchhandel • Antiquariatsbuchhandel • Bahnhofsbuchhandel • Reise- und Versandbuchhandel • Werbender Buch- und Zeitschriftenhandel • Presse-Einzelhandel • Lesezirkel • Lehrmittelhandel	• Barsortimente • Buchgrossisten • Fachgrossisten • Presse-Grosso • Großantiquariate/ Modernes Antiquariat	• Fachhandel verschiedener Richtungen • Kauf- und Warenhäuser • Versandhäuser und Versender, auch Online-Buchhandel • Papier-, Büro-, Schreibwaren-Einzelhandel und -Grossisten • Spielwaren-Einzelhandel, -Großhandel und -Verbundgruppen • Werbegeschenkhandel • Tankstellen, vor allem Presse und kartografische Produkte • Zeitungsverlage, Prämien und Sonderproduktion

Darüber hinaus ist auch eine direkte Distribution unter Umgehung des Handels möglich. Die Bedeutung dieser Distributionsform steigt in Deutschland. Hier ist einerseits der Versand von Büchern durch den Verlag zu nennen. Die Bestellungen durch den Kunden können dabei telefonisch, postalisch oder über das Internet erfolgen. Das Internet bietet den Verlagen die Möglichkeit, Online-Buchhandlungen zu betreiben. Dies wird jedoch kaum offensiv genutzt, um Konflikte mit dem Sortimentsbuchhandel, dem hauptsächlichen Handelspartner, zu vermeiden. Die physische Distribution erfolgt per Post oder Paketdienst. Eine weitere Form der direkten Distribution stellt der Direktvertrieb dar.

Dabei treten Vertreter und Reisende des Verlags an den Kunden heran, um ihn zum Kauf meist hochpreisiger Verlagsprodukte (zum Beispiel Lexika) zu bewegen. Als Beispiel für eine Direktvertriebsorganisation kann der Vertrieb der Brockhaus Enzyklopädie durch die Direktvertriebsorganisation „Inmedia One", eine Tochtergesellschaft der Bertelsmann Arvato AG, genannt werden. Schließlich zählt auch der Betrieb von Buchclubs und Buchgemeinschaften zu den direkten Distributionsformen. Der Vertrieb erfolgt dabei per Post oder Paketdienst beziehungsweise über clubeigene Verkaufsstellen. Buchclubs haben einen abonnementähnlichen Charakter, da sich der Leser vertraglich verpflichtet, eine bestimmte Anzahl an Büchern in einem festgelegten Zeitraum abzunehmen. Wichtige direkte Distributionswege und daran beteiligte Akteure sind in Abbildung 4-4 dargestellt.

Abbildung 4-4: Akteure und Wege der direkten Buchdistribution

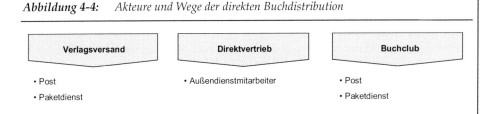

Die indirekte, zweistufige Distribution stellt in Deutschland für den Großteil der Verlage die gängige Distributionsform dar. Auf der Stufe des Zwischenhandels kann dabei generell zwischen Verlagsauslieferern und Barsortimentern unterschieden werden. Die Verlagsauslieferer werden dabei im Namen und für die Rechnung des Verlags aktiv und bündeln die Bestellungen des Handels. Dahingegen handeln Barsortimenter in eigenem Namen und auf eigene Rechnung. Sie kaufen den Verlagen Bücher in großen Stückzahlen ab und übernehmen dadurch das Lagerungs- und Absatzrisiko.

Durch die umfangreiche Lagerhaltung können Barsortimenter eine große Anzahl an Titeln innerhalb von 24 Stunden an den Handel ausliefern. Allerdings verkaufen Barsortimenter nur an Einzelhändler, bei denen eine Auslieferung ökonomisch sinnvoll ist, in der Regel also Vollbuchhandlungen oder Warenhäuser mit ähnlich großen Umsätzen. Dahingegen werden vom Barsortiment keine Nebenverkaufsstellen, wie beispielsweise Supermärkte, Tankstellen oder Kioske beliefert, da dem hier generierten Umsatz zu hohe Auslieferungskosten gegenüberstehen.

Die Entscheidung, ob zum Vertrieb von Büchern auch Barsortimenter eingeschaltet werden sollen, ist von unterschiedlichen Faktoren abhängig.[1] Einerseits ist zu berücksichtigen, dass die Erlöse durch die Einschaltung von Barsortimenter in der Distribution zunächst reduziert werden, da Barsortimentern üblicherweise erhöhte Rabatte eingeräumt werden. Andererseits sollte die Entscheidung auch vor dem Hintergrund des verlagsindividuellen Programms getroffen werden.

Entscheidende Kriterien sind dabei die Präsenz von Titeln in umsatzstarken Buchhandlungen und die schnelle Lieferung. So sind beispielsweise Taschenbuchverlage insbesondere auf die Distribution über Barsortimenter angewiesen, da sie eine nahezu vollständige Flächendeckung benötigen. Zudem kann eine Lieferzeit von bis zu zwei Wochen, wie sie bei Verlagsauslieferern durchaus üblich ist, viele Leser gerade im Taschenbuchbereich vom Kauf abhalten. Auch Kleinverlage mit Titeln, die der Buchhandel nicht oder nur in sehr geringem Umfang auf Lager hält, sind auf die Barsortimenter angewiesen, werden von diesen jedoch aufgrund der geringen Umsätze häufig nicht berücksichtigt.

---

[1] Vgl. Schönstedt (1999), S. 178.

Kapitel 3: Buchmanagement

Wissenschaftsverlage sind hingegen oftmals weitgehend unabhängig von Barsortimentern, da ihre Leserschaft in der Regel gezielt Werke bestellt und auch Lieferzeiten in Kauf nimmt. Darüber hinaus sollten aber im Rahmen der Distributionspolitik auch die Präferenzen der Käufer zum Ort des Buchkaufs berücksichtigt werden. Abbildung 4-5 zeigt die Marktanteile verschiedener Vertriebswege für Bücher in Deutschland.

Abbildung 4-5: Marktanteile verschiedener Vertriebswege für Bücher 2009[1]

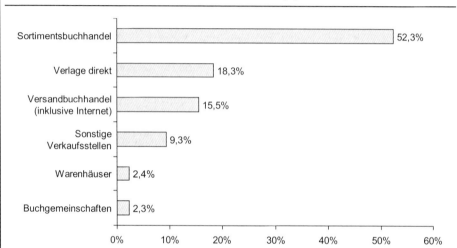

Insbesondere große Internetbuchhändler wie Amazon versuchen inzwischen, das klassische zweistufige Vertriebssystem zu umgehen, indem sie nicht mehr bei Barsortimentern, sondern direkt beim Verlag einkaufen. Durch die Elimination einer Handelsstufe kann die Handelsspanne verringert werden. Da aufgrund der Buchpreisbindung die Endverkaufspreise festgesetzt sind, wird diese Einsparung nicht an den Kunden weitergegeben, sondern vom Händler beziehungsweise Verlag vereinnahmt.

In der Produktgruppe der Hörbücher besteht neben der Nutzung klassischer Vertriebswege die Möglichkeit zur elektronischen Übermittlung von Audiodateien an die Kunden. Download-Portale wie Audible gewinnen zunehmend an Bedeutung. Im Jahr 2010 wurden circa 2,7 Millionen Hörbücher über das Internet auf deutsche PCs geladen. Gegenüber 2009 bedeutete dies ein Wachstum von 18%. Somit beträgt der Anteil von Hörbücher-Downloads am kumulierten Umsatz des Hörbuchmarkts mittlerweile 14,4%.[2]

---

[1] Datenquelle: Börsenverein des Deutschen Buchhandels (2011c).
[2] Vgl. Börsenverein des Deutschen Buchhandels (2011b).

4.4.4 Kommunikationspolitik

Die große Zahl der jährlichen Neuerscheinungen auf den deutschen und internationalen Buchmärkten macht deutlich, dass es nicht ausreicht, wenn die Verlage ihre Bücher publizieren und im Verzeichnis Lieferbarer Bücher ausweisen. Stattdessen ist eine umfassende Kommunikationspolitik notwendig, um ein Buch aus der Masse der Publikationen hervorzuheben und den potenziellen Leser zum Kauf zu bewegen. Die Verlage messen daher der Kommunikationspolitik einen hohen Stellenwert bei. So liegen die Ausgaben für Kommunikationsmaßnahmen im Buchsektor bei bis zu 15% des Umsatzes.

Dabei richtet sich die Kommunikationspolitik der Buchverlage jedoch nicht ausschließlich an den Leser. Vielmehr kann zwischen Publikumskommunikation und Händlerkommunikation unterschieden werden.[1] Die Publikumskommunikation zielt darauf ab, potenzielle Kunden über Bücher des Verlags zu informieren und damit eine Kauftransaktion auszulösen. Damit ist die Publikumskommunikation weitestgehend buchdominant, das heißt die Kommunikationsmaßnahmen haben in der Regel einzelne Bücher oder (Teil-) Sortimente des Verlags zum Inhalt. Nur in Ausnahmefällen wird der Verlag als Einheit beworben.

Eine andere Situation zeigt sich bei der Händlerkommunikation. Der Handel wird von den Verlagen als entscheidender Engpassfaktor der Kommunikationspolitik angesehen. Viele potenzielle Leser beziehen ihre Informationen über neue Bücher aus Interaktionen mit dem Handel. Bücher, die im stationären Buchhandel nicht präsent sind, haben folglich in der Regel nur geringe Erfolgschancen. Dementsprechend verwenden die Verlage bis zu 60% des Werbeetats für die Gewinnung des Handels.[2]

Dabei ist die Händlerkommunikation im Gegensatz zur Publikumskommunikation nicht buchdominant, sondern verlagsdominant. Die Verlage sind nicht daran interessiert, einzelne Titel im Buchhandel zu präsentieren und für jeden neuen Titel Maßnahmen einleiten zu müssen. Stattdessen versuchen Verlage, ständige Anteile an den Verkaufs- und Präsentationsflächen des Handels für ihr Verlagsprogramm zu erlangen, um neben ausgewiesenen Bestsellern auch weniger bekannte Titel des Verlags im Handel platzieren zu können. Dementsprechend kommunizieren die Verlage dem Handel gegenüber Informationen über das gesamte Verlagsprogramm und nicht über einzelne Bücher.

Im Rahmen der Publikumskommunikation ist die Werbung das bedeutendste Kommunikationsinstrument. Dabei nimmt die Printwerbung im Verlagsbereich den umfangreichsten Anteil ein, vor allem in Form von Prospekten sowie Anzeigen in Zeitschriften und Zeitungen. Gerade die Anzeige bietet dem Verlag die Möglichkeit, die eigene Zielgruppe über die Leserschaft der Zeitung oder Zeitschrift effektiv einzugrenzen.

---

1 Vgl. Schönstedt (1999), S. 127.
2 Vgl. Focus Medialine (1999), S. 15.

Kapitel 3: Buchmanagement

Bei der Ausgestaltung der Werbung stehen den Verlagen zahlreiche Möglichkeiten zur Verfügung. So kann zunächst zwischen Einzeltitelwerbung, Titelgruppenwerbung und Programmwerbung unterschieden werden. Während die Verlage bei der Einzeltitelwerbung lediglich einzelne Publikationen bewerben, beziehen sich die Werbemaßnahmen bei der Titelgruppenwerbung auf ganze Serien oder Themengebiete. Programmwerbung findet zumeist in Form von Katalogen oder Prospekten statt und umfasst in der Regel alle lieferbaren Titel beziehungsweise alle Neuerscheinungen eines Verlags.

Darüber hinaus können die Werbemaßnahmen der Verlage nach dem Neuigkeitsgrad der Titel abgegrenzt und in Frontlist- und Backlist-Werbung unterschieden werden. In diesem Zusammenhang wird mit dem Begriff Frontlist die Gruppe der Verlagsneuerscheinungen bezeichnet, während die Backlist diejenigen Titel umfasst, die bereits in der Vergangenheit zum Verlagsprogramm gehörten. Eine Mischung aus Frontlist- und Backlist-Werbung kann sinnvoll sein, sofern Synergieeffekte zwischen den Titeln beziehungsweise Titelgruppen der Frontlist und Backlist bestehen. Diese Synergieeffekte können von beiden Richtungen ausgehen, das heißt eine erfolgreiche Neuerscheinung kann einen weniger erfolgreichen älteren Titel fördern, gleichzeitig kann aber auch der Erfolg langjähriger Bestseller auf neue unbekannte Autoren übertragen werden.

Als entscheidendes weiteres Kommunikationsinstrument im Rahmen der Publikumskommunikation ist die Presse- und Öffentlichkeitsarbeit zu nennen. Dadurch werden Buchbesprechungen in der Presse beziehungsweise in Literatursendungen initiiert, die für Leser eine der Grundlagen ihrer Kaufentscheidung bilden. Diese Maßnahmen sind meist wirkungsvoller als Werbung, da sie eine große Glaubwürdigkeit und mehr inhaltliche Überzeugungskraft aufweisen. In diesem Zusammenhang ist der kostenlose Versand von Rezensionsexemplaren im Rahmen der Kommunikationspolitik von hoher Relevanz.

Im Rahmen der Händlerkommunikation liegen die Schwerpunkte hingegen auf anderen Kommunikationsinstrumenten. Während dem Leser der Verwendernutzen eines Titels kommuniziert werden muss, ist dem Händler gegenüber eine Kommunikation des Verkaufsnutzens notwendig.[1] Im Rahmen der Werbung ist für den Händler dabei nicht mehr lediglich die Präsentation in Anzeigen und Prospekten ausreichend, sondern es sind zusätzlich Informations- und Schulungsangebote notwendig.

Darüber hinaus gewinnen neben der Werbung vor allem Verkaufsförderungsmaßnahmen eine erhebliche Bedeutung. Ein umfangreicher Verkauf über den Buchhandel ist nur möglich, wenn der Händler eine ausreichende Unterstützung durch den Verlag erhält. Diese erfolgt überwiegend in Form von Sachmitteln (zum Beispiel Poster, Displays oder Verlagsprogramme mit Händleraufdruck), monetären Vergünstigungen (zum Beispiel Sonderrabatte) oder Aktionen (zum Beispiel Wettbewerbe, Autorenlesungen).

---

[1] Vgl. Schönstedt (1999), S. 183.

Zusätzlich wir auch der persönliche Verkauf als ein direktes, zweiseitiges Kommunikationsinstrument eingesetzt, dessen Bedeutung im Rahmen der Händlerkommunikation nicht unterschätzt werden darf. Buchhändler und Verlagsvertreter stehen sich im Verkaufsgespräch „von Angesicht zu Angesicht" gegenüber. Viele Kaufentscheidungen im Buchhandel werden aufgrund dieser Gespräche und Verhandlungen getroffen.

Die dargestellten Kommunikationsinstrumente zeigen nur die Schwerpunkte der Kommunikationspolitik von Buchverlagen. Darüber hinaus findet das gesamte Spektrum der Kommunikationsinstrumente im Buchbereich Anwendung. So ist bei Verlagen beispielsweise auch der Einsatz von Public Relations oder Direktmarketingmaßnahmen zu beobachten. Entscheidend im Rahmen der Kommunikationspolitik ist in diesem Kontext wiederum die optimale Kombination der Instrumente zu einem effektiven und effizienten Kommunikations-Mix.

5 Fallbeispiel Knopf Doubleday Publishing

Die Verlagsgruppe Knopf Doubleday Publishing Group entstand Anfang 2009 durch eine Fusion der traditionsreichen Verlagshäuser Knopf Publishing Group und Doubleday Publishing Group. Der Verlag Knopf Publishing Group wurde 1915 von Alfred A. Knopf gegründet und 1960 von dem weltweit größten Buchverlag Random House erworben. Seit 1998 gehört Random House zu dem deutschen Medienkonzern Bertelsmann.

Das Verlagsunternehmen Doubleday Publishing Group wurde 1897 von Frank Nelson Doubleday gegründet und 1986 an die Bertelsmann AG verkauft. Zwei Jahre später wurde die Doubleday Publishing Group mit einer weiteren Verlagsgruppe zusammengelegt und transformierte im Jahr 1998 zu einer Sparte von Random House. Im Jahr 2009 erfolgte die Zusammenlegung zur heutigen Knopf Doubleday Publishing Group.

Die Knopf Doubleday Publishing Group stellt heute eine der fünf amerikanischen Divisionen von Random House dar, der noch vier weitere internationale Divisionen angehören. Zu Random House, der mit 1,7 Milliarden Euro Umsatz größten Buchverlagsgruppe der Welt, zählen insgesamt 19 international operierende Verlagsgesellschaften. Dazu gehören Standorte in Argentinien, Australien, Deutschland, Südafrika und Indien. Die globale Vernetzung der Standorte ermöglicht Buchverkäufe in nahezu allen Ländern weltweit.

Kapitel 3: Buchmanagement

Die Knopf Doubleday Publishing Group ist eine englischsprachige Verlagsgruppe, die sich heute aus insgesamt acht Verlagen zusammensetzt. Neben den bereits erwähnten Alfred A. Knopf und Doubleday gehören die Verlage Pantheon, Schocken, Nan A. Talese, Vintage, Anchor und Everyman's Library dazu. Jeder der Verlage hat exklusiv Verträge mit bekannten Autoren abgeschlossen.

Der Alfred A. Knopf Verlag hat den Schwerpunkt auf Roman- und Sachliteratur im Hardcovereinband gelegt, während Doubleday und Nan A. Talese kommerzielle Romane, weitere fiktionale Literatur und Sachliteratur veröffentlichen.[1] Der Verlag Pantheon hat seinen Ursprung in der Übersetzung von sehr erfolgreichen Büchern, unter anderem auch von dem deutschen Autor Günter Grass. Die strategische Ausrichtung des Verlags besteht darin, Weltklasse-Literatur zu publizieren. Der Schocken Verlag veröffentlichte in der Vergangenheit vor allem preiswerte Bücher.

Der Vintage Verlag publiziert unter anderem Überarbeitungen und Neuauflagen von bedeutenden, mittlerweile verstorbenen Schriftstellern. Der Anchor Verlag hingegen hat sich zur Aufgabe gemacht, moderne und klassische Literatur möglichst günstig an College-Studenten zu offerieren. Bei dem Everyman's Library Verlag wurde der Fokus unter anderem auf die Veröffentlichung von Kinderbüchern und Gedichten gelegt.

Das Leistungsspektrum der acht Verlage der Knopf Doubleday Publishing Group beinhaltet die gesamte Spannbreite an Buchformaten, um möglichst alle Lesergruppen zu erreichen.[2] Die Knopf Doubleday Publishing Group publiziert dabei sowohl im Hard- und Softcover-Format, im Taschenbuch-Format sowie im digitalen Format. In diesem Kontext kann durch eine zeitlich gestaffelte Veröffentlichungsstrategie eine maximale Abschöpfung der Konsumentenrente sichergestellt werden.

Für qualitätsbewusste Kunden werden höherwertige Hardcover-Ausgaben angeboten, wohingegen preisbewusste Kunden im Zeitverlauf die günstigeren Softcover-Pendants erwerben können. Neben klassischen Printausgaben werden darüber hinaus auch E-Book-Varianten auf verschiedenen Plattformen vermarktet. Dadurch werden verstärkt technologieaffine Rezipienten angesprochen. E-Books weisen in diesem Zusammenhang eine steigende Bedeutung für die Knopf Doubleday Publishing Group auf. In diesem Kontext ist beispielsweise die E-Book-Variante von Dan Brown's „Das verlorene Symbol" zu nennen. Diese erzielte am Veröffentlichungstag in den USA bei Amazon höhere Verkaufszahlen als die Printausgabe.[3]

Das gesamte Leistungsspektrum der Knopf Doubleday Publishing Group wird im Geschäftsmodell in Abbildung 5-1 ersichtlich. Die Abbildung 5-1 zeigt zudem die Erlös- und Kostenfaktoren der Buchverlagsgruppe.

---

[1] Vgl. im Folgenden Knopfdoubleday (2012a).
[2] Vgl. Bertelsmann (2012).
[3] Vgl. Trachtenberg (2009).

Fallbeispiel Knopf Doubleday Publishing

Abbildung 5-1: Geschäftsmodell der Knopf Doubleday Publishing Group[1]

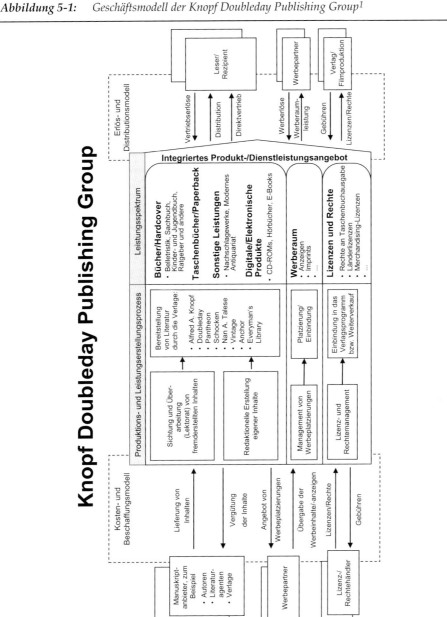

---

[1] Auf der Basis eigener Analysen und Abschätzungen.

Kapitel 3: Buchmanagement

Die primäre strategische Ausrichtung der Knopf Doubleday Publishing Group beinhaltet, die besten Schriftsteller unter Vertrag zu haben. Diese Ausrichtung gilt für alle Divisionen des Verlagshauses Random House, sowohl in den USA als auch international. Dass diese Strategie konsequent umgesetzt wird, belegt neben dem wirtschaftlichen Erfolg die Tatsache, dass das Verlagshaus Random House die meisten Nobelpreisträger und Pulitzer-Preisträger herausbringen konnte.

Die Kernkompetenzen der Knopf Doubleday Publishing Group, die zur Erreichung der strategischen Ausrichtung eingesetzt werden, umfassen vor allem die Bereiche langfristige Autoren-Bindung, Handels- und Rezipientenkommunikation sowie ein fundiertes Marktverständnis. Insbesondere den Kommunikationsaktivitäten kommt in diesem Kontext eine besondere Bedeutung zu, was an folgenden zwei Beispielen verdeutlicht werden kann.

Zum einen soll ein Wettbewerbsvorteil erzielt werden, indem Events mit den Autoren durchgeführt und personalisierte Buchexemplare zur Bindung von Lesern eingesetzt werden. Diese Maßnahmen können die Interaktion mit den Lesern verbessern. Die personalisierte Form der Kundenkommunikation stärkt die Prägung von Autoren als Dachmarke und kann gleichzeitig auch als Instrument zur Beeinflussung von Einzelhandelspartnern eingesetzt werden. Die einzelnen Termine der Büchertouren werden in ausgewählten Buchhandlungen durchgeführt, die durch den Star-Status des Autors eine erhöhte Kundenzahl generieren können.

Zum anderen setzt die Knopf Doubleday Publishing Group auf eine Bindung der Rezipienten durch Social Media-gestützte Gewinnspiele und Aktionen, die in direktem Bezug zum Verlagsprogramm stehen. So wurde beispielsweise zur Vermarktung von Stieg Larssons „Millenium-Trilogie" ein Foto-Contest auf der Internetplattform Flickr durchgeführt, bei dem sich die Teilnehmer als die Hauptfigur der Romane verkleiden sollten. Die gezielte Einbindung von Kunden in Inhalte des Unternehmens soll in diesem Zusammenhang nicht nur den einzelnen Kunden binden, sondern auch in deren sozialen Netzwerken Aufmerksamkeit generieren.

Abbildung 5-2 illustriert die Internetpräsenz der Knopf Doubleday Publishing Group. Die Website bietet neben den Buchvorstellungen der Neuerscheinungen einen Verweis auf unterschiedliche Social Media-Plattformen. Die Knopf Doubleday Publishing Group versucht hierbei, nicht nur selbst die Kommunikation mit Lesern und potenziellen Lesern zu steigern, sondern eröffnet beispielsweise auf der Social Media-Plattform Facebook den Lesern die Möglichkeit zur Kommunikation beziehungsweise Interaktion.

Fallbeispiel Knopf Doubleday Publishing

Abbildung 5-2: Internetpräsenz der Knopf Doubleday Publishing Group[1]

Die erfolgreiche Verknüpfung von modernen Informations- und Kommunikationsmedien mit klassischem Buchmarketing-Know How bildet die Grundlage für den anhaltenden Erfolg der Knopf Doubleday Publishing Group. Die Marke Knopf Doubleday wird in diesem Kontext gezielt als Instrument zur Gewinnung und Bindung von Autoren eingesetzt. Damit wird die Beschaffungskomponente des Geschäftsmodells in Bezug auf erfolgreiche Inhalte nachhaltig gestärkt. Darüber hinaus dienen Image und Bekanntheitsgrad der gebundenen Autoren als Differenzierungsmerkmal und Marke auf dem Rezipientenmarkt. Diese zweiseitige Markenpolitik ist der Kern des Erfolgs der Knopf Doubleday Publishing Group in der Buchbranche. Zusammenfassend zeigt Abbildung 5-3 die strategische Ausrichtung der Knopf Doubleday Publishing Group.

---

[1] Vgl. Knopfdoubleday (2012b).

Kapitel 3: Buchmanagement

Abbildung 5-3: *Strategische Ausrichtung der Knopf Doubleday Publishing Group*

	Aspekte
Strategie	• Kombination aus Qualitäts- und Kostenfokussierung für verschiedene Zielgruppen • Aufbau von Star-Autoren • Langfristige Bindung von bewährten Autoren • Einsatz von Social Media-Technologien zum aktiven Einbezug der Kunden in Kommunikationsmaßnahmen
Geschäftsmodell	• Contentaspekt: Sammlung, Selektion, Systematisierung, Kompilierung (Packaging) und Bereitstellung von Unterhaltungstexten • Gestaffelte Erlösmodellsystematik
Leistungsspektrum	• Umfangreiches Belletristikspektrum • E-Books als Alternative zu klassischen Printprodukten • Lizenzvergabe • Such- und Recherchemöglichkeit im Onlinebereich
Erfolgsfaktoren	• Historische Verlagsmarke • Langjährige Erfahrung & Know How im Buchmarketing • Langjährige Kompetenzen und Erfahrungen in der Rezipientenkommunikation

Wiederholungsfragen

1. Wie entwickelten sich die Titelproduktion und die Umsatzentwicklung von Buchverlagen in Deutschland?
2. Beschreiben Sie die Markteintrittsbarrieren im Buchmarkt!
3. Wie lassen sich die Interaktionen der Marktteilnehmer am Buchmarkt charakterisieren?
4. Welche Auswirkungen hat das veränderte Nutzerverhalten auf die Entwicklungsperspektiven in der Buchbranche?
5. Welche unterschiedlichen Produktformen existieren im Buchbereich?
6. Welche Core Assets und Kernkompetenzen müssen Buchverlage aufweisen, um langfristig erfolgreich zu sein? Ordnen Sie diese der Wertkette von Buchverlagen zu!
7. Welche Größen sind bei der Kosten- und Erlösstruktur in der Buchbrache ausschlaggebend? Wie setzen sich die First Copy Costs und die Distributionskosten zusammen?
8. Wie gestaltet sich ein typischer Lebenszyklus eines Buchs? Was kennzeichnet einen Flop?
9. Welche kostenorientierten und marktorientierten Überlegungen sollten im Kontext der Preispolitik Beachtung finden?
10. Welche Unterschiede bestehen zwischen der direkten und indirekten Buchdistribution? Welche Rolle spielt das Internet in diesem Zusammenhang?

Kapitel 4:
Filmmanagement

1 Einführung 315
2 Marktstruktur und Marktverhalten 315
   2.1 Struktur des Markts 316
      2.1.1 Filmproduktion 318
      2.1.2 Filmverleih und Rechtehandel 321
      2.1.3 Filmverwertung 325
   2.2 Interaktionen der Marktteilnehmer 330
   2.3 Technologisches und regulatives Umfeld 333
   2.4 Mediennutzungsverhalten der Filmrezipienten 338
   2.5 Entwicklungsperspektiven in der Filmindustrie.........................340
3 Leistungssystem 341
   3.1 Leistungsspektrum...341
   3.2 Wertschöpfungsstrukturen 343
   3.3 Core Assets und Kernkompetenzen 344
   3.4 Geschäftsmodelle 345
      3.4.1 Filmproduktion 349
      3.4.2 Filmverleih und Rechtehandel 351
      3.4.3 Filmverwertung 354
4 Aufgaben des Filmmanagement...356
   4.1 Strategisches Management..356
   4.2 Beschaffungsmanagement 359
      4.2.1 Einflussfaktoren 360
      4.2.2 Beschaffungsstrategien 361
   4.3 Produktionsmanagement 365
      4.3.1 Einflussfaktoren 365
      4.3.2 Produktionsstrategien 370
   4.4 Marketing 371
      4.4.1 Produktpolitik 371
      4.4.2 Preispolitik..373
      4.4.3 Distributionspolitik 376
      4.4.4 Kommunikationspolitik..376
5 Fallbeispiel Fox Filmed Entertainment – Der Blockbuster „Avatar" 380

1 Einführung

Der Kinofilm hat in der heutigen Gesellschaft eine bedeutsame und vielfältige Rolle. Er ist kulturelles Gut, Unterhaltungsmedium und wirtschaftliches Gut zugleich. Bei einer Betrachtung der Filmindustrie sind somit neben den sozialen, politischen und historischen Rahmenbedingungen die wirtschaftlichen Prozesse der Erstellung, des Vertriebs und der Verwertung von Interesse.

Seit der Erfindung des Kinetographen, dem Vorläufer der heutigen Filmkamera, von Thomas Edison im Jahr 1890 bildete sich die Filmbranche, die sich auf die Produktion und Verwertung von Filmen in den Kinos spezialisierte, innerhalb der Unterhaltungsindustrie heraus. Nachdem die Branche in den 1960er Jahren hohe Kinobesucherzahlen verbuchen konnte, war sie in den Folgejahren durch den Erfolg des Fernsehens zusehends in Bedrängnis geraten. Erst in den frühen 1990er Jahren konnte die Filmindustrie mithilfe von technisch aufwendig produzierten und kommerziell erfolgreichen Filmen, sogenannten Blockbustern, einen erneuten Aufschwung einleiten.[1]

Im Rahmen dieses Kapitels wird die heutige Filmindustrie betrachtet. Nach einer Darstellung der Marktstrukturen und des Rezipientenverhaltens, werden das Leistungssystem und branchenspezifische Managementaktivitäten betrachtet. Dies erfolgt unter Berücksichtigung der gesamten Wertkette der Filmwirtschaft, von der strategischen Planung von Filmprojekten über die eigentliche Produktion und den Rechtehandel bis hin zur Verwertung.

Aufgrund der inhaltlichen Nähe zum TV-Bereich ist eine entsprechende Abgrenzung vorzunehmen. Die Filmindustrie sieht das Fernsehen als einen unter mehreren Absatzkanälen für Spielfilme. Das Fernsehen wiederum zeigt neben den Kinoproduktionen auch andere Inhalte (zum Beispiel Nachrichten, Shows, Serien, Sport und Kultursendungen).

2 Marktstruktur und Marktverhalten

Die Filmindustrie ist durch ein komplexes Produktions- und Verwertungsnetzwerk bestehend aus einer Vielzahl von Marktteilnehmern gekennzeichnet. Sowohl spezialisierte Nischenanbieter als auch ganzheitlich ausgerichtete Filmunternehmen decken in einem engen Zusammenspiel die gesamte Wertschöpfungskette der Filmindustrie ab. Die drei zentralen Marktsegmente der Filmindustrie bilden die Filmproduktion, der Filmverleih und der Rechtehandel sowie das breite Spektrum der Filmverwertung.

---

[1] Vgl. Vogel (2007), S. 32.

Kapitel 4: Filmmanagement

In Abschnitt 2 werden zunächst die wichtigsten Akteure und Strukturen in diesen Teilmärkten der Filmindustrie dargestellt. Daran anschließend werden das technologische und regulative Umfeld des Kinofilmmarkts sowie das Nutzungsverhalten auf den Zuschauermärkten betrachtet. Darauf aufbauend werden abschließend mögliche Entwicklungsperspektiven der Filmindustrie aufgezeigt.

2.1 Struktur des Markts

Bevor mit der Darstellung der Marktstrukturen der Filmindustrie begonnen wird, erfolgt eine produktbezogene Abgrenzung des Markts sowie ein kurzer Überblick über die bedeutsamsten Akteure, die in Filmproduktions- und Filmverwertungsprozesse involviert sind.

- Marktabgrenzung

Ein Film kann als eine auf einem Medium gespeicherte Bildfolge oder Bild- und Tonfolge bezeichnet werden, bei der der Eindruck eines Bewegtbilds entsteht.[1] Der Fokus richtet sich im Rahmen dieses Kapitels auf Kinofilme, das heißt auf Filme, die für die Erstvorführung in Filmtheatern bestimmt sind. Die Marktabgrenzung und die darauf aufbauende Festlegung von Produkt-Markt-Kombinationen kann in unterschiedlichen Konkretisierungsgraden vorgenommen werden.

Auf höchster Ebene können Märkte mithilfe allgemeiner produktbezogener Kriterien differenziert werden. Ergebnis einer solchen Abgrenzung für die Filmbranche ist die sachliche Bestimmung des Markts der Filmindustrie, als Teilsegment der Unterhaltungsindustrie mit dem Kinofilm als zentralem Leistungskern. Eine weitere Konkretisierung lässt erkennen, dass dieser Markt grob in die drei Teilbereiche Filmproduktion, Filmverleih/Rechtehandel sowie Filmverwertung untergliedert werden kann.

Im Folgenden werden die Grundstrukturen hierzu skizziert. Der Filmproduzent beziehungsweise die Produktionsfirma nimmt die Rolle des Unternehmers und fallweise auch die des Investors im Rahmen des Filmproduktionsprozesses ein. Er plant das Filmprojekt, sichert durch den Verkauf von Verwertungsrechten die Finanzierung des Produktionsvorhabens, bündelt die kreativen Kräfte, wie Schriftsteller, Autor, Regisseur, Schauspieler und Musiker, in einem Team und trägt die Verantwortung für die gesamte Filmproduktion.

---

[1] Vgl. Gabler (2004), S. 1045.

Marktstruktur und Marktverhalten

Die Kinoverwertungsrechte werden an Filmverleihunternehmen verkauft, die den Film in der Öffentlichkeit vermarkten und gegen eine Erlösbeteiligung an Kinobetreiber verleihen. Weitere Rechte werden gegebenenfalls an Rechtezwischenhändler verkauft, die wiederum die Verwertungsrechte gegen Lizenzgebühren an Fernsehanstalten, DVD- und Blu-ray-Vertriebsgesellschaften sowie Merchandising-Unternehmen (zum Beispiel Spiele, Bücher oder Erlebnisparks) abtreten. Häufig kann der Filmverleih auch die Rolle des Rechtezwischenhändlers einnehmen. In Abbildung 2-1 wird ein Überblick über den Geld-, Rechte- und Wissenstransfer zwischen den einzelnen Marktteilnehmern im Rahmen einer Filmproduktion und -verwertung gegeben.

Abbildung 2-1: Akteure in der Filmindustrie

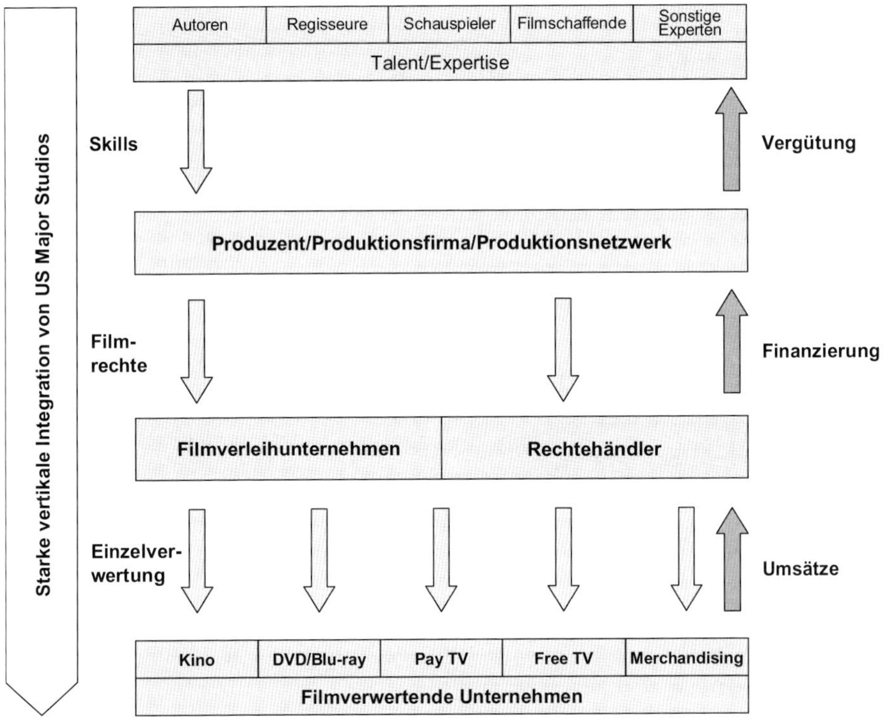

Kapitel 4: Filmmanagement

2.1.1 Filmproduktion

Im Marktsegment für Filmproduktionen werden Kinofilme erstellt und die dazugehörigen Rechte verkauft. Aufgrund der hohen Bedeutung von internationalen Filmproduktionen am deutschen Markt wird neben einer Erläuterung der nationalen Markt- und Konzentrationsstrukturen auch ein Überblick über den weltweiten Markt für Filmproduktionen gegeben.

■ Marktentwicklung

Die führenden Länder in der weltweiten Spielfilmproduktion sind Indien, die EU-Länder, USA, Japan und China, wobei Indien beinahe ausschließlich für den nationalen Markt produziert. Nachfolgende Abbildung 2-2 zeigt die Anzahl der Filmproduktionen in diesen Ländern im Jahr 2011.

Abbildung 2-2: Filmproduktionen 2011[1]

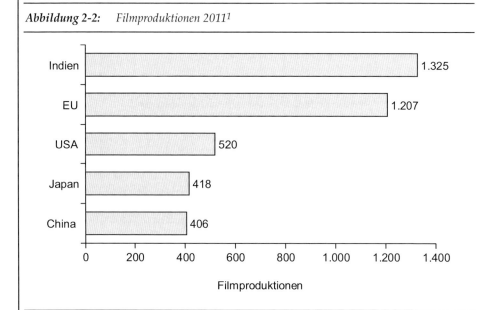

[1] Datenquelle: ChartsBin (2012).

Deutschland liegt bei einem europäischen Vergleich von der Anzahl eigenproduzierter Filme hinter Frankreich, Spanien und Italien an vierter Stelle. Im Jahr 2011 hat der deutsche Filmmarkt 125 Spielfilme hervorgebracht.[1] Deutlich schneller als die Anzahl der produzierten Filme wachsen die Gesamtinvestitionen für deutsche Filmproduktionen. 2005 lag die Höhe der Investitionen mit 679 Millionen Euro bereits 50% über dem Wert im Jahr 2001 mit 456 Millionen Euro.

Im weltweiten Vergleich der Gesamtinvestitionen in Filmproduktionen im Jahr 2005 nimmt die US-amerikanische Filmindustrie mit etwa 62% (13,9 Milliarden US-Dollar) des gesamten weltweiten Investitionsvolumens (22,6 Milliarden US-Dollar) die führende Position ein. Deutschland findet sich mit umgerechnet 845,3 Millionen US-Dollar nach Japan, Frankreich und Großbritannien auf dem fünften Rang in dieser Statistik wieder.[2]

Die hohe Investitionssumme für US-amerikanische Filme im Vergleich zu deutschen und europäischen Produktionen lässt sich durch die wesentlich aufwändigere Gestaltung der Filme erklären. Die US-amerikanischen Major Studios wiesen im Jahr 2011 durchschnittliche Produktionskosten von 100 Millionen US-Dollar pro Film auf.[3] Davon entfielen circa 34% auf die Marketingkosten und circa 66% auf die Produktionskosten bis zur Erstellung der Nullkopie.

- Konzentration

Im Gegensatz zur europäischen wird die amerikanische Filmindustrie aufgrund der sprachlich und kulturell homogen gestalteten Produkte von wenigen großen Studios in einem oligopolistischen Markt dominiert. Diese Homogenität ermöglicht es der US-amerikanischen Filmindustrie ein Massenprodukt herzustellen, das sowohl national als auch international flächendeckend verwertbar ist.

Die Major Studios (Paramount, Warner Bros., Disney, Sony, Universal, Twentieth Century Fox) können in Form von vertikal stark integrierten Unternehmenskonglomeraten beinahe alle Ressourcen, vom Produzenten, Investor und Filmverleiher bis hin zum Betreiber von Kinoketten, unter einem Dach vereinen und somit die gesamte Wertschöpfungskette abdecken.

Hingegen ist der europäische und insbesondere der deutsche Markt durch einen hohen Fragmentierungsgrad gekennzeichnet. Ein Großteil der Filmproduktionsunternehmen produziert maximal einen Film pro Jahr. Unter den über 1.500 in Deutschland registrierten Produktionsfirmen, von denen sich ein sehr hoher Anteil auf Fernsehproduktionen beschränkt, zählen Bavaria Film, Constantin Film, Odeon Film, Senator Film, die Tele München Gruppe, UFA Film & TV Produktion sowie Unitel Film & Fernsehproduktion zu den aktivsten Marktteilnehmern.

---

1 Vgl. ChartsBin (2012).
2 Vgl. Fafo (2006), S. 208.
3 Vgl. FAZ (2012).

Kapitel 4: Filmmanagement

Seit Mitte der 1990er Jahre befindet sich der europäische Markt in einer Phase der Konzentration und Internationalisierung. Um internationale Absatzpotenziale ihrer Filme ausschöpfen zu können, gehen deutsche Unternehmen zum einen vermehrt Partnerschaften mit europäischen und amerikanischen Produktions- und Vertriebsunternehmen ein. Zum anderen bauen amerikanische Major Studios seit Mitte der 1990er Jahre verstärkt weltweite Produktions- und Vertriebsnetzwerke auf. Mit der Columbia Tristar Filmproduktions-GmbH wurde 1995 die erste Produktionsstätte eines Hollywood Studios in Deutschland gegründet.

■ Markteintrittsbarrieren

Der Markt für Filmproduktionen ist durch strukturelle und strategische Markteintrittsbarrieren gekennzeichnet. Die Produktion eines Kinofilms ist aufgrund des Personals (Film-Crew) und der technischen Geräte sehr kostenintensiv. Insbesondere Blockbuster-Produktionen, die mit hohen Gewinnerwartungen verbunden sind, werden häufig sehr aufwändig an vielen internationalen Drehstandorten, mit Spezialeffekten, populären Schauspielern und intensiver Nachbearbeitung am Computer produziert.

Damit verbunden sind hohe Produktionskosten für massenwirksame Filme. Da der Herstellungsprozess projektspezifische Charakteristika mit unsicherer Gewinnerwartung in der Zukunft aufweist, stellen gescheiterte Markteintrittsversuche in Form von ökonomisch nicht erfolgreich verwertbaren Filmen irreversible Betriebsverluste (Sunk Costs) ohne nachträgliche Verwertungspotenziale dar.[1]

Diese Gefahr von hohen Sunk Costs bei Filmproduktionen stellt eine strukturelle Markteintrittsbarriere dar. Der Track Record, eine Referenzliste erfolgreicher Produktionen, von Filmproduzenten und Major Studios, wirkt als strategische Markteintrittsbarriere. Dieser Track Record hat maßgeblichen Einfluss auf die Möglichkeiten eines Produzenten, finanzielle und personelle Ressourcen zu beschaffen sowie einen Filmverleiher zu gewinnen.

Während die bekannten Filmproduktionsstudios und Filmproduzenten über gesicherte Finanzierungsquellen verfügen, ist der Zugang zum Kapitalbeschaffungsmarkt für unabhängige Filmproduzenten mit fehlenden Referenzproduktionen nur bedingt gegeben. Gleiches gilt für den Zugang zu personellen Ressourcen, in Form von Regisseuren und Schauspielern. Für einen unbekannten Produzenten ist es ungleich schwerer einen erfolgreichen Regisseur und berühmte Schauspieler zu gewinnen, als für einen namhaften Produzenten. Ähnlich verhält es sich bei dem Verkauf der Verwertungsrechte an einem Film.

Die unsicheren Erlöserwartungen, die an Filme von unbekannten Produktionsfirmen und Produzenten ohne entsprechenden Track Record geknüpft sind, erschweren den Verkauf der Verwertungsrechte an Filmverleihunternehmen. Lernkurveneffekte beim Produzenten, die sich auf Basis von zuvor durchgeführten Filmproduktionen ergeben, beziehen sich auf Einsparungen und Effizienzsteigerungen im Produktions- und Post-

---

[1] Vgl. Gaitanides (2001), S. 9.

Produktionsprozess, und stellen somit eine weitere Markteintrittsbarriere für neue Marktteilnehmer dar. Die klassische Skalenökonomie mit Kostendegressionseffekten, die auf dem First Copy Cost-Effekt basieren, kann im Rahmen des Produktionsprozesses nicht direkt identifiziert werden, da bei der Leistungserstellung nur eine Kopie, die Nullkopie erstellt wird.

Unter der Nullkopie wird die erste Kopie des fertigen Films verstanden, nachdem Bild und Ton vereint sind. Eine Vervielfältigung der Filmrollen erfolgt erst durch den Filmverleih oder durch Home Entertainment-Unternehmen. Eine weitere strategische Barriere stellen auch die stark ausgeprägten vertikal integrierten Strukturen der großen internationalen Marktteilnehmer dar.

Sie erschweren neuen Marktteilnehmern den Zugang zum Filmverleiher und Rechtehändler. Die vertikal integrierten US Major Studios haben über ihren eigenen Filmverleih einen direkten Zugang zum Absatzmarkt, der es ihnen erlaubt, eigene Filmproduktionen zu bevorzugen und Filmrechte von Produktionen unabhängiger Produzenten abzulehnen.

2.1.2 Filmverleih und Rechtehandel

Der Filmverleih und Rechtehandel nimmt die Rolle eines Intermediärs in der Filmindustrie ein. Der Filmverleih erwirbt die Kinoverwertungsrechte von dem Filmproduzenten, betreibt das Marketing und verleiht den Film gegen eine Erlösbeteiligung an die Kinobetreiber. Der Rechtehändler hingegen erwirbt die Nebenverwertungsrechte an einem Film, um diese an Fernsehanstalten, Unternehmen im Bereich Home Entertainment oder Merchandising zu lizenzieren. In diesem Abschnitt werden die Marktstrukturen, Konzentrationsverhältnisse und Markteintrittsbarrieren im Segment des Filmverleihs und Rechtehandels erläutert.

■ Konzentration

In Deutschland werden die jährlich knapp 500 Neuveröffentlichungen von insgesamt circa 60 Filmverleihern herausgebracht. Damit ist die absolute Konzentration auf dem Markt für Filmverleiher gering. Dennoch ist die relative Konzentration hoch, da ein Großteil der Filme von einigen wenigen großen Filmverleiherunternehmen veröffentlicht wird.

Insbesondere amerikanische Majors nutzen sowohl eigene Vertriebskanäle als auch dauerhafte oder filmbezogene Kooperationen mit nationalen Filmverleihern, um die eigenen Produktionen in möglichst viele Kinos zu bringen. In Deutschland verzeichneten deutsche Filmproduktionen im Jahr 2010 einen Marktanteil von 16,8% und konnten damit das sehr gute Vorjahresergebnis nicht halten. Abbildung 2-3 stellt den nationalen Marktanteil deutscher Filmproduktionen dar.[1]

---

1 Vgl. Filmförderungsanstalt (2010), S. 1.

Kapitel 4: Filmmanagement

Abbildung 2-3: Nationaler Marktanteil deutscher Filmproduktionen[1]

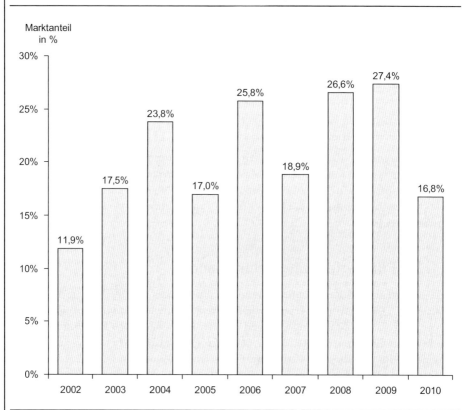

Der Marktanteil deutscher Filme ist stark vom Erfolg deutscher Blockbuster-Produktionen abhängig. 2010 war keine deutsche Produktion beziehungsweise Koproduktion unter den zehn besucherstärksten Filmen, während deren Anzahl 2009 noch drei betrug. Ingesamt erreichten sechs deutsche Filme mehr als eine Million Zuschauer.[2] Tabelle 2-1 zeigt eine Aufstellung der bedeutendsten am deutschen Markt tätigen Filmverleihunternehmen. Gemessen an den Zuschauerzahlen war im Jahr 2010 der Verleiher Warner Bros. Marktführer, der zu dem Medienkonzern Time Warner gehört.

---

[1] Datenquelle: Filmförderungsanstalt (2011b), S. 3.
[2] Vgl. Filmförderungsanstalt (2011b), S. 5 ff.

Tabelle 2-1: Übersicht bedeutender Filmverleiher am deutschen Markt 2010[1]

Filmverleih	Marktanteil (Umsatz)	Anzahl Filme	Film Schwerpunkt	Beteiligungsverhältnisse
Warner Bros. Pictures Germany GmbH	18,5%	31	Überwiegend US-Produktionen sowie einige deutsche Filme	Tochterunternehmen von Warner Bros. (Time Warner Konzern)
Twentieth Century Fox	15,9%	27	Beinahe ausschließlich Eigen- und weitere US-Produktionen	Tochterunternehmen des News Corporation-Konzerns
Walt Disney Studios Motion Pictures Germany GmbH	10,4%	17	Überwiegend US-Produktionen sowie einige deutsche Filme	Filmverleih-Tochterunternehmen des Disney-Konzerns
Sony Pictures Releasing GmbH	9,3%	23	Überwiegend US-Produktionen sowie einige deutsche Filme	Tochterunternehmen des Sony-Konzerns
Universal Pictures International Germany GmbH	7,4%	21	Beinahe ausschließlich US-Produktionen	Tochterunternehmen der Universal Studios, ehemals Teil des Joint Ventures United International Pictures (zusammen mit Paramount)
Tobis Film GmbH & Co. KG	1,2%	12	Schwerpunktmäßig Produktionen aus Frankreich, UK, D und USA	Mehrheitliches Tochterunternehmen von Canal Plus (zu Vivendi Universal gehörend)

Für den Filmproduzenten war die Kinoverwertung in Zusammenarbeit mit den Filmverleihgesellschaften lange Zeit die einzige Einnahmequelle für Filmproduktionen. Diese historisch gewachsene, eindimensionale Beziehung im Rechtehandel zwischen Produktion und Verwertung wurde jedoch durch technische Innovationen (in den 1950er Jahren: TV, 1980er Jahre: Video, 1990er Jahre: DVD und Internet, 2000er Jahre: Video On Demand und HD) sowie durch ein verändertes Konsumentenverhalten um weitere Erlösquellen ergänzt.

Heute werden sogenannte Nebenverwertungsrechte an Filmrechtehändler verkauft. Diese Nebenrechte umfassen in der Regel die Rechte für die Verwertung des Films in den ergänzenden Absatzmärkten (auch Ancillary Markets genannt), zu denen das Pay TV, das Free TV, Video On Demand-Dienste, das DVD- beziehungsweise Blu-ray-Segment sowie sämtliche Merchandising-Produktbereiche zählen. Filmrechtehändler agieren entweder ausschließlich als Zwischenhändler oder als ein integrierter Unternehmensbereich von Filmproduktions- oder -verleihfirmen und bilden einen wichtigen Bereich der heutigen Wertkette in der Filmindustrie.

---

[1] Datenquelle: mediabiz.de (2011).

Der Weltmarkt für Filmlizenzen wird gegenwärtig von den US Major Studios dominiert. Diese vermarkten ihre Filme im Kino- und im Videobereich vorwiegend selbst weltweit über eigene Strukturen in Form von integrierten Filmverleihunternehmen. Der Weltmarkt für Lizenzen amerikanischer Spielfilme verdoppelte sich während der 1990er Jahre von neun Milliarden US-Dollar auf ein Gesamtvolumen von mehr als 21,2 Milliarden US-Dollar pro Jahr.[1]

Heute ist in Deutschland das Segment des Lizenz- und Rechtehandels, das in den Jahren 1998 bis 2000 durch die Kapitalzufuhr im Rahmen von Neuemissionen stark gewachsen ist, von einer Konsolidierung und Neuausrichtung geprägt. Durch unausgewogene, meist anorganische Wachstums- und Verdrängungsstrategien geprägt, wurden sie besonders durch einseitige und langfristige Vertragsgestaltungen (beispielsweise Output Deals, bei denen sich der Vertragspartner der Studios zur Abnahme aller Filme, die in einem bestimmten Zeitraum produziert werden, verpflichten) zugunsten der US Major Studios nachhaltig belastet. Die Reduktion der Börsenkapitalisierung in den vergangenen Jahren stellt ein Indiz für die falschen Erwartungen in dem Segment Rechtehandel und Lizenzen dar.

■ Markteintrittsbarrieren

Ähnlich wie im Bereich der Filmproduktion ist der Markt für Filmverleih aufgrund der Branchenstruktur und des Wettbewerberverhaltens durch massive strukturelle und strategische Markteintrittsbarrieren gekennzeichnet. Die Filmdistribution ist mit hohen irreversiblen und projektspezifischen Kosten verbunden, die im Falle eines Projektmisserfolges Sunk Costs darstellen.

Diese Kosten ergeben sich insbesondere aus den Ausgaben des Filmverleihers für die Verwertungsrechte, das Marketing und gegebenenfalls eine Beteiligung an der Produktionsfinanzierung. Die Kosten für die Vervielfältigung der Filmkopien, die an die Filmtheater distribuiert werden, machen einen verhältnismäßig geringen Anteil an den Gesamtkosten aus.

Im Gegensatz hierzu erfordert das Marketing für eine Filmproduktion erhebliche Investitionen, die bei den großen Studios circa ein Drittel der Gesamtkosten ausmachen.[2] Als Intermediär ist der erfolgreiche Markteintritt in den Filmverleih und Rechtehandel von einem direkten Zugang zu den Beschaffungsmärkten und Absatzkanälen abhängig. Dafür muss ein neuer Marktteilnehmer ausreichende Kooperationen mit Produzenten und filmverwertenden Unternehmen aufbauen.

Besonders die vertikal integrierten Filmstudios dominieren durch ein durchgängiges Netzwerk an Beteiligungen und Kooperationen den globalen Markt und erschweren den Eintritt neuer Wettbewerber auf internationaler Ebene. Da die US Majors ihre Filme ausschließlich durch eigene Absatzkanäle distribuieren, ist es für neue Marktteilnehmer schwer, Distributionspartner zu finden.

---

[1] Vgl. Intertainment (2002), S. 1.
[2] Vgl. Motion Picture Association of America (2008), S. 6.

2.1.3 Filmverwertung

Die Umsätze werden aus der Filmverwertung nicht nur über Kinoeinnahmen, sondern über eine Vielzahl von sich ergänzenden Absatzkanälen (Ancillary Markets) generiert. Im folgenden Abschnitt wird neben der Verwertung durch Kinovorführungen der wichtigste Vertriebkanal, der Home Entertainment-Bereich, näher betrachtet. Das Fernsehen als weiterer sehr bedeutsamer Absatzweg wird hier nicht untersucht, ist aber Gegenstand des Kapitels 5.

- Marktentwicklung

Während die Kinoumsätze und die TV-Lizenzgebühren bis in die 1980er Jahre über 97% der filmbezogenen Gesamterlöse darstellten, ist dieser Anteil im Jahr 2007 auf 58% zurückgegangen.[1] Insbesondere der Anteil des Umsatzes an der Kinokasse ist in diesem Zeitraum von 53% auf circa 20% zurückgegangen. Heute ergänzen Distributionskanäle wie beispielsweise der Verleih oder Verkauf von DVDs und Blu-ray Discs im Home Entertainment-Bereich (42% Umsatzanteil in 2007) die traditionellen Absatzkanäle.

Aufgrund technologischer Innovationen werden diese Nebenverwertungsmöglichkeiten um neue internetbasierte und mobile Vertriebswege erweitert, woraus zusätzliche Erlöspotenziale resultieren. So ist es beispielsweise mittlerweile möglich, dass Filme via UMTS- Streaming auf das Mobiltelefon übertragen werden. Abbildung 2-4 zeigt die Umsatzentwicklung weltweiter Produktionen im Hinblick auf die wichtigsten Distributionskanäle.

---

[1] Vgl. Vogel (2010b), S. 98.

Kapitel 4: Filmmanagement

Abbildung 2-4: Umsatzverteilung von Produktionen in der Filmindustrie[1]

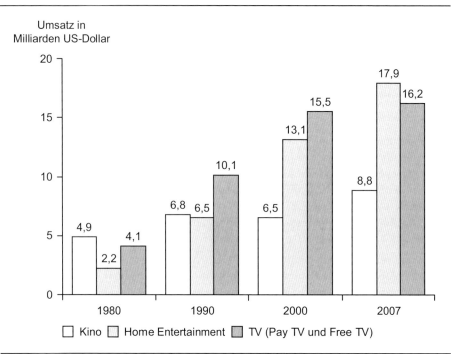

☐ Kino ☐ Home Entertainment ▨ TV (Pay TV und Free TV)

■ Konzentration

Die Struktur des deutschen Filmtheatermarkts hat sich seit Anfang der 1990er Jahre stark verändert. Bis zu diesem Zeitpunkt gab es eine Vielzahl von kleinen Filmtheatern zumeist mit nur einem Vorführungssaal. Heute befindet sich der Filmtheatermarkt in einer Konsolidierungsphase, die mit einem Überangebot an Sälen, vereinzelten Schließungen und Besitzerwechseln einhergeht. Diese Konzentrationstendenzen sind insbesondere auf das Erscheinen und die starke Verbreitung von Multiplex-Kinos (Kino-Einrichtungen mit mindestens sieben Sälen) zurückzuführen.

Die in Deutschland erzielten Kinoeinspielergebnisse beliefen sich im Jahr 2010 auf 920,4 Millionen Euro. Die rund 150 Multiplex-Einrichtungen erzielten mit 1.301 von deutschlandweit insgesamt 4.699 Sälen sowie circa 50% aller Kinobesucher beinahe die Hälfte des gesamten Umsatzes (exklusive Warenverkäufe) an den Kinokassen.[2] Die vier Unternehmen Cinestar, Cinemaxx, UCI Kinowelt und Kinopolis dominieren mit einem Marktanteil von etwa 90% das Segment der Multiplex-Einrichtungen.

---

[1] Vgl. Vogel (2010b), S. 98.
[2] Vgl. Filmförderungsanstalt (2011a), S. 11.

Marktstruktur und Marktverhalten

Der Verkauf von Kinofilmen im Home Entertainment-Bereich erfuhr bis zum Jahr 2004 ein starkes Wachstum. In den folgenden Jahren waren die Umsätze leicht rückläufig, wobei die Umsatzerlöse 2010 das zweitbeste Ergebnis nach 2004 darstellen. Diese Entwicklung verdeutlicht Abbildung 2-5. Die DVD hat sich als Trägermedium etabliert, während VHS-Kassetten nahezu vollständig vom Markt verschwunden sind. Der Anteil an HD-Medien war 2007 mit 1,05% zwar noch sehr gering, nach der Durchsetzung des Blu-ray-Standards und der endgültigen Einstellung der HD-DVD Ende März 2008 konnte jedoch ein deutliches Wachstum verzeichnet werden.

Das Umsatzniveau des Blu-ray-Kaufmarkts erreichte 2010 193 Millionen Euro und lag damit 62% über dem Vorjahreswert. Dominierende Marktteilnehmer sind die jeweiligen Home Entertainment Divisionen der Hollywood Major Studios (zum Beispiel Warner Home Entertainment) sowie deutsche Produktionsunternehmen (zum Beispiel EuroVideo Bildprogramm der Bavaria Film Gruppe).[1]

Abbildung 2-5: Umsätze im Home Entertainment-Bereich 2000-2010 (Verkauf)[2]

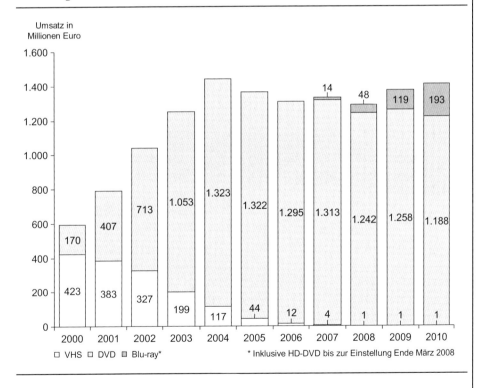

[1] Vgl. Bundesverband Audiovisueller Medien (2010), S. 1 ff.
[2] Datenquelle: Bundesverband Audiovisueller Medien (2011), S. 15.

Kapitel 4: Filmmanagement

Auch im Verleih-Bereich ist der Umsatzanteil von VHS-Kassetten inzwischen bedeutungslos. Dies illustriert Abbildung 2-6. Allgemein sind die Umsätze in diesem Bereich seit 2002 kontinuierlich zurückgegangen. Dies ist vor allem auf die zurückgehende Zahl der Leiher zurückzuführen, die sich in den letzten 10 Jahren fast halbiert hat. Darüber hinaus ist der Leihmarkt in den letzten Jahren kontinuierlich älter geworden, wobei die Vertriebsform Internet das älteste Klientel aufweist.[1]

Abbildung 2-6: Umsätze im Home Entertainment-Bereich 2000-2010 (Verleih)[2]

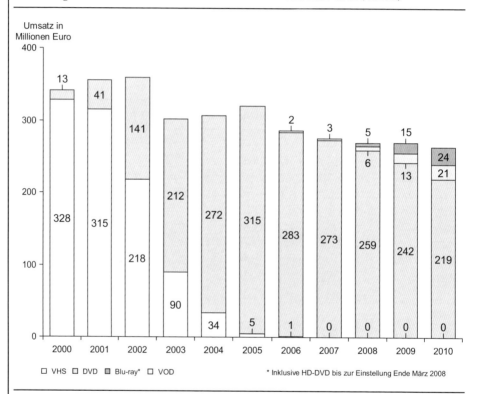

Mit einem Gesamtumsatz von 1.668 Millionen Euro übertraf der deutsche Home Entertainment-Markt (Verkauf und Verleih) im Jahr 2010 knapp das Ergebnis von 2009 (1.646 Millionen Euro). Stark sinkende Preise im Verkauf und die zunehmende Verbreitung von Abspielgeräten werden auch in Zukunft für einen starken Anstieg des Blu-ray-Absatzes und mittelfristig für eine Substitution der DVD sorgen.

---

[1] Vgl. Bundesverband Audiovisueller Medien (2010), S. 53 ff.
[2] Datenquelle: Bundesverband Audiovisueller Medien (2011), S. 44.

Marktstruktur und Marktverhalten

Seit 2009 machen sich auch auf dem Verleihmarkt Blu-ray und darüber hinaus VOD (Video On Demand) signifikant bemerkbar.[1] Der Markt für Videotheken ist derzeit noch durch einen hohen Fragmentierungsgrad gekennzeichnet und befindet sich ebenfalls in einer Konsolidierungsphase. Während es im Jahr 1999 über 5.000 Videotheken in Deutschland gab, ist diese Zahl im Jahr 2010 auf 2.795 gesunken. Die klassische Videothek verlor in den letzten Jahren ebenfalls an Bedeutung.

Zwar verbucht diese Distributionsform mit 88% immer noch den größten Anteil am Gesamtumsatz, jedoch nehmen besonders Internetvideotheken (8%) und Video On Demand-Dienste (4%) heute eine wichtige Stellung ein. Die Videotheken haben im Jahr 2010 ihre Umsätze zu 68,4% aus dem Filmverleih (DVD und Blu-ray), zu 13,5% aus dem Filmverkauf, zu 11,6% aus dem Spieleverleih und -verkauf sowie zu 6,5% aus sonstigen Zusatzsortimenten (zum Beispiel Getränke, Lebensmittel, Poster) generiert.[2]

Ein weiteres Segment der Filmverwertung bildet das Merchandising. Die Erlöse aus Merchandising spielen besonders bei sogenannten Event- oder Kinderfilmen eine bedeutende Rolle. Hierbei werden das positive Image und der Bekanntheitsgrad der Film-Charaktere auf Produkte transferiert beziehungsweise für Veranstaltungen genutzt und somit kommerziell weiterverwertet.

Zu den Merchandising-Produktgruppen mit einer hohen Umsatzrelevanz gehören Soundtracks, Printprodukte, Video- und Computerspiele, Spielzeug, Fan-Artikel sowie Freizeitparkattraktionen. Mittels Kooperationen und Lizenzverträgen mit Unternehmen anderer Branchen (zum Beispiel Musik-Labels, Printmedienverlagen, Produzenten elektronischer und nicht-elektronischer Spiele) wird die „Marke" des Films möglichst umfassend vermarktet. Aufgrund des reduzierten direkten Medienbezugs wird in diesem Abschnitt nicht näher auf die Verwertung im Merchandising-Bereich eingegangen.

Markteintrittsbarrieren

Der Bereich der Filmverwertung ist durch strukturelle Markteintrittsbarrieren in den Bereichen Filmtheater und Home Entertainment gekennzeichnet. Sowohl in dem Segment für Einzelkinos als auch für Multiplex-Anlagen stellen die sehr hohen Infrastrukturkosten nahezu irreversible Investitionen und somit eine wesentliche Markteintrittsbarriere dar.

Die Kosten für Grund und Boden, das Gebäude, die Einrichtung und die technische Ausstattung sind erheblich bei der Errichtung von Kinos. Insbesondere die Qualität und Neuartigkeit der technischen Ausstattung spielt aufgrund des derzeitigen Überangebots an Leinwänden (Overscreening) eine große Rolle und kann ein entscheidender Wettbewerbsvorteil sein. Gerade aber die neuesten Bild- und Tontechniken implizieren hohe Investitionsvolumina für die Kinobetreiber. Aufgrund der hohen laufenden Betriebskosten,

---

1 Vgl. Bundesverband Audiovisueller Medien (2011), S. 44.
2 Vgl. Interessenverband des Video- und Medienfachhandels in Deutschland (2011), S. 4 f.

die aus den Filmverleihabgaben (circa 30% des Umsatzes) sowie den Miet- und Infrastrukturkosten (circa 60% des Umsatzes) resultieren, ergibt sich eine sehr lange Amortisationsperiode für getätigte Investitionen in die Errichtung eines Kinos. Neben der Inneneinrichtung und der technischen Ausstattung spielt der Standort eines Filmtheaters hinsichtlich der Produkt- beziehungsweise Dienstleistungsdifferenzierung eine wesentliche Rolle.

Da die Dichte an Multiplex-Einrichtungen und Einzelkinos in vielen attraktiven Lagen sehr hoch ist, müssen neue Marktteilnehmer Kompromisse bei der Standortwahl eingehen. Sowohl die Nähe zu Konkurrenz-Einrichtungen als auch Standorte mit schlechter Infrastruktur beziehungsweise wenig Zuschauerpotenzial gefährden den Betriebserfolg.[1]

Im Home Entertainment-Bereich ist ähnlich wie im Markt für Filmverleih der Zugang für neue Marktteilnehmer zu den Nebenverwertungsrechten von Filmen mit hohem Absatzpotenzial durch die starke vertikale Integration der dominierenden US Studios limitiert. Unabhängige filmverwertende Unternehmen können im Gegensatz zu den Major Studios nicht auf einen eigenen Filmstock von ihren Verbundunternehmen zurückgreifen und müssen diesen demnach extern zukaufen.

In diesem Zusammenhang sind auch strategische Markteintrittsbarrieren hinsichtlich des Abwehrverhaltens der Major US Studios zu berücksichtigen. Mit der gezielten und abgestimmten Terminierung von Verkaufs- und Verleihstarts sowie der reduzierten Vergabe von Verwertungsrechten an neue Marktteilnehmer können dominierende Marktteilnehmer die Marktstrukturen beeinflussen und Markteintrittsbarrieren aufbauen.

2.2 Interaktionen der Marktteilnehmer

Der Hauptakteur auf dem Filmmarkt ist die Produktionsfirma beziehungsweise ein Netzwerk verschiedener filmproduzierender Unternehmen. Direkt oder indirekt, über Verleiher und den Rechtehändler, interagiert das Produktionsunternehmen mit allen anderen Akteuren der Filmindustrie. Die wichtigsten Produktionsunternehmen gehören heute zu stark vertikal integrierten Konzernen (besonders die US Major Studios), unter deren Dach in der Regel auch der Verleih für die Hauptverwertungsrechte an Filmtheater und der Rechtehandel für den Vertrieb der Nebenverwertungsrechte, vereint sind. Diese drei Komponenten können daher als die zentrale Einheit am Filmmarkt verstanden werden.

---

[1]   Vgl. Neckermann (2001), S. 512.

Die klassischen Verwerter, hierzu zählen vor allem Kinos, Verkäufer und Verleiher von Blu-rays oder DVDs sowie Fernsehanstalten, erwerben die Rechte an den Inhalten beziehungsweise Kopien der Filme und stellen sie den Rezipienten zur Verfügung. Die Distribution der Inhalte erfolgt dabei absatzkanalspezifisch. Weitere Verwertungsunternehmen wie zum Beispiel Videospiele-Publisher oder Merchandising-Unternehmen erwerben Verwertungsrechte, um Komponenten des Films zur Erstellung von Drittprodukten (Computerspiele oder Spielzeugfiguren) zu nutzen.

Darüber hinaus tritt die Produktionsgesellschaft über Werbung und Markenmanagement auch direkt mit den Rezipienten in Kontakt. Im Gegenzug erhält die Produktionsgesellschaft von den Rezipienten Aufmerksamkeit, die sie wiederum auf dem Werbemarkt einsetzen kann. Auf dem Werbemarkt erzielt das Produktionsunternehmen Werbeerlöse, indem es diese Aufmerksamkeit als Ressource nutzt. Werbende Unternehmen beziehungsweise Werbeagenturen nutzen Filme als Transportmedium für Werbebotschaften.

Die wichtigste Form der Werbung ist in diesem Zusammenhang das Product Placement. Hierdurch können werbende Unternehmen zum Teil sogar Einfluss auf die inhaltliche Gestaltung des Films nehmen. Auf der Beschaffungsseite erwirbt das Produktionsunternehmen die notwendigen Input-Faktoren für die Filmproduktion. Hierzu zählen vor allem Rechte (zum Beispiel Drehbücher) und Talent kreativen Personals.

Das kreative Personal einer Filmproduktion setzt sich aus einer Vielzahl verschiedener Experten zusammen. Hierzu zählen unter anderem Schauspieler, Autoren, Regisseure, Animationsexperten oder Kameraleute. Der monetäre Gegenstrom zu Talent und Expertisen setzt sich aus Gebühren, Vergütungen (zum Beispiel Gagen für Schauspieler) sowie gegebenenfalls Erlösbeteiligungen zusammen und stellt einen der bedeutendsten Finanzströme bei der Filmproduktion dar.

Staatliche Institutionen stellen weitere Akteure auf dem Filmmarkt dar. Hierzu gehören vor allem Filmförderungsanstalten, die Fördergelder an die verschiedenen am Wertschöpfungsprozess beteiligten Akteure vergeben, sich im Gegenzug aber auch über Abgaben finanzieren. Abbildung 2-7 stellt die wesentlichen Akteure und Interaktionen in der Filmindustrie im Überblick dar.

Kapitel 4: Filmmanagement

Abbildung 2-7: Akteure und Interaktionen in der Filmindustrie

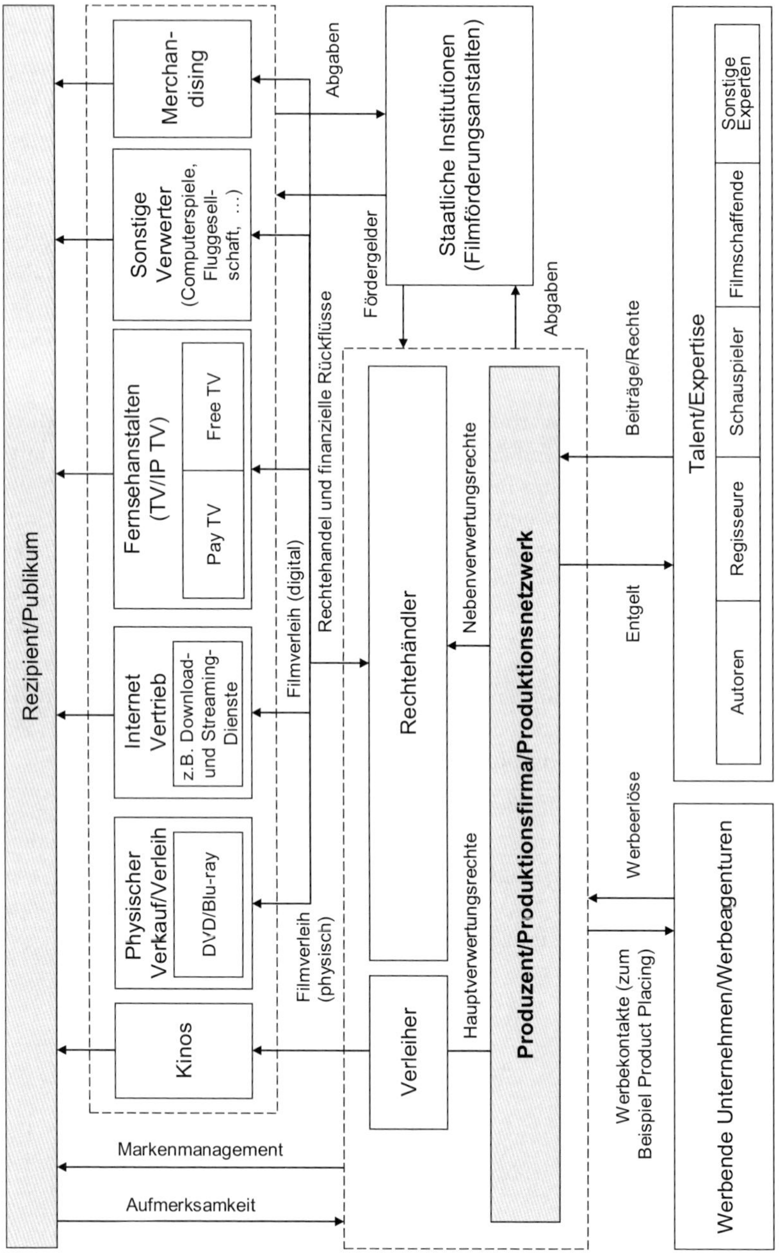

2.3 Technologisches und regulatives Umfeld

Regulative und technologische Rahmenbedingungen haben Einfluss auf die Filmindustrie. Das regulative Umfeld, wie zum Beispiel das Urheberrecht, die Filmförderung und das Jugendschutzgesetz, beeinflusst vor allem die Produktionsaktivitäten. Für den Verwertungsprozess sind technologische Innovationen (zum Beispiel digitales Kino) von großer Bedeutung. Diese technologischen und regulativen Einflussfaktoren für die Filmindustrie sollen nachfolgend näher betrachtet werden.

- Technologisches Umfeld

Eine technologische Innovation mit hoher Relevanz für die Filmindustrie ist die digitale Filmtechnologie. Im Rahmen der digitalen Filmtechnologie wird ein Film entweder von vornherein digital aufgenommen oder zunächst in nicht-digitaler Form gedreht und anschließend digitalisiert. Bei der Digitalisierung eines üblichen 35 Millimeterfilms werden die Text-, Bild- und Toninformationen in eine computerlesbare, digitale Form überführt. Ein solcher digitaler Film kann digital gespeichert, distribuiert und präsentiert werden.

Mit der digitalisierten Speicherung, dem digitalisierten Vertrieb und der Aufrüstung auf digitale Präsentationstechnologien (digitales Kino) sind für die Filmindustrie größere Veränderungen verbunden. Im Folgenden werden die Auswirkungen auf die jeweiligen Marktteilnehmer skizziert. Während das Segment der Filmproduktion aufgrund des bereits fortgeschrittenen Einsatzes von digitalen Produktionstechniken keine gravierenden Änderungen zu erwarten hat, werden besonders für Filmverleiher, Rechtehändler, Filmtheater und Videotheken zum Teil erhebliche Auswirkungen sichtbar.

Die Aufgabenbereiche des Filmverleihs wurden aufgrund der Digitalisierung in ihrer Art stark verändert beziehungsweise eingeschränkt. Während die Produktion und Distribution der Filmrollenkopien einen wichtigen Bestandteil des Aufgabenspektrums von Filmverleihern darstellte, wurden diese Aufgaben vor allem im Rahmen digitaler Distributionsprozesse per Satellit oder breitbandigen Netzen einfacher, schneller und kostengünstiger. Als zentrale Kernkompetenzen des Filmverleihunternehmens verbleiben demnach das filmbezogene Marketing, die Release-Planung und gegebenenfalls Teilaspekte des Merchandising.

Für die Filmtheaterbetreiber, deren wirtschaftliche Situation seit der verschärften Konkurrenz durch ein Überangebot an Multiplex-Einrichtungen ohnehin angespannt ist, hat sich die Lage durch die investitionsintensive Aufrüstung auf digitale Technologien weiter verschärft. Dem anfänglichen Nachteil der hohen Kosten der neuen Technologien steht jedoch eine höhere Flexibilität in der Programmplanung und Wiederverwendung der Filme im Abspielbetrieb gegenüber. Für den Rechtehandel bietet der digitale Film den Vorteil, dass dieser neue Verwertungs- und Distributionsmöglichkeiten und somit zusätzliche Absatzpotenziale eröffnet.

Kapitel 4: Filmmanagement

Allerdings ist der klassische Rechtehandel durch Digitalisierung auch unter Druck geraten, da jedoch die filmproduzierenden und filmverwertenden Unternehmen aufgrund der Vereinfachung der Rechteverwaltung und der geringeren Transaktionskosten durch die neuen Technologie ihre Wertschöpfungsketten ausweiten, besteht die Möglichkeit, dass der Einfluss des Rechtehandels reduziert werden könnte. Daher profitieren insbesondere die stark vertikal integrierten, amerikanischen Majors von dieser Entwicklung.

Einen wesentlichen Einfluss hat die Digitalisierung auf die Video- und Mediatheken. Mit der zunehmenden Diffusion breitbandiger Internetanschlüsse etabliert sich das Internet zunehmend als attraktiver Vertriebsweg. Zahlreiche Anbieter wie maxdome (ProSiebenSat.1 Group und United Internet AG) oder videoload (T-Online) bieten in Deutschland Filme in Form von Video On Demand aus Online-Filmdatenbanken an. Der amerikanische Online Service Movielink wurde als Joint Venture der US Major Studios Warner Bros., Paramount Pictures, Universal, Metro Goldwyn Meyer und Sony Pictures Entertainment gegründet und umgeht ebenso den klassischen mehrstufigen Distributionsweg. Mittlerweile wurde Movielink von der Videothekenkette Blockbuster übernommen.

Darüber hinaus birgt die Digitalisierung von Filmen eine erhebliche Gefahr für die Filmindustrie. Ähnlich wie in der Musikindustrie verringern illegale Downloads und Raubkopien von DVDs die Erlöspotenziale bei der Erst- und Zweitverwertung. In 2010 hatten bereits 31% der Einwohner Deutschlands ab zehn Jahren Zugriff auf einen DVD-Brenner. Knapp neun Millionen Deutsche nutzten im Jahr 2009 die Möglichkeit, Kinofilme zu brennen, womit Spiel- und Kinofilme die am vierthäufigsten gebrannten Inhalte darstellten.[1] Im Jahr 2009 waren 40% aller gestarteten Filme durch Nutzung von Tauschbörsen oder sogenannter „One Klick Hoster" illegal im Internet erhältlich.

12% der Neuveröffentlichungen waren sogar schon vor dem Kinostart verfügbar. Insbesondere populäre Filme, mit mehr als 100.000 Besuchern am Eröffnungswochenende, standen nahezu vollständig (86%) Online zur Verfügung.[2] Trotz der Verschärfung der Urheberrechtsgesetzgebung und neuer Kopierschutzverfahren hat die Filmindustrie bisher keine effektiven Mittel gegen illegale Downloads und Raubkopien finden können.

Eine weitere technische Neuerung mit zentraler Bedeutung für die Filmbranche ist die digitale 3D-Technik. Allerdings ist der dreidimensionale Film keine vollkommen neue Entwicklung. Bereits 1922 wurde der erste Langfilm in einfacher anaglypher (rot-grün) Technik aufgeführt. Eine erste Boom-Phase erlebte das 3D-Kino Mitte des 20. Jahrhunderts in Amerika. Nach deren Abflachen wurden jedoch nur noch wenige 3D-Filme produziert und oft nur in speziellen Kinos, zum Beispiel in Freizeitparks, gezeigt.

---

[1] Vgl. Bundesverband Musikindustrie e.V./GfK (2010), S. 6 ff.
[2] Vgl. Zukunft Kino Marketing/OpSec (2009), S. 6 ff.

Erst die Entwicklungen der aktuellen digitalen 3D-Produktions- und Projektionstechniken sowie erster 3D-fähiger Home Entertainment-Systeme führen seit 2009 zu einem erneuten Boom des dreidimensionalen Films. So wurde beispielsweise auch der weltweit erfolgreichste Film aller Zeiten „Avatar - Aufbruch nach Pandora" in 3D produziert. Mit zum Beispiel „Ice Age 3" (der in Deutschland erfolgreichste Film 2009), „Oben" oder „Coraline" fanden sich viele weitere aufwendig produzierte 3D-Filme in den weltweiten Besucherranglisten.

Der erhebliche Bedeutungsanstieg der 3D-Technologie hat auf die verschiedenen Akteure der Filmbranche zum Teil starke Auswirkungen. Hiervon sind insbesondere die Produzenten und Filmtheater betroffen. Hingegen hat diese technologische Neuerung kaum Auswirkungen auf das Geschäft der Filmverleiher, Rechtehändler und Videotheken, da sich der digitale Vertrieb von 3D-Filmen nicht von dem konventioneller, zweidimensionaler digitaler Filme unterscheidet.

In der Produktion zeigt sich der Einfluss der digitalen 3D-Technik vor allem darin, dass besondere Ausrüstung und spezielles Know How bei Konzeption, Aufnahme und Schnitt notwendig sind. Daher stammt der überwiegende Teil der neuen 3D-Filme von US Major Studios, die über die entsprechenden Mittel verfügen. Es ist heute zwar möglich auch in 2D produzierte Filme nachträglich mit 3D-Effekten zu versehen, jedoch ist auch dieses Verfahren sehr aufwendig und es muss gegebenenfalls mit Qualitätseinbußen gerechnet werden.

Moderne 3D-Produktionen sehen sich heute der Kritik ausgesetzt, die filmische Umsetzung im Hinblick auf die Entfaltung einer Geschichte zugunsten eines trickreichen Spektakels (ähnlich der Anfangszeit des Films) zu vernachlässigen.[1] Ob die digitale 3D-Technik auch außerhalb des Blockbuster-Kinos Anwendung findet, wird sich in den nächsten Jahren zeigen. Einen wesentlichen Einfluss hat die 3D-Technik auf die Filmtheater. Wie schon die digitale Präsentationstechnik, erfordert auch das 3D-Kino eine investitionsintensive Aufrüstung.

Große Filmtheater und Multiplexe sind hier wiederum deutlich einfacher in der Lage, die neue Technik zu installieren, was die Lage der kleineren Kinos in Zukunft nochmals verschärfen könnte. Dem anfänglichen Nachteil der hohen Investitionskosten stehen jedoch verschiedene Vorteile gegenüber. Viele Filmtheater konnten im Zuge der Einführung von 3D-Technik erhöhte Ticketpreise (oftmals in Form eines 3D-Zuschlags) etablieren und sich einen Wettbewerbsvorteil gegenüber Kinos ohne 3D-Technik verschaffen.

Da der 3D-Effekt im Heimkino-Bereich noch nicht verbreitet ist (auch wenn die ersten 3D-fähigen Geräte bereits am Markt sind), stellt er zurzeit noch ein Alleinstellungsmerkmal des Kinos dar. Viele Kinobetreiber sehen daher gegenwärtig in der Aufrüstung auf 3D-Technik auch die Chance, den Zuschauer wieder stärker an das Kino zu

---

[1] Vgl. Elsaesser (1990), S. 56 ff.

Kapitel 4: Filmmanagement

binden. Die 3D-Technik hat demzufolge einen entscheidenden Anteil an der positiven Entwicklung der Umsatz- und Besucherzahlen der Filmtheater. Entsprechend schnell wächst die Zahl der Kinos mit 3D-Technik.[1]

- Regulatives Umfeld

Zu den bedeutsamsten rechtlichen Rahmenbedingungen für die deutsche Filmindustrie werden neben den relevanten medienübergreifenden Rechtsgebieten Patentrecht, Datenschutz und Wettbewerbsrecht vor allem das Urheberrecht, das Filmgesetz, und hier insbesondere die Filmförderungspolitik, sowie das Jugendschutzrecht gezählt. Im Folgenden werden aufbauend auf eine Skizzierung des Urheberrechts auch die Beschreibung des Filmförderungsgesetzes (FFG), die Einrichtung zur freiwilligen Selbstkontrolle (FSK) sowie die Rechtslage zum Einsatz von Product Placement näher erläutert.

Das Urheberrecht hat seine Ursprünge in der Erfindung des Buchdrucks und der darauffolgenden Schrift „Von der Unrechtmäßigkeit des Büchernachdrucks" von Immanuel Kant. Es wird heute durch das „Gesetz über Urheberrechte und verwandte Schutzrechte" geregelt und durch das Informations- und Kommunikationsgesetz sowie durch weitere Online-Gesetze (Signaturgesetz, Teledienste-, Datenschutzgesetz) ergänzt.[2] Es behandelt eine rechtmäßige und mit dem Urheber abgestimmte Verwertung seiner Werke. Am 11. April 2003 wurde das Gesetz zur Regelung des Urheberrechts in der Informationsgesellschaft verabschiedet, das die Umgehung von Kopierschutzverfahren sowie die Publikation von Umgehungswegen unter Strafe stellt.

Eine weitere rechtliche Rahmenbedingung mit hoher Bedeutung für die Filmproduktion in Deutschland stellt das Filmförderungsgesetz (FFG) dar. Es sieht unter anderem eine Institution vor, die Filmförderungsanstalt (FFA), die das Ziel der Qualitätssteigerung des deutschen Films verfolgt. Eine bedeutende Anzahl aller produzierten deutschen Filme greift heute auf öffentliche Fördermittel dieses Instituts zurück. Die FFA finanziert sich durch Zwangsabgaben von Filmtheaterbetreibern und Videoprogrammanbietern in der Höhe von 1,8% bis 3,0% des jeweiligen Jahresumsatzes sowie durch Leistungen der öffentlich-rechtlichen und privaten Fernsehsender. Diese Mittel werden schwerpunktmäßig für folgende Förderungsmaßnahmen verwendet:

- Produktionsförderungen für die Erstellung eines Films (2010: 157 Förderungen),
- Kurzfilmförderungen (2010: 51 Förderungen),
- Drehbuchförderungen (2010: 44 Förderungen),
- Filmtheaterförderungen (2010: 220 Förderungen) und
- Videoförderungen (2010: 104 Förderungen).[3]

---

[1] Vgl. Filmförderungsanstalt (2010), S. 5.
[2] Vgl. URHG §§ 1-143, IuKDG Artikel 1-11, SigG §§ 1-16, TDDSG §§ 1-8.
[3] Vgl. Filmförderungsanstalt (2011a), S. 17 ff.

Prinzipiell wird zwischen rückzahlbaren und nicht-rückzahlbaren Förderungen unterschieden. Sobald beispielsweise die Erträge einer Filmproduktion die Herstellungskosten um 20% übersteigen, müssen 50% der Fördergelder an die FFA zurücküberwiesen werden.[1] Ergänzt wird diese nationale Förderung durch europäische Initiativen (zum Beispiel Media 2007) sowie durch die Förderungsinitiativen auf Landesebene (zum Beispiel Filmfernsehfonds Bayern, Filmstiftung NRW, Filmboard Berlin-Brandenburg und die Filmförderung Hamburg).

Neben dem Urheberrecht und der Filmförderung stellt das Gesetz über die Verbreitung jugendgefährdender Schriften eine weitere bedeutsame Rechtsgrundlage für das Filmmanagement dar. Es sieht folgende Regelung vor: „Schriften, die geeignet sind, Kinder oder Jugendliche sittlich zu gefährden, sind in eine Liste aufzunehmen. Dazu zählen vor allem unsittliche, verrohend wirkende, zu Gewalttätigkeit, Verbrechen oder Rassenhass anreizende sowie den Krieg verherrlichende Schriften. Die Aufnahme ist bekannt zumachen."[2]

Diese Liste jugendgefährdender Schriften und Medieninhalte ist vor allem für TV-Stationen und Videotheken relevant, da bei Ausstrahlung beziehungsweise Verleih entsprechender indizierter Filme Auflagen erfüllt werden müssen. Die zweite für die Filmindustrie besonders bedeutsame Institution ist die „Freiwillige Selbstkontrolle der Filmwirtschaft (FSK)".

Diese Einrichtung übernimmt medienpolitische und medienpädagogische Verantwortung indem sie freiwillige Prüfungen für Filme, DVDs und Videokassetten in Deutschland für die öffentliche Vorführung und Verbreitung durchführt. Dieses Gremium bewertet jeden Film und entscheidet, ob dieser ohne Altersbegrenzung, ab 6, 12, 16 oder erst ab 18 Jahren freigegeben wird.

Obwohl es für dieses Kontrollgremium keine gesetzliche Verpflichtung zur Teilnahme gibt, partizipieren alle filmproduzierenden und filmverwertenden Unternehmen freiwillig. Die jeweiligen Alterseinstufungen stellen einen erheblichen Erfolgsfaktor für die Verwertung des Films dar, da direkt über die Zielgruppe und somit über den potenziellen Umsatz an den Kinokassen entschieden wird. Product Placement umfasst jegliche Erwähnung oder Darstellung von Waren oder Dienstleistungen in Medien.

Im Jahr 1995 entschied der BGH im Rahmen eines Verfahrens, dass Product Placement in Kinofilmen über die dramaturgische Notwendigkeit hinaus nicht rechtswidrig ist, solange die Markenhersteller im Abspann genannt werden. Der BGH entschied in diesem Zusammenhang im Verfahren um die Produktion „Feuer, Eis und Dynamit", einer Produktion mit durchgängig dominantem Product Placement, dass diese Werbeart in Kinofilmen erlaubt ist. Heute ist das Product Placement in Kinofilmen, insbesondere in teuren Blockbuster-Produktionen, ein gängiges Marketinginstrument.

---

1 Vgl. Filmförderungsgesetz (FFG), § 39.
2 Gesetzliche Bestimmungen zum Jugendmedienschutz § 1 Abschnitt 1.

2.4 Mediennutzungsverhalten der Filmrezipienten

Das Mediennutzungsverhalten der Filmrezipienten hat sich seit Beginn der Kinoära aufgrund der technologischen Innovationen wie beispielsweise dem Fernsehen, VHS, DVD oder Blu-ray stark verändert. Sowohl bei den Kinozuschauern als auch im Home Entertainment-Segment können spezielle Konsummuster identifiziert werden. In diesem Abschnitt wird das Nutzungsverhalten von Kinobesuchern und Konsumenten im Home Entertainment-Bereich betrachtet. Das Nutzungsverhalten von Pay und Free TV-Rezipienten wird in Kapitel 5 behandelt.

■ Kino

In den Nachkriegsjahren verzeichnete die Filmindustrie erhebliche Wachstumsraten bei den Kinobesucherzahlen in Deutschland. Von 300 Millionen verkauften Tickets im Jahr 1946 steigerte sich die Besucherzahl auf 817,5 Millionen im Jahr 1956. Dieses stetige Wachstum wurde vor allem durch die Produktion von massenwirksamen Publikumsfilmen aus den USA sowie durch eine Verdreifachung der Anzahl der Leinwände auf circa 7.000 ermöglicht. Mit dem Aufkommen des Fernsehens gingen die Besucherzahlen jedoch zwischen 1957 und 1967 ebenso schnell wieder zurück.

Erst seit Anfang der 1990er Jahre steigt das Interesse an Kinofilmen aufgrund von aufwendig gestalteten US-Kinofilmproduktionen sowie attraktiven nationalen Produktionen wieder an. Die heutige Anzahl an verkauften Kino-Tickets liegt mit 126,6 Millionen Stück auf ähnlichem Niveau wie 1975.[1] Abbildung 2-8 stellt die Entwicklung der deutschen Besucherzahlen ab dem Jahr 1946 dar. Im Jahr 2009 gingen rund 44% (Vorjahr 41%) der deutschen Kinobesucher mindestens ein Mal ins Kino. Dabei erreichten Mitglieder dieser Gruppe einen Durchschnittswert von 4,7 Kinobesuchen pro Person.[2] Betrachtet man die Häufigkeit, mit der Zuschauer aus einzelnen Altersgruppen ins Kino gehen, lassen sich eindeutige Konsummuster erkennen.

Dabei ist die Gruppe der 10- bis 29-Jährigen mit Abstand jene mit der größten Nutzungshäufigkeit. Über die Hälfte der Kinobesucher gehörte im Jahr 2009 zu dieser Gruppe. Hingegen weisen die Altersgruppen der 40- bis 60-Jährigen bis zum heutigen Zeitpunkt noch immer eine relativ geringe Nutzungsintensität auf. In dieser Altersgruppe sieht die Filmindustrie seit den 1990er Jahren ein erhebliches Wachstumspotenzial und versucht verstärkt, mit zielgruppenspezifischen Filmen die Besucherzahlen zu steigern. Ein Anstieg der Besucherzahlen der Altersgruppe über 60 Jahren von 185% seit 2000 bestätigt das Engagement der Filmindustrie.

---

[1] Vgl. Filmförderungsanstalt (2010), S. 5.
[2] Vgl. Filmförderungsanstalt (2010), S. 36 ff.

Abbildung 2-8: Anzahl der verkauften Eintrittskarten in Deutschland 1946 - 2010[1]

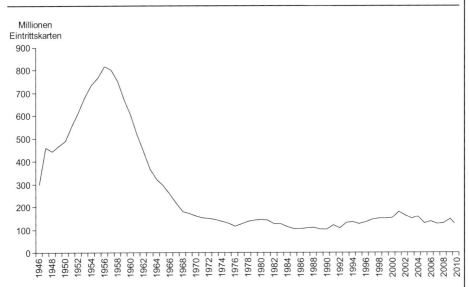

- Home Entertainment

In das Segment des Home Entertainment-Bereichs fallen der Verkauf und der Verleih von DVDs beziehungsweise Blu-ray Discs. Das Verleihsegment des Home Entertainment-Markts hatte im Jahr 2010 eine Basis von 8,3 Millionen Nutzern (2005: 11,2 Millionen) und das Verkaufssegment zählte 19,1 Millionen Käufer (2001: 17,4 Millionen).

Der Rückgang der Nutzer im Verleihmarkt ist auf verändertes Nutzungsverhalten und auf die erheblich gewachsene Zahl illegaler Angebote im Internet zurückzuführen. Im Verkaufsbereich konnte Blu-ray sich leicht positiv auswirken. Ein Anstieg der Käuferzahlen wie durch die DVD (von 10,7 auf 19,3 Millionen Käufern zwischen 2001 und 2005) ist aufgrund der Marktsättigung allerdings nicht mehr zu erwarten. Die Blu-ray Disc wird vielmehr die DVD mittelfristig substituieren.[2]

---

[1] Datenquelle: SPIO (2010); Filmförderungsanstalt (2011b), S. 3.
[2] Vgl. Bundesverband Audiovisueller Medien (2011), S. 22 ff.

2.5 Entwicklungsperspektiven in der Filmindustrie

Der Erfolg von Filmproduktionen wird zukünftig verstärkt von der erfolgreichen Bearbeitung der Ancillary Markets (DVD/Blu-ray, Video On Demand, Pay Per View, TV und Merchandising) abhängen. Um diese Potenziale effizient nutzen zu können, werden vermehrt Event-Filme (Filme mit hohem initialen Marketingaufwand, zum Beispiel Spider Man von Columbia Pictures) sowie Sequels (Folgefilme von erfolgreichen Produktionen, zum Beispiel „Pirates Of The Caribbean - Am Ende der Welt" von Disney) produziert, um bei reduziertem Risiko alle Absatzkanäle ausschöpfen zu können.[1]

Mit der Weiterentwicklung der Kinotechnologien wird sich das Aufgabenspektrum des Filmverleihs zunehmend auf die Durchführung des Marketing konzentrieren. Die eigentliche Produktion und Distribution wird vereinfacht und automatisiert. Das Segment der Filmtheater wird voraussichtlich weiterhin durch Konsolidierungen geprägt sein.

Vor allem Einzelkinobetreiber werden sich aufgrund des verstärkten Wettbewerbs mit Multiplex-Einrichtungen positionieren müssen. Von der technologischen Entwicklung und dem damit verbundenen Investitionsbedarf wird abhängen, inwieweit sich Einzelkinobetreiber und Multiplex-Anlagen den künftigen Kinomarkt aufteilen werden. Entscheidend wird hier neben der Digitalisierung mittelfristig auch die Ausstattung mit 3D-Technik sein.

Die Tendenz, dass Einzelkinobetreiber sich in Nischenbereichen (als Programmkino mit Special Interest-Filmen oder mit kostengünstigen zeitlich verzögerten Kinostarts) etablieren und Multiplex-Kinos verstärkt das Mainstream-Segment abdecken, wird sich vermutlich weiter fortsetzen. Im Home Entertainment-Bereich wird aufgrund der Neueinführung des Speichermediums Blu-ray weiterhin mit steigenden Absatzzahlen gerechnet.[2]

In diesem Zusammenhang kann als einziger Aspekt, der das wirtschaftliche Wachstum in der Filmindustrie negativ beeinflussen kann, die Verbreitung von illegalen Filmkopien genannt werden. Ähnlich wie im Musikmarkt wird eine Kombination aus rechtlichen Maßnahmen (härteres Vorgehen gegen illegale Tauschbörsen und professionelle Raubkopierer sowie Klagen gegen Downloader) und einer stärkeren Verbreitung legaler Download-Angebote zu erwarten sein. Auf diese Weise sollen nicht-zahlende Downloader abgeschreckt und von der Nutzung kostenpflichtiger Angebote überzeugt werden.

---

[1] Vgl. Pascal (2002), S. 4.
[2] Vgl. Bundesverband Audiovisueller Medien (2010), S. 17.

3 Leistungssystem

Das Leistungssystem in der Filmwirtschaft lässt sich durch das Spektrum erbrachter Leistungen, die Strukturen der Wertschöpfung und die Core Assets sowie Kernkompetenzen der wichtigsten Akteure charakterisieren. Im folgenden Abschnitt werden daher zuerst das Leistungsspektrum und die Wertkette der Filmindustrie beschrieben. Die Core Assets und Kernkompetenzen der Akteure aus Filmproduktion, Rechtehandel, Filmverleih, Filmtheater sowie Home Entertainment schließen sich an. Abschließend werden die wichtigsten Geschäftsmodelle der Filmwirtschaft skizziert.

3.1 Leistungsspektrum

Das dem Endkonsumenten offerierte Leistungsspektrum ist nicht nur durch den Leistungskern einer einzelnen Unternehmung, sondern durch das übergreifende Angebot der gesamten Filmindustrie definiert. Das Leistungsspektrum der Filmindustrie kann auf erster Ebene in die drei Bereiche Filmvorführung, Home Entertainment und Merchandising unterschieden werden. Auf zweiter Ebene können diese drei Segmente weiter anhand von Distributionscharakteristika und Produktmerkmalen differenziert werden.

Das erste Segment Filmvorführung umfasst jene öffentlichen Filmdarbietungen, die in einem Filmtheater veranstaltet werden und bei dem der Kinofilm im Mittelpunkt steht. Aufgrund der unterschiedlichen Gestaltung von Filmvorführungen werden Multiplex-, Einzel- und Event-Kinos unterschieden. Multiplex-Kinos gestalten den Kinobesuch in einen Erlebnis-Kinobesuch um, indem sie ihr Angebot oftmals mit anderen Freizeitangeboten in ein sogenanntes Urban Entertainment Center integrieren. Hier findet der Zuschauer auch Einkaufspassagen, Sportstätten, Restaurants und weitere Vergnügungseinrichtungen.

Im Gegensatz zu den Multiplex-Einrichtungen konzentrieren sich Einzel- und Programmkinos hauptsächlich auf die eigentliche Filmvorführung, wobei sich letztere auf Nischenproduktionen spezialisieren oder Mainstream-Filme zeitlich verzögert vorführen. Sogenannte Event-Kinos wie beispielsweise Open Air- oder Universitätskinos sind durch unregelmäßige Veranstaltungen und zeitliche Limitierung gekennzeichnet. Häufig werden im Rahmen dieser Kino-Events neben dem Film auch weitere Veranstaltungen angeboten.

Die im Kino gezeigten Spielfilme können weiter anhand inhaltlicher Gesichtspunkte differenziert werden. Neben den Klassifizierungen nach Mainstream (große Zielgruppe) oder Special Interest beziehungsweise Original- oder Synchronversion können Filme entsprechend ihres Genres unterschieden werden. Nach einer übergeordneten Einstufung in Fiction (Verfilmung einer erfundenen Geschichte) und Non Fiction (Verfilmung wahrer Begebenheiten) werden beispielsweise die Genres Action, Thriller, Horror, Science Fiction, Fantasy, Western, Eastern, Drama, Musikfilm, Trickfilm, Komödie, Kin-

Kapitel 4: Filmmanagement

derfilm, Dokumentation und Erotik unterschieden.[1] Das zweite Produktsegment umfasst die Leistungen des filmspezifischen Home Entertainment-Bereichs. Die in diesem Segment angebotenen Produkte können anhand der Nutzungsrechte in limitierte sowie unlimitierte Filmprodukte unterschieden werden. Die limitierte Filmnutzung findet im Rahmen des Filmverleihs, von Pay Per View, Near Video On Demand und Video On Demand-Angeboten statt.

Bei der Limitierung kann es sich zum einen um zeitliche Begrenzungen (zum Beispiel Filmverleih) handeln. Zum anderen können an digitalen Produkten klare Nutzungsrechte und Einschränkungen seitens des Herstellers definiert werden. Beim Filmkauf hingegen erwirbt der Konsument das dauerhafte Nutzungsrecht an dem Film, sodass dieser zeitlich und mengenmäßig unbegrenzt angeschaut werden kann. Inhaltlich lassen sich die Produkte im Home Entertainment-Bereich in drei Teilproduktgruppen gliedern.

Die Kinoversion des Spielfilms, ergänzendes Filmmaterial (zum Beispiel Dokumentationen, Hintergrundberichte, Interviews und Audio-Kommentare des Regisseurs oder eines Schauspielers) sowie alternatives Filmmaterial (zum Beispiel Director's Cut, abweichende Szenen und eine Vielfalt an Synchronisations- und Untertitelungsversionen) bilden das Spektrum der Filminhalte, die im Home Entertainment-Bereich angeboten werden.

Das dritte Produktsegment im Leistungsspektrum der Filmindustrie umfasst die Merchandising-Produkte. In diesem Bereich findet sich eine große Bandbreite von Konsumgütern und Dienstleistungen. Aufgrund der Vielfalt und Heterogenität der Merchandising-Leistungen können nur schwer allgemeingültige Produktklassen hinsichtlich der Distributionskanäle oder Produktcharakteristika gebildet werden. Während der Soundtrack und gegebenenfalls die Buchvorlage einen direkten Bezug zum jeweiligen Film aufweisen, zielen Lizenzierungs- und Merchandising-Konsumgüter mit indirektem Bezug auf den Imagetransfer vom Film oder einzelnen Filmcharakteren auf das jeweilige Produkt ab.

Insbesondere bei Kinder- und Jugendfilmen wird der Lizenzierung von Produkten mit indirektem Filmbezug wie beispielsweise Printprodukte (Zeitschriften, Plakate, Bücher), Spielzeug (Video- und Computerspiele, Brettspiele, sonstiges Spielzeug), Kleidung, Nahrungsmittel (zum Beispiel Produkte einer Fast Food-Restaurantkette) und Kosmetikartikel eine hohe Umsatzbedeutung bescheinigt.[2] Abbildung 3-1 fasst das Leistungsspektrum der Filmindustrie zusammen.

---

[1] Vgl. Gaitanides (2001), S. 53.
[2] Vgl. The Economist (2002), S. 1.

Abbildung 3-1: Leistungsspektrum in der Filmindustrie

Leistungsspektrum der Filmindustrie					
Filmvorführung		**Home Entertainment**		**Merchandising**	
Distributions-differenzierung	Inhaltliche Differenzierung	Distributions-differenzierung	Inhaltliche Differenzierung	<td colspan="2">• Musik (Soundtrack, Titelsong) • Print (Buch, Magazin, Filmplakat) • Spiel (Video- und Computerspiele, Brettspiele, sonstiges Spielzeug) • Textilien (T-Shirts, ...) • Nahrungsmittel (zum Beispiel Fast Food-Restaurantketten) • Vergnügungsparks (zum Beispiel Movie Park Germany) • Kosmetik und Pflege (zum Beispiel Pflaster) • Sonstige Konsumgüter</td>
• Multiplex-Einrichtung • Einzelkino • Programmkino (Special Interest oder zeitverzögerte Filmvorführungen) • Event-Kino (zum Beispiel Open Air-Kino, Universitätskino)	• Originalversion/Synchronversion • Fiction/Non Fiction • Genre (Action, Thriller, Horror, Science Fiction, Fantasy, Western, Eastern, Drama, Musikfilm, Trickfilm, Komödie, Kinderfilm, Dokumentation und Erotik)	• Limitierter Filmkonsum (Filmverleih DVD/Blu-ray, Pay Per View, Near Video On Demand, Video On Demand) • Unlimitierter Filmkonsum (Filmverkauf DVD/Blu-ray)	• Kinoversion des Spielfilms • Ergänzendes Filmmaterial (Making Of-Dokumentation, Interviews, Programmhinweise) • Alternatives Filmmaterial: diverse Filmversionen (zum Beispiel Director´s Cut, alternative Szenen, Sprachvielfalt)		

3.2 Wertschöpfungsstrukturen

Die Wertkette in der Filmindustrie lässt sich in die vier Stufen Beschaffung beziehungsweise Pre Production, Produktion beziehungsweise Post Production, Rechtehandel und Verwertung unterteilen. Die Planung des Filmvorhabens, eine erste (Teil-) Finanzierung und die Zusammenstellung des Teams stellen die inhaltlichen Schwerpunkte der ersten Stufe dar. In der eigentlichen Filmproduktions- und Post Production-Phase wird das Filmmaterial produziert und anschließend geschnitten, bearbeitet und mit den Tonaufzeichnungen kombiniert.

Während Teile des relevanten Rechtespektrums bereits zu Finanzierungszwecken verkauft werden können, stellen der Filmverleih sowie der Rechtenhandel in der dritten Wertschöpfungsstufe die Schnittstelle zwischen Filmproduktion und Filmverwertung dar. Die vierte Wertschöpfungsstufe umfasst die Verwertung des Films im Kino und in den Ancillary Markets. In der Abbildung 3-2 ist die Wertkette der Filmindustrie dargestellt.

Abbildung 3-2: Wertkette der Filmwirtschaft

Beschaffung/ Pre Production	Filmproduktion/ Post Production	Rechtehandel/ Filmverleih	Verwertung		Rezipient
			Kino	Ancillary Markets	
Kernaufgaben • Produktions-/ Projektplanung • Beschaffung Finanzmittel • Zusammenstellung des Teams: Regisseur, Schauspieler, Kamera	• Produktion • Post Production • Soundtrack • Special Effects	• Filmverleih • Handel mit sonstigen Rechten (DVD/Blu-ray, TV, Weltrechte) • Marketing	• Distribution an Kinos • Marketing • Kinovorführungen	• DVD/Blu-ray-Verkauf und Verleih • Video On Demand und Pay Per View • Pay TV und Free TV • Merchandising	
Anbieter • Major Hollywood Studios • Produzenten • Filmproduktionsunternehmen	• Filmproduktionsunternehmen • Special Effects-Unternehmen • Post Production-Unternehmen • Tonstudios	• Filmverleiher • Rechtehändler	• Filmverleiher • Multiplex-Kinoketten • Einzelkinobetreiber	• DVD/Blu-ray-Produzenten • Einzelhandel • Video-/Mediatheken • Pay TV • Free TV	
Beispiele • Bernd Eichinger • Bavaria Filmstudios • Babelsberger Filmstudios	• Warner Bros. • Metro Goldwyn Mayer Studios Inc. • Bavaria Filmgesellschaft	• Buena Vista Germany GmbH • Constantin Filmverleih GmbH • Tele München Gruppe	• Cinestar • Cinemaxx • Kinopolis • UCI Kinowelt	• Warner Home Entertainment • World of Video, Blockbuster • Sky • ARD, RTL, Sat.1	

3.3 Core Assets und Kernkompetenzen

Zu den Core Assets von Unternehmen in den Bereichen Filmproduktion, Filmverleih, Rechtehandel und der Filmverwertung zählen die Mitarbeiter, Netzwerke und Marken. Bei der Filmproduktion sind Mitarbeiter mit hoher Kreativität und handwerklichem Können, zum Beispiel Drehbuchschreiber oder Cutter erforderlich. Auch beim Filmverleih und Rechtehandel sind individuelle Kompetenzen, wie zum Beispiel ein hohes Maß an Branchenwissen und die Kompetenz, das Marktpotenzial von Filmen einzuschätzen, entscheidend für den Unternehmenserfolg.

Netzwerke sind vor allem im Bereich der Filmproduktion wichtig. Netzwerke bestehen aus Schauspielern, Regisseuren und Kameraleuten, aber auch Finanzmittelgebern. Für jede Filmproduktion entstehen ausgehend vom Produzenten und Filmproduktionsunternehmen neue Teams, deren Zusammensetzung für jedes Projekt einzigartig ist. Der Kontakt zu potenziellen Teammitgliedern wird häufig über Kontaktnetzwerke hergestellt, die oft auf persönlichen Beziehungen beruhen, und von ausschlaggebender Bedeutung für die Realisierung eines Filmprojekts sind. Marken sind ein Core

Asset von Filmproduktionsunternehmen, wie zum Beispiel Universal oder Paramount. Sie entstehen durch langjährige Erfahrung und hohe Kompetenz und sind deshalb besonders in der Pre Production-Phase wichtig, da sie Investoren und Schauspielern eine gewisse Sicherheit bezüglich des Filmprojekts signalisieren.

Mit der Entstehung von Kinoketten und Multiplex-Kinos haben Marken auch im Bereich der Filmverwertung an Bedeutung für den Unternehmenserfolg gewonnen. Markennamen wie UCI oder Cinemaxx signalisieren den Zuschauern einheitliche Standards bezüglich Komfort und technischer Ausstattung. Zur Nutzung der Core Assets sind in der Filmwirtschaft die Content Sourcing-Kompetenz, die Content Creation-Kompetenz, die Technologie-Kompetenz, die Promotion-Kompetenz und die crossmediale Verwertungskompetenz die zentralen Kernkompetenzen.

Im Rahmen der Content Creation-Kompetenz von Produktionsunternehmen kommt der Koordination der Zusammenarbeit mit Produzenten und Regisseuren eine wichtige Rolle zu. Die Content Creation-Kompetenz hängt eng mit der Technologie-Kompetenz zusammen, die die Fähigkeit umfasst, moderne Technologien im Rahmen der Filmproduktion einzusetzen. Besonders die Beherrschung digitaler und dreidimensionaler Filmproduktionstechnologien ist eine Fähigkeit, die nachhaltige Wettbewerbsvorteile bewirken kann.

Die Promotion-Kompetenz ist besonders bei Filmverleihunternehmen erforderlich, da in Deutschland häufig der Filmverleih das Marketing übernimmt. Darüber hinaus ist die crossmediale Verwertungskompetenz bei Filmverleih und Rechtehandel relevant. Sie beschreibt die Fähigkeit, Filme im Rahmen der Distribution über viele Kanäle gewinnbringend zu vermarkten. Da neben der Kinoverwertung auch andere Kanäle, wie der Home Entertainment-Bereich, der Online-Vertrieb sowie Pay und Free TV zu Verfügung stehen, erfordert die crossmediale Verwertungskompetenz Wissen über effektive Verwertungsstrategien.

3.4 Geschäftsmodelle

In diesem Abschnitt werden die in der Filmindustrie verfolgten Geschäftsmodelle anhand der einzelnen Stufen der Wertkette identifiziert und abgegrenzt. So lassen sich für die Bereiche Filmproduktion, Filmverleih, Rechtehandel, Filmtheater und Home Entertainment separate Geschäftsmodelle ableiten. Aufgrund des meist sehr hohen vertikalen Integrationsgrads von Unternehmen in der Filmindustrie werden häufig mehrere von den oben genannten Geschäftsmodellen in einem Firmenverbund zusammengefasst und bearbeitet.

Kapitel 4: Filmmanagement

Um eine höhere Transparenz in der Struktur der Darstellung gewährleisten zu können, werden in diesem Abschnitt die Geschäftsmodelle anhand von spezialisierten Tochterunternehmen beziehungsweise Unternehmensdivisionen integrierter Verbundunternehmen dargestellt und präzisiert. Einleitend werden aber zunächst allgemein das Erlös- und das Leistungserstellungsmodell in der Filmindustrie dargestellt.

- Erlösmodell

In diesem Abschnitt soll ein kurzer Überblick über die bedeutendsten Erlösquellen der Filmindustrie gegeben werden. Dies sind die Rezipientenmärkte und vor allem in Deutschland auch der Staat. Werbemärkte spielen allenfalls im Bereich des Product Placement eine Rolle, dies ist jedoch nur bei Blockbuster-Produktionen möglich, die eine werberelevante Zielgruppe bedienen.

Auf den Rezipientenmärkten werden transaktionsabhängige Erlöse für die Mediennutzung erzielt. Im Rahmen der Filmverwertung sind dies zum einen die Entgelte, die ein Kinobesucher als Eintritt für eine Filmvorführung bezahlt. Zum anderen werden in einer weiteren Verwertungsstufe transaktionsbasierte Entgelte beim Verkauf oder Verleih von DVDs und Blu-ray Discs erzielt. Diese Erlöse können die Erlöse aus der Filmvorführung um ein Mehrfaches übersteigen. Durch Merchandising werden bei besonders umsatzstarken Filmen mit hoher Popularität zusätzliche Erlöse erwirtschaftet, vor allem bei jüngeren Zielgruppen.

In der Phase der Filmproduktion kann der Filmverleiher als Erlösquelle eine wichtige Rolle spielen. Filmverleiher gewähren Produzenten vor dem Produktionsbeginn in einigen Fällen eine sogenannte Minimumgarantie. Das heißt sie sind bereit, unabhängig von den tatsächlich erzielten Erlösen einen Vorschuss zur Finanzierung der Produktion zu leisten. Filmverleiher sind jedoch nicht in allen Fällen bereit, für die Filmproduktion eine Minimumgarantie zu geben.

Daher spielt in Deutschland die staatliche Filmförderung eine bedeutende Rolle bei der Finanzierung von Filmproduktionen. Sie wird neben der Filmförderungsanstalt (FFA) in Berlin auch von ländereigenen Institutionen wie der Filmstiftung NRW durchgeführt. In Deutschland entstehen bis auf wenige Ausnahmen kaum Filme, die nicht durch Filmförderungsmaßnahmen unterstützt werden. Im Jahr 2009 wurden allein von der FFA Zuschüsse von über 71,7 Millionen Euro für verschiedene Fördermaßnahmen ausgezahlt.[1] Abbildung 3-3 zeigt die Rückflüsse der verschiedenen Akteure in der Filmindustrie.

---

[1] Vgl. Filmförderungsanstalt (2010), S. 6.

Abbildung 3-3: Finanzielle Rückflüsse der Filmindustrie[1]

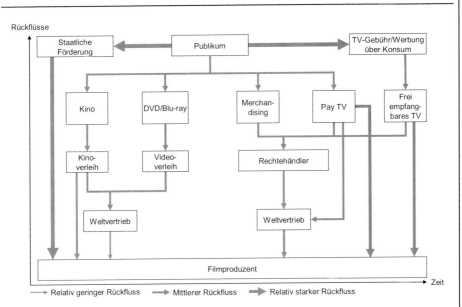

■ Leistungserstellungsmodell

Das Leistungserstellungsmodell ist für die einzelnen Akteure in den Bereichen Filmproduktion, Filmverleih und Rechtehandel sowie Filmverwertung unterschiedlich. Dennoch soll an dieser Stelle ein allgemeiner Überblick über die Kosten und Erlösstruktur der Leistungserstellung gegeben und in Abbildung 3-4 illustriert werden. Bei dieser Darstellung werden nur Erlöse aus der Kinoverwertung einbezogen, Erlöse aus der Videoverwertung sind nicht berücksichtigt. Von den an der Kinokasse erzielten Erlösen entfallen etwa 33% auf die Kinobetreiber. Der Filmverleih erhält circa 14% der Einnahmen. Der mit 36% größte Teil des Gesamtumsatzes entfällt heute meist auf die Produktion des Films. Für das Marketing fallen circa 7% und für die Verwaltungskosten etwa 8% an. Der Gewinn liegt durchschnittlich bei 3%.

---

[1] In Anlehung an Prognos (1997), S. 18.

Kapitel 4: Filmmanagement

Abbildung 3-4: Kosten- und Erlösstruktur der Leistungserstellung[1]

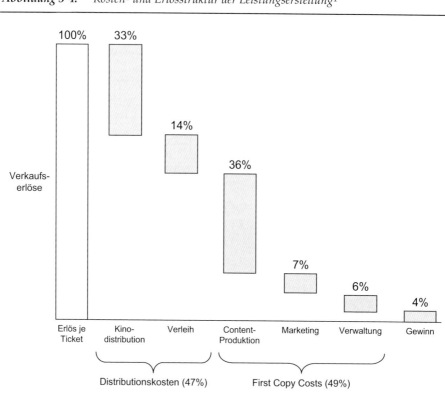

In der Beziehung zwischen Verleiher und Produzent sind einige Besonderheiten zu berücksichtigen, die auch Auswirkungen auf die Zahlungsströme haben. Der Filmverleih übernimmt für den Produzenten den Vertrieb eines Films und verleiht den Film an die Kinobetreiber weiter. Von den Verleiherlösen, die der Filmverleih erzielt, fließen 32% direkt an den Filmverleih, die restlichen 67% fließen an den Produzenten. Allerdings tritt der Filmverleih häufig in Vorleistung, indem er eine Minimumgarantie an den Produzenten zahlt oder die Marketingkosten des Films übernimmt. Diese Vorleistungen werden vom Erlösanteil des Produzenten abgezogen, sodass ihm die 67% des Erlösanteils erst zufließen, wenn die Vorleistungen des Filmverleihs abgegolten sind.

---

[1] Auf der Basis eigener Analysen und Abschätzungen.

3.4.1 Filmproduktion

Das Geschäftsmodell für die Filmproduktion basiert auf der Erstellung von Filmen und dem Verkauf der dazugehörigen Verwertungsrechte. Im Rahmen des Leistungserstellungsprozesses wird jedoch nicht nur ein Produkt sondern eine komplette filmbezogene Produktgruppe hergestellt, die sich aus Spielfilm, Trailer, DVD oder TV Specials, Making Of-Dokumentationen und gegebenenfalls unterschiedlichen, zensurbedingten Filmversionen zusammensetzt.

Da Filmproduktionen projektspezifischer Natur sind, werden auf der Beschaffungsseite durch den Produzenten, der die Gesamtverantwortung für die Produktion trägt, nicht nur materielle Ressourcen (Filmstudio und Technik) beschafft, sondern auch die Film-Crew ausgewählt und vertraglich gebunden. Ergänzend dazu können noch eine Vielzahl von Drittfirmen, die sich auf spezielle Nischenbereiche (zum Beispiel Computeranimationen, Special Effects, Vertonung oder Synchronisation) konzentrieren, an der Produktion mitwirken.

Aus dieser Vielzahl von beteiligten Parteien entsteht während des Produktionsprozesses ein Netzwerk, dessen Zentrum das Filmproduktionsunternehmen beziehungsweise der Produzent ist.[1] Nur vertikal integrierte Filmunternehmen, wie beispielsweise Warner Bros. oder die Bavaria Film Gruppe, halten permanent Filmproduktions-Teams vor. Das Erlösmodell von Filmproduktionsunternehmen ist größtenteils auf die Verwertung der Rechte an dem produzierten Film ausgerichtet.

Hierbei liegen die Schwerpunkte auf dem Verkauf von regionenbezogenen oder absatzkanalspezifischen Verwertungsrechten. Das Vermarktungspotenzial eines Films wird aufgrund des Drehbuchs, der Referenzprojekte des Regisseurs, der Zugkraft der Schauspieler und der Attraktivität des Genres beurteilt. Ein Zusatzgeschäft für Filmproduktionsunternehmen stellt die Bereitstellung von Werberaum in Form von Product Placement dar.

Hierbei werden Konsumgüter oder Dienstleistungen, deren Marken für den Rezipienten deutlich sichtbar sind, in die Handlung des Films integriert und entsprechend der Dauer und Auffälligkeit vermarktet. Hierbei können zwei grundlegende Arten des Product Placement unterschieden werden. Im Rahmen des On Set Placement wird das Konsumgut weitgehend neutral als funktionaler Gegenstand der Filmausstattung platziert, während beim Creative Placement die Produkte mit einer positiven Wirkung stärker in die Handlung integriert und auffälliger positioniert werden.[2]

---

1 Vgl. Gaitanides (2001), S. 173.
2 Vgl. Gröppel-Klein/Spilski (2009), S. 104.

Kapitel 4: Filmmanagement

Abbildung 3-5: Geschäftsmodell eines Filmproduktionsunternehmens[1]

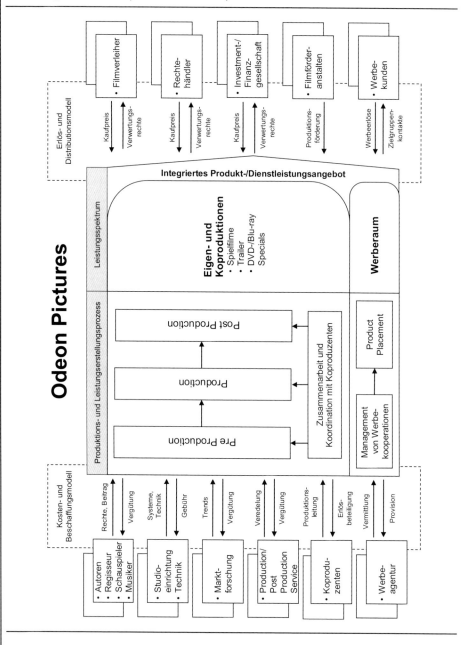

---

[1] Auf der Basis eigener Analysen und Abschätzungen.

Beim Creative Placement können im Hinblick auf die Intensität der Handlungsintegration verschiedene Ausprägungen identifiziert werden. Der höchste Grad an Integration kann erreicht werden, wenn ein Produkt oder die Marke einer Firma eine Schlüsselrolle einnehmen oder sogar das Gesamtthema eines Films auf diese abgestimmt wird. Prominente Beispiele hierfür sind die Filme „Cast Away" (FedEx) oder „The Italian Job" (Mini). Eine weitere Form des Product Placement ist das Innovation Placement. Hierbei wird eine Marktneuheit vorgestellt, die in der konventionellen Werbung noch nicht präsent ist. Ein bekanntes Beispiel hierfür war die Vorstellung des BMW Z3 in „James Bond - Golden Eye."

Die Bedeutung von Product Placement als Einnahmequelle ist in den letzten Jahren stetig angestiegen. Produzenten von Blockbuster-Produktionen sichern sich mithilfe von Product Placement-Vereinbarungen schon vor Drehbeginn Finanzmittel. So konnte beispielsweise die Produktionsfirma United Artists mit „Die Another Day", einem James Bond-Film aus dem Jahr 2002, über 120 Millionen US-Dollar mittels Product Placement einnehmen.[1] Abbildung 3-5 zeigt das Geschäfts- und Erlösmodell am Beispiel der Odeon Pictures GmbH. Dieses Unternehmen ist eine 100%-ige Tochterunternehmung der Odeon Film AG und ist auf die Filmproduktion spezialisiert.

3.4.2 Filmverleih und Rechtehandel

Der Filmverleih und der Rechtehandel nehmen die Rolle eines Intermediärs zwischen Produzenten und Filmverwertern ein. Sie sind für das Marketing und die Distribution von Kinofilmen zuständig.

Filmverleih

Das im Filmverleih verfolgte Geschäftsmodell beruht auf der Distribution von Kinofilmen an Filmtheater bei gleichzeitiger Durchführung des Marketing. Im Gegenzug wird das Filmverleihunternehmen an den Erlösen der Filmtheaterbetreiber beteiligt. Im Rahmen des Beschaffungsmodells werden die jeweiligen Kinoverwertungsrechte von Rechteinhabern (Produzenten oder vorgeschalteten Rechtehändlern) erworben. Aufgrund des hohen Integrationsgrads von Unternehmen in der Filmindustrie muss zwischen einer Transaktion unter Verbundunternehmen und unabhängigen Marktteilnehmern unterschieden werden.

Vor allem die Filmproduktionen von unabhängigen Produzenten ohne entsprechende Referenzprojekte müssen vor dem Erwerb hinsichtlich ihres Vermarktungspotenzials evaluiert werden. Der zweite Schwerpunkt des Beschaffungsmodells stellt die Zusammenarbeit mit Werbeagenturen hinsichtlich der Identifikation, der Vermittlung und der vertraglichen Bindung von Werbe- und Sponsoringpartnern für die Werbekampagnen dar.

---

1 Vgl. Financial Times Deutschland (2002), S. 33.

Kapitel 4: Filmmanagement

Der Leistungserstellungsprozess orientiert sich an zwei Hauptaufgaben. Nach dem Erwerb der Kinoverwertungsrechte produziert der Filmverleih entweder die physischen Kopien der Filmrolle oder erstellt elektronische Kopien des digitalen Films und distribuiert diese entsprechend eines Release-Plans an die Filmtheaterbetreiber. Parallel hierzu plant, koordiniert und führt der Filmverleih das Marketing für den Film durch. Da der Filmverleih in einzelnen Fällen nicht nur die Kinoverwertungsrechte sondern auch weitere Rechte erwerben kann, können innerhalb dieses Aufgabenspektrums auch Merchandising-Partner selektiert und koordiniert sowie weitere Verwertungsrechte gehandelt werden.

- Rechtehandel

Der Rechtehändler ist ein Intermediär, der entweder zwischen Filmproduktions- und Filmverwertungsunternehmen steht oder als reiner Rechtezwischenhändler agiert. Das Beschaffungsmodell ist ausschließlich auf den Erwerb von Verwertungsrechten (Teil- oder Gesamtrechte) ausgerichtet, wobei ähnlich wie beim Filmverleih zwischen Transaktionen mit Verbundunternehmen und externen Rechteinhabern unterschieden werden muss.

Der Leistungserstellungsprozess beschränkt sich beim Rechtehandel auf die verwertungsoptimale Bündelung von Rechten, sowie auf den Verkauf an regionale oder absatzkanalspezifische Abnehmer. Das Erlösmodell ist wie bereits oben erwähnt auf den Verkauf von Verwertungsrechten beschränkt. Aufgrund der Vielzahl von möglichen Positionierungen innerhalb der filmspezifischen Wertschöpfungskette und des jeweils unterschiedlich ausgeprägten Umfangs der Rechtepakete finden sich mehrere Kategorien von potenziellen Abnehmern. Hierzu zählen die folgenden Abnehmer:

- Verkaufsagenten und Rechtehändler als weitere Zwischenhändler/-stufe im Verwertungsprozess,

- regionale Distributoren (zum Beispiel Rechte für die Verwertung des Films in den USA),

- Distributionskanalspezifische Abnehmer (zum Beispiel TV-Anstalten, Home Entertainment-Unternehmen, Merchandising-Unternehmen) sowie

- sonstige Abnehmer (zum Beispiel Fluglinien).

Abbildung 3-6 zeigt das vereinfachte Geschäftsmodell der Constantin Filmverleih GmbH, einem 100%-igen Tochterunternehmen der Constantin Film AG, das sich sowohl auf den Filmverleih als auch auf den Rechtehandel spezialisiert hat.[1] Das Leistungsspektrum der Constantin Music Verlags GmbH und Constantin Interactive GmbH, zwei weitere Tochterunternehmen der Constantin Film Gruppe, die auf die Nebenrechteverwertung und das Merchandising spezialisiert sind, werden ebenfalls in der folgenden Abbildung 3-6 berücksichtigt.

---

[1] Vgl. Constantin Film AG (2009), S. 79.

Abbildung 3-6: Geschäftsmodell eines Filmverleih- und Rechtehandelunternehmens[1]

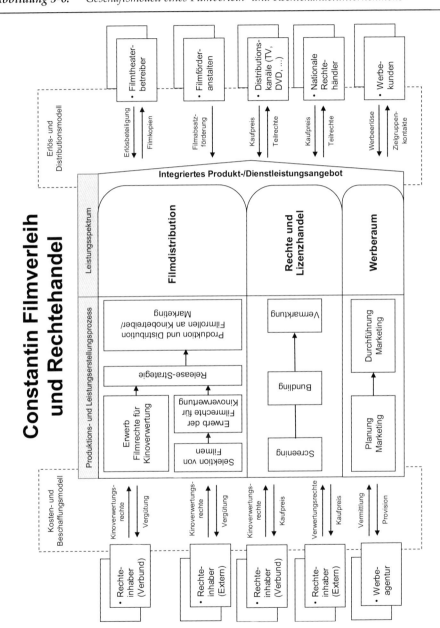

---
[1] Auf der Basis eigener Analysen und Abschätzungen.

Kapitel 4: Filmmanagement

3.4.3 Filmverwertung

Durch zahlreiche technologische Weiterentwicklungen wurde in den vergangenen 20 Jahren eine weitreichende, crossmediale Verwertung eines Kinofilms ermöglicht. Während bis zu Beginn der 1980er Jahre die Verwertung von Filmen nur im Rahmen von Kinovorführungen und TV-Ausstrahlungen möglich war, stehen dem Rechteinhaber heute eine Vielzahl von Absatzmärkten und -kanälen zur Verfügung. In diesem Abschnitt soll sich der Fokus auf die Geschäftsmodelle von Filmtheaterbetreibern richten.

Das von Filmtheaterbetreibern verfolgte Geschäftsmodell basiert auf der Durchführung und Vermarktung von Kinofilmvorführungen. Das Beschaffungsmodell umfasst eine Vielzahl von Produkt- und Service-Lieferanten, wobei dem Filmverleih die größte Bedeutung zugesprochen werden muss. Neben den Konditionen, zu denen der Film an das Filmtheater verliehen wird, werden auch die terminliche Planung der Distribution zwischen Filmverleiher und Filmtheaterbetreiber vereinbart. Darüber hinaus steht der Filmtheaterbetreiber für die Durchführung der Filmvorführungen in einem Geschäftsverhältnis mit Technologie- und Infrastrukturlieferanten, Gebäudeinhabern, Großhändlern, Warenherstellern und -lieferanten (für zum Beispiel Speisen, Getränke und Merchandising-Artikel) sowie Werbeagenturen, die Werbekunden akquirieren und vermitteln.

Der Leistungserstellungsprozess gliedert sich in die drei Segmente Filmvorführung, Werbung und Warenverkauf. Zur Durchführung von Filmvorführungen muss zum einen die Infrastruktur, insbesondere Gebäude sowie die Vorführtechnik, betrieben und gewartet werden. Zum anderen werden Distributionsverträge mit Filmverleihunternehmen abgeschlossen. Dabei wird vor Vertragsabschluss eine Evaluation hinsichtlich der Zielgruppen und des Marktpotenzials durchgeführt und darauf aufbauend die Programmplanung vorgenommen.

Der Leistungserstellungsprozess unterscheidet sich zwischen Kinoketten und Einzelkinos insbesondere hinsichtlich der Programmplanung und Programmabstimmung. Während Kinoketten ihre Planung mit anderen Verbundeinrichtungen überregional abstimmen und optimieren, kann der Betreiber eines Einzelkinos ausschließlich die orts- und situationsspezifischen Kundenanforderungen berücksichtigen. Weitere Leistungen von Filmtheatern sind die Platzierung von Werbung und der Verkauf von sonstigen Waren (Speisen, Getränke und Merchandising-Artikel).

Das Erlösmodell von Filmtheaterbetreibern ist in Kinovorführung, Verkauf von Werberaum und sonstiger Warenverkauf oder Gastronomie gegliedert. Den Rezipienten wird bei einem Kinobesuch nicht nur der Film, sondern auch die Produkt- und Filmwerbung vorgeführt. Bei der Vorführung von deutschen Produktionen können die Filmtheaterbetreiber finanzielle Filmtheaterförderungen der Filmförderungsanstalt (FFA) beantragen und weitere Erlöse generieren. Abbildung 3-7 skizziert am Beispiel der Cinemaxx AG ein typisches Geschäftsmodell, das Filmtheaterbetreiber verfolgen.

Abbildung 3-7: Geschäftsmodell eines Filmtheaters[1]

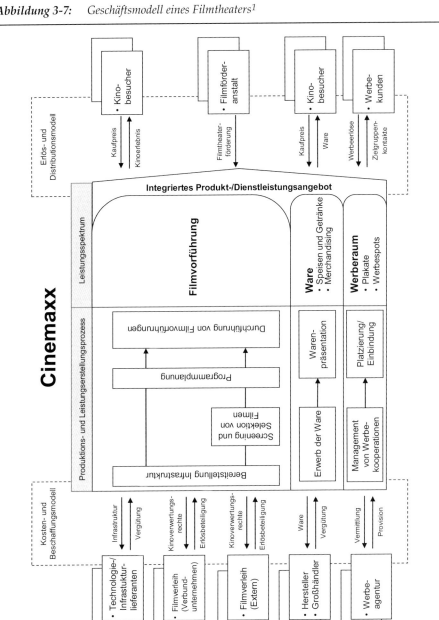

[1] Auf der Basis eigener Analysen und Abschätzungen.

Kapitel 4: Filmmanagement

4 Aufgaben des Filmmanagement

Das Filmmanagement umfasst die Ausrichtung und Führung des Unternehmens in einem sehr volatilen Umfeld, in dem singuläre, nicht reproduzierbare Produkte mit unsicheren Erfolgsaussichten hergestellt und verwertet werden.[1] In das Spektrum des Filmmanagement fallen das strategische Management, das Beschaffungsmanagement, das Produktionsmanagement und insbesondere das Marketing. Diese Aufgabenbereiche des Filmmanagement werden nachfolgend anhand eines vertikal integrierten Unternehmens der Filmindustrie, das die wesentlichen Wertschöpfungsstufen Filmproduktion, Rechtehandel und Filmverwertung abdeckt, beschrieben. Darüber hinaus werden die Erfolgsfaktoren bei der Filmproduktion und der Filmverwertung analysiert.

4.1 Strategisches Management

Die zentrale Aufgabe für das strategische Filmmanagement stellt die Produktions- und Verwertungsplanung von Filmproduktionen unter Berücksichtigung der bedeutsamsten Erfolgsfaktoren im Rahmen der Filmproduktion dar. Zu Beginn der frühen Kinoära (1930-1960) war die Branche in den USA durch ein überschaubares und konstantes Umfeld gekennzeichnet.

Der Markt war ähnlich wie der deutsche von wenigen, großen Filmstudios (zum Beispiel MGM beziehungsweise UFA/DEFA), die neben den Produktionsstätten auch die Filmtheater kontrollierten, dominiert. Durch die gegebene Markttransparenz und durch den Abschluss langfristiger Verträge mit populären Schauspielern wurden die Unsicherheit über die Höhe künftiger Ertragsrückflüsse von Spielfilmproduktionen reduziert.[2]

Im Gegensatz dazu ist die Produktion von Spielfilmen heute mit einer hohen Unsicherheit hinsichtlich der Gewinnerwartungen verbunden. Eine komplexe Marktstruktur, verbunden mit differenzierten Kundenbedürfnissen und technischen Innovationen gestaltet die optimale strategische Ausrichtung eines Unternehmens in der Filmindustrie relativ schwierig. In diesem Abschnitt werden nach einer Skizzierung der in der Filmindustrie verfolgten Strategien die bedeutsamsten Erfolgsfaktoren der Filmproduktion und der Filmverwertung erläutert.

---

[1] Vgl. Gaitanides (2001), S. 11.
[2] Vgl. Silbermann (2000), S. 210 ff.; Gaitanides (2001), S. 10 ff.; Pokorny/Sedgwick (2001), S. 157 ff.

■ Fokussierungs- und Netzwerkstrategie

In der Filmindustrie sind die Fokussierungs- und die Netzwerkstrategie stark miteinander verknüpft. Aufgrund der Einzigartigkeit und dem Projektcharakter von Filmproduktionen ist die Filmindustrie sowohl durch Spezialisierungs- als auch durch Fokussierungstendenzen geprägt. Da nur große Filmstudios ganze Wertschöpfungsketten durchgängig abdecken können, bilden Unternehmen, die sich auf ihre Kernkompetenzen (zum Beispiel Casting, Produktion oder Post Production) konzentrieren, komplexe vertikale Produktions- und Verwertungsnetzwerke zur Leistungserbringung.

■ Integrationsstrategie

Der deutsche Produktionsmarkt für TV- und Kinofilme zeichnet sich ebenso wie das Segment der Filmtheater durch verstärkte Integrationsbemühungen aus. Einerseits führen Zusammenschlüsse und Eingliederungen zu einer horizontalen Marktbereinigung.[1] Andererseits finden sich vermehrt auch vertikal integrierte Filmunternehmen, die die gesamte Wertschöpfungskette der Filmindustrie abdecken. Ein Motiv für vertikal integrierte Strukturen ist das Streben nach einer optimalen Ausschöpfung aller Vermarktungsmöglichkeiten eines Films.

Da die Einspielergebnisse an den Kinokassen nur noch einen relativ geringen Anteil der Gesamterlöse darstellen, wird verstärkt die sequentielle Verwertung über unterschiedliche Distributionskanäle sowie das Lizenzierungs- und Merchandising-Geschäft forciert. Das Ziel eines integrierten Filmunternehmens ist die eigenständige, durchgängige und abgestimmte Verwertung eines Films, wobei möglichst wenige wertschöpfende Aktivitäten an Intermediäre und Externe ausgelagert werden sollen. Hierdurch sollen zusätzliche Gewinnmargen abgeschöpft werden, die ansonsten an Konkurrenten beziehungsweise Intermediäre gehen würden.

■ Strategische Erfolgsfaktoren

Aufgrund der zahlreichen Alternativen und konkurrierenden Freizeitgestaltungs- und Unterhaltungsmöglichkeiten sowie des Überangebots an Spielfilmproduktionen besteht eine ausgeprägte Unsicherheit bezüglich des kommerziellen Erfolgs von Filmproduktionen. Dieser erhöhten Unsicherheit stehen ständig steigende Produktions- und Marketingkosten gegenüber, die bei einem Misserfolg aufgrund der Singularität eines Films irreversible Kosten darstellen (Sunk Costs). Vor dem Hintergrund, dass nur 20% aller Kinofilme circa 80% der Einspielergebnisse erzielen, wurden seit Anfang der 1980er Jahre zahlreiche Studien hinsichtlich der Ausprägungsmerkmale von finanziell erfolgreichen Spielfilmen durchgeführt.[2] Diese Studien brachten folgende Erkenntnisse.[3]

---

1 Vgl. Neckermann (2001), S. 512; Ritter (2002), S. 16.
2 Vgl. Collins/Hand/Snell (2002), S. 343; Mörsch (2002), S. 172.
3 Vgl. Gaitanides (2001), S. 41 ff.; Pokorny/Sedgwick (2001), S. 157 ff.; Collins/Hand/Snell (2002), S. 343 ff.

Kapitel 4: Filmmanagement

- Filmproduktionen, in denen Stars mitwirken, haben ein deutlich höheres Umsatzpotenzial als vergleichbare Produktionen mit weniger bekanntem künstlerischem Personal.[1] Als Stars können im engeren Sinn Schauspieler (eingeschränkt auch Regisseure) mit besonders hoher Popularität und verhältnismäßig hohen Gagen bezeichnet werden. Dieses hohe Entgelt ist wiederum auf hohe Einspielergebnisse der jeweils letzten Filme zurückzuführen. Ähnlich wie bei einem Markenartikel verkörpert der Leinwand-Star bestimmte Produkteigenschaften. Der Rezipient verbindet mit dem bekannten Schauspieler oder Regisseur vordefinierte Erwartungen bezüglich Unterhaltungswert, Genre und Qualität.

- Genres wie beispielsweise Action, Science Fiction und Komödie haben tendenziell ein höheres Umsatzpotenzial als andere Filmsegmente (zum Beispiel Drama oder Liebesfilm).

- Die Bekanntheit des Inhalts, sei es aufgrund einer populären Buchvorlage, aufgrund der Produktion eines Remake (Neuverfilmung eines bereits verfilmten Inhalts) oder einer Filmserie, erhöht die Wahrscheinlichkeit eines ertragreichen Films erheblich.

- Der Erfolg in einem regionalen Markt wirkt sich positiv auf den Erfolg in anderen Märkten aus.[2]

- Filmpreise, gute Kritiken und Mundpropaganda (Word Of Mouth Advertising) haben eine positive Auswirkung auf den finanziellen Erfolg eines Spielfilms.

- Die Release-Strategie, die den Zeitpunkt der Premiere und die Anzahl der distribuierten Filmkopien bestimmt, kann für den jeweiligen Film aufgrund des Verdrängungseffekts gegenüber anderen Filmen erhebliche Auswirkungen auf den Erfolg haben.

Hennig-Thurau/Wruck (2000) unterscheiden in ihrem Erfolgsfaktorenmodell zwischen produktinhärenten und produktinduzierten Faktoren.[3] Zu der erst genannten Gruppe zählen zum einen jene Faktoren, die vor dem Kinobesuch erfassbar sind (zum Beispiel Genre, Symbolhaftigkeit und Personalattraktivität). Diese sind aufgrund des fehlenden Mittels der Preisdifferenzierung für den Rezipienten von besonderer Bedeutung für den Filmauswahlprozess. Zum anderen beinhalten die produktinhärenten Merkmale auch Faktoren, die vor einem Kinobesuch nicht erfassbar sind (insbesondere die Qualität des Films). Neben diesen produktspezifischen Merkmalen beeinflussen produktinduzierte Faktoren den ökonomischen Erfolg eines Films. Hierzu gehören neben den von dem Distributor gesteuerten Werbeaktivitäten auch unternehmensfremde Informationsquellen wie beispielsweise Filmkritiken und Auszeichnungen. Abbildung 4-1 fasst die Erfolgsfaktoren der Spielfilmproduktion und -vermarktung zusammen.

---

[1] Vgl. Hennig-Thurau/Dallwitz-Wegner (2004), S. 158 f.; Hennig-Thurau (2006), S. 161 ff.
[2] Vgl. Hennig-Thurau/Wruck (2000), S. 248.
[3] Vgl. Hennig-Thurau/Wruck (2000), S. 242 ff.

Abbildung 4-1: Erfolgsfaktoren der Spielfilmproduktion und -vermarktung[1]

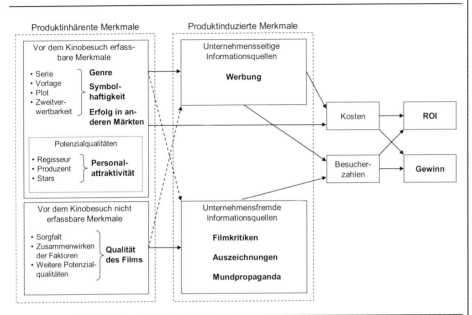

4.2 Beschaffungsmanagement

Dem Beschaffungsmanagement in der Filmindustrie wird aufgrund der Singularität von Filmproduktionsprojekten eine besondere Bedeutung zugewiesen. Neben der Beschaffung von Inhalten in Form von Verwertungsrechten, sind die Finanzierung und der Erwerb des kreativen Talents dem Beschaffungsmanagement zuzuordnen. Zu dem kreativen Talent werden Schauspieler, Regisseure, Drehbuchautoren sowie weiteres künstlerisches Personal mit speziellem Filmproduktions-Know How gezählt. In den folgenden Ausführungen werden für die Beschaffung dieser drei Input-Faktoren bedeutsame Einflussfaktoren erläutert sowie relevante Beschaffungsstrategien skizziert.

---

[1] In Anlehnung an Hennig-Thurau/Wruck (2000), S. 244.

Kapitel 4: Filmmanagement

4.2.1 Einflussfaktoren

Die in Kapitel 1 beschriebenen Einflussfaktoren des Beschaffungsmanagement sind grundsätzlich auch für die Filmindustrie von Relevanz. Als zentrale Einflussfaktoren für das Beschaffungsmanagement in der Filmindustrie können die Kosten und die Vertragsbedingungen der zu beschaffenden Input-Güter identifiziert werden.

- Kosten

Wichtige beschaffungsspezifische Kostenfaktoren der Filmindustrie sind die Personalkosten, die Kosten für die Film-Story sowie die Kapital- und die Transaktionskosten. Die Kosten für das kreative Personal und die Verwertungsrechte der Filmgeschichte machen oft einen Hauptanteil an den Produktionskosten aus. Deshalb bedarf es im Rahmen des Beschaffungsprozesses einer umfassenden Analyse der potenziellen Ertragsstärke dieser Input-Faktoren. Insbesondere Marktforschungstätigkeiten, Befragungen von Fokusgruppen und Erfahrungswerte vorangegangener Produktionen werden zur Bewertung des Erlöspotenzials herangezogen.

Ein Indiz für die Relevanz der Finanzkosten geben Untersuchungen in den USA, die zeigen, dass eine verzögerte Korrelation zwischen dem Zinsniveau und der Anzahl der Filmstarts existiert. Mit einer Verzögerung von circa sechs Quartalen, die auf die Produktionsdauer zurückzuführen ist, sinkt die Anzahl der Filmveröffentlichungen bei gestiegenem Zinssatz beziehungsweise steigt bei gefallenem Zinssatz.[1]

Bei vertikal integrierten Unternehmensstrukturen können die Transaktionskosten zwischen den einzelnen Stufen der Wertkette reduziert werden. Insbesondere Anbahnungs- und Vereinbarungskosten hinsichtlich der Vertragsgestaltung mit Schauspielern, Autoren und Regisseuren und Kontrollkosten des Produktions- und Vermarktungsprozesses können durch die interne Umsetzung oder durch den Aufbau eines Kooperationspartnernetzwerks reduziert werden.[2]

- Vertragsbedingungen

Bei der Beschaffung von Verwertungsrechten durch Filmverleiher und Rechtehändler variieren die Vertragsbedingungen bezüglich des Auswertungsumfangs. Zum einen kann der Rechteumfang hinsichtlich des regionalen Verwertungsbereichs definiert werden. Sowohl Länder (zum Beispiel Österreich), sprachliche Regionen (zum Beispiel Deutschland, Schweiz und Österreich) als auch Kontinente (zum Beispiel Europa) können dabei zur rechtlichen Verwertungsabgrenzung dienen. Zum anderen können die Verwertungsrechte eines Films nach Absatzkanälen eingeteilt werden. Zu den bedeutsamsten zählen hierbei die Kinoverwertungs- und die Nebenverwertungsrechte, zu denen wiederum die TV-, die DVD- und Blu-ray- sowie die Merchandising-Rechte gerechnet werden können.

---

[1] Vgl. Vogel (2007), S. 77 f.
[2] Vgl. Gaitanides (2001), S. 129.

Aufgaben des Filmmanagement

Kombinierte Rechte, die sich aus der geografischen und der absatzkanalspezifischen Dimension ergeben, sind ebenfalls denkbar. Ganzheitliche, übergreifende Verwertungsrechte werden Weltrechte oder auch Gesamtverwertungsrechte genannt. Abbildung 4-2 skizziert unterschiedliche Abgrenzungsmöglichkeiten des Rechtespektrums.

Abbildung 4-2:   *Verwertungsrechtespektrum*

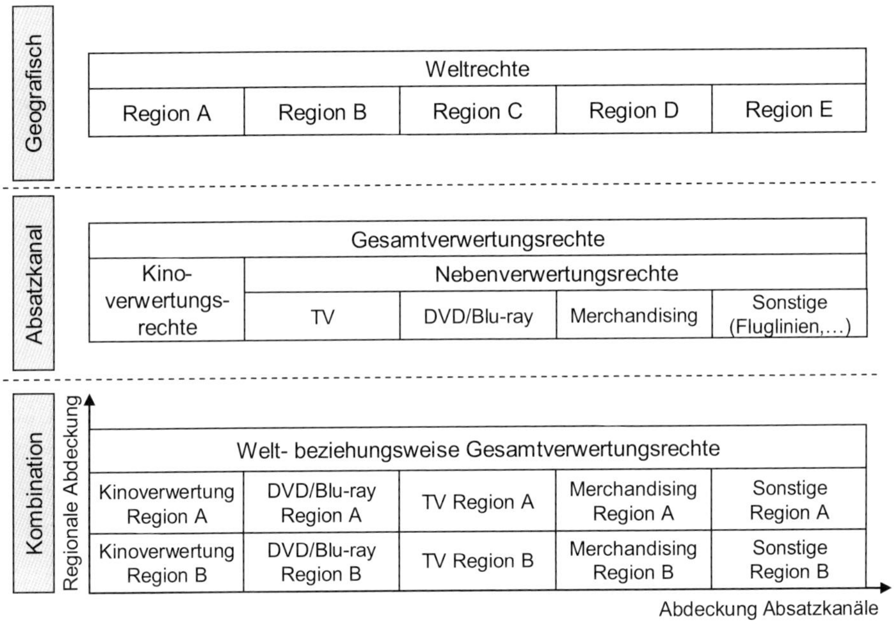

Geografisch	Weltrechte				
	Region A	Region B	Region C	Region D	Region E

Absatzkanal	Gesamtverwertungsrechte				
	Kinoverwertungsrechte	Nebenverwertungsrechte			
		TV	DVD/Blu-ray	Merchandising	Sonstige (Fluglinien,...)

Kombination (Regionale Abdeckung)	Welt- beziehungsweise Gesamtverwertungsrechte				
	Kinoverwertung Region A	DVD/Blu-ray Region A	TV Region A	Merchandising Region A	Sonstige Region A
	Kinoverwertung Region B	DVD/Blu-ray Region B	TV Region B	Merchandising Region B	Sonstige Region B

Abdeckung Absatzkanäle

4.2.2 Beschaffungsstrategien

Die Qualität eines Films sowie sein künstlerischer und finanzieller Erfolg hängen im besonderen Maß vom Talent und Know How der am Produktionsprozess beteiligten Personen und der Film-Story beziehungsweise dem Drehbuch ab. Der wirtschaftliche Erfolg der Filmverleihunternehmen, Rechtehändler und filmverwertenden Unternehmen hängt maßgeblich von dem Input-Faktor Verwertungsrechte ab. In diesem Abschnitt werden alternative Beschaffungsstrategien bei der Beschaffung von kreativem Talent und Verwertungsrechten in der Filmindustrie aufgezeigt.

- Strategien zur Beschaffung von „kreativem Talent"

Das kreative Personal einer Filmproduktion, zu dem insbesondere Schauspieler, Autoren und Regisseure zählen, stellt einen knappen Input-Faktor dar. Das Know How und die Expertise der gesamten Film-Crew ist ein wichtiger Erfolgsfaktor im Rahmen der Erstellung eines Films. Hinweise auf die Bedeutung des Input-Faktors kreatives Talent ergeben sich aus einer Betrachtung von Versuchen, erfolgreiche Filmkonzepte nachzuahmen. Bei dem Einsatz verschiedener Film-Crews zur Umsetzung ein und derselben Geschichte zeigen sich zum Teil erhebliche Unterschiede in der Interpretation der Geschichte und der Qualität des Films.

Als Beispiel kann hierfür der Film „Psycho" angeführt werden. Während das Original aus dem Jahr 1960 von Alfred Hitchcock mit einem geringen Budget ein finanziell erfolgreicher Film wurde, der als Meilenstein in die Filmgeschichte einging, spielte das Remake aus dem Jahr 1998 von Gus van Sant nur knapp die Produktionskosten (ohne Marketingkosten) ein und erhielt durchgängig schlechte Kritiken.[1] Diese Erfolgsunterschiede können zu einem gewissen Teil auf die beschaffungsstrategischen Maßnahmen zurückgeführt werden. Jedoch haben auch sozio-kulturelle Rahmenbedingungen und veränderte Wettbewerbsbedingungen Einfluss auf den Erfolg eines Spielfilms.

Die Beschaffung und Verpflichtung von Film-Stars für Filmproduktionen kann mit dem Phänomen des „Rattenrennens" nach Akerlof (1976) beschrieben werden.[2] Unternehmen der Filmindustrie konkurrieren um ein knappes und begrenztes Gut, die talentierten künstlerischen Humanressourcen, und steigern die Kosten, Gagen und Gewinnbeteiligungen kontinuierlich, um den größten Zuschauer- und Umsatzanteil für sich zu gewinnen.

Hierbei kann ein ineffizientes Verhalten der Unternehmen hervorgerufen werden. Die Gagen und Erfolgsbeteiligungen des kreativen Personals orientieren sich in diesem „relativen Leistungsturnier" an der jeweiligen Position eines Schauspielers im Vergleich zu seinen Konkurrenten. Diejenigen, die in einem vergleichenden Ranking vor den anderen gereiht sind, beanspruchen einen großen Vergütungsanteil für sich. Da sich die Anzahl publikumswirksamer Schauspieler nicht beliebig erhöhen lässt, bündelt sich ein großer Anteil der Nachfrage auf wenige Personen.

Während Hollywood Stars wie beispielsweise Julia Roberts oder Tom Cruise mit Gagen in Höhe von circa 20 Millionen US-Dollar pro Film hohe Anteile des Gesamtaufkommen der Schauspielergehälter für sich vereinnahmen, werden beispielsweise Schauspieler von mittlerem Bekanntheitsgrad in deutschen Produktionen mit einem vergleichsweise geringen Tagessatz pro Drehtag von durchschnittlich 1.500 bis 3.500 Euro bezahlt.

---

[1] Vgl. The Internet Movie Database (2010).
[2] Vgl. Akerlof (1976).

Nur selten kontaktieren Produzenten eines Spielfilms in der Konzeptionsphase des Produktionsvorhabens potenzielle Mitglieder der Besetzung direkt. Meist nehmen Schauspiel- und Casting-Agenturen (Talent Agency) die Rolle eines Mittlers zwischen dem jeweiligen Schauspieler und dem Produzent ein und führen den Selektionsprozess in Zusammenarbeit mit dem Produzenten durch.

Um in diesem Wettlauf um gutes, finanziell tragbares und kreatives Personal die richtige Besetzung zu sichern, stehen dem Produzenten unterschiedliche Möglichkeiten und Beschaffungsstrategien zur Auswahl. Zum einen können für die Filmbesetzung teure Stars mit hoher Publikumswirkung und höheren Erlöserwartungen gewählt werden. Zum anderen gewährleistet die Wahl eines jungen Schauspielers beziehungsweise Regisseurs mit geringem Bekanntheitsgrad ein niedrigeres Produktionsbudget, schafft aber auch ein höheres Risiko hinsichtlich des Erfolgs auf dem Rezipientenmarkt. Neben der Dimension Massenwirksamkeit des kreativen Talents kann der Produzent zwischen der langfristigen Bindung über mehrere Produktionen hinweg oder einer einmaligen Besetzung (Best Fit-Strategie) wählen. Abbildung 4-3 skizziert die wesentlichsten Merkmale der einzelnen Strategien zur Beschaffung von kreativem Personal bei einer Filmproduktion.

Abbildung 4-3: Beschaffungsstrategien von „Kreatives Talent"

Beschaffungsstrategien von „Kreatives Talent"

	Einzelverträge	Langfristige Bindung
Newcomer	• Geringe Gage • Filmspezifische Besetzung • Sehr geringe bis keine Popularität • Hohes Misserfolgsrisiko	• Auch langfristig relativ geringe Gagen möglich • Hohes Risiko hinsichtlich der künftigen Entwicklung des Schauspielers
Etabliert	• Filmspezifische Besetzung • Geringes Misserfolgsrisiko • Mittlere Gage • Nur mittlere beziehungsweise nischenspezifische Popularität	• Mittelbindung in gemäßigtem Ausmaß aufgrund mittlerer Gagen • Hohes Risiko hinsichtlich der künftigen Entwicklung des Schauspielers
Star	• Best Fit-Strategie • Minimiertes Misserfolgsrisiko • Höchstmögliche Popularität • Sehr hohe Gage	• Reduziertes Risiko hinsichtlich der künftigen Entwicklung des Schauspielers • Popularität zumindest mittelfristig auf sehr hohem Niveau • Langfristig sehr hohe Gagen

Kapitel 4: Filmmanagement

■ Verwertungsrechte

Die in diesem Abschnitt beschriebenen Strategien zur Beschaffung von Verwertungsrechten umfassen sowohl die Rechte an bereits produzierten Spielfilmen, die weiter vermarktet werden sollen (zum Beispiel für den Verkauf von DVD/Blu-ray-Produkten), als auch die Rechte an Drehbüchern, die als Filmvorlage dienen. Grundsätzlich können hierbei die drei unterschiedlichen Beschaffungsstrategien Einzeltitelerwerb, Erwerb eines Rechtebündels sowie der Abschluss von Output Deals unterschieden werden.

Der Erwerb von Einzeltiteln dient der selektiven Bedarfsdeckung und dem schrittweisen Ausbau eines bestehenden Rechtestocks sowie zum Erwerb der Rechte an einem Drehbuch oder dessen literarischer Vorlage. Durch die gezielte Auswahl einzelner Titel werden die Finanzmittel des Käufers nicht in einem übermäßig großen Ausmaß gebunden. Im Gegensatz dazu werden Rechtebündel in der Filmindustrie nicht nur von Fernsehanstalten, sondern auch von Verleihunternehmen (bevorzugt innerhalb eines vertikal integrierten Unternehmensverbundes) erworben, um beispielsweise bei der Veröffentlichung von bestimmten Event-Filmen oder Sequels eine durchgängige Verwertung zu gewährleisten.

Im Rahmen eines Output Deals verpflichtet sich der Abnehmer, alle produzierten Filme eines Produzenten innerhalb einer in der Zukunft liegenden Periode zu erwerben. Durch das Bundling von mehreren Filmen wird die hohe Zahlungsbereitschaft für potenzielle Blockbuster auf Filme mit geringerer Erlöserwartung übertragen. Hierdurch kann im Vergleich zum Einzeltitelverkauf eine höhere Abschöpfung der Zahlungsbereitschaft erzielt werden. Der Output Deal dient vor allem in wettbewerbsintensiven Marktsegmenten oder bei Produktionen mit hohem Ertragspotenzial zur vorzeitigen Sicherung des Rechtestocks und künftiger Einnahmen. Output Deals können sowohl zwischen Produktionsfirmen und verwertenden Unternehmen als auch zwischen Drehbuchautoren und dem Produktionsunternehmen abgeschlossen werden.

Der Abwicklung des Verwertungsrechteerwerbs beziehungsweise -verkaufs wird meist über Verkaufsagenten und auf Filmfestivals sowie Filmmärkten durchgeführt. Filmfestivals und Filmmärkte dienen als Präsentations- und Vermarktungsplattform für Filmproduzenten sowie als Informationsforum für den Rechtehandel und die verwertenden Unternehmen der Filmindustrie.

Neben den segmentübergreifenden, internationalen Filmfestivals, wie beispielsweise in Cannes, Venedig oder dem International Film and Audiovisual Market von Mailand, finden eine Reihe von Festivals für spezielle Genres oder Nischenproduktionen, wie beispielsweise das Sundance Film Festival für Independent Produktionen, statt. Einzeltitel werden vermehrt mithilfe von Verkaufsagenten gehandelt, während auf Filmfestivals und Verkaufsmessen tendenziell größere Rechtebündel verkauft und Output Deals abgeschlossen werden. Abbildung 4-4 fasst die bedeutsamsten Strategien zur Beschaffung von Verwertungsrechten zusammen.

Aufgaben des Filmmanagement

Abbildung 4-4: Strategien zur Beschaffung von Verwertungsrechten

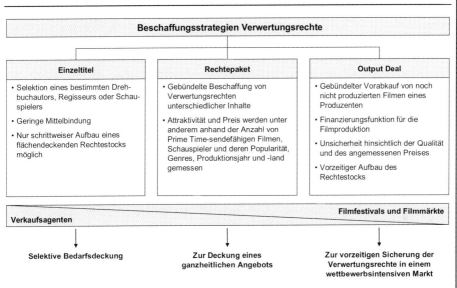

4.3 Produktionsmanagement

Da die Filmproduktion projektähnliche Charakteristika aufweist und die Produkte von singulärer, nicht reproduzierbarer Ausprägung sind, unterscheiden sich die Produktionsvorgänge sowohl in ihrer Art als auch im Umfang von Fall zu Fall. Die prinzipielle Abfolge der Herstellungsphasen Pre Production, Produktion im engeren Sinn und Post Production findet sich jedoch in jedem Content-Erstellungsprozess der Filmindustrie wieder. In diesem Abschnitt wird auf die Einflussfaktoren und Strategien des Produktionsmanagement für Kinofilme eingegangen.

4.3.1 Einflussfaktoren

Eine exakte Produktionsablaufplanung und eine darauf aufbauende effiziente Durchführung stellen einen erfolgskritischen Faktor für Filmproduktionen dar. Im folgenden Abschnitt werden der Produktionsprozess, die eingesetzten Ressourcen sowie die im Verlauf des Erstellungsprozesses entstehenden Produktionskosten erläutert.

Kapitel 4: Filmmanagement

■ Produktionsprozess

Den Ausgangspunkt des Produktionsprozesses bildet in der Regel die Idee für einen Film. Basiert diese auf einem urheberrechtlich geschützten Inhalt, so müssen in einem der Produktion vorgelagerten Schritt die entsprechenden Rechte erworben werden. Darauf aufbauend werden im Rahmen der Pre Production sämtliche Konzeptions- und Planungsarbeiten für das Filmprojekt durchgeführt sowie die Ressourcen beschafft. Zu diesem Zeitpunkt erfolgen darüber hinaus die Budgetierung, die Erstellung des Drehplans, die Drehortauswahl sowie sämtliche Design-Tätigkeiten.

Erst nach Abschluss dieser Vorbereitungstätigkeiten beginnt die eigentliche Produktion, in der die Dreharbeiten durchgeführt werden. Nachdem das Filmmaterial erstellt ist, erfolgt eine Qualitätskontrolle und gegebenenfalls eine kurze Phase von Nachdreharbeiten. Nach Abschluss der Dreharbeiten beginnt die Phase der Post Production. Nachdem das zuvor erstellte Filmmaterial geschnitten ist, wird dieses um den Vor- und Abspann, Sound- und Spezialeffekte sowie um die Tonspur ergänzt. Abbildung 4-5 skizziert die drei Teilstufen mit seinen wichtigsten Aufgaben.

Abbildung 4-5: Produktion von Kinofilmen

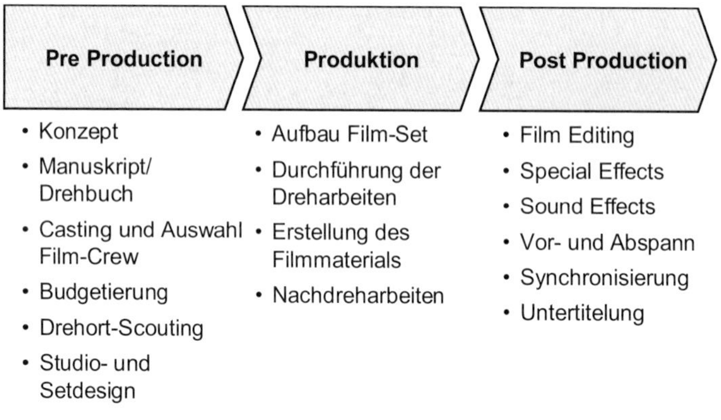

Pre Production	Produktion	Post Production
• Konzept • Manuskript/ Drehbuch • Casting und Auswahl Film-Crew • Budgetierung • Drehort-Scouting • Studio- und Setdesign	• Aufbau Film-Set • Durchführung der Dreharbeiten • Erstellung des Filmmaterials • Nachdreharbeiten	• Film Editing • Special Effects • Sound Effects • Vor- und Abspann • Synchronisierung • Untertitelung

■ Materielle Ressourcen

Die materiellen Ressourcen können in filmunabhängige Ressourcen sowie filmspezifische Ressourcen gegliedert werden. Erstere stellen Input-Faktoren dar, die unabhängig von der inhaltlichen Gestaltung des Films benötigt werden (zum Beispiel technische Einrichtungen für Produktions- und Postproduktionstätigkeiten). Spezifische Input-Faktoren hingegen werden nur zur Produktion eines Filmes erzeugt oder beschafft (zum Beispiel Film-Set oder Requisiten). Besteht keine Studioinfrastruktur mit filmunabhängigen Ressourcen, so werden diese ebenso wie Requisiten von einem Netzwerk aus spezialisierten Drittfirmen oder Einzelpersonen beschafft.

Der digitalen Bearbeitung von Filmmaterial kommt heute eine besondere Bedeutung zu. Kaum eine massenwirksame Filmproduktion wird heute ohne den Einsatz von Computertechnologien erstellt. Neben Trickfilmen, die ausschließlich mittels Computerressourcen erstellt werden, werden auch Spielfilme, deren Filmmaterial im Rahmen von Dreharbeiten produziert wurde, digital nachbearbeitet.

Da die Qualität der erzeugten Bilder von der Leistung der Hardware und der Software abhängig ist, besteht die Notwendigkeit, State Of The Art-Technologien einzusetzen, da ansonsten Wettbewerbsnachteile gegenüber Konkurrenzproduktionen entstehen. Dies ist insbesondere bei der Verwendung digitaler 3D-Technologien von erheblicher Bedeutung. Beispielsweise wurde der Film „Alice im Wunderland" des Regisseurs Tim Burton sehr aufwendig nachträglich mit dreidimensionalen Effekten ausgestattet.

■ Produktionskosten

Unter den Produktionskosten werden neben den Kosten für die eigentliche Durchführung der Dreharbeiten auch die Kosten für den Erwerb der Verwertungsrechte an der literarischen Grundlage, die Produktionsplanungskosten der Pre Production-Phase und die Kosten, die in der Post Production-Phase anfallen, verstanden. Darüber hinaus werden Versicherungskosten und im Falle von vertikal integrierten Unternehmen auch der Studio-Overhead zu den Produktionskosten hinzugerechnet.[1] Tabelle 4-1 gibt einen Überblick über die Kostenbestandteile, die in den einzelnen Filmproduktionsphasen anfallen können.

---

1   Vgl. Vogel (2007), S. 74 f.

Tabelle 4-1: Bestandteile der Produktionskosten

Produktionsphase	Kostenblöcke
Pre Production	Verfilmungsrechte, zum Beispiel an einer literarischen Vorlage
	Drehbucherstellung
	Casting der Schauspieler
	Kalkulation und Finanzierung
Production	Gagen für Schauspieler und Team (Kamera, Beleuchter, Assistenz)
	Atelierkosten
	Ausstattung und Technik
	Reisekosten
	Filmmaterial
	Allgemeine Kosten
Post Production	Special-Effects
	Soundtrack
	Synchronisierung
	Kopierwerk
	Mischung

Während ein Film im Jahr 1980 durchschnittlich 9,4 Millionen US-Dollar in der Produktion kostete, stiegen die Herstellungskosten auf 70,8 Millionen US-Dollar im Jahr 2007. Dies entspricht einer jährlichen Steigerungsrate von 7,8%. Die Produktionskosten großer Independent Filmstudios (New Line, Miramax oder Fox Searchlight) beliefen sich im selben Jahr auf durchschnittlich 49,2 Millionen US-Dollar.[1] Abbildung 4-6 skizziert die Entwicklung der durchschnittlichen Produktionskosten von Filmprojekten der Major Hollywood Studios (Walt Disney Studios Motion Pictures, Sony Pictures Entertainment Inc., Paramount Pictures, Twentieth Century Fox Corp., NBC Universal und Warner Bros. Entertainment Inc.).

---

[1] Vgl. Motion Picture Association of America (2008), S. 6.

Abbildung 4-6: Durchschnittliche Filmproduktionskosten der US Major-Filmstudios[1]

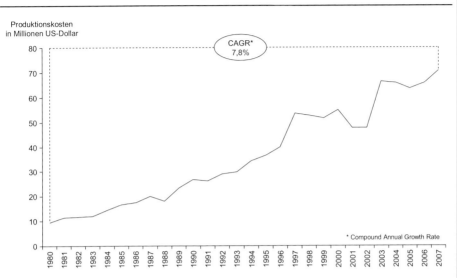

Die steigenden Produktionskosten wirken sich dabei aber nicht zwangsläufig negativ auf den erzielbaren Gewinn aus. In den vergangenen Jahren hat sich gezeigt, dass Filme mit sehr hohen Budgets auch überdurchschnittlich profitabel sind.[2] Bereits 1997 wurde am Beispiel von „Titanic" das hohe Erlöspotenzial von aufwändigen Event-Filmen verdeutlicht.

Den ungewöhnlich hohen Produktionskosten von 200 Millionen US-Dollar stand insgesamt ein Umsatz von 1,8 Milliarden US-Dollar gegenüber. So hat zum Beispiel der Film „Transformers" bei Produktionskosten von 150 Millionen US-Dollar bereits nach zwei Monaten mehr als 630 Millionen US-Dollar eingespielt. Das Investitionsrisiko ist dabei sehr niedrig. Selbst als Misserfolg bezeichnete Großproduktionen wie „Waterworld" haben sich langfristig als rentabel erwiesen.

Mittlerweile sind Produktionskosten von 150 bis 200 Millionen US-Dollar keine Seltenheit mehr.[3] Die Bereitstellung hoher Budgets für sogenannte Blockbuster wird als „Tent Pole Strategy" bezeichnet. Demzufolge benötigt ein Studio in jedem Jahr eine Reihe an auffälligen, herausragenden Produktionen, die als Zeltstangen alles andere tragen und so die Produktion von Filmen mit geringerem Budget und unsicherem

---

[1] Datenquelle: Vogel (2007), S. 115; Motion Picture Association of America (2008), S. 6.
[2] Vgl. Sander (2007), S. 30 ff.
[3] Vgl. Filmigo (2011).

Erfolg ermöglichen. Der Produktionskostenbereich zwischen 30 und 70 Millionen US-Dollar wird von Wall Street-Analysten dabei als „Todeszone" bezeichnet, da entsprechende Filme trotz relativ hoher Investitionen Gefahr laufen, nicht ausreichend Aufmerksamkeit und damit Gewinne generieren zu können.

4.3.2 Produktionsstrategien

Zentrale produktionsstrategische Entscheidungen sind für Unternehmen der Filmindustrie die Entscheidungen über das Ausmaß der Übernahme von Produktionsverantwortung und die horizontale Produktionsintegration.

■ Produktionsverantwortung

Die Produktionsverantwortung umfasst die Planungs-, Durchführungs-, Finanzierungs- und Ergebnisverantwortung für den gesamten Produktionsprozess eines Films. Im Falle einer Eigenproduktion wird keine Risikoverteilung angestrebt. Sowohl die Finanzierung als auch die Erlöse werden einem einzigen Produzenten zugerechnet. Schließen sich hingegen zwei oder mehrere Filmproduzenten für die Durchführung einer Filmproduktion zusammen, so wird von einer Koproduktion gesprochen.

Neben der Absprache aller inhaltlichen Aspekte (zum Beispiel Drehbuch, Besetzung oder Set Design) werden die Koproduzenten entsprechend dem Kooperationsvertrag an Kosten und Ertrag beteiligt. Die Auftragsproduktion, als dritte strategische Option, stellt einen Ausnahmefall dar. Vertikal integrierte Unternehmen der Filmindustrie werden nur in Einzelfällen (zum Beispiel aufgrund von Ressourcenmangel) die gesamte Produktion auslagern.

Abbildung 4-7: Produktionsstrategien

Produktionsstrategien		
Eigenproduktion	**Koproduktion**	**Auftragsproduktion**
• Alleinige Produktionsverantwortung • Filmproduktion wird auf eigene Rechnung durchgeführt • Keine Risikoverteilung	• Beteiligung von einem oder mehreren Produktionsunternehmen • Inhaltliches Mitspracherecht aller Koproduzenten • Risiko- und Erlösverteilung	• Aufgrund von Ressourcenmangel oder inhaltlicher Neuausrichtung • Ausnahmefall • Fremdproduktion • Verkauf der Verwertungsrechte, beispielsweise Vergabe des Produktionsauftrags an externes Produktionsunternehmen

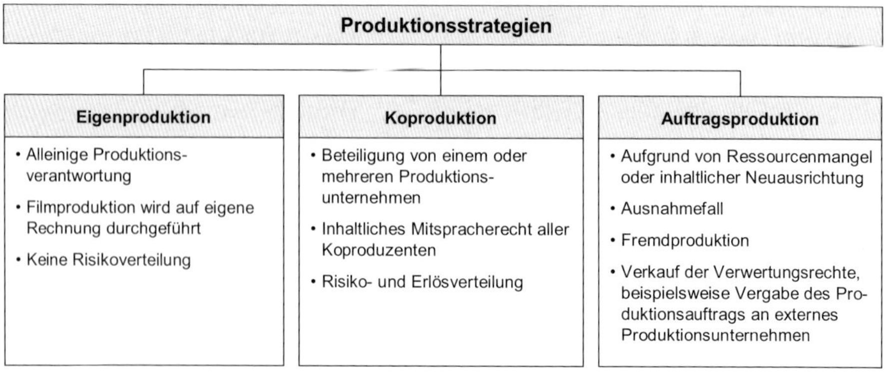

- Horizontale Produktionsintegration

Die Produktion von Filmen erfolgt durch die Zusammenarbeit einer Vielzahl von Unternehmen beziehungsweise Einzelpersonen, die sich auf einzelne Prozessschritte spezialisiert haben. Das Schauspieler-Casting, die Bereitstellung technischer Geräte, das Set Design und die Erstellung einzelner Trickfilmanimationen beziehungsweise State Of The Art Computeranimationen stellen typische ausgelagerte Aktivitäten einer Filmproduktion dar. Die Gründe hierfür liegen in dem Einzelprojektcharakter von Filmproduktionen. Aufgabenbereiche, die zum einen kostenintensiv sind und zum anderen nur punktuell bei einzelnen Filmen benötigt werden, werden regelmäßig an Drittfirmen outgesourct. Hierdurch soll die notwendige Ressourceneffizienz sichergestellt und die Fixkosten reduziert werden.

4.4 Marketing

Das Marketing stellt eine besondere Herausforderung für die Filmindustrie dar. Im Rahmen der nachfolgenden Betrachtungen werden spezifische Aspekte der Produkt-, Preis-, Distributions- und Kommunikationspolitik aus der Sicht eines vertikal integrierten Unternehmens aufgezeigt.

4.4.1 Produktpolitik

Im Rahmen der folgenden Ausführungen zur Produktpolitik in der Filmwirtschaft werden der Leistungskern, die Blockbuster-Strategie sowie Innovations- und Variationsaspekte erläutert.

- Leistungskern

Der Kinofilm stellt den zentralen Leistungskern der Filmindustrie dar. Filmprodukte unterscheiden sich hinsichtlich ihrer Inhalte und gestalterischen Umsetzungen (zum Beispiel Kameraführung und Schnitt). Inhalt und Form wiederum bestimmen das Anspruchsniveau, den künstlerischen Gehalt, den Unterhaltungswert und letztendlich die Massentauglichkeit von Filmen.

In Bezug auf diese Kriterien lassen sich insbesondere Mainstream- von Nischenprodukten unterscheiden. Während große Filmstudios kostenintensive Filme mit Starbesetzungen produzieren, konzentrieren sich kleinere Unternehmen oft auf künstlerisch wertvollere und günstigere Produktionen. In diesem Zusammenhang stellt die Blockbuster-Strategie eine Produktstrategie von besonderer Bedeutung dar. Sie hat die Erstellung und Vermarktung eines massenwirksamen Films zum Ziel. Der Prozess von der initialen Idee bis hin zur Produktionsentscheidung unterscheidet sich zwischen einer Blockbuster- und einer herkömmlichen Filmproduktion deutlich.

Herkömmliche und Low Budget-Filme werden zumeist von unabhängigen Produzenten initiiert, die eine Idee oder ein vorliegendes Drehbuch individuell nach eigenem Interesse und dem Umsetzungs- und Verwertungspotenzial bewerten. Demgegenüber führen große Filmstudios, die überwiegend kostenintensive Blockbuster-Produktionen herstellen, im Rahmen ihrer strategischen Projektplanung kontinuierlich Marktuntersuchungen hinsichtlich aktuellen beziehungsweise geplanten Konkurrenzproduktionen durch.

In Zusammenarbeit mit Marktforschungsinstituten werden parallel hierzu die Anforderungen und Wünsche der Kunden (zum Beispiel bevorzugtes Genre, Lieblingsschauspieler oder Konsumverhalten) mithilfe von Fokusgruppenanalysen evaluiert. Diese Basisinformationen stellen die Grundlage für die Auswahl von potenziellen Ideen und Drehbüchern dar.

Werden mehrere Filme parallel geplant beziehungsweise produziert, so gilt es das gesamte Portfolio hinsichtlich der Inhalte, verfügbarer Ressourcen sowie der Release-Strategie abzustimmen. Sogenannte Blockbuster-Strategien, die seit den 1980er Jahren von den großen Hollywood Studios verfolgt werden, sind durch folgende Merkmale gekennzeichnet.[1]

- Die Studios reduzieren die Anzahl ihrer jährlichen Produktion, um diese intensiver vermarkten zu können. So stellte beispielsweise Paramount Pictures im Jahr 2011 17 statt der früher üblichen 24 Filme pro Jahr her.[2]

- Es werden vermehrt sogenannte Event-Filme, die auf Stars oder bekannten Handlungen basieren, produziert. Event-Filme zeichnen sich durch einen hohen Marketingaufwand und durch die Schaffung einer Erlebniswelt aus. Für das Filmstudio bedeutet dies eine Aufteilung der Marketingaufwendungen sowie weitere Lizenzeinnahmen für Verwertungsrechte. So investierte beispielsweise der Computerspieleproduzent Atari 80 Millionen US-Dollar in Promotion-Aktivitäten und Lizenzgebühren, um die exklusiven Rechte an einem Spiel zu erwerben, das auf der Handlung des Films Matrix basiert.

- Ein möglichst hoher Anteil der Kinoerlöse soll innerhalb einer sehr kurzen Periode (zum Beispiel die Periode des sogenannten Opening Weekend, das den Freitag bis Sonntag nach der Kinopremiere umfasst) generiert werden. In einigen Fällen werden an diesem Premierenwochenende bis zu 50% der gesamten Umsätze an den Kinokassen erzielt.[3] Dies wird mithilfe von intensiven und gezielten Marketingkampagnen ermöglicht. Daneben werden Filme anfangs an eine große Anzahl von Kinos distribuiert, um andere Konkurrenzfilme zu verdrängen.

---

[1] Vgl. Deutsches Filminstitut (2010).
[2] Vgl. Moviepilot (2012).
[3] Vgl. Pascal (2002), S. 1.

Aufgaben des Filmmanagement

- Innovation und Variation

Ein Kinofilm hat eine durchschnittliche Laufzeit von circa acht Wochen in den Kinos, bevor andere Produktionen ihn verdrängen.[1] Aufgrund dieser permanenten Kinoprogrammänderungen, können Kinofilme als Neuprodukte beziehungsweise Produktinnovationen mit unterschiedlichem Innovationsgrad bezeichnet werden. Der Innovationsgrad bestimmt sich zum einen aus der inhaltlichen Neuheit.

So können Umsetzungen von bereits bewährten Stoffen (zum Beispiel Rocky VI) oder neuartigen Konzepten (zum Beispiel Memento) unterschieden werden. Zum anderen sind Technologien verantwortlich für die Innovativität eines Films. Technische Neuerungen im Produktionsprozess und die Digitalisierung des Filmmaterials treiben Innovationen in der Filmindustrie voran und ermöglichen die Produktion von Filmsequenzen, die bisher als nicht realisierbar galten. Dies ist insbesondere bei neuen digitalen 3D-Produktionen der Fall.

Produktvariationen können durch Film-Versioning erreicht werden. Unter Versioning wird die Erstellung vom Original abweichender Filmversionen verstanden, die für den Rezipienten unterschiedlichen Nutzen haben.[2] Das Versioning von Filmen wird insbesondere im Home Entertainment-Bereich umgesetzt. So können neben einem Premiumprodukt (Director's Cut-Versionen), eine Standardversion des Kinofilms oder auch preiswerte Varianten (DVD-Produkte, die weder zusätzliche Tonspuren noch ergänzende Inhalte beinhalten) angeboten werden.

4.4.2 Preispolitik

Die Preispolitik, die in der Filmindustrie verfolgt wird, kann als stark konkurrenz- und nachfrageorientiert eingestuft werden. In diesem Abschnitt werden zunächst die konkurrenz- und im Anschluss daran die nachfrageorientierten Aspekte der Preisgestaltung erläutert.

- Konkurrenzorientiert

Betrachtet man eine einzelne Verwertungsstufe (zum Beispiel Kino, Verleih/Verkauf) isoliert von der übergreifenden crossmedialen Verwertungskette, so ist die Preispolitik nicht von einer Kosten- sondern von einer Konkurrenzorientierung geprägt. Das Eintrittsgeld für eine Filmvorführung im Kino ist weitgehend unabhängig von den Produktionskosten des Spielfilms. Einzig für 3D-Produktionen und Spielfilme mit Überlänge, darunter werden jene mit einer Dauer von über 120 Minuten verstanden, können Kinobetreiber einen Aufschlag auf den regulären Preis verlangen.

---

1 Vgl. Hennig-Thurau/Wruck (2000), S. 243 f.
2 Vgl. Shapiro/Varian (1998), S. 110.

Kapitel 4: Filmmanagement

Diese Preiserhöhungen werden vor allem auf die hohen Investitionen in die Projektionstechnik, beziehungsweise die erhöhten Betriebskosten begründet. Auch DVD- und Blu-ray-Produkte werden unabhängig von den anfallenden Kosten zur Herstellung zu überwiegend vergleichbaren Preisen wie ihre Konkurrenzprodukte angeboten.

- Nachfrageorientiert

Die nachfrageorientierte Preispolitik der Kinobetreiber äußert sich im Angebot von ermäßigten Eintrittspreisen an relativ umsatzschwachen Wochentagen (insbesondere Montag und Dienstag). Hingegen können begehrte Termine wie beispielsweise Freitag oder Samstagabende aufgrund der erhöhten Nachfrage verteuert werden. Im DVD- und Blu-ray-Verleih beziehungsweise -Verkauf wird zwischen Standardpreisen für Standardfilme und erhöhten Preisen für Neuerscheinungen sowie Blockbuster unterschieden.

Ein weiteres an der Nachfrage orientiertes preispolitisches Instrument stellt die zeitliche Preisdifferenzierung im Rahmen der Windowing-Strategie dar. Windowing bedeutet, dass ein Film zeitversetzt über verschiedene Absatzkanäle (Kino, DVD, TV) vertrieben wird. Abbildung 4-8 stellt die Verwertungsfenster dar, die bei der Verwendung staatlicher Fördergelder laut § 20 Filmförderungsgesetz eingehalten werden müssen. Durch Präsidiumsbeschlüsse der Filmförderungsanstalt können diese Fristen allerdings verkürzt werden. Die aktuellen Richtlinien traten erst Anfang 2009 im Rahmen einer allgemeinen Verkürzung der Sperrfristen in Kraft.[1]

Abbildung 4-8:   *Filmverwertungsfenster gemäß Filmförderungsgesetz 2008*[2]

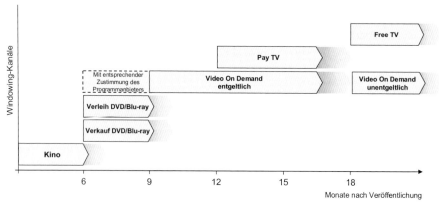

---

[1] Vgl. Presse- und Informationsamt der Bundesregierung (2010).
[2] Datenquelle: Bundesministerium der Justiz (2011).

Aufgaben des Filmmanagement

Die Windowing-Strategie kann auf die Anwendung des Modells der Preisdiskriminierung zweiten Grades zurückgeführt werden.[1] Die Zuschauer werden entsprechend ihrer unterschiedlichen Nachfrageelastizitäten segmentiert, um dann die jeweiligen Zahlungsbereitschaften bestmöglich abschöpfen zu können. Konsumenten, die einen Film kurz nach dessen Kinopremiere sehen wollen, sind bereit einen höheren Betrag zu bezahlen, als solche, die warten bis dieser Film im Verleih erhältlich ist oder im Free TV gezeigt wird.

Mit ansteigender Verwertungsdauer und dem Durchlaufen der einzelnen Distributionskanäle sinkt die Zahlungsbereitschaft der Rezipienten. In der letzten Verwertungsstufe, dem werbefinanzierten Free TV, wird beispielsweise nur noch der über den Konsum finanzierte Werbebetrag verrechnet. Abbildung 4-9 skizziert das Sinken der Zahlungsbereitschaft mit zunehmender Abdeckung der absatzwegorientierten Verwertungskette.

Durch die Speicherung der Kinofilme in digitalen Formaten kann ein zusätzliches Umsatzpotenzial erschlossen werden (digitales Potenzial). Beispielsweise könnten vor dem regulären Kinostart die Filme in Sneak Previews oder als Streaming-Video gegen einen Aufpreis gezeigt werden. Im Home Entertainment-Bereich schaffen Download-Portale eine tendenziell höhere Zahlungsbereitschaft, da die Fahrt- und Suchkosten der Rezipienten reduziert werden.[2]

Abbildung 4-9: Preis des Filmkonsums entlang der Verwertungskette[3]

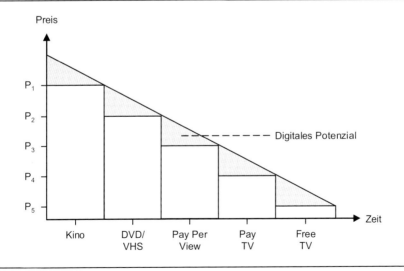

---

[1] Vgl. Litman (2000), S. 99 ff.
[2] Vgl. CapGemini/Ernst & Young (2002), S. 13.
[3] In Anlehnung an CapGemini/Ernst & Young (2002), S. 13.

4.4.3 Distributionspolitik

Bei der Gestaltung der Distributionspolitik von Filmen ist primär die indirekte Distribution von Bedeutung, auf die im Folgenden kurz eingegangen wird. Die Distribution von Filmen bis zum Rezipienten erfolgt aufgrund der starken Spezialisierung innerhalb der Branche indirekt. Entlang der Wertkette werden die Verwertungsrechte des entsprechenden Films über Rechtehändler an die Distributoren der Absatzkanäle verkauft. Tabelle 4-2 zeigt die bedeutsamsten Distributoren der jeweiligen Absatzkanäle in der Filmindustrie.

Tabelle 4-2: Distributoren der Filmindustrie

Absatzkanal	Distributoren
Kino	Filmverleihunternehmen (auch Distributoren genannt) erwerben die Verwertungsrechte und bieten den Film gemeinsam mit Kinobetreibern dem Rezipienten an. Hierbei können Filmverleiher und Kinobetreiber Bündelverträge abschließen, sodass mehrere Filme eines Distributors in den gleichen Kinoeinrichtungen gezeigt werden.
Home Entertainment	Home Entertainment-Divisionen integrierter Unternehmen (zum Beispiel Warner Home Entertainment) oder spezialisierte Unternehmen erwerben die entsprechenden Rechte und bieten dem Endkonsumenten die Produkte mit Unterstützung des Einzelhandels an.
TV	Free TV- und Pay TV-Anstalten bieten im Rahmen ihrer Programmgestaltung die Filme dem Rezipienten an.
Merchandising	Je nach funktionaler Ausgestaltung des Merchandising-Produkts wird dieses von bestimmten Segmenten des Einzelhandels angeboten (zum Beispiel Spielwarenhandel, Musikfachhandlung, Lebensmittelkette).

Auf den Werbemärkten kann in den meisten Fällen von einer direkten Distribution des Werberaums ausgegangen werden. Sowohl Filmproduzenten als auch Kinobetreiber vermarkten ihre Werberaumkontingente in Form von Werbespots beziehungsweise Product Placement direkt, ohne einen Absatzmittler einzuschalten. Bei großen Filmprojekten mit hohem finanziellem Aufwand können sogenannte Product Placement-Agenturen oder Werbemittler involviert sein.

4.4.4 Kommunikationspolitik

Der Kommunikationspolitik kommt im Rahmen einer Filmveröffentlichung eine immer größer werdende Bedeutung zu. Aufgrund der stetig steigenden Anzahl von Filmen sind die Filmverleihunternehmen, die die Kommunikationspolitik festlegen und durchführen, gezwungen, immer aufwändigere Werbekampagnen zu gestalten.

Aufgaben des Filmmanagement

In diesem Abschnitt werden die bedeutsamsten Kommunikationsmaßnahmen der Filmindustrie erläutert. Abbildung 4-10 zeigt die stetig steigenden Marketingaufwendungen der US Major Hollywood Studios, wie beispielsweise Warner Bros. oder Disney Studios. Die Marketingkosten der letzten Jahren sind vor allem durch die Kosten für TV-Spots stark angestiegen und liegen inzwischen bei durchschnittlich 35,9 Millionen US-Dollar pro Film, das entspricht einem guten Drittel der Gesamtkosten.

Abbildung 4-10: Durchschnittliche Marketingkosten von Studioproduktionen[1]

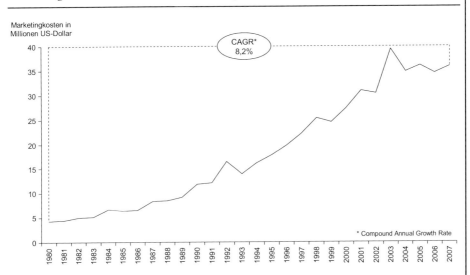

■ Kommunikationspolitische Instrumente

Nachdem Filmverleihunternehmen die Verwertungsrechte erworben haben, führen sie Filmpräsentationen vor Fokusgruppen durch und bestimmen hierauf aufbauend die Veröffentlichungsstrategie. Dabei ist neben der Kommunikationskampagne auch das „Filmpositioning", die Platzierung eines Films im Vergleich zu Konkurrenzproduktionen, von erheblicher Bedeutung.[2] Zum einem wird im Rahmen der Positionierung der Zeitpunkt der Veröffentlichung definiert. Aus Erfahrungswerten lassen sich Zeiträume identifizieren, die ein besonders hohes Umsatzpotenzial versprechen. Hierzu zählen insbesondere die Weihnachtszeit sowie die Sommermonate Juli und August.[3]

---

1 Datenquelle: Motion Picture Association of America (2008), S. 6.
2 Vgl. Swami/Eliashberg/Weinberg (1999), S. 352 ff.
3 Vgl. Filmförderungsanstalt (2009), S. 3.

Kapitel 4: Filmmanagement

Zum anderen wird unter der Positionierung auch die Auswahlentscheidung darüber verstanden, in welchen Kinos beziehungsweise Kinoketten der Film vorgeführt werden soll. Für die Planung der Kommunikationskampagne bildet zunächst die Bestimmung des Promotion-Budgets die Basis. Für die Umsetzung der Kommunikationskampagne stehen den Filmverleihern verschiedene Instrumente zur Verfügung. Die folgende Auflistung enthält die relevantesten Kommunikationsmaßnahmen einer Kinofilmveröffentlichung.[1]

- Das Filmposter ist das Hauptwerbemittel. Es verleiht dem Film eine Art Markenzeichen und sorgt für einen hohen Wiedererkennungswert. Das Layout des Filmposters findet sich zumeist auch später auf dem Cover von DVDs und Blu-ray Discs wieder. Das Poster ist ein wichtiges Instrument, um dem Film ein bestimmtes Image zu verleihen und darüber hinaus über die wichtigsten Schauspieler und den Regisseur zu informieren. Neben dem global distribuierten Filmposter können spezifische kulturelle Ausprägungen in landesweiten Plakatproduktionen berücksichtigt werden.

- Trailer und Teaser, die eine maximale Dauer von 90 Sekunden haben, werden aus Bestandteilen des eigentlichen Filmmaterials produziert und im Kino unmittelbar vor der Vorführung anderer Hauptfilme präsentiert. Hierbei handelt es sich um ein kostengünstig produziertes Werbemittel, mit dem bei nur geringen Streuverlusten gezielt ein interessiertes Publikum angesprochen werden kann.

- Das Internet dient immer häufiger als Informationsplattform für Neuerscheinungen. Spezielle Trailer und Film-Teaser locken Interessenten auf die filmspezifische Homepage und steigern noch vor dem Start der klassischen Werbeaktivitäten das Interesse und Produktbewusstsein. Darüber hinaus werden Trailer und Teaser heute auf Videoplattformen wie zum Beispiel YouTube (oftmals in eigenen Channels) veröffentlicht. Hierdurch kann eine selbstständige Verbreitung in Form des sogenannten viralen Marketings von User zu User angestoßen werden.

- Preview-Vorführungen, das heißt Filmvorführungen vor der offiziellen Premierenveranstaltung, dienen zur Steigerung des Interesses in der Öffentlichkeit. Diese Vorführungen finden vor einem ausgewählten Publikum (zum Beispiel Leser und Redakteure eines branchenspezifischen Magazins) statt, von dem der Filmverleiher positive Mundpropaganda und gute Rezensionen erwartet.

- Fernseh-, Radio- und Printwerbung zählen insbesondere bei kostenintensiven Filmproduktionen zu den bedeutsamsten Kommunikationsmaßnahmen. Nur durch die Nutzung dieser Massenmedien kann innerhalb eines kurzen Zeitraums eine große Anzahl von potenziellen Zuschauern erreicht werden.

---

[1] Vgl. Film Distributors' Association (2010), S. 8 ff.

Aufgaben des Filmmanagement

- In den Bereich der Öffentlichkeitsarbeit für die Vermarktung eines Kinofilms fallen unter anderem Informationsveranstaltungen für Journalisten, redigierte Zeitungsbeiträge und Interviews mit Schauspielern, die in den Medien platziert werden.

- Insbesondere bei kostenintensiven Filmproduktionen mit der Beteiligung von publikumswirksamen Stars kann die Premierenfeier gezielt als bedeutsames Marketing-Event eingesetzt werden. Die veranstaltungsbezogene Medienberichterstattung umfasst hierbei neben dem Fernsehen auch den Print- und Radiobereich.

- Festivals nehmen neben der Funktion als Marktplatz für den Rechtehandel auch eine Kommunikationsfunktion ein. Im Rahmen von Wettbewerben werden Jury-Preise vergeben, die ähnlich wie die Mundpropaganda eine erhebliche Auswirkung auf den kommerziellen Erfolg eines Kinofilms haben können.

Abbildung 4-11 gibt eine Übersicht über die Verteilung der Marketingausgaben bei den US Major Studios. Der größte Ausgabenblock umfasst die Kosten für TV-Spots, sie stellen auch den größten Kostentreiber bei der Vermarktung dar. In den Ausgaben für andere Medien sind die Kosten für Plakate, Radiospots und Zeitschriften enthalten. Unter den PR-Ausgaben werden auch Marktforschungskosten und die Kosten für Werbeagenturen verstanden.

Abbildung 4-11: *Marketingausgaben für US-amerikanische Spielfilme in verschiedenen Medien[1]*

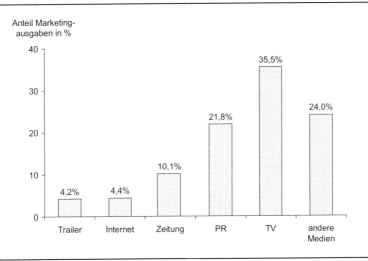

[1] Datenquelle: Motion Picture Association of America (2008), S. 6.

Kapitel 4: Filmmanagement

5 Fallbeispiel Fox Filmed Entertainment - Der Blockbuster „Avatar"

Die international sowohl in Produktion auch als Vertrieb bedeutendsten Unternehmen der Filmindustrie sind traditionell die großen US-amerikanischen Studios, die sogenannten US Major Studios. Zu den nach Umsatz und Marktanteil größten US Major Studios der letzten Jahre gehören 20th Century Fox, Warner Bros. Pictures, Paramount Pictures, Walt Disney Pictures und die Universal Studios. Im Folgenden soll mit 20th Century Fox einer dieser US Majors näher vorgestellt und seine strategische Ausrichtung skizziert werden.

Mit dem Film „Avatar" produzierte 20th Century Fox jüngst nicht nur den erfolgreichsten Film in der Studiogeschichte, sondern einen der erfolgreichsten Filme insgesamt. Anhand des Beispiels „Avatar" werden daher die Aufgaben des Filmmanagement und die Erfolgsfaktoren moderner Blockbuster-Produktionen dargestellt. Das US-amerikanische Unternehmen 20th Century Fox entstand im Jahr 1943 aus der Fusion der Fox Film Corporation und Twentieth Century Pictures in Los Angeles, Kalifornien.

Dort befindet sich noch heute der Firmensitz. Nach wirtschaftlichen Problemen Anfang der 1960er Jahre gelang 20th Century Fox in den 1960er und 1970er Jahren mit erfolgreichen (zum Beispiel The Sound Of Music, Planet Of The Apes) und höchst profitablen Produktionen (insbesondere Star Wars) der Wiederaufstieg. Im Jahr 1985 übernahm der australische Medienmagnat Rupert Murdoch das Unternehmen und gliederte es in die Sparte Filmed Entertainment seines Medienkonzerns News Corporation ein.

1994 wurde das Tochterunternehmen Fox Searchlight Pictures für Produktion beziehungsweise Koproduktion und Vertrieb von internationalen Filmen und Independent-Filmen gegründet.[1] Die Kernmarke 20th Century Fox beschäftigt sich jedoch ausschließlich mit der Erstellung von Eigen- und weiteren US-Produktionen. Dabei stellt die Produktion und Vermarktung massenwirksamer Filme (Blockbuster) die zentrale Säule der Geschäftsmodellausrichtung und wichtigste Einnahmequelle des Unternehmens dar. 20th Century Fox bedient sich einer Blockbuster-Strategie.

Aus Sicht der übergeordneten Fox Filmed Entertainment kann jedoch auch von einer „Tent Pole Strategy" gesprochen werden, da die Blockbuster mit hoher Erlöserwartung zur Finanzierung von Filmen der Fox Searchlight Pictures beitragen. Die kostenintensive Blockbuster-Produktion stellt hohe Anforderungen an die strategische Projektplanung eines Studios. Umfangreiche Marktuntersuchungen sowohl hinsichtlich der Präferenzen relevanter Zielgruppen als auch hinsichtlich geplanter Konkurrenzproduktionen sind hierbei von großer Wichtigkeit.

---

[1] Vgl. News Corporation (2010c).

Fallbeispiel Fox Filmed Entertainment – Der Blockbuster „Avatar"

Darüber hinaus kann der Einsatz aktueller technischer Möglichkeiten von großer Erfolgsbedeutung für einen Blockbuster sein. 20th Century Fox hat in den vergangenen Jahren eine hohe Kompetenz in der Produktion, dem Vertrieb und dem Marketing von Blockbustern wie zum Beispiel „Ice Age", „The Simpsons", „X-Men" oder „Nachts im Museum" bewiesen. Im Jahr 2010 war das Unternehmen daher die Nummer Eins der amerikanischen Filmstudios. Der Umsatz betrug 864 Millionen US-Dollar und der Marktanteil 22,2%.[1] Allein im ersten Quartal dieses Jahres konnte die News Corporation im Bereich Filmed Entertainment den mit 497 Millionen US-Dollar höchsten Umsatz der Unternehmensgeschichte aufweisen. Damit lagen die Einnahmen 76% über denen desselben Quartals im Jahr 2009.[2]

Als Hauptgrund für die aktuelle Umsatzentwicklung lassen sich die Einnahmen aus dem Film „Avatar - Aufbruch nach Pandora" identifizieren. Von seinem weltweiten Start am 17. und 18. Dezember 2009 bis zum 31. März 2010 hat der Blockbuster „Avatar" über 2,7 Milliarden US-Dollar an den Kinokassen eingespielt. Gemessen daran ist „Avatar" der erfolgreichste Film aller Zeiten. Dieses Einspielergebnis ist jedoch nicht allein durch hohe Besucherzahlen, sondern auch durch erhöhte Kinoentgelte für die 3D-Vorstellung des Films zu erklären. Der vom bekannten und Blockbuster-erfahrenen Regisseur James Cameron („Terminator", „Titanic") gedrehte Science Fiction-Film handelt von einem Konflikt zwischen Menschen und naturverbundenen Aliens auf deren Heimatwelt Pandora.

Obwohl die internationale Kritik der filmischen Handlung eine eher überschaubare Tiefe attestierte, sorgte der Film sowohl in der öffentlichen als auch der politischen Wahrnehmung für ungewöhnliche Reaktionen. In China wurde der Film zum Beispiel von staatlicher Seite aus einem Großteil der Kinos verbannt. Auch Spekulationen bezüglich Parallelen in der Handlung zum Vietnam- oder Irakkrieg sorgten für öffentliche Diskussion und zusätzliche Aufmerksamkeit. Die Online-Ausgabe der Zeit kommentierte die Story von Avatar folgendermaßen: „Das ist hochgradig verkitscht, aber es trifft das aktuelle Denken genau. So hat Cameron den Zeitgeist erkannt und wieder die Massen in seinen Film geholt."[3]

Im Rahmen eines umfangreichen Filmprojekts wie „Avatar" sind neben einer detaillierten strategischen Planung eine Vielzahl von Managementaufgaben zu bewältigen. Hierzu gehören die Beschaffung technischen Know Hows und kreativen Personals, sowie komplexe Aufgaben in der Filmproduktion und dem Filmmarketing. Insbesondere in diesen beiden Teilbereichen des Filmmanagement setzte „Avatar" neue Maßstäbe. Sie werden daher im Folgenden eingehender dargestellt. Darüber hinaus wird kurz auf die Möglichkeiten der Verwertung und weitere Erlösformen im Zusammenhang mit dem Film eingegangen, sowie seine Bedeutung für die gesamte Filmindustrie analysiert.

---

1 Vgl. Handelsblatt (2010a); News Corporation (2010a), S. 15 ff.
2 Vgl. News Corporation (2010b), S. 2.
3 Lindemann (2010).

Kapitel 4: Filmmanagement

Der Film „Avatar" zeichnet sich auf allen Stufen des Produktionsprozesses durch hohe Komplexität aus. Mit rund 237 Millionen US-Dollar (Branchenbeobachter gehen sogar von über 300 Millionen US-Dollar aus) reinen Produktionskosten zählt der Blockbuster außerdem zu den teuersten Filmen aller Zeiten.[1] Die Phase der Pre Produktion kann bis auf das Jahr 1995 zurückgeführt werden, in dem der Regisseur Cameron eine erste Version des Drehbuchs verfasste. Intensiviert wurden die Vorbereitungen im Jahr 2006 nach Fertigstellung des endgültigen Drehbuchs und der Verfügbarkeit der notwendigen technischen Mittel. Die eigentliche Produktions- und die Post-Produktionsphase können im Fall „Avatar" nicht klar getrennt werden.

Da es sich bei „Avatar" um einen Hybrid aus Real- und Computeranimationsfilm handelt, nehmen Special Effects hier keine nachgelagerte Funktion mehr ein, sondern stehen gleichberechtigt neben der klassischen Filmproduktion mit Schauspielern. Wichtigstes Alleinstellungsmerkmal des Blockbusters „Avatar" ist dabei die verwendete digitale 3D-Technologie. Die eigens für „Avatar" entwickelten stereoskopischen Kamerasysteme ermöglichen einen dreidimensionalen Dreh der Realszenen. Mittels des Motion Capture-Verfahrens konnten außerdem Charaktere fotorealistisch animiert werden. Durch ein virtuelles Kamerasystem konnten darüber hinaus auch die animierten Szenen mit realistischen Kamerabewegungen versehen werden. Die klassischen Post Production-Tätigkeiten, wie zum Beispiel Schnitt sowie die Erstellung von Vor- und Abspann, bleiben dabei erhalten.

Mit rund 150 Millionen US-Dollar ist Avatar der Film mit den höchsten Marketingausgaben, die jemals für einen Film aufgewendet wurden (an zweiter Stelle steht der Film „Spider Man" mit rund 100 Millionen US-Dollar). Insbesondere die kommunikationspolitischen Maßnahmen spielten hierbei eine große Rolle, da der Blockbuster so intensiv beworben wurde wie kein Film zuvor. Die Werbekampagne enthält neben TV-Spots, Trailern und Printwerbung auch eine starke Internetfokussierung. Neben einer aufwendigen Homepage mit vielen interaktiven Elementen verfügt „Avatar" über einen eigenen YouTube Channel mit einem breiten Angebot an Videomaterial. Dies illustriert Abbildung 5-1. Außerdem wurden Community-Plattformen wie zum Beispiel Facebook zur besonders zielgruppenorientierten Kommunikation genutzt.

Diese interaktiven Online-Kommunikationsformen unterstützen und vereinfachen die Weitergabe von Informationen von Kunde zu Kunde (Word Of Mouth) erheblich. Der Erfolg solcher Online-Kommunikationsmaßnahmen spiegelt sich auch im ungewöhnlichen Einspielergebnis des Films wieder. Mit rund 77 Millionen US-Dollar erreichte „Avatar" am Startwochenende ein für Blockbuster nur durchschnittliches Einspielergebnis. Jedoch blieb der sonst übliche Einbruch aus und die Zuschauerzahlen blieben über einen langen Zeitraum hinweg konstant hoch und „Avatar" erreichte erst in der neunten Woche nach Filmstart sein höchstes Einspielergebnis.[2]

---

[1] Vgl. Reuters (2010).
[2] Vgl. Sueddeutsche Zeitung (2010).

Abbildung 5-1: YouTube Channel des Films „Avatar"[1]

Werbung für die „Avatar"-Blue-ray/DVD

Trailer zu „Avatar"   Weitere Videos (Making Of, Interviews, Trailer)

Neben Produktion und Marketing liegt, wie für ein Major Studio üblich, auch der Vertrieb in der Hand von Fox Filmed Entertainment. Hierbei verfolgt das Unternehmen eine für Blockbuster übliche Windowing-Strategie. Die Absatzkanäle (Kino, DVD, Pay TV, TV) werden dabei zeitversetzt bedient. Im April 2010 erschien die DVD/Blu-ray von „Avatar" und erzielte ebenso große Erfolge wie der Kinofilm. Das Erlösmodell von Fox Filmed Entertainment ist größtenteils auf die Verwertung der Rechte an dem produzierten Film ausgerichtet. Im Fall von „Avatar" liegt eine crossmediale Verwertungsstrategie vor. Neben den Hauptverwertungsarten im Kino und als DVD/Blu-ray (in Zukunft TV) wurden unter anderem auch Rechte für Merchandising und ein Computerspiel vergeben.

Da das Computerspiel bereits zwei Wochen vor Filmstart publiziert wurde, konnten hiermit nicht nur Erlöse durch den Rechteverkauf an den Publisher Ubisoft, sondern auch Werbeeffekte für das Kernprodukt Film realisiert werden. Durch zahlreiche Produktvariationen wurden die bestehenden Verwertungsmöglichkeiten von „Avatar" zusätzlich erweitert. Diese Produktvariationen können vor allem durch Film-Versioning erreicht werden. Wie üblich erscheinen hierbei DVD und Blu-ray in verschiedenen Versionen. Doch auch der Kinofilm wurde im Fall von „Avatar" versioniert. Zusätzlich zu der dreidimensionalen Version wurde für Kinos ohne digitale 3D-Projektionstechnik eine Version in 2D angeboten.

---

[1] Vgl. YouTube (2010).

Kapitel 4: Filmmanagement

Abbildung 5-2: Strategische Ausrichtung der Fox Filmed Entertainment

Aspekte

Strategie
- Blockbuster als „Tent Pole Strategy"
- Vertikale Integration über zentrale Wertschöpfungsstufen
- Internationale Vermarktung

Geschäftsmodell
- Eigen- und Koproduktion
- Rechte- und Lizenzenhandel
- Filmdistribution
- Werberaumangebot
- Filmverwertung

Leistungsspektrum
- Produktion von Blockbustern (20th Century Fox)
- Produktion von Independent-Filmen und ausländischen Filmen (Fox Searchlight)
- Verleih und Rechtehandel
- Verwertung im Konzernverbund der News Corp. (zum Beispiel Fox Television)

Erfolgsfaktoren
- Kompetenz in der Produktion und Vermarktung von Blockbustern
- Zugriff auf kreative Ressourcen
- Fokussierung in den jeweiligen Geschäftsfeldern
- Abdeckung wichtiger Teile der Wertschöpfungskette
- Zielgruppengerechte Produktionen

Aufgrund des großen Erfolgs des Films gilt „Avatar" heute als Referenz für digitale, dreidimensionale Blockbuster. Ein Abgleich mit den relevanten Faktoren für einen erfolgreichen Film, wie es in Abbildung 5-2 dargestellt ist, zeigt, dass der Film „Avatar" die meisten zentralen Kriterien hierfür erfüllt. Auf Seite der produktinhärenten Merkmale ist zu konstatieren, dass die Geschichte und das Genre von „Avatar" den Massengeschmack treffen und die relevanten Zielgruppen den Film positiv bewerten. Darüber hinaus besitzt der Film eine Personalqualität, die vor allem auf den Regisseur Cameron zurückzuführen ist. Sowohl durch Werbung als auch unternehmensfremde Informationsquellen wie Auszeichnungen, Filmkritiken und vor allem Word Of Mouth konnte „Avatar" Kommunikationserfolge erzielen. Es ist davon auszugehen, dass sich künftige Blockbuster ähnlichen Genres in Bezug auf Beschaffung, Produktion und Marketing an „Avatar" orientieren werden. Zwei Sequels sind bereits geplant.

Wiederholungsfragen

1. Welche Akteure sind in der Filmindustrie anzutreffen?
2. Welche Entwicklungen können bei den internationalen und deutschen Filmproduktionen erkannt werden? Ist der deutsche Film ein Exportschlager?
3. Welche unterschiedlichen Filmverleiher existieren in Deutschland und wie kann der Prozess der Filmverwertung beschrieben werden?
4. Welche unterschiedlichen Elemente des Leistungsspektrums nutzt die Filmindustrie?
5. Erläutern Sie die Wertkette der Filmwirtschaft! Was können Sie zur Zweiteilung der Verwertung von Filmen sagen?
6. Welche unterschiedlichen finanziellen Rückflüsse gibt es bei der Filmindustrie? Existieren unterschiedlich starke Rückflüsse?
7. Nennen Sie die klassischen Erfolgsfaktoren der Spielfilmproduktion und -vermarktung! Wird der Einfluss von unternehmensfremden Informationsquellen wichtiger? Begründen Sie!
8. Welche unterschiedlichen Beschaffungsstrategien gibt es bei den Verwertungsrechten?
9. Zeigen Sie die Reihenfolge der Verwertungsstufen von Filmproduktionen an einem Zeitstrahl auf!
10. Welche Medien nutzt die Filmindustrie, um ihre Produkte zu promoten?

Kapitel 5:
TV-Management

1 Einführung 389
2 Marktstruktur und Marktverhalten 389
   2.1 Struktur der TV-Märkte 390
   2.2 Interaktionen der Marktteilnehmer 407
   2.3 Technologisches und regulatives Umfeld 410
   2.4 Nutzungsverhalten von TV-Rezipienten 416
   2.5 Entwicklungsperspektiven im TV-Bereich 419
3 Leistungssystem 426
   3.1 Leistungsspektrum 426
        3.1.1 Free TV 427
        3.1.2 Pay TV 429
        3.1.3 Tele-Shopping und Call In TV 432
   3.2 Wertschöpfungsstrukturen 435
   3.3 Core Assets und Kernkompetenzen 436
   3.4 Geschäftsmodelle 437
        3.4.1 Geschäftsmodell öffentlich-rechtlicher TV-Anbieter 441
        3.4.2 Geschäftsmodell privater TV-Anbieter 443
4 Aufgaben des TV-Management 450
   4.1 Strategisches Management 450
   4.2 Beschaffungsmanagement 453
        4.2.1 Einflussfaktoren 454
        4.2.2 Beschaffungsstrategien 460
   4.3 Produktionsmanagement 461
        4.3.1 Einflussfaktoren 461
        4.3.2 Produktionsstrategien 465
   4.4 Marketing 470
        4.4.1 Produkt- und Programmpolitik 470
        4.4.2 Preispolitik 478
        4.4.3 Distributionspolitik 481
        4.4.4 Kommunikationspolitik 483
5 Fallbeispiel ARD Mediathek 486

1 Einführung

Das Fernsehen hat sich in den vergangenen Jahrzehnten zu einem der wichtigsten und einflussreichsten Medien entwickelt. Seit dem Beginn der Deregulierung im Fernsehbereich ist der deutsche Fernsehmarkt nicht nur aus publizistischer, sondern auch aus ökonomischer Sicht zunehmend interessanter geworden. Aufgrund seiner Größe und der wirtschaftlichen Bedeutung gilt Deutschland als wichtigster europäischer Fernsehmarkt. Vor dem Hintergrund der zunehmenden Globalisierung und der konvergierenden Branchen spielt das Fernsehen auch eine zentrale Rolle im Wettbewerb der multinationalen Medienkonzerne.

Das folgende Kapitel stellt die spezifischen Wettbewerbsfaktoren und Herausforderungen dar, mit denen sich das Management von TV-Unternehmen konfrontiert sieht. Dazu werden zunächst die Marktstrukturen und das Verhalten auf den deutschen TV-Märkten dargestellt. Daran anschließend wird das Leistungssystem von TV-Unternehmen erläutert. Der letzte Abschnitt dieses Kapitels befasst sich mit den Besonderheiten des Management von TV-Unternehmen, wobei neben strategischen Aspekten auch operative Besonderheiten aus Beschaffung, Produktion und Marketing dargestellt werden.

2 Marktstruktur und Marktverhalten

Betrachtet man das Volumen der Werbemärkte, ist der deutsche Fernsehmarkt hinter den USA der zweitgrößte Fernsehmarkt der Welt. Die Struktur des deutschen TV-Markts ist vor allem durch die parallele Existenz von öffentlich-rechtlichen und privaten TV-Sendern geprägt. Im folgenden Abschnitt wird zunächst die Struktur der TV-Märkte dargestellt. Ferner werden die technischen und rechtlichen Rahmenbedingungen deutscher TV-Unternehmen beschrieben. Im ersten Kapitel wurden bereits allgemeine Trends im Mediennutzungsverhalten dargestellt. Diese sollen hier für den TV-Bereich konkretisiert werden. Schließlich wird ein Ausblick auf mögliche zukünftige Entwicklungen in der TV-Branche gegeben.

Kapitel 5: TV-Management

2.1 Struktur der TV-Märkte

Die TV-Märkte zeichnen sich durch eine sehr komplexe Struktur aus. Nach einer Begriffsdefinition und Betrachtung der Marktentwicklung wird diese Struktur anhand der ökonomischen und der publizistischen Konzentration dargestellt. Dabei muss zwischen Zuschauermärkten und Werbemärkten differenziert werden. In einem weiteren Schritt werden die Markteintrittsbarrieren auf den TV-Märkten erläutert.

■ Marktabgrenzung

Unter Fernsehen wird der audiovisuelle Teil des Rundfunks verstanden. Es stellt ein Massenmedium zur Übermittlung und Wiedergabe von aufgenommen Bild- und Tonsignalen dar. Für die Übermittlung über längere Strecken stehen grundsätzlich die Übertragungswege Funk und Kabel zur Verfügung. Der Rezipient benötigt für den Empfang und die Wiedergabe der Bild- und Tonsignale ein Empfangs- beziehungsweise Fernsehgerät. Im deutschen TV-Markt können öffentlich-rechtliche und private Free TV-Sender sowie das Bezahlfernsehen unterschieden werden. Die öffentlich-rechtlichen Fernsehanstalten, die einen staatlich festgelegten Programmauftrag haben, finanzieren sich zu einem Großteil aus Fernsehgebühren.

Die privaten Free TV-Sender unterliegen mit ihrem Programm ebenso wie die Pay TV-Sender keinem staatlichen Programmauftrag. Das private Free TV finanziert sich primär durch Werbung, wohingegen Pay TV-Sender vom Zuschauer direkt bezahlt werden. Es wird deutlich, dass TV-Unternehmen auf verschiedenen Märkten aktiv sind. Neben dem Rezipientenmarkt, auf dem TV-Unternehmen Informations- und Unterhaltungssendungen offerieren, und dem Werbemarkt, auf dem den werbetreibenden Nachfragern Werberaum angeboten wird, ist ebenso der TV-Programmbeschaffungsmarkt (Inhaltemarkt) von Relevanz, auf dem TV-Unternehmen ihren Bedarf an Sendematerial decken.[1]

■ Marktentwicklung

Fernsehwerbung ist eine wichtige Erlösquelle für das private und das öffentlich-rechtliche Fernsehen. Ebenso ist für den Werbemarkt das Fernsehen ein bedeutendes Werbemedium. Im Hinblick auf die Nettowerbeeinnahmen in den klassischen Medien ist Fernsehen (2010: 3,9 Milliarden Euro) vor Tageszeitungen (2010: 3,6 Milliarden Euro) das wichtigste Medium.[2] Die Bruttowerbeaufwendungen sind seit der Einführung des Privatfernsehens beständig gestiegen. Ein Vergleich von 1995 bis 2010 ergibt eine durchschnittliche jährliche Steigerungsrate von 5,5%. In Abbildung 2-1 ist die Entwicklung der Bruttowerbeerlöse zwischen 1995 und 2010 dargestellt. Es wird deutlich, dass die Werbeausgaben konjunkturellen Schwankungen unterliegen. In den Jahren 1995 bis 2000 sind die Bruttowerbeaufwendungen deutlich gestiegen, hingegen in den

---

1 Vgl. Wirtz (1994), S. 18 ff.
2 Vgl. Zentralverband der deutschen Werbewirtschaft (2011), S. 17.

Jahren 2001 und 2002 gegenüber dem Vorjahr gesunken. In den darauffolgenden Jahren hat sich der Markt mit einem moderaten Wachstum wieder erholt. Nach der weltweiten Finanzkrise im Jahr 2008 und dem folgenden Konjunktureinbruch ist vor allem für das Jahr 2010 wieder ein starkes Wachstum der TV-Bruttoaufwendungen zu konstatieren. Neben den konjunkturell bedingten Entwicklungen zeigen sich auch saisonale Schwankungen auf dem TV-Werbemarkt. So kann im Monatsvergleich eine Umsatzflaute im Sommer und eine Umsatzsteigerung im Herbst festgestellt werden.[1]

Abbildung 2-1: TV-Bruttowerbeaufwendungen 1995-2010[2]

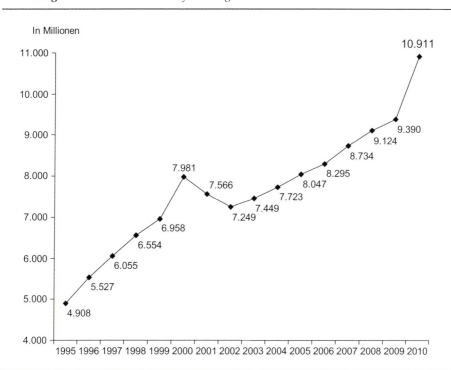

■ Konzentration

Kennzeichnend für den deutschen TV-Markt ist die duale Rundfunkordnung, das heißt ein Nebeneinander von öffentlich-rechtlichen und privaten Fernsehsendern. Neben den zwei großen öffentlich-rechtlichen Anbietern ARD und ZDF sowie den übrigen öffentlich-rechtlichen Sendern (dritte Programme und Spartensender wie zum Bei-

---

[1] Vgl. Heffler (2004), S. 242 ff.
[2] Datenquelle: Möbus/Heffler (2009), S. 283; Möbus/Heffler (2011), S. 321.

Kapitel 5: TV-Management

spiel Arte oder der Kinderkanal) werden zurzeit fast 120 private TV-Sender betrieben. Die absolute publizistische Konzentration auf dem deutschen TV-Markt ist damit gering. Abbildung 2-2 gibt einen Überblick über die Anteile der einzelnen TV-Sender am Zuschauermarkt. Hierbei zeigt sich, dass die deutschen Zuschauermärkte weitgehend von fünf großen Sendern beherrscht werden. Neben ARD (inklusive der dritten Programme) und ZDF dominieren die Privatsender RTL, Sat.1 und ProSieben mit einem kumulierten Marktanteil von 68,9% im Jahr 2010.

Die relative publizistische Konzentration ist damit hoch und es kann von einem oligopolistischen Markt gesprochen werden. Die dritten Programme der ARD haben in Summe einen Zuschauermarktanteil von 13,0%, wobei jedem einzelnen Programm eher eine regionale Bedeutung zukommt. Von den Sendern, die nicht mit der ersten Gründungswelle des Privatfernsehens ihren Betrieb aufnahmen, haben sich inzwischen ProSieben, Kabel 1, RTL II, Vox und Super RTL fest am Markt etabliert.

Abbildung 2-2: Anteile am deutschen TV-Zuschauermarkt 2009[1]

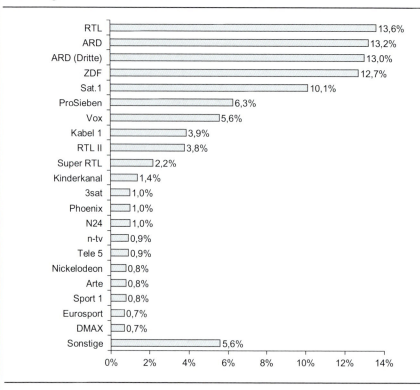

[1] Datenquelle: KEK (2011a), S. 1.

Marktstruktur und Marktverhalten

Abbildung 2-3 gibt einen Überblick über die Entwicklung der TV-Zuschaueranteile von 1990 bis 2010. Diese Entwicklung auf den Zuschauermärkten hat mit der Liberalisierung der Fernsehmärkte eingesetzt. Im Kabelpilotprojekt Ludwigshafen nahm am 1. Januar 1984 die Programmgesellschaft für Kabel- und Satellitenrundfunk (PKS), später umbenannt in Sat.1, als erster deutscher TV-Veranstalter den Sendebetrieb auf.

Einen Tag später, am 2. Januar 1984, stieg von Luxemburg aus RTL plus (1993 umbenannt in RTL) in das private deutsche TV-Geschäft ein. Bis Ende der 1980er Jahre konnte hier von einer Dominanz der öffentlich-rechtlichen Sender gesprochen werden, während die wenigen privaten Sender eine untergeordnete Rolle spielten. Dies änderte sich zu Beginn der 1990er Jahre als die öffentlich-rechtlichen Sender Marktanteile an die privaten Anbieter verloren.

Abbildung 2-3: Entwicklung der TV-Zuschaueranteile 1992 bis 2010[1]

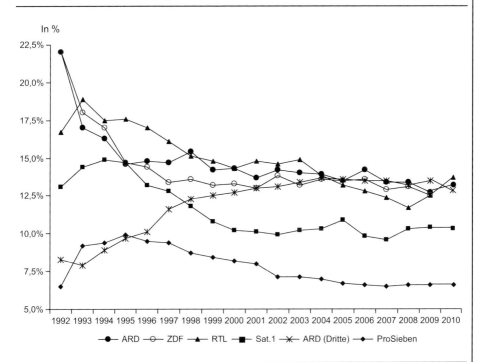

[1] Datenquelle: KEK (2011a), S. 1.

Kapitel 5: TV-Management

Wie in Abbildung 2-3 sichtbar wird, konnte der Rückgang der Zuschauerzahlen der öffentlich-rechtlichen Sender nach dem Durchbruch des Privatfernsehens erst Mitte der 1990er Jahre gestoppt werden. Die Marktanteile der größten Sender bewegen sich seitdem in einer relativ engen Bandbreite. Hervorzuheben ist dabei die dem Trend gegenläufige Entwicklung der dritten Programme, die in den letzten Jahren stetige Zuwächse bei den Einschaltquoten verzeichnen konnten.

Abbildung 2-4: Images der öffentlich-rechtlichen und privaten Fernsehprogramme[1]

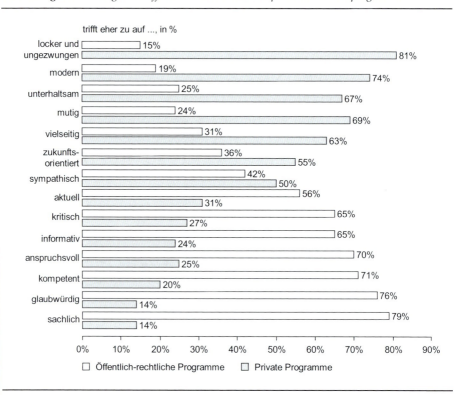

Hinsichtlich der Erklärung spezifischer TV-Zuschaueranteile ist ein Blick auf das Image öffentlich-rechtlicher und privater Fernsehprogramme von Interesse. Auf Basis des Images lässt sich erkennen, welche Zuschauerpräferenzen durch bestimmte Fernsehprogramme erfüllt werden. Hierbei kann festgestellt werden, dass Fernsehzuschauer öffentlich-rechtliche Fernsehprogramme im Allgemeinen sachlicher, glaubwürdiger, kompetenter und anspruchsvoller sehen. Darüber werden Berichterstattungen öffent-

---

[1] Datenquelle: Ridder/Engel (2005), S. 433.

lich-rechtlicher Programme als informativer, kritischer und aktueller empfunden. Auf der anderen Seite betrachten viele Fernsehzuschauer private Fernsehprogramme als sympathischer, vielseitiger, mutiger, unterhaltsamer, moderner und ungezwungener. Aus dem Image der öffentlich-rechtlichen und privaten Fernsehprogramme lässt sich ableiten, dass Fernsehzuschauer für bestimmte Zwecke unterschiedliche Programme auswählen. So wird ein Großteil der Zuschauer beispielsweise für Informationszwecke öffentlich-rechtliche Programme heranziehen, während im Bereich Unterhaltung private Programme bevorzugt werden. Abbildung 2-4 gibt einen Überblick über die Images öffentlich-rechtlicher und privater Fernsehprogramme.

Abbildung 2-5: Spartenprofile von ARD/ZDF versus RTL/Sat.1/ProSieben[1]

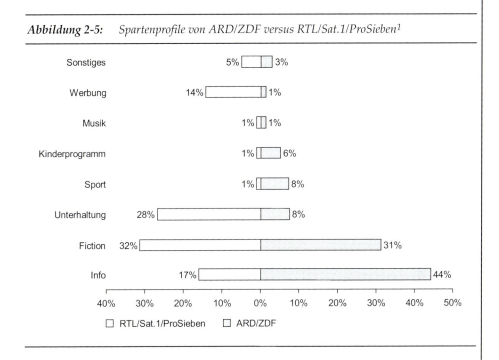

Interessant ist in diesem Zusammenhang auch ein Vergleich der Spartenprofile der öffentlich-rechtlichen und privaten Sender. Hierbei kann die unterschiedliche Programmstruktur der jeweiligen Fernsehanbieter verdeutlicht werden. In den öffentlich-rechtlichen Programmen dominieren Informationsangebote (44%), gefolgt von Fiktion (31%). Das restliche Programmangebot verteilt sich relativ gleichförmig mit Anteilen von 1 bis 8% über die Sparten nonfiktionale Unterhaltung, Sport, Kinderprogramm, Sonstiges, Werbung und Musik. Bei den privaten Sendern ist der Informationsanteil mit 17% weniger als halb so groß. Mehr als die Hälfte der Sendezeit verteilt sich auf

---

[1] Datenquelle: Krüger (2011), S. 206.

Kapitel 5: TV-Management

fiktionale Sendungen (32%) sowie nonfiktionale Unterhaltung (28%). Die Werbung macht circa 14% der Gesamtsendezeit aus.[1] Abbildung 2-5 gibt einen Überblick über die Spartenprofile von ARD/ZDF auf der einen Seite und RTL/Sat.1/ProSieben auf der anderen Seite im Jahr 2010. Auf den Werbemärkten stellt sich die Entwicklung im Vergleich zu den Zuschauermärkten anders dar. Besonders die regulativen Bestimmungen der öffentlich-rechtlichen Sender sind ursächlich dafür, dass die Marktstruktur auf den Werbemärkten von der Struktur der Zuschauermärkte abweicht.

So dürfen ARD und ZDF aufgrund der Mediengesetzgebung nicht in dem Umfang Werbung ausstrahlen, wie dies den Privatsendern erlaubt ist.[2] Darüber hinaus wird in den dritten Programmen sowie in den Spartenprogrammen Ki.KA, 3sat, Phoenix und arte keine Werbung gezeigt. Da die Werbeleistungen der öffentlich-rechtlichen Sender begrenzt sind, erzielen die drei großen Privatsender knapp 60% der Bruttowerbeerlöse. Dies veranschaulicht Abbildung 2-6.

Abbildung 2-6: Anteile am deutschen TV-Werbemarkt (Brutto-Werbeerlöse)[3]

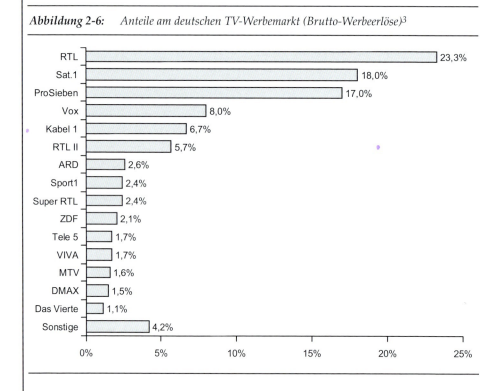

---

[1] Vgl. Krüger (2011), S. 206.
[2] Vgl. Wirtz (1994), S. 54.
[3] Datenquelle: SevenOne Media (2011), S. 7.

Entscheidend für die Attraktivität der einzelnen Sender für die werbungtreibenden Unternehmen ist nicht allein ihr Anteil am gesamten Zuschaueraufkommen, sondern die Zusammensetzung ihres Publikums. So hat beispielsweise Sat.1 auf dem Zuschauermarkt einen deutlich größeren Marktanteil als ProSieben. Auf dem Werbemarkt jedoch ist der Unterschied zwischen den beiden Sendern nicht so gravierend.

Ein wesentlicher Grund dafür ist, dass in der für den Werbemarkt besonders interessanten Altersgruppe der 14- bis 49-Jährigen der Zuschaueranteil von ProSieben (11,6%) den Marktanteil von Sat.1 (10,7%) übertrifft. Auf diese Weise kann auch die Marktführerschaft von RTL auf dem Werbemarkt erklärt werden, da RTL bei den 14- bis 49-Jährigen Zuschauern einen Anteil von 18,1% aufweist.[1]

Abbildung 2-6 zeigt die Werbemarktanteile der deutschen TV-Sender im Jahr 2009. Die Darstellung erfolgt auf der Basis von Bruttowerbeumsätzen, die aufgrund von darauf gewährten Rabatten, Freispots und Agenturvergütungen um bis zu 50% von den Nettowerbeerlösen abweichen. Um die ökonomische Konzentration auf den TV-Märkten zu untersuchen, müssen zunächst die Eigentümerstrukturen analysiert werden. Bis zum Jahr 2002 bestand im deutschen TV-Markt eine oligopole Marktstruktur mit den drei Anbieterblöcken: öffentlich-rechtliche Fernsehsender, RTL Group und Kirch-Media.

Auch nach dem Zusammenbruch der Kirch-Gruppe ist diese Dreiteilung erhalten geblieben, jedoch ist aus der Kirch-Gruppe die ProSiebenSat.1 Media AG als dritter TV-Senderblock hervorgegangen. Den ersten Block bilden die öffentlich-rechtlichen Anbieter, da zwischen ihnen im Wesentlichen kein ökonomischer, sondern ein publizistischer Wettbewerb herrscht.[2] Die Zusammensetzung dieses Senderblocks wird in Abbildung 2-7 dargestellt.

---

[1] Vgl. Zentralverband der deutschen Werbewirtschaft (2011), S. 324.
[2] Vgl. Müller (1979), S. 55.

Kapitel 5: TV-Management

Abbildung 2-7: Struktur der öffentlich-rechtlichen Fernsehsender

Den zweiten Block bildet die von der Bertelsmann AG dominierte RTL Group. Sie besteht aus den Sendern RTL Television, VOX, RTL II, Super RTL, n-tv, Passion, RTL Crime und RTL Living. Eigentümer sind die Bertelsmann AG und einige außenstehende Anteilseigner, die über die RTL Group und CLT-UFA an diesen Sendern beteiligt sind. An RTL II besteht nur eine Minderheitsbeteiligung, bei der der Bauer-Verlag und die Tele München-Gruppe jeweils 31,5% der Anteile halten.

Super RTL wird in Zusammenarbeit mit dem Disney-Konzern betrieben. Eine Übersicht über die wesentlichen Beteiligungen der RTL Group zeigt Abbildung 2-8. Dabei sind zum Teil Zwischenbeteiligungen ausgeblendet worden, um die Übersichtlichkeit der Darstellung zu erhöhen. Der Zusammenbruch der Kirch-Gruppe als drittem Senderblock begann mit der Insolvenz von Kirch Media im April 2002. Für weitere Tochtergesellschaften, unter anderem KirchPayTV, wurde sukzessive die Insolvenz angemeldet.

Das Kernstück der ehemaligen Kirch-Gruppe, die ProSiebenSat.1 Media AG, wurde inzwischen von der von Permira und KKR kontrollierten Beteiligungsgesellschaft Lavena Holding 1 übernommen. Eine Übernahme durch die Axel Springer AG wurde zuvor vom Bundeskartellamt und der Kommission zur Ermittlung der Konzentration im Medienbereich nicht genehmigt.

Abbildung 2-8: Beteiligungsstruktur der RTL Group 2011[1]

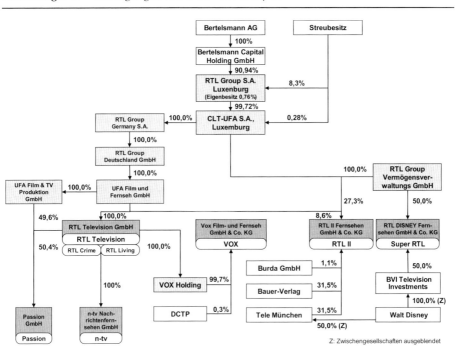

Die ProSiebenSat.1 Media AG hält über die German Free TV Holding GmbH jeweils 100%-ige Beteiligungen an den Sendern ProSieben, Sat.1 und Kabel 1. Außerdem bestehen direkte 100%-ige Beteiligungen an acht weiteren Spartensendern. Die Sender DSF DeutschesSportFernsehen GmbH (heute Sport1) und Premiere (heute Sky Deutschland) sowie weitere Medienbeteiligungen, die ebenfalls Teil der Kirch-Gruppe waren, gehören nicht zur ProSiebenSat.1 Media AG und wurden von anderen Investoren übernommen. Einen Überblick über die Eigentümerstruktur der ProSiebenSat.1 Media AG gibt Abbildung 2-9.

---

[1] Datenquelle: KEK (2011c).

Kapitel 5: TV-Management

Abbildung 2-9: Beteiligungsstruktur der ProSiebenSat.1 Media AG 2011[1]

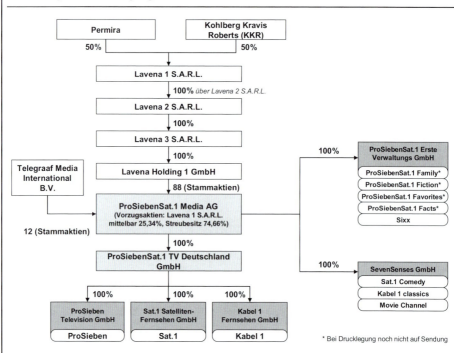

In Bezug auf das analog verbreitete, private Fernsehen kann zwischen den beiden Kategorien Vollprogramme und Spartenprogramme unterschieden werden. Während die Zahl der Vollprogramme zwischen 1998 und 2011 von sechs auf zwölf angestiegen ist, nahm die Zahl der analog verbreiteten Spartenprogramme im gleichen Zeitraum von 11 auf 41 zu.

Dies zeigt einerseits die dynamische Entwicklung bei den analogen Spartenprogrammen, jedoch wird andererseits die mögliche Menge der Programme durch die technischen Kapazitätsengpässe begrenzt. Tabelle 2-1 gibt einen Überblick über die privaten Anbieter von analogem Fernsehen im Jahr 2012. Dieses kann zwischenzeitlich in Deutschland nur noch über Kabel empfangen werden.

---

[1] Basierend auf KEK (2011b) sowie eigenen Analysen und Abschätzungen.

Tabelle 2-1: Analog verbreitetes Fernsehen (deutschsprachig)[1]

Vollprogramme	Spartenprogramme (Auszug)	
- ProSieben	- Astro TV	- N24
- Kabel 1	- Bloomberg TV	- Nick
- RTL	- Comedy Central	- n-tv
- RTL II	- Das Vierte	- Super RTL
- Sat.1	- Sport1	- Tele 5
- VOX	- Eurosport	- terranova
- bw family.tv	- MTV	- VIVA
- Das Vierte		
- dctp.tv		
- DMAX		
- L-TV Sat		
- TIMM		

Betrachtet man die Entwicklung der privaten Fernsehangebote insgesamt, so ist in den letzten Jahren ein sprunghaftes Anwachsen der Anzahl privater Fernsehangebote festzustellen. Unter private „Fernsehangebote" werden neben privaten Voll- und Spartenprogrammen auch die ausschließlich digital empfangbaren Spartenkanäle, Pay Per View-Angebote, Drittfensterprogramme und fernsehähnliche Telemedien gezählt.

Zwischen Juli 2002 und Juli 2011 hat sich die Zahl privater Programme von 62 auf 202 mehr als verdreifacht. Diese Entwicklung geht vor allem auf die Zunahme von Spartenkanälen zurück, die ausschließlich auf digitalem Weg gesendet werden. So gab es im Juli 2009 bereits 91 ausschließlich digital verbreitete Spartenprogramme. Dies ist vor allem das Ergebnis des Starts digitaler Paketangebote von Kabelnetzbetreibern, wie zum Beispiel Kabel Deutschland GmbH, die verschiedene deutschsprachige Pay TV-Programme wie beispielsweise Kinowelt TV Premium und AXN enthalten.

Im Berichtszeitraum zwischen dem 1. Juli 2010 und dem 30. Juni 2011 wurden insgesamt 23 Anträge auf Sendelizenzen bei der Kommission zur Ermittlung der Konzentration im Medienbereich (KEK) gestellt.[2] Abbildung 2-10 gibt einen Überblick über die Entwicklung der privaten Fernsehangebote, die bundesweit ausgestrahlt werden. Zusätzlich wird die Anzahl ausschließlich digital empfangbarer Spartenkanäle, Pay Per View-Angebote, Drittfensterprogramme und fernsehähnlicher Telemedien dargestellt.

---

[1] Datenquelle: KEK (2011e), S. 41.
[2] Vgl. KEK (2011e), S. 61.

Kapitel 5: TV-Management

Abbildung 2-10: *Entwicklung der privaten Fernsehangebote 2002-2010[1]*

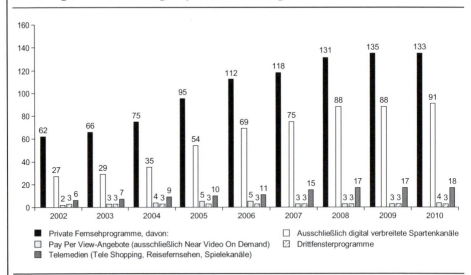

Betrachtet man die Konzentration auf den Zuschauermärkten, dann zeigt sich, dass die dominierende Marktposition von den öffentlich-rechtlichen Sendern eingenommen wird, ihr Zuschauermarktanteil beträgt 43,6%. Gut ein Viertel des Rezipientenmarkts entfällt auf die RTL Group. Insgesamt halten die öffentlich-rechtlichen Sender, die RTL Group und ProSiebenSat.1 einen Marktanteil von 89,7% am gesamten Zuschauermarkt. Abbildung 2-11 illustriert diese Anteile am Zuschauer- und Werbemarkt.

Geht man zu einer Betrachtung des TV-Werbemarkts über, dann wird deutlich, dass ProSiebenSat.1 mit einem Marktanteil von 42,5% der dominierende Anbieter ist. Insgesamt entfallen auf ProSiebenSat.1 und die RTL Group 83,4% der Werbeerlöse. Die öffentlich-rechtlichen Sender erreichen mit Bruttowerbeumsätzen von rund 480 Millionen Euro einen Marktanteil von 5,1%. Diese sind für die Finanzierung des öffentlich-rechtlichen Fernsehens allerdings von nachrangiger Bedeutung und unterliegen Schwankungen, die vor allem in Abhängigkeit von Großsportereignissen wie Fußball Welt- und Europameisterschaften oder Olympia stehen.[2]

---

[1] Datenquelle: KEK (2010), S. 51.
[2] Vgl. KEF (2009), S. 25 ff.; SevenOne Media (2010b), S. 8.

Abbildung 2-11: Anteile der TV-Blöcke am Zuschauermarkt und am Werbemarkt[1]

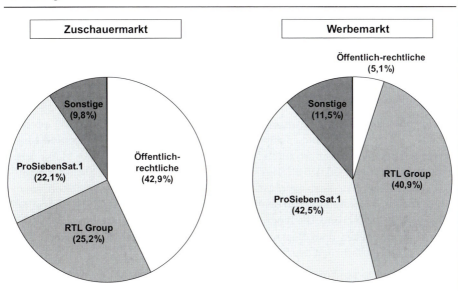

Der Markt für Pay TV unterscheidet sich in der Erlöserzielung deutlich von den Free TV-Märkten und kann als eigenes Marktsegment betrachtet werden. Auf dem deutschen Pay TV-Markt ist Sky der wichtigste Pay TV-Plattformanbieter. Ein Plattformanbieter stellt die Programmpakete zusammen (Bündelung eigen- und fremderstellter Fernsehprogramme) und übernimmt die Akquise von Abonnenten sowie die Verwaltung. Neben Sky sind weitere wichtige Pay TV-Plattformbetreiber im Kabelnetz beispielsweise Kabel Deutschland, Unitymedia und PrimaCom.

Der von Rupert Murdoch geführte Medienkonzern News Corp. ist seit Anfang 2008 über eine Reihe von Tochtergesellschaften der größte Gesellschafter der seit Juli 2009 bestehenden Sky Deutschland AG (vormals: Premiere AG).[2] Die Zahl der Sky Deutschland-Abonnenten betrug zum Ende des ersten Quartals 2011 rund 2,7 Millionen. Sky arbeitet trotz erheblicher Restrukturierungen weiterhin defizitär.[3] Dies wird teilweise mit dem umfangreichen und qualitativ hochwertigen Free TV-Angebot im deutschen Fernsehen begründet, das das Interesse der Zuschauer an Pay TV-Angeboten im Gegensatz zu anderen Ländern stark reduziert.

---

[1] Datenquelle: Zentralverband der deutschen Werbewirtschaft (2010), S. 314; SevenOne Media (2010b), S. 8.
[2] Vgl. KEK (2011d).
[3] Vgl. Sky Deutschland AG (2011), S. 2.

Kapitel 5: TV-Management

Pay TV-Märkte sind in Europa durch oligopole beziehungsweise monopole Anbieterstrukturen gekennzeichnet. In Großbritannien beispielsweise hat sich BSkyB als dominierender Anbieter gegen die Konkurrenz von ITV Digital durchgesetzt. In Italien und Spanien entstanden durch Fusionen der existierenden Unternehmen Monopole. Einen Grund für diese Konzentrationserscheinungen stellen die hohen Kosten dar, die für die Etablierung einer Pay TV-Plattform anfallen: Beispielsweise sind in die Gründung und den Betrieb von Pay TV in Deutschland seit 1991 über vier Milliarden Euro investiert worden.[1]

Große internationale Medienkonzerne sind bisher nur in geringem Umfang am deutschen TV-Markt präsent und spielen vorwiegend im Bereich der Sparten- und Musiksender eine Rolle. Viacom ist durch MTV und Nick auf dem deutschen Markt vertreten und hat im Jahr 2004 die VIVA Media AG übernommen. Lediglich der Disney-Konzern tritt auf dem deutschen Markt in größerem Umfang auf. Der US-Konzern hält unter anderem Beteiligungen an den Veranstaltern der Programme RTL II, Super RTL, The History Channel und The Biography Channel. Weiterhin veranstaltet die Walt Disney Company neben dem Disney Channel verschiedene Pay TV Programme sowie über Tochtergesellschaften den Sender Jetix.[2]

Auf den Inhaltemärkten sind als Reaktion auf die Bildung von Senderfamilien und die damit zunehmende Nachfragerkonzentration ebenfalls Konzentrationstendenzen festzustellen. Dabei kann die Anbieterseite in unterschiedliche Gruppen unterteilt werden.[3] Hier sind zum einen die Produzenten zu nennen, bei denen sowohl die amerikanischen Major Companies, zum Beispiel Time Warner und Paramount, als auch die kleineren amerikanischen, europäischen und deutschen Produktionsgesellschaften eine Rolle spielen.

Zum anderen sind die Film- und Fernsehrechtehändler zu nennen. Auf diesem Markt finden sich verschiedene Akteure. Beispiele für bedeutende Rechtehändler im deutschsprachigen Raum sind die Concorde Filmverleih GmbH, ein Tochterunternehmen der Tele München Gruppe, sowie der Sportrechtehändler Infront Sports & Media.

Eine Besonderheit der Rechtemärkte stellt der Eintritt branchenfremder Marktteilnehmer dar. Hier sind beispielsweise Finanzinstitute zu nennen, die mithilfe von Investmentfonds die Vorfinanzierung von Spielfilmproduktionen übernehmen und dafür teilweise die Verwertungsrechte erhalten. So hat die Deutsche Bank im Sommer 2001 mit Viacom einen Vertrag über die Finanzierung von bis zu sieben Paramount-Spielfilmen abgeschlossen, für die sie im Gegenzug die kompletten weltweiten Verwertungsrechte erhielt.

---

[1] Vgl. Woldt (2002), S. 540 f.
[2] Vgl. KEK (2009), S. 9 f.
[3] Vgl. Wirtz (1994), S. 97 f.

Auf der Seite der Produzenten agieren neben den amerikanischen Major Studios auch zahlreiche deutsche Produktionsunternehmen. So existierten bereits im Jahr 2006 in Deutschland 676 Produktionsunternehmen die ein Produktionsvolumen von insgesamt knapp 720.000 Minuten (rund 12.000 Programmstunden) erzielten.[1] Die Branche ist von einer Zweiteilung in abhängige und unabhängige Betriebe geprägt.

Zur Gruppe der abhängigen Betriebe, die über Kapitalverflechtungen mit großen TV-Sendern verbunden sind, gehören nur 71 Betriebe (knapp 11% der Produktionsunternehmen), die aber mit mehr als 250.000 Sendeminuten für ein gutes Drittel des Produktionsvolumens verantwortlich sind. Durch die Fusion der CLT-UFA mit Pearson im Jahr 2000 entstand die größte Produktionsgruppe, die RTL Group, die Kapitalbeteiligungen an verschiedenen Produktionsgesellschaften hält. Zu den drei größten Anbietern zählen weiterhin die unabhängigen Produktionsunternehmen MME Moviement und Janus TV. Zusammen erzielten diese drei großen Anbieter mit insgesamt knapp 200.000 produzierten Minuten in der Vergangenheit einen Marktanteil von 27,7%. Die zehn größten Produzenten kamen auf einen Marktanteil von 51,2%.

Schließlich ist auch der Handel mit Sportrechten ein weiteres wichtiges Segment auf den Inhaltemärkten. Dieser Bereich hat eine besondere Bedeutung, da gerade mit attraktiven sportlichen Ereignissen, wie beispielsweise Fußball-Weltmeisterschaften oder Olympischen Spielen, hohe Einschaltquoten erreicht werden können. Diese Sportereignisse stellen jedoch eine äußerst knappe Ressource dar und können nur in begrenztem Umfang ausgeweitet werden.

Auch hier sind in den vergangenen Jahren Konzentrationstendenzen zu erkennen. Als Anbieter auf diesen Märkten treten die Veranstalter oder deren übergeordnete Verbände, Rechteagenturen sowie TV-Veranstalter im Rahmen der Zweitverwertung auf. Wurden die Übertragungsrechte früher überwiegend von den Veranstaltern direkt an die nachfragenden Sender verkauft, läuft dieser Handel heute größtenteils über die Sportrechteagenturen. Allerdings kann für den deutschen Markt konstatiert werden, dass bei einigen der großen Sportrechteagenturen wiederum vertikale Verflechtungen zu den oben dargestellten Senderblöcken bestehen.

Markteintrittsbarrieren

Die TV-Märkte sind durch erhebliche Markteintrittsbarrieren gekennzeichnet.[2] In diesem Kontext sind sowohl strukturelle als auch strategische und institutionelle Barrieren zu finden. Als Beleg für die Funktionsfähigkeit dieser Barrieren kann beispielsweise der gescheiterte Versuch der Tele München Gruppe (TMG) angesehen werden, zusammen mit der News Corporation von Rupert Murdoch eine dritte private Senderfamilie neben der ehemaligen Kirch-Gruppe und der RTL Group in Deutschland zu etablieren. Im Bereich der strukturellen Markteintrittsbarrieren sind zunächst die erheblichen Kostendegressionseffekte zu nennen.

---

[1] Vgl. im Folgenden Pätzold/Röper, S. 126 ff.
[2] Vgl. Wirtz (1994), S. 40 ff.

Kapitel 5: TV-Management

Diese resultieren insbesondere aus hohen First Copy Costs zur Erstellung der Urkopie eines Beitrags. Im Gegensatz zur Printbranche hängen die Kosten, die für die Verbreitung der Inhalte aufzubringen sind, nicht von der Anzahl der Rezipienten ab. Eine weitere strukturelle Markteintrittsbarriere ergibt sich aus der Interdependenz von Werbe- und Rezipientenmärkten.

Das Phänomen der Auflagen-Anzeigen-Spirale, das im Rahmen des Printmanagement bereits erläutert wurde, lässt sich hier prinzipiell in Form einer Werbeblockreichweiten-Werbespot-Spirale übertragen.[1] Als weitere Barrieren werden die Produktdifferenzierungsvorteile der etablierten Anbieter genannt, die zu Zuschauerpräferenzen führen und damit neue Unternehmen beim Markeintritt behindern.

Aufgrund der Möglichkeit der Rezipienten, durch bloßes Umschalten den Anbieter zu wechseln und so Vergleiche zu ziehen, ist ein Abbau dieser Barriere jedoch leichter möglich als beispielsweise auf den Printmärkten. Ferner können auch die Ressourcen der etablierten Anbieter, zum Beispiel die Zuschauerreichweite, als strukturelle Barriere gelten, da diese von neuen Anbietern nicht problemlos beschafft, imitiert und substituiert werden können.

Schließlich sind auch Know How-Vorteile unter diesem Gesichtspunkt zu nennen, da auch bei der TV-Produktion Lernkurveneffekte auftreten. Über die strukturellen Markteintrittsbarrieren hinaus haben die TV-Sender im deutschen Markt auch strategische Zutrittsbarrieren aufgebaut. Hier ist zunächst das strategische Abwehrverhalten der öffentlich-rechtlichen Anbieter anzuführen.

Die quantitative Programmausweitung von ARD und ZDF durch zusätzliche Spartenkanäle wie KI.KA oder Phoenix führt dazu, dass das vorhandene Konsumentenpotenzial stärker ausgeschöpft wird. Für neue Anbieter reduziert sich damit der potenzielle Marktanteil. Als weitere strategische Barriere muss auch die Bildung von Senderfamilien mit zunehmendem Spartenanteil gesehen werden, da durch die Möglichkeit der Weiterverwendung spartenspezifischer Beiträge in Vollprogrammen Verbundvorteile entstehen.

Gerade in Deutschland unterliegen die TV-Märkte aufgrund der umfangreichen Regulierung auch erheblichen institutionellen Markteintrittsbarrieren. Hier ist zum einen, neben der grundsätzlich benötigten Zulassung durch die Landesmedienanstalten, der eingeschränkte Zugang zu den Distributionsnetzen zu nennen.[2] Zum anderen erwachsen weitere Restriktionen für TV-Anbieter aus verschiedenen Landesrundfunkgesetzen im Hinblick auf die Art und Weise ihrer Programmgestaltung.[3] Anbieter sind teilweise angehalten, bestimmte Inhalte anzubieten, zu denen sie sich zunächst Zugang verschaffen müssen.

---

1   Vgl. Wirtz (1994), S. 43.
2   Vgl. Wirtz (1995a), S. 200 f.
3   Vgl. Wirtz (1994), S. 54.

Marktstruktur und Marktverhalten

So müssen Anbieter von Vollprogrammen einen angemessenen Anteil von Bildung und Kultur anbieten. Letztlich stellt auch die Finanzierung der öffentlich-rechtlichen Rundfunkanstalten eine institutionelle Markteintrittsbarriere dar, da diese Sender nicht ausschließlich von den Erlösen auf den Werbemärkten abhängig sind und aufgrund der staatlichen Bestandsschutzgarantie praktisch keinem Konkursrisiko unterliegen.

Die Wettbewerbssituation privater TV-Anbieter kann sehr anschaulich anhand eines Vergleichs der Werbeaufwendungen und des Gebührenaufkommens demonstriert werden. Im Jahr 2009 erreichten die Nettowerbeerlöse der privaten Fernsehsender 3,4 Milliarden Euro.[1] Die öffentlich-rechtlichen Fernsehanstalten erzielten im selben Zeitraum 253 Millionen Euro Nettowerbeerlöse und erhielten 7,4 Milliarden Euro an Fernsehgebühren (Plan-Wert 2009).[2]

2.2 Interaktionen der Marktteilnehmer

Auf dem TV-Markt agiert eine Vielzahl verschiedener Akteure. Diese Akteure und ihre Interaktionsbeziehungen werden im Folgenden aggregiert dargestellt. Dabei sind die Programmveranstalter aufgrund ihrer Bedeutung für den gesamten TV-Markt als Hauptakteure zu bezeichnen. Sie interagieren direkt oder indirekt mit allen anderen Akteuren der TV-Industrie.

Es gibt drei übergeordnete Arten von Programmveranstaltern: Private frei empfangbare Sender, private Pay TV-Sender und die öffentlich-rechtlichen Rundfunkanstalten. Die Sendeanstalten vereinen oft viele verschiedene Funktionen des TV-Markts unter einem Dach. Hierzu können unter anderem die Programmproduktion und Programmvermarktung sowie die Zusammenstellung von Programmpaketen gehören.

Viele Sendeanstalten gehören heute zu stark vertikal und horizontal integrierten Konzernen, die auch in der Filmproduktion, dem Rechtehandel und auf weiteren Medienmärkten aktiv sind. Die Programmveranstalter übermitteln ihre Inhalte an die Rezipienten. Die technische Distribution der Signale wird dabei von den sogenannten Broadcastern übernommen.

Dies geschieht heute auf den vier zentralen Übertragungswegen Kabel (klassisches Fernsehkabelnetz), Satellit, terrestrischem Funk oder dem Internet (zum Beispiel DSL/VDSL über Telefonleitung). Es ist zu beachten, dass das Broadcasthosting nicht zwingend externer Natur sein muss. Gerade bei den großen öffentlich-rechtlichen Sendeanstalten sind die entsprechenden technischen Mittel und das Personal insbesondere zum terrestrischen Sendebetrieb intern vorhanden.

---

[1] Vgl. Zentralverband der deutschen Werbewirtschaft (2010), S. 305.
[2] Vgl. KEF (2009), S. 137 ff.

Kapitel 5: TV-Management

Sowohl für die Pay TV-Sender als auch für die öffentlich-rechtlichen stellt der Rezipientenmarkt die wichtigste Erlösquelle dar. Im Fall der Pay TV-Sender werden Erlöse direkt am Rezipientenmarkt erzielt. Die Rezipienten zahlen Entgelder in Form von Abonnements oder Einmalzahlungen (zum Beispiel bei Video On Demand-Diensten) direkt an den Programmveranstalter.

Die öffentlich-rechtlichen Sender interagieren hierzu nicht direkt mit den Rezipienten, sondern über die Gebühreneinzugszentrale (GEZ) der öffentlich-rechtlichen Rundfunkanstalten in Köln. Die GEZ ist verantwortlich für den Einzug der von den Rezipienten zu entrichteten allgemeinen Rundfunkgebühr, die als die wichtigste Erlösquelle der öffentlich-rechtlichen Rundfunkanstalten gilt und zur Unterstützung der Produktion, Gestaltung und Verbreitung der Rundfunkprogramme verwendet wird.

Neben dem Rezipientenmarkt lässt sich der Werbemarkt identifizieren, der insbesondere für die privaten Rundfunksender von großer Bedeutung ist. Die Fernsehsender stellen den werbenden Unternehmen Sendezeit zur Verfügung, die sie gegen ein entsprechendes Entgelt für Werbespots nutzen können. Darüber hinaus können im Sinne eines Sponsoring einzelne Programmrubriken von werbenden Unternehmen unterstützt werden.

Die Sendeanstalten treten über Werbung und Markenmanagement auch direkt mit den Rezipienten in Kontakt. Im Gegenzug erhalten die Fernsehsender von den Rezipienten Aufmerksamkeit und Kontakte, die sie wiederum auf dem Werbemarkt einsetzen können. Auf der Beschaffungsseite existieren für die Sendeanstalten drei zentrale Beschaffungsressourcen. Dies ist zum einen das Personal, wie zum Beispiel Schauspieler, Autoren oder Redakteure, zum anderen Programminhalte und Rechte.

Es kann weiter unterschieden werden, ob die Ressourcen extern oder intern beschafft werden. Insbesondere bei der Erstellung von Programminhalten hängt es stark von der Struktur und Größe der einzelnen Sendeanstalt ab, inwieweit Programminhalte eigenständig produziert oder extern eingekauft werden. Rechte können auch direkt zwischen den Sendeanstalten ausgetauscht werden. Abbildung 2-12 stellt die wesentlichen Akteure und Interaktionen in der TV-Branche im Überblick dar.

Abbildung 2-12: Akteure und Interaktionen im TV-Markt

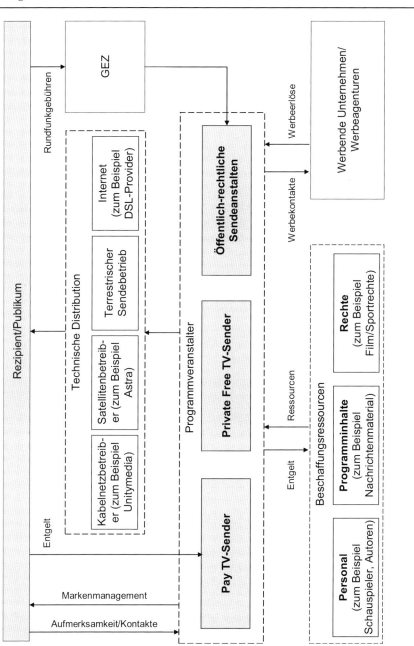

Kapitel 5: TV-Management

2.3 Technologisches und regulatives Umfeld

Bei einer Betrachtung des TV-Umfelds hat sowohl das technologische als auch das regulative Umfeld eine hohe Bedeutung. Einerseits ist besonders im TV-Sektor die zunehmende Konvergenz von Medien und Internet zu erkennen, die zu tiefgreifenden Veränderungen führen wird. Andererseits ist der weltweit traditionell stark regulierte TV-Sektor trotz erheblicher Liberalisierungstendenzen in den vergangenen Jahren aufgrund der dualen Rundfunkordnung in Deutschland weiterhin in umfangreichem Maß staatlich beeinflusst.

- Technologisches Umfeld

Bei der Betrachtung des technologischen Umfelds wird zwischen Übertragungskanälen und Übertragungsarten unterschieden. Übertragungskanäle stellen die Distributionswege dar, über die den Rezipienten TV-Programme angeboten werden. Ihre Kapazität determiniert die Zahl möglicher Anbieter auf dem TV-Markt. Die Art der Übertragung beschreibt, welche technischen Verfahren bei der Distribution eingesetzt werden.

Für die Distribution von TV-Programmen stehen grundsätzlich drei Übertragungskanäle zur Verfügung: Terrestrik, Kabel und Satellit.[1] Daneben etabliert sich derzeit das Telefonnetz als zusätzlicher Übertragungskanal (IP TV). Der historisch älteste und lange Zeit vorherrschende Übertragungsweg für TV-Programme ist die terrestrische Verbreitung, das heißt die drahtlose Abstrahlung von Programmen durch erdgebundene (terrestrische) Antennenmasten.

Die beiden Verbreitungswege, über Kabel und Satellit, konnten sich erst im Laufe der 1980er Jahre etablieren. Beim Kabelfernsehen werden die Bild- und Tonsignale über Breitbandkabel übertragen. Rezipienten müssen zum Empfang an das Kabelnetz angeschlossen sein. Die Breitbandkabelnetze nutzen den Frequenzbereich von 47-862 MHz, welcher eine maximale Kapazität für 72 TV-Programme bietet. Beim Satellitenfernsehen werden die Bild- und Tondaten mithilfe von geostationären Satelliten im Weltall übertragen. Für den Empfang benötigt der Rezipient eine Satellitenempfangsanlage, die die Signale auffängt und an das Endgerät weiterleitet.

Die Übertragungskapazität des Satellitenfernsehens übersteigt mit einer maximalen TV-Programmanzahl von 1.860 Programmen die Kapazität der analogen Verbreitungswege um ein Vielfaches. Die verschiedenen Übertragungskanäle haben für die TV-Distribution in Deutschland unterschiedliche Bedeutung. Die Satelliten- und die Kabelübertragung decken heute 95% der TV-Distribution ab. Dies illustriert Abbildung 2-13. Damit einhergehend hat die terrestrische Übertragung eine relativ geringe Bedeutung. Im Zuge der Umstellung auf digitale Übertragungstechnik ist davon auszugehen, dass die Bedeutung der terrestrischen Distribution jedoch wieder ansteigen wird.

---

[1] Vgl. Wirtz (1994), S. 7 ff.

Marktstruktur und Marktverhalten

Nicht alle Übertragungskanäle werden von den deutschen TV-Sendern in gleichem Maß als Distributionskanäle genutzt. Vor allem bei der terrestrischen Übertragung finden sich Unterschiede zwischen den privaten und den öffentlich-rechtlichen Sendern einerseits und innerhalb der privaten Sender andererseits. Da die öffentlich-rechtlichen TV-Sender einen verfassungsmäßigen Grundversorgungsauftrag erfüllen müssen, decken sie nahezu das gesamte Bundesgebiet mit ihrer terrestrischen Ausstrahlung ab. Darüber hinaus werden die öffentlich-rechtlichen Programme in alle Kabelnetze eingespeist und sind zusätzlich über Satellit empfangbar.

Abbildung 2-13: TV-Empfang in Deutschland[1]

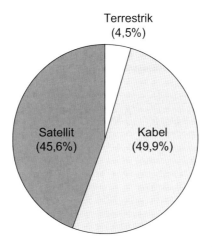

Die privaten TV-Sender konzentrieren sich in der Regel auf die Übertragung per Kabelnetz oder Satellit, über die sie im Bundesgebiet zu annähernd 100% zu empfangen sind. Die Ausstrahlung über Antenne verursacht zusätzliche Aufwendungen für die Sender und der Zugang ist aufgrund der begrenzten Kapazität dieser Übertragung eingeschränkt. Daher lassen sich kostendeckende Zuschauergruppen auf diesem Weg höchstens in Ballungsgebieten gewinnen. So erschließen die Programme der ProSiebenSat.1 Media AG (zum Beispiel ProSieben, Sat.1, Kabel 1, N24) sowie der RTL Group (zum Beispiel RTL, RTL II, VOX, Super RTL) nur rund 83% der deutschen Fernsehhaushalte über Antenne.

---

[1] Datenquelle: ARD (2012b).

Kapitel 5: TV-Management

Im Gegensatz hierzu erreichen die öffentlich-rechtlichen Sender ARD und ZDF 99,6% der Haushalte, die Fernsehen über Antenne empfangen.[1] Neben den Übertragungskanälen spielt auch die Art der Übertragung eine zunehmend wichtigere Rolle bei der Distribution von Fernsehprogrammen. Hier kann zwischen analoger und digitaler Übertragung unterschieden werden. Im Gegensatz zum analogen Fernsehen, bei dem elektromagnetische Wellen übertragen werden, werden beim digitalen Fernsehen binäre Impulse versendet.

Beim digitalen Fernsehen (Digital Video Broadcasting, DVB) werden die Signale im MPEG-2-Format via Terrestrik (DVB-T), Kabel (DVB-C) oder Satellit (DVB-S) an die Rezipienten übertragen. MPEG-2 ist der weltweit verwendete Video- und Audiokompressionsstandard bei der Digitalisierung von TV-Signalen. Durch die digitale Datenübertragung lässsich einerseits die Qualität der übertragenen Programme verbessern, andererseits kann die Kapazität der Übertragungskanäle erhöht sowie für Zusatzdienste, wie beispielsweise elektronische Programmführer (Electronic Programm Guide, EPG) genutzt werden. Darüber hinaus bietet digitales Fernsehen grundsätzlich die Möglichkeit für interaktives Fernsehen.

Abbildung 2-14: Digitalisierung nach Übertragungswegen[2]

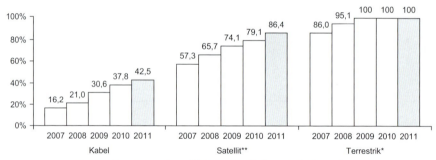

* Am 31.12.2008 wurde die terrestrische analoge Ausstrahlung in Deutschland flächendeckend eingestellt.
** Am 30.04.2012 wurde die analoge Satellitenausstrahlung in Deutschland eingestellt.

Diese Eigenschaften des digitalen Fernsehens haben in den letzten Jahren erheblich zu seiner Verbreitung beigetragen. Mehr als zwei Drittel (67,8%) der deutschen TV-Haushalte hatten Mitte 2011 mindestens eine digitale Empfangsmöglichkeit. Abbildung 2-14 zeigt die Digitalisierung deutscher TV-Haushalte in Abhängigkeit des Übertragungswegs. Auch der Fernsehempfang über eine DSL-Leitung überschritt 2009 erst-

---

[1] Vgl. ARD (2012b).
[2] Vgl. Kommission für Zulassung und Aufsicht der Landesmedienanstalten (2009), S. 49.

mals die Grenze von einem Prozent und stieg bis Mitte 2011 auf drei Prozent an. Somit ist der Digitalisierungsgrad gegenüber dem Vorjahr um 5,9 Prozentpunkte gestiegen. In naher Zukunft ist von einem weiteren Bedeutungszuwachs des digitalen Satellitenempfangs auszugehen. Der Grund hierfür liegt in der Einstellung der analogen Satellitenübertragung zum 30. April 2012.[1]

- Regulatives Umfeld

Der Rundfunk unterliegt in Deutschland einer erheblichen staatlichen Regulierung, die mit seiner besonderen grundgesetzlichen Aufgabe und seiner außergewöhnlichen Situation begründet wird.[2] Der Rundfunk ist in Deutschland drei Grundsätzen verpflichtet. Diese sind die Meinungsvielfalt, die Staatsfreiheit und die Monopolfreiheit. Dem privaten Rundfunk werden vor allem Defizite in Bezug auf Themen- und Meinungsvielfalt unterstellt, sodass die Einhaltung dieser Grundsätze nach Auffassung der Rechtssprechung nur gesichert werden kann, wenn das private Rundfunksystem durch ein öffentlich-rechtliches System ergänzt wird.

Dieses durch staatliche Regulierung abgesicherte Nebeneinander von privaten und öffentlich-rechtlichen Rundfunkanstalten wird auch als Duale Rundfunkordnung bezeichnet. Die Ansatzpunkte regulativer Maßnahmen lassen sich nach drei Kriterien unterscheiden. Regulierung kann sich demnach auf den Markteintritt, die Art und den Umfang der Produktion sowie die Preise und Vertriebskonditionen beziehen.[3] Die rechtlichen Grundlagen der Regulierung sind in verschiedenen gesetzlichen Regelungen und Staatsverträgen niedergelegt.

Hier ist zunächst der Artikel 5 des Grundgesetzes zu nennen, der die Meinungs- und Informationsfreiheit, die Pressefreiheit und insbesondere die Freiheit der Rundfunkberichterstattung garantiert. Daneben ist die Rechtsprechung des Bundesverfassungsgerichts von Bedeutung, die sich bislang in dreizehn Rundfunkurteilen widerspiegelt. Hier wurden unter anderem Fragen zur Zulassung privater Rundfunkanbieter und zur Umsatzbesteuerung von Rundfunkanstalten geklärt.

Eine weitere Grundlage ist der Staatsvertrag vom 31. August 1991, der neben dem Rundfunkstaatsvertrag auch einen novellierten ARD- und ZDF-Staatsvertrag, einen Rundfunkgebühren- und Rundfunkfinanzierungsstaatsvertrag sowie einen Bildschirmtextstaatsvertrag enthält. Die wesentlichen Bestimmungen beinhaltet dabei der Rundfunkstaatsvertrag, der vor allem die Bestands- und Entwicklungsgarantie des öffentlich-rechtlichen Rundfunks, aber auch die Ausbau- und Fortentwicklungsmöglichkeiten des privaten Rundfunks festschreibt. Darüber hinaus müssen die Landesmediengesetze als Regulierungsquellen genannt werden. Diese bilden die Basis des privaten Rundfunks und regeln unter anderem deren Aufsicht durch die Landesmedienanstalten.

---

[1] Vgl. ARD (2012a).
[2] Vgl. Wirtz (1994), S. 13.
[3] Vgl. Heinrich (1999), S. 84.

Kapitel 5: TV-Management

Schließlich ist auch die Rechtsprechung der Europäischen Union als Regulierungsgrundlage des deutschen Rundfunks zu berücksichtigen. In diesem Kontext ist insbesondere die Richtlinie des Europäischen Rats zur Koordinierung bestimmter Rechts- und Verwaltungsvorschriften über die Ausübung der Fernsehtätigkeit (Fernsehrichtlinie) vom 3. Oktober 1989 von Bedeutung.

Sie hat die Angleichung nationaler Rechtsvorschriften im Bereich des Fernsehens sowie die Regelung des Fernsehens im Rahmen des EU-weiten, freien Dienstleistungsverkehrs zum Gegenstand.[1] Wichtige und teilweise heftig umstrittene Punkte sind hierbei die Programmquote, die den Anteil europäischer Produktionen am Programm festlegt, sowie die Werberegeln, die Dauer und Art von Werberaumleistungen regulieren.

Betrachtet man zunächst die Regulierung des Markteintritts im deutschen Rundfunk, dann kann davon ausgegangen werden, dass Barrieren bestehen. Für die Ausstrahlung von Programmen wird die Zulassung der jeweiligen Landesmedienanstalten benötigt. Darüber hinaus kontrollieren die Landesmedienanstalten auch die Vergabe der terrestrischen und kabelgebundenen Kanäle. Hier setzt vielfältige Kritik an, da sich die Kabelnetze in privaten Händen befinden und die staatliche Regulierung mit dem Recht auf Eigentum kollidiert.[2]

Die Bestands- und Entwicklungsgarantie für öffentlich-rechtliche Anbieter und das damit verbundene System der Rundfunkfinanzierung kann als Markteintrittsbarriere für private Anbieter angesehen werden. Hierdurch erhalten die öffentlich-rechtlichen Anstalten einen absoluten Kostenvorteil, der neue private Anbieter von einem Markteintritt abhalten könnte. Gleichzeitig stellt dieses Konzept eine Marktaustrittsbarriere für öffentlich-rechtliche Anbieter dar, die damit generell keinen Konkurs erleiden können.

Die Regulierung von Art und Umfang der Produktion wird vor allem durch die Forderung der Grundversorgung definiert. Dieser vom Bundesverfassungsgericht geprägte Begriff ist zwar inhaltlich nicht eindeutig beschrieben, beinhaltet jedoch einen Programmauftrag an die öffentlich-rechtlichen Rundfunkanbieter, der vor allem Vielfalt und Ausgewogenheit der Berichterstattung, aber auch qualitativ hochwertige Unterhaltungssendungen umfasst.

Dabei soll keine Begrenzung auf bestimmte Sparten erfolgen, sondern ein massenattraktives Programm erstellt werden. Auch für die privaten Rundfunkanbieter gelten hier Bestimmungen, die vor allem eine Meinungskonzentration verhindern sollen. Die relevanten Vorschriften dazu finden sich in den Staatsverträgen wieder. Hier ist beispielsweise die Förderung der Meinungsvielfalt oder die Ausstrahlung regionaler Fensterprogramme zu nennen.

---

[1] Vgl. Degenhardt (1992), S. 195 f.
[2] Vgl. Heinrich (1999), S. 98.

Marktstruktur und Marktverhalten

Neben den Inhalten unterliegt auch die Werberaumleistung als Teil der Rundfunkproduktion staatlicher Regulierung. Auch hier bestehen Unterschiede zwischen den öffentlich-rechtlichen und den privaten Rundfunkanstalten. Für die ersten Fernsehprogramme von ARD und ZDF regelt der Rundfunkstaatsvertrag sowohl den Umfang als auch die Art der Werbung. So darf Werbung dort nur an Werktagen vor 20 Uhr in einem Umfang von 20 Minuten täglich gesendet werden. Diese muss zudem klar als Werbung erkennbar und vom Programm getrennt sein, auch wenn die Grenzen hier zum Teil unscharf sind und von den öffentlich-rechtlichen Anbietern häufig, zum Beispiel in Form von Product Placement, ausgedehnt werden.[1]

Im Gegensatz zu ARD und ZDF dürfen die dritten Fernsehprogramme keine Werbung ausstrahlen. Für die privaten TV-Anbieter sind die Vorschriften bezüglich Art und Umfang der Werbung nicht so weitreichend, da sie in der Regel ihre Hauptfinanzierungsquelle darstellen und ihre Existenz sichern. Gleichzeitig soll aber der Rezipient vor den Einflüssen von zuviel Werbung geschützt werden. Dementsprechend ist die tägliche Werbung privater Fernsehsender auf 20% der Sendezeit begrenzt.

Ferner gelten auch hier umfangreiche und detaillierte Regelungen zur Lage und Aufteilung der Werbung. Wie beim öffentlich-rechtlichen Rundfunk ist Schleichwerbung untersagt. Als Schleichwerbung gilt „die Erwähnung oder Darstellung von Waren, Dienstleistungen, Namen, Marke oder Tätigkeiten eines Herstellers von Waren oder eines Erbringers von Dienstleistungen in Programmen, wenn sie vom Fernsehveranstalter absichtlich zu Werbezwecken vorgesehen ist und die Allgemeinheit hinsichtlich des eigentlichen Zwecks dieser Erwähnung oder Darstellung irreführen kann."[2]

Eine Sonderrolle spielen in diesem Zusammenhang die Tele-Shopping-Sender, deren Geschäftsmodell nicht auf der Verbreitung von Inhalten und der Erlöserzielung durch Werbung basiert. Vielmehr liegt das einzige Betätigungsfeld der Tele-Shopping-Sender in der Präsentation und dem Verkauf von Produkten und Dienstleistungen. Im Rahmen der herkömmlichen Fernsehsender werden Tele-Shopping-Fenster im Sinne des Rundfunkstaatsvertrags als Werbung eingestuft. Dementsprechend müssen Werbung und Programm deutlich voneinander getrennt werden.

Tele-Shopping unterliegt dabei einer täglichen Zeitbegrenzung von einer Stunde auf den privaten Sendern. Im öffentlich-rechtlichen Fernsehen ist Tele-Shopping mit Ausnahme von Tele-Shopping Spots hingegen verboten. Für die reinen Tele-Shopping-Sender gilt, dass sie gemäß § 1 Abs. 1 TMG Telemedien sind und nicht dem Rundfunk zugeordnet werden, wodurch sie prinzipiell zulassungs- und anmeldefrei sind und nicht unter die Bestimmungen des Rundfunkstaatsvertrags fallen. Diese Einstufung von Tele-Shopping-Sendern als Telemedien liegt im Wesentlichen darin begründet, dass sie nicht in der Lage sind, auf die Meinung der Allgemeinheit einzuwirken.[3]

---

[1] Vgl. Schader (2009).
[2] Art. 10 EU-Fernsehrichtlinie/§ 6 V Rundfunkstaatsvertrag.
[3] Vgl. Fechner (2008), S. 358.

Kapitel 5: TV-Management

Als dritter Ansatzpunkt der Regulierung wurden die Preise und Vertriebskonditionen der Rundfunkanbieter genannt. Staatliche Eingriffe sind hier allerdings nur für die öffentlich-rechtlichen Anbieter vorhanden. Als Instrument sind dabei die Rundfunkgebühren zu nennen, die derzeit jeder Rezipient entrichten muss, der ein technisches Gerät zum Empfang von Rundfunksendungen bereithält. Dabei ist eine Grundgebühr für den Empfang von Hörfunk sowie eine zusätzliche Fernsehgebühr für den Empfang von TV zu zahlen.

Seit dem 1. Januar 2007 muss die Grundgebühr auch gezahlt werden, wenn ein neuartiges Rundfunkgerät bereitgehalten wird. Dazu zählen unter anderem internetfähige PCs sowie Handys, die Radioprogramme empfangen können. Die Höhe dieser Gebühren wird im Rundfunkstaatsvertrag festgelegt, wobei sich die Länder bei der Festlegung der Kommission zur Ermittlung des Finanzbedarfs der Rundfunkanstalten (KEF) bedienen.

Der Gebühreneinzug erfolgt über die Gebühreneinzugszentrale (GEZ), eine Gemeinschaftseinrichtung von ARD und ZDF. Die Probleme, die sich aus dieser staatlichen Preisregulierung ergeben, sind erheblich, da die KEF aufgrund oft unzureichender Kosteninformationen zur Rundfunkproduktion zu einem großen Teil vom Informationsverhalten der öffentlich-rechtlichen Rundfunkanbieter abhängt. Diese haben naturgemäß ein Interesse daran, die notwendigen Kosten zu hoch anzusetzen.[1]

Die Gebührenregelung für die öffentlich-rechtlichen Rundfunkanstalten wird jedoch reformiert werden. Die Rundfunkkommission der Länder hat sich darauf geeinigt, die Rundfunkgebühren ab 2013 anders zu erheben. Danach soll in Zukunft jeder Haushalt, unabhängig von Art oder Anzahl der Empfangsgeräte, eine einheitliche Gebühr entrichten (voraussichtlich die zurzeit fälligen 17,98 Euro). Das neue Modell wurde 2010 in einem neuen Rundfunkstaatsvertrag festgeschrieben. Die Ziele sind eine Vereinfachung der Gebührenstruktur, die Stabilisierung der Einnahmen (laut der Rundfunkkommission sollen mit der Reform keine Gebührenerhöhungen einhergehen) und Kosteneinsparungen durch den Entfall aufwendiger Kontrollen durch die GEZ.

2.4 Nutzungsverhalten von TV-Rezipienten

Die Nutzungszeiten von Medienprodukten haben seit der Entstehung der elektronischen Medien erheblich zugenommen. Dieser Trend hat sich zwar in den vergangenen Jahren abgeschwächt, doch wird weiterhin mit einem Anstieg der Mediennutzungszeiten gerechnet. Im Jahr 2010 betrug die durchschnittliche Sehdauer jedes Bundesbürgers ab 14 Jahren täglich durchschnittlich 206 Minuten.[2] Die durchschnittliche Sehdauer ostdeutscher Zuschauer liegt dabei je nach Altersgruppe zwischen 11 und 33%

---

[1] Vgl. Heinrich (1999), S. 93.
[2] Vgl. ARD (2011b).

höher als die der westdeutschen Zuschauer.[1] Das Nutzungsverhalten unterschiedlicher Altersgruppen weicht erheblich voneinander ab. So kann zwar bei einer Betrachtung der letzten fünfzehn Jahre festgestellt werden, dass die Nutzungszeiten für TV über alle Altersgruppen hinweg gestiegen sind. Allerdings sehen die älteren Bevölkerungsgruppen erheblich länger fern als jüngere Gruppen. So liegt die durchschnittliche TV-Nutzung der über 65-Jährigen Westdeutschen fast doppelt so hoch wie die der 20-29-Jährigen Westdeutschen. Dies illustriert Abbildung 2-15.

Abbildung 2-15: Durchschnittliche TV-Nutzung in Deutschland[2]

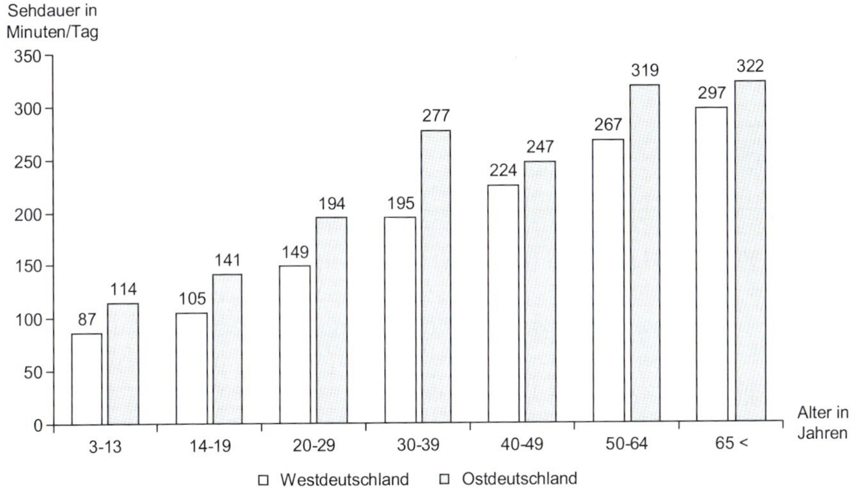

Alter in Jahren	Westdeutschland	Ostdeutschland
3-13	87	114
14-19	105	141
20-29	149	194
30-39	195	277
40-49	224	247
50-64	267	319
65 <	297	322

Sehdauer in Minuten/Tag

Neben demografischen Nutzerdaten bilden soziodemografische Daten eine wichtige Grundlage für das TV-Management. Abbildung 2-16 zeigt am Beispiel der Zugehörigkeit zu unterschiedlichen gesellschaftlichen Milieus die Unterschiede in der TV-Nutzung bezüglich der Nutzungsdauer und der gewählten Inhalte. Grundlage der Darstellung sind die Sinus-Milieus zur Bevölkerungssegmentierung, die auch für Zuschaueranalysen der GfK verwendet werden.

---

[1] Vgl. Zubayr/Gerhard (2009), S. 107.
[2] Datenquelle: ARD (2011b).

Kapitel 5: TV-Management

Abbildung 2-16: TV-Nutzung ausgewählter sozialer Milieus[1]

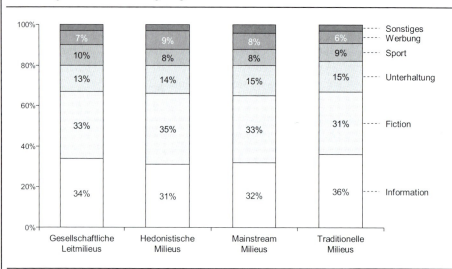

Nach dem Sinus-Modell lassen sich in der deutschen Bevölkerung zehn Sinus-Milieus unterscheiden, die sich auf vier Lebenswelt-Gruppen verteilen.[2] Dies sind Gesellschaftliche Leitmilieus, Hedonistische Milieus, Mainstream Milieus und Traditionelle Milieus. Die einzelnen Milieus unterscheiden sich sowohl in ihrer soziodemografischen Zusammensetzung und in den von ihnen vertretenen Werten, Einstellungen und Lebensstilen als auch aufgrund des ihren Mitgliedern zur Verfügung stehenden Einkommens. Mit Ausnahme des Traditionellen Milieus stellt Fiction den Inhalt dar, der am häufigsten gesehen wird. Etwa ein Drittel des Fernsehkonsums entfällt auf Information, wobei die Informationsaffinität in den Traditionellen Milieus und in den Gesellschaftlichen Leitmilieus am größten ist. Werbung macht circa 8% des gesamten Fernsehkonsums aus.[3]

Für die TV-Branche ist jedoch nicht nur das Nutzungsverhalten unterschiedlicher Zielgruppen bezüglich Umfang und Inhalt relevant. Im Gegensatz zu Printprodukten ist es vielmehr von erheblicher Bedeutung, wann die Nutzung stattfindet. Zeitungen, Zeitschriften und Bücher sind aufgrund ihres materiellen Trägermediums haltbar und transportabel. Sie können zu jeder Tageszeit und an unterschiedlichen Orten gelesen werden. Ein Fernsehbeitrag hingegen kann in der Regel nur in dem Moment rezipiert werden, in dem die Ausstrahlung durch den Anbieter erfolgt. Insofern ist die Verteilung der Nutzung über den Tag ein wichtiger Aspekt der Mediennutzung.

---

[1] Datenquelle: Gerhards/Klingler (2007), S. 619.
[2] Vgl. Gerhards/Klingler (2007), S. 617 ff.
[3] Vgl. Gerhards/Klingler (2011), S. 545.

Abbildung 2-17 zeigt, dass die TV-Nutzung an einem durchschnittlichen Wochentag in den Morgenstunden lediglich einen geringen Umfang hat. Erst nach dem Mittag steigt der Anteil der Zuschauer an. Nach Arbeitsende, das heißt ab circa 17 Uhr steigen die Zuschauerzahlen rapide an. Der Schwerpunkt der TV-Nutzung liegt in der Zeit von 20 bis 22 Uhr. Dieser Nutzungsverlauf ist mit geringen Abweichungen in allen Altersgruppen zu beobachten.

Abbildung 2-17: Sehbeteiligung im Tagesverlauf[1]

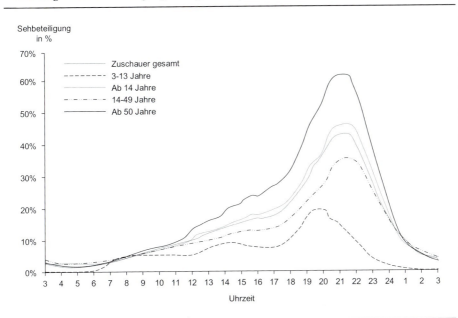

2.5 Entwicklungsperspektiven im TV-Bereich

Der Konvergenzprozess auf dem TV-Sektor ist bereits in vollem Gang. Die technische Entwicklung lässt langfristig eine fortschreitende Verschmelzung von TV und Internet erwarten. Entscheidend dabei ist, dass die technischen Möglichkeiten für innovative Produkte und Dienstleistungen genutzt und an den Märkten umgesetzt werden. Darüber hinaus setzt sich das qualitativ hochwertige, hochauflösende Fernsehen (HDTV) immer mehr durch und nimmt damit einen immer stärkeren Einfluss auf den Fernsehmarkt und dessen Struktur.

---

1 Datenquelle: AGF (2011).

Kapitel 5: TV-Management

▪ Interaktives Fernsehen/IP TV

Die Treiber der Fernsehentwicklung in Deutschland bilden einerseits das sich wandelnde Mediennutzungsverhalten der TV-Rezipienten und andererseits die zunehmende Digitalisierung des Fernsehens. Die Nutzung digitaler Übertragungswege ist die Grundlage einer wesentlichen Innovation im TV-Bereich, dem interaktiven Fernsehen. Voraussetzung für interaktives Fernsehen ist das Vorliegen eines Rückkanals, mit dem der Rezipient Signale an den Programmveranstalter übermitteln kann.

Dies ist bei klassischem TV nicht möglich, da Signale nur vom Programmveranstalter an den Zuschauer übertragen werden. Interaktives Fernsehen und die eigene Programmzusammenstellungen werden nach Meinung von rund drei Viertel der Bevölkerung an Bedeutung gewinnen.[1] Durch seine prinzipielle Rückkanalfähigkeit eignet sich das Internet besonders für interaktives Fernsehen (Internet-TV/IP TV). IPTV (Internet-TV) kann dabei insgesamt als die Übertragung audiovisueller, medialer Inhalte (Multicast/Unicast) mittels IP-basierter Systeme verstanden werden.[2]

Dies gestattet eine wesentlich attraktivere Programmgestaltung als beim klassischen TV. Ein wichtiger Vorteil des Internet-TV besteht vor allem darin, dass eine theoretisch unendliche Zahl an Kanälen an den Konsumenten übertragen werden können, wohingegen die Anzahl an Kanälen über Kabelfernsehen (auch das Fernsehkabelnetz kann um einen Rückkanal ergänzt werden, damit interaktive Anwendungen möglich werden) generell begrenzt ist.

Bisher wurde die Verbreitung interaktiven TV auf Basis des Internet durch die geringe Verfügbarkeit Breitbandinternetanschlüsse verzögert. Durch das dynamische Wachstum des Breitbandmarkts wird mittlerweile jedoch ausreichend Bandbreite zur Verfügung gestellt, um TV-Programme in hoher Qualität über das Internet distribuiert zu können, was gleichzeitig einen Rückgang der Nutzung des klassischen TV bedeutet. Nach Einschätzung europäischer Breitbandexperten wird Internet-TV eine Breitbandanwendung mit sehr hoher Bedeutung für die Zukunft sein und bereits 2015 die wichtigste Breitbandanwendung darstellen.[3]

▪ Produkte und Produktangebote im Internet-TV

Eine wichtige Herausforderung für Anbieter von Internet-TV liegt in der Differenzierung gegenüber Free TV und Pay TV-Angeboten. Dies kann zum Beispiel über einen exklusiven Premiuminhalt sowie über flexible und kundenbezogene Preissysteme erfolgen. Experten weisen hier insbesondere auf ein Kombinationserlösmodell aus Werbefinanzierung und Pay Per View hin.[4] Darüber hinaus ermöglicht interaktives Fernsehen innovative Anwendungen wie Personal TV. Der Rezipient kann Signale mit Pro-

---

1 Vgl. Wirtz (2008a), S. 20 f.
2 Vgl. Wirtz/Ullrich/Kerner (2009), S. 316 ff.
3 Vgl. Wirtz (2008a), S. 20 ff.
4 Vgl. Wirtz/Burda/Raizner (2006), S. 64.

grammanforderungen an den Programmveranstalter senden und auf diese Weise das Programm nach seinen Wünschen zusammenstellen, wie zum Beispiel bei der Nutzung von Video On Demand. Außerdem ist eine Verknüpfung des Fernsehens mit E-Commerce-Anwendungen möglich, sodass der Zuschauer die Möglichkeit hat, per Fernbedienung einzukaufen.[1] Die Erwartungen der Rezipienten an IP TV sind entsprechend vielfältiger Natur.

Nach einer Bitkom Studie sehen Rezipienten die Möglichkeit zum zeitversetzten Fernsehen und eine durch digitale Technik gewährleistete überdurchschnittliche Bildqualität als wichtigste Eigenschaften des IP TV an. Auch die individuelle Archivierung von Sendungen spielt für die Rezipienten eine wichtige Rolle. Daher stellen Personalisierung und Entlinearisierung die zurzeit wichtigsten Trends im IP TV dar.[2] Welche Produktformen im Internet-TV generell von Konsumenten gewünscht werden, illustriert Abbildung 2-18.

Abbildung 2-18: Vorzüge des Internet-TV aus Sicht der Nutzer[3]

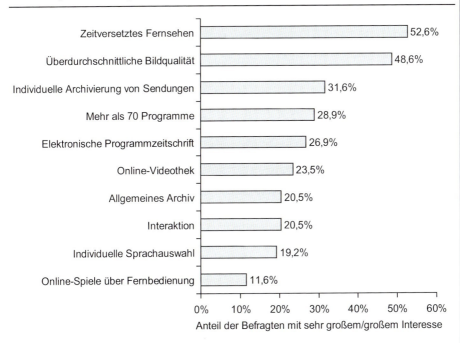

---

1 Vgl. Wirtz/Krol (2002), S. 504 f.
2 Vgl. Bitkom (2009a), S. 14 ff.
3 Vgl. Bitkom (2009a), S. 17.

Kapitel 5: TV-Management

Ein ähnliches Bild liefert die Betrachtung der einzelnen Programminhalte im Internet-TV. In diesem Zusammenhang kann festgehalten werden, dass ein gesteigertes Interesse an lokalen Informationen besteht und die klassischen Unterhaltungsbereiche Bildung und Sport verstärkt von den Konsumenten gewünscht werden. Eine Übersicht zu weiteren relevanten Programminhalten des Internet-TV liefert die Abbildung 2-19.

Abbildung 2-19: Interesse an Programminhalten von Internet-TV[1]

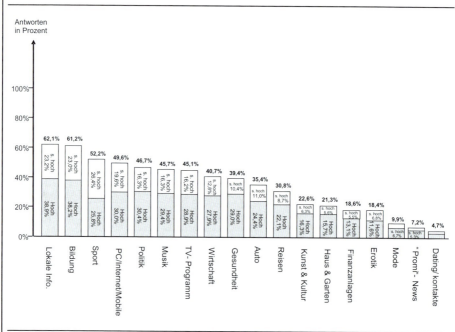

Neben den Produkten und Programminhalten liegt ein weiterer entscheidender Aspekt der zukünftigen, technischen Entwicklung des Internet-TV im Bereich der Endgeräte. Bisher ist noch unklar, ob als Endgeräte für interaktives Internet-TV klassische Fernsehgeräte mit einer Set Top Box oder einem Computer eingesetzt werden sollen. Derzeit werden jedoch von Unterhaltungselektronikherstellern vermehrt Geräte bereitgestellt, die Internetfunktionalitäten in TV-Geräte integrieren. Auf der anderen Seite treten verstärkt Computerhersteller als Anbieter von Endgeräten für Medieninhalte auf. Sie ergänzen ihre Produkte um multimediale Komponenten und Services und machen sie dadurch für den TV-Empfang nutzbar. Abbildung 2-20 verdeutlicht die Entwicklung von TV und PC hin zu einer hybriden Form beider Endgeräte.

---

[1] Vgl. Wirtz/Burda/Raizner (2006), S. 60.

Abbildung 2-20: Integration/Konvergenz von TV und PC[1]

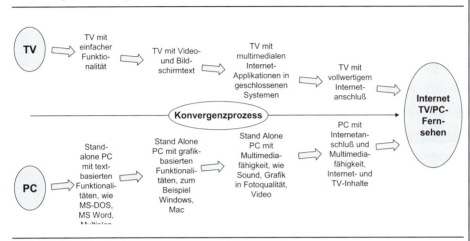

Darüber hinaus treten Telekommunikationsanbieter als weitere Wettbewerber auf den TV-Märkten auf. Sie nutzen ihre bestehende Breitbandinfrastruktur und bieten die Übertragung von TV-Programmen, aber auch von Musik und Radio über Breitband-Internet an. Durch die Konvergenz- und Transformationsprozesse im Bereich der Übertragungswege, Inhalte und Endgeräte entsteht aus vier einzelnen Märkten (Telekommunikation, Computer, Unterhaltungselektronik, Medien) ein neues Multimediamarktsegment, in dem mittels digitaler Übertragung Unterhaltung, Informationen und Anwendungen sowie Services aus dem Bereich des Electronic Business in Kombination angeboten werden.[2]

Die Konvergenz von PC und Fernsehen wird sowohl Auswirkungen auf die Inhalte und Funktionalitäten des Internet als auch auf die Inhalte und Funktionalitäten des Fernsehens haben. Die Strategien der Internet- und TV-Anbieter müssen daher auf die neuen Plattformen ausgerichtet werden, um aus der Konvergenz der beiden Medien einen Nutzen zu ziehen. Durch die Integration von Fernsehgerät und PC wird die Entwicklung im Bereich der Endgeräte jedoch nicht abgeschlossen sein. Mobiltelefone, Personal Digital Assistants (PDA) oder Auto-Navigationssysteme sind heute bereits für den Fernsehempfang und Internetzugang ausgestattet. Die Verschmelzung all dieser Systeme zu einem einzigen Gerät ist zwar gegenwärtig noch eine Vision, doch auch hier wird der Integrationsprozess vorangetrieben, wie beispielsweise bei iPhone, iPad oder Smartphone).

---

[1] Vgl. Wirtz/Krol (2002), S. 508.
[2] Vgl. Denger/Wirtz (1995), S. 22; Wirtz (1999), S. 15.

Kapitel 5: TV-Management

Diese technischen Entwicklungen führen dazu, dass TV-Unternehmen ihre Geschäftsmodelle in Zukunft weiter diversifizieren müssen, um dem technologischen und medialen Konvergenzprozess gerecht zu werden. Neben der Entwicklung des Rückkanals und der Endgeräte beeinflusst die Verbreitung der digitalen Videorekorder das TV-Management.[1] Durch den digitalen Videorekorder kann der Nutzer Werbeeinblendungen umgehen, indem er eine von ihm gewünschte Sendung aufzeichnen lässt und zeitversetzt anschaut, der digitale Videorecorder filtert dann bei der Wiedergabe Werbung automatisch heraus.

Langfristig kann durch den Einsatz digitaler Videorekorder das Geschäftsmodell der privaten TV-Anbieter gefährdet werden, da die Ausblendung von Werbung die finanzielle Grundlage des werbefinanzierten Free TV in Frage stellt. Als Reaktion auf diese Entwicklung versuchen Sendeanstalten und Netzbetreiber mit Nachdruck, neue technische Standards zu etablieren, die die Aufzeichnung und Bearbeitung des Programms unterbinden können.

Die Schnittstelle CI+, die diese Funktionen ermöglicht, wird bereits von einigen Kabelbetreibern für den digitalen Empfang vorausgesetzt. Außerdem erschließen Fernsehsender vermehrt alternative Erlösquellen, um auf den Rezipientenmärkten unabhängiger vom Werbemarkt zu werden. Hier ist vor allem das kostenpflichtige telefonbasierte Mitmach-Format (Call In TV) zu nennen.

HD-TV

Eine weitere Entwicklung, die starken Einfluss auf den TV-Markt nimmt, stellt das hochauflösende Fernsehen (High Definition Television - HDTV) dar. Der Begriff „hochauflösend" ist in diesem Kontext nicht eindeutig bestimmt und hat im Verlauf der Fernseh- und Kinogeschichte bereits verschiedene technische Entwicklungsstufen beschrieben. Heute versteht man unter HDTV allgemein Auflösungen, die mehr Bildpunkte darstellen als das herkömmliche Fernsehsignal. Die häufig verwendeten Angaben 1080p oder 720p leiten sich dabei aus der Vertikalauflösung ab. Das HDTV (zum Beispiel Auflösungen von 1920x1080 oder 1280x720 Bildpunkten) ist damit als technischer Nachfolger der immer noch weltweit verbreiteten Formate NTSC (720x480 Bildpunkte) und PAL (720x576 Bildpunkte) zu verstehen.

Da die Übertragung des Bildsignals eine deutlich größere Bandbreite erfordert, geht die Entwicklung von HDTV im TV-Markt eng mit der Entwicklung digitaler Übertragungsverfahren einher. Zur Verarbeitung der HDTV-Signale beim Empfänger sind daher entsprechende Empfangs- (HD Receiver) und Darstellungsgeräte (HD-fähige Bildschirme) erforderlich. Diese haben sich in Deutschland jedoch deutlich schneller verbreitet als HDTV selbst.

---

[1] Vgl. Wirtz/Schwarz (2001), S. 15; Gläser (2008), S. 313.

Dabei ist die Entwicklung und Verbreitung des hochauflösenden Fernsehens international unterschiedlich und der deutsche Markt liegt zum Teil erheblich hinter anderen Märkten zurück, besonders hinter dem japanischen und amerikanischen Markt. Dies liegt vor allem an den unterschiedlichen technischen Grundvoraussetzungen und Senderstrukturen. Insbesondere in Japan ist die HDTV-Entwicklung weit vorangeschritten und die Übertragung digitaler HDTV-Signale über alle Kanäle verbreitet. Die Pay-TV-Anbieter realisierten in vielen Ländern als erste HDTV. Die neue Technologie kann dabei als Alleinstellungsmerkmal gegenüber der frei empfangbaren Konkurrenz fungieren.

In Deutschland bot Premiere (heute Sky) seit 2005 drei HD-Kanäle an. Heute sendet Sky insgesamt 17 Kanäle in HD, darunter zum Beispiel Sky 3D, Sky Sport HD, Sky Cinema HD, Discovery HD, National Geographic HD, History HD und Eurosport HD. Ein weiterer Ausbau des HDTV-Programmangebots ist bereits für 2012 geplant.[1] Aber auch die frei empfangbaren, privaten Sender boten relativ früh hochauflösendes Fernsehen an.

ProSiebenSat.1 strahlte von 2005 bis 2008 konvertierte HD-Programme parallel zum normalen Sendebetrieb aus. Jedoch wurden die beiden Sender ProSiebenHD und Sat.1HD im Februar 2008 abgeschaltet, um sich Anfang des Jahres 2010 an der Digitalplattform HD+ zu beteiligen. Auch die RTL Group sendet seit Ende 2009 die beiden Kanäle RTL HD und VOX HD über HD+.

Die öffentlich-rechtlichen Rundfunkanstalten bieten das digitale hochauflösende Fernsehen erst seit Februar 2010 an und lagen damit weit hinter privaten Anbietern zurück. Neuproduktionen wie zum Beispiel Serien oder Dokumentationen werden jedoch bereits seit 2008 vermehrt in HD produziert und es ist geplant, in Zukunft einen überwiegenden Teil des Programmangebots in nativer HD-Qualität anzubieten.

Große Sportereignisse wie die olympischen Winterspiele und die Fußballweltmeisterschaft wurden bereits vollständig in HD ausgestrahlt. Mit der entsprechenden Empfangstechnik ist das HD-Angebot der öffentlich-rechtlichen Rundfunkanstalten für den Rezipienten frei empfangbar. Für die Filmindustrie ergeben sich aus HDTV eine Reihe veränderter Rahmenbedingungen.

Die HD-Produktion erfordert ein entsprechendes Know How sowie besondere Produktionskompetenzen. Neben der Produktionstechnik sind auch Investitionen in die Sendetechnik notwendig, wodurch die Umstellung zum Teil mit erheblichen Kosten verbunden ist. Auf Seiten der Content-Beschaffung ist ein klarer Trend hin zu HD-Material zu erkennen, sodass auch Sender ohne eigene Produktionsressourcen HD-Content auf den Beschaffungsmärkten erwerben können.

---

[1] Vgl. Sky Deutschland AG (2012).

Insbesondere Content aus den USA wird fast nur noch in HD produziert und eignet sich daher besonders für eine Ausstrahlung im nativen HD-Format. Durch HDTV haben sich für Sender auch neue Erlösformen ergeben. Private Sender, die ihr Programm bisher ausschließlich werbefinanziert haben, können HDTV als kostenpflichtigen Zusatzservice anbieten und so Erlöse direkt am Rezipientenmarkt erzielen. Diese neue Erlösform nutzen in Deutschland heute sowohl ProSiebenSat.1 als auch die RTL Group mittels HD+. Die HD-Sender werden dabei verschlüsselt übertragen und können nur durch einen Receiver mit entsprechender Karte entschlüsselt werden. Da es sich bei HD+ um eine Plattform des Satellitenbetreibers Astra handelt, stehen die Sender aktuell nur über Satellit zur Verfügung. Die Nutzung von HD+ kostet derzeit 50 Euro pro Jahr.

3 Leistungssystem

Das Leistungssystem von TV-Unternehmen zeichnet sich durch eine komplexe Struktur mit zahlreichen Interaktionsbeziehungen aus. Im Folgenden Abschnitt wird zunächst das Leistungsspektrum von TV-Unternehmen betrachtet und die Wertekette im TV-Markt beschrieben. Daran schließt sich eine Analyse der Core Assets und Kernkompetenzen von TV-Sendern an. Abschließend werden die verschiedenen Geschäftsmodelle im TV-Markt dargestellt und die Erlösmodelle sowie das Leistungserstellungsmodell gesondert betrachtet.

3.1 Leistungsspektrum

Die von Fernsehsendern angebotenen Produkte lassen sich anhand einer Vielzahl von Kriterien unterteilen. Neben der Unterteilung in öffentlich-rechtliche Anstalten sowie private Unternehmen lassen sich weitere, tiefergehende Unterteilungen finden. Hier bietet sich die Erlöserzielung der Unternehmen als Abgrenzungskriterium an. Dementsprechend kann zwischen dem Leistungsspektrum von Free TV-Anbietern und Pay TV-Anbietern unterschieden werden.

Während sich Free TV-Unternehmen durch Werbeeinnahmen und Gebühren finanzieren, ist das Erlösmodell entgeltfinanzierter Pay TV-Unternehmen auf die Rezipientenmärkte ausgerichtet. Eine Sonderstellung nehmen hierbei das Tele-Shopping und das Call In TV ein, da der Empfang des Programms für den Rezipienten zwar keine Kosten verursacht, die Erlöse aber dennoch auf den Rezipientenmärkten generiert werden. Eine Übersicht über das Leistungsspektrum von TV-Unternehmen zeigt Abbildung 3-1.

Abbildung 3-1: Produktformen im TV-Bereich

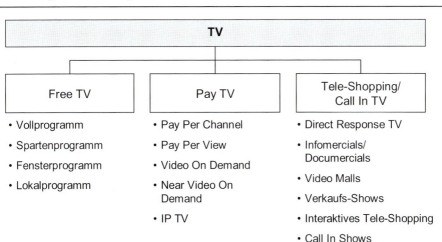

3.1.1 Free TV

Im Modell des Free TV stehen den Unternehmern Gebühren und Werbeerlöse für die Finanzierung zur Verfügung. Für die Rezipienten ist die Nutzung des TV-Angebots kostenlos, der Programmveranstalter generiert seine Erlöse über Gebühren und die Einblendung von Werbung. Letztlich zahlen die Werbetreibenden für die Aufmerksamkeit einer bestimmten Zielgruppe.

Im Bereich des Free TV ist eine Unterscheidung anhand des Programmumfangs in Voll-, Sparten-, Fenster- und lokale Programme sinnvoll. Diese Unterteilung, die in weiten Teilen dem Rundfunkrecht folgt, ist zwar grundsätzlich unabhängig vom verfolgten Erlösmodell der Unternehmen, macht aber für den Pay TV-Bereich keinen Sinn, da hier nur Spartenprogramme angeboten werden.

Abbildung 3-2 beschreibt die Kostendeckung dieser Programme für das Jahr 2010. Free TV-Vollprogramme und -Spartenprogramme wirtschaften stark kostendeckend. Tele-Shopping und landesweites Fernsehen bewegen sich gerade noch im Gewinnbereich, während lokales beziehungsweise Ballungsraum-TV defizitär wirtschaftet. Im Folgenden soll die Unterteilung der Programme beschrieben werden.

Kapitel 5: TV-Management

Abbildung 3-2: *Kostendeckung im deutschen Privatfernsehen 2010*[1]

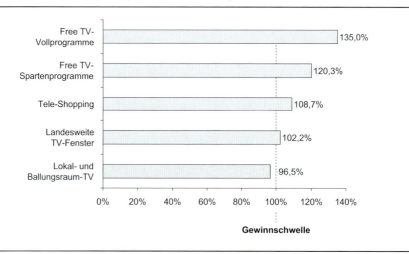

- Vollprogramme

Der Begriff des Vollprogramms wird in § 2 Abs. 2 Nr. 1 des Rundfunkstaatsvertrags (RStV) definiert. Demnach ist ein Vollprogramm ein Programm mit vielfältigen Inhalten, in dem Informationen, Bildung, Beratung und Unterhaltung wesentliche Bestandteile bilden. In einigen Landesrundfunkgesetzen wird darüber hinaus eine Mindestsendezeit vorausgesetzt. Diese ist in den einzelnen Bundesländern unterschiedlich hoch bemessen.

Vollprogramme richten sich mit ihrem Angebot an eine breite Masse von Rezipienten. Eine Spezialisierung entsprechend der Interessen einer vordefinierten Zielgruppe findet nicht statt. Klassische Vollprogramme sind die öffentlich-rechtlichen Sendeanstalten ARD und ZDF. Daneben sind auch die privatwirtschaftlich organisierten Sender RTL und Sat.1 nach ihrer Programmgestaltung und ihrer Verbreitung als Vollprogramme anzusehen.

- Spartenprogramme

Spartenprogramme sind gemäß § 2 Abs. 2 Nr. 2 RStV Programme mit gleichartigen Inhalten und einem inhaltlichen Schwerpunkt. Ihr Angebot richtet sich damit insbesondere an bestimmte Zielgruppen, die ein besonderes Interesse an dem jeweiligen inhaltlichen Schwerpunkt haben. Beispiele für Spartenprogramme bieten insbesondere Nachrichtensender wie n-tv, N24 oder Bloomberg TV und Kulturkanäle wie arte oder 3sat sowie Sportsender wie Sport1 und Eurosport. Die Vergangenheit hat jedoch ge-

---

[1] In Anlehnung an Hübner (2012).

zeigt, dass werbefinanzierte Spartenprogramme allein mit dem Werbezeitenverkauf nicht wirtschaftlich arbeiten können. Daher bedienen sich viele Spartenprogramme alternativer Erlösarten (zum Beispiel Call In TV).

- Fensterprogramme

Als Fensterprogramme werden zeitlich begrenzte Programme bezeichnet, die beispielsweise im Rahmen eines überregionalen Programms regional begrenzt verbreitet werden. Als Beispiele hierfür können unter anderem die Regionalfenster im Vorabendprogramm der ARD genannt werden. Aber auch der unabhängige Programmanbieter DCTP tritt als Fensterprogramm auf.

DCTP bietet schwerpunktmäßig informations- und kulturorientierte Inhalte an, zum Beispiel 10 vor 11, Spiegel TV Magazin und NZZ Format. Diese werden als Fensterprogramme im bundesweit verbreiteten Fernsehprogramm von RTL, Sat.1 und VOX ausgestrahlt. Eine besondere Rolle als Fensterprogramme spielen in zunehmendem Maß die Home Shopping-Sender. Diese bieten neben ihrem eigenen ganztägigen Programm zum Teil Fenster im Programm anderer Sender an. So hat beispielsweise Home Shopping Europe Fenster im Programm von Kabel 1.

- Lokale Programme

Lokale Programme sind Programme, die in einem regional begrenzten Sendegebiet hergestellt und verbreitet werden. Dies ist beispielsweise bei FAB (Fernsehen aus Berlin) der Fall.

- Video On Demand

Mittlerweile lassen sich auch zahlreiche Fernsehinhalte nach ihrer Ausstrahlung kostenlos über Online-Dienste abrufen. Ausführliche Informationen hierzu liefert das Fallbeispiel ARD Mediathek.

3.1.2 Pay TV

Pay TV-Sender unterscheiden sich von anderen Anbietern vor allem durch ihre Art der Finanzierung. Im Gegensatz zu den Free TV-Sendern, die sich vorrangig über die Werbemärkte beziehungsweise Rundfunkgebühren finanzieren, erfolgt die Finanzierung von Pay TV-Unternehmen vor allem über die Rezipientenmärkte. In diesem Kontext sind nicht zahlungswillige Zuschauer vom Konsum auszuschließen.

Daher wird das Fernsehsignal zunächst verschlüsselt gesendet und beim zahlenden Zuschauer mit einem entsprechenden Gerät (Decoder) wieder entschlüsselt. Das Angebot von Pay TV-Sendern muss sich deutlich vom Angebot der Free TV-Sender unterscheiden und an den Ansprüchen potenzieller Kunden orientieren. Anderenfalls werden die Rezipienten keine Zahlungsbereitschaft für das Angebot der Pay TV-Sender aufweisen.

Kapitel 5: TV-Management

Im Bereich der entgeltfinanzierten Fernsehanbieter, die in der Regel ein Spartenprogramm anbieten, bietet sich eine Unterteilung hinsichtlich der Flexibilität der Nutzung der Angebote in Pay Per Channel-, Pay Per View-, Video On Demand- und Near Video On Demand-Angebote an. Es wird danach unterschieden, ob dem Programmangebot ein festes Sendeschema zugrundeliegt oder nicht. Dies ist bei den Pay TV-Formen Pay Per Channel und Pay Per View der Fall. Bei beiden Formen wird das Programm zeitgleich an alle Teilnehmer entweder über Kabel oder Satellit ausgestrahlt. Unterschiede bestehen zwischen beiden Formen bezüglich der Art der Zahlung des Rezipienten.

- Pay Per Channel

Beim Pay Per Channel erwirbt der Zuschauer für ein zumeist monatliches Entgelt das Recht, sämtliche Programme oder Sendungen des betreffenden Pay TV-Senders zu empfangen. Diese Form des Pay TV wird auch als Abonnementfernsehen bezeichnet. Das Fernsehunternehmen erzielt auf den Rezipientenmärkten transaktionsunabhängige Mediennutzungsgebühren.

- Pay Per View

Das Pay Per View unterscheidet sich hiervon insbesondere dadurch, dass der Zuschauer nur die Sendungen bezahlt, die er auch tatsächlich konsumiert. Damit ist Pay Per View transaktionsbasiert, der Sender erzielt transaktionsabhängige Mediennutzungsgebühren. Sowohl bei Pay Per Channel als auch bei Pay Per View kann der Konsument jedoch nur bestimmen, ob er eine bestimmte Sendung zu einem bestimmten Zeitpunkt konsumiert. Auf Art und Inhalt der Sendung sowie auf den Zeitpunkt der Ausstrahlung hingegen hat er keinen direkten Einfluss. Es besteht lediglich ein indirekter Einfluss dergestalt, dass das Angebot entsprechend den Präferenzen der Zielgruppe zu gestalten ist, da diese nur dann zur Zahlung von Gebühren bereit sein wird.

- Video On Demand

Hinter dem Begriff Video On Demand (VOD) steht ein Service, der es dem Zuschauer ermöglicht, einen gewünschten Programmbeitrag mittels interaktionsfähigem Fernsehgerät beziehungsweise Set Top Box unabhängig von festgelegten Sendeterminen auszuwählen. Beim VOD wird der Zuschauer somit in die Lage versetzt, sein Fernsehprogramm sowohl nach dem Zeitpunkt als auch nach dem Inhalt selbst zu gestalten.[1]

Darüber hinaus können die Sendungen gegebenenfalls beliebig unterbrochen und einzelne Passagen wiederholt werden. Technisch wird dies durch einen Rückkanal vom Empfangsgerät des Nutzers zum Fernsehanbieter ermöglicht. Über diesen schickt der Kunde Befehle an den Zentralrechner, um beispielsweise Filme zu bestellen. Das bedeutet gleichzeitig, dass der Zuschauer ein Endgerät benötigt, das für den digitalen Empfang ausgestattet ist. Daneben ist auch der Einsatz von internetfähigen PCs als Empfangsgeräte denkbar. Das Internet bietet bereits die Möglichkeit, Video On De-

---

[1] Vgl. Bitkom (2009a), S. 16 ff.

mand umzusetzen, da es rückkanalfähig ist. Mit der zunehmenden Verbreitung von Breitbandinternetanschlüssen steht inzwischen in vielen Haushalten eine ausreichend hohe Bandbreite für die Übertragung qualitativ hochwertiger TV-Inhalte über das Internet zur Verfügung. In den nächsten Jahren ist weiterhin mit einem deutlichen Zuwachs zu rechnen. Es wird davon ausgegangen, dass die Nutzerzahlen für Video On Demand in den nächsten Jahren stark ansteigen werden. Vor allem im Zusammenhang mit Quadruple Play- und Triple Play-Angeboten wird Video On Demand einen hohen Stellenwert haben.

Darüber hinaus ist die Frage interessant, welche Faktoren den Erfolg von Video On Demand-Angeboten fördern. Dabei stellt insbesondere die zeitliche Flexibilität bei der Nutzung, das heißt die freie Wahl in Bezug auf den Zeitpunkt der Nutzung, einen wichtigen Vorteil gegenüber dem traditionellen Fernsehen oder den an Öffnungszeiten gebundenen Videotheken dar. Auch die Möglichkeiten zur Vermeidung von Werbung und Personalisierung sind erfolgsrelevante Faktoren. Ein Video On Demand-Angebot sollte außerdem mit Value Added Services angereichert werden, damit es für die Rezipienten attraktiv ist.

Trotz der vielversprechenden Aussichten von Video On Demand soll an dieser Stelle auch auf mögliche Probleme im Zusammenhang mit diesem Content-Angebot eingegangen werden. Aus Sicht des Unternehmens stellen beispielsweise das Fehlen eines ausgereiften digitalen Rechtemanagement und entsprechender Technologien mögliche Hemmnisse von Video On Demand dar. Auch auftretende Kannibalisierungseffekte können störend wirken, wenn die Absatzmenge von Offline-Produkten (zum Beispiel der Filmverleih in der Videothek) aufgrund des Online-Angebots abnimmt und dadurch das Wachstum von Video On Demand zu Lasten des klassischen Online-Vertriebs geht.[1]

Near Video On Demand

Eine Möglichkeit zur weitgehenden Personalisierung des TV-Programms bei gleichzeitiger Berücksichtigung der technischen Restriktionen des VOD bietet das Konzept des Near Video On Demand (NVOD). Beim Near Video On Demand wird der gleiche Inhalt zeitversetzt auf mehreren Übertragungskanälen ausgestrahlt. Damit kann der Zuschauer zwar den Start eines Beitrags nicht frei festlegen, er ist jedoch durch eine regelmäßige Ausstrahlung der Sendung auf verschiedenen Kanälen (zum Beispiel alle 15 Minuten) in der Lage, seine persönliche Sendezeit quasi frei zu wählen. Damit bietet Near Video On Demand den entscheidenden Vorteil, dass deutlich geringere Übertragungskapazitäten benötigt werden. Es ist nicht erforderlich, auf die Anfragen einer Vielzahl von Nutzern individuell zu reagieren, da die zu übertragenden Inhalte nicht auf individuelle Wünsche ausgerichtet sind.

---

[1] Vgl. Wirtz/Burda/Beaujean (2006), S. 50 f.

3.1.3 Tele-Shopping und Call In TV

Beim Tele-Shopping und Call In TV finanzieren sich die Unternehmen vollständig oder zu einem Teil direkt über die Rezipientenmärkte. Anders als beim Pay TV und ähnlich wie beim Free TV wird das Programm frei ausgestrahlt. Im Gegensatz zum klassischen Free TV aber werden die Rezipienten aufgefordert, ein Produkt zu erwerben (Tele-Shopping) beziehungsweise das aktuelle Fernsehgeschehen durch aktives Mitmachen zu beeinflussen (Call In TV).

Die Finanzierung erfolgt über die Erlöse aus dem Warenverkauf beziehungsweise den entgeltpflichtigen Calls. Unter Tele-Shopping ist der Verkauf von Produkten über das Medium Fernsehen zu verstehen. Die Anbahnung von Geschäftstransaktionen zwischen einem anbietenden Unternehmen und dem Konsumenten findet dabei auf der Basis des Mediums Fernsehen statt.

Die Phase des Vertragsabschlusses erfolgt dabei klassischerweise über ein anderes, bidirektionales Medium (zum Beispiel Telefon). Bei interaktivem TV kann die Bestellung auch ohne Medienbruch direkt über den Fernseher erfolgen.[1] Neben dem Betrieb eines eigenen Kanals mit ganztägigem Einkaufsangebot steht Tele-Shopping-Sendern auch die Möglichkeit offen, auf anderen Kanälen Verkaufsfenster zu betreiben.

In beiden Fällen steht dem Unternehmen ein breites Leistungsspektrum zur Verfügung, das sich vor allem hinsichtlich der Art und der Dauer der Produktpräsentation unterscheidet.[2] Im Einzelnen kann zwischen Direct Response Television, Infomercials/Documercials, Video Malls, Verkaufs-Shows und interaktivem Tele-Shopping unterschieden werden.

- Direct Response Television

Direct Response Television (DRTV)-Spots werden in herkömmlichen Werbeblöcken ausgestrahlt und haben eine Länge von circa 45 Sekunden. Über eine eingeblendete Telefonnummer können die Zuschauer die beworbenen Produkte direkt bestellen. DRTV ist die derzeit am häufigsten anzutreffende Art des Tele-Shopping.

- Infomercials/Documercials

Aus der Verknüpfung der Begriffe Information beziehungsweise Documentation und Commercials entstanden die Infomercials und Documercials. Infomercials sind Werbesendungen von einer Dauer bis zu einer Stunde, in der ein Präsentator jedes Produkt ausführlich erläutert. Zwischendurch werden die Zuschauer wiederholt auf die Bestellmöglichkeiten hingewiesen. In den Documercials steht weniger die Präsentation der Produkte im Vordergrund. Hierbei werden eher Hintergrundinformationen zu den Produkten vermittelt.

---

[1] Vgl. Wirtz/Sammerl (2005b), S. 158.
[2] Vgl. Fantapié Altobelli (2000), S. 179 ff.

- Video-Malls

Video Malls stellen eine Zusammenfassung von Tele-Shopping-Spots unterschiedlicher Direktvertreiber dar, wobei die Leistung des Tele-Shopping-Betreibers darin liegt, die Sendeplattform zur Verfügung zu stellen und eine ausgewogene Sortimentspolitik sicherzustellen.

- Verkaufsshows

In Verkaufs-Shows führt ein Moderator durch die Präsentation. Oft werden verschiedene Produkte in Unterhaltungssendungen vorgestellt und ihre Anwendungsmöglichkeiten vorgeführt. Durch den Einsatz des interaktiven Fernsehens erweitern sich die Möglichkeiten im Bereich Tele-Shopping erheblich. Aufgrund des Vorhandenseins eines Rückkanals hat der Kunde die Möglichkeit, Online in die Präsentation einzugreifen. Durch die Erfassung des individuellen Such- und Nutzungsverhaltens des Zuschauers können Nutzerprofile erstellt werden. Auf der Grundlage der Profile lassen sich personalisierte Anwendungen und Dienstleistungen erstellen, die beim Kunden einen hohen Mehrwert generieren.

- Interaktives Tele-Shopping

Insgesamt können drei Varianten des interaktiven Tele-Shopping unterschieden werden, die interaktive Direktwerbesendung, das interaktive Katalog-Shopping und interaktive Video Malls.[1] Die interaktiven Direktwerbesendungen sind grundsätzlich so aufgebaut wie DRTV-Spots, Infomercials, Documercials oder Verkaufs-Shows. Erweitert werden die interaktiven Direktwerbesendungen durch zusätzliche Funktionen, wie beispielsweise die Abrufmöglichkeit weiterer Informationen über Produkte mithilfe der Fernbedienung und die Online-Bestellmöglichkeit. Durch einen möglichst hohen Individualisierungsgrad der Direktwerbesendungen können die Unternehmen ihre Zielkunden direkt ansprechen, was sich positiv auf den Erfolg der Werbung auswirkt.

Um die Werbung zu personalisieren, müssen die potenziellen Kunden ihre Interessen offenlegen. Der Vorteil, den die Kunden von der Angabe ihrer Interessen haben, liegt zum Beispiel in der überwiegenden Einblendung von für sie interessanten Angeboten. Darüber hinaus könnte im Pay TV eine Reduktion des Entgelts für das Empfangen bestimmter Programme den Anreiz steigern, persönliche Daten anzugeben. Das interaktive Katalog-Shopping funktioniert in ähnlicher Weise wie das Online Shopping im Internet. Die großen Versandhäuser präsentieren im Internet zum Beispiel ihre gesamte Produktpalette. Der potenzielle Kunde kann sich Zusatzinformationen zu den Produkten anzeigen lassen, Bestellungen Online aufgeben und auch die Rechnung mittels Kreditkarte Online bezahlen.

---

[1] Vgl. Fantapié Altobelli (2000), S. 182.

Kapitel 5: TV-Management

Einige Anbieter ermöglichen dem Kunden darüber hinaus, den Bestellstatus abzurufen, sodass der Kunde zu jeder Zeit über den Verbleib seiner georderten Waren informiert ist. Durch die Erstellung von Nutzerprofilen, die aus den Such- und Kaufgewohnheiten abgeleitet werden, können auch hier personalisierte Angebote erstellt werden. Diese Art des Katalog-Shopping kann grundsätzlich auch über interaktives Fernsehen erfolgen. Der Zuschauer navigiert mithilfe der Fernbedienung. Aufgrund des größeren Bildschirms könnte die Präsentation bestimmter Produkte im Fernsehen sogar vorteilhaft sein. Als interaktive Video Malls werden virtuelle Einkaufszentren im interaktiven Fernsehen bezeichnet.[1] In einem Einkaufszentrum findet der Zuschauer die Produkte verschiedener Anbieter zusammengefasst. In virtuellen Abteilungen und Regalen werden die Angebote ähnlich wie in einem wirklichen Kaufhaus präsentiert. Der Zuschauer bewegt sich mithilfe der Fernbedienung durch die Video Mall und kann wiederum seine Bestellungen Online aufgeben und die Rechnung Online bezahlen.

■ Call In TV

Im Rahmen von Call In TV (auch Mitmachfernsehen genannt) wird der Zuschauer in das aktuelle Fernsehgeschehen mit eingebunden. Er soll sich über entgeltpflichtige Telefonanrufe oder SMS aktiv am Programmverlauf beteiligen. Das Leistungsangebot reicht von einzelnen TV-Sendungen, die Call In-Aktionen in das Format integrieren (zum Beispiel Big Brother und Wetten, dass…?) bis hin zu TV-Sendern, deren Programmangebot vollständig auf reinen Mitmach-Shows basiert (zum Beispiel Sonnenklar.TV). Beim Call In TV zeigen sich verschiedene Ausgestaltungsformen der Zuschauerintegration. So kann der Zuschauer in einigen Fällen durch seinen Anruf für oder gegen etwas stimmen und damit das aktuelle und zukünftige Geschehen in einer Show beeinflussen. Häufig finden sich auch Ratesendungen, bei denen der Rezipient aufgefordert wird, ein Rätsel zu lösen. Beide Call In TV-Formate sind häufig mit Gewinnmöglichkeiten verbunden, die dem Rezipienten einen Anreiz für seine Beteiligung bieten sollen.

Im Jahr 2001 startete mit 9Live der erste reine Call In TV-Sender. Nur vier Jahre später erzielte der Sender bereits Einnahmen von 96 Millionen Euro und eine Rendite von über 30%. Anrufer zahlten 50 Cent pro Anruf und nur circa jeder 25. Anrufer wurde Live in die Sendung durchgestellt.[2] Dieser Erfolg führte dazu, dass auch die etablierten Sender Call In Formate in ihr Programm aufnahmen. Im Jahr 2005 wurde 9Live von der ProSiebenSat.1 Media AG aufgekauft und war damit 100%-ige Tochter der Sendergruppe. Allerdings musste der Sender im August 2011 aufgrund sinkender Umsätze seinen Live Betrieb einstellen.[3] Mittlerweile stellen immer mehr Sender ihre Call In-Formate ein, da auch sie sinkende Umsätze realisieren mussten. So verzichtet Sat.1 gänzlich auf Call In Shows, ebenso wie auch ProSieben. Viele Sender setzen heute auf sogenannte „Quiz Breaks", also kurze Pausen während des regulären Programms.[4]

---

1 Vgl. Rohrbach (1997), S. 16 f.
2 Vgl. Berke/Steinkirchner (2004), S. 60.
3 Vgl. Sueddeutsche Zeitung (2011).
4 Vgl. DWDL (2011).

Leistungssystem

3.2 Wertschöpfungsstrukturen

Das Marketing ist insbesondere für Privatsender zur Positionierung im Zuschauermarkt wichtig.[1] Anders als bei Printmedien, bei denen die technische Produktion, also der Druck, vor der Distribution steht, besteht die technische Produktion in TV-Unternehmen in der Ausstrahlung der Programme und entspricht damit der Distribution. Die Wertkette von TV-Unternehmen ist in Abbildung 3-3 dargestellt.

Abbildung 3-3: Wertkette der TV-Wirtschaft

Beschaffung der Input-Faktoren	Programm-produktion	Programm-handel	Programm-gestaltung/ Packaging	Technische Produktion und Programm-distribution	Rezipient
Kernaufgaben					
• Beschaffung von Drehbüchern, Moderatoren, Schauspielern, Redakteuren, Technik, Beiträgen, Spielfilmen und von Werberaumleistungen	• Planung, Steuerung und Ausführung der Produktion	• Handel mit Film- und Sportrechten	• Planung und Zusammenstellung des Sendeablaufs • Platzierung von Werbespots	• Sendetechnik • Nutzung der Telekommunikationsinfrastruktur	
Anbieter					
• Nachrichtenagenturen • Drehbuchautoren • Schauspielagenturen • Werbeagenturen	• Redaktionen • Produktionsfirmen	• Rechtehandel • Programmhandel	• Programmdirektor • Programmredaktion	• Kabelnetzbetreiber • Satellitenbetreiber	
Beispiele					
• Spiegel TV • DCTP • BBDO	• Tagesschauredaktion • Brainpool • Bavaria Filmgesellschaft	• ISPR • Tele München Gruppe (TMG)	• ARD-, ZDF- oder RTL-Programmdirektor • Programmredakteur	• Deutsche Telekom • Astra, Eutelsat	

Die Wertkette in TV-Unternehmen lässt sich in fünf Stufen unterteilen. In einer ersten Stufe werden die benötigten Input-Faktoren beschafft.[2] Diese bestehen zum einen aus Inhalten, wie beispielsweise Drehbüchern, Beiträgen und Spielfilmen, zum anderen aus der benötigten Technik und dem benötigten Personal. Hier sind beispielhaft Schauspieler, Moderatoren und Redakteure zu nennen. Der Beschaffung folgt in einer zweiten Stufe, der Programmproduktion.

---

[1] Vgl. Wirtz/Pelz (2006), S. 273.
[2] Vgl. Wirtz (1994), S. 69 ff.

Hierunter wird die Produktion einzelner Sendungen, wie zum Beispiel einer Ausgabe der Tagesschau, verstanden. Mit Format-, Film- und Sportrechten kann aufbauend auf der Produktionsstufe ein Programmhandel betrieben werden. Der Handel mit diesen Rechten ist Inhalt der dritten Stufe der Wertkette. Die Zusammenstellung einzelner Beiträge und Sendungen zum Programmablauf, die Programmgestaltung, bildet die vierte Stufe der Wertkette. Auf der fünften Stufe schließlich wird das erstellte Programm im Rahmen der Programmdistribution gesendet. Hier zeigt sich eine Besonderheit der Wertschöpfung von TV-Unternehmen. Die Programmdistribution und die technische Produktion der Mediendienstleistung fallen zusammen.

3.3 Core Assets und Kernkompetenzen

Zu den Core Assets von TV-Unternehmen zählen die Mitarbeiter, die Marke, die Netzwerke und die Reichweite. In Bezug auf die Mitarbeiter stellen vor allem das Kreativitätspotenzial der Mitarbeiter und die Interaktionsmuster innerhalb der Teams eine wichtige Rolle. Mit einer TV-Marke signalisiert der TV-Sender ein Programmprofil und bindet dadurch Zuschauer an den TV-Sender. Durch ein Netzwerk von leistungsfähigen TV-Produzenten kann beispielsweise die Versorgung mit attraktiven Inhalten gesichert werden. Aber auch die Beschaffung exklusiver Informationen erfolgt häufig über persönliche Kontaktnetzwerke. Für Werbekunden ist die Reichweite ein entscheidendes Merkmal bei der Schaltung von Werbespots. Je höher die Reichweite ist, desto höher sind tendenziell die erreichbaren Werbeerlöse.

Zur Nutzung von Core Assets sind bei TV-Anbietern mit der Content Sourcing-Kompetenz, der Content Creation-Kompetenz, der Formatkompetenz und der Crossmedialen Verwertungskompetenz vier zentrale Kompetenzen von übergeordneter Relevanz. Im Rahmen der Content Sourcing-Kompetenz können durch die Beschaffung von attraktiven Inhalten für TV-Programme Wettbewerbsvorsprünge auf den TV-Märkten erreicht werden. Die Content Creation-Kompetenz von TV-Anbietern besteht aus den in Kapitel 1 beschriebenen Subkompetenzen.

Eine hohe Content Creation-Kompetenz ermöglicht die Erstellung einzigartiger TV-Programme, die einem Sender erhebliche Differenzierungsvorteile gegenüber Wettbewerbern verschaffen. Bei der Produktentwicklungskompetenz, die auch als Formatkompetenz bezeichnet wird, gewinnt insbesondere die Fähigkeit, verschiedene Erlösquellen in die Programmformate zu integrieren, zunehmend an Bedeutung. Mithilfe der crossmedialen Content-Verwertung als Kernkompetenz von TV-Unternehmen werden die Verwertung von Programmen und die Generierung von Erlösströmen über verschiedene Kanäle, zum Beispiel die Verwertung von Shows und Serien über TV, Internet sowie Musik- und Printprodukte, ermöglicht.

3.4 Geschäftsmodelle

Die im Fernsehbereich verfolgten Geschäftsmodelle lassen sich zwei grundsätzlichen Geschäftsmodellausrichtungen zuordnen. Es handelt sich dabei um öffentlich-rechtliche Sendeanstalten und private TV-Unternehmen. Wenngleich diese Geschäftsmodelle einander ähnlich sind, bestehen doch wesentliche Unterschiede bezüglich der Zielsetzung. Insofern soll in diesem speziellen Fall vom Leistungsangebotskriterium zur Einteilung von Geschäftsmodellen abgewichen werden. Vielmehr werden die Geschäftsmodelle hier primär anhand der Unternehmensziele abgegrenzt.

Während die privaten Unternehmen eine Gewinnmaximierung anstreben, besteht die Zielsetzung öffentlich-rechtlicher Sendeanstalten vornehmlich in einer Grundversorgung der Bevölkerung. Dies wirkt sich unmittelbar auf das Erlösmodell sowie auf das Leistungsangebot der Unternehmen aus. Durch diese Form der Unterteilung der Geschäftsmodelle können daher homogene Gruppen mit geringen Überschneidungen gebildet werden. Bevor nun aber auf die verschiedenen Geschäftsmodelle öffentlich-rechtlicher und privater Anbieter eingegangen wird, werden zunächst allgemein das Erlös- und Leistungserstellungsmodell im TV-Markt dargestellt.

- Erlösmodell

Da das Erlösmodell einen wesentlichen Bestandteil eines jeden Geschäftsmodells bildet, soll an dieser Stelle zunächst eine Darstellung der im TV-Bereich grundsätzlich verfolgten Erlösmodelle erfolgen. Dies geschieht in Anlehnung an die in Abschnitt 1 dargestellte Erlössystematik. Zum einen sind hier Erlöse zu nennen, die den Sendern von Seiten des Staats zufließen. Im Fall der öffentlich-rechtlichen Sendeanstalten sind dies insbesondere die Rundfunkgebühren. Die Höhe der Gebühren ist im Rundfunkstaatsvertrag festgelegt und ihr Einzug erfolgt über die Gebühreneinzugszentrale.

Dazu kommen Subventionen, die für bestimmte Sendungen oder Sender gezahlt werden. Auf den Rechtemärkten werden Erlöse vor allem aus dem Handel mit Film- und Sportrechten erzielt. Daneben werden jedoch auch Senderlogo, Programmtitel und Symbole von dritten Unternehmen für die Vermarktung von Produkten verschiedener Art verwendet. Für die Nutzungsrechte erheben die Sender Lizenzgebühren.

Die Werbemärkte stellen eine weitere Erlösquelle dar, die insbesondere bei privaten Sendeanstalten eine zentrale Rolle einnimmt. Neben der originären Werbung in Form von TV-Spots (Blockwerbung oder Unterbrecherwerbung) existiert eine Reihe weiterer, jüngerer Erlösformen auf den Werbemärkten.[1] Diese sind Sponsoring, Tele-Shopping, Werbegewinnsendungen sowie Product Placement und bilden mit der Werbung die fünf Hauptangebotsformen auf den TV-Werbemärkten. Der originären Werbung kommt die größte Bedeutung zu, auch wenn die alternativen Werbeformen in den letzten Jahren an Wichtigkeit für die Erlösstruktur der Sender gewonnen haben.

---

[1] Vgl. Wirtz (1994), S. 140 f.

Eine besondere Bedeutung dürfte hierbei das Programmsponsoring haben. Darunter wird im Kontext von TV-Angeboten die Finanzierung einer Sendung durch ein Unternehmen mit der Intention, den Namen einer Marke beziehungsweise des Unternehmens zu bewerben, verstanden. Der Verkauf von Werbeflächen im Videotextangebot der Sender bietet eine weitere Erlösquelle von TV-Unternehmen. Provisionserlöse werden über die Bereitstellung von Tele-Shopping-Fenstern erzielt. Bei Zustandekommen einer Transaktion zwischen dem werbetreibenden Unternehmen und einem Konsumenten erhält der ausstrahlende Fernsehsender eine (prozentuale) Umsatzbeteiligung.

Das Product Placement ist ebenfalls den auf den Werbemärkten erzielten Erlösformen zuzuordnen. Hierbei werden Fernsehunternehmen für Eigenproduktionen benötigte Requisiten oder sonstige Sachleistungen von werbetreibenden Unternehmen für einen bestimmten Zeitraum unentgeltlich zur Verfügung gestellt. Die Gegenleistung hierfür besteht in der systematischen Platzierung der entsprechenden Artikel in dem Programmbeitrag. Finanzielle Zahlungen für das Product Placement sind rechtlich gemäß § 6 Abs. 5 des Rundfunkstaatsvertrags nicht zulässig.

Neben den Hauptwerbeformen existieren zwei Einnahmenbereiche, die nicht direkt mit dem TV-Werbemarkt in Verbindung stehen. Zum einen ist dies das Bartering, bei dem werbetreibende Nachfrager den TV-Unternehmen Programmmaterial zur Verfügung stellen und dafür Werberaum erhalten. Zum anderen können TV-Anbieter mittels Merchandising Rechte verwerten. Dies erstreckt sich heute von Büchern über DVDs/Blu-rays bis hin zu Textilien und hat in den letzten Jahren ebenfalls erheblich an Bedeutung gewonnen. Abbildung 3-4 gibt einen Überblick über die verschiedenen Werbeformen, mittels derer auf den Werbemärkten Erlöse generiert werden können.

Auf den Rezipientenmärkten lassen sich Erlöse sowohl in Form von Gebühren für den Medienzugang und die Mediennutzung (Pay TV) als auch in Form von Entgelten aus T-Commerce-Aktivitäten erzielen. Zu den Gebühren für den Medienzugang sind insbesondere der Erwerb von Decodern für den Empfang von Pay TV-Sendungen oder Einrichtungsgebühren für den Zugang zu solchen Angeboten zu zählen. Bei den Zahlungen für die Mediennutzung sind sowohl transaktionsabhängige Entgelte, wie beispielsweise das Entgelt pro Film beim Pay Per View TV, als auch transaktionsunabhängige Zahlungen, zum Beispiel für ein Pay TV-Abonnement, denkbar.

Der Bereich T-Commerce erlangt eine zunehmend größere Bedeutung als Erlösquelle für TV-Unternehmen. Dazu gehören insbesondere eigene Tele-Shopping-Angebote der TV-Sender (zum Beispiel RTL Shop) und Telefondienste im Rahmen von Call In-TV (zum Beispiel Big Brother). Sowohl bei den Privatsendern als auch im Programm von ARD und ZDF sind Call In-Sendungen mittlerweile stark vertreten. Darüber hinaus werden auf den Rezipientenmärkten noch Erlöse aus Dienstleistungen, wie zum Beispiel Archivdiensten, sowie aus Merchandising-Aktivitäten erzielt. Merchandising bezeichnet in diesem Zusammenhang alle Maßnahmen zur Absatzförderung sendungsbezogener Produkte.

Abbildung 3-4: Angebotsformen der TV-Werbung[1]

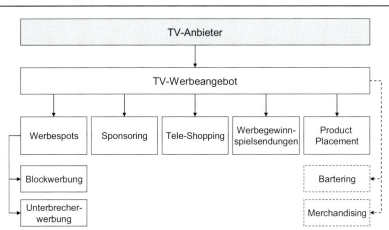

■ Leistungserstellungsmodell

Von besonderer Bedeutung für das Management von TV-Unternehmen ist die Struktur der Leistungserstellung im TV-Bereich. Hauptaufgabe von TV-Unternehmen ist die Produktion und Vermarktung von TV-Programmen. Dabei müssen innerhalb des Unternehmens verschiedene Prozesse definiert, koordiniert und ausgeführt werden. Die Kernprozesse, die Treiber der Leistungserstellung sind, werden im Leistungserstellungsmodell abgebildet. Anhand des Leistungserstellungsmodells können vom Management Ansatzpunkte für Prozessverbesserungen identifiziert werden.

Das in der Abbildung 3-5 dargestellte Leistungserstellungsmodell gibt Auskunft über die Aufteilung der Erlösquellen und die Kostenstruktur von TV-Unternehmen. Bei der Zusammensetzung der Erlöse wird der Erlös-Mix privater Free TV-Anbieter dargestellt. Etwa 86% der Gesamterlöse entfallen auf Werbeerlöse, während rund 14% der Erlöse durch Transaktionen und Mehrwertdienstleistungen eingenommen werden. Unter Transaktions- und Mehrwertdienstleistungserlösen werden hier alle Erlöse verstanden, die beispielsweise durch Merchandising und Call In-Sendungen auf den Rezipientenmärkten erzielt werden.

---

[1] Vgl. Wirtz (1994), S. 140.

Kapitel 5: TV-Management

Abbildung 3-5: Kosten- und Erlösstruktur der Leistungserstellung (privates Free TV)[1]

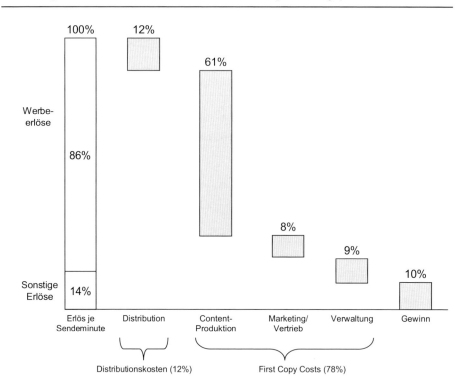

Die Distributionskosten von TV-Anbietern sind mit 12% relativ niedrig. Der Anteil der First Copy Costs am Gesamtumsatz beträgt 78%, sodass durch eine hohe Reichweite erhebliche Kostendegressionseffekte zu erzielen sind. 61% des Gesamtumsatzes entfallen auf die Content-Produktion, die damit den größten Kostenblock von TV-Unternehmen darstellt. Die Marketing- beziehungsweise Vertriebskosten liegen zusammen bei 8%, die Verwaltungskosten bei durchschnittlich 9%. Der Gewinn liegt bei circa 10%, allerdings bestehen beim Gewinnaufkommen deutliche Unterschiede zwischen den Anbietern.

---

[1] Auf der Basis eigener Analysen und Abschätzungen.

3.4.1 Geschäftsmodell öffentlich-rechtlicher TV-Anbieter

Das Geschäftsmodell der öffentlich-rechtlichen Sendeanstalten beruht vorrangig auf dem Grundversorgungsauftrag. Als Beispiel für das Geschäftsmodell eines öffentlich-rechtlichen Anbieters ist in Abbildung 3-6 das Geschäftsmodell des ZDF dargestellt. Öffentlich-rechtliche TV-Unternehmen müssen die breite und umfassende Grundversorgung der Bevölkerung mit Inhalten informierender, bildender und unterhaltender Natur sicherstellen.

Dieser sogenannte Programmauftrag ist nach Möglichkeit wirtschaftlich auszuführen. Die öffentlich-rechtlichen Anbieter finanzieren ihre Ausgaben zu einem Großteil über Rundfunkgebühren. Die Gebührenpflicht ist noch bis 2013 an den Besitz eines Empfangsgeräts gekoppelt, nicht an die tatsächliche Nutzung des Programmangebots. Ab 2013 besteht für jeden Haushalt die Gebührenpflicht. Daher bestehen auch keine direkten Interdependenzen zwischen den Einnahmen und dem Programmangebot. Diese Form der Finanzierung soll die Grundversorgung der Rezipienten gewährleisten.

Neben den Rundfunkgebühren stehen öffentlich-rechtlichen Sendeanstalten auch Werbeerlöse und Erlöse aus Sponsoring als weitere Erlösquellen offen, diese haben jedoch bei weitem nicht die gleiche Bedeutung wie die Gebührenfinanzierung. Im Jahr 2010 trugen die Werbeerlöse bei der ARD mit circa 6% und beim ZDF mit weniger als 10% zur Gesamtfinanzierung bei.[1] Ebenso ist der Handel mit Rechten und Lizenzen zu den Erlösquellen öffentlich-rechtlicher TV-Unternehmen zu zählen. Darüber hinaus nutzen ARD und ZDF auch vereinzelt T-Commerce-Aktivitäten (zum Beispiel Merchandising und Mitmach-Shows) als Erlösquelle.

Da nur geringe Interdependenzen zwischen den Erlösen und dem Programmangebot bestehen und die Grundversorgung der Bevölkerung mit Informationen sicherzustellen ist, beschränkt sich das Programmangebot nicht auf populäre, attraktive Beiträge. Auch weniger populäre oder eventuell an den Bedürfnissen von Minderheiten ausgerichtete Beiträge sind zu berücksichtigen. Der Informationsanteil am Gesamtprogramm macht bei den öffentlich-rechtlichen Unternehmen im Durchschnitt 44% aus.[2]

---

[1] Vgl. ARD (2010c); ZDF (2011).
[2] Vgl. Krüger (2011), S. 206.

Kapitel 5: TV-Management

Abbildung 3-6: Geschäftsmodell eines öffentlich-rechtlichen Fernsehsenders[1]

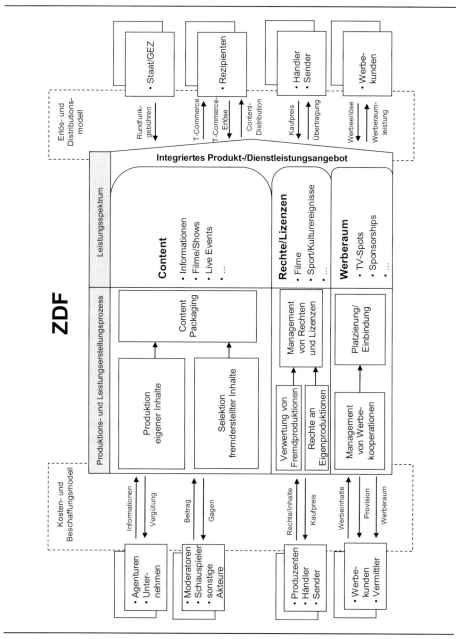

[1] Auf der Basis eigener Analysen und Abschätzungen.

3.4.2 Geschäftsmodell privater TV-Anbieter

Im Gegensatz zu öffentlich-rechtlichen Sendern verfolgen privatwirtschaftlich organisierte Sender das Ziel der Gewinnmaximierung. Hier wird die bereits getroffene Unterscheidung zwischen werbefinanzierten Unternehmen (Free TV) und entgeltfinanzierten Unternehmen (Pay TV) beibehalten, deren Erlösmodell auf die Werbe- beziehungsweise Rezipientenmärkte ausgerichtet ist. An den Rundfunkgebühren partizipieren beide Anbietergruppen nicht. Aufgrund der Ausrichtung ihrer Erlösmodelle unterscheidet sich das Leistungsangebot privatwirtschaftlicher Free TV-Sender zum Teil deutlich vom Angebot entgeltfinanzierter Sender.

Welche Angebote als attraktiv gelten, hängt für die privaten Free TV-Sender dabei im Wesentlichen von der (werbe-)relevanten Zielgruppe ab, da nur mit einem massenattraktiven Programmangebot Rezipientenkontakte für die Werbewirtschaft erzielt werden können. Bei den entgeltfinanzierten, privaten TV-Anbietern ist die Bedeutung der Attraktivität des Programmangebots unmittelbar evident. Die Rezipienten sind nur bereit, für ein Programmangebot Gebühren zu zahlen, das von ihnen als attraktiv empfunden wird. Eine Sonderrolle im Bereich privater TV-Anbieter nehmen die Tele-Shopping-Sender und der Call In TV-Sender ein. Das Geschäftsmodell von Tele-Shopping-Sendern hat den Verkauf von Waren und Dienstleistungen zum Gegenstand und Call In TV-Sender fokussieren auf die Motivation von Zuschauern zur aktiven, telefonbasierten Teilnahme am Programm.

- Werbefinanzierte Sender (Free TV)

Abbildung 3-7 stellt vereinfacht das Geschäftsmodell von RTL als einem primär werbefinanzierten, privatwirtschaftlich organisierten TV-Unternehmen dar. Es wird deutlich, dass die Werberaumleistung einen bedeutenden Bestandteil des Leistungsspektrums darstellt. Dies folgt unmittelbar aus der Bedeutung der Werbemärkte für die Erlösgenerierung des Unternehmens. Der Erfolg auf den Werbemärkten wird jedoch entscheidend durch den Erfolg auf den Rezipientenmärkten beeinflusst. Daher ist auch auf die Attraktivität und Qualität der Inhalte zu achten.

Die Einnahmen aus der Werbung werden zunehmend durch Erlöse aus kostenpflichtigen Mehrwertdiensten und Transaktionserlösen ergänzt. Durch diese zusätzlichen Erlösformen können die TV-Sender ihre Abhängigkeit von den stark konjunkturanfälligen Werberlösen verringern. So erzielte die RTL Group im Jahr 2010 bereits 24% mit dem Geschäftsfeld Content und 14% mit sonstigen Geschäftstätigkeiten.[1] Bei RTL werden diese T-Commerce-Angebote von der 100%-igen Tochtergesellschaft RTL Interactive angeboten. Insbesondere Shows mit telefonbasierten Mitmach-Elementen haben inzwischen einen großen Anteil am Gesamtprogramm der privaten TV-Unternehmen. Der Anteil dieser Sendungen liegt bei den Sendern ProSieben und RTL heute zum Teil bei weit über 50%.

---

1 Vgl. RTL Group (2011), S. 5.

Kapitel 5: TV-Management

Abbildung 3-7: *Geschäftsmodell eines werbefinanzierten privaten Fernsehsenders[1]*

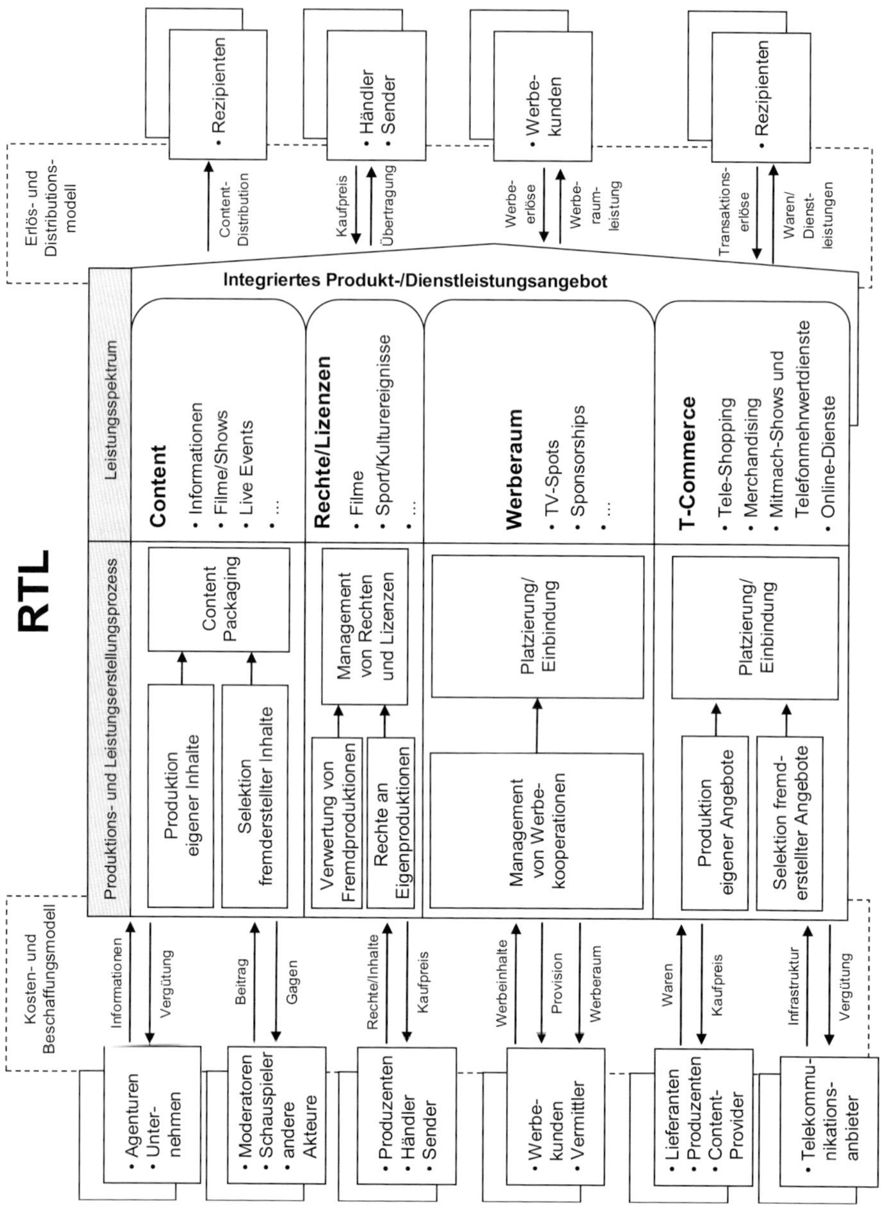

[1] Auf der Basis eigener Analysen und Abschätzungen.

Leistungssystem

- Entgeltfinanzierte Sender (Pay TV)

Das Geschäftsmodell von Sky als einem entgeltfinanzierten privaten TV-Unternehmen ist in Abbildung 3-8 vereinfacht dargestellt. Eine Finanzierung über Werbemärkte findet bei dem Unternehmen nur in einem geringen Umfang statt. So werden beispielsweise vor Sportübertragungen Sponsoring-Hinweise eingeblendet. Sky finanziert sich fast ausschließlich über die Rezipientenmärkte, daneben werden auch Erlöse auf den Rechte- und Lizenzmärkten erzielt.

Von den Rezipienten werden transaktionsunabhängige Mediennutzungsgebühren in Form eines Abonnements erhoben. Die Höhe dieser Gebühren richtet sich nach Art und Anzahl der abonnierten Kanäle. Sky Deutschland bietet verschiedene themenspezifische Kanäle an, die zu verschiedenen Paketen gebündelt abonniert werden können (Pay Per Channel). Sky Film zeigt beispielsweise Kinofilme ein Jahr vor Ausstrahlung im Free TV, Sky Sport unter anderem Live-Übertragungen aller Formel 1-Rennen.

Dazu kommen verschiedene Abrufdienste. Sky Select strahlt zu bestimmten Uhrzeiten einzeln zu bezahlende Kinofilme aus (Near Video On Demand). Das freie Wählen des Startzeitpunkts (Video On Demand) ist bei den Angeboten Sky Select+ und Select Internet-TV möglich. Neuerdings bietet Sky seinen Kunden auch die Möglichkeit, durch Sky Go die abonnierten Programme im Web, auf der Xbox 360 sowie auf dem iPhone oder dem iPad über entsprechende Applikationen zu sehen.

Kapitel 5: TV-Management

Abbildung 3-8: Geschäftsmodell eines entgeltfinanzierten privaten Fernsehsenders[1]

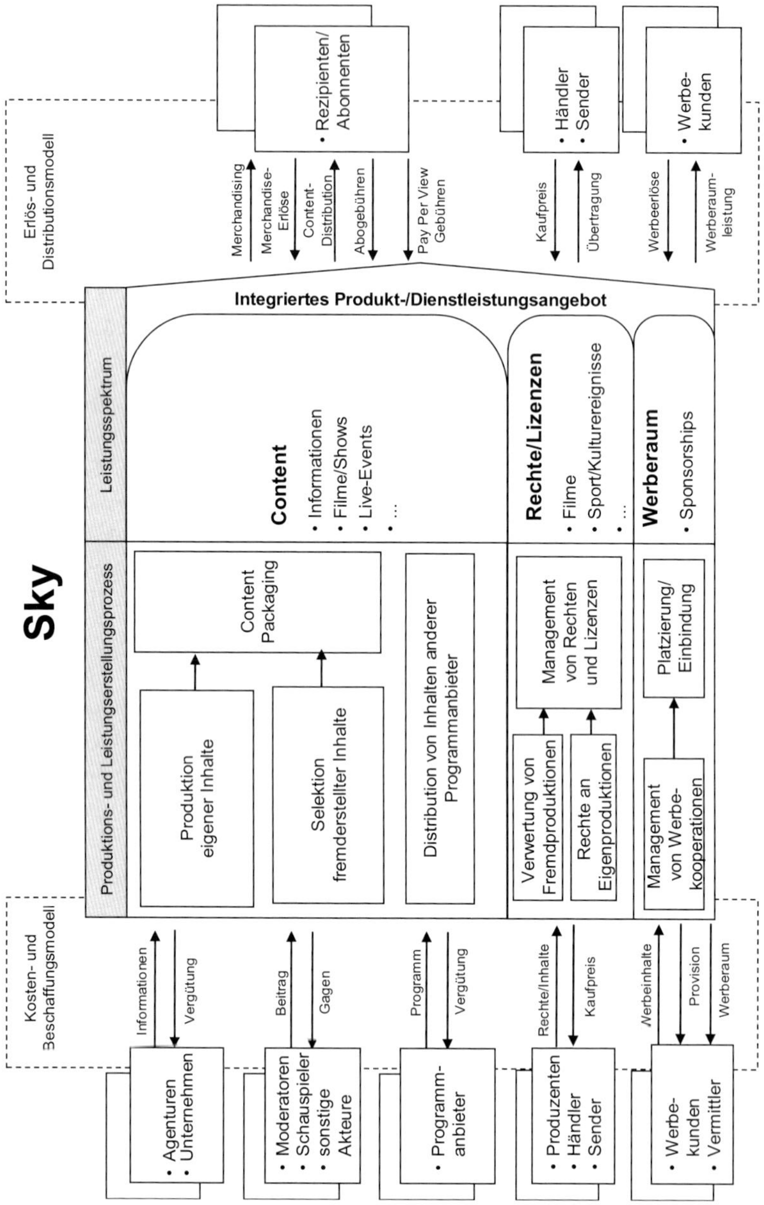

[1] Auf der Basis eigener Analysen und Abschätzungen.

Tele-Shopping-Sender

Der elektronische Einkauf im Fernsehen ist nicht neu. Unter den Begriffen Tele-Shopping oder Home Shopping wird dieser in Deutschland seit der Zulassung privater Fernsehanbieter Mitte der 1980er Jahre angeboten. Als erster Sender betrat 1984 HOT (Home Order Television, heute Home Shopping Europe) den deutschen Markt. Daneben sind inzwischen weitere Anbieter, zum Beispiel QVC oder RTL Shop, auf diesem Markt vertreten.

Das Geschäftsmodell der Tele-Shopping-Sender weicht insofern von den werberaum- und entgeltfinanzierten Sendern ab, als dass die Erlöse nicht durch die Verbreitung von Content, sondern durch den Verkauf von Produkten und Dienstleistungen generiert werden. Das Programmangebot zielt ausschließlich auf den Rezipientenmarkt ab. Die Präsentation des Sortiments findet in Form von Fernseh-Shows statt, sodass Tele-Shopping-Sender als Hybridform zwischen Handelsunternehmen und Medienunternehmen angesehen werden können.

Der vom Tele-Shopping-Sender distribuierte Content beinhaltet im Wesentlichen die Informationen über Produkte und Dienstleistungen, sodass unterhaltende Elemente weitgehend fehlen. Die Attraktivität des Programms und damit die Höhe der Erlöse werden demzufolge nicht durch die Attraktivität des Content, sondern durch die Attraktivität des Sortiments definiert. Eine vereinfachte Darstellung des Geschäftsmodells eines Tele-Shopping-Senders gibt Abbildung 3-9 wieder. Diese zeigt auch beispielhaft die Sortimentszusammenstellung des betrachteten Senders.[1]

In realen Kaufhäusern können die Kunden die Ware in den meisten Fällen direkt mitnehmen. Bei Tele-Shopping-Bestellungen liegt eine gewisse Zeitspanne zwischen dem Zeitpunkt der Bestellung und dem Zeitpunkt der Warenlieferung, was die Kunden als Nachteil empfinden könnten. Eine schnelle Zustellung der Ware ist erfolgskritisch, da sie die Kundenzufriedenheit und damit die Nutzungshäufigkeit der interaktiven Bestellmöglichkeiten steigert.

---

[1] Vgl. Home Shopping Europe (2012).

Kapitel 5: TV-Management

Abbildung 3-9: Geschäftsmodell eines Tele-Shopping-Fernsehsenders[1]

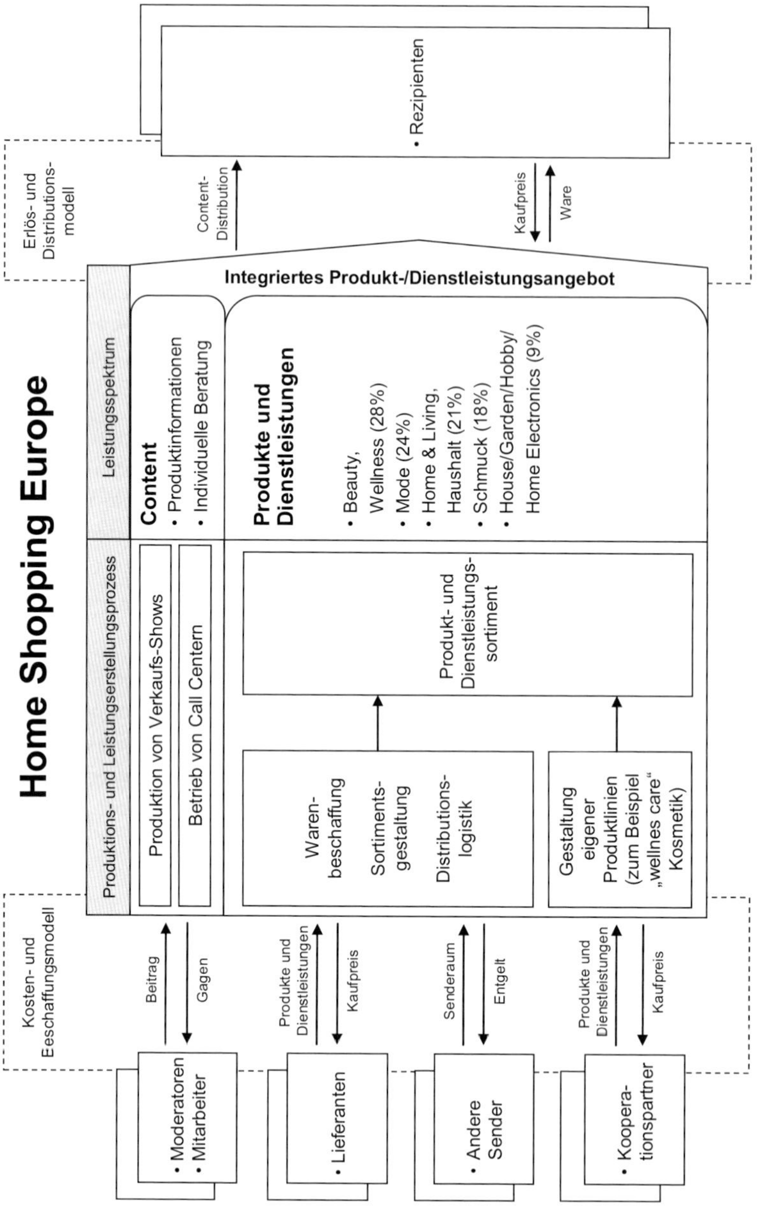

Home Shopping Europe

Erlös- und Distributionsmodell
- Content-Distribution → Rezipienten
- Kaufpreis ↔ Ware

Leistungsspektrum — Integriertes Produkt-/Dienstleistungsangebot

Content
- Produktinformationen
- Individuelle Beratung

Produkte und Dienstleistungen
- Beauty, Wellness (28%)
- Mode (24%)
- Home & Living, Haushalt (21%)
- Schmuck (18%)
- House/Garden/Hobby/Home Electronics (9%)

Produktions- und Leistungserstellungsprozess
- Produktion von Verkaufs-Shows
- Betrieb von Call Centern
- Produkt- und Dienstleistungssortiment
  - Warenbeschaffung
  - Sortimentsgestaltung
  - Distributionslogistik
  - Gestaltung eigener Produktlinien (zum Beispiel „wellnes care" Kosmetik)

Kosten- und Beschaffungsmodell
- Moderatoren, Mitarbeiter: Beitrag ↔ Gagen
- Lieferanten: Produkte und Dienstleistungen ↔ Kaufpreis
- Andere Sender: Senderaum ↔ Entgelt
- Kooperationspartner: Produkte und Dienstleistungen ↔ Kaufpreis

---

[1] Auf der Basis eigener Analysen und Abschätzungen.

Leistungssystem

Der Gesamtumsatz deutscher Tele-Shopping-Sender ist in den letzten Jahren sehr stark gestiegen und erreichte im Jahr 2011 eine Höhe von circa 1,5 Milliarden Euro. Die durchschnittliche jährliche Wachstumsrate zwischen den Jahren 1996 und 2016 wird auf 20,3% prognostiziert. Abbildung 3-10 illustriert diese Entwicklung. Für die kommenden Jahre ist somit mit einer weiteren Steigerung des Tele-Shopping-Umsatzes zu rechnen.

Abbildung 3-10: Umsatzentwicklung von Tele-Shopping in Deutschland[1]

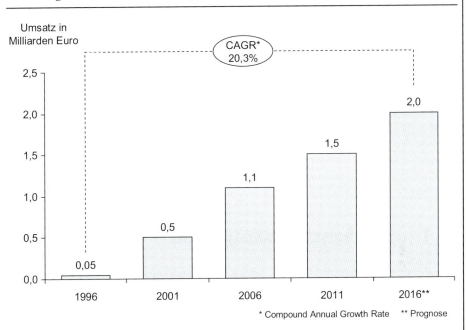

Für den Erfolg der Sender ist insbesondere eine möglichst hohe Reichweite von Bedeutung. Zur Erhöhung der Sendezeit und einer Vergrößerung der Zielgruppe wurden daher in der Vergangenheit häufig Programmfenster bei anderen Sendern belegt. Neben der Verbreitung über Satellit und Kabel trug in den letzen Jahren außerdem die Verbreitung via IP TV zur Reichweitenerhöhung bei. In diesem Umfeld treten inzwischen auch Handelsunternehmen in Konkurrenz zu den klassischen Tele-Shopping-Sendern. So bewirbt beispielsweise Tchibo seine Produkte in einem eigenen Online TV-Programm.

---

1 Datenquelle: Goldmedia (2011b).

Seit 2005 entwickelt Otto in Zusammenarbeit mit Microsoft eine T-Commerce-Plattform für interaktives TV Shopping.[1] Auch im Rahmen der Digitalisierung ist mit weiteren Anbietern zu rechnen. So hat sich der 2004 gestartete Digitalkanal 1-2-3.tv innerhalb kurzer Zeit als vierter, großer Tele-Shopping-Sender etabliert. Darüber hinaus eröffnen Entwicklungen wie Social und Mobile Media vielfältige Chancen und Möglichkeiten. Zusätzlich steigern HD- und Hybrid-TV die Attraktivität des Tele-Shopping.[2]

4 Aufgaben des TV-Management

Die Besonderheiten der TV-Branche stellen für das TV-Management eine erhebliche Herausforderung dar. Vor dem Hintergrund der zunehmenden Konkurrenz auf den TV-Märkten, der sich wandelnden Geschäfts- und Erlösmodelle und der rasanten technischen Entwicklung im Informations- und Kommunikationsbereich muss das TV-Management die Sender in einem sich wandelnden Umfeld strategisch positionieren. Neben den Grundzügen des strategischen TV-Management werden im folgenden Abschnitt auch die wesentlichen Faktoren der Beschaffung, der Produktion und des Marketing von TV-Unternehmen dargestellt.

4.1 Strategisches Management

In der Fernsehlandschaft herrschen Integrations- und Netzwerkstrategien vor. Fokussierungsstrategien in der Form, dass TV-Unternehmen nur noch auf einer Stufe der Wertkette und in einem Leistungssegment tätig sind, sind lediglich im Bereich der TV-Produktion zu beobachten. Im Bereich der TV-Distribution hingegen sind unabhängige Sender kaum zu finden. Zwar treten einige Unternehmen auf den deutschen Märkten als reine TV-Sender auf, doch sind diese meist in Konzerne oder Netzwerke eingebunden. Und auch die unabhängigen Produktionsfirmen werden zunehmend in diese Konzerne und Kooperationen integriert. Gerade bei TV-Sendern liegen die Gründe für die mangelnde Anwendung von Fokussierungsstrategien sowohl auf der Beschaffungsseite als auch auf der Absatzseite. Dies wird in den folgenden Ausführungen zu den Integrationsstrategien der TV-Sender deutlich.

---

[1] Vgl. Wirtz (2008b), S. 276.
[2] Vgl. Goldmedia (2011a).

Einen nicht zu unterschätzenden Einfluss auf die Unternehmensstrategie haben die Märkte für Rechte und Lizenzen. TV-Sender können nur bestehen, wenn sie Zugang zu diesen Märkten haben und dort attraktive Rechte und Lizenzen erwerben können. Es liegt also im Interesse der bestehenden TV-Anbieter, sich selbst den Zugang zu sichern und anderen Anbietern und potenziellen Newcomern den Zugang zu erschweren.

Aus diesem Grund sind im TV-Bereich vertikale Integrationstendenzen zu beobachten.[1] Bei den amerikanischen Major Companies wurde diese Entwicklung im Jahr 1985 mit dem Kauf der 20th Century Fox durch Rupert Murdochs News Corporation eingeleitet. Aber auch die Produktionsunternehmen haben ein Interesse an der Integration von TV-Sendern, sodass neben einer Tendenz zur Rückwärtsintegration auch ein Trend zur Vorwärtsintegration zu beobachten ist.

Der Disney-Konzern beispielsweise sichert sich durch seine Beteiligungen an in- und ausländischen TV-Sendern die Distributionswege für seine Spielfilm- und Serienproduktionen. Das Transaktionsverhalten auf den Rechtemärkten führt zum einen dazu, dass nur große, finanzkräftige Unternehmen in der Lage sind, auf den Rechtemärkten aktiv zu werden. Zum anderen haben die Konzentrationstendenzen auf den Rechtemärkten dazu geführt, dass attraktive Inhalte zu extrem hohen Preisen gehandelt werden, sodass ein Engagement hier nur bei einer Möglichkeit zur Mehrfachverwertung von Content ökonomisch sinnvoll ist.

Die Situation auf den Märkten für Rechte und Lizenzen begünstigt somit gleichzeitig auch die horizontale Integration von TV-Anbietern und schafft Markteintrittsbarrieren für fokussierte Marktteilnehmer. Horizontale Integrationstendenzen sind vor allem beim Aufbau von Senderfamilien zu beobachten. Hierbei sind in Deutschland die RTL Group und die ProSiebenSat.1 Group von Relevanz.

Durch die Bildung von Senderfamilien ist es den TV-Unternehmen möglich, ihr Zuschauerpotenzial besser auszuschöpfen. Die unterschiedliche Ausrichtung der einzelnen Sender zielt dabei auf eine weitreichende Segmentierung der Zuschauermärkte. Da sich auf den Werbemärkten zunehmende Sättigungstendenzen zeigen, ist diese Segmentierung notwendig und sinnvoll, um eine Maximierung der Werbereichweiten und letztlich eine Optimierung der Werbekontaktzahl zu erreichen.

Damit ist eine bessere Vermarktung von Werbezeiten möglich, da vorteilhaftere Tausender-Kontakt-Preise angeboten werden können. Gleichzeitig können die TV-Unternehmen ihre Werberaumleistungen über unterschiedliche Sender hinweg bündeln und paketweise verkaufen. Damit ist es einerseits möglich, weniger attraktiven Werberaum besser zu vermarkten. Andererseits wird damit auch das Werberaumangebot verbessert, wenn beispielsweise ein Werbespot zeitgleich auf ProSieben, Sat.1 und Kabel 1 ausgestrahlt wird.

---

1   Vgl. Sherman (1995), S. 328 f.

Kapitel 5: TV-Management

Neben der Vermarktung von Werberaumleistung hat auch die Verwertung der Inhalte entscheidenden Einfluss auf die Bildung von Senderfamilien. Nicht zeitkritischer Content, wie Serien und Spielfilme, ist aufgrund der Fixkostendegression nur noch durch Mehrfachverwertung über verschiedene Distributionskanäle profitabel zu nutzen.[1] Das bedeutet, dass attraktive Spielfilme zunächst dort gesendet werden, wo sie den größten Werbeerfolg haben. Erst später werden sie auf anderen Kanälen, zum Beispiel Kabel 1, gezeigt, bei denen die Zielgruppe nicht so zeitkritisch in Bezug auf neue und bekannte Spielfilme ist.

Diese Überlegungen treffen nicht nur auf gekauften, sondern auch auf eigenproduzierten Content zu. Auch hier führt der Anstieg der Produktionskosten dazu, dass eine Mehrfachverwertung von Serien und Fernsehfilmen sinnvoll ist. Neben diesen Aspekten führt die erhebliche Konkurrenz auf den Rechtemärkten dazu, dass TV-Unternehmen im Rahmen des Erwerbs von attraktivem Content zwangsweise Content einkaufen, der nicht immer mit der Produktpolitik des Hauptsenders übereinstimmt. Durch solche Paketverträge können Sendergruppen Kostenvorteile im Einkauf realisieren.

Die weniger attraktiven Programmbestandteile können dann bei anderen Sendern der Familie ausgestrahlt werden. Durch die optimale Vermarktung der Werberaumleistung und die Mehrfachverwertung von teuren Programminhalten gelingt es Senderfamilien, eine verbesserte Relation von Angebotskosten und Werbeerlösen zu erzielen. Dieser Sachverhalt wird durch die Verbundeffekte verstärkt, die sich im Bereich der Verwaltung und der Produktion einstellen.

Sowohl die horizontale als auch die vertikale Integration wird von den TV-Unternehmen durch interne und externe Ausdehnung umgesetzt.[2] Auch die öffentlich-rechtlichen Sender haben durch die Neugründung von Sendern Marktnischen besetzt, beispielsweise durch Phoenix oder den Kinderkanal KI.KA. Noch deutlicher wird diese Entwicklung bei der Integration von Inhalteproduzenten.

Hier betreiben die öffentlich-rechtlichen Sender häufig eigene Studios, während private Anbieter wie RTL ihre Auftragsproduktionen fast ausschließlich an externe Unternehmen vergeben, an denen sie wiederum Kapitalbeteiligungen halten.[3] Somit kann das Risiko der Produktion bei gleichzeitiger Wahrung der Zugriffsrechte reduziert werden.

Als Alternative zu Integrationsstrategien sind auch in der TV-Branche umfangreiche Netzwerkaktivitäten zu finden, mit denen Unternehmen die Vorteile der Integration nutzen. Neben horizontalen und vertikalen Integrationstendenzen sind in der TV-Branche auch erhebliche laterale Integrationsbemühungen zu beobachten. Dabei ist insbesondere die Abdeckung der kompletten Verwertungskette für Inhalte von Bedeutung.

---

[1] Vgl. Heinrich (1999), S. 241 f.
[2] Vgl. Sherman (1995), S. 195 ff.
[3] Vgl. Windeler/Lutz/Wirth (2000), S. 182 f.

Aufgaben des TV-Management

4.2 Beschaffungsmanagement

Die Beschaffung von Inhalten stellt für TV-Unternehmen eine entscheidende Management-Aufgabe dar. Dabei stehen die Sender vor dem Problem, dass der Bedarf an attraktiven Inhalten in den vergangenen Jahren durch das steigende TV-Angebot erheblich gewachsen ist, das Angebot auf den Inhaltemärkten jedoch nicht in entsprechendem Maß ansteigt. So liegt die gemeinsame Spielfilmproduktion der USA und der EU relativ konstant bei einer jährlichen Ausbringungsmenge zwischen 1.300 und 1.500 Filmen.[1] Neben Spielfilmen benötigen die TV-Sender jedoch auch weitere Inhalte wie Sport oder Nachrichten. Abbildung 4-1 illustriert die Programmstruktur deutscher TV-Sender.

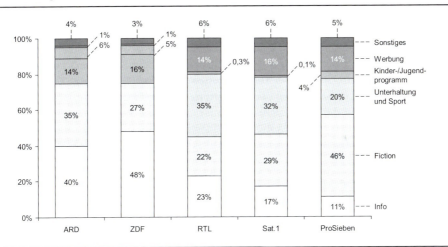

Abbildung 4-1: Programmstruktur deutscher TV-Sender[2]

Auf den Inhaltemärkten kann ein erheblicher Wettbewerb zwischen den TV-Unternehmen festgestellt werden. Besonders bei Spielfilmen übersteigt die Nachfrage die jährliche Produktion deutlich, sodass die Programmanbieter auf Wiederholungen angewiesen sind. Zudem wird mehr als die Hälfte der deutschen Spielfilmproduktion von Fernsehsendern mitfinanziert.[3] Die Faktoren, die das Verhalten der Sender auf den Inhaltebeschaffungsmärkten beeinflussen, werden im folgenden Abschnitt dargestellt. Im Anschluss daran werden mögliche Strategien aufgezeigt, die dem Beschaffungsmanagement der TV-Unternehmen offenstehen.

---

1 Vgl. Marché du Film (2010), S. 7 f.
2 Datenquelle: Krüger (2011), S. 205.
3 Vgl. Heinrich (1999), S. 174 ff.

4.2.1 Einflussfaktoren

Als Einflussfaktoren des Beschaffungsmanagement wurden im ersten Kapitel die Kosten für Inhalte, die zu erwartenden Erlöse, die Vertragsbedingungen, das Verhalten der Wettbewerber sowie staatliche Vorgaben genannt. Diese Faktoren sind auch im TV-Bereich auf den Inhaltebeschaffungsmärkten zu finden. Die Bedeutung und Wirkung der einzelnen Faktoren wird im Folgenden dargestellt.

■ Kosten

Die Kosten für die Beschaffung der Inhalte stellen einen wesentlichen Einflussfaktor des Beschaffungsmanagement von TV-Unternehmen dar. Vor dem Hintergrund des steigenden Wettbewerbs auf den Rechtemärkten kann bei allen Formen von Inhalten, zum Beispiel Fiction, Sport oder Nachrichten, ein erheblicher Preisanstieg beobachtet werden. Die Kosten für die TV-Rechte sind dabei von unterschiedlichen Faktoren abhängig. Hier ist zunächst die Attraktivität der Inhalte zu nennen. Beispielsweise ist ein Spielfilm, der bereits erfolgreich im Kino und als Video vermarktet wurde, auch im Fernsehen für die Rezipienten vergleichsweise attraktiv.

Weitaus schwieriger als bei Spielfilmen gestaltet sich die Bewertung der Attraktivität bei Fernsehfilmen, bei denen keine Erfahrungswerte aus der Kinovermarktung vorliegen. Daneben ist die Stellung in der Verwertungskette von Bedeutung. Die Content-Attraktivität sinkt mit zunehmender Verwertung, das heißt die Erstausstrahlung von Spielfilmen zieht in der Regel mehr Zuschauer an als eine Wiederholung. Eine frühe Verwertung ist somit zwangsläufig mit höheren Kosten verbunden, das heißt die Rechte für eine Erstausstrahlung sind wesentlich teurer als die Rechte für eine Wiederholung.

Darüber hinaus ist der Preis für Ausstrahlungsrechte in der Regel von der Zuschauerzahl abhängig. Dabei sind jedoch nicht die Einschaltquoten eines Senders relevant, sondern lediglich die theoretisch erreichbare Zahl an Zuschauern.[1] Beispielsweise sind Pay TV-Rechte aufgrund des begrenzten Zuschauerkreises in der Regel preiswerter als Free TV-Rechte. Neben dem Fiction-Bereich sind die größten Preissteigerungen vor allem im Bereich der Sportrechte zu beobachten. Hier haben die Übertragungsrechte sowohl national als auch international inzwischen Preisdimensionen erreicht, die für einzelne TV-Sender kaum noch finanzierbar sind.

Bei den Sportübertragungsrechten spielt die Analyse und Bewertung der Content-Attraktivität eine besonders wichtige Rolle für das Beschaffungsmanagement. Zum einen ist bei Sportübertragungen der Kontext, in dem das Ereignis stattfindet, von entscheidender Bedeutung. So ist ein Endspiel zur Fußball-Weltmeisterschaft erheblich attraktiver als die gleiche Paarung in Form eines Freundschaftsspiels. Gleichzeitig kann allerdings über die Attraktivität im Voraus nur eine begrenzte Aussage getroffen werden, da zum Zeitpunkt der Beschaffung die Teilnehmer von Sportereignissen häu-

---

[1] Vgl. Wirtz (1994), S. 94.

fig noch nicht feststehen. Darüber hinaus unterliegt der Sportbereich besonderen Attraktivitäts- und damit auch Kostenschwankungen, die häufig mit einzelnen Sympathieträgern in Verbindung gebracht werden können. Besonders deutlich wurde dieses Phänomen in der Formel 1, als die lange Zeit kontinuierlich gesunkenen Einschaltquoten nach der Rückkehr des Rennfahrers Michael Schumacher eine plötzliche Erholung erfuhren.

Beim Comeback-Rennen des mehrmaligen Weltmeisters erreichte der übertragende Sender RTL eine Einschaltquote von über elf Millionen Zuschauern und damit einen Marktanteil von über 50%. Im Jahr zuvor verfolgten nur fünf Millionen Zuschauer das Rennen.[1] Aber auch Randsportarten wie Skispringen können phasenweise hohe Zuschauerquoten generieren. Allerdings besteht besonders im Sport die Gefahr einer Übersättigung, sodass auch hier das einzelne Sportereignis im Kontext des gesamten Sportprogramms gesehen werden muss.

So ist vor allem im Fußball in den vergangenen Jahren ein nahezu inflationäres Angebot an Übertragungen zu verzeichnen, was zum einen auf die Neuordnung der UEFA Champions League und der Europa League (ehemals UEFA Cup), zum anderen auf die Entzerrung der Fußball-Bundesliga zurückzuführen ist. In Deutschland sind die Preise für Fernsehübertragungsrechte an der Fußball-Bundesliga in den letzten Jahren dennoch rasant gewachsen.

Während die Kirch-Gruppe die Übertragungrechte der Saison 1996/97 noch für umgerechnet knapp 170 Millionen Euro erwerben konnte, brachte der Verkauf der Rechte in der Saison 2005/06 bereits Erlöse von rund 300 Millionen Euro. Im Jahr 2008 wurden die Übertragungsrechte für die Spielzeiten 2009/2010 bis 2012/13 für 412 Milliarden Euro an Sky (Pay TV), ARD, ZDF, Sport1 (Free TV) und die Telekom (IP TV) vergeben.

■ Erlöserwartungen

Eine weitere Determinante des Verhaltens der TV-Unternehmen auf den Beschaffungsmärkten liegt in den Erlösen, die durch die Programmbeiträge generiert werden können. Neben der bereits in Kapitel 1 beschriebenen strategischen Positionierung sind die kurzfristigen Erlöserwartungen in der Regel von zentraler Bedeutung. Entscheidender Einflussfaktor des Beschaffungsverhaltens ist allerdings häufig nicht der Erlösbeitrag eines einzelnen Sendeplatzes.

Vielmehr ist es teilweise sinnvoller, die Zahlungsbereitschaft auf den Beschaffungsmärkten anhand der Erlöserwartung von Sendeperioden zu bestimmen und dann den Anteil eines Beitrags an der Attraktivität dieser Sendeperiode zu bestimmen.[2] Die Länge der relevanten Sendeperiode kann dabei erheblich variieren. So kann beispielsweise im Pay TV-Bereich ein attraktives Monatsprogramm die Länge der relevanten Sendeperiode bestimmen. Im Free TV-Programm hingegen kann die Sendeperiode

---

[1] Vgl. Focus Online (2010).
[2] Vgl. Kruse (1988), S. 257.

Kapitel 5: TV-Management

zum Beispiel in einem Themenabend bestehen, wobei durch den betrachteten Programmbeitrag ein Lead In-Effekt erzielt werden soll, das heißt durch eine hohe Attraktivität des Startbeitrags sollen Zuschauer für nachfolgende Sendungen angezogen werden.

- Vertragsbedingungen

Eine weitere Besonderheit des Beschaffungsmanagement von TV-Unternehmen bilden die Vertragsbedingungen auf den Rechtemärkten. Im Filmrechtehandel sind die Verwertungsrechte durch die zeitliche Nutzungsdauer und Zahl der Wiederholungen, Nutzungsart und regionale Verbreitung genau differenziert und spezifiziert.[1] Insbesondere beim Ankauf von Fiction-Beiträgen werden in der Regel keine Eigentumsrechte erworben. Vielmehr wird dem Käufer lediglich ein begrenztes Recht zur Ausstrahlung der Beiträge eingeräumt. Dieses ist zumeist zeitlich befristet, gilt für begrenzte Regionen, und umfasst eine maximal mögliche Anzahl an Ausstrahlungen des Beitrags.

Aus diesem Grund kann der Markt für Fernsehrechte auch als klassischer Syndikationsmarkt angesehen werden, da hier insbesondere Zweit- und Drittverwertungsrechte gehandelt werden, die erst nach einer Kino- oder Videoverwertung freigegeben werden.[2] In den vergangenen Jahren ist besonders bei den amerikanischen Major Producers die Tendenz zu beobachten, dass diese nicht mehr die TV-Rechte an ihren Produktionen einzeln verkaufen, sondern zunehmend Komplettrechte vermarkten, die auch die Kino- und Videorechte beinhalten.

Dies ist einer der Gründe für die wachsende Bedeutung der Rechteagenturen, die auf den Rechtemärkten die Funktion eines Intermediärs, das heißt eines Mittlers einnehmen. Für TV-Sender ist der Erwerb von Kino- und Videoverwertungsrechten zunächst nicht interessant, sodass die Rechteagenturen in der Lage sind, die Komplettrechte aufzuteilen und in Form von Einzelrechten an beispielsweise Kinobetreiber oder TV-Sender zu vertreiben. Daneben besteht jedoch auch weiterhin die Möglichkeit, dass TV-Sender die Fernsehrechte direkt beim Produzenten kaufen. Der Umfang und die Bedingungen des Handels mit Verwertungsrechten werden auf dem TV-Markt unterschiedlich ausgestaltet.

Der Erwerb von Rechten an Einzelproduktionen ist dabei eher selten. Lediglich kleine Produktionsfirmen mit geringer Produktionsleistung setzen hier auf die Einzelkontraktierung. Die Regel bildet hingegen die Bündelung von Beiträgen und die Vermarktung von Rechtepaketen. Vor diesem Hintergrund sind auf den TV- Rechtemärkten drei Vertragsarten üblich.[3] Pre Sales-Verträge sind vor allem im Bereich der Spielfilmrechte zu finden.

---

[1] Vgl. Wirtz (1994), S. 88 ff.
[2] Vgl. Wirtz (1994), S. 93.
[3] Vgl. Wirtz (1994), S. 93 ff.

Aufgaben des TV-Management

Dabei werden von den Produktionsfirmen die Rechte an bereits projektierten, jedoch noch nicht produzierten Filmen verkauft. Damit sichert sich der Käufer frühzeitig die Verwertungsrechte an diesen Produktionen, bevor sie auf den Syndikationsmärkten gehandelt werden. Mithilfe von Pre Sales-Verträgen können sich Rechteagenturen und TV-Sender erhebliche Wettbewerbsvorteile verschaffen, da sie einen exklusiven, weniger konkurrenzintensiven und in der Regel auch preisgünstigeren Zugriff auf hochwertige Inhalte erhalten können.

Allerdings ist diese Vertragsgestaltung auch mit wesentlichen Nachteilen verbunden. Bei Pre Sales-Verträgen findet zumeist eine Vorfinanzierung der Produktion durch den Käufer statt. Damit muss der Käufer eine zum Teil erhebliche Kapitalbindung in Kauf nehmen. Darüber hinaus geht der Käufer ein relativ hohes Risiko ein, da über die Qualität und vor allem die Attraktivität der Spielfilme vorab keine Aussage getroffen werden kann. Da keine Erfahrungswerte aus der Kino- und Videoverwertung vorliegen, ist der Käufer bei diesem Vorgehen von seiner Erfahrung mit der Produktionsfirma und deren Aussagen abhängig.

Neben Pre Sales-Verträgen sind auch Package Deals auf den TV-Rechtemärkten häufig anzutreffen. Dabei handelt es sich um Verträge, mit denen der Käufer die Rechte an einem Programmpaket erwirbt, das in der Regel mindestens zehn Spielfilme umfasst. Dies sind in der Regel nicht ausschließlich erfolgreiche Kinoproduktionen, sondern auch weniger erfolgreiche Filme. Neben diesen Spielfilmen umfassen die Package Deals auch TV-Serien oder andere Produktionen. Dabei können bei Package Deals sowohl Produktionsfirmen als auch Rechteagenturen als Anbieter auftreten.

Der Abschluss von Package Deals kann für beide Vertragsparteien mit Vorteilen verbunden sein, wird aber im Wesentlichen von den Anbietern initiiert. Diese sind in der Lage, sowohl attraktive als auch weniger attraktive Inhalte auf den Rechtemärkten zu verwerten. Damit können sie Sunk Costs vermeiden, die bei Einzelkontrakten auftreten können, wenn die weniger attraktiven Produktionen einzeln keine Abnehmer finden. Allerdings bringen die Package Deals auch dem Abnehmer Vorteile in Form einer Risikominimierung durch Diversifizierung. Da über die Qualität und Attraktivität der Produktionen keine objektive Aussage möglich ist, kann durch umfangreiche und stark diversifizierte Packages das durchschnittliche Qualitätsniveau verbessert werden.

Eine Kombination aus Pre Sales-Verträgen und Package Deals stellen die sogenannten Output Deals dar. Dabei handelt es sich um den Verkauf eines Programmpakets zuzüglich der Bezugsrechte an zukünftigen Produktionen. Diese stellen eine Art Vorkaufsrecht für den Käufer dar, sodass der Zugriff für Wettbewerber auf die Verwertungsrechte unterbunden werden kann.

Für die Produktionsfirma als Verkäufer im Rahmen der Output-Deals ergeben sich die gleichen Vorteile wie auch aus dem Abschluss von Package Deals. Gleichzeitig erzeugt die Produktionsfirma jedoch auch eine langfristige Kundenbindung mit einer Abnahmengarantie, da das Vorkaufsrecht für die vereinbarte Anzahl zukünftiger Produktio-

Kapitel 5: TV-Management

nen in der Regel mit einer Mindestabnahme gekoppelt ist. Den Wettbewerbsvorteil muss sich der Käufer dabei durch ein Abnahmerisiko erkaufen. Darüber hinaus sind auch Output Deals mit relativ hohen Kapitalbindungskosten verbunden, da häufig eine zumindest teilweise Vorfinanzierung der Produktionen vereinbart wird. Die dargestellten Möglichkeiten der Vertragsgestaltung gelten jedoch nicht nur für die Spielfilm- und Serienmärkte. Auch auf den Sportrechtemärkten sind ähnliche Handlungsweisen zu finden. Hier werden vorwiegend Output Deals abgeschlossen.

Dabei werden von TV-Sendern oder Sportrechteagenturen die Übertragungsrechte für einmalige oder regelmäßige Sportereignisse, zum Beispiel Turniere oder Ligaspiele, erworben, wobei sich die Verträge auf einen zukünftigen Zeitraum erstrecken. Die Besonderheit im Gegensatz zum Fiction-Bereich liegt allerdings in der häufigen Ungewissheit über künftige Sportereignisse. So ist die Option auf den Erwerb von Übertragungsrechten an Europapokalspielen in einer Sportart für den Käufer nur dann von hohem Wert, wenn der Vertragspartner, sei es ein einzelner Verein oder ein Dachverband, auch tatsächlich im betreffenden Pokal vertreten ist.

- Wettbewerber

Attraktive Inhalte können auf den TV-Beschaffungsmärkten als sehr knappe Ressource angesehen werden. Dabei kann jedoch angemerkt werden, dass der Kreis der Wettbewerber auf den TV-Rechtemärkten in der Regel überschaubar und eindeutig definiert ist. So stehen nationale Anbieter in der Regel nicht im Wettbewerb mit internationalen Anbietern, da die Rechte zumeist regional begrenzt sind, zum Beispiel auf den deutschsprachigen Raum. Darüber hinaus bestehen weitreichende Markteintrittsbarrieren, die den Zutritt neuer Marktteilnehmer weitgehend einschränken. Dieser Zutritt kann jedoch nicht umfassend verhindert werden, dies zeigt das Beispiel der Deutschen Bank, die einen Output Deal mit Viacom abgeschlossen hat.

- Staatliche Vorgaben

Als Einflussfaktor des Beschaffungsmanagement im TV-Bereich können auch staatliche Vorgaben und Regelungen angesehen werden. Diese sind jedoch nicht nur für öffentlich-rechtliche Sender von Bedeutung. Von besonderer Relevanz für die Nachfrage nach Inhalten ist vor allem der grundgesetzlich geregelte Grundversorgungsauftrag. Dieser Begriff ist zwar vom Bundesverfassungsgericht inhaltlich nicht eindeutig gefüllt, verpflichtet die öffentlich-rechtlichen Sender jedoch zur Veranstaltung von Vollprogrammen, die sowohl informierender, bildender als auch unterhaltender Natur sind. Dieser Grundversorgungsauftrag macht ein Agieren der Sender auf allen Bereichen des Beschaffungsmarkts notwendig.

Gleichzeitig dient er jedoch auch als Argumentationsbasis, um Wettbewerbssituationen auf den Beschaffungsmärkten durch staatliche Eingriffe zu beeinflussen. Daher wirken sich staatliche Eingriffe auch auf das Beschaffungsverhalten von privaten Free und Pay TV-Veranstaltern aus. Als Beispiel für staatliche Vorgaben kann das Urteil des Bundesverfassungsgerichts zur Kurzberichterstattung genannt werden.

Aufgaben des TV-Management

Dies garantiert eine auf die Vermittlung von Informationen mit Nachrichtencharakter beschränkte, unentgeltliche Berichterstattung. Bei den in diesem Zusammenhang besonders relevanten Fußball-Bundesligaspielen darf die Berichterstattung maximal 90 Sekunden betragen, da es sich um regelmäßig wiederkehrende Veranstaltungen handelt. Das Recht auf eine unentgeltliche Kurzberichterstattung besteht jedoch nicht nur für Sportveranstaltungen, sondern für alle „Veranstaltungen und Ereignisse, die öffentlich zugänglich und von allgemeinem Informationsinteresse sind."[1] Dabei geht es nicht lediglich darum, dass der Inhaber der Erstverwertungsrechte den übrigen TV-Sendern eine Verwertung seines Sendematerials erlaubt. Vielmehr muss den TV-Sendern in begrenztem Maß ein eigener Zugang zu dem entsprechenden Ereignis gewährt werden.

Dieser staatliche Eingriff hat Auswirkungen auf das Verhalten der Marktteilnehmer auf den Programmbeschaffungsmärkten. Die Kosten für den Zugang zu Sportereignissen und die Bereitstellung einer eigenen Infrastruktur für die Produktion eines 90-Sekunden-Beitrags stehen häufig nicht in einem sinnvollen Verhältnis zu den Erlösen, die aus dieser Kurzberichterstattung erzielt werden können.

Aus diesem Grund wird das Recht auf Kurzberichterstattung in der Regel nicht wahrgenommen. Stattdessen wird auf das Sendematerial des Inhabers der Erstverwertungsrechte zurückgegriffen und dieses zu einem Beitrag mit Nachrichtencharakter zusammengeschnitten. Dennoch stärkt das Urteil des Bundesverfassungsgerichts die Verhandlungsposition des Zweitverwerters sowohl bezüglich des inhaltlichen Umfangs als auch des Preises des Sendematerials, da der Zweitverwerter stets die Eigenproduktion als Alternative in die Verhandlung einbringen kann.[2]

Neben nationalem Recht sind zunehmend auch internationale Regelungen für das Beschaffungsmanagement der TV-Anbieter von Bedeutung. Hier kann beispielsweise die Fernsehrichtlinie der Europäischen Union genannt werden, die es den Mitgliedsstaaten erlaubt, nationale Schutzlisten von Ereignissen aufzustellen, die grundsätzlich im Free TV übertragen werden müssen.

In Deutschland wurde diese Richtlinie im vierten Rundfunkänderungsstaatsvertrag umgesetzt, der als geschützte Sportereignisse unter anderem die Olympischen Sommer- und Winterspiele, die Spiele der deutschen Fußballnationalmannschaft sowie die Endspiele der europäischen Fußballvereinsmeisterschaften bei deutscher Beteiligung vorsieht. Diese Regelung hat unmittelbaren Einfluss auf die Preisbildung auf den Sportrechtemärkten, da bestimmte Verwertungsstufen dieser Ereignisse nicht mehr möglich sind. So ist eine Ausstrahlung im Pay TV zwar weiterhin zulässig, kann allerdings bei paralleler Ausstrahlung im Free TV nicht als sinnvoll angesehen werden.[3]

---

[1] BVerfG, 1 BvF 1/91 vom 11. November 1997.
[2] Vgl. Pleitgen (2000), S. 9.
[3] Vgl. Duvinage (2000), S. 3.

4.2.2 Beschaffungsstrategien

Die Spezifika der TV-Beschaffungsmärkte haben dazu geführt, dass die TV-Sender unterschiedliche Strategien zur langfristigen Versorgung mit attraktiven Inhalten entwickelt haben. Eine wesentliche Beschaffungsstrategie, die in den vergangenen Jahren zunehmend Verbreitung findet, ist in der Direktkontrahierung zu sehen, die zwischen den TV-Sendern und den Urhebern der Rechte stattfindet. Insbesondere im Fiction-Bereich ist die Tendenz erkennbar, dass TV-Sender in zunehmendem Maß direkt mit den Produktionsfirmen über die TV-Rechte an zukünftigen Produktionen verhandeln.

So hat beispielsweise Sat.1 die deutschen Free TV-Rechte für neue Filme und Katalogfilme von Paramount bis 2011 erworben.[1] Diese wurden mittlerweile teilweise verlängert. Bei allen Risiken und Kosten, die durch diese Strategie der Direktkontrahierung entstehen, schaffen es die TV-Unternehmen einerseits, frühzeitig einen exklusiven Zugriff auf vermeintlich attraktive Inhalte sicherzustellen, während sie andererseits Markteintrittsbarrieren für neue Marktakteure schaffen.

Neben dem Fiction-Bereich ist auch im Sportrechtebereich ein Trend zur Direktkontrahierung erkennbar. Hierbei erwerben die TV-Sender die Übertragungsrechte für Sportereignisse direkt von den veranstaltenden Sportverbänden. So wurden beispielsweise die TV-Rechte für den Skisprung-Weltcup vom Deutschen Ski-Verband an RTL vermarktet. Diese Form der Direktkontrahierung ist mit erheblichen Risiken verbunden, da der Wert der Vermarktungsrechte direkt vom sportlichen Erfolg einzelner Vereine oder Teilnehmer abhängt.

Allerdings bietet dieses Vorgehen auch Chancen, in Zeiten sportlicher Misserfolge Vermarktungsrechte günstig zu erwerben. Als Reaktion auf das Anbieterverhalten der amerikanischen Produktionsfirmen kann die Diversifikationsstrategie einiger TV-Sender angesehen werden.[2] Da der separate Erwerb der Free TV-Rechte an Spielfilmen zum Teil nicht möglich ist, gehen die TV-Sender dazu über, die kompletten Verwertungsrechte zu kaufen. Dadurch wird eine umfassende Vermarktung der nicht benötigten Rechte möglich, sodass die Sender auf den Rechtemärkten gleichzeitig als Nachfrager und als Anbieter auftreten.

Diese Entwicklungen der Direktkontrahierung und Diversifikation führen dazu, dass zunehmend vertikale Integrationstendenzen auf den Beschaffungsmärkten zu erkennen sind. Um die Versorgung der Sender mit attraktiven Inhalten sicherzustellen, versuchen TV-Sender, auch Produktionsfirmen und Rechteagenturen in ihr Unternehmensportfolio aufzunehmen. So hält die RTL Group beispielsweise zahlreiche Beteiligungen an verschiedenen in- und ausländischen Produktionsunternehmen. Vor dem Hintergrund steigender Kosten gewinnen auch Kooperationsstrategien im TV-Bereich zunehmend an Bedeutung. Besonders auf internationaler Ebene ist hier eine Zusam-

---

[1] Vgl. KEK (2007b), S. 257 f.
[2] Vgl. Wirtz (1994), S. 102.

menarbeit zwischen mehreren TV-Unternehmen vorteilhaft, da keine direkte Konkurrenz zueinander besteht. Vor allem bei der Beschaffung von Nachrichtenmaterial ist diese Strategie schon heute häufig zu beobachten. Da es für TV-Sender zunehmend teurer wird, nationale und internationale Korrespondentennetze zu betreiben, schließen sich die Unternehmen multilateralen Programmaustauschsystemen an oder gehen bilaterale Kooperation mit einzelnen Sendern ein.[1]

In diesem Kontext ist beispielsweise die Zusammenarbeit von N24 mit dem internationalen Sendernetzwerk zu nennen. Doch auch im Bereich der Spielfilmrechte werden gemeinsame Package Deals erworben. Auch im Bereich der Sportrechte ist diese Art der Kooperation nicht neu. Durch die Preissteigerung ist es wahrscheinlich, dass Einzelkontrakte in Zukunft eher die Ausnahme sein werden. Dies gilt nicht nur für kleinere TV-Sender. Auch größere Unternehmen könnten angesichts der Preisentwicklung zukünftig nicht mehr in der Lage sein, die finanziellen Ressourcen für attraktive Sportereignisse alleine aufzubringen. Als Beispiel für eine derartige Kooperation kann der gemeinsame Erwerb der Rechte an der Fußball-Bundesliga durch die öffentlich-rechtlichen Sender und RTL in den1990er Jahren angesehen werden.

4.3 Produktionsmanagement

Obwohl die Beschaffung von Content eine wichtige Rolle für TV-Unternehmen spielt, wird der überwiegende Teil der Inhalte nicht auf Syndikationsmärkten beschafft, sondern explizit für die TV-Distribution produziert. Das Produktionsmanagement hat somit auch im TV-Bereich eine entscheidende Bedeutung. Auf die Einflussfaktoren der TV-Produktion sowie mögliche Produktionsstrategien geht der folgende Abschnitt ein.

4.3.1 Einflussfaktoren

Als Einflussfaktoren des Produktionsmanagement wurden in Kapitel 1 neben dem Produktionsprozess auch die Ressourcen, die Produktionskosten und die Qualität der Medienprodukte dargestellt. Auf die fernsehspezifische Bedeutung dieser Aspekte soll an dieser Stelle eingegangen werden.

- Produktionsprozess

Die Produktion von TV-Inhalten beginnt mit einer Idee. Diese muss nicht zwangsläufig beim Sender entstehen. Die Initiative geht hierbei häufig auch von einem Autor oder Produzenten aus.[2] Gerade im Bereich der Filmproduktion wird diese Idee in der Regel in Form eines Exposés präsentiert. Auf der Basis dieses Exposés wird eine Aus-

---

[1] Vgl. KEK (2007a), S. 302 f.
[2] Vgl. Sehr (1998), S. 16.

Kapitel 5: TV-Management

wahl der zu produzierenden Beiträge getroffen. Erst dann wird die Idee zu einem sogenannten Treatment erweitert, das die wichtigsten Personen und Handlungsstränge enthält, und die Basis für das Drehbuch bildet. Im nächsten Schritt erfolgt die technische Umsetzung der Produktion, das heißt der Dreh des Beitrags. Dabei wird mithilfe umfangreicher technischer Ressourcen in Produktionsstudios, Außengeländen oder im Falle der Nachrichtenproduktion am Ort des Geschehens das Bildmaterial des Beitrags erstellt.

Eine Besonderheit der TV-Produktion stellt die Postproduktion dar. Dabei handelt es sich um die Nachbearbeitung des Filmmaterials, die heute überwiegend in digitaler Form durchgeführt wird. Im Rahmen der Postproduktion erfolgt der Schnitt des Bildmaterials, eventuelle Korrekturen wie beispielsweise Farbkorrekturen oder Retuschen unerwünschter Bildbestandteile sowie die Vertonung. Die Postproduktion hat gleichzeitig die Funktion einer abschließenden Qualitätskontrolle, sodass der produzierte Beitrag im Anschluss ausgestrahlt werden kann.

Eine spezifische Besonderheit des TV-Bereichs liegt dabei in der teilweise simultanen Abwicklung von Produktion und Distribution. So werden vor allem im Bereich der Sportübertragungen und Unterhaltungssendungen Live-Übertragungen produziert, bei denen die Beiträge im Zeitpunkt der Erstellung redaktionell bearbeitet und ausgestrahlt werden. Hier überlappen sich Teilprozesse der Produktion im eigentlichen Sinn, die Postproduktion und die Sendeabwicklung. Eine Übersicht über den Produktionsverlauf von TV-Beiträgen zeigt Abbildung 4-2.

Abbildung 4-2: Produktion von TV-Beiträgen

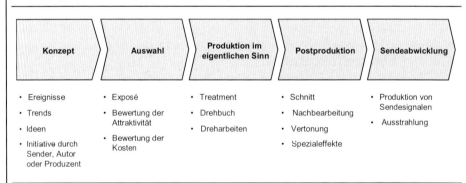

Ressourcen

Einen wichtigen Einflussfaktor des TV-Produktionsmanagement bilden die Ressourcen, die für die Produktion von Programmbeiträgen benötigt werden. Bei den materiellen Produktionsressourcen sind vor allem die Produktionsstudios mit ihrer technischen Ausstattung von Bedeutung. Im Bereich der personellen Ressourcen können insbesondere Autoren, Schauspieler, Regisseure oder Moderatoren genannt werden.

Darüber hinaus sind im Bereich der personellen Ressourcen neben den künstlerischen Mitarbeitern auch die technischen Mitarbeiter der Produktion und Postproduktion von großer Bedeutung. Im Bereich der materiellen Ressourcen können bei der TV-Produktion keine wesentlichen Engpässe festgestellt werden. Hier hat sich eine ausgeprägte Produktionslandschaft etabliert, die technisches Equipment und Studios in ausreichendem Umfang zur Verfügung stellen kann.

Hingegen stellt sich der Zugriff auf die zentralen personellen und immateriellen Ressourcen schwieriger dar. So sind neben begabtem und kreativem Personal auch attraktive Formate für Unterhaltungs- und Informationssendungen von großer Bedeutung im Produktionsprozess. Unter einem Fernsehformat versteht man ein mehrteiliges Sendekonzept, das in seinem Inhalt, seiner Binnenstruktur und seiner Präsentation auf ein klar definiertes Zuschauersegment abgestimmt ist und einen fest in die Sendestruktur eingebetteten Programmplatz hat.

Produktionskosten

Die Kosten der TV-Produktion setzen sich überwiegend aus Urheberkosten, Personalkosten und Sachkosten zusammen. Die Urheberkosten fallen dabei zum Beispiel für die Überlassung von Drehbüchern oder Show-Formaten an. Personalkosten sind vor allem für die kreativen Ressourcen wie Schauspieler und Regisseure anzusetzen, aber auch für die technischen Mitarbeiter, die beispielsweise für Beleuchtung oder Postproduktion zuständig sind. In den Bereich der Sachkosten fallen vor allem die technische Ausrüstung, wie Studios und Aufnahmetechnik, sowie die Kosten, die für die Gestaltung der Drehorte anfallen, zum Beispiel für den Bau von Bühnenbildern oder Außenanlagen.

Schon vor dem Beginn der Dreharbeiten fallen im Rahmen der TV-Produktion teilweise erhebliche Kosten an. Diese umfassen im Wesentlichen Personalkosten, die bei der Erstellung der Konzeption entstehen. So müssen beispielsweise aufwendige Motive bereits in der Konzeptionsphase mit Regisseuren, Kameraleuten und Technikern besprochen werden, um frühzeitig die technische und finanzielle Durchführbarkeit gewährleisten zu können. Darüber hinaus ist es frühzeitig notwendig, über Castings die notwendige personelle Besetzung eines Programmbeitrags sicherzustellen, bevor eine endgültige Entscheidung über die Produktion gefallen ist.[1]

---

1 Vgl. Kammann (1999).

Qualität

Ebenso wie auf den Beschaffungsmärkten spielt auch bei der Produktion von TV-Beiträgen die Qualität und Attraktivität eine entscheidende Rolle. Anders als bei der Beschaffung von Beiträgen auf den Rechtemärkten ist es jedoch bei geplanten TV-Produktionen nicht möglich, im Vorhinein eine genaue Aussage über die Qualität des Beitrags zu treffen. Selbst wenn sich die Qualität gekaufter Filme nicht anhand einer Vorverwertung durch Kino oder Video objektiv beurteilen lässt, so ist eine subjektive Bewertung durch den Sender möglich.

Auf Basis dieser subjektiven Attraktivität kann der Sender eine Kaufentscheidung treffen und seine Zahlungsbereitschaft bestimmen. Bei der Produktion von TV-Filmen hingegen kann die tatsächliche Qualität und Attraktivität, ob subjektiv oder objektiv, nicht für eine Produktionsentscheidung herangezogen werden. Vielmehr können hier lediglich geplante Kosten mit einer geplanten Qualität in Beziehung gesetzt werden.

Diese geplante Qualität kann sich beispielsweise aus Erfahrungen mit den engagierten Schauspielern und Regisseuren oder aus dem Skript und dem Genrebezug ergeben. Dadurch ist die Produktion von TV-Beiträgen bezüglich der Qualität und Attraktivität mit einem erheblichen Risiko verbunden. Die Gründe dafür liegen vor allem in der geringen Planbarkeit und Kontrollmöglichkeit der Qualität.

TV-Unternehmen versuchen, diese Unsicherheit bezüglich der Qualität durch unterschiedliche Maßnahmen zu reduzieren. In den meisten Fällen zielen diese Maßnahmen darauf ab, Erfahrungen mit abgeschlossenen Produktionen zu nutzen und bewährte Ressourcen einzusetzen. Darüber hinaus besteht besonders bei der Produktion von TV-Serien die Möglichkeit, vor einer Produktion der Serie einen sogenannten Pilotfilm zu produzieren.

Dieser hat in der Regel Spielfilmlänge (circa 90 Minuten) und beinhaltet die grundlegenden Charaktere und Handlungsmotive der Serie. Erst wenn sich dieser Pilotfilm als hinreichend attraktiv erwiesen hat, beginnt die Produktion der Serie, und der Pilotfilm wird als Einstieg in die Serie gesendet, um den Zuschauer mit dem Konzept der Serie vertraut zu machen.

Wird dem Pilotfilm hingegen eine ungenügende Qualität und Attraktivität bescheinigt kommt es nicht zur Produktion der Serie und der Pilotfilm wird einzeln als Fernsehfilm vermarktet, um zumindest einen Teil der entstandenen Kosten zu kompensieren. Als weiteres Instrument der Unsicherheitsreduktion kann auch die Produktion von Serien in Staffeln angesehen werden. Dabei wird pro Staffel eine begrenzte Anzahl von Folgen einer Serie gedreht und die Produktion der nächsten Staffel vom Erfolg der vorhergehenden Staffel abhängig gemacht.

4.3.2 Produktionsstrategien

Vor dem Hintergrund der dargestellten Einflussfaktoren stehen den TV-Sendern unterschiedliche Strategien für die Produktion ihrer Programmbeiträge offen. Das wesentliche Differenzierungskriterium dieser Strategien liegt auch hier in der Übernahme von Produktionsaufgaben durch den TV-Sender oder externe Unternehmen. Dabei wird im TV-Bereich zwischen Eigenproduktion und Auftragsproduktion unterschieden.

Im Rahmen der Eigenproduktion werden alle Teilprozesse der Produktion durch den ausstrahlenden Sender ausgeführt. Dafür muss der Sender alle notwendigen Ressourcen vorhalten. Das bedeutet, dass neben den personellen Ressourcen wie Moderatoren, Künstlern und Autoren auch eigene Studiokapazität mit dem notwendigen technischen Personal bereitgestellt werden muss. Im Falle einer Auftragsproduktion wird die Produktion ausschließlich von externen Produzenten übernommen und vom Auftraggeber im Rahmen eines Einzelvertrags zur Verwertung erworben.

Neben der Eigen- und Auftragsproduktion sind noch weitere Zwischenformen der Produktion möglich. Hier ist einerseits die Koproduktion zu nennen, an denen der ausstrahlende Sender nur einen geringen Anteil der Produktions- beziehungsweise Finanzierungsaufgaben übernimmt. Andererseits kann die Ko-Eigenproduktion angeführt werden, bei welcher der überwiegende Teil der Produktionsaufgaben beim ausstrahlenden Sender liegt. Für eine vereinfachte Klassifikation kann die Koproduktion tendenziell der Auftragsproduktion zugeordnet werden, während die Ko-Eigenproduktion eher den Charakter einer Eigenproduktion aufweist.

Als Besonderheit der öffentlich-rechtlichen Sender kann darüber hinaus die Übernahme angeführt werden. Dabei handelt es sich um Programmbeiträge, die von anderen Sendern übernommen und zeitgleich oder zeitversetzt ausgestrahlt werden. Hier kann beispielsweise die simultane Ausstrahlung der ARD-Tagesschau durch die dritten Programme genannt werden. Abbildung 4-3 zeigt ein Beispiel für die Vergabe einzelner Bestandteile einer Gesamtproduktion an externe Produktionsunternehmen.

Aus der Abbildung wird deutlich, dass nicht nur die Produktion im eigentlichen Sinn sowie die Postproduktion an externe Dienstleister ausgelagert werden kann. Vielmehr ist es möglich, den gesamten Produktionsprozess an einen Full Service Provider zu vergeben, wobei der Sender sich lediglich eine abschließende Qualitätskontrolle vorbehält. Die weitere Organisation des Produktionsprozesses bleibt dem Full Service Provider überlassen, wobei dieser häufig eine weitere Vergabe von Teilprozessen durchführt, da ihm die notwendigen Ressourcen, sowohl personeller als auch materieller Art, zum Teil nicht zur Verfügung stehen. Schließlich wird auch die Distribution, das heißt die Produktion und Ausstrahlung der Sendesignale, gerade von kleineren TV-Sendern ohne eigene Sendetechnik an externe Dienstleister ausgelagert.

Kapitel 5: TV-Management

Abbildung 4-3: *Eigenproduktion und Auftragsproduktion von TV-Beiträgen*

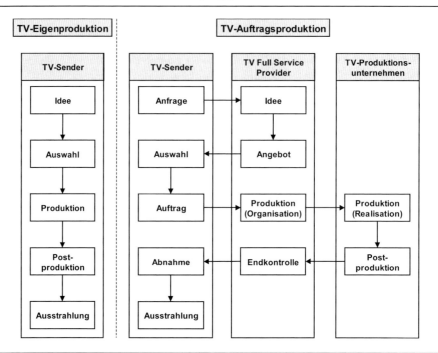

Ein wesentlicher Vorteil der Auftragsproduktion wird in der Reduktion der Produktionskosten gesehen. Durch die Vergabe von Teilprozessen der Fernsehproduktion an externe Produktionsfirmen können Spezialisierungseffekte entstehen, die daraus resultieren, dass sich Produktionsfirmen auf die Produktion ausgewählter Genres (zum Beispiel Natur- oder Reisedokumentationen) konzentrieren. Darüber hinaus entstehen durch die Spezialisierung Skaleneffekte. Diese resultieren daraus, dass Produktionsunternehmen freie Kapazitäten vermarkten und somit die Vorteile der Fixkostendegression wahrnehmen können.

Insbesondere Teilprozesse der Produktion, die hohe spezifische Fixkosten verursachen, also beispielsweise eine bestimmte Technik erfordern, deren Kapazität allein mit Eigenproduktionen durch den TV-Sender nicht genutzt werden kann, spielen hierbei eine wichtige Rolle. Neben der Reduzierung der Kosten zielt die Auftragsproduktion im Fernsehbereich daher auch auf eine Transformierung von Fixkosten in variable Kosten ab. So muss bei einer Eigenproduktion beispielsweise ein Produktionsstudio zur Verfügung stehen, das unabhängig von der Ausbringungsmenge fixe Kosten verursacht.

Bei der Vergabe von Auftragsproduktionen hingegen liegen diese fixen Kosten beim Produktionsunternehmen und werden anteilsmäßig auf die Programmbeiträge verteilt und verrechnet. Der TV-Sender zahlt somit nur den Teil der Studiokosten, den seine Auftragsproduktion verursacht hat. Es wird deutlich, dass die Auftragsproduktion erheblich zu einer Senkung von Risiken beitragen kann.

Die Produktion von Fernsehbeiträgen ist mit erheblichen finanziellen Risiken verbunden. Diese hängen einerseits mit der Auslastung der Produktionskapazitäten, andererseits mit den erheblichen Schwierigkeiten bei der Planung der Produktionskosten und deren Einhaltung zusammen. Aufgrund des Projektcharakters der TV-Produktion, die eine Verwertung von Teilergebnissen verhindert, ist der TV-Sender oftmals gezwungen, eine Eigenproduktion auch bei Überschreitung der geplanten Kosten zum Abschluss zu bringen.

Ein Abbruch der Produktion ist in einem relativ späten Stadium kaum noch möglich, da die bis zu diesem Zeitpunkt entstandenen Kosten nicht wieder durch Erlöse kompensiert werden können und damit Sunk Costs darstellen. Durch die Vergabe von Auftragsproduktionen kann der TV-Sender dieses Risiko reduzieren, da der Vertrag mit dem Produktionsunternehmen in der Regel einen fixen Kaufpreis und eine konkrete Produktdefinition enthält.

Bei der Risikobetrachtung der Produktion stellt auch das Erfolgsrisiko von Programmbeiträgen einen wichtigen Faktor dar. In diesem Zusammenhang stellt sich die Frage, ob der produzierte Beitrag eine ausreichende Qualität und Attraktivität aufweist, um die beabsichtigten Zuschauerzahlen zu generieren. Im Falle unzureichender Einschaltquoten können die Kosten der Produktion nicht wie beabsichtigt durch Werbeeinnahmen kompensiert werden. Bei einer Eigenproduktion durch den ausstrahlenden Sender muss dieses Risiko hingenommen werden.

Im Falle einer Auftragsproduktion können hingegen Vertragsklauseln existieren, die dieses Risiko zwischen Produzent und Sender aufteilen. Dabei wird ein Basispreis vereinbart und der endgültige Preis des Programmbeitrags an den erreichten Marktanteil auf dem Zuschauermarkt gekoppelt, sodass der Produzent bei niedrigen Einschaltquoten einen Abschlag in Kauf nehmen muss, bei hohen Einschaltquoten hingegen eine über den ursprünglichen Preis hinausgehende Erfolgsbeteiligung erhält.[1]

Im vorangegangenen Abschnitt wurden die zum Teil erheblichen Vorlaufkosten angeführt, die schon vor Beginn der eigentlichen Dreharbeiten anfielen. Im Falle einer Eigenproduktion trägt der TV-Sender diese Kosten selbst und muss sie als Sunk Costs betrachten, wenn es zu einer negativen Auswahlentscheidung kommt und der Beitrag nicht produziert wird. Bei einer Auftragsproduktion ist bis zu diesem Zeitpunkt in der Regel noch kein abschließender Vertrag zwischen Produzent und TV-Sender zustande gekommen, sodass hier das Risiko auf Seiten der Produktionsunternehmen liegt.

---

1 Vgl. Kammann (1999).

Für den Fall, dass kein Auftrag für die Produktion des geplanten Beitrags erteilt wird, muss der Produzent diese Kosten als Akquisitionskosten und somit als Sunk Costs ansehen. Ein weiterer Vorteil der Auftragsproduktion ist die Innovationsfähigkeit von externen Dienstleister. Diese sind den Anforderungen des Markts ausgesetzt und unterliegen einem höheren Innovationsdruck als unternehmenseigene Produktionsbereiche. Darüber hinaus kann durch einen Wechsel von Produktionsdienstleistern ständig neues Innovationspotenzial akquiriert werden.[1] In der Regel dürfte mit einem steigenden Grad der Auftragsproduktion jedoch auch eine Abnahme der eigenen Innovationsfähigkeit und des eigenen Know How einhergehen.

Dies wird im TV-Bereich als besonderes Problem angesehen, da sich das Markenprofil des Senders wesentlich über die Inhalte definiert. Dementsprechend ist beim überwiegenden Anteil der TV-Sender erkennbar, dass besonders solche Inhalte, die entscheidend das Senderprofil beeinflussen, auch weiterhin in Eigenproduktion erstellt werden. Dies ist beispielsweise bei den Vollprogrammen wie ARD oder RTL im Bereich der Nachrichten zu beobachten, während kleinere Spartensender auch ihre Nachrichtensendungen durchaus fremdproduzieren lassen.

Bei der Auftragsproduktion von TV-Beiträgen besteht darüber hinaus grundsätzlich die Gefahr von Qualitätsverlusten, da die Qualität der Beiträge nicht oder nur unzureichend kontrolliert werden kann. Im Rahmen von Auftragsproduktionen wird häufig ein fixer Kaufpreis vereinbart, der eine feststehende Gewinnmarge des Produzenten beinhaltet. Die Produktionskosten von Programmbeiträgen, vor allem im Fiction-Bereich, unterliegen jedoch hohen Unsicherheiten, sodass eine Überschreitung der geplanten Produktionskosten zu Lasten der Produktionsmarge geht.

Kosteneinsparungen durch den Produzenten zur Wahrung der Marge sind somit in der Regel mit einer Verringerung der Qualität verbunden.[2] Diese Qualitätseinbußen können beispielsweise in Einsparungen bei technischer Ausstattung zum Ausdruck kommen. Im TV-Bereich ist daher zunehmend die Tendenz zu beobachten, dass die Vorteile der Eigenproduktion mit den Vorteilen der Fremdproduktion kombiniert werden, indem hybride Lösungen gewählt werden.

Dabei wird die Produktion an externe Dienstleister ausgelagert, an denen Beteiligungen seitens der TV-Unternehmen bestehen. Produziert dieser Dienstleister auch für andere Sender, können die Produktionskosten durch Skalen- und Spezialisierungseffekte gesenkt werden. Gleichzeitig liegt das Risiko der Produktion nicht mehr ausschließlich beim TV-Sender, da dieser in der Regel feste Abnahmepreise und eine zu liefernde Qualität vereinbart. Über die Unternehmensbeteiligung wird jedoch der Zugriff auf den Content gesichert und eine Beteiligung am Erfolg ermöglicht. Gleichzeitig haben TV-Unternehmen die Möglichkeit, über Beteiligungen an den Produktionsfirmen einen Einfluss auf die Qualität der Produktion zu wahren.

---

1   Vgl. Windeler/Lutz/Wirth (2000), S. 182.
2   Vgl. Sehr (1998), S. 23.

Aufgaben des TV-Management

Eigenproduktion und Auftragsproduktion von TV-Beiträgen haben bei den privaten und den öffentlich-rechtlichen TV-Unternehmen eine unterschiedliche Bedeutung. Dies illustriert Abbildung 4-4. Dies hat verschiedene Ursachen. Während die Wahl zwischen Eigenproduktion und Auftragsproduktion bei den privaten Unternehmen in der Regel eine rein wirtschaftliche Entscheidung darstellt, muss das Produktionsmanagement der öffentlich-rechtlichen Sender das regulative Umfeld berücksichtigen. Dabei stellt sich die Frage, inwieweit öffentlich-rechtliche TV-Sender selbst am Markt aktiv sein dürfen. Die Grenzen der Auftragsproduktion werden dabei in der Regel dort gesehen, „wo der unverzichtbare Kernbestand des öffentlich-rechtlich Rundfunks tangiert [wird]."[1]

Abbildung 4-4: Programmherkunft von ARD und RTL[2]

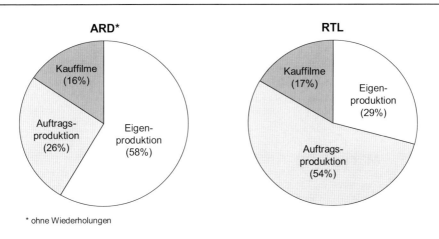

* ohne Wiederholungen

Diese Grenzen sind zwar nicht eindeutig definiert, dürften jedoch immer dann erreicht sein, wenn durch die Auslagerung von Produktionsprozessen qualitative Aspekte berührt werden, die den Grundversorgungsauftrag der öffentlich-rechtlichen TV-Sender gefährden. Darüber hinaus stellen die öffentlich-rechtlichen Anbieter auf der Basis ihres Grundversorgungsauftrags in der Regel höhere Ansprüche an die kulturelle und journalistische Qualität der ausgestrahlten Beiträge, die sich jedoch im Falle der Auftragsproduktion teilweise ihrer Kontrolle entzieht. In diesem Zusammenhang wird davon ausgegangen, dass die zunehmende Auftragsproduktion zu einer standardisierten journalistischen Massenproduktion führt, die wiederum die publizistische Vielfalt

---

[1] Stolte (1999), S. 9.
[2] Vgl. ARD (2001); RTL (2001).

im Fernsehen verringert.[1] Ferner muss auch bei der Argumentation bezüglich der Produktionskosten ein Unterschied zwischen privaten und öffentlich-rechtlichen TV-Sendern gemacht werden, da ihre Kostenstrukturen unterschiedlichen Voraussetzungen unterliegen. So kann eine interne Leistungserbringung für öffentlich-rechtliche TV-Sender teilweise wirtschaftlicher sein als eine Auslagerung dieser Prozesse, da beim Fremdbezug die Mehrwertsteuer anfällt, die für die öffentlich-rechtlichen Fernsehanstalten einen Kostenfaktor darstellt.

Schließlich können auch historische Gründe für die abweichenden Anteile der Auftragsproduktion am Gesamtproduktionsvolumen angeführt werden. So konnte der öffentlich-rechtliche Rundfunk in den Anfangsjahren des Fernsehens kaum auf externe Produktionskapazitäten auf dem freien Markt zurückgreifen, die für eine Auftragsproduktion zur Verfügung gestanden wären. Als die privaten TV-Sender hingegen Mitte der 1980er Jahre Zugang zum Markt erhielten, war schon eine rudimentäre Produktionsinfrastruktur für die TV-Produktion verfügbar.

Es wird deutlich, dass die Produktionsstrategie von TV-Unternehmen eine Vielzahl von Einflussfaktoren zu berücksichtigen hat und eine Entscheidung nur auf Basis einer fundierten Chancen-Risiken-Analyse getroffen werden kann. Eine mangelhafte Entscheidungsbasis kann zu Fehlentscheidungen führen, die oft nur partiell und mit erheblichen Einbußen korrigiert werden können.

4.4 Marketing

Der folgende Abschnitt beschäftigt sich mit den Aufgaben, denen sich das TV-Management auf den Absatzmärkten zu stellen hat, sowie dem absatzpolitischen Instrumentarium, das ihm zur Bewältigung dieser Aufgaben zur Verfügung steht. Im Rahmen dieser Betrachtung werden die TV-spezifischen Aspekte der Produkt-, Preis-, Distributions- und Kommunikationspolitik aufgezeigt. Soweit dies möglich ist, findet dabei eine differenzierte Darstellung von Werbe- und Rezipientenmärkten statt.

4.4.1 Produkt- und Programmpolitik

Die Produktpolitik eines TV-Anbieters zielt auf die optimale Positionierung des Programmangebots in der Wahrnehmung der Rezipienten ab. Die Produkte der TV-Anbieter sind Programme, die aus einer Vielzahl von Einzelsendungen höchst unterschiedlicher Inhalte, Sendelängen, Funktionen und Herkunft bestehen und nach einem mittelfristig konstanten Zeitraster (Sende- oder Programmschema) im Tages- und Wochenablauf kontinuierlich ausgestrahlt werden.

---

[1] Vgl. Heinrich (1999), S. 159.

Die Produktpolitik umfasst alle Entscheidungen, die sich auf die markt- beziehungsweise zielgruppengerechte Gestaltung des Fernsehprogramms beziehen. Grundsätzlich sind im Rahmen der Produktpolitik von TV-Anbietern die Qualität und Inhalte des Programms, die Programmstruktur, das Programmsortiment und die Programmverpackung zu gestalten.

- Leistungskern

In Bezug auf die Programmpolitik ist zwischen öffentlich-rechtlichen und privaten Anbietern zu unterscheiden. Aufgrund des Programmauftrags und der Gewährleistung der Grundversorgung stellt die Produktpolitik im öffentlich-rechtlichen Bereich nur eine bedingt autonome Gestaltungsgröße dar.[1] Private Anbieter können hingegen aufgrund weitgehend fehlender Programmauflagen die Instrumente der Produktpolitik uneingeschränkt einsetzen.

Die Gestaltung der Qualität und der Inhalte des Programms nimmt innerhalb der Produktpolitik eines Medienunternehmens eine zentrale Stellung ein. Das Programm eines TV-Anbieters ist als Erfahrungsgut zu klassifizieren. Mangels Prüfqualitäten, die eine Bestimmung der Qualität vor dem Konsum ermöglichen könnten, kann ein Rezipient die Qualität eines TV-Programms erst nach dem Konsum bewerten. Anhand dieser Bewertung entscheidet der Rezipient dann, ob er dieses Programm erneut konsumieren wird. Da zudem der Preis als Wettbewerbsparameter auf dem Rezipientenmarkt entfällt (mit Ausnahme des entgeltfinanzierten Fernsehens), stellen Qualität und zielgruppenbezogene Inhalte die entscheidenden Aktionsparameter zur Differenzierung des Angebots eines TV-Unternehmens dar.[2]

Zudem unterliegt die Qualität von Medienprodukten starken Schwankungen, da sie Unikate darstellen, die in einem kreativen Prozess unter Verwendung von personellen Ressourcen entstehen. Aus diesem Grund ist innerhalb der Produktpolitik ständig auf die Qualität der Inhalte zu achten und der qualitative Sendererfolg anhand zielgruppenorientierter Marktforschung zu überprüfen. Über eine konstant hohe Qualität des Programms soll eine hohe Reichweite erzielt werden.

Die Gestaltung der Programmstruktur zielt auf die Differenzierung des Programms gegenüber dem Konkurrenzangebot ab. Zudem trägt sie zur Etablierung des Programms als Marke bei. Sie soll weiterhin eine Reduktion der Informationskosten des Publikums bewirken. In Bezug auf die Zeit unterscheidet man zwischen horizontaler und vertikaler Strukturierung. Die Gestaltung der horizontalen Zeitstruktur hat das Ziel, ähnlichen Sendeinhalten jeden Tag oder jede Woche den gleichen Programmplatz zuzuweisen. Dadurch sollen die Informationskosten des Rezipienten reduziert und der Aufbau einer Markenidentität unterstützt werden. Ein Beispiel hierfür ist der feste Programmplatz der ARD-Tagesschau um 20 Uhr.

---

1   Vgl. Schuster (1995), S. 140.
2   Vgl. Wirtz (1994), S. 115; Heinrich (1999), S. 319.

Die horizontale Strukturierung erstreckt sich auch zunehmend auf die Zeitstruktur von einzelnen Sendungen oder Beiträgen. Diese arbeiten beispielsweise mit einer zeitlichen Strukturierung von Spannungsbögen, die den Regeln der Zeitstruktur von Werbeunterbrechungen folgt. Ebenso unterliegen journalistische Beiträge einer einheitlichen Binnenstrukturierung, zum Beispiel des Ablaufschemas von 30-minütigen Nachrichtenmagazinen.[1]

Die vertikale Struktur des Programms bezieht sich auf die zeitliche Abfolge der einzelnen Programminhalte. Sie zielt darauf ab, zwischen den einzelnen, aufeinander folgenden Sendungen eine Verbindung zu schaffen, um den „Audience Flow" innerhalb des eigenen Kanals zu fördern.[2] Das bedeutet, dass einmal gewonnene Rezipienten auch auf die jeweils folgenden Sendungen übertragen werden sollen.

Durch die Abfolge von unterhaltenden, informierenden und kulturellen Sendungen soll eine möglichst attraktive Publikumsansprache verwirklicht werden, um auf diese Weise eine Zuschauerbindung über eine längere Sendedauer zu erreichen. Vor dem Hintergrund nicht existenter Wechselkosten in Verbindung mit einem zunehmenden Programmangebot scheint diese Erzeugung des Audience Flow jedoch zunehmend schwieriger zu werden. Das Nutzungsverhalten der Rezipienten ist nur noch selten durch ein dauerhaftes Verweilen bei einem Sender gekennzeichnet.

Vielmehr haben sich beim Zuschauer Verhaltensweisen wie beispielsweise Grazing, Zapping oder Double Viewing durchgesetzt. Als Grazing wird dabei der wahllose Wechsel zwischen den Kanälen verstanden, wobei der Zuschauer solange hin und her schaltet, bis er ein seinen Interessen entsprechendes Angebot gefunden hat. Sobald ein unerwünschter Beitrag erfolgt, sucht der Zuschauer weiter. Damit bietet das Grazing zwar eine Chance für Sender, zufällige Zuschauer zu gewinnen, ein Audience Flow kann jedoch nicht erzeugt werden, da der Zuschauer bei der nächsten Werbeunterbrechung wahrscheinlich den Sender wieder wechselt.

Beim Zapping hingegen hat der Zuschauer ein Interesse daran, einen Beitrag komplett anzuschauen, er wechselt jedoch im Falle einer Werbeunterbrechung für die Dauer der Unterbrechung zu einem anderen Sender. Dabei hat der Zuschauer zwar das Interesse, zumindest für die Dauer des Programmbeitrags beim Sender zu verweilen, doch die Förderung des Audience Flow wird durch attraktive Beiträge anderer Sender gefährdet.

Beim Double Viewing schließlich versucht der Zuschauer, durch häufiges Wechseln zwischen zwei Kanälen den Inhalt beider Programmangebote zu konsumieren.[3] Auch hier kann ein Audience Flow nur sehr schwierig erreicht werden. Insbesondere zur Bekämpfung des Zapping und des Double Viewing setzen TV-Sender teilweise Instrumente ein, um beim Zuschauer Wechselkosten zu erzeugen. Hier sind vor allem

---

[1] Vgl. Meckel (1997), S. 477 f.
[2] Vgl. Sherman (1995), S. 347.
[3] Vgl. Schuster (1995), S. 110.

„Around The Commercials" zu nennen, das heißt redaktionelle Einblendungen innerhalb eines Werbeblocks. Dabei kann es sich beispielsweise um Lösungsteile eines Gewinnspiels oder Kurzgeschichten, die aus wenigen Szenen bestehen, handeln. Vertikale Programmstrukturierung kann die Zielsetzung einer Rezipientenbindung über eine Abfolge von Sendungen somit nur erreichen, wenn die aufeinander folgenden Sendungen die gleiche, homogene Zielgruppe ansprechen.

Dies kann durch eine Bündelung ähnlicher Programminhalte für eine homogene Zielgruppe unter einem Motto erfolgen. Als Beispiel ist die Abfolge verschiedener familienorientierter, amerikanischer Sitcoms, die von Montag bis Freitag nachmittags auf Kabel 1 ausgestrahlt werden, oder die Abfolge verschiedener Gerichts-Shows im Nachmittagsprogramm anzuführen. Infolge der bedingten Wirksamkeit der vertikalen Strukturierung ist der horizontalen Strukturierung im Rahmen der Produktpolitik eine höhere Bedeutung beizumessen.

Die inhaltliche und zeitliche Koordination der Fernsehangebote muss darauf ausgerichtet werden, zu jeder Sendezeit komplementäre, die Interessen der unterschiedlichen Zielgruppen tangierende Sendungen anzubieten, um die Rezipienten an einen TV-Anbieter zu binden. Dies kann durch das Angebot von verschiedenen, zielgruppenspezifischen Spartenprogrammen eines TV-Anbieters oder durch verschiedene Sender im Rahmen einer Senderfamilie erfolgen.

Aus Sicht der Sortimentspolitik kann das Programm eines TV-Senders als Sortiment unterschiedlicher Beiträge verstanden werden, dessen Umfang anhand der Dimensionen Breite und Tiefe klassifiziert werden kann. Das Programm soll in diesem Zusammenhang einen optimalen Kompromiß zwischen Kosten und Angebotsvielfalt erreichen. Ein breites Sortiment weist eine große Zahl von nach Thema und Ressort unterschiedenen Programmgattungen auf. Als Beispiel ist hier das sehr breite Angebot des WDR-Hörfunks zu nennen.

Ein schmales Sortiment führt hingegen nur wenige Programmgattungen. Ein tiefes Sortiment ist durch die unterschiedlichen Programmgattungen in zahlreichen Qualitäten und Ausführungen gekennzeichnet. Ein flaches Sortiment führt die Programmgattungen nur in wenigen Varianten. Beispielsweise zeigt RTL im Gegensatz zu Sport1 nur massenwirksame Sportarten wie beispielsweise Fußball, Boxen, und Formel 1 im Programm.

Im Allgemeinen werden die unterschiedlichen Ausprägungen zu einem breiten und flachen oder zu einem schmalen und tiefen Sortiment kombiniert. Im TV-Bereich repräsentieren Vollprogramme ein breites und flaches Sortiment, wohingegen Spartenprogramme ein tiefes und schmales Sortiment anbieten. Der Rundfunkauftrag zwingt die öffentlich-rechtlichen Anbieter zum Angebot eines Vollprogramms, wodurch der Entscheidungsspielraum innerhalb der Programmsortimentspolitik eingeschränkt wird. Spartenprogramme können von öffentlich-rechtlichen Anbietern somit zusätzlich angeboten werden.

Privaten Anbietern steht hingegen der Aufbau eines Spartenprogramms offen. Bei einer Entscheidung für ein solches Programm sind jedoch die spezifischen Charakteristika und vor allem die Produktionsstruktur innerhalb des TV-Markts zu beachten. Aufgrund der Unabhängigkeit der First Copy Costs von der Anzahl der späteren Rezipienten führt eine steigende Rezipientenzahl zu Kostendegressionseffekten.

Da davon auszugehen ist, dass ein Spartenanbieter aufgrund seiner Spezialisierung nur eine geringe Rezipientenzahl erreicht, kann dieser nur in geringem Maß Skaleneffekte erzielen. Wenn dieser Kostennachteil nicht durch entsprechend höhere Werbeeinnahmen als Resultat einer hohen qualitativen Reichweite und zielgruppenspezifischen Ansprachemöglichkeit mit nur geringen Streuverlusten überkompensiert werden kann, ist das langfristige Überleben eines Spartensenders gefährdet. Beispiele aus der Unternehmenspraxis verdeutlichen diese Risiken von Spartensendern. Der Kindersender Nickelodeon und der Wetterkanal wurden eingestellt.

Darüber hinaus umfasst die Sortimentspolitik die ständige Überprüfung und Anpassung des Sortiments vor dem Hintergrund sich ändernder Rezipientenpräferenzen und der Reichweitenerfolge der Konkurrenz. Diese Überprüfung beinhaltet die folgenden Maßnahmen. Zum einen kann durch Programminnovationen, das heißt die stete Einführung von neuen Programmen und Programmelementen, auf geänderte Rezipientenpräferenzen reagiert werden.[1] Die Programmvariation zielt auf die Optimierung vorhandener Programme und Programmelemente ab. Hierbei werden bessere Sendeplätze für erfolgreiche Sendungen ausgewählt und erfolgreiche Sendungen imitiert. Darüber hinaus sind im Rahmen der Programmelimination Sendungen, die nicht genügend Reichweite erzielen, aus dem Programm zu nehmen.[2]

Neben der Produktpolitik, die sich vornehmlich auf die Rezipientenmärkte richtet, ist auch die Produktpolitik auf den Werbemärkten ein wichtiges Marketinginstrument für TV-Anbieter. TV-Unternehmen bieten der werbungtreibenden Wirtschaft Werberaumleistungen an. Als Zusatzleistung für die Belegung von Werbezeiten erhalten die Werbekunden Leistungsdaten in Form von Angaben über die quantitative und qualitative Zusammensetzung der Rezipienten. Somit werden Zielgruppen zum eigentlichen Produkt, das der werbungtreibenden Wirtschaft in Form von soziodemografischen Daten zum Kauf angeboten wird.

Insofern beeinflusst die Produktpolitik auf den Rezipientenmärkten ebenso die Produktpolitik auf den Werbemärkten. Durch eine erfolgreiche Produktpolitik auf den Rezipientenmärkten wird eine Positionierung bei der angestrebten Zielgruppe erreicht, die dann wiederum der werbungtreibenden Wirtschaft in Form von Werberaum angeboten wird. Die Produktpalette der TV-Anbieter auf den Werbemärkten ergibt sich aus den wichtigsten TV-Werbeformen. Diese sind in instrumentelle und mediale Werbung zu unterscheiden.

---

[1] Vgl. Wirtz (1994), S. 115 ff.
[2] Vgl. Heinrich (1999), S. 319.

Aufgaben des TV-Management

Die instrumentelle Werbung bezeichnet alle Werbesendungen, die inhaltlich vom übrigen Programm getrennt und ausdrücklich als Werbung gekennzeichnet sind. Der Inhalt der Werbebotschaft soll nicht als redaktionelle Aussage des TV-Anbieters verstanden werden. Die Übermittlung der Werbebotschaft stellt vielmehr die Erfüllung eines Dienstleistungsauftrages dar, wobei die TV-Anbieter nur eine Transportfunktion übernehmen, ohne bei der inhaltlichen Gestaltung der Werbespots mitzuwirken.

Die Ausstrahlung von Werbespots gilt als klassisches Beispiel für instrumentelle Werbung. Im Rahmen der Produktpolitik der TV-Anstalten gegenüber dem Werbemarkt werden daher vorwiegend standardisierte Spotlängen an die Werbewirtschaft zur Verbreitung von Werbebotschaften verkauft.[1] Eine zielgruppenspezifische Sonderform des Werbespots stellt das Narrow Casting dar.

Hierbei kann der Werbekunde seine geplanten Werbespots exklusiv in einem thematisch passenden Programmumfeld platzieren. Im Gegensatz zu den privaten Anbietern müssen die öffentlich-rechtlichen Anbieter jedoch ihre verfügbare Werbezeit immer noch in längeren Blöcken in der Zeit vor 20 Uhr ausstrahlen, was die Möglichkeiten der Platzierung von Werbespots in einem zielgruppenspezifischen Werbeumfeld einschränkt.

Unter medialer Werbung versteht man Sendungen werbewirksamen Inhalts, die Teile des allgemeinen Programms sind und deren werblicher Charakter nicht ohne weiteres für den Zuschauer erkennbar ist.[2] Die werbliche Aussage erscheint hierbei in einem redaktionellen Umfeld. Die wichtigsten medialen Werbeformen im Fernsehen sind derzeit Sponsoring, Bartering, der Einsatz von Product Placement und das Merchandising. Neben dem Angebot einzelner Werberaumleistungen bietet sich auch die Zusammenfassung verschiedener Werberaumleistungen zu einem Leistungsbündel an.

Neben der klassischen Werbung und etablierten Sonderwerbeformen wie Programm-Sponsoring und Dauerwerbesendungen hat sich in den letzten Jahren eine breite Palette von Sonderwerbeformen im Fernsehen entwickelt. Hierzu gehören Werbeformate wie Singlespots oder individuelle Konzepte wie Spotpremieren oder Tele-Promotions. Die verschiedenen Sonderwerbeformen haben im TV-Markt erheblich an Bedeutung gewonnen.

Ihr Anteil an den Gesamtwerbeinvestitionen stieg zwischen 2000 und 2010 um zehn Prozent auf heute 1,3 Milliarden Euro.[3] Die aktuell wichtigste Sonderwerbeform ist mit 656,4 Millionen Euro an Werbeinvestitionen die Splitscreen-Werbung. Abbildung 4-5 zeigt die aktuelle Entwicklung der wichtigsten TV-Sonderwerbeformen. Auch innerhalb der verschiedenen Sonderwerbeformen finden sich nochmals spezielle Ausprägungen. So kann zum Beispiel die Splitscreen-Werbung in Cut In, Diary, 7x7, Program Split, Win Ad, Single Split oder Program Split unterteilt werden.

---

1 Vgl. Schuster (1995), S. 226.
2 Vgl. Lerche (1965), S. 2.
3 Vgl. SevenOne Media (2011), S. 9.

Kapitel 5: TV-Management

Abbildung 4-5: Entwicklung von TV-Sonderwerbeformen[1]

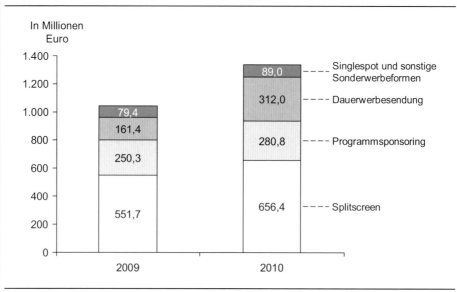

Werbespots können an verschiedenen Sendeplätzen, in deren Werbeumfeld gleiche Zielgruppen angesprochen werden, im Bündel angeboten werden. Beispielsweise bietet die ARD ihren Werbekunden ein Spotpaket zu einem Bündelpreis an. Dieses umfasst die Schaltung von drei Werbespots im „Best Minute"-Segment vor der 20 Uhr-Tagesschau und drei Werbespots im Werbeblock vor der Tagesschau um 17 Uhr zu einem nach der Saison differenzierten Bündelpreis.

▪ Verpackung

Da es sich bei Medienprodukten im TV-Bereich nicht um physische Produkte handelt, sind die Aktionsparameter bei der Verpackungsgestaltung sehr eingeschränkt. Daher konzentriert sich die Programmverpackung auf die optische und akustische Verpackung. Die optische und akustische Verpackung umfasst alle Elemente, die nicht Inhalt der Sendung sind. Beispiele hierfür sind Senderlogos und Senderjingles sowie die Gestaltung von Werbetrennungen, Vorschauen, Teasern und Trailern. Diese dienen vor allem dem Transport einer Markenidentität, auf die im Rahmen der Markenpolitik näher eingegangen wird.

---

[1] Vgl. SevenOne Media (2011), S. 9.

■ Markenpolitik

Mithilfe der Markenpolitik soll eine einzigartige Markenidentität für den TV-Anbieter aufgebaut werden, die die eigenständige Positionierung zum Ausdruck bringt und dem Zuschauer die Wiedererkennung erleichtert. Vor dem Hintergrund der Einordnung von Medienprodukten als Erfahrungsgüter stellt die Markenbildung ein zentrales Instrument der Produktdifferenzierung dar. Eine Marke soll auf Seiten des Rezipienten die Unsicherheit bezüglich der Qualität des Programms verringern. Zudem soll die Marke das Leistungsspektrum des Angebots aufzeigen und Rezipientenbindung erreichen.

Im TV-Bereich werden Dachmarken-, Mehrmarken- und Einzelmarkenstrategien genutzt. Beispielsweise verfolgt die RTL Group mit ihrer Senderfamilie eine Dachmarkenstrategie, indem die einzelnen Marken RTL, RTL II und Super RTL sich aus der Dachmarke RTL ableiten. Ziel ist es, den positiv besetzten Markennamen von RTL auf die später etablierten Sender wie RTL II zu übertragen und auf diese Weise die Markteinführung zu erleichtern und die Markenbindung zu erhöhen.

Die ProSiebenSat.1 Media AG hingegen verfolgt eine Mehrmarkenstrategie, indem die einzelnen Sender wie ProSieben, Sat.1 oder Kabel 1 unter eigenständigen Marken, zwischen denen auf den ersten Blick keine Verbindungen bestehen, betrieben werden. Dies ist vor allem durch die Entwicklungsgeschichte dieser Sendergruppe bedingt. Im Gegensatz zur RTL Group, deren Ableger von vornherein den Markennamen RTL zur Positionierung nutzten, wurden Sat.1 und ProSieben unabhängig voneinander gegründet und erst später zur ProSiebenSat.1 Media AG verschmolzen.

Sky ist ein Beispiel für eine Einzelmarke im deutschen TV-Markt. Dies erlaubt eine eindeutige Marktpositionierung, die allerdings auch durch die einzigartige Stellung als dominierender Pay TV-Anbieter in Deutschland notwendig ist. Spartensender wie Eurosport oder Sport1 sind ebenfalls Einzelmarken, die sich vor allem zur Positionierung von Nischenprogrammen anbieten.

Ergänzend zu Markenstrategien auf Senderebene werden Programmformate als Einzelmarke positioniert, um das Profil eines Senders in bestimmten Zielgruppen zu schärfen.[1] Diese Einzelmarken werden auch genutzt, um Erlöse in anderen Medien zu generieren. Als Beispiel hierfür können Serien wie „Gute Zeiten, schlechte Zeiten" von RTL angeführt werden. Diese Serie positioniert den Sender einerseits in der besonders wichtigen Zielgruppe der jüngeren Zuschauer, andererseits werden unter diesem Titel zusätzlich Merchandising-Produkte, wie eine Fanzeitschrift oder eine eigene Internetseite mit zusätzlichen Services, angeboten.

---

1 Vgl. Zeiler (2003), S. 289.

Kapitel 5: TV-Management

■ Dienstleistungen

Ein weiteres Instrument der Produktpolitik stellt das Angebot von Zusatzleistungen in Form von Dienstleistungen oder weiteren Produkten dar. Bezogen auf zusätzliche Dienstleistungen stellen TV-Anbieter Informationen bezüglich ihres Angebots im Videotext und auf Internetseiten zur Verfügung. Darüber hinaus wird von TV-Anbietern eine Vielzahl von Merchandising-Artikeln unter den Marken bekannter Programmbestandteile angeboten.

4.4.2 Preispolitik

Im Rahmen des TV-Management ist zwischen Preispolitik auf den Rezipienten- und auf den Werbemärkten zu unterscheiden. Je nach Geschäftsmodell können die TV-Anbieter auf diesen Märkten in unterschiedlichem Ausmaß preispolitische Instrumente einsetzen. Die unterschiedlichen Einsatzmöglichkeiten einer kosten-, nachfrage- und wettbewerbsorientierten Preispolitik werden im Folgenden erörtert.

Die Preispolitik auf den Rezipientenmärkten spielt lediglich im entgeltfinanzierten Privatfernsehen eine Rolle. Hierbei sind zwei Entgeltformen des Pay TV zu unterscheiden, die unterschiedliche Auswirkungen auf die Preispolitik haben. Bei Abonnementfernsehen (Pay Per Channel) bezieht sich die Preispolitik auf die Festlegung der Höhe der transaktionsunabhängigen Mediennutzungsgebühren.

Im Pay Per View-Bereich bezieht sich die Preispolitik auf die Festlegung der transaktionsbasierten Mediennutzungsgebühren für die einzelnen Sendungen, die der Rezipient konsumiert. Hierbei sollte eine abnehmerorientierte Preispolitik eingesetzt werden, die sich an der Zahlungsbereitschaft der Rezipienten orientiert. Private Free TV-Sender betreiben per Definition keine Preispolitik im Rezipientenmarkt. Da sie ihr Programm unentgeltlich zur Verfügung stellen, ist der Preis als Aktionsparameter für sie nicht relevant.

Die öffentlich-rechtlichen Sender werden durch Gebühren finanziert, die bei den Rezipienten erhoben werden. Die Festsetzung der Gebühren erfolgt nicht durch die öffentlich-rechtlichen TV-Anbieter selbst, sondern über ein dreistufiges Verfahren. Daher kann in diesem Zusammenhang nicht von einer autonomen Preispolitik der Sender gesprochen werden.

In einem ersten Schritt melden die öffentlich-rechtlichen Anstalten ihren Finanzbedarf, der sich nach den autonom getroffenen Programmentscheidungen bestimmt, bei der Kommission zur Ermittlung des Finanzbedarfs der Rundfunkanstalten (KEF) an. Im zweiten Schritt überprüft die KEF auf der Grundlage dieser Bedarfsanmeldung den Finanzbedarf entsprechend den Grundsätzen von Wirtschaftlichkeit und Sparsamkeit und nimmt dazu Stellung, ob, in welcher Höhe und zu welchem Zeitpunkt eine Änderung der Rundfunkgebühr notwendig ist.

Im dritten Schritt entscheiden die Landesregierungen und Landesparlamente auf der Grundlage des Gebührenvorschlags der KEF. Aufgrund des Gebührenfestsetzungsverfahrens gibt es für die öffentlich-rechtlichen Anbieter keine Möglichkeit einer autonomen Preisfindung.[1] Die KEF berücksichtigt lediglich Kostenaspekte, aber keine Nachfrageaspekte, da sich die Gebührenpflicht nicht nach der tatsächlichen Inanspruchnahme von TV-Angeboten richtet. Der Gebührentatbestand ist bis 2013 bereits mit der Bereithaltung eines Rundfunkgeräts erfüllt. Anschließend besteht für jeden Haushalt die Gebührenpflicht.

Da somit kein direkter Zusammenhang zwischen Preis und Leistung entsteht und die öffentlich-rechtlichen TV-Anbieter weder auf den Preis noch auf die Leistungsinanspruchnahme Einfluss ausüben können, entfällt die Möglichkeit einer ziel- und marktorientierten Gestaltung des Preis-/Leistungsverhältnisses. Somit stellt die Rundfunkgebühr kein autonomes Marketinginstrument der öffentlich-rechtlichen Anbieter dar, das preispolitische Handlungsmöglichkeiten auf den Rezipientenmärkten eröffnet. Die Preispolitik als Aktionsparameter innerhalb des Marketing-Mix der öffentlich-rechtlichen Anbieter ist somit auf die Werbemärkte beschränkt.

Auch in Bezug auf die Preissetzung auf den Werbemärkten sind die besonderen Rahmenbedingungen der öffentlich-rechtlichen Anbieter zu beachten. Die preispolitischen Handlungsmöglichkeiten sind durch gesetzliche Vorgaben eingeschränkt. Da eine Ausweitung des zeitlich erlaubten Werbevolumens nicht möglich ist, kann die Mengenkomponente nicht beliebig variiert werden. Laut Rundfunkstaatsvertrag müssen sich öffentlich-rechtliche TV-Anbieter an Werktagen auf durchschnittlich 20 Minuten Werbezeit vor 20 Uhr beschränken. An Sonn- und Feiertagen ist die Ausstrahlung von Werbespots untersagt. Eine Maximierung der Werbeeinnahmen kann daher nur über die Höhe der Preisforderung beeinflusst werden.

Auf den Werbemärkten stehen die öffentlich-rechtlichen Sender mit den privaten Anbietern im Wettbewerb. Beide Anbietertypen berücksichtigen bei der Preisfindung insbesondere nachfrage- und wettbewerbsorientierte Aspekte. Bei der Auswahl des Trägermediums stellt der Tausender-Kontakt-Preis (TKP) ein wichtiges Entscheidungskriterium für die werbetreibende Wirtschaft dar. Dieser berechnet sich aus dem Preis für einen Werbespot sowie der Reichweite und beziffert die Kosten der Erzielung von tausend Kontakten.[2]

Bei der Verfolgung einer wettbewerbsorientierten Preispolitik orientieren sich die Anbieter an dem kompetitiven TKP. Vor dem Hintergrund des branchenüblichen TKP für ein vergleichbares Medium wird auf Basis der eigenen erwarteten oder gemessenen Reichweite der Werbespotpreis errechnet. Hierbei stellt nicht der Werbespotpreis, sondern die Reichweite die entscheidende Stellgröße für den privaten Anbieter dar.[3]

---

[1] Vgl. im Folgenden Schuster (1995), S. 161.
[2] Vgl. Wirtz (1994), S. 143.
[3] Vgl. Heinrich (1999), S. 323.

Durch eine Erhöhung der Reichweite verringert sich ceteris paribus der TKP gegenüber dem der Wettbewerber, was dem TV-Anbieter einen Handlungsspielraum zur Erhöhung der Werbespotpreise eröffnet. Hier kann durch die Einbeziehung der qualitativen Reichweite eine differenziertere, abnehmerorientiertere Preispolitik erfolgen. Die werbetreibende Wirtschaft ist an der bestmöglichen Erreichung ihrer Zielgruppe und an einer Minimierung der Streuverluste interessiert. Die Angabe von qualitativen Reichweiten, die durch Nutzungsanalysen und Nutzerprofile nach soziodemographischen und psychographischen Kriterien ermittelt werden, verbessert die zielgenauere Ansprache der Rezipienten durch die werbetreibende Industrie.

Auf Basis dieses leistungsorientierten Preisbildungsverfahrens lässt sich demnach für eine höhere qualitative Reichweite auch ein höherer Preis für Werberaumleistungen durchsetzen. Je genauer ein TV-Anbieter seine qualitative Reichweite angeben und durch entsprechende Nutzungsdaten belegen kann, desto höhere Preise kann er für Werberaumleistungen fordern.

Auf diese Weise kann durch die Preissetzung auf Basis der qualitativen Reichweite die Zielsetzung der Preispolitik in Form einer Maximierung der Werbeeinnahmen erreicht werden. Zusätzlicher preispolitischer Gestaltungsspielraum und Gewinnsteigerungspotenziale ergeben sich durch Preisbündelung auf der Basis qualitativer Reichweiten. Im Zusammenhang mit dem zuvor geschilderten Angebot von Leistungsbündeln lassen sich einzelne Werberaumangebote, für die die Werbekunden unterschiedliche Zahlungsbereitschaften aufweisen, als Paket zu einem Bündelpreis anbieten.

In den meisten Fällen erfolgt die Preisdifferenzierung nach der Länge der Spots, Saisongruppen und Werbeblöcken. Hierbei ist die Differenzierung nach Werbeblöcken in der sehr unterschiedlichen Zuschauerreichweite der einzelnen Werbeblöcke begründet. Die vorläufige Preisfestsetzung bestimmt sich nach den durchschnittlichen Reichweiten der Sendungen, die in den Basislisten der Preisanbieter festgesetzt sind.

Die endgültigen Preise ergeben sich jedoch erst nach erfolgter Ausstrahlung auf der Basis der tatsächlich gemessenen Zuschauerreichweite.[1] Die Tabelle 4-1 zeigt einen Ausschnitt der Einschaltpreise der ARD für das Jahr 2012 ohne Berücksichtigung von Rabatten. Auf der Basis einer 20 Sekunden Spotlänge sind die Einschaltpreise abhängig von der Saison und dem Sendeplatz.

---

[1] Vgl. Schuster (1995), S. 236.

Tabelle 4-1: Ausgewählte Einschaltpreise für ARD TV National im Jahr 2012 bei einer Spotlänge von 20 Sekunden[1]

	Sendezeit	Januar 2012	März 2012	Juli 2012	November 2012	Durchschnitt 2012
Montag bis Freitag	16:58 Uhr	6.800 Euro	9.600 Euro	3.600 Euro	7.500 Euro	6.000 Euro
	19:35 Uhr (Splitscreen, Mo-Do)	15.820 Euro	22.320 Euro	11.160 Euro	23.260 Euro	18.600 Euro
	19:59 Uhr	29.580 Euro	41.760 Euro	20.880 Euro	43.500 Euro	34.800 Euro
Samstag mit Bundesliga	18:24 Uhr	16.500 Euro	26.400 Euro	14.300 Euro	27.500 Euro	22.000 Euro
	19:53 Uhr (Ergebnis-Split)	39.600 Euro	63.360 Euro	34.320 Euro	66.000 Euro	52.800 Euro
Samstag ohne Bundesliga	18:57 Uhr	5.100 Euro	7.200 Euro	3.600 Euro	7.500 Euro	6.000 Euro
	19:53 Uhr	9.180 Euro	12.960 Euro	6.480 Euro	13.500 Euro	10.800 Euro

4.4.3 Distributionspolitik

Im TV-Bereich ist zwischen einer auf den Rezipientenmarkt ausgerichteten und einer auf den Werbemarkt ausgerichteten Distributionspolitik zu unterscheiden. Bezogen auf den Rezipientenmarkt befasst sich die Distributionspolitik mit der technischen Verbreitung von Programmen an die Rezipienten unter Gewährleistung einer hohen Sende- und Empfangsqualität. Zum Transport seines Programms in den Verfügungsbereich des Nachfragers muss ein Sender dieses zunächst so ausstrahlen, dass es vom Rezipienten durch sein TV-Endgerät beziehungsweise daran angeschlossene Anlagen empfangen werden kann. Hierzu stehen den Sendern als Vertriebskanal die terrestrische Ausstrahlung, die Einspeisung in das Kabel- oder Telefonnetz sowie die Verbreitung via Satellit zur Verfügung.

Die aufgeführten Distributionskapazitäten stehen in der Regel in Deutschland im Verfügungsbereich staatlicher Institutionen. Die Zuteilung dieser Distributionskapazitäten erfolgt im Rahmen der Rundfunkkompetenzzuordnung durch die Bundesländer. Der Vergabe von Nutzungsrechten für die Distributionsinfrastruktur liegt dabei ein institutionelles Zulassungs- und Vergabeverfahren für potenzielle Anbieter zugrunde.

---

[1] Datenquelle: ARD-Werbung Sales & Services (2012), S. 16 f.

Hierbei ist nicht nur die Zulassung des Anbieters und die Zuteilung von Distributionskapazitäten von Bedeutung, sondern auch der Umfang der zugeteilten Distributionskapazitäten.[1] Infolgedessen unterliegt die Distributionspolitik der Anbieter gesetzlichen Restriktionen und stellt kein autonomes Marketinginstrument dar. Die auf den Rezipientenmarkt gerichtete Distribution ist indirekt. Das Ziel der Distributionspolitik eines Senders besteht darin, unter den dargestellten drei Vertriebsoptionen die optimale Kombination beziehungsweise Sendeplatzbelegung zu erreichen.[2] Diese wird durch die angestrebte Positionierung des Unternehmens und, daraus abgeleitet, durch die Ausgestaltung der übrigen Markting-Mix-Instrumente bestimmt.

Positioniert sich ein Anbieter als Massenprogramm, muss er im Sinne der angestrebten Ubiquität für eine hohe Reichweite seines Sendeangebots sorgen. Konzentriert sich ein Spartenanbieter hingegen auf bestimmte Zielgruppen, muss er seine Distributionskanäle so wählen, dass er die Reichweite bei der anvisierten Zielgruppe maximiert. Während die öffentlich-rechtlichen Anbieter über terrestrische Netze nahezu eine Vollabdeckung der privaten Haushalte in Deutschland erreichen, ist diese für private Anbieter noch nicht gewährleistet. Die Ausweitung ihrer Reichweite ist für private Anbieter jedoch ein entscheidender Faktor, da mit steigender Rezipientenzahl auch die Erlösmöglichkeiten durch Werbung zunehmen.[3]

Die Distributionspolitik ist jedoch nicht nur im Hinblick auf die Rezipientenmärkte, sondern auch in Bezug auf die Werbemärkte zu gestalten. Während es sich bei der Distributionspolitik auf dem Rezipientenmarkt um vorwiegend technische Fragestellungen der Verbreitung handelt, ist für die Distributionspolitik auf den Werbemärkten die akquisitorische Distribution von Bedeutung. Die akquisitorische Distribution beinhaltet die Distribution und den Verkauf der Ware und damit auch die Anbahnung des Kontakts zum Kunden sowie dessen Bindung an das Unternehmen.[4]

Im Rahmen der akquisitorischen Distribution eines TV-Anbieters stellen die Bestimmung der Absatzwege sowie der Verkauf und die Disposition der Werbezeiten die wichtigsten Bereiche für TV-Anbieter dar. Sowohl die öffentlich-rechtlichen als auch die privaten TV-Sender bieten ihren Werberaum über Agenturen an, an denen die Sender in den meisten Fällen beteiligt sind.

Der Werberaum der ARD-Sendeanstalten wird über ARD-Werbung Sales & Services vertrieben. Besonderes Merkmal des Angebots ist die kombinierte Vermarktung von Radio- und Fernsehwerbespots. Die Werbezeiten der privaten Free TV-Sender werden in Deutschland überwiegend von zwei Anbietern vermarktet. IP Deutschland, eine 100%-ige Tochtergesellschaft der RTL Group, ist für den Vertrieb der Werbezeiten der Muttergesellschaft zuständig. SevenOne Media übernimmt den Vertrieb der ProSieben-Sat.1-Gruppe.

---

1 Vgl. Wirtz (1994), S. 9.
2 Vgl. Strecker (1996), S. 128.
3 Vgl. Wirtz (1994), S. 145 f.
4 Vgl. Wirtz/Sammerl (2005b), S. 152 ff.

Da beide Gruppen den weitaus größten Teil der Werbeeinnahmen im deutschen TV-Markt erzielen, gilt dies auch für die jeweiligen Agenturen. Der Kontakt mit den werbeschaltenden Unternehmen erfolgt meist über Mediaagenturen, die die Werbebudgets verwalten, die Mediaplanung übernehmen und Werbeplätze buchen. Um den Verkauf und die Disposition von Werbezeiten zu flexibilisieren, wird der Einsatz von computergestützten Buchungs- und Informationssystemen in zunehmendem Maß notwendig.

Dieser ermöglicht eine bessere Anpassung der Werbeleistungen an die Bedürfnisse und Wünsche der Werbekunden, indem die Ausstrahlung der Werbespots in einem bestimmten Programmumfeld beziehungsweise Werbeblock gewährleistet wird. Die physische Distribution umfasst logistische Aufgaben, die von der Eingangskontrolle der Werbespots bezüglich Werbeinhalt und technischer Qualität, über die Nachbearbeitung der Spots mit Vor- und Nachspann bis hin zur Zusammenstellung der Werbeblöcke für den einzelnen Werberahmen und zur Festlegung der Reihenfolge reichen.[1]

4.4.4 Kommunikationspolitik

Die Kommunikationspolitik stellt ein weiteres Element des Marketing-Mix dar. Sie umfasst alle Maßnahmen, die der zielgerichteten Information der relevanten Bezugsgruppen über das Leistungsangebot des Unternehmens dienen. Diese lassen sich in Werbung, Verkaufsförderung, Öffentlichkeitsarbeit und Sponsoring unterteilen. Die Kommunikationspolitik zielt auf den Aufbau einer Markenidentität und eines Image des Unternehmens und seines Angebotsspektrums in der Wahrnehmung der Konsumenten ab und unterstützt somit die angestrebte Positionierung in entscheidender Weise.

Die Kommunikationspolitik richtet sich sowohl an den Rezipienten- als auch an den Werbemarkt. Obwohl in der Kommunikation in Bezug auf die beiden Märkte unterschiedliche Aspekte betont werden, müssen die Kommunikationsstrategien aufeinander abgestimmt sein. Die Kommunikation bezüglich des Rezipientenmarkts unterstützt die Positionierung des TV-Senders. Die Positionierung beeinflusst wiederum die erreichbaren Zielgruppen, die auf den Werbemärkten angeboten und kommuniziert werden müssen.

Analog hierzu werden von den Anbietern zwei unterschiedliche Kampagnen mit unterschiedlichen Botschaften und Zielsetzungen konzipiert. Die Kommunikation in Bezug auf die Rezipientenmärkte ist darauf ausgerichtet, ein bestimmtes Sach- oder Erlebnisprofil für den Sender aufzubauen oder gezielt auf bestimmte Leistungen, Programmangebote oder Sendeplätze hinzuweisen.[2] Bei der Werbung gegenüber Werbekunden

---

1   Vgl. Schuster (1995), S. 238 f.
2   Vgl. Strecker (1996), S. 228 f.

sind eher Leistungsmerkmale des Senders zu kommunizieren. Eine entscheidende Rolle nimmt hierbei die Kommunikation von qualitativen Reichweiten, unterstützt durch entsprechende soziodemografische Nutzungsdaten, und von Tausender-Kontakt-Preisen ein.

Auch in Bezug auf die Medienträgerwahl sind für die beiden Kampagnen unterschiedliche Medien zu wählen. Für die Werbekampagnen auf dem Rezipientenmarkt bieten sich grundsätzlich alle klassischen Werbeträger, beispielsweise Printmedien, andere Rundfunkmedien oder Außenwerbung an. Darüber hinaus können TV-Anbieter ihr eigenes Programmumfeld zur Bewerbung ihrer Leistungen nutzen. Hierzu können Programmansagen, Programmtafeln, Sendungen in eigener Sache, Programm-Trailer (kurze Programmausschnitte), Teaser (Werbespot als Programmhinweis ohne Originalausschnitte), Voice Over (Programmhinweise auf nachfolgende Sendungen am Ende einer Sendung) und interne Cross Promotions (Verweise eines Sprechers in einer Sendung auf eine andere Sendung) eingesetzt werden.[1]

Darüber hinaus eignen sich Senderfamilien für den Einsatz externer Cross Promotions, indem beispielsweise auf RTL das Programmangebot von RTL II beworben wird. Zudem stellt das Internet ein effektives Kommunikationsmittel für TV-Anbieter dar. Zum einen kann das gesamte Leistungsspektrum in detaillierter Form dargestellt werden und der Nutzer kann die von ihm gewünschten Informationen, beispielsweise das Programmangebot, sortiert nach Zeiten oder Programmsparten abrufen.

Weiterhin eignen sich die angebotenen Zusatzdienste wie Chat-Foren und virtuelle Communities im Internet zum Aufbau eines positiven Image und zur Erhöhung der Kundenbindung. Auch in Bezug auf die Werbekunden bietet das Internet verbesserte Möglichkeiten zur Darstellung des Leistungsangebots. Beispielsweise wird auf den Internetseiten der TV-Anbieter Werbekunden die Möglichkeit gegeben, die aktuellen Einschaltpreise direkt abzurufen und abzuspeichern.

Bei der Verkaufsförderung handelt es sich primär um kurzfristige Anreize, die der Stimulation des Absatzes dienen.[2] Da auf dem Rezipientenmarkt im öffentlich-rechtlichen Bereich und im werbefinanzierten Bereich kein Verkauf oder Absatz von Leistungen stattfindet, sind die Möglichkeiten für eine klassische Verkaufsförderung beschränkt. Im entgeltfinanzierten Bereich hingegen ergeben sich Einsatzmöglichkeiten. Als Beispiel kann hier der Pay TV-Anbieter Sky dienen, der in relativ starkem Maß systematisch klassische Verkaufsförderung für sein Abonnementfernsehen betreibt. Der Sender schult zu diesem Zwecke regelmäßig die Mitarbeiter seiner regionalen Vertriebsbüros und führt mit großen Elektrohändlern oder in Form von Shop In Shop-Kooperationen Händler-Promotions durch.

---

[1] Vgl. Heinrich (1999), S. 322.
[2] Vgl. Meffert/Burmann/Kirchgeorg (2012), S. 691.

Zusätzlich werden dem Handel zur Motivation Informationsbroschüren, Dekorationsmaterialien, Merchandising-Artikel und Magazine zur Demonstration des Programmangebots zur Verfügung gestellt. Darüber hinaus gewinnt das Merchandising als weiterer Bereich der Verkaufsförderung im Marketing-Mix eines TV-Unternehmens zunehmend an Bedeutung. Im Bereich des TV-Marketing bezeichnet Merchandising die kommerzielle Auswertung von Künstlernamen, Filmtiteln, Comic-Figuren oder Abbildungen für verschiedenste Produkte.

Diese alternative Form der Absatzkommunikation verfolgt zwei Hauptzielsetzungen. Zum einen soll eine Kundenbindung zum Sender aufgebaut werden, zum anderen wird eine Gewinnerzielung durch den Verkauf der Produkte angestrebt, entweder durch den eigenen Verkauf von Merchandising-Produkten oder durch das Veräußern von Merchandising-Lizenzen an Dritte.[1]

Eine weitaus größere Rolle spielt die Verkaufsförderung auf den Werbemärkten. Hierbei zielt sie vorrangig auf die Schaffung eines Kaufanreizes durch Verbesserung des von den Kunden wahrgenommenen Preis-/Leistungsverhältnisses ab. Dies wird beispielsweise durch die Bereitstellung von Verkaufshilfen in Form von Broschüren mit Planungsdaten sowie den Preislisten erreicht.

Ferner kommen Videos zum Einsatz, auf denen das gegenwärtige und zukünftige Werberahmenprogramm mit den darin enthaltenen Werbemöglichkeiten vorgeführt wird. Öffentlichkeitsarbeit fasst die Vielzahl von Möglichkeiten zusammen, auf indirektem Weg das Image des Unternehmens und seiner Produkte im Bewusstsein der Öffentlichkeit zu fördern.[2]

Maßnahmen sind hier unter anderem die Weitergabe von Programmvorschauen, Veröffentlichungen in der Presse, PR-Veranstaltungen und Pressekonferenzen, Symposien und öffentliche Diskussionsveranstaltungen. Als weitere Maßnahmen gelten die Herausgabe eigener Publikationen, Senderbesichtigungen sowie der persönliche Kontakt zu leitenden Mitarbeitern.[3]

Kommerzielles Sponsoring beinhaltet die systematische Förderung von Personen, Organisationen oder Veranstaltungen im sportlichen, kulturellen oder sozialen beziehungsweise ökologischen Bereich durch Geld-, Sach- oder Dienstleistungen zur Erreichung von Marketing- und Kommunikationszielen. Die Zielsetzung hierbei umfasst vor allem die Festigung beziehungsweise Verbesserung des Firmenimage und die Erhöhung des Bekanntheitsgrads sowie die Kontaktpflege mit unternehmensrelevanten Gruppen. Zum Aufbau eines positiven Image engagieren sich TV-Anbieter vor allem im Event Sponsoring.

---

[1] Vgl. Strecker (1996), S. 222.
[2] Vgl. Meffert/Burmann/Kirchgeorg (2012), S. 688 f.
[3] Vgl. Schuster (1995), S. 177.

5 Fallbeispiel ARD Mediathek

Das Online-Audio- und Videoportal der ARD, die „ARD Mediathek", ist eine Reaktion des öffentlich-rechtlichen Rundfunkverbunds auf die multimediale Entwicklung im TV-Markt, insbesondere im Hinblick auf den zunehmenden Bedeutungsanstieg des IP TV. Im Rahmen dieser Entwicklung ist vor allem die Nachfrage nach multimedialen Inhalten ist stetig gestiegen.

Im Jahr 2010 riefen 68% (2009: 62%) aller Internetnutzer Videos, zum Beispiel über Videoportale oder Mediatheken, ab und schauten Fernsehsendungen im Internet. Der Anteil der Nutzer, die über das Internet fernsehen, lag bei 21% (2009: 15%).[1] Mit der Online-Bereitstellung von Content über die Mediathek verfolgt die ARD das Ziel, auch jüngere Zielgruppen zu erreichen und für die bestehenden Nutzer einen weiteren Service-Bereich anzubieten. Darüber hinaus soll die Mediathek den veränderten Anforderungen an einen Online-Auftritt im Kontext Social Media gerecht werden.

Die Anfang Mai 2008 gestartete Mediathek der ARD ist ein audiovisuelles Archiv, in dem Audio- und Videobeiträge des Ersten und der Dritten Fernsehprogramme sowie die dazugehörigen Radioprogramme gebündelt gesammelt, dokumentiert und im Internet den Nutzern zugänglich gemacht werden. Darüber hinaus bietet die Mediathek immer mehr Beiträge als Livestream und nutzt das Internet damit als weiteren Distributionskanal.

Seit 2010 können auch attraktive Formate wie der „Tatort" oder die Fußballweltmeisterschaft über die Mediathek angeschaut werden. Das Streaming der Medieninhalte erfolgt dabei parallel zur Fernsehausstrahlung. Über die mittels Gebühren finanzierte ARD Mediathek können nahezu alle audiovisuellen Formate genutzt werden. Die Inhalte können beispielsweise per Audio- oder Video On Demand oder auch Pod- und Vodcasts sowie Livestreams abgerufen werden.[2]

Zur Einführung der ARD Mediathek erwarteten den Nutzer rund 80 Sendungen als Video On Demand und mehr als 600 Radio- sowie rund 60 TV-Angebote. Das Angebotsspektrum hat sich schon kurz nach dem Online-Start der Mediathek deutlich erhöht und wird mittlerweile in 18 Kategorien untergliedert, darunter unter anderem Nachrichten, Politik und Zeitgeschehen, Wirtschaft und Börse sowie Ratgeber und Technik. In diesen Kategorien findet sich eine Vielzahl aktueller sowie archivierter Beiträge aus Radio und TV. Abbildung 5-1 zeigt einen Ausschnitt der Startseite der ARD Mediathek und erklärt zentrale Elemente.

---

[1] Vgl. ARD (2011c).
[2] Vgl. ARD Mediathek (2010b).

Fallbeispiel ARD Mediathek

Abbildung 5-1: Ausschnitt der ARD Mediathek 2010[1]

In der Vergangenheit wurde häufig die Übersichtlichkeit und Navigierbarkeit der Seite kritisiert. So gestaltete sich der Zugriff auf einzelne Inhalte oftmals schwierig, da diese in der Fülle von Informationen untergingen. Um die Navigation durch die Vielzahl an Angeboten auf der Homepage zu erleichtern, wurde die Mediathek dahingehend verändert, dass heute interaktive Elemente den User auf neuen oder populären Content hinweisen.

Sogenannte „Tag Clouds" unterhalb der eigentlichen Navigation bieten zum Beispiel direkten Zugriff auf häufig angeforderte Themen. Die Tag Cloud zeigt hierzu eine Sammlung verschiedener Schlagwörter, die je nach aktueller Bedeutung größer und farbig dargestellt werden. Auf diese Weise kann der User auf einen Blick wichtige Schlagworte identifizieren. Die Tag Clouds ermöglichen allerdings keine gezielte Suche innerhalb der Kategorien. Außerdem unterstützen diese Maßnahmen den User

---

[1] Vgl. ARD Mediathek (2010a).

Kapitel 5: TV-Management

nicht bei dem Zugriff auf archivierte Inhalte. Die ARD bietet insgesamt zwei Online-Mediatheken an. Es existiert sowohl ein zentrales Portal, die „ARD Mediathek", sowie ein spezielles Portal, „Das Erste Mediathek". Bei der ARD Mediathek werden neben Filmen auch Radioinhalte angeboten, wohingegen bei der speziellen Version des Ersten ausschließlich Filme und Ausschnitte aus dem ersten Programm abrufbar sind.

Außerdem variieren beide Portale in ihren Zuständigkeiten. Während die ARD Mediathek vom Stuttgarter Südwestrundfunk verantwortet wird, ist für die „Das Erste" Variante der Bayerische Rundfunk in München federführend zuständig. Die ARD Mediathek ähnelt der „ZDF Mediathek" sehr, die bereits 2001 im Rahmen der IFA in Berlin umgesetzt und im September 2007 überarbeitet wurde.

Zum Start der ARD-Variante wurde die konzeptionelle Umsetzung des Online-Audio- und Videoportals im Vergleich zur strukturierten Mediathek der öffentlich-rechtlichen Konkurrenz, des ZDF, kritisiert. Dabei sind jedoch die unterschiedlichen Rahmenbedingungen von ARD und ZDF zu beachten. Durch den zentralistischen Aufbau des ZDF sind hier wesentlich günstigere Grundvoraussetzungen gegeben, da das gesamte Programmangebot aus einer Quelle stammt.

Im Gegensatz zur ARD Mediathek müssen bei der ZDF Mediathek nicht die Inhalte von neun Landesrundfunkanstalten gebündelt werden. Die öffentlich-rechtlichen Rundfunkanstalten orientieren sich mit ihren Online-Angeboten stark an modernen Social Media-Angeboten. Mit dem Ausbau der Online-Aktivitäten wird vor allem das Ziel verfolgt, die jüngeren Zielgruppen, deren Nutzung über die Jahre stark zurückgegangen ist, wieder zu erreichen.

Außerdem ist es eine Reaktion auf die sich veränderte TV-Landschaft in Richtung On Demand TV sowie der Serviceerweiterung für die Nutzer. Ein kritischer Faktor wird jedoch in den Expansionsmöglichkeiten durch den Aufbau eines „Dritten Standbeins" medialer Aktivitäten, neben Fernsehen und Rundfunk, für die Geschäftsfelder und Marktanteile der öffentlich-rechtlichen Rundfunkanstalten gesehen.

Die forcierte Internetstrategie der öffentlich-rechtlichen Rundfunkanstalten durch die Mediatheken wird von den privaten Konkurrenten sowohl im TV- als auch im Radiobereich kritisch betrachtet. Durch die Erweiterung des Online-Angebots der ARD um die Mediathek wurde die Diskussion um die künftigen Internetkompetenzen der öffentlich-rechtlichen Rundfunkanstalten erneut entfacht.

Der private Rundfunk sowie Printmedienvertreter befürchten eine Wettbewerbsverzerrung und kritisieren die gebührenfinanzierten Angebote im Netz. Auf Basis des Verbots der staatlich finanzierten Presse im Internet forderte auch die private Konkurrenz, die Angebote der ARD und ZDF im Online-Bereich auf sendungsbezogene Inhalte zu beschränken sowie diese zeitlich zu beschränken. Am 01. Juni 2009 traten mit dem 12. Rundfunkänderungsstaatsvertrag (RÄStV) Regelungen in Kraft, die die Zulässigkeit der Telemedienangebote der öffentlich-rechtlichen Rundfunkanstalten im Internet festlegen. Danach dürfen die Rundfunkanstalten programmbegleitende Online-

Angebote nur noch sieben Tage nach Ausstrahlung der Sendung zum Abruf bereit stellen, insofern es sich nicht um ein Telemedienkonzept im Rahmen des Auftrags der öffentlich-rechtlichen Sendeanstalten handelt.

Um zu prüfen, ob ein zukünftiges oder bereits bestehendes Online-Angebot diese Voraussetzung erfüllt und somit länger bereitgestellt werden kann, muss es einem Dreistufentest unterzogen werden.[1] Dieser Test sieht eine Prüfung nach inhaltlichen, qualitativen und finanziellen Aspekten vor und wird vom Gremium der Rundfunkanstalt durchgeführt. Je nach Beitrag ergeben sich dann verschiedene maximale Verweildauern.

So können zum Beispiel Telemedien mit zeit- und kulturgeschichtlichen Inhalten unbegrenzt vorgehalten werden. Inhalte mit edukativem oder bildendem Charakter, die eine Informationsquelle für Bildungseinrichtungen darstellen, können bis zu fünf Jahre vorgehalten werden. Magazine, Dokumentationen und Reportagen können bis zu einem Jahr Online bereitgestellt werden. Darüber hinaus existieren zahlreiche weitere Verweildauern für Filme, Serien und sonstige Telemedien.[2]

Insbesondere die Prüfung des Angebots ist mit großem Aufwand verbunden und schränkt die Online-Aktivität der Rundfunkanstalten erheblich ein. Daher wurde die Neuregelung, durch die bereits mehr als eine Million Dokumente aus dem ARD-Online-Angebot entfernt werden mussten, von den öffentlich-rechtlichen Rundfunkanstalten stark kritisiert.

Dennoch wird weiter am Ausbau der ARD Mediathek zu einem übersichtlichen und umfangreichen Audio- und Videoportal gearbeitet. So wurden in den letzten Jahren zum Beispiel Funktionalitäten wie die Möglichkeit des Weiterempfehlens, des Bewertens und des Kommentierens, die Darstellung der Beiträge im Vollbild-Modus sowie der Ausbau der Suchfunktionen implementiert. Einen Überblick über die strategische Ausrichtung der ARD Mediathek zeigt Abbildung 5-2.

---

[1] Vgl. § 11 d RStV.
[2] Vgl. ARD (2010d), S. 34 ff.

Kapitel 5: TV-Management

Abbildung 5-2: *Strategische Ausrichtung der ARD Mediathek*

Aspekte

Strategie
- Integrations- und Konvergenzstrategie medialer Inhalte
- Ausbau der Online-Aktivitäten mit dem Ziel junge Zielgruppen zu gewinnen
- Segmentspezifische Angebotsstrategie in Richtung IP TV

Geschäftsmodell
- Content-Aspekt: Sammlung, Selektion, Systematisierung, Kompilierung (Packaging) und Bereitstellung von Audio- und Videoinhalten des Ersten und der Dritten Fernsehprogramme sowie den dazugehörigen Radioprogrammen
- Erlösmodell: Finanzierung durch Rundfunkgebühren

Leistungsspektrum
- Umfangreiches Audio- und Videomaterial mit Inhaltsbeschreibungen
- Abruf der Informationen durch audiovisuelle Formate, zum Beispiel per Audio- oder Video On Demand oder auch Pod- und Vodcasts sowie Livestreams und Downloads

Erfolgsfaktoren
- Werbefreies und durch Gebühren finanziertes Audio- und Videoportal
- Transferierung des unabhängigen, qualitativen Journalismus in den Online-Bereich
- Langjährige Kompetenzen und Erfahrungen in der Aufbereitung von Informationen

Wiederholungsfragen

1. Welche Anteile am Zuschauermarkt haben die verschiedenen TV-Sender in Deutschland? Existieren Imageunterschiede zwischen den einzelnen Sendern?
2. Wie sind die beiden großen öffentlich-rechtlichen Sender in Deutschland strukturiert?
3. Welche Rolle spielt das Internet bei den Entwicklungsperspektiven der TV-Branche (IPTV)?
4. Beschreiben Sie den Konvergenzprozess von TV und PC!
5. Welche Produktformen gibt es im TV-Bereich? Geben Sie Beispiele für Pay-per-View und Direct Response Television!
6. Nennen Sie die wesentlichen Markteintrittsbarrieren im TV-Markt?
7. Welche Kosten- und Erlösstruktur weisen die privaten TV-Anbieter auf? Nennen Sie Gründe für die hohen Content-Produktionskosten!
8. Welche unterschiedlichen Strukturen sind bei der Eigen- und Auftragsproduktion von TV-Beiträgen zu erkennen?
9. Welche verschiedenen markenpolitischen Varianten sind in der TV-Branche denkbar? Nennen Sie ein Beispiel für eine Dachmarkenstrategie!
10. Wie bewerten Sie die stetige Verlagerung der TV-Anbieter ins Internet? Sehen Sie Potenzial für eine gesteigerte Kundenbindung?

Kapitel 6:
Radiomanagement

1 Einführung 495
2 Marktstruktur und Marktverhalten 495
   2.1   Struktur der Radiomärkte 496
   2.2   Interaktionen der Marktteilnehmer 503
   2.3   Technologisches und regulatives Umfeld 506
   2.4   Nutzungsverhalten von Radiohörern..508
   2.5   Entwicklungsperspektiven im Radiobereich................................512
3 Leistungssystem 516
   3.1   Leistungsspektrum..516
   3.2   Wertschöpfungsstrukturen 517
   3.3   Core Assets und Kernkompetenzen 518
   3.4   Geschäftsmodelle 519
         3.4.1   Geschäftsmodell öffentlich-rechtlicher Radioanbieter........522
         3.4.2   Geschäftsmodell privater Radioanbieter 524
4 Aufgaben des Radiomanagement 527
   4.1   Strategisches Management...527
   4.2   Beschaffungsmanagement 529
         4.2.1   Einflussfaktoren 529
         4.2.2   Beschaffungsstrategien 531
   4.3   Produktionsmanagement...532
         4.3.1   Einflussfaktoren 532
         4.3.2   Produktionsstrategien 534
   4.4   Marketing 535
         4.4.1   Produkt- und Programmpolitik..535
         4.4.2   Preispolitik 544
         4.4.3   Distributionspolitik 547
         4.4.4   Kommunikationspolitik 549
5 Fallbeispiel last.fm..551

1 Einführung

Das Management von Radiounternehmen wird im Schrifttum oft in die konzeptionelle Nähe zum Management von TV-Unternehmen gebracht und zusammen mit diesem unter den allgemeinen Begriff des Rundfunkmanagement subsumiert.[1] Trotz ähnlicher technischer Grundlagen und des gemeinsamen historischen Ursprungs wird dem Management von Radiounternehmen ein eigenes Kapitel gewidmet. Sowohl die Radiomärkte, das Management von Radiounternehmen, wie auch das Nutzungsverhalten der Rezipienten unterscheiden sich deutlich von den Spezifika des Fernsehmarkts.

Der Beginn des Hörfunks im Jahre 1923 war auch der Beginn des Rundfunks in Deutschland. Rundfunk ist der Sammelbegriff für die elektronischen Massenmedien Hörfunk und Fernsehen. Im begrifflichen Ursprung bezog sich Rundfunk auf die drahtlose Verbreitung.[2] Heute werden Radioprogramme aber nicht mehr nur über Sendemasten, sondern auch über Kabel, Satellit und Internet verbreitet. Radio oder Hörfunk ist in Abgrenzung zum Fernsehen, die rein auditive Sparte des Rundfunks. Das Radio wird vor allem als Begleitmedium genutzt und gilt nach dem Fernsehen als das meistgenutzte Massenmedium.

Im Folgenden wird dargestellt, welche spezifischen Herausforderungen für das Management von Unternehmen im Radiobereich bestehen. In einem ersten Schritt werden dazu die Marktstruktur und das Marktverhalten auf den deutschen Radiomärkten dargestellt. Daran schließt sich eine Betrachtung des Leistungssystems an. Hier werden insbesondere das Leistungsspektrum, die Wertschöpfungsstrukturen, Core Assets und Kernkompetenzen sowie die Geschäftsmodelle von Unternehmen der Radiobranche vorgestellt. Im letzten Abschnitt werden die spezifischen Besonderheiten des Management von Radiounternehmen beschrieben. Dabei werden neben den Aspekten des strategischen Management auch operative Aspekte aus den Bereichen Beschaffung, Produktion und Marketing erläutert.

2 Marktstruktur und Marktverhalten

Die deutsche Radiobranche ist aufgrund der dualen Rundfunkordnung durch die Koexistenz von öffentlich-rechtlichem und privatem Hörfunk gekennzeichnet. Die Hörfunklandschaft in Deutschland ist zudem geprägt durch landesweite und teilweise auch durch lokale/regionale Programme, während die vergleichsweise wenigen und in

---

[1] Vgl. Müller (1983), S. 9.
[2] Vgl. ARD (2010a).

Kapitel 6: Radiomanagement

der Regel auf bestimmte Zielgruppen ausgerichteten bundesweiten Programme im Gesamtmarkt eine geringere Rolle spielen.[1] Im folgenden Abschnitt werden zunächst die Radiomärkte und die Interaktionen der Marktteilnehmer dargestellt. Ferner wird auf die technischen und rechtlichen Rahmenbedingungen deutscher Radiounternehmen eingegangen. Zudem soll das Mediennutzungsverhalten im Radiobereich beschrieben werden. Abschließend wird ein Ausblick auf die zukünftige Entwicklung der Radiobranche gegeben.

2.1 Struktur der Radiomärkte

Bezüglich der strukturellen Besonderheiten von Radiomärkten ist insbesondere der hohe Konzentrationsgrad von Interesse. Im Anschluss an die Konzentrationstendenzen werden die Markteintrittsbarrieren auf den Radiomärkten erläutert. Auch bei Radioprodukten gilt zu berücksichtigen, dass sie auf zwei Märkten, dem Rezipienten- und dem Werbemarkt, gehandelt werden.

Dabei ist der Werbemarkt zweifellos von überragender Bedeutung für Radiounternehmen. Analysiert man den Hörfunk nach dem Grad der Marktfähigkeit, bleibt festzustellen, dass das Radio im Rezipientenmarkt nur eingeschränkt marktfähig ist. Die klassischen Marktdeskriptoren, Leistungsaustausch und Konsumrivalität, sind im Rezipientenmarkt nicht durchgängig zu finden. Aus systematischen Gründen wird aber von einem Rezipientenmarkt ausgegangen.[2]

■ Marktabgrenzung

Radio (Synonym für Hörfunk) und Fernsehen sind elektronische Massenmedien und lassen sich unter dem Sammelbegriff „Rundfunk" zusammenfassen. Rundfunk bezieht sich in seinem begrifflichen Ursprung auf die drahtlose Verbreitung von Informationen jeglicher Art (Bilder, Ton, Text und so weiter) über elektromagnetische Wellen, wobei die Informationen für die breite Öffentlichkeit gedacht sind und von jedermann empfangen werden können.

Der Rundfunkbegriff erfuhr im Rundfunkstaatsvertrag eine Legaldefinition. Hier wird Rundfunk definiert als „die für die Allgemeinheit bestimmte Veranstaltung und Verbreitung von Darbietungen aller Art in Wort, in Ton und in Bild unter Benutzung elektromagnetischer Schwingungen ohne Verbindungsleitung oder längs oder mittels eines Leiters."[3] Dabei fallen unter diese Begriffsdefinition auch Darbietungen, die verschlüsselt verbreitet werden oder gegen besonderes Entgelt empfangbar sind.[4]

---

[1] Vgl. Breunig (2001), S. 459.
[2] Vgl. Sjurts (2005), S. 217.
[3] § 2 Abs. 1 Satz 1 RStV.
[4] Vgl. § 2 Abs. 1 Satz 2 RStV.

Radio (lateinisch radius - der Strahl) ist dabei ein Sammelbegriff sowohl für das Medium selbst als auch für das technische Empfangsgerät. Hier soll unter Radio ein Mix aus akustischen Informationen wie verlesenen Nachrichten oder Musik verstanden werden, der sich über verschiedene Übertragungswege an eine große Zahl von Rezipienten richtet. Dabei können bei der Verbreitung nicht nur terrestrische Sendeanlagen, sondern auch Kabelanlagen, Satelliten oder das Internet zum Einsatz kommen. Radio oder Hörfunk ist in Abgrenzung zum Fernsehen die rein auditive Sparte des Rundfunks.

- Marktentwicklung

Der Radiomarkt ist wie auch der Fernsehmarkt von einer dualen Anbieterstruktur geprägt. Öffentlich-rechtliche Sendeanstalten finanzieren sich dabei durch Rundfunkgebühren und Werbeeinnahmen, private Sender vornehmlich durch Einnahmen aus Werbung. Das Senderangebot ist seit dem Start der privaten Sender Mitte der 1980er Jahre deutlich angewachsen.

Mit 78 öffentlich-rechtlichen und knapp 250 privaten Hörfunkprogrammen im Jahr 2011 sind fast dreißigmal so viele Anbieter am Markt wie noch vor 20 Jahren. Die öffentlich-rechtlichen Sender machen damit in Bezug auf die Anzahl der Programme knapp ein Viertel des deutschen Radiomarkts aus. Die Tagesreichweite des Hörfunks liegt bei etwa 77%.

Dies entspricht einer Verweildauer von circa 241 Minuten. In der Hörergunst liegen die öffentlich-rechtlichen Sender nach der Einführung des dualen Rundfunksystems weiter vor den privaten Sendern. Dabei ist ein Rückgang der Radionutzung im Haus zu Gunsten mobiler Radionutzung zu verzeichnen.[1] Auf den Werbemärkten stellt sich die Situation anders dar als auf den Hörermärkten.

Die Werbeumsätze der ARD Hörfunkwerbung betrugen im Jahr 2010 circa 525 Millionen Euro (39%), während die privaten Sender im gleichen Zeitraum mit circa 836 Millionen Euro (61%) mehr als das Anderthalbfache an Werbeumsätzen aufweisen konnten. Grund hierfür ist die unterschiedliche Behandlung von öffentlich-rechtlichen und privaten Hörfunksendern im Mediengesetz. So dürfen die öffentlich-rechtlichen Hörfunksender nicht im gleichen Umfang Werbung ausstrahlen wie die privaten Hörfunkprogramme. Insgesamt ist der Anteil von Radiowerbung am Gesamtwerbemarkt in Deutschland mit 5,5% eher niedrig.[2]

---

[1] Vgl. Gattringer/Klingler (2011), S. 442.
[2] Vgl. Möbus/Heffler (2011), S. 327 f.

Kapitel 6: Radiomanagement

Tabelle 2-1: Öffentlich-rechtliche Radioprogramme in Deutschland

Sender	Programme	Anzahl Programme
Bayerischer Rundfunk (BR)	B5 aktuell, B5 plus, Bayern 1, Bayern 2, Bayern 2+, Bayern 3, BR-Klassik, Bayern plus, BR Verkehr, on3radio	10
Hessischer Rundfunk (HR)	hr1, hr 2, hr3, hr4, hr-info, YouFM	6
Mitteldeutscher Rundfunk (MDR)	MDR 1 Radio Sachsen, MDR 1 Radio Sachsen-Anhalt, MDR 1 Radio Thüringen, MDR Jump, MDR Figaro, MDR Info, MDR Sputnik, MDR Klassik, Sorbischer Rundfunk (in Kooperation mit dem RBB)	9
Norddeutscher Rundfunk (NDR)	NDR 1 Niedersachsen, NDR 1 Welle Nord, NDR 1 Radio MV, NDR 90,3, NDR 2, NDR Kultur, NDR Info, NDR Info spezial, NDR Info MV, NDR Musik Plus, NDR Traffic, N-Joy, Nordwestradio (in Kooperation mit Radio Bremen)	13
Radio Bremen	Bremen Eins, Bremen Vier, Nordwestradio (in Kooperation mit dem NDR), Funkhaus Europa (in Kooperation mit dem WDR und dem RBB)	4
Rundfunk Berlin-Brandenburg (RBB)	Antenne Brandenburg, Fritz, Inforadio, Kulturradio, Radio Berlin 88,8, Radio Eins, Sorbischer Rundfunk (in Kooperation mit dem MDR), Funkhaus Europa (in Kooperation mit dem WDR und Radio Bremen)	8
Saarländischer Rundfunk (SR)	SR 1 Europawelle, SR 2 Kulturradio, SR 3 Saarlandwelle, Unser Ding, Antenne Saar	5
Südwestrundfunk (SWR)	SWR1 Baden-Württemberg, SWR1 Rheinland-Pfalz, SWR2, SWR3, SWR4 Baden-Württemberg, SWR4 Rheinland-Pfalz, DASDING, SWRinfo	8
Westdeutscher Rundfunk (WDR)	1LIVE, 1LIVE diggi, KIRAKA, WDR 2, WDR 3, WDR 4, WDR 5, WDR Event, WDR VERA, Funkhaus Europa (in Kooperation mit Radio Bremen und dem RBB)	10
Deutschlandradio (bundesweit)	Deutschlandfunk, Deutschlandradio Kultur, DRadio Wissen, Dokumente und Debatten	4
Deutsche Welle (DW) (international)	Deutsche Welle	1
Gesamt		78

Die öffentlich-rechtlichen Radiosender sind in Deutschland in Landesrundfunkanstalten zusammengeschlossen. Diese sind für die Programmgestaltung eines oder mehrerer Bundesländer zuständig. In Tabelle 2-1 sind die Sender und Programme im Jahr 2011 aufgeführt. Mit den Kultur- und Informationssendern des Deutschlandradios (Deutschlandfunk, Deutschlandradio Kultur, DRadio Wissen sowie Dokumente und Debatten) werden nur vier öffentlich-rechtliche Sender bundesweit ausgestrahlt.

Im Gegensatz zu den anderen öffentlich-rechtlichen Sendern ist es Aufgabe der Deutschen Welle, Hörern im Ausland mit Beiträgen aus Politik, Kultur und Gesellschaft ein umfassendes Bild von Deutschland zu vermitteln. Da dieser Hörfunksender allerdings für den deutschen Hörfunkmarkt ohne Bedeutung ist, wird er bei den folgenden Marktbetrachtungen ausgeklammert.

Die Zahl der privaten Hörfunksender ist mit 237 ausgestrahlten Hörfunkprogrammen weit höher als die Zahl der öffentlich-rechtlichen Radioprogramme. Auch bei den Privatradios sind bundesweite Sender eher die Ausnahme. Im Jahr 2010 gab es:

- 16 bundesweit ausgestrahlte Radiosender (zum Beispiel JAM FM National, Klassik Radio, RTL Radio, Radio Neue Hoffnung, sunshine live),
- 60 landesweite Sender (zum Beispiel Antenne Bayern, Rockland Sachsen-Anhalt) sowie
- 161 lokale beziehungsweise regionale Sender (zum Beispiel Energy München, München, Radio NORA, Radio Pirmasens).[1]

Im jeweiligen Bundesland differenzieren sich die landesweit ausgestrahlten Radiosender weiter nach regionalen beziehungsweise lokalen Kriterien. So hat beispielsweise der in Niedersachsen ausgestrahlte Sender Hit-Radio Antenne eigene Lokalstudios für einzelne Regionen innerhalb Niedersachsens, wie beispielsweise Südniedersachsen oder Ostfriesland, in denen Nachrichten und weitere Informationen aus der entsprechenden Region produziert und gesendet werden.

Im Gegensatz dazu ist der private Sender Radio NRW in Nordrhein-Westfalen ein Mantelprogrammanbieter, der Programminhalte, insbesondere überregionale Nachrichten, zur Ergänzung des Programms lokaler oder städtischer Radiosender (beispielsweise Radio Bielefeld) liefert. Neben dem öffentlich-rechtlichen und dem privaten Bereich existieren noch andere Radiosender.

Hierunter fallen zum Beispiel studentische Campusradios, offene Kanäle, Initiativenradios, Militär- und Auslandssender und auch spezielle Ausbildungsradios. Insgesamt gab es im Jahr 2010 knapp 100 derartige Hörfunkprogramme. Diese Hörfunksender bilden bezüglich ihrer Struktur eine Sonderform, die im Rahmen dieses Abschnitts allerdings nicht weiter betrachtet werden soll.

---

[1] Vgl. Goldmedia (2011c), S. 7.

Kapitel 6: Radiomanagement

■ Konzentration

Die absolute Zahl an Radioprogrammen zeichnet kein zutreffendes Bild der Anbieterstruktur und damit der Konzentration im deutschen Radiomarkt. Vielmehr ist von Bedeutung, dass der Radiomarkt durch die Kompetenzen der Bundesländer für den Rundfunk in diverse Landes- und Regional- beziehungsweise Lokalmärkte untergliedert ist. Bundesweite Angebote sind zwar existent, allerdings liegt deren Umfang in einem überschaubaren Rahmen.

Für eine zutreffende Beurteilung ist daher nicht von einem gesamtdeutschen Radiomarkt, sondern vielmehr von der Struktur der landesweiten und regionalen beziehungsweise lokalen Teilmärkte auszugehen. Betrachtet man die landesweiten Hörfunkmärkte, so wurden 2010 im Durchschnitt circa sieben öffentlich-rechtliche Programme sowie ein bis fünf private Landessender ausgestrahlt.

Dazu kommen in den größeren Bundesländern noch regionale beziehungsweise lokale Angebote (zum Beispiel bietet allein Bayern insgesamt 73 lokale private Programme an). Somit kann auf Landesebene von einem mäßig weiten, auf der Regional- beziehungsweise Lokalebene von einem weiten Angebotsoligopol bei Radioprogrammen ausgegangen werden.

Ausnahmen stellen die Stadtstaaten Hamburg und Berlin dar, bei denen ein intensiver Wettbewerb herrscht. Mit 29 untereinander konkurrierenden Hörfunkprogrammen gilt Berlin als Radiomarkt mit dem härtesten Wettbewerb. Bundesweit wird erwartet, dass der Wettbewerb angesichts der Alternativen bei der Distribution (Kabel, Satellit, Terrestrik, Internet) in Zukunft weiter zunehmen wird.

Der Radiomarkt ist durch eine duale Anbieterstruktur geprägt. Hier stehen sich die öffentlich-rechtlichen und die privaten Anbieter als zwei Blöcke gegenüber. Die weitere Betrachtung der Beteiligungsverhältnisse im Radiobereich soll sich im Folgenden auf die privaten Anbieter konzentrieren, da zwischen den öffentlich-rechtlichen Anbieter im Wesentlichen keine Konkurrenzsituation besteht.

In den einzelnen Sendegebieten sind die jeweiligen Landesrundfunkanstalten der einzige öffentlich-rechtliche Anbieter. Ausnahmen bilden hier nur die nationalen Angebote des Deutschlandradios und technisch bedingte Überreichweiten benachbarter Landesrundfunkanstalten. Bei den privaten Anbietern deutet die hohe Zahl an Radioangeboten auf einen regen Wettbewerb hin.

Die Situation stellt sich jedoch anders dar, wenn man die Eigentümerstrukturen der Radiosender betrachtet.[1] Hier ist ein erhebliches Ausmaß ökonomischer Konzentration festzustellen. Einzelne Programmveranstalter besitzen mehr als eine Hörfunklizenz. Bestehenden Anbietern aus der Gründungsphase des privaten Hörfunks wurde in der zweiten und dritten Lizenzierungsphase der Vorzug bei der Lizenzierung neuer Pro-

---

[1] Vgl. Sjurts (2005), S. 224.

gramme gegeben. Ein Beispiel ist Rheinland-Pfalz, in dem die Rheinland-Pfälzische Rundfunk GmbH & Co. KG (RPR) zwei Hörfunklizenzen besitzt, oder Bayern, in dem die Antenne Bayern Hörfunkanbieter GmbH & Co. ebenfalls zwei Lizenzen hält. In der Startphase des privaten Hörfunks nahmen vor allem die örtlichen Zeitungsverleger eine starke Stellung als Gesellschafter ein.

Gründe für die Beteiligung an Radiosendern waren zum einen die Stagnation der Zeitungsbranche, der mit der Diversifikation in neue Märkte begegnet werden soll, und zum anderen die Ausschaltung potenzieller Hörfunkkonkurrenz bei der werbetreibenden Wirtschaft. Neben den örtlichen Zeitungsverlagen sind auch die großen Medienkonzerne, wie RTL Group, Axel Springer AG, Hubert Burda Media Holding GmbH & Co. KG, Westdeutscher Allgemeiner Zeitungsverlag, Heinrich Bauer Verlag KG, in Deutschland an Radiounternehmen beteiligt.

Derartige Beteiligungen werden jedoch durch medienpolitische Maßnahmen mit dem Ziel beschränkt, potenzielle Doppelmonopole zu verhindern. Als eine Konsequenz dieser medienpolitischen Maßnahmen haben größere Medienkonzerne nur in Ausnahmefällen Mehrheitsbeteiligungen an privaten Hörfunksendern erworben. Insbesondere die Mediengruppen RTL Group (RTL Radio Deutschland) und der Axel Springer Verlag (direkt und über Radio Schleswig-Holstein) haben in einen maßgeblichem Einfluss auf den privaten Radiomarkt.

So übernahm beispielsweise die RTL Group zwölf Hörfunkbeteiligungen der Holzbrinck-Tochtergesellschaft AVE. Neben der Konzentration bei den Veranstaltern von Radioprogrammen gibt es eine hohe Konzentration bei den nationalen Vermarktern von Werbezeiten im Radio. Zwei Anbieter dominieren hier den Markt: Die Radio Media Service (RMS) und die AS&S Radio, ein Tochterunternehmen der ARD Werbung Sales & Services.

Sie bilden ein Duopol bei der nationalen Radiovermarktung. Andere Anbieter wie die Energy Werbungs- und Vermarktungs GmbH oder die Studio Gong spielen nur eine Nebenrolle. Zwar wickeln die meisten Radiostationen ihr regionales und lokales Geschäft selbst ab, über die Vermarktungsgesellschaften erreichen sie aber Zugang zum wichtigen nationalen Werbegeschäft.[1]

■ Markteintrittsbarrieren

Der Hörfunkmarkt ist durch strukturelle, institutionelle und strategische Markteintrittsbarrieren gekennzeichnet. Die strukturellen Markteintrittsbarrieren ergeben sich durch Kostendegressionseffekte, resultierend aus den First Copy Costs, durch die Interdependenz von Werbe- und Hörermarkt sowie durch die Ressourcen- und die Know How-Vorteile der etablierten Anbieter.

---

[1] Vgl. Arbeitsgemeinschaft der Landesmedienanstalten (2010), S. 195.

Kapitel 6: Radiomanagement

Die institutionellen Markteintrittsbarrieren entstehen im Wesentlichen durch die umfangreichen staatlichen Regulierungen im Radiobereich. Die entscheidende institutionelle Markteintrittsbarriere stellen die Regelungen zur Vergabe der Sendefrequenzen dar. Um Programme über eine Frequenz zu übertragen, ist die Zuweisung einer Sendefrequenz erforderlich. Wer viele Hörer erreichen will, benötigt im Idealfall eine landesweite UKW-Frequenz.

Die Sendefrequenzen sind aber beschränkt und seit einigen Jahren vollkommen belegt.[1] Für neue Anbieter gestaltet sich der Erhalt freier Sendefrequenzen zunehmend problematisch, in der Regel erhalten sie nur lokale oder regionale Frequenzen. Etablierte Unternehmen können im Schutz des Lizenzzwangs Präferenzvorteile bei Hörern und in der Werbewirtschaft aufbauen, die die Unternehmen, die neu in den Markt eintreten, schwer aufholen können.[2]

Neben der Zulassungspolitik der Landesmedienanstalten sind auch die in den Landesrundfunkgesetzen festgeschriebenen Restriktionen für die Programmgestaltung zu nennen.[3] So sind die Anbieter teilweise angehalten, bestimmte Inhalte anzubieten, zu denen sie sich zunächst Zugang verschaffen müssen. Ferner beeinträchtigen Bestimmungen zum Anteil der Werbung am Gesamtprogramm die Finanzierungsmöglichkeiten.

Auch die Finanzierung der öffentlich-rechtlichen Rundfunkanstalten stellt eine institutionelle Markteintrittsbarriere dar, da diese Sender nicht ausschließlich von den Erlösen auf den Werbemärkten abhängig sind und aufgrund der staatlichen Bestandsschutzgarantie praktisch keinem Konkursrisiko unterliegen. Als strategische Barriere ist vor allem die Ausweitung des Programmangebots bei den öffentlich-rechtlichen Hörfunksendern zu nennen.

Insbesondere auf junge Zuhörer zugeschnittene Spartensender wie beispielsweise N-JOY (NDR) oder YouFM (HR) schöpfen das vorhandene Zuhörerpotenzial stark aus. Weitere strategische Barrieren stellen die in den letzten Jahren vorgenommenen Umgestaltungen der Programme bei den öffentlich-rechtlichen Hörfunkanbietern dar.[4] So wird versucht, mit einigen Sendern breite Zuhörerschichten anzusprechen, während spezialisierte Sender auf bestimmte Zuhörerschichten fokussiert sind.

Dadurch werden mit bereits bestehenden Sendern die vorhandenen Zuhörerpotenziale besser ausgeschöpft. Als Beispiel für eine breitere Zielgruppenansprache sei WDR 2 genannt, während WDR 3 für Klassik oder Kulturradio in Berlin-Brandenburg Beispiele für die stärker zielgruppenorientierte Ausrichtung einzelner Sender darstellen. Eine weitere strategische Eintrittsbarriere stellen Werbekombinationen dar. Die Attraktivität der Werbeplätze eines Senders lässt sich steigern, wenn er Teil einer Werbekombinati-

---

[1] Vgl. Breunig (2001), S. 459.
[2] Vgl. Sjurts (2005), S. 230 ff.
[3] Vgl. Wirtz (1994), S. 54.
[4] Vgl. Unger et al. (2007), S. 240 ff.

on ist und zusammen mit anderen Sendern vermarktet wird, da der Werbetreibende dadurch eine hohe Reichweite erzielt. Anbieter, die in den Markt eintreten und nicht Teil einer Werbekombination sind, haben entsprechende Startnachteile.[1] Insgesamt bietet der deutsche Hörfunkmarkt nur geringe Marktzutrittchancen: Nur in eng begrenzten Sparten oder in Ballungsräumen bestehen Chancen, sich neben den etablierten Programmen zu behaupten.[2]

2.2   Interaktionen der Marktteilnehmer

Hinsichtlich der Interaktionen der Marktteilnehmer gelten die Werbemarktakteure insbesondere für die privaten Rundfunksender als einer der wichtigsten Interaktionspartner. Die Radiosender stellen den werbenden Unternehmen Sendezeit zur Verfügung, die sie gegen ein entsprechendes Entgelt für Werbespots nutzen können. Darüber hinaus können im Sinne eines Sponsoring einzelne Programmrubriken (zum Beispiel Wetter oder Verkehr) von werbenden Unternehmen unterstützt werden.

Die Hörfunkvermarkter RMS und AS&S Radio bilden hierbei schon seit mehreren Jahren ein starkes Duopol und teilen sich nahezu den gesamtem überregionalen Werbemarkt untereinander auf.[3] Darüber hinaus treten die Radiosender über Werbung und Markenmanagement auch direkt mit den Rezipienten in Kontakt. Im Gegenzug erhalten die Radiosender von den Rezipienten Aufmerksamkeit und Kontakte, die sie wiederum auf dem Werbemarkt einsetzen können.

Auch öffentlich-rechtliche Radiounternehmen sind auf dem Werbemarkt aktiv. Allerdings gelten nicht die Werbemarktakteure als die wichtigsten Interaktionspartner, sondern die Gebühreneinzugszentrale (GEZ) der öffentlich-rechtlichen Rundfunkanstalten in Köln, da mit diesen der mit Abstand größte Erlösanteil erwirtschaftet wird. Eine weitere beliebte Variante, um Aufmerksamkeit und Kontakte zu generieren, ist das Sponsoring von Musikfestivals.

So treten Radiosender häufig als Präsentatoren von Musikveranstaltungen auf und kooperieren mit den entsprechenden Event-Veranstaltern. Beispielsweise präsentiert unter anderem der SWR-Radiosender DASDING das Festival Rock am See, das von der Firma KOKO & DTK Entertainment GmbH veranstaltet wird. Neben der erzeugten Aufmerksamkeit ist das Sponsoring von Musikfestivals auch ein wirkungsvolles Instrument zur Kundenbindung.

---

[1] Vgl. Sjurts (2005), S. 231.
[2] Vgl. Breunig (2001), S. 456 f.
[3] Vgl. Arbeitsgemeinschaft der Landesmedienanstalten (2010), S. 195.

Kapitel 6: Radiomanagement

Auf der Content-Beschaffungsseite agieren Radiosender mit Akteuren, die gegen ein entsprechendes Entgelt Inhalte oder Rechte zur Radioprogrammgestaltung liefern. Hierbei können sowohl komplett ausgearbeitet Radiosendungen (Mantelprogramme) als auch lediglich einzelne Beiträge (zum Beispiel Sportbeiträge, Nachrichtenmaterial) von Agenturen beziehungsweise Händlern extern beschafft werden.

Darüber hinaus fallen beim Abspielen von gesetzlich geschützten Musiktiteln in der Regel GEMA-Gebühren an. Die GEMA (Gesellschaft für musikalische Aufführungs- und mechanische Vervielfältigungsrechte) ist eine Verwertungsgesellschaft, die die Aufführungs- und Vervielfältigungsrechte von Verlegern, Komponisten und Textdichtern vertritt und gilt somit als ein wesentlicher Interaktionspartner in der deutschen Radiobranche.

Unter sonstige Content-Anbieter fallen alle übrigen Content-Lieferanten wie etwa Comedy-Produzenten. Eine weitere wichtige Gruppe von Interaktionspartner in der Radiobranche stellt das Personal dar. Dieses kann sowohl extern als auch intern vom Radiosender angestellt sein und prägt durch seine spezifisches Talent beziehungsweise seine Expertise wesentlich zum Erfolg oder Misserfolg eines Radiosenders bei.

Hierbei fallen insbesondere die Moderatoren ins Gewicht, da der Moderator zusammen mit seinem Moderationsstil, seiner Stimme und Sprache als ein essentieller Teil eines Radioprogramms angesehen wird (zum Beispiel Morningman Mike Thiel von Radio Gong). Letztlich müssen noch die Anbieter der technischen Distribution, die die Übertragungsfunktion des Radioprogramms an den Rezipienten übernehmen, berücksichtigt werden.

Die Übertragung geschieht heute auf den vier zentralen Übertragungswegen Kabel (klassisches Fernseh-/Radiokabelnetz), Satellit, terrestrischem Funk (digital, analog) oder dem Internet (zum Beispiel DSL über Telefonleitung). Es ist zu beachten, dass das Broadcasthosting nicht zwingend externer Natur sein muss. Gerade bei den großen öffentlich-rechtlichen Sendeanstalten sind die entsprechenden technischen Mittel und das Personal insbesondere zum terrestrischen Sendebetrieb intern vorhanden. Abbildung 2-1 stellt die wesentlichen Akteure und Interaktionen in der Radioindustrie im Überblick dar.

Abbildung 2-1: Akteure und Interaktionen im Radiomarkt

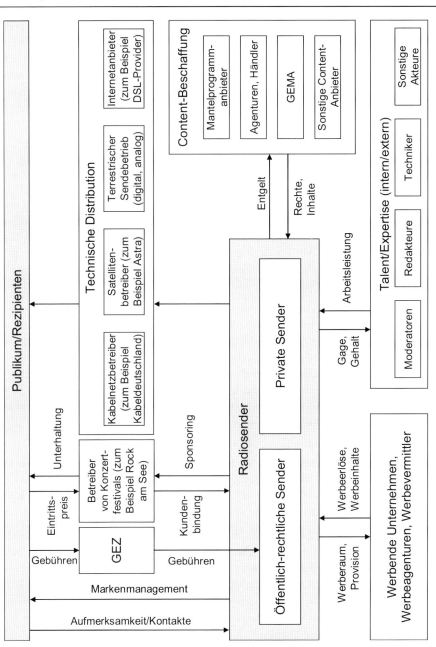

Kapitel 6: Radiomanagement

2.3 Technologisches und regulatives Umfeld

Das Management von Radiounternehmen hat sowohl technologische als auch regulative Rahmenbedingungen in vielfältiger Weise zu berücksichtigen. Diese Aspekte sind von entscheidender Bedeutung für den Markteintritt, also die Möglichkeit zur Verbreitung von Hörfunkprogrammen. Aus diesem Grund wird im Folgenden zunächst das technologische Umfeld beschrieben, in dem Radiounternehmen agieren. Anschließend werden regulative Aspekte aufgegriffen, die einen Einfluss auf den Radiobereich ausüben.

■ Technologisches Umfeld

Für die Übertragung von Radioprogrammen stehen die terrestrische Übertragung, die Satellitentechnik, die Kabelnetzübertragung und das Internet zur Verfügung. Da die analoge, terrestrische Übertragung zur Distribution von Hörfunkprogrammen dominiert, haben die zur Verfügung stehenden Übertragungsfrequenzbereiche eine erhebliche Relevanz für das Radiomanagement. Bei den Empfangsgeräten für die UKW-Frequenz besteht nahezu Vollversorgung. Im Jahr 2011 schalteten täglich mehr als 58 Millionen Deutsche das Radio ein. Dies entspricht einer Tagesreichweite von circa 79% der Deutschen ab zehn Jahren.[1]

Im Ultrakurzwellenbereich stehen Sendeplätze für insgesamt 68 Kanäle zur Verfügung. Diese können mehrfach belegt werden, da die Empfangsreichweite von 85 km in Stereo beziehungsweise 150 km in Mono bei einer wesentlich größeren Störreichweite den Betrieb von fünf bis sechs Senderketten in der Bundesrepublik zulässt. Davon werden vier bis fünf Senderketten für den öffentlich-rechtlichen Hörfunk genutzt. Da auch lokale Rundfunksender auf das UKW-Frequenzspektrum zurückgreifen, ist dieses gegenwärtig voll belegt, sodass zunehmend eine Verschlechterung der Empfangsbedingungen festzustellen ist.[2]

Im Kurzwellenbereich gibt es lediglich 47 Kanäle, die jedoch nicht mehrfach belegt werden können, da jeder einzelne Sender bei günstigen Witterungsbedingungen weltweit zu empfangen ist. Bei einer Mehrfachbelegung der Sendekanäle bestünde somit die Gefahr von Überschneidungen. Im Langwellenbereich stehen insgesamt 15 Kanäle zur Verfügung, die eine Reichweite von circa 1.500 km aufweisen.

Die Übertragungsqualität des Hörfunks im Kurz-, Mittel- und Langwellenbereich ist im Vergleich zum UKW-Hörfunk relativ schlecht und in der Regel nicht zur Übertragung von Musik geeignet. Daher kommt der Übertragung im UKW-Bereich im Hörfunk die größte Bedeutung zu. Betrachtet man allerdings die zunehmende Überlastung des UKW-Bereichs, so scheint es erstaunlich, dass im Radiobereich vorwiegend die terrestrische Distribution und weniger alternative Distributionswege wie Kabel

---

1   Vgl. Radio Zentrale (2011).
2   Vgl. Unger et al. (2007), S. 315 ff.

oder Satellit genutzt werden. Ein wesentlicher Grund ist die Tatsache, dass ein erheblicher Anteil der Radionutzung nicht im Haushalt, sondern mobil oder am Arbeitsplatz stattfindet. Dort können überwiegend nur terrestrisch distribuierte Hörfunkprogramme empfangen werden. Mit der zunehmenden Verbreitung des mobilen Internet, gewinnt allerdings auch das Internetradio zunehmend an Bedeutung.

So nutzen beispielsweise im Jahr 2011 insgesamt 13% der Internet-Surfer mindestens einmal wöchentlich Web-Radio per Livestream.[1] Im Rahmen der digitalen Radioübertragung konkurrieren verschiedene Systeme am Markt. In diesem Kontext sind vor allem Digital Audio Broadcasting (DAB), Digital Video Broadcasting (DVB), Astra Digital Radio (ADR) und Digital Radio Mondiale (DRM) zu nennen. Allerdings hat sich bisher kein Standard durchsetzen können.

- Regulatives Umfeld

Bezüglich des regulativen Umfelds der Hörfunkanbieter kann eine Unterteilung der regulativen Maßnahmen in Markteintrittsregulierungen, Regulierungen zur Sicherung der Meinungsvielfalt und Restriktionen bezüglich des Werbeangebots erfolgen. Die Vergabe von Sendelizenzen ist eine Maßnahme zur Regulierung des Marktzutritts, da mit der Sendelizenz über das Verbreitungsgebiet eines Radiosenders und damit über die Marktgröße entschieden wird.[2]

Die Lizenzvergabe ist in den Landesmediengesetzen der Bundesländer geregelt und an verschiedene Kriterien gebunden, insbesondere an den Beitrag des Programms zur Meinungsvielfalt. Weitere Kriterien sind der inhaltliche Bezug zum Verbreitungsgebiet, die Einflussmöglichkeiten der Redaktion auf das Programm, der Umfang der Programmproduktion im lizenzierenden Bundesland sowie die Professionalität der Programmgestaltung.[3] Ein wichtiges Ziel der Rundfunkregulierung ist die Sicherung der Meinungsvielfalt.

Dieses Ziel wird in den Landesmediengesetzen durch die Umsetzung von zwei verschiedenen Organisationsmodellen angestrebt, des außen- oder des binnenpluralistischen Modells. Die Mehrzahl der Länder setzt auf ein außenpluralistisches Modell. Durch die Zahl und Verschiedenheit der Marktteilnehmer beziehungsweise Radioprogramme soll die Ausgewogenheit der Programmgestaltung und damit die Meinungsvielfalt sichergestellt werden. Auf ein binnenpluralistisches Organisationsmodell setzen dagegen Bremen, Hamburg und Nordrhein-Westfalen. Durch die Berücksichtigung und Beteiligung aller gesellschaftlich relevanten Gruppen in einem Organ des Rundfunkveranstalters wird in diesem Modell die Meinungsvielfalt gesichert.

---

[1] Vgl. van Eimeren/Frees (2011), S. 340.
[2] Vgl. Sjurts (2005), S. 216 ff.
[3] Vgl. Hesse (2003), S. 260 f.

Kapitel 6: Radiomanagement

Eine Sonderform des binnenpluralistischen Modells ist das Zwei-Säulen-Modell für den Lokalhörfunk in Nordrhein-Westfalen.[1] Jeder Lokalradiosender in Nordrhein-Westfalen baut auf den beiden Säulen Veranstaltergemeinschaft (VG) und Betriebsgesellschaft (BG) auf. Der Veranstaltergemeinschaft obliegen die Verantwortung und die Kontrolle über das auszusendende Hörfunkprogramm, ohne dass sie die inhaltlichen Aufgaben einer Redaktion übernimmt.

Die Veranstaltergemeinschaft setzt sich aus Vertretern gesellschaftlich relevanter Gruppen wie Kirchen oder Gewerkschaften zusammen. Die privatrechtlich organisierte Betriebsgesellschaft ist für den wirtschaftlichen Erfolg des Radiosenders zuständig. Sie stellt die technischen und logistischen Voraussetzungen für den Sendebetrieb bereit. An ihr sind lokale Zeitungsverleger bis zu 75% und die Kommunen bis zu 25% beteiligt. Bevor ein Hörfunkprogramm gesendet werden darf, müssen die Veranstaltergemeinschaft und die Betriebsgesellschaft einverstanden sein.[2]

Eine weitere Regulierungsmaßnahme im Hörfunkbereich ist die Begrenzung des Werbeanteils am Gesamtprogramm. Bei privaten Hörfunkprogrammen darf der Anteil der Hörfunkwerbung eine Grenze von 20% nicht überschreiten. Im öffentlich-rechtlichen Hörfunk ist der zulässige Werbeanteil durch die jeweiligen Gesetze der einzelnen Bundesländer geregelt. Er schwankt zwischen 42 und 177 Minuten pro Tag.[3]

2.4 Nutzungsverhalten von Radiohörern

Das Radio gilt in Deutschland nach dem TV als das meistgenutzte Massenmedium. Im Radiomanagement ist einerseits die Dimension der Nutzungszeit, andererseits die Dimension Nutzertypologie von erhöhtem Interesse für das Management von Radiounternehmen. Dies kann damit begründet werden, dass im Hörfunk nur akustische Informationen übermittelt werden und sich deshalb das Radio insbesondere als Begleitmedium zu verschiedenen Tätigkeiten eignet. Von daher ist eine Betrachtung verschiedener Nutzertypen erforderlich. Im Folgenden soll zuerst die Dimension der Nutzungszeit betrachtet und mit dem Nutzungsverhalten beim Fernsehen verglichen werden. Danach erfolgt die Betrachtung der Dimension der Nutzertypologie.

---

[1] Vgl. Landesanstalt für Medien Nordrhein-Westfalen (2010).
[2] Vgl. Schneiderbanger/Börner (2003), S. 411 ff.
[3] Vgl. Korff-Sage (1999), S. 49.

Marktstruktur und Marktverhalten

Abbildung 2-2: Entwicklung der Radionutzung nach Altersgruppen[1]

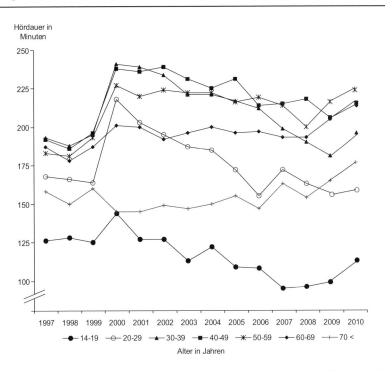

Durchschnittlich wurden in Deutschland im Jahr 2011 täglich 186 Minuten Radio gehört.[2] Damit hat sich die durchschnittliche Hördauer gegenüber 1968 (99 Minuten) nahezu verdoppelt. Das Nutzungsverhalten der verschiedenen Altersgruppen hat sich jedoch unterschiedlich entwickelt. Bei fast allen Altersgruppen war bis zum Jahr 2000 ein starker Anstieg der täglichen Radionutzung zu erkennen, wie Abbildung 2-2 illustriert. In den Jahren 2000 bis 2008 war diese Entwicklung allerdings rückläufig, wobei die Nutzung bei den jüngeren Altersgruppen der 14- bis 39-Jährigen besonders drastisch zurückging.

Bei den 14- bis 19-Jährigen reduzierte sich die Radionutzung sogar um ein gutes Drittel von 144 auf 96 Minuten. Lediglich in der Altersgruppe der über 70-Jährigen war im gleichen Zeitraum eine leichte Zunahme der Nutzung zu verzeichnen. Seit 2008 kann ein Anstieg der Radionutzung bei fast allen Altersgruppen beobachtet werden. Dieser durchschnittliche Anstieg von knapp 6% kann im Zusammenhang mit der zunehmenden Verbreitung des Internetradios erklärt werden. Der Schwer-

---

[1] Datenquelle: ARD (2011d).
[2] Vgl. ARD (2011d).

Kapitel 6: Radiomanagement

punkt der Radionutzung liegt an einem durchschnittlichen Wochentag in den frühen Morgenstunden, hält sich im Laufe des Arbeitstages auf einem relativ hohen Niveau und nimmt ab circa 17 Uhr stark ab. Abbildung 2-3 beschreibt die TV- und Radionutzung im Tagesverlauf.

Während des Frühstücks und während der Autofahrt von und zur Arbeit gehört fast die Hälfte der erwachsenen Bevölkerung zur Gruppe der regelmäßigen Radionutzer. Während des morgendlichen Aufwachens und Aufstehens hört etwa ein Drittel Radio, wie auch bei der Arbeit zu Hause. Am Arbeitsplatz hört dagegen nur ein Sechstel der Bevölkerung Radio.[1] Das Radio gilt als typisches Begleitmedium, das nebenbei bei anderen Beschäftigungen genutzt wird.

Abbildung 2-3:   *TV- und Radionutzung im Tagesverlauf*[2]

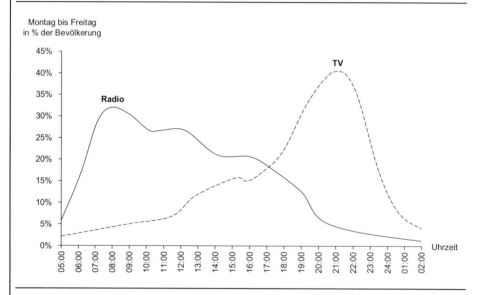

Neben den Mediennutzungszeiten ist für das Radiomanagement auch eine Einordnung der Nutzer anhand spezifischer Merkmale von Vorteil. Aufgrund gemeinsamer beziehungsweise differierender Merkmale können Radiohörer gruppiert und typologisiert werden. Zur Betrachtung der Nutzertypologie kann eine Einteilung der Radiohörer in fünf Nutzertypen vorgenommen werden. Diese Typen werden in Tabelle 2-2 bezüglich charakteristischer Merkmale beschrieben.

---

[1] Vgl. Oehmichen (2001), S. 133.
[2] Vgl. Mediendaten Südwest (2010b); Mediendaten Südwest (2010a).

Tabelle 2-2: Hörertypen nach Hörmotiven[1]

Hörertypus	Beschreibung
Hintergrund-Hörer	- Radio läuft fast den ganzen Tag als Hintergrundkulisse. - Bevorzugt werden eingängige Standardhits und kurze Wortbeiträge beziehungsweise Sender mit überwiegend seichter Unterhaltungsmusik. - Vorwiegend Hausfrauen, Frührentner und Studenten.
Schmiermittel-Hörer	- Radio füllt Zwischenräume und ist mit anderen Aktivitäten verbunden (zum Beispiel Zähneputzen; Fahrt auf dem Weg zur Arbeit), Radiohören als Schmiermittel für reibungslosen Ablauf. - Musik hat eher unauffälligen Standardcharakter. - Vorwiegend Berufstätige, die das Radiohören zum Dienste ihrer Alltagsstruktur funktionalisiert haben; Personen, die ständig auf Achse sind und Musikinteressierte.
Stimmungssuchende	- Radio wird aus einem spontanen Bedürfnis heraus eingeschaltet. Die Musik soll der momentanen Befindlichkeit Ausdruck verleihen oder dazu beitragen, diese zu verändern. - Die Senderloyalität ist geringer als bei den anderen Typen ausgeprägt: Es wird kein Sender gehört, sondern nach einer bestimmten Musikrichtung gesucht. Radio steht in direkter Konkurrenz zur CD beziehungsweise dem MP3-Player. - Vorwiegend Berufstätige und Musikinteressierte.
Strukturbedürftige	- Radiohören dient der Strukturierung und Zeiteinteilung des Alltags. - Klare und vertraute Programmstrukturen und Musik- und Wortbeiträge in regelmäßigem Wechsel werden bevorzugt. - Ausschließlich Personen ab 40 Jahren, die vorwiegend öffentlich-rechtliche Sender hören.
Zielgerichtete Hörer	- Gezieltes Hören ausgewählter Sendungen oder Nachrichten. - Starkes Informationsbedürfnis, betonte Anspruchigkeit. Erwartet wird eine hohe journalistische Qualität. - Hängt an bestimmten Moderatoren, bevorzugt Wortbeiträge der öffentlich-rechtlichen Sender. - Dieser Typ findet sich unter allen Alters- und Berufsschichten.

---

[1] In Anlehnung an Goldhammer (1998), S. 70; Heinrich (1999), S. 415.

Kapitel 6: Radiomanagement

Ziel einer Klassifizierung der Nutzer in verschiedene Typen ist es, Radiowerbung gezielt auf interessante Zielgruppen abzustimmen. Dadurch soll die Bedeutung des Hörfunks als Werbemedium für die werbetreibende Wirtschaft erhalten bleiben. Die Einteilung der Radiohörer in verschiedene Nutzertypen liegt die Annahme zugrunde, dass nicht alle Nutzertypen dem Radio die gleiche Aufmerksamkeit widmen.

So zeigen Untersuchungen, dass die Aufmerksamkeit der Zuhörer, die nur nebenbei Radio hören, nicht besonders hoch ist. So haben für ausgewählte Alltagssituationen im Mittel 57,5 % der befragten Hörer angegeben, dem Radioprogramm nicht bewusst zu folgen.[1] Dies hat Auswirkungen auf die im Radio gesendeten Werbespots. Als Konsequenz müssen diese in einer Form gestaltet werden, dass sie auch von eher weniger interessierten Radiohörern wahrgenommen werden.

2.5 Entwicklungsperspektiven im Radiobereich

Bei der Betrachtung der Zukunftsperspektiven im Radiobereich sind vor allem zwei Entwicklungen relevant. Zum einen sind hier die Digitalisierung zu nennen und zum anderen die Möglichkeit des Web-Radios. Insgesamt hat das UKW-System 50 Jahre nach seiner Einführung seine technischen Grenzen erreicht und soll langfristig abgelöst werden. Es ist allerdings noch ungewiss, welche digitale Technik sich durchsetzen wird. Auf das Web-Radio soll nach einem kurzen Überblick zum digitalen Radio ausführlicher eingegangen werden.

Die Entwicklung des digitalen Radios wurde durch einige Pilotprojekte zur Einführung der Digital Audio Broadcasting (DAB)-Technik vorangetrieben. Bei DAB (oder den inzwischen weiterentwickelten Sendestandard DAB+) handelt es sich um eine terrestrische, digitale Sendetechnik, die zu einer erheblichen Verbesserung der Qualität von Hörfunkprogrammen führt. Insbesondere die Mobilität der digitalen Hörfunkübertragung mittels DAB ist hervorzuheben. So gibt es keinen Frequenzwechsel und die Klangqualität ist unabhängig vom Standort mit der einer CD vergleichbar. Darüber hinaus ermöglicht DAB die Übertragung von zusätzlichen Informationen wie beispielsweise Verkehrsdaten auf ein Display.

Obwohl einige Pilotprojekte zum Regelbetrieb übergingen, ist eine flächendeckende Einführung des digitalen Radios mittels DAB zurzeit noch nicht absehbar. Radiounternehmen und Hörer haben bisher auf DAB eher verhalten reagiert. Die meisten Anbieter beschränken sich darauf, ihre bestehenden Programme zusätzlich über DAB auszustrahlen. In Deutschland gibt es etwa 60 überregionale und 20 lokale DAB-Programme.[2]

---

[1] Vgl. Oehmichen (2001), S. 136 f.
[2] Vgl. Digital Radio (2010).

Zusammen mit den Angeboten des öffentlich-rechtlichen Rundfunks besteht so eine beachtliche Programmvielfalt, die aber nur in einem geringem Maß genutzt werden kann. Schätzungen der Landesmedienanstalten zufolge existieren bundesweit nur etwa 546.000 DAB-Empfangsgeräte in deutschen Haushalten, während es rund 320 Millionen UKW-Radioempfänger gibt.[1] Dazu kommen konkurrierende digitale Übertragungstechniken wie Digital Video Broadcasting (DVB). Das volldigitale System für Fernsehen (DVB-T) wurde bereits in Deutschland eingeführt. Daneben existiert das Astra Digital Radio (ADR), bei dem mithilfe eines Satellitenreceivers mit ADR-Tuner 52 deutschsprachige und internationale Radioprogramme empfangen werden können.

Allerdings wurde die ADR-Übertragungen mit dem Ende der analogen TV-Programme im April 2012 eingestellt. Neben DAB, DVB und ADR existiert seit dem 16. Juni 2003 das Digital Radio Mondiale (DRM). Damit fiel der offizielle Startschuss für die Digitalisierung der AM-Bänder (LW, MW, KW). Erprobt wird ebenfalls eine Verbreitung über Mobilfunk, bei dem mobile Endgeräte wie das Handy oder Minicomputer für den Empfang von Radioinhalten dienen. Insgesamt wird erwartet, dass die analoge Übertragung durch die digitale Technik ersetzt wird und die analogen UKW-Sender zwischen 2012 und 2018 abgeschaltet werden. Beim digitalen Web-Radio wird das Radioprogramm über das Internet übertragen und empfangen. Die Geschichte des Web-Radios geht bis ins Jahr 1995 zurück.

Damals veranstaltete das zu der Zeit neu gegründete Info-Radio Berlin-Brandenburg von ORB und SFB gemeinsam mit der Technischen Universität Berlin den Streaming-Dienst Info-Radio On Demand. Auch der Südwestfunk digitalisierte einen Teil seines Sendearchivs. Dies führte dazu, dass zu dieser Zeit bereits über 190.000 Stunden Wort- und Musikbeiträge vorlagen. Es dauerte bis ins Jahr 1998, dass die Medienöffentlichkeit auf Streaming Media aufmerksam wurde. Da viele Hörfunksender diesem Trend folgten, verbreitete sich das Streamen von Programmen äußerst schnell. Während der Krise der kommerziellen Internetnutzung am Ende des Jahres 2002 startete America Online das exklusive Radioprogramm Broadband Radio@AOL für seine Breitbandkunden.

AOL verwendete dabei nicht die Streaming-Technik des strategischen Partners Real-Networks, sondern setzte eine von Nullsoft programmierte Eigenentwicklung namens Ultravox ein. Dem Web-Radio wird ein großes Entwicklungspotenzial prognostiziert. Die Zahl der Nutzer, die das Web-Radio gelegentlich nutzen, hat sich von 11% im Jahr 2005 auf 15% im Jahr 2010 gesteigert. Schätzungen zufolge gibt es heutzutage alleine in Deutschland rund 3.100 Web-Radioangebote.[2] Das Web-Radio bietet sich vor allem für neue Programmformen und Special Interest-Programme an. Formate, die über UKW-Radio keine ausreichende Hörerschaft hätten und sich wirtschaftlich nicht rentieren würden, können im Internet ihr Programm an eine weltweite Hörerschaft richten.

---

[1] Vgl. Fuhr (2010).
[2] Vgl. Goldmedia (2011a).

Kapitel 6: Radiomanagement

Neben professionellen Stationen gibt es auch eine große Anzahl alternativer Angebote. Eine wichtige Funktion nehmen hier Web-Radio-Provider ein, die neben den technischen Voraussetzungen auch die Inhalte bereitstellen. Anbieter sind hier beispielsweise Nullsoft (Shoutcast), Live365 oder RealNetworks. Auch im Internet ist das Radio größtenteils Begleitmedium. Bei den Web-Radio-Anbietern ist zwischen Erst- und Zweitverwertern zu differenzieren.

Bei einem Erstverwerter handelt es sich um einen Internetsender, der sich ausschließlich auf das Senden im Internet spezialisiert oder aber das Internet zur Erstverwertung verwendet und später einen Teil des Programms an andere Stationen verkauft. Als Zweitverwerter werden viele privatrechtliche und öffentlich-rechtliche Sender bezeichnet, die das Web-Radio als alternative Übertragungstechnik für eine zusätzliche Verwertung ihrer Programme nutzen. Neben den herkömmlichen Programmen sind auch Audiokanäle (Programmschleifen) empfangbar, die exklusiv für das Netz produziert werden, beispielsweise „DasDing - Lautstark" oder „DasDing - Housesession."

Der Empfang soll so auch Hörern ermöglicht werden, die das Programm weder terrestrisch noch über Satellit empfangen können. So können Stammhörer außerhalb des Sendegebiets erreicht werden. Beispielsweise kann ein Urlauber während seines Urlaubs zu jeder Zeit und an jedem Ort sein bevorzugtes Radioprogramm der Heimat empfangen. Beim Vergleich des Web-Radios mit dem herkömmlichen Rundfunk ergeben sich insbesondere Unterschiede bezüglich der folgenden vier Aspekte: Distribution und Reichweite, Anzahl gleichzeitiger Sender, internetspezifische Unterschiede sowie Lizenzierung und Kosten.[1]

- Distribution und Reichweite

Im Gegensatz zum konventionellen Hörfunk, bei dem nur die physikalische Reichweite des Senders begrenzt ist, ist die Anzahl der gleichzeitig möglichen Hörer im Internet abhängig von der verfügbaren Bandbreite. Multicast Streaming sowie die Nutzung spezieller Streaming-Dienstleistungen von Anbietern wie Akamai können diese Problematik abmildern.

- Anzahl gleichzeitiger Sender

Die Einschränkung des konventionellen Rundfunks liegt in der vorherrschenden Frequenzknappheit, die im Internet nicht existiert. Beim Web-Radio könnten theoretisch unendlich viele Programme gleichzeitig geschaltet werden.

- Internetspezifische Unterschiede

Web-Radio ist nicht auf das Zweitverwerten oder Archivieren vorhandener Programme beschränkt. In der Zwischenzeit haben sich einige neue Formate und Technologien entwickelt, wie zum Beispiel das Webcasting, Netcasting, Narrowcasting oder auch Broadcatch.

---

[1] Vgl. im Folgenden Kefk Network (2010).

■ Lizenzierung und Kosten

Der Betrieb eines Web-Radios erfordert im Gegensatz zum herkömmlichen Rundfunk keine Betriebslizenz. Zudem fallen beim Web-Radio für den Betrieb selbst nur geringe Kosten an.[1] Für den Fall, dass urheberrechtlich geschützte Musik abgespielt wird, sind in vielen Ländern Lizenzgebühren zu entrichten.

Eine wichtige Herausforderung beim Web-Radio stellen der technische Aspekt und dabei insbesondere die Übertragung großer Datenmengen dar. Um die über das Internet zu übertragenden Datenmengen zu reduzieren, werden immer verlustbehaftete Audiokompressionsverfahren wie MP3, Ogg Vorbis oder Real Audio eingesetzt. Diverse hochspezialisierte Streaming Codecs ermöglichen eine Encodierung. Wichtig ist dabei, dass diese speziellen Streaming Codecs eine starke Datenkompression durchführen können und die Streaming-Datenformate auch Zusatzinformationen, wie zum Beispiel Metadaten, Werbung oder Steuerungsinformationen enthalten.

Die Übertragung erfolgt mittels spezieller Streaming-Protokolle (Livestreaming) oder über die Dateiübertragungs-Protokolle HTTP und FTP (On Demand Streaming). Die speziellen Streaming-Protokolle erfordern eine hohe Fehlertoleranz, sodass eine Kompensation von etwa fünf Prozent an Paketverlusten ohne sicht- beziehungsweise hörbaren Qualitätseinbußen erfolgen kann.

Im Zusammenhang mit On Demand Streaming hat sich seit dem Herbst 2004 mit Podcasting eine neue Technologie herausgebildet. Das Wort selbst setzt sich aus dem Namen des inzwischen weit verbreiteten MP3-Players iPod von Apple und dem englischen Broadcasting zusammen. Hierbei handelt es sich um die Erstellung und das Verteilen von herunterladbaren Audiodateien über das Internet. Der Nutzer kann mithilfe des Podcasting verschiedene Dateien zu einem beliebigen Zeitpunkt in beliebiger Folge herunterladen, vor und zurückspulen sowie einzelne Musikstücke oder Textbeiträge überspringen.

Durch die klare Fokussierung einzelner Podcasts auf bestimmte Themenbereiche entsteht für Zuhörer im Vergleich zu normalen Radioprogrammen ein deutlich größerer Personalisierungsnutzen. Dabei kann auf eine enorm große Auswahl an verschiedenen Angeboten zurückgegriffen werden. Allein zwischen Mai 2005 und April 2006 vervielfachte sich das Angebot von 6.000 auf 45.000 nutzbare Podcasts weltweit, womit bereits die Anzahl an Radiostationen übertroffen wurde.[2] Seit dem Jahr 2010 bietet allein Apple ein Angebot von mehreren hunderttausenden Podcasts zum kostenlosen Download an.[3]

---

[1] Vgl. Ferguson (2006), S. 303 ff.
[2] Vgl. Slocombe (2006).
[3] Vgl. Apple Inc. (2012b).

Kapitel 6: Radiomanagement

3 Leistungssystem

In diesem Abschnitt wird das Leistungssystem von Hörfunkanbietern dargestellt. Dabei wird zunächst auf das Leistungsspektrum eingegangen. Daran schließen sich die Darstellung der Wertkette von Hörfunkunternehmen sowie eine Übersicht der Core Assets und Kernkompetenzen an. Abschließend werden die Geschäftsmodelle von öffentlich-rechtlichen und privaten Hörfunkanbietern erläutert.

3.1 Leistungsspektrum

Das Leistungsspektrum von Hörfunkanbietern lässt sich nach verschiedenen Kriterien differenzieren. Als Unterteilungen können die Unterscheidung in öffentlich-rechtliche und private Sender sowie die Einteilung nach dem Programminhalt in Unterhaltungs- und Informationsprogramme herangezogen werden. Anhand des Programmumfangs ist eine weitere Unterteilung in Voll-, Sparten-, Fenster- und lokale Programme möglich.

Als Beispiel für Vollprogramme im Hörfunkbereich können öffentlich-rechtliche Unterhaltungssender wie NDR 2 oder WDR 2 beziehungsweise privatrechtliche Sender wie Radio SAW (Sachsen-Anhalt) oder RSH (Schleswig-Holstein) genannt werden. Im Bereich der Spartenprogramme sind zum Beispiel Kultursender wie SR 2 Kulturradio (Saarland) oder BR-Klassik sowie Informationssender wie NDR Info zu nennen.

Fensterprogramme werden ermöglicht, indem sich mehrere Sender eine Radiofrequenz teilen (Frequenzteilung) und diese Frequenz abwechselnd nutzen. Dabei sind zwei Fensterformen zu unterscheiden. Zum einen ist das ganztägige Fenster anzutreffen, bei dem ein ganzer Sendetag einem anderen Sender überlassen wird. Hier ist als Beispiel das Hamburger Lokalradio zu nennen, das jeden Sonntag ganztägig sein Programm auf der Frequenz von TIDE 96,0 ausstrahlt.

Zum anderen gibt es Fensterprogramme, die Tagesabschnitte einem anderen Sender überlassen. Als Beispiel können die beiden Berliner Sender Star FM und uniRadio 87,9 angeführt werden. Beide Sender teilten sich bis zum Jahr 2004 eine Frequenz, auf der uniRadio täglich von 19 bis 21 Uhr sendete und Star FM den Rest des Tages. Im Bereich der Lokalprogramme sind insbesondere die Stadtradios wie das Stadtradio Göttingen oder Radio Charivari (München) zu nennen.

Hinzu kommen regionale Radiosender wie das Radio Siegen (Nordrhein-Westfalen), die ihr Hörfunkprogramm nicht nur auf eine Stadt beschränken, sondern in einer ganzen Region empfangen werden können. Ein weiteres, wesentliches Unterscheidungskriterium für das Leistungsspektrum im Hörfunkbereich ist das Radioformat. Unter einem Radioformat versteht man die Hauptbestandteile eines Programms (Musik, Moderation und Präsentation, Sound Layout sowie News und Service). Mit den unterschiedlichen Radioformaten sollen Zielgruppen mit unterschiedlichen Hörbedürfnissen erreicht werden. Ein wichtiger Bestandteil des Radioformats ist das verwendete Musikformat. Im Wesentlichen wird hier zwischen Musikformaten, die einen breiten Hörerkreis erreichen sollen, und Musikangeboten für spezielle Hörerbedürfnisse unterschieden. In der breiten Zielgruppe befinden sich Sender mit überwiegend aktueller Schlager- oder Pop-Musik wie beispielsweise NDR 1 Niedersachsen (Schlager) oder NDR 2 (Pop-Musik).

In der fokussierten Zielgruppe befinden sich spezielle Sender wie der Klassiksender BR-Klassik oder YouFM, der Jugendsender des Hessischen Rundfunks. Da bei privaten Hörfunksendern ein möglichst breiter Hörerkreis angesprochen werden soll, besitzen die meisten privatrechtlichen Sender eine generelle Zielgruppenausrichtung. Einer der wenigen privatrechtlichen Sender der fokussierten Zielgruppe ist das bundesweit ausgestrahlte Klassik Radio.

3.2 Wertschöpfungsstrukturen

Die Wertschöpfung in Radiounternehmen kann in fünf Stufen unterteilt werden. In der ersten Stufe werden die notwendigen Input-Faktoren beschafft, die sich im Wesentlichen in Inhalte, Technik und Personal unterteilen lassen. Die Inhalte setzen sich beispielsweise aus Nachrichten, Hörspielen, Kommentaren und Musik zusammen. Die benötigte Technik beinhaltet insbesondere die Ausstattung eines Tonstudios sowie alle weiteren notwendigen technischen Geräte. Unter Personal werden insbesondere Moderatoren, Sprecher (für Hörspiele), Musiker und Redakteure sowie Korrespondenten subsumiert. Die zweite Stufe umfasst die Programmproduktion, worunter die Produktion von Nachrichten und Hörspielen, aber auch Kommentare zu aktuellen politischen oder gesellschaftlichen Ereignissen und kurze Unterhaltungsbeiträge gefasst werden.

In der dritten Stufe wird der Handel mit Programmformaten vollzogen. Die Bedeutung dieser Stufe der Wertkette ist jedoch im Vergleich zu den anderen Stufen zu vernachlässigen. So erwirtschaftet der öffentlich-rechtliche Hörfunk mit der Verwertung von Auftragsproduktionen lediglich 0,5% seiner gesamten Erträge.[1] Die vierte Stufe der Wertkette umfasst die Zusammenstellung der einzelnen Programmbeiträge im Programmablauf, das Packaging. Diese Stufe der Wertkette ist von erheblicher Bedeutung, da der Zusammenschnitt der Programmbeiträge wesentlichen Einfluss auf das Hörverhalten hat. In der fünften Stufe schließlich erfolgt die Übertragung der erstellten Programme zum Radiohörer. Die technische Produktion und die Ausstrahlung der Programme fallen im Radiobereich in der Regel zusammen. Die Wertkette von Radiounternehmen ist in Abbildung 3-1 dargestellt.

---

[1] Vgl. Heinrich (1999), S. 432.

Kapitel 6: Radiomanagement

Abbildung 3-1: Wertkette von Radiounternehmen

Beschaffung der Input-Faktoren	Programm-produktion	Programm-handel	Programm-gestaltung/ Packaging	Technische Produktion und Programm-distribution	Hörer
Kernaufgaben					
• Beschaffung von Inhalten (inklusive Werbung), Technik und Personal	• Planung, Steuerung und Ausführung der Produktion	• Handel mit Hörfunk-programmlizenzen	• Planung und Zusammenstellung des Sendeablaufs • Platzierung von Werbespots	• Sendetechnik • Nutzung der Telekommunikations-infrastruktur	
Anbieter					
• Nachrichten-agenturen • Hörspielautoren • Werbevermark-tungsfirmen	• Redaktionen • Produktionsfirmen • Chöre und Orchester • Lokalstudios	• Programmhandel	• Programmdirektor • Programmredaktion	• Betreiber terrestrischer Sendestationen • Kabelnetzbetreiber • Satellitenbetreiber • Internet	
Beispiele					
• Reuters • dpa • RMS • AS&S	• ARD Nachrichten-redaktion • Radio Philharmonie Hannover • Hit Radio FFH Lokalstudio Südhessen	• hr Media	• Programmdirektor • Programmredakteur	• Terrestrische Sender der ARD • Deutsche Telekom • Astra, Eutelsat	

3.3 Core Assets und Kernkompetenzen

Zu den wichtigsten Core Assets von Radiounternehmen zählen die Mitarbeiter, die Netzwerke, die Marke und die Reichweite. Moderatoren prägen das Radioprogramm durch ihren Stil und sind damit Bestandteil des von Radiosendern angebotenen Produkts. Bei ihrer Tätigkeit werden sie häufig von Mitarbeitern unterstützt, die Sendungen und Beiträge vorbereiten. Netzwerke im Radiobereich spielen vor allem bei der Beschaffung von Content eine wichtige Rolle. Programmbestandteile, wie zum Beispiel Comedy oder Spezialberichte, werden häufig von externen Produzenten zugekauft und in das Programm integriert. Exklusive und innovative Inhalte können die Bindung von Hörern an einen Radiosender stärken und ihm somit Wettbewerbsvorteile verschaffen.

Als Marke gilt auf den Rezipientenmärkten der Sendername. Mit dem Sendernamen verbinden die Hörer positive Erwartungen bezüglich der Programminhalte. Daher kann mit einer Radiomarke die Kundenbindung im Rezipientenmarkt erhöht werden. Eine hohe Reichweite wird in der Radiobranche durch ein langfristig überlegenes Leistungsangebot erreicht, was in letzter Konsequenz zu höheren Werbeeinnahmen führt. Die zur Nutzung der Core Assets erforderlichen Kernkompetenzen von Radiounternehmen sind die Content Sourcing-Kompetenz, die Content Creation-Kompetenz und die Formatkompetenz. Mit der Content Sourcing-Kompetenz können auf den Beschaffungsmärkten insbesondere attraktive Unterhaltungsinhalte erlangt werden. Die Content Creation-Kompetenz setzt sich aus zwei Teilkompetenzen zusammen.

Zum einen aus der Fähigkeit, für die Hörergruppen interessante Themen zu entdecken und innerhalb des täglichen Radioprogramms zielgruppengerecht zu verarbeiten (Trendkompetenz) und zum anderen aus der Fähigkeit, das Radioprogramm zeitlich und inhaltlich so zu strukturieren, dass das Interesse des Rezipienten durch geschickte Kombination von Programminhalten aufrechterhalten wird (Strukturierungskompetenz). Auf diese Weise entsteht ein Audience Flow, der wiederum die Hörer-Sender-Bindung verbessert. Darüber hinaus trägt zu einer Erhöhung der Reichweite die Formatkompetenz bei. Sie entspricht der Produktentwicklungskompetenz und definiert generell die Hauptbestandteile eines Hörfunkprogramms wie zum Beispiel Musik, Moderation beziehungsweise Präsentation, das Sound Layout sowie Informationsanteile und deren Kombinationen in Struktur, Inhalt und Präsentation.

3.4 Geschäftsmodelle

Die im Radiobereich verfolgten Geschäftsmodelle können in öffentlich-rechtliche und private Hörfunkunternehmen eingeteilt werden. Im Folgenden werden zunächst das Erlös- und das Leistungsangebotsmodell der Hörfunkunternehmen vorgestellt. Danach folgt eine Beschreibung der beiden verschiedenen Geschäftsmodelle von öffentlich-rechtlichen und privaten Anbietern.

- Erlösmodelle

Die bedeutendsten Erlösquellen im Radiobereich stellen die staatlichen Erlöse (ausschließlich für die Geschäftsmodelle der öffentlich-rechtlichen Sender) sowie die Erlöse auf den Werbemärkten dar. Die öffentlich-rechtlichen Hörfunksender erhalten als staatliche Beiträge die über die Gebühreneinzugszentrale der öffentlich-rechtlichen Rundfunkanstalten in der Bundesrepublik Deutschland (GEZ) eingezogenen Rundfunkgebühren sowie Sondersubventionen für bestimmte Hörfunkformate oder Sendungen.

Die Rundfunkgebühren sind dabei unabhängig von deren Nutzung an ein Empfangsgerät geknüpft. Allerdings haben sich die Ministerpräsidenten der Länder auf ein Eckpunktepapier zur Reform der Rundfunkfinanzierung geeinigt. Hierin ist vorgesehen, die derzeit noch an ein Empfangsgerät geknüpfte Rundfunkgebühr in eine geräteunabhängigen Wohnungs- und Betriebsstättenabgabe umzuwandeln. Der hierfür notwendige Rundfunkstaatsvertrag soll Anfang Januar 2013 in Kraft treten. Bis dahin gelten die alten Regelungen der Rundfunkgebührenordnung.

Kapitel 6: Radiomanagement

Für die öffentlich-rechtlichen Sender stellen die Rundfunkgebühren die Haupteinnahmequelle dar. Im Jahr 2009 erhielten die einzelnen Landesrundfunkanstalten 2,57 Milliarden Euro an Rundfunkgebühren für die Veranstaltung von Radioprogrammen. Die Nettowerberlöse der öffentlich-rechtlichen Radiosender betrugen dabei nur einen Bruchteil der Rundfunkgebühren.[1] Die wichtigste Erlösquelle für die privaten Hörfunksender ist der Werbemarkt. Der Handlungsspielraum für die Hörfunkanbieter ist durch die medienrechtlichen Regelungen zu Art und Umfang zwar begrenzt, innerhalb der Vorgaben sind die Sender aber höchst flexibel.[2]

Im Hörfunk kommt dem Werbespot die größte Bedeutung zu. Das Sponsoring spielt ebenfalls eine Rolle und bietet der werbungtreibenden Wirtschaft die Möglichkeit, als Präsentator von Rubriken und Sendungen, zum Beispiel Wetter, Verkehr, Sport und Veranstaltungshinweise, an zielgruppenaffinen Sendeplätzen außerhalb der klassischen Werbeblöcke aufzutreten. Aufgrund der Bestimmungen der Werberichtlinie sind die Gestaltungsmöglichkeiten zur Einbindung von Sponsorhinweisen in Radioprogramme jedoch eingeschränkt.[3]

Darüber hinaus sind Werbegewinnspielsendungen als Werbeform für den Hörfunk relevant. Diese werden häufig im Zusammenhang mit von den Radiosendern gesponserten Veranstaltungen genutzt. Beispielhaft sei hier die Verlosung von Eintrittskarten für gesponserte Musikkonzerte genannt. Auf den Rezipientenmärkten sind insbesondere Erlöse durch den Verkauf von Merchandising-Artikeln zu nennen. Andere Erlösformen wie Medienzugangs- beziehungsweise Mediennutzungsgebühren haben dagegen in Deutschland keine Relevanz.

▪ Leistungserstellungsmodell

Hörfunkprogramme werden von Hörfunksendern produziert und an die Hörer ausgestrahlt. Von besonderer Bedeutung für das Management von Hörfunksendern ist dabei die Struktur der Leistungserstellung im Hörfunkbereich. Diese illustriert Abbildung 3-2. Sie gibt Auskunft über die Aufteilung der Erlösquellen und die Kostenstruktur. Bei der Zusammensetzung der Erlöse wird der Erlös-Mix privater Radioanbieter dargestellt.

Etwa 90% der Gesamterlöse entfallen auf Werbeeinnahmen, 10% auf sonstige Erlöse. Bei den öffentlich-rechtlichen Anbietern liegt der Anteil der Gebühren an den Gesamterlösen bei circa 80%, der Anteil der Werbeeinnahmen bei etwa 20%. Da das Werbeaufkommen konjunkturell bedingt starken Schwankungen unterliegt, das Gebührenaufkommen jedoch relativ stabil bleibt, haben öffentlich-rechtliche Radioanbieter durch die Gebührenfinanzierung einen erheblichen Wettbewerbsvorteil gegenüber privaten Anbietern.

---

[1] Vgl. ARD (2011a), S. 312 ff.
[2] Vgl. Sjurts (2005), S. 280 ff.
[3] Vgl. Goldhammer (1998), S. 110.

Leistungssystem

Abbildung 3-2: Kosten- und Erlösstruktur der Leistungserstellung[1]

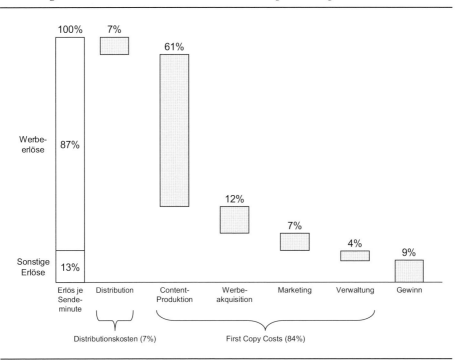

Den größten Anteil an den Gesamtkosten machen die Kosten der Content-Produktion aus, ihr Anteil am Gesamtumsatz erreicht im Durchschnitt etwa 61%. Auf die Werbeakquisition entfallen 12%, auf das Marketing 7% und auf die Verwaltung 4% des Gesamtumsatzes. Vor allem die Werbevermarktung wird häufig für verschiedene Sender von Vermarktungsgesellschaften durchgeführt. Die Gewinnspanne im Radiobereich liegt bei circa 9%, allerdings sind beim Gewinnaufkommen erhebliche Unterschiede zwischen den einzelnen Anbietertypen festzustellen.

Der Anteil der First Copy Costs am Gesamtumsatz beträgt im Radiobereich 84%. Bei einer Erhöhung der Sendereichweite und gleichbleibenden Produktionskosten entstehen erhebliche Kostendegressionseffekte. Daher stellt die Vergabe einer weitreichenden Sendelizenz einen erheblichen Wettbewerbsvorteil dar. Für neue Anbieter ist bei einem Markteintritt eine gewisse Mindestreichweite erforderlich, um keine Kostennachteile gegenüber etablierten Wettbewerbern zu erleiden.

---

[1] Auf der Basis eigener Analysen und Abschätzungen.

3.4.1 Geschäftsmodell öffentlich-rechtlicher Radioanbieter

Für den öffentlich-rechtlichen Hörfunk gilt in Deutschland gemäß der Rechtsprechung des Bundesverfassungsgerichts ein Grundversorgungsauftrag. Dieser besagt unter anderem, dass öffentlich-rechtliche Hörfunkunternehmen nicht nur eventuelle Lücken, die private Anbieter offen lassen, schließen müssen, sondern auch dass eine breite und umfassende Grundversorgung der Bevölkerung mit Inhalten informierender, bildender und unterhaltender Natur sichergestellt ist.[1]

Dieser Programmauftrag ist nach Möglichkeit wirtschaftlich auszuführen. Der öffentlich-rechtliche Hörfunk ist im Wesentlichen durch zwei Senderformate geprägt.[2] So gibt es die ausschließlich über Rundfunkgebühren finanzierten Informationssender sowie die durch Rundfunkgebühren und Werbung finanzierten Unterhaltungssender. Unterhaltungssender erreichen ein breiteres Spektrum von Zuhörern als Informationssender.

Daher sind sie für das Programmprofil der öffentlich-rechtlichen Sender von besonderer Bedeutung. Ferner treten Unterhaltungssender häufig auch als Veranstalter von Musikereignissen oder Sport- und Kulturereignissen in Erscheinung. Diese Veranstalterfunktion ist somit ebenfalls ein wichtiges Element ihres Leistungsspektrums. Das Geschäftsmodell eines öffentlich-rechtlichen Hörfunksenders soll mit dem Unterhaltungssender NDR 2 in Abbildung 3-3 dargestellt werden.

Die Inhalte im dargestellten Geschäftsmodell sind zum überwiegenden Teil fremderstellt. Dies kann durch den für Unterhaltungssender üblichen hohen Musikanteil zurückgeführt werden. Dieser wird nur in seltenen Fällen selbst erstellt, wie beispielsweise im Falle einer Übertragung eines von NDR 2 veranstalteten Musikkonzerts. Zu den selbsterstellten Inhalten von NDR 2 gehören unter anderem Comedy-Serien sowie andere humoristische Unterhaltungsformate.

---

[1] Vgl. ARD (2010b).
[2] Vgl. Meyn (1996), S. 127.

Abbildung 3-3: Geschäftsmodell eines öffentlich-rechtlichen Radiosenders[1]

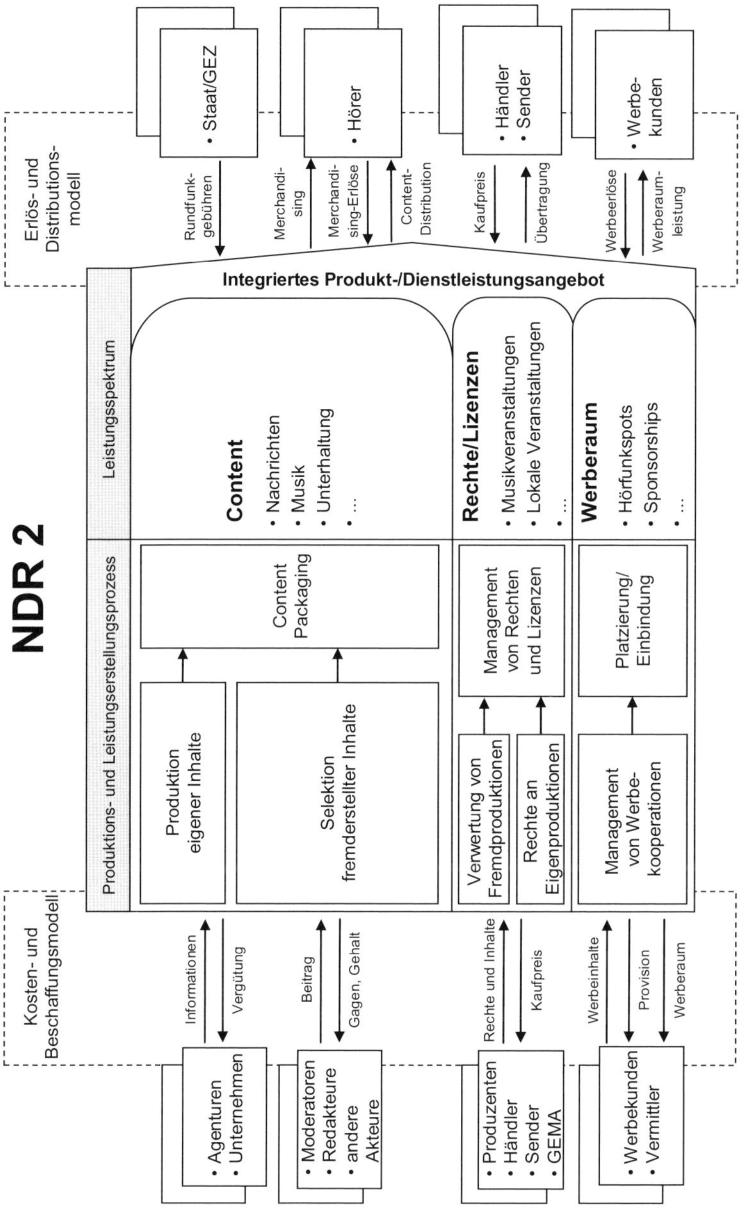

---

[1] Auf der Basis eigener Analysen und Abschätzungen.

3.4.2 Geschäftsmodell privater Radioanbieter

Im Gegensatz zu den öffentlich-rechtlichen Sendern agieren privatwirtschaftliche Hörfunksender mit Gewinnabsicht. Die wirtschaftliche Lage der einzelnen Anbietertypen ist differenziert zu betrachten. Abbildung 3-4 illustriert den durchschnittlichen Kostendeckungsgrad des privaten Hörfunks. Der gesamte private Hörfunk arbeitete im Jahr 2010 mit einem Kostendeckungsbeitrag von 113% profitabel. Insbesondere der landesweite Hörfunk ist hierbei mit einem Kostendeckungsbeitrag von 119% führend.

Ein anderes Bild zeichnet sich für den bundesweiten Hörfunk ab. Mit einem Kostendeckungsgrad von 93% ist der bundesweite Hörfunk im Vergleich zu den letzten Jahren weiter defizitär. Wirtschaftlich gesehen dominieren daher die landesweiten Radioprogramme, da sie Kostendegressionseffekte durch eine ausreichend hohe Reichweite realisieren können.

Abbildung 3-4: Durchschnittlicher Kostendeckungsgrad des privaten Hörfunks 2010[1]

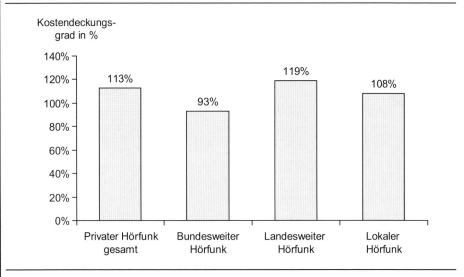

---

[1] In Anlehnung an Arbeitsgemeinschaft der Landesmedienanstalten (2011), S. 21.

Leistungssystem

Privater Hörfunk in Deutschland ist hauptsächlich werbefinanziert. Dabei lag 2010 der Anteil lokaler und regionaler Werbung bei 42%, der Anteil überregionaler Werbung bei 38% und neue Werbeformen wie Sponsoring (7%) oder Veranstaltungen (3%) haben eine zunehmende Bedeutung.[1] Auch die Zusammensetzung der Werbeerlöse verschafft landesweiten Sendern einen Wettbewerbsvorteil, da sie in der Lage sind, sowohl regionale als auch überregionale Werbung anzubieten.

Eine Werbefinanzierung ist jedoch nur mit einer ausreichend großen Reichweite möglich, was eine Anpassung an den Massengeschmack erfordert. Nahezu 90% aller Radioprogramme orientieren sich an der für die Werbewirtschaft relevanten Zielgruppe der 14- bis 49-Jährigen. Anders als im öffentlich-rechtlichen Hörfunk ist die Formatvielfalt bei den privaten Radios in der Breite der Angebote gering ausgeprägt.

Mit dem Adult Contemporary (AC) und dem Contemporary Hit Radio (CHR) dominieren auf dem privaten Radiomarkt zwei Mainstream-Formate, die mehr als die Hälfte aller Privatradios verwenden. Ähnliche Formate gibt es auch im öffentlich-rechtlichen Hörfunk, allerdings mit einem höheren Informationsanteil und einer geringeren Verbreitung von Gewinnspielaktionen.[2]

Als Konsequenz daraus ist im privatfinanzierten Hörfunk im Wesentlichen nur ein Geschäftsmodell präsent. Dieses wird in Abbildung 3-5 am Beispiel des Senders Hit Radio FFH dargestellt. Es wird deutlich, dass die Werberaumleistungen einen erheblichen Teil des Leistungsspektrums ausmachen. Da jedoch der Erfolg auf den Werbemärkten wesentlich vom Erfolg auf den Rezipientenmärkten abhängt, ist für das Leistungsspektrum auch das Angebot an attraktiven Inhalten von Bedeutung.

---

[1] Vgl. Arbeitsgemeinschaft der Landesmedienanstalten (2011), S. 23.
[2] Vgl. Breunig (2001), S. 464.

Kapitel 6: Radiomanagement

Abbildung 3-5: Geschäftsmodell eines privatfinanzierten Radiosenders[1]

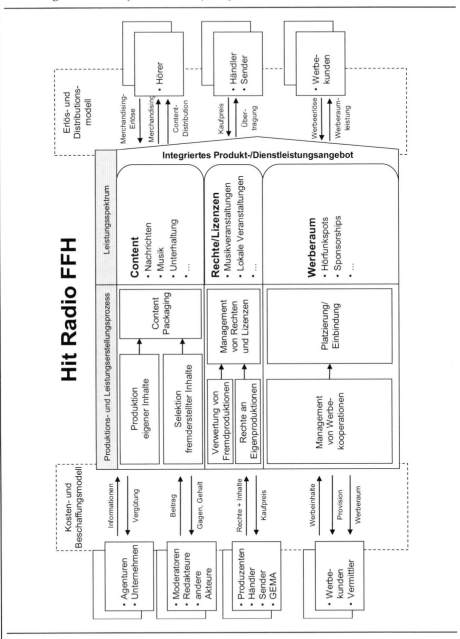

---
[1] Auf der Basis eigener Analysen und Abschätzungen.

4 Aufgaben des Radiomanagement

Vor dem Hintergrund der Ausführungen zur Marktstruktur im Radiobereich und dem Leistungssystem soll an dieser Stelle ein Überblick über die Aufgaben des Radiomanagement gegeben werden. Dabei werden in einem ersten Abschnitt die Aspekte des Strategischen Management im Radiobereich diskutiert. Ferner werden die Einflussfaktoren und Strategien im Beschaffungs- und Produktionsmanagement sowie abschließend das Marketing von Hörfunkanbietern betrachtet.

4.1 Strategisches Management

Zur Diskussion der verschiedenen Strategietypen im Radiobereich soll auf die Strategieoptionen der Medienunternehmen, das heißt Fokussierungs-, Integrations- und Netzwerkstrategien, zurückgegriffen werden. Bei einer Fokussierungsstrategie im Hörfunkbereich ist die Konzentration auf das Segment der technischen Produktion und Programmdistribution denkbar. Das zu sendende Programm kann von Mantelprogrammanbieter geliefert werden und vom Radiosender vollständig übernommen und ausgestrahlt werden. Eine Fokussierungsstrategie ist im Radiobereich jedoch nur von geringer Bedeutung, da das Kerngeschäft von Radiosendern in der Regel die beiden Wertschöpfungskettensegmente Programmproduktion sowie Programmgestaltung und Packaging umfasst.

Im Rahmen der Integrationsstrategien kann im Radiobereich eine vertikale Vorwärtsintegration die Ausweitung der Geschäftstätigkeit auf das Segment der technischen Produktion und Distribution darstellen. Darüber hinaus ist auch eine Rückwärtsintegration des Segments zur Beschaffung der Input-Faktoren eine Ausprägung der vertikalen Integrationsstrategie. Als Beispiel für die verschiedenen Erscheinungsformen der vertikalen Integration sind hier die verschiedenen einzelnen Gesellschaften des Hessischen Rundfunks zu nennen. Im Segment zur Beschaffung der Input-Faktoren ist beispielsweise die hr werbung GmbH zu finden, die nicht nur Werbezeiten im Hessischen Rundfunk zur Verfügung stellt, sondern auf Kundenwunsch auch die Spots produziert.

Im Segment der Programmproduktion befindet sich beispielsweise die hr Big Band. Im Segment des Programmhandels kann in diesem Kontext die hr media Lizenz- und Verlagsgesellschaft mbH angeführt werden, die ausschließlich für die Rechteverwertung der Programme des hr zuständig ist. Die verschiedenen Hörfunksender des Hessischen Rundfunks decken das Segment der Programmgestaltung ab. Im Bereich der technischen Produktion und Telekommunikationsinfrastruktur betreibt der Hessische Rundfunk unter anderem die ARD Sternpunkte, über die die Kommunikation und der Programmaustausch der ARD Landesanstalten untereinander stattfindet.

Neben den vertikalen Integrationsstrategien sind im Hörfunkbereich auch horizontale Integrationsstrategien zu beobachten. Eine horizontale Integrationsstrategie ist die Ausweitung des Programmangebots zur Erschließung neuer Zielgruppen. Als Beispiel kann die Senderfamilie des NDR genannt werden. Die vier landesweiten Sender des NDR (regionalisierte Versionen von NDR 1 Niedersachsen sowie NDR 90,3) fokussieren sich hauptsächlich auf die an Schlagern interessierten Hörer, also vorwiegend ältere Menschen oder Personen mittleren Alters.

NDR 2 richtet sich mit seiner modernen Musik hauptsächlich an die jüngere Hörerschaft, sodass diese beiden Sender das gesamte Altersspektrum abdecken. Zusätzlich bedient NDR Kultur speziell die Zielgruppe der an Kultur und Klassik interessierten Hörerschaft, während NDR Info und NDR Info spezial ausschließlich informationsnachfragende Hörer fokussiert. Der bisher jüngste Sender der NDR Senderfamilie, N-Joy, widmet sich mit seinem Musikprogramm hauptsächlich der Zielgruppe der jugendlichen Hörer.[1]

Eine horizontale Integrationsstrategie in Form einer Ausweitung auf weitere Märkte ist hingegen im Radiobereich selten anzutreffen. Zum einen liegt der Grund hierfür in der derzeit noch existenten Dominanz der terrestrischen Übertragungsform, die wegen der Beschränktheit der Sendefrequenzen eine derartige Ausweitung kaum zulassen würde. Zum anderen sind die Beteiligungsstrukturen bei den lokalen oder landesweiten privatrechtlichen Sendern zu nennen.

Ein großer Anteil der Sender wird oftmals von verschiedenen lokalen oder regionalen Zeitungsverlagen gehalten, für die insbesondere die lokalen oder regionalen Märkte von Interesse sind, nicht aber größere Märkte. Auf Seiten der öffentlich-rechtlichen Sender ist ebenfalls keine Ausweitung auf größere Märkte mittels horizontaler Integrationsstrategien festzustellen, da die Hoheit über die Hörfunkprogramme in den einzelnen Bundesländern bei den jeweils zuständigen Landesrundfunkanstalten liegt. Als eines der wenigen Beispiele kann hier Hit-Radio Antenne genannt werden. Radio Antenne betreibt Sender gleichen Namens unter anderem in den Bundesländern Baden-Württemberg, Bayern, Niedersachsen und Thüringen.

Als Beispiel für eine laterale Integration von Wertschöpfungsstufen sind hier die eigenständigen Musik- beziehungsweise Hörspielproduktionen der einzelnen Landesrundfunkanstalten zu nennen. So spielt das NDR Sinfonieorchester nicht nur zur Übertragung im Radio oder Fernsehen, sondern veranstaltet auch eigene Konzerte und vermarktet diese. Ein weiteres Beispiel ist die Produktion und der Vertrieb der Hörbücher des Hessischen Rundfunks. So kann man bei der hr media Lizenz- und Verlagsgesellschaft mbH die vom Hessischen Rundfunk produzierten Hörbücher beziehen, womit der Hessische Rundfunk im weitesten Sinne in die Wertschöpfungsstrukturen der Buchverlage migriert.

---

1 Vgl. Plog (2003), S. 393 ff.

Die dritte Strategieoption einer Netzwerkbildung ist im Hörfunkbereich ebenfalls anzutreffen. So ist der vom WDR, Radio Bremen und Rundfunk Berlin-Brandenburg gemeinschaftlich betriebene Sender Funkhaus Europa als Beispiel für die horizontale Netzwerkbildung anzuführen. Auch der Austausch von Programmformaten zwischen den einzelnen Landesrundfunkanstalten ist ein Beispiel für eine horizontale Netzwerkbildung auf der ersten Stufe der Wertschöpfungskette.

Für eine laterale Netzwerkbildung lässt sich als Beispiel die Kooperation von Hörfunksendern mit Tonträgerherstellern anführen. So richten beispielsweise auf moderne Musik fokussierte Hörfunksender zusammen mit einem Tonträgerhersteller Wettbewerbe für Nachwuchsmusiker aus. Der oder die Sieger erhalten vom Tonträgerhersteller einen Plattenvertrag und die Musik wird über den entsprechenden Hörfunksender ausgestrahlt. Somit entsteht in diesem Beispiel eine Kooperation, die Teile der Wertschöpfungsketten der Musikindustrie und der Radiobranche umfasst.

4.2 Beschaffungsmanagement

Die Beschaffung der Input-Faktoren stellt eine der wichtigsten Aufgaben des Radiomanagement dar. Dabei soll im Folgenden ausschließlich auf die Beschaffung der Inhalte eingegangen werden. Im ersten Abschnitt werden die Einflussfaktoren für das Beschaffungsmanagement im Radiobereich dargestellt. Anschließend erfolgt eine Diskussion unterschiedlicher Beschaffungsstrategien.

4.2.1 Einflussfaktoren

Die Einflussfaktoren des Beschaffungsmanagement, die Kosten für Inhalte, die Erlöserwartungen, die Vertragsbedingungen sowie staatliche Vorgaben sind auch im Radiobereich anzutreffen. Lediglich das Verhalten der Wettbewerber ist bei der Beschaffung von Inhalten von geringer Bedeutung. Der größte Teil des Inhalts von Hörfunkprogrammen sind Musiktitel.

Die Rechte an den Musiktiteln werden von der Rechteverwertungsgesellschaft Gesellschaft für musikalische Aufführungs- und mechanische Vervielfältigungsrechte (GEMA) vertreten. Diese ist verpflichtet, auf Verlangen sowohl die Rechte des Urhebers wahrzunehmen als auch jedermann gegen einen angemessenen Tarif Nutzungsrechte einzuräumen.[1] Von daher ist eine Konkurrenz unter den Wettbewerbern bezüglich der zu beschaffenden Inhalte eher selten.

---

[1] Vgl. GEMA (2010).

Kapitel 6: Radiomanagement

▪ Kosten

Bei der Betrachtung der Kosten für Inhalte sind insbesondere die GEMA-Gebühren zu nennen. Da bei den meisten Hörfunksendern die Musik den wesentlichen Teil des Hörfunkprogramms ausmacht, stellen die GEMA-Gebühren auch den größten Kostenblock für fremderstellte Inhalte dar.[1] Darüber hinaus stellen auch fremderstellte Hörfunksendungen einen Kostenfaktor dar. So senden beispielsweise öffentlich-rechtliche Hörfunksender verschiedener Landesrundfunkanstalten in der Nacht das gleiche Hörfunkprogramm, das nur von einem Hörfunksender erstellt wird. Auf privatrechtlicher Seite sind hier die fremdbezogenen Programme von Mantelprogrammanbietern zu nennen.

Die Kosten von fremderstellten Inhalten hängen erheblich von der Anzahl der erreichten Hörer ab. So stellt für die öffentlich-rechtlichen Hörfunksender die Anzahl der angemeldeten, nicht gebührenbefreiten Empfangsgeräte und im privatrechtlichen Hörfunk die Anzahl der Hörfunkgeräte im terrestrischen Empfangsbereich die Bemessungsgrundlage für die GEMA-Gebühr für Musiktitel dar. Bei Musikbeiträgen innerhalb von Werbesendungen hingegen ist die Bemessungsgrundlage die Bruttowerbeeinnahme der Hörfunksender.[2] Bundesweit ausgestrahlte Hörfunkprogramme haben daher höhere Kosten zu verzeichnen als landesweit oder regional gesendete Hörfunkprogramme.

▪ Erlöserwartungen

Da die Erlöserwartung im Hörfunkbereich maßgeblich vom Aktualitätsgrad des ausgesendeten Programmelements abhängt, weisen Live-Übertragungen grundsätzlich die höchste Attraktivität auf. So ist die Fußballbundesliga-Übertragung am Samstagnachmittag erheblich attraktiver als die abendliche Zusammenfassung in den Sportnachrichten. Für Musikstücke liefert die aktuelle Chartplatzierung generell einen guten Ansatzpunkt zur Attraktivitätsbestimmung. Ein Beispiel für die Attraktivität von Programminhalten und den damit verbundenen Erlöserwartungen ist die Konzentration vieler privatrechtlicher Hörfunksender auf aktuelle Musikbeiträge, da damit breitere Hörerzielgruppen angesprochen werden können. Dies wiederum ist für die werbungtreibende Wirtschaft von Interesse, was zu Erlösen für die Hörfunksender führt.

Ein wichtiger Faktor für die Erlöserwartungen ist die Tageszeit, zu der die Programmbeiträge gesendet werden. Es ist ersichtlich, dass das Radio morgens am stärksten genutzt wird. Folglich sind die potenziell generierbaren Werbeerlöse für am Morgen gesendete Inhalte am höchsten. Für die Beschaffungsaktivitäten bedeutet dies, dass insbesondere für das Morgenprogramm interessante und vielfältige Inhalte beschafft werden müssen. Dies schlägt sich dann im Hörfunkprogrammangebot nieder. So haben Hörfunksender, die breite Zuhörerschichten ansprechen, morgens ein besonders vielfältiges Programm (zum Beispiel Musik, Nachrichten, Interviews, Kommentare, Comedy-Beiträge, Gewinnspiele).

---

1 Vgl. Heinemann (2003), S. 397.
2 Vgl. Kröber (2003), S. 711.

- Vertragsbedingungen

Die Vertragsbedingungen stellen ebenfalls einen bedeutenden Einflussfaktor für das Beschaffungsmanagement dar. Ein wesentliches Charakteristikum der Verträge auf den Rechtemärkten ist die Tatsache, dass für Hörfunkprogramme keine Eigentumsrechte, sondern lediglich Senderechte gehandelt werden. Die Ausgestaltung der Verträge für Senderechte von Musiktiteln ist im Wesentlichen durch die Rechteverwertungsgesellschaft GEMA gegeben. Die Berechnungskriterien für die Tarife sind durch Rahmenverträge vorgegeben und im Radiobereich nach öffentlich-rechtlichem und privatrechtlichem Hörfunk getrennt.

- Staatliche Vorgaben

Der letzte, relevante Einflussfaktor für das Beschaffungsmanagement sind staatliche Vorgaben. Für den öffentlich-rechtlichen Hörfunk ist hier zuerst der bereits erwähnte Grundversorgungsauftrag zu nennen. Eine weitere Vorgabe, die auch für die privatrechtlichen Hörfunksender von Bedeutung ist, ist die Einhaltung eines Grundstandards von Meinungsvielfalt. So müssen die wesentlichen politischen, gesellschaftlichen und weltanschaulichen Meinungen in den Vollprogrammen angemessen berücksichtigt werden.[1]

Besonders bei Verfolgung eines binnenpluralistischen Modells der Rundfunkregulierung sind die Programmanbieter bei der Beschaffung von Inhalten eingeschränkt. So müssen beispielsweise beim Zwei-Säulen-Modell der Lokalradios in NRW die Anliegen der Veranstaltergemeinschaften bei der Ausstrahlung von Radioprogrammen berücksichtigt werden. Daher kann der Programmanbieter nicht nach ausschließlich wirtschaftlichen Kriterien über die Zusammensetzung des Programms entscheiden.

4.2.2 Beschaffungsstrategien

Die im Radiobereich überwiegend anzutreffenden Beschaffungsstrategien sind Kooperationen und Beteiligungen. Bei einer Kooperationsstrategie treten mehrere Hörfunksender gemeinsam auf dem Beschaffungsmarkt auf oder tauschen Inhalte untereinander aus. Als Beispiel einer Kooperationsstrategie kann die Zusammenarbeit der ARD-Sender genannt werden. Bei einer Beteiligungsstrategie beteiligen sich die Hörfunksender direkt an Inhalte-Produzenten beziehungsweise gründen eigene Tochterfirmen, denen die Inhalte-Produktion übertragen wird. Hier sei als Beispiel Hit-Radio Antenne Niedersachsen genannt. Die Firma Company Voice, Business & Net Radio ist eine Tochter von Hit-Radio Antenne Niedersachsen und produziert Audioinhalte für die interne und externe Unternehmenskommunikation.

---

[1] Vgl. Heinrich (1999), S. 99.

Kapitel 6: Radiomanagement

Darüber hinaus haben das Hit-Radio Antenne Niedersachsen sowie der Bundesliga-Fußballverein SV Werder Bremen die AWE Antenne Werder Event Marketing GmbH gegründet. Die AWE versorgt unter anderem den Sender Hit-Radio Antenne mit aktuellen Berichten und Nachrichten vom SV Werder Bremen. Neben der Beschaffung von einzelnen Programmelementen ist im Radiobereich die Beschaffung fertiger Programme von Mantelprogrammanbietern von großer Bedeutung.

Dabei wird die Programmgestaltung vom Mantelprogrammanbieter übernommen, während der Radiosender ausschließlich die technische Distribution über seine Senderfrequenz übernimmt. Als Beispiel seien die 45 Lokalradios in Nordrhein-Westfalen genannt, die vom Mantelprogrammanbieter Radio NRW beliefert werden. Die von Radio NRW bezogenen Hörfunkprogramme machen bis zu 75% des von den Lokalradios ausgesendeten Programms aus.[1]

4.3 Produktionsmanagement

Zusätzlich zur Beschaffung von Inhalten übernehmen Radiosender die Eigenproduktion von Inhalten. So werden insbesondere Programmelemente wie Hörspiele oder Wortbeiträge zum größten Teil von den Radiounternehmen selbst erstellt. Hierbei müssen insbesondere die Einflussfaktoren des Produktionsmanagement und die unterschiedlichen Produktionsstrategien betrachtet werden.

4.3.1 Einflussfaktoren

Als Einflussfaktoren für das Produktionsmanagement wurden der Produktionsprozess, die Ressourcen und die Produktionskosten identifiziert. Diese sollen im Folgenden für den Radiobereich beschrieben werden.

■ Produktionsprozess

Grundlage für die Produktion eines Hörfunkprogrammbeitrags ist eine Idee. Dabei ist zu unterscheiden, ob bei dieser Idee auf bereits bestehende Produkte zurückgegriffen wird, oder ob es sich um etwas völlig Neuartiges handelt. Beispiele für bereits bestehende Produkte könnten Programmformate anderer Hörfunksender oder Bücher als Vorlage für Hörspiele oder Hörbücher sein. Nach einer Auswahl der für die Produktion geeigneten Ideen werden diese zuerst in einem Konzept fixiert. Unter Einsatz von technischen Hilfsmitteln und Personal erfolgt dann der eigentliche Produktionsprozess. Dieser Produktionsprozess soll am Beispiel eines Jingles dargestellt werden.

---

[1] Vgl. Radio NRW (2011).

Ein Jingle ist ein typisch hörfunkspezifisches Programmelement und bezeichnet eine kurze Melodie, die oft nur wenige Sekunden lang und teilweise mit Sprache unterlegt ist. Jingles werden üblicherweise zur Unterstützung der Moderation oder zur Einleitung von Programmelementen verwendet. Dabei kommt es besonders auf den Wiedererkennungseffekt an. Gleiche Programmelemente werden immer mit dem gleichen Jingle eingeleitet. Der Produktionsprozess für einen Jingle wird in Abbildung 4-1 beispielhaft dargestellt.

Abbildung 4-1: Der Prozess zur Produktion eines Jingles[1]

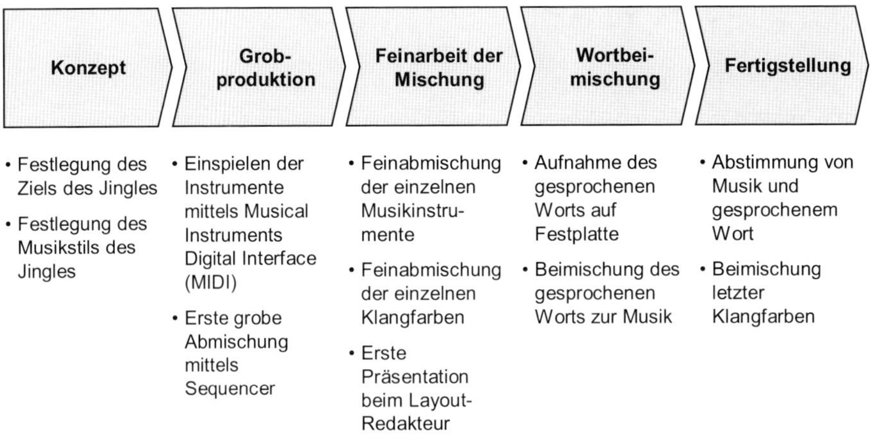

Konzept	Grob-produktion	Feinarbeit der Mischung	Wortbei-mischung	Fertigstellung
• Festlegung des Ziels des Jingles • Festlegung des Musikstils des Jingles	• Einspielen der Instrumente mittels Musical Instruments Digital Interface (MIDI) • Erste grobe Abmischung mittels Sequencer	• Feinabmischung der einzelnen Musikinstrumente • Feinabmischung der einzelnen Klangfarben • Erste Präsentation beim Layout-Redakteur	• Aufnahme des gesprochenen Worts auf Festplatte • Beimischung des gesprochenen Worts zur Musik	• Abstimmung von Musik und gesprochenem Wort • Beimischung letzter Klangfarben

Eine Besonderheit beim Produktionsprozess im Radiobereich ist, dass die Produktion und die Distribution des Hörfunkprogramms häufig zusammenfallen. Als Beispiele hierfür können Live-Übertragungen von Sport- oder Musikereignissen angeführt werden. Darüber hinaus ist auch die Moderation durch das Hörfunkprogramm ein Beispiel für das Überlappen von Produktion und Distribution.

▪ Ressourcen

Die wichtigsten Ressourcen zur Programmproduktion stellen die Technik und das Personal dar. Unter der Ressource Technik sind insbesondere die Tonstudios mit ihrer technischen Einrichtung zu nennen. Hinzu kommen die Musik- und Tonarchive, in denen die Radiosender Musiktitel sowie Ton- und Klangdokumente aufbewahren. Die

---

1 In Anlehnung an hr-online.de (2004).

Kapitel 6: Radiomanagement

Ressource Personal umfasst neben den Sprechern, Redakteuren und Reportern vor Ort vor allem die Moderatoren. Da bei vielen moderierten Hörfunkprogrammen die Produktion mit der Distribution zusammenfällt, sind stimmlich ansprechende und kreative Moderatoren eine wichtige Ressource.

Engpässe bei den Ressourcen treten insbesondere beim Personal auf. Bei Sprechern für Hörspiele ist es beispielsweise von großer Bedeutung, Personen mit ausdrucksvollen, einzigartigen Stimmen zu rekrutieren. Bei Moderatoren hingegen kommt es neben einer ansprechenden Stimme zusätzlich noch auf Spontaneität und Kreativität an. Journalisten brauchen gerade bei Live-Übertragungen ein besonderes Maß an Sprachgewandtheit. Insgesamt ist festzustellen, dass an die Ressource Personal besondere Anforderungen gestellt werden, die es schwierig machen, geeignete Mitarbeiter zu akquirieren.

- Produktionskosten

Unter Produktionskosten fallen im Radiobereich insbesondere Sach-, Personal- und Urheberkosten. Unter Sachkosten sind unter anderem die Kosten für den Betrieb und Unterhalt des Produktionsstudios zu subsumieren. Diese sind im Radiobereich wesentlich, da die Programmformate häufig zeitgleich mit der Produktion auch distribuiert werden. Von daher muss die Funktionsfähigkeit der technischen Einrichtung des Studios jederzeit gewährleistet sein. Unter Urheberrechtskosten fallen insbesondere Lizenzgebühren, beispielsweise für Hörbuchskripte, und GEMA-Gebühren.

4.3.2 Produktionsstrategien

Die Unterscheidung in Eigen- und Fremdproduktion lässt sich auch auf den Radiobereich übertragen. Im Rahmen der Fremdproduktion ist es dabei nicht notwendig, dass der gesamte Produktionsprozess von der Idee bis zum fertigen Programmelement ausgelagert wird. Vielmehr wird häufig auch die externe Erstellung von Teilprodukten praktiziert. Ein Spezialfall im öffentlich-rechtlichen Bereich ist die Programmübernahme. Dabei werden Programme von anderen öffentlich-rechtlichen Hörfunksendern zeitgleich oder zeitversetzt übernommen. Ein Beispiel ist die Übernahme der WDR Fußballkonferenz am Samstagnachmittag von NDR 2.

Die Produktion von Hörfunkbeiträgen ist mit finanziellen Risiken verbunden. Besonders die Produktion von Hörspielen kann nicht ohne weiteres eingestellt werden, falls die Kostenplanvorgaben überschritten werden, da sich die bis dato erstellten Teilprodukte in der Regel nicht verwerten lassen. Andere Audioelemente wie Jingles hingegen verursachen aufgrund ihrer Kürze keine derart hohen Kosten, als dass von einem wesentlichen finanziellen Risiko gesprochen werden kann. Bei Jingles kommt hinzu, dass sie gezielt für bestimmte Erfordernisse produziert werden. Das finanzielle Risiko liegt hier also nicht beim Jingle selbst, sondern beim Programmformat, für das der Jingle produziert wurde.

Die finanziellen Risiken lassen sich durch Fremdproduktion reduzieren, da dann das Kostenrisiko nicht mehr vom Radiosender selbst getragen wird. Allerdings besitzen insbesondere die landesweiten Hörfunksender vollausgestattete Tonstudios und Musik- beziehungsweise Tonarchive, die bei einer Auslagerung der Produktion nicht genutzt würden. Von daher werden viele Hörfunkprogrammelemente von diesen Hörfunksendern selbsterstellt. Anders ist dies bei den kleineren Hörfunksendern wie beispielsweise Lokalradios. Diese sind eher auf Fremdproduktionen angewiesen, da ihre technische Einrichtung nicht so umfassend ist.

Üblicherweise wird aber auf die Programme von Mantelprogrammanbietern zurückgegriffen. Auftragsproduktionen stellen hier die Ausnahme dar. Ein wesentlicher Aspekt bei den verschiedenen Produktionsformen ist die Qualität des Programmformats. Während bei der Eigenproduktion die Qualitätskontrolle am besten erfolgen kann, ist dies bei der Programmübernahme de facto nicht möglich. Allerdings ist die Programmübernahme die vergleichsweise kostengünstigste Variante, da bei der Programmübernahme der gesamte Produktionsprozess ausgelagert wird und nur noch die technische Programmdistribution beim Radiosender verbleibt.

4.4 Marketing

Im Rahmen des Marketing von Radiounternehmen wird der im Grundlagenkapitel dargestellten Betrachtungsweise gefolgt, das heißt der Schwerpunkt der Betrachtung liegt auf den radiospezifischen Besonderheiten des absatzpolitischen Instrumentariums. Zu diesem Zweck erfolgt eine Darstellung der Produkt-, Preis-, Distributions- und Kommunikationspolitik.

4.4.1 Produkt- und Programmpolitik

Die wichtigste Aufgabe des Marketing ist die Produkt- und Programmpolitik. Zunächst sollen an dieser Stelle die Begriffe Produkt und Programm in Bezug auf das Radiomanagement voneinander abgegrenzt werden. So wird in diesem Kontext die Programmpolitik das Programm eines einzelnen Hörfunksenders zum Gegenstand haben, während sich die Produktpolitik ausschließlich mit den einzelnen Programmelementen beschäftigt.

Im Folgenden werden die zur Gestaltung der Programm- und Produktpolitik zur Verfügung stehenden Aktionsparameter für den Radiobereich betrachtet. Dabei wird auf die drei Parameter Leistungskern, Markenpolitik und Dienstleistungen eingegangen. Die Verpackung als vierter Aktionsparameter wird nicht näher betrachtet, da Hörfunkprogramme keine physischen Produkte darstellen.

Kapitel 6: Radiomanagement

■ Leistungskern

Die wesentlichen Elemente des Leistungskerns im Hörfunk sind Inhalte und Werberaumleistungen. Im Rahmen der Programmpolitik muss hier zunächst die grundlegende inhaltliche Ausrichtung des Programms festgelegt werden. Diese Entscheidung wird den Bedürfnissen der Zielgruppe entsprechend getroffen. Darüber hinaus müssen die Programmbreite und die Programmtiefe grundlegend bestimmt werden. Ein tiefes Informationsangebot könnte beispielsweise Nachrichten, politische Kommentare, Interviews und Veranstaltungsankündigungen umfassen.

Üblicherweise wird die Programmpolitik eines Hörfunksenders in einem Format zusammengefasst. Ein Format definiert die Hauptbestandteile eines Programms (Musik, Moderation und Präsentation, Sound Layout sowie News und Services). Formate einzelner Radiosender zu definieren ist schwierig, da die Übergänge nicht deutlich abgegrenzt sind. Häufig ist ein Format in viele Subformate zu unterteilen. In Tabelle 4-1 sind die in Deutschland am häufigsten verwendeten Programmformate dargestellt.

Tabelle 4-1: Ausgewählte Programmformate[1]

Bezeichnung	Beschreibung
Adult Contemporary (AC)	Aktuelle Musik, die im Kern junge Erwachsene anspricht; Musiklisten enthalten eine Mischung aus melodischer Pop- und Rockmusik; dieses Musikformat wird am häufigsten genutzt, insbesondere bei privaten Radiostationen; Promotions-Aktionen, Gewinnspiele und Hörerintegration sind feste Bestandteile; Informationen nur in kurzen Serviceberichten; kurze, serviceorientierte, positiv gehaltene Moderationen
	Zielgruppe: 25-49 Jahre
	Beispiel: Hit Radio FFH (Frankfurt); Radio Schleswig-Holstein (Kiel)
European/ Contemporary Hit Radio (EHR/CHR)	Aktuelle Musik, die im Kern Teens und junge Erwachsene anspricht; Musiklisten sind sehr kurz, über kurze Zeit werden Hits häufig wiederholt; allgemein geringer Wortanteil, Informationen und Nachrichten hauptsächlich zur Musik und Szene; je nach Marktsituation legen sie einen Schwerpunkt auf einzelne Musikrichtungen; starke Promotions-Orientierung, sowohl "On Air" als auch "Off Air", Außenaktionen mit aktiver Hörerbeteiligung sind häufig; knappe, dynamisch-witzige Moderation
	Zielgruppe: 14-29 Jahre
	Beispiel: Energy 103.4 (Berlin)

---

[1] In Anlehnung an AS&S Radio (2010), S. 40 f.; Breunig (2001), S. 464.

Aufgaben des Radiomanagement

Middle Of The Road (MOR) und keine ausgeprägten Musikformate	Kein ausgeprägtes Musikformat; Vollprogramme mit einem ausgewogenen Wort-/Musikanteil und harmonisch-melodiösen Musiktiteln ohne spezifische Ausrichtung; redaktionelle Inhalte spielen eine wesentliche Rolle; ruhige, sachliche Moderation
	Zielgruppe: 35-55 Jahre
	Beispiel: NDR 2, WDR 2
Urban Contemporary (UC)	Rhythmusorientierte, schwarze Titel auf der Musikliste mit großer Bandbreite von ruhigeren Titeln über Dance Classics bis hin zu Rap/Hip Hop und Funk; viele Szene-, Musik- und Interpreteninfos, geringer Wortanteil; häufige Promotions-Aktionen
	Zielgruppe: 13-34 Jahre
	Beispiel: DASDING
Album Oriented Rock (AOR)	Breite, rockmusikintensive, abwechslungsreiche Musiklisten, zum Teil auch weniger bekannte Titel; Format mit den wenigsten Regeln; News und allgemeine Berichte sekundär; Promotions-Aktivitäten spielen eine wichtige Rolle
	Zielgruppe: 18-45 Jahre, mehr Männer
	Beispiel: Rockland Radio (Rheinland-Pfalz)
Sparten (Klassik, Jazz, News/Info, alternative Radios)	Klassik und Jazz-Sender liefern klassische oder Jazz-Musik; Musik oft auf bekanntere Ausschnitte verkürzt; die meist tendenziell anspruchsvoll gestalteten Moderationen laufen eher im Hintergrund; News/Info-Radioformate liefern Nachrichten, Reportagen, Diskussionen und Telefonkontakt mit den Hörern; dieses Format ist hauptsächlich für größere Märkte geeignet
	Zielgruppe: Klassik und Jazz-Hörer zwischen 40 und 75 Jahren, News/Info-Radios tendenziell männlich, 30 Jahre und älter, je nach Thema auch jünger
	Beispiel: Klassik Radio, JazzRadio Berlin, Inforadio (Berlin)
Gold/Schlager	Schlager, Evergreens, volkstümliche Musik und schöne Melodien, überwiegend deutsche Titel; freundliche, teilweise konservative Moderation
	Zielgruppe: 35-70 Jahre
	Beispiel: hr4
Oldies	Überwiegend englische Oldies der 1950er bis 1980er Jahre; ruhige Moderation; nur geringe Promotions-Aktivitäten
	Zielgruppe: 40-60 Jahre
	Beispiel: Oldie 95 (Hamburg)

Im öffentlich-rechtlichen Hörfunk werden die programmpolitischen Grundsatzentscheidungen im Wesentlichen durch staatliche Vorgaben beeinflusst. So verlangt der Grundversorgungsauftrag, dass die öffentlich-rechtlichen Sendeanstalten zumindest in ihren Vollprogrammen ein möglichst breites Programmangebot haben sollten. Bei den Spartenprogrammen hingegen kommt es weniger auf die Programmbreite als auf die -tiefe an. Insgesamt richtet sich das öffentlich-rechtliche Programmangebot an alle Altersgruppen der Bevölkerung und befriedigt Informations- und Unterhaltungsbedürfnisse. Neben den Servicewellen werden spezielle Zielgruppen durch

- Informationskanäle (zum Beispiel B5 aktuell, hr-info, Inforadio, MDR INFO),
- Kulturprogramme (zum Beispiel BR-Klassik, hr2, MDR Figaro, Kulturradio, SR 2 Kulturradio, SWR2, WDR 3) und
- Jugendprogramme (zum Beispiel YouFM, Jump, N-Joy, DASDING) angesprochen.

Der privatrechtliche Hörfunk ist in seinen programmpolitischen Grundsatzentscheidungen weitgehend frei von staatlichen Vorgaben. Programmpolitische Entscheidungen werden im Wesentlichen unter Berücksichtigung des ausgewählten Markts getroffen. Ziel muss es hier sein, im ausgewählten Markt eine Hörerschaft anzusprechen, die aus Sicht von potenziellen Werbekunden als attraktiv gilt. Die Formatvielfalt ist im Gegensatz zu den öffentlich-rechtlichen Sendern in der Breite der Angebote gering ausgeprägt. Am weitesten verbreitet ist das Adult Contemporary-Format, da es den Massengeschmack trifft und die für die Werbewirtschaft relevante Zielgruppe der 25- bis 49-Jährigen anspricht.[1]

Eine Übersicht über die Häufigkeit der Programmformate privater Radiosender liefert Tabelle 4-2. Mit mehreren Programmen, sogenannten Programmfamilien, versuchen die privaten Radioanbieter wie auch die öffentlich-rechtlichen Sender verschiedene Zielgruppen zu erreichen. Jugendliche wurden auch hier als Zielgruppe für eigene Programme erkannt. Beispiele hierfür sind bigFM und sunshine live (Baden-Württemberg), planet radio (Hessen) oder 98.8 KISS FM (Berlin). Die meisten neu gegründeten privaten Landessender der letzten Jahre waren Jugendprogramme.[2]

---

[1] Vgl. Heinrich (1999), S. 426.
[2] Vgl. Breunig (2001), S. 463 f.

Tabelle 4-2: Programmformate privater Radioanbieter 2010[1]

Bezeichnung	Anzahl Anbieter	Anbieter in Prozent
Adult Contemporary (AC)	139	60%
European/Contemporary Hit Radio (EHR/CHR)	51	22%
Fremdsprachige	4	2%
AOR	6	3%
Oldies/Schlager/Volksmusik	6	3%
Middle Of The Road (MOR)	4	2%
Klassik/Jazz	5	2%
Sonstige	15	6%

Die Chancen für private Spartensender sind stark begrenzt. Im Informations- und Wirtschaftssektor ist die Konkurrenz der öffentlich-rechtlichen Sender allein schon durch ihre stärkere Informationsorientierung groß. Im November 2002 beendete beispielsweise die Frankfurter Allgemeine Zeitung ihr Engagement im Radiomarkt. Sie hatte zwei Jahre vergeblich versucht, das FAZ-Businessradio in München, Frankfurt und Berlin am Markt zu etablieren. Möglichkeiten für Spartenprogramme existieren eher für Musikprogramme in Ballungsräumen, zum Beispiel Jazz- oder Klassik-Sender.[2]

Nachdem die grundlegenden programmpolitischen Entscheidungen getroffen worden sind, besteht die nächste Aufgabe des Management in der Gestaltung des Leistungskerns. In einem ersten Schritt wird der Rahmen für die Inhalte und Werbung vorgegeben, während die eigentliche Zusammensetzung des Leistungskerns in einem zweiten Schritt erfolgt. Zur Vorgabe des Rahmens kann auf eine Stundenuhr zurückgegriffen werden, mit der eine zeitliche Vorstrukturierung des Programmablaufs vorgegeben wird. Eine Stundenuhr wird grafisch in Form einer Uhr dargestellt und teilt minutengenau, falls erforderlich auch sekundengenau, den Programmablauf einer Zeitstunde ein. Dies wird am Beispiel einer Programmstunde von HIT RADIO FFH in Abbildung 4-2 dargestellt.

---

[1] Datenquelle: Arbeitsgemeinschaft der Landesmedienanstalten (2010), S. 172.
[2] Vgl. Breunig (2001), S. 464.

Kapitel 6: Radiomanagement

Abbildung 4-2: Stundenuhr von HIT RADIO FFH[1]

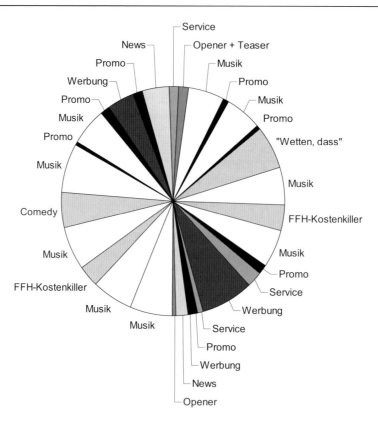

HIT RADIO FFH strahlt seine Nachrichten traditionell und gegen den Trend um fünf Minuten vor der vollen und halben Stunde aus. Die Stundenuhr ist im Prinzip in zwei identische Halbblöcke aufgeteilt. Geht es auf die volle oder halbe Stunde zu, werden Promos, Service, Werbung und Nachrichten von einer Gesamtlänge zwischen acht und zehn Minuten ausgestrahlt. Als Besonderheit fällt auf, dass der Werbeblock zur halben Stunde vom Verkehrsservice und einer Musikpromo des Senders unterbrochen wird.

Nachdem mit der Stundenuhr der Rahmen für die Gestaltung des Leistungskerns vorgegeben ist, schließt sich die Zusammensetzung des Leistungskerns aus den Elementen Information, Werbung und Unterhaltung an. Unter Information sollen im folgenden Inhalte verstanden werden, die in hinreichender Kürze den Kenntnisstand des Hörers bezüglich des aktuellen Geschehens in der Welt erweitern. So fallen Nachrich-

---

[1] In Anlehnung an Bundeszentrale für politische Bildung (2010).

ten, Kommentare oder Veranstaltungsankündigungen in den Bereich der Information. Die Werbung soll wegen ihrer besonderen Bedeutung als eigenes Programmelement aufgefasst werden. Alle anderen Programmelemente hingegen sind dem Bereich Unterhaltung zuzurechnen. So gehört insbesondere die Musik zur Unterhaltung, aber auch Beiträge aller Art, sofern sie nicht im obigen Sinne informierender Natur sind (beispielsweise Comedy-Beiträge) sowie Hörspiele und Jingles.

Die wesentliche Aufgabe bei der Konzeption des Programmelements Information ist die adäquate Auswahl der Informationselemente. Dies soll am Beispiel der Hörfunknachrichten verdeutlicht werden.[1] Als Nachrichten werden Informationselemente bezeichnet, die das Geschehen in der Welt ohne eigene Wertung des Sprechers objektiv wiedergeben. Bei der Auswahl und Zusammenstellung der Nachrichten greift der Nachrichtenredakteur auf eine Vielzahl verschiedener Quellen zurück, wie beispielsweise Nachrichtenagenturen, Pressedienste oder Korrespondentenberichte.

Zwar ist der Redakteur bei der Auswahl der Beiträge für die Nachrichtensendung an gewisse Objektivitätskriterien gebunden, trotzdem ist die Nachrichtenauswahl zum großen Teil subjektiv. So fehlen beispielsweise wichtige Regierungserklärungen des Bundeskanzlers in keiner Nachrichtensendung. Bei Agenturmeldungen wie Lohnforderungen einer bestimmten Gewerkschaft kann dies aber schon ganz anders aussehen. Hier hängt es oftmals von der persönlichen und politischen Einstellung des Redakteurs ab, ob diese Nachricht gesendet wird oder durch eine andere vergleichbar wichtige Nachricht ersetzt wird.

Bei der Programmgestaltung im Informationsbereich muss auch der Zeitfaktor berücksichtigt werden, da ein wesentliches Kriterium von Information die Aktualität und damit die fehlende Lagerfähigkeit darstellt. Aktuelle Informationen müssen möglichst zeitnah gesendet werden, um ihren Wert als Neuigkeit zu behalten. Bei Unterhaltungsbeiträgen hingegen ist der Zeitfaktor von geringerer Bedeutung, er darf jedoch in besonderen Fällen nicht vernachlässigt werden. So liegt bei einigen Hörfunkformaten der Schwerpunkt auf aktuellen Trends in Musik und Gesellschaft, was zu einem schnellen Wertverlust potenzieller Beiträge führen kann. Insgesamt betrachtet sind aber Informationen wesentlich zeitkritischer.

Abschließend soll auf die Qualität des Hörfunkprogramms als einem wichtigen Bestandteil des Leistungskerns eingegangen werden. Im Gegensatz zu vielen physischen Produkten weisen Hörfunkprogramme überwiegend Erfahrungs- und Vertrauensqualitäten auf, da eine vorherige Beurteilung des Programms nur sehr eingeschränkt möglich ist. Erst nach dem Konsum der Hörfunksendung kann der Hörer beurteilen, ob seine Informations- und Unterhaltungsbedürfnisse befriedigt worden sind. Ist diese Erfahrung positiv, so wird er das gleiche Hörfunkprogramm und somit den gleichen Hörfunksender erneut hören.

---

1   Vgl. Meyn (1996), S. 129 f.

Kapitel 6: Radiomanagement

Bei Informationselementen hingegen ist es dem Hörer oftmals auch nach dem Konsum nicht möglich, die Qualität der Informationen einzuschätzen. Zwar kann er beurteilen, ob er sich gut informiert fühlt, nicht aber, ob die Informationen vollständig und richtig sind. Folglich muss bei der Präsentation von Informationselementen besonders auf die Glaubwürdigkeit und Seriosität geachtet werden, um beim Hörer Vertrauen in die Vollständigkeit und Richtigkeit zu erzeugen.

- Markenpolitik

Im Radiobereich hat die Markenpolitik aufgrund der Monopolstellung der öffentlich-rechtlichen Hörfunkanbieter lange Zeit keine große Bedeutung gehabt. Erst mit der Einführung der dualen Rundfunkordnung und dem Aufkommen der privatrechtlich organisierten Konkurrenz wurde der Aufbau eigener Hörfunkmarken sowohl für den öffentlich-rechtlichen als auch für den privatrechtlichen Hörfunk relevant. Als Folge stellten die öffentlich-rechtlichen Sender ihre Programme dahingehend um, dass sie wesentlich zielgruppenspezifischer ausgerichtet wurden. Dadurch wurde der Markenaufbau wesentlich erleichtert. Die privatrechtlichen Sender hingegen waren in der Lage, den Aufbau und die Markenentwicklung nahezu parallel betreiben zu können.

Bei der Einführung von Marken im Hörfunk kann im Wesentlichen auf zwei Konzepte zur Markenbildung zurückgegriffen werden. Beim Produktmarkenkonzept wird für jede einzelne Hörfunksendung eines Hörfunkanbieters eine eigene Marke kreiert, während beim Dachmarkenkonzept alle Sendungen eines Hörfunkanbieters unter einer einheitlichen Sendermarke zusammengefasst werden. In der Praxis werden üblicherweise Kombinationen beider Konzepte verwendet. Das Konzept der Dachmarke wird von nahezu allen Sendern angewendet, allerdings mit unterschiedlicher Intensität. Hauptelement der Markenbildung ist das verwendete Programmformat und hier insbesondere die vorwiegend gespielte Musik.

Eine Dachmarke wird im Hörfunk im Wesentlichen durch zwei Elemente symbolisiert, einen sendertypischen Jingle und ein Logo. Der sendertypische Jingle dient hierbei als akustisches Kennzeichen des Hörfunkprogramms und wird ausschließlich im Radio übertragen, während das Logo zur visuellen Senderkennzeichnung außerhalb des Radios verwendet wird. Ein typischer senderspezifischer Jingle setzt sich meistens aus den drei Elementen Musik, dem Sendernamen und einer Aussage wie „Der beste Fifty-Fifty Mix", „die größten Hits aller Zeiten" oder „das Infoprogramm" zusammen.

Allen derartigen Jingles ist gemein, dass sie nur wenige Sekunden lang sind und mehrmals in einer Hörfunkstunde gespielt werden. Hierbei besteht die Gefahr, dass der Jingle zu häufig gespielt wird und es bei den Hörern zur Übersättigung kommt. Das zweite Element der Markenbildung beim Dachmarkenkonzept ist das Senderlogo. Die Gestaltung des Logos richtet sich nach den angesprochenen Zielgruppen und der vorwiegend gespielten Musikstilrichtung. So war beispielsweise das Logo des Anfang 2008 eingestellten Senders Radio Melodie (München) wesentlich konservativer gestaltet als das des Jugendsenders Energy 103,4 (Berlin).

Aufgaben des Radiomanagement

Beim Produktmarkenkonzept hingegen wird nicht ein ganzer Sender, sondern nur eine einzelne Sendung oder ein einzelnes Produkt mit einer Marke versehen. Dabei kann auf drei Elemente zur Markenbildung zurückgegriffen werden. Ein sendungstypischer Jingle, ein eigenes Logo und die Verknüpfung der Sendung mit dem Namen eines bestimmten Moderators. Diese dritte Form der Markenbildung wird besonders für die Morgenprogramme verwendet, wenn die Radionutzungsintensität am höchsten ist. So hat der niedersächsische Sender Radio ffn jeden Morgen von 5 bis 9 Uhr denselben Moderator (der sogenannte „ffn-Morgenmän") im Rahmen der Sendung „Guten Morgen Niedersachsen" im Programm.

- Dienstleistungen

Der letzte hier zu betrachtende produktpolitische Aktionsparameter ist das Angebot von kauf- und nutzungsbezogenen Dienstleistungen, den Sekundärleistungen. Solche Leistungen können die Marke anreichern und zu einer stärkeren Profilierung beitragen. Neben dem Kernprodukt des Radioprogramms bieten viele Sender auf den Hörermärkten zusätzliche Dienstleistungen, weitere Informationen oder auch Vermittlungsleistungen beziehungsweise Beratung an. Ein übliches Medium für diese Zusatzdienstleistungen ist das Telefon.

So können grundsätzlich über eine Telefon-Hotline oder SMS zum Beispiel Fragen zu den gespielten Musiktiteln oder den ausgestrahlten Sendungen gestellt werden. Üblich ist es auch, im Rahmen einer Sendung weiteres Informationsmaterial anzubieten, das kostenlos unter einer Telefonnummer angefordert werden kann. Eine weitere Mediumvariante für derartige Zusatzdienstleistungen bietet das Internet. Durch das Angebot eines Live Chats ist es dem Hörer möglich, aktiv an der Radiosendung teilzunehmen und Kommentare abzugeben. Ob diese allerdings gesendet werden, liegt in der Entscheidungsbefugnis des Senders.

Im Bereich der Vermittlungsleistungen sind unter anderem die Lehrstellenaktionen und Kontaktsendungen zu nennen. Im Verlauf der Lehrstellenaktionen, die zum Beispiel von NDR 2 oder WDR 2 durchgeführt werden, können Unternehmen, die einen Ausbildungsplatz zu besetzen haben, diesen dem Radiosender melden, der dann das Angebot landesweit an die Hörer verbreitet. Stellensuchende können beim Radiosender nähere Informationen und die Bewerbungsadresse erfragen.

Bei den Beratungsleistungen wird den Hörern üblicherweise angeboten, zu einem vorgegebenen Thema Fragen zu stellen. Dazu wird meistens ein Experte zu diesem Thema ins Studio geladen, der die Anfragen der Hörer entgegennimmt und beantwortet. Darüber hinaus versuchen Radiounternehmen neue Geschäftsfelder mit Bezug zu ihrem Programm zu erschließen und veranstalten Konzerte und Festivals oder geben eigene Tonträger heraus.

Auf den Werbemärkten werden zusätzliche Dienstleistungen in Form von Information und Beratung angeboten. So können interessierte Werbekunden beim Sender Informationen bezüglich der Reichweite des Senders erhalten. Dazu werden sowohl die Anzahl der Hörer als auch die Senderreichweiten dem Werbekunden auf Anfrage übermittelt. Im Bereich der Beratung kann der Werbekunde bezüglich der Ausgestaltung des zu sendenden Werbespots vom Hörfunksender unterstützt werden. Denkbar sind hier alle Formen der Beratung von einem unterstützenden Gespräch bis zur kompletten Produktion des Hörfunkspots.

4.4.2 Preispolitik

Neben der Produkt- und Programmpolitik stellt die Preispolitik einen weiteren, wichtigen Aktionsparameter des Marketing dar. Auch bei der Preispolitik ist zwischen den öffentlich-rechtlichen und den privatrechtlichen Sendern zu unterscheiden, sowie zwischen Werbe- und Hörermarkt. Im Hörfunk besteht die strukturelle Besonderheit, dass die Hörer kein Entgelt für den Bezug des Hörfunkprogramms entrichten. Die einzige Gebühr der Hörer sind die zu entrichtenden Rundfunkgebühren, die zur Finanzierung der öffentlich-rechtlichen Programme beitragen. Diese sind allerdings nicht an den Bezug des Hörfunkprogramms geknüpft, sondern bis 2013 noch an das Bereithalten eines Rundfunkgeräts zum Empfang.

Die Höhe der Rundfunkgebühren bestimmt sich nach dem Finanzbedarf der öffentlich-rechtlichen Sendeanstalten und muss von den Landesregierungen genehmigt werden. Insgesamt bedeutet dies, dass weder die privatrechtlichen noch die öffentlich-rechtlichen Sendeanstalten auf den Hörermärkten die Möglichkeit zur Anwendung preispolitischer Maßnahmen haben.

Die preispolitischen Möglichkeiten der Hörfunksender beschränken sich ausschließlich auf den Werbemarkt.[1] Hier sind zunächst gesetzliche Vorgaben bezüglich der zur Verfügung stehenden Werbezeit zu beachten. Im öffentlich-rechtlichen Hörfunk schwanken die zulässigen Werbezeiten je nach Bundesland zwischen 42 und 177 Minuten pro Tag, während im privatrechtlichen Hörfunk die 20%-Grenze gilt.[2]

Preispolitische Maßnahmen können sich daher nur auf die Höhe des Preises für die Werberaumleistung beziehen. Im öffentlich-rechtlichen wie auch im privaten Hörfunk erfolgt die Preisdifferenzierung über die Tageszeit, den Wochentag und die Reichweite. Die Differenzierung über die Tageszeit ist in der unterschiedlichen Nutzungsintensität im Tagesverlauf begründet.

---

[1] Vgl. Goldhammer (1998), S. 144.
[2] Vgl. Korff-Sage (1999), S. 49.

Aufgaben des Radiomanagement

Die Reichweite wird gemessen an der Anzahl der Personen, die den jeweiligen Sender zu einer bestimmten Tageszeit hören. Die Datengrundlage dafür bilden die jeweils aktuellen Zahlen der Mediaanalyse.[1] Es ist erkennbar, dass für die Werberaumleistungen am Morgen der höchste Preis verlangt wird, da zu dieser Zeit die größte Anzahl an Hörern mit dem Werbespot erreicht werden kann. Darüber hinaus sind Werberäume am Samstag zum Teil erheblich kostengünstiger als werktags.

Der Tausender-Kontakt-Preis (TKP) stellt ein wichtiges Auswahlkriterium für die werbungtreibende Wirtschaft dar. Er bewertet monetär die Chance, auf Grundlage der Senderreichweite tausend Personen mit dem Werbespot zu erreichen. Auf Grundlage des Tausender-Kontakt-Preises können die Werbekunden die Preise der einzelnen privatrechtlichen Hörfunksender miteinander vergleichen.

Diese Vergleichbarkeit der Werbepreise ermöglicht es den Hörfunkanbietern, eine konkurrenzorientierte Preispolitik umzusetzen, indem der Tausender-Kontakt-Preis als Grundlage für die Bestimmung von Werbespotpreisen verwendet wird. Für die Hörfunkanbieter besteht das grundsätzliche Problem, dass ihr Sendegebiet größtenteils regional beziehungsweise landesweit beschränkt ist. Da aber die werbungtreibende Wirtschaft an einer möglichst großen Zielgruppe für ihre Werbebotschaften interessiert ist, sind Hörfunksender mit größeren Reichweiten grundsätzlich ein attraktiveres Werbemedium. Diese können dann höhere Preise für Werberaumleistungen auf den Werbemärkten durchsetzen.

Um den landesweiten Sendern dieses Potenzial zu erschließen, haben sich sowohl die öffentlich-rechtlichen als auch die privatrechtlichen Hörfunksender in Werbekombis zusammengeschlossen. „Werbekombis sind Zusammenschlüsse von Hörfunkprogrammen zu einem Programmpaket, in dem die Werbung gemeinsam ausgestrahlt wird."[2]

Zusammengefasst werden Radioprogramme, die in einem geografisch abgegrenzten Raum (zum Beispiel Bundesländer oder Nielsen-Gebiete) beheimatet sind und in etwa der gleichen Zielgruppe (beispielsweise nach Alter, Bildung oder Einkommen) zuzuordnen sind. Die AS&S Radio Deutschland Kombi, die in Tabelle 4-3 dargestellt ist, richtet sich zum Beispiel an die Kernzielgruppe der kaufkräftigen Best Ager im Alter von 45 bis 69 Jahren mit einem Haushaltsnettoeinkommen von mehr als 3.000 Euro und enthält verschiedene Sender, teilweise in Kombination mit anderen Vermarktern.

---

[1] Vgl. Goldhammer (1998), S. 161 ff.; Unger et al. (2007), S. 86.
[2] Heinrich (1999), S. 402.

Kapitel 6: Radiomanagement

Tabelle 4-3: AS&S Radio Deutschland Kombi[1]

Radio Deutschland Kombi	
JAM FM	radioeins
RTL Radio	Bayern 1, Bayern 3
NDR 2	ENERGY München, ENERGY Nürnberg
alster radio GESAMT	105,5 Spreeradio
Radio 21	Antenne Brandenburg
Bremen Eins, Bremen Vier	JazzRadio
ENERGY Hamburg	Radio Paradiso
1LIVE	Radio Berlin 88,8
WDR2, WDR 4	Star FM
hr1, hr3	MDR 1 Radio (Sachsen/Sachsen-Anhalt/Thüringen)
SWR 1 RP/BW, SWR 4 RP/BW, SWR 3	Radio Brocken
SR 1 Europawelle, SR 1 Saarlandwelle	Sachsen Funkpaket
100,5 DAS HITRADIO	...
MAIN FM	

Wurden früher vor allem regionale Kombinationen angeboten, sind zunehmend Themenkombis in ausgewählten Content-Umfeldern wie Bundesliga, Kino, Reise oder Computer oder an Veranstaltungen orientierte Kombis (zum Beispiel Fastnacht) buchbar. Darüber hinaus deutet sich bei Vermarktern, die dazu in der Lage sind, ein Trend zur crossmedialen Vermarktung an. Dabei werden Werbeplätze in Fernsehen, Radio und Internet in einer Kombi angeboten. Die Organisation und Vermarktung der Werbekombis wird dabei von speziellen Hörfunkvermarktern übernommen, wie beispielsweise der ARD Werbung Sales & Services GmbH oder der Radio Marketing Service (RMS).

Ziel dieser Kooperationsform ist es, der werbungtreibenden Wirtschaft eine breitere Plattform für Hörfunkwerbespots zu bieten und so die Reichweitennachteile der regional beschränkten Sender zu umgehen. Demzufolge beinhalten Werbekombis gleichartige Hörfunksender aus mehreren Bundesländern, wie an der bereits oben aufgeführ-

---

[1] Vgl. AS&S Radio (2012).

ten AS&S Radio Deutschland Kombi gesehen werden kann. Aufgrund der größeren Reichweite werden für die Buchung von Werbekombis von den Werbekunden höhere Entgelte verlangt.

4.4.3 Distributionspolitik

Im Rahmen der Distributionspolitik treffen die Hörfunkunternehmen Entscheidungen darüber, auf welchem Distributionsweg ihre Leistungen an die Hörer beziehungsweise Werbekunden übermittelt werden. Dabei kann zwischen direkter und indirekter Distribution unterschieden werden. Für die Hörermärkte erfolgt die Distribution üblicherweise direkt. Das zu sendende Hörfunkprogramm wird direkt über den jeweiligen technischen Distributionsweg zum Hörer übertragen.

Auf den Werbemärkten hingegen ist die direkte Distribution der Werberaumleistung nur bei der regionalen/lokalen Werbung von Relevanz. Der Vertrieb von überregionalen Werberaumleistungen erfolgt zum größten Teil indirekt über selbstständige Werbegesellschaften. Die eigenständigen Werbegesellschaften ARD-Werbung Sales & Services (AS&S) und die Radio Marketing Service (RMS) vereinen dabei den größten Teil des Werbemarkts (95%) auf sich. Tabelle 4-4 gibt einen Überblick über Umsätze und Marktanteile.

Tabelle 4-4: Nettowerbeerlöse der Radiovermarktungsgesellschaften 2009[1]

Werbevermarktungsgesellschaft	Nettowerbeerlöse in Millionen Euro	Werbemarktanteil
ARD-Werbung Sales & Services	238,6	33%
Radio Marketing Service	414,7	58%
Sonstige private Hörfunksender	66,5	9%
Radio gesamt	719,8	100%

Für die Radiosender hat die indirekte Distribution den Vorteil, dass ihre durch staatliche Vorgaben begrenzten Werberäume optimal ausgelastet werden können. Der Vorteil für die Werbekunden besteht darin, dass diese für die Ausstrahlung ihrer Werbespots eine optimale Senderkombination erhalten.

---

[1] Datenquelle: Arbeitsgemeinschaft der Landesmedienanstalten (2010), S. 189.

Kapitel 6: Radiomanagement

Für die Hörermärkte ist bei der Wahl des Distributionswegs vor allem das Verbreitungsgebiet relevant (national, regional und lokal). Das Verbreitungsgebiet steht in engem Zusammenhang mit der Verbreitungstechnik. Grundsätzlich stehen als Absatzkanäle vier Vertriebswege zur Verfügung: die terrestrische Distribution, Kabelnetze, Satelliten und das Internet. Die terrestrische Distribution über UKW hat den entscheidenden Vorteil, dass damit immer noch die meisten potenziellen Hörer innerhalb eines regional eng begrenzten Gebiets erreicht werden können.

Er wird auch in den nächsten Jahren der wichtigste Distributionsweg für Radioprogramme bleiben.[1] Der terrestrische Übertragungsweg UKW besitzt aber auch Nachteile. So sind zum einen die begrenzte Reichweite und zum anderen die begrenzte Verfügbarkeit von Senderfrequenzen zu nennen. Die Empfangsqualität der empfangenen Programme ist nicht immer optimal, die begrenzte Verfügbarkeit stellt zudem für die Radiounternehmen eine maßgebliche Markteintrittsbarriere dar.

Diese Nachteile der UKW-Technik bestehen bei digitalen Übertragungstechniken nicht. Digitale Programme können sowohl terrestrisch, als auch über Satellit und Kabel übertragen werden. Das Hörfunkprogramm kann ohne Qualitätsverlust bundes- oder weltweit zum Hörer übertragen werden. Der bisher neueste Absatzkanal ist das Internet. Dieser Vertriebsweg hat den Vorteil, dass jeder Internetnutzer die Hörfunkprogramme beziehen kann.

Viele Radiounternehmen greifen auf die genannten zusätzlichen Übertragungsmöglichkeiten zurück, was verschiedene Ursachen hat. Durch die Ausnutzung möglichst aller zur Verfügung stehenden Vertriebswege versuchen die Radiounternehmen erstens, ihre Reichweite zu optimieren und das ausgewählte Verbreitungsgebiet voll abzudecken. Da der ausgewählte Hörfunkmarkt sich meist in einer geografisch abgegrenzten Region befindet, in dem nicht bekannt ist, welche Personen welchen Radiosender hören, ist eine zielgerichtete Distribution an ausgewählte Hörer nicht möglich. Vielmehr muss versucht werden, möglichst die gesamte geografisch abgegrenzte Region abzudecken, um jeden potenziellen Hörer zu erreichen.

Als weiterer Aspekt kommt hinzu, dass viele Hörer an unterschiedlichen Orten (beispielsweise zu Hause, unterwegs oder im Büro) ein Radio nutzen, wo unter Umständen verschiedene Übertragungstechnologien zur Verfügung stehen (UKW-Empfänger oder Mobiltelefon). Außerdem müssen durch die Knappheit an UKW-Frequenzen vor allem neue Anbieter auf andere Vertriebswege ausweichen. Eine Ausnahme stellen Web-Radios dar, die sich nur auf den Distributionsweg Internet konzentrieren. In diesem Kontext spricht man vom sogenannten Livestreaming. In diesem Fall ist der Hörermarkt nicht durch eine geografisch begrenzte Region, sondern durch die Nutzung einer bestimmten Übertragungstechnik vorgegeben. In vielen Fällen wird das Web-Radio lediglich als Ergänzung zum wichtigeren Stammprogramm gesehen.[2]

---

1 Vgl. Breunig (2001), S. 463.
2 Vgl. Arbeitsgemeinschaft der Landesmedienanstalten (2010), S. 201.

4.4.4 Kommunikationspolitik

Die Aufgabe der Kommunikationspolitik ist es, die Informationen zu gestalten, die der Hörfunksender auf die Märkte und die gesellschaftliche Umwelt richtet.[1] Ziel der Maßnahmen ist die Gewinnung von Hörern und deren Bindung an den jeweiligen Sender. Medienunternehmen nutzen sowohl klassische Instrumente der Kommunikationspolitik wie Werbung in Massenmedien, Verkaufsförderung und Public Relations als auch Maßnahmen, die unter dem Begriff des Direktmarketing zusammengefasst werden können. Die Instrumente werden sowohl auf den Hörer- als auch auf den Rezipientenmärkten in unterschiedlichem Ausmaß eingesetzt.

Werbung in Massenmedien, zum Beispiel in Form von Plakatwerbung, Zeitungswerbung und Kinowerbung, ist das am häufigsten eingesetzte Kommunikationsinstrument von Radiounternehmen. Werbung in eigenen Medien, zum Beispiel Werbung für WDR-Radiosender im WDR-Fernsehen, wird nur selten genutzt. Dagegen ist der Auftritt im Internet für Radiounternehmen obligatorisch. Neben technischen Informationen zu Frequenzen und Informationen rund um das Programm, übertragen einige Sender ihr Programm im Livestream über das Internet oder stellen ausgewählte Beiträge und Sendungen zum Anhören bereit. Die On Air Promotion, vor allem das On Air Design, ist für Radiosender sehr bedeutend. Jingles dienen beispielsweise dazu, dass der Zuhörer bei der Vielzahl der empfangbaren Sender schnell erkennen kann, welchen Sender er hört.[2]

Die Verkaufsförderung beinhaltet kurzfristige Kaufanreize und dient der Stimulation des Absatzes.[3] Im Hörfunkbereich werden auf den Hörermärkten keine physischen Leistungen im klassischen Sinne abgesetzt, weshalb die Verkaufsförderung nicht in der bekannten Form zum Einsatz kommen kann. Eine Ausnahme stellt lediglich das Merchandising dar. Dabei soll durch den Verkauf von senderspezifischen Produkten gezielt die Kundenbindung erhöht werden. Darüber hinaus ist es auch das Ziel, Gewinne zu erwirtschaften und somit neben der Werbefinanzierung eine weitere Erlösquelle zu erschließen.

Typische Merchandising-Artikel im Hörfunkbereich sind Bekleidung sowie alltägliche Gebrauchsgegenstände. Auf den Werbemärkten kann die Verkaufsförderung im klassischen Sinne eingesetzt werden, da hier die Werberaumleistungen abgesetzt werden. Neben Informationsbroschüren wird den Werbekunden auch weiterer Service in Form von Beratung bis zur kompletten Erstellung des Hörfunkwerbespots geboten. Da Werberaumleistungen üblicherweise über Werbekombis durch spezielle Vermarktungsagenturen vertrieben werden, übernehmen diese meist auch die verkaufsfördernden Zusatzleistungen.

---

1 Vgl. Heinrich (1999), S. 303.
2 Vgl. Breyer-Mayländer/Werner (2003), S. 127.
3 Vgl. Wirtz (2008b), S. 241.

Kapitel 6: Radiomanagement

Unter Public Relations werden alle Aktivitäten zusammengefasst, die indirekt zur Steigerung des Bekanntheitsgrads und zur Verbesserung des Image der Hörfunksender beitragen.[1] Hierunter können im Hörfunkbereich Programmzeitschriften, Presseberichte und -konferenzen, öffentliche Veranstaltungen, eigene Publikationen, Senderbesichtigungen und Sponsoring gefasst werden. Diese Public Relations-Maßnahmen können grundsätzlich sowohl für die Hörer- als auch für die Werbemärkte eingesetzt werden.

Programmzeitschriften für den Hörfunk existieren zwar, sind aber kaum zur Kommunikation für Radiounternehmen geeignet.[2] Pressekonferenzen finden zumeist nur zu besonderen Anlässen statt. Dagegen sind öffentliche Veranstaltungen und Off Air Promotion ein häufig eingesetztes Mittel, den Sender bekannter zu machen. Zu nennen sind hier ein Tag der offenen Tür, Senderbesichtigungen oder auch offene Studios. So hatte der Hörfunksender NDR 2 während der Weltausstellung 2000 ein Expo-Café im Zentrum von Hannover eingerichtet, bei dem die Möglichkeit gegeben wurde, am Radioprogramm aktiv mitzuwirken.

Sponsoring umfasst jede Form von finanzieller oder nichtfinanzieller Förderung von natürlichen und juristischen Personen sowie Personenvereinigungen wie beispielsweise Veranstaltungen im sportlichen, kulturellen, sozialen oder ökologischen Bereich. Dabei darf beim Geförderten auf den Sponsor hingewiesen, nicht aber der Bezug des Radioprogramms durch entsprechende Hinweise angeregt werden.[3] Im Hörfunkbereich werden vornehmlich Veranstaltungen (Konzerte, Events, Sportveranstaltungen und Messen) gesponsert.

Als Instrumente des Direktmarketing nutzen Radiosender insbesondere Mailings und Kundenbindungsprogramme. Mailings werden vor allem auf den Werbemärkten zur Kommunikation mit der werbungtreibenden Wirtschaft eingesetzt. Kundenbindungsprogramme bieten sich hingegen auf den Rezipientenmärkten an. Auf dem Hörermarkt setzen viele Radiounternehmen Kundenzeitschriften, -clubs und -cards als personalisierte Massenkommunikationsmittel ein.

Der Radiosender SWR 3 bietet seinen Hörern etwa für einen Mitgliedsbeitrag von 19,50 Euro pro Jahr eine Mitgliedschaft im SWR 3 Club an. Damit verbunden ist das Kundenmagazin „SWR 3 Das Magazin" und die persönliche SWR 3 Card inklusive Vergünstigungen für SWR 3-Konzerte. Die Mitglieder des Clubs demonstrieren nach außen hin ihre Zufriedenheit mit dem Sender und lösen damit Multiplikatoreffekte aus. Neben der Kundenbindung können sie somit auch der Kundengewinnung dienen. Weiterhin können die generierten Kundendaten für Direktmarketingmaßnahmen und die Marktforschung genutzt werden.[4] Das Wissen über die eigene Hörerschaft kann dann wiederum bei der Positionierung auf dem Werbemarkt genutzt werden.

---

1 Vgl. Kotler/Keller/Bliemel (2007), S. 757 ff.
2 Vgl. Heinrich (1999), S. 383.
3 Vgl. Goldhammer (1998), S. 110.
4 Vgl. Becker (2009), S. 388 ff.

5 Fallbeispiel last.fm

Last.fm ist eine personalisierte Online-Radiostation, die, basierend auf dem Musikgeschmack des jeweiligen Nutzers, die Lieblingsmusik, neue Musik, den Kontakt zu anderen Musikfans sowie Konzertinformationen für den Nutzer generiert. Der Dienst von last.fm wird einerseits als Radio, andererseits als soziales Netzwerk von Musikinteressenten verstanden, das immer weiter ausgebaut wird. Last.fm gehört zu einer der größten und erfolgreichsten Web 2.0 Communities im europäischen Raum.

Last.fm wurde 2002 als Web-Radiostation und Musik-Community Site gegründet, fusionierte 2005 mit dem internetbasierten Netzwerkdienst Audioscrobbler und wurde am 30. Mai 2007 für 280 Millionen US-Dollar an das amerikanische Unternehmen CBS Corporation verkauft. Die Internationalität von last.fm spiegelt sich auch in der weltweiten Verfügbarkeit wieder, denn das Angebot von last.fm kann in zwölf Sprachen, darunter Deutsch, Englisch, Französisch, Spanisch und Italienisch, abgerufen werden.

Finanziert wird last.fm dabei über Website-basierte Werbung, Beiträge der Abonnenten, den Verkauf von Musik (CDs und kostenpflichtige Downloads), Konzertkarten sowie Spenden. Nach eigenen Angaben ist last.fm die weltweit größte Musikgemeinschaft im Web. Mit seinem individuellen Angebot erreicht das Unternehmen schon heute circa 40 Millionen Nutzer, mit steigender Tendenz. Last.fm verzeichnet über 20 Millionen feste Nutzer, die last.fm abonniert haben.[1]

Momentan verfügt last.fm über ein Verzeichnis von über 80 Millionen einzelnen Songs, und hat dabei sieben Millionen Stücke für das Web-Radio zum Streaming sowie 150.000 kostenlose MP3-Downloads vorrätig. Das neu formierte Leistungsspektrum wird vor allem durch die Kooperationen mit den vier größten Plattenfirmen Universal, EMI, Sony BMG sowie Warner Music und weiteren unabhängigen Labels und Künstlern ermöglicht. Last.fm setzt dabei darauf, Plattenlabels und Musiker zu ermutigen, ihre Lizenzen freizugeben, damit die Musik auf den Musik-Community Sites abgespielt werden kann. Dadurch wird eine Art Werbeeffekt erzielt, der nach der Strategie des last.fm-Konzepts die Musikverkäufe erhöhen würde.

Die gestiegene Nachfrage nach Web-Radio mit sozialer Software kann auf die Veränderungen der Nutzerpräferenzen zurückgeführt werden. Das Web-Radio und die Musikportale streben an, mit ihrem Programm die massenkompatiblen und limitierten Playlists der üblichen Radiosender zu ersetzen und setzen somit auf individualisierte, auf den einzelnen Nutzer abgestimmte Angebote. Dabei wird der Nutzer beziehungsweise Hörer als Programmdirektor verstanden. Auf Basis der Hörgewohnheiten jedes einzelnen Nutzers wird mit einer speziellen Software ein jeweiliges Musikprofil erstellt.

---

[1] Vgl. Intro (2009).

Kapitel 6: Radiomanagement

So gesehen lernt die Software von den Nutzern, welche Playlist zu welcher Art Hörer passt. Last.fm kann also als Radio verstanden werden, das jedem Hörer ein auf ihn zugeschnittenes Musikangebot anbietet. Die Personalisierung kann vom Nutzer noch weiter ausgebaut werden, indem ein Nutzerprofil anlegt wird, auf dem spezielle Vorlieben verfeinert werden können.

Die Software lernt den Nutzer somit im übertragenen Sinne ganz persönlich kennen und kann noch konkreter auf die Wünsche eingehen. Zudem ist im Nutzerprofil die Funktion der „musikalischen Nachbarn" eingegliedert. Unter musikalischen Nachbarn werden Personen mit ähnlichem Musikgeschmack verstanden. Damit wird je nach Belieben ein Interaktionsprozess hervorgerufen, der über das personalisierte Web-Radio hinausgeht und soziale Netzwerke generiert. Abbildung 5-1 stellt die Startseite von last.fm dar.

Abbildung 5-1: last.fm-Startseite[1]

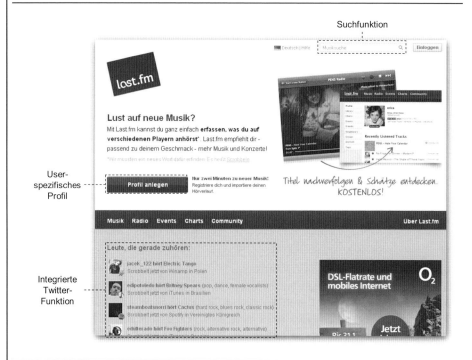

---

[1] Vgl. last.fm (2012).

Ebenfalls integriert in die Funktionen des Nutzerprofils ist ein Event-System, das automatisch eine auf den Nutzer zugeschnittene Konzertliste erstellt. Außerdem können vom Benutzer eigene Events eingestellt werden. Dabei wird vor allem auf eine Verstärkung der Interaktion zwischen den Nutzern abgezielt. Diese Interaktionsfähigkeit durch die Vernetzung der Nutzerprofile wurde außerdem durch die Einführung weiterer Funktionen, beispielsweise das Verfassen von kurzen Journaleinträgen, Musikempfehlungen und Forumsnachrichten weiter vorangetrieben.

Last.fm wird teilweise auch als „musikalisches YouTube" bezeichnet.[1] Ab dem 17. Mai 2007 wurden erstmals auf der englischen Website Musikvideos eingeführt, die sich rasch auf andere Länders-Sites von last.fm ausgebreitet haben. Jedoch besteht die Beschränkung, dass lediglich von Musik-Labels und Bands Musikvideos hochgeladen werden können. Damit umgeht last.fm die Urheberrechtsklagen, mit denen YouTube konfrontiert ist. Langfristig strebt last.fm einen Ausbau seiner Angebote auf den Video-Channel-Markt an. Es wird erwartet, dass dies die Entwicklung des Musikvideokonsums ebenfalls nachhaltig beeinflussen wird.

Last.fm arbeitet stetig an der Erweiterung seines Angebots. Dabei setzt der Anbieter auch auf die Beteiligung beziehungsweise Einbeziehung seiner Nutzer. Ein Beispiel dafür ist der Bereich Build.last.fm auf der Website, der Applikationen und Widgets vorstellt und promotet, die von externen Entwicklern und unter anderem auch Nutzern kreiert wurden. Bereits seit 2003 verfügt last.fm über offene APIs (Programmschnittstellen), die es ermöglichen, dass beliebige Anbieter eigene Programme schreiben und den jeweiligen Dienst in ihr Angebot integrieren können.

Außerdem ist ein Premium-Abonnement in Planung, das dem Nutzer einen Zugang zu einem Musikkatalog zur Verfügung stellt, auf dem unbegrenzt Musik abgespielt werden kann. Dabei erhalten die Künstler und Plattenfirmen für jedes Abspielen eines Titels eine Vergütung. Künstler, die nicht bei einem Plattenlabel unter Vertrag sind, werden direkt von last.fm vergütet. Im Ausbau des Angebots setzt last.fm in Zukunft auch auf mobile Anwendungen und Spielekonsolen. Geplant ist, dass die Abonnementen ihr persönliches Musikprofil auf alle Web-Plattformen und Endgeräte übertragen und somit überall mitnehmen können.

Zusammenfassend lässt sich konstatieren, dass last.fm mit seinem Angebot eine zukunftsweisende Alternative zum Mainstream-Radio darstellt. Indem es auf die Nutzerbedürfnisse individuell eingeht, kann last.fm als Radio in personalisierter Form verstanden werden. In der Entwicklung geht last.fm schon jetzt über den reinen Audiokanal hinaus und wird zum audiovisuellen Entertainment. Einen Überblick über die strategische Ausrichtung von last.fm zeigt Abbildung 5-2.

---

[1] Vgl. Postinett (2008).

Kapitel 6: Radiomanagement

Abbildung 5-2: Strategische Ausrichtung von last.fm

Aspekte

Strategie
- Individualisiertes Social Web-Portal
- Personalisierte Online-Radiostation
- Personalisiertes Musik- und Musikvideo-Portal
- Differenziertes Segment
- Qualitätsführerschaft

Geschäftsmodell
- Hybrides Geschäftsmodell
- Content-Aspekt: Sammlung, Selektion, Systematisierung, Kompilierung (Packaging) und Bereitstellung von Musik, Videos und Konzertinformationen auf einer eigenen Plattform
- Community-Aspekt: Herstellung der Möglichkeit eines Informationsaustauschs im Bereich des audiovisuellen Entertainment durch Social Web-Applikationen
- Commerce-Aspekt: Anbahnung, Aushandlung und Abwicklung von Transaktionen in Form von kostenpflichtigen Abonnements sowie der Weiterleitung zu anderen Portalen, die mit kostenpflichtigen Musikdownloads und CD-Verkäufen handeln
- Transaktionsunabhängige direkte Erlöse (zum Beispiel aus Abonnements) und indirekte Erlöse (zum Beispiel aus Vermittlungen von Transaktionen für dritte Partnerunternehmen)

Leistungsspektrum
- Über 80 Millionen Songs in Deutschland
- Davon stehen sieben Millionen Stücke für Web-Radio zum Streaming bereit
- Über 150.000 kostenlose MP3-Downloads
- Umfangreiches Musikvideoangebot

Erfolgsfaktoren
- Kooperations- und Allianzstrategie
- Individualisierung des Leistungsangebots auf persönliche Bedürfnisse und Vorlieben im Bereich des audiovisuellen Entertainment
- Verbindung von Musik- und Community-Angebot

Wiederholungsfragen

1. Welche Relation besteht zwischen den bundesweiten, landesweiten und lokalen Sendern in Deutschland? Wie stark ist die Konzentration in der Radiobranche fortgeschritten?
2. Beschreiben Sie verschiedene Markteintrittsbarrieren für den Radiomarkt!
3. Wie unterscheidet sich das Nutzungsverhalten von Radio und TV über den Tagesverlauf? Existieren unterschiedliche Rezipiententypen?
4. Erläutern Sie den Produktionsprozess für den Radiobereich anhand eines Jingles!
5. Beschreiben Sie die Wertkette der Radiounternehmen! Welche Kernaufgaben sind im Bereich der Programmgestaltung und dem Packaging zu berücksichtigen?
6. Welche staatlichen Vorgaben existieren beim Beschaffungsmanagement in der Radiobranche?
7. Diskutieren Sie den Leistungskern von Radioanbietern und zeigen Sie verschiedene Programmformate in Deutschland auf?
8. Warum ist der Werbemarkt für private Radioanbieter so erfolgskritisch?
9. Welche verschiedenen Distributionswege sind für das Radio denkbar? Welche Rolle spielt hier das Internet?
10. Beschreiben Sie die Vorteile und die Value Proposition von last.fm!

Kapitel 7:
Musikmanagement

1 Einführung 559
2 Marktstruktur und Marktverhalten 559
   2.1 Struktur der Musikmärkte 560
   2.2 Interaktionen der Marktteilnehmer 564
   2.3 Technologisches und regulatives Umfeld 566
   2.4 Nutzungsverhalten der Musikhörer 571
   2.5 Entwicklungsperspektiven in der Musikindustrie 575
3 Leistungssystem 579
   3.1 Leistungsspektrum 579
   3.2 Wertschöpfungsstrukturen 582
   3.3 Core Assets und Kernkompetenzen 583
   3.4 Geschäftsmodelle 585
      3.4.1 Geschäftsmodell Tonträgerhersteller 587
      3.4.2 Geschäftsmodell Musikverlag 590
4 Aufgaben des Musikmanagement 591
   4.1 Strategisches Management 591
   4.2 Beschaffungsmanagement 593
      4.2.1 Einflussfaktoren 593
      4.2.2 Beschaffungsstrategien 595
   4.3 Produktionsmanagement 596
      4.3.1 Einflussfaktoren 596
      4.3.2 Produktionsstrategien 599
   4.4 Marketing 600
      4.4.1 Produktpolitik 600
      4.4.2 Preispolitik 603
      4.4.3 Distributionspolitik 605
      4.4.4 Kommunikationspolitik 606
5 Fallbeispiel iTunes 608

1 Einführung

Musik ist ein wichtiges und vielfältiges Kulturgut, das eine lange Geschichte aufweist. Bedeutende Meilensteine für die Entwicklung der Musikindustrie waren die Erfindung des Grammophons im Jahre 1887, der Beginn der Tonträgervervielfältigung einige Jahre später und die Entwicklung von Radio und Hörfunk im ausgehenden 19. Jahrhundert. Diese Erfindungen trugen maßgeblich zum Massenkonsum von Musik bei und entbanden den Adel und Klerus vom Privileg der Musikkonsumption im Rahmen exklusiver Hofmusikkonzerte.[1] Seitdem hat sich eine Musikindustrie mit verschiedenen Akteuren und Interessensgruppen entwickelt, die bereits in der Vergangenheit unterschiedliche Phasen wirtschaftlichen Booms sowie Rezessionen durchlaufen hat.[2]

Aktuell sind die Umsätze in der Musikindustrie seit 1998 rückläufig, nachdem die 1980er und 1990er Jahre von Erfolgen und ständigen Absatzsteigerungen geprägt waren. Insgesamt befindet sich die Musikbranche in einer Umbruchphase, was sich neben den Umsatzeinbußen beispielsweise an dem Eintritt neuer Marktteilnehmer, der Zunahme von Musikpiraterie und sich wandelnden Geschäfts- und Erlösmodellen zeigt. Insbesondere das Internet hat auf diese Entwicklungen einen maßgeblichen Einfluss. Das Musikmanagement muss sich diesen Veränderungen stellen. Vor diesem Hintergrund sind die Marktstrukturen, das Leistungssystem, die Strategien und Managementansätze der Musikbranche von großem Interesse im Medienmanagement.

2 Marktstruktur und Marktverhalten

Im ersten Teil dieses Abschnitts werden zunächst die Marktstruktur und die Wettbewerbskräfte im Musikmarkt erläutert. Daran schließt sich eine Darstellung der technologischen und regulativen Rahmenbedingungen des Musikmanagement an. Der dritte Abschnitt stellt eine Analyse des Nachfragerverhaltens im Musikmarkt dar. Im abschließenden vierten Abschnitt werden mögliche Entwicklungsperspektiven des Musikmarkts skizziert.

---

1 Vgl. Tschmuck (2003), S. 11 ff.
2 Vgl. Vogel (2007), S. 132 ff.

2.1 Struktur der Musikmärkte

Seit den 1950er Jahren hat sich die Musikindustrie zu einem hoch integrierten und global organisierten Wirtschaftszweig entwickelt.[1] Dabei wird der Markt von einigen wenigen, zumeist der Elektronik- oder Medienbranche angehörenden Unternehmen, den sogenannten Major Labels dominiert.[2] Bevor die Strukturen der Musikmärkte dargestellt werden, sollen zunächst die im Rahmen der nachfolgenden Ausführungen betrachteten Akteure und Marktsegmente charakterisiert und abgegrenzt werden.

■ Marktabgrenzung

Musik kann prinzipiell als eine Kunstform bezeichnet werden, die verschiedene akustische Ausdrucksformen umfasst. Der Musikmarkt, als ein Teil des Medienmarkts, wird durch all diejenigen Akteure geformt, die sich mit der Darbietung, Aufnahme, Produktion, Vermarktung, Verwertung und Distribution von Musik beschäftigen. Im Sinne eines engeren Begriffsverständnisses der Musikindustrie wird dabei der Fokus auf den Markt für aufgezeichnete Musik, das heißt den Markt für Musikaufnahmen gerichtet.[3] Tonträger, Radio und TV sowie Computernetzwerke, wie das Internet, bilden in diesem Zusammenhang die wichtigsten Verbreitungsmedien für Musikaufnahmen. Im Folgenden konzentrieren sich die Betrachtungen primär auf den Tonträgermarkt. Daneben sollen auch die Einflüsse der Digitalisierung und des Internet Beachtung finden.

Der Tonträgermarkt ist der Teil des Musikmarkts, bei dem die Aufnahme und die Speicherung von Musik auf physische Tonträger (Vinyl-LP, MC, CD, DVD-Audio oder SACD) sowie deren Vervielfältigung und Vermarktung zentrale wertschöpfende Aktivitäten darstellen. Wichtige Akteure sind in diesem Markt, neben den Musikschaffenden (Komponisten, Autoren und Interpreten) die Tonträgerhersteller, die auch als Musiklabels, Plattenlabels oder Plattenfirmen bezeichnet werden.

Die Tonträgerhersteller suchen und selektieren Künstler und Talente, arrangieren die Titel in Musikstudios mithilfe von Produzenten und betreiben das Marketing. Darüber hinaus sind auch Musikverlage, die als Publisher bezeichnet werden, im Musikmarkt von Bedeutung. Sie besitzen beziehungsweise verwalten die von den Künstlern aus dem Urheberrecht übertragenen Nutzungsrechte an Kompositionen, Texten sowie Aufnahmen und erheben die Gebühren für die Verwertung dieser durch Dritte (zum Beispiel Radio, TV und Filmindustrie). Die Distribution der Tonträger bis zum Rezipienten erfolgt über den stationären oder den Online-Handel. Die wichtigsten Akteure der Musikindustrie sind in Abbildung 2-1 dargestellt.

---

1   Vgl. Burnett (1996), S. 10 ff.; Wicke (1997).
2   Vgl. Brodbeck/Hummel (1991), S. 44; Negus (1992), S. 1 f.
3   Vgl. Peter (2001), S. 7 f.

Abbildung 2-1: Akteure der Musikwirtschaft

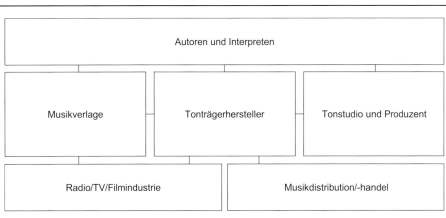

- Marktentwicklung

Im Jahr 2010 haben die Plattenlabels mit dem Verkauf von Tonträgern weltweit einen Umsatz von 24,3 Milliarden US-Dollar erzielt, das lag etwa 6,3% unter dem Vorjahresniveau. Insgesamt wurden weltweit etwa 2,9 Milliarden Tonträger und Musikvideos verkauft. Deutschland nahm in der Rangfolge der größten Musikmärkte im Jahr 2010 mit einem Umsatzanteil von 8,3% den dritten Platz ein. Der größte Musikmarkt weltweit sind die USA (30,2%), gefolgt von Japan (22,0%) und nach Deutschland an vierter Stelle Großbritannien (8,2%) und Frankreich (5,3%) an fünfter Position.[1] Das Volumen des deutschen Musikmarkts lag im Jahr 2010 bei circa 1,5 Milliarden Euro. Die Umsatzentwicklung der letzten zehn Jahre auf dem deutschen Tonträgermarkt ist in Abbildung 2-2 dargestellt.

Die Gruppe der Musikverleger erzielt in Deutschland jährlich durchschnittliche Einnahmen von circa 700 Millionen Euro.[2] Der größte Teil dieser Einnahmen stammt aus der Rechteverwaltung und -verwertung. Verwertungsgesellschaften übernehmen kommissarisch das kollektive Inkasso für viele Rechte von Autoren und Musikverlagen.[3] Die größte deutsche Verwertungsgesellschaft ist die Gesellschaft für musikalische Aufführungs- und mechanische Vervielfältigungsrechte (GEMA)). Die Ausschüttungen der GEMA betrugen im Jahr 2010 circa 863 Millionen Euro.[4]

---

1 Vgl. Bundesverband Musikindustrie e.V. (2011), S. 60 ff.
2 Vgl. Tietze (2004), S. 5.
3 Vgl. Block (2002), S. 122.
4 Vgl. GEMA (2011), S. 33.

Abbildung 2-2: Gesamtumsatz des Tonträgermarkts in Deutschland von 2001 bis 2010[1]

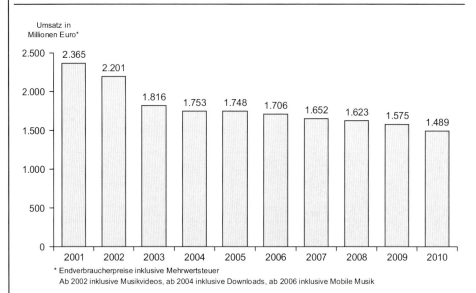

* Endverbraucherpreise inklusive Mehrwertsteuer
Ab 2002 inklusive Musikvideos, ab 2004 inklusive Downloads, ab 2006 inklusive Mobile Musik

Einen weiteren Teil ihrer Erlöse gewinnen Publisher aus der individuellen Wahrnehmung von Aufführungsrechten, beispielsweise für bühnenmäßige Darbietungen dramatisch-musikalischer Werke in Form von Opern oder Musicals. Diese werden nicht von der GEMA, sondern durch den Urheberrechteinhaber selbst wahrgenommen. Mit dem traditionellen Hauptgeschäft der Musikverleger, dem Papiergeschäft (Notendruck und -vertrieb) generieren die Publisher heute nur noch circa 10% ihrer gesamten Umsatzerlöse.[2]

- Konzentration

In dem Markt für Musikaufnahmen findet sich eine Vielzahl kleiner Plattenfirmen, die zusammen nur rund 28% des weltweiten Gesamtmarkts abdecken. Hierbei handelt es sich um die sogenannten Independent Labels (zum Beispiel Nuclear Blast und Rough Trade). Demgegenüber werden circa 72% des Markts von vier Major Labels (Universal Music, Sony Music Entertainment, EMI Music und Warner Music) abgedeckt. In Abbildung 2-3 sind die Marktanteile dieser vier großen Musikkonzerne sowie des Independent Labels Edel am deutschen Musikmarkt im Jahr 2010 dargestellt.

---

[1] Datenquelle: Bundesverband Musikindustrie e.V. (2011), S. 12.
[2] Vgl. Tietze (2004), S. 5.

Abbildung 2-3: Anteile am deutschen Musikmarkt für Tonträger 2010[1]

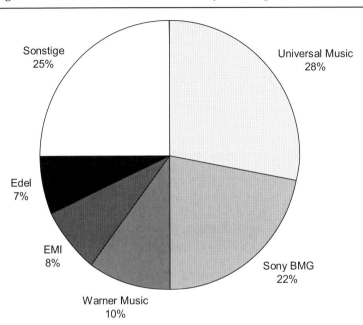

Aufgrund der weltweiten Dominanz der wenigen Majors gegenüber den vielen kleinen Labels ist der Tonträgermarkt durch oligopole Strukturen gekennzeichnet. Verstärkend wirkt auf diesen Sachverhalt, dass, entgegen der Bezeichnung Independents, auch bei kleineren Plattenfirmen nicht immer von unabhängigen Unternehmen gesprochen werden kann. Vielmehr bestehen zwischen den Independents und den großen, marktbeherrschenden Konzernen zahlreiche Vertriebs- und Beteiligungsabkommen, die die Unabhängigkeit der Independents einschränken.

Im Hinblick auf die Musikverlage zeichnen sich ähnliche Strukturen ab. Da das Urheber- und Vervielfältigungsrecht von grundlegender Bedeutung für die kommerzielle Verwertung von Musik ist, unterhalten alle Major Labels eigene Musikverlage (Universal Music Publishing, EMI Music Publishing, Sony/ATV Music Publishing, Warner/Chappell Music). Auf diese Weise können die Rechte an den Musikbeiträgen innerhalb des Konzerns gehalten werden. Dabei erzielen die fünf größten Publishing-Häuser rund 70% des gesamten Umsatzvolumens auf dem weltweiten Markt für Musikverlage, sodass auch im Bereich der Musikverleger von einem oligopolen Markt ausgegangen werden kann.

---

[1] Datenquelle: Statista (2012b).

2.2 Interaktionen der Marktteilnehmer

Der Musikmarkt ist durch eine Vielzahl von Akteuren gekennzeichnet, die an der Wertschöpfung des Kulturguts Musik beteiligt sind. Im Zentrum stehen dabei Musikverlage und Tonträgerhersteller, die durch ihr Artist And Repertoire (A&R)-Management erfolgreiche Künstler identifizieren und möglichst langfristig an das Unternehmen binden. A&R-Manager werten Demo-Tapes aus, erkennen Musiktrends sowie deren Verwertungspotenzial und sind auch für die Betreuung von Künstlern zuständig. Darüber hinaus stellen die Plattenfirmen Know How und Infrastruktur zur Vermarktung von Musik bereit. Dabei wird zur Erstellung der First Copy insbesondere auf technisches Equipment und professionelle Produzenten zurückgegriffen.

Die Produkte werden, in Form von physischen Tonträgern oder Noten-Publikationen, über Groß- und Einzelhandel vertrieben. In diesem Zusammenhang hat der Musikfachhandel in den letzten Jahren jedoch als Vertriebsplattform Marktanteile verloren. Demgegenüber haben Online-Musikdienste, wie last.fm, iTunes oder Amazon, eine zunehmende Bedeutung in der Musikdistribution erfahren, sodass in diesen Bereichen eigenständige Verträge abgeschlossen werden. Dabei wird zwischen Anbietern von Downloads und Streaming unterschieden.

Die Nutzung von Musik in anderen Medien, wie Radio, Film oder Fernsehen sowie die Nutzung im Rahmen von Veranstaltungen wird durch Lizenzverträge mit den Verwertungsgesellschaften GEMA und GVL abgewickelt. Die dazu erforderlichen Rechte werden von den Musikunternehmen beziehungsweise den Künstlern direkt übertragen. Eine weitere Form der Musikdistribution stellen Live-Konzerte dar. Diese werden meist von spezialisierten Konzertveranstaltern durchgeführt, wobei jedoch einige Plattenfirmen eine prozentuale Beteiligung an Live-Auftritten vereinbaren.

Neben der Talentsuche, der langfristigen Künstlerbindung sowie der Identifikation von Branchentrends stellt die Fähigkeit von integrierten Kommunikationsmaßnahmen zur Absatzsteigerung eine Kernkompetenz der Plattenfirmen dar. Dazu werden verstärkt strategische Partnerschaften mit Unternehmen aus anderen Medienbranchen etabliert, die eine Win Win-Situation in der Vermarktung ermöglichen. Die wichtigsten Akteure und Interaktionen in der Musikbranche sind in Abbildung 2-4 dargestellt.

Marktstruktur und Marktverhalten

Abbildung 2-4: Akteure und Interaktionen im Musikmarkt

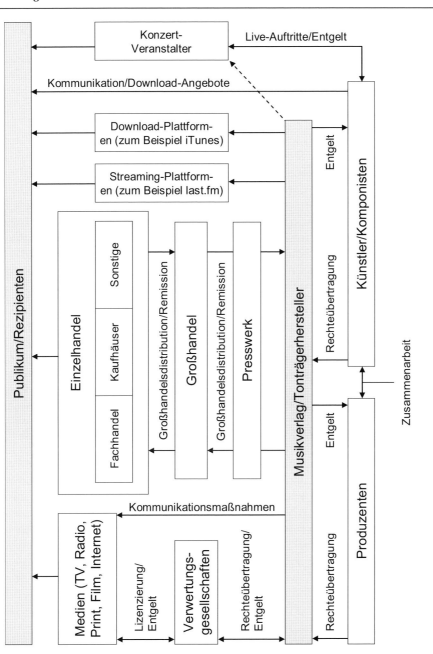

Kapitel 7: Musikmanagement

2.3 Technologisches und regulatives Umfeld

Für die Marktteilnehmer der Musikindustrie ist sowohl das technologische als auch das regulative Umfeld von hoher Relevanz. So wird zum einen der Markt für Tonträger und Wiedergabemedien kontinuierlich durch technischen Fortschritt verändert. Zum anderen unterliegt der Musikmarkt zahlreichen regulatorischen Faktoren, die ihren Ursprung vor allem im Urheberrecht haben.

- Technologisches Umfeld

Das technologische Umfeld hat Einfluss auf die Gestaltung von Musikabspielgeräten, Tonträgern und auf die Musikdistribution. Technische Möglichkeiten in diesen Bereichen (zum Beispiel Download von Musik im MP3-Format aus dem Internet) haben wiederum Einfluss auf das Rezipientenverhalten und die Geschäftsmodelle der Musikindustrie. In diesem Zusammenhang ist insbesondere der große Einfluss der Digitalisierung hervorzuheben. Mit diesem Begriff wird die elektronisch basierte Transformation analoger Daten wie Text-, Bild- oder Audioinformationen in eine computerlesbare, digitale Form bezeichnet.[1] Im Musikbereich erlaubt die Digitalisierung die Übertragung von Musikdateien in Computernetzwerke wie das Internet sowie die Erstellung von Kopien ohne Qualitätsverlust.

Lange Zeit war die Technologie zur Aufzeichnung und Wiedergabe von Tönen analog. Erst in den 1980er Jahren und damit gut 100 Jahre nach den ersten Erfindungen zur Tonreproduktion wurden digitale Verfahren entwickelt. Der Schritt zu digitalen Aufnahmetechniken erfolgte im Jahr 1983 mit der Einführung der Audio Compact Disc (CD). Bei dieser Technik werden die Töne digital kodiert und zum Anhören mittels eines Laserstrahls optisch dekodiert. Die CD hat sich durch ihre einfache Handhabung, ihre Robustheit und Klangqualität zu einem bedeutenden Tonträger entwickelt.

Die Einführung der CD als Tonträger ging für die Musikindustrie jedoch auch mit erheblichen Urheberrechtsverletzungen und daraus resultierenden Umsatzeinbußen einher. Das digitale Musikformat auf der CD hat das einfache, schnelle und kostengünstige Duplizieren mittels PC vereinfacht. Die Nachfolgeformate DVD-Audio und SACD (Super Audio CD) konnten sich trotz verbessertem Klangerlebnis und mehrkanaliger Wiedergabemöglichkeit nicht am Markt durchsetzen. Im Jahr 2010 wurden nur 200.000 Exemplare dieser Tonträger verkauft. Demgegenüber steht ein immerhin mehr als dreimal so hoher Absatz an verkauften Vinyl-LPs. Zusammengenommen erreichen diese drei alternativen Tonträgerformate aber lediglich einen Umsatzanteil von circa 0,7%.[2] Der Marktanteil der stärker verbreiteten Tonträger in Deutschland wird in Abbildung 2-5 dargestellt.

---

[1] Vgl. Wirtz (2010), S. 75.
[2] Vgl. Bundesverband Musikindustrie e.V. (2011), S. 23.

Abbildung 2-5: Anteile der Tonträgerarten 2010[1]

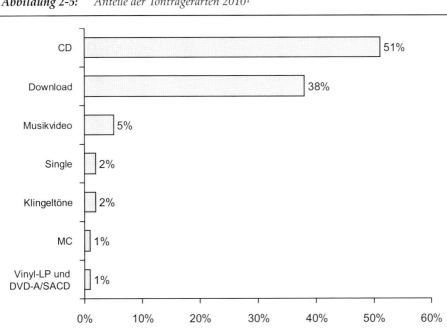

Von großer Bedeutung für die Musikbranche war die Entwicklung des MP3-Formats (MP3) im Jahre 1987. Dabei handelt es sich um ein Dateiformat zur verlustbehafteten Audiodatenkompression. Bei diesem Verfahren werden für Menschen kaum wahrnehmbare Frequenzen aus der Musikdatei entfernt, die für die Klangqualität weniger bedeutend sind. Musikstücke im MP3-Format oder in Form ähnlicher weiterentwickelter Audiocodecs (zum Beispiel WMA, AAC) eignen sich aufgrund ihres vergleichsweise geringen Datenvolumens zur Distribution über das Internet. Dabei werden Dateien von einem Server oder Rechner auf einen anderen Rechner übertragen und auf diesem abgespeichert. Diese technologischen Errungenschaften haben jedoch auch die Möglichkeiten zur einfachen illegalen Vervielfältigung und Verbreitung von Musik erhöht.

Neben Download-Angeboten von Musikdateien ist es ebenso möglich, Musik per Streaming zu übertragen. Dabei ist die Audioqualität jedoch vergleichsweise niedrig. Beim Streaming werden Audio- oder Videodaten kontinuierlich aus dem Internet empfangen und gleichzeitig wiedergegeben, ohne dass diese dauerhaft auf dem Rechner des Empfängers gespeichert werden. Streaming-Angebote finden sich häufig im

---

[1] Datenquelle: Bundesverband Musikindustrie e.V. (2011), S. 23.

Kapitel 7: Musikmanagement

Online-Angebot von weltweiten Radiostationen, bei denen das aktuelle On Air-Programm auch als Stream über das Internet empfangen werden kann sowie bei spezialisierten Streaming-Angeboten wie last.fm. Abbildung 2-6 stellt den technologischen Fortschritt von 1983 bis 2012 in Bezug auf die Medienformate und Endgeräte dar.

Abbildung 2-6: Musikformate und Endgeräte von 1983 bis 2012[1]

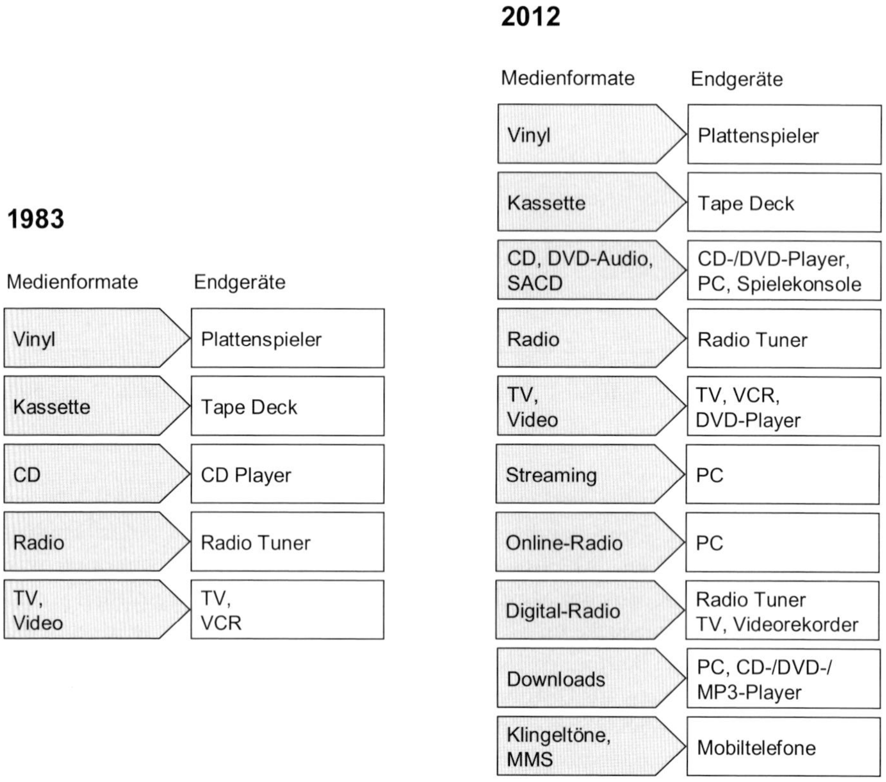

1983

Medienformate	Endgeräte
Vinyl	Plattenspieler
Kassette	Tape Deck
CD	CD Player
Radio	Radio Tuner
TV, Video	TV, VCR

2012

Medienformate	Endgeräte
Vinyl	Plattenspieler
Kassette	Tape Deck
CD, DVD-Audio, SACD	CD-/DVD-Player, PC, Spielekonsole
Radio	Radio Tuner
TV, Video	TV, VCR, DVD-Player
Streaming	PC
Online-Radio	PC
Digital-Radio	Radio Tuner, TV, Videorekorder
Downloads	PC, CD-/DVD-/MP3-Player
Klingeltöne, MMS	Mobiltelefone

---

[1] In Anlehnung an EMI Group (2003), S. 2.

Aufgrund der Zunahme illegaler Kopien von digitaler Musik nutzt die Musikindustrie zunehmend technische Verfahren zur Unterbindung von Urheberrechtsverletzungen. Dabei werden Audio-CDs und Musikdateien (zum Beispiel WMA, AAC) durch Digital Rights Management-Systeme (DRM) geschützt. DRM-Systeme ermöglichen die Festlegung von Nutzungs- und Zugangsbeschränkungen, sodass beispielsweise die Audio-Inhalte einer CD nicht ins MP3-Format umgewandelt werden können oder CDs nicht kopiert werden können. Ebenso wurden im Rahmen legaler Musik-Download-Angebote (zum Beispiel musicload von T-Online oder dem iTunes Store von Apple) klare Nutzungsrechte an Audiodateien definiert, wonach ein Titel beispielsweise auf maximal zwei verschiedene Abspielgeräte übertragen und nur einmal auf eine CD gebrannt werden kann.

- Regulatives Umfeld

Bei einer Betrachtung des regulativen Umfelds des Musikmanagement sind insbesondere urheberrechtliche Fragestellungen von Interesse. So hat der Urheber nach dem Urhebergesetz (UrhG) das alleinige Recht, darüber zu entscheiden, ob und wie sein Werk veröffentlicht werden darf. Für den Musikbereich bedeutet dies konkret, dass den Urhebern das Recht der öffentlichen Wiedergabe, der Verbreitung, Vervielfältigung und Sendung ihres Werks durch Bild- oder Tonträger sowie im Rahmen von Rundfunksendungen vorbehalten ist. Zudem dürfen Bearbeitungen oder Umgestaltungen des Werks nur mit der Einwilligung der Urheber vorgenommen werden.

Die Verwaltung der Nutzungsrechte der Musikschaffenden erfolgt zumeist durch Verwertungsgesellschaften. Die Grundlage dafür bildet das Urheberrechtswahrnehmungsgesetz vom 9. September 1965. Verwertungsgesellschaften nehmen die Urheberrechte wahr, die ihnen ihre Mitglieder übertragen haben. Nach dem Urheberrechtswahrnehmungsgesetz sind die Verwertungsgesellschaften der Aufsicht des Präsidenten des Deutschen Patentamts unterstellt. Dieser entscheidet im Einvernehmen mit dem Bundeskartellamt über die Erteilung der Erlaubnis zum Geschäftsbetrieb einer Verwertungsgesellschaft sowie auch über den Widerruf dieser Erlaubnis.

Die wirtschaftlich bedeutendste, älteste und bekannteste deutsche Verwertungsgesellschaft ist die GEMA (Gesellschaft für musikalische Aufführungs- und mechanische Vervielfältigungsrechte). Die Vorgängerin der GEMA, die Genossenschaft Deutscher Tonsetzer wurde bereits im Jahr 1903 von Richard Strauss und Friedrich Rösch gegründet. Die GEMA stellt dem Musiknutzer stellvertretend für den Urheber und gegen eine entsprechende Vergütung ein großes Repertoire von Musikwerken zur Verfügung. Die in diesem Kontext erzielten Einnahmen werden, nach Abzug des Sach- und Personalaufwands, an die entsprechenden Mitglieder ausgeschüttet. Die Verwertungsgesellschaften führen eine treuhänderische Verwaltung aus und dürfen demnach keine Gewinne erzielen.

Kapitel 7: Musikmanagement

Die Verwertungsgesellschaften vertreten grundsätzlich drei verschiedene Interessensgruppen: Urheber, Verleger und Rechtsnachfolger. Diese drei Personengruppen werden nach einem Verteilungsplan mit unterschiedlichen Anteilen an den einzelnen Werken beteiligt. Abgerechnet werden insbesondere Aufführungs- und Vorführungsrechte (zum Beispiel für die öffentliche Aufführung von Werken durch Musiker oder Lautsprecheranlagen sowie die öffentliche Vorführung von Tonträgern), Sende- und Wiedergaberechte in Hörfunk- und Fernsehsendungen, Vervielfältigungsrechte sowie die private Vervielfältigung, die Vermietung und der Verleih.

So enthält beispielsweise der Kaufpreis von CD-Rohlingen einen bestimmten Anteil, der an die GEMA abgeführt wird. Ebenso erfolgt ein Gebühreneinzug bei Geräteherstellern und -importeuren von CD-Brennern, Tonbandgeräten und Videorekordern. Verstöße gegen das Urhebergesetz stellen nicht autorisierte Aufnahmen von Klangdarbietungen sowie nicht autorisierte Vervielfältigungen beziehungsweise Verbreitungen von Musikaufnahmen auf Datenträgern beziehungsweise über das Internet dar (Musikpiraterie).

Dabei werden urheberrechtlich geschützte Leistungen kopiert, verbreitet und konsumiert, ohne dass entsprechende Gebühren an sämtliche Berechtigte gezahlt werden. Der Tatbestand der sogenannten Musikpiraterie hat in den letzten Jahren erheblich zugenommen. So wurde im Jahr 2010 etwa das 1,6-fache Volumen der verkauften Original-CD-Alben auf CD- und DVD-Rohlinge gebrannt.[1] Das illegale Kopieren von Tonträgern wird von Vertretern der Branche als eine der Hauptursachen für die Umsatzeinbußen in der Tonträgerindustrie erachtet.

Viele Tonträgerhersteller versehen ihre Tonträger und digitalen Musikaufnahmen zwar mittlerweile mit einem Kopierschutz (DRM), doch kann dieser mit einer speziellen Software häufig umgangen werden. Neben dem Kopieren von Tonträgern stellen Musiktauschbörsen im Internet ein Problem für die Musikindustrie dar. Bei Peer To Peer-Musiktauschbörsen beziehungsweise Filesharing-Netzwerken stellen Hörer ihre Musikdateien sämtlichen Mitgliedern der Tauschbörse zum Download zur Verfügung.

Im Jahr 2010 haben in Deutschland 15,6 Millionen Menschen 414 Millionen Musik-Songs und 62 Millionen Musik-Alben heruntergeladen, wobei 45% der Musik-Songs und 75% der Musik-Alben illegal heruntergeladen worden sind.[2] Der Gesetzgeber reagierte auf diese technischen Entwicklungen und die damit verbundene Zunahme von Urheberrechtsverletzungen zunächst mit einer Novelle des Urheberrechtsgesetzes, dem sogenannten Ersten Korb.

---

[1] Vgl. Bundesverband Musikindustrie e.V./GfK (2011), S. 25.
[2] Vgl. Bundesverband Musikindustrie e.V./GfK (2011), S. 12 ff.

Im neuen „Gesetz zur Regelung des Urheberrechts in der Informationsgesellschaft" wurden vor allem zwingende EU-Vorgaben und die dahinter stehenden, auf der Ebene der World Intellectual Property Organization (WIPO) getroffenen Vereinbarungen (WIPO-Urheberrechtsvertrag, WIPO-Vertrag über Darbietungen und Tonträger) erfüllt.

Zwar hat der Verbraucher weiterhin grundsätzlich das Recht, Privatkopien von urheberrechtlich geschützten Werken anzulegen (§ 53 Abs. 1 UrhG), allerdings darf dabei kein Kopierschutz mehr umgangen werden (§ 95a Abs. 1 UrhG n. F.) und es darf zur Herstellung einer Privatkopie nicht eine „offensichtlich rechtswidrig hergestellte Vorlage" verwendet werden (§ 53 Abs. 1 UrhG). In diesem Zusammenhang wurde durch die Novellierung auch die Herstellung und die Verbreitung von sogenannten Hacker-Tools zur Umgehung von DRM-Beschränkungen verboten (§ 95a Abs. 3 UrhG n. F.).

Eine weitere Neuregelung betrifft das Bereitstellen der auf Computer gespeicherten Musikaufnahmen für den Download durch andere Nutzer in Filesharing-Netzwerken. Dieses „Recht der öffentlichen Zugänglichmachung" erfuhr eine Beschränkung in § 19a UrhG n. F. und steht jetzt allein den Tonträgerherstellern zu (§ 85 Abs. 1 UrhG n. F.).

Darüber hinaus wurden die Rechte der ausübenden Künstler erweitert, ihre Rechtsstellung wurde derjenigen der Urheber angepasst. Durch den 2008 in Kraft getretenen Zweiten Korb wurde das Kopierverbot offensichtlich rechtswidrig hergestellter Vorlagen ausdrücklich auf unrechtmäßig Online zum Download angebotene Vorlagen ausgedehnt. Dadurch wurde die Rechtswidrigkeit der Nutzung illegaler Tauschbörsen unmissverständlich klargestellt.[1]

2.4   Nutzungsverhalten der Musikhörer

Technische Voraussetzung für das Musikhören ist die Verfügbarkeit von Abspielgeräten, also von CD- oder MP3-Playern, PCs, Handys oder Schallplattenspielern. 2006 verfügten circa zwei Drittel der deutschen Haushalte über einen CD-Player. Die Ausstattung mit Schallplattenspielern ging seit Einführung der CD stark zurück. Auch die Verbreitung von Kassettenrekordern hat in den letzten Jahren abgenommen. Seit 2007 ist ein starker Anstieg der Anzahl von Walkman, MP3 oder Handys mit Radio zu konstatieren. Darüber ist auch die Verbreitung der MP3-Player ohne Radio erheblich angestiegen. Einen Überblick über die Ausstattung der deutschen Haushalte mit den für den Tonträgerkonsum notwendigen technischen Geräten gibt Tabelle 2-1.

---

[1]   Vgl. Bundesministerium der Justiz (2007).

Kapitel 7: Musikmanagement

Tabelle 2-1: Geräteausstattung der Haushalte[1]

Gerät	2000	2005	2006	2007	2008	2009	2010
Plattenspieler	38%	27%	26%	-	-	-	-
CD-Player	69%	69%	66%	-	-	-	-
Walkman/MP3/ Handy mit Radio	-	-	-	24%	27%	30%	33%
MP3-Player ohne Radio	-	-	-	34%	39%	42%	42%

Der Umsatz pro Person mit Tonträgern sinkt seit etwa 15 Jahren kontinuierlich und beträgt circa 20 Euro. Dabei verbrachten die Deutschen 2011 pro Tag durchschnittlich 33 Minuten mit dem Hören von Musik.[2] Insgesamt ist mit zunehmendem Alter eine abnehmende Nutzung von Tonträgern zu konstatieren, wie Tabelle 2-2 illustriert. Die Analyse der Charakteristika und des Nutzungsverhaltens der Nachfrager sowie insbesondere der Kernzielgruppen bilden eine wichtige Grundlage für Marketingaktivitäten in der Musikindustrie.

Tabelle 2-2: Tägliches Zeitbudget für die Tonträgernutzung[3]

Alter in Jahren	2002	2003	2004	2005	2006	2007	2008	2009	2010	2011
14-19	53 min.	60 min.	75 min.	79 min.	78 min.	94 min.	97 min.	85 min.	80 min.	87 min.
20-29	46 min.	46 min.	56 min.	61 min.	61 min.	67 min.	69 min.	62 min.	67 min.	62 min.
30-39	28 min.	31 min.	32 min.	35 min.	33 min.	37 min.	35 min.	37 min.	38 min.	37 min.
40-49	20 min.	21 min.	25 min.	27 min.	25 min.	25 min.	27 min.	28 min.	26 min.	23 min.
50-59	14 min.	14 min.	18 min.	19 min.	21 min.	18 min.	20 min.	20 min.	17 min.	18 min.
60-69	10 min.	10 min.	12 min.	12 min.	12 min.	13 min.	14 min.	12 min.	16 min.	13 min.
>70	5 min.	6 min.	7 min.	7 min.	9 min.	9 min.	9 min.	9 min.	9 min.	8 min.

---

[1] Datenquelle: ARD (2012c).
[2] Vgl. Ridder/Turecek (2011), S. 580.
[3] Datenquelle: ARD (2010e); ARD (2011f).

Betrachtet man dabei zunächst die Altersstruktur der Tonträgerkäufer, so fällt auf, dass insbesondere jüngere und mittlere Altersstufen zu den Tonträgerkäufern zählen. So liegt der Anteil der Tonträgerkäufer in der Altersgruppe der 30- bis 39-Jährigen bei knapp 60% und in der Gruppe der 20- bis 29-Jährigen noch bei fast 50%. In der Altersgruppe der über 50-Jährigen ist hingegen eine Abnahme des Anteils der Tonträgerkäufer auf nur noch circa 28% zu konstatieren. Dies verdeutlicht Abbildung 2-7.

Abbildung 2-7: Anteile der Musikkäufer in den einzelnen Altersgruppen 2010[1]

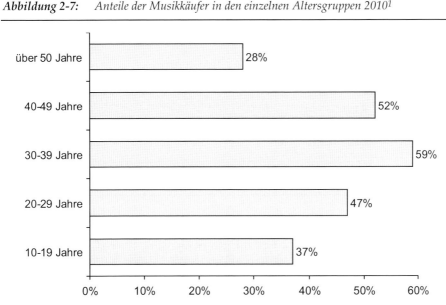

Ein weiteres wichtiges Kriterium für die Beurteilung der Nachfragerpräferenzen bildet die Analyse der beliebtesten Musikstilrichtungen. Es zeigt sich, dass der meiste Umsatz im Tonträgermarkt nach wie vor mit Popmusik erzielt wird. Diese Musikstilrichtung hatte im Jahr 2010 einen Umsatzanteil von etwas mehr als einem Drittel. Rockmusik liefert den zweitgrößten Umsatzbeitrag und generiert circa 20% des gesamten Tonträgerumsatzes.

Während der Umsatzanteil von Rock in den letzten Jahren kontinuierlich gestiegen ist, haben Popmusik und Dance Marktanteile verloren. Einen Überblick über den Umsatzbeitrag der einzelnen Repertoiresegmente gibt Abbildung 2-8. Dabei zählen zu den sonstigen Repertoiresegmenten insbesondere Soundtracks und Filmmusik, Country und Folk sowie Weihnachtsproduktionen, Comedy, Musical und Instrumentalmusik.

---

[1] Datenquelle: Bundesverband Musikindustrie e.V. (2011), S. 36.

Kapitel 7: Musikmanagement

Abbildung 2-8: Umsatzanteile der einzelnen Repertoiresegmente[1]

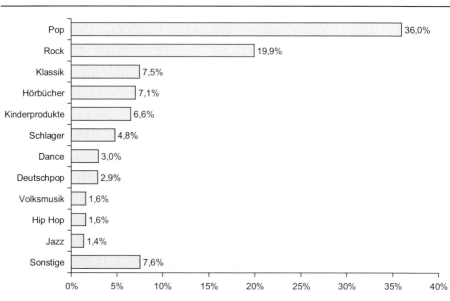

Bezüglich einer Zielgruppendefinition stellt sich die Frage, welche Altersgruppen schwerpunktmäßig welche Musikrichtungen bevorzugen. Es zeigt sich, dass bei den 10- bis 29-Jährigen insbesondere Dance, Pop und Rock eine Spitzenstellung einnehmen, während bei der Käufergruppe ab 50 Jahren ein deutlicher Schwerpunkt auf den Musikrichtungen Schlager, Volksmusik und Klassik liegt. Abbildung 2-9 fasst die Verteilung der einzelnen Altersklassen auf die Repertoiresegmente zusammen.

---

[1] Datenquelle: Bundesverband Musikindustrie e.V. (2011), S. 50.

Abbildung 2-9: Verteilung der Altersgruppen auf die Repertoiresegmente[1]

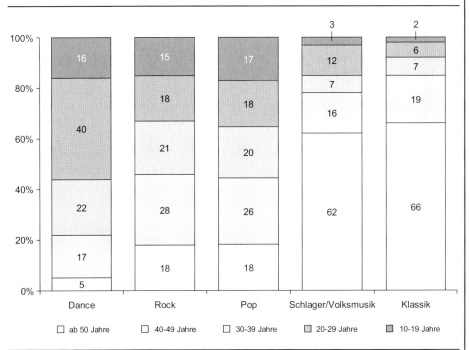

2.5 Entwicklungsperspektiven in der Musikindustrie

Für die Musikindustrie gehen auch in Zukunft die größte Bedeutung und Herausforderung von digitalen Musikprodukten sowie der internetbasierten Distribution von Musikaufnahmen aus. Damit sind sowohl Chancen als auch Risiken verbunden. Risiken bestehen nach wie vor in der Verbreitung von Raubkopien, wobei laut einer Studie in Deutschland abnehmende Zahlen illegaler Downloads von Einzeltracks steigenden Zahlen illegaler Musikalben-Downloads gegenüberstehen.[2] Chancen ergeben sich für

---

[1] Datenquelle: Bundesverband Musikindustrie e.V. (2011), S. 37.
[2] Vgl. Bundesverband Musikindustrie e.V./GfK (2011), S. 21.

die Musikindustrie in der Nutzung des Internet als zusätzlichen Distributionskanal. So vertreiben die Major Labels und viele Independents mittlerweile ihre Musik auch kostenpflichtig über das Internet. Daneben gibt es auch Anbieter, die ausschließlich über das Internet Musik vertreiben.

Die Distribution über das Internet bietet Musik-Labels und sonstigen Anbietern den Vorteil, dass die Wertschöpfungsstufen der physischen Tonträgerproduktion und -distribution entfallen und dadurch Kostenvorteile entstehen. Für den Rezipienten ergibt sich beispielsweise der Vorteil, dass er nicht mehr ein ganzes Album kaufen muss, wenn ihn lediglich einige wenige Albumtitel interessieren. Der Hörer erhält die Möglichkeit sich entsprechend seiner individuellen Nutzerpräferenzen eigene Compilations zusammenzustellen. Die meisten Anbieter digitaler Musiktitel bieten darüber hinaus dem Hörer die Möglichkeit, einen gewünschten Titel vor dem Kauf Probe zu hören. Durch dieses „Reinhören" in einen Titel kann sich der potenzielle Käufer vergewissern, ob das Musikstück ihm gefällt und seinen Präferenzen entspricht.

Die wichtigste Voraussetzung für die breite Akzeptanz und den Erfolg legaler und kostenpflichtiger Musik-Download-Angebote ist die Zahlungsbereitschaft der Rezipienten. Die Nachfrager entwickeln allerdings nur dann eine Zahlungsbereitschaft, wenn ausgeschlossen werden kann, dass eine identische Leistung kostenlos zu bekommen ist. Somit stellt es eine der wichtigsten Aufgaben für die Musikindustrie dar, das Angebot an kostenloser, illegaler Online-Musik einzudämmen. Im Jahr 2010 wurden in Deutschland immer noch 185 Millionen Einzeltracks illegal heruntergeladen. Dies entspricht einem Vielfachen der legal heruntergeladenen Musik.[1]

Dennoch hat sich der legale Musik-Download als Vertriebsform im Internet mittlerweile etabliert. Es gibt inzwischen eine Vielzahl von attraktiven Download-Angeboten und die Konsumenten sind zunehmend bereit diese zu nutzen sowie dafür zu bezahlen. Der weltweite Umsatz mit digitaler Musik betrug im Jahr 2011 geschätzte vier Milliarden Euro. Somit stiegen die Einnahmen im Digitalgeschäft um 8% gegenüber dem Vorjahr.[2]

Die in Abbildung 2-10 dargestellte Umsatzentwicklung digitaler Musik zeigt das rasante Wachstum dieses Marktsegments. Innerhalb von nur acht Jahren konnten sich die weltweiten Umsätze von circa 20 Millionen US-Dollar im Jahr 2003 auf ungefähr 5,2 Milliarden US-Dollar im Jahr 2011 vervielfachen. Damit nimmt das Digitalgeschäft mittlerweile einen Anteil von 32% am gesamten Musikmarkt ein. In den USA liegt dieser Anteil bereits bei 52%, in Südkorea bei 53% und in China sogar bei 71%.[3]

---

[1] Vgl. Bundesverband Musikindustrie e.V./GfK (2011), S. 24.
[2] Vgl. IFPI (2012), S. 6
[3] Vgl. IFPI (2012).

Abbildung 2-10: Umsatzentwicklung digitaler Musik von 2003 bis 2011[1]

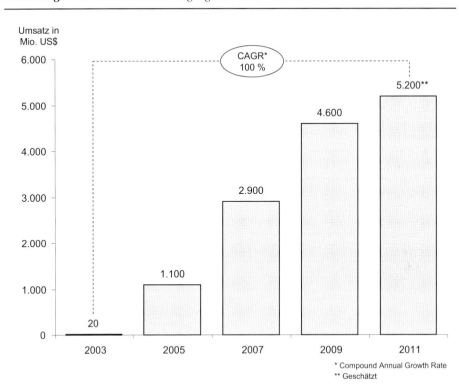

In der nachfolgenden Tabelle 2-3 sind die wichtigsten Anbieter legaler Musikdownloads in Deutschland aufgelistet. Mittlerweile gibt es weltweit über 500 legale Online-Musik-Services. Klarer Marktführer ist das Unternehmen Apple, das erfolgreich eine digitale Konvergenzstrategie verfolgt hat und mit dem iTunes Store, der iTunes Musik-Management-Software und dem iPod (Abspielgerät) einen Produktsystemverbund aufgebaut hat, der dem Nutzer hohe Kompatibilität und einfache Nutzung ermöglicht.

Der Marktanteil von iTunes im Digitalgeschäft wird auf etwa 70 % geschätzt. In Deutschland versuchen sich bisherige Konkurrenten wie Musicload und Amazon durch teilweise günstigere Preise einen Wettbewerbsvorteil zu verschaffen, verfügen aber über ein kleineres Repertoire an angebotenen Titeln. Tabelle 2-3 stellt die wichtigsten kommerziellen Musik-Downloadplattformen im Überblick dar.

---

[1] Datenquelle: IFPI (2012), S. 7.

Tabelle 2-3: Deutsche Online-Musikanbieter[1]

	iTunes	Musicload	Saturn	Amazon	Napster
große Labels im Angebot	EMI, Universal Music, Warner, Sony	EMI, Universal Music, Warner, Sony	EMI, Universal Music, Warner, Sony	EMI, Universal Music, Warner, Sony	EMI, Universal Music, Warner, Sony
verfügbare Songs insgesamt	> 20 Millionen	> 8 Millionen	14 Millionen	> 10 Millionen	15 Millionen
Dateiformat	AAC	WMA / MP3	MP3	MP3	WMA
Songs mit DRM	0	0	0	0	15 Millionen
Songs ohne DRM	> 20 Millionen	> 8 Millionen	14 Millionen	> 10 Millionen	0
Preis Song (Euro)	0,69 - 1,29	0,79 - 1,79	0,99	0,68 - 0,99	0,99
Preis Album (Euro)	4,99 - 9,99	6,95 - 14,95	9,99	4,99 - 14,99	9,95

Dem Mobiltelefon kommt zwar inzwischen eine größere Bedeutung als Abspielgerät und Speichermedium für Musik zu, durch die stärkere Verschmelzung von Mobiltelefon und Musik-Player wird der Anteil mobiler Downloads am Digitalgeschäft aber langfristig zurückgehen. Bislang werden die Umsatzeinbußen im Klingeltonmarkt noch durch die steigende Beliebtheit von Ringback Tones, die das Freizeichen beim Anruf durch Musik ersetzen, abgefedert. Betrug der weltweite Umsatz mit Klingeltönen inklusive Ringback Tones im Jahr 2011 bereits 2,17 Milliarden US-Dollar, wird bis zum Jahr 2015 ein kontinuierlicher Rückgang auf 1,46 Milliarden US-Dollar prognostiziert.[2]

Extrem stellt sich allerdings der Anteil mobiler Käufe am digitalen Musikmarkt in Japan dar. So sind dort 91% der Umsätze, die aus digitaler Musik generiert wurden, auf Downloads über ein Mobiltelefon zurückzuführen. Dies illustriert Tabelle 2-4. In den USA, Großbritannien und Deutschland hingegen liegt der Anteil mobiler Downloads nur noch bei ungefähr einem Drittel.

---

[1] Auf der Basis eigener Analysen und Abschätzungen.
[2] Vgl. Statista (2012c).

Tabelle 2-4: Online- und Mobilanteile digitaler Musikverkäufe in den zehn größten Absatzmärkten[1]

Rang	Land	Online	Mobil
1	USA	67%	33%
2	Japan	9%	91%
3	Großbritannien	71%	29%
4	Südkorea	63%	37%
5	Deutschland	69%	31%
6	Frankreich	39%	61%
7	Kanada	58%	42%
8	Australien	59%	41%
9	China	27%	73%
10	Italien	44%	56%

3 Leistungssystem

Die Leistungserstellung im Bereich Musik unterliegt spezifischen Strukturen. Im vorliegenden Abschnitt wird dieses Leistungssystem der wichtigsten Akteure in der Musikindustrie analysiert. Als Grundlage dafür werden zunächst das Leistungsspektrum der Tonträgerhersteller und Musikverlage dargestellt. Darauf aufbauend werden die Wertschöpfungsstrukturen, die Core Assets und Kernkompetenzen sowie die Geschäftsmodelle von Tonträgerherstellern und Musikverlagen betrachtet.

3.1 Leistungsspektrum

Tonträgerhersteller und Musikverlage sind zentrale Akteure, die von wirtschaftlich großer Bedeutung in der Musikindustrie sind. Deren Leistungsspektrum ist somit ein wichtiger Teil des Gesamtleistungsspektrums der Musikindustrie und wird nachfolgend differenziert betrachtet. Das Musikangebot kann dabei anhand verschiedener Stilrichtungen klassifiziert werden. Ein Überblick über die verschiedenen Genres ist in Tabelle 3-1 dargestellt.

---

[1] Vgl. IFPI (2008), S. 8.

Kapitel 7: Musikmanagement

Tabelle 3-1: Übersicht verschiedener Musik-Genres

Genre	Beschreibung	Interpreten	Subkategorien
Rock	Rockmusik ist eine aus Rock 'n' Roll entstandene Musikrichtung, die durch harte Gitarrenmusik und den Rockband-Charakter besticht	Linkin Park; Metallica; Rolling Stones; Guns N' Roses; Iron Maiden; Red Hot Chili Peppers; Green Day, Nirvana; Korn	Rock 'n' Roll; Surf; Glamrock; Progressive Rock; Art Rock; Psychedelic Rock; Flower Power; Metal; Heavy Metal; Death Metal/Gothic Metal; Thrash Metal; Black Metal; Hardcore Metal; Metal Crossover; Hard Rock; New Metal; Grindcore; Alternative Rock; Punk; Independent; Grunge; New Wave; Dark Wave; Melody Core
Pop	Popmusik gilt als harmonische und melodische Unterhaltungsmusik mit einem erheblichen kommerziellen Erfolg	Madonna; George Michael; Lenny Kravitz; Maria Carey; Elton John; Michael Jackson; Gwen Stefani; Britney Spears	Pop international; Brit Pop; Pop Instrumental Solisten; Pop Instrumental Bands; New Age
Black Musik	Sehr rhythmische Musikrichtung mit teilweisen melodischen Einflüssen, Musikrichtung ist durch einen großen Anteil an „gesprochenen" Elementen charakterisiert	Whitney Houston; Bob Marley; 50 Cent; Eminem; Sean Paul; Black Eyed Peas; Beyonce; Mary J. Blige; Rihanna	Spiritual/Gospel; Rhythm And Blues; Traditioneller R&B; Blues; Delta Blues/Country Blues; Classic Blues; City Blues; Blues Rock; Soul; Phillysound; Motown; Contemporary Soul; Funk; Hip Hop; Int. HipHop/Rap; Int. Hip Hop Mainstream; Credible Hip Hop/Hardcore; G-Funk; Reggae; Mainstream Reggae; Roots Reggae; Dub; Raggamuffin; Ska; Traditional Jazz/Swing; Bigband Swing
Elektronische Musik	Elektronische Musik bezeichnet eine Musikrichtung, die mithilfe von elektronischen Geräten (Computer oder Synthesizern) produziert wird	Global Deejays; David Guetta; Phats & Small; Lords of Acid; Milk & Sugar; Marshall Jefferson; DJ Tonka	Disco; Dance/Dancepop/Eurodance; Techno; Trance; Acid; House; Vocal House; Drum & Bass/Jungle; Big Beat; Electro/Ambient;
Folklore/ Volksmusik	Ist gekennzeichnet durch die musikalischen Überlieferungen eines Volks, die Musikrichtung vereint dabei die klassische Volksmusik, Tanzmusik und auch Theatermusik	Stefan Mross; Wildecker Herzbuben; Helene Fischer	Deutsche Folklore; Marschmusik; Folk/Folklore; Folk Nordamerika; Folk Irland; Folk Schottland; Folklore Skandinavien; Folklore Frankreich; Folklore Italien; Folklore Griechenland; Folklore Osteuropa; Folklore Türkei; Folklore Russland
Country	Eine US-amerikanische Musikrichtung, die mit klaren und teilweise sehr direkten Texten ländliche Lebensbedingungen aufzeigt	Carter Family; Chet Atkins; Hank Williams; Johnny Cash; Dolly Parton; John Denver; Keith Urban; Shania Twain; Dixie Chicks	Mainstream Country; Hillbilly/Bluegrass; Country Rock; Western Swing; Texmex; Cajun/Zydeco
Klassik/ Orchester	Klassische Musik ist in vielen Epochen seit dem 15. Jahrhundert anzutreffen und kennzeichnet sich durch den Anspruch an Ernsthaftigkeit und Spezialität (insbesondere im Gegensatz zur Populärmusik)	Wiener Kammerchor; Dresdner Philharmonie; Johann Sebastian Bach; Johannes Brahms; Frédéric Chopin; Georg Friedrich Händel; Joseph Haydn; Felix Mendelssohn Bartholdy; Robert Schumann; Pjotr Iljitsch Tschaikowski	Sinfonische-/Orchestermusik; Kammermusik; Kammermusik mit Harfe; Kammermusik Streichquartett; Soloinstrument; Chor; Neue Musik/Zeitgenössische Musik; Geräusch-/ Klangmusik; Neoklassik; Neo-Romantik
Weltmusik/ Crossover	Weltmusik ist die Bezeichnung für eine in den 1980er Jahren entstandene Musikrichtung, die insbesondere durch das Crossover von Populärmusik mit traditionellen (meist nicht westlichen) Musikrichtungen entstanden ist	Leo Fuld (Holland); Gjallarhorn (Finnland); Level 42 (England); Lizzy Mercier Descloux (Frankreich); Loreena McKennitt (Kanada); Mari Boine (Norwegen/ Lappland)	Weltmusik; Worldbeat; Weltmusik Arabien; Weltmusik Afrika; Weltmusik Asien; Weltmusik Südsee; Tango; Samba; Salsa; Calypso; Flamenco/Sevillanas; Nationalhymnen; Klassik-Rock-Crossover; Klassik-Jazz-Crossover; Klassik-Ethno-Crossover

Leistungssystem

▪ Tonträgerhersteller

Das Leistungsspektrum der Tonträgerhersteller bezieht sich im Kern auf Musikaufnahmen. Zunächst können Musikaufnahmen nach Art ihrer Speichermedien beziehungsweise Distributionskanäle differenziert werden. Das Produktsortiment umfasst CDs, DVD-Audios/ SACDs, MCs und Vinyl-LPs sowie Streaming- und Download-Angebote. Darüber hinaus kann nach Art des Tonträgerumfangs zwischen Longplay (LP) und Single unterschieden werden. Diese Begriffe stammen zwar noch aus der Zeit der Vinylplatten, haben aber nach wie vor Bestand. Unter einer LP wird meist ein Album oder eine Produktion mit mehreren (ab fünf) Titeln zusammengefasst. Eine Single oder Maxi Single-CD beinhaltet dagegen meist einen Song, oft in verschiedenen Versionen, oder eine kleine Anzahl unterschiedlicher Songs (ein bis vier Titel). Neu auf dem Markt ist die Two Track Single mit zwei Songs, die neue Kaufanreize für das Single-Segment bieten soll, das im Vergleich zum Longplay-Segment stärkere Absatzrückgänge zu verbuchen hat.

Als weiteres Differenzierungskriterium für das Leistungsspektrum der Tonträgerhersteller kann die Art der Produktion herangezogen werden. Dabei wird zwischen nationalen und internationalen Produktionen, Soundtracks und Compilations unterschieden. Schließlich setzt ein weiteres Unterscheidungskriterium an den unterschiedlichen Repertoiresegmenten, wie beispielsweise Pop, Rock, Schlager, Dance und Klassik, an. Neben dem Leistungskern Tonträger, stellen Musikvideos, am Stückabsatz gemessen, ein noch kleines, aber wachsendes Produktsegment der Tonträgerhersteller dar. Darüber hinaus fallen auch Merchandising-Artikel (zum Beispiel Textilien und Poster) und Konzerte in das Leistungsspektrum der Tonträgerhersteller. Einen weiteren relevanten Leistungsbestandteil stellen Klingeltöne und Ringback Tones für Mobiltelefone dar.

▪ Musikverlag

Musikverlage haben in der Vergangenheit zunehmend neue Funktionen in ihre Wertschöpfung integriert, sodass sich deren Leistungsspektrum erweitert hat. Das ursprüngliche Leistungsangebot von Musikverlagen besteht im Verkauf musikbezogener Printmedien, insbesondere im Notenverkauf. Im Rahmen der starken Verbreitung der mechanischen Tonträgervervielfältigung seit Beginn des 20. Jahrhunderts, die heute für die Verbreitung von Musik gegenüber der öffentlichen Aufführung eine deutlich höhere Bedeutung hat, hat sich der Schwerpunkt des Leistungsangebots von Musikverlagen jedoch in Richtung der Verwaltung und Lizenzierung von Rechten verlagert.[1] Neben dem Notenverkauf und der Verwertung von Rechten umfasst das Angebotsspektrum von Musikverlagen auch den Bereich der sonstigen Musikalien. Hierunter können beispielsweise Musikzeitschriften, Werkanalysen, Biographien, Partituren und Libretti oder Musiklexika subsumiert werden.

---

1 Vgl. Sikorski (2003), S. 281 ff.

3.2 Wertschöpfungsstrukturen

Der Wertschöpfungsprozess in der Musikwirtschaft lässt sich prinzipiell in die fünf Stufen Komposition, Rechtehandel, Aufnahme, Tonträgerproduktion sowie Distribution unterteilen. Abbildung 3-1 beschreibt diese Wertkette der Musikwirtschaft. Im Rahmen der ersten Stufe der Wertkette wird ein Musikstück vom Komponist oder Songwriter geschrieben. In einigen Fällen sind auch die Interpreten selbst die Autoren des Musikstücks.[1] Die Überführung der Komposition in ein Audiostück wird durch einen einzelnen oder durch mehrere Künstler sowie gegebenenfalls eine Band oder ein Orchester vorgenommen, indem ein Demo-Tape aufgezeichnet wird. Mit diesem Demo-Tape bewerben sich die Künstler dann in der Regel bei Platten-Labels und Musikverlagen.

Abbildung 3-1: Wertkette der Musikwirtschaft

Komposition	Aufnahme	Rechtehandel	Tonträger-produktion	Distribution	Rezipient
Kernaufgaben					
• Schreiben des Musikstücks • Musikalische Interpretation der Komposition • Erstellung Demo-Tape	• Planung, Steuerung und Ausführung der Aufnahme-produktion • Erstellung Master-Tape	• Handel mit Rechten an Musikwerken	• Planung und Zusammen-stellung der Alben und Compilations • Physische Produktion der Tonträger	• Lagerung und Transport • Online-Distribution • Verkauf über stationären Handel, Online-Handel und Musik-Download-Plattformen	
Anbieter					
• Komponisten • Songwriter • Künstler	• Musik-Labels • Tonstudios • Aufnahmeleiter • Produzenten	• Musikverlage	• Musik-Labels • Manufacturer	• Distributoren • Musiklabels • Groß- und Einzelhändler • Online-Händler • Musik-Download-Anbieter	

Die zweite Stufe der Wertkette umfasst die Produktion beziehungsweise Aufnahme der einzelnen Musikstücke. Die Produktion fällt in den Aufgabenbereich der Musik-Labels, da sie den Interpreten einen Produzenten und die notwendigen Ressourcen für die Erstellung der sogenannten Master-Aufnahme zur Verfügung stellen. In der dritten Stufe der Wertkette werden die von den Urhebern an die Musikverlage übertragenen Nutzungsrechte zur weiteren Verwendung lizenziert. Urheberrechte bestehen grundsätzlich an der Komposition und dem Text sowie der eigentlichen Aufnahme.

---

[1] Vgl. im Folgenden Peter (2001), S. 12.

In der vierten Stufe der Wertkette werden zunächst die produzierten Musikstücke zu Alben oder Compilations zusammengestellt beziehungsweise Single-Auskopplungen festgelegt. Im Anschluss daran erfolgt die physische Herstellung der Musikkopien. Dieser Prozess entfällt für den Fall, dass die Musiktitel ausschließlich Online vertrieben werden. Die fünfte und letzte Stufe der Wertschöpfungskette umfasst schließlich die Distribution der produzierten Tonträger beziehungsweise digitalen Musikdateien vom Herstellungsort bis zum Rezipienten.

3.3 Core Assets und Kernkompetenzen

Core Assets und Kernkompetenzen stellen auch in der Musikindustrie die Grundlage für den nachhaltigen Erfolg eines Geschäftsmodells dar. Sie werden nachfolgend für Tonträgerhersteller und Musikverlage dargestellt. Core Assets von Tonträgerherstellern stellen vor allem die Mitarbeiter, die unter Vertrag stehenden Künstler und die Marke dar. Von besonderer Bedeutung sind dabei insbesondere die Mitarbeiter der Artist And Repertoire (A&R)-Abteilung. Wertvolle A&R-Mitarbeiter zeichnen sich durch ein gutes Markt- und Trendgespür aus, das sie dazu befähigt, erfolgreiche Künstler besser als der Wettbewerb zu entdecken, zu fördern, einzusetzen und an das Platten-Label zu binden. Auf diese Weise wird ein Bestand an erfolgreichen Interpreten und Bands geschaffen.

Das Repertoire aus Künstlern bildet die Basis für die Leistungserstellung, das heißt die Produktion von Musik bei Tonträgerherstellern. Erfolgreiche Musiker zeichnen sich durch eine große, treue Fangemeinde aus, die langfristig den Absatz der Musikproduktionen dieser Interpreten und Bands sichert und darüber hinaus an Fan-Artikeln und Konzerten interessiert ist. Sind diese Künstler vertraglich an den Tonträgerhersteller gebunden, so können sie nicht ohne Weiteres durch ein anderes Platten-Label akquiriert werden. Auch die Imitation erfolgreicher Interpreten stellt sich als sehr schwierig dar, da es sich bei Musik um eine veredelte Dienstleistung handelt, die sich durch Einzigartigkeit auszeichnet und somit nicht durch ein Imitat ersetzt werden kann.

Die Marke eines Tonträgerherstellers (zum Beispiel Sony Music Entertainment) beziehungsweise die Marken der Sub-Labels (zum Beispiel Sony Masterworks, Sony Music Nashville) eines Tonträgerherstellers implizieren ein Vorstellungsbild von den Leistungen dieses Tonträgerherstellers oder seinen Sub-Labels. Eine solche Marke ist weniger für Rezipienten, sondern primär auf dem Markt für Künstler und Interpreten von Bedeutung. Eine positiv aufgeladene Marke eines Platten-Labels erleichtert die Beschaffung von neuen Talenten und ist somit dem Aufbau eines wertvollen Pools aus erfolgreichen Interpreten dienlich.

Ein zentrales Core Asset von Musikverlagen sind dagegen Anzahl und Umfang der dem Unternehmen zur Verfügung stehenden Verwertungsrechte. Diese Verwertungsrechte an Texten, Kompositionen und/oder Aufnahmen bilden die Grundlage für die Geschäftstätigkeit von Musikverlagen. Musikverlage lizenzieren die ihnen von den Urhebern (Autoren, Komponisten und Künstlern) übertragenen Rechte an Dritte (zum Beispiel andere Künstler, Radio, TV und Film) und fordern dafür Tantiemen ein. Besonders wertvoll sind Verwertungsrechte an erfolgreichem Musikmaterial, da sie Verlagen dauerhafte Erlösströme sichern und somit zum langfristigen Unternehmenserfolg beitragen.

Die zur Gewinnung und Nutzung von Core Assets erforderlichen Kernkompetenzen stellen bei Musikverlagen die Beschaffung von Verwertungsrechten und die damit verbundene Vertragsgestaltung dar. Bei Tonträgerherstellern sind diese hingegen die Musik- und Artist Sourcing-Kompetenz, die Promotion-Kompetenz, die crossmediale Verwertungskompetenz sowie die Vertragsgestaltungskompetenz.

Die Musik- und Artist Sourcing-Kompetenz besteht aus zwei Teilkompetenzen. Sie umfasst einerseits die Fähigkeit eines Tonträgerherstellers, neue Musikgenres und Künstler eigenständig zu entwickeln. Andererseits beinhaltet sie die Kompetenz, das bestehende Angebot aus etablierten und neuen Künstlern hinsichtlich seiner Nachfrageattraktivität und Marktchancen zu beurteilen sowie vielversprechende Künstler und Genres zu identifizieren. Die Musik- und Artist Sourcing-Kompetenz ist in erster Linie eine personale Kompetenz, die von dem Wissen, dem Erfahrungsschatz und den Kontakten der A&R-Mitarbeiter abhängt.

Die Promotion-Kompetenz der Tonträgerhersteller umfasst die Kompetenz, durch Promotion-Maßnahmen viele Hörer für das eigene Musikangebot zu erreichen. Ein wichtiger Aspekt von Musik-Promotion-Aktionen stellt die massenwirksame Platzierung der Musik in Medien, Clubs und Diskotheken sowie bei öffentlichen Veranstaltungen dar. Dafür sind insbesondere die Kreativität, das Verhandlungsgeschick und das Beziehungsnetzwerk der Promotion-Abteilung sehr wichtig. Die Promotion-Kompetenzen helfen einem Tonträgerhersteller, seine Künstler effektvoll einem breiten Publikum zu präsentieren, als Chart Hit zu platzieren und viele Hörer zu gewinnen.

Die crossmediale Verwertungskompetenz beschreibt die Fähigkeit, Musikprojekte für mehrere Plattformen (zum Beispiel Film, TV, Tonträger und Handy) zu entwickeln und zu vermarkten. Dadurch kann das Verwertungsspektrum für Musik erweitert und die Wertkette verlängert werden. Hierzu bedarf es innovativer Ideen, um immer wieder neue crossmediale Musikprojekte zu entwickeln. Einen weiteren strategischen Wettbewerbsvorteil begründet die Vertragsgestaltungskompetenz. Diese Kompetenz eines Tonträgerherstellers beinhaltet die Fähigkeit, sich an einem möglichst großen Teil der Einnahmen von Künstlern zu beteiligen. Gelingt es einem Tonträgerhersteller, sich über die traditionellen Verkaufserlöse aus Tonträgern hinaus an den Erträgen aus

Sponsorship, Merchandising und Konzerten zu beteiligen, dann hat das Unternehmen einen Vorteil gegenüber denjenigen Konkurrenten, die lediglich an einem kleinen Teil der Wertschöpfungskette partizipieren.[1]

Die Beschaffungskompetenz von Musikverlagen umfasst die Fähigkeiten, aussichtsreiche Verwertungsrechte für Musik zu identifizieren, selektieren und zu erwerben. Diese Kompetenz ist zentraler Bestandteil des Geschäftsmodells von Musikverlagen. Sie ist in erster Linie eine personelle Kompetenz sowie von der Größe beziehungsweise der Finanzkraft und dem Image eines Musikverlags abhängig. Diese Fähigkeit wird dann zu einer Kernkompetenz, wenn es dem Unternehmen gelingt, Rechte an langfristig erfolgreicher Musik zu beschaffen und die komplizierte Vertragsgestaltung beim Rechtehandel (zum Beispiel Dauer und Umfang der Verwertungsrechte) auf die eigenen Interessen und Bedürfnisse hin zu optimieren.

3.4 Geschäftsmodelle

Geschäftsmodelle weisen auch in der Musikindustrie als integriertes Managementkonzept eine hohe Relevanz für Unternehmen auf. Dabei zeigt sich, dass sich die Geschäfts- und Erlösmodelle der zwei bedeutenden Akteure, Tonträgerhersteller und Musikverlage, stark unterscheiden und deshalb differenziert betrachtet werden müssen. Die Unterschiede der Geschäftsmodelle liegen insbesondere im Leistungsangebot, sodass auch für diesen Bereich das im Grundlagenkapitel skizzierte Leistungsangebotskriterium zur Einteilung von Geschäftsmodellen angewendet wird. Nach einer allgemeinen Darstellung des Erlös- und Leistungserstellungsmodells der Tonträgerindustrie werden die Spezifika der Geschäfts- und Erlösmodelle von Musik-Labels und -verlagen erörtert.

- Erlösmodell

Das Erlösmodell stellt einen wesentlichen Bestandteil des Geschäftsmodells dar und zeigt, auf welche Art und Weise Erlöse erzielt werden. Für die Tonträgerhersteller sind die Rezipienten- beziehungsweise Hörermärkte zentrale Quelle der Erlöserzielung. Auf diesen Märkten werden, zumeist in Form von transaktionsabhängigen Zahlungen, die beim Kauf von Tonträgern oder dem Download von Musiktiteln anfallen, Erlöse generiert. Dagegen erwirtschaften Musikverlage den größten Teil ihrer Erlöse auf den Rechtemärkten. Auf diesen Märkten werden die Verwertungsrechte an Musikstücken lizenziert und an Dritte vergeben. Die Erlöserzielung erfolgt immer transaktionsgebunden in Abhängigkeit von Art und Umfang der Lizenzrechte. Im weniger bedeutenden Papiergeschäft generieren Musikverlage auch Erlöse auf den Rezipientenmärkten.

---

[1] Vgl. Stein/Jakob (2003), S. 477 f.

Kapitel 7: Musikmanagement

Dabei kommen schwerpunktmäßig transaktionsbasierte Gebührenmodelle zum Einsatz, bei denen der Rezipient beispielsweise einen Kaufpreis für ein Notenheft oder eine Ausgabe einer Musikzeitschrift entrichtet. Im Bereich der Musikzeitschriften eröffnet sich den Musikverlagen darüber hinaus eine weitere Erlösquelle auf den Werbemärkten. Dort können durch die Platzierung beziehungsweise Einbindung von Werbeinhalten in Zeitschriften Erlöse erzielt werden.

- Leistungserstellungsmodell

In der Tonträgerindustrie werden Musiktitel produziert, vermarktet und distribuiert. Das Leistungserstellungsmodell der Tonträgerindustrie gibt wichtige Kernprozesse wieder, die bei der Produktion und dem Vertrieb von Musik anfallen. Von besonderer Bedeutung ist in diesem Kontext die Kostenstruktur der Leistungserstellung. Sie gibt Hinweise auf zentrale Kostenfaktoren bei der Leistungserstellung. Durch eine Verringerung der Leistungserstellungskosten können wettbewerbsrelevante Effizienzvorteile in Form von Kostenvorteilen gegenüber der Konkurrenz erzielt werden. Abbildung 3-2 gibt einen Überblick über die Kosten- und Erlösstruktur der Leistungserstellung in der Tonträgerindustrie im Falle der Musikdistribution via physischer Datenträger.

Abbildung 3-2: Kosten- und Erlösstruktur der Leistungserstellung[1]

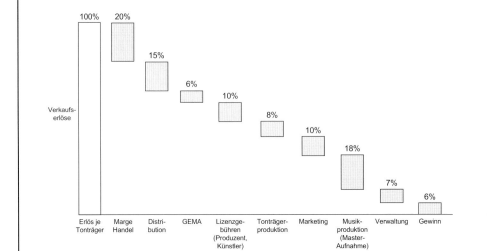

[1] Auf der Basis eigener Analysen und Abschätzungen.

Bei den angeführten Werten handelt es sich um Durchschnittswerte, die je nach Produktion mehr oder weniger stark von der Kostenstruktur einzelner Musikprojekte abweichen. Der Anteil der fixen Kosten, das heißt der First Copy Costs liegt bei etwa 35% und setzt sich aus Verwaltungs- beziehungsweise Gemeinkosten (circa 7%), den Musikproduktionskosten (circa 18%) und den Ausgaben für Marketing (circa 10%) zusammen. Insbesondere die Ausgaben für die Erstellung des Master Tape und das Marketing variieren erheblich, in Abhängigkeit der Art von Musikproduktion und dem Entwicklungsstadium der Künstler.

So können die Aufnahmen für ein Album bei einer jungen, noch unerfahrenen Band bisweilen erheblich länger dauern als bei einem gut eingespielten, routinierten Team. Auch sind bei Newcomern zumeist höhere Ausgaben für die Promotion notwendig, um die neuen Künstler bei einem breiten Publikum bekannt zu machen. Marketingausgaben und Musikproduktionskosten können dementsprechend als zentrale Kostentreiber identifiziert werden und sind oft Ansatzpunkt für Kostensenkungsmaßnahmen bei Tonträgerherstellern. Ähnlich den First Copy Costs variiert auch die Gewinnspanne, die durchschnittlich bei 6% liegt.

Die Produktions- und Distributionskosten liegen bei etwa 39% des Gesamtumsatzes. Darin ist der Anteil der GEMA-Gebühren fix und beträgt 6% vom Verkaufspreis eines jeden Tonträgers. Die Erlösbeteiligung von Produzenten, Künstlern und Komponisten hingegen variiert je nach Vertragsgestaltung und Höhe der Vorfinanzierung durch das Platten-Label. Die Produktionskosten für die physische Vervielfältigung der Tonträger und des Beiwerks variieren ebenfalls und sind von der Produktionsmenge abhängig. Diese Produktionskosten sind insgesamt aber vergleichsweise gering mit einem durchschnittlichen Anteil von 8%. Der größte Kostenblock fällt mit etwa 20% auf den Handel ab.

Beim Online-Vertrieb von Musik entfallen die physischen Vervielfältigungskosten und die Distributions- und Handelskosten reduzieren sich erheblich, da die Bereitstellung im stationären Handel, der physische Transport und die Lagerhaltung entfallen. Demgegenüber entstehen neue Kostenarten in Form von Kosten für die technische Auslieferung der Musikdateien, für Bezahl- und Abrechnungssysteme sowie für den Online Shop.

3.4.1 Geschäftsmodell Tonträgerhersteller

Das Geschäftsmodell der Tonträgerhersteller beruht im Kern auf der Schaffung von lokalem Musikrepertoire sowie der Vermarktung des internationalen Musikrepertoires.[1] Zentrale Aufgaben im Leistungserstellungsprozess sind die Künstlergewinnung und -betreuung, die Produktentwicklung, das Produktmanagement und das Marketing sowie der Vertrieb. Dabei wird die physische Herstellung der Tonträgerkopien in der Regel nicht von den Tonträgerherstellern selbst betrieben, sondern an weltweit mehr als

---

[1] Vgl. Schmidt (2003), S. 209 ff.

200 CD-Fertigungswerke outgesourct. Allerdings gehören diese Werke vielfach zu den großen Unterhaltungskonzernen, sodass fast jede Major Company auch über einen konzerneigenen Manufacturer verfügt (zum Beispiel Sony DADC als CD-Hersteller und Sony-Tochter).

Ein typisches Zusatzgeschäft von Tonträgerherstellern ist die Produktion und der Vertrieb von Musikvideos und Musik-DVDs.[1] Schließlich umfasst das Geschäftsmodell der Tonträgerhersteller zum Teil auch den Bereich des Merchandising. Darunter wird die Verwertung von Nebenrechten für Künstler oder Musikprodukte verstanden. Beispielhaft können die Herstellung und der Vertrieb von Artikeln wie Poster und T-Shirts mit dem Namen oder dem Konterfei der Interpreten genannt werden. Neben dem traditionellen Merchandising werden darüber hinaus zunehmend Erlöse aus dem Bereich des digitalen Merchandising generiert. Bei digitalem Merchandising handelt es sich um Klingeltöne, SMS-Grußkarten oder MMS (Multimedia Messaging Service).

In vielen Fällen werden die Merchandising-Rechte jedoch vom Künstler selbst oder einer spezialisierten Organisation wahrgenommen, sodass sie für den Tonträgerhersteller nicht verfügbar sind. In diesem Zusammenhang beschreitet Universal Music einen neuen Weg. Während die Musikkonzerne bislang nur an den Erlösen von Alben- und Single-Verkäufen beteiligt waren, besteht Universal Music seit Anfang 2003 bei neuen Verträgen darauf, auch an den Einkünften aus Tourneen und Merchandising-Produkten mitzuverdienen. Nachdem Plattenverkäufe nur knapp ein Drittel der Einnahmen von Musikern darstellen, möchte Universal auf diese Weise sicherstellen, an allen Stationen der Verwertungskette von Musikprodukten beteiligt zu sein.[2]

In Abbildung 3-3 ist das Geschäftsmodell von Sony Music Entertainment als Beispiel für einen Tonträgerhersteller dargestellt. Sony erzielt das Gros seiner Erlöse traditionell über den Verkauf von Tonträgern. Eine Distribution über das Internet findet ebenfalls statt. Sony stellt im Rahmen von Partnerschaften, zum Beispiel auf den Musikportalen von Apple und T-Online, viele seiner Titel zum Download bereit. Darüber hinaus werden auch Musikvideos produziert und vertrieben sowie Merchandising-Artikel verkauft.

---

[1] Vgl. Schmidt (2003), S. 210.
[2] Vgl. Clark (2003), S. 16.

Abbildung 3-3: Geschäftsmodell eines Tonträgerherstellers[1]

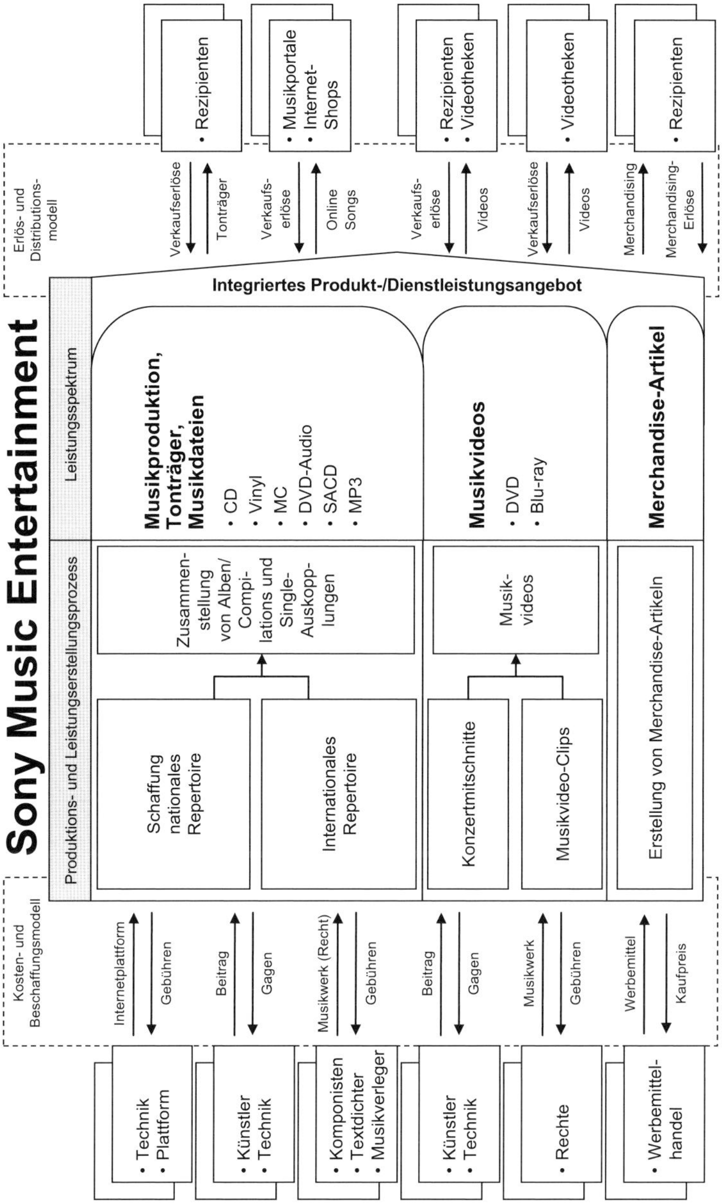

---

[1] Auf der Basis eigener Analysen und Abschätzungen.

3.4.2 Geschäftsmodell Musikverlag

Der überwiegende Teil der Aktivitäten von Musikverlagen bezieht sich auf den Erwerb, die Verwaltung und Lizenzierung von Rechten. Musikverlage fordern die Tantiemen für die Verwertung von Musiktiteln (zum Beispiel in TV, Radio, Konzert und Diskothek) ein. Vielfach werden diese Gebühren nicht direkt von den Verlagen erhoben, sondern über Verwertungsgesellschaften abgewickelt (zum Beispiel GEMA). Erlösströme entstehen somit aus Ausschüttungen von Verwertungsgesellschaften sowie aus der unmittelbaren Wahrnehmung von Nutzungs- und Verwertungsrechten aus dem Urheberrecht (Lizenzierung an Dritte).

Ein Teil der Einnahmen verbleibt beim Musikverlag, der Rest wird an den Autor und/oder Interpreten weitergegeben. Ein deutlich geringerer Teil der Aktivitäten von Musikverlagen umfasst die Produktion und den Verkauf von Noten und sonstigen Musikalien, das sogenannte Papiergeschäft.[1] In Abbildung 3-4 ist ein Beispiel für das Geschäftsmodell eines Musikverlages anhand von EMI Music Publishing vereinfacht dargestellt.

Abbildung 3-4: Geschäftsmodell eines Musikverlags[2]

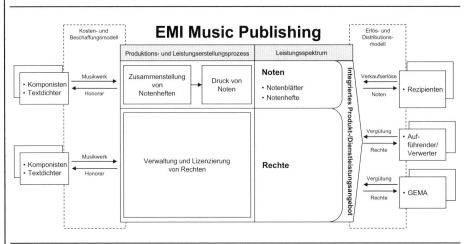

---

[1] Vgl. Brodbeck/Hummel (1991), S. 61.
[2] Auf der Basis eigener Analysen und Abschätzungen.

4 Aufgaben des Musikmanagement

Das Musikmanagement umfasst die Ausrichtung und Führung von Unternehmen der Musikindustrie. In den Aufgabenbereich des Musikmanagement fallen das strategische Management, das Beschaffungs-, das Produktionsmanagement sowie das Marketing. Diese zentralen Managementfelder werden im Rahmen des vorliegenden Abschnitts sowohl für Tonträgerhersteller als auch Musikverlage dargestellt.

4.1 Strategisches Management

Im Hinblick auf die strategischen Handlungsoptionen der Tonträgerhersteller und Musikverlage lassen sich Fokussierungs-, Integrations- und Netzwerkstrategien unterscheiden. Die Verfolgung dieser Strategien bestimmt sich durch die Position, die von Unternehmen der Musikwirtschaft in der Wertschöpfungskette angestrebt beziehungsweise eingenommen werden. Fokussierungsstrategien, bei denen sich Unternehmen auf eine Stufe der Wertschöpfungskette konzentrieren, spielen in der Musikindustrie zwar aus wirtschaftlicher Sicht eine untergeordnete, gleichwohl aus kultureller Sicht eine nicht zu unterschätzende Rolle.

Fokussierte Unternehmen finden sich sowohl in der Tonträgerindustrie als auch unter den Musikverlagen. Häufig ist es den kleinen Unternehmen vorbehalten, neue Musikformen sowie junge Talente zu entdecken und zu entwickeln. Sie sind es, die sich in der Regel vom Mainstream der Majors absetzen und musikalisch-kulturell eigene Wege gehen.[1] Das Versagen der Fokussierungsstrategien in wirtschaftlicher Hinsicht ist sowohl beschaffungs- als auch absatzseitig begründet. Die großen horizontal und vertikal integrierten Major Labels verfügen über die notwendigen finanziellen Ressourcen und Marketing-Kapazitäten, um einerseits beschaffungsseitig vielversprechende Talente werben, binden und bezahlen sowie andererseits absatzseitig weltweit promoten zu können.

Horizontale Integrationsstrategien äußern sich insbesondere in Übernahmen kleinerer Labels und Verlage durch die Majors, wodurch ein internationales Repertoire an Künstlern und Rechten geschaffen wird. Neben der Erschließung neuer, internationaler Märkte sind auch Synergie- und Skaleneffekte als Motive horizontaler Integrationsbemühungen zu nennen. Vertikale Integrationen sind ebenfalls vorrangig bei den Major Labels zu beobachten. Sie verfügen zumeist über eigene Musikverlage, Distributoren und CD-Herstellungsbetriebe, um alle nachgelagerten Wertschöpfungsstufen der Wertekette in der Musikindustrie abdecken zu können.

---

[1] Vgl. Vormehr (2003), S. 223 ff.

Insbesondere die Integration der Verlagsfunktion ist dabei von hoher strategischer Bedeutung. Auf diese Weise können die Rechte an den auf Tonträgern veröffentlichten Musikstücken innerhalb des Konzerns gehalten werden. Damit können zusätzliche Erlösströme erschlossen werden, die andernfalls an unabhängige Publisher oder Konkurrenten fließen würden. Auch laterale Integrationstendenzen sind im Musikmarkt zu beobachten. Damit wird die Integration von Wertschöpfungsaktivitäten bezeichnet, die in fremden oder neu entstehenden Wertschöpfungsketten angesiedelt sind.

Ein Beispiel dafür zeigt das Label Virgin Records des britischen Unternehmers Richard Branson, aus dem 1984 die Fluglinie Virgin Atlantic gegründet worden ist. 1992 wurde Virgin Records an EMI verkauft. Eine gleichzeitige Verfolgung horizontaler, vertikaler und lateraler Integrationsstrategien ist bei großen integrierten Medienkonzernen, wie beispielsweise Vivendi, zu beobachten. Die beiden Major Labels Sony Music Entertainment und Universal Music sind etwa Teil solcher integrierten Medienkonzerne, die in verschiedenen Medienindustrien aktiv sind. Bei der Frage nach der Motivation großer Medienkonzerne für lateral, horizontal und vertikal integrierte Strukturen ist die crossmediale Mehrfachverwertung von Content ein wichtiger Aspekt.

Ein Beispiel für die erfolgreiche Umsetzung einer solchen unternehmensinternen crossmedialen Verwertungsstrategie bei Musikprodukten bietet das seit 2002 sehr erfolgreiche Format „Deutschland sucht den Superstar". Zunächst werden die Fernsehshows, in deren Rahmen junge Talente identifiziert werden sollen, von der Bertelsmann-Tochter RTL produziert und ausgestrahlt. Vor- und Hintergrundinformationen zu den Shows und Kandidaten werden von VOX ausgestrahlt. Im Anschluss daran werden vielversprechende Interpreten aus der Show von Sony Music Entertaiment unter Vertrag genommen, um mit diesen Singles und Alben zu produzieren.

Schließlich spielen auch Netzwerkstrategien in der Musikwirtschaft eine wichtige Rolle. Netzwerkstrategien haben die Bildung von Unternehmensgruppen zum Ziel, die gemeinsam und kooperativ an einem Wertschöpfungsprozess arbeiten. Insbesondere im Hinblick auf neue Geschäftsfelder und Distributionsmodelle in der Musikindustrie (zum Beispiel Handy-Musik beziehungsweise Klingeltöne und Online-Musik) haben Kooperationen eine hohe Bedeutung. Primär handelt es sich dabei um strategische Netzwerke, das heißt vertikale und laterale Kooperationen, die zumeist aus Vertriebs- und Promotion-Motiven eingegangen werden.

Exemplarisch kann in diesem Kontext die Kooperation von Sony Music Entertainment und dem US-Mobilfunkanbieter Verizon Wireless angeführt werden. Zum einen wird den Mobilfunkkunden von Verizon auf Grundlage dieser Kooperationsbeziehung mobiler, musikbezogener Content (zum Beispiel Star-Logos, Klingeltöne und Ringback-Tones) von Sony-Künstlern angeboten und zum anderen führen die beiden Unternehmen gemeinsame Marketingprogramme durch. Ein ähnlich motiviertes Kooperationsabkommen besteht auch zwischen Ericsson und Warner Music.

4.2 Beschaffungsmanagement

Bei einer Betrachtung des Beschaffungsmanagement in der Musikindustrie sind insbesondere die Künstlerakquise und -bindung von Interesse. Die Beschaffung von Künstlern und Interpreten, in Form der Entdeckung und dem Aufbau von Talenten, stellt für die Tonträgerhersteller eine zentrale Managementaufgabe dar. Die Bedeutung dieses Teilbereichs des Beschaffungsmanagement geht weit über die Bedeutung der Beschaffung anderer Input-Faktoren, wie beispielsweise des technischen Equipment oder sonstigen Personals hinaus und ist durch zahlreiche Besonderheiten gekennzeichnet.

4.2.1 Einflussfaktoren

Für das Beschaffungsverhalten im Musikmarkt lässt sich feststellen, dass einer der wesentlichen Einflussfaktoren in den Kosten der Interpreten liegt. Dabei ist in der Musikbranche in den vergangenen Jahren ein erheblicher Anstieg an Gagen für erfolgreiche Künstler zu beobachten. Die Bedeutung von Kosten, Attraktivität und Erlöserwartungen als Einflussfaktoren des Beschaffungsmanagement ist auch auf den Musikmärkten evident. Als wesentlicher und für die Musikbranche spezifischer Einflussfaktor wird deshalb im Folgenden die vertragliche Ausgestaltung der Musikbeschaffung aufgezeigt.

Bei der Ausgestaltung der Vergütung von Künstlern und Produzenten sind verschiedene Vertragsformen möglich. In der Regel erhält ein erfolgversprechender Künstler eine Vorschusszahlung an Tantiemen, von denen er die Ausgaben der Produktion decken muss. Diese Vorauszahlung impliziert ein hohes unternehmerisches Risiko für den Tonträgerhersteller, da sich nur bei circa fünf bis zehn Prozent der Künstler die Investitionen tatsächlich auszahlen.[1] Darüber hinaus werden die Künstler zumeist an den Tonträgerumsätzen beteiligt, sobald diese den fixen Teil der Vergütung sowie die anfallenden Kosten übersteigen.

Die Verträge zwischen Tonträgerherstellern und Künstlern sind seit den 1980er Jahren zunehmend komplexer geworden, was insbesondere auf das vermehrte Auftreten von Intermediären wie Künstlermanagern und unabhängigen Produzenten zurückzuführen ist. Gleichwohl haben sich gewisse Grundtypen von Verträgen herausgebildet, die im Folgenden kurz skizziert werden.[2] Künstler und Produzenten stehen zumeist in einem festen vertraglichen Arbeitsverhältnis mit dem Platten-Label. Mit bereits etablierten und erfolgreichen Künstlern werden häufig Verträge mit einer festen Laufzeit von drei Jahren abgeschlossen (Laufzeitverträge). Bei Newcomern hingegen liegen die Vertragslaufzeiten selten höher als ein Jahr.

---

[1] Vgl. Peter (2001), S. 13.
[2] Vgl. Baskerville (2005), S. 159 ff.; Vogel (2007), S. 241.

Kapitel 7: Musikmanagement

Fast alle Laufzeitverträge sehen dabei Optionsrechte auf eine Vertragsverlängerung vor, die dem Tonträgerhersteller ein einseitiges Recht einräumen, den Vertrag mehrfach zu verlängern.[1] Eine Übersicht über die verschiedenen Entwicklungspositionen von Interpreten und damit verbundene Vertragsgestaltungen zeigt Abbildung 4-1.

Abbildung 4-1: Entwicklungspositionen von Künstlern in der Musikbranche[2]

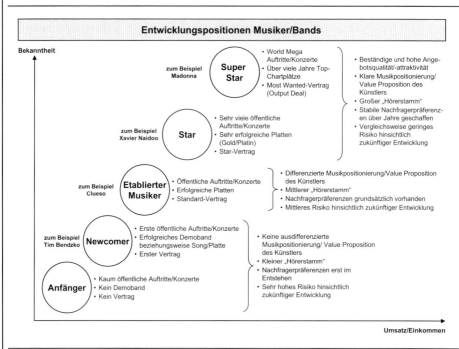

Neben den Laufzeitverträgen erlangen produktionsbezogene Verträge zunehmende Bedeutung. Diese Verträge haben keine festgelegte Vertragslaufzeit, vielmehr wird ein bestimmtes Produktionsvolumen vertraglich fixiert. Da sowohl die laufzeit- als auch die produktionsbezogenen Vertragsformen spezifische Vor- und Nachteile aufweisen, werden vielfach Bestandteile beider Grundformen kombiniert. So können Laufzeitverträge beispielsweise Klauseln enthalten, nach denen innerhalb der Laufzeit eine bestimmte Anzahl an Aufnahmen abgeliefert werden muss.

---

[1] Vgl. Negus (1992), S. 42.
[2] Auf der Basis eigener Analysen und Abschätzungen.

Daneben sind auch Produktionen möglich, bei denen nur der Künstler in einem festen Vertragsverhältnis zu dem Platten-Label steht und ein unabhängiger Produzent für die Produktion des Master Tape herangezogen wird. Dafür erhält der unabhängige Produzent ein fixes Honorar sowie in der Regel Tantiemen in Höhe von ein bis fünf Prozent des Umsatzes. Eine weitere Vertragsform sieht die Bildung eines Joint Venture zwischen dem Tonträgerhersteller und einem unabhängigen Produzenten beziehungsweise Künstler vor.

Die Einnahmen werden bei dieser Variante entsprechend des finanziellen Commitment der Vertragsparteien aufgeteilt. Darüber hinaus gibt es auch Produktionen, bei denen unabhängige Künstler und Produzenten in Eigenregie ein Master Tape erstellen und dieses an ein Platten-Label verkaufen. Die Entlohnung von Künstler und Produzent erfolgt bei dieser Form der Vertragsgestaltung zumeist über Tantiemen, die mit einem eventuell gezahlten Vorschuss verrechnet werden.[1]

4.2.2 Beschaffungsstrategien

Zentrale Aufgabe bei der Beschaffung von Platten-Labels ist es, erfolgsversprechende Künstler zu entdecken, entwickeln und zu binden. Das hohe Risiko von Fehlinvestitionen, das auf der falschen Einschätzung des Erfolgspotenzials von Künstlern basiert, äußert sich, indem nur circa 20% der Tonträgerproduktionen Erträge erzielen, die über ihren Produktions- und Marketingkosten liegen.[2]

Die Aufgaben im Rahmen der Akquisition von Künstlern werden in der Regel von einer darauf spezialisierten Abteilung wahrgenommen, der Artist And Repertoire (A&R)-Abteilung. Die Funktion der A&R-Abteilung lässt sich in nationales und internationales A&R unterteilen. Dabei beschränkt sich die internationale A&R-Arbeit zumeist auf eine Anpassung des Produkts an den Inlandsmarkt und eine Betreuung der Künstler, wenn diese sich im Inland aufhalten.[3]

Die Aufgaben der nationalen A&R-Arbeit hingegen bestehen in der Beschaffung und Entwicklung von lokalem Repertoire. Dabei bildet die Künstlerakquisition einen wesentlichen Bestandteil. Für die A&R-Arbeit ist ein gutes Markt- und Trendgefühl unabdingbare Voraussetzung. Die Mitarbeiter der A&R-Abteilungen müssen zum einen neue Talente entdecken (Talent-Scouts) und zum anderen permanent die aktuellen Interessen, Bedürfnisse und Vorlieben der Zielgruppen beobachten. Daneben sind Kenntnisse darüber, wie sich Talente anderer Platten-Labels entwickeln, ebenfalls von Interesse.

---

1 Vgl. Vogel (2007), S. 241.
2 Vgl. Peter (2001), S. 13.
3 Vgl. Schmidt (2003), S. 209 ff.

Die Summe dieser Informationen ermöglicht eine Einschätzung des Entwicklungspotenzials eines neuen Talents oder etablierten Künstlers. Wichtig für die Sammlung relevanter Informationen ist in diesem Zusammenhang ein umfassendes Kontaktnetzwerk, das von Produktionsunternehmen und Verlegern über Produzenten bis hin zu Künstleragenturen und Musikschulen reicht. Neben der Frage des Potenzials ist bei der Entscheidung, ob ein Künstler unter Vertrag genommen werden soll, auch das aktuelle Künstler- und Produktportfolio des Platten-Labels zu berücksichtigen.

Dabei gilt es abzuwägen, wie risikoreich das aktuelle Produktsortiment bereits ist und ob das Unternehmen über ausreichende Ressourcen verfügt, um ein neues Talent unter Vertrag zu nehmen. Aus diesem Grund existieren in vielen Musik-Labels klare Richtlinien darüber, wie viele Künstler in welchem Entwicklungsstadium gleichzeitig unter Vertrag genommen werden können.

So zeigt sich beispielsweise bei den Major Labels eine zunehmende Zurückhaltung bei der Talentsuche in sehr frühen Entwicklungsstadien sowie bezüglich unverlangt eingesendeter Demobänder. Stattdessen werden Künstler bevorzugt, die bereits einen relevanten Entwicklungsprozess hinter sich gebracht haben und ein deutliches kommerzielles Potenzial erkennen lassen.

4.3 Produktionsmanagement

Das Produktionsmanagement in der Musikwirtschaft umfasst insbesondere die Produktion des Master Tapes im Tonstudio sowie die physische Herstellung der Tonträger in Presswerken. Dabei kommt die Tonträgervervielfältigung in den Presswerken jedoch eher einer industriellen Produktion nahe, wodurch sie wenig medienspezifisch ist und nicht näher betrachtet wird. Demgegenüber ist die Produktion der First Copy im Musikmarkt sehr spezifisch und soll nachfolgend eingehender dargestellt werden.

4.3.1 Einflussfaktoren

Zentrale Einflussgröße auf den Musikproduktionsprozess ist deren Projektcharakter, wonach jede Produktion ein eigenständiges Projekt darstellt, das sich im Umfang, in den Inhalten und den Determinanten von anderen unterscheidet. Somit können an dieser Stelle nur die wichtigsten Einflussfaktoren anhand eines idealtypischen Produktionsprozesses betrachtet werden.

Aufgaben des Musikmanagement

■ Produktionsprozess

Der Musik-Produktionsprozess gliedert sich im Wesentlichen in fünf Stufen. Den Ausgangspunkt bildet dabei ein Konzept für das Musikproduktionsprojekt, das immer auf den jeweiligen Interpreten abzustimmen ist. Dabei gilt es neue Trends zu erfassen, Ideen zu sammeln und eine Ablauf-, Budget- und Zeitplanung zu erstellen. In der zweiten Produktionsstufe wird auf Grundlage von ersten Arbeitsproben das Konzept bewertet und möglicherweise überarbeitet. In diesem Zusammenhang wird auch der Künstler anhand seiner Glaubwürdigkeit und Stimmigkeit mit dem Konzept bewertet.

Die Produktion im engeren Sinne als dritte Stufe beinhaltet die Einspielung und Abmischung der Musikstücke im Tonstudio. In der vierten Stufe des Produktionsprozesses werden wichtige Vorarbeiten für die Promotion-Phase durchgeführt. So werden in dieser Phase die Tonträgerverpackung gestaltet, das Cover erstellt, Foto-Shootings abgehalten und ein oder mehrere Musikvideos gedreht. Die Vervielfältigung des Master Tapes in den CD-Presswerken oder die Digitalisierung für den Online-Vertrieb bildet schließlich den fünften und letzten Schritt des Produktionsprozesses in der Musikwirtschaft. Zusammenfassend ist der Produktionsprozess der Musikwirtschaft in Abbildung 4-2 dargestellt.

Abbildung 4-2: Produktionsprozess in der Musikwirtschaft

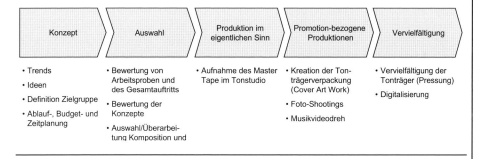

■ Ressourcen

Wichtige Input-Größen im Rahmen einer Musikproduktion bilden personelle, materielle beziehungsweise finanzielle und zeitliche Ressourcen. Zunächst ist ein kreatives und motiviertes Team aus Interpreten beziehungsweise der Band und einem Produzent notwendig. Die Qualität der Produzenten hat einen wesentlichen Einfluss auf das

Produktionsergebnis. Dabei haben sich die Anforderungen an die Produzenten in den letzten Jahren aufgrund technologischer Entwicklungen verändert. So benötigen Produzenten heute neben musikalischem Wissen und Gespür auch zunehmend technisches Know How.[1]

Als materielle Ressource ist das Aufnahmestudio von großer Wichtigkeit für die Musikproduktion. Bei der Wahl eines Tonstudios spielen neben wirtschaftlichen Überlegungen und der technischen Ausstattung auch die Präferenzen des Produktionsteams eine Rolle. Beispielsweise geben Produzenten vielfach einem Studio den Vorzug, in dem sie bereits erfolgreich gearbeitet haben. Für die Künstler wiederum kann es wichtig sein, an einem sie inspirierenden Ort zu arbeiten.

Darüber hinaus können zeitliche Restriktionen sowie das Ausmaß, in dem das Platten-Label die Produktion nach seinen Vorstellungen steuert, eine wichtige Einflussgröße auf die Musikproduktion darstellen. So gibt es mittlerweile viele Künstler, die sich ihr Platten-Label in erster Linie danach auswählen, ob ein entsprechender Entfaltungsspielraum gegeben ist beziehungsweise wie stark das künstlerische Schaffen durch das Platten-Label determiniert und reguliert wird.

■ Produktionskosten

Für die Produktion von Tonträgern wird meist ein bestimmtes Budget vorgegeben, dessen Höhe unter anderem von dem Bekanntheitsgrad und vom bisherigen Erfolg des Künstlers abhängig ist. Besonders kostenintensiv stellt sich die dritte Produktionsprozessphase, die Produktion im engeren Sinne dar. In dieser Phase wird das Master Tape erstellt. Dafür sind sowohl zahlreiche personelle Ressourcen (zum Beispiel Künstler, Band, Aufnahmeleiter und technischer Produktionsleiter), als auch materielle Ressourcen in Form von Musikinstrumenten und eines Tonstudios mit dem technischen Equipment notwendig. Insbesondere die Kosten für das Tonstudio sind vergleichsweise hoch und steigen mit der Produktionsdauer. Dabei variiert die Dauer einer Musikproduktion erheblich in Abhängigkeit von den Künstlern. Diese kann zwischen drei Wochen und 18 Monaten liegen.

Charakteristisch für die Musikindustrie ist, dass nur wenige Tonträgerproduktionen tatsächlich Erlöse generieren, die zur Deckung der Produktionskosten ausreichen. Somit findet vielfach eine Quersubventionierung der Tonträger statt. Statistisch finanzierte zum Beispiel im Jahr 2003 ein erfolgreiches Produkt bereits neun andere mit, die zwar kulturell oder künstlerisch bedeutend sein können, aber zu wenig nachgefragt werden und daher wirtschaftliche Verluste bringen.[2] Prinzipiell gilt, dass die Kostenstruktur bei der Herstellung von Tonträgern durch einen hohen Fixkostenanteil ge-

---

[1] Vgl. Negus (1992), S. 85.
[2] Vgl. Bundesverband der Phonographischen Wirtschaft (2004), S. 39.

kennzeichnet ist und sich somit bei erfolgreichen Produktionen und steigender Produktionsmenge Economies Of Scale realisieren lassen.[1] Davon profitieren primär die großen Major Labels, da diese insbesondere im Mainstream-Musikbereich operieren, der große Produktions- und Absatzmengen ermöglicht.

4.3.2 Produktionsstrategien

Im Hinblick auf die in der Musikwirtschaft verfolgten Produktionsstrategien ist eine Netzwerkstrategie charakteristisch. Dem Tonträgerhersteller kommt in diesem Netzwerk primär eine Steuerungs- und Finanzierungsfunktion zu. Das eigentliche Produktionsnetzwerk wird aus Songwritern beziehungsweise Komponisten, Interpreten und Produzenten gebildet. Diese Akteure erstellen die First Copy des Musiktitels. Die physische Vervielfältigung der Tonträger erfolgt durch das Presswerk. Für das Platten-Label gilt es zu entscheiden, inwieweit der Produktionsprozess und das Produktionsnetzwerk internalisiert werden, das heißt in welchem Ausmaß die einzelnen Akteure des Produktionsnetzwerks vertraglich fest an das Platten-Label gebunden werden.

Verschiedene vertragliche Ausgestaltungsformen für die Zusammenarbeit zwischen Tonträgerhersteller, Produzent und Interpret wurden bereits im Abschnitt 4.2.1 des vorliegenden Kapitels betrachtet. Es gilt, dass die fixen Kosten und somit das Risiko der Produktion für das Label umso höher sind, je stärker eine Musikproduktion durch das Platten-Label initiiert und durch unternehmensinterne Künstler und Produzenten ausgeführt wird. Bei dieser Vorgehensweise kann der Tonträgerhersteller jedoch in wesentlich höherem Maß das Ergebnis und die Qualität der Produktion entsprechend seiner Interessen beeinflussen.

Neben den extremen Ausprägungen der vollständigen Integration oder Desintegration des Produktionsnetzwerks durch das Platten-Label finden sich vielfach Zwischenformen. Einerseits werden, im Sinne einer Fremdproduktion, Beziehungen zu unabhängigen Künstlern und Produzenten gepflegt, die ihre fertig produzierten Tapes an das Platten-Label verkaufen. Andererseits werden, im Sinne einer Eigenproduktion, Künstler gezielt aufgebaut und für entsprechende eigen initiierte Projekte eingesetzt. Intention einer solchen Produktionsstrategie ist es, zum einen ein möglichst großes Produktportfolio bei geringem Risiko zu schaffen. Zum anderen sollen die besonders vielversprechenden Projekte in Eigenregie durchgeführt werden, um so eine höhere Gewinnmarge zu erzielen.

---

[1] Vgl. Burnett (1996), S. 74.

4.4 Marketing

Das Marketing umfasst die Funktionsbereiche Produktpolitik, Preispolitik, Distributions- und Kommunikationspolitik. Aufgrund dessen, dass der Musikmarkt in weiten Teilen von zum Teil kurzlebigen Trends abhängig sowie in starkem Maß ein Hit Driven Market ist, haben die Instrumente des Marketing eine hohe Bedeutung für den erfolgreichen Musikabsatz durch die Tonträgerhersteller.

4.4.1 Produktpolitik

Der wichtigste Absatzmarkt für Tonträgerhersteller ist der Hörermarkt. Auf dem Hörermarkt bildet entweder die Musikkopie auf einem physischen Datenträger oder die digitale Musikkopie das Produkt. Das Programm eines Tonträgerherstellers setzt sich aus den verschiedenen angebotenen Produkten zusammen. Die Produktpolitik der Platten-Labels wird durch den Leistungskern, die Verpackung und die Markenpolitik charakterisiert.

- Leistungskern

Der Leistungskern bildet den eigentlichen Vermarktungsgegenstand der Unternehmung. In der Tonträgerindustrie besteht dieser im Wesentlichen aus den aufgenommenen Musiktiteln. Platten-Labels haben in Bezug auf die Ausgestaltung des Leistungskerns verschiedene Entscheidungen zu treffen. Zunächst gilt es, das Produktprogramm auf Grundlage der Markt- und Geschäftsfeldstrategie zu definieren. Als nächster Schritt sind die angestrebte Qualität des Produkts, der Produktumfang (Album versus Single) und die Verwertungsstufen zu definieren.

Die inhaltliche Ausgestaltung des Programms leitet sich in der Regel aus der von der Unternehmensführung vorgegebenen Definition der Geschäftsfelder ab. Struktur und Umfang des Angebots werden durch die Programmbreite sowie die Programmtiefe definiert. Die Programmbreite von Platten-Labels ergibt sich insbesondere aus der Zahl der angebotenen Genres sowie die bei dem Label unter Vertrag stehenden Künstler.

So ist beispielsweise das Musikprogramm des Stuttgarter Platten-Labels Four Music mit der einzigen Sparte Hip Hop wesentlich kleiner als das von Edel Music, das Pop, Rock, Klassik, Kinder und Sampler umfasst. Die Programmtiefe bezeichnet die Anzahl der Produkte innerhalb eines Repertoiresegments. Ein tiefes Angebot könnte beispielsweise im Bereich Rock oder Pop neben bekannten, eher auf den Mainstream ausgerichteten Produkten, auch Special Interest-Angebote umfassen.

Aufbauend auf diesen Entscheidungen über das Produktprogramm erfolgt die eigentliche Gestaltung des Leistungskerns. Musik ist eine Kunstform und kann somit nur schwer anhand objektiver Qualitätsmaßstäbe bewertet werden. Die Einschätzung der Güte von Musik ist in hohem Maß durch das subjektive Empfinden geprägt. Dennoch werden Musikproduktionen anhand ihrer Stimmigkeit, Glaubwürdigkeit und des künstlerischen Gehalts beurteilt.

Auch kann der Aufwand einer Musikproduktion eine Zielgröße sein und insbesondere über die Faktoren Zeit und Budget beeinflusst werden. Demnach steht beispielsweise bei neuen, unbekannten Künstlern die Risikominimierung im Vordergrund, sodass erste Aufnahmen zunächst mit einem vergleichsweise kleinen Produktionsbudget produziert werden. Erst bei einem gewissen Markterfolg werden die Produktionen aufwendiger und kostenintensiver.

Ein weiteres produktpolitisches Instrumentarium zur Minimierung des Risikos bei neuen Projekten besteht darin, zunächst nur eine Single zu produzieren und darüber den Markterfolg zu testen. Bei Erfolg der Single wird daraufhin ein ganzes Album produziert. Nach einem ähnlichen Prinzip erfolgt auch die Entscheidung über den Produktumfang beziehungsweise das Packaging. Demnach ist es gängige Praxis, dass vor Erscheinen eines neuen Albums ein oder mehrere Albumtitel als Single veröffentlicht werden. Diesem Vorgehen liegen im Kern zwei strategische Motive zugrunde.

Zum einen handelt es sich dabei um eine Art von Mehrfachverwertung, bei der die Zahlungsbereitschaft der Rezipienten bestmöglich abgeschöpft werden soll. So werden erfolgreiche Titel nach einer Single-Auskopplungen und dem Erscheinen des Albums im Rahmen von Handy-Klingeltönen, Best Of- und Compilation-Alben erneut verwertet. Zum anderen können erfolgreiche Single-Auskopplungen der Promotion des Albums dienlich sein. Eine hohe Platzierung in den Single Charts geht einher mit einer hohen Rotation des Musiktitels in Radio und TV, was zumeist den anschließenden Verkauf des Albums fördert.

- Verpackung

Im Gegensatz zu vielen anderen Teilmärkten der Medienwirtschaft spielt in der Musikwirtschaft für die Tonträgerhersteller die Verpackung eine wichtige Rolle. Dabei erfüllt die Verpackung grundsätzlich mehrere Funktionen.[1] Die primäre Verpackungsfunktion besteht im Schutz der Produkte, also dem Schutz des Tonträgers vor Beschädigungen. Sie soll auch die Transport- und Lagerfähigkeit sicherstellen. Sekundäre Verpackungsfunktionen bestehen in der Information der Verbraucher sowie in der Verkaufsförderung.

---

[1] Vgl. Scheuch (2006), S. 339 f.

Diesen sekundären Funktionen wird besonders im Bereich der Tonträger eine große Bedeutung als Marketinginstrument zuteil. Ansprechende CD-Cover, außergewöhnliche Verpackungsarten (zum Beispiel Kombination von Plastik- und Papphüllen) sowie aufwendige Booklets mit Songtexten und Fotos der Interpreten können einen Zusatznutzen für den Rezipienten darstellen. Im Hinblick auf das Problem der digitalen Raubkopien erlangen solche Verpackungselemente einen neuen Stellenwert. Der Mehrwert einer aufwendigen Verpackung kann für den Kunden einen Grund darstellen, die Original-Tonträgerkopie anstatt einer Raubkopie zu erwerben.

- Markenpolitik

Im Musikmarkt ist der Künstler oder die Band der nach außen hin sichtbarste Teil des Musikprodukts.[1] Der Rezipient orientiert sich beim Musikkauf eher am Interpreten als am Platten-Label. Der Interpret steht für einen bestimmten Musikstil und bietet damit dem Rezipienten eine Orientierungshilfe bei seiner Kaufentscheidung. Mit dem Künstler beziehungsweise der Band ist ein bestimmtes Image verbunden, das die Grundlage für die Identifikation des Hörers mit der Musik und dem Künstler bietet. Die Künstler sind somit insgesamt das wichtigste Markenzeichen einer Musikproduktion.

Darüber hinaus haben sich Projektnamen wie beispielsweise „Kuschelrock" oder „Bravo Hits" als Marken positioniert. Mit diesen Markennamen, die zumeist für Compilations eingesetzt werden, können ein hoher Wiedererkennungswert sowie Käufertreue erzielt werden.[2] Musikmarken sind besonders wichtig im Merchandising-Bereich, wo sie den Verkauf von Fan-Utensilien in unterschiedlichster Form fördern. Trotz der hohen Bedeutung von Künstlern und Projekten bei der Markenbildung im Musikmanagement treten auch Platten-Labels als Marken in Erscheinung. Dabei finden sich vereinzelt auch Fälle, bei denen die Hörer gezielt CDs eines Musik-Labels erwerben. Dies ist beispielsweise bei stark spezialisierten Unternehmen, wie dem Jazz-Label „Blue Note Records" der Fall, das für seine besonderen Jazz-Produktionen bekannt ist.

Wichtiger ist die Signalisierungsfunktion der Marke eines Platten-Labels jedoch für das Produktionsnetzwerk aus Autoren, Produzenten und Interpreten. Häufig werden von den Major Labels gezielt Sub-Labels gegründet beziehungsweise gekauft, da eine Marke wie Sony, Warner, EMI oder Universal inhaltlich zu stark überladen und somit bei einer gezielten Positionierung nicht hilfreich ist. Sub-Labels sollen sich auf ein bestimmtes Musikgenre fokussieren und darin etablieren. So gehört zu Sony Music Entertainment etwa eine Vielzahl von Sub-Labels, darunter Marken wie Arista Records, Columbia Records, Jive Records, Sony Masterworks oder Verity Records. Im Hinblick auf die Platten-Label-Marken finden sich verschiedene Markenführungsstrategien. So spiegelt der Markenname „Edel Classic" eine Dachmarkenstrategie wider. Daneben werden jedoch auch Einzelmarken- und Mehrmarkenstrategien eingesetzt.

---

[1] Vgl. Peter (2001), S. 12.
[2] Vgl. Cannibol (2003), S. 246 ff.

4.4.2 Preispolitik

Die Preispolitik im Musikmarkt betrifft vornehmlich den Rezipientenmarkt mit den Tonträger- und Download-Produkten. Die Preisfindung kann prinzipiell nach kosten-, nachfrage- und konkurrenzorientierten Kriterien erfolgen.[1] Die Preisfindung der Tonträgerhersteller orientiert sich primär an der Konkurrenz beziehungsweise an einem branchenüblichen Preis und nur in eingeschränktem Maß an der Nachfrage und den Herstellungskosten.

Die kostenorientierte Preisbildung ist im Tonträgermarkt aufgrund der hohen Fixkostenbestandteile wenig sinnvoll. So würde eine Orientierung an Teil- beziehungsweise Grenzkostensätzen zwar zu einer kurzfristigen Preisuntergrenze, mittel- bis langfristig jedoch zu hohen Verlusten führen, da fixe Kosten nicht gedeckt werden. Eine Orientierung an Vollkostensätzen hingegen scheitert an der hohen Misserfolgsquote von Musikproduktionen. Ein geringer Absatz führt aufgrund der Verrechnung sämtlicher Kosten auf die einzelnen Tonträgereinheiten zu höheren Kosten und somit zu einer Preiserhöhung, die jedoch einen weiteren Absatzrückgang hervorruft.

Auch eine reine Orientierung an der Zahlungsbereitschaft der Rezipienten ist nicht möglich, da die Zahlungsbereitschaft der Hörer stark gesunken ist. Dabei ist Musik das einzige Medienprodukt mit einem sinkenden Preisindex. Insbesondere zwischen 2007 und 2010 sind zum Beispiel die Preise für Musik-Downloads um circa 25% gesunken. Im selben Zeitraum verzeichnete die CD einen Rückgang um knapp 5%.[2] Die geringe Zahlungsbereitschaft für Original-CDs oder legale Downloads ist insbesondere auf die hohe Verbreitung kostenloser, illegaler Musik-Download-Angebote beziehungsweise die Möglichkeit des einfachen Kopierens von CDs zurückzuführen.

Der gesunkenen Zahlungsbereitschaft der Hörer stehen die zum Teil hohen Produktionskosten von Tonträgern und den wachsenden Gagen für erfolgreiche Künstler gegenüber. Da die Auswirkungen einer kostenorientierten und einer nachfrageorientierten Preispolitik sehr stark voneinander abweichen, hat sich in der Musikbranche eine wettbewerbsorientierte Preispolitik etabliert, sodass sich die Preise für Tonträger branchenweit auf einem weitgehend einheitlichen Preisniveau gefestigt haben.

Innerhalb dieses Preisgefügs stehen den Unternehmen preispolitische Instrumente in begrenztem Umfang zur Verfügung. Deren effektiver Einsatz kann zu einer optimalen Abschöpfung der Zahlungsbereitschaft der Kunden führen. Häufig kommt in diesem Kontext eine zeitliche Preisdifferenzierung zum Einsatz. Tonträgerhersteller vermarkten aktuelle Künstleralben sowie TV- und funkbeworbene Compilations zunächst zu einem Höchstpreis, dem sogenannten Full Price. Nach einiger Zeit werden die Tonträgerpreise reduziert und als Mid sowie Low Price CDs vermarktet.[3]

---

[1] Vgl. Diller (2007), S. 150 ff.
[2] Vgl. Bundesverband Musikindustrie e.V. (2011), S. 18.
[3] Vgl. Diederichs (2003), S. 261 ff.; Hutzschenreuter/Espel/Schneemann (2004), S. 31.

Daneben werden auch immer häufiger verschiedene Packages für ein Musikwerk auf den Markt gebracht, die sich hinsichtlich Umfang, Verpackung und Zusatzfeatures unterscheiden und somit unterschiedliche Preise rechtfertigen. So gibt es beispielsweise einen aktuellen Single-Chart-Hit als günstige 2-Track Single, als teurere Maxi CD mit drei Titeln und in der teuersten Version als Single DVD mit mehreren Tracks plus Filmmaterial.

Grundsätzlich stellen in der Musikindustrie alle Musikprodukte, die aus mehreren Titeln bestehen, eine Form der Preisbündelung dar. Dem Verbraucher wird in Form eines Albums eine feste Kombination von Musiktiteln zu einem Bündelpreis angeboten. Während dies bei LPs einer Band oder eines Künstler Resultat des musikalischen Konzepts sein kann, werden Compilations meist unter rein kommerziellen Gesichtspunkten zusammengestellt. Dabei werden Musikstücke unterschiedlicher Attraktivität miteinander kombiniert, um durch die Zahlungsbereitschaft der Konsumenten für attraktive Titel höhere Durchschnittserlöse für die gesamte Titelkombination zu generieren.

Die Preisbündelung über mehrere Tonträger ist ebenfalls möglich. Ein Beispiel kann das Angebot von mehreren Alben eines Künstlers zu einem Komplettpreis sein. Dies ist häufig bei Sondereditionen der Fall, zum Beispiel zu Bandjubiläen. Zudem werden auch mehrere Tonträger einer musikalischen Epoche oder das gesamte Werk eines Künstlers in einem Set angeboten.

Durch die Verbreitung legaler Musik-Download-Angebote werden die bisherigen Preisbündelungsstrukturen zunehmend aufgebrochen. Der Rezipient hat dabei zwar immer noch die Möglichkeit via Download das gesamte Album eines Interpreten zu erwerben, darüber hinaus ist jedoch jeder Albumtitel auch einzeln verfügbar. Die Preise eines Album-Downloads liegen zumeist unter den Preisen der CD, weil Material-, Produktions- und Distributionskosten entfallen.

Neben diesen „Pay Per Track"- beziehungsweise „Pay Per Album"-Preismodellen, die derzeit im Online-Musikmarkt dominieren, finden sich auch alternative Preisgestaltungsmodelle. Beispielsweise bietet RealNetworks in den USA über seinen Rhapsody-Service ein Musikabonnementangebot, bei dem unbegrenztes On Demand Streaming von über 13 Millionen Songs möglich ist. Der Rezipient zahlt dafür eine Abonnementgebühr von zehn US-Dollar pro Monat.[1]

---

[1] Vgl. Rhapsody (2012).

4.4.3 Distributionspolitik

Aufgabe der Distributionspolitik ist es, die Verfügbarkeit der Unternehmensleistungen am Markt sicherzustellen. Entscheidungen, die im Rahmen der Distributionspolitik zu treffen sind, umfassen insbesondere die Wahl der Absatzwege, die Absatzorganisation sowie die Absatzlogistik. Musik kann auf vielfältige Weise und in verschiedenster Form zum Hörer gelangen. Neben dem Erwerb eines Tonträgers oder Downloads durch den Rezipienten selbst wird Musik auch über das Radio, TV und Kino distribuiert. Dabei dominieren zumeist direkte Distributionsmodelle zwischen Tonträgerherstellern und den Radio- und Fernsehsendern sowie der Filmindustrie.

Aufgrund der hohen Werbewirkung, die durch die Platzierung der Musik in den Massenmedien erzielt wird, sind Radio, TV und Kinofilme nicht nur als Distributions-, sondern in erster Linie als Kommunikationskanäle zu bewerten. Diese werden im Rahmen des Abschnitts 4.4.4 ausführlicher betrachtet. Beim Tonträgerabsatz sowie den Musik-Download-Angeboten dominieren indirekte Distributionsmodelle. Beim Tonträgerabsatz bilden große Handelsketten den umsatzstärksten Typus. Hierbei können auf Tonträger spezialisierte Händler von nicht-spezialisierten (zum Beispiel Media Markt) unterschieden werden.

Daneben gibt es auch sogenannte Highlight-Regale zum Beispiel in Tankstellen-Shops, die zumeist von sogenannten Rack Jobbern betrieben werden. Damit werden Tonträgergroßhändler bezeichnet, die mit eigenen Verkaufsrepräsentanten die direkte Betreuung am Regal durchführen.[1] Eine weitere Gruppe an Intermediären wird von kleineren, lokalen Musikfachhändlern gebildet, die zumeist auf bestimmte Musiksparten spezialisiert sind und eine große Programmtiefe aufweisen. Einen letzten Typus schließlich bilden Mail Order-Unternehmen, die neben Tonträgern zumeist auch ein umfassendes Merchandising-Angebot anbieten. Innerhalb der Mail Order-Unternehmen werden Händler mit einem Vollsortiment im Bereich Tonträger von auf bestimmte Zielgruppen oder Repertoiresegmente spezialisierten Händlern unterschieden.

Der Anteil der Direct Mail Orders hat in den letzten Jahren zugenommen.[2] Eine besondere Form des Mail Order-Geschäfts bilden Club-Konzepte. Diese basieren zumeist auf einer vertraglich vereinbarten zeitlichen Mitgliedschaft, in deren Rahmen das Mitglied die Verpflichtung eingeht, innerhalb eines bestimmten Zeitraums eine bestimmte Anzahl von Artikeln zu erwerben. Dabei steht die Kaufverpflichtung häufig im Zusammenhang mit der Erscheinungsweise der Club-Kataloge. Die Club-Konzepte im Tonträgerbereich sind vergleichbar mit dem im Rahmen des Buchmanagement beschriebenen Club-Modell.

---

1 Vgl. Nieschlag/Dichtl/Hörschgen (2002), S. 438.
2 Vgl. Bundesverband Musikindustrie e.V. (2010), S. 34.

Neben der beschriebenen Distribution von physischen Tonträgern bietet das Internet den Unternehmen auch die Möglichkeit, Musikstücke in digitaler Form Online zu vertreiben. Bei der digitalen Distribution dominiert gleichfalls das indirekte Modell. Musik-Download-Plattformanbieter (zum Beispiel Musicload oder iTunes Store) sind dabei die Intermediäre und stellen die Titel für den Konsumenten zum Download bereit.

4.4.4 Kommunikationspolitik

Beim Musikmarkt handelt es sich, ähnlich wie bei der Film- und Gaming-Industrie, um einen „Hit Driven Market". Das bedeutet, dass trotz eines großen Angebotsspektrums nur wenige „Top Acts" für große Teile des Umsatzes verantwortlich sind. Da die Etablierung einer Musikproduktion und eines Künstlers als Top Act in hohem Maß von den kommunikationspolitischen Maßnahmen beeinflusst werden kann, stellt die Kommunikationspolitik eine erfolgskritische Aufgabe der Tonträgerhersteller dar. Das Ziel der Kommunikationspolitik im Musikmarkt ist die Gewinnung von Hörern und Fans sowie deren langfristige Bindung an den Interpreten.

Vor dem Release einer neuen Single oder eines neuen Albums legen die Tonträgerhersteller in Abstimmung mit den Künstlern sowie unter Berücksichtigung des zur Verfügung stehenden Budgets und der anvisierten Zielgruppe die Kommunikationsstrategie fest. Eine wichtige Entscheidung betrifft den Release-Zeitpunkt. Dabei wird der Zeitraum identifiziert, der für die Produktion ein besonders hohes Umsatzpotenzial verspricht.

In diesem Zusammenhang wird beispielsweise betrachtet, inwiefern eine neue Produktion als „Sommerhit" geeignet ist oder wann vergleichbare Künstler von Wettbewerbern ihre Veröffentlichung planen. Darüber hinaus gilt es, die operativen Promotion-Aktivitäten, die den Release der Musikproduktion begleiten, festzulegen und zu planen. Dafür stehen den Plattenfirmen verschiedene kommunikationspolitische Instrumente zur Verfügung, von denen die wichtigsten nachfolgend dargestellt werden:

- Für fast jede Single-Auskopplung wird ein Musikvideo-Clip produziert. Musikvideos sind neben einer weiteren Verwertungsstufe für Musiktitel ein wichtiges Werbemittel. Durch eine hohe Rotation eines Musikvideos in den Musikkanälen (zum Beispiel MTV, VIVA) und eine Platzierung in Web 2.0-Videoplattformen kann der Bekanntheitsgrad besonders in der jüngeren Zielgruppe gesteigert werden. Darüber hinaus können über den Video-Clip gezielt Emotionen und ein bestimmtes Image aufgebaut werden, wodurch die Identifizierung des Hörers mit dem Song und/oder dem Interpreten gestärkt werden soll.

- Konzerte sind ein wichtiger Bestandteil von Promotion-Touren. Sie bieten den Künstlern die Möglichkeit, sich Live zu präsentieren und direkt mit dem Publikum zu interagieren. Musikfestivals bieten beispielsweise eine geeignete Plattform, um unbekannte Künstler neben etablierten, publikumswirksamen zu präsentieren und diese in der einschlägigen Fan-Gemeinde bekannt zu machen.

- Promotion-Mitarbeiter im Innen- und Außendienst des Tonträgerherstellers versuchen fortlaufend, die Künstler und ihre Musikproduktionen bestmöglich im Radio zu platzieren. Neben einer hohen Rotation des Musiktitels im Hörfunkprogramm sind Interviews und Hintergrundberichte über den Künstler oder die Band ein wirksames Werbemittel.

- Die TV-Präsenz eines Künstlers oder einer Band zeigt eine hohe Werbewirkung in der breiten Masse und ist das erklärte Ziel von vielen Promotion-Aktivitäten, insbesondere im Kontext von Mainstream-Musikproduktionen. Klassische Modelle der Musik- und Künstlerpräsentation im Fernsehen stellen Performances und Interviews in Unterhaltungssendungen (zum Beispiel Wetten dass..?) und speziellen Musik-Shows (zum Beispiel Hit Giganten) dar.

- Immer häufiger finden sich integrierte TV-Kooperationsmodelle, bei denen TV-Sender und Tonträgerhersteller gezielt zur Vermarktung eines Musiktitels, Albums oder Künstlers kooperieren. In diesem Kontext findet eine enge Verzahnung von TV-Format und Künstlerperformance statt. Exemplarisch kann dafür die ehemalige Serienrolle von Jeanette Biedermann in der RTL Daily Soap „Gute Zeiten, Schlechte Zeiten" sowie die Platzierung des Wonderwall Hit „Just More" im Rahmen einer Liebesgeschichte der ARD-Serie „Marienhof" genannt werden.[1]

- Kino-, TV-, Print- und Radiowerbung im klassischen Sinne ist von vergleichsweise geringer Bedeutung und primär bei der Promotion neuer Musikwerke bereits etablierter Künstler zu beobachten.

- Die Homepage des oder der Künstler stellt ein zunehmend wichtigeres Kommunikationsinstrument dar. Sie dient primär zur Selbstdarstellung der Interpreten und als Informationsplattform für den interessierten Hörer. Darüber hinaus ist der Web-Auftritt meistens auch mit einem Shop für Merchandising-Artikel verknüpft, sodass der Rezipient direkt Fanartikel und Tonträger erwerben kann. Der Internetauftritt der Künstler und Bands hat damit weniger eine Rezipientengewinnungs- als viel mehr eine Rezipientenbindungsfunktion.

Zusammenfassend lässt sich feststellen, dass die Kommunikationsmaßnahmen in der Musikbranche vorrangig auf die Interpreten und deren Musik ausgerichtet sind. Es zeigt sich darüber hinaus, dass die Musikindustrie ein breites Spektrum an Kommunikationsmaßnahmen einsetzt. Dabei kommt den Massenmedien TV und Radio eine besonders hohe Bedeutung zu.

---

[1] Vgl. Hamann (2003).

5 Fallbeispiel iTunes

iTunes ist das erfolgreichste Softwareprogramm im Musik-Download-Bereich. Der Funktionsumfang von iTunes umfasst das Abspielen, Organisieren, Konvertieren, Brennen und Kaufen von Musik, Filmen, Apps, Spielen, Podcasts und Hörbüchern. Es ist für Mac und PC verfügbar und ermöglicht das Verwalten und Synchronisieren von Liedern, Videos, Playlists, Fotos, Kontakten, Kalendern oder E-Mail-Konten mit Apple-Geräten. Dies veranschaulicht Abbildung 5-1. Mit der iTunes-Mediathek lassen sich importierte Lieder und gekaufte Songs in Gruppen einteilen und beispielsweise nach Genres sortieren.[1]

Das Angebot im iTunes Store beinhaltet inzwischen mehr als 28 Millionen Songs, über 10.000 Musikvideos, 45.000 Filme (zum Ausleihen und Kaufen), mehrere 10.000 Hörbücher, über 85.000 TV-Episoden und mehr als 650.000 Apps für iPhone, iPad, iPod und PC. Darüber hinaus stehen mehr als 140.000 spezielle Programme für das iPad zur Verfügung.[2] Außerdem sind weitere 200.000 kostenlose Podcasts im iTunes Store verfügbar.[3]

Mittlerweile sind über 16 Milliarden Songs von über 225 Millionen iTunes-Nutzern über den iTunes Store gekauft worden. Noch rasanter verläuft die Entwicklung bei den Apps. Seit 2008 wurden bereits über 18 Milliarden Apps heruntergeladen. Bei den Buchverkäufen liegt Apple noch deutlich hinter Amazon zurück, jedoch wurden seit Implementierung des iBookstore im Jahr 2010, schon über 130 Millionen E-Books heruntergeladen.

In seiner ursprünglichen Form diente die Software iTunes primär dem Import, der Verwaltung und der Wiedergabe von Musik.[4] Die Software iTunes wurde sukzessive zu einem umfangreichen Online Store ausgebaut. Beim Portal iTunes zeichnete sich Apple zudem als einer der Vorreiter beim Management der Urheberrechte aus und beweist durch die Realisierung einer leicht handhabbaren Übertragung der Mediendateien auf den tragbaren Player technische Kompetenz.[5]

---

[1] Vgl. Apple Inc. (2012c).
[2] Vgl. Financial Times Deutschland (2012).
[3] Vgl. im Folgenden MoreMedia GmbH (2012).
[4] Vgl. im Folgenden Wirtz (2011b), S.412.
[5] Vgl. Wirtz (2010), S.206.

Fallbeispiel iTunes

Abbildung 5-1: Apple iTunes Musik-Software[1]

Apple gelang mit der Musik-Software iTunes eine Integration von Value Proposition-Innovation und Value Constellation-Innovation. Mit iTunes formte Apple eine neue Value Proposition, indem die Nutzer eine große Auswahl an Musik legal herunterladen konnten. Insbesondere in Kombination mit der ebenfalls von Apple angebotenen Hardware (iPod, iPhone, iPad) ergibt sich somit eine einzigartige Value Proposition. Darüber hinaus veränderte Apple die Wertschöpfungskette im Musikmarkt nachhaltig, indem sie das Internet als direkten Vertriebsweg für digitale Musik etablierten. Heute ist Apple iTunes die größte und umsatzstärkste Musikplattform weltweit.

Mit Einführung des iPhones wurde der iTunes-Store um den Bereich der Apps beziehungsweise den Appstore erweitert. Mit dem Appstore bietet Apple im Rahmen des mobilen Direktmarketing die Möglichkeit, Anwendungsprogramme (Apps) direkt kostenlos oder gegen eine geringe Gebühr auf seine Mobile Devices herunterzuladen. Die Anwendungssoftware wird im Rahmen der Mobile Distribution direkt an den Kunden vermarktet, wobei Apple die Rolle des Intermediärs zwischen Endkunde und Softwarehersteller übernimmt.

---

1 Vgl. Filmförderungsanstalt (2010).

Kapitel 7: Musikmanagement

Der Appstore kann einerseits stationär über einen PC mittels der iTunes-Software oder direkt mobil über das iPhone/iPad aufgerufen werden. Wird die stationäre Variante genutzt und eine App gekauft, startet automatisch im Rahmen der mobilen Distribution ein bidirektionaler Synchronisationsprozess. Hierbei wird die gekaufte Software ohne weitere Nutzerinteraktion auf das mobile Device transferiert.

Die Kombination von iPhone/iPad sowie dem direkten App-Download ermöglicht ein zielgerichtetes mobiles Marketing und sorgt für einen erheblichen Erfolg. Das System wurde sehr schnell von den Konkurrenten Google (Android Market), Microsoft (Windows Phone Marketplace) und Nokia (Ovi-Store) kopiert. An dem Erfolg von Apple kam bisher aber kein anderes Unternehmen heran. Abbildung 5-2 zeigt Apps und iTunes auf dem iPhone.

Abbildung 5-2: Apps und iTunes auf dem iPhone[1]

Mobile Kleinanwendungen (Apps) Mobile Plattform iTunes

---

[1] Vgl. Apple Inc. (2012a).

Apple hat mit dem AppStore und iTunes als integrierten Angeboten im Bereich Mobile Business ein strategisches Alignment geschaffen, das den Kunden langfristig bindet und hohe Renditen ermöglicht. Mit dem iPhone gelang es Apple, ein technologisch hochentwickeltes Smartphone auf den Markt zu bringen, das in Bezug auf die Bedienerfreundlichkeit, mobiles Browsen sowie die Darstellung von Fotos überlegen ist. Ein weiterer Wettbewerbsvorteil wird durch die Plattform AppStore geschaffen, die es Drittanbietern in Form eines Marktplatzes ermöglicht, Zusatzfunktionalitäten als Download anzubieten. Dabei wird der Preis durch die Drittanbieter festgelegt und Apple erhält eine 30%-Provision an jeder verkauften Einheit. Die Kunden können die erworbenen Apps bewerten und so zu entsprechenden Rankings beitragen. Durch diese Community-Elemente werden die Kundenbindung und das Vertrauen in die Plattform erhöht.

Zu den neuesten Innovationen von Apple gehört iTunes Match. Dieses Programm gleicht die persönliche Musiksammlung mit den Songs aus dem iTunes Store ab und lädt alle gefundenen Songs in optimaler Qualität in die iCloud von Apple. Bis zu zehn Geräte können so auf eine Cloud zugreifen und lassen die Musiksammlung über das Internet überall verfügbar werden. Während die im iTunes Store gekaufte Musik in unbegrenzten Mengen in die iCloud geladen werden kann, ist es zusätzlich möglich, bis zu 25.000 eigene Musikstücke über iTunes Match in die iCloud zu transferieren. Gleichzeitig dient die iCloud als komfortables Backup für die eigene Musiksammlung und bietet dem Nutzer jederzeit die Möglichkeit, auf seine eigene Musiksammlung online zuzugreifen.[1]

Die großen Musikkonzerne, die bislang Musik größtenteils über die traditionelle Form der CD-Verkäufe vertrieben haben, mussten in der Vergangenheit auf Grund der Entwicklung des Internet-Downloads enorme Umsatzeinbußen verzeichnen. Im Jahr 2011 gab es in den USA, mit knapp mehr als 50%, erstmals mehr Internet-Downloads als CD-Verkäufe. Der amerikanische Markt befindet sich damit international in einer Vorreiterrolle.[2]

Durch den Erfolg hat Apple mit iTunes im Segment der Internet-Downloads im Musikbereich eine Vormachtstellung inne, jedoch mittlerweile auch zahlreiche Konkurrenten wie beispielsweise Amazon, Google Play, Spotify oder Samsungs „Music Hub". Apple ist somit gezwungen, sich dieser Konkurrenz zu stellen und innovative Ideen entgegenzusetzen, um weiterhin eine Vorreiterposition im Bereich der Online-Distribution im audiovisuellen Sektor einzunehmen. Mit iTunes Match und der iCloud wurde bereits in Sachen Qualität und Funktionalität ein nächster Entwicklungsschritt eingeleitet und die Marktposition weiter gestärkt. Einen Überblick über die strategische Ausrichtung von iTunes zeigt Abbildung 5-3.

---

[1] Vgl. im Folgenden Spiegel Online GmbH (2012).
[2] Vgl. RP Online (2012).

Kapitel 7: Musikmanagement

Abbildung 5-3: Strategische Ausrichtung von iTunes

Aspekte

Strategie
- First Mover und Innovationsführer in der Online-Distribution im audiovisuellen Segment
- Konvergenzstrategie (Produktbündelung: Software, Content, Hardware)
- Integration von Medien (Konvergenz medialer Inhalte zu einem tiefen und breiten Produktportfolio)

Geschäftsmodell
- Commerce-Aspekt: Anbahnung, Aushandlung und Abwicklung von Transaktionen in Form von kostenpflichtigen Downloads von Musik, Video und anderem audiovisuellem Entertainment
- Transaktionsabhängige direkte Erlösgenerierung (zum Beispiel Erlöse aus Downloads)

Leistungsspektrum
- Circa 28 Millionen Songs von allen großen Musikkonzernen und den meisten Independent Labels
- Circa 150.000 kostenlose Podcasts
- Circa 27.000 Hörbücher
- 650.000 Apps für iPad, iPhone, iPod, PC und Mac
- Ungefähr 85.000 Folgen von TV-Serien
- Über 45.000 Filme (davon viele in HD-Auflösung)

Erfolgsfaktoren
- Vormachtstellung im Bereich der Online-Musikdistribution
- Umfangreiches Entertainment-Angebot im audiovisuellen Bereich
- Auf die Software abgestimmte innovative Endgeräte (zum Beispiel iPod, iPhone, iPad)
- Produktbündelung von Software (zum Beispiel iTunes) und Hardware (zum Beispiel iPod, iPhone, iPad)
- Tiefes und breites Produktportfolio

Wiederholungsfragen

1. Welche Akteure spielen eine aktive Rolle in der Musikindustrie?
2. Welchen Anteil haben die vier großen Musikproduzenten weltweit am Musikmarkt?
3. Wie wirkt das Internet auf die Musikindustrie? Stellen Sie Vor- und Nachteile heraus und fassen Sie diese in den Entwicklungsperspektiven der Musikbranche zusammen!
4. Wie hat sich das Nutzungsverhalten der Musikhörer seit 2002 geändert?
5. Wie setzt sich die Wertkette der Musikwirtschaft zusammen?
6. Wie kann das Erlösmodell der Musikindustrie beschrieben werden?
7. Erläutern Sie einige Unterschiede zwischen dem Geschäftsmodell der Musikverlage und der Tonträgerhersteller!
8. Welchen Leistungskern besitzen die Produkte der Musikindustrie?
9. Stellen Sie kurz den Produktionsprozess eines Musikunternehmens dar!
10. Nennen Sie die möglichen kommunikationspolitischen Optionen die im Musikmarkt möglich sind! Welchen Einfluss werden MySpace, YouTube und so weiter auf diese Optionen haben?

Kapitel 8:
Video- und Computerspielemanagement

1 Einführung 617
2 Marktstruktur und Marktverhalten 618
   2.1 Struktur der Märkte für Video- und Computerspiele 619
        2.1.1 Spielehardware 623
        2.1.2 Spielesoftware 633
   2.2 Interaktionen der Marktteilnehmer 639
   2.3 Technologisches und regulatives Umfeld 641
   2.4 Nutzungsverhalten von Video- und Computerspielespielern 644
   2.5 Entwicklungsperspektiven im Video- und Computerspielebereich .. 647
3 Leistungssystem 650
   3.1 Leistungsspektrum 650
   3.2 Wertschöpfungsstrukturen 653
        3.2.1 Spielehardwareindustrie 654
        3.2.2 Spielesoftwareindustrie 655
   3.3 Core Assets und Kernkompetenzen 657
   3.4 Geschäftsmodelle 658
        3.4.1 Geschäftsmodell Spielehardwareindustrie 660
        3.4.2 Geschäftsmodell Spielesoftwareindustrie 663
4 Aufgaben des Video- und Computerspielemanagement 670
   4.1 Strategisches Management 670
   4.2 Beschaffungsmanagement 674
        4.2.1 Einflussfaktoren 674
        4.2.2 Beschaffungsstrategie 675
   4.3 Produktionsmanagement 676
        4.3.1 Einflussfaktoren 676
        4.3.2 Produktionsstrategien 679

Kapitel 8: Video- und Computerspielemanagement

	4.4	Marketing	680
		4.4.1 Produktpolitik	681
		4.4.2 Preispolitik	683
		4.4.3 Distributionspolitik	685
		4.4.4 Kommunikationspolitik	685
5	Fallbeispiel Wii		687

1 Einführung

Spätestens seit Ende der 1990er Jahre hat sich gezeigt, dass der Video- und Computerspielemarkt inzwischen ein bedeutender Entertainment- und Wirtschaftszweig ist. Computer- und Videospiele haben sich in weiten Teilen der Gesellschaft als gängige Unterhaltungsform etabliert. 2001 übertraf in den USA der Umsatz der Video- und Computerspieleindustrie mit 9,4 Milliarden US-Dollar erstmals die Einnahmen der US-Filmindustrie (8,1 Milliarden US-Dollar).[1] Bereits das im Jahr 1993 erschienene Spiel „Myst" erzielte in den USA mit drei Millionen verkauften Exemplaren Einnahmen in Höhe von 125 Millionen US-Dollar und stieß damit in Größenordnungen von erfolgreichen Hollywood-Filmproduktionen vor.[2]

Im Jahr 2010 wurde weltweit ein Umsatz von rund 66 Milliarden US-Dollar in der Video- und Computerspieleindustrie erzielt.[3] Für das Jahr 2016 rechnen Experten mit einem Anstieg auf 81 Milliarden US-Dollar. Trotz dieser hohen Umsatzvolumina und des stetigen Wachstums wird die Video- und Computerspieleindustrie erst langsam als ernstzunehmender Teil der Medienindustrie anerkannt. Dies ist nicht zuletzt darauf zurückzuführen, dass der Video- und Computerspielemarkt lange Zeit als nicht massentauglicher Nischenmarkt mit den Zielgruppen Kinder, Jugendliche und „Freaks" eingestuft wurde.

Die Anfänge der Computer- und Videospiele reichen bis in das Jahr 1958 zurück. Damals entwickelte William Higinbotham das Spiel „Tennis for Two." Im Jahre 1962 wurde am MIT von einer Gruppe Studenten um Stephen Russell das Weltraumkampfspiel „Spacewar" entwickelt.[4] Diese ersten Computerspiele konnten allerdings nur an den Großrechnern der Universitäten und Forschungseinrichtungen gespielt werden und waren somit nur einer kleinen Gemeinde von Nutzern zugänglich.

Ein bedeutender Schritt vollzog sich 1967 mit der Entwicklung der ersten Spielekonsole von Ralph Baer. Ralph Baer ließ sich seine Entwicklung patentieren und verkaufte dieses Patent 1970 an Magnavox, die die Konsole unter dem Namen „Odyssey" vermarkteten. Magnavox hielt damit das Patent an der ersten Spielekonsole, sodass alle nachfolgenden Konsolenhersteller bis zum Auslauf dieses Patents zu Lizenzzahlungen an Magnavox verpflichtet waren. Schätzungen zu Folge nahm Magnavox 100 Millionen US-Dollar durch diese Lizenzzahlungen ein.[5]

---

[1] Vgl. Harrer, S. 1.
[2] Vgl. Althen (2002), S. 11.
[3] Vgl. GamePolitics (2011).
[4] Vgl. 8Bit-Museum (2010), S. 1.
[5] Vgl. Lischka (2002), S. 26 ff.

Kapitel 8: Video- und Computerspielemanagement

In den 1970er Jahren setzte der kommerzielle Erfolg von Video- und Computerspielen ein. Ausgangspunkt dafür war ein Videospielautomat, der im Jahr 1971 in einer öffentlichen Spielhalle aufgestellt wurde. Der Designer dieses Produkts gründete kurze Zeit später die Firma Atari. Im Jahr 1972 entwickelte Atari das Automatenspiel „Pong", eine Art elektronisches Tischtennis. Mit der im Jahre 1975 erschienenen Heimversion erschloss Atari einen neuen Massenmarkt.[1] In der Folge entwickelte sich sehr schnell ein Industriezweig, der bis zum Jahr 1983 drei Milliarden US-Dollar jährlich umsetzte. Im Jahr 1984 erlebte die Spieleindustrie jedoch einen großen Einbruch, der als „The Great Video Game Crash" in die Video- und Computerspielegeschichte einging.[2]

Heute ist das Video- und Computerspielesegment ein wichtiger Medienteilmarkt, der immer häufiger auch eine zusätzliche Verwertungsstufe im Rahmen crossmedialer Mehrfachverwertungsstrategien darstellt. Einst getrennte Bereiche aus der Musik-, Spiele- und Filmindustrie verschmelzen immer mehr zu einer neuen Unterhaltungsbranche mit innovativen Produkten. Daneben ist eine stetige Weiterentwicklung, Verbreitung und Mobilisierung der technischen Voraussetzungen zum Spielen (Spieleplattformen) sowie eine steigende Anbindung dieser Geräte an das Internet zu beobachten.

Es ist abzusehen, dass der Markt für Video- und Computerspiele in Zukunft weiter an Bedeutung gewinnen wird und sich bestehende Marktstrukturen verändern sowie neue etablieren werden. Vor diesem Hintergrund sind die Geschäftsmodelle, die Strategien und die Managementansätze der Computer- und Spieleindustrie von erheblicher Bedeutung im Medienmanagement. Im Folgenden werden die Strukturen und das Verhalten auf den Produzenten- und Konsumentenmärkten, das Leistungssystem und die Managementaufgaben der Video- und Computerspieleindustrie betrachtet.

2 Marktstruktur und Marktverhalten

Die Entwicklung der letzten Jahre im Markt für Video- und Computerspiele hat dazu geführt, dass häufig die Aussage getroffen wird, der Video- und Computerspielemarkt werde der klassischen Medienindustrie immer ähnlicher. Die Spieleindustrie, die lange Zeit als fragmentiert und wenig organisiert galt, ist heute einer der am schnellsten wachsenden Medienmärkte.[3] Bei der Video- und Computerspielebranche handelt es sich um eine typische Systembranche. Die einzelnen Systemkomponenten, Spielesoftware und Spielehardware, sind nur im Systemverbund für den Spieler von Nutzen.[4] Von dieser

---

[1] Vgl. Lischka (2002), S. 42 ff.
[2] Vgl. Vogel (2007), S. 224 ff.
[3] Vgl. ISEF (2012).
[4] Vgl. Dietl/Royer (2003), S. 414.

Systemabhängigkeit sind auch die Marktstrukturen und Wettbewerbskräfte geprägt. Einerseits hängt der Absatz der Hardwarehersteller in entscheidendem Maß davon ab, dass die Softwarehersteller die sich im Rahmen der Weiterentwicklung der Hardware bietenden Potenziale konsequent ausschöpfen und kompatible Spiele anbieten.

Andererseits ist die Softwareindustrie davon abhängig, dass die Nutzer über eine Hardwareausstattung verfügen, die die Systemvoraussetzungen für den Gebrauch der Software erfüllen. Diese Erscheinungen und Interdependenzen sollen Gegenstand des Abschnitts 2 sein. Es werden zunächst die Strukturen und das Verhalten auf dem Anbietermarkt betrachtet. Daran anschließend werden das technologische und regulative Umfeld des Spielemarkts und das Nutzungsverhalten auf den Konsumentenmärkten beschrieben. Abschließend werden mögliche Entwicklungsperspektiven der Video- und Computerspieleindustrie aufgezeigt.

2.1 Struktur der Märkte für Video- und Computerspiele

Im Rahmen dieses Abschnittes sollen zunächst die verschiedenen Marktsegmente der Video- und Computerspieleindustrie definiert und vom Gesamtspielemarkt abgegrenzt werden. Anschließend werden die Strukturen dieser Teilmärkte im Einzelnen dargestellt.

■ Marktabgrenzung

Der relevante Markt für Video- und Computerspiele definiert sich aus demjenigen Teil des Gesamtspielemarkts, der eine digitale Form aufweist. Der Nutzer spielt Video- und Computerspiele auf einer rechnergestützten Plattform. Die Spiele können allein oder in Gruppen, gegen reale oder virtuelle Mitspieler, mobil oder stationär sowie Offline oder Online gespielt werden. Betrachtet werden in diesem Abschnitt ausschließlich Spiele, die der Nutzer auf seiner eigenen persönlichen Plattform, zuhause und/oder unterwegs konsumieren kann. Spieleautomaten und der Betrieb von Spielhallen werden nicht betrachtet. Ebenfalls von der weiteren Betrachtung ausgeschlossen werden Glücksspiele, die in der Regel mit monetären Spieleinsätzen verbunden sind.

Der Markt für Video- und Computerspiele konstituiert sich aus zwei Industriezweigen, der Hard- und der Softwareindustrie. Bis zum Jahr 1979 waren die Hardware-Hersteller für Spielekonsolen immer auch gleichzeitig die Produzenten der entsprechenden Software. Dies änderte sich im Jahr 1979, als sich aus dem Unternehmen Atari der erste unabhängige Computerspieleproduzent Activision als Spin Off herauslöste. Die nachfolgenden Ausführungen erfolgen deshalb in vielen Fällen getrennt nach den Marktsegmenten Spielehardware und -software. Vorab werden zunächst die wichtigsten Akteure, die im Gesamtmarkt für Video- und Computerspiele aktiv sind, kurz vorgestellt.

Kapitel 8: Video- und Computerspielemanagement

Abbildung 2-1: Akteure der Video- und Computerspieleindustrie[1]

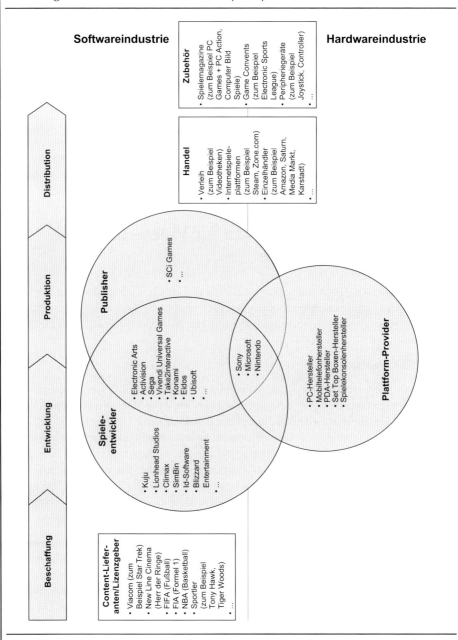

[1] In Anlehnung an Beeson (2002), S. 10.

In der Spielesoftwareindustrie sind die Entwickler und Publisher von zentraler Bedeutung. Die Spielentwickler konzipieren und programmieren das eigentliche Video- oder Computerspiel. Demgegenüber sind die Hauptfunktionen der Publisher Finanzierung, Produktion und Markteinführung von Video- und Computerspielen. Die Publisher arbeiten oft eng mit unabhängigen Entwicklern zusammen beziehungsweise haben intern eigene Entwicklungskapazitäten. Der Vertrieb der Spielesoftware kann als Offline, das heißt als Hard Copy in Form von CD-ROMs, DVDs, Blu-rays oder Flash Cards sowie Online erfolgen. Die Vertriebsfunktion wird entweder von den Publishern selbst oder von unabhängigen Distributoren übernommen.

Die Hardwarehersteller entwickeln und produzieren die Spieleplattformen. Es kann dabei zwischen multifunktionalen und reinen Spieleplattformen differenziert werden. Der Computer, das Mobiltelefon, das Smartphone, der Tablet-PC und der Fernseher stellen multifunktionale Plattformen dar, bei denen die Möglichkeit des Spielens nur eine Teilleistung des Geräts ist. Mobile und stationäre Konsolen hingegen sind traditionell reine Spieleplattformen. Allerdings ist bei der aktuellen Konsolengeneration die Tendenz zu beobachten, dass Spielekonsolen mit zusätzlichen Leistungen wie zum Beispiel digitalem Videorekorder, DVD oder Blu-ray Player sowie Internetzugang ausgestattet werden.

Diese Verschmelzung der verschiedenen Funktionalitäten auf einem einzelnen Gerät in Kombination mit einer sehr einfachen Bedienung führen mehr und mehr dazu, dass Spielekonsolen heutzutage als Media Center genutzt werden und somit einen festen Platz im Home Entertainment einnehmen. Als Randakteure der Video- und Computerspieleindustrie können Content-Lieferanten und Lizenzgeber, Händler und Verleiher sowie Anbieter zusätzlicher Leistungen (zum Beispiel Verleger von Spielefachzeitschriften) angesehen werden. In Abbildung 2-1 sind alle Akteure grafisch dargestellt.

- Marktgröße und -wachstum

Der Gesamtumsatz auf dem weltweiten Markt für Video- und Computerspiele beträgt im Jahr 2011 rund 74 Milliarden US-Dollar.[1] Der asiatisch-pazifische Raum ist mit Umsätzen in Höhe von circa 22 Milliarden US-Dollar der größte Markt für Video- und Computerspiele. Insbesondere der chinesische Markt konnte mit einem Wachstum von rund 34% auf 7,3 Milliarden US-Dollar zuletzt stark an Bedeutung gewinnen.[2] An zweiter Stelle folgt der westeuropäische Markt mit rund 23 Milliarden US-Dollar und an dritter stelle der US Video- und Computerspielemarkt mit rund 19 Milliarden US-Dollar.[3] In Deutschland wurden im Jahr 2010 circa 1,86 Milliarden Euro mit PC- und Videospielen umgesetzt.[4] Abbildung 2-2 zeigt, aus welchen Erlösquellen sich dieser Umsatz zusammensetzt.

---

[1] Vgl. Gamer Live (2011).
[2] Vgl. Asian Business Daily (2012).
[3] Vgl. ESA (2012); Skrill (2011).
[4] Vgl. Bundesverband Interaktive Unterhaltungssoftware (2011), S. 1.

Kapitel 8: Video- und Computerspielemanagement

Abbildung 2-2: Umsatzzusammensetzung von PC- und Videospielen in Deutschland[1]

Rund 15% des Gesamtumsatzes entfallen auf Gebühren für Online- und Browser-Spiele (194 Millionen Euro), wie zum Beispiel Abonnements, und den Verkauf von virtuellen Zusatzinhalten (73 Millionen Euro). Mit 1.590 Millionen Euro bildet der Verkauf von Spielen auf Datenträgern und per Download den größten Umsatzanteil (rund 85% des Gesamtumsatzes). Hier sind auch Downloads für mobile Spielekonsolen sowie Smartphones und Mobiltelefone eingeschlossen. Der Umsatz mit Datenträgern aus Downloads lässt sich demnach auch danach differenzieren, für welche Gaming-Plattform die Inhalte angeboten werden. Abbildung 2-3 zeigt die Umsatzentwicklung im Bereich Datenträger und Downloads differenziert nach Gaming-Plattformen.

Dabei fällt vor allem der stetig steigende Umsatz mit Konsolenspielen auf, der sich im Jahr 2010 auf 884 Millionen Euro belief. Nach zuletzt sinkenden Umsätzen konnte im Jahr 2010 auch der Bereich der PC-Spiele ein Umsatzplus von 7% verzeichnen. Der ehemals starke Wachstumsmarkt der Spiele für mobile Endgeräte hat seit dem Höhepunkt im Jahr 2008 (441 Millionen Euro) stark nachgelassen. Im Jahr 2010 wurden in diesem Segment nur noch 264 Millionen Euro umgesetzt, was einem Rückgang von 21% gegenüber dem Vorjahr entspricht.

---

[1] Datenquelle: Bundesverband Interaktive Unterhaltungssoftware (2011), S. 1.

Marktstruktur und Marktverhalten

Abbildung 2-3: Umsatz mit Datenträger und Downloads in Deutschland[1]

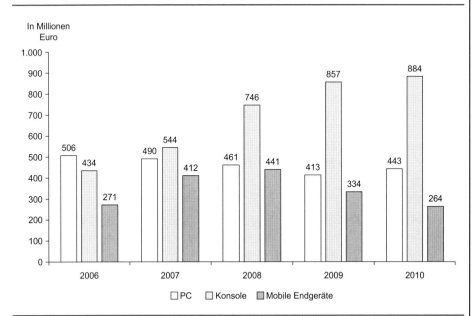

2.1.1 Spielehardware

Die wichtigsten Teilmärkte des Markts für Spielehardware sind der Konsolen- und der Computermarkt. Absehbar ist, dass insbesondere Mobiltelefone und Fernseher in Zukunft eine größere Bedeutung als Spieleplattform erlangen werden. Im Hinblick auf die Zielsetzung dieses Abschnitts, die Besonderheiten des Hardwaremarkts für Video- und Computerspiele darzustellen, richtet sich der Fokus auf den Konsolenmarkt. Dies begründet sich daraus, dass Spielekonsolen nicht nur das umsatzstärkste Marktsegment darstellen sondern auch die einzige reine Spieleplattform sind.

Für Hersteller multifunktionaler Plattformen ist der Spielemarkt nur ein Teilmarkt, sodass sich die Betrachtung dieser Plattformen nur bedingt für die Charakterisierung des Spielehardwaremarkts eignet. Nachfolgend werden Marktgröße und -wachstum sowie Konzentrationserscheinungen und Markteintrittsbarrieren auf dem Spielekonsolenmarkt dargestellt.

---

[1] Datenquelle: Bundesverband Interaktive Unterhaltungssoftware (2011), S. 2.

Kapitel 8: Video- und Computerspielemanagement

■ Marktentwicklung

Derzeit befindet sich der Gesamtspielehardwaremarkt in einer Abschwungphase. Im Halbjahr zwischen März 2011 und September 2011 wurden weltweit rund 12 Millionen Spielekonsolen, sowie 12 Millionen Handhelds verkauft.[1] Eine Erklärung für die Rückgänge (aktuell vor allem auf dem Markt für stationäre Konsolen) bietet der dynamische und zyklische Entwicklungspfad des Konsolenspielemarkts.

Der Konsolenmarkt wird periodisch von einer Konsolengeneration, das heißt von Spielekonsolensystemen eines bestimmten technischen Standards (derzeit siebte Generation), beherrscht. Der Produktwerdegang einer solchen Konsolengeneration entspricht in hohem Maß dem idealtypischen Modell des Produktlebenszyklus. Der Lebenszyklus einer Konsolengeneration erstreckt sich in der Regel über fünf bis sechs Jahre. Etwa derselbe Zeitraum liegt zwischen den Peaks der Umsatzkurven einer Vorgänger- und Nachfolgerkonsolengeneration.

Ausgelöst werden die Zyklen durch den technischen Fortschritt. Wird eine neue leistungsfähigere Konsolengeneration eingeführt oder erwartet, nehmen die Umsätze der alten Konsolengeneration schnell und signifikant ab. Gleichzeitig erzielt die neue Konsolengeneration noch keine großen Umsätze und Marktanteile. In diesem Stadium befindet sich die Konsolenindustrie in der zyklischen Talsohle. Der Absatz steigt erst langsam und nimmt dann innerhalb kürzester Zeit überproportional bis zum Peak zu.

Unterstützt wird diese Entwicklung durch das zunehmend größere und bessere Spieleangebot für die neue Konsolengeneration. Nach Überschreiten des Peak setzt wiederum die Reife- und Sättigungsphase ein und die Konsolenhersteller leiten mit der Markteinführung einer neuen Konsolengeneration einen neuen Zyklus ein. Die bisherigen Zyklen der Spielekonsolenindustrie sind in Abbildung 2-4 dargestellt.

---

[1] Vgl. VG Chartz (2012).

Marktstruktur und Marktverhalten

Abbildung 2-4: Zyklen der Spielekonsolenindustrie[1]

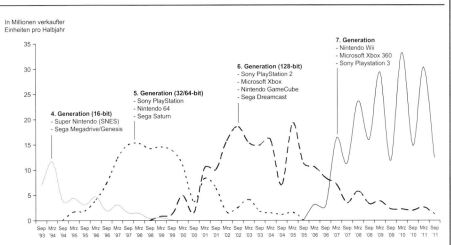

■ Konzentration

Seitdem Sega Anfang 2001 die Konsolenproduktion eingestellt hat, wird der weltweite Markt für Spielekonsolen von drei Herstellern beherrscht (Sony, Nintendo und Microsoft). Unter diesen drei Herstellern hat Sony durch sehr hohe Absatzzahlen der Konsolen PlayStation und PlayStation 2 über einen langen Zeitraum hinweg eine marktbeherrschende Stellung eingenommen. Doch diese wurde in den vergangenen Jahren durch den Erfolg von Nintendos Konsole Wii aufgeweicht.

Nutzten im Jahr 2007 noch nahezu drei Viertel aller Videospieler in Deutschland eine Konsole des Herstellers Sony, so hat sich dies im Jahre 2009 bereits auf circa 43% reduziert und immerhin 32,8% beziehungsweise 23,7% der Spieler griffen auf Geräte der Anbieter Microsoft und Nintendo zurück. Im Jahr 2011 musste insbesondere Nintendo jedoch sehr starke Einbußen bei der Wii hinnehmen, wodurch sich der Markt für stationäre Konsolen gemessen am weltweiten Absatz relativ ausgeglichen präsentiert. Sony mit der PlayStation 2 und 3 (38,5%), Microsoft mit der Xbox 360 (29,2%) und Nintendo mit der Wii (32,3%) liegen hinsichtlich ihrer Absatzzahlen heute relativ eng beieinander.

---

[1] Auf der Basis eigener Analysen und Abschätzungen und VG Chartz (2012).

Kapitel 8: Video- und Computerspielemanagement

Im Handheld-Bereich hingegen ist Nintendo klarer Marktführer. 71,4% der verkauften Handhelds waren im Jahr 2011 (November 2010 bis November 2011) Produkte der Marke Nintendo (DS und 3DS), während lediglich 28,6% auf das Konkurrenzprodukt PSP von Sony entfielen (vgl. Abbildung 2-5). Der Markt für Spielekonsolen und Handhelds weist somit enge oligopole Strukturen auf.

Abbildung 2-5: Konsolen- und Handheldnutzung in Deutschland nach Herstellern[1]

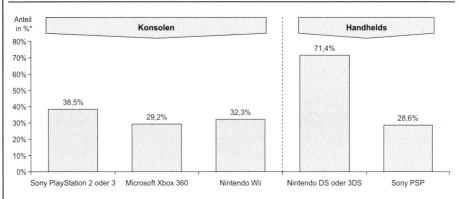

Die Entwicklungsgeschichte des sechsten Zyklus der Spielekonsolenindustrie stellt sich wiefolgt dar: Bereits im Rahmen der 32/64-bit Konsolengeneration konnte sich Sony mit der PlayStation eine überragende Position auf dem Spielekonsolenmarkt sichern. Sega führte 1999 die erste 128-bit Konsole ein, die der PlayStation in technischer Hinsicht überlegen war. Segas Dreamcast vermochte dennoch nicht, signifikante Marktanteile zu erlangen. Erst im November 2001 hat Sony mit der PlayStation 2 eine 128-bit Konsole auf den Markt gebracht und konnte nicht zuletzt aufgrund der Kompatibilität mit PlayStation-Spielen sofort einen großen Markterfolg verzeichnen. Sega musste daraufhin seine Produktion im Jahr 2001 aufgeben.

Sonys weitere Konkurrenten folgten dem neuen technischen Standard erst anderthalb Jahre später. Der neue Marktteilnehmer Microsoft trat im März 2002 mit der Xbox in den Spielekonsolenmarkt ein, Nintendo mit dem Gamecube im Mai 2002. Bis zu diesem Zeitpunkt konnte Sony bereits 20 Millionen PS2 absetzen.[2] Der frühe Erfolg von Sony und das

---

[1] Auf der Basis eigener Analysen und Abschätzungen und ACTA (2009).
[2] Vgl. Scheuch (2002), S. 1.

große Spielesortiment der PS2 waren weiterhin die wichtigsten Gründe für Sonys aktuelle Marktführerschaft auf dem Konsolenmarkt. Verstärkend wirkte, dass die Spiele für die erste PlayStation auch auf der PlayStation 2 gespielt werden können (Abwärtskompatibilität).

Erst mit der Einführung der siebten Spielekonsolengeneration ist eine starke Veränderung auf dem Markt eingetreten. Während Microsoft mit der Xbox 360, die auch die erste Konsole der neuen Generation war, und vor allem Sony mit der PlayStation 3 in erster Linie auf leistungsfähige Hardware setzten, differenzierte sich Nintendo mit der Wii durch einen bewegungsempfindlichen Controller, mit dem der Benutzer durch seine Handbewegungen das Spiel steuern kann. Die weniger leistungsfähige Hardware der Wii resultierte zudem in einem, im Vergleich zu den Mitbewerbern, geringeren Preis. Alle drei Produkte verfügen über eine, teilweise kostenpflichtige, Online-Funktion, über die Multiplayer-Spiele gestartet, oder zusätzliche Inhalte wie Filme oder Spieledemos heruntergeladen werden können.

Abbildung 2-6: Übersicht der aktuellen Konsolen der siebten Generation

	Sony	Nintendo	Microsoft
Stationär	 Playstation 3	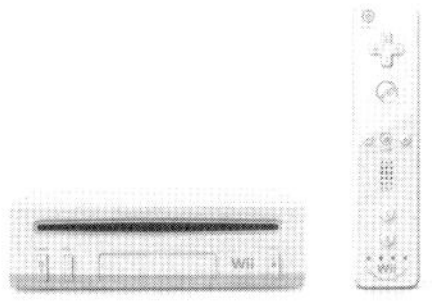 Wii	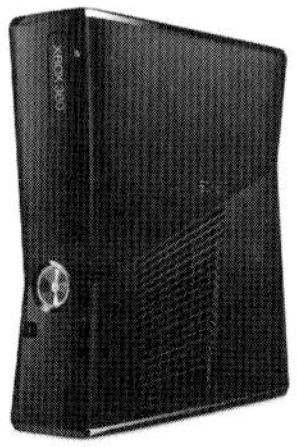 Xbox 360
Mobil	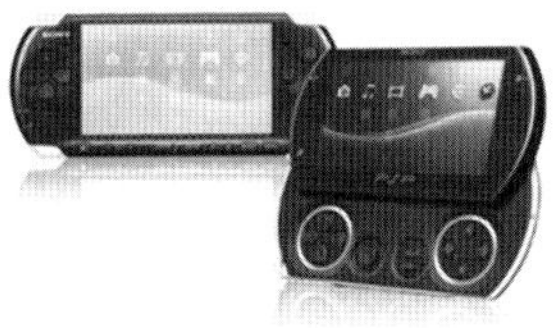 PSP	 DS/3DS	

Kapitel 8: Video- und Computerspielemanagement

Bis zum Mai 2010 wurden von der 2005 veröffentlichten Xbox 360 weltweit 39,7 Millionen Stück verkauft. Die ein Jahr später erhältliche Wii fand mit 70,8 Millionen verkauften Geräten mehr als doppelt so viele Abnehmer wie die ungefähr zeitgleich gestartete PlayStation 3 mit 34,7 Millionen.[1] Sowohl Sony als auch Microsoft versuchten diesen Rückstand jedoch aufzuholen und entwickelten mit PS3 Move sowie Kinect für die Xbox in Anlehnung an Nintendos Wii ebenfalls innovative Bedienkonzepte für die vorhandenen Konsolen. Infolgedessen veränderte sich die Marktsituation wieder zugunsten von Microsoft und Sony. Darüber hinaus können die beiden Hersteller den Lebenszyklus ihrer vorhandenen Konsolen voraussichtlich bis in das Jahr 2013 verlängern, wohingegen Nintendo stark unter Innovationsdruck geraten ist.

In den Absatzzahlen der jüngsten Generation im Handheld-Bereich (DS und 3DS) nimmt Nintendo jedoch weiterhin eine dominierende Stellung ein. Mit 158 Millionen verkauften Nintendo DS und 3DS bis September 2011 konnte das Unternehmen auch hier einen mehr als doppelt so hohen Absatz wie das Konkurrenzprodukt PSP von Sony (73 Millionen) erreichen. Eine Übersicht über die weltweite Absatzentwicklung von Handhelds und Spielekonsolen der neuesten Generation zeigt Abbildung 2-7.

Abbildung 2-7: Absatzentwicklung von Konsolen und Handhelds der neusten Generation[2]

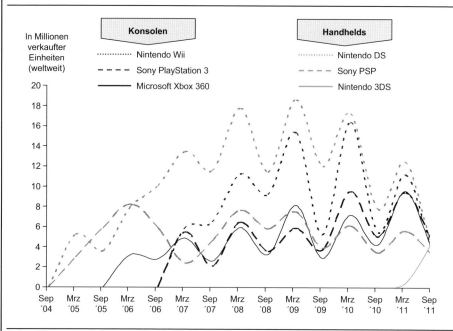

[1] Vgl. VG Chartz (2010b).
[2] Auf der Basis eigener Analysen und Abschätzungen und VG Chartz (2012).

Marktstruktur und Marktverhalten

Die beschriebenen Tendenzen zu engen oligopolen Strukturen auf dem Markt für Spielekonsolen begründen sich aus der proprietären Konsolentechnologie. Hardware und Betriebssysteme der verschiedenen Konsolenhersteller sind gezielt so unterschiedlich, dass die Software immer systemspezifisch ist. Ein Spiel für die Wii kann nicht auf der Xbox 360 oder der PlayStation 3 gespielt werden. Wenn es einem Konsolenhersteller in dieser proprietären Umgebung nicht gelingt, sich frühzeitig signifikante Marktanteile am Konsolenhardwaremarkt zu sichern, dann setzt schnell eine schwer aufhaltbare Abwärtsspirale ein, die wiederum den Erfolg der Konkurrenz fördert.

Die Auf- und Abwärtsspirale in der Video- und Computerspieleindustrie begründet sich aus den Interdependenzen zwischen den Nutzerbedürfnissen und der Position eines Spielessystems am Hard- und Softwaremarkt. Für den Fall, dass ein Konsolenhersteller nur einen geringen Marktanteil hat, wird auch das Spieleangebot für diese Konsole gering bleiben. Softwareentwicklung, -produktion und -vermarktung wird gerade für erstklassige Spiele immer kostenintensiver.

Um das Absatzrisiko der Videospiele möglichst gering zu halten, bevorzugen Entwickler und Publisher die Entwicklung von Spielen für erfolgreiche Plattformen, die bereits eine große Nutzerbasis verzeichnen. Da die Konsumenten ihre Hardwarekaufentscheidung insbesondere von dem Umfang und der Qualität des zugehörigen Spielangebots abhängig machen, zieht dies den Verlust weiterer Marktanteile für die weniger erfolgreichen Spielekonsolen nach sich.

Kapitel 8: Video- und Computerspielemanagement

Abbildung 2-8: Auf- und Abwärtsspirale in der Videospieleindustrie

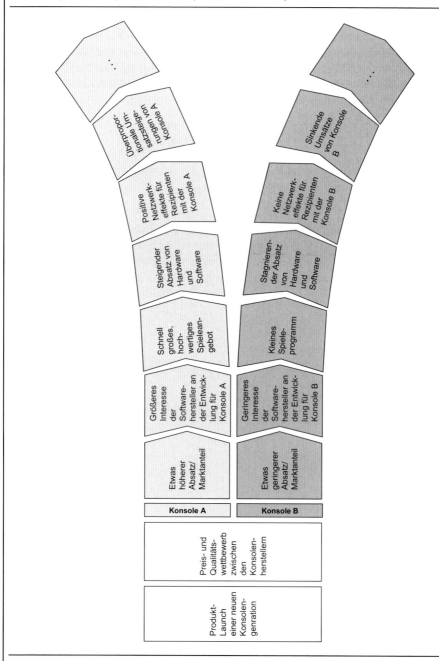

Positive direkte und indirekte Netzwerkeffekte, die für Konsumenten insbesondere dadurch entstehen, dass Spieler gemeinsam spielen können sowie Spiele, Erfahrungen und Tipps untereinander austauschen können, beschleunigen diesen Trend.[1] Der Marktführer kann seine starke Position weiter ausbauen. Für ihn setzt sich eine Aufwärtsspirale mit hohen Ertragschancen in Gang („Winner Takes All Market"). Diese Entwicklung ist in der Abbildung 2-8 dargestellt.

- Markteintrittsbarrieren

Der Markt für Spielekonsolen ist durch hohe strukturelle und strategische Markteintrittsbarrieren gekennzeichnet. Strukturelle Markteintrittsbarrieren resultieren zum einen aus dem Systemgutcharakter der Konsolen. Zum anderen stellt der hohe Investitionsbedarf, der mit der Entwicklung, der Produktion, dem Marketing und dem Vertrieb von Spielekonsolen verbunden ist, eine strukturelle Markteintrittsbarriere dar. Verstärkt wird der hohe Investitionsbedarf und somit das Risiko von Fehlinvestitionen durch die, als strategische Barriere zu bewertende und durch den Systemgutcharakter ermöglichten, proprietären Technologien und Subventionsstrategien.

Aufgrund der zuvor beschriebenen Auf- und Abwärtsspirale versuchen die Konsolenhersteller, möglichst schnell eine hohe Basis an Hard- und komplementärer Software zu installieren. Die Konsolenhersteller subventionieren ihre Konsolen üblicherweise, um zeitnah eine höhere Menge am Markt absetzen zu können. Einnahmen und Überschüsse werden erst aus der Lizenzvergabe an die Softwareindustrie und den Verkauf von Spielen generiert („Rasierer-Rasierklingen-Strategie"). Hat ein Konsolenhersteller das Ziel erreicht, eine ausreichend hohe Kundenbasis zu installieren, dann wird seine Marktposition durch hohe Wechselkosten geschützt.

Neue Wettbewerber stehen vor der Aufgabe, Konsumenten und die Softwareindustrie zu einem Systemwechsel zu bewegen.[2] Hierbei handelt es sich jedoch um eine strukturelle und strategische Markteintrittsbarriere, die überwunden werden muss. Wie in Situation A, in Abbildung 2-9 dargestellt, ergibt sich der Wert der Spieleplattform für den Kunden aus drei Komponenten: der technologischen Leistung der Plattform (zum Beispiel Grafikkarte, Prozessorleistung, Polygon-Performance), der Größe der installierten Basis (Netzwerkeffekte) und der Verfügbarkeit komplementärer Produkte (zum Beispiel Spielesoftware, Zubehör, Magazine).

---

[1] Vgl. Varian (2003), S. 31.
[2] Vgl. Dietl/Royer (2003), S. 414.

Kapitel 8: Video- und Computerspielemanagement

Abbildung 2-9: Markteintrittsbarrieren und Markteintrittsstrategien im Spielekonsolenmarkt[1]

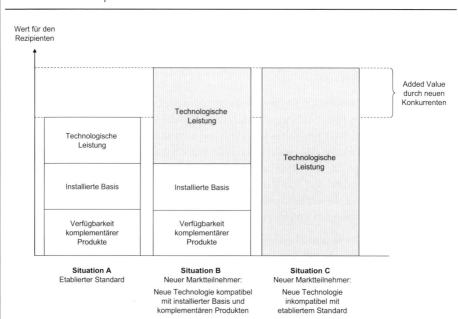

Für einen neuen Wettbewerber bedeutet dies, dass er einen Weg finden muss, mehr Wert für den Kunden zu erzeugen als dies die Konkurrenz mit dem etablierten Standard vermag. Grundsätzlich bieten sich dafür zwei Strategien an. Entweder, wie in Situation B in Abbildung 2-9, der neue Marktteilnehmer schafft eine Plattform mit verbesserten technischen Leistungen, die kompatibel mit der installierten Basis und den verfügbaren komplementären Produkten ist. Oder, wie in Situation C in Abbildung 2-9, er schafft eine neue inkompatible Technologie, deren Leistungsfähigkeit so revolutionär ist, dass sie den Kundennutzen aus aktueller installierter Basis und Verfügbarkeit komplementärer Produkte übertrifft.

In jedem Fall benötigen potenzielle neue Konkurrenten erhebliche finanzielle Mittel, um die Konsolenentwicklung, -produktion, -vermarktung und -distribution zu nicht kostendeckenden Preisen zu finanzieren und darüber hinaus den Time Lag von der Konsolenproduktion und -entwicklung bis zur Erzielung von Umsätzen aus Software-Lizenzeinnahmen überbrücken zu können. Microsoft beispielsweise soll für seinen Markteintritt mit der Xbox 500 Millionen US-Dollar ausgegeben haben.[2]

---

[1] In Anlehnung an Schilling (2003), S. 18.
[2] Vgl. Dietl/Royer (2003), S. 414.

Marktstruktur und Marktverhalten

Diese hohen Investitionen gehen einher mit einem hohen Risiko. Wenn neue Wettbewerber sich nicht innerhalb kürzester Zeit am Konsolenmarkt etablieren und behaupten können, geraten sie in die Abwärtsspirale und sämtliche Investitionen stellen irreversible Betriebsverluste, das heißt Sunk Costs, ohne nachträgliches Verwertungspotenzial dar. Sega beispielsweise hat in den Jahren 1999 und 2000 die Dreamcast-Konsole mit insgesamt 500 Millionen US-Dollar subventioniert, ohne sich damit signifikante Marktanteile und die Erlösquelle Softwarelizenzen sichern zu können.[1] Um nicht tiefer in die Abwärtsspirale und die Verlustzone zu geraten, musste Sega sich aus dem Hardwaregeschäft zurückziehen.

Über diese Barrieren hinaus wirken die Bemühungen der Konsolenhersteller, sich als große, internationale und integrierte Konzerne aufzustellen, als weitere strategische Markteintrittsbarriere. Mit der Integration von Publishern und Entwicklern wird das Ziel verfolgt, einerseits die Spieleentwicklung und -produktion besser zu steuern und sich eigenes Know How aufzubauen, um damit unabhängiger von Drittanbietern zu werden. Andererseits wird die Integration vorgenommen, um zusätzliche Gewinnmargen abschöpfen zu können, die ansonsten die Publisher beziehungsweise Entwickler generieren würden. Neuen Konkurrenten wird dadurch der Zugang zum Softwaremarkt weiter erschwert. Institutionelle Markteintrittsbarrieren in Form von legislativen oder administrativen Maßnahmen können für den Markt der Hardwareproduzenten nicht identifiziert werden.

2.1.2 Spielesoftware

Der Spielesoftwaremarkt kann in Abhängigkeit von der Plattform, für die die Software geschrieben ist, in die Teilmärkte Konsolenspiele (Heim- und Handheld-Konsole), Computerspiele, Online-Spiele (Internet), Mobile-Spiele (Mobiltelefon, Smartphone, Pads) und interaktive TV-Spiele (Fernseher, Set Top Box) unterteilt werden. Jede Plattform hat bestimmte Spielegenres, für die ihr eine besondere Eignung zugesprochen wird. Beispielsweise wird der Computer als besonders geeignet für komplexe Rollen- sowie Strategiespiele erachtet. Konsolen hingegen werden als besonders zweckmäßig für Action-, Sport- sowie Jump And Run-Spiele angesehen.

Tendenziell zeichnet sich aber ab, dass die Spiele in steigendem Maß weniger plattformspezifisch und dieselben Spiele in multiplen Versionen für verschiedene Hardwareplattformen veröffentlicht werden. Derzeit haben Konsolen- und Computerspiele noch die größte wirtschaftliche Bedeutung, obwohl Spielen für Mobiltelefone und Pads eine immer größere Rolle zukommt. Deshalb wird sich nachfolgend der Fokus verstärkt auf diese richten. Es wird im Folgenden der Spielsoftwaremarkt unter besonderer Berücksichtigung der Marktgröße und des Marktwachstums, eventueller Konzentrationsentwicklungen und Markteintrittsbarrieren betrachtet.

---

[1] Vgl. o.V. (2001), S. 1.

Kapitel 8: Video- und Computerspielemanagement

■ Marktgröße und -wachstum

Auch der Markt für Spielesoftware hatte nach kontinuierlichem Wachstum in den vergangenen Jahren in 2010 leichte Rückgänge zu verzeichnen. Besonders deutlich wird die Entwicklung am US-Markt. Im Jahr 2009 hatte der Markt für Spielesoftware in den USA ein Gesamtvolumen von rund 16 Milliarden US-Dollar erreicht, was einer Steigerung von circa 55% gegenüber 2006 entspricht.[1] Von diesem Betrag entfielen knapp 61% auf Konsolenspiele (nur Offline), circa 33% auf sonstige Vertriebsformen (vor allem Online-Vertrieb von Computerspielen und Apps, Mobile Gaming, Social Media Gaming) sowie etwa 4% auf PC-Spiele (nur Offline). Sonstige Vertriebsformen sind dabei überwiegend der Nutzung am PC und zunehmend auch mobilen Endgeräten zuzurechnen. So konnte dieser Bereich im Jahr 2010 trotz eines leichten Rückgangs des Gesamtmarkts auf 15,9 Milliarden US-Dollar ein Wachstum von rund 7% auf 5,8 Milliarden US-Dollar erreichen.

Abbildung 2-10: Umsatzentwicklung des US Video- und Computerspielemarkts[2]

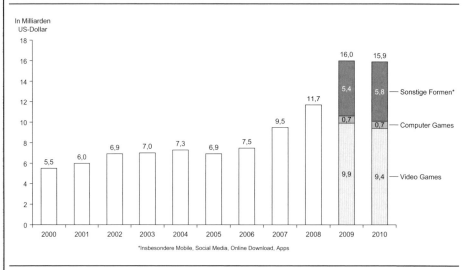

Während der Konsolenspielemarkt einen extrem zyklischen Verlauf aufweist, entwickelt sich der Markt für Computerspiele vergleichsweise stabil. Dies resultiert daraus, dass der Computerspielemarkt in wesentlich geringerem Maß von neuen Hardware-Produkten abhängig ist als der Konsolenmarkt. Der Absatz der Konsolenspiele hingegen variiert mit dem Reifegrad der jeweils aktuellen Konsolengeneration.

---

[1] Vgl. ESA (2011), S. 10.
[2] Vgl. ESA (2011), S. 10.

Marktstruktur und Marktverhalten

Wenn eine neue Hardwaregeneration auf den Markt kommt, durchläuft die Konsolenspieleindustrie eine Umstellungsphase. Der Absatz für die alten Spiele geht zurück und der Absatz der neuen Spielegeneration läuft erst langsam an. Durchschnittlich dauert es zwei Jahre, bis sich ein für den Konsumenten attraktiver Spielemarkt für eine neue Konsolengeneration entwickelt hat. Ab diesem Zeitpunkt setzt ein Absatz-Boom für Hard- und Software ein, der bis zum Launch der nächsten Hardwaregeneration anhält, um dann wieder in einem neuen Zyklus zu münden.

Trotz der intensiven Bemühungen der Spielehersteller, die Absatzzyklen durch Diversifizierung des Leistungsprogramms, das heißt Spielproduktion für alternative Plattformen, weitestgehend auszugleichen und zu stabilisieren, sind mit den Konsolenzyklen auch Vorteile verbunden. Positiv für die Spieleindustrie ist zum einen, dass die Verläufe weitestgehend vorhersehbar sind und zum anderen, dass der Konsolenspielemarkt, insbesondere zu Beginn eines Zyklus, weniger anfällig für allgemeine ökonomische Entwicklungen ist. So lag beispielsweise der Peak der 16-bit Konsolen von 1991 bis 1993, in einer Zeit der weltweiten Rezession.

- Konzentration bei Softwareproduzenten

Der Markt der Softwareproduzenten setzt sich aus Entwicklern und Publishern zusammen. Es handelt sich um einen vorwiegend international geprägten Markt. Die größten und wichtigsten Entwickler und Publisher kommen aus den USA, Japan und Frankreich. Sie arbeiten eng mit Entwicklungsstudios aus der ganzen Welt zusammen und haben ein internationales Vertriebsnetz. Das amerikanische Unternehmen Electronic Arts beispielsweise, marktführender Spielesoftwareproduzent mit 3,59 Milliarden US-Dollar Umsatz im Geschäftsjahr 2011, hat Niederlassungen und Distributoren in mehr als 75 Ländern. An den lokalen Produktionsstandorten werden unter anderem spezielle Spiele für den jeweiligen nationalen Markt produziert.

Obwohl Deutschland der drittgrößte Markt für Entertainment-Software in Europa ist, gibt es nur wenige deutsche Publisher, die auf dem Spielesoftwaremarkt eine Rolle spielen. Andere europäische Länder hingegen, wie beispielsweise Frankreich mit Infogrames (inzwischen umbenannt in Atari) und Großbritannien mit Eidos, konnten sich auf dem internationalen Markt behaupten. Deutschsprachige Unternehmen sind zum Beispiel Kalypso Media, Rondomedia, Deep Silver (gehört zu Koch Media) oder dtp Entertainment. In Abbildung 2-11 sind die Marktanteile von Computerspielesoftware-Publisher in Deutschland dargestellt. Zuletzt haben vor allem deutsche Entwicklerstudios, allen voran Crytec mit dem Titel Crysis, international erfolgreiche Spiele entwickelt.

Kapitel 8: Video- und Computerspielemanagement

Abbildung 2-11: Marktanteile der Computerspielesoftware-Publisher in Deutschland[1]

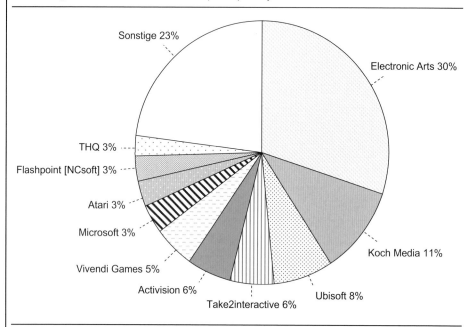

Aus Abbildung 2-11 wird ersichtlich, dass es sich bei der Spielsoftwareindustrie, im Gegensatz zur Konsolenindustrie, um einen noch relativ stark fragmentierten Markt handelt. Tendenziell werden aber verstärkte Konsolidierungsaktivitäten für die nächsten Jahre erwartet, da die Unternehmensgröße eine zunehmend wichtige Rolle spielt.[2] Bei dem Spielesoftwaremarkt handelt es sich in hohem Maß um einen Hit Driven Market. Trotz eines großen Angebotsspektrums sind wenige Top-Titel für immer größere Teile des Umsatzes verantwortlich. Problematisch daran ist, dass im Vorfeld nur schwer prognostiziert werden kann, welche Titel sich zu Bestsellern entwickeln werden.

Die Lösung wird in der Bildung größerer Spieleportfolios gesehen. Für die Umsetzung einer solchen Strategie bieten sich insbesondere horizontale Zusammenschlüsse an. Bei den Betrachtungen zu den Marktstrukturen und Marktanteilen ist zudem zu beachten, dass die Marktanteile auf dem Spielesoftwaremarkt schnellen und starken Schwankungen unterliegen. Sie ändern sich wöchentlich mit den Spielehitlisten und sind darüber hinaus stark vom Genre und der Plattform abhängig.

---

[1] Datenquelle: Statista (2010), S. 1.
[2] Vgl. SevenOneMedia (2008), S. 12.

■ Markteintrittsbarrieren

Die Anzahl der Marktteilnehmer und die Verteilung der Marktanteile lassen zunächst vermuten, dass der Spielesoftwaremarkt nur geringe Risiken und Markteintrittsbarrieren birgt. Im Vergleich zur Konsolenhardwareindustrie trifft dies zwar zu, tendenziell zeichnet sich aber ab, dass die Situation für kleine, unabhängige Entwicklungsstudios und Verlagshäuser aufgrund steigender Kosten und zunehmender vertikaler wie horizontaler Integrationsaktivitäten der großen, führenden Entwicklungshäuser, immer schwieriger wird.

Markteintrittsbarrieren struktureller Art stellen die hohen und stetig steigenden Entwicklungs- und Produktionskosten für ein Spiel dar. Die Kosten für die Produktion eines Top-Spiels haben sich in den letzten Jahren vervielfacht. Im Jahr 2005 lagen beispielsweise die Entwicklungskosten für Konsolenspiele zwischen drei und sechs Millionen US-Dollar.[1] Durch die Markteinführung der siebten Konsolengeneration sind die notwendigen Budgets sprunghaft angestiegen. So liegen die durchschnittlichen Entwicklungskosten eines Spiels für die PlayStation 3 bei circa 15 Millionen US-Dollar, wobei bei besonders aufwändigen Titeln, wie zum Beispiel Halo 3 für die Xbox 360, sogar von der doppelten Summe auszugehen ist.[2]

Dafür kann ein erfolgreicher Titel heute aber auch erhebliche Erlöse erziehlen. So hat beispielsweise der Publishers Activision mit dem Titel „Call of Duty: Black Ops" nur sechs Wochen nach dem Erscheinungsdatum bereits einer Milliarde US-Dollar an Erlösen generiert.[3] Ähnlich dem Filmgeschäft sind es im Video- und Computerspielemarkt die Top-Titel, die einen Großteil der Umsätze des Gesamtmarkts erwirtschaften. Weniger als 20% der Titel erzielen mehr als 80% der Einkünfte.

Betrachtet man die Spielebestenlisten, dann zeigt sich, dass es sich dabei oft um Titel handelt, die bekannte, populäre Medieninhalte und reale Charaktere aus der Film- und Sportindustrie nutzen (zum Beispiel Star Wars, FIFA Fußball, NBA, Tony Hawk). Um Content dieser Art nutzen zu können, müssen Franchise-Rechte erworben werden, die bisweilen erhebliche Lizenzzahlungsverpflichtungen verursachen können. Insbesondere diese Content-Lizenzgebühren sind ursächlich für die hohen und stetig steigenden Entwicklungskosten bei der Softwareproduktion. Dies gilt umso mehr, wenn es sich um Exklusivlizenzen handelt.

---

1 Vgl. o.V. (2005).
2 Vgl. Takatsuki (2007).
3 Vgl. CNET (2010).

Kapitel 8: Video- und Computerspielemanagement

Im Hinblick auf das Content Franchising ist auch eine strategisch induzierte Barriere zu erkennen. Diese ergibt sich daraus, dass die marktführenden Publisher langfristige Verträge mit der Film- und Entertainment-Industrie abschließen und sich frühzeitig Exklusivrechte an neuem Content sichern. Darüber hinaus können weitere Barrieren speziell für den Konsolensoftwaremarkt identifiziert werden. Diese sind struktureller Natur und begründen sich aus den Marktstrukturen und Geschäftsmodellen der Konsolenherstellerindustrie.

Zum einen handelt es sich dabei um die Lizenzgebühren, die der Softwareproduzent an den Plattformhersteller zu zahlen hat, wenn er für dessen Plattform ein Spiel produzieren möchte. Diese erhöhen die Investitionen und Risiken um ein weiteres. Zum anderen handelt es sich um Restriktionen und Limitationen seitens der Konsolenhersteller.

Diese kontrollieren die Entwicklung und Lizenzierung der Spiele, die für ihre Hardware produziert werden dürfen. Insbesondere Nintendo ist für seine restriktive Lizenzpolitik bekannt.[1] Auch die Integrationsbemühungen der Konsolenhersteller haben beschränkende Wirkung. Je größer das eigene Softwareportfolio der Konsolenhersteller wird, desto geringer wird der Bedarf an unabhängigen Entwicklern und Publishern.

Demgegenüber ist die Entwicklung und Produktion von Computerspielen ein offener Markt, der aber auch vergleichsweise weniger Absatzpotenzial bietet. Eine strukturelle Barriere für die Computerspielesoftwarehersteller stellt die große Verbreitung von Raubkopien dar. Viele Konsumenten sind nicht mehr bereit, für ein Original-Spiel zwischen 40 und 60 Euro auszugeben und so geht der Bundesverband Interaktive Unterhaltungssoftware (BIU) davon aus, dass in Deutschland 5 bis 10% der Computerspieler illegale Angebote nutzen.[2]

Dies eröffnet sowohl einen großen Markt für professionelle Raubkopierer als auch für die Weitergabe von Konsumenten durch die Nutzung von Peer To Peer-Netzwerken und sogenannte One Click Hoster (zum Beispiel Rapidshare). Für die Spieleentwickler und Publisher zieht dies jährliche Einbußen in Milliardenhöhe nach sich.

Als eine Markteintrittsbarriere institutioneller Natur können, sowohl für den Markt der Computer- als auch der Konsolenspiele, die national unterschiedlichen Straf- und Jugendschutzbestimmungen interpretiert werden. Diese führen beispielsweise dazu, dass Content mit hohem Gewaltanteil je nach Land entweder frei vertrieben werden darf, einer Altersbeschränkung unterworfen oder sogar verboten beziehungsweise indiziert wird.

---

[1] Vgl. Lischka (2002), S. 61.
[2] Vgl. BIU (2012b).

2.2 Interaktionen der Marktteilnehmer

Der Video- und Computerspielemarkt kann hinsichtlich seiner Akteure und Interaktionen als weitgehend stabil bezeichnet werden. Prinzipiell lassen sich dabei zwei wesentliche Akteursgruppen unterscheiden: Darunter fallen einerseits die Hardwarehersteller, die die Konsolen/Computer und das Zubehör fertigen und andererseits die Spieleentwickler beziehungsweise Publisher, die für die entsprechenden Plattformen die Spiele entwickeln und vertreiben.

Die Hardware- beziehungsweise Konsolenhersteller entwickeln dabei ihre Plattformen in Eigenregie, beziehen hierbei aber teilweise Komponenten wie Grafik-Chips oder Laufwerke von Technologielieferanten. Die Fertigung der eigentlichen Hardware wird zum größten Teil outgesourct und von Systemlieferanten übernommen. Die Erlöse der Konsolenhersteller werden einerseits über die Hardware am Endkundenmarkt, aber andererseits auch durch Lizenzgebühren von Publishern beziehungsweise Spieleentwicklern generiert.

Die Entwickler beziehungsweise Publisher sind für die Erstellung beziehungsweise Distribution der Spiele zuständig, wobei eine steigende Zahl von Unternehmen verzeichnet werden kann, die beide Funktionen in sich vereinen. Als Beispiel sei hier Nintendo angeführt, das einerseits Konsolen aber andererseits auch Spiele in Eigenregie entwickelt und distribuiert.

Die Entwickler benötigen vor einer Spieleentwicklung zumindest im Konsolenbereich eine Lizenz der Hardwarehersteller und unter Umständen Lizenzen oder Rechte von Content-Lieferanten und Franchise-Gebern. Erlöse werden durch den Verkauf des fertigen Produkts am Rezipientenmarkt sowie am Werbmarkt in Form von Ingame Advertising erzielt.

Während der Endkunde die Spielehardware über den Einzelhandel oder im Verleih erwerben kann, steht bei der Spielesoftware mit Internetspieleplattformen und der Online-Distribution ein weiterer Absatzkanal zur Verfügung, der stetig an Bedeutung gewinnt. Abbildung 2-12 stellt die wesentlichen Akteure und Interaktionen im Video- und Computerspielemarkt im Überblick dar.

Kapitel 8: Video- und Computerspielemanagement

Abbildung 2-12: Akteure und Interaktionen im Video- und Computerspielemarkt

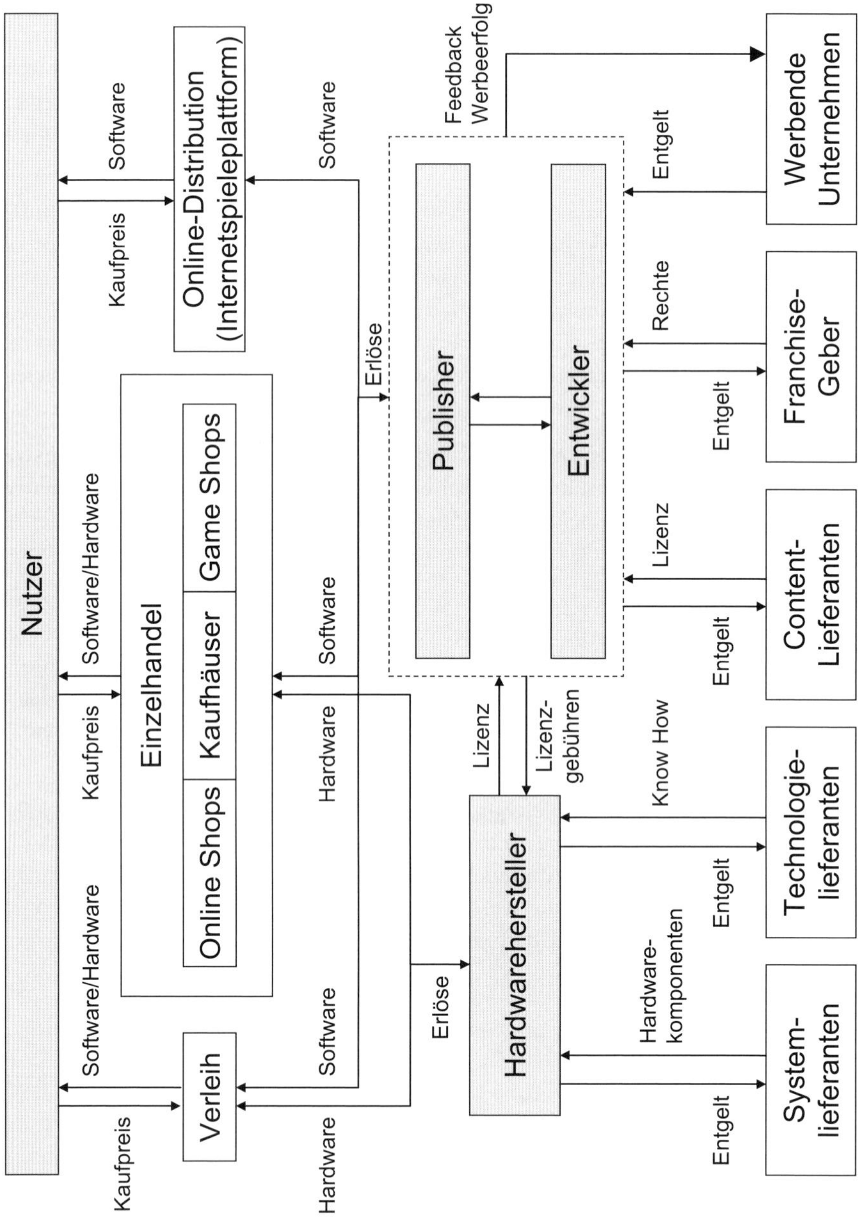

2.3 Technologisches und regulatives Umfeld

Die Videospieleindustrie wird in besonderem und größerem Maß als andere Entertainment-Industrien durch den technologischen Fortschritt getrieben. Dabei beeinflusst das technologische Umfeld den Hard- und Softwaremarkt gleichermaßen. Das regulative Umfeld hingegen beeinträchtigt speziell die Softwareproduktion und -verbreitung. Auch sind Zusammenhänge zwischen technischem und regulativem Umfeld erkennbar. So zieht der technische Fortschritt, insbesondere in Form des Internet, Veränderungen für die Anwendung der Regeln und Gesetze nach sich. Die technologischen und regulativen Bedingungen, die für die Computer- und Videospieleindustrie von zentraler Bedeutung sind, sollen im Folgenden dargestellt werden.

- Technologisches Umfeld

Das technologische Umfeld der Video- und Computerspieleindustrie ist zunächst von signifikanter Bedeutung für den Hardwaremarkt, das heißt die Spieleplattformen. Der technische Fortschritt in Form höherer Prozessor- und Grafikleistungen bestimmt maßgeblich die Spielmöglichkeiten. Im Konsolenmarkt ist dieser technische Fortschritt Auslöser für die zyklischen Absatzschwankungen. Darüber hinaus gewinnen mit der zunehmenden Konvergenz der Medien-, Informationstechnologie- und Telekommunikationsbereiche neue Plattformen (zum Beispiel Handy und Fernseher) an Bedeutung beziehungsweise werden traditionelle Spielekonsolen um zusätzliche technische Features wie Internetzugang, Media und Blu-ray Player erweitert.

Für den Computer als Spieleplattform gilt ebenfalls, dass höhere Prozessorleistungen, größere Speicherkapazitäten und verbesserte Grafikleistungen die Weiterentwicklung determinieren. Jedoch findet dies im Gegensatz zur Konsolenentwicklung nicht sprunghaft mit einem Generationenwechsel, sondern kontinuierlich statt. Mit dem technischen Fortschritt bei den Spieleplattformen entwickelt sich auch der Softwaremarkt. Schnellere Prozessoren und bessere Grafikkarten erlauben Programme mit neuen, realistischeren und schnelleren Funktionalitäten, Effekten und Darstellungen.

Der Computer und die Spielekonsole sind aus technischer Sicht stark miteinander verwandt. Die Spielkonsole besteht in ihrem Inneren aus Computerkomponenten, ist jedoch im Gegensatz zu dem multifunktionalen Computer auf das Spielen spezialisiert. Diese Spezialisierung ist der zentrale Vorteil der Konsole gegenüber dem Computer. Die Konsole läuft in der Regel stabiler, ist einfacher zu bedienen und preiswerter als ein Computer mit gleichen Spieleeigenschaften. Zudem wird kein separater Monitor benötigt. Für die Spielekonsole kann der Fernseher genutzt werden. Im Hinblick auf die Spieleentwicklung gilt, dass für die standardisierte Konsolenkonfiguration die Programmierung viel spezialisierter erfolgen kann als bei heterogenen Computerprodukten. Bei diesen müssen im Rahmen der Softwareentwicklung unter anderem verschiedenste Prozessoren und Grafik-Chips berücksichtigt werden.

Kapitel 8: Video- und Computerspielemanagement

Neben der Spielekonsole und dem Computer gewinnt das Mobiltelefon als Spieleplattform zunehmend an Bedeutung. Die sehr hohe Verbreitung von Mobiltelefonen eröffnet neue Absatzpotenziale, die diese Geräte interessant für den Spielemarkt machen. Handyhersteller, Spieleentwickler und Netzbetreiber erhoffen sich neue Umsatzpotenziale von dem mobilen Endgerät und arbeiten gemeinsam an Lösungen.

Aktuell verfügen bereits die meisten Mobilfunktelefone über vorinstallierte Spiele einfachster Art, doch bemühen sich die Handyhersteller, ein neues Produktsegment zu schaffen, dass eigens für das Spielen per Handy optimiert ist. Notwendig sind dafür höhere Speicherkapazitäten und größere, bunte und hochauflösende Displays. So verfügt beispielsweise das Display des aktuellen iPhone von Apple mit einer Darstellung von 960 mal 640 Bildpunkten über eine höhere Auflösung als die Handheld-Konsole PSP von Sony.

Als entscheidend für den Durchbruch des Mobilfunktelefons als Spieleplattform ist der Mobilfunkstandard der dritten Generation, UMTS anzusehen. Erst die hohen Bandbreiten von UMTS, HSDPA und LTE ermöglichen den schnellen und komfortablen Download von Spielen sowie Multiplayer-Funktionen. Die Zahl der regelmäßigen UMTS-Nutzer lag 2007 bereits bei 8,7 Millionen Nutzern und mittlerweile hat sich UMTS und die Nachfolger, als Standard etabliert.[1] Ein weiterer entscheidender Aspekt für die Durchsetzung des Handy-Gaming ist die Entwicklung von leistungsfähigen, komfortablen und sicheren Zahlungssystemen, die die schnelle und einfache Abrechnung des mobilen Spielens ermöglichen.

Von derzeit größter Bedeutung ist im Hinblick auf das technologische Umfeld der Video- und Computerspielindustrie das Internet. Mit dem Internet stehen der Video- und Computerspieleindustrie neue Geschäftsmodelle und Spielegenres offen. Zentraler Enabler und teilweise noch kritischer Engpass ist dabei, wie auch schon für das mobile Spielen, die Übertragungsbandbreite. Erst die Breitbandtechnologie eröffnet alle Möglichkeiten der komfortablen Distribution via Internet. Die Verbreitung der Breitbandtechnologie hat in den letzten Jahren jedoch stark zugenommen und bereits 2008 waren 80% aller privaten Haushalte in Deutschland über einen Breitbandinternetanschluss angebunden.[2]

Der Breitbandzugang wird dabei mittels verschiedener Technologien wie beispielsweise DSL, Kabelmodem, Powerline oder Satellit realisiert, wobei immer neue Technologien auch Breitbandanschlüsse in Nicht-Ballungsgebieten ermöglichen. Langfristig sind die Prognosen für die weitere Penetrationsentwicklung positiv. Mittlerweile wurde ein ausreichend hoher Sättigungsgrad für die Etablierung von Online-Spielen erreicht, was unter anderem der große Erfolg des Massen-Mehrspieler-Online-Rollenspiels „World Of Warcraft" eindrucksvoll beweist.

---

[1] Vgl. Bundesnetzagentur (2008), S. 83; Wirtz (2010), S. 88.
[2] Vgl. Networld (2008), S. 1.

■ Regulatives Umfeld

Zu den wichtigsten rechtlichen Rahmenbedingungen im Umfeld der deutschen Spieleindustrie zählen das Strafrecht (StGB), das Urheberrecht (UrhG) und das Jugendschutzrecht (JuSchG). Für das Urheberrecht und die Jugendschutzbestimmungen gilt, dass deren Anwendung im Rahmen einer globalen Industrie wie der Video- und Computerspieleindustrie problematisch ist. Es gibt keine weltweit einheitliche Rechtsgrundlage und die jeweiligen nationalen Rechte sowie die Kontrolle der Einhaltung dieser differieren stark. Beispielsweise stellen im Hinblick auf das Urheberrecht unter anderem Asien, Lateinamerika und Afrika besonders problematische Märkte dar.[1]

Häufigste Form der Urheberschutzverletzungen bei Video- und Computerspielen stellen illegale Hard Copy-Raubkopien sowie nicht autorisierte Download-Angebote und Peer To Peer-Anwendungen im Internet dar. Im Hinblick auf Jugendschutzbestimmungen gilt, dass hier ebenfalls keine einheitliche Rechtsgrundlage existiert. Deutschland beispielsweise hat eines der schärfsten Jugendschutzgesetze, die USA und Großbritannien hingegen sind vergleichsweise großzügig mit Altersempfehlungen und Verboten. Dies hat oft zur Folge, dass die vornehmlich in den USA arbeitenden Entwickler eigens für Deutschland entschärfte Spieleversionen anfertigen, zum Beispiel wird Blut grün gefärbt und menschliche Gegner werden zu Robotern.

Neben den heterogenen Urheberrechtsbestimmungen in den verschiedenen Ländern fehlt ebenso bei der Alterskennzeichnung ein einheitlicher Standard. Verschiedene Behörden oder sonstige Einrichtungen sind für die Altersfreigabe von elektronischen Spielen zuständig (für große Teile Europas die PEGI, in England die BBFC und in Deutschland die Unterhaltungssoftwareselbstkontrolle - USK). Ein weiteres Kontrollorgan zum Schutz der Jugend in Deutschland ist die Bundesprüfstelle für jugendgefährdende Medien (BPjM).

Diese Stelle prüft auf Antrag Video- und Computerspiele und setzt gemäß JgefSchrG § 1 solche Spiele auf den Index (Liste jugendgefährdender Schriften und Medieninhalte), die als gefährlich eingestuft werden. Dabei dürfen nur Spiele geprüft werden, die noch keine Kennzeichnung von der USK erhalten haben. Eine Indizierung soll Jugendliche vor „sittlich gefährdenden, [...] dazu zählen vor allem unsittliche, verrohend wirkende, zu Gewalttätigkeit, Verbrechen oder Rassenhass anreizende sowie den Krieg verherrlichende"[2] Spielen schützen.

---

[1] Vgl. BSA (2010), S. 7 ff.
[2] JgefSchrG § 1 Absatz 1.

Derzeit sind rund 500 Spiele indiziert. Davon betroffen sind hauptsächlich Computerspiele, da es sich dabei um einen offenen Markt handelt. Konsolenspiele hingegen findet man nur selten auf dieser Liste, da deren Entwicklung und Veröffentlichung von den Konsolenherstellern kontrolliert wird und diese aus Imagegründen zumeist auf Spiele solcher Art verzichten. Eine Indizierung hat zumeist weitreichende Konsequenzen. Händler führen indizierte Spiele oftmals nicht, da sie nicht in Geschäften ausliegen dürfen. Darüber hinaus ist der Versandhandel von und die Berichterstattung über indizierte Spiele verboten.

Selbst die Aufführung in Verkaufslisten gilt als unerlaubte Werbung. Für volljährige Konsumenten hat dies zur Folge, dass solche Spiele nur schwer zu erwerben sind und die Verleger stehen damit oft erheblichen Umsatzrückgängen gegenüber. Die Jugendlichen hingegen sind nicht vollständig schützbar. Raubkopien und das Internet bieten vielfältige Möglichkeiten der Beschaffung, womit sich dieser Markt einer vollständigen staatlichen Zugangskontrolle entzieht.

2.4 Nutzungsverhalten von Video- und Computerspielespielern

Die Struktur und das Verhalten der Video- und Computerspielespieler hat sich in den letzten Jahren stark verändert. So bemerkt der BIU: „Games sind in der Mitte der Gesellschaft angekommen."[1] Im Folgenden werden die demografischen Merkmale, die Motive sowie die Präferenzen der Video- und Computerspielenutzer betrachtet.

Etwa ein Drittel (rund 23 Millionen) aller Deutschen spielen regelmäßig Video- und Computerspiele. Das Durchschnittsalter dieser Spieler beträgt 31 Jahre und 43% von ihnen sind Frauen.[2] Das bedeutet, dass die Generation der heute 20- bis 30-Jährigen, die mit dem Computer aufgewachsen ist, auch im Erwachsenenalter nicht auf diese Art der Unterhaltung verzichten möchte. Abbildung 2-13 zeigt die Spielerverteilung in den unterschiedlichen Altersgruppen.

---

[1] BIU (2011), S. 2.
[2] Vgl. Entertainment Software Association (2008), S. 2 f.

Marktstruktur und Marktverhalten

Abbildung 2-13: Spielerverteilung in den unterschiedlichen Altersgruppen[1]

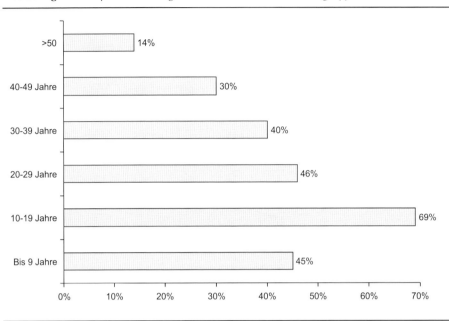

Bei der großen Beliebtheit, der sich Video- und Computerspiele in der breiten Bevölkerung erfreuen, stellt sich die Frage, was den Reiz dieser Spiele ausmacht. Die Mehrheit der Spieler (circa 61%) gibt an, dass Video- und Computerspiele einfach Spaß machen. Zwei weitere wichtige Motive sind der Zeitvertreib sowie die Entspannung beziehungsweise die Möglichkeit des Stressabbaus.[2]

Im Wesentlichen ist es die Interaktivität dieses Mediums, die den Reiz ausmacht. Im Gegensatz zu den anderen Entertainment-Formen, wie Fernsehen und Kino, kann der Spieler das Geschehen aktiv beeinflussen. Dem Nutzer eröffnet sich ein Spielraum, in den er kontrollierend und steuernd eingreifen kann. Viele Spieler sind in der Lage, ein Computer- oder Videospiel längere Zeit, zumeist über verschiedene Level beziehungsweise Schwierigkeitsstufen, mit äußerster Konzentration zu spielen. Dieses Phänomen versucht das Edutainment-Genre zu nutzen. Die beliebtesten Spielesegmente sind in der Abbildung 2-14 dargestellt.

---

[1] Datenquelle: BIU (2011), S. 3.
[2] Vgl. Interactive Software Federation of Europe (2011), S. 31.

Kapitel 8: Video- und Computerspielemanagement

Abbildung 2-14: Bevorzugte Game-Genres verschiedener Plattformen im Jahr 2010 [1]

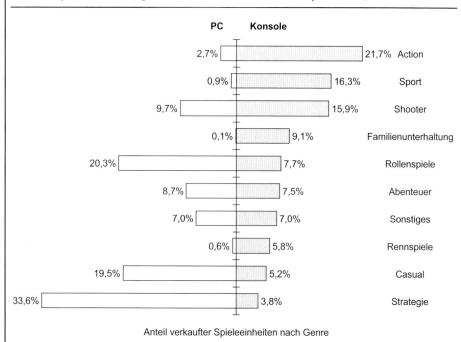

Anteil verkaufter Spieleeinheiten nach Genre

Im Hinblick auf das Online und das Mobile Gaming zeigt sich, dass dieses bereits großen Anklang unter den regelmäßigen Computer- und Videospielespielern gefunden hat. Rund ein Viertel aller Spiele wird in Deutschland heute per Download distribuiert. Dabei spielte rund ein Viertel (14,5 Millionen) aller Deutschen im Jahr 2011 Online- oder Browsergames.[2]

Multiplayer Online Games stellen ein immer beliebter werdendes Spielesegment dar. Die zunehmende Beliebtheit lässt sich damit erklären, dass Spieler nach eigener Angabe Video- und Computerspiele als Möglichkeit zur sozialen Interaktion verstehen. Das Bedürfnis, das Computer- oder Videospiel in der Gemeinschaft zu erleben, ist aber nicht neu. Schon bevor es die Multiplayer-Möglichkeiten im Internet gab, haben sich Spieler bei sogenannten Local Area Network (LAN)-Partys getroffen.

---

[1] Datenquelle: ESA (2011), S. 8.
[2] Vgl. BIU (2012a).

Bei LAN-Partys werden mehrere Rechner an einem Ort zu einem Netzwerk zusammengeschlossen, sodass mehrere Spieler mit- oder gegeneinander spielen können. Im Zuge des Internet ist es nicht mehr notwendig, dass sich die Spieler an einem Ort zu LAN-Partys treffen, da sie die Verbindung zwischen ihren Rechnern über das Internet herstellen können.

Darüber hinaus bilden sich um viele Multiplayer Online-Spiele sogenannte Clans. Deren Mitglieder organisieren sich, spielen regelmäßig Online zusammen und tragen Meisterschaften aus. Viele Clans treffen sich auch persönlich, zumeist im Rahmen von Video- und Computerspieleturnieren, wie sie zum Beispiel von der Electronic Sports League organisiert werden. Zu diesen Turnieren kommen nicht selten mehrere Hundert Zuschauer, darüber hinaus werden sie teilweise auch per Livestream im Internet übertragen.

2.5 Entwicklungsperspektiven im Video- und Computerspielebereich

Es wird erwartet, dass der Gaming-Markt weiter wächst. Bereits seit einigen Jahren beträgt die durchschnittliche jährliche Wachstumsrate für den Spielesoftwaremarkt in Deutschland 13% und bedingt durch neue technologische Entwicklungen wird sich diese Wachstumsrate wahrscheinlich weiter erhöhen.[1] Insbesondere dem Mobile Gaming-Segment wird durch die schnelle technologische Weiterentwicklung neuerer Handymodelle und der zunehmenden Verbreitung von Tablet-PCs ein großes Wachstumspotenzial zugesprochen.

Die zukünftig signifikante Bedeutung von Handys für die Spieleindustrie ergibt sich auch durch das hohe potenzielle Marktvolumen. Aufgrund der im Vergleich zu den Konsolen- und Computerbesitzern hohen Zahl an Handybesitzern, sind innerhalb kürzester Zeit forcierte Bemühungen der Spiele- und Mobilfunkbranche, den Markt so schnell wie möglich zu erschließen, zu erwarten.

Auch ist eine steigende Bedeutung des Internet und des interaktiven Fernsehens für die Spieleindustrie abzusehen. Beim interaktiven TV handelt es sich um digitales und rückkanalfähiges Fernsehen. Prinzipiell sind zwei mögliche Entwicklungen denkbar. Zum einen können Internet und interaktives Fernsehen primär als Distributionskanal für Spielesoftware fungieren. Zum anderen können sich Internet und interaktives TV im Rahmen von Application Providing als vollständige Spieleplattform etablieren. Im Wesentlichen hängt dies von den präferierten Geschäftsmodellen der Publisher und den zukünftigen Nutzerpräferenzen ab.

---

[1] Vgl. Bitkom (2009b), S. 10.

Kapitel 8: Video- und Computerspielemanagement

Vor allem das interaktive Spielen mit anderen Internetnutzern stellt eine völlig neue Dimension im Gaming-Markt dar. Konnte man vor 20 Jahren lediglich einige wenige Spiele mit einer begrenzten Zahl von Spielern zu Hause am eigenen Fernseher spielen, stellt sich die Situation heutzutage komplett anders dar. Ein Spieler kann über die Verbindung einer Spielekonsole mit dem Internet nun mit unbegrenzt vielen Internetnutzern interagieren und auf eine hohe Anzahl verschiedener Spiele zurückgreifen.

Bekannte Hersteller der hierfür erforderlichen Spielkonsolen sind beispielsweise Microsoft mit der Xbox 360, Nintendo mit der Wii und Sony mit der PlayStation 3. Der Markt für Online Gaming wird zunehmend wettbewerbsintensiver. Die Folge sind vermehrte Partnerschaften zwischen Spieleherstelller und Anbieter von Online Games. So versuchte man beispielsweise bei Comcast, durch Kooperationen mit Ubisoft und Atari das Gesamtangebot an Spielen zu erhöhen.[1]

Im Hinblick auf die Gaming-Inhalte ist davon auszugehen, dass die verschieden Entertainment- und Medienbranchen noch stärker verschmelzen werden. Bis vor wenigen Jahren war die Entwicklung von Content sehr medienspezifisch. Bereits heute jedoch werden erfolgreiche Inhalte aus der Buch- oder Filmindustrie, wie zum Beispiel Harry Potter oder Matrix, in weiteren Medienbranchen wie der Spiele- und der Musikindustrie genutzt. Für die Zukunft kann erwartet werden, dass diese Entwicklung durch steigende Produktions- und Lizenzkosten weiter forciert wird. Inhalte werden gezielt vor dem Hintergrund einer crossmedialen Verwertungsabsicht produziert, sodass Film, Buch, TV, Tonträger sowie Video- und Computerspiele immer öfter einzelne Auswertungsstufen einer medialen Gesamtwertschöpfungskette darstellen.

Auch abseits der Rezipientenmärkte besteht noch Wachstumspotenzial. Werbemärkte waren für die Video- und Computerspielebranche lange Zeit weitestgehend irrelevant. Betrugen die Werbeausgaben für Werbung in Computerspielen (In Game Advertising) global im Jahr 2006 noch rund 78 Millionen US-Dollar, sind diese bis zum Jahr 2011 auf knapp eine Milliarde US-Dollar angewachsen.[2] Insbesondere der Bereich des Social Gaming Advertisement hat sich in den letzten Jahren als sehr wachstumsstark erwiesen. Im Jahr 2011 wurden rund 293 Millionen US-Dollar mit Social Gaming Werbung umgesetzt.[3] Der mit Abstand größte Anteil dieser Werbung entfällt auf das soziale Netzwerk Facebook.

---

[1] Vgl. Gladstone (2004), S. 32.
[2] Vgl. Marketing Vox (2011).
[3] Vgl. emarketer (2011).

Abbildung 2-15: Weltweiter Umsatz mit Social Gaming-Werbung[1]

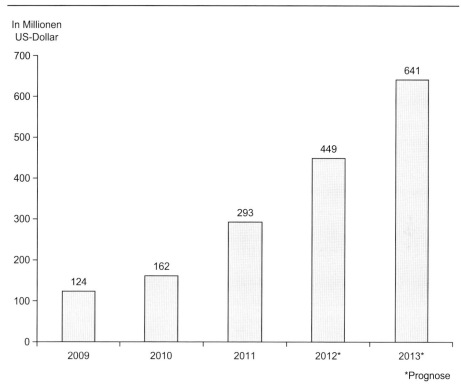

Im Bereich der Handyspiele gibt es bereits länger Geschäftsmodelle, die die Erlösgenerierung ausschließlich über Werbemärkte realisieren. So bietet das Unternehmen Greystripe seit 2007 in Zusammenarbeit mit Opera werbefinanzierte Handyspiele zum kostenlosen Download an. Bereits in den ersten 60 Tagen nach Start des Dienstes wurden 1,6 Millionen Spiele heruntergeladen.[2] Bei jedem Aufruf eines Spiels kann die eingeblendete Werbung aktualisiert werden. In Deutschland besteht seit Juni 2008 eine Zusammenarbeit mit dem Mobilfunkdiscounter Simyo, der sich von der Verfügbarkeit kostenloser Downloads steigende Umsätze mit Datentarifen verspricht.[3]

---

[1] Vgl. Marketing Vox (2011).
[2] Vgl. o.V. (2008).
[3] Vgl. Belic (2008).

Kapitel 8: Video- und Computerspielemanagement

3 Leistungssystem

Die Leistungssysteme sind in der Video- und Computerspieleindustrie äußerst vielfältig. Aufgrund der steigenden Bedeutung des Mobilfunks, des Internet und des interaktiven TV werden sie in Zukunft weiteren Veränderungen unterliegen. Bevor auf Geschäftsmodelle eingegangen wird, soll im Rahmen dieses Abschnitts zunächst das Leistungsspektrum der Video- und Computerspieleindustrie dargestellt werden.

Daran anschließend wird ein Überblick über die Wertschöpfungsstrukturen in der Spielesoftware- und -hardwareindustrie gegeben. Darauf aufbauend werden die Core Assets und Kernkompetenzen in der Video- und Computerspielesoftwareindustrie betrachtet. Abschließend werden traditionelle sowie sich aktuell abzeichnende, neue Geschäftsmodelle in der Video- und Computerspieleindustrie untersucht.

3.1 Leistungsspektrum

Das vom Video- und Computerspielenutzer wahrgenommene Leistungsspektrum umfasst neben dem Leistungskern (Spieleplattform und Spielesoftware) noch Zusatzleistungen, das heißt Zubehör, zum Beispiel in Form von Peripheriegeräten, Merchandising-Artikeln und Dienstleistungen. Darüber hinaus sind die Lizenzierung von Content, der von der Spieleindustrie selbst entwickelt wurde, sowie der Handel mit diesen Lizenzen, ebenfalls Teil des Leistungsspektrums der Video- und Computerspieleindustrie.

Final Fantasy, Mortal Kombat, Resident Evil und Tomb Raider sind prominente Beispiele dafür, dass von Spieleentwicklern geschaffene Charaktere zum einen erfolgreich für andere Medien, wie Print, TV und Kinofilm, genutzt werden und zum anderen im Rahmen von Merchandising auf völlig andere Leistungskategorien (wie zum Beispiel Spielzeug, Süßwaren, Kleidung, Bettwäsche) transferiert werden. In Abbildung 3-1 ist eine Übersicht des Leistungsspektrums der Video- und Computerspieleindustrie dargestellt. Das Leistungsspektrum im engeren Sinne, die Spielehardware und -software, soll im Folgenden differenzierter betrachtet werden.

Leistungssystem

Abbildung 3-1: Leistungsspektrum in der Video- und Computerspieleindustrie

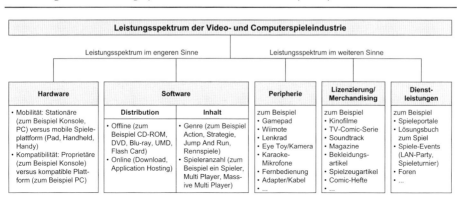

Die Hardware, das heißt die Spieleplattform, lässt sich anhand zweier wesentlicher Merkmale, der Mobilität und Kompatibilität, charakterisieren. Der Computer beispielsweise ist eine stationäre, kompatible Plattform, wohingegen der Nintendo 3DS mobil und proprietär ist. Bei der Software können zunächst zwei Ebenen, Distribution und Inhalte, differenziert werden. Da ein Video- und Computerspiel ein digitales Gut darstellt, ist neben der Distribution auf physischen Datenträgern (CD-ROM, DVD, Blu-ray, UMD, Flash Card) auch eine Distribution via internetbasierter Technologien möglich. Dabei kann grundsätzlich zwischen Download und Application Hosting unterschieden werden.

Beim Download lädt der Konsument das Spiel von einem Server des Download Providers auf seine persönliche Spieleplattform, das heißt der Konsument speichert das Spiel beispielsweise auf seinem Computer. Beim Application Hosting hingegen verbleibt das Spiel auf dem Server des Application Hosting Providers, der Spieler erwirbt lediglich ein Nutzungsrecht an dem Spiel, speichert die Spielesoftware aber nicht auf seiner Plattform. Dafür muss der Nutzer für die gesamte Dauer des Spiels eine Verbindung mit dem Server des Providers aufrechterhalten.

Mittlerweile entwickeln sich Hybridformen, die sowohl Offline- als auch Online-Aspekte kombinieren. Der Spielehersteller Ubisoft liefert seine Spiele „Siedler 7" und „Assassin's Creed 2" beispielsweise auf DVDs aus, die Spiele können jedoch nur bei einer bestehenden Interverbindung gestartet werden, da die Spielstände auf den Servern des Unternehmens gespeichert werden.[1] Hiermit realisiert der Hersteller eine neue Form des Kopierschutzes. Jedoch ist die Akzeptanz bei den Spielern derzeit sehr gering, da beispielsweise bei einem Ausfall des Ubisoft-Servers beide Spiele nicht mehr funktionieren.

---

[1] Vgl. Nowarra (2010), S. 1.

Kapitel 8: Video- und Computerspielemanagement

Download und Application Hosting stellen Online-Distributionsformen dar. Von einem Online-Spiel soll im Rahmen der nachfolgenden Betrachtungen aber nur dann die Rede sein, wenn eine Application Hosting-Anwendung genutzt wird. Die Online-Distribution eines Spiels ist noch nicht hinreichend dafür, dass ein Spiel als Online-Spiel bezeichnet werden kann. Von einem Online-Spiel wird erst dann gesprochen, wenn über die gesamte Spieledauer eine Verbindung zu einem Application Service Provider Server besteht.

Für das mobile Spielen auf dem Handy gilt grundsätzlich das gleiche. Einerseits können die Spiele schon auf dem Handy vorinstalliert sein oder auf das Handy heruntergeladen werden. Andererseits kann der Nutzer Online-Spiele per Application Hosting-Anwendung nutzen. In Bezug auf die inhaltliche Form können Video- und Computerspiele zunächst nach dem Genre unterschieden werden. Hier gibt es eine Vielzahl von Spieletypen, wie zum Beispiel Action, Strategie, Rollenspiele, Sport, Abenteuer, Simulation, Shooter, Rennspiele und Kinderspiele.

Auch die mögliche Spieleranzahl steht eng in Zusammenhang mit dem Spieleinhalt. An dieser Stelle soll zwischen Single-, Multiplayer- und Massive Multiplayer-Spielen unterschieden werden. Zu ersteren zählen beispielsweise klassische Jump And Run-Spiele, die in der Regel für nur einen Spieler ausgelegt sind. Mehrere Spieler können sich bei dieser Kategorie von Spielen zumeist nur über den Punktestand messen, jedoch nicht interaktiv mit- oder gegeneinander spielen. Multiplayer Games zeichnen sich dadurch aus, dass mehrere Spieler On- oder Offline, mit- oder gegeneinander spielen können.

Massive Multiplayer Online Games, wie zum Beispiel Everquest II und World Of Warcraft, sind Online-Spiele, bei denen mehrere Tausend Spieler mit- oder gegeneinander im Internet spielen. Besonders geeignet für dieses Spielsegment sind Genres wie Rollenspiele, Fantasy und Shooter. Bezüglich der technischen Realisierung von Multiplayer Online Gaming können grundsätzlich zwei Varianten unterschieden werden. Bei der ersten Variante befindet sich die Spielsoftware auf der Plattform des Spielers und es werden lediglich die Kommunikations- und Interaktionsdaten (zum Beispiel Koordinaten) über den Server des Spiele-Service Provider ausgetauscht.

Abbildung 3-2: Video- und Computerspieleleistungsspektrum

	Offline		Online	
	Stationär	Mobil	Stationär	Mobil
Single-player	• Klassisches Einzelspiel auf PC, Konsole oder Set Top Box	• Spielen auf mobilen Plattformen, zum Beispiel klassisches Game Boy-Spiel und Handy-Games	• Spielen via Application-Hosting auf PC, Konsole oder Settop-Box	• Spielen von Online Handy-Games/Laptop/Tablet-PC
Multi-player	• Spielen auf einer stationären Plattform mit mehreren Game Pads oder im LAN	• Spielen auf miteinander verbundenen mobilen Plattformen, zum Beispiel mittels WLAN (Nintendo DS, PlayStation Portable) oder Handy-Games via Bluetooth	• Spielen von Online Multiplayer und Massive Multiplayer Games auf PC, Konsole oder Set Top Box	• Spielen von Online Multiplayer Games auf dem Handy/Laptop/Tablet-PC

Bei der zweiten Variante findet reines Application Hosting statt, das heißt die Spieler haben die Spielesoftware nicht auf ihrer Plattform installiert. Kritischer Engpass für beide Varianten, und damit grundsätzlich für stationäres und mobiles Online Gaming, ist die Bandbreite der Übertragungstechnologien. In Abbildung 3-2 ist das vom Kunden wahrnehmbare Leistungsspektrum der Spielehard- und -softwareindustrie dargestellt. Sowohl für die Spieleplattformen als auch die Spieletitel gilt, dass sie durch ihre Single- und Multiplayer-Eigenschaften, ihre On- und Offline-Fähigkeit sowie den Grad der Mobilität voneinander abgegrenzt werden können.

3.2 Wertschöpfungsstrukturen

Bei der Untersuchung der Wertschöpfungsstrukturen in der Video- und Computerspieleindustrie muss grundsätzlich zwischen der Wertkette der Hard- und der Softwareindustrie differenziert werden. Aufgrund der Systemprodukteigenschaft des Video- und Computerspiels sind diese interdependent. Im Hinblick auf den Hardwaremarkt soll hier, wie schon in den vorangegangen Kapiteln, der Fokus auf die Spielekonsolenindustrie gerichtet werden.

3.2.1 Spielehardwareindustrie

Die Wertkette in der Spielehardwareindustrie lässt sich grob in die vier Stufen Entwicklung, Produktion, Software- sowie Lizenzenmanagement und Distribution gliedern. Die Entwicklung der eigentlichen Spieleplattform mit ihren technischen Eigenschaften stellt den Schwerpunkt der ersten Stufe der Wertkette dar. Im Rahmen dessen findet die Entwicklung einer neuen Konsolengeneration beziehungsweise von zusätzlichen Features für eine aktuelle Konsolengeneration statt.

Die Forschung und Entwicklung erfolgt zum einen durch die Plattformhersteller selbst, zum anderen durch die Systemlieferanten. Zumeist handelt es sich bei den einzelnen Konsolensystembestandteilen, wie zum Beispiel Prozessoren, Speichermedien und Grafikkarten, um Standardmodule, die entsprechend der spezifischen Anforderungen des Plattformherstellers von dem jeweiligen Systemlieferanten angepasst werden.

Die physische Produktion der Spieleplattform stellt die zweite Stufe der Wertkette dar. Sie erfolgt entweder Inhouse beim Plattformproduzenten oder wird an einen Contract Manufacturer ausgelagert. Microsoft beispielsweise hat die Produktion der Xbox und der Xbox 360 an Flextronics outgesourct. Die für das Geschäfts- und Erlösmodell der Konsolenhersteller zentrale Stufe der Wertkette stellt das Software- und Lizenzenmanagement dar. Im Rahmen dieser Stufe wird die Spielepolitik und -strategie festgelegt und umgesetzt.

Auf dieser Basis gilt es, Lizenzmodelle und -verträge zu entwerfen, Softwareentwickler und -verleger auszuwählen und zu gewinnen, um dann das Spieleportfolio zu entwickeln und zu managen. In der letzten Stufe der Wertkette findet die Auslieferung der Spielplattform an den Zwischen-, Groß- und Einzelhandel sowie der Verkauf beziehungsweise Verleih der Spieleplattform an den Nutzer statt. In der Abbildung 3-3 sind die vier primären Stufen der Wertkette der Spielekonsolenindustrie sequentiell dargestellt.

Leistungssystem

Abbildung 3-3: Wertkette in der Spielekonsolenhardwareindustrie

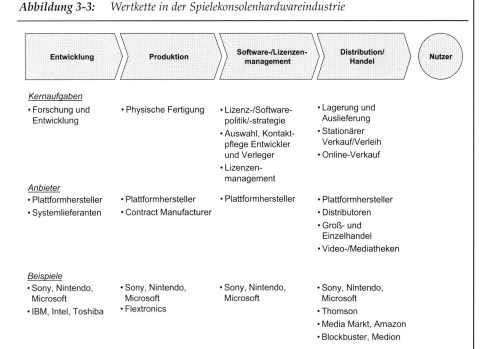

3.2.2 Spielesoftwareindustrie

Die Wertkette in der Spielesoftwareindustrie lässt sich in drei zentrale Stufen, Entwicklung, Publishing sowie Distribution und Handel, untergliedern. Die Entwicklung des eigentlichen Spiels findet auf der ersten Stufe der Wertkette statt. Das Spiel wird konzipiert, programmiert und getestet. Die Spieleentwicklung fällt in den Aufgabenbereich von unabhängigen Spieleentwicklern oder Entwicklungsabteilungen von Publishern beziehungsweise Konsolenherstellern.

Die Stufe des Publishing in der Wertkette umfasst im Einzelnen die Finanzierung, die Content-Beschaffung beziehungsweise das Lizenzenmanagement, die Hard Copy-Vervielfältigung, die Verpackung und insbesondere das Marketing. Diese Funktionen werden zumeist alle vom Spieleherausgeber übernommen. Eine Ausnahme bildet die Vervielfältigung von Hard Copies für Konsolen, diese Aufgabe fällt in den Einflussbereich der Plattformhersteller. Die Disc- beziehungsweise Flash Card-Produktion darf nur durch eigens von den Spielkonsolenherstellern autorisierte Produzenten vorgenommen werden beziehungsweise erfolgt durch die Spielehersteller selbst.

Kapitel 8: Video- und Computerspielemanagement

Abbildung 3-4: Wertkette in der Spielesoftwareindustrie

Entwicklung	Publishing	Distribution/Handel	Nutzer

Kernaufgaben

• Finanzierung
• Spielekonzeption
• Spieleprogrammierung
• Tests
	• Finanzierung
	• Content-Beschaffung
	• Lizenzmanagement
	• Hard Copy-Vervielfältigung (CD/DVD/Blu-ray/HD-DVD/UMD/Flash Card)
	• Verpackung
	• Marketing
		• Hard Copy:
		  • Lagerung und Auslieferung
		  • Stationärer Verkauf/Verleih
		  • Online-Verkauf
		• Digital Copy:
		  • Aggregation
		  • Download
		  • Application Hosting

Anbieter

• Unabhängige Entwickler • Publisher • Plattformhersteller	• Publisher • Plattformhersteller	• Publisher • Unabhängige Distributoren • Groß- und Einzelhandel • Video-/Mediatheken • Spieleportale • Download- beziehungsweise Application Hosting Provider

Beispiele

• Game Brains, Crytec, Kuju • Electronic Arts, THQ • Sony, Nintendo, Microsoft	• Electronic Arts, THQ, Ubisoft • Sony, Nintendo, Microsoft	• Electronic Arts, THQ • World Games • Media Markt, Amazon • Blockbuster, Medion • Gamesworld, AOL • Yahoo, Microsoft, Sony

Für Microsofts Konsolen Xbox und Xbox 360 beispielsweise hält in Europa Sonopress, ein Unternehmen der Bertelsmann AG, die Replikationsautorisierung. Sony hingegen übernimmt mit sechs zentralen Produktionsstandorten in Japan, USA, Australien, Indien, Asien und Europa die CD-, DVD- und Blu-ray-Produktion aller PlayStation-Spiele selbst.

Die Vervielfältigung, das Labeling und die Verpackung sämtlicher PlayStation-Spiele für Europa und Südafrika übernimmt Sony DADC Europe an den Standorten Anif und Thalgau (beide Österreich) sowie Southwater (Großbritannien).[1] In der letzten Stufe der Wertkette, Distribution und Handel, erfolgt der physische oder digitale Vertrieb bis zum Nutzer. Die drei zentralen Stufen der Wertkette der Spielesoftwareindustrie sind in der Abbildung 3-4 dargestellt.

3.3 Core Assets und Kernkompetenzen

Die folgenden Ausführungen zu den Core Assets und Kernkompetenzen in der Video- und Computerspieleindustrie fokussieren sich aufgrund der höheren Medienspezifität auf den Spielesoftwaremarkt. Insbesondere Entwickler und Programmierer, die mit komplementären Fähigkeiten an der Spieleentwicklung und -programmierung arbeiten, sowie Entwicklungsteams, die kreative und innovative Lösungen vorantreiben sollen, spielen eine wichtige Rolle in Bezug auf das Core Asset Mitarbeiter.

Insbesondere die Bezeichnungen erfolgreicher Spieleserien stellen auf dem Video- und Computerspielemarkt Marken dar, zum Beispiel Tony Hawk oder Grand Theft Auto. Aber auch die Namen bekannter Spieleanbieter wie Electronic Arts sind als Marke zu betrachten. Franchise Content-Rechte sind ebenfalls ein Core Asset von Spieleanbietern. Mit Franchise Content-Recht wird das Recht bezeichnet, aus anderen Medien bekannte, fiktionale oder reale Personen und Geschichten (zum Beispiel Harry Potter, Tiger Woods, Tony Hawk) als Basis zur Entwicklung eines neuen Spiels einzusetzen. Franchise Content-Rechte können zu einer erfolgreichen Umsetzung eines attraktiven Leistungsangebots sowie zu einem Imagegewinn bei den Konsumenten beitragen.

Darüber hinaus ist ein umfassendes Netzwerk von Kooperationspartnern ein Core Asset von Unternehmen in der Video- und Computerspieleindustrie. Die Entwicklung und Programmierung, die Finanzierung sowie die Vermarktung von Video- und Computerspielen sind Aufgabenfelder, für die nicht in allen Unternehmen ausreichende Kompetenzen vorhanden sind. Diese Kompetenzen werden häufig von kooperierenden Unternehmen bereitgestellt. Zur Nutzung der Core Assets sind Kernkompetenzen erforderlich. Wichtige Kernkompetenzen von Entwicklern beziehungsweise Publishern in der Video- und Computerspieleindustrie sind die Content Sourcing-Kompetenz, die Content Creation-Kompetenz und die Promotion-Kompetenz. Die Content Sourcing-Komptenz beinhaltet die Fähigkeit von Spieleentwicklern beziehungsweise Publishern, Content beziehungsweise Spiele mit hohem Erfolgspotenzial zu identifizieren und möglichst exklusiv zu beschaffen. Sie ist insbesondere von dem Trendgespür, dem Know How und dem Kontaktnetzwerk abhängig.

---

1 Vgl. DADC (2010), S. 1.

Die Content Creation-Kompetenz lässt sich in die zwei Subkompetenzen Story-Kompetenz und Umsetzungskompetenz differenzieren. Die Story-Kompetenz beschreibt die Fähigkeit, interessante und spannende Handlungen sowie Charaktere zu entwickeln, die Grundlage des Spiels sind. Sie ist zum Beispiel für die Entwicklung von Rollenspielen von besonders hoher Bedeutung. Die Umsetzungskompetenz umfasst die relevanten Fähigkeiten, die zur Programmierung eines Spiels benötigt werden. Die Promotion-Kompetenz umfasst die Fähigkeit, die Zielgruppe umfassend anzusprechen und beruht auf dem Know How, der Kreativität und dem Werbepartnerkontaktnetzwerk des Unternehmens.

3.4 Geschäftsmodelle

Die Geschäftsmodelle der Computer- und Videospieleindustrie sind vielfältig. Während sich die Geschäftsmodelle des Konsolenhardwaremarkts relativ homogen darstellen, unterscheiden sich die von den einzelnen Marktteilnehmern des Softwaremarkts verfolgten Geschäftsmodelle stark hinsichtlich der Leistungsbreite und -tiefe. Im Rahmen dieses Abschnitts werden zunächst die Erlösmodelle in der Video- und Computerspieleindustrie und das Leistungserstellungsmodell der Spielesoftwareindustrie dargestellt. Daran anschließend sollen die Spezifika der Geschäftsmodelle differenziert für die Hardware- und Softwareindustrie betrachtet werden.

■ Erlösmodell

Sowohl beim Absatz von Videospielekonsolen als auch beim Absatz von Offline distribuierten Spielen sind die Nutzermärkte primäre Quelle für die Erlöserzielung. Hier zahlen die Nutzer ein transaktionsabhängiges Entgelt beim Erwerb einer Spielekonsole beziehungsweise eines Hard Copy-Video- oder Computerspiels. Bei Online distribuierten On- und Offline Games hingegen finden sich vielfältigere Erlösmodelle. So stehen neben den Rezipienten auch werbetreibende Unternehmen als Erlösquelle offen. Computer-Games, insbesondere in einfacher, browserbasierte Form, sind ein häufig genutztes und beliebtes Promotion-Instrument von Unternehmen.

Das Spiel „Moorhuhnjagd" beispielsweise wurde von dem Getränkehersteller Diageo in Auftrag gegeben und gezielt zur Steigerung der Markenbekanntheit und zur Verbesserung des Markenimage der Whiskey-Marke Johnnie Walker genutzt. Solche Promotion Games werden als Auftragsfertigung für Unternehmen entwickelt und transaktionsabhängig entgolten. Diese Werbespiele werden den Usern zumeist auf der Homepage des werbetreibenden Unternehmens kostenlos zur Verfügung gestellt. Auf den User-Märkten finden sich sowohl transaktionsabhängige (Bezahlung pro Spiel, pro Download- oder Nutzungszeiteinheit oder pro übertragener Datenmenge) als auch transaktionsunabhängige Erlösmodelle (Gaming-Abonnement für die Nutzung einer definierten Menge an Spielen innerhalb eines bestimmten Zeitraums).

Leistungssystem

■ Leistungserstellungsmodell

Die Betrachtungen zum Leistungserstellungsmodell fokussieren sich auf den Spielesoftwaremarkt, da das Leistungserstellungsmodell bei der Konsolenherstellung nur wenig medienspezifische Besonderheiten aufweist. Das Leistungserstellungsmodell der Spielesoftwareindustrie gibt wichtige Kernprozesse wieder, die bei der Entwicklung, der Produktion und dem Vertrieb von Video- und Computerspielen anfallen. Von besonderem Interesse sind dabei die Kosten der Leistungserstellung. Bei einer Untersuchung der Kostenstruktur können zentrale Kostentreiber der Leistungserstellung identifiziert werden. Abbildung 3-5 gibt einen Überblick über die durchschnittlichen Kosten der Leistungserstellung im Computerspielesoftwaremarkt im Falle der Offline Distribution mittels physischer Datenträger.

Abbildung 3-5: Kosten- und Erlösstruktur der Leistungserstellung von Video- und Computerspielen[1]

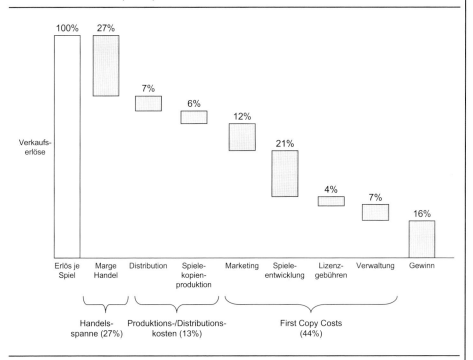

[1] Auf der Basis eigener Analysen und Abschätzungen.

Die in Abbildung 3-5 dargestellte Kostenstruktur ist charakteristisch für ein durchschnittliches Computerspiel. Der Anteil der fixen Kosten, das heißt der First Copy Costs liegt bei etwa 44% und setzt sich aus Verwaltungs- beziehungsweise Gemeinkosten (circa 7%), den Lizenzgebühren (circa 4%), den Kosten der Spieleentwicklung und -programmierung (circa 21%) sowie den Ausgaben für Marketing (circa 12%) zusammen. Dabei können einzelne Kostenpositionen zum Teil je nach Projekt erheblich variieren. Die Kosten für die Lizenzen beispielsweise variieren in Abhängigkeit von dem Ausmaß der Nutzung von Franchise Content.

Die Kosten der eigentlichen Spieleentwicklung hängen maßgeblich von der Qualität und Innovativität des Spiels ab und die Marketingkosten werden von der Größe des Absatzgebiets und der angestrebten Marktpositionierung beeinflusst. Ebenso wie die First Copy Costs variiert auch die Gewinnspanne, die durchschnittlich bei 16% liegt. Die Produktions- und Distributionskosten liegen bei etwa 13% des Gesamtumsatzes. Die Produktionskosten für die Herstellung der Computerspielekopien und des Beiwerks variieren in Abhängigkeit von der Produktionsmenge und liegen durchschnittlich bei 6%.

Bei einem Konsolenspiel sind die Kosten der physischen Vervielfältigung etwa vier- bis fünfmal so hoch wie bei einem Computerspiel. Ursächlich hierfür sind insbesondere die Lizenzzahlungsverpflichtungen an die Konsolenhersteller. Die Kosten für die Lokalisation (Berücksichtigung regionaler Besonderheiten zum Beispiel in Form von Sprache und Jugendschutzbestimmungen) machen lediglich 1% an den Produktionskosten aus. Der größte Kostenblock im Bereich der variablen Kosten fällt mit durchschnittlich 27% auf den Handel ab. Beim Online-Vertrieb von Spielen entfallen die Kosten der physischen Vervielfältigung. Auch die Distributions- und Handelskosten reduzieren sich, da das Spiel nicht vom stationären Handel angeboten wird und der Transport der Spieledatenträger sowie die Lagerhaltung entfallen. Demgegenüber entstehen andere Kosten in Form von technischen Online-Auslieferungskosten, Bezahl- und Abrechnungssystemkosten sowie Kosten für die Bereitstellung auf einer oder mehreren Websites.

3.4.1 Geschäftsmodell Spielehardwareindustrie

Das Geschäftsmodell eines Konsolenherstellers basiert auf der Entwicklung, Produktion und dem Verkauf von Spielekonsolen sowie dem Verkauf von Lizenzen für die Erstellung von Spielesoftware für diese Konsole. Ressourcen, die von außen in das System fließen, sind zumeist die einzelnen Konsolensystembestandteile (beispielsweise Grafikkarte, Speichermedium oder Prozessor), die dann im Rahmen des betrieblichen Leistungserstellungsprozesses gegebenenfalls modifiziert werden, um danach in das Gesamtsystem der Konsole integriert zu werden. Der innerbetriebliche Leistungserstellungsprozess umfasst primär Forschung und Entwicklung (F&E), Produktion, Marketing sowie das Spieleportfolio- und Lizenzenmanagement. Die Geschäftsmodelle der derzeitigen Marktteilnehmer, Sony, Microsoft und Nintendo unterscheiden sich im Einzelnen dahingehend,

- inwieweit die Forschung und Entwicklung innerbetrieblich erfolgt beziehungsweise auf die Systemlieferanten übertragen wird,

- in welchem Umfang der physische Fertigungsprozess der Konsole innerbetrieblich vorgenommen beziehungsweise an Contract Manufacturer outgesourct wird,

- wie restriktiv das Softwarelizenzenmanagement gestaltet wird und

- wie stark integriert die Hersteller sind, das heißt in welchem Ausmaß die Spieleentwicklung und -veröffentlichung vom Hersteller selbst betrieben wird.

Microsoft greift beispielsweise bei den einzelnen Konsolenbestandteilen weitestgehend auf offene Computerstandards zurück.[1] Außerdem hat Microsoft die Konsolenproduktion komplett ausgelagert, verfolgt eine offene, kompetitive Softwarepolitik und entwickelt in weitaus geringem Ausmaß eigene Spiele als Nintendo.[2] Als weiterer Aspekt des Konsolenherstellergeschäftsmodells ist die Kontrolle über die Vervielfältigung der Spielesoftwaredatenträger zu nennen.

Zumeist verkauft der Entwickler beziehungsweise Publisher das fertig entwickelte Spiel an den Konsolenhersteller oder den vom Konsolenhersteller autorisierten Produzenten. Dieser übernimmt die CD -, DVD-, Blu-ray- beziehungsweise Flash Card-Produktion und oftmals auch die Verpackung. Der Publisher hat dann die Möglichkeit, das fertig produzierte Spiel zurück zu erwerben, um den Vertrieb zu übernehmen beziehungsweise es an einen Distributor zu übergeben. In Abbildung 3-6 ist ein mögliches Geschäftsmodell eines Konsolenherstellers dargestellt.

Das Erlösmodell der Konsolenhersteller basiert auf dem bereits erwähnten Rasierer-Rasierklingen-Modell."[3] Dies erfolgt mit der Intention, möglichst schnell eine hohe installierte Basis der Spielekonsolenhardware zu schaffen. Die Verkaufserlöse können dabei nicht die Kosten für die Entwicklung, Produktion und Vermarktung der Konsole decken. Microsoft beispielsweise bezifferte anfangs den Verlust für jede verkaufte Xbox mit 150 US-Dollar.[4]

Kostendeckung beziehungsweise Gewinne werden erst über Softwarelizenzeinnahmen und Erlösbeteiligungen aus den Verkäufen der Spielesoftware generiert. Das genaue Lizenzen- und Erlösbeteiligungsmodell ist variabel und von zahlreichen Einflussfaktoren abhängig, zum Beispiel davon, ob es sich bei dem Spieletitel um einen Plattformexklusiven Titel handelt, oder ob dieser auch für andere Konsolen und den Computer produziert wird. Für den Computermarkt existiert ein solches Lizenzerlösmodell nicht.

---

[1] Vgl. Lübberstedt (2002a), S. 1; Wentz (2008), S. 52 f.
[2] Vgl. Dietl/Royer (2003), S. 417 f.; CDRinf (2005), S. 1.
[3] Vgl. Beeson (2002), S. 15.
[4] Vgl. Lübberstedt (2002b), S. 1.

Kapitel 8: Video- und Computerspielemanagement

Abbildung 3-6: Geschäftsmodell eines Konsolenherstellers[1]

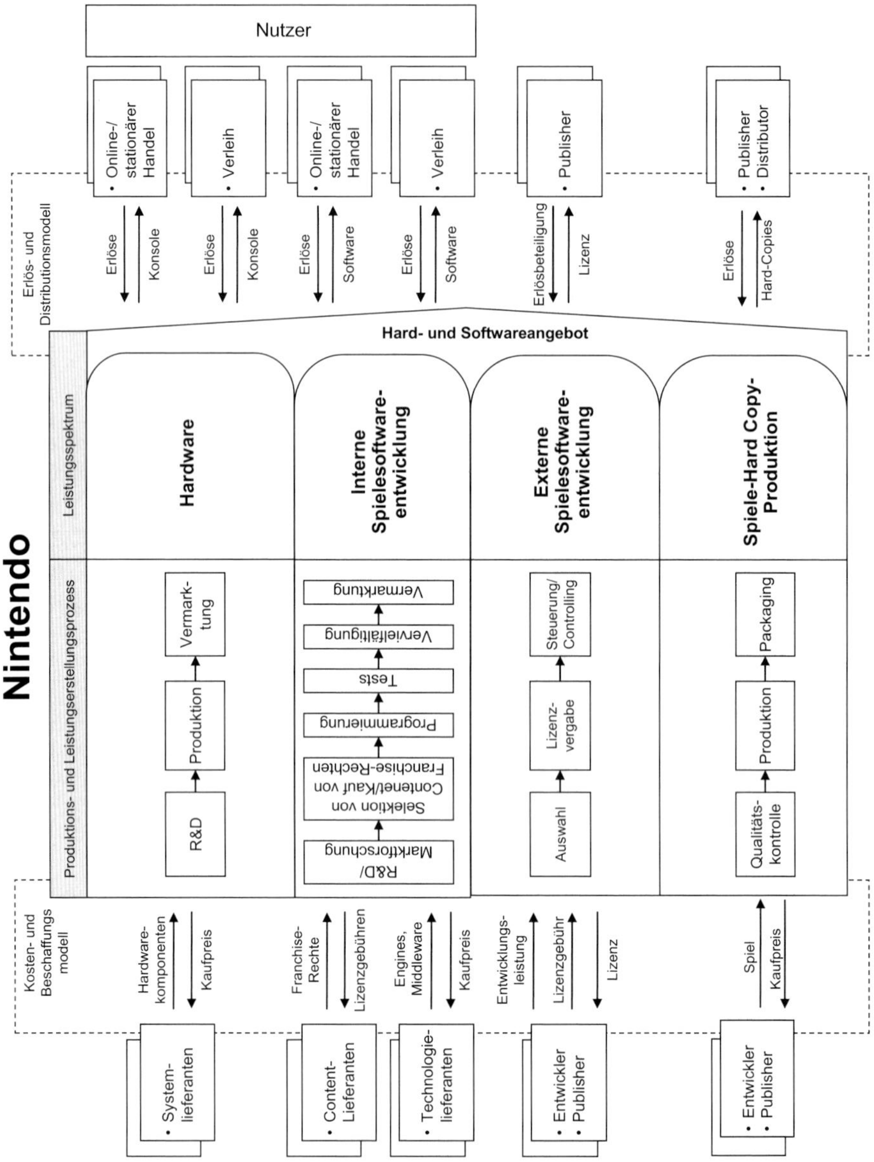

---
[1] Auf der Basis eigener Analysen und Abschätzungen.

Leistungssystem

Als neue Geschäfts- und Erlösformen sind die Online-Geschäfts- und Erlösmodelle der Konsolenhersteller zu nennen. Microsoft, Sony und Nintendo bieten den Online-Zugang über ihre Konsolen an. Sony und Nintendo unterscheiden sich von Microsoft grundlegend hinsichtlich ihrer Online-Geschäfts- und Erlösmodelle. Sony und Nintendo verfolgen ein dezentrales, offenes Online-Geschäftsmodell, Microsoft hingegen ein geschlossenes, zentrales Online-Geschäftsmodell.

Sony und Nintendo überlassen die Aggregation, die Distribution, die Spieler-Vernetzung, die Bereitstellung von Server-Kapazitäten und das Billing für die Online-Spiele weitestgehend den Spieleherstellern beziehungsweise unabhängigen Dritt-Anbietern (zum Beispiel Spieleportalen). Microsoft hingegen hat im Rahmen eines zwei Milliarden US-Dollar-Projekts ein eigenes Netzwerk und Spieleportal (Xbox Live) etabliert. Finanziert wird Xbox Live über direkte Umsätze in Form von transaktionsunabhängigen Abonnementgebühren. Noch ist nicht abzusehen, welches Modell erfolgreicher ist und sich langfristig durchsetzen wird.

3.4.2 Geschäftsmodell Spielesoftwareindustrie

Der Spielesoftwaremarkt ist fragmentierter und heterogener als der Konsolenhardwaremarkt. Es gibt viele Marktteilnehmer mit unterschiedlichsten Geschäftsmodellen, die sich hinsichtlich der Leistungsbreite und -tiefe unterscheiden. Tendenziell ist eine Entwicklung zu integrierten Geschäftsmodellen zu beobachten, die ein erweitertes Spektrum an multifunktionalen Dienstleistungen abdecken. Dennoch soll, entsprechend der Wertschöpfungskette, zwischen den Geschäftsmodellen der Entwickler, der Verleger und der Distributoren unterschieden werden, um eine höhere Transparenz in der Darstellung der Sachverhalte erzielen zu können.

- Entwicklung

Das Geschäftsmodell der Spieleentwickler beruht auf der Erstellung des Computer-, Video-, Online- oder Mobile Games. Hierbei handelt es sich um einen komplexen Prozess, der zum Beispiel das Schreiben der Story, den Entwurf des Spieledesign, die Programmierung und das Testen des Spiels umfasst. Die Entwicklung eines Computer- oder Konsolenspiels dauert circa 12 bis 36 Monate und kostet in der Regel zwischen einer halben und zwanzig Millionen Euro,[1] ein Handyspiel hingegen kann schon für unter 100.000 Euro entwickelt werden.[2] Die Kosten der reinen Spieleentwicklung hängen wesentlich von der Komplexität der Spieleplattform und von der Verfügbarkeit von Programmier-Tools und Software-Engines ab. Bei Konsolenspielen reduzieren sich die Entwicklungskosten im Laufe der Konsolengeneration mit zunehmenden Erfahrungsschatz und der Verfügbarkeit von Standard-Tools, wie zum Beispiel 3D-, Network- oder Physik-Engines.

---

[1] Vgl. SevenOneMedia (2008), S. 13.
[2] Vgl. Marek (2003), S. 3.

Kapitel 8: Video- und Computerspielemanagement

Bei der Video- und Computerspieleentwicklung werden die meisten Spiele im Auftrag eines Publisher entwickelt und von diesem finanziert.[1] Die Lizenzen für das fertig entwickelte Spiel werden dann von dem Entwickler an den Publisher verkauft. Ein typischer Ablauf einer Auftragsfertigung sieht wie folgt aus. Der Publisher erwirbt Lizenzrechte für ein oder mehrere Spielekonsolen und eventuell Franchise-Rechte an dem Content.

Mit einem groben Entwurf des Spielekonzepts tritt der Publisher an den Spielentwickler heran, um das Konzept von diesem umsetzen zu lassen. Die Entwicklungskosten trägt in der Regel der Publisher. Dieser ist zumeist über die gesamte Projektdauer im Rahmen von Steuerungs- und Kontrollfunktionen in den Entwicklungsprozess involviert. Da der Publisher das finanzielle Risiko trägt, fallen die Gewinnmargen für den Entwickler entsprechend niedrig aus.

Neben diesem Geschäftsmodell der Auftragsfertigung und der Finanzierung durch den Publisher, existieren alternative Modelle, wie zum Beispiel die Produktion in eigener Initiative und per Selbstfinanzierung. Ein Beispiel für ein solches Geschäftsmodell bietet Argonaut mit dem Spiel „Malice." Argonaut hat über ein ganzes Jahr lang das Spiel „Malice" unabhängig, auf eigene Initiative hin entwickelt und mit eigenen Mitteln finanziert.

Erst nach fortgeschrittenem Projektstand ist Argonaut mit Publishern in Kontakt getreten und hat das Spiel letztendlich an Vivendi verkauft.[2] Bei einem solchen Geschäftsmodell übernimmt der Spieleentwickler ein höheres, finanzielles Risiko als im Fall der Auftragsfertigung und der Finanzierung durch den Publisher. Dabei kann er im Gegenzug höhere Lizenzerlöse und eventuell Umsatzbeteiligungen generieren.

Beim Handy-Gaming stellen sich die Strukturen derzeit noch offener dar. Hier sind Geschäftsmodelle ohne Publisher-Beteiligung denkbar. Aufgrund der vergleichsweise geringeren Entwicklungskosten ist es möglich, dass der Entwickler auf den Publisher verzichtet und beispielsweise sein Spiel direkt oder über eine proprietäre Plattform wie iTunes oder den Android Marketplace zum Download anbietet beziehungsweise direkt an Mobiltelefonhersteller verkauft. Im Einzelnen lassen sich die verschiedenen Geschäftsmodelle der Spieleentwickler anhand von vier wesentlichen Kriterien, und zwar der Rolle des Publisher, der Finanzierungsart, der Plattformabhängigkeit und dem Grad der Eigenleistung, voneinander abgrenzen. Unterschieden werden kann:

---

[1] Vgl. Human Capital (2001), S. 8.
[2] Vgl. Beeson (2002), S. 25.

- Ob der Fokus auf Auftragsfertigungen oder Eigenproduktionen gerichtet wird und in letzterem Fall, in welchem Entwicklungsstadium der Publisher einbezogen wird.

- Wie die Entwicklungen finanziert werden, das heißt ob sich der Spieleentwickler weitgehend selbst-, fremd- oder über den Publisher finanziert.

- Ob nur für bestimmte Spieleplattformen entwickelt wird, oder alle Plattformen bedient werden können.

- Wie stark einzelne Aktivitäten, wie zum Beispiel das Testing und die Qualitätskontrolle, an Drittanbieter outgesourct werden.

- Publishing

Das Geschäftsmodell der Spieleverleger basiert primär auf den Funktionen Spieleselektion, Lizenzen- beziehungsweise Franchise-Rechte-Management, Finanzierung, Marketing und Lokalisation. Darüber hinaus sind einige Publisher auch stark in den Entwicklungs- und Distributionsprozess involviert.[1] In Abbildung 3-7 ist ein idealtypisches Geschäftsmodell eines integrierten Publisher, der sowohl Eigen- als auch Fremdspieleentwicklung betreibt und die Distributionsfunktion zum Teil selbst übernimmt wie auch outgesourct hat, dargestellt.

Analog zu der Auftragsfertigung oder Eigenproduktion der Spieleentwickler kann ein Publisher Video- und Computerspiele grundsätzlich in Eigen- und Fremdproduktion erstellen. Bei einer Fremdproduktion erwirbt der Publisher die Lizenz für eine Software von Dritten (zum Beispiel unabhängige Entwickler). Der Publisher übernimmt dabei vor allem die Aufgabe der Selektion.

Insbesondere im Hinblick auf die Projektdauer und -kosten, das Verkaufspotenzial des Spiels, die Kompetenz des Entwicklers sowie dem „Fit" des Spiels in das bestehende Spieleporfolio gilt es, vielversprechende Projekte zu identifizieren und weniger aussichtsreiche Spielekonzepte abzulehnen. Bei Eigenproduktionen entwickelt der Spieleverleger selbst die Spielesoftware beziehungsweise beauftragt einen unabhängigen Spieleentwickler damit. Hier leistet der Publisher zusätzlich zu den oben genannten Aufgaben Initiative, Konzept und Finanzierung.

Die Publisher erzielen ihre Erlöse aus den Verkäufen der Spielekopien. Hierbei wird versucht, Einnahmen über möglichst viele Verwertungsstufen zu generieren. So werden die Spiele für mehrere Spieleplattformen (Konsole, Computer, Handy) und als Online Gaming-Version produziert, sie werden weltweit vermarktet und Franchise-Rechte erfolgreicher Video- und Computerspielecharaktere (zum Beispiel Tomb Raider und Pokémon) werden lizenziert, um sie an Dritte weiterzuveräußern.

---

1 Vgl. Beeson (2001), S. 10.

Kapitel 8: Video- und Computerspielemanagement

Abbildung 3-7: Geschäftsmodell eines Game Publishers[1]

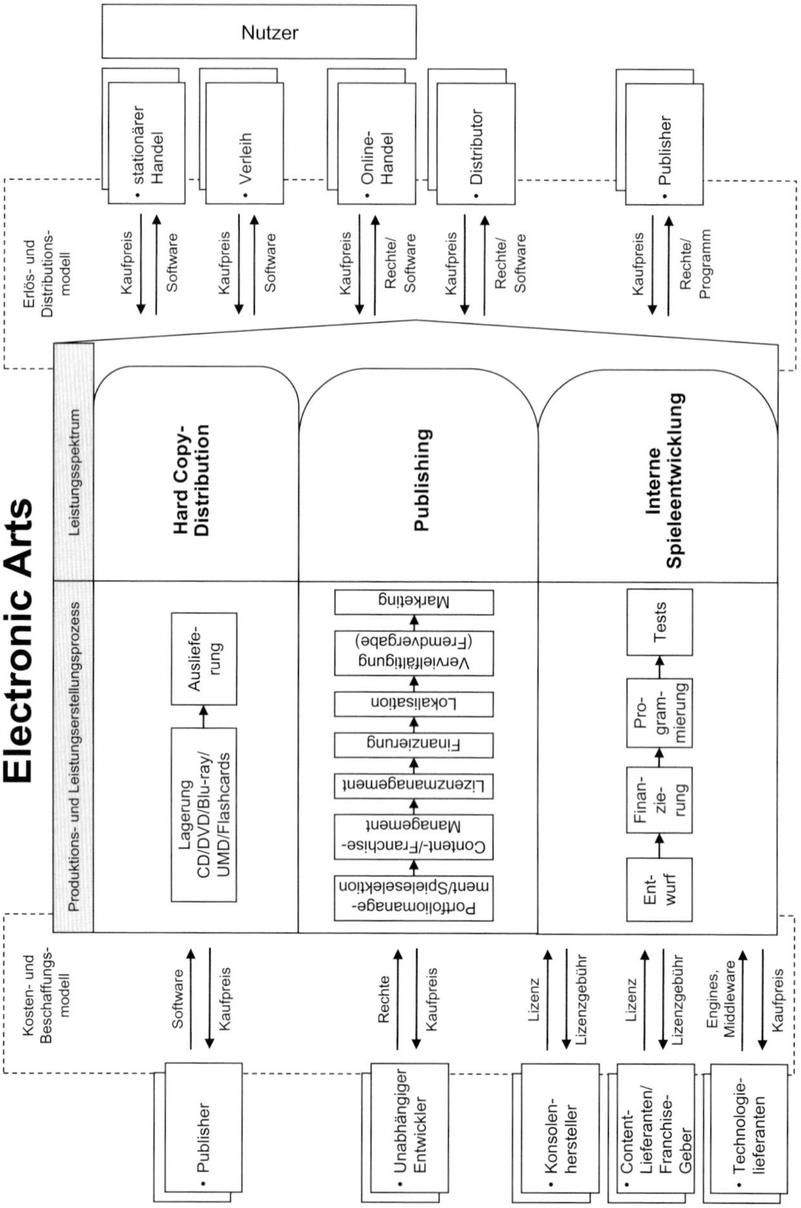

---

[1] Auf der Basis eigener Analysen und Abschätzungen.

Leistungssystem

Bei der weltweiten Vermarktung eines Spiels ist der Publisher zusätzlich für Identifizierung und Berücksichtigung regionaler Besonderheiten (zum Beispiel Sprache und Jugendschutzbestimmungen) zuständig. Zusammenfassend lassen sich die verschiedenen Geschäftsmodelle der Publisher in erster Linie hinsichtlich nachstehender Aspekte differenzieren.

- Fokussierung auf Eigen- oder Fremdproduktion,
- Intensität der Nutzung von Franchise-Content,
- Exklusivität der Spieletitel in Bezug auf die Plattform beziehungsweise dem Grad der plattformübergreifenden Auswertung und
- Distribution und Retailing.

Aktuell werden die meisten Video- und Computerspiele noch in Form von Hard Copies über den Einzelhandel an den Konsumenten distribuiert, jedoch versuchen die Spielehersteller durch eigene Internetvertriebsplattformen wie beispielsweise Steam im Computerbereich die Abhängigkeit von Einzelhandel zu reduzieren und eine Disintermediation zu erreichen. Die Funktion eines klassischen Distributors kann von einem integrierten Publisher oder von einem unabhängigen Distributor übernommen werden.

Reine Distributoren nutzen ihre Vertriebsinfrastruktur zumeist auch gleichzeitig für die Distribution von Musik-CDs und DVDs. Der Publisher Activision hingegen integriert aus Kosteneinsparungsgründen die Distributionsfunktion. Um dabei verstärkt Economies Of Scale realisieren zu können, übernimmt Activision Blizzard auch Distributionsfunktionen für andere Publisher (zum Beispiel Eidos).[1] In Abbildung 3-8 sind zum Vergleich die Profitabilitäten der dargelegten Geschäftsmodelle von Plattformherstellern, Spieleentwicklern, Publishern und Händlern im Spielekonsolenmarkt dargestellt.

---

1   Vgl. Activision (2010).

Kapitel 8: Video- und Computerspielemanagement

Abbildung 3-8: Profitabilität der verschiedenen Geschäftsmodelle in der Videospieleindustrie[1]

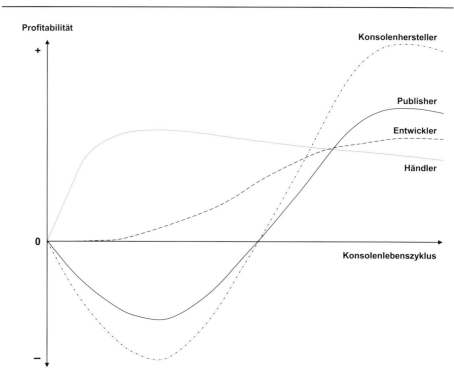

Neue Distributoren- sowie Retailer-Geschäfts- und -Erlösmodelle lassen sich im Rahmen der digitalen Video- und Computerspieledistribution beobachten. Es kann dabei zwischen der Distribution auf stationäre (im klassischen Sinne kabelgebundene Distribution) und mobile Plattformen (im klassischen Sinne kabellose Distribution) unterschieden werden.

- Kabelgebundene Distribution

Bei der digitalen Distribution des Spieletitels auf den Computer oder die Spielekonsole, findet in den meisten Fällen eine Datenübertragung via Telekommunikationskabel oder TV-Kabel statt. Das bedeutet, dass Telekommunikationsgesellschaften, TV-Kabelnetzbetreiber und Internet-Service Provider als Glied in die Spielewertschöpfungskette eintreten. Das Geschäftsmodell des Distributor/Retailer umfasst hierbei Aggregations- und Distributionsaufgaben.

---

[1] In Anlehnung an Beeson (2002), S. 11.

Grundsätzlich ist bei der kabelgebundenen Distribution zwischen Download und Application Hosting zu differenzieren. Für beide Geschäftsmodelle bieten sich zahlreiche Erlösmodelloptionen. Am weitesten verbreitet ist die einmalige Kaufgebühr für das dauerhafte Spielerecht. Auch für die Abwicklung der Abrechnungsmodalitäten sind verschiedene Modelle denkbar, zum Beispiel die Abrechnung über die Kreditkarte, Electronic Payment (Micropayment), Bankeinzug, per Telefonrechnung oder über die Rechnung des Internet-Service Provider.

- Kabellose Distribution

Bei der digitalen Distribution des Spieletitels auf ein mobiles Endgerät (zum Beispiel Handy, Tablet-PC), findet in den meisten Fällen eine Datenübertragung über das Mobilfunknetz statt, das heißt der Mobilfunknetzbetreiber tritt als zusätzliches Glied in die Spielewertschöpfungskette ein. Andere Distributionsformen, die das mobile Spielen ermöglichen, wie zum Beispiel Handyspiele die bereits bei dem Kauf des Handy auf diesem vorinstalliert sind, sind davon abzugrenzen.

Bei der kabellosen Distribution lassen sich grundsätzlich drei Geschäftsmodelle unterscheiden: Message Service Based, Web Based und Server Download.[1] Im Messaging Based-Geschäftsmodell werden der SMS- und MMS-Standard als Transfer Protokolle genutzt. Der Spieler fragt per SMS den Spiele-Provider an, um ein Spiel beginnen zu können. Der Server verarbeitet die Informationen und sendet die Ergebnisse zurück. Das Spielen beruht auf einem Austausch von SMS-Nachrichten zwischen Spieler und Provider Server. Das Erlösmodell sieht meistens eine Abrechnung via Mobiltelefonrechnung vor. Den Spielern wird eine erhöhte SMS-Gebühr berechnet, wovon circa 20 bis 50% an den Spiele-Provider fließen.[2]

Beim Web Based-Geschäftsmodell wird das kabellose Internet für das mobile Spielen genutzt. Der Spieler ist dabei die gesamte Spieldauer Online. Die Erlösmodelle basieren zumeist auf einer Abrechnung per Zeiteinheit oder per übertragener Datenmenge über die Mobilfunktelefonrechnung oder andere mobile Zahldienste.[3] Spielprovider sind zumeist die Mobilfunkgesellschaften selbst, Publisher oder unabhängige Spieleportalbetreiber.

Betriebssysteme für das Handy, wie zum Beispiel Windows Mobile, Google Android und Apple iPhone OS sind die Grundlage für das Geschäftsmodell Download bei mobiler Distribution. Die Abrechnung erfolgt transaktionsabhängig. Bei diesen Geschäftsmodellen kann darüber hinaus zwischen Angeboten unterschieden werden, die dem Spieler die dauerhafte Nutzung ermöglichen und solchen, die nach einem gewissen Zeitraum beziehungsweise nach einer gewissen Spielhäufigkeit erneut heruntergeladen werden müssen.

---

1 Vgl. McKinney (2003), S. 22.
2 Vgl. Nokia (2003), S. 2.
3 Vgl. Wirtz (2010), S. 65 f.

4 Aufgaben des Video- und Computerspielemanagement

Mit der zunehmenden wirtschaftlichen Bedeutung der Video- und Computerspieleindustrie hat sich die Branche im Laufe der Jahre konsolidiert und zu einer professionell gemanagten Medienbranche entwickelt. Vor dem Hintergrund der bisherigen Ausführungen lassen sich als Hauptakteure des Video- und Computerspielemarkts die Konsolenhersteller für den Hardwaremarkt sowie die Entwickler und Publisher für den Softwaremarkt identifizieren. Im Rahmen der nachfolgenden Darstellung werden die zentralen strategischen Management-, Beschaffungsmanagement- und Produktionsmanagementaktivitäten sowie die Marketingaktivitäten dieser Akteure skizziert.

4.1 Strategisches Management

Ziel der Ausführungen in diesem Abschnitt ist es, die Fokussierungs-, Integrations- und Netzwerkstrategien der bedeutendsten Player auf dem Video- und Computerspielehard- und -softwaremarkt darzustellen.

- Fokussierungsstrategien

Fokussierungsstrategien finden sich verstärkt im Video- und Computerspielesoftwaremarkt. Dieses Phänomen lässt sich zum einen mit der hohen technischen Komplexität der Produkte und zum anderen mit der Heterogenität der Entwickler- und Verlegerfunktion erklären. Zunächst ist festzustellen, dass die Entwicklung von Video- und Computerspielen technisch immer anspruchsvoller wird. Realistische filmnahe Darstellungen, 3-D-Effekte, Echtzeitreaktionen und komplexe Handlungsoptionen lassen die Programmierung von Video- und Computerspielen zunehmend aufwendiger und vielschichtiger werden. Dies spiegelt sich in höheren Entwicklungszeiten und -kosten wieder. Die Komplexität und die Entwicklungskosten erhöhen sich weiter, wenn ein Spiel simultan für mehrere Plattformen entwickelt wird und zugleich über Online/Offline- sowie Single-/Multiplayer-Funktionalitäten verfügen soll.[1]

Fokussierungsstrategien können auch bei Entwicklern und Publishern beobachtet werden. Es existiert eine Reihe von unabhängigen Entwicklungsstudios, die sich auf die reine Spieleentwicklung konzentrieren. Insbesondere das junge und sich noch formierende Geschäftsfeld Mobile Gaming bietet unabhängigen Entwicklern die Möglichkeit, sich mit einem spezialisierten Geschäftsmodell zu positionieren. Vergleichsweise geringer ist die Anzahl an Publishern, die sich auf die reine Verlegerfunktion fokussieren. Das britische Unternehmen SCi Games ist ein Beispiel für einen fokussierten Publisher.

---

[1] Vgl. SevenOneMedia (2008), S. 13.

SCi Games verfolgt die Strategie, die Spieleentwicklung komplett an spezialisierte Entwickler auszulagern, um sich auf die eigenen Kernkompetenzen Projekt-, Portfolio- und Franchise-Management sowie Marketing und Steuerung von Vervielfältigung und Distribution konzentrieren zu können.[1] Auch wenn Spieleverleger in zunehmendem Ausmaß dazu neigen, Spiele in Eigenproduktion zu entwickeln, gibt es Argumente, die gegen eine solche Integrationsstrategie und für eine Fokussierungsstrategie sprechen. Entwicklungs- und Verlegerfunktion unterscheiden sich bezüglich Aufgabenspektrum, Kompetenzprofil und Ressourcenausstattung.

Die Voraussetzungen für die Spieleentwicklung sind Kreativität, Teamfähigkeit und Programmier-Know How. Für Spieleverleger hingegen sind insbesondere ein umfassendes Beziehungs- und Kooperationsnetzwerk zu Konsolenherstellern, Content-Lieferanten, Entwicklern, Distributoren und Händlern sowie eine gute Finanzmittelausstattung von Bedeutung. Erfolgsfaktoren bei Publishern sind Größe, Marktmacht und Finanzkraft, kleine, überschaubare Teamstrukturen und ein kreatives Klima hingegen die Erfolgsfaktoren der Spieleentwickler.

Integrationsstrategien

Sowohl auf dem Spielesoftware- als auch auf dem Hardwaremarkt sind verstärkte Integrationsbemühungen zu beobachten. Publisher integrieren die Funktion der Spieleentwicklung und Hardwarehersteller integrieren die Spielesoftwareerstellung. Beispiele und mögliche Motive für die Integration werden nachfolgend skizziert. Für den Unterhaltungselektronikkonzern Sony und das Computersoftwareunternehmen Microsoft gilt zunächst, dass deren Markteintritt in die Video- und Computerspieleindustrie mit der PlayStation beziehungsweise der Xbox eine laterale Integration darstellt. Beide Hersteller konnten damit ihre bereits bestehenden Kompetenzen im Elektronikbereich sowie ihre Reputation, ihre Marktmacht und ihr Finanzpotenzial nutzen und weiter ausbauen. Diversifikation und Eintritt in einen lukrativen Markt sind in diesem Beispiel als Hauptmotive zu erachten.

Die weiteren Bemühungen aller drei Konsolenhersteller, Sony, Nintendo und Microsoft, auch Softwarekompetenzen zu integrieren, begründen sich vor allem aus der Systemguteigenschaft der Spielekonsole und damit aus der Abhängigkeit vom Spielesoftwaremarkt. Da die Kaufentscheidung des Nutzers primär an die Verfügbarkeit und die Qualität des komplementären Softwareportfolios gebunden ist, ist der wirtschaftliche Erfolg der Konsole stark vom Spielesoftwaremarkt abhängig. Um sich aus dieser Abhängigkeit zumindest teilweise zu lösen, versuchen die Konsolenhersteller, Nintendo in stärkerem Maß als Sony und Microsoft, eigene Spielesoftwareerstellungskompetenzen zu erlangen. Diese Kompetenzen werden sowohl intern aufgebaut als auch extern akquiriert.

---

1 Vgl. SCiGames (2010), S. 1.

Kapitel 8: Video- und Computerspielemanagement

Horizontale Integrationstendenzen verfolgen die Konsolenhersteller dadurch, dass sie die Spielekonsolen mit zusätzlichen Features, wie zum Beispiel mit einem Blue-ray Player beziehungsweise mit E-Mail- oder Chat-Funktionalität ausstatten. Auch Sonys Entwicklung der portablen PlayStation (PSP) sowie die Bemühungen vieler Hersteller, ihr Leistungsspektrum durch Gadgets (zum Beispiel Karaoke-Kits, Live-Kameras, Sonnensensoren) zu erweitern, stellen horizontale Integrationsformen dar. Als Motive für diese Ausweitung des proprietären Plattformspektrums können neben der Erschließung neuer Erlösquellen insbesondere die Erhöhung der Wechselkosten auf Konsumentenseite und damit die Sicherung beziehungsweise Verbesserung der Marktstellung der Konsole erachtet werden.

Für den Softwaremarkt gilt, dass Video- und Computerspiele-Publisher oft in hohem Maß vertikal integriert sind. Viele Publisher besitzen oder halten Beteiligungsanteile an Entwicklungsstudios und haben darüber hinaus selbst interne Entwicklungsdivisionen aufgebaut. Motive für die Integration der vor- und nachgelagerten Wertschöpfungsstufen sind Steuerungsvorteile sowie die Möglichkeit zur Abschöpfung zusätzlicher Gewinnmargen.

Neben den Integrationsaktivitäten bestehender Video- und Computerspielemarktteilnehmer können auch Integrationsstrategien neuer Marktteilnehmer aus anderen Medien-, Informations- und Kommunikationsbranchen beobachtet werden. Exemplarisch soll hier das Unternehmen Nokia für die Verfolgung einer lateralen Integrationsstrategie angeführt werden. Nokias Engagement, Handys mit speziellen Spieleeigenschaften zu entwickeln, Partnerschaften mit Spieleentwicklern und Publishern zu etablieren sowie die Bestrebungen, selbst als Spieleentwickler aktiv zu werden, stellt eine Form der lateralen Integration dar. Nokia nutzt sein Know How und Marktanteilsvolumen aus dem Mobilfunkgeschäft, um den Mobile Gaming-Markt zu erschließen. Daneben stellt auch das Engagement großer integrierter Medienkonzerne, wie zum Beispiel Viacom und Walt Disney, Spieleentwicklung zu betreiben, nur eine konsequente Integration einer weiteren Verwertungsstufe dar.

- Netzwerkstrategien

Netzwerkstrategien erlangen zunehmende Relevanz in der Video- und Computerspieleindustrie. Primär sind in diesem Zusammenhang strategische Netzwerke (vertikale und laterale Kooperationen) von Bedeutung, die zumeist aus klassischen Beschaffungs-, Vertriebs- und Marketingmotiven oder zur Komplementierung des Systemprodukts eingegangen werden.

Im Rahmen des Komplementierungsmotivs sind insbesondere laterale Kooperationen zwischen Plattformherstellern und Spieleproduzenten von Belang. So versuchen Konsolenhersteller Kooperationen mit Spieleverlegern aufzubauen und zu pflegen, um sich Exklusivrechte an Spieletiteln zu sichern. Dies steht den Bestrebungen der Entwickler und Publisher entgegen, die durch die Portation der Spiele auf zusätzliche Plattformen versuchen, ihre Umsätze zu maximieren und damit den steigenden Entwicklungskosten entgegenzutreten. Dennoch sind die Konsolenhersteller, insbesondere Sony und Microsoft, bestrebt, Exklusivspiele vorweisen zu können, und zahlen daher an die Entwickler beziehungsweise Publisher für die Exklusivrechte. Bestimmte exklusive Titel können entscheidend für den Kauf einer Konsole sein, wie beispielsweise die Grand Turismo-Serie auf der PlayStation 3 oder Halo auf der Xbox 360.[1]

Es finden sich auch laterale Kooperationen zwischen Spieleproduzenten und den Systemlieferanten der Plattformhersteller. Diese Zusammenarbeit geschieht mit der beiderseitigen Intention, die Leistungsfähigkeit neuer Systemmodule frühzeitig und bestmöglich im Rahmen der Spieleentwicklung auszuschöpfen. Exemplarisch kann hier die Kooperation von Electronic Arts und Nvidia, einem Entwickler von Grafik-Speicher-Chips, angeführt werden. Vertikale Kooperationen zwischen Content-Lieferanten und Spieleproduzenten sind vor dem Hintergrund der hohen Bedeutung von Content Franchise-Rechten bei der Spieleentwicklung zu sehen. Solche Partnerschaften sichern den Spieleproduzenten Rechte an erfolgreichem Content und ermöglichen gemeinsame Produktions- und Marketingaktivitäten. Beispielhaft kann hier die Kooperation von Atari und Warner Bros. für das Spiel „Enter The Matrix" zum Kinofilm „The Matrix Reloaded" angeführt werden.[2]

Weitere vertikale Beschaffungskooperationen können zwischen Spieleverlegern und Spieleentwicklern beobachtet werden. Spieleverleger streben langfristige Kooperationen mit renommierten unabhängigen Spieleentwicklern an, um sich frühzeitig und dauerhaft Lizenzrechte an neuen Spielen sichern zu können. Vertriebsstrategisch motivierte Kooperationen finden sich im Softwaremarkt sowohl auf horizontaler als auch auf vertikaler Ebene. Ein Beispiel aus dem Segment Online Gaming ist die vertikale Kooperation zwischen Electronic Arts und AOL Time Warner. EA und AOL sind im Jahr 1999 ein Kooperationsverhältnis für fünf Jahre eingegangen, in dem sie festgelegt haben, dass EA.com exklusiv verantwortlich für die von AOL Game Channel, AOL.com, Netscape, ICQ und CompuServe angebotenen Computerspiele ist.[3]

Vertikale und laterale Kooperationen, denen primär marketingstrategische Motive zugrunde liegen, finden sich wiederholt in der Video- und Computerspieleindustrie. Dabei werden oftmals Co-Branding-Strategien verfolgt. Exemplarisch kann die Marketingkooperation von T-Online und Microsoft zum Zeitpunkt des europäischen Marktstarts von Xbox Live genannt werden. T-Online bot zu diesem Zeitpunkt ein Komplettpaket aus Xbox, DSL-Anschluss und T-Online-Internetzugang an. Viele Kooperationen in der Video- und Computerspieleindustrie, die sich aus der Konvergenzentwicklung und crossmedialen Mehrfachverwertungsstrategien begründen, sind lateraler Natur, zum Beispiel die Kooperation von Carrera und Nintendo.[4]

---

1 Vgl. PC Games (2010), S. 1.
2 Vgl. Postinett (2003), S. 17.
3 Vgl. Electronic Arts (2003).
4 Vgl. Carrera (2012), S. 1.

4.2 Beschaffungsmanagement

Das Beschaffungsmanagement ist primär für den Spielesoftwaremarkt von Interesse. Der Hardwaremarkt, als ein Teil des Elektronikmarkts, weist keine medienspezifischen Beschaffungscharakteristika auf und wird deshalb im vorliegenden Abschnitt nicht weiter untersucht. Auf dem Spielesoftwaremarkt ist die Beschaffung von Lizenzen eine zentrale Aufgabe des Beschaffungsmanagement. Hierbei können im Wesentlichen drei Lizenztypen unterschieden werden.

Bei der Erstellung von Konsolenspielen muss der Publisher oder der Spieleentwickler zunächst Lizenzen vom Konsolenhersteller erwerben. Als weiteres sind Lizenzen für die Nutzung von Inhalten (Content Franchise-Rechte) zu nennen. Die dritte Lizenzform umfasst die Rechte an der Spielesoftware und ist für den Publisher bei der externen Spieleentwicklung (Fremdentwicklung) von Relevanz. Die Beschaffung aller drei Lizenztypen erfolgt zumeist durch den Publisher und soll nachfolgend betrachtet werden.

4.2.1 Einflussfaktoren

Die wichtigsten Einflussfaktoren für das Beschaffungsmanagement der Publisher sind die Kosten, die Attraktivität beziehungsweise Erlöserwartungen, die Vertragsbedingungen und das Verhalten der Wettbewerber. Für die drei genannten Lizenzbeschaffungsformen sollen diese Einflussfaktoren skizziert werden. Die Lizenzgebühren für die Entwicklung von Konsolenspielen variieren je nach Konsolenhersteller.

So hängen sie, wie auch die generelle Verfügbarkeit der Lizenzen, von der verfolgten Softwarestrategie der Konsolenhersteller ab. Durchschnittlich werden die Lizenzeinnahmen durch die Konsolenhersteller an einem 60 US-Dollar teuren Konsolenspiel mit 3 US-Dollar beziffert, das heißt mit etwa 5% des Spieleerlöses.[1] Da die Konsolenhersteller besonderes Interesse an exklusiven Spieletiteln haben, sind die Lizenzkosten für Exklusivtitel entsprechend geringer als für Titel, die auch für Konkurrenzkonsolen angeboten werden.

Für die beiden Beschaffungsebenen, der Inhalte- und Spielebeschaffung, gilt, dass die Beschaffungskosten entscheidend von der Ausgestaltung der Vertragsbedingungen (Verwerterechtspektrum) sowie der Attraktivität der Inhalte abhängen. Das Verwerterechtspektrum definiert sich aus den zwei Dimensionen Region und Plattform. Umfassende Lizenzrechte ermöglichen die weltweite Vermarktung und die Spieleproduktion für alle Plattformen. Teilrechte hingegen beschränken sich nur auf bestimmte Regionen und/oder spezielle Plattformen.

---

[1] Vgl. SevenOneMedia (2008), S. 14.

Aufgaben des Video- und Computerspielemanagement

So wurde beispielsweise die Computer- und Konsolenversion des Matrix-Spiels von Electronic Arts produziert, die Online-Version hingegen von Ubi Soft.[1] Im Rahmen der Spielesoftwarebeschaffung von unabhängigen Spieleentwicklern ist ferner die Frage nach den Urheberrechten von zentraler Bedeutung. Ob der Verleger nur die Verwertungs- oder auch die Urheberrechte erwirbt, ist dann von Interesse, wenn es um die Lizenzierung von Franchise-Rechten an dem Spiel beziehungsweise den Spielecharakteren geht.

Attraktiver Content ist begehrt und alle großen Spieleverleger sind an Lizenzen interessiert, aus denen sich erfolgreiche Serien und damit langfristig sichere Erlösströme generieren lassen. Von größter Bedeutung für den Spielemarkt sind Inhalte, die Kinofilme, Sportlerpersönlichkeiten oder Sport-Events thematisieren. So hat beispielsweise Activision Blizzard einen exklusiven Lizenzvertrag mit dem Skateboarder Tony Hawk. Hawk gestattet die Verwendung seines Namens und berät die Entwickler bei der Umsetzung. Bereits im Juli 2002 wurden die bis dato erzielten weltweiten Umsätze aus der Hawk-Reihe mit 500 Millionen US-Dollar beziffert.[2]

Als weiteres Fallbeispiel können die Harry Potter-Rechte angeführt werden. Electronic Arts erwarb Anfang 2000 vom Warner-Verlag die Exklusivrechte zur Umsetzung der ersten vier Harry Potter-Bände. Zahlen über die Höhe der Lizenzgebühren wurden nicht bekannt gegeben. Zum Zeitpunkt des Lizenzerwerbs allerdings konnte Electronic Arts keine genauen Absatzprognosen zugrunde legen. Zu diesem Zeitpunkt war noch nicht absehbar, ob die Gruppe der Harry Potter-Anhänger, in der Mehrzahl passionierte Leser, auch Video- und Computerspieler sind.[3]

4.2.2 Beschaffungsstrategie

Die zentrale Beschaffungsstrategie für alle drei Lizenzarten, Konsolen-, Content- und Spielelizenzen, stellt die Direktkontrahierungsstrategie dar, da Spieleverleger zumeist in direkten Kontakt mit Konsolenherstellern, Franchise-Rechtegebern und unabhängigen Spieleentwicklern treten. Viele Publisher pflegen langfristige Kooperationsverhältnisse mit ihren wichtigen Lizenzgebern.

So arbeitet beispielsweise Activision Blizzard seit 1998 mit Tony Hawk zusammen und der Vertrag wurde bis 2015 verlängert.[4] Dabei geht die Kooperation oft über die reine Beschaffungsfunktion hinaus. Die Zusammenarbeit bei der Spieletitelerstellung spielt eine immer wichtigere Rolle, um das Video- und Computerspiel so hochwertig und

---

1 Vgl. Wiesner (2003), S. 1.
2 Vgl. Wiesner (2002), S. 1.
3 Vgl. Lübberstedt (2001), S. 1.
4 Vgl. Wiesner (2002), S. 1.

realistisch wie möglich zu gestalten. Darüber hinaus werden insbesondere bei Titeln von Sportlerpersönlichkeiten, wie zum Beispiel Tiger Woods, gemeinsame Marketingaktivitäten mit dem Kontrahierungspartner unternommen.

Im Rahmen der Franchise Content-Beschaffung konzentriert sich die Beschaffungsstrategie der großen Spieleproduzenten immer mehr auf die Top-Titel. Verstärkt wird diese Tendenz durch den großen Erfolg, den die Top-Titel in den letzten Jahren verbuchen konnten. Da die Menge an erfolgreichem, populärem Content jedoch begrenzt ist, impliziert die steigende Nachfrage für Premiuminhalte stetig steigende Preise auf dem Content-Beschaffungsmarkt.

4.3 Produktionsmanagement

Analog zum Beschaffungsmanagement wird im Folgenden beim Produktionsmanagement auf die Spielesoftwareindustrie fokussiert, um damit verstärkt die Produktionsprozesse des Content und nicht der Hardware zu betrachten. Bevor auf den Spieleproduktionsprozess eingegangen wird, erfolgt zunächst eine Darstellung der Einflussfaktoren und Strategien des Produktionsmanagement für Video- und Computerspieletitel.

4.3.1 Einflussfaktoren

Wichtigstes Merkmal der Video- und Computerspieleproduktion ist zunächst der Projektcharakter. Jede Spieleentwicklung stellt ein eigenständiges Projekt dar, das sich in Umfang, Inhalt und Determinanten von anderen Spieleproduktionen unterscheidet. Dies hat zur Folge, dass an dieser Stelle nur allgemeine Einflussfaktoren anhand eines idealtypischen Entwicklungs- und Vervielfältigungsprozesses identifiziert werden können.

- Produktionsprozess

Der Produktionsprozess umfasst die Hauptprozessschritte Spieleentwicklung und -vervielfältigung. Die Stufe der Vervielfältigung entfällt, wenn der Spieletitel digital distribuiert wird. Hauptakteur im Rahmen der Spieletitelproduktion ist der Spieleentwickler. Darüber hinaus sind der Publisher und der Konsolenhersteller in unterschiedlichem Maß in die Spieleproduktion mit eingebunden. Der Produktionsablauf eines Computerspiels wird insbesondere durch das Spielegenre und die zugrunde liegende Spieleplattform determiniert.

In Abbildung 4-1 ist ein idealtypischer Produktionsprozess sequentiell dargestellt. Im Einzelfall können einzelne Prozessphasen auch andere Aktivitäten umfassen, ferner bestehen oft Rückkopplungen zwischen den einzelnen Prozessschritten. Noch vor we-

Aufgaben des Video- und Computerspielemanagement

nigen Jahren war die Spieleentwicklung wenig formalisiert. Dies hat sich mit steigenden Projektumfängen, -dauern und -kosten verändert. Ein professionelles Projektmanagement, das den Entwicklungsprozess begleitet, koordiniert und steuert, ist ein erfolgskritischer Einflussfaktor der Spieleentwicklung.[1]

Abbildung 4-1: Der Video- und Computerspieleproduktionsprozess

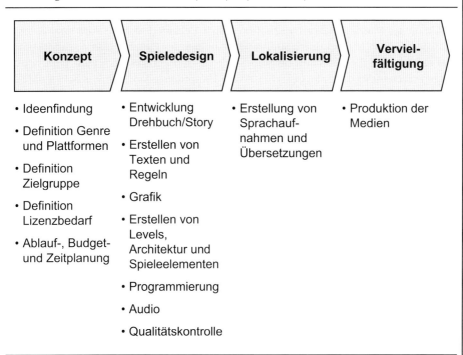

Den Ausgangspunkt für die Spieleproduktion bildet die Idee für ein neues Spiel. Nach Entwicklung dieser Idee gilt es, Inhalt, Spielegenre, Zielgruppe und Plattform näher zu definieren. Soll das Spiel für eine Spielekonsole entwickelt werden beziehungsweise basiert der Inhalt auf urheberrechtlich geschütztem Content, müssen zunächst entsprechende Lizenzen erworben werden. Auf der Grundlage dieser konzeptionellen Vorarbeit sollte eine möglichst detaillierte Ablauf-, Budget- und Zeitplanung entworfen werden. Zudem werden in der Konzeptionsphase von kapitalintensiven Blockbuster-Produktionen vermehrt Marktforschungsaktivitäten vorgenommen. Im Rahmen dieser Untersuchungen sollen Spielerbedürfnisse, Trends und Absatzpotenziale ermittelt werden.

---

[1] Vgl. Human Capital (2001), S. 8.

Kapitel 8: Video- und Computerspielemanagement

An die Konzeptionsphase schließt sich die operative Phase des Spieledesigns an. Hier arbeiten zumeist eine Vielzahl von Spezialisten an Spiele-Story, Spieleregeln und -abläufen, Architektur, Design, Bildern, Filmsequenzen und Toneffekten sowie Sprachaufnahmen. Der Umfang der Arbeiten in der Designphase hängt stark von der Spielegattung, der Komplexität des Spiels und der Zielplattform ab.

So wird es beispielsweise bei einem Nintendo 3DS-Spiel keine beziehungsweise wenige Filmsequenzen geben. Ferner hat die Spiele-Story für ein Adventure- oder Shooter-Spiel eine ungleich größere Bedeutung als zum Beispiel für ein Rennspiel. Bei der Produktion des Matrix-Spiels zum Kinofilm Matrix Reloaded wurden Film- und Spielproduktion zeitlich parallel durchgeführt. Die Autoren des Filmdrehbuchs schrieben auch das Skript und die Dramaturgie zum Spiel. Bei den Dreharbeiten zum Film wurden eigene Szenen für das Spiel gedreht und die Hauptdarsteller des Films haben die Spielefiguren synchronisiert.[1]

Begleitet und abgeschlossen wird die Designphase durch ständige Qualitätskontrollen, in denen das Spiel auf Funktionsfähigkeit, Plattformkompatibilität und Spielespaß getestet wird. Häufig wird bei diesen Tests der Nutzer mit einbezogen. So gibt es beispielsweise externe Dienstleister, die sich darauf spezialisiert haben, Game Conventions zu organisieren, bei denen sogenannte Beta-Versionen von Konsumenten gespielt und beurteilt werden. Bei Konsolenspielen erfolgt die abschließende Qualitätskontrolle durch den Konsolenhersteller, der dann auch die Vervielfältigung der Trägermedien übernimmt beziehungsweise kontrolliert.[2]

- Ressourcen

Zentrale Ressourcen für die Video- und Computerspieleentwicklung stellen die Lizenzen, das Produktionsbudget, das Entwicklungsteam und die Ausstattung mit technischem Equipment sowie Programmier-Tools dar. Kritische Erfolgs- und gleichzeitig Engpassfaktoren bilden zumeist das Finanzbudget und das Entwicklungsteam. So sind beispielsweise kreative und erfahrene Spieleentwickler von zentraler Bedeutung für die erfolgreiche und innovative Umsetzung des Entwicklungsvorhabens.

Der Umfang der benötigten Ressourcen wird, ebenso wie der Produktionsprozess, durch das Spielegenre und die Spieleplattform determiniert. So wird beispielsweise für die Entwicklung eines gängigen Computerspiels durchschnittlich ein Team von 12 bis 30 Personen in einem Entwicklungszeitraum von zwei bis drei Jahren benötigt. Ein einfaches Handyspiel kann hingegen mit einem 3- bis 5-köpfigen Entwicklungsteam in einem Zeitraum von wenigen Monaten programmiert werden.[3] Zentral für die Umsetzung des Spielekonzepts ist die Programmierungskompetenz der Entwickler.

---

1 Vgl. Lischka (2003), S. 1; Postinett (2003), S. 17.
2 Vgl. Sony (2010), S. 1.
3 Vgl. Nokia (2003), S. 1 ff.

■ Produktionskosten

Die Produktionskosten eines Spieletitels umfassen neben den Kosten für die Entwicklung und Programmierung die Kosten für Lizenzen und die Vervielfältigung. Die reinen Entwicklungskosten differieren erheblich in Abhängigkeit von Spieletitel und -plattform. Klassische Computer- und Konsolenspiele werden mit einem durchschnittlichen Produktionsbudget von 1 bis 20 Millionen US-Dollar veranschlagt. Im Vergleich dazu wird ein Handyspiel in der Regel für unter 100.000 US-Dollar produziert.[1] Durch die verstärkte Fokussierung der Video- und Computerspieleindustrie auf Blockbuster-Produktionen sind die durchschnittlichen Produktionskosten in den letzten Jahren jedoch erheblich gestiegen, da allein die Lizenzen an den großen Kinofilmen schon zwischen 30 und 40 Millionen US-Dollar kosten.

4.3.2 Produktionsstrategien

Bei der Darstellung von Produktionsstrategien für die Spielsoftwareerstellung kann zwischen zwei Hauptprozessschritten, der Spieleentwicklung und der Spieletitelvervielfältigung, unterschieden werden. Bei der Spieleentwicklung ist für den unabhängigen Entwickler die Entscheidung zwischen eigen initiierter Entwicklung und Auftragsfertigung eine zentrale strategische Produktionsentscheidung; auch der Publisher steht vor der Make Or Buy-Entscheidung. Im Hinblick auf die Spieletitelvervielfältigung stellt sich die Frage nach den strategischen Beweggründen der Konsolenhersteller, die Software-Vervielfältigung der eigenen Kontrolle zu unterstellen.

Die Entscheidung darüber, ob ein Entwickler Spiele in Eigeninitiative oder als Auftragsfertigung entwickelt, hängt primär von dem Image und der Finanzkraft des Entwicklers ab. Im Rahmen der Auftragsfertigung arbeiten Publisher aufgrund des hohen von ihnen zu tragenden Risikos bevorzugt mit erfahrenen Entwicklungsstudios zusammen. Dies gilt umso mehr, je größer, komplexer und kostenintensiver ein Projekt ist. Für kleine, junge Entwicklerstudios bedeutet dies, dass sie nur schwer große Entwicklungsaufträge akquirieren können und sich erst durch erfolgreiche Eigenproduktionen eine entsprechende Reputation erarbeiten müssen.

Die Strategie unabhängiger Entwicklungsstudios, die Spieleentwicklung möglichst lange in eigener Regie, ohne Publisher-Beteiligung durchzuführen, ist an eine entsprechende Ausstattung mit Finanzmitteln gebunden. Der Entwickler muss in der Lage sein, das Projekt über einen längeren Zeitraum selbst finanzieren zu können. Dafür eröffnen sich ihm bei einem solchen Projekt höhere Erlösanteile. Es wird deutlich, dass die Produktionsstrategie des Entwicklers in hohem Maß vom Entwicklungsstadium des Unternehmens abhängig ist. Neue unabhängige Marktteilnehmer müssen sich zunächst durch

---

[1] Vgl. SevenOneMedia (2008), S. 13.

innovative Ideen, Konzepte und Realisationen etablieren. Sobald sie über Reputation am Markt verfügen, können sie im Rahmen von größeren Auftragsfertigungen einen entsprechenden Finanzstock aufbauen, um dann größere Projekte in Eigenregie durchführen zu können.

Die strategische Entscheidung der Publisher, Spiele in Eigen- oder Fremdproduktion zu entwickeln, wird durch verschiedene Einflüsse, wie zum Beispiel das bestehende Produktportfolio, die Liquiditätssituation und die Entwicklungskompetenz, determiniert. Daneben müssen Chancen und Risiken beider Modelle in die Entscheidungsfindung mit einbezogen werden. Aus Gründen der Risikodiversifikation ist es vorteilhaft, sowohl Eigen- als auch Fremdentwicklungen im Portfolio zu haben. Nicht zuletzt deshalb wird von den meisten Publishern eine Hybridstrategie verfolgt. In der Kombination von Eigen- und Fremdproduktion wird die beste Möglichkeit gesehen, strategische Ziele, wie zum Beispiel Markenaufbau, innovatives und umfangreiches Spieleproduktportfolio sowie eine hohe Spielequalität, zu realisieren.[1]

Eine wichtige Produktionsstrategie der Konsolenhersteller ist es, den Vervielfältigungsprozess der Spieletitel in hohem Maß zu kontrollieren. Hierfür lassen sich zwei zentrale Beweggründe identifizieren. Erstens die Sicherung der Produktqualität und zweitens die Gewährleistung eines größtmöglichen Schutzes vor Raubkopien. Bevor der Spieletitel in die Vervielfältigung geht, wird er zunächst intensiv getestet. Erst nach Bestehen diverser Qualitätstests der Konsolenhersteller wird der Titel für die Produktion freigegeben.

Um die Spieletitel bestmöglich vor der unerlaubten Vervielfältigung durch nicht-autorisierte Dritte schützen zu können, werden die Spiele auf speziellen Datenträgern, die in wenigen, stark kontrollierten Produktionsstätten hergestellt werden, vertrieben. Bei der Produktion der speziellen CDs, DVDs, HD-DVDs, Blu-ray Discs oder UMDs beziehungsweise Flash Cards wird der Datenträger mit einer Seriennummer und einer speziellen Anti Piracy-Technologie versehen, wodurch die verkaufsfähige und vor Vervielfältigung geschützte Spielekopie entsteht.[2]

4.4 Marketing

Das Marketing ist aufgrund der Systemguteigenschaften der Video- und Computerspieleprodukte sowie der Proprietät der Videospieleprodukte in hohem Maß spezifisch. Die wichtigsten Aspekte der Absatzstrategien, -instrumente und -operationen werden im Rahmen dieses Abschnitts betrachtet. Dabei ist sowohl das Marketing der Soft- als auch der Hardwarehersteller von Interesse.

---

1   Vgl. Enix (2010), S. 1.
2   Vgl. DADC (2010), S. 1.

4.4.1 Produktpolitik

Im Rahmen der Produktpolitik soll zunächst der Fokus auf die von den Konsolenherstellern verfolgte Softwarepolitik gerichtet werden. Anschließend werden die Produktinnovationsaktivitäten der Spieleentwickler und Konsolenhersteller betrachtet.

- Leistungskern

Den Leistungskern, das heißt den eigentlichen Vermarktungsgegenstand, der Video- und Computerspieleindustrie stellt das Produktsystem, bestehend aus Spieleplattform mit Peripheriegeräten und elektronischem Spiel dar. Aufgrund der Komplementarität ist der Absatz des einen Systemprodukts von den Merkmalen des anderen Systemprodukts abhängig und umgekehrt. Da für den Absatz der Spielekonsolen das verfügbare komplementäre Spieleprogramm von großer Bedeutung ist, ist die Spieleprogramm- und Lizenzpolitik ein zentraler Bestandteil der Produktpolitik der Konsolenhersteller.

Die Konsolenhersteller kontrollieren die Entwicklung und Lizenzierung der Spiele, die auf ihrer eigenen Hardware gespielt werden können. Dabei verfolgen die Konsolenhersteller unterschiedliche Strategien. Nintendo beispielsweise kontrolliert sein Softwareportfolio in hohem Maß und entwickelt einen hohen Anteil der Spiele für die eigenen Konsolen selbst. Die Anzahl der Lizenzen, die Nintendo an unabhängige Spieleentwickler vergab, waren lange Zeit stark limitiert. Demgegenüber setzen Sony und Microsoft auf eine offenere Gestaltung ihres Produktsystems. Sie verfolgen eine auf Kooperation und Wettbewerb beruhende Strategie. Die Entscheidung für eine dieser beiden Strategien ergibt sich aus der Abwägung von Effizienzgesichtspunkten gegenüber Wettbewerbseffekten.

Effizienzvorteile entstehen aus einer integrierten Wertschöpfungskette, da der Konsolenhersteller Interessenkonflikte mit unabhängigen Spieleherstellern internalisiert und sich die volle Wertschöpfung selbst aneignet. Darüber hinaus eröffnet sich bei Absatzschwankungen die Möglichkeit einer effizienten Quersubventionierung zwischen Hard- und Software.

Ein offenes System hingegen fördert den Wettbewerb bei der Spieleentwicklung. Dadurch können positive Wettbewerbseffekte, zum Beispiel in Form eines attraktiveren und vielfältigeren Spieleangebots generiert werden.[1] Es zeigt sich, dass die Vorteile der Wettbewerbseffekte die Effizienzvorteile überwiegen. Nintendo vollzog vor einigen Jahren einen Strategiewechsel und öffnete Anfang 2003 sein Softwaresystem für den Gamecube. Dabei wurde bekannt gegeben, dass die Lizenzgebühren für Spieleentwickler gesenkt werden und man verstärkt unabhängige Publisher in die Wert-

---

[1] Vgl. Dietl/Royer (2003), S. 418 ff.

Kapitel 8: Video- und Computerspielemanagement

schöpfung mit einbinden wolle.[1] Ende 2007 gab Nintendo bekannt, dass inzwischen 60% der abgesetzten Spiele für die Konsole Wii von Drittherstellern entwickelt wurden.[2] Für die kommende Konsolengeneration (Wii U) hat Nintendo bereits vor dem Release 2012 Entwickler-Kits für Dritthersteller freigegeben.[3]

- Produktinnovation

Aufgrund der Singularität eines Video- und Computerspiels stellt jedes neue Spiel ein Neuprodukt beziehungsweise eine Produktinnovation dar. Das Ausmaß der Neuheit variiert dabei und kann inhaltlicher und/oder technischer Natur sein. Die Innovativität eines Spiels ist ein zentrales Produktmerkmal und oft kaufentscheidend. Spielesoftwareentwickler müssen deshalb stets dafür sorgen, dass ein gewisser Grad an spielerischen Neuerungen vorhanden ist. In Bezug auf die technische Umsetzung zeichnen sich Video- und Computerspiele in der Regel durch einen hohen Innovationsgrad aus. Viele Spiele werden bereits für die Plattformen der nächsten Generation entwickelt, auch wenn diese noch nicht existieren, um dann Schritt für Schritt auf den aktuellen Plattformstandard zurückgeführt zu werden.[4]

Auch bei den Konsolenherstellern ist die stetige Produktinnovation und -variation von strategischer Bedeutung, da sich ein technologischer Leistungsunterschied, der aus der Diskrepanz von aktuellem verfügbaren Standard und technisch möglichem potenziellen Standard resultiert, neuen Wettbewerbern Markteintrittschancen eröffnet.

Im Rahmen der aktuellen siebten Konsolengeneration zeigt sich, dass die Konsolenhersteller versuchen, den technologischen Leistungsunterschied so gering wie möglich zu halten, um in Kombination mit abwärtskompatibler Software die Markteintrittsbarrieren stetig zu erhöhen. Im Rahmen dessen rüsten die Konsolenhersteller ihre Spielekonsolen kontinuierlich mit neuen Standards auf. Zu beobachten ist diese Strategie zum Beispiel bei Sony. PlayStation-Konsolen sind mit Ausnahme der neusten PlayStation 3-Hardwarerevision überwiegend abwärtskompatibel und Sony bietet Möglichkeiten, die PlayStation 3 beispielsweise durch größere Festplatten aufzurüsten.

Bei der Xbox 360 bieten sich durch die Anlehnung an den offenen Computerstandard dabei noch vielfältigere Möglichkeiten und auch hier können mittels einer Software-Emulation viele Xbox-Spiele noch genutzt werden. Selbst bei der Nintendo Wii ist es trotz des vollkommen veränderten Bedienkonzepts noch möglich ältere Gamecube-Spiele zu nutzen. Zu diesem Zweck sind an der neuen Konsole nach wie vor Anschlussmöglichkeiten für Gamecube-Controller und -Speicherkarten vorhanden. In der Abbildung 4-2 ist ein möglicher Entwicklungspfad eines Konsolensystems, das sich durch kontinuierliche Innovationen und generationenübergreifende Softwarekompatibilität auszeichnet, dargestellt.

---

1 Vgl. o.V. (2003), S. 1.
2 Vgl. o.V. (2007a).
3 Vgl. T-Online (2012).
4 Vgl. Gamesweb.com (2003).

Abbildung 4-2: Produktstrategie Konsolenhersteller[1]

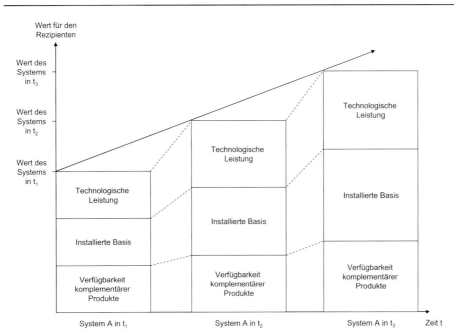

4.4.2 Preispolitik

Die Preispolitik, die in der Video- und Computerspieleindustrie verfolgt wird, wird durch das Verhalten der Konkurrenz, die Nachfrage, die Kosten und den technischen Entwicklungsstand beeinflusst. Dabei muss zwischen der Preispolitik für Hardware und Software differenziert werden.

---

[1] In Anlehnung an Schilling (2003), S. 19.

Kapitel 8: Video- und Computerspielemanagement

■ Hardware

Der Preis von Spielekonsolen orientiert sich primär an den vergleichbaren Konkurrenzprodukten. So hat Microsoft beispielsweise in Europa Anfang 2008 den Preis des günstigsten Xbox 360-Modells Arcade auf knapp 200 Euro gesenkt, womit der Verkaufspreis des Marktführers Nintendo Wii um 50 Euro unterboten werden konnte.[1] Im gleichen Zeitraum lag der Preis des günstigsten Modells der PlayStation 3 von Sony noch bei etwa 400 Euro, wobei dieser deutliche Preisunterschied vor allem durch die hochwertigere Hardware-Ausstattung und die Zusatzfunktionalität als Blu-ray Player zu begründen ist.

Eine Kostenorientierung wird im Rahmen dieser Preisfindungsstrategien von den meisten Herstellern gänzlich vernachlässigt. Die Konsolenerlöse decken zumeist nicht die Herstellungskosten. Gewinne werden im Sinne der Rasierer-Rasierklingen-Strategie über die Spielesoftware erzielt. Bundling-Angebote, wie zum Beispiel ein Paket aus Spielekonsole und ein oder mehreren Spieletiteln, sind eine weitere Strategie, den Spielekonsolenabsatz zu erhöhen und das Angebot der Konkurrenz zu überbieten.

■ Software

Auch für die Spielesoftware gilt, dass die Preispolitik sowohl auf dem Offline- als auch auf dem Online-Markt von großer Bedeutung ist. Die Preise orientieren sich primär an denen der Konkurrenz und der Nachfrage sowie in eingeschränktem Maß auch an den Herstellungskosten. Die Preise für Videospiele auf Datenträgern variieren in der Regel zwischen 20 und 60 Euro.

Computerspiele sind etwas günstiger, was nicht zuletzt an den entfallenden Lizenzgebühren für die Plattformhersteller liegt. Hier liegt die Spannweite von unter 10 bis 50 Euro. Innerhalb dieser Spannbreiten lassen sich ein Niedrig-, Mittel- und ein Hochpreissegment identifizieren, die sich aus der Aktualität und der Qualität des Spiels definieren. Im Hochpreissegment erfolgt die Preissetzung des Spiels häufig unabhängig von seinen Produktionskosten.

Im Rahmen der Preisentwicklung sind Innovationen und das Produktalter von erheblicher Relevanz. So gilt es, dass ein Video- und Computerspiel innerhalb der ersten sechs Monate 80% seiner Erlöse einfährt.[2] Danach gilt das Spiel als technisch überholt. Begleitet wird dieser kurze Produktlebenszyklus von kontinuierlichen Preissenkungen.

---

[1] Vgl. List (2008).
[2] Vgl. Delaney (2003), S. A5.

4.4.3 Distributionspolitik

Für die Betrachtung der Distributionspolitik in der Video- und Computerspieleindustrie wird sich der Fokus auf das Segment Spielesoftware richten. Bei der indirekten Distribution werden die Spieletitel via Absatzmittler an den Nutzer geliefert. Absatzmittler können große Einzelhandelsketten (zum Beispiel Toys'R'Us, Media Markt und Wal-Mart), spezialisierte unabhängige Spielefachhändler sowie Online-Einzelhändler (zum Beispiel Amazon und Gameworld.de) sein. Neben dem Verkauf der Spieletitel ist ein weiterer Absatzweg für Spiele auf Datenträgern der Verleih in Video- und Mediatheken.

Direkte Distributionsmodelle finden sich primär im Rahmen der digitalen Distribution wieder. Bei der internetbasierten Distribution offerieren die Spieleentwickler beziehungsweise -verleger ihre Spiele auf einer eigenen Online-Plattform. Als Beipiel kann hier die Spieleplattform Steam des Spielesoftwareentwicklers Valve genannt werden, auf der zahlreiche Spiele, unter anderem das sehr erfolgreiche Valve-Spiel „Half-Life 2", erworben werden können. Neben Valve-eigenen Spielen werden seit 2005 auch Spiele anderer Entwickler und Publisher über Steam distribuiert. Mit rund 35 Millionen aktiven Nutzern und einem sehr breiten Produktangebot ist Steam zu einer der größten digitalen Vertriebsplattformen avanciert.[1]

Über diese Distributionsmodelle hinaus finden sich auch Hybridformen in der Video- und Computerspieleindustrie. Sie vereinen digitale und Hard Copy sowie direkte und indirekte Distribution. Der Spieler erwirbt dabei eine Basisversion des Spieletitels in Form einer Hard Disc im Handel. Spezielle Features, regelmäßige Updates und Service Patches für das Spiel werden im Internet, zumeist direkt von dem Publisher, bereitgestellt. Die Erlösmodelle dieser Hybridstrategien variieren stark, von kostenlosen Updates über Pay Per Update bis hin zu periodischen Subscription Fees.

4.4.4 Kommunikationspolitik

Die kommunikationspolitischen Maßnahmen in der Video- und Computerspieleindustrie können für die Spielekonsole, den Spieletitel beziehungsweise mehrere Spiele oder mehrere Produkte zugleich durchgeführt werden. Ferner sind gemeinsame Kommunikationsmaßnahmen von Publishern und Konsolenherstellern weit verbreitet. Wenn ein neuer Spieletitel vorgestellt wird, dann wird üblicherweise auch die Plattform herausgestellt, für die der Titel erscheint. Diese Art der Werbung und Warenpräsentation kann als eine Form des Co-Branding bezeichnet werden. Ziel des Co-Branding ist es, mindestens zwei bekannte Marken im Rahmen einer gemeinsamen Marketingkampagne miteinander zu kombinieren.

---

[1] Vgl. Steam (2010).

Kapitel 8: Video- und Computerspielemanagement

Man erhofft sich davon eine gegenseitige Stärkung und die Erschließung neuer Absatzpotenziale. Die Gewichtung, mit der die beiden Marken jeweils in Erscheinung treten, kann dabei variieren. Bei der Werbung für einen neuen Spieletitel ist es zumeist so, dass der Titel selbst im Vordergrund steht. Aufgrund der starken Abhängigkeit vom kompatiblen Spieleportfolio ist eine solche Spieletitelwerbung immer auch gleichzeitig Werbung für die entsprechende Spielekonsole. Sowohl Spielesoftware als auch Spielehardware weisen Produktspezifika auf, die sich auf die Gestaltung der Kommunikationspolitik auswirken.

Für die Spielesoftware gilt, dass sie einen äußerst kurzen Produktlebenszyklus aufweist und sie im Gegensatz zu beispielsweise Kinofilmen kaum weitere Verwertungsspektren eröffnet.[1] Somit verbleibt nur ein relativ kurzer Zeitraum, in dem über den Spielekopienabsatz Erlöse generiert werden können. Das bedeutet, dass es im Rahmen der Kommunikationspolitik gelingen muss, die Zielgruppe innerhalb kürzester Zeit über den neuen Spieletitel zu informieren und für diesen zu emotionalisieren. Dafür ist der integrierte, effektive und innovative Einsatz der verschiedenen Kommunikationsinstrumente von zentraler Bedeutung. Dies gilt umso mehr, je kostenintensiver die Produktion eines Spieletitels ist. Für die Kommunikationspolitik der Spielekonsolen gilt, dass sie ihren Höhepunkt mit der Markteinführung erreicht.

Dieses begründet sich aus der Auf- und Abwärtsspirale der Videospieleindustrie. Ein früher Konkurrenzvorsprung ist strategisch wichtig und kann die Aufwärtsspirale in Gang setzen. Deshalb wird der Launch einer neuen Spielekonsole zumeist von einer aggressiven Kommunikationskampagne begleitet. Im weiteren Verlauf des Konsolen-Produktlebenszyklus gilt, dass sich die Kommunikationspolitik im Wesentlichen an der Marktposition orientiert. Der Marktführer ist weniger auf kommunikationspolitische Maßnahmen angewiesen als die Konkurrenz, da hohe Wechselkosten die Position des Marktführers sichern. Als wichtige Instrumente der Kommunikationspolitik in der Video- und Computerspieleindustrie können die folgenden Instrumente identifiziert werden.

- Kino-, TV-, Print- und Radiowerbung sind die klassischen und bedeutendsten Werbemedien für die Video- und Computerspieleindustrie. Sie ermöglichen es, innerhalb kürzester Zeit eine große Menge von potenziellen Konsumenten zielgruppenspezifisch anzusprechen. So wird beispielsweise TV-Werbung für neue Spieletitel verstärkt innerhalb junger Kanäle, wie zum Beispiel MTV und VIVA ausgestrahlt.

- Von großer Bedeutung, primär für die Konsolenvermarktung, ist das Event-Marketing. Externe Events, wie zum Beispiel Messen, Sportveranstaltungen und Konzerte werden zumeist im Rahmen von Sponsoring-Aktivitäten genutzt, um spezifisch eine bestimmte Konsumentengruppe ansprechen zu können. Eine besondere Form des Event-Marketing sind Spieleturniere, zu denen Video- und Computerspieler eingeladen werden, um gemeinsam und gegeneinander zu spielen.

---

[1] Vgl. Delaney (2003), S. A5.

- Als eine Form der Verkaufsförderung kann das Aufstellen der Spielekonsolen am Point Of Sale im Handel bezeichnet werden. Der potenzielle Konsument erhält hier die Möglichkeit, Konsole und neueste Spiele direkt zu testen.
- Speziell für die Spielesoftware gewinnt das Internet zunehmend an Bedeutung. Über das Internet werden Trailer, Teaser und Demoversionen der neusten Spieletitel bereitgestellt, um den Konsumenten einen besseren Eindruck von dem Spieleerlebnis vermitteln zu können und sie zum Kauf zu bewegen.
- Speziell für Spielesoftware lassen sich im Rahmen großer Blockbuster-Produktionen, die auf Kinofilm-Content basieren, verstärkt Cross-Marketingstrategien beobachten. Beispiel hierfür ist die Vermarktung des Kinofilms Matrix sowie des zugehörigen Video- und Computerspiels. Start des Kinofilms und Erscheinen des Spiels erfolgten zeitgleich. Dadurch konnten Marketingaktivitäten aufeinander abgestimmt werden.

5 Fallbeispiel Wii

Eine neue Entertainment-Ära im Bereich der Videospiele wurde durch die Einführung der Videospielekonsole Wii von Nintendo gesetzt. Nachdem Videospiele in den letzten Jahren immer mehr an Komplexität gewonnen haben und sich eher auf einen kleinen Kreis von potenziellen Spielern beschränkten, wurde durch die Wii-Konsole die Art und Weise des virtuellen Spielens deutlich verändert.

Die Nintendo Wii ist eine Videospielekonsole, die Ende 2006 auf den Markt gekommen ist. Nintendo reagierte mit dieser Konsole auf die mäßigen Erfolge der vorhergehenden Spielekonsolen Nintendo 64 und Nintendo Gamecube. Außerdem wollte man mit der Konsole die bisher erfolgreichen Hauptkonkurrenten, Sony mit der PlayStation 3 und Microsoft mit der Xbox 360, angreifen. Der Entwicklungspfad des Konsolenspielemarkts wird dabei zyklisch von sogenannten Konsolengenerationen, die einem idealtypischen Modell des Produktlebenszyklus entsprechen, beherrscht. Mit der siebten Generation wollte Nintendo ein neues Zeitalter im Konsolenbereich forcieren und die Konkurrenz von der Spitze verdrängen.

Sowohl Sony als auch Microsoft mussten in der Folge Marktanteile an Nintendo abgeben. Verstärkt wurde dieser Trend durch Verspätungen und Überteuerung der PlayStation 3 sowie Qualitätsmängel und Wartungsleistungen bei der Xbox 360.[1] Von der 2005 veröffentlichten Xbox 360 von Microsoft wurden weltweit bis September 2011

---

[1] Vgl. Iwersen (2008), S. 1.

Kapitel 8: Video- und Computerspielemanagement

ungefähr 59 Millionen Stück verkauft. Die etwa zeitgleich mit der Wii-Konsole gestartete PlayStation 3 erreichte rund 56 Millionen Abnehmer. Dagegen wurde die Nintendo Wii-Konsole ungefähr 90 Millionen mal verkauft und Nintendo hat die Wettbewerber damit deutlich hinter sich gelassen.[1]

Während die beiden Hauptkonkurrenten Sony und Microsoft auf eine leistungsfähige Hardware und teure Elektronikbausteine setzen, differenziert sich Nintendo mit der Wii-Konsole durch einen im Vergleich zur Konkurrenz niedrigen Verkaufspreis von ungefähr 249 US-Dollar pro Konsole und einer neuen Idee beziehungsweise einem neuartigen Spieleprinzip, das das Gaming einer neuen Generation vorantreiben und im Zuge dessen eine Videospielerevolution hervorrufen soll.[2]

Während die Konkurrenten Sony und Microsoft vor allem das Professional-Segment ansprachen, setzte Nintendo gezielt auf Casual Gamer aller Altersgruppen. So wurde unter anderem damit geworben, dass das Produkt auch ohne große Erfahrungen im Videospielebereich leicht nutzbar ist. Die Wii-Konsole verband damit erstmals erfahrene Videospieler und Nicht-Videospieler durch ein gemeinsames Erlebnis zu einer neuen Gaming-Generation. Der Gemeinschaftsbezug wird bei der Wii-Konsole, in Anlehnung an das englische Wort „We", stark in den Mittelpunkt gestellt. Mit der Konsole ist der Spieler durch die aktive Teilnahme und den körperlichen Einbezug in das Spiel ein Teil des Spiels selbst.[3]

Das Besondere an der Wii-Konsole war die bewegungssensitive, kabellose Fernbedienung, der sogenannte Wii-Controller. Dieser ermöglicht dem Spieler mithilfe von Bewegungssensoren an der Fernbedienung eine völlig intuitive, natürliche Art des Spielens. Dabei verwandelt der ergonomische Controller die realen physischen Bewegungen des Spielers in Bewegungen die auf dem Bildschirm dargestellt werden. Die Bewegungen werden quasi in das Zentrum des Spiels versetzt und somit ist es beispielsweise möglich einen Tennisschläger oder einen Golfschläger zu schwingen, eine Trommel zu schlagen oder auch die Fernbedienung in einem Adventure-Spiel als Schwert zu gebrauchen.[4]

---

[1] Vgl. VG Chartz (2010a).
[2] Vgl. Iwersen (2008), S. 1.
[3] Vgl. Nintendo (2008).
[4] Vgl. Nintendo (2008).

Abbildung 5-1: Bewegungssteuerung der Wii[1]

Die Wii-Konsole bietet neben der Funktion des Videospielens außerdem die Option, eine drahtlose Internetverbindung herzustellen. Mit dieser Verbindung wird es dem Nutzer ermöglicht, gewöhnliche Internetfunktionen, wie beispielsweise das Abrufen der aktuellen Nachrichten und Wettervorhersagen, zu nutzen. Außerdem können Spieleinhalte heruntergeladen, Textnachrichten verfasst und Digitalfotos bearbeitet werden. Zusätzlich wird auch die Möglichkeit geboten, Daten mit anderen Wii-Besitzern Online auszutauschen oder auch gegeneinander in Spielen anzutreten, sodass ein Community-Charakter entsteht.[2]

---

1 Vgl. Nintendo (2012).
2 Vgl. Nintendo (2008c).

Die Wii-Konsole ist darüber hinaus das erste System von Nintendo, bei dem mithilfe von Betriebssystem-Updates weitere Funktionen nachträglich, also nach dem Kauf des Produkts, hinzugefügt werden können. Nintendo verspricht dabei seinen Kunden auch in Zukunft neue, interessante und unterhaltsame Features bereitzustellen.

Das wesentliche Anleinstellungsmerkmal des alternativen Steuerungskonzepts hatte jedoch nicht lange Bestand, da sowohl Sony mit dem Steuerungskonzept „PS3 Move" als auch Microsoft mit „Kinect" bewegungssensitive Steuerungen auf den Markt brachten. Beide Systeme setzten auf optische Sensoren. Insbesondere das System von Microsoft, das völlig ohne Controller auskommt, da die Bewegungen des Körpers direkt verarbeitet werden, kann als eine Weiterentwicklung der Bewegungssteuerung angesehen werden.[1]

Shigeru Miyamoto, einer der führenden und maßgeblich für den Erfolg von Nintendo verantwortlichen Manager, stufte die beiden neuen Bedienkonzepte bereits 2010 als „bedrohlich" ein.[2] Entsprechend entwickelten sich die Absatzzahlen der Konsolen zuletzt wieder zuungunsten von Nintendo. Zwischen September 2010 und September 2011 behauptete das Unternehmen mit rund 15 Millionen verkauften Geräten seine Vormachtstellung im aktuellen Konsolenmarkt noch knapp vor Sony (14,1 Millionen) und Microsoft (13,6 Millionen). Dabei fielen die Absatzzahlen in der zweiten Periodenhälfte sogar unter die der direkten Konkurrenten. Insbesondere Kinect sorgte bei der Xbox zuletzt für Umsatzrekorde. So erreichte die Konsole im Weihnachtsgeschäft 2011 die höchsten Absatzzahlen seit Verkaufsbeginn 2006.[3]

Dadurch ist Nintendo im stationären Konsolenmarkt unter starken Innovationsdruck geraten, da die Konkurrenz zur Zeit nicht nur über die leistungsfähigeren Geräte (wichtig auf dem Core Gamer Markt) sondern auch über die innovativeren Bedienkonzepte (entscheidend für den Casual Gamer Markt) verfügt. Lediglich das große Portfolio an beliebten Exklusivtiteln, wie beispielsweise Mario Kart oder Zelda, lässt sich noch als entscheidender Wettbewerbsvorteil identifizieren.

Daher arbeitet Nintendo bereits an der Wii U, dem Nachfolger der Wii. Das Gerät wird nach Angaben des Herstellers Mitte 2012 erscheinen und damit das erste Gerät der kommenden achten Konsolengeneration sein.[4] Das System wird sich vor allem durch einen neuartigen Controller, ähnlich einem Tablet-PC, und 3D-Fähigkeit differenzieren. Neben dem Casual Gaming-Markt will Nintendo mit der neuen, deutlich leistungsfähigeren Konsole auch wieder den Core Gaming-Markt erschließen. Einen Überblick über die strategische Ausrichtung der aktuellen Wii zeigt Abbildung 5-2.

---

[1] Vgl. Microsoft (2012).
[2] Vgl. Eurogamer (2010), S. 1.
[3] Vgl. ComputerBase (2011).
[4] Vgl. im Folgenden Nintendo (2011).

Fallbeispiel Wii

Abbildung 5-2: Strategische Ausrichtung der Wii

	Aspekte
Strategie	• Kostenführerschaft • Differenzierungsstrategie • Ansprache einer großen Zielgruppe (alters- und erfahrungsunabhängig) • Integration physischer Bewegung in das Produktangebot • Stärkerer Einbezug des Spielers, durch die aktive körperliche Teilnahme am Spiel selbst
Geschäftsmodell	• Netzwerkeffekte durch eine starke Community: Herstellung der Möglichkeit sich mit anderen Spielern zu vernetzen, um sich auszutauschen oder gegeneinander in Spielen anzutreten • Transaktionsabhängige direkte Erlösgenerierung (zum Beispiel Erlöse aus den Konsolen oder Spieleverkäufen) • Indirekte Erlösgenerierung durch Lizenzen und so weiter
Leistungsspektrum	• Bewegungssensitive, kabellose Fernbedienung (Wii-Controller) • Vielzahl an unterschiedlichen Spielen • Betriebssystem-Updates • Vernetzung und Austausch sowie Spielen mit anderen realen Spielern innerhalb eines Netzwerks
Erfolgsfaktoren	• Aktive Teilnahme und körperlicher Einbezug • Schnelle und leichte Erlernbarkeit • Freude beim Spielen durch körperliche Aktivität während des Spiels, zum Beispiel Wii Fit oder Wii Sports • Weitläufige Zielgruppenansprache, interessante Spiele für unerfahrene Spieler sowie Profi-Gamer • Gemeinschaftsbenutzung

Kapitel 8: Video- und Computerspielemanagement

Wiederholungsfragen

1. In welchem Verhältnis stehen die Akteure Spieleentwickler, Publisher und Plattform-Provider in der Video- und Computerspieleindustrie?
2. Beschreiben Sie den Lebenszyklus der Spielekonsolen! Bestehen signifikante Unterschiede zwischen den einzelnen Generationen?
3. Wie teilen sich die verschiedenen Märkte für Spielesoftware in der Triade (USA, Europa und Asien) auf? Wie wird sich der Markt für mobile Spielenutzung entwickeln?
4. Zeigen Sie an einem Beispiel das Leistungsspektrum der Video- und Computerspieleindustrie auf! Unterscheiden Sie auch zwischen dem Online- und Offline-Leistungsspektrum!
5. Die Wertketten der Spielesoftware- und Spielekonsolenhardwareindustrie zeigen gewisse Gemeinsamkeiten. Welche sind für einen kooperativen beziehungsweise integrierten Erfolg maßgeblich?
6. Existieren Profitabilitätsunterschiede bei den verschiedenen Geschäftsmodellen in der Videospieleindustrie? Nennen Sie mögliche Gründe!
7. Wie hoch ist die Relevanz von Netzwerken in der Video- und Computerspieleindustrie? Geben Sie Beispiele für eine erfolgreiche Netzwerkstrategie!
8. Welche Bedeutung haben Produktinnovationen für die Video- und Computerspieleindustrie?
9. Nennen Sie die unterschiedlichen preispolitischen Maßnahmen von Hard- und Softwareanbietern! Welche Rolle spielen Produktbündel?
10. Warum war die Nintendo Wii Konsole eine bis dato so erfolgreiche Spielekonsole? Wie hat die Konkurrenz darauf reagiert und welchen Einfluss hatte das auf den Konsolenmarkt?

Kapitel 9:
Internetmanagement

1 Einführung 695
2 Marktstruktur und Marktverhalten 695
   2.1 Struktur der Internetmärkte...695
   2.2 Interaktionen der Marktteilnehmer 703
   2.3 Technologisches und regulatives Umfeld 706
   2.4 Mediennutzungsverhalten der Internetnutzer 709
   2.5 Entwicklungsperspektiven im Internetbereich 713
3 Leistungssystem 715
   3.1 Leistungsspektrum...715
   3.2 Wertschöpfungsstrukturen 717
   3.3 Core Assets und Kernkompetenzen 718
   3.4 Geschäftsmodelle 720
        3.4.1 Content..725
        3.4.2 Commerce...730
        3.4.3 Context..732
        3.4.4 Connection..734
   3.5 Geschäftsmodelle in Social Media...737
4 Aufgaben des Internetmanagement..747
   4.1 Strategisches Management..747
   4.2 Beschaffungsmanagement...750
        4.2.1 Einflussfaktoren..750
        4.2.2 Beschaffungsstrategien 752
   4.3 Produktionsmanagement...753
        4.3.1 Einflussfaktoren..753
        4.3.2 Produktionsstrategien 756
   4.4 Marketing 756
        4.4.1 Produktpolitik...757
        4.4.2 Preispolitik..758
        4.4.3 Distributionspolitik 761
        4.4.4 Kommunikationspolitik..763
5 Fallbeispiel Google 767

1 Einführung

Das Internet nimmt eine immer größere Bedeutung im Medienbereich ein. Im Rahmen des Kapitels Internetmanagement soll daher nachfolgend insbesondere auf das Management von Unternehmen eingegangen werden, bei denen der Schwerpunkt der Geschäftstätigkeit auf die Erstellung beziehungsweise auf den Absatz von digitalen Medieninhalten über das Internet gerichtet ist.

Zunächst werden im Folgenden die Marktstruktur und das Marktverhalten dargestellt, die die Internetunternehmen berücksichtigen müssen. Anschließend wird auf das Leistungsspektrum, die Wertschöpfungsstrukturen, die Core Assets und Kernkompetenzen sowie die Geschäfts- und Erlösmodelle von Internetunternehmen eingegangen. Abschließend werden die Aufgaben des Management von Internetmedienunternehmen aufgezeigt.

2 Marktstruktur und Marktverhalten

Bevor auf das Management von Unternehmen im Internetmediensektor eingegangen werden kann, sind zunächst die relevanten Produkte sowie die Märkte, auf denen diese Unternehmen agieren, abzugrenzen. Auch sind die Rahmenbedingungen des Internetmanagement darzustellen. Dies betrifft insbesondere das technologische und regulative Umfeld sowie das Mediennutzungsverhalten der Internetnutzer. Den Abschluss bildet eine Darstellung der Entwicklungsperspektiven im Internetbereich.

2.1 Struktur der Internetmärkte

Bei der Betrachtung der Marktstruktur wird zuerst eine Abgrenzung des Internetmedienmarkts anhand der angebotenen Inhalte vorgenommen. Darüber hinaus wird auf Marktgröße und -wachstum des Internetmedienmarkts eingegangen. Anschließend werden jene Faktoren vorgestellt, die einen Einfluss auf die Art des Wettbewerbs ausüben. Von Bedeutung sind hierbei Konzentrationsaspekte sowie bestehende Markteintrittsbarrieren.

▪ Marktabgrenzung

Das Internet bildet das Fundament für eine Vielzahl von neuen Anwendungs- und Nutzungsmöglichkeiten. Da Inhalte über das Internet in digitaler Form übertragen werden, können unterschiedliche Medienformate wie Texte, Bilder oder Musik genutzt werden (multimedialer Charakter des Internet). Der Begriff Internetinhalt (auch Content) dient dabei als Oberbegriff für die von Medienunternehmen über das Internet bereitgestellten, digitalen Produkte und Dienstleistungen. Internetinhalte lassen sich dabei vereinfacht als Informationspakete verstehen, die mittels des Internet übertragen werden. Dazu zählen neben reinen Texten beispielsweise auch Digitalfotos, Musikstücke und Filme.

Die angebotenen Internetinhalte können informierender, bildender oder unterhaltender Natur sein. Insofern kann zwischen E-Information, E-Entertainment und E-Education unterschieden werden. E-Information umfasst hierbei vor allem politische, gesellschaftliche und wirtschaftliche Inhalte, während E-Entertainment insbesondere Online-Spiele, -Musik und -Filme sowie auf Unterhaltung abzielende Texte beinhaltet.[1] Unter E-Education werden Online-Inhalte mit dem Fokus auf einer Vermittlung von Wissen gefasst, wie beispielsweise das Angebot virtueller Universitäten. Eine weitere Kategorie ist das E-Infotainment, bei dem es sich um eine Mischform aus informierendem und unterhaltendem Inhalt handelt.

▪ Marktgröße und -wachstum

Das Internet befindet sich noch immer in einer ausgeprägten Wachstumsphase. So gab es im März 2011 weltweit rund 2,1 Milliarden Internet-User, was einer Steigerung von 480% im Vergleich zum Jahr 2000 entspricht.[2] Ein weiterer Indikator zur Messung des Umfangs des Internet ist die Zahl der mit dem Internet verbundenen Internet-Hosts. Diese wird in Abbildung 2-1 illustriert. Die Bezeichnung Internet-Host umfasst den Domain-Namen mit IP-Adresse. Anfang 2011 konnten 818.374.269 Internet-Hosts gezählt werden. Hier ergab sich für den Zeitraum von 1999 bis 2011 eine durchschnittliche jährliche Wachstumsrate von 27,7%.

---

[1] Vgl. Wirtz (2010), S. 222 ff.
[2] Vgl. Internet World Stats (2012).

Marktstruktur und Marktverhalten

Abbildung 2-1: Entwicklung der weltweiten Internet-Hosts[1]

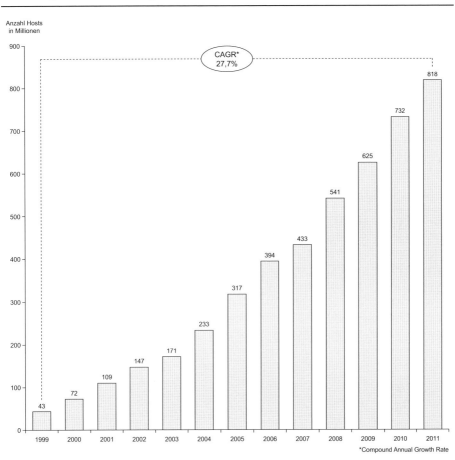

Entsprechend dem allgemeinen Wachstum des Internet ist ebenfalls ein starkes Wachstum des Internetmediensektors zu beobachten. Generell ist bei der Bereitstellung von Inhalten über das Internet zwischen Free Content und Paid Content zu unterscheiden. Free Content bezeichnet für den Nutzer kostenlos zugänglichen Inhalt, während kostenpflichtige Inhalte unter dem Begriff Paid Content zusammengefasst werden.[2]

---

1 Datenquelle: Internet Systems Consortium (2012).
2 Vgl. Wirtz/Schmidt-Holz/Beaujean (2004), S. 37.

Kapitel 9: Internetmanagement

Die Zahlungsbereitschaft für Medienangebote im Internet ist aufgrund der Vielzahl kostenloser Angebote grundsätzlich eher gering, jedoch ist eine wachsende Zahlungsbereitschaft für Qualitätsjournalismus im Internet festzustellen. Inzwischen würden circa 39% der Nutzer für solche Inhalte bezahlen, sofern diese nicht mehr kostenlos im Internet abrufbar wären.[1]

Dies ist wohl mit einer der entscheidenden Gründe für die News Corporation, als eines der ersten Unternehmen die kostenlose Bereitstellung von Information zu beenden und sukzessive auf kostenpflichtige Inhalte umzustellen. Seit dem 1. Juni 2010 sind die Online-Ausgaben der Zeitschriften „The Times" sowie „The Sunday Times" kostenpflichtig. Demgegenüber liegt die Zahlungsbereitschaft für andere Medienangebote deutlich geringer, so würden lediglich 19% für Filme, 18% für Musik und 9% für Unterhaltungsliteratur im Internet zahlen.[2]

■ Anbieterkonzentration

Einen Hinweis auf die geografische Konzentration der Angebote im Internet bietet die Aufteilung der Internet-Hosts nach Regionen. Diesbezüglich zeigt sich, dass sich die Internetangebote vor allem auf den europäischen Raum konzentrieren. Die Zahl der Internet-Hosts pro 100 Einwohner liegt in USA (179) fast sechsmal so hoch wie in Deutschland (32). Aber selbst Deutschland liegt damit weit vor Großbritannien (12) oder auch den China (2) bei der Anzahl an Hosts pro 100 Einwohner.[3] Einen Überblick über die Internet-Hosts pro 1.000 Einwohner gibt Abbildung 2-2.

---

[1] Vgl. Schröder-Maiwald (2010), S. 1.
[2] Vgl. Schröder-Maiwald (2010), S. 1.
[3] Vgl. BMWI (2012), S. 98.

Abbildung 2-2: Internet-Hosts pro 100 Einwohner in ausgewählten Ländern[1]

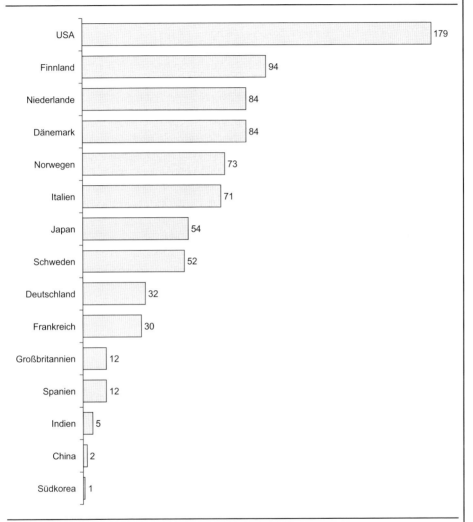

Aufgrund der raschen Entwicklung und der Neuheit des Mediums Internet ist es zunächst zahlreichen Start Up-Unternehmen gelungen, sich im Internetmediensektor zu etablieren. Unternehmen, die es verstanden haben, eine innovative Geschäftsidee als erste zu verfolgen und einen festen Kundenstamm zu erschließen, konnten sich als Marktführer im entsprechenden Bereich etablieren.

---

[1] Datenquelle: BMWI (2012), S. 98.

Kapitel 9: Internetmanagement

Die große Anzahl kleinerer Unternehmen im Internetmedienmarkt ist vor allem auf eine Vielzahl von Special Interest-Anbieter zurückzuführen, die ein jeweils auf bestimmte Nischengruppen ausgerichtetes Angebot unterbreiten. Als Beispiele für Special Interest-Angebote sind computerbezogene Inhalte wie die von Nickles.de und börsenbezogene Inhalte wie die von Aktienmarkt.net zu nennen. Jedoch schreitet die Konzentration im Bereich der General Interest-Inhalte voran. So wurde für den US-Raum festgestellt, dass Internetnutzer heutzutage die Hälfte ihrer gesamten Online-Zeit auf den Websites von durchschnittlich nur vier Anbietern verbracht haben.

Im Jahr 1999 verteilte sich die Aufmerksamkeit der US-amerikanischen Online-Nutzer dagegen noch auf die Websites von durchschnittlich elf Anbietern. Auch in Deutschland lassen sich Konzentrationstendenzen erkennen. Anhaltspunkte dafür finden sich in der Verteilung der Page Impressions (Anzahl von Abrufen einer Website durch einen Benutzer) unter den verschiedenen Internetanbietern. Abbildung 2-3 zeigt die, gemessen an den Visits, größten deutschen General Interest-Inhalteangebote.

Abbildung 2-3: Die größten deutschen Internetinhalteangebote[1]

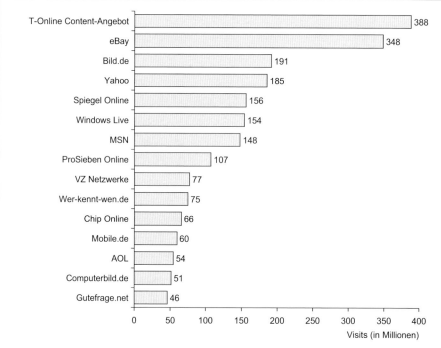

---

[1] Datenquelle: IVW (2012).

Das Content-Angebot von T-Online ist mit fast 388 Millionen Besuchern im Dezember 2011 das mit Abstand am meisten genutzte deutsche Angebot. Als zweitbeliebteste deutsche Destination im General Interest-Bereich gilt mit über 348 Millionen Besuchern das Online-Auktionshaus eBay. Erst mit relativ großem Abstand folgen die Portale von Bild.de, Yahoo, Spiegel Online, Windows Live, MSN, ProSieben Online, VZ Netzwerke, Wer-kennt-wen.de, Chip Online, Mobile.de, AOL, Computerbild.de sowie Gutefrage.net. Hieran wird deutlich, dass T-Online im Vergleich zu inhaltlich ähnlichen Angeboten einen deutlich höheren Marktanteil verzeichnen kann. Dies ist zum Teil dadurch zu begründen, dass T-Online Deutschlands größter Anbieter von Internetzugängen ist und viele der Internetzugangskunden auch automatisch die Website von T-Online als Startseite eingerichtet haben.

Ein weiterer Indikator für Konzentrationstendenzen ist die Häufigkeit von Unternehmensverschmelzungen. Mergers and Acquisitions können in vielen Fällen als Reaktion auf veränderte Umweltbedingungen angesehen werden.[1] Hierbei ist für die Internetmärkte insbesondere die zunehmende Technologiekonvergenz von Bedeutung, die vor allem auf die Digitalisierung zurückzuführen ist.[2]

Waren in der Vergangenheit beispielsweise Film, Musik und Schrift klar getrennte Medienprodukte, können derartige Medienprodukte heute über ein und denselben Vertriebskanal, das Internet, abgesetzt werden. Infolgedessen können zur Realisierung von Synergiepotenzialen Unternehmenszusammenschlüsse von Unternehmen aus den verschiedenen Teilbranchen sinnvoll erscheinen, um dem Kunden ein integriertes Angebot verschiedener Internetmedien zur Verfügung zu stellen. Für die Zukunft ist damit zu rechnen, dass sich die Konzentrationstendenzen im Internetmedienbereich weiter fortsetzen.

- Markteintrittsbarrieren

Im Internetmedienbereich existieren insbesondere strukturelle und strategische Markteintrittsbarrieren. Zu den strukturellen Markteintrittsbarrieren zählen die hohen First Copy Costs und Netzwerkeffekte. Als strategische Markteintrittsbarriere sind insbesondere Marken anzusehen. Aufgrund des bisher relativ geringen Regulierungsumfangs von Internetmedien spielen institutionelle Markteintrittsbarrieren keine so große Rolle wie in anderen Medienbranchen.

Bei Internetmedien ergibt sich zunächst eine strukturelle Markteintrittsbarriere aus der vorherrschenden Kostenstruktur, die durch die einfache Reproduzierbarkeit digitaler Güter bedingt ist. So zeichnet sich die Kostenstruktur durch hohe Fixkosten (First Copy Costs) und geringe variable Kosten aus.[3] Die Folge ist eine nahezu beliebige Ausdehnbarkeit der Produktionsmenge bei immer weiter fallenden Stückkosten.

---

1 Vgl. Wirtz (2012), S. 76 ff.
2 Vgl. Denger/Wirtz (1995), S. 20 ff.; Wirtz (2000e), S. 291 ff.; Chon et al. (2003), S. 145.
3 Vgl. Wirtz (2010), S. 132 f.

Das bedeutet, dass mit einer steigenden Nachfrage die Stückkosten exponentiell sinken. Dieses Phänomen wird häufig als First Copy Costs-Effekt bezeichnet. Somit besitzen etablierte Anbieter mit einem großen Kundenstamm und damit potenziell größerer Nachfrage gegenüber neueintretenden Unternehmen häufig einen beträchtlichen Kostenvorteil.

In diesem Zusammenhang spielen auch Netzwerkeffekte (positive Beziehungen zwischen Produktnutzen und Anzahl an Nutzern) für Internetmedienunternehmen eine wichtige Rolle. Mit steigenden Nutzerzahlen und insbesondere mit dem Überschreiten einer kritischen Masse wächst der Nutzen der Konsumenten, woraus ein weiter steigender Marktanteil für das Unternehmen resultiert.

Dies bedeutet einen Vorteil für etablierte Unternehmen, da diese bereits einen Stamm von Nutzern aufbauen konnten. Neue oder im Markt befindliche Wettbewerber können durch kleinere Nutzerzahlen keinen vergleichbaren Nutzwert bieten. Allerdings ist der Wettbewerb bis zum Erreichen der kritischen Masse aufgrund der Natur der Netzwerkeffekte sehr intensiv.[1]

Als Beispiel für Netzwerkeffekte im Bereich Internetmedien kann das Musikangebot von Apple angeführt werden. Hierbei handelt es sich um ein Systemprodukt bestehend aus dem iPod, einem Abspielgerät für digitale Musikstücke, und iTunes, einem Online-Musikportal mit entsprechender Software zum Download der Musikstücke. Mit steigender Nutzerzahl und damit einhergehend größerer Marktposition und Marktmacht war es dem Unternehmen möglich, Lizenzen von immer mehr Musik-Labels zu erhalten und so das Angebot an Musik-Downloads weiter auszuweiten.

Durch die kontinuierliche Sortimentsvergrößerung konnte so eine Erhöhung des Produktnutzens von iTunes erreicht werden. Dies führte wiederum zu indirekten Netzwerkeffekten, da das erweiterte Angebot des Komplementärprodukts iTunes ebenfalls den Nutzen des Basisprodukts iPod erhöhte. Besonders ausgeprägt sind Netzwerkeffekte im Rahmen von User Generated Content-Angeboten, das heißt von Nutzern selbst erstellten Inhalten.

Beispiele für User Generated Content-Angebote sind Online-Fotoalben wie Flickr.com oder Online-Musikangebote wie Myspace.de. Hier können Nutzer selbst erstellte Fotos beziehungsweise Musikstücke hochladen und anderen Usern zur Verfügung stellen. Nur mit einer ausreichenden Zahl von aktiv teilnehmenden Nutzern kann ein attraktives Angebot zusammengestellt werden, das heißt mit einer zunehmenden Anzahl an Nutzern steigt auch der Nutzen des Gesamtangebots.

---

[1] Vgl. Beyer/Carl (2004), S. 109.

Die Kombination aus First Copy Costs-Effekt und Netzwerkeffekten kann im Extremfall zum Entstehen von Winner Takes It All-Märkten führen, in denen ein einzelner Anbieter dominiert. Da bei zunehmenden Nutzerzahlen sinkende Stückkosten bei steigendem Kundennutzen zu verzeichnen sind, wird der Markteintritt für Unternehmen erschwert, die noch keinen großen Kundenstamm besitzen.

Eine strategische Markteintrittsbarriere stellt die Existenz bereits fest etablierter Marken am Markt dar. Die Marke nimmt im Rahmen von Internetmedien insofern eine besondere Rolle ein, als dass sie beim Internetnutzer ein hohes Maß an Vertrauen in die angebotenen Produkte weckt. Ihr kommt damit eine Selektionsfunktion zu, indem sie dem Internetnutzer die Auswahl potenziell hochwertiger Angebote aus dem sehr großen Angebot an Internetmedien ermöglicht. Daher erlangt die Marke als Orientierungs- und Navigationshilfe für die Nachfrager die Rolle eines zentralen Erfolgsfaktors.[1] Neu in den Markt eintretende Unternehmen, die noch keine eigene Marke aufgebaut haben und mit etablierten Marken konkurrieren müssen, haben daher einen signifikanten Wettbewerbsnachteil.

2.2 Interaktionen der Marktteilnehmer

Aufgrund der Ubiquität des Internet interagiert eine Vielzahl verschiedenster Akteure miteinander und es herrschen zum Teil komplexe Interaktionsmuster. Im Folgenden soll sich auf die für die Medienbranche relevanten Akteure fokussiert und daher insbesondere Content-Anbieter mit ihren Interaktionsmustern näher betrachtet werden. Marktteilnehmer von zentraler Bedeutung stellen die Internet-Service Provider sowie damit verbunden die Infrastrukturanbieter dar.

Der Internet-Service Provider (ISP) bildet die Schnittstelle zwischen dem Nutzer und dem Internet. Hierbei wird dem Kunden ein stationärer oder mobiler Internetzugang zur Verfügung gestellt, der zeit- oder verbrauchsabhängig abgerechnet werden kann. Die Internet-Service Provider wiederum arbeiten eng mit den Infrastrukturanbietern zusammen, damit diese die verschiedenen ISPs mittels schneller Backbone-Netze über Kontinente hinweg verbinden.

In Kombination bieten beide Akteure den Internet-Media Providern das Hosting ihrer Applikation und/oder die technische Infrastruktur zur Distribution ihrer Leistungen an. Das notwendige Know How halten die Unternehmen je nach Größe selbst vor oder beschaffen es am Markt bei externen Technologielieferanten beziehungsweise Softwareentwicklern oder Programmierern.

---

[1] Vgl. Wirtz (2010), S. 37 ff.

Die Internet-Media Provider stellen dem Nutzer verschiedene Inhalte zur Verfügung. Hierbei haben die Internetangebote meist eine spezifische Ausrichtung und es wird der Fokus beispielsweise auf Information-, Education- oder Entertainment-Inhalte gelegt. Häufig anzutreffen sind auch Mischformen wie etwa das Infotainment, um durch die breitere Gestaltung des Angebots eine möglichst hohe Nutzerzahl im Internet zu gewinnen.

Der Content wird dabei nicht immer selbst produziert, sondern oft werden die Angebote mit externem Content aufgebaut oder ergänzt. Dieser externe Content wird unter anderem von Content-Lieferanten oder Franchise-Gebern beigesteuert. Einige Geschäftsmodelle der Internet-Media Provider basieren dabei auf einem direkten Erlösmodell. Häufiger anzutreffen sind jedoch indirekte Erlösmodelle, bei denen der Werbung im Allgemeinen und den werbenden Unternehmen im speziellen eine große Bedeutung zukommt.

Ein weiterer wesentlicher Aspekt ist die Fokussierung der Diensteanbieter auf den Nutzer, da eine möglichst große Akzeptanz die Verbreitung des eigenen Diensts erhöht. Gerade im Rahmen der Content-Beschaffung können die Nutzer durch User Generated Content integriert und ein hohes Involvement zum Angebot der Diensteanbieter geschaffen werden. Abbildung 2-4 stellt die wesentlichen Akteure und Interaktionen im Internetmarkt im Überblick dar.

Abbildung 2-4: Akteure und Interaktionen im Internetmedienmarkt

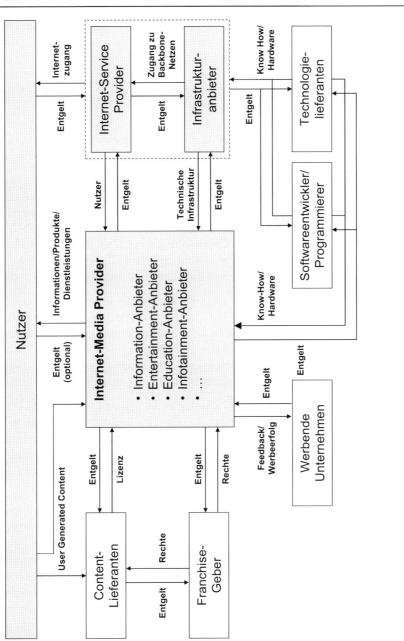

Kapitel 9: Internetmanagement

2.3 Technologisches und regulatives Umfeld

Im Rahmen der Ausführungen zum technologischen Umfeld soll zunächst auf die grundlegende Funktionsweise des Internet eingegangen werden. Anschließend werden regulative Aspekte in Bezug auf das Medium Internet erläutert.

 Technologisches Umfeld

Grundsätzlich handelt es sich beim Internet um einen weltweiten Verbund von Computernetzwerken, die wiederum in Subnetzwerke aufgegliedert werden können. Die Architektur des Internet basiert auf dem Client Server-Prinzip. Von Server-Computern (Dienstanbieter) werden Anwendungen bereitgestellt, die von den Clients (Dienstnutzer) in Anspruch genommen werden.

Die physische Verbindung wird durch ein dichtes Netz nationaler, internationaler und interkontinentaler Datenleitungen hergestellt. Permanente Datenleitungen (Standleitungen) mit hoher Übertragungsbreite bilden das Rückgrat (Backbone) des Internet. Die Nutzung, Lokalisierung und Übermittlung von Daten und Informationen wird im Internet durch die Inanspruchnahme unterschiedlicher Dienste ermöglicht. Besonders relevante Dienste werden in Tabelle 2-1 im Überblick dargestellt.

Die beiden wichtigsten und bekanntesten Dienste des Internet stellen das WWW sowie E-Mail dar. Das World Wide Web brachte den Durchbruch des Internet, indem es eine einfach grafische Benutzeroberfläche und somit die einfache Navigation ermöglichte. Die Navigation und Informationsbeschaffung wurde dadurch deutlich einfacher gestaltet. Realisiert wird diese einfache Navigation durch die sogenannten Hyperlinks, die Querverbindungen zu anderen Dokumenten im Internet darstellen.

Als Beispiele können hier die Suchanfragen an bekannte Suchmaschinen wie Google.com oder Bing.com genannt werden, die ihre Rechercheergebnisse in Form von Hyperlinks präsentieren. Durch Weiterentwicklungen in der WWW-Technologie können verschiedene multimediale Inhalte wie beispielsweise Bilder, Sounds, Animationen oder Videos einfach bereitgestellt beziehungsweise abgerufen werden.

E-Mail ermöglicht den Nachrichtenaustausch zwischen verschiedenen Personen oder Institutionen. Dabei können zum einen reine Textnachrichten transferiert werden, zum anderen ermöglicht es mittels Anhängen ebenfalls den Austausch von Dateien wie beispielsweise Bild-, Video- und Audiodateien. Weiterhin haben sich verschiedene Formate beziehungsweise Möglichkeiten der sicheren Kommunikation und des Datenaustauschs entwickelt. Mittels einer SSH-Verbindung kann ein verschlüsselter Zugriff auf einen fremden Rechner erfolgen, während mittels eines VPN-Netzwerks innerhalb des Internet ein sicheres Teilnetzwerk mit beschränktem Zugriff eingerichtet werden kann.

Marktstruktur und Marktverhalten

Tabelle 2-1: Klassifikation der wichtigsten Dienste im Internet[1]

Dienste	Protokoll	Beschreibung	Anwendung
Word Wide Web	HTTP/HTTPS	Übertragung von Websites	Webbrowser (Internet Explorer, Firefox, Opera, ...)
E-Mail	SMTP/POP3/ IMAP	Austausch von elektronischen Briefen (mit Dateianhängen)	E-Mail-Programm (Outlook, Thunderbird, ...) oder Webbased Interface
Dateiübertragung	FTP	Datenübertragung auf Internet-Server	FTP-Clients (WS-FTP, Filezilla, ...)
Verschlüsselte Netzwerkverbindungen	SSH	Verschlüsselter Zugriff auf andere Rechner	PuTTY, WinSCP, ...
Virtual Private Network (VPN)	IPSec/TSL/SSL/ ViPNet/PPTP/ PPPD	Sichere Teilnetzwerke mit beschränktem Zugriff im Internet	Verschiedene Clients (OpenVPN, Cisco VPN, ...)
Fernsteuerung	Telnet	Benutzung entfernter Computer	Funktionalität wird vom Betriebssystem bereitgestellt
Verteilter Datenaustausch (Peer To Peer)	BitTorrent/Gnutella	Tauschbörsen zum dezentralen Austausch von Dateien	BitTorrent, Soulseek, WinMX, ...
Usenet	NNTP	Diskussionsforen	Newsclients, meistens integriert in E-Mail-Programmen
Internettelefonie (VOIP)	SIP/SIPS/H.323/ IAX/MGCP/Jingle	Telefonieren über das Internet	Skype, ...
Instant Messaging	OSCAR/Simple/ Tencent QQ/ Windows Live Messenger/XMPP/ Yahoo Messenger	Nachrichtensofortversand von Textnachrichten, eine Art des Chats	Icq, MSN, AIM, Skype, ...

---

[1] Vgl. Fritz (2004), S. 56 ff.; Abts/Mülder (2009), S. 119 ff.

Kapitel 9: Internetmanagement

Um Dateien auf einen Server (Host) zu übertragen, wird klassischerweise das FTP-Protokoll eingesetzt, während sich beim privaten dezentralen Datenaustausch neben E-Mail das Peer To Peer-Verfahren durchgesetzt hat. Bei Telnet handelt es sich um einen weiteren Internetdienst, mit dessen Hilfe ein Benutzer auf entfernte Programme und Daten zugreifen sowie Computer fernbedienen kann.

Schließlich werden auch die Kommunikationsdienste des Internet immer beliebter.[1] So nutzen viele Internet-User das Usenet-Angebot, um damit bequem an Diskussionsforen teilnehmen zu können. Außerdem erfreut sich auch die Internettelefonie mittels Voice Over IP wachsender Beliebtheit, da Gespräche innerhalb des Internet kostenlos sowie zu geringen Gebühren in die klassischen Telefon- und Mobilfunknetze geführt werden können. Als letzter wichtiger Internetdienst kann das Instant Messaging im Rahmen der Kommunikationsdienste genannt werden, bei dem mehrere Nutzer mittels eines Nachrichtensofortversands von Textnachrichten in Kontakt treten können.

■ Regulatives Umfeld

Die rechtlich relevanten Fragestellungen im Internetbereich lassen sich nicht unter ein klar definiertes Rechtsgebiet Internetrecht subsumieren. Vielmehr sind zahlreiche Rechtsgebiete betroffen. Damit besteht jedoch auch eine große Unsicherheit hinsichtlich anzuwendender Normen. Rechtsfragen treten im Internetmedienbereich vor allem im Zusammenhang mit der Wahl einer Domain, beim Urheberrecht sowie beim Datenschutz auf.[2] Im Folgenden soll ein kurzer Überblick über diese Aspekte gegeben werden.

Die Wahl der Domain ist für eine Internetpräsenz oft von entscheidender Bedeutung. Hier können unter Umständen markenschutzrechtliche Regelungen relevant sein. Zum einen kann nach § 4 Abs. 1 Nr. 1 MarkenG markenrechtlicher Schutz durch die Eintragung beim Patent- und Markenamt entstehen. Als Marke eingetragen werden dabei zumeist Firmenbezeichnungen beziehungsweise Bezeichnungen für Produkte und Dienstleistungen. Markenrechtlicher Schutz kann zum anderen nach § 4 Abs. 2 und 3 MarkenG auch ohne Eintragung beim Patentamt in Betracht kommen.

Dies ist einerseits der Fall durch die Benutzung eines Zeichens im geschäftlichen Verkehr, durch die das Zeichen als Marke Verkehrsgeltung erlangt hat. Andererseits kann Markenschutz auch durch die Erlangung notorischer Bekanntheit in Betracht kommen. Eine solche notorische Bekanntheit kommt beispielsweise bei im Ausland benutzten Marken zustande, die auch in Deutschland überragende Bekanntheit genießen.[3]

---

[1] Vgl. Fritz (2004), S. 58.
[2] Vgl. Strömer (1999).
[3] Vgl. Siebert (2010).

Auch urheberrechtliche Fragestellungen spielen für Medienunternehmen im Internet eine wichtige Rolle. So kann die Verwendung geschützten Materials im Internet zu urheberrechtlichen Unterlassungs- und Schadensersatzansprüchen gemäß §§ 97 ff. UrhG (Urheberrechtsgesetz) führen. Besonders zu beachten sind zudem datenschutzrechtliche Regelungen. Durch die Nutzung eines Diensts können beim Anbieter personenbezogene Daten des Nutzers anfallen, die beispielsweise Rückschlüsse auf Interessen und Kaufverhalten zulassen.

In Deutschland basiert der Datenschutz auf dem Bundesdatenschutzgesetz (BDSG), das immer dann gilt, wenn bereichsspezifische, spezielle Datenschutzregelungen nicht greifen. Das Gesetz ist anwendbar, wenn der Erheber der Daten eine nicht-öffentliche Person ist, die die Daten für berufliche oder gewerbliche Zwecke verarbeitet oder nutzt. Ihm übermittelte Daten darf der Anbieter nur dann verwenden, wenn entweder eine Einwilligung des Nutzers vorliegt oder wenn das Speichern, Verändern und Übermitteln der Personendaten für eigene Geschäftszwecke erfolgt.

2.4 Mediennutzungsverhalten der Internetnutzer

Die Analyse des Internetnutzerverhaltens gestaltet sich insofern als schwierig, als dass (anders als für klassische Medien wie TV oder Radio) nur wenige Langzeitstudien existieren. Allgemein anerkannte, quantitative Maße zur Beurteilung der Reichweite einer Website sind Visits (zusammenhängende Seitenabrufe von einer Website durch einen einzelnen Besucher) und Page Impressions (Anzahl der Abrufe einer Website durch einen Benutzer).

Diese Kennzahlen lassen sich technisch über Server Logfile-Analysen ermitteln. Damit liegen jedoch nur grobe Informationen über die Reichweite, nicht jedoch über die Charakteristika der Nutzer vor. Daten hierzu werden zumeist über Online-Befragungen erhoben. Tabelle 2-2 gibt einen Überblick über die soziodemografischen Merkmale der Internetnutzer und ihr Mediennutzungsverhalten.

Kapitel 9: Internetmanagement

Tabelle 2-2: Nutzeranteil nach Bevölkerungsgruppen[1]

	2000	2001	2002	2003	2004	2005	2006	2007	2008	2009	2010
Gesamt	28,6%	38,8%	44,1%	53,5%	55,3%	57,9%	59,5%	62,7%	65,8%	67,1%	69,4%
Geschlecht											
Männlich	36,6%	48,3%	53,0%	62,6%	64,2%	67,5%	67,3%	68,9%	72,4%	74,5%	75,5%
Weiblich	21,3%	30,1%	36,0%	45,2%	47,3%	49,1%	52,4%	56,9%	59,6%	60,1%	63,5%
Alter in Jahren											
14 -19	48,5%	67,4%	76,9%	92,1%	94,7%	95,7%	97,3%	95,8%	97,2%	97,5%	100%
20 - 29	54,6%	65,5%	80,3%	81,9%	82,8%	85,3%	87,3%	94,3%	94,8%	95,2%	98,4%
30 - 39	41,1%	50,3%	65,6%	73,1%	75,9%	79,9%	80,6%	81,9%	87,9%	89,4%	89,9%
40 - 49	32,2%	49,3%	47,8%	67,4%	69,9%	71,0%	72,0%	73,8%	77,3%	80,2%	81,9%
50 - 59	22,1%	32,2%	35,4%	48,8%	52,7%	56,5%	60,0%	64,2%	65,7%	67,4%	68,9%
60 und älter	4,4%	8,1%	7,8%	13,3%	14,5%	18,4%	20,3%	25,1%	26,4%	27,1%	28,2%
Berufstätigkeit											
In Ausbildung	58,5%	79,4%	81,1%	91,6%	94,5%	97,4%	98,6%	97, %	96,7%	98,0%	100%
Berufstätig	38,4%	48,4%	59,3%	69,6%	73,4%	77,1%	74,0%	78,6%	81,8%	82,3%	82%
Rentner/ nicht berufstätig	6,8%	14,5%	14,8%	21,3%	22,9%	26,3%	28,3%	32,0%	33,6%	34,7%	36,4%
Basis: Internetnutzer ab 14 Jahren in Deutschland											

---

[1] In Anlehnung an Zentralverband der deutschen Werbewirtschaft (2010), S. 364; Zentralverband der deutschen Werbewirtschaft (2011), S. 342.

Marktstruktur und Marktverhalten

Die Zahl der Internetnutzer in Deutschland stieg seit Anfang 1997 von 4,1 Millionen auf 51,7 Millionen im Jahr 2011 an.[1] Waren in der Vergangenheit (1997) Online-Nutzer vorwiegend männlich, unter 40 Jahre alt und berufstätig beziehungsweise in der Ausbildung, so hat sich dies zum Teil geändert. Im Jahr 2010 waren bereits rund 63,5% aller Frauen Online, und auch immer mehr ältere und arbeitslose Menschen machten vom Internet Gebrauch. Generell ist zu erwarten, dass sich zukünftig die Struktur der Gesamtbevölkerung und die der Online-Nutzer zunehmend angleichen werden.[2]

Anhand der Nutzungsschwerpunkte des Mediums Internet, die in Abbildung 2-5 dargestellt sind, lässt sich feststellen, dass drei Nutzungsarten eine zentrale Rolle spielen. Die Nutzung des Internet als Kommunikationsmittel, als universeller Info-Pool und als Shopping Center sind zu unterscheiden.[3] Die populärste Online-Anwendung im Internet ist die zielgerichtete Suche mit Suchmaschinen. 83% der Befragten verwenden diese mindestens einmal wöchentlich.

Weitere wichtige Nutzungsschwerpunkte sind der E-Mail-Dienst (80%) sowie das ziellose Surfen im Internet (47%). Ebenfalls sehr beliebte Online-Anwendungen sind mit 43% das zielgerichtete Suchen von Angeboten, sowie mit 36% beziehungsweise 32% die Nutzung von Online Communities beziehungsweise Homebanking. Hieraus wird die hohe Bedeutung, die das Internet als Kommunikationsmittel innehat, deutlich.

Dabei ist auffällig, dass Jugendliche teilweise andere Schwerpunkte bei der Nutzung des Internet setzen. Die Nutzung von Suchmaschinen nimmt hier mit 95% einen noch größeren Stellenwert als das Versenden und Empfangen von E-Mails ein. Eine deutlich überproportionale Anwendung zeigt sich auch beim ziellosen Surfen im Internet, Online Communities, bei der Nutzung von Gesprächsforen, Newsgroups und Chats, beim Herunterladen von Audio- und Videodateien sowie bei der Nutzung von Computer- und Online-Spielen und Partnerbörsen.

---

[1] Vgl. Zentralverband der deutschen Werbewirtschaft (2010), S. 331; ARD/ZDF (2012a).
[2] Vgl. Wirtz/Vogt/Denger (2001), S. 181.
[3] Vgl. ARD/ZDF (2012b).

Kapitel 9: Internetmanagement

Abbildung 2-5: Nutzungsschwerpunkte bei Online-Anwendungen im Internet[1]

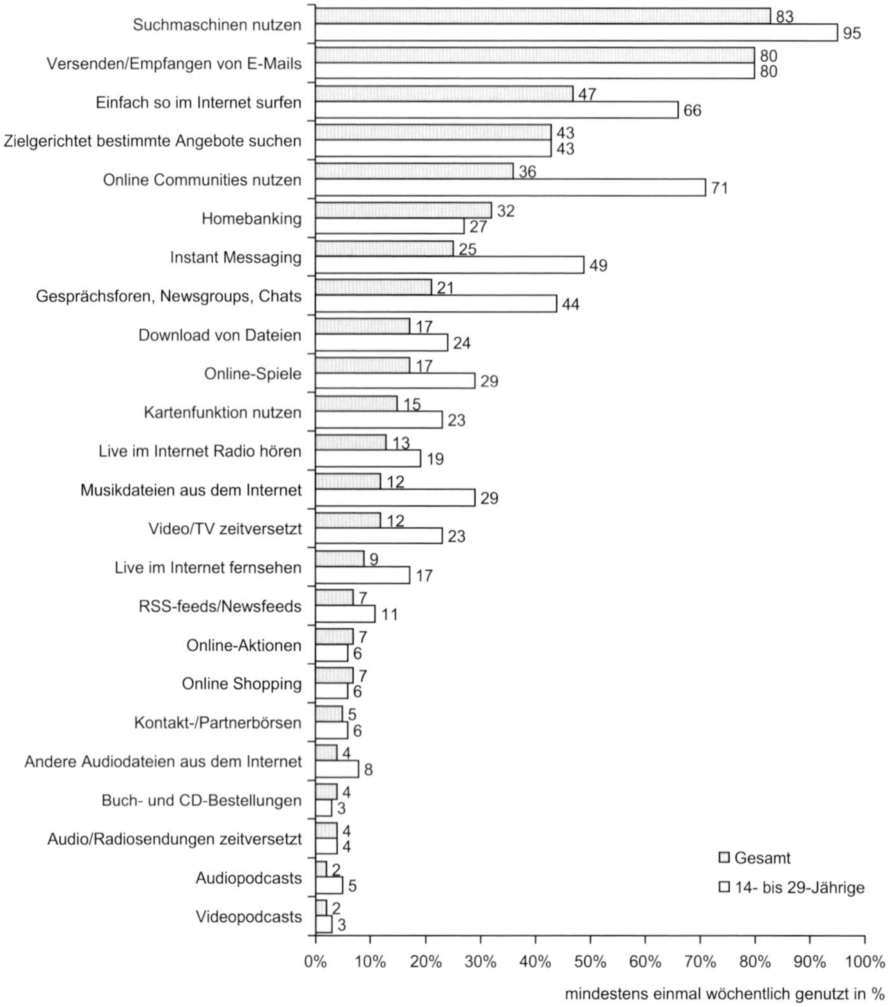

Anwendung	Gesamt	14- bis 29-Jährige
Suchmaschinen nutzen	83	95
Versenden/Empfangen von E-Mails	80	80
Einfach so im Internet surfen	47	66
Zielgerichtet bestimmte Angebote suchen	43	43
Online Communities nutzen	36	71
Homebanking	32	27
Instant Messaging	25	49
Gesprächsforen, Newsgroups, Chats	21	44
Download von Dateien	17	24
Online-Spiele	17	29
Kartenfunktion nutzen	15	23
Live im Internet Radio hören	13	19
Musikdateien aus dem Internet	12	29
Video/TV zeitversetzt	12	23
Live im Internet fernsehen	9	17
RSS-feeds/Newsfeeds	7	11
Online-Aktionen	7	6
Online Shopping	7	6
Kontakt-/Partnerbörsen	5	6
Andere Audiodateien aus dem Internet	4	8
Buch- und CD-Bestellungen	4	3
Audio/Radiosendungen zeitversetzt	4	4
Audiopodcasts	2	5
Videopodcasts	2	3

mindestens einmal wöchentlich genutzt in %

---

[1] Datenquelle: ARD/ZDF (2012b).

2.5 Entwicklungsperspektiven im Internetbereich

Die anfängliche Entwicklung im Internetbereich war von einem grenzenlosen Optimismus geprägt. Viele Unternehmensgründungen im Internetbereich zählten zu Beginn zu den Gewinnern am Kapitalmarkt. Viele der dort notierten Unternehmen schrieben kontinuierlich Verluste. Gleichwohl wurden sie mit hohen Unternehmenswerten an der Börse bewertet.

Diese anfängliche Euphorie und das Vertrauen in internet- und medienbezogene Geschäftsmodelle begannen sich jedoch zu relativieren. Verstärkt waren Anzeichen zu beobachten, die auf eine Konsolidierung dieser Euphorie hindeuteten.[1] So mussten die Aktienkurse von verschiedenen Internetunternehmen insbesondere ab dem zweiten Quartal 2000 starke Einbußen hinnehmen. Indizien wie Liquiditäts- und Substanzprobleme haben zu einer deutlichen Kurskorrektur der Börsenwerte beziehungsweise zu Konkursen dieser Unternehmen geführt.[2] Letztendlich hat die Deutsche Börse am 5. Juni 2003 das Segment des „Neuen Markts" eingestellt.[3] Auslöser waren insbesondere Bilanzskandale und Kursmanipulationen, die das Vertrauen der Anleger in das gesamte Segment erschüttert haben.

Abbildung 2-6: Notwendige Bandbreiten für komfortable Internet-Content-Nutzung

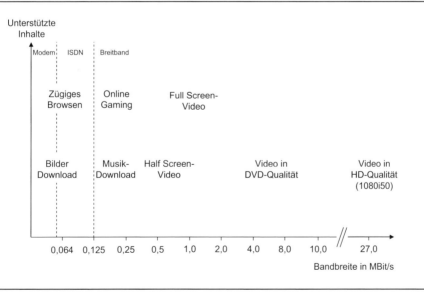

---

[1] Vgl. Wirtz (2000f), S. 108; Wirtz (2000b), S. B17; Rayport/Wirtz (2001), S. 30.
[2] Vgl. Wirtz/Olderog (2000), S. 32; Tölle (2001), S. 35.
[3] Vgl. Wirtz/Salzer (2004), S. 104.

Kapitel 9: Internetmanagement

Erheblichen Auftrieb bekam der Internetbereich durch die zunehmende Verbreitung des Breitbandinternet. Mit dieser Entwicklung geht eine erhebliche Marktvergrößerung für bandbreitenintensive Medieninhalte einher. Daher gilt das Breitbandinternet als Schlüsselfaktor für die Distribution technisch anspruchsvoller Medienprodukte. So ist eine komfortable Nutzung von Online-Spielen, Musik-Downloads sowie Internet-TV-Anwendungen nur mit einem Breitbandinternetanschluss möglich. Dies illustriert Abbildung 2-6.

Auch zukünftig ist von einem starken Wachstum bei der Anzahl von Breitbandanschlüssen in Deutschland auszugehen. Parallel zu der zunehmenden Verbreitung von Breitbandanschlüssen ist eine Entwicklung hin zu immer schnelleren Anschlüssen zu beobachten. Während im Jahr 2005 über drei Viertel der Breitbandnutzer über eine Geschwindigkeit von maximal sechs MBit/s verfügten, reduziert sich dieser Anteil auf etwa 57% in Jahr 2010 und knapp 36% im Jahr 2015. Für 2015 wird dementsprechend eine Verbreitung von Anschlüssen mit einer Geschwindigkeit von mehr als sechs MBit/s von über 64% erwartet, wie Abbildung 2-7 illustriert. In diesem Bereich ist die Nutzung komplexer, multimedialer Angebote, wie etwa Video On Demand, komfortabel möglich.

Abbildung 2-7: Prognostizierte Entwicklung der Anteile von Breitbandübertragungsgeschwindigkeiten bis 2015[1]

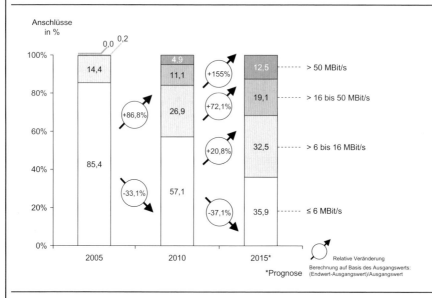

---

[1] Vgl. Wirtz (2008a), S. 18.

3 Leistungssystem

Im Abschnitt Leistungssystem wird im Folgenden zunächst das Leistungsspektrum im Bereich Internet anhand der beteiligten Akteure kategorisiert. Anschließend werden die Wertkette sowie die Core Assets und Kernkompetenzen von Internetmedienunternehmen betrachtet. Abschließend wird auf Geschäftsmodelle eingegangen, die im Internetbereich verfolgt werden.

3.1 Leistungsspektrum

Im Bereich des Internet werden eine Reihe unterschiedlicher Produkte und Dienstleistungen angeboten. Diese Angebote können anhand der beteiligten Akteure, den privaten Konsumenten (Consumer), Unternehmen (Business) und öffentlichen Institutionen (Administration), kategorisiert werden. Dies verdeutlicht Abbildung 3-1. Betriebswirtschaftlich relevant sind insbesondere die Bereiche Business To Business (B2B) und Business To Consumer (B2C), da dort besonders hohe Umsätze realisiert werden.[1]

Abbildung 3-1: Akteurstrukturen im Internet[2]

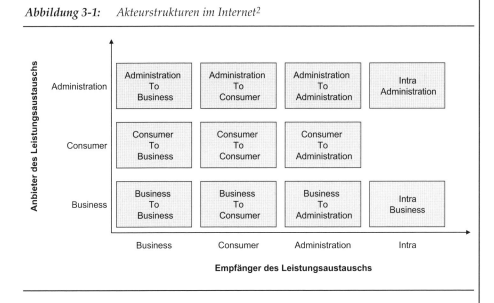

---

[1] Vgl. Wirtz (2010), S. 16 f.
[2] In Anlehnung an Wirtz (2010), S. 16.

Kapitel 9: Internetmanagement

Im Business To Business-Bereich richten sich Unternehmen mit ihrem Internetangebot an andere Unternehmen. Dabei wird zumeist das Ziel der Geschäftsprozessoptimierung und somit einer Transaktionskostenreduktion sowie das Ziel einer Vergrößerung des Absatzpotenzials verfolgt. Beispielhaft seien hierfür Beschaffungsmarktplätze im Internet genannt, an denen Unternehmen unabhängig von ihrer Größenklasse und ihrer Branchenzugehörigkeit zusammengebracht werden.

Ziel der beteiligten Unternehmen ist eine Steigerung der Beschaffungsproduktivität, ein globales Beschaffungs- und Absatzmarketing und eine Senkung der Vertriebskosten. Die Käufer erhalten eine kostengünstige Vergleichsmöglichkeit einer Vielzahl von Lieferanten und Produkten.[1] Business To Business-Transaktionen sind für den Internetmediensektor insbesondere im Rahmen der Content Syndication von hoher Relevanz.

Ist das Internetangebot von Unternehmen an Konsumenten gerichtet, wird von Business To Consumer-Angeboten gesprochen. Während einer Leistungsaustauschsequenz ist es dabei durchaus möglich, dass die Konstellation aus Anbieter und Empfänger alterniert. Lädt beispielsweise ein Nutzer auf einem Online-Musikportal ein Musikstück herunter, ist er zunächst der Empfänger und das Unternehmen der Anbieter in einer Business To Consumer-Beziehung. Stellt der Nutzer dem Unternehmen anschließend seine subjektive Bewertung des Musikstücks in Form von User Generated Content zur Verfügung, wechseln die Rollen. Das Unternehmen ist nun der Leistungsempfänger, während der Nutzer die Anbieterfunktion einnimmt.

Eine für die Internetmedienbranche relevante Besonderheit zeigt sich im ansonsten relativ schwach ausgeprägten Consumer To Consumer-Bereich in Form des Peer To Peer Computing (P2P).[2] So bietet das P2P-Netzwerk BitTorrent privaten Nutzern die Möglichkeit, Dateien, wie beispielsweise Musikstücke oder Videos, untereinander auszutauschen. Es wird davon ausgegangen, dass auf 13% aller PCs Programme installiert sind, die den Zugriff auf das BitTorrent-Netzwerk ermöglichen.[3] Auch wenn sie nicht im kommerziellen Bereich angesiedelt sind, müssen Consumer To Consumer-Angebote, wie das von BitTorrent, als Konkurrenz beispielsweise für kommerzielle Musikportale angesehen werden.

Auch der Bereich Consumer To Business ist derzeit noch als eher unbedeutend einzustufen. Zwei hier sehr bedeutende Angebote sind jedoch einerseits Datenbanken mit Stellengesuchen, in denen Privatpersonen Unternehmen ihre Arbeitskraft anbieten und andererseits Datenbanken mit privaten Angeboten für Autoverkäufe. Beispiele hierfür sind etwa Jobpilot.de oder JobScout24.de sowie Mobile.de oder Autoscout24.de. Derartige Angebote haben dem Markt für Stellenanzeigen sowie Anzeigen für private Autoverkäufe in den Tageszeitungen stark zugesetzt.

---

1 Vgl. Wirtz/Jaworski (2001), S. 34; Wirtz/Olderog/Mathieu (2002), S. 33 ff.
2 Vgl. Wirtz (2010), S. 238.
3 Vgl. o.V. (2007b).

3.2 Wertschöpfungsstrukturen

Die Wertschöpfung von Medienprodukten im Internetbereich lässt sich in fünf Wertschöpfungsstufen darstellen.[1] In einer ersten Stufe werden fertige Inhalte jeglicher Art sowie Informationen zur Generierung eigener Inhalte extern beschafft. Eigener Content wird in einer zweiten Stufe intern selbst erstellt. Die nun vorliegenden Inhalte werden in der dritten Stufe (Packaging) aufbereitet und zusammengestellt.

Immer häufiger werden im Rahmen des Packaging die Inhalte personalisiert, das heißt auf die individuellen Bedürfnisse des Kunden abgestimmt. Ein Beispiel hierfür ist das Angebot „My Excite" des Portals Excite.com. Hier besteht für den eingeschriebenen Nutzer die Möglichkeit der Angabe von Präferenzen, welche Inhalte und Dienste ihn besonders interessieren. Entsprechende Angebote werden dann an prominenter Stelle auf der personalisierten Internetseite positioniert.

Um eine derartige Personalisierungsfunktion bieten zu können, muss der Anbieter themenspezifische Pakete definieren. Die vierte Stufe umfasst die technische Produktion, also die Programmierung der Websites, auf denen in der fünften Stufe die Inhalte zur Verfügung gestellt werden. In dieser letzten Phase ist von besonderer Bedeutung, dass die Inhalte beim Transport gegen unbefugte Zugriffe geschützt werden.

Internetmedienunternehmen übernehmen typischerweise nicht sämtliche Stufen der Wertkette. Neben der externen Beschaffung von Inhalten wird häufig die technische Umsetzung des Content Management-Systems ausgelagert. Der Schwerpunkt von Internetmedienunternehmen liegt typischerweise in der Erstellung und vor allem im Packaging von Content. Abbildung 3-2 bietet einen Überblick über die gesamte Wertkette.

---

[1] Vgl. Denger/Wirtz (1995), S. 22 f.; Baubin/Wirtz (1996), S. 370 ff.

Kapitel 9: Internetmanagement

Abbildung 3-2: Internetmedien-Wertkette[1]

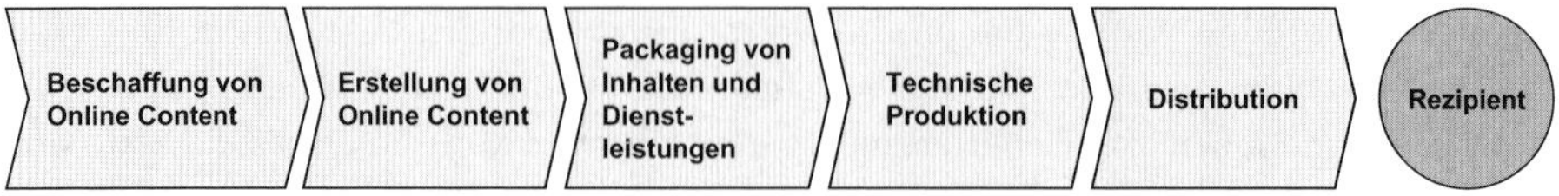

Beschaffung von Online Content	Erstellung von Online Content	Packaging von Inhalten und Dienstleistungen	Technische Produktion	Distribution	Rezipient
Kernaufgaben					
• Generierung von Inhalten/Services	• Produktion von Beiträgen	• Aggregation und Bündelung von Inhalten/Services	• Programmierung der Websites	• Vertrieb der Inhalte über das Internet	
Anbieter					
• Traditionelle Inhalteanbieter wie Nachrichtenagenturen, Zeitungen, Musikverlage, Fernsehstationen	• Redaktionen	• Redaktionen	• Grafiker, Programmierer, Webdesigner	• Web Hosting-Serviceanbieter	
Beispiele					
• Reuters, Axel Springer AG, ZDF	• Spiegel Online, Tomorrow Focus AG, T-Online	• Spiegel Online, Tomorrow Focus AG, T-Online	• avaris Webdesign, Reichelt-edv.com, Mediatac.com	• 1&1 WebHosting, STRATO Medien AG, Schlund+ Partner AG	

3.3 Core Assets und Kernkompetenzen

Zu den Core Assets von Internetmedienunternehmen zählen die Mitarbeiter, die Marke, die Netzwerke und der Kundenstamm. Mitarbeiter sind besonders im Bereich der Content-Erstellung ein Core Asset, da die Inhalte den zentralen Leistungskern bilden. Die Marke bildet im Internet ein Core Asset, da sie den Usern in der Angebotsvielfalt des Internet vertrauenswürdige und leistungsfähige Anbieter signalisieren und so das wahrgenommene Risiko bei dem Erwerb und der Nutzung von Online Content reduzieren. Netzwerke sind für Internetmedienunternehmen auf jeder Stufe der Wertkette wichtig.

---

[1] In Anlehnung an Denger/Wirtz (1995), S. 23; Wirtz (1999), S. 18.

Da beispielsweise ein Teil des Content nicht selbst erstellt, sondern von anderen Anbietern durch Content Syndication erworben wird, ist ein Netzwerk für die Beschaffung exklusiver Inhalte erforderlich. Auch bei der Content-Produktion und bei der Distribution werden häufig Netzwerke genutzt und stellen ein Core Asset dar. Aufgrund der Netzwerkeffekte erhöht sich der Kundennutzen digitaler Güter mit einer Zunahme des Kundenstamms. Damit wirkt der Umfang des Kundenstamms positiv auf die Kundenbindung und stellt somit ein Core Asset dar.

Die zur Nutzung der Core Assets erforderlichen Kernkompetenzen bei Internetunternehmen sind die Content Sourcing-Kompetenz, die Content Creation-Kompetenz, die Formatkompetenz und die Technologiekompetenz. Im Rahmen der Content Sourcing-Kompetenz ist die Fähigkeit gemeint, Input-Güter sowohl in Form von Daten und Informationen für die eigene Content-Produktion als auch in Form von attraktivem, bereits erstelltem Content zur weiteren Verwertung zu beschaffen.

In Bezug auf die Content Creation-Kompetenz sind die Fähigkeiten, Content den Bedürfnissen der Zielgruppe entsprechend auszuwählen (Trendkompetenz), Input, wie beispielsweise Informationen, zielgruppengerecht zusammenzustellen und in Content umzusetzen (Veredelungskompetenz) sowie Inhalte in einer für den Nutzer nachvollziehbaren Weise zu gliedern (Strukturierungskompetenz) von entscheidender Bedeutung.

Für die Positionierung im Nutzermarkt ist die Formatkompetenz von hoher Bedeutung. Sie beschreibt die Fähigkeit, neue und attraktive Content-Formate zu entwickeln. Ein wichtiger Bestandteil der Formatkompetenz ist die Fähigkeit, Content-Formate hinsichtlich ihrer Marktattraktivität und Refinanzierungschancen beurteilen zu können. Somit ist die Formatkompetenz von großer Bedeutung für die Produktpolitik von Internetmedienunternehmen.

Im stark technologiegetriebenen Internetsektor ist die Technologiekompetenz von hoher Bedeutung für Internetmedienunternehmen. Durch überlegenen Technologieeinsatz im Content Management oder beim Billing können Convenience-Vorteile für die Nutzer und Effizienzgewinne im Unternehmen erzielt werden. Sie ist als eine der wichtigsten Kernkompetenzen von Internetmedienunternehmen anzusehen.

Kapitel 9: Internetmanagement

3.4 Geschäftsmodelle

Als Abgrenzungskriterium für die unterschiedlichen Geschäftsmodelle soll das Leistungsangebot der Unternehmen herangezogen werden. Die Geschäftsmodelle der Internetbranche im Business To Consumer-Bereich können somit auf Basis des 4 C-Modells in die Segmente Content, Commerce, Context und Connection eingeordnet werden.[1] Abbildung 3-3 illustriert diese Basisgeschäftsmodellklassifikation im Internet.

Abbildung 3-3: Basisgeschäftsmodellklassifikation im Internet[2]

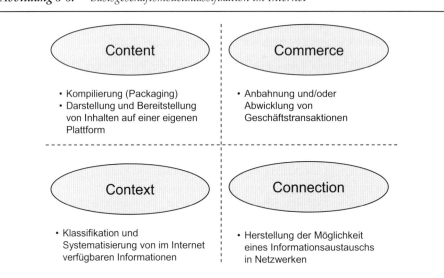

Das Content-Segment umfasst dabei das Angebot digitaler Inhalte wie Online-Nachrichten oder Musik-Downloads, während im Bereich Commerce die Anbahnung, Aushandlung und/oder Abwicklung von Transaktionen im Internet im Mittelpunkt steht. In diesem Zusammenhang sind insbesondere Marktplätze für Unternehmen (beispielsweise Covisint), Auktionshäuser (beispielsweise eBay), Shopping Mall-Anbieter (beispielsweise Amazon) sowie Internetauftritte von Herstellern (beispielsweise Würth) herauszustellen.[3]

---

1 Vgl. Wirtz/Kleineicken (2000), S. 629 f.; Wirtz (2010), S. 219 ff.
2 In Anlehnung an Wirtz/Kleineicken (2000), S. 629 f.; Wirtz (2010), S. 221.
3 Vgl. Wirtz/Storm van's Gravesande (2004), S. 852.

Leistungssystem

Das Segment Context beinhaltet Angebote zur Klassifikation und Systematisierung von im Internet verfügbaren Informationen. Hierunter sind vor allem Suchmaschinen und Web-Verzeichnisse zu fassen. Connection umfasst schließlich Anbieter von Produkten zur Herstellung der Möglichkeit eines Informationsaustauschs. Dies beinhaltet sowohl internetbasierte Kommunikationsangebote als auch den Zugang zum Internet selbst.

Die Leistungen von Internetmedienunternehmen beschränken sich dabei klassischerweise auf die des Geschäftsmodells Content, bei dem die Erstellung beziehungsweise Bereitstellung von digitalen Inhalten über das Internet im Vordergrund steht. Im Laufe der letzten Jahre ist jedoch im Zuge der Branchenkonvergenz eine Tendenz zu integrierten Geschäftsmodellen über alle 4 Cs hinweg zu beobachten.[1] T-Online/T-Home beispielsweise, mit seinen Internetzugangsangeboten ursprünglich im Bereich Connection angesiedelt, bietet inzwischen ebenfalls ein großes Content-, Commerce- und Context-Angebot. So werden im Content-Segment auf dem Portal „T-Online" Online-Videos und im Commerce-Segment verschiedene Güter auf „Shopping @ T-Online" zum Verkauf angeboten. Das Produktsortiment von T-Online wird durch ein Context-Angebot in Form einer Suchmaschine auf dem Hauptportal T-online.de komplettiert.

Ein weiterer ehemaliger Pure Player, der sich mit seinem Web-Verzeichnisangebot ursprünglich ausschließlich auf das Segment Context konzentriert hatte, ist Yahoo!. Inzwischen bietet Yahoo! ebenfalls Connection-Produkte wie „Yahoo! DSL" und Content-Produkte wie die Finanzmarktinformationen „Yahoo! Finanzen" an. Aufgrund dieser Entwicklung zu integrierten Angeboten sollen im weiteren alle vier Basisgeschäftsmodelle im Internet erläutert, dabei jedoch der Fokus auf das Geschäftsmodell Content gelegt werden. Daher werden zunächst Erlös- und Leistungserstellungsmodelle im Content-Bereich dargestellt, bevor anschließend auf die Besonderheiten der Geschäftsmodelle Content, Commerce, Context und Connection im Einzelnen eingegangen wird.

- Erlösmodelle

Das Erlösmodell weist bei Content-Unternehmen zahlreiche Besonderheiten auf. Die unterschiedlichen Erlösformen lassen sich nach den Kriterien direkte versus indirekte Erlösgenerierung sowie transaktionsabhängige versus transaktionsunabhängige Erlösgenerierung differenzieren.[2]

---

[1] Vgl. Wirtz (2010), S. 325 ff.
[2] Vgl. Wirtz (2011a), S. 141.

Tabelle 3-1: Erlössystematik im Content-Bereich[1]

	Direkte Erlösgenerierung	Indirekte Erlösgenerierung
Transaktionsabhängig	Transaktionserlöse im eigentlichen Sinn Nutzungsgebühren	Provisionen Data Mining-Erlöse Content Syndication Bannerwerbung
Transaktionsunabhängig	Einrichtungsgebühren Grundgebühren	Content Syndication Bannerwerbung Sponsorship

Während es sich bei den direkten, transaktionsabhängigen Erlösen von Content-Unternehmen um Nutzungsgebühren für die Anzahl von Downloads oder die Nutzungszeit handelt, sind unter den direkten transaktionsunabhängigen Erlösen Grundgebühren zu subsumieren, die für die Bereitstellung einer regelmäßigen, potenziellen Nutzungsmöglichkeit von Internetinhalten erhoben werden.

Provisionen und Data Mining-Erlöse gelten als indirekte, transaktionsabhängige Erlöse. Provisionen entstehen durch die Vermittlung von Transaktionen für Partnerunternehmen (Affiliates). Die Vermittlung geschieht beispielsweise über das Setzen von Hyperlinks.[2] Als Beispiel kann das Amazon-Partnerprogramm genannt werden. Nutzt ein Website-Besucher die Verlinkung zum Produktangebot von Amazon.de und bestellt dort Produkte, erhält das Link-setzende Unternehmen eine Umsatzbeteiligung von bis zu 10%. Auch durch eine Maklertätigkeit können Provisionen erwirtschaftet werden. Ein Beispiel hierfür ist das Brokerage im Bereich Finanzanlagen. Data Mining-Erlöse werden durch den Verkauf von Nutzerprofilen an dritte Unternehmen erzielt. Nutzerprofile enthalten detaillierte Daten über Eigenschaften und Internetnutzungsgewohnheiten von Konsumenten.

Die Erlöse aus Content Syndication können abhängig von der Vertragsausgestaltung sowohl indirekter, transaktionsabhängiger als auch unabhängiger Natur sein. Content Syndication bezeichnet die Zweit- oder Mehrfachverwendung von Inhalten eines Medienunternehmens durch Lizenzvereinbarung mit einem anderen Unternehmen. Diese Lizenzvereinbarung kann einerseits transaktionsunabhängig ausgestaltet sein, wenn es sich um ein Inhalteabonnement handelt.

---

[1] Vgl. Wirtz/Lihotzky (2001), S. 292.
[2] Vgl. Hagel/Singer (1999), S. 141.

Andererseits ist auch eine transaktionsabhängige Erlösgenerierung vorstellbar, wenn sich der Preis für die zur Verfügung gestellten Inhalte nach Anzahl, Umfang und Art bemisst. Ebenso kann Bannerwerbung entweder den transaktionsabhängigen oder den -unabhängigen Erlösen zugeordnet werden. Bannerwerbung bezeichnet die Einrichtung von Werbeflächen auf der eigenen Website für dritte Unternehmen. Der Preis für Bannerwerbung kann sich dabei beispielsweise nach der Dauer der Werbeschaltung oder nach der Anzahl der Klicks auf den Banner richten.

Die Bedeutung der jeweiligen Erlösformen variiert bei den einzelnen Internetmedienunternehmen erheblich. Ein isolierter Einsatz von Erlösmodellen ist kaum anzutreffen. Vielmehr werden mehrere Erlösformen kombiniert. Eine wichtige unternehmerische Entscheidung von Internetmedienunternehmen ist daher die Kombination und Gewichtung der Erlösformen, um eine Optimierung des Erlösquellenstroms zu erreichen.

- Leistungserstellungsmodell

Schwerpunkte der Leistungserstellung von Content-Unternehmen sind die Beschaffung, die Produktion und der Vertrieb von Inhalten. Von besonderer Relevanz für das Management ist die Kosten- und Erlösstruktur der Leistungserstellung. Mit ihrer Hilfe lassen sich Potenziale für Einsparungen und Umsatzsteigerungen identifizieren. Es gestaltet sich jedoch als schwierig, eine idealtypische Kosten- und Erlösstruktur wiederzugeben, da sich die einzelnen Content-Anbieter stark unterscheiden.

So ist die Kosten- und Erlösstruktur beispielsweise abhängig von dem Format der Inhalte und dem Lebenszyklus des Unternehmens. Bei technisch aufwendigen Formaten wie Online-Video und -Audio ist beispielsweise von einem überdurchschnittlichen Anteil direkter Erlöse auszugehen, da die Zahlungsbereitschaft der Nutzer für derartige Produkte tendenziell höher einzustufen ist. Die Kostenstruktur von Unternehmen in einer frühen Lebenszyklusphase zeichnet sich oftmals durch einen hohen Anteil an Forschungs- und Entwicklungskosten aus. Ebenfalls ist für junge Unternehmen charakteristisch, dass sie häufiger negative Gewinne ausweisen.

Einen Überblick über die Kosten- und Erlösstruktur der Leistungserstellung in Internetmedienunternehmen gibt Abbildung 3-4. Bei den dort angegebenen Werten handelt es sich um Durchschnittswerte. Mit etwa 82% ist der Anteil der Werbeerlöse am gesamten Umsatz am höchsten. Die restlichen Umsatzerlöse stammen aus gebührenpflichtigen Internetdiensten, wie beispielsweise Breitbanddienste, Musik-Downloads oder Premiumaccounts.

Kapitel 9: Internetmanagement

Abbildung 3-4: Kosten- und Erlösstruktur der Leistungserstellung[1]

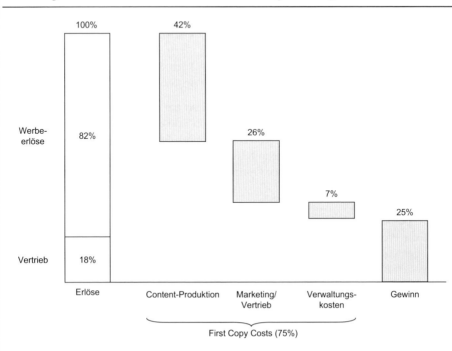

Die Kosten von Content-Anbietern bestehen fast ausschließlich aus First Copy Costs. Dies ist vor allem darauf zurückzuführen, dass zur Leistungsdistribution im Content-Bereich keine physischen Medien, wie beispielsweise Papier, verwendet werden. Die einfache Reproduzierbarkeit der digitalen Inhalte führt daher zu dem oben beschriebenen First Copy Costs-Effekt, der für abnehmende Stückkosten bei steigenden Absatzzahlen verantwortlich ist. Die Kosten der Content-Produktion, die ebenfalls Kosten der Content-Beschaffung umfassen, stellen mit circa 42% den größten Kostenblock dar.

---

[1] Auf der Basis eigener Analysen und Abschätzungen.

3.4.1 Content

Das Geschäftsmodell Content besteht aus der Sammlung, Selektion, Systematisierung, Kompilierung (Packaging) und Bereitstellung von Inhalten auf einer eigenen Plattform. Ziel des Geschäftsmodellansatzes ist es, den Nutzern Inhalte einfach, bequem, visuell ansprechend aufbereitet, Online zugänglich zu machen. Die angebotenen Inhalte können informierender, bildender oder unterhaltender Natur sein.

Dementsprechend wird das Geschäftsmodell Content weiter in die Geschäftsmodellvarianten E-Information, E-Entertainment und E-Education unterteilt. Eine vierte Subkategorie ist das E-Infotainment, bei dem eine Mischform aus informierendem und unterhaltendem Inhalt im Vordergrund steht. Abbildung 3-5 gibt einen Überblick darüber, wie sich die Inhaltenutzung auf die einzelnen Geschäftsmodellvarianten aufteilt.

Abbildung 3-5: Bedeutung unterschiedlicher Content-Geschäftsmodellvarianten[1]

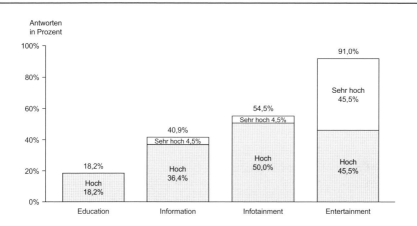

Nach Angabe der befragten Content-Anbieter wird insbesondere die Bedeutung von Unterhaltungsinhalten als hoch beziehungsweise sehr hoch eingestuft (91%), gefolgt von Infotainment, also der Mischung zwischen Unterhaltung und Information (55%). Die Bedeutung von Information beziehungsweise Bildung werden von 41% beziehungsweise 18% als hoch beziehungsweise sehr hoch eingeschätzt.[2] Abbildung 3-6 stellt das gesamte Content-Geschäftsmodell dar.

---

[1] Vgl. Wirtz/Schmidt-Holz/Beaujean (2004), S. 36.
[2] Vgl. Wirtz/Schmidt-Holz/Beaujean (2004), S. 36.

Kapitel 9: Internetmanagement

Abbildung 3-6: Geschäftsmodell Content

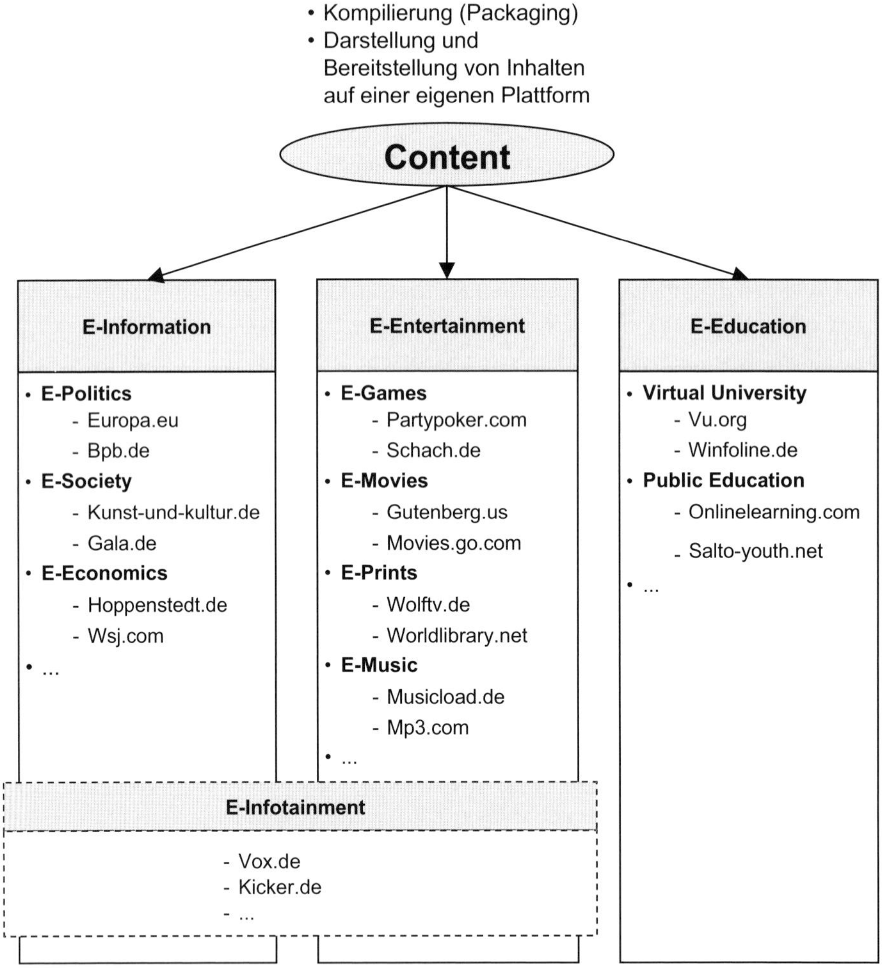

- Kompilierung (Packaging)
- Darstellung und Bereitstellung von Inhalten auf einer eigenen Plattform

Content

E-Information

- **E-Politics**
  - Europa.eu
  - Bpb.de
- **E-Society**
  - Kunst-und-kultur.de
  - Gala.de
- **E-Economics**
  - Hoppenstedt.de
  - Wsj.com
- ...

E-Entertainment

- **E-Games**
  - Partypoker.com
  - Schach.de
- **E-Movies**
  - Gutenberg.us
  - Movies.go.com
- **E-Prints**
  - Wolftv.de
  - Worldlibrary.net
- **E-Music**
  - Musicload.de
  - Mp3.com
- ...

E-Education

- **Virtual University**
  - Vu.org
  - Winfoline.de
- **Public Education**
  - Onlinelearning.com
  - Salto-youth.net
- ...

E-Infotainment

- Vox.de
- Kicker.de
- ...

E-Information

E-Information-Anbieter stellen den informativen Charakter der Inhalte in den Vordergrund des Leistungsversprechens. Als informativ werden vom Nutzer Inhalte erachtet, die beispielsweise Informationen zur Lösung eines Problems bieten oder aber ein allgemeinbildenden beziehungsweise gesellschaftsrelevanten Bereich abdecken. Politiker sind zum Beispiel sehr bestrebt das Internet zur Informationsübermittlung zu nutzen, um Wähler zu gewinnen oder allgemeine, parteipolitische Informationen zu verbreiten. Eine verstärkt problemlösende Informationsnachfrage liegt beispielsweise im Bereich der Wirtschaftsinformationen vor, wenn eine Kredit- oder Investitionsentscheidung getroffen werden muss.

E-Entertainment

Unterhaltende Inhalte dienen den Nutzern als Zeitvertreib sowie zur Zerstreuung und Entspannung, bis hin zur Ablenkung von Alltagssituationen, und stellen den Kern des Leistungsangebots der E-Entertainment Geschäftsmodelle dar. Die Unterscheidung zu informativen Inhalten liegt darin, dass die vom Nutzer aufgenommenen, multimedialen Daten nicht direkt zur Lösung eines Problems oder einer Aufgabe jenseits der Mediennutzung selbst beitragen.

E-Infotainment

Die Integration der Unterhaltungs- und Informationsaspekte werden durch das E-Infotainment Geschäftsmodell realisiert. Diese Zusammenfassung von relevanten Informationen mit multimedialen Aspekten mit Unterhaltungswert, ist zu großen Teilen dem bereits angesprochenen Trend geschuldet, dass Medienunternehmen eine Diversifizierung ihres Leistungsangebots der Rolle als Nischenanbieter vorziehen, um die aktive Nutzerzahl zu steigern. Diese Strategie geht weiterhin auf das für Content-Anbieter übliche Erlösmodell der indirekten, meist werbebasierten Einnahmen zurück, um die dargebotenen Inhalte kostenlos zur Verfügung zu stellen.

E-Education

Als weitere Geschäftsmodellvariante des Segments Content gilt E-Education. E-Education lässt sich gegenüber den anderen Content-Angeboten anhand von zwei Merkmalen abgrenzen. Erstens leistet Bildung mehr als nur die Darstellung von Informationen. Informationen sollen den Lernenden vermittelt und von ihnen als Wissen internalisiert werden. Zudem sollen analytische Fähigkeiten, strukturiertes Denken und Problemlösungskompetenz geschult werden. Das zweite Abgrenzungsmerkmal ist die Verleihung eines Titels beziehungsweise Zertifikats nach der Erfüllung eines bestimmten Lernpensums. E-Education lässt sich weiterhin differenzieren in virtuelle Universitäten (Virtual Universities) und Erwachsenenbildung (Public Education), wie beispielsweise Onlinelearning.com.

Virtuelle Angebote im Universitätsbereich sind insbesondere in den USA bereits weit verbreitet. So beteiligen sich dort bereits im Jahre 2001 circa 10% der 15 Millionen Studenten an einer virtuellen Unterrichtsform. Durch ihren großen Anteil an reinen Online-Studenten ist die University of Phoenix (Arizona) mit insgesamt fast 300.000 Studenten die größte private Hochschule in den USA.

Ein Beispiel für eine reine virtuelle Universität ist die Seite Vu.org, auf der Studienprogramme belegt und ein anerkannter Abschluss erworben werden kann. Das Kursmaterial wird per E-Mail oder auf dem Postweg versandt. Als Beispiel für ein konkretes Content-Geschäftsmodell ist in Abbildung 3-7 das vereinfachte Geschäftsmodell der Financial Times Deutschland (Ftd.de) dargestellt.

Nachrichtenagenturen melden Inhalte an die Online-Ausgabe der Financial Times Deutschland, die von dieser gesammelt, selektiert und kompiliert werden. Daneben erfolgt auch eine redaktionelle Erstellung eigener Online-Inhalte. Anschließend werden die Inhalte, die aus Meldungen und Informationen unter anderem aus den Bereichen Politik, Wirtschaft und Gesellschaft bestehen, den Kunden auf einer eigenen Plattform bereitgestellt.

Leistungssystem

Abbildung 3-7: Geschäftsmodell der Financial Times Deutschland (Ftd.de)[1]

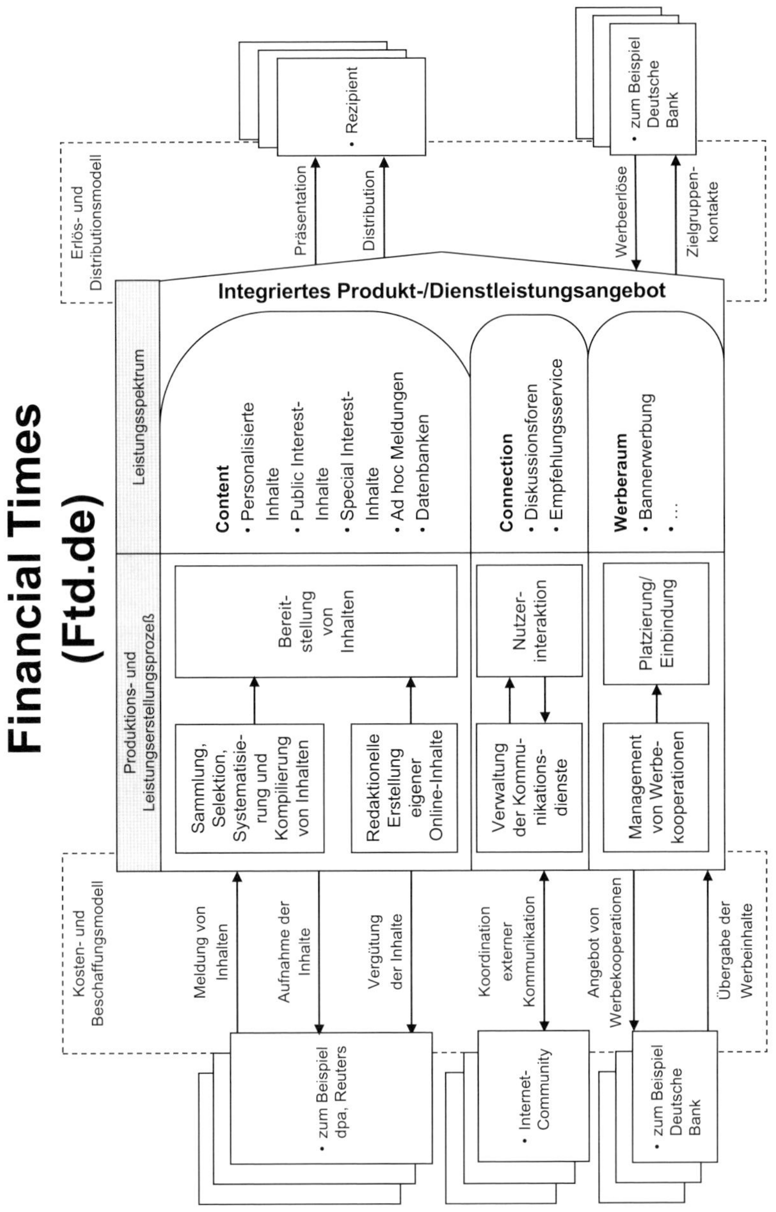

---

[1] Auf der Basis eigener Analysen und Abschätzungen.

Kapitel 9: Internetmanagement

3.4.2 Commerce

Das Geschäftsmodell Commerce umfasst die Anbahnung, Aushandlung und/oder Abwicklung von Transaktionen im Internet. Das Geschäftsmodell kann daher entsprechend weiter in die Geschäftsmodellvarianten E-Attraction, E-Bargaining/E-Negotiation und E-Transaction unterteilt werden. E-Tailing als weitere Variante umfasst den gesamten Prozess des Verkaufs von Gütern und Dienstleistungen an Konsumenten im Internet. Abbildung 3-8 stellt das Geschäftsmodell Commerce dar.

Abbildung 3-8: Geschäftsmodell Commerce

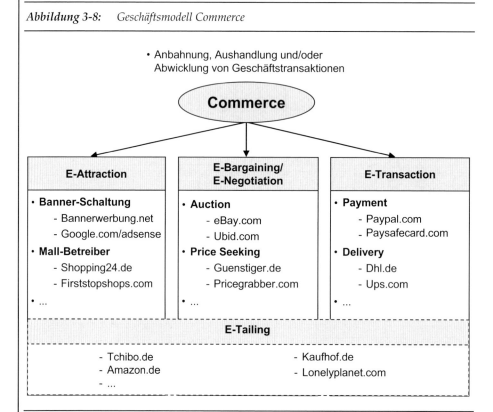

E-Attraction

Unter der Geschäftsmodellvariante E-Attraction versteht man alle Maßnahmen, die die Anbahnung von Transaktionen unterstützen. Darunter fallen beispielsweise die Banner-Schaltung und die Bereitstellung von Marktplätzen. Auf diesem Marktplatz sind dann wiederum andere Commerce-Geschäftsmodelle möglich. Zunehmend relevant wird dabei der Bereich der Geschäftsbeziehung zwischen Konsumenten, sogenannte C2C-Beziehungen. Diese ergeben sich beispielsweise auf der Auktionsplattform eBay, wenn ein privater Anbieter an einen privaten Bieter verkauft. Da mittlerweile jedoch auch eine große Zahl professioneller Anbieter die eBay-Plattform nutzt, werden auch B2C-Transaktionen, gegebenenfalls sogar B2B-Geschäfte abgewickelt.

E-Bargaining/E-Negotiation

Die Geschäftsmodellvariante E-Bargaining/E-Negotiation fokussiert auf die Aushandlung der Geschäftsbedingungen. Bei gegebenem Produkt oder gegebener Dienstleistung bleiben als wichtige zu verhandelnde Parameter oft nur der Preis beziehungsweise die Einkaufskonditionen. Einen häufig genutzten Pricing Service in diesem Zusammenhang stellen Auktionen dar. Bei derartigen Geschäftsmodellen muss der Anbieter der Leistung nicht unbedingt selbst die moderierende oder verhandlungsführende Rolle einnehmen. Das bekannte Beispiel des Auktionshauses eBay zeigt, dass der Gegenstand des Geschäftsmodells bereits die Bereitstellung der technischen Plattform sein kann, auf der Anbieter und Nachfrager dann die Verhandlungen ausführen.

Eine andere Geschäftsmodellvariante im Bereich E-Bargaining/E-Negotiation ist das Price Seeking. Beim Price Seeking gibt der Kunde ein von ihm gewünschtes Produkt vor. Anschließend ermittelt das Unternehmen das preiswerteste Angebot zum gewählten Produkt. Price Seeking-Angebote haben in den vergangenen Jahren zunehmend Relevanz erhalten. Beispiele für diese Geschäftsmodellvariante sind Pricegrabber.com und Guenstiger.de.

E-Transaction

Die Geschäftsmodellvariante E-Transaction widmet sich der Abwicklung von Transaktionen im Internet. E-Transaction kann wiederum differenziert werden in Zahlungsabwicklung (Payment) und Auslieferung (Delivery). Ein Zahlungssystem speziell für Internettransaktionen ist beispielsweise Paypal. Hiermit ist sowohl das Versenden als auch das Empfangen von Geld für Internetnutzer in 65 Ländern möglich. Neben der Zahlungsabwicklung ist auch die Auslieferung (Delivery) zur Geschäftsmodellvariante E-Transaction zu rechnen.

Bei informationsbasierten Produkten, wie beispielsweise Software, kann die Distribution direkt über das Internet erfolgen. Physische Produkte werden dagegen auf traditionellem Wege zum Kunden transportiert. Sofern nicht eigene Distributionskapazitäten der Hersteller beziehungsweise Händler genutzt werden, erfolgt die Übernahme der Transportdienstleistungen durch externe Dienstleister, wie beispielsweise DHL oder UPS.

Kapitel 9: Internetmanagement

Ersteres setzt ein hohes Maß an Vertrauen in den Leistungsanbieter voraus. Letzteres verlangt von einem E-Business-Unternehmen funktionierende Schnittstellen in die reale Welt physischer Produkte, etwa zu Logistikdienstleistern, sofern nicht-digitale Produkte Gegenstand einer Transaktion waren und nun ausgeliefert werden müssen.

- E-Tailing

E-Tailing (auch E-Retailing) umfasst den gesamten Prozess des Verkaufs von Gütern und Dienstleistungen an Konsumenten über das Internet. Online Retailer bieten daher oftmals ein integriertes Angebot mehrerer Commerce-Leistungen, ausgehend von der Darbietung des Angebots bis hin zur Abwicklung der Transaktion. Einige große Online Retailer gehen inzwischen sogar dazu über, E-Bargaining Angebote aufzunehmen. Als Beispiel für einen erfolgreichen Online Retailer kann Amazon genannt werden. Hier werden hauptsächlich Bücher, DVDs, CDs und Computerspiele, aber auch elektronische Geräte, Spielwaren und Gartenzubehör angeboten. Nachdem von den verschiedenen Herstellern die Produkte oder Dienstleistungen angeliefert wurden, werden sie gesammelt und systematisiert dem Kunden präsentiert. Eingehende Kundenbestellungen werden entgegengenommen. Nach erfolgter Bezahlung (beispielsweise per Bankeinzug oder Überweisung) werden die Bestellungen intern weitergeleitet und die Produkte verpackt und verschickt.

3.4.3 Context

Der Fokus des Context-Geschäftsmodells stellt die Klassifikation und Systematisierung der im Internet verfügbaren Informationen dar. Diese Funktion lässt sich in die Kategorien Suchmaschinen, Web-Kataloge und Bookmarking-Dienste unterteilen und wird in Abbildung 3-9 illustriert.[1] Die Nutzung der Context-Angebote ist dabei seit Jahren steigend, wobei Analysen zeigen, dass 2010 weltweit täglich vier Milliarden Suchanfragen gestellt werden, von denen Google allein circa 60% bearbeitet.[2]

Context-Anbieter zeichnen sich weiterhin dadurch aus, dass sie nicht primär eigene Inhalte anbieten, sondern vielmehr als Navigationshilfen und als Aggregatoren innerhalb des Internet agieren.[3] Folglich werden Context Websites häufig von Anwendern als Startseite eingesetzt, von der aus Informations-, Interaktions- oder Transaktionsangebote anderer Anbieter abgerufen werden.[4] Neben der im Internet unerlässlichen Navigationshilfe für den Nutzer ist auch die Komplexitätsreduktion eine maßgebliche Aufgabe der Context-Anbieter. Die Informationen werden vom Context-Anbieter kriterienspezifisch kompiliert und dem Nutzer übersichtlich und kontextspezifisch präsentiert.

---

[1] Vgl. Wirtz (2010), S. 275 ff.
[2] Vgl. Schmidt (2010), S. 1.
[3] Vgl. Wirtz/Kleineicken (2000), S. 632 f.
[4] Vgl. Wirtz/Lihotzky (2001), S. 287.

Leistungssystem

Abbildung 3-9:   *Geschäftsmodell Context*

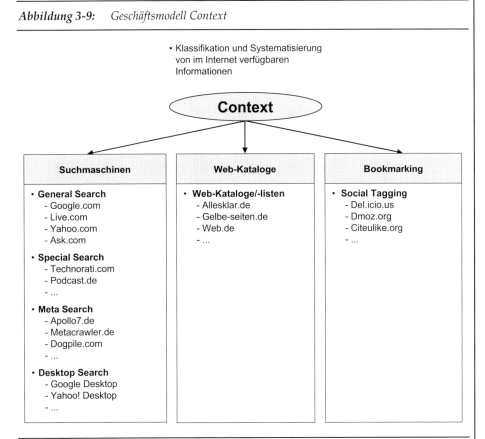

▪ Suchmaschinen

Suchmaschinen im Internet werden durch das generelle E-Search-Geschäftsmodell dargestellt und können weiterhin in die Bereiche General Search, Special Search, Meta Search und Desktop Search unterteilt werden. Die Grundfunktion einer Suchmaschine geht dabei auf das Information Retrieval-System zurück. Suchanfragen gehen beim Search-Anbieter ein und liefern den indexierten Bestand der gesammelten Informationen nach Nutzungshäufigkeit der Suchtreffer angeordnet, an den Informationsnachfrager. Dabei wird nur implizit, über die Nutzungshäufigkeit anderer Nutzer versucht, die gelieferten Informationen nach Relevanz zu sortieren.

■ Web-Kataloge

Im Gegensatz dazu sind Web-Kataloge wie auch die Offline-Versionen, beispielsweise ein Branchenbuch, in den meisten Fällen einer redaktionellen Kontrolle unterworfen und ermöglichen so eine durchschnittlich bessere Qualität beziehungsweise Relevanz bei Suchanfragen als die klassischen Suchmaschinen. Allerdings ist es bei vielen E-Catalog-Anbietern möglich gegen Bezahlung bestimmte Positionen der Einträge im Katalog vornehmen zu lassen, was den Relevanzaspekt wiederum abschwächt. Weiterhin können E-Catalog-Anbieter den Nutzern nicht die umfangreichen Informationen einer Suchmaschine bieten. Während beispielsweise ein besonders großer Web-Katalog Anbieter in Deutschland (Bellnet.de) rund 400.000 Einträge in circa 1.500 Kategorien zur Abfrage bereithält, ermöglichen Suchmaschinen je nach Suchanfrage problemlos mehr als 30 Millionen Treffer.

■ Bookmarking

Eine weitere Geschäftsmodellvariante im Bereich Context wurde erst mit den Entwicklungen im Rahmen des Web 2.0 besonderes prominent. Das E-Bookmarking beschreibt die gemeinschaftliche Indexierung von im Internet verfügbaren Informationen durch die Nutzer. Zu diesem Zweck können über Web 2.0-Applikationen in den Webbrowsern Schlagwörter für Informationen vergeben werden, damit andere Nutzer bei ähnlichen Suchanfragen die Informationen schneller finden. Diese Art der Indexierung ist insbesondere bei gut abgrenzbaren Nutzergruppen erfolgreich, da diese die Informationen sehr gut nach der Zielgruppenrelevanz filtern können. Weiterhin wird durch die dezentrale Speicherung der Lesezeichen eine vom privaten Endgerät unabhängige Nutzung möglich.

Die Verwendung von Suchmaschinen oder Web-Katalogen sowie ist für viele Internet-User zu einer Selbstverständlichkeit im Rahmen der Suche nach Informationen geworden. 83% aller Internetnutzer in Deutschland machen inzwischen von Suchmaschinen und Web-Katalogen mindestens einmal wöchentlich Gebrauch. Weltweit haben sich drei große Suchmaschinenanbieter etabliert. Eine marktbeherrschende Stellung mit einem Nutzungsanteil von 65,9% nimmt dabei Google ein, gefolgt von Bing mit 15,1% und Yahoo mit 14,5%.[1]

3.4.4 Connection

Das Geschäftsmodell Connection widmet sich der Herstellung der Möglichkeit eines Informationsaustauschs in Netzwerken.[2] Die Leistungen des Geschäftsmodells Connection ermöglichen damit häufig die Interaktion von Akteuren in virtuellen Netzwerken, die in der physischen Welt aufgrund der prohibitiven Höhe von Transaktions-

---

[1] Vgl. Heise (2012b), S. 1.
[2] Vgl. Wirtz/Kleineicken (2000), S. 633.

kosten oder aufgrund von Kommunikationsbarrieren nicht realisierbar wären. Innerhalb des Geschäftsmodells Connection kann auf einer zweiten Ebene zwischen den Varianten Intra-Connection und Inter-Connection unterschieden werden. Abbildung 3-10 stellt das Geschäftsmodell Connection dar.

Abbildung 3-10: *Geschäftsmodell Connection*

Connection
- Herstellung der Möglichkeit eines Informationsaustauschs in Netzwerken

Intra-Connection
- **Community**
  - **Customer Networks**
    - Myspace.de
    - Xing.de
    - Studivz.de
    - Facebook.com
  - **Customer Messages**
    - Skype.de
    - Icq.de
    - Twitter.com
  - **Customer Exchanges**
    - Rapidshare.de
    - Flickr.com
    - Monster.com
  - **Customer Opinion-Portal**
    - Dooyoo.de
    - Ciao.com
    - Epinions.com
- **Mailing Services**
  - Gmx.de
  - Eeb.de
  - Ecards.com
- ...

Inter-Connection
- **Fix Connection**
  - T-Online
  - Arcor
  - Alice-dsl.de
  - 1und1.de
- **M-Connection**
  - T-Mobile
  - Vodafone
  - Simyo
  - Medionmobile.de
- ...

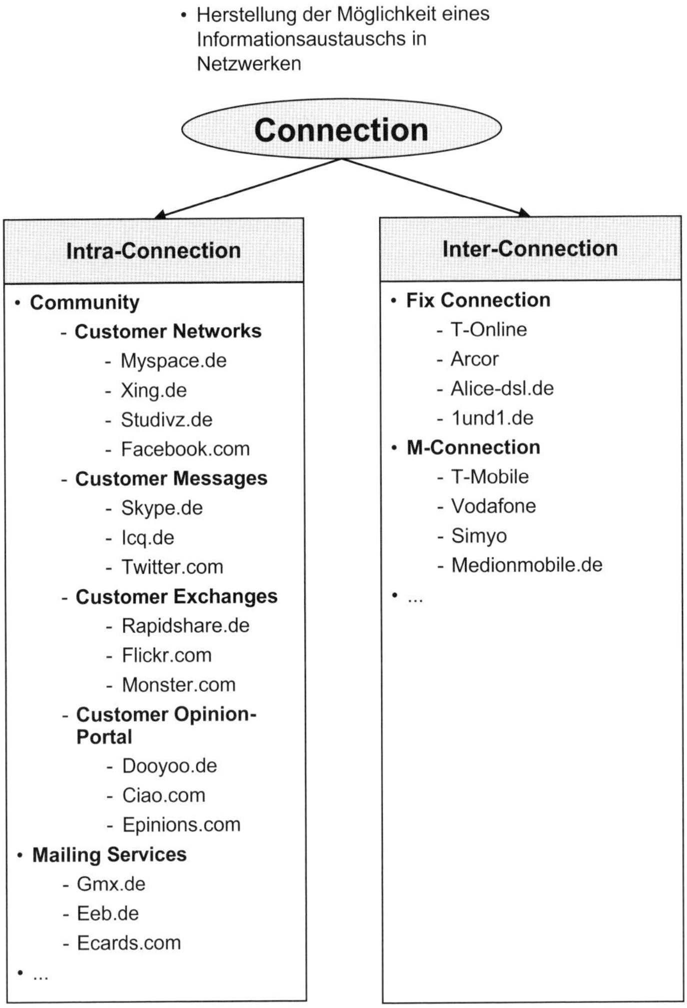

- Intra-Connection

Der Geschäftsmodelltyp Intra-Connection beschreibt das Angebot von kommerziellen oder kommunikativen Dienstleistungen innerhalb des Internet. Hierunter fällt beispielsweise der Bereich Community, der sich weiter unterteilen lässt in Customer Networks, Customer Messages, Customer Exchanges sowie Customer Opinion-Portale. In all diesen Bereichen wird den Usern eine Plattform geboten, um Kontakt zu Gleichgesinnten beziehungsweise Freunden aufzunehmen und darüber Informationen, Wissen, Meinungen oder auch Daten in Form von Dateien auszutauschen. Durch den Hype neuer Web 2.0-Anwendungen erhalten aktuell die Plattformen der Kategorie Customer Networks die meiste Aufmerksamkeit und können durch das große Interesse ein starkes Wachstum der Nutzerzahlen verzeichnen.

Neben der Geschäftsmodellvariante Community sind Mailing Services wie Gmx.de eine weitere Untergruppe von Intra-Connection. Über diese Anbieter können E-Mails oder auch Grußkarten verschickt werden und diese sind aus dem täglichen Leben vieler Menschen nicht mehr weg zu denken, da E-Mail in vielen Bereichen zu einer Standartkommunikationsform avanciert ist. Mailing Services finanzieren sich hauptsächlich über Werbung, die an die verschickten E-Mails angehängt wird, über Bannerwerbung oder über die Bereitstellung von sogenannten Premiumaccounts mit Zusatzfeatures, wie beispielsweise einem erhöhten Speicherplatz.

- Inter-Connection

Anbieter im Bereich Inter-Connection sorgen nicht für Kommunikationsmöglichkeiten innerhalb des Internet, sondern stellen den Zugang zu den physischen Netzwerken bereit. Hierunter fallen beispielsweise Internet-Service Provider, die Kunden den technologischen Zugriff auf das Internet und somit den Zugang an sich ermöglichen. Während bei einer Fix Connection der Nutzer örtlich gebunden ist, das heißt er kann sich nur kabelgebunden an einem festen Standort ins Netz einwählen, bedeutet Mobile Connection dagegen, dass der Nutzer nicht ortsgebunden ist und sich beispielsweise über ein Handy von (fast) allen Orten aus in das Internet einwählen kann.

Bei den physischen Konnektoren dominieren direkte Erlösmodelle. Sie stellen sich in der Regel als transaktionsunabhängige Einrichtungs- und/oder Grundgebühren sowie als transaktionsabhängige Verbindungs- und/oder Nutzungsgebühren dar. Aufgrund der hohen Nutzungsintensität und der damit verbundenen Attraktivität als Werbeträger und Transaktionsvermittler verfolgen die Unternehmen oftmals auch indirekte Erlösmodelle.

3.5 Geschäftsmodelle in Social Media

Seit dem Jahr 2005 haben soziale Medien beziehungsweise das Web 2.0 die Internetökonomie deutlich verändert, wodurch eine Vielzahl von hybriden Geschäftsmodellvarianten hervorgebracht wurde und insgesamt eine besonders starke Hybridisierung der „traditionellen" Internetunternehmen stattgefunden hat.[1] Im Schrifttum werden die Begriffe Web 2.0 und Social Media weitgehend synonym verwendet, da beide Charakteristika wie zum Beispiel Dialog, Vernetzung, Interaction sowie User Generated Content (UGC) vereinen.[2]

Vor diesem Hintergrund soll im Weiteren folgende Definition von Social Media verwendet werden: „Social Media beschreibt innovative Plattformen und Applikationen im Internet mit hohem Gestaltungspotenzial. Dabei bestimmt die aktive Gestaltung der Inhalte durch die kooperative Partizipation der Nutzer und Anbieter den Aufbau sozialer Netzwerke, mit dem Ziel der permanenten Vernetzung der Nutzer sowie der Verteilung von Inhalten."[3]

Ein geeignetes Konzept zur Beschreibung der Charakteristika sozialer Medien stellt das Web 2.0 - Four Factors Model dar.[4] Es handelt sich dabei um eines der wenigen Modelle zum Web 2.0 beziehungsweise Social Media, das empirisch validiert ist. Die vier Dimensionen des Modells lauten:

- „Social Networking": Soziale Vernetzung von Gruppen und Individuen über Internetplattformen und -applikationen.
- „Interaction Orientation": Interaktionen zwischen Unternehmen und Nutzern in sozialen Medien und deren Anwendungen.
- „Customization/Personalization": Segmentspezifische Ausrichtung und Anpassung der Marktangebote an die Bedürfnisse der Nutzer beziehungsweise Nutzergruppen.
- „User Added Value": Wertschöpfung durch und von Nutzern über die Anwendungen von Social Media.

Die vier Dimensionen des Web 2.0 - Four Factors Model setzen sich jeweils aus mehreren Komponenten zusammen. Abbildung 3-11 illustriert diese Dimensionen und deren Komponenten.

---

[1] Vgl. Wirtz/Schilke/Ullrich (2010), S. 362.
[2] Vgl. Wirtz/Elsäßer (2012b), S. 512.
[3] Wirtz/Elsäßer (2012a), S. 288.
[4] Vgl. im Folgenden Wirtz/Schilke/Ullrich (2010), S. 276 ff.

Kapitel 9: Internetmanagement

Abbildung 3-11: Web 2.0 - Four Factors Model[1]

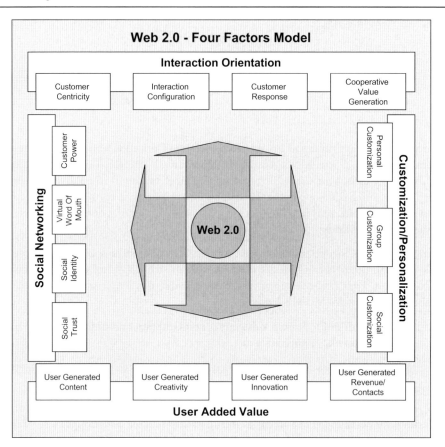

Die Dimension Social Networking kann in die Komponenten „Social Trust", „Social Identity", „Virtual Word Of Mouth" und „Customer Power" unterteilt werden. Die Komponente Social Trust bezeichnet im Kontext von sozialen Medien das gegenseitige Vertrauen der Nutzer eines Netzwerks hinsichtlich Empfehlungen und Meinungsäußerungen anderer Nutzer. Beispielhaft seien hier die Social Media-Plattformen Guenstiger.de und Ciao.de genannt. Social Identity zielt auf das Bedürfnis ab, sich einer bestimmten sozialen Gruppe zugehörig zu fühlen. Erfüllen können dies zum Beispiel spezifische Unternehmenskanäle auf YouTube.

---

[1] Vgl. Wirtz/Schilke/Ullrich (2010), S. 279.

Die dritte Komponente Virtual Word Of Mouth fokussiert auf die hohe Bedeutung von Nutzerempfehlungen für andere Nutzer. Unter Increasing Consumer Power versteht man den Anstieg der Konsumentenmacht in Social Media aufgrund einer intensiven Informationsweitergabe und Transparenz zwischen den Nutzern. Dazu bewerten Rezipienten den Social Media-Auftritt eines Unternehmens positiv und fungieren anschließend als Multiplikatoren, indem sie diesen mit anderen Nutzern teilen oder verlinken.[1] Die Dimension Interaction Orientation besteht aus vier Komponenten. Im Rahmen der „Customer Centricity" wird der Kunde als der im Mittelpunkt stehende Ausgangspunkt unternehmerischer Aktivitäten betrachtet.

„Interaction Configuration" bezieht sich auf die Struktur der Interaktionsprozesse und die Art der ausgetauschten Informationen. „Customer Response Capability" bildet die Kundendialogfähigkeit und die Fähigkeit ab, ein individuelles Kunden-Feedback leisten zu können. Eine entscheidendes Erfolgskriterium ist in diesem Kontext ein aktives Dialogengagement seitens des Unternehmens. Bei der Kommunikation über soziale Medien kann die Einrichtung von Kontaktpunkten einen zielführenden Umgang mit Kritik, Problemen oder Produktideen der Kunden gewährleisten. Um einen entsprechenden Aufwand leisten zu können, bedarf es dabei einer ausreichenden Anzahl von Mitarbeitern.[2]

„Cooperative Value Generation" bezeichnet die Fähigkeit von Unternehmen, in Kooperation mit Kunden Geschäftsbeziehungen wertschöpfend zu gestalten. Social Media-Marketing erfüllt für Unternehmen vor allem im Bereich der Marktforschung und der darauf aufbauenden internen Entscheidungsfindung, Implementierung und Kontrolle in Bezug auf neue Produkte eine wichtige Funktion. Eine Partizipation der Kunden an internen Unternehmensprozessen kann dazu beitragen, das Risiko von Produktflops zu minimieren.[3] Die Dimension „Customization/Personalization" setzt sich aus den drei Komponenten „Personal Customization", „Group Customization" und „Social Customization" zusammen. Personal Customization bietet Nutzern von Social Media-Anwendungen die Möglichkeit, Modifikationen beziehungsweise Rekonfigurationen der Anwendungen entsprechend eigener Vorlieben und Bedürfnisse vorzunehmen.

Ein Beispiel hierfür ist das soziale Netzwerk Facebook. Mitglieder von Fanseiten oder Gruppen können individuell bestimmen, ob sie bei Statusänderungen oder dem Einstellen neuer Inhalte durch das Unternehmen per E-Mail benachrichtigt werden wollen. Group Customization ermöglicht eine gruppenspezifische Gestaltung von Services. Social Customization richtet sich im Kontext von Social Media-Anwendungen primär an soziale Schichten. Soziale Medien bieten Möglichkeiten, maßgeschneiderte Produkte über Social Media zu konfigurieren. Unternehmen erhalten im Gegenzug Informationen über Vorlieben und Präferenzen von Kunden.

---

[1] Vgl. Weinberg (2010), S. 2.
[2] Vgl. Hettler (2010), S. 125 ff.
[3] Vgl. Hettler (2010), S. 38 f.

Kapitel 9: Internetmanagement

Die Dimension „User Added Value" beinhaltet die drei Komponenten „User Generated Content", „User Generated Creativity", „User Generated Innovation" und „User Generated Revenue/Contacts". User Generated Content beschreibt dabei von Nutzern in Social Media publizierte Inhalte. Neben Medien wie Audio- und Videodateien können dies unter anderem auch ganze Websites oder Profile sein. Im Rahmen von User Generated Creativity veröffentlicht der Nutzer innovative Ideen, die die zukünftige Unternehmensentwicklung beeinflussen können. Der Kunde wird im Kontext der Komponente User Generated Innovation kritischer Teil der Prozess- und Produktinnovationen.

Die Gewinnung von neuen Nutzern und die dadurch entstehende Wertschöpfung fasst die Komponente User Generated Revenue/Contacts zusammen. Dies können zum Beispiel Weiterempfehlungen von interessanten Fanseiten von Unternehmen auf Facebook durch Nutzer sein. Die systematische Untersuchung von Geschäftsmodellen befindet sich momentan in einer frühen Phase. Etablierte Klassifikationsmodelle sind aber nach wie vor gut geeignet, unternehmerische Aktivitäten auch in Social Media zu analysieren. Wie bei allen innovativen Entwicklungen müssen dabei einige der konventionellen Aspekte angepasst werden. Das Beschaffungsmodell weist in diesem Zusammenhang die größten Veränderungen auf.

Die nutzerabhängige Beschaffung von Content, Kontakten und medialen Inhalten ist derzeit durch die stark intrinsische Motivation zur Selbstpräsentation und Vernetzung der User unproblematisch. Unternehmen müssen zukünftig aber dafür sorgen, dass Internetnutzer kontinuierlich einen Beitrag leisten, Interaktionen mit anderen Nutzern halten und sich mit dem Angebot identifizieren und langfristig integrieren. Dabei sollten Betreiber sowohl auf die Verstärkung der intrinsischen Motivationsmerkmale zielen als auch Anreize und Maßnahmen intensivieren, um eine extrinsische Motivation der Nutzer zu gewährleisten. Parallel zu den steigenden Nutzerzahlen des Internet lässt sich auch eine kontinuierlich wachsende Anzahl an Neuanmeldungen in sozialen Netzwerken wie zum Beispiel Facebook und YouTube konstatieren.

Nach einer Studie der Mediacom nutzen 61% der Deutschen mindestens ein Netzwerk als soziales Kommunikationsmittel.[1] Viele Medienunternehmen tragen dieser Entwicklung Rechnung, indem auch sie verstärkt in Social Media aktiv sind. Dabei kann eine Verknüpfung des unternehmerischen Kerngeschäfts mit den vielfältigen Möglichkeiten und Chancen, die soziale Medien zu leisten imstande sind, beobachtet werden. Tabelle 3-2 beschreibt eine Auswahl von Unternehmen der Medienbranche, die in Social Media Präsenz zeigen. Mit der Nintendo Wii wird darüber hinaus ein Beispiel für die Funktionsweise von Wikis gegeben.

---

[1] Vgl. Mediacom (2010), S. 9.

Tabelle 3-2: Beispiele für Medienunternehmen in Social Media[1]

Medienunternehmen (Branche)	Ausgestaltung der Social Media-Präsenz	Einordnung der Verknüpfung
TV Today (Zeitschrift)	- Fanseite auf Facebook - Mehr als 4.150 Fans - Regelmäßige Updates, Umfragen und Programmhinweise	- Kostenlose Werbung für das physische Produkt in Kombination mit der Möglichkeit, User Generated Content in Form von Bewertungen und Kommentaren zu erlangen
Last.fm (Radio)	- Mehrere Tweets pro Tag - Mehr als 100.000 Follower - Musikempfehlungen in Form von Playlists	- Ständiger Austausch mit am Sender interessierten Followern erlaubt deren zielgerichtete Ansprache - Plattform eignet sich eher zum Ausbau der Interaktion, weniger zur Neukundenansprache
Nintendo Wii (Videospielekonsole)	- Umfangreiche Darstellung des Produktes auf Wikipedia - Insider pflegen die Seite und aktualisieren diese regelmäßig (User Generated Content)	- Reine Informationsplattform für am Produkt Interessierte - Keine Interaktion zwischen Unternehmen und Kunden
ARD (TV)	- Eigener YouTube-Channel - Knapp 31.000 Abonnenten und über 61 Millionen Videoaufrufe - Darstellung ausgewählter Inhalte des gesendeten Programms	- Ergänzung zur sendereigenen Online-Mediathek - Präsentation ausgewählter Highlights bietet die Möglichkeit, bisher am Sender eher Uninteressierte als neue Zuschauer zu gewinnen - Interaktionsmöglichkeiten trotz Kommentarfunktion der Abonnenten beschränkt

---

[1] Auf Basis eigener Analysen und Abschätzungen.

Betrachtet man die Segmente des 4 C-Modells, stehen vor allem Content und Connection im Mittelpunkt der Social Media-Aktivitäten vieler Medienunternehmen. Im Beispiel der TV-Programmzeitschrift TV Today werden soziale Netzwerke wie Facebook dazu genutzt, interessante Inhalte beziehungsweise Highlights der physisch erhältlichen Zeitschrift interessierten Konsumenten Online verfügbar zu machen (Content). Darüber hinaus ermöglicht die Plattform die direkte Interaktion mit Usern und damit einhergehend die Möglichkeit zur Erlangung von User Generated Content in Form von Bewertungen, Kommentaren oder Weiterempfehlungen interessanter Inhalte (Connection).

Die in Tabelle 3-2 dargestellten Beispiele verdeutlichen die enge Verknüpfung des Kerngeschäfts vieler Medienunternehmen mit den verschiedenen Social Media-Instrumenten. Der BVDW postuliert eine starke Korrelation von Unternehmenspräsenzen in Social Media und dem Gesamterfolg von Marke, Dienstleistungs- und Produktangebot von Unternehmen.[1] Im Zuge des kontinuierlichen Wachstums sozialer Netzwerke ist deshalb von einem weiteren Bedeutungszuwachs von Social Media im Kontext unternehmerischer Aktivitäten auszugehen.

Durch den stark ausgeprägten Mitmach- und Gestaltungscharakter der User resultiert ein erhebliches Involvement und ein hoher Vernetzungsgrad der Internetnutzer. Zudem kennen User oft die Bedürfnisse und Präferenzen in „Communities Of Interests" anderer User besser als Unternehmen, wodurch selbsterstellte Angebote meist eine höhere Identifikation anderer Nutzer erzielen. Zunehmendes User Involvement, höhere Identifikationspotenziale und eine stärkere Produkt- und Servicedifferenzierung führen insgesamt zu einer höheren Kundenbindung der Nutzer mit den Leistungsangeboten.

Die Nutzer sozialer Medien können anhand ihres Involvement kategorisiert werden. Es lässt sich zwischen inaktiven, zuschauenden, neu ankommenden, sammelnden, kritisierenden und kreativen Social Media-Nutzern differenzieren. Das entscheidende Kriterium zur Abgrenzung der unterschiedlichen Nutzergruppen ist der Grad der Aktivität. Tabelle 3-3 beschreibt die verschiedenen Nutzergruppen anhand ihrer Aktivitäten.

---

[1] Vgl. BVDW (2011).

Tabelle 3-3: Nutzer von Social Media und deren Aktivitäten[1]

Nutzer unterschiedlichen Involvements	Aktivitäten in Social Media
Inaktive	- Weisen keinerlei Aktivitäten auf
Zuschauer	- Rezipieren von Blogs, Bewertungsportalen und File Exchange und Sharing-Plattformen
Neuankömmlinge	- Regelmäßige Profilpflege auf sozialen Plattformen - Besuch der Seiten sozialer Netzwerke
Sammler	- Sammlung von Tags und URLs über Social Bookmarking Sites - Nutzung von RSS-Feeds
Kritiker	- Aktive Partizipation auf Produktbewertungsportalen - Modifikation von Wiki-Beiträgen - Kommentierung von Weblog-Beiträgen
Kreative	- Veröffentlichung neuer Weblogs - Kreative Gestaltung eigener Social Media-Seiten - Upload selbstgedrehter Videos oder eigener Musik - Publikation eigener Artikel

Während die Inaktiven auf die Nutzung sozialer Medien verzichten, verhalten sich die Zuschauer passiv und konsumieren ausschließlich Inhalte sozialer Medien, bei denen keine Registrierung erforderlich ist. Neuankömmlinge besitzen eigene Profile auf sozialen Plattformen. Sammler und Kritiker weisen dagegen verstärkte Aktivitäten auf und tragen aktiv zur Bewertung oder Modifikation von Inhalten bei. Kreative Nutzer sozialer Medien schließlich betreiben eigene Plattformen und gestalten damit maßgeblich den Inhalt sozialer Medien.

Die vielfältigen Social Media-Angebote und die stetige Evolution der Dienste durch die partizipierenden Nutzer erschweren eine Klassifizierung der vorhandenen Geschäftsmodelle. Von besonderer Bedeutung in Social Media ist allerdings, dass das Nutzenversprechen der Anbieter differenziert betrachtet und dargestellt wird, um die Vorteile der einzelnen Geschäftsfeldstrategien besser zu verstehen und einzuordnen. Tabelle 3-4 zeigt eine Übersicht aktueller Social Media-Anwendungen anhand einer explorativen Klassifizierung von Geschäftsmodellen, Leistungsangeboten und dem gelieferten Kundennutzen.

---

[1] In Anlehnung an Li/Bernoff (2008), S. 5.

Kapitel 9: Internetmanagement

Tabelle 3-4: *Geschäftsmodellarten mit Leistungsangeboten und Kundennutzen in Social Media[1]*

	Geschäftsmodell	Leistungsangebot	Kundennutzen
Blogs und RSS-Feeds beispielsweise Blogger.com	- Systematisierung und Kompilierung von Online-Tagebüchern - Erträge durch Ad Sales	- Bereitstellung eines Authoring Tools zur Erstellung von Blogs - Hosting von Blogs - Kategorisierung von Blogs	- Ungefilterte und persönliche Publikationsmöglichkeit für „jedermann" - Visuelle Aufbereitung der Inhalte
File Exchange und Sharing beispielsweise YouTube.com	- Archivierung und Systematisierung von User Generated Content (beispielsweise Videos, Fotos) - Erträge durch Banner und Performance Ads	- Bereitstellung von Online-Speicherplatz - Systematisierung von Inhalten, beispielsweise durch Kategorien und Bewertungen	- Broadcasting für „jedermann" - Bereitstellung eines Publikums
Wikis beispielsweise Wikipedia.com	- Sammlung, Systematisierung und Weiterentwicklung von Informationen - Erträge aus Spenden	- Tools zur Erstellung und Editierung von Inhalten durch die Nutzer - Bereitstellung einer Plattform zur Suche und Darstellung von Informationen/Wissen	- Aggregation themenspezifischer Informationen - Freiheit hinsichtlich der Inhalte und Autoren - Nutzer als kollektive Redaktion
Podcasts beispielsweise Podcatchermatrix.org	- Bereitstellung von Audio- oder Videoinhalten - Erträge durch Pay Per Use, Abonnements und Bannerwerbung	- Themenspezifische Audio- und Videoinhalte - Möglichkeit eines Abonnements	- Orts- und zeitungebundener Konsum von Inhalten - Automatische Aktualisierung
Mash Ups beispielsweise GoYellow.de	- Aggregation und Kontextualisierung von Internet-services - Erträge durch Placement Fees und Pay For Performance Ads	- Verknüpfung von Basisdaten (meist Landkarten) mit zusätzlichen Informationen (Adressen, Bilder, Events, ...)	- Mehrwert durch Verknüpfung relevanter Informationen
Tagging beispielsweise Del.icio.us	- Klassifikation und Systematisierung von Internetangeboten - Erträge beispielsweise durch den Verkauf von Click Streams zu Data Mining-Zwecken	- Zentrale Archivierung und ubiquitäre Verfügbarkeit von Bookmarks - Verschlagwortung von Bookmarks - Zugriff auf Linksammlungen anderer User	- Individuelle redaktionelle Aufarbeitung des Internet
Social Networking beispielsweise Facebook.com	- Kompilierung und Bereitstellung von User Generated Content auf einer einzigen Plattform - Erträge durch Bannerwerbung	- Selbstpräsentation der Nutzer - Vernetzung von Nutzern untereinander - Vernetzung von Nutzer und Inhalten	- Mediation sozialer Kontakte durch virtuelle Interaktion
Bewertungsportale beispielsweise Ciao.com	- Aggregation und Systematisierung von Produkt- und produktbezogenen Informationen - Erträge durch Vermittlungsprovision und Bannerwerbung	- Aggregation von Produktinformationen - User-generierte Produktbewertungen - Preisvergleich mit Links zu Online Shops	- Unabhängige Produktbewertungen von Nutzern - Vereinfachung und Unterstützung von Entscheidungs- und Kaufprozess
C2C-Commerce beispielsweise Scout24.de	- Anbahnung, Aushandlung und Abwicklung von C2C-Transaktionen - Erträge durch Verkaufsprovision, Angebotsgebühren und Bannerwerbung	- Bereitstellung einer Plattform zum Angebot von Artikeln durch professionelle und private Nutzer - Bewertungssystem für Käufer und Verkäufer - Transaktionsunterstützung (Zahlungsabwicklung, Käuferschutz)	- Breites und tiefes Produktangebot - Markteffizienz durch hohe Teilnehmerzahlen und Transparenz des Angebots - Niedrige Marktzugangsbarrieren auch für private Nutzer

[1] Vgl. Enderle/Wirtz (2008), S. 37.

Leistungssystem

Betrachtet man die Nutzungsintensitäten sozialer Medien, erscheint eine Differenzierung der Nutzer sinnvoll. Auf der einen Seite existieren private Konsumenten, auf der anderen Seite Unternehmen, die Social Media vor allem im Kontext ihrer marketingspezifischen Aktivitäten einsetzen. Die Nutzungsintensitäten von Social Media auf der Unternehmensseite ist stark von der jeweiligen Branche abhängig. So nutzen 92% der in der Telekommunikation tätigen Unternehmen Social Media für Marketingzwecke, gefolgt von den Unternehmen der Elektroindustrie/Unterhaltungselektronik (80%) und der Print-, Medien-, Film- und Musikindustrie (75%).[1]

Bei der Auswahl des optimalen Social Media-Instrumentariums aus Unternehmenssicht können unter anderem Daten bezüglich der Nutzungsintensitäten und deren Entwicklung im Zeitverlauf eine wichtige Rolle spielen. Abbildung 3-12 stellt die Entwicklung des Nutzeranteils der bedeutendsten Social Media-Instrumente von 2007 bis 2011 in Deutschland überblicksartig dar.

Abbildung 3-12: Entwicklung der Nutzung von Social Media-Instrumenten[2]

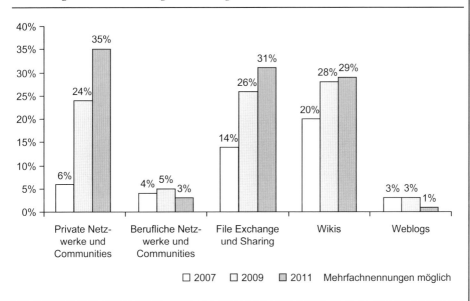

---

[1] Vgl. Nicolai/Vinke (2010), S. 5.
[2] In Anlehnung an van Eimeren/Frees (2011), S. 341; van Eimeren/Frees (2009), S. 341; van Eimeren/Frees (2007), S. 370.

Kapitel 9: Internetmanagement

Abbildung 3-12 impliziert unterschiedliche Nutzungsintensitäten der verschiedenen Social Media-Anwendungen. Online Communities mit Social Networking-Funktionalitäten weisen für den privaten Bereich hohe Nutzungszahlen auf, gefolgt von File Exchange und Sharing-Diensten und Wikis. Berufliche Netzwerke und Communities sowie Weblogs haben dagegen rückläufige Nutzungszahlen zu verzeichnen.

Die Weiterentwicklung des Internet bringt auch Veränderungen klassischer Werbeerlösmodelle mit sich. Experten gehen davon aus, dass im Rahmen dieser Entwicklung Pay For Performance Advertising das dominante Modell sein wird. Neben leistungsbasierter Werbung eignen sich auch Provisionen, Display-Werbung und Kleinanzeigen zur Erlösgenerierung. Die Erhebung von Nutzergebühren lässt sich hingegen nur sehr schlecht umsetzen.[1] Einen Überblick über die Eignung der verschiedenen Finanzierungsmodelle für Social Media-Angebote zeigt Abbildung 3-13.

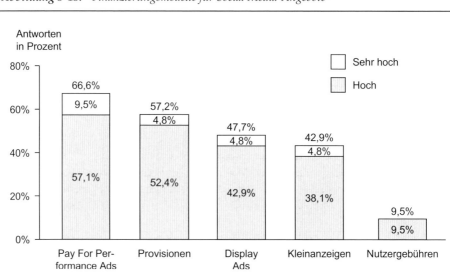

Abbildung 3-13: Finanzierungsmodelle für Social Media-Angebote[2]

---

[1] Vgl. Wirtz/Burda/Raizner (2006), S. 74.
[2] Vgl. Wirtz/Burda/Raizner (2006), S. 75.

4 Aufgaben des Internetmanagement

Nachdem in den vorangegangenen Abschnitten die Märkte und die Geschäftsmodelle im Bereich Internet beschrieben wurden, wird im Folgenden auf das Management von Internetmedienunternehmen eingegangen. Aufgrund des besonderen Wettbewerbsumfelds und der Produktspezifika ergeben sich hier Besonderheiten bezüglich der Aufgaben des Management. Dazu wird zunächst das strategische Management betrachtet. Anschließend wird auf das Beschaffungs- und das Produktionsmanagement eingegangen. Abschließend erfolgt die Beschreibung des Marketing.

4.1 Strategisches Management

Unternehmen, die im Bereich der Internetmedien agieren, sehen sich mit einer hochdynamischen Unternehmensumwelt konfrontiert.[1] Die im Internet- und Multimediabereich zu beobachtenden Veränderungen im Unternehmensumfeld können im Wesentlichen auf vier Entwicklungstendenzen zurückgeführt werden. Dies ist zunächst die Intensivierung des Wettbewerbs auf den betrachteten Märkten und weiterhin der zunehmende Virtualisierungsgrad von Produkten und Dienstleistungen. Als dritte Entwicklungstendenz kann die Zunahme der Komplexität im ökonomischen Umfeld beobachtet werden und als vierte sind nachhaltige Veränderungen im Konsumentenverhalten zu konstatieren.[2] Abbildung 4-1 stellt diese Entwicklungstendenzen dar.

Als zentrale Erfolgsvoraussetzung in diesem dynamischen Umfeld gilt eine kontinuierliche Anpassung der strategischen Ausrichtung und der organisatorischen Strukturen. Diese organisatorische und strategische Orientierung an sich permanent wandelnden Umweltbedingungen wird oftmals als Transition bezeichnet. Unter Transition soll die systematische Vorbereitung der Unternehmensstrukturen auf ein sich änderndes Umfeld und die umfassende Implementierung des ständigen und fortschreitenden organisatorischen und strategischen Wandels im Sinne einer dynamischen Unternehmensfähigkeit verstanden werden.[3]

---

[1] Vgl. Wirtz/Eckert (2001), S. 151.
[2] Vgl. Wirtz/Olderog/Schwarz (2003), S. 60 ff.
[3] Vgl. Burmann (2000), S. 19 ff.

Kapitel 9: Internetmanagement

Abbildung 4-1: *Entwicklungstendenzen im Internet- und Multimediabereich*

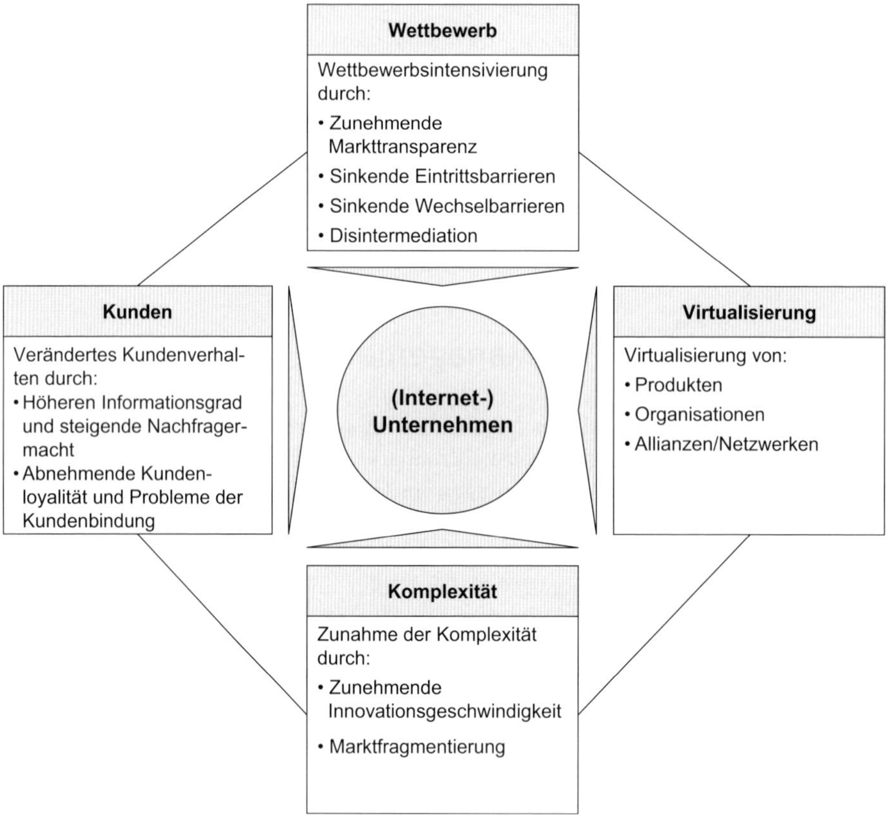

Wettbewerb

Wettbewerbsintensivierung durch:
- Zunehmende Markttransparenz
- Sinkende Eintrittsbarrieren
- Sinkende Wechselbarrieren
- Disintermediation

Kunden

Verändertes Kundenverhalten durch:
- Höheren Informationsgrad und steigende Nachfragermacht
- Abnehmende Kundenloyalität und Probleme der Kundenbindung

(Internet-) Unternehmen

Virtualisierung

Virtualisierung von:
- Produkten
- Organisationen
- Allianzen/Netzwerken

Komplexität

Zunahme der Komplexität durch:
- Zunehmende Innovationsgeschwindigkeit
- Marktfragmentierung

Im Folgenden sollen Strategieoptionen von Internetmedienunternehmen vorgestellt und erläutert werden. Eine wichtige strategische Grundfragestellung ist, ob eine Fokussierungs- oder eine Integrationsstrategie verfolgt wird. Eine Konzentration wird vor allem von neu eintretenden Unternehmen verfolgt, die zunächst als sogenannte Pure Player starten. Beispiele bilden die Deutsche Telekom mit T-Online, die anfangs ausschließlich als Connection-Anbieter in Erscheinung trat, und Yahoo! als zunächst reiner Context-Anbieter.

Aufgrund der Zunahme der intra- und intermarktlichen Konkurrenz, die gerade im Internetmedienmarkt stark ausgeprägt ist, verschärft sich die Wettbewerbssituation für die Unternehmen jedoch zunehmend. Dies lässt im Zeitablauf eine Ausweitung der Geschäftsaktivitäten auf andere Wertschöpfungsbereiche sinnvoll erscheinen, da hierdurch die ökonomische Grundlage des Unternehmens gestärkt werden kann, indem neue Erlösquellen erschlossen werden.[1] Insbesondere die auf den Internetmedienmärkten zu beobachtende Technologiekonvergenz unterstützt diese Tendenz. So sind auch T-Online und Yahoo! keine Pure Player mehr, sondern verfolgen mittlerweile eine Vielzahl unterschiedlicher Geschäftsaktivitäten.

Auf die Erweiterung des Leistungsspektrums zielen insbesondere Integrationsstrategien. Eine horizontale Integration mit dem Ziel der Erschließung internationaler Märkte lässt sich für den Internetmedienbereich am Beispiel des Online-Musikportals iTunes von Apple zeigen. Nach dem Erfolg in den USA startete iTunes im Juni 2004 Engagements in Großbritannien, Frankreich und Deutschland, um so auch die dortigen Märkte zu erschließen. In den ersten drei Monaten konnte das Unternehmen in Europa bereits mehr als fünf Millionen Musikstücke absetzen.[2]

Der lateralen Integration kommt in Internetmedienunternehmen eine besonders große Bedeutung zu. Dieser Strategie liegen eine Reihe von Fusionen und Übernahmen in der Vergangenheit zugrunde. Exemplarisch soll die Strategie am Beispiel von Yahoo! dargestellt werden. So akquirierte Yahoo! Unternehmen wie GeoCities (Internet-Community) und Broadcast.com (Internet-TV) und konnte auf diese Weise Geschäftsmodelle integrieren, die in fremden Wertschöpfungsketten angesiedelt waren.

Eine Migrationsstrategie als Spezialfall der lateralen Integration zeigt sich beispielsweise bei der Deutschen Telekom AG. Diese war ursprünglich als reiner Telekommunikationsanbieter positioniert. Im Zuge der Branchenkonvergenz migrierte das Unternehmen jedoch zunehmend in neue (internetspezifische) Bereiche. Insbesondere zeigt sich dies an T-Online. Dieses Unternehmen tritt vornehmlich als Internet-Service Provider auf, erstellt jedoch auch eigene Inhalte und bietet umfangreiche Suchfunktionen. Daneben bietet T-Home unter anderem Produkte aus dem Bereich M-Connection an. Damit besetzt die Telekom mehrere Bereiche von Wertschöpfungsketten in ehemals eindeutig abgegrenzten Bereichen, nämlich den Bereichen Connection, Content und Context. Gegenüber lateralen Integrationen haben vertikale Integrationstendenzen bislang eine eher untergeordnete Bedeutung. Denkbar wäre hier jedoch beispielsweise die Beteiligung von Online-Zeitungen an Content-Lieferanten (Rückwärtsintegration) oder an Webdesign-Agenturen (Vorwärtsintegration).

Eine Alternative zu den Integrationsstrategien bilden Netzwerkstrategien. So machen es sowohl die Komplexität auf Märkten der Internetmedien als auch die zunehmende Innovationsgeschwindigkeit für Unternehmen immer schwieriger, marktfähige Produkte aus eigener Kraft heraus anzubieten. Die Zielsetzung kann dabei unter anderem darin bestehen, Wissen (Know How) zu transferieren, Fähigkeiten zu ergänzen und Kosten zu teilen, um hierüber bisherige und neue Produkträume und Märkte zu erschließen.[3]

---

[1] Vgl. Wirtz (2011a), S. 108.
[2] Vgl. McGuire (2004), S. 1.
[3] Vgl. Wirtz (2011a), S. 100 ff.

Durch eine besonders hohe Anzahl an Kooperationspartnern zeichnet sich AOL.com aus. Das Unternehmen unterhält derzeit etwa 160 Kooperationen. Besonders intensiv ist die Kooperationstätigkeit im Geschäftsbereich Content ausgeprägt. Dort kooperiert AOL.com beispielsweise mit den Unternehmen Cartoon Network, Warner Music, Movielink, Universal Pictures, Electronic Arts, ABC News, Sony BMG und MTV. Diese Content-Kooperationen dienen vor allem der Inhaltebeschaffung und sind für AOL.com insbesondere bei der Zusammenstellung des Internetportalangebots von großer Wichtigkeit.

Gerade angesichts der Bedeutung der Schaffung von Standards bieten Netzwerkstrategien bedeutende Vorteile. Die Unternehmen können sich auf ihre Kernkompetenzen konzentrieren, sind in ihrem Angebot jedoch zugleich nicht nur auf einen Bereich beschränkt.[1] Zudem bietet gerade die informationstechnologische Vernetzung Möglichkeiten zur Kooperation von Unternehmen über größere Distanzen.[2]

Wie am Beispiel Yahoo! deutlich wurde, sind die einzelnen Strategien nicht isoliert zu betrachten. Vielmehr können die Strategien auch nacheinander oder simultan zur Anwendung kommen. Eine simultane Anwendung kommt dabei insbesondere für Integrations- und Netzwerkstrategien in Frage. Die Fokussierungsstrategie hingegen bietet sich insbesondere für neu in den Internetmedienmarkt eintretende Unternehmen an. Sie steht daher zeitlich oftmals vor den anderen Strategien.

4.2 Beschaffungsmanagement

Im Folgenden werden die Charakteristika des Beschaffungsmanagement von Internetmedienunternehmen dargestellt. Dabei werden insbesondere diejenigen Einflussfaktoren und Strategien erläutert, die mit der Beschaffung von Inhalten (Content) als wichtigstem Input für Internetmedienunternehmen in Verbindung stehen.

4.2.1 Einflussfaktoren

Die Beschaffung von Inhalten stellt für ein Internetunternehmen eine entscheidende Managementaufgabe dar. Zunächst werden daher die Einflussfaktoren des Beschaffungsmanagement, die bereits im Grundlagenkapitel dargestellt wurden, auf ihre Besonderheiten in Bezug auf den Bereich Internetmedien untersucht. Hierbei sind insbesondere Kostenaspekte, Erlöserwartungen, Vertragsbedingungen und Wettbewerbsverhalten von Interesse.

---

[1] Vgl. Hagel (1996), S. 12 ff.
[2] Vgl. Wirtz (2010), S. 134 f.

Aufgaben des Internetmanagement

- Kosten

Die Kosten für die Beschaffung von Inhalten sind in der Internetmedienbranche von erheblicher Bedeutung, da der Anteil fremdbezogener Inhalte besonders hoch ist. In der Unternehmenspraxis steht vor allem die mangelnde Qualifikation der internen Mitarbeiter der Eigenerstellung von Online-Inhalten entgegen. In Abhängigkeit von der Qualität und der Exklusivität sowie dem Umfang der Verwertungsrechte schwanken die Kosten für extern beschaffte Inhalte zum Teil erheblich. So differieren die Kosten abhängig davon, ob die Inhalte auf der Website zur Verfügung gestellt oder per E-Mail beispielsweise in Form eines Newsletters vertrieben werden sollen. Schließlich spielt ebenfalls der Umfang der Verwendung der Inhalte eine entscheidende Rolle.

- Erlöserwartungen

Das Beschaffungsmanagement im Bereich Internet wird durch die erwarteten Erlöse beeinflusst, die durch die Bereitstellung von Inhalten generiert werden sollen. In zunehmendem Maß ist diesbezüglich die Bereitstellung von qualitativ hochwertigem Content ein wesentlicher Erfolgsfaktor. So ist attraktiver Content ein wesentlicher Grund für Internetnutzer, eine Website zu besuchen und wieder auf sie zurückzukehren. Als Konsequenz steigt die Kundenbindung und mit ihr das Erlöspotenzial.

Um attraktiven Content zu beschaffen, gilt es für die Unternehmen zu eruieren, welche Anforderungen die Zielgruppe an die Inhalte stellt. Die Ansprüche der geschäftlichen oder privaten Content-Nutzer divergieren dabei. So werden im Bereich Business hohe Ansprüche an Aktualität und Seriosität der Informationen gestellt. Im Bereich der privaten Konsumenten gilt es zudem, ein gewisses Maß an Unterhaltung und Abwechslung zu bieten. Dies kann durch die Beschaffung von Online-Spielen oder sonstigen technisch aufwendigen Inhalten berücksichtigt werden.

- Vertragsbedingungen

Einen weiteren Einflussfaktor des Beschaffungsverhaltens im Bereich Internet bilden die Vertragsbedingungen. Dabei ist die vertragliche Gestaltung der Nutzungs- und Verwertungsrechte Gegenstand von Verhandlungen zwischen dem Content-beschaffenden Unternehmen und dem Inhalteanbieter. Insbesondere im Bereich E-Information ist diesbezüglich die Exklusivität von Inhalten ein wichtiger Vertragsbestandteil. Neben der Exklusivität sind die Qualität der Inhalte und der Umfang der Verwertungsrechte zentrale Vertragsbestandteile.

- Wettbewerber

Wie in anderen Medienbereichen auch stellen hochwertige Inhalte eine knappe Ressource für Internetmedienunternehmen dar. Attraktive Angebote sind darüber hinaus als ein wesentlicher Faktor für ein erfolgreiches Agieren im Bereich Internet zu betrachten. Folglich kann qualitativ hochwertiger, exklusiver und adäquat aufbereiteter Content als ein wichtiger Differenzierungsfaktor vom Wettbewerb angesehen werden. Daher gilt es, ein permanentes Scanning nach neuem Content zu betreiben, der dem

Nutzen der betrachteten Zielgruppe in einem höheren Maß gerecht wird als das Content-Angebot der Konkurrenten. Es kann sich jedoch auch als sinnvoll erweisen, Content-Partnerschaften mit Wettbewerbern einzugehen und mit ihnen Content Sharing zu betreiben. Eine hohe Proaktivität des Unternehmens in Bezug auf die Suche nach potenziellen Partnern und das frühzeitige Eingehen von Content-Partnerschaften kann in diesem Zusammenhang den langfristigen Unternehmenserfolg positiv beeinflussen.

4.2.2 Beschaffungsstrategien

Die Einflussfaktoren auf das Beschaffungsmanagement unterstreichen die Notwendigkeit einer klar definierten Beschaffungsstrategie seitens der Internetmedienunternehmen. Diesbezüglich kann zwischen zwei Beschaffungsstrategien differenziert werden. Dabei handelt es sich um die Strategien Content Syndication und Content Partnership. Diese Strategien sollen im Folgenden vorgestellt werden.

- Content Syndication

Eine zunehmend attraktive Art, Inhalte zu beschaffen und gleichzeitig den hohen Ressourcenaufwand einer eigenen Content-Erstellung zu vermeiden, ist die Content Syndication. Dabei wird zum Bezug der Inhalte zumeist auf einen Content Broker (Informationsvermittler) zurückgegriffen. Als Beispiel für einen Content Broker kann die Cocomore AG genannt werden. Cocomore beliefert beispielsweise im Bereich E-Entertainment das Portal RTLratgeber.de laufend mit aktuellen Inhalten. Bei den Content-Gebern handelt es sich in der Regel um Nachrichtenagenturen, freie Redakteure, Verlage oder Ähnliches.

Diese Art des Inhaltsbezugs zeichnet sich für den Content-Nehmer insbesondere durch Kostenvorteile aus. In Abhängigkeit von der Qualität und der Quantität der nachgefragten Inhalte entstehen dem Content-Nehmer nur variable Kosten. Fixe Kosten, die beispielsweise durch angestellte Journalisten sowie deren technische Ausstattung generiert werden, fallen im Rahmen der Content Syndication nicht für ihn an. Für den Content-Geber bietet Content Syndication die Möglichkeit zur Mehrfachverwertung der selbst erstellten Inhalte. Auf diesem Wege können zusätzliche Erlöse aus dem Weiterverkauf der Inhalte generiert werden.

- Content Partnership

Eine andere Möglichkeit, die hohen Kosten und personellen Aufwendungen einer eigenen Erstellung der Inhalte zu reduzieren, ist das Eingehen von Content-Partnerschaften. Diesbezüglich kann von einer Kooperationsstrategie bei der Inhalteerstellung gesprochen werden. Beispielhaft kann hier auf die bis zum Jahr 2007 erfolgte Zusammenarbeit des Axel Springer Verlags und der T-Online International AG im Rahmen von Bild.t-online.de hingewiesen werden.

Eine andere Facette der Content Partnership-Strategie beinhaltet den Tausch von Content gegen Traffic. So sind einige Content-Anbieter bereit, dritten Unternehmen aus dem Bereich Internet kostenlose Inhalte, beispielsweise in Form eines News-Tickers, bereitzustellen. Diese sich automatisch aktualisierenden Inhalte auf der Website des Content-Nehmers sind mit einem Link zur Website des Content-Gebers verbunden. Seitens des Content-Gebers ist daher beabsichtigt, zusätzliche Nutzer auf die eigene Website aufmerksam zu machen und somit die Bekanntheit des eigenen Angebots zu steigern. Im Gegenzug kann der Content-Nehmer durch qualitativ hochwertige Inhalte die Attraktivität seiner Website steigern.

Eine generelle Vorteilhaftigkeit einer der dargestellten Content-Beschaffungsstrategien kann nicht konstatiert werden. Vielmehr gilt es für jedes im Bereich Internetmedien agierende Unternehmen zu überprüfen, inwiefern unternehmens- und markt- beziehungsweise produktspezifische Charakteristika eine bestimmte Beschaffungsstrategie begünstigen. Dabei sollten insbesondere die Kernkompetenzen und Core Assets angemessen berücksichtigt werden.

4.3 Produktionsmanagement

Der Qualität und Aktualität der Inhalte von im Internetmedienbereich tätigen Unternehmen kommt in Bezug auf die Wettbewerbsfähigkeit eine entscheidende Bedeutung zu. Der folgende Abschnitt widmet sich daher der Produktion von Internet-Content, die eine zentrale wertschöpfende Tätigkeit der Internetmedienunternehmen darstellt. Dazu werden zunächst die Einflussfaktoren des Produktionsmanagement beschrieben. Im Anschluss daran werden mögliche Produktionsstrategien bei der Erstellung von Online Content vorgestellt.

4.3.1 Einflussfaktoren

Basierend auf den Grundlagen des Produktionsmanagement werden im Folgenden die Einflussfaktoren im Bereich Internetmedien dargestellt. Dabei soll insbesondere auf deren Spezifika eingegangen werden, die von den Internetmedienunternehmen bei der Produktion von Inhalten antizipiert werden müssen. Es handelt sich dabei insbesondere um den Produktionsprozess, die Ressourcen der Produktion und die Produktionskosten.

- Produktionsprozess

Für die Produktion von Internet-Content kann ein spezifischer Produktionsprozess konstatiert werden. Dieser trägt einerseits die Grundzüge eines typischen Produktionsprozesses im Medienbereich, ist jedoch auch durch internetspezifische Besonderheiten geprägt. Abbildung 4-2 bildet den Produktionsprozess ab.

Kapitel 9: Internetmanagement

Abbildung 4-2: Produktionsprozess von Internet-Content

Konzeption	Content	Design	Technologie	Produktion	Qualitätssicherung
• Ideenfindung • Definition der Zielgruppe • Konzept (Inhalt, Design, Technologie) • Ablauf-, Budget- und Zeitplanung	• Auswahl der Qualität und Quantität der Inhalte • Bestimmung von Content-Lieferanten	• Visuelle Umsetzung/ Aufbereitung der Inhalte • Erzeugung von Kongruenz zwischen Inhalten und Layout	• Entscheidung über Hard- und Software	• Einrichten der Hard- und Softwarearchitektur • Sicherstellung der Kompatibilität der Systemarchitekturen • Erstellung des Angebots	• Permanente Aktualisierung der Inhalte • Qualitätsüberwachung und -sicherung

Der Produktionsprozess beginnt mit der Konzeptionsphase. Ausgangspunkt der Konzeptionsphase ist die Idee für ein neues Internetangebot beziehungsweise der Entschluss, ein bestehendes Angebot grundlegend zu überarbeiten. Nach der Definition der Zielgruppe wird ein Konzept entwickelt, das grundsätzlich die Art der Inhalte, das Design und die Technologie des neuen Angebots konkretisiert. Dabei wird auch festgelegt, in welcher Form die Produktion der Inhalte sowie deren Pflege und Aktualisierung nach der Veröffentlichung des Content-Angebots erfolgen soll. Abschließend werden auf Grundlage dieser konzeptionellen Vorarbeit eine möglichst konkrete Ablauf- und Zeitplanung erstellt und die Budgets festgelegt.

In der Content-Phase muss entschieden werden, auf welchem inhaltlichen und redaktionellen Niveau sich das Angebot bewegen soll, um eine zielgruppenadäquate Bereitstellung der Inhalte zu ermöglichen. Ferner wird bestimmt, in welchem Umfang dabei auf redaktionell selbsterstellte Inhalte zurückgegriffen wird oder Inhalte extern bezogen werden. Diese Entscheidung muss sich an den Erwartungen und dem Nutzen der Content-Rezipienten, dem unternehmerischen Umfeld sowie den Kernkompetenzen und Core Assets orientieren. In Abhängigkeit von den gewählten Inhalten hat im Rahmen der Designphase deren visuelle Aufbereitung zu erfolgen, sodass eine Kongruenz von Inhalt und grafischer Darstellung erzielt wird. Dabei werden der prinzipielle Aufbau des Angebots sowie dessen Layout festgelegt.

In der Technologiephase gilt es, für das Angebot eine funktions- und leistungsfähige technologische Plattform auszuwählen. Dabei ist darauf zu achten, dass eine Technologie verwendet wird, die mit den Technologiestandards der Nutzer kompatibel ist und mit der sich die Ziele des angestrebten Angebots erreichen lassen. Neben der Wahl der Hardwarestrukturen ist hier auch die Entscheidung darüber zu treffen, welche Software einzusetzen ist. Zentral ist hierbei die Entscheidung über das einzusetzende Content Management System (CMS). Dabei handelt es sich um ein Redaktions-Tool, welches die Inhalte eines Content-Angebots verwaltet und mit dessen Hilfe der Content zusammengestellt und publiziert werden kann.

Auf der Grundlage der Erkenntnisse der vorangegangenen Phasen erfolgt während der Phase Produktion die Umsetzung der konzeptionellen Vorarbeit. Folglich stehen in dieser Phase die Programmierung beziehungsweise das Customizing der Software und die Verbindung der einzelnen Hardware- und Softwarekomponenten zu leistungsfähigen Gesamtlösungen sowie die erstmalige Erstellung des Angebots im Vordergrund. Ferner müssen interne und externe Schnittstellen geschaffen werden, um einen Daten- und Informationsfluss zwischen den Softwarearchitekturen innerhalb des verwertenden Unternehmens sowie zwischen den an der Produktion und der späteren Pflege und Aktualisierung der Inhalte beteiligten Unternehmen zu ermöglichen.

Nach der erstmaligen Schaffung eines Inhalteangebots beziehungsweise dessen grundlegenden Überarbeitung beginnt die Phase der Qualitätssicherung. Ziel ist es, die Aktualität und Qualität der Inhalte sowie deren Präsentation sicherzustellen. Je nach der konkreten Zielsetzung des Angebots erfolgt dies laufend (beispielsweise bei der Aktualisierung von Nachrichtenangeboten) oder unregelmäßig (beispielsweise beim Einstellen eines neuen Online-Films).

- Ressourcen

Im Hinblick auf die materiellen Ressourcen sind insbesondere die Einrichtungen der modernen Informations- und Kommunikationstechnologie zu erwähnen. Hierunter lassen sich vor allem die Hard- und Softwarekomponenten subsumieren. Das permanente Beobachten des Informationstechnologiemarkts ist in diesem Kontext zum einen eine notwendige Voraussetzung für die Erfüllung der Kundenanforderungen in technologischer Hinsicht. Zum anderen erfordert die ständige Adoption neuer Technologien einen hohen finanziellen Ressourceneinsatz. In immaterieller Hinsicht erfordert die Produktion von Internet-Content vor allem qualifizierte und erfahrene Mitarbeiter als zentrales Core Assets des Unternehmens.

- Produktionskosten

Bei der Betrachtung der Produktionskosten für Online Content ist eine Differenzierung zwischen fixen und variablen Produktionskosten angebracht. So fallen bei der Produktion von Online Content in der Regel hohe, fixe Produktionskosten an. Diese werden zumeist durch das angestellte Personal sowie durch die Bereithaltung einer adäquaten Informations- und Kommunikationstechnologie verursacht. Die variablen Kosten der Produktion können dagegen überwiegend als gering eingestuft werden. Dies kann mit dem oben bereits erläuterten First Copy Costs-Effekt erklärt werden. Da Internetinhalte in digitaler Form vorliegen, muss ein erhöhter Ressourceneinsatz nur für die erstmalige Erstellung des Content erfolgen. Die Replizierung dieser Originalversion kann dagegen zu Grenzkosten von nahe Null erfolgen.

4.3.2 Produktionsstrategien

Aufgrund des hohen Überschneidungspotenzials zwischen den Produktionsstrategien im Falle der Eigenproduktion und den Beschaffungsstrategien im Rahmen der Beteiligung von externen Kooperationspartner an der Erstellung von Inhalten soll im Folgenden die Content Creation-Strategie dargestellt werden. Die Strategien, die überwiegend Charakteristika einer Fremdproduktion tragen (die Content Partnership- und die Content Syndication-Strategie) wurden bereits im Rahmen der Beschaffungsstrategien erläutert.

Im Rahmen der Content Creation-Strategie werden die Inhalte in Eigenproduktion erstellt. An dieser Stelle werden auch die in redaktioneller Begleitung erstellten Auftragsproduktionen von Inhalten unter den Begriff Content Creation subsumiert. Die Eigenproduktion umfasst folglich alle Inhalte, die nicht gekauft oder von Partnern übernommen wurden. Die besonders kosteneffiziente Variante des User Generated Content umfasst die Beteiligung der Nutzer selbst an der Content Creation.

Beispiele für die Generierung informierender Inhalte durch die Nutzer sind Meinungsportale wie Dooyoo.de und die Buchrezensionen der Nutzer auf Amazon.de. Meinungsportale können dabei als eine Art virtuelle Diskussionsrunde verstanden werden. Ziel der Meinungsportale ist es, Experten und Ratsuchende zu einem Themengebiet virtuell zusammenzubringen und einen Informationsaustausch zu ermöglichen. Im Rahmen dieser Art von Content Creation wird durch die Bereitstellung einer virtuellen Austauschplattform auf externe Expertise zurückgegriffen.

4.4 Marketing

Generelle Zielsetzung des Marketing von Internetmedienunternehmen ist einerseits, eine Nutzerbindung zu erzielen, sowie andererseits, je nach Gestaltung des Erlös-Mix, zugleich Werbekunden zu gewinnen beziehungsweise zu binden. Im Weiteren soll zunächst die Produktpolitik im Bereich der Internetmedien beschrieben werden. Darauffolgend werden die Besonderheiten der Preispolitik und der Distributionspolitik in der Internetmedienbranche aufgezeigt. Zum Abschluss erfolgt die Darstellung der Kommunikationspolitik.

4.4.1 Produktpolitik

Im Rahmen der Produktpolitik von Internetmedienunternehmen werden Leistungen sowohl auf Rezipienten- als auch auf Werbemärkten angeboten. Dabei steht auf den Rezipientenmärkten die zielgruppenspezifische Bereitstellung von Inhalten im Vordergrund, auf den Werbemärkten die Vermarktung der Aufmerksamkeit jener Rezipienten an die Werbekunden. Notwendig ist somit die Entwicklung eines abgestimmten produktpolitischen Gesamtkonzepts, das die Erfordernisse von beiden Märkten berücksichtigt. Ein wichtiges produktpolitisches Instrument für die Rezipientenmärkte stellt die Produktdifferenzierung dar. Mit den Begriffen Versioning und Windowing werden spezielle Formen der Produktdifferenzierung bezeichnet.

Während beim Windowing die Inhalte unverändert, zeitlich aufeinander folgend, auf unterschiedlichen Kanälen angeboten werden, wird beim Versioning der Content in inhaltlich unterschiedlichen Varianten zur Verfügung gestellt.[1] Beispielhaft kann das Windowing anhand von Börseninformationsdiensten erläutert werden. Diese bieten für die Zielgruppe der professionellen Anleger börsenrelevante Informationen in Echtzeit an. Mit einer gewissen Zeitverzögerung werden die Informationen der Zielgruppe der Privatanleger zur Verfügung gestellt. Für das Versioning kann exemplarisch das Angebot einiger Online-Spieleplattformen genannt werden. Diese bieten oftmals eine kostenlose Trial-Version an, die vom Umfang her beispielsweise auf ein Level des Spiels beschränkt ist.

Will der Nutzer Zugang zur Vollversion erhalten, so sind dafür Nutzungsgebühren an den Anbieter abzuführen. Voraussetzung für die Produktdifferenzierung ist die Identifikation jener Eigenschaften eines Produkts, die von den Anwendern bezüglich ihrer Nutzenstiftung unterschiedlich bewertet werden. Zu diesen Eigenschaften zählen beispielsweise Funktionsumfang, Geschwindigkeit, Bedienungskomfort, Nutzerunterstützung und Aktualität. Anhand dieser Dimensionen sind verschiedene Abstufungen zu treffen. Durch die digitale Form der Inhalteangebote lässt sich eine Produktdifferenzierung häufig zu äußerst geringen Kosten realisieren. Hohe First Copy Costs entstehen lediglich für die erstmalige Erstellung eines Ausgangsangebots.

Die Kosten der Differenzierung dieser Angebote hingegen sind ähnlich wie die Reproduktions- und Distributionskosten verhältnismäßig gering. Neben produktpolitischen Entscheidungen am Rezipientenmarkt stellt auch die Gestaltung und Bereitstellung von Werberaum einen wichtigen Aspekt der Produktpolitik dar. Im Rahmen dessen muss darüber entschieden werden, in welcher Form den werbenden Unternehmen Werberaum zur Verfügung gestellt wird. Beispiele hierfür sind Bannerwerbungen, Newsletter oder Einblendungen, die mithilfe der Flash-Technologie über anderen Seiteninhalten angezeigt werden. Bei der Gestaltung der Werbung ist zu beachten, dass die Interessen von Werbekunden und Nutzern berücksichtigt werden.

---

[1] Vgl. Wirtz (2010), S. 443 ff.

So können beispielsweise zu aufdringliche Banner oder unverlangte Newsletter bestehende Nutzer abschrecken. Aufgrund seiner Eigenschaften eignet sich das Internet grundsätzlich besonders gut als Instrument der Markenbildung. Die gezielte Interaktion mit dem Konsumenten ermöglicht eine deutlich intensivere Kommunikation der Marke als es über traditionelle Kommunikationskanäle möglich ist. Daneben ist auch die Personalisierung von Angeboten bei der Markenbildung von Relevanz. Durch individuell auf den Benutzer zugeschnittene Angebote entwickelt dieser eine wesentlich engere Bindung zum entsprechenden Angebot beziehungsweise zur entsprechenden Marke.

Dies gelingt durch gezieltes One To One-Marketing, in dem nicht mehr die massen- oder gruppenweise Ansprache von Kunden im Mittelpunkt steht, sondern die individuelle Kundenbeziehung. Ziel hierbei ist es, möglichst genau auf die individuellen Bedürfnisse der Kunden einzugehen und auf diese Weise eine einzigartige Leistung zu erbringen. One To One-Marketing bezieht sich jedoch nicht ausschließlich auf eine individuelle Kundenansprache, sondern auch auf eine möglichst individualisierte Produktentwicklung und -gestaltung.[1] Diese Tendenzen werden durch den Begriff Mass Customization zusammengefasst.[2]

4.4.2 Preispolitik

Die Preispolitik von Internetmedienunternehmen ist sowohl auf den Werbe- als auch auf den Rezipientenmärkten von einigen Besonderheiten gekennzeichnet. Prinzipiell müssen die Unternehmen entscheiden, ob sie ihr Content-Angebot ausschließlich durch Werbeeinnahmen oder durch eine Mischfinanzierung von Werbe- und direkten Content-Einnahmen finanzieren wollen.

Da die Konsumenten im Internet tendenziell weniger Zahlungsbereitschaft aufweisen als im Offline-Bereich, gestaltet sich insbesondere die Preispolitik am Rezipientenmarkt schwierig. Vergleicht man die Zahlungsbereitschaft der Nutzer für verschiedene Online Content-Angebote, wird ersichtlich, dass die Nutzer am ehesten bereit sind, für Film und Musik als Download oder Video-Downloads Geld auszugeben. Dies illustriert Abbildung 4-3.

---

[1] Vgl. Wirtz (1995a), S. 19.
[2] Vgl. Wehrli/Wirtz (1997b), S. 123 ff.

Aufgaben des Internetmanagement

Abbildung 4-3: Zahlungsbereitschaft für Online Content in Deutschland[1]

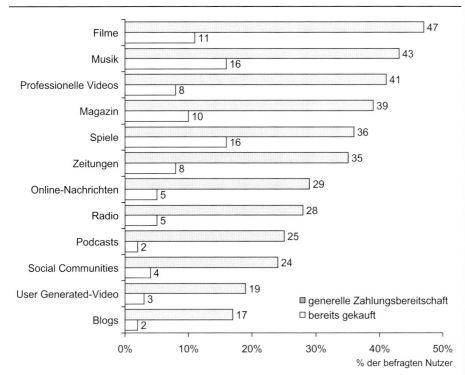

Im Wesentlichen verfolgen Content-Anbieter am Rezipientenmarkt zwei Pricing-Strategien, nämlich die der Penetration und des Skimming. Ziel der Penetrationspreisstrategie ist es, mit zunächst relativ niedrigen Preisen schnell Massenmärkte zu erschließen. Nach der Einführungsphase wird der Produktpreis schließlich schrittweise erhöht. Im Gegensatz dazu wird bei der Skimming-Strategie in der Einführungsphase des Neuprodukts ein relativ hoher Preis bei niedrigen Absatzmengen gefordert, der dann mit zunehmender Markterschließung und aufkommenden Konkurrenzdruck schrittweise gesenkt wird.

Die Preisbestimmung kann grundsätzlich je nach Unternehmens- und Umweltsituation nachfrage-, nutzen-, konkurrenz- oder kostenorientiert erfolgen. Laut einer Studie führen 78% der Content-Anbieter am Rezipientenmarkt eine Preisermittlung ausgehend vom Mehrwert des Content für den Nutzer durch, 56% orientieren sich bei der Preiser-

---

[1] Vgl. Horizont (2010), S. 1.

Kapitel 9: Internetmanagement

mittlung an der Konkurrenz. 41% der Befragten gaben an, den Preis durch Kosten plus Marge zu ermitteln, und 35% lassen mögliche Preisniveaus durch gezielte Marktforschung validieren. Die Preisermittlung stellt Abbildung 4-4 dar.

Abbildung 4-4: Preisermittlung der Content-Anbieter[1]

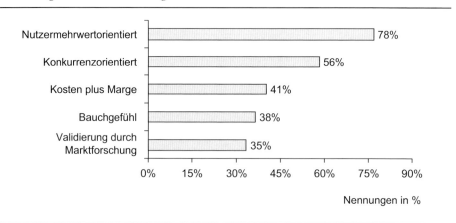

Demgegenüber liegt der Preisfindung auf den Werbemärkten vielfach eine reine Kostenorientierung zugrunde. Dies ist hauptsächlich dadurch zu erklären, dass viele Internetangebote aufgrund der mangelnden Zahlungsbereitschaft der Nutzer ausschließlich über Werbeeinnahmen finanziert werden und daher die Unternehmen gezwungen sind, durch die Werbeeinnahmen die gesamten Kosten abzudecken.

Allerdings sind aufgrund der hohen Markttransparenz, den verschiedenen Möglichkeiten zur Platzierung von Werbung im Internet sowie der Standardisierung der Werbeleistungen auch Nachfrage- und Wettbewerbsüberlegungen von Bedeutung. Viele Unternehmen bieten daher ihren Werbekunden Pay For Performance-Konditionen an. Hierbei wird die Leistung des Werberaumanbieters erst bei einer bestimmten Aktion des Konsumenten, beispielsweise beim Klick auf den Link zur Website des Unternehmens oder Abschluss eines Vertrags, berechnet.[2]

---

[1] In Anlehnung an Verband Deutscher Zeitschriftenverleger/Sapient/EFOplan (2003), S. 13.
[2] Vgl. Wirtz/Beckmann/Roth (2004), S. 591.

Ein weiterer wichtiger Aspekt der Preispolitik ist die Preisdifferenzierung. Grundsätzlich ist hier zwischen zeit-, mengen- und leistungsbezogener Preisdifferenzierung zu unterscheiden. Die zeitliche Preisdifferenzierung bietet sich an, da es Kundengruppen gibt, die für die Nutzung einer Ware oder einer Dienstleistung zu einer bestimmten Zeit eine besonders hohe Zahlungsbereitschaft aufweisen.[1] Im Internet-Content-Bereich ist dies häufig bei der Bereitstellung von Börsenkursen zu beobachten. So können beispielsweise auf Futuresource.com zeitverzögerte Wertpapierkurse gratis abgerufen werden, während Realtime-Kurse für den Nutzer kostenpflichtig sind.

In Bezug auf die mengenbezogene Preisdifferenzierung können zwei Formen unterschieden werden. Einerseits kann sich die Preisdifferenzierung auf die bestellte Menge im Rahmen einer einzelnen Transaktion beziehen. So ist beispielsweise im Online-Musikhandel oftmals der Download einzelner Musikstücke in Relation gesehen teurer als der Download eines ganzen Albums. Andererseits kann sich die mengenbezogene Preisdifferenzierung auch auf die bestellte Menge in einem festgelegten Zeitraum beziehen. Ein Beispiel hierfür sind Bonusprogramme, die auf die Menge der Bestellung innerhalb eines längeren Zeitraums abzielen.

Eine leistungsbezogene Preisdifferenzierung bietet sich insbesondere dann an, wenn sich der Markt in Kundensegmente einteilen lässt, die deutlich unterschiedliche Leistungserwartungen an ein Produkt haben. Um diese Unterschiede zu nutzen, werden sowohl der Leistungsumfang als auch der Preis unterschiedlich gestaltet. Diese auch als Versioning bezeichnete Vorgehensweise wurde bereits im Rahmen der Produktpolitik angesprochen.

Intention der leistungsbezogenen Preisdifferenzierung ist es, den Leistungsumfang eines Produkts so zu gestalten, dass zum einen die individuellen Anforderungen der Konsumenten optimal erfüllt werden und zum anderen der Preis des Produkts möglichst genau die Zahlungsbereitschaften der Konsumenten abbildet. Die Leistungsdifferenzierung kann sich hierbei beispielsweise auf Attribute wie Benutzerfreundlichkeit, Bequemlichkeit, Funktionalität oder die Unterstützung durch einen Service beziehen.

4.4.3 Distributionspolitik

Die zunehmende Nutzung des Internet und die Möglichkeit der Digitalisierung von Medieninhalten lassen für viele Medienunternehmen einen zusätzlichen Online-Absatzkanal sinnvoll erscheinen. Zur Abgrenzung des Begriffs soll nachfolgend von einem Absatzkanal gesprochen werden, wenn die Anbahnung, Aushandlung und der bindende Abschluss eines Kaufvertrags vollständig über den Kanal erfolgt.[2] Bei digitalen Gütern wie dem Online Content geschieht ebenfalls die Auslieferung über diesen Absatzkanal.

---

[1] Vgl. Meffert/Burmann/Kirchgeorg (2012), S. 499 ff.
[2] Vgl. Wirtz (2002), S. 677.

Kapitel 9: Internetmanagement

Die spezifischen Merkmale des Mediums Internet implizieren im Rahmen einer Online-Distributionspolitik sowohl auf Seiten der Anbieter als auch der Nachfrager eine Vielzahl von Vorteilen.[1] Auf Seiten des Anbieters ist hier zunächst die Möglichkeit zu nennen, schnell und problemlos neue Inhalte hinzufügen zu können. So wird beispielsweise das Angebot großer Online Content-Anbieter wie Spiegel.de oder Bild.de mehrmals täglich um neue Beiträge ergänzt. Weiterhin bildet auch die Gelegenheit, im Rahmen des Online-Vertriebs Kundendaten zu gewinnen, einen wesentlichen Vorteil auf Seiten der Anbieter, da diese Daten die Grundlage eines effektiven Customer Relationship Management (CRM) bilden.[2]

Darüber hinaus ist der Online-Vertrieb von Content in den meisten Fällen weitaus günstiger als dessen Offline-Vertrieb. So können vorhandene Inhalte durch die Nutzung des Internet, beispielsweise durch Hinterlegung auf der Website oder Versenden via E-Mail, kostengünstig an eine große Nutzerzahl distribuiert werden. Im Vergleich zur Online-Distribution sind die Distributionskosten beispielsweise im Bereich der Printmedien um ein vielfaches höher.

Schließlich zielt der Einsatz eines zusätzlichen Online-Vertriebskanals darauf ab, höhere Umsätze zu erzielen.[3] Dies kann beispielsweise durch eine geografische Ausweitung des Angebots geschehen. Waren beispielsweise einige Tageszeitungen mit ihrem Offline-Angebot auf eine bestimmte Region begrenzt, können sie über ihre Internetpräsenz den gesamten deutschsprachigen Raum bedienen.

Auf Seiten der Nachfrager resultiert die Vorteilhaftigkeit der elektronischen Distribution vor allem aus der permanenten Verfügbarkeit der angebotenen Inhalte. Aktuelle Inhalte können vom Nutzer zu jeder Tageszeit über das Internet abgerufen werden. Zudem besteht für den Nachfrager eine deutlich erhöhte Markttransparenz aufgrund einer schnellen und einfachen Vergleichbarkeit von Angeboten. Schließlich können die multimedialen Eigenschaften des Internet zu einer verbesserten Darstellung der Inhalte führen.[4] Sind beispielsweise Printmedien auf die Darstellung in Text und Bild beschränkt, können Artikel im Internet durch Audiodateien und Online-Videos ergänzt werden.

In der Unternehmenspraxis wird davon ausgegangen, dass die umfangreiche Nutzung des Internet auf die Strukturen des Vertriebs von Medienunternehmen einen nachhaltigen Einfluss haben wird. Dies kann im Wesentlichen auf zwei Entwicklungstendenzen zurückgeführt werden, die mit dem Einsatz des Internet verbunden sind. Dies sind zum einen die Intermediation und zum anderen die Disintermediation.[5]

---

1 Vgl. Wirtz/Krol (2002), S. 96 ff.
2 Vgl. Wirtz/Schilke (2004), S. 19 ff.
3 Vgl. Wirtz/Schilke/Büttner (2004), S. 48.
4 Vgl. Wirtz (2000d), S. 14.
5 Vgl. Harrington/Reed (1996), S. 72 f.

Der Begriff Intermediation umschreibt die Tatsache, dass die Wertkette der Distribution durch den Einsatz moderner Informations- und Kommunikationstechnologie aufgespalten werden kann.[1] Hierdurch wird es den Unternehmen möglich, sich auf Kernkompetenzen zu beschränken und die übrigen, strategisch weniger bedeutsamen Aktivitäten der gesamten Distributionsleistung auf Kooperationspartner auszulagern.

Dabei übernehmen die Einzelunternehmen jeweils nur einen engen Bereich der Distributionswertkette. Als Konsequenz aus dieser Konzentration auf Kernkompetenzen ergibt sich die Möglichkeit, Kosteneinsparungen und Spezialisierungsgewinne zu realisieren. Durch den Aufbau von Kooperationsnetzwerken mit Anbietern komplementärer Wertaktivitäten, beispielsweise im Rahmen von Content Partnerships, können die genannten Vorteilspotenziale noch weiter verstärkt werden.

Die Disintermediation stellt eine der Intermediation entgegengesetzte Entwicklungstendenz dar. Durch die globale Präsenz des Internet ist der Kunde für das Herstellerunternehmen direkt erreichbar. In der Folge werden einzelne Zwischenstufen innerhalb der Distributionskette zunehmend eliminiert.[2] Die Umgehung des traditionellen Zwischenhandels hat bereits zur Etablierung einer völlig neuen Dienstleistungsstufe geführt. Hierbei übernehmen spezialisierte Anbieter eine Transportdienstleistung, die als „On Demand-Distribution und Logistik" bezeichnet werden kann.[3]

4.4.4 Kommunikationspolitik

Im Rahmen der Kommunikationspolitik verfolgen Internetmedienunternehmen das Ziel, den Nachfrager zu einer wiederholten Nutzung der angebotenen Inhalte zu animieren. Dabei bietet das Internet im Gegensatz zur Kommunikation über Offline-Medien zahlreiche Vorteile. So führt die Nutzung des Internet im Rahmen der Kommunikationspolitik dazu, dass die Kontaktaufnahme zwischen Absender und Empfänger einer Botschaft erleichtert wird.[4] Informationen liegen, im Gegensatz zur Kommunikation mittels traditioneller Medien, in hypermedialer Form vor.

„Dies bezeichnet das Prinzip der nicht-linearen, modulhaften Anordnung von Kommunikationsinhalten verschiedenster Mediengattungen (Text, Ton, Film), die durch Querverweise miteinander verbunden sind."[5] Durch das Anklicken vorhandener Links öffnen sich für den Nutzer ständig neue Inhalte, die wiederum neue Informationen enthalten. Weiterhin besteht ein wesentlicher Vorteil in der Ubiquität der elektronisch basierten Kommunikation. Multimediale Daten können ortsungebunden und permanent verfügbar vorgehalten werden.

---

1 Vgl. Evans/Wurster (1997), S. 79.
2 Vgl. Wirtz (1995b), S. 49; Cunningham/Fröschl (1999), S. 31.
3 Vgl. Wirtz, S. 16.
4 Vgl. Wirtz (2000a), S. 31.
5 Meffert/Burmann/Kirchgeorg (2012), S. 654.

Kapitel 9: Internetmanagement

Um die Vorteile der elektronisch unterstützten Kommunikationspolitik wahrnehmen zu können, kommt insbesondere der Direktkommunikation eine große Bedeutung zu. Als Direktkommunikation wird dabei der unmittelbare Kontakt zu (potenziellen) Kunden mittels aller vorhandenen Kommunikationsaktivitäten und -mittel bezeichnet. Dabei steht der interaktive Dialog zwischen Anbieter und Endverbraucher im Mittelpunkt, der direkt und ohne Einschaltung von Absatzmittlern erfolgt. Direktkommunikation eignet sich besonders zur Verstärkung der Kundenbindung, da durch die direkte Ansprache die Nähe zum Kunden und das Unternehmens- beziehungsweise Produktimage verbessert werden.[1]

Grundlage für kommunikationspolitische Maßnahmen bildet die adäquate Gestaltung der Website des Internetmedienunternehmens. In Ergänzung zu einer ansprechenden grafischen Darstellung müssen weitere Schwerpunkte auf die benutzerfreundliche Navigation sowie die Einrichtung von Interaktionsmöglichkeiten gesetzt werden. Im nächsten Schritt müssen Maßnahmen zum Traffic Lead In auf die eigene Website getroffen werden. Eine Möglichkeit hierzu bildet die Platzierung von werbeführenden Bannern auf anderen Internetseiten. Diese Banner sind mit einem Link auf die eigene Internetpräsenz ausgestattet. Der Erfolg dieser Form der Werbung wird anhand von quantifizierbaren Größen wie Anzahl der Page Impressions, Klickraten und Anzahl der ausgeführten Transaktionen gemessen.

Als Alternative zum Banner bietet sich ein Pop Up an, das beim Laden einer Internetseite ein zusätzliches Browser-Fenster aufbaut, den Ladevorgang aber nicht unterbricht. Die Ausstattung moderner Internet-Browser mit Pop Up Blockern hat aber dazu geführt, dass diese Werbeform sehr schnell an Bedeutung verloren hat. Ein weiteres Instrument der Online-Werbung sind Ad Breaks beziehungsweise Pay Per Advertising Views. Diese ähneln der Werbeunterbrechung aus dem Fernsehen. Der Nutzer wird in festgelegten Intervallen mit Werbeseiten konfrontiert, die die Nutzung des Internet unterbrechen.

Als sehr wichtig für die direkte Kommunikation im Internetbereich gilt der Einsatz von E-Mails. Diese können sowohl personalisiert als auch als Massen-E-Mails eingesetzt werden. Für das Unternehmen bietet sich dabei der Vorteil, dass bei der Erstellung und dem Versand von E-Mails im Vergleich zu traditionellen Briefen von einem wesentlich reduzierten Zeit- und Kostenaufwand ausgegangen werden kann. Außerdem besteht für den Empfänger die Möglichkeit, unmittelbar und ohne großen Aufwand auf die E-Mail zu antworten.

---

[1] Vgl. Wirtz (2003), S. 379 f.

Aufgaben des Internetmanagement

Virtuelle Communities bilden ein weiteres mögliches Element der Kommunikationspolitik. Zu den virtuellen Communities zählen unter anderem Diskussionsforen, Chat Rooms oder Events wie virtuelle Messen und Ausstellungen. Neben ihrer Funktion als Basis für die Schaffung von User Generated Content dienen sie vorwiegend dem Kundenbeziehungsmanagement und der Kundenbindung.[1]

Durch interaktive Netzwerke können nicht nur Unternehmen als Anbieter in die Beziehung zu ihren Kunden, sondern auch die Kunden in die Beziehung zu einem Unternehmen investieren. Dies kann beispielsweise dadurch geschehen, dass die Nutzer ihre Präferenzen, Daten oder Interessen an den Content-Anbieter übermitteln. Dadurch wird es dem Anbieter ermöglicht, den Kunden im Zeitablauf immer besser bezüglich seiner Nachfragewünsche zu verstehen. Man spricht in diesem Zusammenhang von interaktiven, lernenden Kundenbeziehungen. Der Prozess einer interaktiven, lernenden Kundenbeziehung ist in Abbildung 4-5 dargestellt.

Abbildung 4-5: 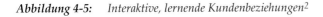 *Interaktive, lernende Kundenbeziehungen*[2]

---

[1] Vgl. Wirtz/Olderog/Mathieu (2002), S. 527; Wirtz/Lihotzky (2003), S. 40 ff.
[2] In Anlehnung an Wirtz (2000c), S. 82.

Ein Beispiel für eine spezifische Anwendung im Rahmen der intensivierten Beziehung zwischen Kunde und Anbieter stellt das kollaborative Filtern dar. Hierbei werden neue Kunden gebeten, ihre Präferenzen in Bezug auf ein bestimmtes Produkt anzugeben, beispielsweise bei einem Online-Musikportal einen Teil ihrer favorisierten Musikinterpreten zu nennen. Eine Software vergleicht diese Nennungen mit den Angaben von bereits registrierten Nutzern.

Aus diesem Vergleich erhält der Nutzer beispielsweise Hinweise auf Titel von Interpreten, die von ihm nicht genannt wurden, aber zu den Favoriten von Nutzern mit einem ähnlichen Profil beziehungsweise Musikgeschmack gehören. Die Vorteile des kollaborativen Filterns bestehen in der Möglichkeit, den Kunden optimierte, individuell auf ihre Interessen ausgerichtete Angebote zu unterbreiten. Die Kunden erhalten dadurch Angebote, die mit einer hohen Wahrscheinlichkeit ihren Interessen entsprechen. Dies führt letztlich zu einer Bindung der Kunden an das Unternehmen und somit zu einer Umsatzsteigerung.

Das Internet wird von einigen Internetmedienunternehmen auch als zusätzlicher Kanal für Public Relations verwendet. Im Rahmen ihrer Website nutzen die Unternehmen verstärkt die Möglichkeit, Publikationen wie Unternehmensnachrichten, Umweltberichte, Geschäftsberichte oder Pressemappen zu veröffentlichen. Darüber hinaus können Anfragen sowie Pressekorrespondenz mittels E-Mail abgewickelt werden oder mit dem Einsatz von Autorespondern automatisch beantwortet werden. Um einem Übermaß an Anfragen per E-Mail zu entgehen, bietet sich die Einrichtung einer Frequently Asked Questions (FAQ) Rubrik an, in der häufig an das Unternehmen gestellte Fragen beantwortet werden.

5 Fallbeispiel Google

Google ist ein weltweit agierender Internetdienstleister und Marktführer in den Bereichen der Online-Suche und der textbasierten Online-Werbung. Bekannt wurde Google, mit dem Hauptsitz im US-amerikanischen Mountain View (Kalifornien), vor allem durch die gleichnamige Suchmaschine Google. Die Suchmaschine ist heute in 124 Sprachen und in über 180 verschiedenen Domains verfügbar und deckt nach eigenen Angaben dreimal mehr Informationen als jede andere Suchmaschine ab.[1] Das Unternehmen Google wurde im Jahr 1998 von den Informatikstudenten der Stanford-Universität Lawrence Eduard Page und Sergej Michailowisch Brin gegründet.

Als Startkapital dienten Page und Brin private Investments von rund 1.100.000 US-Dollar, das aus ihrem Verwandten- und Freundeskreis sowie dem Risikokapital des Sun Microsystems Mitgründers Andreas von Bechtolsheim stammte. Bereits im Juni 2001 waren im Google-Index über eine Milliarde Seiten gespeichert, die Suchmaschine wurde damit zum Marktführer. Im Dezember 2001 hatte Google mehr als drei Milliarden Dokumentenzugriffe. Seit 2000 konzentriert sich das Unternehmen auf den Ausbau weiterer Dienstleistungsangebote.

Hier ist vor allem der seit 2004 verfügbare kostenlose E-Mail Service GMail hervorzuheben.[2] Darüber hinaus erweiterte Google das Angebots- und Aktivitätenspektrum durch verschiedene Übernahmen. Hier sind vor allem die Übernahmen der Blogseite Blogger.com Anfang Februar 2003 und die Akquisition des weltweit größten Internetvideoportals YouTube für 1.8 Milliarden Ende 2006 zu nennen. Weiterhin erwarb Google 2007 das Unternehmen Double Click für 3,1 Millarden US-Dollar, das grafische Werbeanzeigen auf Webseiten schaltete und sehr gute Beziehungen zu finanzstarken Werbekunden besaß.

Seit der Gründung im Jahr 1998 expandierte Google somit erheblich und erweiterte kontinuierlich das Angebotsspektrum.[3] Dabei lassen sich die verschiedenen Dienste im Rahmen des 4 C-Net-Business-Models in vier übergeordnete Geschäftsmodelltypen unterteilen: Im Context-Bereich (Systematisierung von im Internet verfügbaren Informationen) wurden unter anderem Dienste wie Google Catalogs, Google Image Search, Google Toolbar, Google Book Search und Google Scholar angeboten. Im Connection-Segment (Informationsaustausch in Netzwerken) entstanden zum Beispiel Google Mail, Google Talk oder Google Voice.

---

1 Vgl. im Folgenden Google Inc. (2011a).
2 Vgl. Wirtz (2010), S. 332.
3 Vgl. Wirtz (2010), S. 333 ff.

Im Commerce-Bereich (Abwicklung von Geschäftstransaktionen) wurden Dienste wie Google AdWords, Google Checkout oder Google Product Search etabliert. Im Content-Bereich (Bereitstellung von Inhalten auf einer eigenen Plattform) entstanden unter anderem Google Groups, Google News, Google Maps, oder Google Earth. Darüber hinaus unterhält Google auch Dienste, die mehrere Bereiche des 4 C-Modells tangieren, wie beispielsweise Picasa oder Google+.

Daneben engagiert sich Google seit Gründung der Open Handset Alliance Ende 2007 verstärkt im Mobilfunkbereich. Ziel dieser Allianz, der zahlreiche große Netzbetreiber (beispielsweise T-Mobile, Telefonica), Software-Unternehmen (beispielsweise eBay), Gerätehersteller (beispielsweise Samsung, LG), Marketing-Dienstleister und Unternehmen der Halbleiterindustrie (beispielsweise Texas Instruments, Broadcom, Nvidia) angehören, ist die Entwicklung des freien Smartphone- und Tablet-Betriebssystems Android.

Zahlreiche der zuvor genannten Dienste (unter anderem Google Maps, YouTube) wurden mittlerweile in den Mobilfunkbereich portiert. Darüber hinaus steht mit dem Android Market ein Marktplatz für Mobile Apps zur Verfügung. Die Entwicklung von Google anhand der 4 C-Net-Geschäftsmodelltypologie ist in der folgenden Abbildung 5-1 chronologisch dargestellt. Die Bedeutung, die der Mobilfunkmarkt für Googles Entwicklungsstrategien hat, verdeutlicht die bislang größte Akquisition des Unternehmens.

Im Jahr 2011 gab Google die Übernahme der Mobilfunksparte von Motorola Mobility für 12,5 Milliarden US-Dollar bekannt. Google erhält damit insbesondere Zugang zu einem der größten Patentportfolios der Mobilfunkbranche und darüber hinaus zu Produktionskapazitäten, um eigene Smartphones für Android, Googles Betriebssystem für mobile Endgeräte, herzustellen. Mit knapp 90 Millionen verkaufter Geräte im ersten Quartal 2012 dominiert Android bereits heute den Markt für Smartphones und verfügt bereits über 59% Marktanteil.[1]

Der heute wichtigste Content-Dienst des Unternehmens und einer der größten Content-Provider weltweit stellt das Internet-Videoportal YouTube dar. Auf YouTube können Nutzer Videos ansehen und archivieren sowie eigenständig publizieren. YouTube ist die mit Abstand populärste Plattform ihrer Art, deren Angebot allein im Jahr 2010 um 13 Millionen Stunden Videomaterial erweitert wurde.[2]

---

[1] Vgl. Heise (2012a).
[2] Vgl. Google Watch Blog (2012).

Abbildung 5-1: 4 C-Net-Geschäftsmodelltypologie von Google

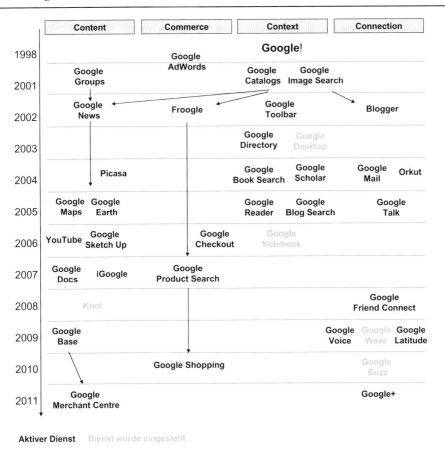

Ein weiterer wichtiger Markt, auf dem Google sowohl als Anbieter von Werbeleistungen als auch als Content-Provider auftritt, ist das mobile Internet. Wie im klassischen Internet hat sich Google auch im Mobile-Bereich mit seiner Suchmaschine positioniert. Dabei kommt der ortsbasierten Suche und damit auch dem ortsbasierten Marketing eine noch stärkere Bedeutung zu. Wichtige Dienstleistungen sind in diesem Zusammenhang vor allem Google Maps und speziell Google Latitude. Der Marktanteil der mobilen Suchmaschine Google liegt mit 91,3% im Jahr 2011 sogar deutlich über dem ihres klassischen Pendants.[1] Google nimmt damit auch im mobilen Werbemarkt eine dominierende Stellung ein.

---

[1] Vgl. Netmarketshare (2012b).

Kapitel 9: Internetmanagement

Jenseits des Suchmaschinenmarketings herrscht im mobilen Bereich jedoch eine größere Konkurrenzsituation vor als im Bereich klassischer Onlinewerbung. Hier ist insbesondere Apple mit der Marketingplattform iAd zu nennen.[1] Auch soziale Netzwerke wie Foursquare und Facebook nehmen eine wichtige Position im Mobile-Bereich ein und setzten dabei stark auf lokalisierte Social Advertisement-Angebote. Im Bereich des Content Providing ist Apple mit der Plattform iTunes, die bereits im Jahr 2003 gestartet wurde, Marktführer und der größte Konkurrent Googles.

Daher diente iTunes auch als Vorbild für den Android Marketplace, über den die Inhalte für das Betriebssystem Android vertrieben werden. Darüber hinaus baut Google sein mobiles Angebot mit Google Music weiter als Konkurrenzplattform zu iTunes aus und verfügt mit One Pass über ein geeignetes Bezahlsystem. Trotz starker Wachstumszahlen und Marktführerschaft bei Smartphones ist Android mit rund 16% Marktanteil bei mobilen Endgeräten (Mobiltelefone, Smartphones, Tablets etc.) insgesamt noch deutlich hinter Apples iOS mit rund 52% Marktanteil einzuordnen.[2]

Eine zentrale Kernkompetenz des Unternehmens liegt in der kriterienspezifischen Lokalisierung, Klassifizierung und Systematisierung der Suchmaschine, sowie zahlreichen Erweiterungen der Dienste im Bereich der Context-Abbildungen. Die Ausweitung der Kompetenzen des Unternehmens auf den Content- und Connection-Bereich wurde vor allem nach 2004 durch die Intensivierung von Geschäftsbeziehungen sowie Übernahmeaktivitäten erreicht, aber auch durch eine ausgereifte Werbemaßnahmenvermarktungskompetenz.

Im Geschäftsbereich Connection ist Google+ als Bestandteil des konsequenten Ausbaus und der ständigen Erweiterung des Unternehmens zu verstehen. Das im Juni 2011 gestartete soziale Netzwerk zählt im Ende Juni 2012 bereits weit über 170 Millionen registrierte Nutzer und weist damit sehr hohe Wachstumsraten auf. Google+ integriert zahlreiche weitere neue und alte Connection-Dienste von Google.[3] Das Geschäftsmodell mit den Bereichen Content, Context und Connection von Google Inc. ist in der folgenden Abbildung 5-2 dargestellt.

Abbildung 5-2 illustriert, dass die Erlöse von Google fast ausschließlich aus Werbeeinnahmen resultieren. Google generiert diese im Rahmen seiner integrierten Werbelösung AdWords. Dabei beschreibt AdWords das Internetwerbeangebot von Google mittels Keyword Advertising. Als einer der größten Internetunternehmen weltweit, das über ein sehr breites Dienstleistungsangebot verfügt, konkurriert Google mit zahlreichen Wettbewerbern auf verschiedenen Märkten um Werbeinahmen. Das Kerngeschäft des Unternehmens ist der Suchmaschinenmarkt, hier werden über 60% (über 96% unter Einbezug des Netzwerks) der Umsätze des Unternehmens generiert. Google ist die mit 78,8% Marktanteil heute weltweit am meisten genutzte Suchmaschine.

---

[1] Vgl. Wirtz (2011b), S. 414 f.
[2] Vgl. Netmarketshare (2012a).
[3] Vgl. Berliner Verlag (2012).

Fallbeispiel Google

Abbildung 5-2: Google Business Model[1]

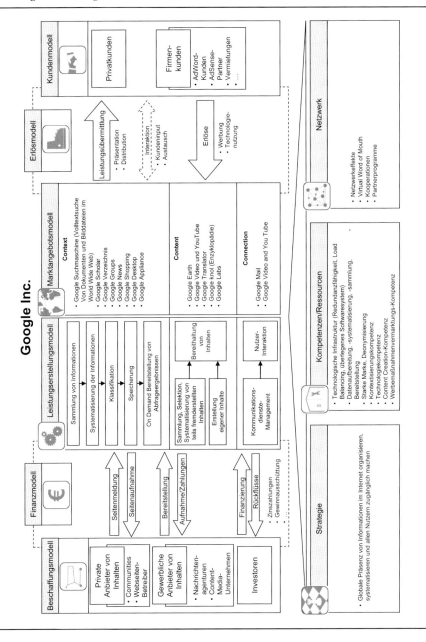

---
[1] Auf der Basis eigener Analysen und Abschätzungen.

Kapitel 9: Internetmanagement

In den USA verfügt Google beispielsweise über rund 65% Marktanteil. In Deutschland ist das Unternehmen mit rund 90% Marktanteil am Suchmaschinenmarkt besonders gefestigt. Die Entwicklung der verschiedenen Erlöse von Google ist in Abbildung 5-3 dargestellt. Auf dem Werbemarkt ist neben der Qualität der Kommunikation auch die Reichweite beziehungsweise die Anzahl der Seitenaufrufe entscheidend.

Diesbezüglich hat sich Facebook als wichtigster Konkurrent entwickelt. Insbesondere im Bereich des Social Advertising sowie der Display-Werbung konnte Facebook zuletzt starke Zuwächse verzeichnen. Seit 2007 erzielt das Unternehmen auch nennenswerte Umsätze aus anderen Erlösquellen. Hierzu zählen vor allem Lizenzgebühren für die Nutzung von Software. Dennoch betrug der Anteil der Werbeerlöse im Jahr 2011 immer noch 96% an den Gesamterlösen.

Abbildung 5-3: Entwicklung der Erlösstruktur von Google [1]

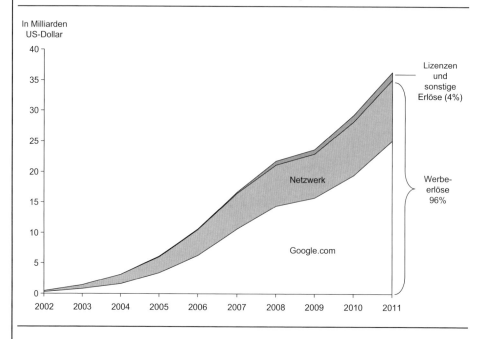

---

[1] Vgl. Google Inc. (2012).

Fallbeispiel Google

Seit dem Börsengang im August 2004 setzte Google seinen beispiellosen Aufstieg fort. In wenigen Jahren entwickelte sich das Unternehmen von einem einfachen Start Up zum größten Internetdienstleister der Welt. Google beschäftigt heute rund 24.000 Mitarbeiter und ist klarer Marktführer in den Bereichen Online-Suche und textbasierter Werbung.[1]

Das Unternehmen zählt vor allem aufgrund der Suchmaschine Google zu einer der weltweit bekanntesten Marken. Google konnte in den vergangenen Jahren sowohl den Umsatz als auch den Gewinn weiter steigern. Im Jahr 2011 erwirtschaftete Google einen Umsatz von 37,91 Milliarden US-Dollar. Dies stellt eine Steigerung von 23% im Vergleich zum Vorjahr dar.[2] Abbildung 5-4 illustriert die Umsatzentwicklung des Unternehmens Google von 2002 bis 2011.

Abbildung 5-4: Umsatzentwicklung von Google[3]

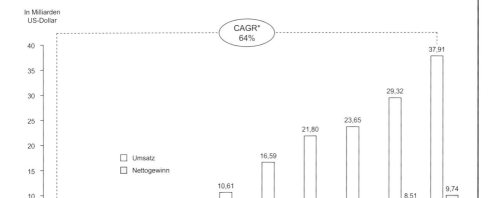

Insgesamt ergibt sich für den Zeitraum von 2002 bis 2011 ein jährlicher Anstieg der Unternehmensumsätze von rund 64%. Damit zeigt sich Googles Wachstum auch in Zeiten sinkender Werbebudgets als relativ stabil. Abbildung 5-5 fasst die strategische Ausrichtung von Google abschließend zusammen.

---

1 Vgl. Google Finance (2011).
2 Vgl. Google Inc. (2012).
3 Vgl. Google Inc. (2012).

Kapitel 9: Internetmanagement

Abbildung 5-5: Strategische Ausrichtung von Google

	Aspekte
Strategie	• Alle weltweit vorhandenen Informationen im Internet organisieren, systematisieren und zugänglich machen (kostenlos) • Integrativer Internet-Player (unter anderem Zusammenschluss einzelner Services zu Bundles) • Gatekeeper: Selektion der zu findenden Informationen • Monetarisierung der Produktangebote • Erschließung neuer Geschäftsfelder (z.B. Google+) und innovative Erweiterung vorhandener Business Models (zum Beispiel Google Maps erweitert um Google StreetView)
Geschäftsmodell	• Online-Suchmaschine (zum Beispiel für Bilder, Nachrichten, geografische Informationen) • Exzellentes Werbesystem (zum Beispiel Keyword Versteigerung „AdWords") • Softwareentwicklung zur weiteren Kundengenerierung (Android für Mobile Nutzer, Google Chrome für Internetnutzer) • Verbindung von Zielkunden (Suchmaschinennutzer, Website-Betreiber, Werbetreibende) • Netzwerkmodell (Business To Business-Netzwerk, Business To Consumer-Netzwerk) als weitreichendes Kommunikationsmittel zur weiteren Kundengewinnung • Weitere Nutzergenerierung mit dem sozialen Netzwerk Google+
Leistungsspektrum	• Basis des integrierten Business Models ist der Context-Bereich mit der weltweit meistgenutzten Online-Suchmaschine • Zum Connection-Bereich gehört der netzwerkbasierte Informationsaustausch (zum Beispiel Google Mail, Google Groups) • Content-Bereich: Bereitstellung, Aufbereitung oder Aggregation von multimedialen Inhalten (Google News, Google Books, YouTube) • Bestandteile des Business Model-Typs Commerce sind die Anbahnung, Aushandlung und Abwicklung von Geschäftstransaktionen (zum Beispiel über die Produktsuchmaschine Google Shopping)
Erfolgsfaktoren	• Größter Internetdienstleister der Welt • Große Benutzerfreundlichkeit • Weltweite Erreichbarkeit • Diversifizierung der Dienstleistungen • Strategisch optimierte M&A-Strategie

Wiederholungsfragen

1. In welchem Ausmaß werden sich die Breitbandanschlüsse und die Breitbandgeschwindigkeiten in Deutschland in den nächsten Jahren entwickeln?
2. Zeigen Sie die verschiedenen Akteurstrukturen im Internet auf! Welche Beispiele können Sie für die jeweiligen Kategorien geben?
3. Wie setzt sich die Wertkette von Internetmedien zusammen? Geben Sie Beispiele für die einzelnen Stufen!
4. Welche Basisgeschäftsmodelle gibt es im Internet und wie können deren Erlöse im Internet systematisiert werden?
5. E-Entertainment ist ein spezielles Geschäftsmodell welches Basisgeschäftsmodells?
6. Erläutern Sie einige Unterschiede zwischen den einzelnen Geschäftsmodellen des Basisgeschäftsmodells Commerce! Welche Beispiele können Sie nennen?
7. Das Basisgeschäftsmodell Connection wird immer bedeutender! Welche großen Social Media-Plattformen lassen sich hierfür als Beispiele nennen?
8. Wie wird im Internet der Content produziert? Nennen Sie die einzelnen Stufen des Produktionsprozesses!
9. Wie schätzen Sie die Zahlungsbereitschaft für Dienste im Internet ein? Welche Rolle spielen illegale Downloads in diesem Zusammenhang?
10. Wie schaffen es Internetunternehmen, eine langfristige Kundenbeziehung aufrecht zu erhalten?

Kapitel 10:
Internationales Medienmanagement

1 Einführung 779
   1.1 Definition und Charakteristika des Internationalen Medienmanagement....780
   1.2 Besonderheiten des Internationalen Medienmanagement 781
   1.3 Gründe und Motive der Internationalisierung im Medienbereich...............783

2 Internationalisierungsstrategien von Medienunternehmen 784
   2.1 Markteintritts- und Marktbearbeitungsstrategien 785
      2.1.1 Export..786
      2.1.2 Lizenzierung..788
      2.1.3 Joint Ventures und strategische Allianzen...791
      2.1.4 Direktinvestive Alleingänge 795
      2.1.5 Fusionen..798
   2.2 Zielmarktstrategien..799
      2.2.1 Marktpräsenzstrategien 799
      2.2.2 Marktselektionsstrategien..803
      2.2.3 Marktsegmentierungsstrategien..807
   2.3 Timing-Strategien..808

3 Teilbereiche des Internationalen Medienmanagement..814
   3.1 Beschaffungsmanagement internationaler Medienunternehmen...................815
   3.2 Produktionsmanagement internationaler Medienunternehmen 817
   3.3 Marketingmanagement internationaler Medienunternehmen 819
      3.3.1 Produktpolitik internationaler Medienunternehmen 819
      3.3.2 Preispolitik internationaler Medienunternehmen..............................823
      3.3.3 Distributionspolitik internationaler Medienunternehmen.................824
      3.3.4 Kommunikationspolitik internationaler Medienunternehmen 826

4 Fallbeispiel News Corporation 827

1 Einführung

Auf den Medienmärkten sind in den letzten Jahren verstärkt Konzentrations- und Internationalisierungstendenzen zu beobachten. Die Bertelsmann-Gruppe gilt hierbei als „the world's most international media company." Im ersten Halbjahr 2011 verteilten sich die Umsätze des Unternehmens wie folgt: 13,8% in den USA, 36,6% in Deutschland, 43,5% in Europa (ohne Deutschland) und 6,1% in anderen Ländern.[1] Zudem beschäftigt die Bertelsmann-Gruppe bereits seit mehreren Jahren mehr Mitarbeiter im Ausland als im Inland.

Insgesamt ist die Medienlandschaft durch komplexe internationale und intermediäre Verflechtungen gekennzeichnet. Für Medienunternehmen entsteht hierdurch die Herausforderung, neben dem Brückenschlag zwischen Publizistik, Ökonomie und Technologie zugleich auch die Grenzen zu anderen Nationen und damit zu anderen Kulturen, Gesetzen und sonstigen Umweltfaktoren zu überwinden. Trotz seiner offensichtlich aus praktischer Sicht hohen Relevanz wurde dem internationalen Management in Medienunternehmen im wissenschaftlichen Schrifttum bisher nur eine geringe Aufmerksamkeit zuteil, sodass hier ein relativ geringer Kenntnisstand zu konstatieren ist.[2]

Die folgenden Darstellungen dienen aus diesem Grund der Entwicklung eines grundlegenden Verständnisses des internationalen Management in Medienunternehmen. Neben einer Herausstellung der Besonderheiten bei der Internationalisierung von Medienunternehmen soll der Schwerpunkt hierbei insbesondere auf Internationalisierungsstrategien sowie ausgewählten, operativen Teilbereichen des internationalen Management in Medienunternehmen liegen.

Die folgenden Ausführungen dienen zunächst einer Definition und Abgrenzung des Begriffs des Internationalen Medienmanagement. Aufbauend auf dieser Definition soll im Anschluss auf Besonderheiten von Medienunternehmen und deren Einfluss auf die Internationalisierung eingegangen werden. Ein Schwerpunkt der Darstellung liegt hierbei auf Aspekten der Sprache sowie der Kultur, da diesen im Medienbereich eine herausragende Bedeutung zukommt.

---

[1] Vgl. Bertelsmann (2011b).
[2] Vgl. Apfelthaler (2000), S. 197.

1.1 Definition und Charakteristika des Internationalen Medienmanagement

Der Begriff der Internationalisierung wird im wirtschaftswissenschaftlichen Schrifttum unter zwei Aspekten analysiert. Der bereits seit den 1960er Jahren des letzten Jahrhunderts verfolgte institutionelle Ansatz verknüpft das Phänomen der Internationalisierung mit dem jeweiligen Unternehmen. So spricht etwa Lilienthal (1975) in einer der ersten Definitionen von multinationalen Unternehmungen als „corporations which have their home in one country but which operate and live under the laws and customs of other countries as well."[1] Eine Unternehmung gilt demnach als international, wenn sie Aktivitäten im Ausland durchführt.

Eine solche Sichtweise ist nicht an einen bestimmten Funktionsbereich gebunden, sodass die Klassifikation unabhängig von der Art des Auslandsengagements erfolgt. Vielmehr knüpft die Klassifizierung als internationales Unternehmen am Grad des Auslandsengagements an. Zu dessen Beurteilung wurden verschiedene quantitative und qualitative Kriterien, wie etwa der Anteil des Auslandsumsatzes am Gesamtumsatz, Marktanteile im Ausland, Höhe der Direktinvestitionen im Ausland, das Ausmaß der internationalen Eigenkapitalstreuung oder die Ausrichtung der Organisationsstruktur auf die internationale Geschäftstätigkeit entwickelt.[2]

Der prozessuale beziehungsweise funktionale Ansatz hingegen knüpft bei der Begriffsbestimmung an den Funktionalbereichen einer Unternehmung an. Das Spektrum möglicher Definitionsansätze der Internationalisierung reicht hierbei von bestimmten Formen des Markteintritts in ausländische Märkte über die Führung ausländischer Tochtergesellschaften bis hin zu einer abstrakten Gleichsetzung von Internationalisierung mit grenzüberschreitender Auslandsaktivität.[3] Mithin fassen einige der Definitionsansätze den Begriff der Internationalisierung sehr eng auf bestimmte Funktionsbereiche, zumeist aus dem Absatz- beziehungsweise Marketingbereich, während andere Ansätze den Internationalisierungsbegriff funktionsbereichsübergreifend definieren.

Eine Eingrenzung des internationalen Management nur auf spezifische Probleme eines oder weniger Funktionalbereiche, etwa auf das Marketing des Unternehmens, erscheint nicht sinnvoll. Hierbei wird außer Acht gelassen, dass von einem Engagement auf ausländischen Märkten nahezu sämtliche Funktionalbereiche der Unternehmung betroffen sind. So können sich etwa auch Finanzierung, Beschaffung, Produktion oder Forschung und Entwicklung über Ländergrenzen hinweg ausdehnen.[4]

---

[1] Lilienthal (1975), S. 119.
[2] Vgl. Dülfer/Jöstingmeier (2008), S. 5 ff.
[3] Vgl. Carl (1989), S. 27 ff.; Macharzina/Welge (1989), S. 903 ff.
[4] Vgl. Porter (1989), S. 22 ff.; Meissner (1995), S. 8 f.

Einführung

Die Internationalisierung kann als ein die gesamte Unternehmung umfassendes Phänomen betrachtet werden. Daher soll den folgenden Ausführungen eine Auffassung des internationalen Management zugrunde liegen, die zwar an den Funktionalbereichen der Unternehmung anknüpft, hierbei jedoch eine das gesamte Unternehmen umfassende Sichtweise einnimmt. In die hier zu formulierende Definition fließen somit auch Aspekte einer institutionellen Begriffsauffassung ein. Tabelle 1-1 stellt diese Definition dar.

Tabelle 1-1: *Definition Internationales Medienmanagement*

Definition Internationales Medienmanagement
Internationales Medienmanagement bezeichnet die strategische und operative Führung von Medienunternehmen im internationalen Kontext. Dabei kann sich die Internationalisierung grundsätzlich auf sämtliche Funktionalbereiche der Unternehmung erstrecken.

1.2 Besonderheiten des Internationalen Medienmanagement

Medienunternehmen agieren auf internationalen Märkten immer auch in einem interkulturellen Umfeld. Damit muss die Bereitstellung vollkommen internationaler Produkte und Dienstleistungen nicht immer die jeweils optimale Strategieoption darstellen. So ist es zwar im Zuge der Globalisierung zu einer Angleichung des Konsumverhaltens vieler Länder und Kulturen gekommen, gleichwohl kann allerdings nicht von der Existenz einer globalen Kultur ausgegangen werden. Sowohl Konsumenten als auch andere interne und externe Anspruchsgruppen unterscheiden sich in ihren Werthaltungen, Einstellungen und ihrem Verhalten.

Einen Ansatzpunkt, die Auswirkungen kultureller Prädispositionen auf Medienunternehmen zu erklären, bietet die Cultural Discount-Theorie. Nach dieser nimmt der Wert von Kulturprodukten für den Konsumenten mit der Distanz von ihrem Ursprung ab. Hieraus kann zunächst eine eingeschränkte internationale Verwertbarkeit lokal geprägten Inhalts gefolgert werden. Dies entspricht auch den in Abbildung 1-1 dargestellten Ergebnissen von Forschungsbemühungen zu Vorteilen einer stärkeren Globalisierung oder einer Lokalisierung in verschiedenen Branchen.

Kapitel 10: Internationales Medienmanagement

Abbildung 1-1: Globalisierungs- und Lokalisierungsvorteile in unterschiedlichen Branchen[1]

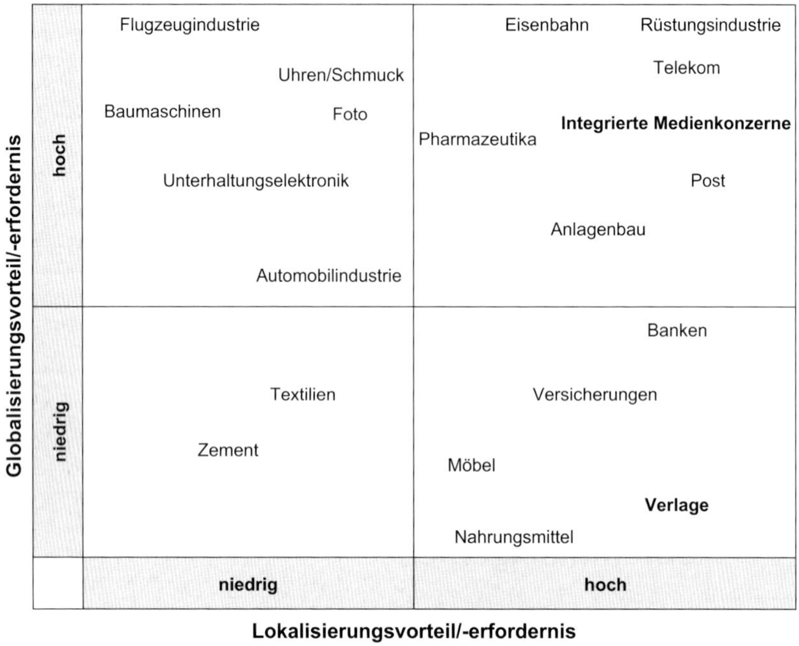

Globalisierungsvorteil/-erfordernis	Lokalisierungsvorteil/-erfordernis **niedrig**	Lokalisierungsvorteil/-erfordernis **hoch**
hoch	Flugzeugindustrie; Uhren/Schmuck; Baumaschinen; Foto; Unterhaltungselektronik; Automobilindustrie	Eisenbahn; Rüstungsindustrie; Telekom; Pharmazeutika; **Integrierte Medienkonzerne**; Post; Anlagenbau
niedrig	Textilien; Zement	Banken; Versicherungen; Möbel; **Verlage**; Nahrungsmittel

Hierbei konnte für traditionelle Verlage als einer spezifischen Gruppe von Medienunternehmen ein hohes Potenzial an Lokalisierungsvorteilen bei zugleich geringem Potenzial für Globalisierungsvorteile festgestellt werden. Integrierte Medienkonzerne hingegen wurden vor dem Hintergrund einer zunehmenden Konvergenz von Hardware-, Software-, Unterhaltungselektronik-, Telekommunikation- und Content-Branche im rechten oberen Quadranten eingeordnet. Dies entspricht einem gleichzeitigen Wirken von Globalisierungs- und von Lokalisierungsvorteilen.

Damit ist die Situation von integrierten Medienunternehmen durch eine außerordentlich hohe Komplexität gekennzeichnet. Den Unternehmen muss es gelingen, gleichzeitig Vorteile aus einer Globalisierung von Geschäftsprozessen sowie einer lokalen Produkt- und Servicedifferenzierung zu erzielen. Da jedoch Kultur ein multidimensionales Konstrukt darstellt, das auch Subkulturen wie etwa generationale Kulturen einschließt, stellt sich der Cultural Discount als ein Problem der optimalen Zielgruppenansprache im Allgemeinen dar.[2]

---

[1] In Anlehnung an Meffert (1989), S. 448.
[2] Vgl. Apfelthaler (2000), S. 216.

Einführung

Aus diesem Grund werden Medienunternehmen nicht dann besonders erfolgreich sein, wenn es ihnen gelingt kulturell gebundene Inhalte effizient global zu vertreiben sondern vielmehr dann, wenn sie es schaffen, eine an der Kultur der jeweiligen Zielgruppen orientierte, lokale Adäquatheit ihrer Produkte bereitzustellen. Mit anderen Worten muss es den Unternehmen gelingen, mit den gewünschten Werten und Normen übereinstimmende Produkte anzubieten.

1.3 Gründe und Motive der Internationalisierung im Medienbereich

Die in den letzten Jahren zu beobachtenden, zunehmenden Internationalisierungstendenzen im Medienbereich sind auf eine Vielzahl von Gründen zurückzuführen. Eine besondere Rolle spielen hierbei Deregulierungstendenzen sowie eine Veränderung der ökonomischen Rahmenbedingungen. So ist es in den letzten Jahren zu einem starken Anstieg von Angeboten im Medienbereich gekommen. Dies führt zu einer Intensivierung des Wettbewerbs. Diesem Wettbewerbsdruck begegnen die Medienunternehmen vielfach mit erheblichen Investitionen in die Qualität ihres Angebots, woraus eine Steigerung der Produktionskosten resultiert. Bei gleichbleibenden Distributionsmöglichkeiten würde dies jedoch eine Reduktion der Gewinne bedeuten. Aus diesem Grund streben Medienunternehmen verstärkt eine Ausweitung ihrer Distributionsmöglichkeiten an.

Hierfür stehen ihnen grundsätzlich zwei, sich teilweise ergänzende Möglichkeiten zur Verfügung. Eine Möglichkeit besteht in der Schaffung eines integrierten Medienkonzerns. Daneben bietet sich die Option der Erschließung weiterer (internationaler) Absatzmärkte. Diese Strategie wird unterstützt durch weitreichende Deregulierungstendenzen in zahlreichen nationalen Medienmärkten, die einen Markteintritt internationaler Anbieter in die lokalen Märkte ermöglichen. Gerade in den letzten Jahren wurden hier zahlreiche Hemmnisse abgebaut und auch bisher geschlossene Märkte, etwa im früheren Ostblock, öffneten sich internationalen Unternehmen.

Angesprochen ist hiermit insbesondere die Möglichkeit zur Realisierung von Skalen- und Synergieeffekten. Durch die Erschließung weiterer Absatzmärkte und einer weiteren Verwertung einmal erstellter Inhalte lassen sich die Stückkosten pro abgesetzter Medieneinheit senken und Skaleneffekte realisieren. Economies Of Scope als Verbundeffekte, die insbesondere aus dem Besitz flexibel einsetzbarer Potenziale entstehen, resultieren bei international agierenden Medienunternehmen insbesondere daraus, dass eine internationale Präsenz es den Unternehmen ermöglicht, flexibel auf Veränderungen im Marktumfeld eines spezifischen Ländermarkts zu reagieren.

2 Internationalisierungsstrategien von Medienunternehmen

Die Internationalisierung eines Unternehmens stellt eine komplexe Aufgabe dar, die die Aufstellung eines konzeptionellen Handlungsrahmens erforderlich macht. Aus diesem Handlungsrahmen lassen sich konkrete Handlungsziele im Hinblick auf die nachgeordneten Bereiche ableiten. Die Entwicklung eines solchen Handlungsrahmens soll im Folgenden unter den Begriff der Internationalisierungsstrategie gefasst werden. Diese baut auf Wettbewerbsvorteilen auf, die für eine erfolgreiche Gestaltung der Auslandsaktivitäten von Relevanz sind.

Eine Internationalisierungsstrategie muss, wie jede andere Teilstrategie der Unternehmung, in die Gesamtunternehmensstrategie eingebettet werden. Mithin muss sie mit dieser kompatibel sein, diese fördern und unterstützen. Dies bedeutet, dass eine Abstimmung der Internationalisierungsstrategie mit der Gesamtunternehmensstrategie eine grundlegende Erfolgsvoraussetzung der Internationalisierung einer Unternehmung darstellt. Die Internationalisierungsstrategie wiederum bildet einen Sammelbegriff für untergeordnete Teilstrategien, die verschiedene Aspekte der Internationalisierung zum Gegenstand haben.

Die Festlegung einer Internationalisierungsstrategie umfasst eine Vielzahl von Aspekten.[1] Den im Schrifttum wohl am häufigsten behandelten Aspekt bildet hierbei die Art und Weise des internationalen Engagements der Unternehmung. Dieser Aspekt soll im Folgenden als Markteintritts- und Marktbearbeitungsstrategie bezeichnet werden. Einen weiteren Aspekt bildet die sogenannte Zielmarktstrategie. Hierunter werden die Entscheidungen der Unternehmung für eine bestimmte Ländermarktpräsenz, die Ländermarktselektion sowie die Ländermarktsegmentierung verstanden.

Ein erfolgreicher Eintritt in die relevanten Zielmärkte erfordert eine präzise zeitliche Steuerung des Engagements. Diese kann unter dem Begriff der Timing-Strategie zusammengefasst werden. Im Folgenden sollen nun die verschiedenen Teilstrategien der Internationalisierungsstrategie dargestellt werden. Neben einer kurzen Skizzierung der grundsätzlich innerhalb der einzelnen Teilstrategien bestehenden Alternativen für die Medienunternehmen, soll insbesondere auf die Besonderheiten der einzelnen Mediengattungen und deren Einfluss auf die Alternativenwahl eingegangen werden. Abgerundet wird die Darstellung durch Fallbeispiele aus den einzelnen Mediengattungen.

---

[1] Vgl. im Folgenden Kutschker/Schmid (2011), S. 823 ff.

2.1 Markteintritts- und Marktbearbeitungsstrategien

Im Folgenden soll ein Überblick über im Rahmen einer Internationalisierung grundsätzlich möglichen Markteintritts- und Marktbearbeitungsstrategien gegeben werden. Als Markteintritt wird dabei der erstmalige Eintritt in einen neuen (internationalen) Markt bezeichnet. Die Marktbearbeitung hingegen umfasst auch die Bearbeitung von Märkten, in die eine Unternehmung bereits eingetreten ist. Dabei muss die Form der Marktbearbeitung im Zeitablauf nicht zwingend der Form des Markteintritts entsprechen.

Abbildung 2-1: Systematisierung von Markteintritts- und Marktbearbeitungsstrategien[1]

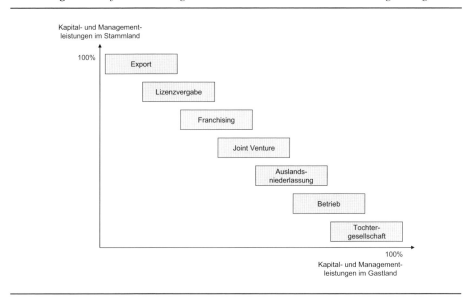

Für ein Engagement auf internationalen Märkten stehen Unternehmungen grundsätzlich verschiedene Möglichkeiten des Markteintritts und der Marktbearbeitung offen. Entsprechend existiert auch eine Vielzahl von Systematisierungsansätzen für Markteintritts- und Marktbearbeitungsstrategien. Hier soll der Systematisierung von Meissner/Gerber (1980) gefolgt werden, die die wesentlichen Markteintritts- und Marktbearbeitungsstrategien anhand der im Stammland und im Gastland erbrachten Kapital- und Mana-

---

[1] In Anlehnung an Meissner/Gerber (1980), S. 224.

gementleistungen und somit anhand des Ressourcentransfers unterscheiden.[1] Diese Form der Systematisierung von Markteintritts- und Marktbearbeitungsstrategien ist in Abbildung 2-1 dargestellt. Das Franchising wird aufgrund seiner geringen Bedeutung für Medienunternehmen nicht betrachtet.

2.1.1 Export

Der Export als eine Form des Markteintritts und der Marktbearbeitung sieht eine vollständige Erbringung der Kapital- und Managementleistungen im Stammland vor. Unterschieden wird zwischen indirektem und direktem Export. Indirekter Export ist hierbei gekennzeichnet durch die Einschaltung von Handelsmittlern im Inland. Bei Handelsmittlern handelt es sich in der Regel um Außenhandelsunternehmungen oder Exporthäuser. Im Gegensatz zum indirekten Export werden beim direkten Export keine inländischen Handelsmittler eingeschaltet.

Mithin erfolgt ein direkter Kontakt zwischen der exportierenden Unternehmung und ausländischen Geschäftspartnern. Entsprechend der Art der ausländischen Geschäftspartner können zwei Formen des direkten Exports unterschieden werden: direkter Export ohne Einschaltung eines Mittlers im Gastland und direkter Export unter Einschaltung eines Mittlers im Gastland, wie zum Beispiel selbstständige, nicht weisungsgebundene Handelsvertreter, Kommissionäre, Handelsmakler oder Generalimporteure.

Im Vergleich zum indirekten Export ist der Ressourceneinsatz für den Markteintritt beim direkten Export sehr hoch. Dies ist insbesondere auf den Aufbau des erforderlichen Beziehungsgeflechts zu Kunden und Geschäftspartnern zurückzuführen. Zudem besteht beim indirekten Export für das exportierende Unternehmen nur ein begrenztes Risiko, da die Vermarktung der übernommenen Produkte und Dienstleistungen durch die Handelsmittler auf deren Risiko hin erfolgt. Dies gilt gerade auch für die im Rahmen von Auslandsgeschäften besonders bedeutenden Währungsrisiken. Ein weiterer Vorteil des indirekten Export besteht in der hiermit verbundenen geringen organisatorischen Komplexität.

Eine umfangreiche organisatorische Restrukturierung ist nicht erforderlich. Es ist lediglich eine externe Schnittstelle zu den entsprechenden Handelsmittlern zu schaffen. Schließlich kann eine erfolglose Auslandsaktivität bei indirektem Export aufgrund der geringen organisatorischen Veränderungen auch relativ schnell und problemlos wieder beendet werden. Auch wenn der indirekte Export beim Markteintritt nur einen geringen Ressourcenverbrauch verursacht, so ist er jedoch im Rahmen einer längerfristigen Marktbearbeitung vergleichsweise kostenintensiv, da die Handelsmittler in der Regel für ihre Tätigkeit eine erhebliche Spanne zwischen Ankaufs- und Verkaufspreis fordern.

---

[1] Vgl. Meissner/Gerber (1980), S. 223.

Darüber hinaus baut eine Unternehmung beim indirekten Export keine Erfahrungen und keine Beziehungen auf dem ausländischen Markt auf. Dies kann dazu führen, dass eventuelle Chancen auf diesen Märkten weitgehend ungenutzt bleiben. Ein wesentlicher Vorteil des direkten Exports gegenüber dem indirekten Export besteht in der Möglichkeit einer stärkeren Steuerung und Kontrolle des Absatzes sowie die Möglichkeit eines direkten Eingriffs in das Auslandsgeschäft. Darüber hinaus sind auch die Kosten, die im Rahmen der längerfristigen Marktbearbeitung entstehen, beim direkten Export in der Regel geringer anzusetzen als beim indirekten Export.

Selbst wenn im Ausland Handelsmittler eingeschaltet werden, so fällt deren Entgelt doch zumeist geringer aus als das inländischer Außenhandelsunternehmen oder Exporthäuser. Ein genereller Nachteil einer Markteintritts- und Marktbearbeitungsstrategie in Form von Exporten besteht zudem in der fehlenden Präsenz im Ausland. Dies kann unter Umständen zu Akzeptanzproblemen auf dem relevanten Auslandsmarkt führen. Zudem kann es aufgrund der räumlichen Distanz zu einer verzögerten Reaktion auf veränderte Anforderungen der ausländischen Märkte kommen.

Für Medienunternehmen stellen sowohl der direkte als auch der indirekte Export potenzielle Strategiealternativen des Markteintritts und der Marktbearbeitung dar. Hierbei stellen sich die einzelnen Mediengattungen jedoch als in unterschiedlichem Ausmaß für den Export geeignet dar. So ist der Export etwa im Bereich von Presseerzeugnissen relativ häufig anzutreffen. Beispielhaft können hier der Export von tagesaktuellen Zeitungen (zum Beispiel Süddeutsche Zeitung, Frankfurter Allgemeine Zeitung) oder Magazinen (zum Beispiel Stern, Spiegel) in stark von Touristen, sonstigen Reisenden oder Expatriaten frequentierte geografische Gebiete oder auch Auslandsabonnements genannt werden.

Entsprechend der im Rahmen des zweiten Kapitels dargestellten Möglichkeiten des direkten und des indirekten Vertriebs von Zeitungen und Zeitschriften lässt sich hier auch zwischen direktem und indirektem Export unterscheiden. Direkter Export kommt insbesondere im Falle von Auslandsabonnements zur Anwendung. Die entsprechenden Presseprodukte werden hierbei in der Regel direkt vom Verlag per Post oder sonstigem Auslieferungsdienst an die entsprechenden Empfänger distribuiert. Auch ausländische Verkaufsstellen können im Wege des direkten Exports beliefert werden. Dabei ist ein direkter Export ohne den Einsatz von Handelsmittlern zwar grundsätzlich denkbar, zumeist werden jedoch Mittler eingeschaltet. So werden die entsprechenden Printprodukte etwa an Grossisten im entsprechenden Zielland geliefert.

Daneben kommt schließlich auch die Einschaltung inländischer Handelsmittler und somit ein indirekter Export für Printprodukte in Betracht. Bei einer Entscheidung für den Export als Markteintritts- und Marktbearbeitungsstrategie von Presseunternehmen auf internationalen Märkten ist allerdings deren Zeitsensibilität zu berücksichtigen. Um für den Kunden einen möglichst großen Nutzen zu stiften, sollten Presseprodukte möglichst tagesaktuell sein. Bei großen Exportdistanzen ist daher aufgrund des damit verbundenen Zeitaufwands der Export nicht immer als die beste Alternative anzusehen.

Ein ähnliches Bild ergibt sich bei Buchverlagen. Auch bei diesen stellt der Export in von inländischen Reisenden stark frequentierte, geografische Regionen eine sinnvolle Strategiealternative dar. Buchverlagen stehen grundsätzlich die gleichen Exportwege offen wie Presseverlagen. Ein direkter Export ohne die Einschaltung von Handelsmittlern stellt eher die Ausnahme dar. Da bei Buchprodukten zudem die Zeitsensibilität weniger stark ausgeprägt ist als bei Presseprodukten, kann hier auch der Export bei höheren Distanzen eine sinnvolle Strategiealternative darstellen.

In der Musikbranche stellt der Export gerade für kleinere Labels, die nicht über die erforderlichen Ressourcen für Direktinvestitionen verfügen, eine sinnvolle Strategieoption dar, wobei den Unternehmen sowohl der direkte als auch der indirekte Exportweg offenstehen. Diese Internationalisierungsform erlaubt den Unternehmen, ihre Produkte ohne große Anfangsinvestitionen im Ausland abzusetzen. Unterstützt wird der Export von Musikprodukten durch die Tatsache, dass bei diesen Produkten kulturelle Prädisposition und Sprache eine weniger dominante Rolle spielen.

So werden etwa englischsprachige Musikstücke nahezu weltweit von den Konsumenten rezipiert. Somit können englischsprachige Musikprodukte nahezu ohne Adaption an lokale Gegebenheiten auf internationalen Märkten angeboten werden. Mithin nimmt bei Musikprodukten auch die Bedeutung des Partnering mit lokal ansässigen Firmen oder die eigene Präsenz in den entsprechenden Ländern als Mittel zur Erlangung von Kenntnissen über den entsprechenden Markt und den Kulturraum ab.

Allerdings ist der Export als Markteintritts- und Marktbearbeitungsstrategie auf internationalen Märkten insgesamt aufgrund der hohen variablen Kosten, etwa für den Transport oder für das Entgelt für eventuelle Handelsmittler, eher für kleinere Label mit geringem Auslandsvolumen geeignet. Bei größeren Auslandsvolumina ist zu überprüfen, ob nicht eine der nachfolgend diskutierten Strategiealternativen erfolgversprechender ist.

2.1.2 Lizenzierung

Zu einem größeren Ressourcentransfer als im Rahmen des Exports kommt es im Rahmen der Lizenzierung ins Ausland. Unter dem Begriff der Lizenzierung werden vertragliche Abkommen verstanden, mit denen inländische Lizenzgeber ausländischen Lizenznehmern intangible Vermögensgegenstände unter bestimmten Bedingungen zur Verfügung stellen. Dabei kommen für eine Lizenzvergabe insbesondere Patente, Gebrauchsmuster, Warenzeichen, Geschmacksmuster, technisches Know How, kaufmännisches Know How sowie Urheberrechte in Frage.

Lizenzen an ausländische Geschäftspartner werden in der Regel mit bestimmten Restriktionen versehen, die ihre Nutzung einschränken. Genannt werden in diesem Zusammenhang insbesondere räumliche, zeitliche und sachliche Restriktionen sowie Restriktionen hinsichtlich der Anzahl der Lizenzpartner.[1] Räumliche Restriktionen beziehen sich darauf, dass Lizenzen in der Regel nicht weltweit vergeben werden, sondern sich auf bestimmte geografische Gebiete beschränken. Im Rahmen zeitlicher Restriktionen gilt, dass die Höchstdauer eines Lizenzvertrags im Regelfall mit der Schutzdauer des Lizenzgegenstands übereinstimmt.

Unter die sachlichen Restriktionen wird der Tatbestand gefasst, dass Lizenzen im Allgemeinen nicht für alle Verwendungsformen vergeben werden. Vielmehr erfolgt in der Regel eine dreifache Differenzierung in Herstellungslizenzen, die zur Produktion befugen, Vertriebslizenzen, die den Vertrieb erlauben, und Gebrauchslizenzen, die lediglich zur internen Nutzung des Lizenzobjekts berechtigen. Restriktionen hinsichtlich der Anzahl der Lizenzpartner schließlich beziehen sich darauf, dass Lizenzen oftmals nicht exklusiv erteilt werden, sondern auch mehreren ausländischen Lizenzpartnern zur Verfügung stehen können.

Bei den Lizenzgebühren kann zwischen Pauschallizenzgebühren (Lump Sums) als einmaligen oder periodisch wiederkehrenden Zahlungen und laufenden Lizenzgebühren (Royalties) als Varianten von beschaffungs-, absatz-, umsatz- oder gewinnbezogenen Größen unterschieden werden. Höhe und Zusammensetzung der Lizenzgebühren variieren hierbei abhängig von einer Vielzahl von Faktoren. Zu nennen sind insbesondere die räumliche und zeitliche Gültigkeit der Lizenz sowie die Art des lizenzierten Gegenstands. Neben Lizenzgebühren haben sich in der Praxis auch weitere Entgeltformen entwickelt. So kommt es etwa in manchen Fällen zu einem Austausch von Lizenzen. Auch ist eine Kapitalbeteiligung des Lizenzgebers am Lizenznehmer eine in der Praxis anzutreffende Entgeltform.

Schließlich bestehen auch Abkommen, bei denen der Lizenznehmer den Lizenzgeber als Gegenzug für die gewährte Lizenz kostenlos oder zu Sonderkonditionen beliefert. Ein besonderer Vorteil der Form des Markteintritts- und der Marktbearbeitung über die Vergabe von Lizenzen liegt darin begründet, dass hierfür nur in einem sehr geringen Umfang finanzielle und personelle Ressourcen beansprucht werden.[2] Aufwand entsteht lediglich für die Auswahl der Lizenznehmer, die Ausarbeitung des Lizenzvertrags und die Überwachung der Einhaltung des Lizenzvertrags. Ein weiterer Vorteil der Lizenzvergabe liegt in der Möglichkeit zur mehrfachen Verwertung intangibler Vermögensgegenstände sowohl in räumlicher als auch in zeitlicher Hinsicht und somit eine verbesserte Amortisation von Investitionen. In räumlicher Hinsicht erlauben Lizenzvereinbarungen intangible Vermögensgegenstände ohne großen Mehraufwand parallel im Ausland zu verwerten.

---

1 Vgl. Böcker (1991), S. 75 ff.
2 Vgl. Kriependorf (1989), Sp. 1324.

Aber auch eine sequentielle Verwertung der entsprechenden Vermögensgegenstände ist möglich, wenn diese sich im Inland bereits am Ende ihres Lebenszyklus befinden und durch eine Lizenzierung an einen ausländischen Partner eine weitere Verwertung sichergestellt werden kann. Ebenfalls als Vorteil der Auslandslizenzierung zu werten ist, dass diese zu regelmäßigen und in der Regel stabilen Erträgen führen und Risiken, insbesondere auch das Währungsrisiko, weitestgehend entfallen.[1] Schließlich ermöglicht ein Lizenzabkommen mit lokalen Partnern auch den Markteintritt in Ländern, in denen tarifäre (Zölle) und nicht-tarifäre (zum Beispiel Einfuhrkontingente und Local Content-Vorschriften) Handelshemmnisse existieren.

Nachteile der Lizenzierung bestehen etwa in den begrenzten Möglichkeiten, die Aktivitäten des Lizenznehmers zu beeinflussen und zu kontrollieren. Dies kann zu Qualitäts- und Imageproblemen beim ausländischen Kunden führen, die im ungünstigen Fall sogar Rückwirkungen auf den Heimatmarkt im Sinne eines negativen Imagetransfers entfalten können. Hiermit eng verbunden ist das Problem, dass es trotz Geheimhaltungsklauseln zu einer Weitergabe von sensiblem Know How durch den Lizenznehmer an dritte Unternehmungen kommen kann.

Schließlich kann es auch dazu kommen, dass der Lizenznehmer die Lizenz nutzt, um Zugang zu geheimem Wissen zu erlangen und nach Ablauf des Lizenzvertrags in Konkurrenz zum Lizenzgeber tritt. Aus diesem Grund sind Lizenzvereinbarungen besonders häufig auch zwischen verbundenen Unternehmen anzutreffen. Zudem werden vielfach auch nicht das eigentliche Kernwissen sondern vielmehr Peripheriewissen beziehungsweise darauf aufbauende Technologien und Produkte lizenziert.

Die Lizenzierung stellt im Medienbereich eine der wichtigsten Markteintritts- und Marktbearbeitungsstrategien auf internationalen Märkten dar. Im Printbereich wird die Lizenzierung insbesondere von Buchverlagen eingesetzt. Diese vergeben Lizenzen an ortsansässige Unternehmen, welche erlauben, die entsprechenden Werke in die jeweilige Landessprache zu übersetzen. Mithin handelt es sich hier um eine Form von Herstellungs- und Vertriebslizenzen. Die Lizenzen können sich hierbei entweder auf einzelne Länder oder auch auf einen Sprachraum beziehen. Vorherrschend hierbei sind Länderlizenzen. Darüber hinaus können die Lizenzen für einzelne Werke oder aber für mehrere, international interessante Werke eines Verlags vergeben werden.

So werden etwa die Werke des amerikanischen Autors John Grisham, die in den USA vom Doubleday-Verlag produziert werden, in Deutschland vom Heyne-Verlag produziert und vermarktet. In Frankreich hält der Verlag Robert Laffont die Lizenz an Büchern des Autors. Lizenzen im Buchbereich werden in der Regel exklusiv für bestimmte Verwertungsformen vergeben. So ist es üblich, zunächst eine Lizenz für die gebundene Version zu vergeben und zeitlich verzögert eine weitere Lizenz für die Taschenbuchausgabe (Windowing). Dabei werden Lizenzen für die gebundene Version und für die Taschenbuchausgabe oftmals an verschiedene Verlage vergeben.

---

1 Vgl. Pausenberger (1992), S. 207.

Auch im Movie-Bereich stellt die Lizenzierung eine der wesentlichen Internationalisierungsformen dar. Hierbei werden vom Produzenten sogenannte Nullkopien der Filme an (ausländische) Filmverleiher ausgegeben. Diese erhalten die Lizenz, diese zu vervielfältigen und an die Kinos weiterzuverleihen. Dabei sind die Lizenzen in der Regel auf einzelne Filme und geografische Regionen begrenzt. Große Filmverleiher arbeiten dabei mit einer Vielzahl von Produzenten zusammen, um so immer aktuelle und publikumswirksame Filme im Angebot halten zu können. Umgekehrt arbeiten auch die Produzenten in der Regel nicht exklusiv mit einzelnen Verleihern zusammen. Vielmehr vergeben sie die Lizenzen filmweise an verschiedene Verleiher.

Im Fernsehbereich bilden Lizenzen ebenfalls eine wesentliche Markteintritts- und Marktbearbeitungsstrategie auf internationalen Märkten. Unterschieden wird im Fernsehbereich zwischen Programmlizenzen und Formatlizenzen. Programmlizenzen beinhalten das Recht, eine Sendung zu synchronisieren und auszustrahlen. Bespiele bilden hier die Ausstrahlung amerikanischer Serien wie etwa „How I Met Your Mother" oder „Two And A Half Men" im deutschen Fernsehen. Formatlizenzen hingegen beinhalten das Recht zu einer lokalen Adaption von Programmformaten.

Beispiele hierfür bilden die Umsetzungen der amerikanischen Formate „Who Wants To Be A Millionaire" und „American Idol" zu „Wer wird Millionär" beziehungsweise „Deutschland sucht den Superstar." Auch in andere Länder wurden die entsprechenden Formate erfolgreich lizenziert. Formatlizenzen werden oftmals zusammen mit dem entsprechenden Produktions-Know How verkauft. Programmlizenzen sind damit in erster Linie als Vertriebslizenzen zu charakterisieren, während Formatlizenzen Programm- und Vertriebslizenzen darstellen. Die Lizenzen werden in der Regel exklusiv vergeben und beziehen sich auf das Verbreitungsgebiet eines Senders.

2.1.3 Joint Ventures und strategische Allianzen

Gerade in den letzten Jahren hat die Bedeutung kooperativer Formen des Markteintritts und der Marktbearbeitung stark zugenommen. Dabei wird unter einer Kooperation die Zusammenarbeit zwischen zwei oder mehr rechtlich und weitestgehend auch wirtschaftlich selbstständigen Unternehmungen verstanden. Die kooperierenden Unternehmen gehen hierbei davon aus, dass sie ihre Ziele gemeinsam besser erreichen können als jeweils alleine.

Über Kooperationen sollen Erträge gesteigert, Risiken minimiert oder der Zugang zu Ressourcen geschaffen werden. Im Folgenden sollen Joint Ventures und strategische Allianzen als Kooperationen im engeren Sinne betrachtet werden. Diese unterscheiden sich von den vorgenannten Formen des Markteintritts und der Marktbearbeitung, die auch Elemente einer interorganisationalen Zusammenarbeit enthalten, insbesondere dadurch, dass die Partner hier gleichberechtigt zusammenarbeiten.

Als Joint Ventures werden gemeinsame Unternehmungen von zwei oder mehr Partnern bezeichnet. Das heißt, es wird eine neue, gemeinsam getragene Unternehmung mit eigener Rechtspersönlichkeit geschaffen. Wird ein Joint Venture als Markteintritts- und Marktbearbeitungsstrategie auf internationalen Märkten genutzt, so wird die entstehende neue Unternehmung entsprechend im Ausland angesiedelt. Joint Ventures können grundsätzlich nur einzelne unternehmerische Bereiche (wie etwa Beschaffung oder Produktion), mehrere Bereiche oder die gesamte Wertschöpfungskette betreffen.

Der Sitz eines internationalen Joint Ventures kann entweder im Stammland eines der Partner oder auch in einem Drittland liegen. Ebenso kann sich der geografische Kooperationsbereich eines Joint Venture entweder auf ein bestimmtes Land beziehen, oder sich auf weitere Regionen beziehungsweise den Weltmarkt beziehen. Die Kooperationsrichtung eines Joint Venture kann sowohl horizontal als auch vertikal oder diagonal sein.

Bezüglich des zeitlichen Horizonts der Kooperation kann zwischen befristeten und unbefristeten Joint Ventures unterschieden werden, wobei die Mehrzahl der Joint Ventures unbefristet abgeschlossen wird. Schließlich kann zwischen paritätisch geführten Joint Ventures, an denen alle Partner zu gleichen Teilen beteiligt sind, und Joint Ventures mit ungleichen Beteiligungen der Partner unterschieden werden. Joint Ventures stellen vielfach eine Alternative zu direktinvestiven Alleingängen einer Unternehmung dar.

Vorteile bestehen hierbei insbesondere in einem reduzierten Kapitalbedarf für die einzelne Unternehmung und in einer Risikoallokation. Darüber hinaus ermöglichen Joint Ventures oftmals die Realisierung von Economies Of Scale und Economies Of Scope. Economies Of Scale lassen sich insbesondere bei horizontalen Joint Ventures realisieren. Economies Of Scope ergeben sich aus der Bündelung komplementärer Ressourcen, Fähigkeiten und Kompetenzen.

Auf diese Weise werden im Rahmen eines Joint Ventures Stärken verbunden und Schwächen ausgeglichen. Darüber hinaus eignen sich Joint Ventures auch dazu, von den jeweiligen Partnern zu lernen. Schließlich werden Joint Ventures häufig auch als Mittel angesehen, die Konkurrenz in einem Markt zu entschärfen. Ein selbstständiger Eintritt in einen ausländischen Markt als Alternative hingegen würde zu einer Verschärfung des Wettbewerbs führen.

Nachteile von Joint Ventures bestehen insbesondere in einem gerade auch aufgrund großer geografischer Distanzen hohen Koordinationsaufwand. Dies verstärkt sich nochmals, da immer auch mit opportunistischen Verhaltensweisen der Partner zu rechnen ist. Zudem tragen auch kulturelle Differenzen zwischen den Partnern zu einem erhöhten Koordinationsaufwand bei. Der hohe Koordinationsaufwand kann in langen Abstimmungsprozessen zwischen den Partnern resultieren, die insbesondere in schnelllebigen Märkten oftmals erforderliche rasche Anpassungen erschweren.

Ein weiteres, hiermit eng verwandtes Problem ist, dass sich mit Joint Ventures eine über Ländermärkte hinweg konsistente Strategie nur schwer verfolgen lässt, da jeweils die Anforderungen der Partner in den einzelnen Ländern zu berücksichtigen sind. Hiermit ist zugleich auch die Schwierigkeit einer Integration des Joint Venture in den Unternehmensverbund angesprochen. Wie bei allen kooperativen Formen des Markteintritts kommt es auch im Rahmen von Joint Ventures zu einem Know How-Abfluss. Im Zusammenspiel mit einer vielfach zu beobachtenden Instabilität von Joint Ventures kann dieser zu einem Aufbau potenzieller Konkurrenz führen.

Als strategische Allianz wird die strategische Zusammenarbeit von zwei oder mehr Unternehmen in genau definierten Bereichen bezeichnet. Das wesentliche Unterscheidungskriterium zu einem Joint Venture besteht darin, dass im Rahmen von strategischen Allianzen auf die Bildung eines rechtlich selbstständigen Unternehmens sowie auf eine wechselseitige Kapitalbeteiligung verzichtet wird. Vor- und Nachteile von strategischen Allianzen entsprechen weitgehend den bereits bei Joint Ventures genannten Punkten. Allerdings ermöglichen strategische Allianzen, gegenüber Joint Ventures eine deutlich höhere Flexibilität, da kein eigenes Unternehmen gegründet wird und Entscheidungen somit eher reversibel sind.

Darüber hinaus zeichnen sich strategische Allianzen gegenüber Joint Ventures durch einen deutlich geringeren Ressourcenbedarf aus, da keine Neugründung finanziert werden muss. Mit der höheren Flexibilität von strategischen Allianzen ist andererseits jedoch auch eine geringere Stabilität der entsprechenden Arrangements verbunden. Strategische Allianzen und Joint Ventures bilden eine für alle Mediengattungen gleichermaßen geeignete und relevante Markteintritts- und Marktbearbeitungsstrategie auf internationalen Märkten.

So ist zunächst im Pressebereich das Eingehen von Allianzen und Joint Ventures sowohl im redaktionellen als auch im Bereich der Drucklegung möglich. Im redaktionellen Bereich ist etwa daran zu denken, im Rahmen einer Allianz oder eines Joint Venture zusammen mit entsprechenden ausländischen Partnern, lokalspezifischen und landessprachlichen Content zu erstellen. Auf diese Weise können die Presseunternehmen das Know How der Partner bezüglich des Markts, der relevanten Themen und der Präferenzen der Leserschaft nutzen. Dies ermöglicht im Gegensatz zum reinen Export eine deutlich bessere Anpassung an die jeweiligen Leserbedürfnisse.

Gegenüber direktinvestiven Alleingängen, beispielsweise einer Akquisition, bietet die Form einer Allianz oder eines Joint Venture den Vorteil eines deutlich geringeren Ressourcenbedarfs. Im Bereich der Drucklegung bieten sich Allianzen und Joint Venture für Presseverlage dahingehend an, sodass zusammen mit ausländischen Partnern der Druck der Presseerzeugnisse vor Ort erfolgt. Ein Beispiel bildet hier etwa die Axel Springer AG, die die Bild Zeitung in verlagsfremden Druckhäusern auf Gran Canaria, Mallorca und in Madrid produzieren lässt, um so deutsche Urlauber in Spanien bedienen zu können.

Kapitel 10: Internationales Medienmanagement

Auch für Buchverlage bietet sich ein Joint Venture als Markteintritts- und Marktbearbeitungsstrategie auf internationalen Märkten an. Dabei beziehen sich Allianzen und Joint Ventures vor allem auf die Bereiche Lektorat und Druck. Im Lektoratsbereich bietet sich insbesondere eine Zusammenarbeit im Hinblick auf die Übersetzung der Bücher in die jeweiligen Landessprachen sowie hinsichtlich besonderer kulturell bedingter Anforderungen an das Layout der Bücher an. Im Bereich der Drucklegung ermöglichen Allianzen und Joint Ventures einen Druck der entsprechenden Werke im Ausland und mithin eine Minimierung von Transportkosten.

Im Movie-Bereich sind internationale Koproduktionen ebenfalls keine Seltenheit. Dabei erfolgt eine gemeinsame Produktion eines Kinofilms mit ausländischen Partnern und der Film ist für eine internationale Kinoverwertung vorgesehen. So war beispielsweise der Film „Das Parfum" eine deutsch-französisch-spanische Koproduktion, die in allen drei Ländern einen großen Markterfolg erzielte. Der Grund für internationale Koproduktionen von Kinofilmen besteht hauptsächlich in den hohen Produktionskosten international vermarktbarer Filme.

Die Produktionskosten des Films „Das Parfum" werden auf circa 60 Millionen Euro geschätzt. Die Kooperation stellt einen Weg dar, die hohen Kosten zwischen den Unternehmen zu teilen. Mithin macht die Kooperation einen internationalen Markteintritt und eine internationale Marktbearbeitung mit einem deutlich geringeren Ressourceneinsatz und somit auch für kleinere Unternehmen möglich. Neben Produktionskooperationen bietet sich im Movie-Bereich auch die Möglichkeit zu Vertriebskooperationen.

So können etwa Filmproduzenten im Rahmen eines Joint Venture eigene Filmverleihgesellschaften in wichtigen internationalen Märkten aufbauen und betreiben. Hierin besteht eine wesentliche Alternative zur oben beschriebenen Lizenzierung von Filmverleihern. Insbesondere kommt es hierbei nicht zu einer Beschränkung der Gewinnpotenziale auf die Höhe der Lizenzgebühren. Vielmehr partizipieren die Unternehmen direkt entsprechend ihrer Beteiligung am Joint Venture am im Ausland erwirtschafteten Gewinn.

Sehr ähnlich dem Movie-Bereich kommt es auch im TV-Bereich häufig zu internationalen Koproduktionen von Formaten. Besonders häufig ist dies bei Fernsehfilmen oder -serien der Fall. Auch hier sind insbesondere Kostenüberlegungen Auslöser für diese Art der Kooperation. Ebenso sind Vertriebskooperationen im TV-Bereich denkbar, allerdings eher weniger verbreitet. So ist es etwa vorstellbar, dass Fernsehsender mit ausländischen Partnern kooperieren, um vor Ort Synchronisationen oder Adaptionen auf lokale Gegebenheiten vorzunehmen und so die entsprechenden Formate zu vermarkten.

Aber auch ganze TV-Sender entstehen als Kooperationsprojekte. Ein Beispiel bildet hier das deutschsprachige Fernseh-Kulturprogramm 3sat. Am 13. Juli 1984 wurde zwischen dem deutschen ZDF, dem österreichischen ORF und dem schweizer Sender SRG der Vertrag über ein versuchsweise zu betreibendes, gemeinsames Fernsehprogramm für den deutschen Sprachraum geschlossen. Der Ausstrahlungsbeginn des 3sat Programms war am 1. Dezember aus dem ZDF-Sendezentrum in Mainz. Am 16. Dezember 1987 wurde von den Intendanten von ZDF, ORF und SRG der neue 3sat-Vertrag unterzeichnet, der das deutschsprachige Gemeinschaftsprogramm in einen endgültigen Sendebetrieb überleitete. Der Programmschwerpunkt lag zu diesem Zeitpunkt auf Kulturprogrammen, wobei länderübergreifend Sendungen mit entsprechendem Schwerpunkt wiederholt werden. Daneben werden einige Sendungen auch speziell für 3sat produziert.

War die ARD zunächst nicht an 3sat beteiligt, da sie ihren eigenen Kulturkanal 1PLUS betrieb, wurde mit dessen Einstellung aus Kostengründen auch die ARD an 3sat beteiligt. Hierzu wurde am 8. Juli 1993 ein neuer 3sat-Vertrag von ZDF, ORF, SRG und ARD unterzeichnet. Mit diesem wurde die ARD offiziell Mitveranstalter von 3sat. Seither tragen ARD und ZDF jeweils 32,5% zum Programm von 3sat bei. ORF und SRG (heute SRG SSR idée suisse) liefern 25% beziehungsweise 10% der Programmanteile. Die Gesellschafteranteile der beteiligten Programmanstalten betragen jeweils 30% für ORF, SRG und ZDF sowie 10% für die ARD. Mit dem Beitritt der ARD wurde 3sat zum Vollprogramm ausgebaut und erhielt ein neues Programmschema. Weiterhin bilden Information und Kultur den Programmschwerpunkt.

Komplettiert wird das Angebot mit Magazinen, Sport und Musik, einem festen Sendeplatz für Kleinkunst und Satire sowie anspruchsvollen Spiel- und Fernsehfilmen. Im Zuge einer weiteren Programmreform wurde im Herbst 1995 ein werktägliches Magazin mit dem Namen „Kulturzeit" eingeführt. Im Dezember 1995 folgte das werktägliche Wissenschaftsmagazin „nano". Seit 1995 erhält 3sat seinen Sendebetrieb rund um die Uhr aufrecht. Für die Anbieter im Bereich Musik bieten sich kooperative Arrangements im Rahmen der Internationalisierung insbesondere im Bereich der physischen Herstellung der Tonträger an.

Hierbei können etwa im Rahmen von Joint Ventures Presswerke im Ausland errichtet werden. Schließlich bieten sich auch für die Hersteller von Video- und Computerspielen Entwicklungs- und Produktionsallianzen als Markteintritts- und Marktbearbeitungsstrategie auf internationalen Märkten an. Hier sprechen insbesondere die hohen Entwicklungskosten für neue Spiele für Kooperationen. Daneben bieten sich im Rahmen der physischen Produktion, wie bereits bei der Musikindustrie, Joint Ventures bei ausländischen Presswerken für die CDs beziehungsweise DVDs und Blu-rays an.

2.1.4 Direktinvestive Alleingänge

Als letzte Alternative einer internationalen Markteintritts- und Marktbearbeitungsstrategie bietet sich den Unternehmen die Möglichkeit eines direktinvestiven Alleingangs. Hierbei bieten sich verschiedene Möglichkeiten der Direktinvestition, die nachfolgend erläutert werden. Zu unterscheiden ist hierbei zunächst zwischen einer Minderheitsbeteiligung und der Etablierung rechtlich unselbstständiger Auslandsengagements sowie der Etablierung von Tochtergesellschaften. Im Rahmen einer Minderheitsbeteiligung erwirbt ein inländisches Unternehmen Anteile einer ausländischen Unternehmung, ohne diese hierdurch zu beherrschen. Minderheitsbeteiligungen sind somit gekennzeichnet durch eine Kapitalbeteiligung von maximal 49,9% an den Stimmrechten der ausländischen Gesellschaft.

Bei einem Anteil bis maximal 25% spricht man dabei von einer einfachen beziehungsweise echten Minderheitsbeteiligung oder einer Minoritätsbeteiligung.[1] Bei einer Beteiligung zwischen 25 und 50% wird von einer Sperrminderheitsbeteiligung beziehungsweise einer Sperrminoritätsbeteiligung gesprochen. Abhängig vom jeweiligen Landesrecht können hier auch andere Grenzen relevant sein. Minderheitsbeteiligungen bilden oftmals den ersten Einstieg bei einer ausländischen Unternehmung. Sie bieten die Möglichkeit, das ausländische Unternehmen kennenzulernen. Aufbauend auf dieser Erfahrung kann dann über ein weitergehendes Engagement im ausländischen Unternehmen nachgedacht werden.

Allerdings muss berücksichtigt werden, dass die Möglichkeiten zu einer Einflussnahme auf Strategie und Maßnahmen der ausländischen Unternehmung bei einer Minderheitsbeteiligung eher gering sind. Unter die rechtlich unselbstständigen Auslandsengagements fallen insbesondere ausländische Betriebsstätten, Niederlassungen, Filialen oder Repräsentanzen. Als Betriebstätten werden hierbei vor allem Produktionseinheiten bezeichnet, während sich die Begriffe Niederlassung oder Filiale primär auf Vertriebseinheiten beziehen. Repräsentanzen oder auch Stützpunkte sind schließlich kleine Büros mit wenigen Mitarbeitern, deren Hauptaufgabe in der Anbahnung von Geschäften sowie im Kontakt mit den relevanten Anspruchsgruppen liegt.

Rechtlich unselbstständige Auslandsengagements sind mit einer Reihe von Problemen verbunden. So ist zunächst das Auftreten solcher Engagements im internationalen Rechtsverkehr recht umständlich, da die Engagements keine eigene Rechtspersönlichkeit besitzen. Zudem ergeben sich bei einem rechtlich unselbstständigen Engagement aufgrund von Haftungsfragen Akzeptanzprobleme bei (potenziellen) Geschäftspartnern. Aus diesem Grund stellt die Etablierung rechtlich selbstständiger Einheiten, das heißt von Tochtergesellschaften, für viele Unternehmen die bessere Alternative dar.

Bei Tochtergesellschaften kann es sich sowohl um Mehrheitsbeteiligungen, das heißt Beteiligungen zwischen 50,1% und 99,9% des Kapitals oder der stimmberechtigten Anteile, als auch voll beherrschte Tochtergesellschaften, das heißt Beteiligung von 100% am Kapital oder den stimmberechtigten Anteilen, handeln. Darüber hinaus können Tochtergesellschaften mit vollständiger Wertschöpfungskette und Tochtergesellschaften mit spezialisierter Wertschöpfungskette, die sich auf einzelne Bereiche wie etwa Forschung und Entwicklung, Vertrieb oder Produktion konzentrieren, unterschieden werden.

---

[1] Vgl. Kutschker/Schmid (2011), S. 902 ff.

Tochtergesellschaften können auf zweierlei Art etabliert werden. So besteht einerseits die Möglichkeit von Neugründungen (Greenfield Investments), andererseits können Tochtergesellschaften durch Übernahmen (Akquisitionen, Brownfield Investments) etabliert werden. Vorteile der Etablierung von Tochtergesellschaften werden insbesondere in der unmittelbaren und eigenständigen Präsenz im Gastland gesehen. Diese Präsenz sichert nicht nur eine weitgehende Unabhängigkeit und damit die Durchsetzung eigener Strategien, sondern trägt auch zur Akzeptanz durch die Kunden bei. Zudem können Wettbewerbsvorteile, wie etwa Know How, innerhalb der Unternehmensgrenzen geschützt werden und müssen nicht an Partner weitergegeben beziehungsweise mit diesen geteilt werden.

Der wesentliche Nachteil der Etablierung von Tochtergesellschaften kann in dem damit verbundenen hohen Ressourcenaufwand gesehen werden, der sich sowohl auf finanzielle als auch auf Humanressourcen bezieht. Dabei ist das mit der Investition verbundene Risiko vom Unternehmen allein zu tragen und kann nicht wie etwa bei Joint Ventures mit Partnern geteilt werden. Zudem ist die Entscheidung, eine Tochtergesellschaft zu etablieren nur schwer reversibel. Insbesondere entstehen der Unternehmung im Falle der Desinvestition hohe Kosten. Das Unternehmen legt sich hierdurch langfristig auf eine Präsenz im entsprechenden Auslandsmarkt fest.

Die Etablierung von Tochtergesellschaften als Internationalisierungsstrategie bildet grundsätzlich einen für alle Mediengattungen gangbaren Weg, wenngleich auch die Verbreitung zwischen den einzelnen Medien stark schwankt. So sind Auslandsgesellschaften etwa im Bereich der Printmedien vielfach anzutreffen. Ein Beispiel bildet der Gruner & Jahr-Verlag, der im Jahr 1998 mit der Zeitschrift GEO in dieser Form in den russischen Markt eintrat. Dabei werden bis zu 80% der Beiträge aus bestehenden Ausgaben in die russische Ausgabe übernommen.

Auch im Buchbereich ist die Etablierung von Tochtergesellschaften von Relevanz. Hier bietet sich insbesondere die Etablierung eigenständiger Lektorate und Druckbetriebe im Ausland an. Im Movie-Bereich können von den Unternehmen etwa eigenständige Produktionsgesellschaften im Ausland gegründet werden. Außerdem ist die Etablierung von Filmverleihern als rechtlich eigenständigen Tochterunternehmen eine denkbare Strategiealternative in diesem Bereich.

Im TV-Sektor bildet die Gründung von Tochtergesellschaften eine eher unübliche Strategie. Hierfür ist insbesondere das erforderliche hohe Investitionsvolumen in diesem Bereich verantwortlich.[1] Gleiches gilt für den Radiobereich. Im Musikbereich hingegen bietet sich ebenso wie für die Hersteller von Video- und Computerspielen die Etablierung von rechtlich selbstständigen Presswerken im Ausland an. Ebenso stellen für Musikunternehmen selbstständige internationale Tonstudios eine strategische Alternative dar.

---

1 Vgl. Habann/Hermann (2003), S. 901 ff.

Die größte Bedeutung kommt der Etablierung von Tochtergesellschaften, insbesondere bei der Akquisition, jedoch bei großen integrierten Medienkonzernen zu. Hier werden Akquisitionen von den Unternehmen insbesondere mit dem Ziel durchgeführt, möglichst alle Stufen der multimedialen Wertschöpfungskette abzudecken sowie hybride und multifunktionale Geschäftsmodelle aufzubauen. Auf die Besonderheiten integrierter Medien- und Internetverbundunternehmen soll an dieser Stelle nicht weiter eingegangen werden. Vielmehr sei hier auf die entsprechenden Ausführungen in Kapitel 11 hingewiesen.

2.1.5 Fusionen

Eine letzte hier vorzustellende Strategiealternative für den Markteintritt und die Marktbearbeitung in internationalen Märkten stellen Fusionen dar.[1] Die Grenzen zwischen einer Fusion und der oben beschriebenen Akquisition sind zumeist fließend. Im angloamerikanischen Sprachraum erfahren Fusionen und Akquisitionen daher vielfach auch eine Zusammenfassung unter dem Begriff der Mergers And Acquisitions. Als Fusion wird dabei in einer strengen Abgrenzung der Zusammenschluss vormals wirtschaftlich und rechtlich selbstständiger Unternehmungen unter einem gemeinsamen Dach verstanden.

Dabei sollte es zu einer einigermaßen gleichmäßigen Machtverteilung zwischen den Partnern kommen. Liegt hingegen eine deutlich ungleichmäßige Machtverteilung zugunsten eines Partners vor, so ist aus betriebswirtschaftlicher Sicht eher von einer Akquisition zu sprechen. Im internationalen Zusammenhang, bei dem eine inländische und eine ausländische Unternehmung sich zusammenschließen wird auch von Cross Border Mergers gesprochen. Aufgrund der Ähnlichkeiten zwischen Fusionen und Akquisitionen haben beide auch ähnliche Vor- beziehungsweise Nachteile.

Ebenso wie Akquisitionen bilden Fusionen eine grundsätzlich für alle Mediengattungen mögliche Strategiealternative im Hinblick auf den Markteintritt und die Marktbearbeitung auf internationalen Märkten. Zielsetzungen sind häufig die Abdeckung möglichst vieler Stufen der multimedialen Wertschöpfungskette und die Realisierung von Synergieeffekten. Aus diesem Grund ist es in den letzten Jahren auch zu verstärkten Fusions- beziehungsweise Übernahmeaktivitäten in der Medienbranche gekommen. Beispielsweise übernahm 2010 der Medienkonzern Walt Disney den amerikanischen Comic-Konzern Marvel-Entertainment für einen Übernahmepreis von vier Milliarden US-Dollar.

---

[1] Vgl. Wirtz (2012), S. 102.

2.2 Zielmarktstrategien

Mit der oben dargestellten Entscheidung für eine bestimmte Form des Markteintritts und der Marktbearbeitung muss eine Unternehmung im Zuge der Internationalisierung eine Entscheidung hinsichtlich der anvisierten Zielmärkte treffen. Dies geschieht im Rahmen der Formulierung von Zielmarktstrategien. Diese lassen sich unterteilen in Marktpräsenzstrategien, Marktselektionsstrategien sowie Marktsegmentierungsstrategien. Die Formulierung der entsprechenden Strategien setzt detaillierte Informationen über die relevanten Auslandsmärkte voraus, sodass der erste Schritt bei der Formulierung einer Zielmarktstrategie in der Informationsgewinnung besteht. Das Ziel der Informationsgewinnung besteht darin, der Unternehmung eine Entscheidungsunterstützung bei der Formulierung der Zielmarktstrategien zu geben.

Der tatsächlich benötigte Umfang und die Art der Informationen werden dabei jedoch wesentlich vom bisherigen Ausmaß der Internationalisierung sowie von der geplanten Markteintritts- und Marktbearbeitungsstrategie beeinflusst.[1] So benötigt etwa eine Unternehmung, die einen Markteintritt und eine Marktbearbeitung im Wege des indirekten Exports plant, Informationen in einem geringeren Umfang und Detaillierungsgrad als eine Unternehmung, die etwa die Etablierung einer ausländischen Tochtergesellschaft plant. Die exportierende Unternehmung benötigt im Wesentlichen Informationen, die sich auf die Absatzseite beschränken. In anderen Fällen hingegen sind auch auf andere Funktionalbereiche bezogene Informationen in hohem Grad entscheidungsrelevant.

Ist die Informationssammlung und -analyse zu Beginn des Internationalisierungsprozesses in der Regel noch recht grob und auf eine Vielzahl von Auslandsmärkten bezogen, so erfolgt im Zeitablauf eine Einengung auf bestimmte Ländermärkte, für die die Informationsintensität erhöht wird. Die so gesammelten Informationen müssen in einem letzten Schritt verdichtet und für die Entscheidungsfindung nutzbar gemacht werden. Basierend auf der Informationsbeschaffung kann die Zielmarktstrategie entwickelt werden. Im Folgenden soll nun ein Überblick über die wesentlichen Zielmarktstrategien und ihre Anwendung im Mediensektor gegeben werden.

2.2.1 Marktpräsenzstrategien

Marktpräsenzstrategien legen die Anzahl und die Auswahl der zu bearbeitenden Märkte fest. Dabei kann zwischen basalen, geografischen, attraktivitätsorientierten und ausgleichsorientierten Marktpräsenzstrategien unterschieden werden.[2] Als basale Marktpräsenzstrategien werden zwei prinzipielle Alternativen der Marktpräsenz bezeichnet: die Konzentrationsstrategie und die Diversifikationsstrategie.

---

1 Vgl. Simmet-Blomberg (1995), S. 109.
2 Vgl. Ayal/Zif (1979), S. 86.

Kapitel 10: Internationales Medienmanagement

Dabei wird als Konzentrationsstrategie ein zumeist sequentiell erfolgender Markteintritt beziehungsweise eine Marktbearbeitung in wenigen, streng selektierten Auslandsmärkten bezeichnet. Dies ermöglicht eine Konzentration der Ressourcen auf eine beschränkte Anzahl von Ländermärkten. Im Rahmen einer Diversifikationsstrategie hingegen erfolgt der Markteintritt beziehungsweise die Marktbearbeitung in eine Vielzahl von Ländermärkten innerhalb eines relativ kurzen Zeitraums.

Die Ressourcen werden somit unter anderem aus Gründen der Risikodiversifikation auf eine Vielzahl von Ländermärkten verteilt. Ayal/Zif (1979) gehen bei ihrer Diskussion basaler Marktpräsenzstrategien davon aus, dass eine optimale Anzahl bearbeiteter Ländermärkte existiert. Hieraus wird gefolgert, dass langfristig die Zahl der bearbeiteten Märkte sowohl bei der Konzentrationsstrategie als auch bei der Diversifikationsstrategie gegen die optimale Zahl der bearbeiteten Ländermärkte konvergiert. Dieser Zusammenhang ist auch in Abbildung 2-2 dargestellt.

Abbildung 2-2: Konzentrations- und Diversifikationsstrategien als basale Marktpräsenzstrategien[1]

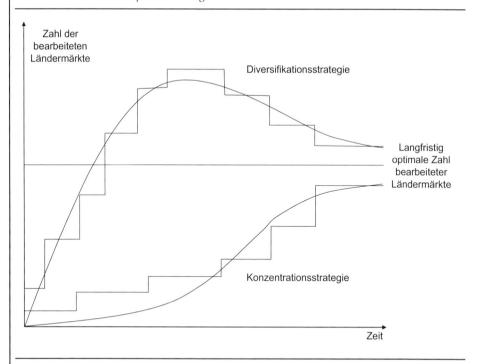

---

[1] In Anlehnung an Ayal/Zif (1979), S. 86.

Internationalisierungsstrategien von Medienunternehmen

Die basalen Marktpräsenzstrategien lassen lediglich eine Aussage hinsichtlich der Anzahl der zu bearbeitenden Märkte zu. Hiermit ist allerdings noch nichts darüber gesagt, auf welchen geografischen Märkten eine Unternehmung aktiv wird. Dies wird in den geografischen Marktpräsenzstrategien festgelegt. Dabei kann unterschieden werden zwischen einer Einzelmarktstrategie, einer Multieinzelmarktstrategie, einer Regionalmarktstrategie, einer Multiregionalmarktstrategie sowie einer Weltmarktstrategie. Eine Einzelmarktstrategie zielt auf nur einen weiteren Markt neben dem Heimatmarkt, wohingegen eine Multieinzelmarktstrategie ein Engagement auf mehreren einzelnen Ländermärkten vorsieht. Diese Einzelmärkte müssen dabei nicht zwingend einer bestimmten geografischen Region entstammen.

Eine Regionalmarktstrategie hingegen sieht eine Präsenz der Unternehmung in allen Ländern einer Region vor. Die Einteilung der Regionen erfolgt hierbei zumeist nach geografischen Kriterien. Denkbar sind jedoch auch andere Einteilungen wie etwa anhand der Zugehörigkeit der Länder zu politischen oder wirtschaftlichen Gemeinschaften.[1] Die Entscheidung einer Unternehmung in mehreren Regionen präsent zu sein, wird als Multiregionalmarktstrategie bezeichnet. Eine Weltmarktstrategie schließlich sieht ein Engagement der Unternehmung in allen Ländern weltweit vor. Dies ist jedoch eher als eine idealtypische Marktpräsenzstrategie zu charakterisieren.

Eine weitere Unterscheidung hinsichtlich der geografischen Marktpräsenzstrategien besteht zwischen konzentrischen Präsenzstrategien und inselförmigen Präsenzstrategien.[2] Dabei sieht eine konzentrische Marktpräsenzstrategie eine Auswahl von Auslandsmärkten um den Heimatmarkt herum vor. Eine inselförmige Präsenzstrategie hingegen sieht eine Auswahl räumlich vom Heimatmarkt und untereinander getrennter Länder beziehungsweise Regionen vor. Ein Beispiel für eine Inselstrategie kann etwa in der Konzentration auf die Triade-Länder gesehen werden. Das ökonomische Kalkül bei der Marktpräsenz kommt im Rahmen der attraktivitätsorientierten Marktpräsenzstrategien zum Tragen. Hier versuchen die Unternehmungen, die Ländermärkte nach ihrer aktuellen und zukünftigen Attraktivität zu beurteilen.

Dabei kann unterschieden werden zwischen Schwerpunktmärkten, Präsenzmärkten, Gelegenheitsmärkten und Abstinenzmärkten.[3] Als Schwerpunktmärkte gelten hierbei Märkte, die für das Unternehmen und dessen Erfolgspotenziale die größte Bedeutung besitzen. Präsenzmärkten kommt immer noch eine so große Bedeutung zu, dass die Unternehmung dort in jedem Fall vertreten sein möchte. Auf Gelegenheitsmärkten hingegen tätigt die Unternehmung nur sporadisch Geschäfte. Auf Abstinenzmärkten schließlich wird die Unternehmung in keinem Fall aktiv. Diese sind für die Unternehmung nicht erfolgskritisch oder sogar erfolgsgefährdend. Die Einteilung der Märkte in Schwerpunkt-, Präsenz-, Gelegenheits- und Abstinenzmärkte bildet die Grundlage der spezifischen Auswahl der Märkte durch die Unternehmung.

---

1 Vgl. Bernkopf (1980), S. 90 ff.
2 Vgl. Segler (1986), S. 184.
3 Vgl. Stahr (1980), S. 39 f.

Kapitel 10: Internationales Medienmanagement

Auslandsmärkte werden in der Regel nicht ausschließlich nach ihrer spezifischen Attraktivität, sondern auch anhand des Zusammenspiels der Ländermärkte beurteilt. Hierbei kommen insbesondere ausgleichsorientierte Kriterien zur Anwendung. Zu nennen ist in diesem Zusammenhang etwa ein Risikoausgleich, das heißt die Kombination von risikoreichen und risikoärmeren Ländermärkten. Weiterhin können bereits gewinnbringende etablierte Märkte einen Ausgleich für neu aufzubauende, noch nicht gewinnbringende Märkte darstellen.

Der gleiche Zusammenhang gilt für den Investitionsausgleich, das heißt mit positiven Cash Flows von etablierten Märkten können zunächst negative Cash Flows von neuen, aufzubauenden Märkten ausgeglichen werden. Ausgleichsüberlegungen sind darüber hinaus hinsichtlich Ressourcen, Know How oder Wettbewerbssituation von Interesse. Hier kommen unternehmerische Portfolioüberlegungen zum Tragen. Die verschiedenen Varianten von Marktpräsenzstrategien sind in Abbildung 2-3 zusammenfassend dargestellt.

Abbildung 2-3:   *Varianten von Marktpräsenzstrategien*

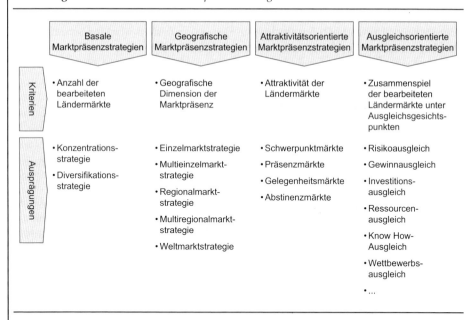

Die Anwendung von Marktpräsenzstrategien auf Medienmärkten lässt sich besonders deutlich am Beispiel des Musik-TV-Senders MTV verdeutlichen, der Bestandteil des Medienkonzerns Viacom ist. Dieser anfangs nur auf dem US-amerikanischen Markt agierende Sender startete seine Internationalisierung zuerst begrenzt auf den englischsprachigen Raum. Dies geschah insbesondere durch die Etablierung von MTV Europe mit Sitz in London. Nach einer Phase der Verbreitung des in London produzierten englischsprachigen Programms auch in weiteren europäischen Ländern, ist MTV mittlerweile auf den wichtigen europäischen Medienmärkten mit jeweils spezifischen Angeboten aktiv und hat beispielsweise in Deutschland den Wettbewerber Viva übernommen.

MTV verfolgt eine Konzentrationsstrategie, in deren Rahmen eine sequenzielle Ausweitung der Geschäftsaktivitäten auf internationale Märkte erfolgt. Unter geografischen Gesichtspunkten wurde hierbei zunächst eine Regionalmarktstrategie gewählt, wobei die Regionen nach Sprachräumen abgegrenzt wurden. Mittlerweile ist von der Verfolgung einer Multiregionalmarktstrategie auszugehen, wobei Märkte aus verschiedenen, nach Sprachräumen abgegrenzten Regionen bearbeitet werden.

Die Schwerpunktmärkte von MTV bilden die wichtigsten Medienmärkte in Nordamerika und Europa, wie etwa die USA, Großbritannien oder Deutschland. Daneben bilden einige weitere Märkte dieser Regionen Präsenzmärkte, zum Beispiel MTV Italy, MTV France oder MTV Spain. Dazu kommen noch einige Länder Osteuropas (zum Beispiel MTV Poland, MTV Russia, MTV Ukraine), Asiens (zum Beispiel MTV Asia, MTV China, MTV Japan oder MTV Taiwan/HK oder MTV Korea) und Latein- und Südamerikas (zum Beispiel MTV Latin America, MTV Brazil).

2.2.2 Marktselektionsstrategien

Nachdem im Rahmen der oben dargestellten Formulierung der Marktpräsenzstrategie die Anzahl der Märkte, in denen eine Unternehmung aktiv werden möchte festgelegt wird, muss in der Folge eine Auswahl der relevanten Auslandsmärkte erfolgen. Dies geschieht im Rahmen der Formulierung der Marktselektionsstrategie. Die Selektion der relevanten Ländermärkte erfolgt aufgrund einer Vielzahl von Kriterien.[1] Eine zentrale Rolle spielen hierbei die Ländermarktattraktivität, die Ländermarktrisiken sowie Ländermarkteintrittsbarrieren.

Die Ländermarktattraktivität beschreibt hierbei das für die Unternehmung in bestimmten Ländermärkten vorhandene Nutzenpotenzial. Dieses wiederum ist von verschiedenen Subkriterien wie etwa Marktstruktur, -volumen und -wachstum, Preis- und Kostenstruktur oder Infrastruktur abhängig. Die Bewertung der genannten Faktoren durch das Unternehmen ist in hohem Maß subjektiv geprägt und von den Zielvorstellungen der Unternehmung abhängig.

---

[1] Vgl. Segler (1986), S. 176 ff.

Kapitel 10: Internationales Medienmanagement

Als Ländermarktrisiken werden die in den einzelnen Ländermärkten für die Unternehmung vorhandenen Gefahrenpotenziale bezeichnet. Hierzu zählen etwa Währungsrisiken, Sicherheitsrisiken, rechtliche Risiken, politische Risiken oder Inflationsrisiken. Zur Beurteilung der Risiken von Ländermärkten existiert eine Vielzahl von Ansätzen.[1] Dabei haben die meisten Ansätze das Ziel, Länderrankings zu erstellen. Eines der bekanntesten Konzepte dürfte hierbei der Business Environment Risk Index (BERI) darstellen.[2] Der BERI wird bereits seit Beginn der 1970er Jahre vom Business Environment Risk Intelligence S.A. mit Hauptsitz in Friday Harbor im US-Bundesstaat Washington erstellt. Dieses erstellt den BERI mittlerweile für über 140 Länder.

Der BERI enthält jeweils Prognosen für einen Einjahres- und einen Fünfjahreszeitraum. Er basiert auf drei Teilindizes: dem Operations Risk Index (ORI), der das Geschäftsklima beurteilt, dem Political Risk Index (PRI), der die politische Stabilität überprüft und dem Rückzahlungsfaktor (R-Faktor), der das Transferrisiko beschreibt. Eine Addition der drei Teilindizes ergibt den Profit Opportunity Recommendation Index (PORI), anhand dessen ein Land in eine von vier Risikoklassen beziehungsweise Handlungsempfehlungen eingeteilt wird. Dabei wird ein Land als

- für Investitionen geeignet,
- für langfristige Aktivitäten mit geringem Eigenkapitaleinsatz geeignet,
- nur für den Außenhandel geeignet oder
- für geschäftliche Transaktionen nicht geeignet eingestuft.

Kritisch an einem solchen Verfahren der Beurteilung von Ländermarktrisiken ist anzumerken, dass die entsprechenden Rankings weder Branchen- noch Unternehmensspezifika berücksichtigen. Zudem ist neben der vergangenheitsorientierten Sichtweise zu berücksichtigen, dass die abgegebenen Einschätzungen subjektiver Natur sind, auch wenn diese von Experten abgegeben werden. Daher kann ein solches Ranking in der Regel auch nur eine erste Orientierung bei der Marktselektion bieten. Hierauf aufbauend ist es Aufgabe der internationalisierenden Unternehmung, abzuschätzen, wie sich das Risiko auf die geplante Auslandstätigkeit auswirken kann und wie dem Risiko zu begegnen ist.

Als Ländermarkteintrittsbarrieren werden schließlich die Barrieren bezeichnet, die eine Unternehmung bei einem Eintritt in einen bestimmten Ländermarkt zu überwinden hat. Unterschieden werden kann hierbei zwischen institutionellen, marktseitigen verhaltensbedingten und unternehmensseitig verhaltensbedingten Markteintrittsbarrieren. Als institutionelle Barrieren werden sämtliche tarifäre und nicht-tarifäre Hemmnisse in einem bestimmten Land bezeichnet. Dabei beruhen alle institutionellen Markteintrittsbarrieren auf staatlichen Vorschriften.

---

[1] Vgl. Baker/Hashmi (1988).
[2] Vgl. Hake (1997).

Beispiele für institutionelle Barrieren bilden etwa Zölle, Local Content-Vorschriften oder bestimmte Genehmigungspflichten. Verhaltensbedingte Markteintrittsbarrieren werden von der Marktstruktur und unternehmensinternen Faktoren verursacht. Von der Marktseite können verhaltensbedingte Zutrittsbarrieren beispielsweise in der Konkurrenzsituation, einem vom Heimatmarkt stark abweichenden Konsumentenverhalten, Sprach- oder Kulturdifferenzen oder einem problematischen Zugang zu Distributionssystemen und Ressourcen bestehen.

Unternehmensbezogene verhaltensbedingte Markteintrittsbarrieren sind zumeist kognitiver Natur und bestehen in einer unzulänglichen Information über ausländische Märkte. Daneben können auf Unternehmensseite auch psychische oder affektive Barrieren gegenüber einem bestimmten Ländermarkt bestehen. Im Rahmen der Marktselektion kommt es für die Unternehmung nun darauf an, zu einer realistischen Einschätzung ihrer Möglichkeiten zur Überwindung der Markteintrittsbarrieren zu gelangen. Hierbei spielen unternehmensindividuelle Gegebenheiten wiederum eine entscheidende Rolle.

Aufbauend auf den genannten Kriterien können Verfahren der Marktselektion zur Anwendung gelangen. Hierbei existiert eine Vielfalt unterschiedlicher Verfahren, die sich prinzipiell in ein- und mehrstufige, sequenzielle Verfahren unterteilen lassen.[1] Unter die einstufigen Verfahren der Marktselektion sind insbesondere Checklistenverfahren, Punktbewertungsverfahren, Verfahren der aspektweisen Eliminierung, Investitionsrechnungsverfahren oder Portfolioverfahren zu fassen.

Im Rahmen der sogenannten Checklistenverfahren wird eine Checkliste erstellt, auf der alle aus Sicht der Unternehmung für eine spezifische Markteintrittsentscheidung besonders relevanten Faktoren erfasst werden. Zu diesen Faktoren wird jeweils ihre Ausprägung in den relevanten Zielmärkten aufgenommen. Dies erlaubt einen Vergleich der einzelnen Märkte auf qualitativer Basis ohne die Anwendung formaler Verfahren. Vorteile eines spezifischen Ländermarkts werden mit dessen Nachteilen abgewogen.

Auch bei Punktbewertungsverfahren erfolgt eine Auflistung der für eine Markteintrittsentscheidung relevanten Faktoren. Diese werden mit Gewichten versehen, die die einzelnen Faktoren in einer konkreten Markteintrittssituation von der Unternehmung beigemessene Bedeutung widerspiegeln. Anschließend erfolgt eine Bewertung der Ausprägung der Faktoren in den einzelnen Zielmärkten mithilfe von Punkten. Es wird schließlich derjenige Ländermarkt ausgewählt, der gemessen an der Summe der gewichteten Punktbewertungen die höchste Gesamtbewertung erhält.

---

[1] Vgl. Kutschker/Schmid (2011), S. 955.

Verfahren der aspektweisen Eliminierung sehen ebenfalls eine Auswahl von für die Markteintrittsentscheidung als relevant erachteten Faktoren vor. Diese werden in eine Rangfolge hinsichtlich ihrer Bedeutung gebracht. Zugleich wird für jedes Kriterium ein kritischer Mindestwert festgelegt. Hierauf aufbauend kommt es zu einer sukzessiven Prüfung der Kriterien und einer sukzessiven Elimination von Ländermärkten. Dabei wird zunächst für alle Ländermärkte überprüft, ob sie das erste, ranghöchste Kriterium erfüllen. Ländermärkte, die dieses Kriterium nicht erfüllen, werden aus dem Entscheidungskalkül eliminiert. Die verbleibenden Ländermärkte werden anhand des zweiten Kriteriums überprüft und so weiter. Das Verfahren endet, sobald nur noch ein Ländermarkt im Verfahren verbleibt oder alle Kriterien geprüft wurden, je nachdem, welches eher eintritt.

Im Rahmen von Investitionsrechnungsverfahren wird der Versuch unternommen, sämtliche mit einem Markteintritt in einen bestimmten Ländermarkt verbundenen Vor- und Nachteile in Zahlungsströme zu transformieren. Das wohl bekannteste Verfahren der Investitionsrechnung stellt das Kapitalwertverfahren dar. Hierbei werden die mit einem bestimmten Ländermarkteintritt verbundenen Zahlungsströme prognostiziert und mit einem bestimmten Kalkulationszinsfuß abdiskontiert. Hieraus ergibt sich der Kapitalwert für den spezifischen Ländermarkt. Ein Vergleich der Kapitalwerte für unterschiedliche Ländermärkte liefert schließlich Anhaltspunkte hinsichtlich der Auslandsmarktselektion.

Portfolioverfahren nehmen einen Vergleich der betrachteten Ländermärkte anhand zweier oder mehrerer Dimensionen vor. Hierzu werden die betrachteten Ländermärkte anhand ihrer spezifischen Ausprägungen in den jeweiligen Dimensionen in zwei- oder dreidimensionale sogenannte Portfoliomatrizen eingeordnet. Beispiele für solche Portfolios bilden etwa ein Marktattraktivitäts-/Marktrisikoportfolio, ein Marktattraktivitäts-/Wettbewerbspositionsportfolio oder ein dreidimensionales Länderportfolio zur Darstellung von Marktattraktivität, Marktrisiken und Wettbewerbsposition. Für die Ermittlung der Wettbewerbsposition bieten sich in diesem Zusammenhang etwa die potenziellen Marktanteile, die potenzielle Eignung der Produktpalette für die Befriedigung der Konsumentenbedürfnisse oder die potenzielle Durchschlagskraft der Marken an.

Mehrstufige, sequenzielle Marktselektionsverfahren sehen zumeist eine Integration einzelner oder mehrerer einstufiger Verfahren vor. Hierbei wird in einer ersten Stufe zunächst eine Vorauswahl aus der Gesamtheit der Ländermärkte getroffen. Hier kommen im Wesentlichen Grundsatzüberlegungen, häufig in Form von Ausschlusskriterien, zur Anwendung. In weiteren Stufen erfolgt dann eine sequenziell verfeinerte Betrachtung der jeweils übrigbleibenden Ländermärkte. Hierbei kommen vielfach die oben vorgestellten einstufigen Verfahren zur Anwendung. Wichtig im Rahmen der mehrstufigen, sequenziellen Verfahren ist es, dass mit dem Fortschreiten der Analyse sich die Analyseintensität erhöht. Dies bedingt zugleich einen Bedarf an zunehmend detaillierteren Informationen hinsichtlich der verbleibenden Ländermärkte.

Neben allgemeinen, auch für andere Branchen geltenden Ländermarktrisiken und Ländermarkteintrittsbarrieren bestehen für Medienunternehmen vielfach besondere, medienspezifische Markteintrittsbarrieren. Diese besonderen Ländermarkteintrittsbarrieren können sowohl institutioneller als auch verhaltensbedingter Natur sein. Zu den institutionellen Markteintrittsbarrieren sind hierbei insbesondere Zensurvorschriften zu zählen. So dürfen in verschiedenen Ländern bestimmte Inhalte nicht verbreitet werden. Zu denken ist etwa an die politische Zensur in China, die die Verbreitung bestimmter politischer Inhalte untersagt. Verhaltensbedingte Markteintrittsbarrieren werden im Medienbereich marktseitig insbesondere durch sprachliche und kulturelle Differenzen verursacht.

So führen eine kulturell unterschiedliche Perzeption von Medien und ein weitgehend kulturspezifisches Nutzungsverhalten von Medienprodukten zu einer Markteintrittsbarriere dergestalt, dass die Produkte sich nicht ohne Probleme auf andere Kulturräume übertragen lassen. Hinzu kommen sprachliche Differenzen, die dazu führen, dass Medienprodukte nicht einfach direkt in andere Länder übertragen werden können. Vielmehr sind für die einzelnen Ländermärkte vielfach sprachlich abgestimmte Versionen eines Medienprodukts zu erstellen. Gerade auf kleineren Auslandsmärkten mit weniger verbreiteten Sprachen verhindert dies aufgrund geringer Auflagen beziehungsweise geringer Abnehmerzahl die Realisierung von Economies Of Scale. Hierdurch ist eine entsprechende landessprachliche Medienproduktion mit hohen Stückkosten verbunden, die ein Angebot zu konkurrenzfähigen Preisen unmöglich machen.

2.2.3 Marktsegmentierungsstrategien

Einen letzten Schritt im Rahmen der Zielmarktstrategien bildet die Segmentierung der in den vorgenannten Schritten identifizierten Ländermärkte. Dabei sollte ein Marktsegment entsprechend der klassischen Definition von Marktsegmenten in sich möglichst homogen sein, sich aber zugleich von anderen Marktsegmenten deutlich unterscheiden. An die Segmentierungskriterien werden hierbei die Anforderungen der Messbarkeit, der zeitlichen Stabilität, eines Bezugs zum Verhalten der Marktteilnehmer und zur Marktbearbeitung der Unternehmung sowie der Ansprechbarkeit der Segmente gestellt.[1]

Im Kontext einer internationalen Marktbearbeitung existieren zwei grundsätzliche Möglichkeiten der Marktsegmentierung: eine intranationale Marktsegmentierung sowie eine integrale Marktsegmentierung.[2] Dabei werden im Rahmen einer intranationalen Marktsegmentierung Marktsegmente innerhalb eines bestimmten Ländermarkts identifiziert, während eine integrale Marktsegmentierung eine Identifikation von über die einzelnen Ländermärkte hinwegreichenden Segmenten vorsieht.

---

1 Vgl. Meffert/Burmann/Kirchgeorg (2012), S. 186.
2 Vgl. Berndt/Fantapié Altobelli/Sander (2005), S. 120 f.

Kapitel 10: Internationales Medienmanagement

Im Rahmen einer intranationalen Marktsegmentierung können innerhalb der einzelnen Ländermärkte prinzipiell die gleichen Kriterien herangezogen werden, wie für den Inlandsmarkt.[1] Zu nennen sind hier etwa psychologische und soziodemografische Kriterien, Kauf-, Verhaltens- und Kommunikationskriterien sowie Kriterien des Mediennutzungsverhaltens. Daneben werden in letzter Zeit auch vermehrt Möglichkeiten der Marktsegmentierung auf der Basis von Lifestyle-Typologien und von Nutzererwartungen diskutiert. Die Identifikation ländermarktübergreifender Marktsegmente im Rahmen einer integralen Marktsegmentierung kann grundsätzlich auf zwei Weisen erfolgen.

So kann einerseits, aufbauend auf einer vorhergehenden intranationalen Marktsegmentierung, ein Vergleich der hierbei in den einzelnen Ländermärkten identifizierten Abnehmergruppen erfolgen. Stellt sich hierbei heraus, dass bestimmte Abnehmergruppen länderübergreifend anzutreffen sind, so lassen sich diese zu über Ländergrenzen hinausreichenden Marktsegmenten zusammenfassen. Eine andere Möglichkeit sieht einen Verzicht auf eine vorhergehende intranationale Marktsegmentierung vor. Vielmehr wird versucht, direkt in einer alle relevanten Länder betreffenden Untersuchung länderübergreifende Abnehmergruppen zu identifizieren.

Für Medienunternehmen ist eine intranationale Marktsegmentierung fast immer erforderlich. Nur diese ist in der Lage die bestehenden, ländermarktspezifischen Besonderheiten, kulturelle und sprachliche Differenzen, zu berücksichtigen. Erfolgt die Marktsegmentierung anhand von Merkmalen des Mediennutzungsverhaltens, so ist in jedem Fall zunächst eine intranationale Marktsegmentierung vorzunehmen, da wie bereits oben beschrieben, von einem kulturspezifischen Mediennutzungsverhalten auszugehen ist. Mithin steht zu erwarten, dass so gebildete Segmente in einem hohen Maß ländermarktspezifisch sind und sich die Segmentierung nicht ohne weiteres auf andere Ländermärkte übertragen lässt. Gleiches gilt im Falle einer Segmentierung anhand kauf-, verhaltens- oder kommunikationsbezogener Merkmale, da auch diese zu einem hohen Grad durch sprachliche und kulturelle Gegebenheiten beeinflusst sind.

2.3 Timing-Strategien

Einen letzten wesentlichen Bestandteil von Internationalisierungsstrategien bilden die sogenannten Timing-Strategien. Hierbei handelt es sich um Strategien zur Wahl des Zeitpunkts des Eintritts in einen bestimmten Ländermarkt oder in mehrere Ländermärkte.[2] Im Rahmen der Festlegung der ländermarktspezifischen Timing-Strategien

---

[1] Vgl. Keegan/Schlegelmilch (2001), S. 212 ff.
[2] Vgl. Meffert/Pues (1997).

lassen sich zwei Varianten unterscheiden: First Mover- beziehungsweise Pionierstrategie und Follower- beziehungsweise Folgerstrategie. Zuweilen finden sich hierzu im Schrifttum noch weitere Abstufungen, die diese Zweiteilung verfeinern. Dabei sind die Strategievarianten immer relativ zur Strategie der Konkurrenten zu interpretieren.

Eine Unternehmung kann schneller oder langsamer als die Wettbewerber in einen internationalen Markt eintreten, wobei zwei Kategorien von Wettbewerbern zu unterscheiden sind: international tätige Unternehmen und nationale beziehungsweise lokale Wettbewerber auf den entsprechenden Ländermärkten. Es ist evident, dass eine First Mover- beziehungsweise Pionierstrategie nur gegenüber internationalen Wettbewerbern angewandt werden kann, da nationale Unternehmen per Definition bereits in ihren Heimatmärkten tätig sind.

Mithin kann eine Unternehmung jeweils nur früher als internationale Konkurrenten in einen Auslandsmarkt eintreten. Nur in Ausnahmefällen, wie etwa bei sich neu entwickelnden Märkten, kann eine internationale Unternehmung schneller in einen Markt eintreten als lokale Konkurrenten. Ein wesentlicher Vorteil der First Mover-Strategie ist darin zu sehen, dass hierdurch Markteintrittsbarrieren gegenüber potenziellen Konkurrenten aufgebaut werden können.

Diese können auf eine Vielzahl von Gründen zurückgeführt werden. Zu nennen sind etwa ein Bekanntheits- und Imagevorsprung im entsprechenden Ländermarkt, ein Erfahrungsvorsprung, die Durchsetzung von Standards am Markt, die Erzielung monopolbedingter Pioniergewinne, der Aufbau einer loyalen Kundenbasis oder die Rekrutierung von Mitarbeitern, die von später in den Markt eintretenden Konkurrenten nur schwer abzuwerben sind.[1]

Den beschrieben Vorteilen stehen jedoch auch nicht zu unterschätzende Nachteile einer First Mover-Strategie gegenüber. Zu nennen sind etwa mögliche Free Rider-Effekte dadurch, dass später in den Markt eintretende Konkurrenten von bestimmten Investitionen des Pioniers profitieren, hohe Kosten der Markterschließung sowie eine eventuell schwirige Einschätzung der Marktpotenziale, die das Risiko eines Scheiterns erhöhen.[2]

Im Gegensatz zur First Mover-Strategie entscheidet sich eine Unternehmung im Rahmen der Follower-Strategie erst dann für den Eintritt in einen bestimmten Ländermarkt, wenn dieser bereits von Wettbewerbern bearbeitet wird. Damit sind in dem relevanten Ländermarkt in der Regel beim Markteintritt sowohl lokale als auch internationale Konkurrenten bereits aktiv. Ein wesentlicher Vorteil der Follower-Strategie besteht darin, dass der Follower vielfach die Möglichkeit hat, von den Fehlern des Pioniers zu lernen und somit typische Fehler vermeiden kann.

---

1 Vgl. Lieberman/Montgomery (1988).
2 Vgl. Oelsnitz (2003), S. 205 ff.

Kapitel 10: Internationales Medienmanagement

Hiermit einhergehen präzisere Informationen über den bereits von Konkurrenten bearbeiteten Auslandsmarkt.[1] Dem steht als ein wesentlicher Nachteil gegenüber, dass der Follower mögliche Markteintrittsbarrieren zu überwinden hat, die vom Pionier aufgebaut wurden. Insbesondere muss ein Follower bestehende Geschäftsbeziehungen aufbrechen und das Vertrauen potenzieller Kunden erreichen. Auch kann ein Großteil des Absatzpotenzials bereits durch den First Mover abgeschöpft sein. Zudem steht er vor der Herausforderung, den Erfahrungsvorsprung des Pioniers auf dem entsprechenden Auslandsmarkt aufzuholen.[2]

Die genannten Faktoren führen dazu, dass Follower über einen eigenen Wettbewerbsvorteil verfügen müssen, um gegenüber Pionieren im Wettbewerb bestehen zu können. Dies bildet zugleich einen Grund dafür, dass Follower vielfach zunächst nicht alle Marktsegmente im Gastland abdecken, sondern sich vielmehr auf Teilsegmente beziehungsweise Nischen konzentrieren, um dort herausragende Leistungen zu erbringen. Vor- und Nachteile beider Strategiealternativen sind in Abbildung 2-4 zusammenfassend dargestellt.

Abbildung 2-4: First Mover- und Follower-Strategie

First Mover-Strategie		Follower-Strategie	
Vorteile	Nachteile	Vorteile	Nachteile
• Aufbau von Markteintrittsbarrieren gegenüber Konkurrenten durch: - Bekanntheits-/Imagevorsprung - Erfahrungsvorsprung - Durchsetzung von Standards - Monopolbedingte Pioniergewinne - Aufbau einer loyalen Kundenbasis - Rekrutierung von Mitarbeitern	• Mögliche Free Rider-Effekte • Hohe Markterschließungskosten • Schwierige Markteinschätzung • Hohes Risiko des Scheiterns	• Vermeidung typischer Fehler in neuem Markt • Stabiles Umfeld • Präzise (Auslands-)Marktinformationen	• Überwindung der durch den Pionier aufgebauten Markteintrittsbarrieren • Großteil des Absatzpotenzials bereits ausgeschöpft

---

[1] Vgl. Bryman (1997).
[2] Vgl. Oelsnitz/Heinecke (1997).

Für Medienunternehmen kommen im Rahmen der Festlegung der ländermarktspezifischen Timing-Strategie sowohl eine First Mover- als auch eine Follower-Strategie in Betracht. So kann etwa die Timing-Strategie des Musik-TV-Senders MTV als eine First Mover-Strategie bezeichnet werden. Ausgehend von seinem Stammland USA betrieb der Sender eine konsequente Internationalisierung, die auf alle wesentlichen Medienmärkte ausgerichtet war. Musik-TV-Sender waren zu diesem Zeitpunkt auf den Märkten noch weitgehend unbekannt, sodass MTV hier die Rolle eines First Mover, auch gegenüber lokalen Konkurrenten, wie dem inzwischen übernommenen deutschen Sender Viva, zukam.

Neben der Wahl des Eintrittszeitpunkts in einen bestimmten Ländermarkt, das heißt der Wahl einer länderspezifischen Timing-Strategie, muss von der sich internationalisierenden Unternehmung auch der zeitliche Ablauf des Markteintritts in verschiedene Ländermärkte festgelegt werden. Dies geschieht im Rahmen der Festlegung einer länderübergreifenden Timing-Strategie. Hierbei können drei idealtypische Strategieformen unterschieden werden: die Wasserfallstrategie, die Sprinklerstrategie sowie eine Kombination beider Strategieformen.[1]

Die Wasserfallstrategie sieht dabei einen sukzessiven Eintritt in die einzelnen Ländermärkte vor. Es wird also zunächst nur ein einzelner Auslandsmarkt bearbeitet. Anschließend erfolgt schrittweise der Eintritt in weitere ausländische Märkte. Der Markteintritt in zahlreiche Ländermärkte erstreckt sich somit bei Anwendung der Wasserfallstrategie über einen längeren Zeitraum. Ein offensichtlicher Vorteil des sukzessiven Vorgehens im Rahmen der Wasserfallstrategie ist darin zu sehen, dass hierbei ein zeitlich versetzter Bedarf an Ressourcen entsteht. Der Unternehmung wird es hierdurch möglich, ihre in der Regel begrenzten Ressourcen auf den Markteintritt in einem spezifischen Ländermarkt zu konzentrieren.[2]

Darüber hinaus erweist sich eine Wasserfallstrategie auch unter Ausgleichsgesichtspunkten als vorteilhaft. Dies betrifft einerseits einen finanziellen Ausgleich. So lässt sich der Markteintritt in einen neuen Auslandsmarkt zumindest zu einem Teil auch über einen zurückliegenden, erfolgreichen Markteintritt in einem anderen ausländischen Markt finanzieren. Zum anderen ermöglicht die Wasserfallstrategie auch einen Risikoausgleich. Der sukzessive Markteintritt verhindert ein mögliches Scheitern auf breiter Front dadurch, dass bei einem Flop auf einem Ländermarkt rechtzeitig Änderungen oder Stop-Entscheidungen getroffen werden können. Bestimmte Auslandsmärkte können somit zu Testmärkten für weitere Märkte werden.

Ein weiterer Vorteil der Wasserfallstrategie ist darin zu sehen, dass sich hierdurch eine Verlängerung der Lebenszyklen bestimmter Technologien und Produkte ergeben kann. Technologien und Produkte können zeitlich versetzt auf verschiedenen Auslandsmärkten verwertet werden. Weiterhin erlaubt die Wasserfallstrategie eine verbes-

---

1   Vgl. Kreutzer (1989), S. 238 ff.
2   Vgl. Raffée/Segler (1992), S. 231.

serte Nutzung sich bietender Marktchancen. Hierbei wird ein Markt zu dem Zeitpunkt anvisiert, wenn die Bedingungen besonders günstig sind. Hierdurch werden aktiv Unterschiede in Marktstruktur und Marktverhalten auf verschiedenen Auslandsmärkten, etwa im Nachfragevolumen, ausgenutzt.

Schließlich ermöglicht die Wasserfallstrategie auch einen weitgehend länderspezifischen Auftritt der Unternehmung. Durch den sukzessiven Eintritt in die einzelnen Ländermärkte ist ein besonders gutes Eingehen auf die einzelnen Ländercharakteristika möglich. Den beschriebenen Vorteilen der Wasserfallstrategie stehen jedoch auch einige entscheidende Nachteile gegenüber. Zu nennen ist in diesem Zusammenhang zunächst die Gefahr eines verspäteten Markteintritts.

Diese besteht gerade im Falle von kurzen Produktlebenszyklen, ähnlichen Bedürfnis- und Nachfragestrukturen auf den Auslandsmärkten sowie grenzüberschreitender Transparenz. Dies kann zum Verpassen von Trends oder zu einer im Zeitablauf abnehmenden Nachfrage führen. Ein weiterer Nachteil der Wasserfallstrategie besteht in einer Frühwarnung von Konkurrenten, die ihrerseits Auslandsmärkte besetzen können, in die die Unternehmung zu einem späteren Zeitpunkt einzusteigen gedachte.

Eine Alternative zur Wasserfallstrategie stellt die Sprinklerstrategie dar. Hierbei werden simultan beziehungsweise innerhalb eines recht kurzen Zeitraums mehrere oder alle der anvisierten Zielmärkte bearbeitet. Eine zeitliche Differenzierung hinsichtlich des Markteintrittszeitpunkts erfolgt nicht. Ein wesentlicher Vorteil dieser Strategiealternative wird in der Möglichkeit eines schnellen Markteintritts in die einzelnen Märkte und mithin in der Realisierung von First Mover-Vorteilen gesehen.

Zudem lassen sich aus einer Sprinklerstrategie gerade in Märkten, in denen Standards eine Rolle spielen, Vorteile gewinnen. So lassen sich durch einen simultanen Markteintritt weltweite Netzwerkeffekte realisieren. Schließlich führt eine Sprinklerstrategie auch zu einer schnellen Amortisation von Fixkosten etwa in den Bereichen Entwicklung und Produktion durch die Generierung von Cash Flows auf mehreren Ländermärkten. Nachteile der Sprinklerstrategie bestehen insbesondere im hiermit verbundenen hohen Ressourcenaufwand bei einem gleichzeitigen Markteintritt in mehreren Ländermärkten. Dies betrifft sowohl finanzielle als auch personelle Ressourcen.

Eng mit dem Problem der personellen Ressourcen verbunden sind die Organisation und die Koordination eines simultanen Markteintritts. Hier kommt es insbesondere auf eine sinnvolle Verteilung der knappen Ressourcen auf die einzelnen Ländermärkte an. Zudem sind Interdependenzen zwischen den Ländermärkten zu berücksichtigen. Ein weiterer Nachteil besteht in einem weitgehenden Verzicht auf Ausgleichsmöglichkeiten in Bezug auf finanzielle Aspekte sowie auf das Risiko.

Internationalisierungsstrategien von Medienunternehmen

So besteht bei Anwendung der Sprinklerstrategie keine Möglichkeit, aus Fehlern oder Unzulänglichkeiten auf einem Ländermarkt Konsequenzen für den Markteintritt in weiteren Ländermärkten zu ziehen. Im Extremfall kann dies zu einem Misserfolg auf allen bearbeiteten Ländermärkten führen. Schließlich können im Rahmen einer Sprinklerstrategie aufgrund der hohen Geschwindigkeit des Markteintritts ländermarktspezifische Gegebenheiten in der Regel nicht im erforderlichen Umfang berücksichtigt werden, sodass ein unangepasstes Auftreten in den einzelnen Ländermärkten resultieren kann. Charakteristika, Vor- und Nachteile der beiden Strategiealternativen sind in Abbildung 2-5 dargestellt.

Abbildung 2-5: Wasserfall- und Sprinklerstrategie

	Wasserfallstrategie	Sprinklerstrategie
Charakteristika	• Sukzessiver Eintritt in Ländermärkte • Internationalisierung erstreckt sich über einen längeren Zeitraum	• Simultaner Eintritt in alle anvisierten Ländermärkte • Keine zeitliche Differenzierung hinsichtlich des Markteintrittszeitpunkts
Vorteile	• Zeitlich versetzter Bedarf an Ressourcen, das heißt Konzentration der knappen Ressourcen auf einen spezifischen Ländermarkt • Finanzieller Ausgleich • Risikoausgleich • Rechtzeitige Korrektur- und Abbruchmöglichkeit • Verlängerung der Lebenszyklen von Technologien und Produkten • Nutzung von Zeitfenstern • Möglichkeit eines ländermarktspezifischen Auftretens	• Schneller Markteintritt • Realisierung von First Mover-Vorteilen • Realisierung von Netzwerkeffekten durch Setzen von Standards • Schnelle Amortisation von Fixkosten
Nachteile	• Gefahr eines verspäteten Markteintritts • Frühwarnung von Konkurrenten • Gefahr, Trends zu verpassen	• Hoher Ressourcenaufwand für gleichzeitigen Eintritt in viele Ländermärkte • Schwierige Organisation und Kontrolle • Fehlende Berücksichtigung möglicher Interdependenzen zwischen den Ländermärkten • Verzicht auf finanziellen Ausgleich und Risikoausgleich • Fehlende Berücksichtigung ländermarktspezifischer Besonderheiten • Fehlende Möglichkeit, aus Fehlern in einem Markt zu lernen

Neben einer reinen Anwendung einer Wasserfall- oder einer Sprinklerstrategie lassen sich auch Elemente beider Strategieformen verbinden. So können Unternehmen etwa zunächst entsprechend der Wasserfallstrategie vorgehen, dann auf die Sprinklerstrategie umsteigen und schließlich wieder zu einer Wasserfallstrategie zurückkehren. Ein solches Vorgehen bietet sich insbesondere an, wenn einige der betrachteten Ländermärkte als ähnlich wahrgenommen werden und der Markteintritt in diesen Länder-Cluster zeitgleich, während der Eintritt in andere Ländermärkte mit abweichenden Charakteristika zeitlich versetzt erfolgen soll. Eine kombinierte Wasserfall-Sprinkler-Strategie weist Vor- und Nachteile der reinen Strategieformen in einer jeweils abgeschwächten Form auf.

Im Rahmen der Internationalisierung von Medienunternehmen kommt zumeist eine kombinierte Wasserfall-Sprinkler-Strategie zur Anwendung. Ausgehend vom Heimatmarkt wird hierbei zunächst ein einzelner oder eine sehr geringe Zahl von Auslandsmärkten bearbeitet, die diesem in Bezug auf Sprache und Kultur ähneln. Im Zuge der weiteren Internationalisierung wechseln Medienunternehmen dann oftmals zu einer Sprinklerstrategie, in deren Rahmen sie in mehrere als ähnlich empfundene Medienmärkte eintreten. Als Beispiel kann die Expansion deutscher Printverlage ins Ausland angesehen werden. Es wurden zuerst benachbarte Ländermärkte bearbeitet und von dieser Basis aus eine weitergehende Expansion in osteuropäische Medienmärkte durchgeführt.

Zu beobachten ist ein solches Internationalisierungsverhalten etwa bei amerikanischen TV-Sendern. Vielfach starten diese ihre Internationalisierungsbestrebungen mit einer Ausweitung in englischsprachige, ausländische Märkte, insbesondere nach Großbritannien, da dieser Medienmarkt dem amerikanischen Markt in Bezug auf Sprache und Kultur stark ähnelt. Hieran schließt sich eine Expansion in das übrige Europa an. Häufig werden die europäischen Märkte hierbei als ein Länder-Cluster gesehen, der sich durch eine weitgehend einheitliche kulturelle Prädisposition auszeichnet. Ähnliches gilt für eine internationale Ausweitung in den Asien-Pazifik-Raum. Auch hier wird zumeist eine Sprinklerstrategie zu beobachten sein, da die entsprechenden Länder als kulturell ähnlich angesehen werden.

3 Teilbereiche des Internationalen Medienmanagement

Nachdem in den vorhergehenden Abschnitten die wesentlichen Strategiealternativen im Rahmen der Internationalisierung von Medienunternehmen dargestellt wurden, sollen im Folgenden nun die Auswirkungen der Internationalisierung auf das Management in den Funktionalbereichen von Medienunternehmen analysiert werden. Im Mittelpunkt der Ausführungen stehen hierbei die Funktionalbereiche Beschaffung, Produktion und Marketing. Gerade in diesen Bereichen sind durch die Internationalisierung wesentliche Veränderungen zu erwarten.

3.1 Beschaffungsmanagement internationaler Medienunternehmen

Im Zuge des Beschaffungsmanagement internationaler Unternehmungen lassen sich drei grundlegende Alternativen unterscheiden:[1] Eine Beschaffung aus den jeweiligen lokalen Märkten, den Bezug aus Drittländern, in denen das Unternehmen keine eigenen Produktionsstätten besitzt, sowie ein Bezug aus dem Konzernverbund. In Medienunternehmen können grundsätzlich alle genannten Varianten zur Anwendung gelangen. Hierbei steht primär die Beschaffung von Inhalten im Vordergrund. Ist eine Medienunternehmung mit ihrem Angebot auf einem ausländischen Markt vertreten, so wird sie vielfach, gerade auch aufgrund kultureller Differenzen zum Heimatmarkt, auf lokalen Content zurückgreifen müssen. In diesem Fall erfolgt die Beschaffung der Inhalte auf den jeweiligen lokalen Beschaffungsmärkten.

Neben lokalen, auf den jeweiligen Markt abgestimmten Inhalten, müssen Medienunternehmen jedoch auch in großem Umfang auf Inhalte und Informationen aus Drittländern zurückgreifen, in denen sie selbst eventuell weder mit Produktionsstätten noch mit ihrem Leistungsangebot präsent sind. Ein Beispiel hierfür sind Fernsehsender, die vielfach Ausstrahlungsrechte an erfolgreichen ausländischen Kino- sowie Fernsehfilmen und Fernsehserien erwerben. Aber auch Zeitungsverlage, die auf Informationen aus aller Welt angewiesen sind und diese auch aus von ihnen nicht selbst bearbeiteten Märkten beziehen, sind in diesem Zusammenhang zu nennen.

Mithin erfolgt hierbei eine Beschaffung auch aus Drittländern. Schließlich ist gerade im Falle großer, integrierter Medienkonzerne auch eine Beschaffung aus dem Konzernverbund denkbar. Hierbei werden an einem internationalen Standort hergestellte Inhalte an einem anderen internationalen Standort verwendet. Ein Beispiel hierfür können ausländische, konzernintegrierte Nachrichtenagenturen bieten, welche anderen Konzernunternehmen, beispielsweise Fernsehsendern, Inhalte liefern. Die Auswahl der internationalen Beschaffungsquellen muss im Medienbereich bestimmten Kriterien genügen. Dabei spielt insbesondere die Zeitsensibilität zahlreicher Medienprodukte eine entscheidende Rolle.

Die Zeitsensibilität von Inhalten ist im Nachrichtenbereich besonders stark ausgeprägt, allerdings ist auch die Attraktivität anderer Medienprodukte stark von deren Aktualität abhängig. So weist etwa ein aktueller Kinofilm für TV-Rezipienten eine höhere Attraktivität auf, als eine Wiederholung. Mithin wird sich ein solches Programmangebot erfolgreicher vermarkten lassen. Aus diesem Grund bildet die zeitliche Zuverlässigkeit der Belieferung mit Inhalten im Rahmen der internationalen Tätigkeit von Medienunternehmen eine entscheidende Erfolgsvoraussetzung. Es muss sichergestellt sein, dass die Medienunternehmung stets mit aktuellen Inhalten aus den entsprechenden Regionen versorgt wird.

---

[1] Vgl. Grochla/Fieten (1989), Sp. 206 ff.

Daneben spielt auch die Qualität der beschafften Inhalte eine entscheidende Rolle für den internationalen Erfolg. Die international beschafften Inhalte sollten möglichst eine gleichbleibende, bedarfsgerechte Qualität aufweisen. In der qualitativen beziehungsweise inhaltlichen Zuverlässigkeit ist somit ein weiteres Kriterium für die Auswahl internationaler Lieferanten zu sehen.

Die Organisation der Beschaffung in internationalen Medienunternehmungen ist eng mit der grundlegenden Organisation der Unternehmung verbunden. Unterschieden werden kann dabei zwischen ethnozentrischer, polyzentrischer und geozentrischer Beschaffungsorganisation.[1] Im Rahmen einer ethnozentrischen Beschaffungsorganisation wird die gesamte Beschaffung zentral vom Heimatland aus koordiniert und geführt. Lediglich operative und taktische Aspekte der Beschaffung verbleiben bei den jeweiligen Auslandsaktivitäten.

Diese Form der Beschaffungsorganisation erlaubt eine weitgehend einheitliche Beschaffungspolitik und -strategie im Unternehmen. Eine ethnozentrische Beschaffungsorganisation ist eng mit einer produktorientierten Organisationsstruktur der Unternehmung verbunden. Auf diese Weise sind die Sparten von der Beschaffung über die Produktion bis hin zum Absatz der entsprechenden Medienprodukte für diese verantwortlich. Bei einer polyzentrischen Beschaffungsorganisation wird die internationale Beschaffung weitgehend von den Auslandsgesellschaften koordiniert und gesteuert. Zentral werden lediglich allgemeine Grundsätze der Beschaffungspolitik oder erforderliche Abstimmungsmaßnahmen durchgeführt.

Diese Form der Beschaffungsorganisation erlaubt eine schnelle und flexible Anpassung an veränderte Umfeldbedingungen in den lokalen Beschaffungsmärkten. Andererseits ist sie jedoch mit einer geringeren Nachfragermacht und einer weniger einheitlichen Beschaffungspolitik verbunden. Eine polyzentrische Beschaffungsorganisation steht vielfach im Zusammenhang mit einer regional orientierten Unternehmensstruktur, wobei verschiedene Aktivitäten anhand räumlicher Kriterien unter einem einheitlichen Dach zusammengefasst werden.

Eine geozentrisch organisierte Beschaffung sieht schließlich eine Gliederung der Beschaffung nach Hauptbedarfsträgern im Konzern vor. Das heißt, es sind jeweils diejenigen (internationalen) Tochtergesellschaften für den Bezug bestimmter Produkte zuständig, die einen besonders hohen Bedarf an diesen aufweisen. Diese Produkte werden von den entsprechenden Tochtergesellschaften für den gesamten Konzern beschafft. Durch diese Organisation der Beschaffung kann sowohl die Nachfragemacht des Gesamtunternehmens gewahrt als auch der Abstimmungsbedarf zwischen den Konzernteilen gering gehalten werden.

---

[1] Vgl. Grochla/Fieten (1989), S. 210 ff.

Die Verrechnung innerhalb des Konzerns zwischen den einzelnen Tochterunternehmen erfolgt mithilfe von vorab definierten, internen Verrechnungspreisen. Eine geozentrische Beschaffungsstruktur bildet für Medienunternehmen eher eine Ausnahme. Denkbar wäre eine solche Organisationsform etwa für TV-Unternehmen mit mehreren (internationalen) Sendern. So kann etwa ein Nachrichtensender innerhalb einer Senderfamilie für die Beschaffung von Nachrichten zuständig sein, die dann auch auf anderen Sendern der Familie verwertet werden.

3.2 Produktionsmanagement internationaler Medienunternehmen

Im Rahmen der folgenden Darstellung des Produktionsmanagement internationaler Medienunternehmungen soll die Produktion von Inhalten im Vordergrund stehen. Diese bildet die zentrale Aufgabe von Medienunternehmen. Die Inhalte bilden den Leistungskern der Medienprodukte dar. Zudem ist die Produktion von Inhalten mit zahlreichen branchenspezifischen Besonderheiten verbunden. Die technische Produktion hingegen ist in einem deutlich geringeren Ausmaß von branchenspezifischen Eigenarten geprägt. Entscheidungen des internationalen Produktionsmanagement betreffen insbesondere Eigen- versus Fremdbezug sowie die Wahl des internationalen Produktionsstandorts.

Als Kriterien für die Systematisierung von Arten der Produktionsstandortverteilung werden im entsprechenden Schrifttum vielfach die internationale Verteilung der Fertigungsstufen sowie die Anzahl der in den Produktionsprozess einbezogenen internationalen Standorte herangezogen.[1] Bei der Verteilung der Fertigungsstufen kann zwischen einer Aufspaltung der Produktionsstufen auf verschiedene Standorte und einer Aufspaltung integrierter Produktionsstätten auf verschiedene Standorte unterschieden werden. Hieraus ergibt sich die in Abbildung 3-1 dargestellte Matrix zur Systematisierung internationaler Standortkonfigurationen.

---

[1] Vgl. Perlitz (2004), S. 371.

Abbildung 3-1: Internationale Standortkonfiguration[1]

Länderanzahl		Aufspaltung der Produktionsstufen	Aufspaltung der Produktionsstandorte	Zentralisierung der Produktion
	Ein Land	Nationale Verbundproduktion	Nationale Parallelproduktion	Weltmarktfabrikat
	Mehrere Länder	Internationaler Produktionsverbund	Internationale Parallelproduktion	-

Fragmentierung der Produktion

Aus klassischer Sicht sprechen insbesondere mögliche Erfahrungskurven- sowie Verbundeffekte für eine weitgehende Zentralisierung der Produktion. Demgegenüber stehen eine verbesserte Risikostreuung bei dezentralisierter Produktion sowie ein geringerer Transportaufwand.[2] Diese Argumente lassen sich im Rahmen der Medienproduktion lediglich auf den technischen Teil der Produktion übertragen. Aufgrund der Besonderheiten der Medienproduktion ist eine Übertragung auf die Inhalteproduktion jedoch nicht ohne Weiteres möglich.

Hinsichtlich der inhaltlichen Komponente der Produktion von Medienprodukten sind andere Kriterien für die Standortwahl ausschlaggebend. Diese sind insbesondere in sprachlichen und kulturellen Dimensionen und somit letztlich in den Schnittstellen zu den relevanten Märkten zu suchen. Hier ist insbesondere anzuführen, dass eine inhaltliche Produktion vor Ort in den entsprechenden Gastländern eine verbesserte Berücksichtigung sprachlicher und kultureller Gegebenheiten ermöglicht.

So ist davon auszugehen, dass ortsansässige Mitarbeiter als wesentlicher Faktor bei der Inhalteproduktion deutlich besser mit den jeweiligen sprachlichen und kulturellen Gegebenheiten des Gastlands vertraut sind. Ebenfalls für eine Verteilung der Produktion auf mehrere internationale Standorte spricht die Zeitsensibilität zahlreicher Medienprodukte. Durch die Produktion vor Ort lassen sich eventuell notwendige, langwierige Abstimmungsprozesse vermeiden, die die Aktualität der Inhalte gefährden würden.

---

[1] In Anlehnung an Klein (1993), S. 39.
[2] Vgl. Root (1998), S. 29.

Gegen eine Produktion vor Ort können im Medienbereich ebenso wie in industriellen Branchen sogenannte Country Of Origin-Effekte sprechen. Hierunter wird verstanden, dass die Herkunft aus einem bestimmten Land positive Auswirkungen auf die Einschätzung der Qualität eines Produkts durch die Konsumenten haben kann. Zu beobachten ist ein solcher Effekt im Medienbereich etwa bei Kinofilmen. Hier werden insbesondere amerikanische Filme durch die Rezipienten a priori besonders positiv eingeschätzt. So weisen etwa auf dem deutschen Kinomarkt amerikanische Filme vielfach ein deutlich höheres Zuschauerinteresse auf als deutsche Filme.

Allerdings nutzen auch amerikanische Filmproduzenten Entlohnungsdifferenzen zwischen internationalen Standorten, um die Produktionskosten zu senken. Vor allem aufgrund der restriktiven Bedingungen, denen Darsteller und Mitarbeiter im US-Filmgeschäft aufgrund der starken Stellung der Gewerkschaften unterliegen, führen dazu, dass ein Großteil der eigentlichen Filmproduktion im Ausland stattfindet. So wurde beispielsweise die Trilogie „Herr der Ringe" zu einem großen Teil in Neuseeland aufgenommen und Quentin Tarantino drehte zahlreiche Szenen von „Kill Bill" in chinesischen Produktionsanlagen. Marketing und Finanzierung hingegen werden aufgrund der hohen Expertise der lokalen Experten in den meisten Fällen in Hollywood geplant.

3.3 Marketingmanagement internationaler Medienunternehmen

Im Folgenden sollen die wesentlichen Aktionsparameter des Marketingmanagement internationaler Medienunternehmen dargestellt werden. Entsprechend dem Vorgehen in den vorstehenden branchenspezifischen Kapiteln sollen auch hier das Marketingmanagement beziehungsweise dessen Aktionsparameter entsprechend der Unterteilung des Marketing in die vier „P" (Product, Price, Place und Promotion) dargestellt werden.

3.3.1 Produktpolitik internationaler Medienunternehmen

Im Rahmen der Produktpolitik internationaler Medienunternehmen ist zunächst die Produktauswahl zu thematisieren. Diese beginnt mit der Bestimmung des Internationalisierungspotenzials für die entsprechenden Medienprodukte. Hierbei spielen insbesondere Aspekte wie Sprache und Kultur eine entscheidende Rolle. Es ist zu überprüfen, ob eine Übertragung der entsprechenden Medienprodukte in andere Sprach- und Kulturräume prinzipiell möglich ist und mit welchem Aufwand eine solche verbunden ist.

Dabei sind sprachliche Barrieren in der Regel leichter zu überwinden als kulturelle Barrieren. Zu denken ist hier etwa an Übersetzungen oder Synchronisationen, die regelmäßig ohne unverhältnismäßig großen Aufwand erstellt werden können. Die Überwindung kultureller Barrieren bedingt vielfach eine Rekonfiguration von Inhalten und/oder Formaten und ist somit mit einem deutlich höheren Aufwand verbunden. Liegt bei den Produkten ein ausreichend hohes Internationalisierungspotenzial vor, so sind in einem weiteren Schritt mithilfe internationaler Marktforschung die folgenden Fragen zu beantworten:[1]

- Wer sind die Käufer der Produkte im Ausland?
- Wer sind die Nutzer der Produkte im Ausland?
- Wie sieht die Nutzung der Produkte im Ausland aus?
- Wo sollen die Produkte im Ausland gekauft werden?
- Wie sollen die Produkte im Ausland gekauft werden?
- Warum sollen die Produkte im Ausland gekauft werden?
- Wann sollen die Produkte im Ausland gekauft werden?

Aufbauend auf der Beantwortung dieser Fragen kann die internationale Medienunternehmung entscheiden, ob eine standardisierte oder aber eine differenzierte Produktpolitik auf dem Auslandsmarkt angestrebt werden soll. Der optimale Standardisierungs- beziehungsweise Differenzierungsgrad ergibt sich hierbei als die ertragsmaximale Reaktion auf die Wirkungen nachfrager- und anbieterbezogener Rückkopplungen.[2] So ist zunächst in Bezug auf nachfragerseitige Rückkopplungen ein eher geringes Maß an Standardisierung als sinnvoll anzusehen.

Hierdurch lässt sich Arbitrage vermeiden beziehungsweise reduzieren. Zudem lassen sich auf diese Weise ländermarktspezifische Anforderungen der Nachfrager an die entsprechenden Medienprodukte berücksichtigen. Anbieterbezogene Rückkopplungen hingegen lassen eher ein hohes Maß an Standardisierung vorteilhaft erscheinen. Hierdurch lassen sich über die Realisierung von Economies Of Scale sowie Erfahrungskurveneffekte Kostenwirkungen erzielen, die in der Regel weit über die einzelnen Ländermärkte hinausreichen und das gesamte Unternehmen betreffen.

Grundsätzlich lassen sich verschiedene Grundtypen anhand des Grads der Produktstandardisierung unterscheiden. Differenzierte Produkte weisen einen hohen Grad an länderspezifischer Anpassung auf. Hierbei wird beinahe für jeden Ländermarkt eine spezifische Version des entsprechenden Produkts angeboten. Eine solche Form der Produktpolitik ist insbesondere für Unternehmen des Pressebereichs erforderlich. Hier sind die Produkte in der Regel sowohl in sprachlicher als auch in inhaltlicher Hinsicht an die Anforderungen der jeweiligen Ländermärkte anzupassen.

---

1 Vgl. Root (1998), S. 29.
2 Vgl. Backhaus/Büschgen/Voeth (2003), S. 191 ff.

Ein Beispiel bildet hier die Financial Times. Diese hat im Zuge ihrer Internationalisierung zunächst den englischsprachigen Originaltitel auch im Ausland vertrieben. Mittlerweile werden jedoch für einzelne Ländermärkte spezielle Ausgaben herausgegeben. Zu nennen ist hier insbesondere die Financial Times Deutschland. Diese wird mit einer eigenen Redaktion für den deutschsprachigen Raum erstellt. Dabei werden sowohl die Sprache als auch die Inhalte an die Bedürfnisse des entsprechenden Markts angepasst.

Gleiches gilt für bestimmte Fernsehsendungen oder Fernsehformate. So hat etwa der Musiksender MTV, wie bereits mehrfach dargestellt, zahlreiche regional basierte Sender gegründet, in denen ein auf den jeweiligen Ländermarkt zugeschnittenes Programm produziert wird (zum Beispiel MTV Germany, MTV Italy, MTV Brazil). Auch werden zahlreiche Formate, zumeist über die Vergabe von Formatlizenzen, an lokale Gegebenheiten auf den jeweiligen Ländermärkten angepasst. Beispielhaft kann das amerikanische „Who Wants To Be A Millionaire" genannt werden, aus dem das deutsche „Wer wird Millionär" entstand, das eine im Wesentlichen eigenständige Produktion darstellt.

Ein modulares Produktdesign kommt dann zur Anwendung, wenn Kunden in verschiedenen Ländern im Prinzip die gleichen Anforderungen an ein Produkt stellen und nur gewisse Komponenten länderspezifisch variiert werden müssen. In diesem Fall kann ein auf anderen Märkten bereits bestehendes Kernprodukt durch Variation der entsprechenden Komponenten relativ problemlos an die Erfordernisse des neu zu erschließenden Ländermarkts angepasst werden. Diese Variante der internationalen Produktpolitik ist in der Medienwirtschaft recht weit verbreitet.

So bieten etwa Buchverlage in jedem bearbeiteten Ländermarkt im Prinzip das gleiche Produkt an und variieren lediglich die Sprache entsprechend den Anforderungen des jeweiligen Ländermarkts. Gleiches gilt für eine Vielzahl von TV-Formaten. So werden etwa vielfach amerikanische Fernsehfilme und -serien auf ausländischen Märkten ausgestrahlt. Hierbei erfolgt eine Adaption ebenfalls lediglich hinsichtlich der Sprache. Dies geschieht durch eine Synchronisation oder durch Untertitel in der jeweiligen Landessprache.

Gleiches gilt für Kinofilme, die ebenfalls durch eine sprachliche Adaption mittels Synchronisation oder Untertitelung einer internationalen Verwertung zugeführt werden. Im Bereich der Computer- und Videospiele erfolgt ebenfalls in der Regel nur eine sprachliche Adaption. Vielfach umfasst diese nur die Bedienungsanleitung des entsprechenden Spiels. In einigen Fällen wird zudem auch die Sprache des Spiels selbst angepasst.

Eine vollkommene Standardisierung schließlich liegt vor, wenn das gesamte Produkt auf den verschiedenen Ländermärkten in exakt identischer Form verwertet wird. Es erfolgt keinerlei Anpassung an ländermarktspezifische Anforderungen. Eine solche Produktpolitik setzt voraus, dass die entsprechenden Medienprodukte in den verschiedenen Sprach- und Kulturräumen in gleicher Weise rezipiert werden. Dies trifft am ehesten auf Produkte aus dem Musikbereich zu.

Gerade englischsprachige Musiktitel werden weltweit rezipiert und können somit in einer standardisierten Form weltweit vermarktet werden. Früher haben auch einige amerikanische Fernsehsender ihr Programm in weitestgehend standardisierter Form weltweit ausgestrahlt. Mittlerweile sind jedoch auch diese Sender dazu übergegangen, ein an die jeweiligen Auslandsmärkte angepasstes Programm zu produzieren und auszustrahlen. Beispiele bilden etwa CNN Europe, CNN Asia, NBC Europe oder die einzelnen Länderangebote von MTV.

Neben der Frage nach der Standardisierung des Produkts bildet die Marke einen weiteren zentralen Fragenkomplex im Rahmen der internationalen Produktpolitik. Hier wird von den Unternehmen vielfach eine möglichst weitgehende Standardisierung angestrebt, um auf diese Weise die Chance eines weltweiten Markentransfers und Kostensenkungspotenziale aus der Standardisierung in Aufbau und Bekanntmachung der Marke zu nutzen.

Als Risiken einer weltweit standardisierten Markenpolitik gelten insbesondere mögliche negative Assoziationen mit dem Markennamen sowie ein hiervon ausgehender Anreiz zur Markenpiraterie. Hieraus ergeben sich die an eine internationale Markenpolitik zu stellenden Anforderungen.[1] So muss der Markenname zunächst in allen relevanten Sprachen aussprechbar sein. Zudem sollte er sowohl akustisch als auch visuell einen hohen Wiedererkennungseffekt besitzen. Darüber hinaus muss er die gewünschte Assoziation mit dem Produkt bewirken. Schließlich sollte ein gesetzlicher Markenschutz auf allen relevanten Märkten möglich sein.

Die Markenpolitik internationaler Medienunternehmen gestaltet sich recht uneinheitlich. So verfolgt etwa die Financial Times im Pressebereich mit der Financial Times Deutschland eine weitgehend standardisierte Markenpolitik. Sowohl Produktname (mit Ausnahme der Ergänzung um den Landesnamen) als auch Produktzeichen sind international gleich. Eine ähnlich standardisierte Markenpolitik betreiben auch internationale TV-Sender. Diese Sender wie MTV, CNN oder NBC nehmen eine direkte Übertragung ihrer Marke auf die entsprechenden Auslandsmärkte vor. Produktname und -zeichen bleiben dabei unverändert. Gleiches gilt für internationale Rundfunksender wie etwa die Deutsche Welle oder BBC.

In den anderen Mediengattungen ist eine eher differenzierte Markenpolitik vorherrschend. So erfolgt etwa die Internationalisierung bei Buchverlagen in der Regel über die Vergabe von Lizenzen für die Produktion fremdsprachiger Ausgaben. Mithin ist ein Dachmarkenkonzept auf Verlagsebene oder einer entsprechend darunter liegenden Ebene jeweils nur für einen spezifischen Auslandmarkt anwendbar. Denkbar ist allenfalls ein ländermarktübergreifendes, standardisiertes Markenkonzept auf der Autorenebene, in dessen Rahmen das Design der Publikationen eines Autors auf allen Ländermärkten gleich oder ähnlich ist.

---

[1] Vgl. Kulhavy (1993).

Im Musikbereich herrscht ein Markenkonzept auf Basis der Künstlernamen vor. Je nach Ausrichtung der Künstler können diese Marken auch international eingesetzt werden. Auf Ebene der Labels ist ebenso eine international standardisierte Markenpolitik möglich. Hierbei profilieren sich Labels gezielt international in einer bestimmten Sparte und ziehen so erfolgreiche Künstler an, was wiederum zu zunehmenden Absätzen und somit einer weiteren Etablierung des Labels als Marke in dem entsprechenden Bereich führt.

3.3.2 Preispolitik internationaler Medienunternehmen

Im Rahmen einer internationalen Preispolitik sind von Medienunternehmen Entscheidungen über Entgelte für Leistungsangebote, eventuelle Rabatte sowie über Liefer- und Zahlungsbedingungen für die Auslandsaktivitäten zu treffen. Dabei wird zwischen einer internationalen Preisstandardisierung und einer internationalen Preisdifferenzierungsstrategie unterschieden. Eine vollständige internationale Preisstandardisierung ist im Medienbereich eher unüblich. Vielmehr ist eine internationale Preisdifferenzierungsstrategie vorherrschend. Im Rahmen einer solchen Strategie passt sich die Unternehmung bei der Preisfestsetzung an die jeweiligen Marktverhältnisse an. Die Preisdifferenzierung erfolgt im internationalen Rahmen zumeist anhand räumlicher Kriterien.

So werden etwa Presseerzeugnisse auf Auslandsmärkten in der Regel zu höheren Preisen angeboten als auf dem Heimatmarkt. Begründet werden kann dies mit den erforderlichen höheren Kosten für die Distribution der entsprechenden Presseerzeugnisse, die an die Kunden weitergegeben werden, sodass hier letztlich eine kostenorientierte internationale Preispolitik angenommen werden kann. Anders gestaltet sich die Situation bei Buchverlagen. Hier ist aufgrund der in Deutschland geltenden Buchpreisbindung vielfach zu beobachten, dass bestimmte Werke auf ausländischen Märkten, auf denen keine Preisbindung gilt, zum Teil deutlich günstiger angeboten werden. Dies gilt insbesondere im grenzüberschreitenden Buchhandel mit dem deutschsprachigen Ausland zwischen Deutschland, Österreich und der Schweiz.

Noch deutlicher wird dies bei Büchern, die aus Ländern stammen, in denen keine Buchpreisbindung gilt. So sind etwa auf dem deutschen Markt für importierte englischsprachige Bücher vielfach deutliche Preisunterschiede festzustellen. Im Bereich der TV-Anbieter spielt die Preispolitik insbesondere im Rahmen der Vergabe von Format- und Programmlizenzen sowie beim Verkauf von Produktionen eine Rolle. Auch hier wird in der Regel eine Preisdifferenzierung betrieben. Gleiches gilt für den Movie-Bereich. Ebenfalls zu einer geografischen Preisdifferenzierung kommt es im Musikbereich sowie bei den Herstellern von Video- und Computerspielen. Die internationale Preispolitik orientiert sich in diesen Medienbereichen insbesondere an den unterschiedlichen Kaufkraftniveaus der einzelnen Zielländer.

3.3.3 Distributionspolitik internationaler Medienunternehmen

Die Distributionspolitik beschäftigt sich im Kontext internationaler Medienunternehmungen insbesondere mit der Auswahl der Absatzwege und Handelsmittler im Gastland. Hierbei stehen internationalen Medienunternehmen in Bezug auf die Absatzwege im Gastland drei grundsätzliche Perspektiven offen: eine Anpassung an im entsprechenden Auslandsmarkt bereits bestehende Absatzwege (Adaption), eine Umformung vorhandener Absatzwege (Modifikation) sowie die Schaffung eigener Absatzwege (Innovation). Für Medienunternehmen sind in Abhängigkeit vom konkret zu vermarktenden Produkt verschiedene direkte und indirekte internationale Distributionswege denkbar.

Für Buchverlage bietet sich hier zumeist die Nutzung bereits vorhandener indirekter Distributionswege an. Hierbei wird das vor Ort vorhandene Buchhandelssystem genutzt, das zumeist zweistufig ist und aus dem Buchgroßhandel sowie dem Bucheinzelhandel besteht. Daneben steht den Verlagen auch ein direkter Distributionsweg ins Ausland grundsätzlich offen. Zu denken ist hierbei insbesondere an den Auslandsversand von Büchern. Diese Variante internationaler Distributionspolitik nimmt allerdings im Buchbereich nur eine stark untergeordnete Bedeutung an. Zeitungs- und Zeitschriftenverlage nutzen für die internationale Distribution ihrer Erzeugnisse sowohl direkte als auch indirekte Kanäle.

Als direkter Kanal gilt insbesondere das Auslandsabonnement. Der Vertrieb erfolgt hierbei zumeist auf dem Postweg. Der Einsatz eigener Zusteller im Ausland hingegen ist aufgrund oftmals eher geringer Absatzmengen in der Regel nicht anzutreffen. Eine größere Bedeutung hat hingegen die indirekte internationale Distribution von Presseerzeugnissen. Hierbei wird zumeist auf im Gastland bereits bestehende Absatzwege zurückgegriffen, wobei wiederum ein zweistufiges, aus Pressegroßhandel (Grossisten) und Presseeinzelhandel bestehendes System vorherrschend ist. Neben diesen traditionellen Wegen einer internationalen Distribution von Presseprodukten bekommt die digitale Distribution eine immer größere Bedeutung.

Hierdurch können Presseinhalte nahezu unabhängig von Ort und Zeit international distribuiert werden. Die Inhalte werden dabei mithilfe von Internet-PCs oder mobilen Endgeräten, zum Beispiel dem iPad von Apple, von den Nutzern empfangen. Für Rundfunk- und Fernsehunternehmen kommt im Rahmen der Internationalisierung vor allem eine Distribution ihres Programmangebots über Satelliten in Betracht. Eine solche Distribution gewährleistet eine länderübergreifende Verbreitung des entsprechenden Programmangebots. Dabei ist jedoch zu beachten, dass die Anmietung eines Satellitenplatzes einen nicht unerheblichen Kostenfaktor darstellt.

Neben der Satellitendistribution bildet der Zugang zum Kabelnetz im Gastland eine weitere Möglichkeit der internationalen Distribution von Rundfunk- und Fernsehunternehmen. Ein Problem bildet hierbei jedoch die geringe Kapazität der Kabelnetze, woraus eine intensive Konkurrenz um die knappen Kabelplätze resultiert. Diese sind zudem meist bereits von einheimischen Rundfunk- und Fernsehanbietern besetzt, sodass hier eine Markteintrittsbarriere für ausländische Anbieter existiert.

Der internationale Vertrieb von Kinofilmen erfolgt zumeist über lokale Filmverleiher im Ausland. Mithin ist hier ein indirekter internationaler Vertrieb vorherrschend. Eine direkte Alternative hierzu besteht in der Etablierung eigener ausländischer Filmverleiher als Tochterunternehmen oder Joint Ventures. Nach der Kinoverwertung können die Filme auch als Video- beziehungsweise DVD- und Blu-ray-Versionen international vermarktet werden. Hierbei bieten sich wiederum sowohl indirekte als auch direkte Vertriebswege an. Die Nutzung indirekter Vertriebswege basiert dabei zumeist auf der Nutzung im Gastland bereits vorhandener Strukturen, wie etwa Videotheken und Handelsunternehmen.

Eine Alternative hierzu bildet der direkte Vertrieb der entsprechenden Produkte über die Etablierung eigener Videotheken oder Handelsunternehmen im Gastland. Ein Beispiel für ein solches Vorgehen bilden die Blockbuster Stores des Medienunternehmens Viacom, die zum Teil als eigene Stores und zum Teil im Franchise-System betrieben werden. In diesen Stores werden Medienprodukte, insbesondere Videos beziehungsweise DVDs, Blu-rays und CDs, des Unternehmens vertrieben. Schließlich ist bei einer zunehmenden Verbreitung breitbandiger Internetzugänge auch mit einer Zunahme der Distribution von Filmen über Online-Kanäle zu rechnen, wodurch die entsprechenden Angebote weltweit verfügbar gemacht werden.

Bei den Anbietern von Musikprodukten bietet sich die Nutzung bereits im Gastland bestehender Distributionswege an. Hierbei dominieren im Bereich des Absatzes von Tonträgern indirekte Distributionswege, insbesondere über Handelsbetriebe. Daneben sind im Zuge der Internationalisierung von Unternehmen der Musikindustrie auch direkte Distributionswege vorstellbar. Zu nennen sind in diesem Zusammenhang etwa wiederum die Blockbuster Stores von Viacom. Neben dem direkten und indirekten Vertrieb von physischen Tonträgern tritt in zunehmendem Maß auch der Online-Vertrieb von Musik auf. Beispielhaft ist hier das iTunes-Angebot von Apple.

Nach einem sehr erfolgreichen Start in den USA ist dieser digitale Musikvertrieb sukzessive in mehreren Ländern global eingeführt und kontinuierlich weiterentwickelt worden. Für die internationale Distribution von Computer- und Videospielen gelten prinzipiell die gleichen Ausführungen wie für die Hersteller von Tonträgern. Auch hier kann zwischen der internationalen, physischen Distribution von Datenträgern, die sowohl auf direktem als auch auf indirektem Weg erfolgen kann und einer zunehmend an Bedeutung gewinnenden Online-Distribution unterschieden werden.

3.3.4 Kommunikationspolitik internationaler Medienunternehmen

Auch die Kommunikationspolitik in internationalen Medienunternehmen sieht sich im Wesentlichen der Fragestellung gegenüber, ob die Kommunikationspolitik weltweit einheitlich konzipiert werden soll, oder ob diese an die Erfordernisse des jeweiligen Landes angepasst werden soll. Für eine Standardisierung sprechen hierbei insbesondere Kostenersparnisse durch geringere Konzeptions-, Gestaltungs-, Produktions- und Streukosten. Mithin kommt es zu einer effizienteren Ausnutzung des Werbebudgets und einer verbesserten Allokation der verfügbaren Werbemittel in den verschiedenen Ländern.

Schließlich lässt sich auf diese Weise auch ein einheitliches Produkt- und Unternehmensimage erreichen. Dem steht gegenüber, dass eine dermaßen standardisierte Kommunikationspolitik regional unterschiedliche Nachfragestrukturen nicht berücksichtigen kann. Im Zusammenhang mit Medienprodukten spielt hierbei insbesondere eine Rolle, dass eine standardisierte Produktpolitik identische Nutzererwartungen hinsichtlich des Produkts voraussetzt. Es muss sich damit um sogenannte Culture Free Products handeln.

Gerade bei Medienprodukten ist die kulturelle Disposition jedoch häufig von herausragender Bedeutung. Für die Mehrzahl der Medienprodukte beziehungsweise -unternehmen kommt somit eine weltweit standardisierte Kommunikationspolitik nicht in Frage. Vielmehr ist zumeist eine nach Ländern beziehungsweise Kulturkreisen differenzierte Kommunikationspolitik erforderlich. Eine Ausnahme bilden lediglich Medienprodukte, die international in weitgehend gleicher Form angeboten werden und auch gleich rezipiert werden. Zu nennen sind hier insbesondere Musikproduktionen sowie Computer- und Videospiele.

Als eine Mischform zwischen einer kompletten Standardisierung und einer vollkommenen Differenzierung der internationalen Kommunikationspolitik bietet sich eine Dachkampagnenstrategie an. Hierbei erfolgt zunächst eine Festlegung eines Zentralthemas beziehungsweise zentraler Kommunikationselemente, die dann im Zuge einer Anpassung an die einzelnen Ländermärkte mit anderen differenzierten Elementen kombiniert beziehungsweise mit unterschiedlichen Werbemitteln eingesetzt werden.

Ein solches Vorgehen kann insbesondere auch im Medienbereich sinnvoll sein. So können etwa Zeitungen und Zeitschriften, die in verschiedenen Ländern mit jeweils länderspezifischen Ausgaben erscheinen, mit einer identischen Werbebotschaft beworben werden, wobei auch die Zielgruppen weitgehend identisch sind. Eine Differenzierung erfolgt insbesondere über die Sprache sowie über spezifische Inhalte, die sich auf die jeweilige Länderausgabe beziehen.

4 Fallbeispiel News Corporation

Die News Corporation (News Corp.), mit Sitz im Rockefeller Center an der Sixth Avenue in New York, ist eines der weltweit größten Medienkonglomerate. Das international aktive Unternehmen beschäftigt rund 55.000 Mitarbeiter und ist sowohl an der New Yorker und Londoner, als auch der australischen Börse notiert. Die Unternehmensursprünge des Gründers und Vorstandsvorsitzenden Rupert Murdoch liegen in der Zeitungsbranche, worauf aufbauend er durch die Ausweitung der Geschäftsfelder und eine gezielte Internationalisierungsstrategie ein weltweit agierendes Milliardenimperium geschaffen hat.

Seit Anfang 2000 konzentriert sich das Unternehmen nun auch gezielter auf das Internetgeschäft, wobei versucht wird die traditionellen Medien in die neuen Entwicklungen des Web 2.0 mit einzubinden. Nachdem die News Corporation Anfang der 1990er Jahre eine expansionsbedingte finanzielle Krise durchlebte, stabilisierte sich das Unternehmen durch ertragsreiche und strategisch zielgenaue, internationale Direktinvestitionen. Im Jahr 2011 verzeichnete die News Corporation einen Umsatz von 33,4 Milliarden US-Dollar.[1]

Folglich ist das Unternehmen nach Comcast/NBC Universal LLC und The Walt Disney Company das drittgrößte Medienkonglomerat. Außerdem steht das Unternehmen an 83. Stelle der FORTUNE 500. Der größte Anteilseigner ist der Gründer Rupert Murdoch, der mit seiner Familie einen Anteil von fast 40% an der News Corporation besitzt.[2] Die News Corporation konkurriert in drei wesentlichen Industriezweigen. Die Medienbranche, zu welcher Film und Video zählt und die den Hauptanteil am Geschäft ausmacht.

Die Freizeitindustrie, zu der vor allem der Entertainment-Bereich zählt und der Industriezweig der Telekommunikationsservices, insbesondere die Kabel- und Satellitenservices.[3] Die Industriezweige können in acht Industriesegmente untergliedert werden: Filmed Entertainment, Television, Cable Network Programming, Direct Broadcast Satellite Television, Magazines and Inserts, Newspaper and Information Services, Book Publishing und Other Assets.[4] Abbildung 4-1 gibt einen Überblick über die den einzelnen Industriesegmenten angehörigen Unternehmen.

---

1 Vgl. News Corporation (2011).
2 Vgl. CNN Money (2011).
3 Vgl. Hoovers (2008).
4 Vgl. News Corporation (2011), S. 4 ff.

Kapitel 10: Internationales Medienmanagement

Abbildung 4-1: Unternehmensstruktur der News Corporation[1]

News Corporation

Filmed Entertainment	Television	Cable Programming	Direct Broadcast Satellite Television	Magazines and Inserts	Newspapers and Information Services	Books	Other Assets
• 20th Century Fox • 20th Century Fox Espanol • 20th Century Fox Home Entertainment • 20th Century Fox International • 20th Century Fox Television • Fox Searchlight Pictures • Fox Studios Australia • Fox Studios LA • Fox Television Studios • Blue Sky Studios	• FOX Broadcasting Company • Fox Sports • FOX Sports Australia • FOX Television Stations • MyNetwork TV	• FOX Business Network • FOXTEL • FOX Movie Channel • FOX News Channel • FOX College Sports • FOX Sports Enterprises • FOX Sports En Espanol • FOX Sports Net • FOX Soccer Channel • Fuel TV • FX • Nat Geo Wild • National Geographic Channel United States • National Geographic Channel Worldwide • Speed • STAR • Stats, Inc.	• BSkyB • FOXTEL • Sky Deutschland • Sky Italia	• Big League • Inside Out • donna hay • ALPHA • News America Marketing • Smart Source • The Weekly Standard	**Australia** • Daily Telegraph • Fiji Times • Gold Coast Bulletin • Herald Sun • NT News • Post-Courier • Sunday Herald Sun • Sunday Mail • Sunday Tasmanian • Sunday Territorian • Sunday Times • The Advertiser • The Australian • The Courier-Mail • The Mercury • The Sunday Mail • The Sunday Telegraph • Weekly Times • Big League • Inside Out • donna hay • ALPHA **United Kingdom** • News International • News of the World • The Sun • The Sunday Times • The Times • Times Literary Supplement **United States** • New York Post **International** • The Wall Street Journal • The Wall Street Journal Digital Network • Dow Jones	• Harper Collins Publishers • Harper Collins Australia • Harper Collins Canada • Harper Collins Children's Books • Harper Collins India • Harper Collins New Zealand • Harper Collins United States • Harper Collins United Kingdom • Zondervan	• American Idol.com • AskMen • Beliefnet • careerone.com.au • CARSguide.com.au • Fox.com • FoxSports.com • FoxSports.com.au • hulu.com • IGN Entertainment • kSolo • Milkround • MySpace • National Rugby League • NDS • News.com.au • News Digital Media • News Outdoor • Scout • Spring Widgets • truelocal.com.au • WhatIf Sports

[1] Auf der Basis eigener Analysen und Abschätzungen sowie Geschäftsberichten.

Fallbeispiel News Corporation

Die heutige News Corporation findet ihren Ursprung in den vom Vorstandsvorsitzenden und Gründer der News Corporation, Rupert Murdoch, 1952 geerbten Nachlass seines Vaters, den australischen Tageszeitungen „News" und „Sunday News". Nachdem Murdoch die angeschlagenen Tageszeitungen sanierte, mit einem Konzept aus Boulevardangeboten im Sinne von Sex, Crime und Human Interest sowie aggressiven Marketingmaßnahmen und Preissenkungen, wiederholte er seine teils abgewandelte Strategie mit Erfolg auch in anderen Medienbereichen.

Nach Gründungen weiterer Zeitungen in Australien, kaufte Murdoch den Adelaider TV-Sender Channel 9 und weitete sein Geschäftsfeld auch auf andere Kontinente aus. Im Sinne einer sukzessiv (Wasserfallstrategie) internationalen Konzentrationsstrategie als Marktpräsenzstrategie übernahm Murdoch Ende der 1960er und Anfang der 1970er Jahre in Großbritannien die damals eher mäßig erfolgreichen Printtitel „News of the World" und „Sun".

Nach der Übernahme des größten US-Zeitschriftenverlags, Triangle Publications, in den 1980er Jahren, folgten bedeutende Zeitschriften wie die New York Post sowie die Ausweitung der Präsenz im TV-Markt durch den Kauf der 20th Century-Fox-Filmstudios im Jahr 1985 und der Fernsehkette Metromedia, heute als Fox TV bekannt, ein Jahr später.

Die Festigung der Marktpräsenz auf dem TV-Markt schaffte das Unternehmen vor allem durch den Ausbau der Fernsehkette Metromedia als viertes nationales US-Network, dem Fox TV, und der 1996 damit verbundenen Gründung des Fox News Channels, einem 24-Stunden Nachrichtenkanal im Kabelfernsehen.[1] Eine schwerpunktmäßige Verlagerung der strategischen Ausrichtung vom Printsektor hin zu den elektronischen Medien erfolgte Anfang der 1990er Jahre.

1990 übernahm Murdoch beispielsweise die bis dato ohne Erfolg gewesenen Satellitensender Sky TV und British Satellite Broadcasting, die er zu BSkyB fusionierte. Weitere Satellitensender folgten, zum Beispiel Start TV, Sky Brazil, America SkyB und Japan SkyB, die in den Folgejahren das Erfolgskonzept auch auf dem internationalen Markt multiplizierten. Es wurde außerdem ein Schwerpunkt auf den Bereich des Pay TV gesetzt. So ist die News Corporation beispielsweise an dem italienischen Pay TV-Sender Stream mit 35% beteiligt und in Japan an News Broadcasting Japan mit 80%.[2]

---

1 Vgl. Sjurts (2005), S. 462 f.
2 Vgl. Bieker (2007).

In Zukunft wird die News Corporation von der Konzentrationsstrategie zu einer eher aggressiveren Diversifizierungsstrategie als Internationalisierungsstrategie wechseln und dem Grundsatz folgen, dass im Medienmarkt langfristig nur Größe zählt.[1] Einen großen Schritt in den deutschen TV-Markt machte die News Corp. im Januar 2008 mit dem Kauf von 14,6% der Aktien am Münchener Unternehmen Premiere vom einstigen Besitzer Unity Media.

Der Anteil wurde inzwischen auf 45% aufgestockt, womit News Corp. über eine Sperrminorität verfügt.[2] Nachdem die News Corporation in den Konvergenzbranchen Telekommunikation und Informationstechnologien lange Zeit keine strategisch wertvollen Beteiligungen hatte, wurde Anfang 2000 erstmals das Internet von Murdoch anvisiert. Heute gehört zum Internetportfolio der News Corporation unter anderem die Computerspiele-Website von IGN Entertainment und das Online-Fotoalbum Photobucket sowie die Web Community MySpace.

Um dieses Portfolio weiter auszubauen, bekundete das Unternehmen Ende 2007 erstmals ein Interesse an der Übernahme von Yahoo in Form eines Zusammenschlusses mit der zur News Corporation gehörenden Internetplattform MySpace. Die Gespräche scheiterten jedoch 2008, nachdem auch Microsoft Interesse zeigte. Murdochs traditionelle Medien schaffen es trotz der Veränderungen der Medienpräferenzen stabile Gewinne zu erzielen.

Beispielsweise wurden durch die erfolgreichen Produktionen der Hollywood Studios 20th Century Fox, die Filme wie „Borat" oder auch „Ice Age" produzierten, hohe Gewinne erzielt. Auch die Zeitungen der News Corporation sowie die Kabelfernsehsparte Fox vermelden stetig Gewinne. Trotzdem hat das Unternehmen längst erkannt, dass traditionelle Medien langfristig an Zugkraft verlieren.

Die News Corporation setzt deshalb gezielt auf die Anreicherung des traditionellen Kerngeschäfts durch internationale Beteiligungen oder Übernahmen in innovativen multimedialen Geschäftsfeldern. Dadurch wird die Strategie verfolgt eine Distribution über alle Medienkanäle zu schaffen und beispielsweise klassische Inhalte vom Fernsehen über das Handy bis ins Internet zu bringen. Einen Überblick über die strategische Ausrichtung der News Corporation zeigt Abbildung 4.2.

---

[1] Vgl. Sjurts (2009), S. 463.
[2] Vgl. Institut für Medien- und Kommunikationspolitik (2010).

Abbildung 4-2: Strategische Ausrichtung der News Corporation

Aspekte

Strategie
- Internationalisierungsstrategie, externes Wachstum und multinationale Ausrichtung auf ausländischen Märkten
- Economy Of Scale
- Konvergenzstrategie im Sinne eines Ausbaus von neuen Internet-Assets

Geschäftsmodell
- Je nach Segment, hybrides Geschäftsmodell
- Content-Aspekt: Sammlung, Selektion, Systematisierung, Kompilierung (Packaging) und Bereitstellung von Informationen, zum Beispiel FoxSports.com
- Community-Aspekt: Herstellung der Möglichkeit eines Informationsaustauschs im Bereich des audiovisuellen Entertainments, zum Beispiel durch Social Web-Applikationen wie etwa MySpace
- Commerceaspekt: in vielen Geschäftsbereichen enthalten
- Je nach Segment: transaktionsunabhängige direkte (zum Beispiel Erlöse aus Abonnements) und indirekte (zum Beispiel Erlöse aus Werbeeinnahmen) Erlösgenerierung sowie transaktions-abhängige indirekte (zum Beispiel Erlöse aus Vermittlungen von Transaktionen für dritte Partnerunternehmen) und direkte (zum Beispiel Erlöse aus direkten Verkäufen) Erlösgenerierung

Leistungsspektrum
- Filmed Entertainment (zum Beispiel 20th Century Fox)
- Television (zum Beispiel Fox Broadcasting Company)
- Cable Porgramming (zum Beispiel Fox Movie Channel, Fox News Channel)
- Direct Broadcast Satellite Television (zum Beispiel BSkyB)
- Magazines and Inserts (zum Beispiel Big League, News America Marketing)
- Newspapers and Information Services (zum Beispiel New York Post, The Sun)
- Books (zum Beispiel HarperCollins Publishers)
- Other Assets (zum Beispiel IGN Entertainment)

Erfolgsfaktoren
- Strategisch integrierte Ausrichtung auf fast allen Medien-Märkten
- Internationale Vernetzung
- Unternehmerische Größe
- Ausgereiftes Medienportfolio
- Strategisch optimierte M&A-Strategie

Wiederholungsfragen

1. Definieren Sie Internationales Medienmanagement! Welche Funktionsbereiche sind bei der Internationalisierung maßgeblich?
2. Existieren unterschiedliche Globalisierungs- beziehungsweise Lokalisierungsvorteile für Medienunternehmen?
3. Welche Bedeutung haben Strategische Allianzen in der Medienbranche? Geben Sie Beispiele für erfolgreiche Allianzen!
4. Was bedeuten Marktpräsenzstrategien und welche können Sie nennen?
5. Beschreiben Sie die zwei unterschiedlichen Möglichkeiten der Marktsegmentierung!
6. Stellen Sie die Vorteile und Nachteile der First-Mover-Strategie denen der Follower-Strategie gegenüber!
7. Welche Charakteristika weisen die Wasserfallstrategie und Sprinklerstrategie auf und welche spezifischen Vor- und Nachteile besitzen sie?
8. Ist das nationale und internationale Beschaffungsmanagement vergleichbar? Wo liegen die Unterschiede beziehungsweise Gemeinsamkeiten?
9. Welche erschwerenden Faktoren kommen bei der internationalen Produktpolitik auf die Medienunternehmen zu?
10. Wie hoch schätzen Sie die Bedeutung der News Corporation international ein? Kann hier bereits von einer wettbewerbsverzerrenden Konzentration gesprochen werden?

Kapitel 11:
Integrierte Medienverbundunternehmen und Crossmedia

1 Einführung 835
2 Grundlagen des Crossmedia-Management 836
   2.1 Erscheinungsformen von Crossmedia 838
   2.2 Ursachen und Katalysatoren für Crossmedia 840
   2.3 Crossmedia-Strategien, Prozesse und Erfolgsfaktoren 842
3 Integrierte Wertschöpfungsstrukturen und Geschäftsmodelle 852
   3.1 Ursachen und Katalysatoren integrierter Medienunternehmen 853
   3.2 Dimensionen von Integrationsstrategien 860
   3.3 Ausprägungen von Integrationsstrategien 861
       3.3.1 Integration auf Wertschöpfungskettenebene 862
       3.3.2 Integration auf Geschäftsmodellebene..................................866
   3.4 Fallbeispiel Time Warner..867
   3.5 Bewertung von Integrationsstrategien 870
4 Entwicklungsperspektiven..872

1 Einführung

Das Wettbewerbsumfeld der Medienindustrie ist durch die zunehmende Durchdringung mit innovativen Informations- und Kommunikationstechnologien sowie die fortschreitende Branchenkonvergenz charakterisiert. Zwei wesentliche Prozesse bestimmen die Wettbewerbsentwicklung im Bereich elektronischer Medien und Kommunikation. Zum einen ist vor allem im Internetbereich eine größere Anzahl von Unternehmensgründungen im Sinne schumpeterischer Pionierunternehmen zu verzeichnen. Als Beispiele für diese Entwicklung sind Unternehmen wie Facebook, eBay oder Google anzuführen. Zum anderen sind grundlegende Transformationsprozesse der Wertschöpfungsstrukturen im Informations- und Kommunikationssektor festzustellen.

In diesem Umfeld kommt es zu einer wesentlichen Repositionierung von etablierten Medienunternehmen, die durch eine Veränderung der bisherigen Wertschöpfungsstrukturen und Wettbewerbsstrategien gekennzeichnet ist.[1] Die Repositionierung und die Veränderung der Wertschöpfungsstrukturen lassen integrierte Medien- und Internetverbundunternehmen entstehen. Medienverbundunternehmen stoßen über den Erwerb von Unternehmensbeteiligungen vertikal und lateral in neue (Medien-) Produktangebotsräume vor und führen ökonomische Tätigkeiten auf unterschiedlichen Medienmärkten zusammen.[2] Die laterale oder sogar mulilaterale Ausweitung medialer Distribution auf verschiedene Medienkanäle beziehungsweise Medienteilmärkte wird in diesem Zusammenhang als Crossmedia bezeichnet.

Das Crossmedia-Management bildet die strategische Grundlage für Integrationsanstrengungen von Unternehmen im Mediensektor. Kaum ein Medienunternehmen kommt heute ohne eine adäquate Crossmedia-Strategie und ein fokussiertes Crossmedia-Management aus. Dies trifft insbesondere auf große Medienverbundunternehmen zu, die die Branche heute auf vielen Teilmärkten dominieren. Nachdem die Entstehung von Medienverbundunternehmen Mitte der 1990er Jahre verstärkt durch Mega Merger mit vertikaler Ausrichtung beziehungsweise Ende der 1990er Jahre durch den Vorstoß der Telekommunikationsanbieter in die Medienbranche geprägt war, ist, vor dem Hintergrund der zunehmenden kommerziellen Nutzung des Internet, insbesondere die Entstehung von integrierten Medien- und Internetverbundunternehmen zu beobachten. Auf der einen Seite versuchen klassische Medienunternehmen ihre Position im Internetbereich durch Unternehmensbeteiligungen zu verstärken.

---

[1] Vgl. Wirtz (2000e), S. 290 f.
[2] Vgl. Wirtz (1994), S. 164.

Kapitel 11: Integrierte Medienverbundunternehmen und Crossmedia

Beispielsweise erwarb Pearson Plc. im Jahr 2000 National Computer Systems Inc. (NCS). Diese Akquisition ermöglichte es Pearson, ein führender, integrierter Anbieter von Lehrmaterial zu werden und die eigenen Inhalte über die verschiedenen internetbasierten Systeme von NCS zu vertreiben sowie neue personalisierte Lehrangebote zu schaffen.[1] Auf der anderen Seite dringen Internetunternehmen in den Bereich der klassischen Medien vor. Als bekanntestes Beispiel ist in diesem Kontext die Übernahme von Time Warner durch AOL zu nennen.

2 Grundlagen des Crossmedia-Management

In den vergangenen Jahren hat die Entwicklung und Gestaltung von Mehrkanalstrategien im Mediensektor eine zunehmende Bedeutung erfahren.[2] Sowohl in der Unternehmenspraxis als auch im Schrifttum hat sich im Zuge dessen der Begriff Crossmedia etabliert. Crossmedia wird hier vor allem mit der Hervorbringung von Wettbewerbsvorteilen im Rahmen von Konvergenztendenzen in der Medienbrache in Verbindung gebracht. Insbesondere der zukünftige Erfolg traditioneller Medienkonzerne wird oftmals in hohem Maß mit dem Einsatz von Crossmedia-Strategien verbunden.

Dabei finden die Begriffe Crossmedia und Crossmedia-Management häufig Verwendung, ohne klar definiert zu werden. Dieses heterogene Begriffsverständnis wurde vor allem dadurch verstärkt, dass der Begriff Crossmedia in verschiedenen medien- beziehungsweise betriebswirtschaftlichen Disziplinen eine hohe Relevanz erlangt hat. Insbesondere im integrierten Medienmanagement, dem Distributionsmarketing und dem Kommunikationsmarketing spielt das Konzept des Crossmedia-Management eine wichtige Rolle. Während das Medienmanagement jedoch ein deutlich differenzierteres Begriffsverständnis aufweist, steht im Marketing die Multi-Channel-Nutzung für verschiedene Marketingaktivitäten im Fokus der Betrachtung.

Darüber hinaus ist fachbereichsübergreifend in Schrifttum und Praxis zu beobachten, dass Crossmedia oftmals zu sehr auf die Digitalisierung medialer Inhalte zur Distribution über Online-Kanäle beschränkt wird. Obwohl die modernen Informations- und Kommunikationstechnologien entscheidenden Einfluss auf das Crossmedia-Konzept ausüben, so umfasst es doch auch die Integration klassischer Medienformen und

---

1   Vgl. Business Wire (2000).
2   Vgl. Müller-Kalthoff (2002), S. VII; Vogelsberg (2006), S. 359 f.; Jakubetz (2008), S. 11.

-kanäle außerhalb der aufstrebenden Online-Medien. Daher ist es für eine Crossmedia-Analyse notwendig, eine möglichst umfassende Betrachtungsperspektive einzunehmen. Crossmedia als übergreifendes Managementkonzept setzt daher ein einheitliches Begriffsverständnis voraus. In diesem Kontext soll Crossmedia daher wie in Tabelle 2-1 verstanden werden.

Tabelle 2-1: Definition Crossmedia

Definition Crossmedia
Crossmedia bezeichnet ein Konzept zur Nutzung von mindestens zwei Medienkanälen zur Vermarktung medialer Produkte.

Darüber hinaus sollte der funktionale Managementbegriff des Crossmedia aufgegriffen und um den Aspekt der Unternehmensführung erweitert werden. Dabei kann Unternehmensführung als ein zielgerichtetes, gestaltendes Eingreifen in den Wertschöpfungsprozess von Unternehmen verstanden werden.[1] Das Crossmedia-Management weist dabei insbesondere einen instrumentellen Charakter auf, da es der Verfolgung unternehmerischer Langzeitziele dient.

Dabei erstreckt sich das Crossmedia-Management sowohl auf die strategische als auch die operative Ebene. Strategie soll hier als „ein geplantes Maßnahmenbündel der Unternehmung zur Erreichung ihrer langfristigen Ziele" verstanden werden.[2] Im Gegensatz dazu findet operatives Management unter einem kurzfristigen Zeithorizont statt. Das Crossmedia-Management befasst sich, wie das allgemeine Medienmanagement, jedoch wesentlich mit den strategischen und handlungsorientierten Optionen in Bezug auf den Absatz medialer Produkte unter besonderer Berücksichtigung des medienspezifischen Umfelds. Crossmedia-Management lässt sich wie in Tabelle 2-2 definieren.

Tabelle 2-2: Definition Crossmedia-Management

Definition Crossmedia-Management
Crossmedia-Management umfasst alle zielgerichteten Aktivitäten der Planung, Organisation, Durchführung und Kontrolle im Rahmen der Vermarktung medialer Produkte über verschiedene Medienkanäle.

---

[1] Vgl. Macharzina/Wolf (2008), S. 35 ff.
[2] Welge/Al-Laham (2003), S. 13.

Kapitel 11: Integrierte Medienverbundunternehmen und Crossmedia

2.1 Erscheinungsformen von Crossmedia

Im Mediensektor lassen sich verschiedene Wachstumsstrategien beobachten. Da Crossmedia-Strategien Spezialfälle allgemeiner Wachstumsstrategien darstellen, ist es im Hinblick auf eine Systematisierung des Konzeptes sinnvoll, auf etablierte Wachstumsansätze zurückzugreifen. Ein früher und sehr verbreiteter Ansatz zur Systematisierung solcher Strategien findet sich bei Ansoff (1965). Dieser ist für den vorliegenden Kontext sehr geeignet, da die verschiedenen Strategiealternativen in einer Produkt-Markt-Matrix dargestellt werden. Die sogenannte Ansoff-Matrix differenziert nach bestehenden und neuen Märkten sowie bestehenden und neuen Produkten.[1] Im Rahmen einer Crossmedia-Systematisierung ist es jedoch notwendig, die ursprüngliche Matrix zu erweitern.

Es kann weiter unterschieden werden, ob der neue Medienmarkt beziehungsweise das neue Medienprodukt einem bestehenden Markt oder Produkt ähnelt. Medienmärkte, die in diesem Kontext auch als Medienbranche bezeichnet werden kann, sind beispielsweise der Buchmarkt, der TV-Markt oder der Zeitungsmarkt. Unter Medienprodukten oder auch Medienformaten werden in diesem Zusammenhang Textbeiträge (Buchtext oder redaktionell bearbeiteter Text), Bilder, Audiobeiträge oder audiovisuelles Material verstanden. Abbildung 2-1 zeigt eine auf den medialen Kontext angepasste Wachstumsmatrix, aus der sich zwei grundlegende Crossmedia-Ausprägungen ableiten lassen.

Abbildung 2-1: Crossmedia-Systematisierung

		Medienprodukt/Medienform		
		Gleich	Ähnlich	Neu
Medienkanalausweitung	Gleich	Single Media Penetration	Single Media Differentiation	Single Media Diversification
	Ähnlich	Lateral Crossmedia	Multilateral Crossmedia	
	Neu			

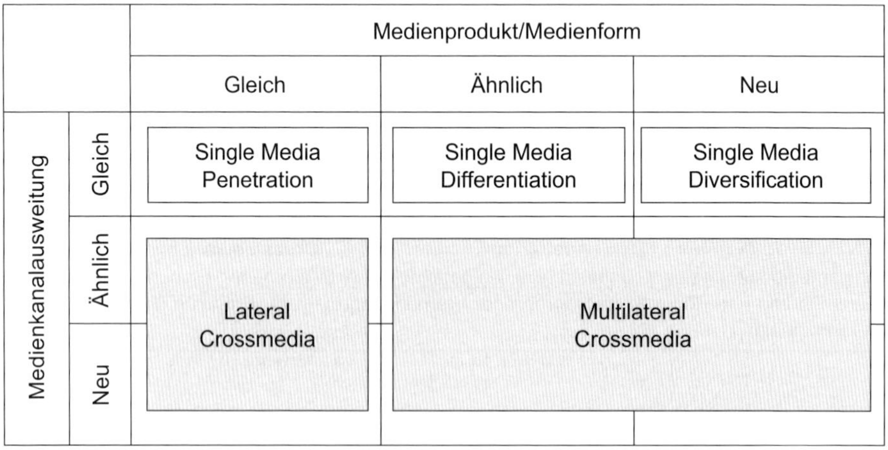

[1] Vgl. Ansoff (1965).

Grundlagen des Crossmedia-Management

In einem bestehenden Medienkanal kann bei gleicher Medienform eine stärkere Marktdurchdringung mittels Single Media Penetration erreicht werden. Bei ähnlichem Medienprodukt, zum Beispiel einem Buchtext und einem redaktionellen Textbeitrag (jedoch im selben Medium), lässt sich in Anlehnung an die Produktpolitik von Single Media Differentation sprechen. Handelt es sich bei der Produkterweiterung um ein vollständig neues Medienformat, zum Beispiel ein Audiobeitrag in einer sonst textuellen Online-Umgebung, so lässt sich von Single Media Diversification sprechen. Dabei ist zu beachten, dass sich jede dieser Wachstumsformen nur auf einen Medienkanal erstreckt und damit nicht dem Crossmedia zuzuordnen ist.

Wird zusätzlich zu einem bestehenden Medienkanal ein neuer Kanal erschlossen, so handelt es sich um crossmediales Wachstum. Bei gleichem Medienprodukt kann von lateraler Crossmedia, bei ähnlichen oder neuen Medienprodukten von multilateraler Crossmedia gesprochen werden. Entscheidend ist in diesem Zusammenhang zunächst vor allem das Vorhandensein mehrerer medialer Distributionskanäle. In Anlehnung an das Multi-Channel-Marketing kann hier von einer medialen Multi-Channel-Strategie gesprochen werden. Abbildung 2-2 stellt die verschiedenen Wachstumsstrategien in Abhängigkeit der Anzahl der Medienprodukte sowie der Anzahl der Distributionskanäle dar. Die verschiedenen Ausprägungen von Crossmedia und die zugehörigen Strategien werden im Abschnitt 2.3 dargestellt.

Abbildung 2-2: Erscheinungsformen von Crossmedia in Abhängigkeit der Mediankanäle

		Single Media	Crossmedia
Anzahl der Medienprodukte	Verschiedene Produktarten	**I Single Media Diversification** • Verwendung verschiedener Medienarten in einer Medienbranche • Beispielsweise bebilderter Text in einem Magazin	**II Multilateral Crossmedia** • Verwendung verschiedener Medienarten in verschiedenen Medienbranchen • Beispielsweise Verfilmung (audiovisuell) eines Buchs (Text)
	Eine Produktart	**III Single Media Penetration** • Verwendung einer Medienart in einem Kanal • Beispielsweise nur audiovisuelle Beiträge im TV	**IV Lateral Crossmedia** • Verwendung einer Medienart in verschiedenen Medienbranchen • Beispielsweise Buchtexte im Internet
		Single Channel	Multi Channel
		Anzahl der Distributionskanäle	

2.2 Ursachen und Katalysatoren für Crossmedia

Die Ursachen und Katalysatoren, die zu der Herausbildung der crossmedialen Vermarktung von Inhalten geführt haben und diese Entwicklung noch heute vorantreiben, lassen sich in markt- beziehungsweise umfeldorientierte und in unternehmensbezogene Aspekte unterteilen. Innerhalb der markt- und umfeldorientierten Ursachen spielen die bereits beschriebene Branchenkonvergenz auf den Medien-, Kommunikations- und Informationsmärkten sowie die zunehmende Durchdringung der Medienmärkte mit innovativen Informations- und Kommunikationstechnologien eine zentrale Rolle.

Hieraus lassen sich drei marktbezogene Treiber beziehungsweise Katalysatoren ableiten: Die Digitalisierung, die Branchenkonvergenz und das veränderte Nutzungsverhalten der Rezipienten. Mit der Digitalisierung, die heute alle Arten klassischer Medienformate umfasst, haben sich insbesondere niedrigere Kosten für die Portierung von Inhalten auf neue Medienkanäle ergeben. Dies resultiert vor allem aus dem deutlich niedrigeren Anpassungsaufwand für die kanalübergreifende Verwertung von Medienformaten. So lässt sich zum Beispiel ein digitales Bild ohne großen Mehraufwand in einem Buch, einem Zeitschriftenbeitrag und einem Online-Kanal verwerten.

Erst die voranschreitende Branchenkonvergenz und die Möglichkeiten innovativer IuK-Technologien führten zur Verfügbarkeit der neuen Kanäle und zur Aufnahme dieser Kanäle in integrierte Crossmedia-Strategien. Der Druck auf traditionelle Medienunternehmen zur Nutzung neuer, digitaler Kanäle wurde dabei von neuen Marktteilnehmern, insbesondere aus dem Electronic Business, signifikant erhöht. Als Beispiel kann hier die Online-Videoplattform Hulu angeführt werden, mit der sich zahlreiche traditionelle Medienkonzerne einen zusätzlichen Vermarktungskanal im Internet geschaffen haben.

Als dritten marktbezogenen Aspekt lässt sich das veränderte Rezipientenverhalten anführen. Es kann beobachtet werden, dass sich die Nutzerpräferenzen in zahlreichen Branchen zu neuen Vermarktungskanälen hin verschoben haben. Dies führt in zunehmendem Maß zur Substitution traditioneller Medienkanäle durch neue Medienkanäle. Darüber hinaus zeigt sich, dass Nutzer selbst in traditionellen Kanälen heute oftmals Zusatzinhalte über Online-Kanäle erwarten. Auch im Rahmen des Windowing (Verlängerung von Wertschöpfungsketten durch die Vermarktung auf unterschiedlichen Distributionswegen) und des Versioning (Differenzierung medialer Produkte) haben sich die Nutzerpräferenzen dahingehend geändert, dass Rezipienten eine verstärkte Mehrkanalnutzung bevorzugen.

Grundlagen des Crossmedia-Management

Die zentralen unternehmensbezogenen Treiber und Katalysatoren stellen höhere Erlösmöglichkeiten, sinkende Marketingkosten und einen effizienten Markentransfer dar. Die höheren Erlösmöglichkeiten ergeben sich in diesem Kontext vor allem durch Mehrfachverwertung medialer Inhalte. Diese weisen oftmals sehr hohe First Copy Costs auf, lassen sich durch Digitalisierung aber sehr kostengünstig über verschiedene Kanälen vertreiben. Pro zusätzlichen Medienkanal besteht damit ein zusätzliches Erlöspotenzial zur Deckung der hohen First Copy Costs.

Sinkende Marketingkosten ergeben sich vor allem aus den Skalen- und Verbundeffekten, die integrierte Medienunternehmen durch den Einsatz von Crossmedia erzielen können. Diese Verbundeffekte treten bei abgestimmter, crossmedialer Kanalnutzung über die Grenzen der einzelnen Vermarktungskanäle hinweg auf. Dieser Aspekt spielt insbesondere in der Distribution der medialen Inhalte sowie der Produktentwicklung eine wichtige Rolle.

Der dritte übergeordnete, unternehmensbezogene Treiber für crossmediale Vermarktung innerhalb des Medienmanagement stellt der Markentransfer dar. Markenbildung ist eine sehr aufwendige und kostenintensive Marketingmaßnahme. Im Rahmen des Crossmedia-Management lässt sich eine etablierte Marke mit verhältnismäßig geringem Anpassungs- und Koordinierungsbedarf auf neue Kanäle ausweiten.

Als Beispiel kann hier die Buchserie Harry Potter angeführt werden. Die starke Marke Harry Potter ermöglichte eine effiziente Zweitverwertung als Film und im Weiteren auch als Computerspiel. Dabei konnte auf bereits etablierte Markenbotschaften zurückgegriffen werden. Abbildung 2-3 stellt die markt- und unternehmensbezogenen Treiber und Katalysatoren für Crossmedia dar.

Kapitel 11: Integrierte Medienverbundunternehmen und Crossmedia

Abbildung 2-3:   *Treiber und Katalysatoren für Crossmedia*

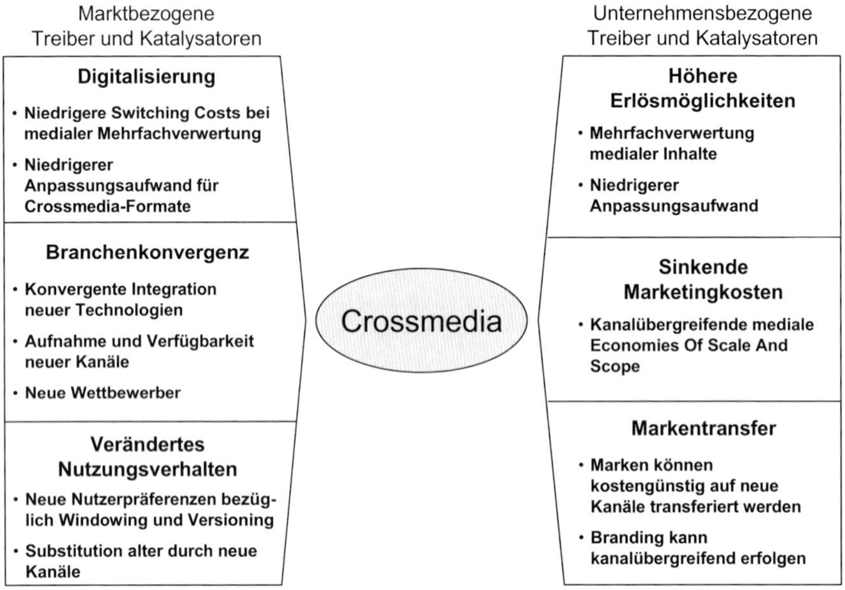

Marktbezogene Treiber und Katalysatoren

Digitalisierung
- Niedrigere Switching Costs bei medialer Mehrfachverwertung
- Niedrigerer Anpassungsaufwand für Crossmedia-Formate

Branchenkonvergenz
- Konvergente Integration neuer Technologien
- Aufnahme und Verfügbarkeit neuer Kanäle
- Neue Wettbewerber

Verändertes Nutzungsverhalten
- Neue Nutzerpräferenzen bezüglich Windowing und Versioning
- Substitution alter durch neue Kanäle

Unternehmensbezogene Treiber und Katalysatoren

Höhere Erlösmöglichkeiten
- Mehrfachverwertung medialer Inhalte
- Niedrigerer Anpassungsaufwand

Sinkende Marketingkosten
- Kanalübergreifende mediale Economies Of Scale And Scope

Markentransfer
- Marken können kostengünstig auf neue Kanäle transferiert werden
- Branding kann kanalübergreifend erfolgen

2.3 Crossmedia-Strategien, Prozesse und Erfolgsfaktoren

In den vergangenen Jahren haben sich mit steigender Bedeutung des Crossmedia-Management verschiedene Crossmedia-Strategien herausgebildet. Die Strategiealternativen lassen sich grundlegend anhand der Anzahl der verwendeten Verwertungsstufen sowie der unternehmensspezifischen Koordination der Medienformate und -kanäle differenzieren. Mithilfe dieser Crossmedia-Strategien sowie allgemeiner Ansätze aus dem strategischen Management lassen sich zentrale Crossmedia-Prozesse identifizieren. Weiterhin können strategische Erfolgsfaktoren abgeleitet und systematisiert werden. Zunächst ist hierzu jedoch ein grundlegendes Verständnis des Zusammenwirkens von Medienkanal und Medienformat und der sich daraus ergebenden Crossmedia-Potenziale notwendig.

■ Potenziale von Crossmedia

Die Systematisierung der Crossmedia-Ansätze hat gezeigt, dass die Kombination von Medienformat und Mediankanal eine der zentralen Herausforderungen des Crossmedia-Management darstellt. Medienkanäle (im weitesten Sinne auch als Branchenkanäle zu verstehen) sind im Kontext des Crossmedia-Management der Buchbereich, der Bereich für Zeitungen und Zeitschriften, der Radiobereich, der TV-Bereich, der Filmbereich und der Online-Bereich. Im Crossmedia-Kontext ist es hinsichtlich der Potenzial- und Adaptionsaufwandsabschätzung sinnvoll, in den stationären und den mobilen Online-Bereich zu unterteilen. Unter Medienformat werden in diesem Zusammenhang Textbeiträge, Bilder, Audiobeiträge oder audiovisuelles Material verstanden. Aufgrund der erheblichen Unterschiede, unter anderem in Produktion und Umfang, ist das Textformat zudem in Buchtexte und redaktionell bearbeitete Texte zu untergliedern.

Dabei weist jede Kombination aus Medienformat und Medienkanal spezifische Eigenschaften auf, die für die Umsetzung eines zielgerichteten Crossmedia-Management von erheblicher Bedeutung sind. Insgesamt ergeben sich auf diese Weise eine Vielzahl verschiedener Kombinationsmöglichkeiten. Für diese Ausprägungen lassen sich der Adaptionsaufwand sowie das Potenzial abschätzen. Der Adaptionsaufwand ist im Allgemeinen auf die Ähnlichkeit der Kombination zu der ursprünglichen Verwertungskombination zurückzuführen, darunter sind klassische Verwertungskombinationen, wie zum Beispiel Buchtext im Buch zu verstehen. Je ähnlicher der Zielkanal eines Medienformats seinem ursprünglichen Verwendungskanal ist, desto geringer ist der Adaptionsaufwand.

Beispielsweise lässt sich ein Buchbeitrag relativ einfach als Fortsetzungsgeschichte in einer Tageszeitung abdrucken. Die Verfilmung des gleichen Werks, zum Beispiel als TV-Serie, ist erheblich aufwendiger und infolgedessen mit deutlich höheren Kosten verbunden. Eine Ausnahme bilden in diesem Kontext Online-Formate. Prinzipiell können alle Medienformate durch Digitalisierung an die Online-Umgebung angepasst werden. Da heute der überwiegende Teil der Inhalte direkt digital produziert wird, ist der Adaptionsaufwand für diese Kanäle oft vergleichsweise moderat. Das Potenzial einer Kombination aus Medienformat und Medienkanal hängt neben der Ähnlichkeit der Kanäle von weiteren Faktoren ab.

Dabei sind sowohl Entwicklungstendenzen in der Medienbranche (zum Beispiel hin zu Online-Kanälen) als auch medienformspezifische Eigenschaften zu beachten. So ist beispielsweise die Ausstrahlung von Audioinhalten im TV ohne erhöhten Aufwand möglich. Dennoch kann für diese Kombination aus reinem Audioformat und audiovisuellem Medium kein Crossmedia-Potenzial identifiziert werden. Abbildung 2-1 stellt mögliche Kombinationen aus Medienformat und Medienkanal dar und bewertet diese nach ihrem Adaptionsaufwand sowie dem möglichen Crossmedia-Potenzial. Dabei ist zu beachten, dass unter Buch auch Hörbücher und E-Books subsumiert werden. Alle anderen digitalen Formate werden den Online-Vertriebswegen zugeordnet.

Kapitel 11: Integrierte Medienverbundunternehmen und Crossmedia

Abbildung 2-4: Crossmedia-Adaptionsaufwand und Potenziale

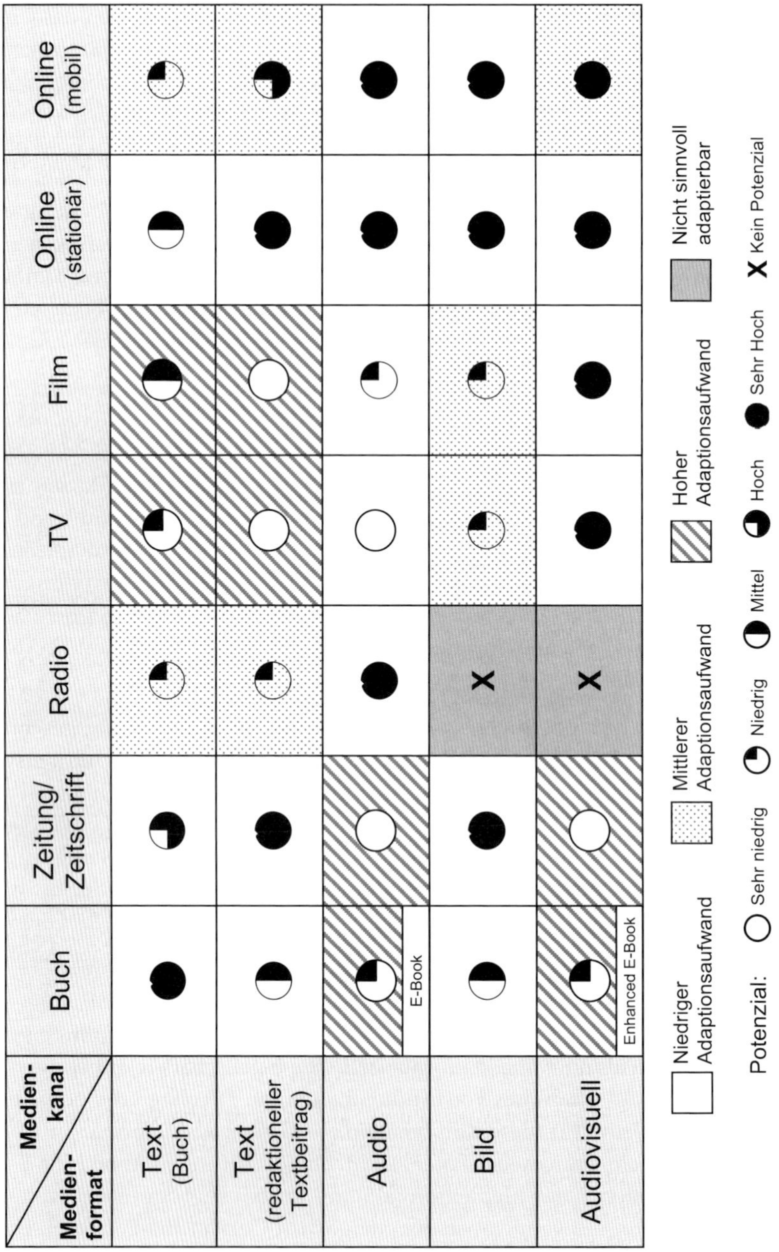

Grundlagen des Crossmedia-Management

Es zeigt sich, dass in den klassischen Medienkanälen, abseits der ursprünglichen Verwertungskombinationen, nur eingeschränkt Crossmedia-Potenziale vorliegen. Die verschiedenen Textformate lassen sich relativ leicht und mit mittlerem bis hohen Crossmedia-Potenzial in den Printmedienkanälen verwerten. Darüber hinaus besitzt der Buchtext im Radio (als Lesung) und im TV-Markt beziehungsweise Filmmarkt (als Drehbuch für einen Film oder eine Serie) Crossmedia-Potenziale. Dabei ist jedoch der relativ hohe Adaptionsaufwand zu beachten. Das Medienformat Bild bietet in den Medienkanälen TV und Film Crossmedia-Potenziale als Bildmaterial für Marketingzwecke.

Dagegen bieten sowohl der stationäre als auch der mobile Online-Kanal hohe bis sehr hohe Crossmedia-Potenziale. Alle Medienformate, mit Einschränkungen im Buchtextformat, lassen sich hervorragend auf den Online-Kanal übertragen. Während der stationäre Online-Kanal sich bereits voll als Verwertungskanal etabliert hat, befindet sich der mobile Online-Kanal noch in seiner Entwicklungsphase. Die stark steigende Leistungsfähigkeit mobiler Endgeräte und die stetige Erhöhung der Bandbreiten im mobilen Internet sorgen jedoch für eine schnelle Entwicklung hin zu einem vollwertigen Crossmedia-Kanal.

- Crossmedia-Strategien

Im Rahmen von Crossmedia-Strategien sind die Anzahl der verwendeten Verwertungsstufen sowie die unternehmensspezifische Koordination der Medienformate und -kanäle von besonderer Bedeutung. Anhand dieser Kriterien lassen sich verschiedene Strategiealternativen identifizieren. Zunächst soll in diesem Kontext eine Differenzierung anhand der Stufenzahl der crossmedialen Vermarktungskette vorgenommen werden. Dabei ist zu beachten, dass erst bei einer Nutzung von mindestens zwei verschiedenen Kanälen von einer Crossmedia-Strategie gesprochen werden kann.

Die einfachste Form stellt daher die zweistufige Crossmedia-Strategie dar. Durch geschickte Kanalnutzung können integrierte Medienverbundunternehmen die Mehrkanalverwertung jedoch auf bis zu fünf Kanäle ausweiten. Dies lässt sich am Beispiel des Buchtextes als Ausgangsmedienformat illustrieren. Die klassische Erstverwertung des Buchtextes ist das gedruckte Buch, das in diesem Kontext auch Sonderformen wie zum Beispiel das Hörbuch umfassen soll. Einen weiteren Verwertungskanal, und damit die Basis für eine zweistufige Crossmedia-Strategie, stellt der Film dar. Dabei dient der Buchtext (oder meist eine abgewandelte Fassung in Form eines Drehbuchs) als Vorlage für eine Verfilmung.

Daran schließt in der Regel eine Ausstrahlung im TV als drittem Verwertungskanal an. Im Rahmen des Windowing, der Verlängerung der Verwertungskette für Medieninhalte (auf die in Abschnitt 3.1 näher eingegangen wird), spielt darüber hinaus auch die Ausprägung des Kanals (zum Beispiel Pay TV und Free TV) sowie die Reihenfolge und zeitliche Steuerung eine wichtige Rolle.

Kapitel 11: Integrierte Medienverbundunternehmen und Crossmedia

Dabei ist jedoch zu beachten, dass die typischen Abfolgen von Kanälen in den vergangenen Jahren zunehmende Änderungen erfahren haben. Dies betrifft vor allem die zeitliche Dimension der crossmedialen Verwertung. Die Verwertung von Inhalten in verschiedenen Kanälen rückt dabei immer enger zusammen. So vergeht heute oftmals deutlich weniger Zeit zwischen der Ausstrahlung eines Films im Kino und seiner Ausstrahlung im Pay TV. Bei neuen Kanälen lässt sich zum Teil sogar der vollständige Wegfall von zeitlichen Verwertungsfenstern beobachten.

Die crossmediale Verwertung muss daher nicht linear erfolgen. Die vierte Verwertungsstufe, die Online-Veröffentlichung des Buchtextes (zum Beispiel auf einer Homepage), ist sowohl nach der TV-Ausstrahlung als auch zusammen mit der Buchveröffentlichung denkbar. Darüber hinaus kann der Buchtext in einer Zeitschrift in Form einer Fortsetzungsgeschichte verwertet und damit eine fünfte Verwertungsstufe erschlossen werden. In diesem Fall liegt eine fünfstufige Crossmedia-Strategie vor. Abbildung 2-5 stellt die verschiedenstufigen Crossmedia-Strategien am Beispiel des Buchtextes dar.

Abbildung 2-5: Mehrstufige Crossmedia-Strategien

Ursprüngliches Medienformat	Zielkanal				
	Natürliche Erstverwertung	Zweistufige Crossmedia-Strategie	Dreistufige Crossmedia-Strategie	Vierstufige Crossmedia-Strategie	Fünfstufige Crossmedia-Strategie
Text (Buch)	Buch	Online			
Text (Buch)	Buch	Zeitung	Online		
Text (Buch)	Buch	Film	TV	Online	
Text (Buch)	Buch	Film	TV	Online	Zeitschrift

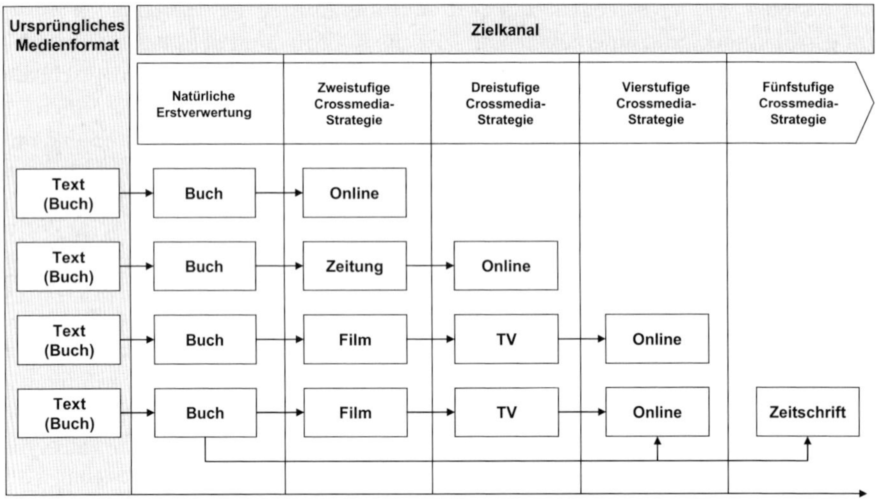

Weiterhin können crossmediale Strategien nach der Art der Kanalkoordination differenziert werden. Prinzipiell sind hier drei verschiedene Koordinierungsformen denkbar aus denen sich drei Strategieformen ableiten lassen: Die isolierte Crossmedia-Strategie, die kombinierte Crossmedia-Strategie und die integrierte Crossmedia-Strategie. Die drei Strategieformen unterscheiden sich hinsichtlich ihrer Ausgestaltung, ihrer Anforderungen an die Unternehmensorganisation und ihrer Koordination.

Die isolierte Crossmedia-Strategie zeichnet sich dadurch aus, dass die verschiedenen Medienkanäle völlig unabhängig voneinander koordiniert werden und die Steuerung kanalimmanent erfolgt. Dafür ist ein kanalspezifisches Management erforderlich. In der Regel liegt dabei eine Lead Channel-Struktur vor, das heißt ein Medienkanal ist den anderen Kanälen übergeordnet. Die Isolation der Kanäle im Kontext dieser Crossmedia-Strategie kann soweit gehen, dass zwischen den Kanälen Wettbewerb herrscht. Dies ist zum Beispiel bei einem Verlag der Fall, der zusätzlich zu dem klassischen Buch digitale Versionen über einen Online-Kanal vermarktet.

Im Rahmen der kombinierten Crossmedia-Strategie werden die verschiedenen Medienkanäle partiell miteinander koordiniert, die Steuerung erfolgt jedoch noch kanal-immanent. Dies führt zu einer Situation in der die Medienkanäle sowohl ineinandergreifen, als auch im Wettbewerb zueinander stehen, einer sogenannten Coopetition unter den Kanälen. Meist liegt auch bei dieser Strategieart ein übergeordneter Kanal vor, das Management erfolgt jedoch in der Regel kanalübergreifend. Als Beispiele für diese Strategie kann die öffentlich-rechtliche Sendergruppe ARD genannt werden, bei der unter anderem Inhalte zwischen TV, Radio und Online ausgetauscht werden.

In einer integrierten Crossmedia-Strategie werden alle Medienkanäle vollständig miteinander koordiniert und die Steuerung erfolgt kanalübergreifend. Die Medienkanäle werden in der Regel so gesteuert, dass sie sich ergänzen und keine Konkurrenz zwischen den Kanälen entsteht. Hierzu ist ein hohes Maß an zentraler Steuerung der Aktivitäten notwendig. In den vergangenen Jahren war ein deutlicher Trend zur Integration verschiedener Medienkanäle im Sinne einer integrierten Crossmedia-Strategie zu beobachten. Insbesondere internationale Medienkonzerne wie Time Warner oder News Corp verwenden diese Strategie.

Die Anforderungen an die Organisation verändern sich in Abhängigkeit der eingesetzten Crossmedia-Strategie. Während die isolierte Crossmedia-Strategie eine hohe Eigenverantwortlichkeit des einzelnen Kanalmanagement voraussetzt, bestehen bei der integrierten Strategie hohe Interdependenzen zwischen den verschiedenen Medienkanälen. Auch der Koordinationsaufwand sowie der Grad der Zentralisierung steigen mit zunehmender Kanalintegration. Abbildung 2-6 stellt die Strategietypen des Crossmedia-Management dar.

Kapitel 11: Integrierte Medienverbundunternehmen und Crossmedia

Abbildung 2-6: Crossmedia-Strategietypen

Ansatz / Aspekte	Isolierte Crossmedia-Strategie	Kombinierte Crossmedia-Strategie	Integrierte Crossmedia-Strategie
Koordination	• Crossmedia-Kanäle werden nicht miteinander koordiniert/ kanalimmanente Steuerung • Autarke Kanalstruktur • Wettbewerb zwischen Kanälen	• Medienkanäle werden partiell miteinander koordiniert/ kanalimmanente Steuerung • Lose gekoppelte Kanalstruktur • Coopetition zwischen Kanälen	• Medienkanäle werden vollständig miteinander koordiniert/kanalübergreifende Steuerung • Interdependente Kanalstruktur • Keine Konkurrenz zwischen Kanälen
Beispiele	• Gruhner & Jahr • Weltbild	• ARD • ZDF	• News Corp • Time Warner
Ausgestaltung	• Lead Channel-Struktur • Kanalspezifisches Management	• Oft Lead Channel-Struktur • Kanalübergreifendes Management	• Multi Channel-Struktur • Zentralisiertes Management
Organisation	• hohe Eigenverantwortlichkeit • geringe Koordination • hohe Dezentralisation		• hohe Interdependenz • hohe Koordination • hohe Zentralisation

■ Prozess des Crossmedia-Management

Der Prozess des Crossmedia-Management gliedert sich in vier Bereiche, die aufeinander aufbauend den gesamten Verlauf einer idealtypischen Entwicklung von medialen Mehrkanalsystemen aufzeigen. Der Crossmedia-Managementprozess orientiert sich dabei überwiegend an der allgemeinen Vorgehensweise des Planungsprozesses im Rahmen des strategischen Marketing. Als Ergebnisse ergeben sich die strategische Ausgangslage der Unternehmung, Marktsegmentierungen sowie die Strategiedefinition im medialen Mehrkanalsystem.

Strategische Entscheidungen sind langfristig angelegt und sollen dazu beitragen, den Wettbewerbsvorteil der Unternehmung zu sichern oder auszubauen. Der Planungsprozess zur Crossmedia-Strategieentwicklung beginnt mit einer allgemeinen Unternehmensanalyse, um unternehmenseigene Stärken und Schwächen sowie Chancen und Bedrohungen der Umwelt zu identifizieren und dadurch einen möglichst vollständigen Überblick der Ausgangssituation zu erhalten. Diese Situationsanalyse ist bei einer medialen Mehrkanalstrategie besonders wichtig, um die speziellen Anforderungen an das Crossmedia-Management zu verstehen und gegebenenfalls Zieldefinitionen und Planungsprozesse anzupassen.

Aufbauend auf der strategischen Ausgangssituation erfolgt eine Segmentierung des Markts, um eine zielgruppenspezifische, erfolgreiche Marktbearbeitung zu erreichen. Dazu wird eine Vielzahl von möglichen Segmentierungskriterien (geografische, soziodemografische, verhaltensorientierte, psychografische und nutzenorientierte) herangezogen. Auf Basis der Marktsegmentierung erfolgt dann die Definition der unternehmensindividuellen Crossmedia-Strategie.

Der Prozess des Crossmedia-Management wird mit dem Design des Crossmedia-Systems abgeschlossen und orientiert sich an einem vierstufigen Planungsprozess. Im ersten Schritt werden aufbauend auf der Marktsegmentierung und der Strategiedefinition potenzielle Medienkanäle ermittelt. Im Anschluss wird die Form des Crossmedia-Systems für die differenzierte Ausgestaltung der Kanäle bestimmt. Zentrale Aktivitäten sind dabei die Bestimmung der Medienstufenzahl, die Medienpositionierung sowie die Bestimmung des medialen Differenzierungsgrads.

Der dritte Schritt des Designprozesses beschäftigt sich mit der Identifikation spezieller Anforderungen an die Medienkanäle, um auf dieser Basis eine gezielte Kanalauswahl vornehmen zu können. Der Designprozess schließt mit der crossmedialen Produktpositionierung ab. Im Zuge dessen wird die kanalabhängige Positionierungsplanung für das Medienprodukt erstellt. Darüber hinaus muss die Anpassung des Medienprodukts an den Medienkanal vorgenommen werden. Abbildung 2-7 veranschaulicht, wie der übergeordnete Planungsprozess sich zum Designprozess des Crossmedia-Systems verdichtet.

Kapitel 11: Integrierte Medienverbundunternehmen und Crossmedia

Abbildung 2-7: Prozesse des Crossmedia-Management

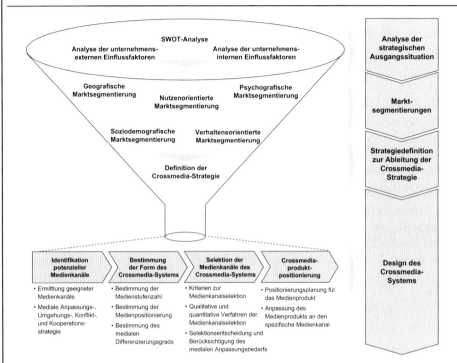

- Erfolgsfaktoren des Crossmedia-Management

Der Erfolg des Crossmedia-Management hängt von zahlreichen Faktoren ab. Viele dieser Faktoren haben bereits in den vorangegangenen Ausführungen Erwähnung gefunden. Im Folgenden werden die zentralen Erfolgsfaktoren des Crossmedia-Management aggregiert dargestellt. Eine elementare Voraussetzung für die Umsetzung einer Crossmedia-Strategie und damit auch entscheidender Erfolgsfaktor des Crossmedia-Management ist die Verfügbarkeit mehrerer Kanäle. Obwohl bereits ab zwei Kanälen von Crossmedia gesprochen werden kann, bieten sich mit jedem weiteren Kanal Vorteile, die zum Teil überproportional mit der Kanalanzahl skalieren (wie zum Beispiel Kostendegression).

Jeder zusätzliche Kanal erhöht aber auch den Koordinierungsaufwand. Daher ist die Kanalabstimmung als ein weiterer wichtiger Faktor für ein erfolgreiches Crossmedia-Management zu identifizieren. Dies gilt insbesondere für koordinierte und integrierte Crossmedia-Strategien. Der Erfolg des Crossmedia-Management hängt darüber hinaus entscheidend von der gemeinsamen Nutzung der Kanäle und sich ergebender Synergieeffekte ab. Zunächst ist dabei das Co-Branding zu nennen, das die Übertragung einer Marke auf einen anderen Kanal beziehungsweise die synchrone Markenentwicklung für mehrere Kanäle ermöglicht. Da Markenbildung ein langwieriger und oftmals teurer Prozess ist, hat Co-Branding im Rahmen des Crossmedia-Management eine hohe Erfolgsbedeutung.

Der Erfolgsfaktor Cross Selling/Cross Promotion ist eng mit dem Co-Branding verbunden. Dabei wird ein Medienkanal zur crossmedialen Vermarktung von neuen Medienprodukten genutzt. Daraus ergeben sich erhebliche Absatzsteigerungspotenziale. Verschiedene Medienkanäle können weiterhin von Unternehmen zur gemeinsamen Vermarktung gebündelt werden. Die sogenannte Leistungsbündelung ist ein wichtiger Erfolgsfaktor bei der Etablierung neuer Kanäle und der Durchsetzung einer integrierten Crossmedia-Strategie. Bei der medialen Leistungsbündelung werden dabei unterschiedliche Medienformate in mediale Angebotspakete zusammengeführt.

Einen weiteren Erfolgsfaktor stellt das Windowing beziehungsweise Versioning von Medienprodukten über verschiedene Medienkanäle hinweg dar. Die richtige Ausgestaltung von Verwertungsfenstern und die Erstellung markt- und segmentspezifischer Produktversionen sind insbesondere bei der Nutzung vieler Kanäle (bis zu fünfstufiger Crossmedia-Strategie) als erfolgskritisch anzusehen.

Darüber hinaus kann die multiple Kundenbindung als wichtiger Erfolgsfaktor des Crossmedia-Management identifiziert werden. Nur wenn Kunden auch über die Grenzen singulärer Kanäle hinweg an das Unternehmen gebunden werden können, lässt sich eine crossmediale Vermarktungsstrategie etablieren. In diesem Zusammenhang ist auch der Channel Customer Fit von erheblicher Bedeutung. Die Planung der zielgruppengerechten Kanalausgestaltung ist daher auch ein wichtiger Schritt im Crossmedia-Managementprozess. Abbildung 2-8 veranschaulicht die Erfolgsfaktoren des Crossmedia-Management.

Abbildung 2-8: Erfolgsfaktoren des Crossmedia-Management

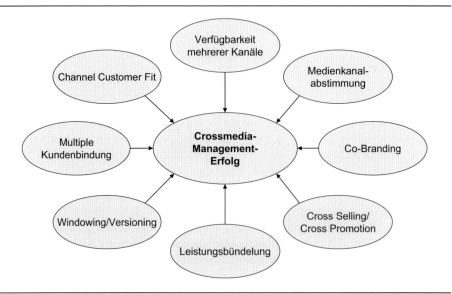

3 Integrierte Wertschöpfungsstrukturen und Geschäftsmodelle

Der Bedeutungsanstieg der crossmedialen Vermarktung medialer Inhalte führt zunehmend zur Herausbildung von integrierten Wertschöpfungsstrukturen und integrierten Geschäftsmodellen. Im folgenden Abschnitt werden zunächst die speziellen Ursachen und Katalysatoren integrierter Medienunternehmen analysiert und im Anschluss die Dimensionen von Integrationsstrategien skizziert.

Weiterhin werden die Integrationsstrategien sowohl auf der Wertschöpfungsebene als auch auf der Geschäftsmodellebene dargestellt. Das Fallbeispiel von Time Warner verdeutlicht, wie das Unternehmen mit der Durchführung von Integrations- und Desintegrationsstrategien alle Stufen der multimedialen Wertschöpfungskette besetzt und ein hybrides und multifunktionales Geschäftsmodell aufgebaut hat. Abschließend wird eine Bewertung von Integrationsstrategien vorgenommen.

Integrierte Wertschöpfungsstrukturen und Geschäftsmodelle

3.1 Ursachen und Katalysatoren integrierter Medienunternehmen

Die Ursachen und Katalysatoren, die zu der Herausbildung integrierter Unternehmensstrukturen und crossmedialer Vermarktung von Inhalten führen, lassen sich weitgehend aus dem Crossmedia-Management und dessen Erfolgsfaktoren ableiten. Im Folgenden sollen diese jedoch spezifiziert und im Kontext integrierter Medienunternehmensstrukturen erklärt werden. Deshalb liegt der Schwerpunkt hier auf unternehmensbezogenen Ursachen und Katalysatoren, die im Wesentlichen auf marketingstrategische und unternehmensstrategische Aspekte zurückgeführt werden können. Während bei den marketingstrategischen Ursachen die Erschließung von Absatzsteigerungs- und Kundenbindungspotenzialen im Vordergrund steht, zielen die unternehmensstrategischen Ursachen auf die Absicherung von Märkten.

▪ Marketingstrategische Ursachen und Katalysatoren

Eine erste Ursache für die zunehmende Integration stellen die Absatzsteigerungsmöglichkeiten dar, die von integrierten Medien- und Internetverbundunternehmen realisiert werden. Durch Windowing wird eine Verlängerung der Verwertungskette für Medieninhalte erreicht. Windowing bezeichnet „releasing a program in different distribution channels at different times."[1]

Ermöglicht wird diese Mehrfachverwertung dadurch, dass Konsumenten unterschiedliche Zahlungsbereitschaften und Präferenzen aufweisen, beispielsweise hinsichtlich der Aktualität eines Films. Filme werden daher zeitversetzt im inländischen Kino, im ausländischen Kino, im Pay Per View TV, als auch in- beziehungsweise ausländisches DVD/Video, im Pay TV, im ausländischen TV, im Free TV und im lokalen TV vermarktet.[2] Abbildung 3-1 verdeutlicht das Prinzip des Windowing exemplarisch anhand des Spielfilms „Forrest Gump".

Dies ermöglicht die Erzielung mehrfacher Gewinne bei konstanten Produktionskosten durch die Vermarktung auf unterschiedlichen Distributionswegen. Die theoretische Grundlage des Windowing ist eine Form der Preisdiskriminierung, bei der ein Unternehmen mit erheblicher Marktmacht seine Gewinne maximiert, indem Kunden in klar abgegrenzte Gruppen mit unterschiedlichen Nachfrageelastizitäten eingeteilt werden. Anstatt einen Gleichgewichtspreis für den Gesamtmarkt festzulegen, wird den einzelnen Gruppen ein Preis in Höhe ihrer Zahlungsbereitschaft berechnet.[3]

---

[1] Owen/Wildman (1992), S. 26.
[2] Vgl. Vogel (2007), S. 118.
[3] Vgl. Litman (2000), S. 99 f.

Kapitel 11: Integrierte Medienverbundunternehmen und Crossmedia

Abbildung 3-1: Windowing am Beispiel des Spielfilms „Forrest Gump"[1]

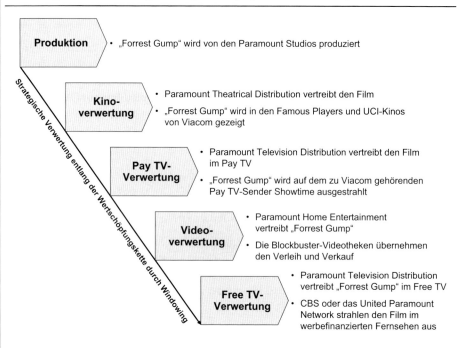

Die zur Realisierung des Windowing notwendige Marktmacht stellt eine Ursache für die horizontale Integration im Medienbereich dar. Eine zusätzliche Hebelwirkung erfährt Windowing in Verbindung mit vertikaler Integration. Besitzt ein Produktionsunternehmen auch die relevanten Vertriebswege, verbessert es die Absatzchancen auf der Distributionsstufe. Das integrierte Unternehmen ist nicht nur in der Lage, die Händlerspanne zu eliminieren sowie die Absatzpreise und somit die Gewinnspanne beim Endverbraucher selbst zu bestimmen, sondern kann auch den Zeitpunkt der Veröffentlichung des Produkts auf den unterschiedlichen Distributionsstufen optimieren.

Die durch Windowing entstehenden Gewinnpotenziale verursachen und beschleunigen demnach die horizontale und vertikale Integration von Medienunternehmen. Weitere Absatzsteigerungsmöglichkeiten ergeben sich durch Versioning. Darunter wird eine Produktdifferenzierung für Medien- und Informationsprodukte verstanden, die das Angebot von verschiedenen Versionen für verschiedene Marktsegmente gemäß Präferenzen und Zahlungsbereitschaft beinhaltet.[2]

---

[1] In Anlehnung an Artopé/Zerdick (1995), S. 34.
[2] Vgl. Shapiro/Varian (1998), S. 54.

Integrierte Wertschöpfungsstrukturen und Geschäftsmodelle

Die Produktdifferenzierung für Medien- und Informationsprodukte war bislang auf das Windowing beschränkt, da der unikate Inhalt nicht differenziert wurde und nur in verschiedenen Distributionskanälen zu unterschiedlichen Zeiten verwertet werden konnte. Erst durch die Digitalisierung können Medien- und Informationsprodukte anhand verschiedener Dimensionen wie beispielsweise Aktualität, Funktionsumfang, Qualität, Geschwindigkeit und Zusatznutzen crossmedial differenziert werden.[1] Auf Basis digital verfügbarer Inhalte ist nun auch die Mehrfachverwendung einzelner Module möglich. Ein Beispiel dafür ist die Verwertung eines Spielfilms auf DVD.

Neben einer normalen DVD-Version werden auch Premium-DVDs angeboten, die nicht nur weiteres Filmmaterial und Hintergrundinformationen enthalten, sondern beispielsweise auch Computerprogramme und spezielle Links zu Angeboten im Internet. Somit werden durch eine weitere Verlängerung der Verwertungskette von Medien- und Informationsinhalten neue Absatzpotenziale erschlossen. Aus diesem Grund besteht für Medienunternehmen ein Interesse, auch in den digitalen Vertriebswegen vertreten zu sein, die das Versioning von Inhalten ermöglichen.

Zusätzlich realisiert ein integriertes Medien- und Internetverbundunternehmen im Rahmen einer breit gefächerten Angebotspalette Absatzsteigerungspotenziale durch Cross Promotion und Cross Selling. Medienprodukte sind Erfahrungsgüter, deren Qualität im Vorfeld nur schwer zu beurteilen ist. Aus diesem Grund erhält das Vertrauen in Medienmarken ein besonderes Gewicht. Somit ergeben sich positive Markentransfereffekte bei der crossmedialen Vermarktung von neuen Medienprodukten unter bereits etablierten Medienmarken dahingehend, dass erfolgreiche Medienprodukte die Vermarktung und den Verkauf anderer Medienprodukte unter der gleichen Medienmarke unterstützen. Zudem wird bei der Distribution eine Kostenreduktion realisiert, da die Aufnahme zusätzlicher Produkte in ein bestehendes Vertriebsnetz kostengünstiger ist als der Aufbau eines völlig neuen Vertriebsapparats.[2]

Absatzsteigerungspotenziale ergeben sich ferner durch die multiple Kundenbindung, die integrierte Medien- und Internetunternehmen vor dem Hintergrund der zuvor dargestellten Veränderung der Präferenzstruktur der Nutzer aufbauen können.[3] Durch Leistungsbündelung in Form crossmedialer Informations- und Kommunikationsangebote wird eine vormals singuläre Kundenbindung in eine multiple Kundenbindung transformiert. Abbildung 3-2 veranschaulicht die Entstehung integrierter Wertschöpfungsketten von Unternehmen aus den vormals getrennten Bereichen Medien, Telekommunikation, Informationstechnologie und elektronischer Handel sowie die Möglichkeit, integrierte Leistungsbündel anzubieten.

---

[1] Vgl. Zerdick et al. (2001), S. 189.
[2] Vgl. Seufert (1999), S. 120.
[3] Vgl. Wirtz (2000e), S. 299 f.

Abbildung 3-2: Multiple Kundenbindung durch integrierte Leistungsangebote[1]

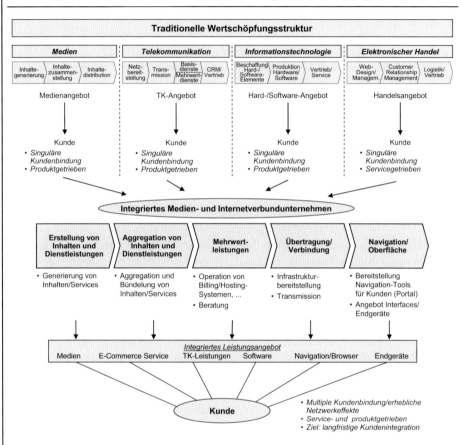

Integrierte Medien- und Internetverbundunternehmen ermöglichen durch die Verbindung, Vernetzung und Bündelung einer Vielzahl von elektronisch basierten Produkten und Dienstleistungen die Hervorbringung eines umfassenden Leistungsbündels für Nachfrager. Ein solches integriertes und crossmediales Leistungsangebot bindet den Kunden entlang mehrerer Dimensionen an das Unternehmen. Während ein Kunde vormals getrennte Kundenbeziehungen zu unterschiedlichen Unternehmen aufrechterhielt, erfordert die Inanspruchnahme eines integrierten Leistungsbündels nur noch eine Kundenbeziehung zu einem integrierten Medien- und Internetverbundunternehmen.

---

[1] In Anlehnung an Wirtz (2000e), S. 300.

Integrierte Wertschöpfungsstrukturen und Geschäftsmodelle

Für den Kunden generiert dieses Leistungsangebot aus einer Hand erhebliche Convenience-Vorteile, die zu einem erhöhten Bindungspotenzial führen. Darüber hinaus werden die Austrittsbarrieren für den Kunden erhöht, was ebenfalls die Kundenbindung stärkt. Einer Studie des US-Telekommunikationsunternehmens Verizon zufolge sind Kunden, die sämtliche Dienste wie Orts- und Ferngespräche, Mobiletelefonie, Internet und TV bei einem Telekommunikationsanbieter beziehen, zwölfmal so schwer zum Wechseln ihres Kommunikationsanbieters zu bewegen als Kunden, die diese Dienste von einer Vielzahl von Anbietern beziehen.

Das Unternehmen steigert seinen Absatz durch die Ausweitung des Leistungsangebots und die Nutzung und Erweiterung bestehender, vormals singulärer Kundenbeziehungen. Zusätzlich sichert das in der multiplen Kundenbindung inhärente, erhöhte Bindungspotenzial zukünftige Absatzpotenziale durch eine erhöhte Wiederkaufrate der Stammkunden.

Eng verbunden mit der Leistungsbündelung sind die durch Preisbündelung entstehenden Absatzsteigerungspotenziale. Die Kombination verschiedener Einzelleistungen zu Leistungsbündeln erlaubt es, durch die Einführung eines Bündelpreises zusätzliche Gewinnsteigerungspotenziale zu erschließen. Ausgangspunkt sind zwei Produkte, wobei für Produkt A die Zahlungsbereitschaft des Konsumenten geringer, für Produkt B hingegen höher als der Preis ist. Bezogen auf Produkt A verzichtet der Konsument auf den Kauf, wohingegen er in Bezug auf Produkt B Konsumentenrente erzielt. Das Angebot beider Produkte zu einem Preis in einem Bündel zielt darauf ab, den Kauf beider Produkte hervorzurufen.

Mithilfe eines Bündelpreises für beide Produkte gelingt es, die Heterogenität der Nachfrage durch die Übertragung von Konsumentenrente von Produkt B auf Produkt A zu senken und auf diese Weise die Zahlungsbereitschaft der Konsumenten effizienter abzuschöpfen. Die Übertragung von Konsumentenrente bezeichnet hierbei den Ausgleich der „zu hohen" beziehungsweise der „zu niedrigen" Zahlungsbereitschaft im Rahmen der Preisbündelung, der den Konsumenten letztendlich zum Kauf beider Produkte veranlasst.[1]

Integrierte Medien- und Internetverbundunternehmen sind in der Lage, im Rahmen integrierter Leistungsangebote über alle Medien- und Internetdienstleistungen hinweg Preisbündel zu bilden und somit das Konzept der Preisbündelung über sektorale Grenzen hinweg auszuweiten. Beispielsweise können Mediendienstleistungen, Internetzugangsleistungen und TV-Programme zu einem Bündelpreis angeboten werden. Auf diese Weise wird die Nachfrage intersektoral homogenisiert und die beschriebenen positiven Preisbündelungseffekte treten in erheblich größerem Umfang auf.[2]

---

[1] Vgl. Adams/Yellen (1976), S. 485; Tacke (1989), S. 43 ff.
[2] Vgl. Wirtz (2000e), S. 302.

Unternehmensstrategische Ursachen und Katalysatoren

Auf unternehmensstrategischer Ebene stellt die Errichtung von Markteintrittsbarrieren eine wesentliche Ursache für die Entstehung integrierter Medien- und Internetverbundunternehmen dar. Hierbei sind insbesondere strukturelle Markteintrittsbarrieren relevant. Strukturelle Markteintrittsbarrieren ergeben sich für einen potenziellen Anbieter durch „Scale Barriers To Entry", die sich wiederum aus der medienspezifischen Ausgestaltung der Produktionskostenstruktur ergeben.

Bei der Erstellung von Medieninhalten stellen die Fixkosten in Form der First Copy Costs einen erheblichen Anteil an den Gesamtkosten dar, wohingegen die variablen Kosten niedrig beziehungsweise zu vernachlässigen sind. Der Sunk Cost-Charakter der First Copy Costs führt zu einem hohen finanziellen Risiko bei der Produktion von Medienprodukten. Um diese hohen Fixkosten aufbringen und das hohe finanzielle Risiko tragen zu können, integrieren Medienunternehmen ihre Geschäftstätigkeiten auf horizontaler Ebene. Dies erschwert den Markteintritt für Newcomer, denen die entsprechende Unternehmensgröße zum Risikoausgleich fehlt. Aufgrund der Unabhängigkeit der First Copy Costs von der Anzahl der zukünftigen Nutzer und der vernachlässigbaren variablen Kosten kommt es bei steigender Nutzerzahl zu einer Kostendegression. Mit steigender Nutzerzahl lassen sich in der crossmedialen Verwertung somit erhebliche Skaleneffekte realisieren.

Auch dieser Effekt stellt eine Ursache für die horizontale Integration von Medienunternehmen dar, da mit steigender Größe und somit Reichweite sowie Nutzerzahl Skaleneffekte realisiert und somit Kosten gesenkt werden können. Dadurch können wiederum Markteintrittsbarrieren für potenzielle Konkurrenten aufgebaut werden. Die Digitalisierung ermöglicht die weitere Verwertung medialer Inhalte in zusätzlichen Distributionkanälen. Infolgedessen werden die First Copy Costs über eine noch höhere Rezipientenzahl verteilt, wodurch sich der Kostendegressionseffekt verstärkt. Um diese noch gesteigerten Skalenerträge realisieren zu können, weiten Medienunternehmen ihre Geschäftstätigkeiten auch in den Internetbereich aus, da dieser einen wichtigen Distributionskanal für digitale Güter darstellt.

Das Beispiel der illegalen Musiktauschbörsen hat gezeigt, dass Unternehmen beziehungsweise Branchen zum Teil durch Kundenbedürfnisse dazu gezwungen werden können, neue Distributionskanäle zu nutzen. Die Musikindustrie hat nach langem Zögern mit dem Aufbau eigener, legaler Angebote reagiert. Das Phänomen betrifft jedoch nicht ausschließlich die Musikindustrie, sondern auch Verlage und die Filmindustrie. Die Filmindustrie hat bereits aus den Fehlern der Musikindustrie gelernt und ist dabei, ein eigenes Angebot im Markt zu etablieren. Dieser Schritt war notwendig, da der natürliche Schutz in Form der mangelnden Bandbreite der privaten Internetzugänge durch technische Innovationen (zum Beispiel DSL) und verbesserte Kodierverfahren (beispielsweise DivX, Windows Media 9) zunehmend erodiert. Es bleibt jedoch abzuwarten, inwiefern diese Initiative der Filmindustrie dauerhaft erfolgreich sein wird.

Integrierte Wertschöpfungsstrukturen und Geschäftsmodelle

Darüber hinaus verfolgen Medienunternehmen zum Aufbau von Markteintrittsbarrieren auch Integrationsstrategien auf vertikaler Ebene. Vertikale Integration benachbarter Produktionsstufen erschwert den Markteintritt neuer Konkurrenten, da diese in beide Stufen gleichzeitig eintreten müssen und daher mehr Kapital und Know How benötigen.[1] Dieses Argument ist sowohl marktmacht- als auch effizienzorientiert. Durch die mit einer Vorwärtsintegration mögliche Exklusivbelieferung der integrierten Abnehmer kann der Absatzmarkt für Konkurrenten verengt werden. Darüber hinaus können Medienunternehmen durch eine vertikale Integration ihre Vertriebskosten signifikant reduzieren. Wird ein Unternehmen auf der nachgelagerten Vertriebsebene integriert, sind hohe Ausgaben für große Vertriebsteams nicht mehr erforderlich. Dies kann zu einem Kostenvorteil gegenüber der Konkurrenz und zu einer insgesamt besseren Marktstellung führen.[2]

Ein vertikal integriertes Medienunternehmen, das Erstellung, Bündelung und Vertrieb der Mediendienstleistungen auf sich vereint, kontrolliert somit die gesamte Wertschöpfungskette. Potenzielle Newcomer, die nicht ebenfalls vollkommen vertikal integriert sind, werden überhaupt nicht oder nur unter Kostennachteilen auf Inhalte zugreifen oder ihre Inhalte distribuieren können, da sie keine Produktionsstudios oder keine Abnehmer für ihre Inhalte finden. Um die durch die vertikale Integration entstehenden Markteintrittsbarrieren zu überwinden, bleibt diesen Firmen lediglich die Möglichkeit, andere vor- beziehungsweise nachgelagerte Unternehmen selbst zu integrieren. Dies stellt ebenfalls eine Ursache für die Entstehung von integrierten Medien- und Internetverbundunternehmen dar.

Die zuvor beschriebene multiple Kundenbindung durch Leistungsbündelung und Systemverkauf unterstützt ebenfalls den Aufbau von Markteintrittsbarrieren. Im Rahmen verbundener beziehungsweise vernetzter Formen von Kundenbeziehungen sind die Wechselkosten und somit die Austrittsbarrieren komparativ deutlich höher als bei Vorliegen einer singulären Kundenbeziehung.[3] Potenziellen Newcomern wird daher aufgrund der höheren Kundenbindungsintensität die Abwerbung von Kunden erschwert. Zudem müssen sie, um überhaupt Kunden für sich gewinnen zu können, ebenfalls Full Service Provider sein und den Kunden integrierte Leistungsbündel und Systemlösungen anbieten.

Daher kann ein Newcomer in den Medienmärkten vor dem Hintergrund der fortgeschrittenen Branchenkonvergenz nicht in einem einzelnen Bereich der multimedialen Wertschöpfungskette ansetzen und sein Geschäftsfeld sukzessive ausweiten. Um den veränderten Nutzerpräferenzen zu entsprechen, muss er unmittelbar in allen relevanten Bereichen des konvergierenden Markts vertreten sein und integrierte Leistungsbündel anbieten. Die dazu notwendigen Investitionen in Technologie und Know How stellen eine hohe Markteintrittsbarriere dar.

---

1 Vgl. Chatterjee (1991), S. 437.
2 Vgl. Alexander et al. (2003), S. 77.
3 Vgl. Wirtz (2000e), S. 301.

Kapitel 11: Integrierte Medienverbundunternehmen und Crossmedia

Letztendlich stellt auch die Risikodiversifikation eine unternehmensstrategische Ursache für die Integrationstendenzen von Medien- und Internetunternehmen dar. Zum einen sind durch Digitalisierung und Multimedia viele Informationsprodukte und deren klassische Vertriebskanäle bedroht. Ebenso schwächt die kontinuierliche Deregulierung die Position der vormals geschützten Netzwerkbetreiber, beispielsweise im Telekommunikationssektor. Diese Bedrohung der besetzten Wertschöpfungsstufen zwingt Unternehmen, ihre Tätigkeiten auf andere Bereiche der Wertschöpfungskette auszuweiten und dadurch ihr Risiko zu diversifizieren.

Zum anderen sind im Rahmen der erheblichen Komplexität und Dynamik der Branchenkonvergenz zukünftige Entwicklungen für die Marktakteure sowohl qualitativ als auch quantitativ nur schwer abzuschätzen. Beispielsweise ist unklar, ob sich das Internet, das digitale Fernsehen oder mobile Endgeräte als Distributionskanal für Mediendienstleistungen durchsetzen werden und ob sich bestimmte Standards herausbilden. Vor dem Hintergrund dieser Unsicherheit positionieren Unternehmen sich in allen Bereichen, um an dem zukünftigen Wachstumspotenzial partizipieren zu können.[1] Die Tabelle 3-1 fasst die wichtigsten unternehmensbezogenen Ursachen und Katalysatoren von Integration und Crossmedia zusammen.

Tabelle 3-1: Unternehmensbezogene Ursachen und Katalysatoren

Marketingstrategische Ursachen und Katalysatoren	Unternehmensstrategische Ursachen und Katalysatoren
Windowing	Markteintrittsbarrieren durch
Versioning	▪ Economies Of Scale
Cross Selling	▪ Vertikale Integration
Cross Promotion	▪ Multiple Kundenbindung
Multiple Kundenbindung	Absicherung von Wachstumspotenzialen
Leistungsbündelung	Besetzung von Margenpositionen
Preisbündelung	Risikodiversifikation

3.2 Dimensionen von Integrationsstrategien

Im Medien-, Kommunikations- und Internetbereich zielen die jüngeren Entwicklungen auf die Koordinationsform der Integration ab. Integrierte Medien- und Internetverbundunternehmen entstehen entweder als Konzerne mit autonomen Divisionen oder als integrierte Unternehmen. In Europa ist ein erheblicher Anstieg der Merger and

---

[1] Vgl. Wirtz (2000e), S. 303.

Aquisitions-Tätigkeiten von Unternehmen der Medien-, Kommunikations- und Internetbranche zu beobachten. Dieser Trend wird auch durch die Vielzahl von Übernahmen und Fusionen in diesem Bereich belegt. Integrationsstrategien im Informations- und Kommunikationsbereich bezeichnen die über mehrere strategische Entwicklungsstufen ablaufenden Bestrebungen von Unternehmen, ihre Tätigkeiten auf alle Wertschöpfungsstufen und multimedialen Geschäftsfelder auszuweiten.

Dabei zielen Unternehmen häufig auf eine dominante Position in neu entstehenden Märkten ab. Die Unternehmen der Medien-, Kommunikations- und Internetbranche führen Integrationsstrategien auf zwei Ebenen durch. Auf der Wertschöpfungskettenebene verstärken Unternehmen ihre Position auf bereits besetzten Wertschöpfungsstufen durch Integration oder gliedern vor- oder nachgelagerte Geschäftsfelder ein. Damit wird das Ziel verfolgt, alle Stufen der multimedialen Wertschöpfungskette zu besetzen. Auf der Geschäftsmodellebene integrieren Unternehmen separate Geschäftsmodelle, um ein multifunktionales und hybrides Geschäftsmodell aufzubauen.

3.3 Ausprägungen von Integrationsstrategien

Im folgenden Abschnitt werden die Integration auf der Wertschöpfungskettenebene und die Integration auf der Geschäftsmodellebene dargestellt. Dabei wird auf die bereits vorgestellte multimediale Wertschöpfungskette und die Geschäftsmodellklassifikation zurückgegriffen. Die empirische Relevanz der beiden Integrationsstrategien wird anhand von Beispielen demonstriert. Abbildung 3-3 stellt die Ausprägungen grafisch dar.

Abbildung 3-3: Ausprägungen von Integrationsstrategien

Integration auf Wertschöpfungskettenebene
- Bezeichnet die Eingliederung von vor- oder nachgelagerten Geschäftsfeldern
- Verfolgt das Ziel, alle Stufen der multimedialen Wertschöpfungskette zu besetzen

Integrationsstrategien

Integration auf Geschäftsmodellebene
- Bezeichnet die Eingliederung von separaten Geschäftsmodellen
- Verfolgt das Ziel, ein hybrides und multifunktionales Geschäftsmodell aufzubauen

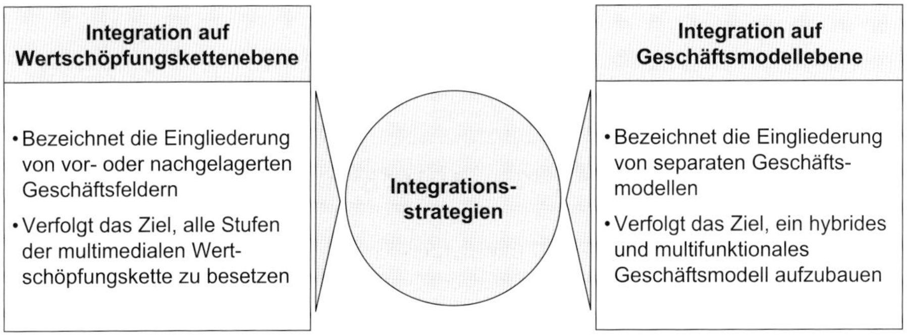

3.3.1 Integration auf Wertschöpfungskettenebene

Wie bereits angedeutet, führen die Unternehmen der Medien-, Kommunikations- und Internetbranche vor dem Hintergrund der zunehmenden Konvergenz Integrationsstrategien bezüglich ihrer Wertschöpfungsstrukturen und Wertschöpfungsaktivitäten durch. Alte Wertschöpfungsketten werden aufgebrochen, um diese in zumeist neuer Anordnung durch Kooperation beziehungsweise Fusion mit Wertschöpfungsaktivitäten anderer Unternehmen zusammenzuführen.[1] Abbildung 3-4 verdeutlicht die Entbündelung von Wertschöpfungsstrukturen und die Neubündelung der vormals getrennten Wertschöpfungsbereiche zu einer multimedialen Wertschöpfungskette.

Abbildung 3-4: Entstehung der multimedialen Wertschöpfungskette durch Rekonfiguration und Integration[2]

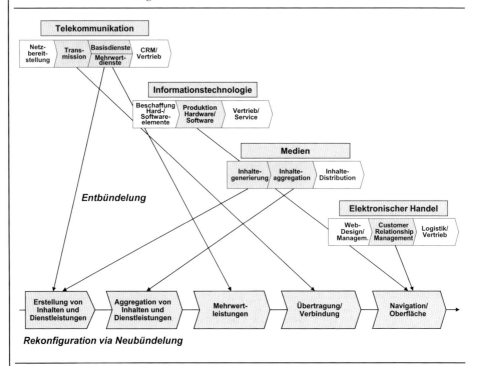

---

[1] Vgl. Wirtz (2000e), S. 295.
[2] In Anlehnung an Wirtz (2000e), S. 294.

Integrierte Wertschöpfungsstrukturen und Geschäftsmodelle

Die zunehmenden Integrationsbemühungen der Unternehmen im Medien-, Kommunikations- und Internetbereich lassen eine multimediale Wertschöpfungskette entstehen. Diese kann in fünf Wertschöpfungsstufen unterteilt werden. Auf der ersten Stufe werden die Inhalte erstellt und Dienstleistungen angeboten. Medienunternehmen wie die Walt Disney Company oder Nachrichtenagenturen wie dpa oder Reuters nehmen als Inhaltelieferanten eine zentrale Stellung innerhalb der multimedialen Wertschöpfungskette ein.

Die Akteure auf der zweiten Stufe kombinieren verschiedene Inhalte und Dienstleistungen in segmentspezifischen Paketen oder Kanälen. Diese Aggregatoren von Inhalten sind kundenorientiert und stellen eine Schnittstelle zwischen Nutzermärkten, Inhaltebeschaffungsmärkten und Werbemärkten dar. Auf der Stufe der Mehrwertleistungen werden verschiedene Produkte und Dienstleistungen zur Unterstützung der Prozesse, wie beispielsweise Beratung, Abrechnungssysteme oder Entwicklung, Aufbau und Betrieb von Servern, angeboten.

Die zentralen Aufgaben der nächsten Stufe bestehen in der Gewährleistung des Zugangs, der Herstellung von Verbindung und Übertragung sowie dem Management von Netzwerken. Die letzte Stufe der multimedialen Wertschöpfungskette stellt die Schnittstelle zum Endkunden dar. Hier werden die zum Empfang der Inhalte notwendigen Hard- und Softwarekomponenten, wie beispielsweise digitales TV, Multimedia PC, Mobiltelefone, Browsersoftware oder intelligente Agenten, bereitgestellt. Abbildung 3-5 stellt die Kernaufgaben und die Anbieter dar und gibt darüber hinaus Beispiele für Unternehmen, die eine oder mehrere Stufen der Wertschöpfungskette besetzt haben.

Durch Integrationsstrategien auf Wertschöpfungskettenebene wird zum einen angestrebt, in den Heimatmärkten die Wettbewerbssituation zu verbessern, und zum anderen durch integrierte Leistungsbündel eine vorteilhafte Wettbewerbsposition in neuen Märkten zu erlangen. Zur Verbesserung der Situation auf den Heimatmärkten führen Unternehmen vor allem Integrationsstrategien auf horizontaler Wertschöpfungsebene durch. Die Fusion von Time Inc. und Warner Communications stellte beispielsweise eine Integration mit horizontaler Inhalteausrichtung in Bezug auf die Wertschöpfungskette dar.

Nach der Fusion deckt Time Warner die Erstellung von Inhalten nahezu komplett ab. Zudem werden vertikale Integrationsstrategien durchgeführt, um durch Eingliederung vor- oder nachgelagerter Geschäftsfelder zunehmend die gesamte multimediale Wertschöpfungskette abzudecken. In diesem Zusammenhang soll die Verbindung bisher getrennter Leistungsangebote zu kooperativen, erweiterten Leistungssystemen Verbund- beziehungsweise Integrationslösungen aufbauen. Dazu werden schrittweise unterschiedliche Stufen der multimedialen Angebotskette durch Kooperationen, Allianzen und in letzter Zeit verstärkt durch Unternehmensübernahmen zusammengefügt.

Abbildung 3-5: Kernaufgaben, Anbieter und Unternehmen innerhalb der multimedialen Wertschöpfungskette[1]

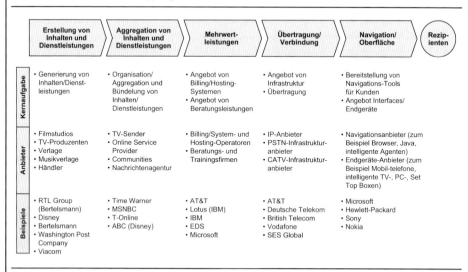

Als ein Beispiel für horizontale und vertikale Integrationsstrategien auf Wertschöpfungskettenebene können die Übernahmen und Fusionen des australischen Medienkonzerns News Corporation (News Corp.) interpretiert werden. Der historische Ausgangspunkt des Unternehmens liegt in der Übernahme der Adelaide News durch Rupert Murdoch von seinem Vater. In der Folge fand eine rasche Ausweitung des Unternehmens durch Übernahmen innerhalb Australiens statt.

Die internationale Ausweitung des Printgeschäfts vollzog sich hauptsächlich in den 1960er und 1970er Jahren. Die 1979 durch den australischen Zeitungsverleger gegründete News Corp. diente der Koordination der weltweiten Expansion in verschiedene Mediengeschäfte. Bis Mitte der 1980er Jahre war die Expansion dabei auf den Bereich der Printmedien (Zeitungen und Zeitschriften) fokussiert. Mit der 1985 erfolgten Übernahme des amerikanischen Filmstudios Twentieth Century Fox sowie von sieben US-amerikanischen TV-Stationen fasste das Unternehmen endgültig Fuß in der Film- und Fernsehbranche.

Dies war der Beginn von Integrationsbemühungen mit horizontaler Crossmedia-Ausrichtung. Im Jahr 1987 erfolgt mit der Übernahme des Verlags Harpers & Row der Einstieg in das Buchgeschäft. Zusammen mit dem ebenfalls 1989 erworbenen Verlag William Collins wurde 1990 daraus einer der weltgrößten englischsprachigen Verlage

---

[1] In Anlehnung an Wirtz (1999), S. 18.

HarperCollins Publishers geformt. Das Unternehmen besitzt weiterhin mit den Labeln Fox Music und Fox Music Publishing auch eine Präsenz im Musikgeschäft und ist außerdem mit Fox Interactive Media im Bereich der Produktion von Internet-Content aktiv. Die News Corp. deckt somit die gesamte Breite bei der Erstellung von Inhalten ab.

Mit der Übernahme von US-amerikanischen TV-Stationen stieg die News Corp. verstärkt in eine neue Wertschöpfungsstufe ein, der Aggregation von Inhalten. 1986 lancierte das Unternehmen mit dem Fox Television Network das vierte landesweite Broadcasting Network in den USA. Weiterhin wurden in der Folge eine Reihe von Kabelsendern in den USA sowie Pay TV-Kanälen auf der ganzen Welt dem Leistungsspektrum des Unternehmens hinzugefügt. Mit diesen zumeist dazugekauften Pay TV-Kanälen stieß das Unternehmen auf eine weitere Geschäftsmodellebene vor. Das Unternehmen betreibt heute nicht nur Free TV und Pay TV, sondern bietet auch weltweit Pay Per View- sowie Video On Demand-Dienste an und ist damit in der Lage, seine Inhalte intern weiterzuverwerten und zu vertreiben.

Auf der Wertschöpfungskettenebene Mehrwertleistungen ist das Unternehmen mit verschiedenen Aktivitäten präsent. Mit dem Conditional Access System VideoGuard der Tochter NDS ist die News Corp. einer der wichtigsten Anbieter von Zugangskontrollsystemen für Pay TV-Veranstalter. Weiterhin bietet das Unternehmen Telemarketing-Dienstleistungen sowie Softwarelösungen und (Beratungs-)Dienstleistungen rund um das Billing und die Bezahlsysteme in den verschiedenen Distributionskanälen an.

Auf der Wertschöpfungsstufe Übertragung/Verbindung konnte sich die News Corp. durch die Eigengründung sowie den Erwerb von Anbietern von Satelliten-TV-Plattformen etablieren. Ziel dieser vertikalen Integrationsaktivitäten war es, die Erstellung sowie den Vertrieb von Inhalten aus eigener Hand anzubieten. Die Distribution von TV-Programmen über Satellit erschien dabei als geeignetste Eintrittsstrategie in diese Wertschöpfungsstufe. In den Zielmärkten USA und Europa beherrschten bereits etablierte, kapitalstarke Unternehmen die traditionellen Übertragungswege (Kabel und terrestrische Sendeanlagen). In anderen Märkten, wie Südostasien oder Indien, wäre der Aufbau traditioneller Übertragungsplattformen zu zeit- und kapitalintensiv gewesen.

Der erste Versuch im Jahre 1983, mit Skyband in den USA ein solches Satellitensystem aufzubauen, scheiterte.[1] 1989 wurde in Großbritannien Sky Television gegründet. Das Unternehmen erreichte innerhalb eines Jahres eine Million Zuschauer. Nur ein Jahr nach der Gründung erfolgte die Fusion mit dem zweiten Anbieter auf dem britischen Markt, British Satellite Broadcasting. Mit dem fusionierten Unternehmen British Sky Broadcasting (BSkyB) entstand eine der erfolgreichsten Pay TV-Plattformen der Welt. 1993 erwarb News Corp. den auf dem asiatischen Markt dominierenden DBS-Anbieter Star TV. Weitere Beteiligungen bestehen in Australien (Foxtel), Japan (SkyPerfecTV!), in den USA (DIREC TV) sowie in Italien (Sky Italia).

---

1 Vgl. Martinson (2001).

Mit dem Dienst Star TV ist die News Corp. heute auch das einzige westliche Medienunternehmen mit einer landesweiten Sendelizenz für ganz China. Dabei ist es Ziel des Unternehmens, „Sky" weltweit als Marke für das Satellitenfernsehen zu positionieren. News Corp. weltweite Aktivitäten in diesem Bereich ermöglichen es nicht nur, globale Economies Of Scale-Vorteile zu nutzen, sondern das Unternehmen schaffte es auch, eine ernstzunehmende Alternative zum Kabel zu entwickeln. Das langfristige Ziel der Integrationsstrategien auf Wertschöpfungskettenebene ist somit die Besetzung aller Stufen der multimedialen Wertschöpfungskette, um den Kunden durch integrierte und individualisierte Leistungsangebote nachhaltig an das Unternehmen zu binden.

3.3.2 Integration auf Geschäftsmodellebene

Die Basisgeschäftsmodelle im Medien- und Internetbereich Content, Commerce, Context und Connection wurden bereits dargestellt. Integrationsstrategien von Medien- und Internetverbundunternehmen lassen sich vor dem Hintergrund dieser Geschäftmodellklassifikation interpretieren. Die Zunahme der intra- und intermarktlichen Konkurrenz verschärft die Wettbewerbsintensität auf den Medien- und Internetmärkten. Die strategische Reaktion der Unternehmen besteht in der Verfolgung von Entwicklungsstrategien auf der Geschäftsmodellebene. In zunehmendem Maß werden bestehende Geschäftsmodelle um die Charakteristika der bis dato noch nicht betriebenen Geschäftsmodelle ergänzt. Die Ausrichtung der implementierten Geschäftsmodelle wird zunehmend hybrider und multifunktionaler.

Die Zielsetzung von Integrationsstrategien auf der Geschäftsmodellebene besteht daher in dem Aufbau eines hybriden und multifunktionalen Geschäftsmodells, mit dem sogenannte Multi Revenue Streams generiert werden können. Der wesentliche Bestandteil des Geschäftsmodells eines Unternehmens ist das Erlösmodell, das definiert, aufgrund welcher Leistungen, von welchen Akteuren und in welcher Höhe das Unternehmen seine Erlöse zur Finanzierung der Leistungserstellung generiert. Multi Revenue Stream bezeichnet in diesem Kontext den Sachverhalt, dass ein integriertes Geschäftsmodell auf mehrere Erlösströme zurückgreifen kann. Die mit der Erweiterung des Produkt- und Dienstleistungsangebots entstehende Multifunktionalität steigert die Attraktivität für die Nutzer.

Darüber hinaus wird durch die Kombination, Adaption und Aggregation der grundlegenden Geschäftsmodelle zu einem hybriden Geschäftsmodell dessen ökonomische Grundlage gestärkt, da bereits existente Erlösmodelle optimiert und neue Erlösströme integriert werden.[1] Das nun folgende Fallbeispiel stellt die Entwicklung des integrierten Medien- und Internetverbundunternehmens Time Warner dar und interpretiert die unternehmensstrategischen Implikation sowohl auf Wertschöpfungskettenebene als auch auf Geschäftsmodellebene.

---

[1] Vgl. Wirtz/Kleineicken (2000), S. 634.

3.4 Fallbeispiel Time Warner

Mit der Fusion von AOL und Time Warner Inc. fand im Jahr 2000 der bisher größte Zusammenschluss in der Medienbranche statt. Beide Unternehmen ergänzten sich, da Time Warner den klassischen Medienbereich abdeckte, während AOL stark im damals noch jungen Wachstumsmarkt Internet tätig war.

Time Warner deckte vor der Fusion mit Printprodukten wie Time, Fortune, Life, People und Sports Illustrated, verschiedenen Buchclubs und Verlagen, den Film- und TV-Studios der Warner Bros. und den Musikprodukten der Warner Music Group die Stufe der Erstellung von Inhalten nahezu komplett ab. Mit dem Pay TV-Sender Home Box Office (HBO) und Turner Broadcasting Systems (CNN, Cartoon-Network, TNT) ist das Unternehmen zudem auf der zweiten Stufe der Wertschöpfungskette im Bereich der Bündelung von Inhalten vertreten.

Mit einer eigenen Kabel-TV-Infrastruktur (Time Warner Cable) besetzt Time Warner auch die Wertschöpfungsstufe Übertragung und Verbindung. Der Online-Dienst Road Runner und die Telefonangebote über Time Warners bestehendes Kabel TV-System, stellen einen weiteren Schritt in den Telekommunikationsmarkt dar. Vor der Fusion mit AOL bestand jedoch ein strategisches Defizit von Time Warner in der eher sporadischen Präsenz im Internet, die lediglich auf eine eigene Unterhaltungsseite beschränkt war.[1]

AOL besetzte vor der Fusion, im Gegensatz zu Time Warner, vor allem die letzte Stufe der multimedialen Wertschöpfungskette. Mit Compuserve, Mirabilis (ICQ), Netscape und dem AOL Service agierte AOL als Service Provider im Bereich der Bereitstellung von Navigations-Tools für den Kunden. Mit dem Internetverlag WAIS sowie dem Ticket Service MovieFone und den Internetradiostationen von Spinner Networks besetzt AOL gleichzeitig die Stufe Aggregation/Bündelung. Zudem wollte AOL seine Markenreichweite auch auf alternative Endgeräte jenseits des PC ausdehnen. Im Rahmen strategischer Allianzen mit Mobilfunkunternehmen sollten dabei interaktive AOL-Inhalte auch über internetfähige Mobiltelefone empfangen werden können.

Vor der Fusion mit Time Warner wies das strategische Konzept von AOL jedoch zwei entscheidende Schwachstellen auf. Dies waren die weiterhin fehlenden Inhalte für das Internet und der fehlende Zugang zu einem breitbandigen, schnellen Internetübertragungsweg. Der Internetzugang als standardisiertes Gut ist zunehmend dem Preiswettbewerb ausgesetzt. Um sich von den Wettbewerbern zu differenzieren und dadurch der Preiskonkurrenz zu entgehen, wurden attraktive Inhalte für das Internetangebot benötigt. Die geringe Bandbreite der Übertragung stellte dabei einen Engpassfaktor für interaktive Entertainment- und E-Commerce-Angebote dar.

---

[1] Vgl. Sjurts (2000), S. 131 f.

Kapitel 11: Integrierte Medienverbundunternehmen und Crossmedia

Vor dem Hintergrund bestehender strategischer Lücken der beiden Unternehmen ist die im Herbst 2000 vollzogene Fusion zu interpretieren. Der Merger kombiniert Time Warners weites Spektrum von Medien-, Unterhaltungs-, und Informationsmarken und die Breitbandplattform für interaktive Dienste mit der Internettechnologie und -infrastruktur sowie der bekannten Online-Marke und großen Online-Gemeinschaft von AOL.[1]

Mit dem Platzen der New Economy-Blase 2001 und 2002 musste AOL Time Warner massiv Werte abschreiben und erwirtschaftete im Jahr 2002 einen Rekordverlust von 99 Milliarden US-Dollar. Als Folge dessen wurde der Name AOL zunächst aus dem Firmennamen getilgt und eine Neubewertung der Integrationsstrategie vorgenommen. Einzelne Unternehmensteile, wie das Basketballteam Atlanta Hawks oder die Warner Music Group, wurden aus dem Konzern gelöst und verkauft. Seit 2009 wird AOL in Form eines Spin Offs wieder als eigenständiges Unternehmen geführt. Abbildung 3-6 gibt einen Überblick über die Entwicklung von AOL und Time Warner.

Abbildung 3-6: Entwicklungspfad von AOL und Time Warner

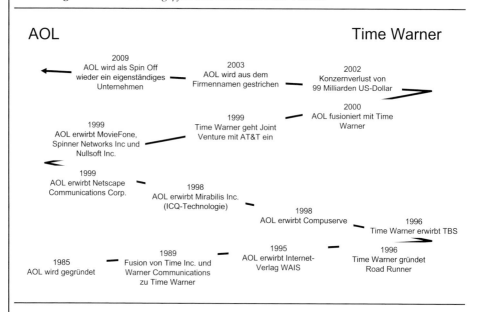

---

[1] Vgl. Wirtz/Sammerl (2005a), S. 112 f.; Wirtz (2012).

Integrierte Wertschöpfungsstrukturen und Geschäftsmodelle

Zunächst mag die integrative Strategie des Medienverbundunternehmens Time Warner als Misserfolg erscheinen. Die Ursachen für die hohen Verluste des Medienverbundunternehmens liegen jedoch nicht in der crossmedialen Ausrichtung der Inhaltsverwertung begründet, sondern vor allem in den Integrationsrisiken bei Mega-Mergern und der Wertberichtigung im überhypten Internetmarkt. Folglich sind zum einen mögliche Synergieeffekte überschätzt und die Friktionen bei der Zusammenarbeit von ehemals getrennten Unternehmensbereichen unterschätzt worden. Zum anderen löste die erste Krise der New Economy einen Verfall des Markenwerts im Online-Bereich des Unternehmens aus. Die crossmediale Integration verschiedener Wertschöpfungsbereiche konnte daher nicht im geplanten Maß umgesetzt werden und die damit verbundenen Wettbewerbsvorteile wurden durch die negativen Aspekte der Fusion überlagert.

Obwohl die Fusion von Time Warner und AOL als gescheitert gelten muss und als Folge eine Desintegration von Unternehmensteilen vorgenommen wurde, zielt die Content-Vermarktung von Time Warner auf eine crossmediale Ausrichtung ab. Beispielsweise wird die Comic-Figur Batman nicht nur in den Comics des Verlags DC Comics eingesetzt, sondern gleichzeitig auch in Spielfilmen, Trickfilmserien, Videospielen, Freizeitparks und lizenzierten Merchandising-Artikeln.

Der Video-Content kann dabei über Warner Bros. Pictures oder Warner Bros. Television produziert werden. Neben Kino-, DVD- und Blu-ray-Verwertung ist über den US-amerikanischen Pay TV-Sender HBO oder den Free-TV-Sender TBS auch eine direkte Fernsehvermarktung möglich. Der Videospiel-Content wird in diesem Zusammenhang durch Warner Interactive produziert, wobei beispielsweise die Titel Batman Arkham Asylum sowie Lego Batman genannt werden können.

Durch die Fokussierung auf Wertschöpfungsbereiche, in denen ein hohes Maß an relevanten Kernkompetenzen vorhanden ist, wird durch die aktuelle Strategie das Profil des Medienverbundunternehmens Time Warner geschärft. Eine konzerninterne crossmediale Vermarktung von Inhalten wird gefördert und durch Kooperationen, wie zum Beispiel mit Apples Multimediaplattform iTunes zur Online On Demand-Vermarktung, ergänzt. Damit kann eine effiziente Ressourcenallokation sichergestellt werden, da der Aufbau von Assets und Kernkompetenzen in bestimmten Wertschöpfungsbereichen unter Umständen ökonomisch nicht sinnvoll ist und über eine Kooperation oder Allianz besser abgewickelt wird.

Kapitel 11: Integrierte Medienverbundunternehmen und Crossmedia

3.5 Bewertung von Integrationsstrategien

Um zu einer Bewertung der Integrationsstrategien im Medien-, Kommunikations- und Internetbereich zu gelangen, werden im Folgenden die Vorteilspotenziale den Integrationsrisiken gegenübergestellt. Ein erster Vorteil eines integrierten Medien- und Internetverbundunternehmens liegt in den Absatzsteigerungspotenzialen, die in der Verlängerung der Verwertungskette begründet sind. Durch Windowing medialer Inhalte und Versioning digitaler, medialer Inhalte werden unterschiedlichen Kundengruppen Mediendienstleistungen gemäß ihren Präferenzen und Nachfrageelastizitäten angeboten. Die bessere Anpassung des Angebots an die Präferenzen der Nutzer und die tatsächliche Mehrfachnutzung erhöhen den Absatz des integrierten Medien- und Internetverbundunternehmens.

Darüber hinaus ergeben sich für ein integriertes Unternehmen Absatzsteigerungspotenziale durch Cross Selling und Cross Promotion von Medienangeboten unter etablierten Medienmarken. Zudem ist ein integriertes Medien- und Internetverbundunternehmen in der Lage, seinen Kunden integrierte und individualisierte Medienleistungsbündel anzubieten. Dieser Service aus einer Hand führt zu Convenience-Vorteilen für die Kunden und erhöht zugleich ihre Wechselkosten, wodurch eine multiple Kundenbindung an das integrierte Unternehmen generiert wird.[1]

Im Zusammenhang mit der Leistungsbündelung kann das integrierte Unternehmen mit der Durchführung von Preisbündelungsstrategien zudem die Zahlungsbereitschaft der Kunden effizienter abschöpfen. Weiterhin erschließt die Integrationsstrategie Expansionspotenziale. Durch die Integration neuer Geschäftsfelder kann ein Unternehmen an Wachstumspotenzialen partizipieren und Bereiche mit hohen Margen besetzen. Den beschriebenen Vorteilspotenzialen stehen jedoch auch Integrationsrisiken gegenüber. Integrationsrisiken bestehen bezüglich unterschiedlicher Unternehmenskulturen, Managementausrichtungen oder Geschäftssystemen.

Der Zusammenschluss von Time Inc. und Warner Communications sowie die damit verbundene Verschmelzung von Inhalt und Distribution wurde als einer der ersten strategisch sinnvollen Merger der Medienindustrie bewertet. Dennoch, „more than a decade later, the lack of a unified synergistic culture, a floundering stock price, unimpressive earnings, and continued reliance on debt have stood in the way of this union being termed as a success."[2] Das Beispiel zeigt, dass selbst bei hoher Zielkongruenz auf der strategischen Ebene und komplementären Kernkompetenzen und Geschäftsfeldern erhebliche Integrationsrisiken auf der operativen Ebene bestehen.

---

[1] Vgl. Wirtz (2000e), S. 301.
[2] Clemente/Greenspan (1998), S. 35.

Integrierte Wertschöpfungsstrukturen und Geschäftsmodelle

Studien zur Post Merger-Integration belegen die erheblichen Erfolgsrisiken bei Fusionen. Beispielsweise konstatierte eine Untersuchung der Unternehmensberatung AT Kearney Misserfolgsquoten bei Mega Mergern von circa 60%.[1] Ein grundlegendes Problem stellen dabei die Kulturprobleme dar. Gerade Medienunternehmen zeichnen sich durch ausgeprägte Unternehmenskulturen aus.

Bei der Fusion von AOL und Time Warner standen sich auf der einen Seite die eher aggressive Unternehmenskultur des Internet-Start Up AOL und auf der anderen Seite die eher traditionelle, konservativ geprägte Unternehmenskultur von Time Warner gegenüber. Der Vorstandsvorsitzende von Time Warner sagte dazu in einem Interview: „Ich war überrascht, wie schwierig es sein würde, die New-Media-Kultur von AOL mit der Old-Media-Kultur von Time Warner unter einen Hut zu bringen."[2]

Neben diesen vor allem mit der Integration fusionierter Unternehmen zusammenhängenden Problembereichen sind noch weitere Gefahren anzuführen. Bei vertikalen Vorwärts- oder Rückwärtsintegrationen besteht die Gefahr einer Verzettelung beziehungsweise eines Selbstverständnisses als vollwertiger Anbieter in fremden Feldern trotz fehlender Kompetenz.[3] In diesem Zusammenhang kann es auch zum Verlust von Kernkompetenzen des Unternehmens in den traditionellen Bereichen kommen.

Die Abdeckung der gesamten Wertschöpfungskette und der Aufbau eines hybriden und multiplen Geschäftsmodells erfordert den Aufbau von Kompetenzen beziehungsweise die Übertragung von Kernkompetenzen in die neuen Bereiche. Dies führt unter Umständen zu einer Vernachlässigung der (Weiter-) Entwicklung von Kernkompetenzen in den angestammten Geschäftsfeldern. Dadurch wird die ursprüngliche Position in der Wertschöpfungskette und das ursprüngliche Geschäftsmodell angreifbar und Wettbewerbsvorteile können eingebüßt werden.

Darüber hinaus kann es bei einem zu weiten Leistungsspektrum zu einer Verwässerung der Markenidentität und dem Verlust einer eigenständigen Positionierung kommen. Ob die zuvor angeführten Vorteilspotenziale letztendlich umgesetzt werden können, hängt daher in entscheidendem Maß von der Harmonisierung der Unternehmenskulturen, der Managementausrichtungen und der Geschäftsabläufe sowie der Zusammenführung und dem Aufbau von Kernkompetenzen in allen strategisch wichtigen Geschäftsbereichen ab.

---

[1] Vgl. MacDonald/Traem (1999), S. 24 ff.
[2] Hell (2005), S. 46.
[3] Vgl. Thielmann (2000), S. 158.

4 Entwicklungsperspektiven

Eine Prognose hinsichtlich der Entwicklungsperspektiven in den Informations- und Kommunikationsmärkten ist aufgrund der erheblichen Komplexität und Dynamik schwierig. So hat Thomas J. Watson, der ehemalige Chairman von IBM, im Jahr 1943 folgende Einschätzung über die Entwicklung des Computermarkts gegeben: „I think there is a world market for about five computers." Bezogen auf die Entwicklung des Markts für Personal Computer konstatierte Ken Olson, der damalige Präsident von DEC, im Jahr 1977: „There is no reason for any individual to have a computer in their home."

Die beiden Zitate verdeutlichen, wie problematisch sich die Erstellung von Prognosen selbst für Marktbeteiligte gestaltet. Aufgrund der fundamentalen Veränderungen der Wettbewerbsstruktur und der hohen Wettbewerbsdynamik sind die Entwicklungen für die Marktakteure auf den Medien-, Kommunikations- und Informationsmärkten nur schwer abschätzbar.[1]

Insbesondere die Etablierung des Internet als viertes Massenmedium, neben dem Fernsehen, dem Radio und den Printmedien, hat die Medienlandschaft in den letzten Jahren gravierend verändert. Zum einen wird die zunehmende Diffusion des Breitbandinternet den Wandel in den Medienmärkten weiter vorantreiben. Dabei wird der Branchenkonvergenz der TIME-Märkte weiterhin eine hohe Bedeutung zukommen. Beispiele wie Apple, Microsoft, Google oder Sony belegen, wie „branchenfremde" Unternehmen zu ernsthaften Wettbewerbern für etablierte Medienunternehmen werden können.

Zum anderen wird die Digitalisierung den Wandel in den Medienmärkten weiter vorantreiben: „Das durch die Entwicklung des Multimedia-Marktes beginnende 'digitale Zeitalter', auch als 'digitale Revolution' bezeichnet, wird einen fundamentalen Wandel bestehender Strukturen in der Telekommunikation, der Computer-, der Unterhaltungs- und der Medienindustrie bewirken."[2] Diese Einschätzung aus dem Jahre 1995 veranschaulicht den Impact der Digitalisierung zutreffend.

Die weiter voranschreitende Digitalisierung der Medienprodukte ist dabei, das Angebot klassischer Medienunternehmen in erheblichem Maß zu verändern. Für traditionelle Anbieter wird es auf mittlere Sicht unabdingbar, das gesamte Produktportfolio in digitaler Form bereitzustellen und es im Sinne eines strategisch abgestimmten Crossmedia-Angebots zu distribuieren. Medienunternehmen werden damit zunehmend zu Multi Channel Akteuren, die einmal produzierte beziehungsweise gebündelte Inhalte über vielfältige Absatzkanäle den Rezipienten offerieren.

---

[1] Vgl. Wirtz (2000e), S. 303.
[2] Denger/Wirtz (1995), S. 20.

Entwicklungsperspektiven

Die Branchenkonvergenz und die Digitalisierung werden den Trend zur crossmedialen Vermarktung und integrierten Medienverbundunternehmen wahrscheinlich weiter vorantreiben. Dies liegt vor allem daran, dass integrierte Medienakteure besser eine Verwertbarkeit der Inhalte in unterschiedlichen Medienformen und -kanälen leisten können und Skalen- und Verbundvorteile in dieser Form besser realisiert werden. Der Integrationsaspekt im Medienbereich gewinnt auch aus der Nachfragerperspektive eine immer größere Bedeutung. Dabei sind insbesondere die folgenden zwei elementaren Veränderungen im Rezipientenverhalten von Bedeutung.

Erstens verändert sich die Rolle des passiven Rezipienten zunehmend zu einem aktiven Mitgestalter. Dafür stehen unter anderem die Begriffe Web 2.0, Social Media und User Generated Content. Medienunternehmen werden zukünftig verstärkt von Usern bereitgestellten Content in ihre Angebote integrieren müssen. Eindrucksvolle Beispiele für diesen strategischen Imperativ zur Nutzerintegration stellen YouTube oder Facebook dar.

Im Marketing ist der Aspekt der Kundenintegration schon längere Zeit in der Diskussion.[1] Aus den Erfahrungen des Marketingbereichs deuten sich erhebliche Vorteile der Kundenintegration an. Insbesondere steigt damit der Customizing-Grad der Medienangebote. Dieser Trend zur weiteren Individualisierung und Personalisierung der Medienangebote sowie dem Paradigmenwechsel vom Push zum Pull ist für Medienunternehmen zukünftig von grundlegender Bedeutung.

Die Erfordernis zur höheren Flexibilität und Innovationsfähigkeit im Medienbereich wird neben der aktiveren Rolle der Rezipienten zum Zweiten auch durch die Veränderungen im Nutzungsverhalten verstärkt. In diesem Kontext ist insbesondere in der jüngeren Generation der Mediennutzer ein erheblicher Wandel in den Nutzungspräferenzen festzustellen. Der Nutzungstrend geht dabei stark in Richtung von elektronischen Angeboten wie Internet und Online-/PC-/Konsolenspiele.

Die neue Generation der Mediennutzer möchte in einem viel größeren Maß interagieren und mitgestalten, als dies im traditionellen Medienbereich des „Broadcasting-Ansatzes" der Fall ist. Insgesamt werden daher in den nächsten Jahren erhebliche Veränderungen im Medienbereich aufkommen, die alle Akteure betreffen und ein hohes Maß an unternehmerischer Kreativität und Dynamik erfordern werden.

---

[1] Vgl. Wehrli/Wirtz (1997a), S. 26.

Wiederholungsfragen

1. Welche grundlegenden Erscheinungsformen von Crossmedia lassen sich identifizieren? Wie hängen diese von dem eingesetzten Medienformat ab?
2. Nennen Sie die sechs zentralen Treiber für Crossmedia!
3. Ermitteln Sie den Adaptionsaufwand und das Crossmedia-Potenzial verschiedener Kombinationen aus Medienkanal und Medienformat!
4. Welche Strategiealternativen existieren im Rahmen des Crossmedia-Management in Hinblick auf die Anzahl der Kanäle? Entwerfen Sie eine fünfstufige Crossmedia-Strategie für das Ausgangsformat „redaktioneller Text"!
5. Welche Strategiealternativen ergeben sich hinsichtlich der Koordination verschiedener Kanäle? Welche Auswirkungen haben die Strategien auf die Unternehmensorganisation?
6. Skizzieren Sie den Crossmedia-Managementprozess sowie den Design-Prozess des Crossmedia-Systems! Wie hängen diese zusammen?
7. Nennen Sie zentrale Erfolgsfaktoren des Crossmedia-Management!
8. Welche Katalysatoren forcieren die Integration von Medien- und Internetunternehmen?
9. Was ist multiple Kundenbindung und wie kann diese durch integrierte Leistungsangebote erreicht werden?
10. Nennen Sie die Ausprägungen von Integrationsstrategien! Was bedeutet Rekonfiguration in diesem Zusammenhang?

Literaturverzeichnis

8Bit-Museum (2010), Level 1: Bits aus der Anfangsphase, http://www.8bit-museum.de, Abruf: 17.05.2010.

Abts, D./Mülder, W. (2009), Grundkurs Wirtschaftsinformatik - Eine kompakte und praxisorientierte Einführung, Wiesbaden 2009.

ACTA (2009), Zentrale Trends der Internetnutzung in den Bereichen Information, Kommunikation und E-Commerce, http://www.ifd-allensbach.de/fileadmin/ACTA/ACTA_Praesentationen/2009/ACTA2009_Schneller.pdf, Abruf: 12.01.2012.

Activision (2010), Activision Blizzard - Company Background, http://www.activision.com/index.html#about|de_DE|type:corporate, Abruf: 27.05.2010.

Adams, W./Yellen, J. (1976), Commodity Bundling and the Burden of Monopoly, In: Quarterly Journal of Economics, 90. Jg., Nr. 3, 1976, S. 475–498.

AGF (2011), Sehbeteiligung in % im Tagesverlauf 2011, http://www.agf.de/daten/zuschauermarkt/sehbeteiligung, Abruf: 12.01.2012.

Akerlof, G. (1976), The Economics of rat-race and other Woeful Tales, In: Quarterly Journal of Economics, 90. Jg., Nr. 4, 1976, S. 599–617.

Albach, H. (1994), Culture and technical innovation - A cross-cultural analysis and policy recommendations, Berlin, New York 1994.

Albarran, A. (2002), Media economics. Understanding markets, industries and concepts, 2. Auflage, Ames 2002.

Albarran, A. (2004), Media Economics, In: Downing, J. (Hrsg.): The SAGE Handbook of MEDIA STUDIES, Thousand Oaks 2004, S. 291–308.

Albarran, A. (2010), Management of Electronic Media, 4. Auflage, Belmont 2010.

Alexa (2011), Craigslist.org - Site Info from Alexa, http://www.alexa.com/siteinfo/craigslist.org, Abruf: 20.12.2011.

Alexander, A./Owers, J./Carveth, R./Hollifield, C./Greco, A. (2003), Media Economics: Theory and Practice, 3. Auflage, Mahwah 2003.

Literaturverzeichnis

Althen, M. (2002), Game Boys & Girls - Wie aus zwei Strichen und einem Punkt erst eine Industrie und dann eine neue Kunstform entstand: Computerspiele, In: Lischka, K. (Hrsg.): Spielplatz Computer: Kultur, Geschichte und Ästhetik des Computerspiels, Heidelberg 2002, S. 9–16.

Altmeppen, K.-D. (2000), Online-Medien - Das Ende des Journalismus!? Formen und Folgen der Aus- und Enddifferenzierung des Journalismus, In: Altmeppen, K.-D./Bucher, H./Löffelholtz, M. (Hrsg.): Online-Journalismus - Perspektiven für Wissenschaft und Praxis, Wiesbaden 2000, S. 123–138.

Ansoff, I.H. (1965), Corporate Strategy: an analytic approach to business policy for growth and expansion, New York 1965.

Apfelthaler, G. (2000), Medienmanagement als Internationales Management, In: Karmasin, M./Winter, C. (Hrsg.): Grundlagen des Medienmanagement, München 2000, S. 197–218.

Apple Inc. (2012a), iPhone, http://www.apple.com/iphone/, Abruf: 06.07.2012.

Apple Inc. (2012b), Was gibts in iTunes?, http://www.apple.com/de/itunes/whats-on/, Abruf: 18.01.2012.

Apple Inc. (2012c), Was ist iTunes?, http://www.apple.com/de/itunes/what-is/store.html, Abruf: 05.07.2012.

Arbeitsgemeinschaft der Landesmedienanstalten (2010), ALM Jahrbuch 2009/2010, http://www.lfk.de/fileadmin/media/pdf/ALM_Jahrbuch_2010.pdf, Abruf: 19.01.2012.

Arbeitsgemeinschaft der Landesmedienanstalten (2011), Wirtschaftliche Lage des Rundfunks 2010/2011, http://www.die-medienanstalten.de/fileadmin/Download/Publikationen/Wirtschaftliche_Lage/Charts_Wirtschaftliche_Lage_des_Rundfunks_2011_Goldmedia_final.pdf, Abruf: 17.01.2012.

ARD (2001), ARD Mediendaten, http://www.ard.de/ard_intern/mediendaten/index.phtml?2_4, Abruf: 19.06.2001.

ARD (2009), Medien Basisdaten. Mediennutzung und Freizeitbeschäftigung, http://www.ard.de/intern/basisdaten/mediennutzung/mediennutzung_20und_20freizeitbesch_26_23228_3Bfti/-/id=54992/15w2mhl/index.html, Abruf: 23.06.2010.

ARD (2010a), ABC der ARD, http://db.ard.de/abc/main.index, Abruf: 30.06.2010.

ARD (2010b), Grundversorgung, http://www.ard.de/intern/organisation/rechtsgrundlagen/grundversorgung/-/id=54408/1cm440t/index.html, Abruf: 18.01.2012.

ARD (2010c), Rundfunkwerbung, http://www.ard.de/intern/finanzen/werbung/-/id=55272/1gbj7f7/index.html, Abruf: 13.01.2012.

Literaturverzeichnis

ARD (2010d), Telemedienkonzepte, http://www.ard.de/intern/dreistufentest/-/id=1505276/property=download/nid=1086834/19v6wy1/telemedienkonzepte_ard_de_einsplus_de_juni2010.pdf, Abruf: 14.07.2010.

ARD (2010e), Zeitbudget für audiovisuelle Medien, http://www.ard.de/intern/basisdaten/mediennutzung/zeitbudget_20f_26_23252_3Br_20audiovisuelle_20medien/-/id=54984/sfyd65/index.html, Abruf: 29.06.2010.

ARD (2011a), ARD Jahrbuch 10: Statistik, http://www.ard.de/intern/publikationen/-/id=0808/nid=0808/did=1691604/r9v1fe/index.html, Abruf: 18.01.2012.

ARD (2011b), Medien Basisdaten: Sehdauer pro Tag in Deutschland West und Ost, http://www.ard.de/intern/medienbasisdaten/fernsehnutzung/sehdauer_20pro_20tag_20in_20deutschland_20west_20und/-/id=55040/xwrqaa/index.html, Abruf: 12.01.2012.

ARD (2011c), Medienbasisdaten Onlinenutzung, http://www.ard.de/intern/medienbasisdaten/onlinenutzung/-/id=55208/59yqoa/index.html, Abruf: 16.01.2012.

ARD (2011d), Medienbasisdaten: Hörfunknutzung nach Soziodemografie, http://www.ard.de/intern/medienbasisdaten/hoerfunknutzung/hoerfunknutzung/-/id=55150/rg70kk/index.html, Abruf: 18.01.2012.

ARD (2011e), Mediennutzung und Freizeitbeschäftigung 2011, http://ard.de/intern/basisdaten/mediennutzung/mediennutzung_20und_20freizeitbesch_26_23228_3Bfti/-/id=54992/15w2mhl/index.html, Abruf: 12.12.2011.

ARD (2011f), Zeitbudget für audiovisuelle Medien, http://www.ard.de/intern/basisdaten/mediennutzung/zeitbudget_20f_26_23252_3Br_20audiovisuelle_20medien/-/id=54984/sfyd65/index.html, Abruf: 15.12.2011.

ARD (2012a), Analog-Digital-Umstieg beim Satelliten-TV, http://www.ard-digital.de/Empfang--Technik/Analog-Digital-Umstieg-Satellit/AnalogDigitalUmstieg, Abruf: 27.01.2012.

ARD (2012b), Medien Basisdaten: Empfangspotenzial der deutschen Fernsehsender 2010, http://www.ard.de/intern/basisdaten/empfangssituation/technische_20reichweiten/-/id=54848/1hwge2l/index.html, Abruf: 12.01.2012.

ARD (2012c), Medien Basisdaten: Unterhaltungselektronik - Geräteausstattung, http://www.ard.de/intern/medienbasisdaten/allgemeine-daten/unterhaltungselektronik_3A_20ger_26_23228_3Bteauss/-/id=55240/xrnh6k/index.html, Abruf: 27.01.2012.

ARD Mediathek (2010a), ARD Mediathek Startseite, http://www.ardmediathek.de/ard/servlet/, Abruf: 15.07.2010.

ARD Mediathek (2010b), Was ist die ARD Mediathek?, http://www.ardmediathek.de/ard/servlet/content/549264, Abruf: 07.07.2010.

Literaturverzeichnis

ARD/ZDF (2012a), ARD/ZDF-Onlinestudie 2011: Fernsehinhalte im Internet in Deutschland immer beliebter, http://www.ard-zdf-onlinestudie.de/, Abruf: 16.01.2012.

ARD/ZDF (2012b), Genutzte Onlineanwendungen 2011, http://www.ard-zdfonlinestudie.de/index.php?id=onlinenutzunganwend0, Abruf: 16.01.2012.

ARD-Werbung Sales & Services (2012), TV-Tarife 2012, Frankfurt am Main 2012.

Ariva (2011), Marktkapitalisierung, http://www.ariva.de, Abruf: 13.12.2011.

Artopé, A./Zerdick, A. (1995), Die Folgen der Media Mergers in den USA. Die neue Ausgangssituation auf dem deutschen und europäischen Fernsehmarkt, Berlin 1995.

AS&S Radio (2010), Radio-Guide 2009, Frankfurt am Main 2010.

AS&S Radio (2012), AS&S Radio Deutschland-Kombi, http://www.ass-kombis.de/dk.html?&tx_mmsender_pi1[nav]=3&cHash=52702d8932442e8f726e03422860ee71, Abruf: 19.01.2012.

Asian Business Daily (2012), China's video game industry grew by over a third in 2011, http://asianbusinessdaily.com/2012/01/chinas-video-game-industry-grew-by-over-a-third-in-2011/, Abruf: 12.01.2012.

Ayal, I./Zif, J. (1979), Market Expansion Strategies in Multinational Marketing, In: Journal of Marketing, 43. Jg., Nr. 2, 1979, S. 84–94.

Backhaus, K./Büschgen, J./Voeth, M. (2003), Internationales Marketing, 5. Auflage, Stuttgart 2003.

Backhaus, K./Meyer, M. (1993), Strategische Allianzen und strategische Netzwerke, In: Wirtschaftswissenschaftliches Studium, 22. Jg., Nr. 7, 1993, S. 330–334.

Baker, J./Hashmi, A. (1988), Political Risk Management: Steering Clear of Risky Business, In: Risk Management, 45. Jg., Nr. 10, 1988, S. 40–47.

Bakos, Y./Brynjolfsson, E. (2000), Aggregation and Disaggregation of Information Goods: Implications for Bundling, Site Licensing and Micropayments Systems, In: Kahin, B./Varian, H. (Hrsg.): The Economics of Digital Information and Intellectual Property, Cambridge 2000, S. 114–137.

Barney, J. (1986), Strategic Factor Markets: Expectations, Luck, and Business Strategy, In: Management Science, 32. Jg., Nr. 10, 1986, S. 1231–1241.

Barney, J. (1991), Firm Resources and Sustained Competitive Advantage, In: Journal of Management, 17. Jg., Nr. 1, 1991, S. 99–120.

Barney, J. (1999), How a firm´s capabilities affect boundary decisions, In: Sloan Management Review, 40. Jg., Nr. 1, 1999, S. 137–145.

Baskerville, D. (2005), Music Business Handbook and Career Guide, 8. Auflage, London 2005.

Baubin, T./Wirtz, B.W. (1996), Strategic Management and Transformation in Converging Industries - Towards the Information Society, In: Brenner, W./Kolbe, L. (Hrsg.): The Information Superhighway and Private Households, Berlin 1996, S. 363–377.

Baumol, W./Panzar, J./Willig, R. (1988), Contestable markets and the theory of industry structure, 2. Auflage, New York 1988.

Beck, H. (2005), Medienökonomie - Print, Fernsehen und Multimedia, 2. Auflage, Berlin 2005.

Beck, M./Oechsler, W. (2001), Personalplanung, In: Bertelsmann Stiftung/Fauth-Herkner&Partner/Oechsler, W. (Hrsg.): Leitfaden Systematisches Beschäftigungs-Management, Gütersloh 2001, S. 41–90.

Becker, J. (2005), Einzel, Familien- und Dachmarken als grundlegende Handlungsoptionen, In: Esch, F.-R. (Hrsg.): Moderne Markenführung: Grundlagen - Innovative Ansätze - Praktische Umsetzungen, Wiesbaden 2005, S. 381–402.

Becker, J. (2009), Marketing-Konzeption- Grundlagen des ziel-strategischen und operativen Marketing-Managements, 9. Auflage, München 2009.

Beeson, G. (2001), Games Software Exhibition, The next Exhibition: The Games Sector Strikes Back, London 2001.

Beeson, G. (2002), Games Software Exhibition, Who's got what it takes to make it through to the next round?, London 2002.

Behm, H./Hardt, G./Schulz, H. (1999), Büchermacher der Zukunft. Marketing und Management im Verlag, Darmstadt 1999.

Belic, D. (2008), Free mobile games from Greystripe's catalog now available on German MVNO simyo, http://www.intomobile.com/2008/06/15/free-mobilegames-from-greystripes-catalog-now-available-on-german-mvno-simyo.html, Abruf: 19.06.2008.

Berke, J./Steinkirchner, P. (2004), Ruf mich oft an, In: WirtschaftsWoche, Nr. 36, 2004, S. 58–60.

Berliner Verlag (2012), Kommunikation im Kreis, http://www.berliner-zeitung.de/digital/-ein-jahr-google-,10808718,16491634.html, Abruf: 09.07.2012.

Berlson, W.A. (1961), Effects of television on the reading and buying of newspapers and magazines, In: Public Opinion Quarterly, 25. Jg., 1961, S. 366–381.

Literaturverzeichnis

Berndt, R./Fantapié Altobelli, C./Sander, M. (2005), Internationales Marketing-Management, 3. Auflage, Berlin, Heidelberg 2005.

Bernkopf, G. (1980), Strategien zur Auswahl ausländischer Märkte, München 1980.

Bertelsmann (2011a), Bertelsmann Annual Report 2010, Gütersloh 2011.

Bertelsmann (2011b), Interim Report 2011, http://www.bertelsmann.com/bertelsmann_corp/wms41/customers/bmcorp/pdf/Interim_Report_2011.pdf, Abruf: 01.02.2012.

Bertelsmann (2012), Random House - Die Nummer eins der Bücherwelt, http://www.bertelsmann.de/Bereiche/Random-House.html, Abruf: 30.07.2012.

Beyer, A./Carl, P. (2004), Einführung in die Medienökonomie, Konstanz 2004.

Bez, T. (2009), ABC des Zwischenbuchhandels, http://www.boersenverein.de/sixcms/media.php/976/ABCdesZwibu.pdf, Abruf: 21.06.2010.

Bieker, C. (2007), News Corporation: Der alte Mann und das Netz, In: Focus Money, 2007, Nr. 28, S. 26–32.

Bingley, C. (1972), The business of book publishing, Oxford 1972.

Bitkom (2009a), Aktuelle Entwicklungen im TV Markt, http://www.bitkom.org/de/themen/54918_60779.aspx, Abruf: 28.06.2010.

Bitkom (2009b), Wachstumsmarkt Electronic Games - Perspektive Deutschland, http://www.bitkom.org/files/documents/Studie_Spielend_unterhalten_Wachstumsmarkt_electronic_games_2009(1).pdf, Abruf: 26.07.2010.

Bitkom (2010), Nutzer im Schritt länger als zwei Stunden pro Tag online, http://www.bitkom.org/de/presse/62013_59056.aspx, Abruf: 07.06.2010.

BIU (2011), Gamer in Deutschland, http://www.biu-online.de/fileadmin/user_upload/pdf/BIU_Profilstudie_Gamer_in_Deutschland_2011.pdf, Abruf: 12.01.2012.

BIU (2012a), Online- und Browsergames, http://www.biu-online.de/de/fakten/marktzahlen/online-und-browser-games.html, Abruf: 12.02.2012.

BIU (2012b), Urheberrechtsschutz, http://www.biu-online.de/de/themen/urheberrecht.html, Abruf: 12.01.2012.

Bleis, T. (1996), Erfolgsfaktoren neuer Zeitschriften, München 1996.

Block, A. (2002), Musikexportförderung: Eine Analyse der Musikexportförderung in Europa und in Übersee sowie eine Bestandsaufnahme der Musikwirtschaftsfördersituation in Deutschland als Grundlage für ein Grobkonzept eines deutschen Musikexportbüros und seiner europäischen Perspektiven, http://www.b10ck.de/downloads/musikexportfoerderung.pdf, Abruf: 30.06.2010.

Bluem, A.W. (1972), The Movie business: American film industry in practice, New York 1972.

BMWI (2012), Monitoring-Report Deutschland Digital 2011: Der IKT-Standort im internationalen Vergleich, http://www.bmwi.de/Dateien/BMWi/PDF/IT-Gipfel/ikt-monitoring,property=pdf,bereich=bmwi,sprache=de,rwb=true.pdf, Abruf: 12.01.2012.

Böcker, H. (1991), Steuerliche Prüfung und Behandlung von Lizenzzahlungen an verbundene ausländische Unternehmen, In: Die steuerliche Betriebsprüfung, 31. Jg., Nr. 4, 1991, S. 73–83.

Borowicz, F./Scherm, E. (2001), Standardisierungsstrategien: Eine erweiterte Betrachtung des Wettbewerbs auf Netzeffektmärkten, In: Zeitschrift für betriebswirtschaftliche Forschung, 53. Jg., Nr. 6, 2001, S. 391–416.

Börsenverein des Deutschen Buchhandels (1998), Buch und Buchhandel in Zahlen, Frankfurt am Main 1998.

Börsenverein des Deutschen Buchhandels (2004a), Urhebervertragsrecht, http://www.boersenverein.de/de/64601, Abruf: 22.11.2004.

Börsenverein des Deutschen Buchhandels (2004b), Vorschlag zur Übersetzervergütung, http://www.boersenverein.de/de/64368, Abruf: 22.11.2004.

Börsenverein des Deutschen Buchhandels (2009), Buch und Buchhandel in Zahlen 2009, Frankfurt am Main 2009.

Börsenverein des Deutschen Buchhandels (2010a), Wirtschaftszahlen, http://www.boersenverein.de/de/portal/Wirtschaftszahlen/158286, Abruf: 20.12.2011.

Börsenverein des Deutschen Buchhandels (2010b), Wirtschaftszahlen Hörbuch, http://www.boersenverein.de/de/portal/Hoerbuch/158293, Abruf: 20.11.2011.

Börsenverein des Deutschen Buchhandels (2011a), Buch und Buchhandel in Zahlen, Frankfurt am Main 2011.

Börsenverein des Deutschen Buchhandels (2011b), Hörbuch, http://www.boersenverein.de/de/portal/Hoerbuch/158293, Abruf: 21.12.2011.

Börsenverein des Deutschen Buchhandels (2011c), Zahl der Unternehmen und deren Umsätze, http://www.boersenverein-bayern.de/de/186335, Abruf: 21.12.2011.

Literaturverzeichnis

Breunig, C. (2001), Radiomarkt in Deutschland: Entwicklung und Perspektiven, In: Media Perspektiven, Nr. 9, 2001, S. 450–470.

Breyer-Mayländer, T./Werner, A. (2003), Handbuch der Medienbetriebslehre, München 2003.

Brockhoff, K. (1999), Produktpolitik, 4. Auflage, Stuttgart 1999.

Brodbeck, K./Hummel, M. (1991), Musikwirtschaft. Ifo-Studien zu Kultur und Wirtschaft Nr. 5, München 1991.

Bryman, A. (1997), Animating the Pioneer versus Late Entrant Debate: An Historical Case Study, In: Journal of Management Studies, 34. Jg., Nr. 3, 1997, S. 415–438.

BSA (2010), Software Piracy on the Internet: A Threat To Your Security, http://portal.bsa.org/globalpiracy2009/studies/globalpiracystudy2009.pdf, Abruf: 20.10.2010.

Buchan, R./Siegfried, J. (1978), An Economic Evaluation of the Magazine Distribution Industry, In: Antitrust Bulletin, 23. Jg., 1978, S. 19–50.

Büchelhofer, A./Girsich, F./Karmasin, M. (1993), Kommunikationsstrategien von Tageszeitungsverlagen, In: Bruck, P. (Hrsg.): Print unter Druck - Zeitungsverlage auf Innovationskurs, München 1993, S. 387–506.

Buchreport (2010), Die 50 größten Buchhandlungen, http://www.buchreport.de/analysen/50_groesste_buchhandlungen.htm?no_cache=1, Abruf: 08.06.2010.

Buchreport (2011), Die 100 größten Verlage, http://www.buchreport.de/analysen/100_groesste_verlage.htm?no_cache=1, Abruf: 20.12.2011.

Bundesagentur für Arbeit (2009), Arbeitsmarkt 2008, Nürnberg 2009.

Bundesministerium der Justiz (2007), Neues Urheberrecht tritt zum 1. Januar 2008 in Kraft, http://www.bmj.de/enid/f9e3f868487bc739210fcc8f3e5fa2f4,a9955b6d6f6465092d09093a09636f6e5f6964092d0934373838/Pressestelle/Pressemitteilungen_58.html, Abruf: 10.06.2008.

Bundesministerium der Justiz (2011), § 20 Sperrfristen, http://www.gesetze-im-internet.de/ffg_1979/__20.html, Abruf: 09.01.2012.

Bundesministerium für Wirtschaft und Technologie (2009), 12. Faktenbericht 2009 - Eine Sekundärstudie der TNS Infratest Business Intelligence, Berlin 2009.

Bundesnetzagentur (2008), Jahresbericht 2007, http://www.bundesnetzagentur.de/media/archive/13212.pdf, Abruf: 17.06.2008.

Bundesregierung (1998), Bericht der Bundesregierung über die Lage der Medien in der Bundesrepublik Deutschland 1998, http://www.bundesregierung.de/05/0515/00, Abruf: 13.04.2000.

Bundesverband Audiovisueller Medien (2010), Video market 2009 - BVV Business Report, http://www.bvv-medien.de/jwb_pdfs/JWB2009.pdf, Abruf: 18.05.2010.

Bundesverband Audiovisueller Medien (2011), Video Market 2010 - BVV Business Report, http://bvv-medien.de/jwb_pdfs/JWB2010.pdf, Abruf: 09.01.2012.

Bundesverband der Phonographischen Wirtschaft (2004), Jahrbuch 2004. Phonographische Wirtschaft, München 2004.

Bundesverband deutscher Zeitungsverleger e.V. (2011), Die deutschen Zeitungen in Zahlen und Daten: Auszug auf dem Jahrbuch "Zeitungen 2011/12", Berlin 2011.

Bundesverband Informationswirtschaft (2007), Daten zur Informationsgesellschaft, Status quo und Perspektiven Deutschlands im internationalen Vergleich, Berlin 2007.

Bundesverband Interaktive Unterhaltungssoftware (2011), Games Report 2011, http://www.biu-online.de/fileadmin/user_upload/pdf/games_report_2011.pdf, Abruf: 12.01.2012.

Bundesverband Musikindustrie e.V. (2010), Musikindustrie in Zahlen 2009, Berlin 2010.

Bundesverband Musikindustrie e.V. (2011), Musikindustrie in Zahlen 2010, Berlin 2011.

Bundesverband Musikindustrie e.V./GfK (2010), Brenner-Studie 2010, Berlin 2010.

Bundesverband Musikindustrie e.V./GfK (2011), Studie zur digitalen Content-Nutzung (DCN-Studie) 2011, http://www.musikindustrie.de/fileadmin/piclib/presse/Dokumente_zum_Download/DCN-Studie_2011_Presseversion_FINAL.pdf, Abruf: 23.01.2012.

Bundeszentrale für politische Bildung (2010), Die Stundenuhr, http://www.bpb.de/themen/W88UI,0,Die_Stundenuhr.html, Abruf: 07.07.2010.

Burkart, R. (2002), Kommunikationswissenschaft: Grundlagen und Problemfelder: Umrisse einer interdisziplinären Sozialwissenschaft, 4. Auflage, Wien, Köln, Weimar 2002.

Bürki, D. (1996), Der 'resource-based view' als neues Denkmodell des strategischen Managements, St. Gallen 1996.

Literaturverzeichnis

Burmann, C. (2000), Strategiewechsel in turbulenten Märkten: Neuere theoretische Ansätze zur Unternehmensflexibilität, In: Arbeitspapier des Instituts für Marketing der Westfälischen Wilhelms-Universität Münster, Nr. 134, 2000.

Burmann, C. (2002), Strategische Flexibilität und Strategiewechsel als Determinanten des Unternehmenswertes, Wiesbaden 2002.

Burnett, R. (1996), The Global Jukebox. The international music industry, London 1996.

Business Wire (2000), Pearson plc to Acquire National Computer Systems, Inc, http://www.thefreelibrary.com/Pearson+plc+to+Acquire+National+Computer+Systems,+Inc.-a063763571, Abruf: 15.07.2010.

BVDW (2011), BVDW-Studie untersucht Wachstumspotenziale von Social Media in Unternehmen der deutschen Wirtschaft, http://www.bvdw.org/medien/bvdw-studie-untersucht-wachstumspotenziale-von-social-media-in-unternehmen-der-deutschen-wirtschaft?media=3357, Abruf: 31.01.2012.

Cannibol, H. (2003), Das Label als Marke, In: Moser, R./Scheuermann, A. (Hrsg.): Handbuch der Musikwirtschaft. Der Musikmarkt, Bd. 6, 6. Auflage, München 2003, S. 246–250.

CapGemini/Ernst & Young (2002), Chancen und Risiken der Breitbandentwicklung für deutsche Medienunternehmen, http://www.de.cgey.com/servlet/ PB/show/1004762/Breitbandstudie-Presse.ppt, Abruf: 24.01.2003.

Carl, V. (1989), Problemfelder des internationalen Managments, München 1989.

Carrera (2012), GO!!!, http://www.carrera-toys.com/de/sortiment/go/sets, Abruf: 11.01.2012.

CDRinf (2005), Celestica, Flextronics, and Wistron will produce the Xbox 360, http://www.cdrinfo.com/sections/news/Details.aspx?NewsId=14736, Abruf: 10.06.2010.

ChartsBin (2012), Number of Feature Film Produces by Country, http://chartsbin.com/view/pu4, Abruf: 27.01.2012.

Chatterjee, S. (1991), Gains in Vertical Acquisitions and Market Power. Theory and Evidence, In: Academy of Management Journal, 34. Jg., Nr. 3, 1991, S. 436–448.

Choi, S./Stahl, D./Whinston, A. (1997), The Economics of Electronic Commerce, Indianapolis 1997.

Chon, B.S./Choi, J.H./Barnett, G.A./Danowski, J.A./Joo, S.H. (2003), A Structural Analysis of Media Convergence: Cross Industry Mergers and Acquisitions in the Information Industries, In: Journal of Media Economics, 16. Jg., Nr. 3, 2003, S. 141–157.

Chuang, J./Sirbu, M. (2000), Network Delivery of Information Goods: Optimal Pricing of Articles and Subscriptions, In: Kahin, B./Varian, H. (Hrsg.): The Economics of Digital Information and Intellectual Property, Cambridge 2000, S. 138–166.

Clark, T. (2003), Universal bittet Künstler zur Kasse, In: Financial Times Deutschland 2003, S. 13–16.

Clemente, M./Greenspan, D. (1998), Winning at Mergers and Acquisitions, New York 1998.

CNET (2010), Call of Duty: Black Ops hits $1 billion milestone, http://news.cnet.com/8301-13506_ 3-20026321-17.html, Abruf: 12.01.2012.

CNN Money (2011), Fortune 500 2011: News Corp., http://money.cnn.com/magazines/fortune/fortune500/2011/snapshots/6213.html, Abruf: 07.02.2012.

Collins, A./Hand, C./Snell, M. (2002), What makes a blockbuster? Economic Analysis of Film Success in the United Kingdom, In: Managerial and Decision Economics, 23. Jg., Nr. 6, 2002, S. 343–354.

Collins, S./Jacobson, S. (1978), A Pretest of Intrusiveness of Radio Commercials, In: Journal of Advertising Research, 18. Jg., Nr. 1, 1978, S. 37–44.

ComputerBase (2011), Xbox 360 Verkaufsrekord, http://www.computerbase.de/news/2011-12/xbox-360-stellt-vermutlich-letzten-verkaufsrekord-auf/, Abruf: 12.01.2012.

Constantin Film AG (2009), Geschäftsbericht 2008, http://www.constantin-film.de/cms/upload/pdf/investor/CFSJ08D.pdf, Abruf: 27.05.2010.

Craigslist (2008), Craigslist-Startseite, http://www.craigslist.org, Abruf: 13.05.2008.

Craigslist (2010), Factsheet, http://www.craigslist.org/about/factsheet, Abruf: 20.12.2011.

Cunningham, P./Fröschl, F. (1999), Electronic Business Revolution: Opportunities and Challanges in the 21st Century, Berlin 1999.

DADC, S. (2010), Sony DADC - Digital solutions and production of CD, DVD, UMD, DualDisc and Blue-ray Disc, http://www.sonydadc.com/opencms/opencms/sites/sony/index.html, Abruf: 26.05.2010.

Degenhardt, C. (1992), Rundfunkordnung im europäischen Raum, In: Zeitschrift für Urheber- und Medienrecht, 36. Jg., Nr. 10, 1992, S. 449–456.

Delaney, K. (2003), Pursuing "Matrix" Hit is risky Game, In: The Wall Street Journal vom 16.05.2003, 18. Jg., 2003, S. A1.

Literaturverzeichnis

Denger, K.S./Wirtz, B.W. (1995), Innovatives Wissensmanagement und Multimedia, In: Gablers Magazin, 9. Jg., Nr. 3, 1995, S. 20–24.

Deutsche Presse-Agentur (2011), Zahlen & Fakten, http://www.dpa.de/Zahlen-Fakten.842.0.html, Abruf: 20.12.2011.

Deutscher Presserat (2008), Pressekodex, http://www.presserat.info/inhalt/der-pressekodex/pressekodex.html, Abruf: 19.05.2010.

Deutsches Filminstitut (2010), Kinogeschichte, http://www.deutsches-filminstitut.de/hdf/index.html, Abruf: 31.05.2010.

Diederichs, F.A. (2003), Budgetline und Special Products, In: Moser, R./Scheuermann, A. (Hrsg.): Handbuch der Musikwirtschaft. Der Musikmarkt, Bd. 6, 6. Auflage, München 2003, S. 261–274.

Dierickx, I./Cool, K. (1989), Asset Stock Accumulation and Sustainability of Competitive Advantage, In: Management Science, 35. Jg., Nr. 12, 1989, S. 1504–1511.

Dietl, H.M./Royer, S. (2003), Indirekte Netzwerkeffekte und Wertschöpfungsorganisation, In: Zeitschrift für Betriebswirtschaftslehre (ZfB), 73. Jg., Nr. 4, 2003, S. 407–429.

Digital Radio (2010), Programme, http://www.digitalradio.de/digital-radio/die-neue-programmvielfalt-auf-br-digital-radio/programmsuche/programme/, Abruf: 06.07.2010.

Diller, H. (2007), Preispolitik, 4. Auflage, Stuttgart 2007.

Disney (2011), 2010 Fact Book, http://a.media.global.go.com/investorrelations/2010Factbook_FINAL.pdf, Abruf: 30.10.2012.

Dostal, W. (2006), IT-Beschäftigung als Frühindikator neuer Arbeitsformen, In: Baukrowitz, A. (Hrsg.): Informatisierung der Arbeit - Gesellschaft im Umbruch, Berlin 2006, S. 204–222.

Dülfer, E./Jöstingmeier, B. (2008), Internationales Management in unterschiedlichen Kulturbereichen, 7. Auflage, München 2008.

Duvinage, P. (2000), Der Sport im Fernsehen. Die Sicht der Rechteagenturen, Reihe Arbeitspapiere des Instituts für Rundfunkökonomik an der Universität zu Köln, Nr. 130, Köln 2000.

DWDL (2011), Call-TV-Krise: ProSieben lässt "Nightloft" pausieren, http://www.dwdl.de/nachrichten/30838/calltvkrise_prosieben_lsst_nightloft_pausieren/, Abruf: 13.01.2012.

Economides, N. (1996), The Economics of Networks, In: International Journal of Industrial Organization, 14. Jg., Nr. 2, 1996, S. 1–36.

Electronic Arts (2003), EA.com, http://www.info.ea.com/ealist.php?catext=ea.com, Abruf: 07.07.2003.

emarketer (2011), With Riso of Social, There's a Game for Any Marketer, http://www.emarketer.com/Article.aspx?R=1008652, Abruf: 12.01.2012.

EMI Group (2003), Annual Report 2003, http://www.shareholder.com/visitors/dynamicdoc/document.cfm?documentid=392&companyid=EMIL, Abruf: 02.07.2003.

Enderle, M./Wirtz, B.W. (2008), Weitreichende Veränderungen - Marketing im Web 2.0, In: Absatzwirtschaft (asw), 51. Jg., Nr. 1, 2008, S. 36–39.

Engelhardt, D./Hamann, G. (2003), Outsourcing. Sie sind so frei, http://www.zeit.de/2003/23/outsourcing, Abruf: 02.06.2010.

Enix, S. (2010), Corporate Information - Square Enix, http://www.square-enix.com/eu/en/company, Abruf: 01.06.2010.

Entertainment Software Association (2008), Essential Facts about the Computer and Video Game Industry 2007, http://www.theesa.com/facts/pdfs/ESA_EF_2007.pdf, Abruf: 21.05.2008.

ESA (2011), Essential Facts, http://www.isfe.eu/sites/isfe.eu/files/esa_ef_2011.pdf, Abruf: 12.01.2012.

ESA (2012), Industry Facts, http://www.theesa.com/games-improving-what-matters/transformation.asp., Abruf: 12.01.2012.

Eurogamer (2010), Miyamoto: Natal & Move sind "bedrohlich", http://www.eurogamer.de/articles/miyamoto-natal-and-move-sind-bedrohlich, Abruf: 08.06.2010.

European Communication Council (2001), Die Internet-Ökonomie: Strategien für die digitale Wirtschaft, 3. Auflage, Berlin, Heidelberg, New York 2001.

Evans, P./Wurster, T. (1997), Strategy and the New Economics of Information, In: Havard Business Review (HBR), 75. Jg., Nr. 5, 1997, S. 71–82.

Fafo (2006), World Film Production/Distribution, http://www.fafo.at/download/WorldFilmProduction06.pdf, Abruf: 20.05.2008.

Fahy, J./Smithee, A. (1999), Strategic Marketing and the Resource Based View of the Firm, In: Academy of Marketing Science Review, 10. Jg., 1999, S. 1–20.

Literaturverzeichnis

Fantapié Altobelli, C. (2000), Electronic Commerce im interaktiven Fernsehen, In: Bliemel, F./Fassott, G./Theobald, A. (Hrsg.): Electronic Commerce, Bd. 3, Wiesbaden 2000, S. 171–188.

FAZ (2012), Hollywood machts nach, http://www.faz.net/aktuell/wirtschaft/unternehmen/die-erfolgreichsten-remakes-aller-zeiten-hollywood-macht-s-nach-11607175.html, Abruf: 27.01.2012.

Fechner, F. (2008), Medienrecht, 9. Auflage, Tübingen 2008.

Feierabend, S./Rathgeb, T. (2005), Medienverhalten Jugendlicher 2004, In: Media Perspektiven, Nr. 7, 2005, S. 320–332.

Ferguson, D. (2006), Industry-Specific Management Issues, In: Albarran, A./Chan-Olmsted, S./Wirth, M.O. (Hrsg.): Handbook of Media Management and Economics, New York, London 2006, S. 297–323.

Film Distributors' Association (2010), UK Film Distribution Guide, http://www.launchingfilms.tv/, Abruf: 31.05.2010.

Filmförderungsanstalt (2009), Geschäftsbericht 2008, http://www.ffa.de/downloads/publikationen/GB_FFA_2008.pdf, Abruf: 18.05.2010.

Filmförderungsanstalt (2010), Aktuelle Informationen aus der Filmwirtschaft, http://www.ffa.de/downloads/publikationen/ffa_intern/FFA_info_1_2010.pdf, Abruf: 12.05.2010.

Filmförderungsanstalt (2011a), Geschäftsbericht 2010, http://www.ffa.de/downloads/publikationen/GB_FFA_2010.pdf, Abruf: 13.07.2012.

Filmförderungsanstalt (2011b), Zahlen aus der Filmwirtschaft, http://www.ffa.de/downloads/publikationen/ffa_intern/FFA_info_1_2011.pdf, Abruf: 23.12.2011.

Filmigo (2011), Die teuersten Kinofilme aller Zeiten, http://filmigo.de/index.php/topthemen/die-teuersten-filme-aller-zeiten/, Abruf: 26.01.2012.

Financial Times Deutschland (2002), Im Geheimdienst ihrer Marke, In: Financial Times Deutschland, 2002, S. 33.

Financial Times Deutschland (2012), Apple renoviert iTunes, http://www.ftd.de/it-medien/it-telekommunikation/:onlinemusikshop-apple-renoviert-i-tunes/70056402.html, Abruf: 06.07.2012.

Fischer, L. (2003), Medienerlass ein Showdown für alte Filmfonds: Neue Fonds-Konstruktion rettet Steuersparmodell - Schreiben der Finanzverwaltung macht inoffiziell die Runde, http://www.welt.de/data/2003/08/06/148048.html?prx=1, Abruf: 20.01.2004.

Literaturverzeichnis

Focus Medialine (1999), Der Markt der Bücher. Daten, Fakten, Trends, München 1999.

Focus Medialine (2010), Zeitschriftenwerbung, http://www.medialine.de/deutsch/wissen/medialexikon.php?snr=6322, Abruf: 08.08.2012.

Focus Online (2010), Schumacher-Comeback sorgt für hohe TV-Quoten, http://www.focus.de/sport/formel1/formel-1-schumacher-comeback-sorgt-fuer-hohe-tv-quoten_aid_489856.html, Abruf: 01.07.2010.

Franzmann, B. (2001), Lesezapping und Portionslektüre. Veränderungen des Leseverhaltens besonders bei Jugendlichen, In: Media Perspektiven, Nr. 5, 2001, S. 90–98.

Freiling, J. (2001), Resource-based View und ökonomische Theorie: Grundlagen und Positionierung des Ressourcenansatzes, Wiesbaden 2001.

Frese, E. (2005), Grundlagen der Organisation: Entscheidungsorientiertes Konzept der Organisationsgestaltung, 9. Auflage, Wiesbaden 2005.

Frickel, C. (2008), Online-Kleinanzeigen nun auf Deutsch, http://www.focus.de/digital/internet/online-kleinanzeigen_aid_267258.html, Abruf: 09.07.2008.

Fritsch, M./Wein, T./Ewers, H.-J. (2010), Marktversagen und Wirtschaftspolitik: Mikroökonomische Grundlagen staatlichen Handelns, 7. Auflage, München 2010.

Fritz, I./Klingler, W. (2006), Medienzeitbudgets und Tagesablaufverhalten. Ergebnisse auf Basis der ARD/ZDF-Studie Massenkommunikation 2005, In: Media Perspektiven, Nr. 4, 2006, S. 222–234.

Fritz, W. (2004), Internet-Marketing und Electronic Commerce, Wiesbaden 2004.

Fuhr, M. (2010), Studie: Mehr Interesse an DAB/Digital Radio als angenommen, http://www.teltarif.de/arch/2007/kw14/s25571.html, Abruf: 06.07.2010.

Fuhrmann, S. (2003), Kurzerhand filetiert, In: Börsenblatt: Wochenmagazin für den Deutschen Buchhandel, 41. Jg., Nr. 170, 2003, S. 12–15.

Gabler (2004), Gabler Wirtschaftslexikon, Wiesbaden 2004.

Gaisa, U. (1998), Wer nicht lesen will, kann hören, In: Neue Musikzeitung, 47. Jg., Nr. 11, 1998, S. 44.

Gaitanides, M. (2001), Die Ökonomie des Spielfilms, Hamburg 2001.

GamePolitics (2011), DFC Predicts Worldwide Game Industry Sales by 2016 to Reach $81 Billion, http://gamepolitics.com/2011/09/07/dfc-predicts-worldwide-game-industry-sales-2016-reach-81-billion, Abruf: 12.01.2012.

Literaturverzeichnis

Gamer Live (2011), Global Video Game Industry Sales by 2016 to Reach $81 Billion, http://gamerlive.tv/article/global-video-game-industry-sales-expected-top-112-billion-2015, Abruf: 12.01.2012.

Gamesweb.com (2003), Enter the Matrix - Interview mit David Perry, http://gamesweb.com/konsolen/specials/enterthematrix/interv-d_perry.php, Abruf: 01.07.2003.

Gattringer, K./Klingler, W. (2011), Radionutzung in Deutschland mit positivem Trend, In: Media Perspektiven, Nr. 10, 2011, S. 442–457.

GEMA (2010), 10 Fragen - 10 Antworten, https://www.gema.de/musiknutzer/10-fragen-10-antworten.html, Abruf: 19.01.2010.

GEMA (2011), Geschäftsbericht 2010, Berlin 2011.

Geretschläger, E./Leinschitz, A. (1994), Zeitungsvertrieb, In: Bruck, P./Altmeppen, K.-D. (Hrsg.): Print unter Druck - Zeitungsverlage auf Innovationskurs- Verlagsmanagement im internationalen Vergleich, München 1994, S. 507–583.

Gerhards, M./Klingler, W. (2007), Programmangebote und Spartennutzung im Fernsehen 2006, In: Media Perspektiven, Nr. 12, 2007, S. 608–621.

Gerhards, M./Klingler, W. (2011), Sparten- und Formattrends im deutschen Fernsehen, In: Media Perspektiven, Nr. 11, 2011, S. 543–561.

Giesler, S. (2003), mmv-Gehaltsspiegel 2003/2004 - Die Gehaltsstruktur der Interaktiven Medien-Branche, München 2003.

Gladstone, D. (2004), Report Card: Games on Demand, In: Computer Gaming World, Nr. 244, 2004.

Gläser, M. (2008), Medienmanagement, München 2008.

Goldhammer, K. (1998), Hörfunk und Werbung, Berlin 1998.

Goldmedia (2011a), Teleshopping goes Multimedia, http://www.goldmedia.com/presse/newsroom/zukunft-des-teleshopping.html, Abruf: 16.01.2012.

Goldmedia (2011b), Teleshopping-Umsatzentwicklung bis 2016 nach Absatzkanälen, http://www.goldmedia.com/presse/newsroom/zukunft-des-teleshopping.html, Abruf: 16.01.2012.

Goldmedia (2011c), Wirtschaftliche Lage des Rundfunks 2010/2011, http://www.die-medienanstalten.de/fileadmin/Download/Publikationen/Wirtschaftliche_Lage/Charts_Wirtschaftliche_Lage_des_Rundfunks_2011_Goldmedia_final.pdf, Abruf: 18.01.2012.

Google Finance (2011), Google Inc. Nasdaq, http://www.nasdaq.com/symbol/goog, Abruf: 09.08.2012.

Google Inc. (2011a), Über Google, http://www.google.com/about/, Abruf: 20.12.2011.

Google Inc. (2011b), Unternehmensbezogene Informationen, http://www.google.de/intl/de/corporate/index.html, Abruf: 11.01.2011.

Google Inc. (2012), Investor Relations, http://investor.google.com/, Abruf: 20.01.2012.

Google Watch Blog (2012), Statistiken rund um YouTube, http://www.googlewatchblog.de/2011/11/statistiken-rund-um-youtube/, Abruf: 12.01.2012.

Grannis, C.B. (1967), What happens in book publishing, New York 1967.

Greco, A. (2000), The structure of the book publishing industry, In: Greco, A. (Hrsg.): The Media and Entertainment Industries, Boston 2000, S. 1–25.

Greco, A. (2005), The Book Publishing Industry, Mahwah 2005.

Greenstein, S./Khanna, T. (1997), What does industry convergence mean?, In: Yoffie, D. (Hrsg.): Competing in the age of digital convergence, Boston 1997, S. 201–226.

Greiffenberg, H./Zohlnhöfer, W. (1984), Pressewesen, In: Oberender, P. (Hrsg.): Marktstruktur und Wettbewerb in der Bundesrepublik Deutschland. Branchenstudien zur deutschen Volkswirtschaft, München 1984, S. 577–628.

Grochla, E./Fieten, R. (1989), Internationale Beschaffungspolitik, In: Macharzina, K./Welge, M. (Hrsg.): Handwörterbuch Export und Internationale Unternehmung, Stuttgart 1989, S. 203–211.

Gröppel-Klein, A./Spilski, A. (2009), Die Relevanz fiktionaler Medienwelten für das Marketing, In: Gröppel-Klein, A./Germelmann, C. (Hrsg.): Medien im Marketing, Wiesbaden 2009, S. 97–130.

Habann, F./Hermann, A. (2003), Auswirkungen der Internationalisierung auf die Produktion von Medieninhalten, In: Wirtz, B.W. (Hrsg.): Handbuch Medien- und Multimediamanagement, Wiesbaden 2003, S. 901–912.

Hagel, J. (1996), Spider versus Spider, In: The McKinsey Quarterly, 1. Jg., 1996, S. 5–18.

Hagel, J./Singer, M. (1999), Unbundling the Corporation, In: Havard Business Review (HBR), 77. Jg., Nr. 2, 1999, S. 133–141.

Hake, B. (1997), Länderrisiko-Analysen: Werkzeug des Controllers, In: Controller Magazin, 22. Jg., Nr. 4, 1997, S. 240–242.

Literaturverzeichnis

Hamann, G. (2003), Prinzip Sternschnuppe, http://www.zeit.de/2003/47/BMG_2fSony, Abruf: 08.07.2010.

Handelsblatt (2010a), MGM - Ein Filmstudio wie vom Winde verweht, http://www.handelsblatt.com/unternehmen/it-medien/hollywood-mgm-eine-filmstudio-wie-vom-winde-verweht;2587757;14#bgStart, Abruf: 06.07.2010.

Handelsblatt (2010b), Verkaufserlöse erstmals höher als Anzeigenumsatz, http://www.handelsblatt.com/unternehmen/it-medien/verkaufserloese-erstmals-hoeher-als-anzeigenumsatz/3488868.html, Abruf: 14.12.2011.

Hansen, U. (1990), Absatz- und Beschaffungsmarketing des Einzelhandels: Eine Aktionsanalyse, 2. Auflage, Göttingen 1990.

Harrer, W., Computer-Spiele bringen mehr Geld als Hollywood-Filme, http://www.welt.de/print-welt/article328009/Computer-Spiele-bringen-mehr-Geld-als-Hollywood-Filme.html, Abruf: 08.08.2012.

Harrington, L./Reed, G. (1996), Electronic commerce (finally) comes of age, In: The McKinsey Quarterly, Nr. 2, 1996, S. 68–77.

Heffler, M. (2004), Der Werbemarkt 2003: Gebremste Entwicklung der Werbekonjunktur, In: Media Perspektiven, Nr. 6, 2004, S. 242–250.

Heinemann, R. (2003), Musikredaktion, In: Moser, R./Scheuermann, A. (Hrsg.): Handbuch der Musikwirtschaft. Der Musikmarkt, 6. Auflage, München 2003, S. 397–404.

Heinold, W.E. (2001), Bücher und Büchermacher, Verlage in der Informationsgesellschaft, 5. Auflage, Heidelberg 2001.

Heinrich, J. (1999), Medienökonomie Band 2: Rundfunk und Fernsehen, 1. Auflage, Wiesbaden 1999.

Heinrich, J. (2001), Medienökonomie Band 1: Mediensystem, Zeitung, Zeitschrift, Anzeigenblatt, 2. Auflage, Opladen 2001.

Heise (2012a), Android und iOS beherrschen die Smartphone-Welt, http://www.heise.de/resale/meldung/Android-und-iOS-beherrschen-die-Smartphone-Welt-1584381.html, Abruf: 09.07.2012.

Heise (2012b), Suchmaschinen: Bing überholt Yahoo, http://www.heise.de/newsticker/meldung/Suchmaschinen-Bing-ueberholt-Yahoo-1410380.html, Abruf: 17.01.2012.

Hell, I. (2005), Wir lernen beim Kunden, In: Capital, Nr. 2, 2005, S. 45–47.

Hennig-Thurau, T. (2006), Tom Hanks inside - Filmstars als Marken! Zum Einfluss von Filmstars auf den ökonomischen Erfolg von Spielfilmen, In: Ziegler, R./Höhne, S. (Hrsg.): Kulturbranding 2006, S. 159–181.

Hennig-Thurau, T./Dallwitz-Wegner, D. (2004), Zum Einfluss von Filmstars auf den Erfolg von Spielfilmen, In: MedienWirtschaft - Zeitschrift für Medienmanagement und Kommunikationsökonomie, 1. Jg., Nr. 4, 2004, S. 157–170.

Hennig-Thurau, T./Wruck, O. (2000), Warum wir ins Kino gehen: Erfolgsfaktoren von Kinofilmen, In: Marketing ZFP, 22. Jg., Nr. 322, 2000, S. 241–256.

Hesse, A. (2003), Rundfunkrecht: die Organisation des Rundfunks der Bundesrepublik Deutschland, 3. Auflage, München 2003.

Hettler, U. (2010), Social Media Marketing. Marketing mit Blogs, sozialen Netzwerken und weiteren Anwendungen des Web 2.0, München 2010.

Hiller, H./Füssel, S. (2006), Wörterbuch des Buches, Frankfurt am Main 2006.

Hofer, C.W./Schendel, D. (1978), Strategy Formulation: Analytical Concepts, St. Paul 1978.

Holtrop, T./Döpfner, M./Wirtz, B.W. (2004), Deutschland Online, 2. Auflage, Wiesbaden 2004.

Home Shopping Europe (2012), HSE24 Key Facts, http://www.hse24.net/de/presse/info/keyfacts.pdf, Abruf: 16.01.2012.

Hoovers (2008), News Corporation Competition, http://www.hoovers.com/news-corp./--ID__41816--/free-co-competition.xhtml, Abruf: 14.07.2008.

Horizont (2010), Nielsen-Studie: Zahlungsbereitschaft im Web bleibt gering, http://www.horizont.net/aktuell/digital/pages/protected/Nielsen-Studie-Zahlungsbereitschaft-im-Web-bleibt-gering_90395.html, Abruf: 21.06.2010.

hr-online.de (2004), Was ist und wie produzieren wir ein Jingle?, http://www.hr-online.de/website/derhr/home/index.jsp?rubrik=5062&key=standard_document_1055218, Abruf: 07.07.2010.

Hübner, B. (2011), Das Monopol der Grossisten wackelt, http://www.ftd.de/it-medien/medien-internet/:vertrieb-von-zeitungen-und-zeitschriften-das-monopol-der-grossisten-wackelt/60120311.html, Abruf: 31.01.2012.

Hübner, B. (2012), Lokale TV-Ware fürs Volk, http://www.ftd.de/it-medien/medien-internet/:deutsches-privatfernsehen-lokale-tv-ware-fuers-volk/60148719.html, Abruf: 31.01.2012.

Literaturverzeichnis

Human Capital (2001), Media Strategy and Research, The UK Games Industry and higher Education, Final Report April 2001, http://www.dti.gov.uk/cii/services/contentindustry/games_skills.pdf, Abruf: 20.12.2002.

Hutzschenreuter, T./Espel, P./Schneemann, A. (2004), Industrieentwicklung und Marketing-Mixe. Erfassung und empirische Untersuchung für die Musik- und Filmindustrie, Wiesbaden 2004.

IfD Allensbach (2011), Allensbacher Markt- und Werbeträgeranalyse, http://www.awa-online.de/, Abruf: 03.02.2012.

IFPI (2008), IFPI Digital Music Report 2008, http://www.ifpi.com/content/library/DMR2008.pdf, Abruf: 11.07.2008.

IFPI (2012), Digital Music Report 2011, http://www.ifpi.org/content/library/DMR2012.pdf, Abruf: 25.01.2012.

Interactive Software Federation of Europe (2011), Video Gamers in Europe, http://www.isfe.eu/sites/isfe.eu/files/video_gamers_in_europe_2010.pdf, Abruf: 12.01.2012.

Internet Systems Consortium (2012), ISC Internet Domain Survey, https://www.isc.org/solutions/survey/history, Abruf: 16.01.2012.

Internet World Stats (2012), World Internet Usage Statistics, http://www.internetworldstats.com/stats.htm, Abruf: 16.01.2012.

Intertainment (2002), Geschäftsfeld, http://www.intertainment.de/de/firma/geschaeft/geschaeft.htm, Abruf: 01.12.2002.

Intro (2009), Last.fm, http://www.intro.de/news/newsticker/23055090/lastfm-rueckzug-gruender-verlassen-unternehmen, Abruf: 09.07.2012.

ISEF (2012), Key Facts, http://www.isfe.eu/industry-facts/facts, Abruf: 12.01.2012.

IVW (2011a), Pressemitteilung - IVW-Quartal 3/2011, http://www.ivw.de/index.php?menuid=52&reporeid=311, Abruf: 14.12.2011.

IVW (2011b), Werbeträgerdaten - Online-Nutzung, http://www.ivw.eu/index.php?menuid=30&reporeid=95#statonline, Abruf: 16.12.2011.

IVW (2012), Online-Nutzungsdaten Dezember 2011, http://ausweisung.ivw-online.de/index.php, Abruf: 16.01.2012.

Iwersen, S. (2008), Sony verspielt Milliarden, http://www.handelsblatt.com/technologie/it-tk/it-internet/videospielkonsolen-sony-verspielt-milliarden/2985414.html, Abruf: 14.08.2012.

Literaturverzeichnis

Jakubetz, C. (2008), Crossmedia, Konstanz 2008.

Kammann, U. (1999), Die besten Programmideen für die fairen Sender, http://www.epd.de/medien/1999/68leiter.htm, Abruf: 04.07.2001.

Kantzenbach, E. (1988), Zum Verhältnis von publizistischem Wettbewerb und ökonomischem Wettbewerb aus ökonomischer Sicht, In: Hoffmann-Riem, W./Delbrück, J. (Hrsg.): Rundfunk im Wettbewerbsrecht: der öffentlich-rechtliche Rundfunk im Spannungsfeld zwischen Wirtschaftsrecht und Rundfunkrecht, Baden-Baden 1988, S. 78–83.

Kantzenbach, E./Greiffenberg, H. (1980), Die Übertragbarkeit des Modells des "funktionsfähigen Wettbewerbs" auf die Presse, In: Knoche, M./Klaue, S./Zerdick, A. (Hrsg.): Probleme der Pressekonzentrationsforschung. Schriftenreihe Materialien zur interdisziplinären Medienforschung. Bd. 12, Baden-Baden 1980, S. 189–212.

Karmasin, M./Winter, C. (2002), Grundlagen des Medienmanagements, 2. Auflage, München 2002.

Keegan, W./Schlegelmilch, B. (2001), Global marketing management: A European perspective, 7. Auflage, Harlow, England, New York 2001.

KEF (2009), 17. Bericht, http://www.kef-online.de/inhalte/bericht17/kef_17bericht.pdf, Abruf: 17.06.2010.

Kefk Network (2010), Internetradio, http://kefk.net/Streaming/Systematik/Internetradio/index.asp, Abruf: 06.07.2010.

KEK (2007a), Konzentrationsbericht, http://www.kek-online.de/Inhalte/kapitelII_mkb3.pdf, Abruf: 20.06.2010.

KEK (2007b), Konzentrationsentwicklung im Privaten Rundfunk, http://www.kek-online.de/Inhalte/kapitelII_mkb3.pdf, Abruf: 05.06.2008.

KEK (2009), 12. Jahresbericht, http://www.kek-online.de/Inhalte/jahresbericht_08-09.pdf, Abruf: 16.06.2010.

KEK (2010), Dreizehnter Jahresbericht, http://www.kek-online.de/Inhalte/jahresbericht_09-10.pdf, Abruf: 11.01.2012.

KEK (2011a), Jahreszahlen: Zuschaueranteile (inProzent) von 1990 bis 2010, http://www.kek-online.de/Inhalte/jahr.pdf, Abruf: 11.01.2012.

KEK (2011b), Veranstalterbeteiligungen und zuzurechnende Programme der ProSiebenSat.1 Media AG im bundesweiten Fernsehen, http://www.kek-online.de/kek/medien/beteiligung/13prosiebensat1.pdf, Abruf: 11.01.2012.

Literaturverzeichnis

KEK (2011c), Veranstalterbeteiligungen und zuzurechnende Programme der RTL Group im bundesweiten Fernsehen, http://www.kek-online.de/kek/medien/beteiligung/4rtlgroup.pdf, Abruf: 11.01.2012.

KEK (2011d), Veranstalterbeteiligungen und zuzurechnende Programme der Sky Deutschland AG, http://www.kek-online.de/kek/medien/beteiligung/012sky.pdf, Abruf: 11.01.2012.

KEK (2011e), Vierzehnter Jahresbericht, http://www.kek-online.de/Inhalte/jahresbericht_10-11.pdf, Abruf: 11.01.2012.

Keller, E. von/Pfänder, G./Wunderle, G. (1994), Erfolgreiche Medienmacher in Europa. Das Geheimnis exzellenter Geschäfte, Wien 1994.

Kiefer, M. (2005), Medienökonomik, München 2005.

Kieser, A./Hegele, C./Klimmer, M. (1998), Kommunikation im organisatorischen Wandel, Stuttgart 1998.

Kirsch, W. (1997), Betriebswirtschaftslehre, 4. Auflage, München 1997.

Klein, H. (1993), Internationale Verbundproduktion. Integrierte Produktionssysteme internationaler Unternehmungen, Gießen 1993.

Knobloch, S./Schneider, B. (1999), Besonderheiten von Medien als Wirtschaftsunternehmen, In: Schneider, B./Knobloch, S. (Hrsg.): Controlling-Praxis in Medien-Unternehmen, Neuwied, Kriftel 1999, S. 3–17.

Knopfdoubleday (2012a), About Knopf Doubleday Publishing Group, http://knopfdoubleday.com/about/, Abruf: 30.07.2012.

Knopfdoubleday (2012b), Knopfdoubleday Publishing Group, http://knopfdoubleday.com/, Abruf: 30.07.2012.

Kommission für Zulassung und Aufsicht der Landesmedienanstalten (2009), Digitalisierungsbericht 2007: Weichenstellungen für die digitale Welt, http://www.alm.de/fileadmin/forschungsprojekte/GSDZ/Digitalisierungsbericht_2009/2009-09_Digitalisierungsbericht.pdf, Abruf: 21.06.2010.

Korff-Sage, K. (1999), Medienkonkurrenz auf dem Werbemarkt, Berlin 1999.

Koschnick, W.J. (2003), FOCUS-Lexikon: Werbeplanung - Mediaplanung - Marktforschung - Kommunikationsforschung - Mediaforschung, 3. Auflage, München 2003.

Kosiol, E. (1992), Finanzmathematik: Zinseszins-, Renten-, Tilgungs-, Kurs- und Rentabilitätsrechnung, 10. Auflage, Wiesbaden 1992.

Literaturverzeichnis

Kotler, P./Keller, K.L./Bliemel, F. (2007), Marketing-Management: Strategien für wertschaffendes Handeln, 12. Auflage, München 2007.

Kreutzer, R. (1989), Global-Marketing - Konzeption eines länderübergreifenden Marketing, Wiesbaden 1989.

Kriependorf, P. (1989), Lizenzpolitik, internationale, In: Macharzina, K./Welge, M. (Hrsg.): Handwörterbuch Export und Internationale Unternehmung, Stuttgart 1989, S. 1323–1339.

Kröber, C. (2003), Tarife der GEMA, In: Moser, R./Scheuermann, A. (Hrsg.): Handbuch der Musikwirtschaft. Der Musikmarkt, 6. Auflage, München 2003, S. 702–714.

Kroeber-Riel, W./Esch, F.-R. (2004), Strategie und Technik der Werbung: verhaltenswissenschaftliche Ansätze, Stuttgart 2004.

Krüger, U. (2011), Profile und Funktionen deutscher Fernsehprogramme, In: Media Perspektiven, Nr. 4, 2011, S. 204–224.

Kruse, J. (1988), Deregulierung im Rundfunk, Diskussionspapier Nr. 20 des Instituts für Industrie- und Gewerbepolitik der Universität Hamburg, Hamburg 1988.

Kulhavy, E. (1993), Internationales Marketing, 5. Auflage, Linz 1993.

Küng, L. (2008), Strategic Management in the Media: From Theory to Practice, London 2008.

Kutschker, M./Schmid, S. (2011), Internationales Management, 7. Auflage, München 2011.

Laitin, J. (1996), Give your media kit more muscle, In: Ramaswami, R./Silber, T. (Hrsg.): The Handbook of magazine publishing, Bd. 4, Stamford 1996, S. 268–269.

Landesanstalt für Medien Nordrhein-Westfalen (2010), Das Zwei-Säulen-Modell, http://www.lfm-nrw.de/hoerfunk/2funk.php3, Abruf: 05.07.2012.

Landon, J.H. (1971), The relation of market concentration to advertising rates: the newspaper industry, In: Antitrust Bulletin, 53. Jg., Nr. 1, 1971, S. 53–104.

last.fm (2012), last.fm Startseite, http://www.lastfm.de, Abruf: 15.02.2012.

Lehr, T. (1999), Tageszeitungen und Online-Medien. Elektronisches Publizieren als produktpolitisches Instrument der Verlage, Wiesbaden 1999.

Leipziger Buchmesse (2011), Hörbücher 2010- Konsolidierung, Trends und neue Wege, Leipzig 2011.

Lerche, P. (1965), Rechtprobleme des Werbefernsehens, Frankfurt am Main 1965.

Literaturverzeichnis

Levin, H.J. (1958), Economic structure and the regulation of television, In: Quarterly Journal of Economics, 72. Jg., Nr. 3, 1958, S. 445–446.

Li, C./Bernoff, J. (2008), Why the Groundsweil - and Why Now? Social Technologies Are Here to Stay, Boston 2008.

Lieberman, M./Montgomery, D. (1988), First-Mover Advantages, In: Strategic Management Journal, 9. Jg., Nr. 13, 1988, S. 41–58.

Lilienthal, D. (1975), The Multinational Corporation, In: Anshen, M./Bach, G. (Hrsg.): Management and Corporations 1985. A Symposium Held on the Occasion of the 10th Anniversary of the Graduate School of Industrial Administration, Westport 1975, S. 119–158.

Lindemann, T. (2010), Warum uns "Avatar" Angst machen kann, http://www.welt.de/kultur/article5999786/Warum-uns-Avatar-Angst-machen-kann.html, Abruf: 07.06.2010.

Lindner, R. (2006), Der Zeitungskiller, http://www.faz.net/s/RubE2C6E0BCC2F04DD787CDC274993E94C1/Doc~E22FB1AA43DBF44F69802D78C0FFF8519~ATpl~Ecommon~Scontent.html, Abruf: 09.07.2008.

Link, G./Reichling, P. (2000), Mezzanine Money - Vielfalt in der Finanzierung, In: Die Bank, Nr. 4, 2000, S. 266–269.

Lischka, K. (2002), Spielplatz Computer: Kultur, Geschichte und Ästhetik des Computerspiels, Heidelberg 2002.

Lischka, K. (2003), Die Matrix der Tabellenkalkulation, Das Computerspiel "Enter the Matrix", http://klischka.de/joomla/artikel/spiele/223-die-matrix-der-tabellenkalkulation-neue-zuericher-zeitung-662003, Abruf: 08.08.2012.

List, A. (2008), Microsoft drückt Xbox-360-Preis unter 200 Euro, http://www.pte.at/pte.mc?pte=080310032&phrase=%22Microsoft%20dr%FCckt%22, Abruf: 18.06.2008.

Litman, B. (2000), The Structure of the Film Industry, In: Greco, A. (Hrsg.): The Media and Entertainment Industries, Boston 2000, S. 99–121.

Lorange, P. (1980), Corporate Planning: An Executive Viewpoint, New Jersey 1980.

Lübberstedt, H. (2001), Electronic Arts: Risikospiel mit Harry Potter, http://www.ftd.de/tm/hs/2412823.html, Abruf: 10.07.2003.

Lübberstedt, H. (2002a), Microsoft senkt X-Box-Preis in Europa um ein Drittel, http://www.ftd.de/tm/hs/1014399019243.html?nv=rs, Abruf: 29.01.2003.

Lübberstedt, H. (2002b), Microsoft: X-Box wird zum Milliardengrab, http://www.ftd.de/tm/hs/1014399234866.html, Abruf: 15.10.2002.

Lückerath, T. (2008), "FR"-Chefredakteur Uwe Vorkötter will sich online bewegen, http://www.dwdl.de/article/story_15258,00.html, Abruf: 17.07.2008.

Luhmann, N. (1996), Die Realität der Massenmedien, Opladen 1996.

Maaßen, L. (1996), Massenmedien. Fakten - Formen - Funktionen in der Bundesrepublik Deutschland, 2. Auflage, Heidelberg 1996.

MacDonald, T./Traem, M. (1999), Megamergers: A new era for merger integration, In: AT Kearney Executive Agenda III, 1. Jg., 1999, S. 18–33.

Macharzina, K./Wolf, J. (2008), Unternehmensführung: Das internationale Managementwissen. Konzepte - Methoden - Praxis, Wiesbaden 2008.

Machold, U. (2003), Reihenweise Oscars für Minister Eichel - Deutsche Filmfonds bezahlen halb Hollywood. Jetzt will der Fiskus dem Steuersparmodell den Boden entziehen, http://www.wams.de/data/2003/03/30/60658.html?prx=1, Abruf: 20.01.2004.

Mahoney, J./Pandian, J. (1992), The Resource-based View within the Conversation of Strategic Management, In: Strategic Management Journal, 13. Jg., Nr. 5, 1992, S. 363–380.

Maletzke, G. (1998), Kommunikationswissenschaft im Überblick - Grundlagen, Probleme, Perspektiven, Opladen 1998.

Marché du Film (2010), World Film Market Trends, http://www.obs.coe.int/online_publication/reports/focus2010.pdf, Abruf: 16.01.2012.

Marek, S. (2003), Making money from mobile games, In: Wireless Week, 9. Jg., Nr. 11, 2003, S. 6–10.

Markert, K. (1981), Die Mißbrauchsaufsicht über marktbeherrschende Unternehmen, In: Cox, H./Jens, U./Markert, K. (Hrsg.): Handbuch des Wettbewerbs: Wettbewerbstheorie, Wettbewerbspolitik, Wettbewerbsrecht, München 1981, S. 297–329.

Marketing Vox (2011), In-Game Advertising Revenue, http://www.marketingvox.com/in-game-advertising-revenue-to-reach-971mm-by-2011-031632/, Abruf: 12.01.2012.

Martinson, J. (2001), Murdoch stars in his own drama, http://www.guardian.co.uk/media/2001/may/17/newscorporation.broadcasting, Abruf: 21.07.2010.

Mast, C./Barth, T./Exner, K./Gaschütz, S. (2000), Berufsziel Journalismus - Aufgaben, Anforderungen und Ansprechpartner, Opladen 2000.

McCavitt, W.E./Pringle, P.K. (1986), Electronic Media Management, Boston 1986.

Literaturverzeichnis

McGuire, M. (2004), Media News Analysis: U.S. Online Music Services Prove Nimble as They Launch in Europe, http://search.epnet.com/login.aspx?direct=true&db= buh?an=14415760, Abruf: 31.01.2005.

McKinney, D. (2003), Game buoyed, In: Utility Week, 19. Jg., Nr. 9, 2003, S. 22–23.

Meckel, M. (1997), Die neue Übersichtlichkeit, Zur Entwicklung des Format-Fernsehens in Deutschland, In: Publizistik, 45. Jg., Nr. 4, 1997, S. 475–485.

mediabiz.de (2011), Blickpunkt: Film, http://www.mediabiz.de, Abruf: 22.12.2011.

Mediacom (2010), Der Europäische Social Media und E-Mail-Monitor, München 2010.

Medialine, F. (2004), Der Markt der Bücher: Verlage, Buchhandel, Kommunikationsstrategien, http://www.medialine.de/media/uploads/projekt/medialine/docs/ bestellung_download/marktanalysen/2004/ma_buecher_200410.pdf, Abruf: 14.06.2010.

Mediendaten Südwest (2010a)- Radionutzung in Deutschland im Tagesverlauf 2010, http://www.mediendaten.de/index.php?id=hoerfunk-radionutzung-d0, Abruf: 06.07.2010.

Mediendaten Südwest (2010b), Fernsehnutzung in Deutschland im Tagesverlauf 2009, http://www.mediendaten.de/index.php?id=fernsehen-fernsehnutzung-d, Abruf: 06.07.2010.

Meffert, H. (1989), Globalisierungsstrategien und ihre Umsetzung im internationalen Wettbewerb, In: Die Betriebswirtschaft, 49. Jg., Nr. 4, 1989, S. 445–463.

Meffert, H./Bruhn, M. (2006), Dienstleistungsmarketing, 5. Auflage, Wiesbaden 2006.

Meffert, H./Burmann, C./Kirchgeorg, M. (2012), Marketing: Grundlagen marktorientierter Unternehmensführung; Konzepte - Instrumente - Praxisbeispiele, 11. Auflage, Wiesbaden 2012.

Meffert, H./Burmann, C./Koers, M. (2005), Markenmanagement: Identitätsorientierte Markenführung und praktische Umsetzung, 2. Auflage, Wiesbaden 2005.

Meffert, H./Perrey, J. (2005), Mehrmarkenstrategien: Identitätsorientierte Führung von Markenportfolios, In: Meffert, H./Burmann, C./Koers, M. (Hrsg.): Markenmanagement: Grundfragen der identitätsorientierten Markenführung, Wiesbaden 2005, S. 201–232.

Meffert, H./Pues, C. (1997), Timingstrategien des internationalen Markteintritts, In: Macharzina, K./Oesterle, M.-J. (Hrsg.): Handbuch Internationales Management, Wiesbaden 1997, S. 253–266.

Meier, W.A./Schanne, M./Trappel, J. (1993), Produktstrategien und Marktnischenpolitik, In: Bruck, P. (Hrsg.): Print unter Druck. Zeitungsverlage auf Innovationskurs, München 1993, S. 195–291.

Meissner, H. (1995), Strategisches Internationales Marketing, 2. Auflage, Berlin 1995.

Meissner, H./Gerber, S. (1980), Die Auslandsinvestition als Entscheidungsproblem, In: Betriebswirtschaftliche Forschung und Praxis, 32. Jg., Nr. 3, 1980, S. 217–228.

Melcher-Smejkal, I. (1992), Marketing im Zeitungsverlag, Wien 1992.

Menche, B. (2002), Das neue Buchpreisbindungsgesetz. Leitfaden für Verlage und den verbreitenden Buchhandel, http://www.buchhandel-bayern.de/brancheninfo/preisbindung/Preisbindungsgesetz-Glossar.PDF, Abruf: 23.05.2003.

Mestmäcker, E. (1978), Medienkonzentration und Meinungsvielfalt, Baden-Baden 1978.

Meyn, H. (1996), Massenmedien in der Bundesrepublik Deutschland, Berlin 1996.

Microsoft (2012), Kinect, http://www.xbox.com/de-DE/Kinect?xr=shellnav, Abruf: 12.01.2012.

Möbus, P./Heffler, M. (2009), Der Werbemarkt 2008, In: Media Perspektiven, Nr. 6, 2009, S. 278–287.

Möbus, P./Heffler, M. (2011), Der Werbemarkt 2010, In: Media Perspektiven, Nr. 6, 2011, S. 321–330.

MoreMedia GmbH (2012), iTunes in Zahlen: der Multimilliarden-Shop, http://www.m-magazin.net/2011/12/itunes-in-zahlen-der-multimilliarden-shop/, Abruf: 05.07.2012.

Mörsch, J. (2002), Der Clou des Manitu, In: Capital, Nr. 7, 2002, S. 170–173.

Motion Picture Association of America (2008), Theatrical Market Statistics 2007, http://www.mpaa.org/2007-Theatrical-Market-Statistics.pdf, Abruf: 30.04.2008.

Moviepilot (2012), Paramount sticht die Konkurrenz aus, http://www.moviepilot.de/news/erfolgreichstes-studio-2011-paramount-sticht-die-konkurrenz-aus-113780, Abruf: 09.01.2012.

Müller, J. (1983), Rundfunkanstalten als öffentliche Unternehmen, In: Zeitschrift für öffentliche und gemeinwirtschaftliche Unternehmen (ZögU), Nr. 5, 1983, S. 8–25.

Müller, W. (1979), Die Ökonomik des Fernsehens - Eine wettbewerbspolitische Analyse unter besonderer Berücksichtigung unterschiedlicher Organisationsformen, Göttingen 1979.

Literaturverzeichnis

Müller-Kalthoff, B. (2002), Cross-Media Management, Berlin 2002.

Mundhenke, R. (1994), Der Verlagskaufmann. Berufsfachkunde für Kaufleute in Zeitungs-, Zeitschriften- und Buchverlagen, 7. Auflage, Frankfurt am Main 1994.

Neckermann, G. (2001), Multiplexe in der Krise?, In: Media Perspektiven, Nr. 10, 2001, S. 505–513.

Nefiodow, L. (2006), Der sechste Kondratieff: Wege zur Produktivität und Vollbeschäftigung im Zeitalter der Information. Die langen Wellen der Konjunktur und ihre Basisinnovation, 6. Auflage, St. Augustin 2006.

Negus, K. (1992), Producing Pop. Culture and Conflict in the Popular Music Industry, London 1992.

Netmarketshare (2012a), Mobile Market Share, http://www.netmarketshare.com/mobile-market-share, Abruf: 12.01.2012.

Netmarketshare (2012b), Search Engine Market Share, http://marketshare.hitslink.com/search-engine-market-share.aspx?qprid=4, Abruf: 12.01.2012.

Networld (2008), EU: Mehr als die Hälfte der EU-Bürger nutzt das Internet, http://www.golem.de/0804/59130.html, Abruf: 20.05.2010.

News Corporation (2010a), Annual Report 2009, http://www.newscorp.com/Report2009/AR2009.pdf, Abruf: 07.06.2010.

News Corporation (2010b), Earnings release for the Quarter ended March 31, 2010, http://www.newscorp.com/investor/download/NWS_Q3_2010.pdf, Abruf: 07.06.2010.

News Corporation (2010c), News Corporation - Filmed Entertainment, Abruf: 10.06.2010.

News Corporation (2011), News Corporation Annual Report 2011, http://www.newscorp.com/Report2011/2011AR.pdf, Abruf: 08.12.2011.

Nicolai, A./Vinke, D. (2010), Wie nutzen Deutschlands größte Marken Social Media?, Oldenburg 2010.

Nieschlag, R./Dichtl, E./Hörschgen, H. (2002), Marketing, 19. Auflage, Berlin 2002.

Nintendo (2008), Die Wii-Konsole, http://wiiportal.nintendo-europe.com/460.html, Abruf: 04.07.2008.

Nintendo (2011), Nintendos zukünftige Wii U-Konsole umfasst einen Controller mit 6,2-Zoll-Bildschirm, http://www.nintendo.de/NOE/de_DE/news/2011/nintendos_upcoming_wii_u_console_features_controller_with_62-inch_screen_43187.html, Abruf: 12.01.2012.

Nokia (2003), How mobile game development differs from conventional game development, http://www.forum.nokia.com/html_reader/main/1,4997,2768,00.html/page_nbr=3, Abruf: 01.06.2010.

Nowarra, N. (2010), Online-Zwang für Offline-Spieler, http://www.heise.de/newsticker/meldung/Online-Zwang-fuer-Offline-Spieler-Update-935628.html, Abruf: 26.07.2010.

o.V. (2001), Cast aside, in: Economist.com, http://www.economist.com/displayStory.cfm?StoryID=486901, Abruf: 15.01.2003.

o.V. (2003), Nintendo senkt Lizenzgebühren um Entwickler zu gewinnen, http://www.ned-online.de/news/13_01_2.html, Abruf: 07.03.2003.

o.V. (2005), Cost of making games set to soar, http://news.bbc.co.uk/1/hi/technology/4442346.stm, Abruf: 17.06.2008.

o.V. (2007a), Microsoft calls Nintendo Wii success 'unsustainable', http://www.pcwelt.de/index.cfm?pid=829&pk=141077, Abruf: 18.06.2008.

o.V. (2007b), uTorrent Gains Popularity, Azureus Loses Ground, http://torrentfreak.com/utorrent-gains-popularity-azureus-loses-ground-071216/, Abruf: 19.06.2008.

o.V. (2008), Opera and Greystripe Partner to Bring Free Mobile Games to Cell Phone Browsers, http://www.ad-hoc-news.de/CorporateNews/15023363/Ticker, Abruf: 19.01.2008.

Oechsler, W. (2006), Personal und Arbeit: Grundlagen des Human Resource Management und der Arbeitgeber-Arbeitnehmer-Beziehungen, 8. Auflage, München 2006.

Oehmichen, E. (2001), Aufmerksamkeit und Zuwendung beim Radio hören, In: Media Perspektiven, Nr. 3, 2001, S. 133–141.

Oelsnitz, D. (2003), Wissensmanagement: Strategie und Lernen in wissensbasierten Unternehmen, Stuttgart 2003.

Oelsnitz, D./Heinecke, A. (1997), Auch der zweite kann gewinnen, In: IO-Management, 66. Jg., Nr. 3, 1997, S. 35–39.

Oppenberg, D. (1987), Publizistik im Wandel. Berichte und Analysen zum Pressesystem in der Bundesrepublik Deutschland, Bochum 1987.

O'Shaugnessy, J. (1995), Competitive Marketing - A Strategic Approach, 3. Auflage, New York 1995.

Owen, B. (1975), Economics and Freedom of Expression, Cambridge 1975.

Owen, B./Beebe, J.H./Manning, W.G. (1974), Television Economics, Lexington 1974.

Literaturverzeichnis

Owen, B./Wildman, S. (1992), Video Economics, Cambridge 1992.

Owers, J./Carveth, R./Alexander, A. (2003), An Introduction to Media Economic Theory and Practice, In: Alexander, A./Owers, J./Rodney, A./Hollifield, C.A./Greco, A. (Hrsg.): Media Economics: Theory and Practice, 3. Auflage, Routledge 2003, S. 3–47.

Pascal, A. (2002), Ich liebe Spektakel: Interview mit Amy Pascal, http://www.spiegel.de/spiegel/0,1518,219903,00.html, Abruf: 09.12.2002.

Pasquay, A. (2010), Die deutschen Zeitungen in Zahlen und Daten. Auszug aus dem Jahrbuch "Zeitungen 2009", Berlin 2010.

Pasquay, A. (2011a), Die deutschen Zeitungen in Zahlen und Daten: Auszug aus dem Jahrbuch "Zeitungen 2011/12", Berlin 2011.

Pasquay, A. (2011b), Zur wirtschaftlichen Lage der Zeitungen in Deutschland 2011, http://www.bdzv.de/wirtschaftliche_lage+M50b14ff7496.html, Abruf: 09.08.2012.

Pätzold, U./Röper, H., Fernsehproduktionsmarkt Deutschland 2005 und 2006, In: Media Perspektiven, Nr. 3, S. 125–137.

Pausenberger, E. (1992), Internationalisierungsstrategien industrieller Unternehmungen, In: Dichtl, E./Issing, O. (Hrsg.): Exportnation Deutschland, 2. Auflage, München 1992, S. 199–220.

PC Games (2010), PS3 vs. Xbox 360: Exklusivspiele 2010 - Welche Konsole hat die besseren Games? (Special), http://www.pcaction.de/PS3-vs-Xbox-360-Exklusivspiele-2010-Welche-Konsole-hat-die-besseren-GamesUSpecial/News/article/view/4545/, Abruf: 31.05.2010.

Perlitz, M. (2004), Internationales Management, 5. Auflage, Stuttgart, Jena 2004.

Perridon, L./Steiner, M./Rathgeber, A. (2009), Finanzwirtschaft der Unternehmung, 15. Auflage, München 2009.

Peter, S. (2001), Auswirkungen von Digitalisierung und Internet auf die Musikindustrie, http://notesweb.uni-wh.de/wg/wiwi/wgwiwi.nsf/contentByKey/MGAC-5WWD4F-EN-p, Abruf: 14.03.2005.

Peteraf, M. (1993), The Cornerstone of Competitive Advantage: A Resource-Based View, In: Strategic Management Journal, 14. Jg., Nr. 5, 1993, S. 179–191.

Picard, R.G. (1989), Media Economics: Concepts and Issues, Newbury Park 1989.

Picard, R.G./Brody, J.H. (1997), The Newspaper Publishing Industry, Boston 1997.

Pleitgen, F. (2000), Der Sport im Fernsehen, Reihe Arbeitspapiere des Instituts für Rundfunkökonomik an der Universität zu Köln, Köln 2000.

Plog, J. (2003), Aufbau und Entwicklung von Senderfamilien im Hörfunk vor dem Hintergrund des öffentlich-rechtlichen Programmauftrages: Das Beispiel NDR, In: Wirtz, B.W. (Hrsg.): Handbuch Medien- und Multimediamanagement, Wiesbaden 2003, S. 393–410.

Pokorny, M./Sedgwick, J. (2001), Stardom and the Profitability of Film Making: Warner Bros. In the 1930s, In: Journal of Cultural Economics, 25. Jg., Nr. 3, 2001, S. 157–184.

Porter, M.E. (1980), Competitive strategy - Techniques for analyzing industries and competitors, New York 1980.

Porter, M.E. (1985), Competitive Advantage, New York 1985.

Porter, M.E. (1986), Wettbewerbsvorteile: Spitzenleistungen erreichen und behaupten, Frankfurt am Main 1986.

Porter, M.E. (1987), From Competitive Advantage to Corporate Strategy, In: Harvard Business Review, 65. Jg., Nr. 3, 1987, S. 43–59.

Porter, M.E. (1989), Wettbewerb auf globalen Märkten: Ein Rahmenkonzept, In: Porter, M.E. (Hrsg.): Globaler Wettbewerb. Strategien der neuen Internationalisierung, Wiesbaden 1989, S. 17–68.

Porter, M.E. (1991), Towards a Dynamic Theory of Strategy, In: Management Journal, 12. Jg., Nr. 2, 1991, S. 95–117.

Postinett, A. (2003), Matrix bildet das Erfolgsgeflecht, In: Handelsblatt, Nr. 81, 2003, S. 6–7.

Postinett, A. (2008), Last.fm verdoppelt Nutzerzahl, http://www.handelsblatt.com/News/Technologie/IT-Trends-Internet/_pv/_p/204016/_t/ft/_b/1400008/default.aspx/lastfm-verdoppelt-nutzerzahl.htm, Abruf: 24.06.2008.

Prahalad, C./Hamel, G. (1990), The Core Competence of the Corporation, In: Harvard Business Review, 68. Jg., Nr. 3, 1990, S. 79–91.

Prahald, C./Ramaswamy, V. (2000), Co-opting Customer Competence, In: Harvard Business Review, 78. Jg., Nr. 1, 2000, S. 79–87.

Presse- und Informationsamt der Bundesregierung (2010), Filmförderungsgesetz modernisiert, http://www.bundesregierung.de/Content/DE/Archiv16/Artikel/2008/06/2008-06-04-filmfoerderungsgesetz-wird-modernisiert.html, Abruf: 01.06.2010.

Pringle, P.K./Starr, M.F./McCavitt, W.E. (2006), Electronic Media Management, 5. Auflage, Boston 2006.

Literaturverzeichnis

Probst, G./Raub, S./Romhardt, K. (2010), Wissen managen: Wie Unternehmen ihre wertvollste Ressource optimal nutzen, 6. Auflage, Wiesbaden 2010.

Prognos (1997), Verwertungsperspektiven der Filmindustrie, Basel 1997.

Prognos/Bild (1998), Quo vadis Mediennutzung?, Hamburg 1998.

Pross, H. (1972), Medienforschung: Film, Funk, Presse, Fernsehen, Darmstadt 1972.

Pürer, H. (2003), Publizistik- und Kommunikationswissenschaft: ein Handbuch, Konstanz 2003.

Quaal, W.L./Brown, J.A. (1968), Broadcast management: radio, television, New York 1968.

Radio NRW (2011), Unternehmen - 45 Lokalradios, eine Nummer, http://www.radionrw.de/unternehmen/radio-nrw.html, Abruf: 19.01.2012.

Radio Zentrale (2011), Radionutzung 2011, http://www.radiozentrale.de/site/64.0.html, Abruf: 27.01.2012.

Raffée, H./Segler, K. (1992), Internationale Marketingstrategien, In: Dichtl, E./Issing, O. (Hrsg.): Exportnation Deutschland, 2. Auflage, München 1992, S. 221–242.

Raulf, H. (1997), Anforderungen an Nachwuchskräfte in Verlagen, In: Deters, J./Winter, C. (Hrsg.): Karriere in der Medienbranche: Anforderungen, Schlüsselqualifikationen, Ausbildungssituation, Frankfurt am Main [u. a.] 1997, S. 21–30.

Ray, R.H. (1951), Competition in the newspaper industry, In: Journal of Marketing, 15. Jg., Nr. 4, 1951, S. 444–456.

Ray, R.H. (1952), Economic forces as factor in daily newspaper competition, In: Journalism Quarterly, 29. Jg., 1952, S. 31–42.

Rayport, J.F./Jaworski, B. (2001), e-Commerce, Boston 2001.

Rayport, J.F./Wirtz, B.W. (2001), Vergessen wir das "E" und kehren zum Business zurück, um erfolgreich zu sein - Neuere Entwicklungen im elektronischen Handel/Tendenzen und Strategien in der Internet Economy, In: Frankfurter Allgemeine Zeitung, 22.03.2001, S. 30–31.

Reuters (2010), "Avatar" starts long march toward profitability, http://www.reuters.com/article/idUSTRE5B901X20091216, Abruf: 10.06.2010.

Rhapsody (2012), All the music you want. Just 10 bucks a month, http://www.rhapsody.com, Abruf: 25.01.2012.

Richter, H. (1989), Pressekonzentration und neue Medien: Der Einfluss neuer Wettbewerbsimpulse auf die Konzentration bei Tageszeitungen, Hamburg 1989.

Ridder, C./Engel, B. (2005), Massenkommunikation 2005: Images und Funktionen der Massenmedien im Vergleich, In: Media Perspektiven, Nr. 9, 2005, S. 422–448.

Ridder, C./Turecek, I. (2011), Medienzeitbudget und Tagesablaufverhalten, In: Media Perspektiven, Nr. 12, 2011, S. 570–582.

Ridder, C.-M./Engel, B. (2010), Massenkommunikation 2010: Mediennutzung im Intermediavergleich, In: Media Perspektiven, Nr. 11, 2010, S. 523–536.

Ringier AG (2011), Ringier international, http://www.ringier.com/index.cfm?kat=23, Abruf: 13.12.2011.

Ritter, J. (2002), Vielen Filmproduzenten droht das aus - UFA-Chef Wolf Bauer über den Wettbewerb im Fernsehgeschäft und die Sünden von ARD und ZDF, In: Frankfurter Allgemeine Zeitung, 2002, S. 16.

Rohrbach, P. (1997), Interaktives Teleshopping, Wiesbaden 1997.

Root, F. (1998), Entry strategies for international markets, 2. Auflage, Lexington 1998.

Röper, H. (2010), Zeitungen 2010: Rangverschiebungen unter den größten Verlagen, In: Media Perspektiven, Nr. 5, 2010, S. 218–234.

Rosenbach, M. (2003), Filmreife Schlacht, http://www.spiegel.de/spiegel/print/d-27163361.html, Abruf: 21.06.2010.

RP Online (2012), Album-Downloads überholen CD-Verkäufe, http://www.tonight.de/news/musik-news/zeitenwende-im-musikmarkt-der-usa-album-downloads-ueberholen-cd-verkaeufe.983207, Abruf: 09.07.2012.

RTL (2001), Mediendaten, http://www.rtl.de, Abruf: 30.07.2001.

RTL Group (2011), 2010 Key Figures, http://www.rtlgroup.com/www/assets/file_asset/2011.03_RTL_Group_At_a_glance_2010.pdf, Abruf: 13.01.2012.

Rühli, E. (1994), Die Resource-based View of Strategy - Ein Impuls für einen Wandel im unternehmungspolitischen Denken und Handeln, In: Bleicher, K./Gomez, P. (Hrsg.): Unternehmerischer Wandel: Konzepte zur organisatorischen Erneuerung, Wiesbaden 1994, S. 31–57.

Sander, D. (2007), Kostenexplosion, In: Kulturspiegel, Nr. 9, 2007, S. 25–26.

Literaturverzeichnis

Schader, P. (2009), Gottschalk und der schöne Stromgutschein - Product Placement im Fernsehen, http://www.faz.net/s/Rub510A2EDA82CA4A8482E6C38BC79C4911/Doc~E6DF102F36BA948A3BB52DD41ECF020EB~ATpl~Ecommon~Scontent.html, Abruf: 22.06.2010.

Scherer, F./Ross, D. (1990), Industrial Market Structure and Economic Performance, 3. Auflage, Boston 1990.

Scheuch, F. (2002), Spielekonsolen: Der Preiskampf tobt, in: ZDF Geld&Verbraucher, http://www.zdf.de/ZDFde/inhalt/0,1872,1011907,00.html, Abruf: 13.01.2003.

Scheuch, F. (2006), Marketing, 6. Auflage, München 2006.

Schierenbeck, H. (1995), Grundzüge der Betriebswirtschaftslehre, 12. Auflage, München 1995.

Schilling, M.A. (2003), Technological Leapfrogging: Lessons from the U.S. Video Game Console Industry, In: Californication Management Review, 45. Jg., Nr. 3, 2003, S. 6–32.

Schmidt, C. (2003), Organisation der Majors, In: Moser, R./Scheuermann, A. (Hrsg.): Handbuch der Musikwirtschaft. Der Musikmarkt, Bd. 6, 6. Auflage, München 2003, S. 209–222.

Schmidt, H. (2010), Google und der Rest - Vier Milliarden Suchanfragen, http://www.faz.net/aktuell/technik-motor/computer-internet/google-und-der-rest-vier-milliarden-suchanfragen-1909809.html, Abruf: 08.08.2012.

Schneiderbanger, E./Börner, M. (2003), Wettbewerbsstrategien regionaler Radiounternehmen: Das Beispiel Radio NRW, In: Wirtz, B.W. (Hrsg.): Handbuch Medien- und Multimediamanagement, Wiesbaden 2003, S. 411–421.

Schoemaker, P. (1993), Strategic Decisions in Organizations: Rational and Behavioral Views, In: Journal of Management Studies, 30. Jg., Nr. 1, 1993, S. 107–128.

Scholz, C. (2000), Personalmanagement, 5. Auflage, München 2000.

Schönstedt, E. (1999), Der Buchverlag. Geschichte, Aufbau, Wirtschaftsprinzipien, Kalkulation und Marketing, 2. Auflage, Stuttgart 1999.

Schröder-Maiwald, I. (2010), Wachsende Zahlungsbereitschaft für Qualitätsjournalismus im Web, http://fachmedien.net/2010/04/wachsende-zahlungsbereitschaft-fuer-qualitaetsjournalismus-im-web/, Abruf: 09.06.2010.

Schulte-Zurhausen, M. (2010), Organisation, 5. Auflage, München 2010.

Schulz, T. (2001), Marke Potter. Merchandising, http://www.spiegel.de/wirtschaft/0,1518,165994,00.html, Abruf: 21.06.2010.

Schumann, M./Hess, T. (2009), Grundfragen der Medienwirtschaft, 4. Auflage, Berlin, Heidelberg 2009.

Schuster, J. (1995), Rundfunkmarketing: Entwicklung einer strategischen Marketingkonzeption für das öffentlich-rechtliche Fernsehen, Konstanz 1995.

Schütz, W. (2000), Deutsche Tagespresse 1999. Ergebnisse der fünften gesamtdeutschen Zeitungsstatistik, In: Media Perspektiven, Nr. 1, 2000, S. 8–29.

Schwarz, M. (1999), Make or buy? Die wirtschaftliche Konzeption eines Privatsenders, In: Media Perspektiven, Nr. 1, 1999, S. 35–36.

Schweitzer, M. (1993), Produktion, In: Wittmann, W. (Hrsg.): Handwörterbuch der Betriebswirtschaft, Teilband 2 (I-Q), Stuttgart 1993, S. 3328–3347.

Schwietert, S. (2008), Wo geht's aufwärts?, In: Börsenblatt (Hrsg.): Spezial Hörbuch 2008, S. 14–16.

SCiGames (2010), Corporate: History, http://games.sci.co.uk/corporate/default.asp, Abruf: 31.05.2010.

Segler, K. (1986), Basisstrategien im internationalen Marketing, Frankfurt am Main, New York 1986.

Sehr, P. (1998), Kalkulation (I): Vom Drehbuch zum Drehplan, München 1998.

Seisreiner, A. (1999), Management unternehmerischer Handlungspotentiale, Wiesbaden 1999.

Seufert, W. (1994), Gesamtwirtschaftliche Position der Medien in Deutschland 1982 - 1992. Beiträge zur Strukturforschung des Deutschen Instituts für Wirtschaftsforschung, Heft 153, Berlin 1994.

Seufert, W. (1999), Auswirkungen der Digitalisierung auf die Entwicklung der Medienmärkte, In: Schuhmann, M./Hess, T. (Hrsg.): Medienunternehmen im digitalen Zeitalter, Wiesbaden 1999, S. 109–122.

SevenOneMedia (2008), Media Report: Gaming, http://appz.sevenonemedia.de/download/publikationen/MediaReport_Gaming_2007.pdf, Abruf: 25.05.2010.

SevenOne Media (2010a), Navigator 04: Mediennutzung 2010, http://appz.sevenonemedia.de/download/publikationen/Navigator_04_Mediennutzung.pdf, Abruf: 15.08.2012

Literaturverzeichnis

SevenOne Media (2010b), WerbemarktReport 2009, http://www.sevenonemedia.de/imperia/md/content/content/TopThemen/Research/Downloads/WerbemarktReport2009neu.pdf, Abruf: 16.06.2010.

SevenOne Media (2011), Ad Market Report 2010, Unterföhring 2011.

Shapiro, C./Varian, H. (1998), Information Rules: A Strategic Guide to the Network Economy, Boston 1998.

Sherman, B. (1995), Telecommunications Management, Broadcasting/Cable and the New Technologies, 2. Auflage, New York 1995.

Siebert, S. (2010), Domains und Markenrecht, http://www.e-recht24.de/artikel/domainrecht/2.html, Abruf: 10.06.2010.

Sikorski, H.W. (2003), Geschichte des Verlagswesens, In: Moser, R./Scheuermann, A. (Hrsg.): Handbuch der Musikwirtschaft. Der Musikmarkt, 6. Auflage, München 2003, S. 281–288.

Silbermann, M. (2000), Germany, In: Kindem, G. (Hrsg.): The International Movie Industry, Illinois 2000, S. 206–222.

Simmet-Blomberg, H. (1995), Auslandsmarktforschung, In: Tietz, B./Köhler, R./Zentes, J. (Hrsg.): Handwörterbuch des Marketing, 2. Auflage, Stuttgart 1995, S. 107–118.

Sjurts, I. (1996), Die deutsche Medienbranche. Eine unternehmensstrategische Analyse, Wiesbaden 1996.

Sjurts, I. (2000), Die Fusion AOL Time Warner. Eine strategietheoretische Erklärung, In: Zeitschrift Führung und Organisation (zfo), 69. Jg., Nr. 3, 2000, S. 128–138.

Sjurts, I. (2005), Strategien in der Medienbranche. Grundlagen und Fallbeispiele, 3. Auflage, Wiesbaden 2005.

Skrill (2011), Studie: Westeuropäischer Games-Markt mit 23 Milliarden Dollar beziffert, http://corporate.skrill.com/de/2011/06/studie-westeuropaischer-games-markt-mit-23-milliarden-dollar-beziffert/2678/, Abruf: 12.01.2012.

Sky Deutschland AG (2011), Q1-Bericht 2011, http://info.sky.de/inhalt/static/download/aktie/2011/q1_2011/deutsch/skydeutschlandag_q1_2011_bericht.pdf, Abruf: 11.01.2012.

Sky Deutschland AG (2012), HDTV auf Sky, http://www.sky.de/web/cms/de/abonnieren-hd-sender.jsp, Abruf: 12.01.2012.

Slocombe, M. (2006), Podcasts Outnumber Radio Stations Worldwide, http://digital-lifestyles.info/2006/04/21/podcasts-outnumber-radio-stations-worldwide/, Abruf: 06.06.2008.

Sony (2010), Sony Computer Entertainment Europe - R&D: Software Development, http://www.technology.scee.net/software, Abruf: 01.06.2010.

Specht, G./Fritz, W. (2005), Distributionsmanagement, 4. Auflage, Stuttgart 2005.

Spiegel Online GmbH (2012), Wie Sie Apples Musik-Wolke am besten nutzen, http://www.spiegel.de/netzwelt/apps/apples-cloud-dienst-itunes-match-a-822791.html, Abruf: 06.07.2012.

SPIO (2010), Filmbesuch 1925-2009, http://www.spio.de/index.asp?SeitID=381, Abruf: 20.05.2010.

Staehle, W.H. (1999), Management: Eine verhaltenswissenschaftliche Perspektive, 8. Auflage, München 1999.

Stahr, G. (1980), Marktselektionsentscheidung im Auslandsgeschäft, In: Zeitschrift für betriebswirtschaftliche Forschung, 32. Jg., Nr. 3, 1980, S. 276–290.

Statista (2010), Marktanteile der führenden Publisher für PC-Spiele im Jahr 2006 in Deutschland, http://de.statista.com/statistik/daten/studie/152433/umfrage/marktanteile-der-fuehrenden-publisher-fuer-pc-spiele-in-deutschland-2006/, Abruf: 18.05.2010.

Statista (2012a), Absatz von E-Readern weltweit von 2008 bis 2014 (in Millionen Stück), http://de.statista.com/statistik/daten/studie/184476/umfrage/absatz-von-e-readern-weltweit-bis-2014/, Abruf: 31.01.2012.

Statista (2012b), Marktanteile ausgewählter Musikkonzerne in Deutschland im Jahr 2010, http://de.statista.com/statistik/daten/studie/182257/umfrage/marktanteile-der-musikkonzerne-in-deutschland/, Abruf: 23.01.2012.

Statista (2012c), Online-Umsätze mit Musik weltweit nach Segmenten von 2008 bis 2010 und Prognosen bis 2015 (in Mio. US-Dollar), http://de.statista.com/statistik/daten/studie/206395/umfrage/online-umsaetze-mit-musik-weltweit-nach-segmenten/, Abruf: 25.01.2012.

Statistisches Bundesamt (1996), Bildung und Kultur. Fachserie 11. Reihe 5. Presse 1994, Stuttgart 1996.

Literaturverzeichnis

Statistisches Bundesamt (2010a), Aufwendungen privater Haushalte für den Privaten Konsum, http://www.destatis.de/jetspeed/portal/cms/Sites/destatis/Internet/DE/Content/Statistiken/WirtschaftsrechnungenZeitbudgets/EinkommensVerbrauchsstichproben/Tabellen/Content75/PrivaterKonsumEVS,templateID=renderPrint.psml, Abruf: 09.06.2010.

Statistisches Bundesamt (2010b), Erwerbstätige und Arbeitnehmer nach Wirtschaftsbereichen, http://www.destatis.de/jetspeed/portal/cms/Sites/destatis/Internet/DE/Content/Statistike/Arbeitsmarkt/Erwerbstaetige/Tabellen/Content75/ArbeitnehmerWirtschaftsbereiche,templateID=renderPrint.psml, Abruf: 17.05.2010.

Steam (2010), Steam, The Ultimate Online Game Plattform, http://store.steampowered.com/about/, Abruf: 01.06.2010.

Stein, T.M./Jakob, H. (2003), Schrumpfende Märkte und neue Vertiebswege als Herausforderung für die strategische Unternehmensführung in der Musikindustrie, In: Wirtz, B.W. (Hrsg.): Handbuch Medien- und Multimediamanagement, Wiesbaden 2003, S. 465–481.

Steiner, P.O. (1952), Programm patterns and preferences, and the workability of competition in radio broadcasting, In: Quarterly Journal of Economics, 66. Jg., Nr. 2, 1952, S. 194–223.

Steinmann, H./Schreyögg, G. (2005), Management: Grundlagen der Unternehmensführung, 6. Auflage, Wiesbaden 2005.

Stiftung Lesen (2008), Lesen in Deutschland 2008, http://www.coaching-kiste.de/pdf/lesestudie2008.pdf, Abruf: 20.12.2011.

Stolte, D. (1999), Auslagerung von Aufgaben und Leistungserstellung durch Dritte im Rundfunk - Das Modell des ZDF, In: Media Perspektiven, Nr. 1, 1999, S. 9–13.

Stolze, C. (2005), Billiger als kostenlos geht nicht, http://www.spiegel.de/netzwelt/web/0,1518,380148,00.html, Abruf: 09.07.2008.

Strecker, H. (1996), Eigenkommunikation deutscher TV-Anbieter: Werbe- und PR-Strategien von Fernsehsendern, Bochum 1996.

Strömer, T. (1999), Online-Recht: Rechtsfragen im Internet, 2. Auflage, Heidelberg 1999.

Sueddeutsche Zeitung (2010), Ähnlichkeiten mit Außerirdischen, http://www.sueddeutsche.de/politik/china-verbietet-avatar-aehnlichkeiten-mit-ausserirdischen-1.70163, Abruf: 10.06.2010.

Sueddeutsche Zeitung (2011), Schluss, aus, vorbei - 9Live wird eingestellt, http://www.sueddeutsche.de/medien/live-wird-eingestellt-schluss-aus-vorbei-1.1128109, Abruf: 13.01.2012.

Swami, S./Eliashberg, J./Weinberg, C. (1999), SilverScreener: A modelling Approach to Movie Screens Management, In: Marketing Science, 18. Jg., Nr. 3, 1999, S. 352–372.

Sylvie, G./Wicks, J./Hollifield, C./Lacy, S./Sohn, A. (2008), Media Management - A casebook approach, 4. Auflage, London 2008.

Tacke, G. (1989), Nichtlineare Preisbildung. Höhere Gewinne durch Differenzierung, Wiesbaden 1989.

Takatsuki, B.Y. (2007), Cost headache for game developers, http://news.bbc.co.uk/2/hi/business/7151961.stm, Abruf: 17.06.2008.

Teece, D./Pisano, G./Shuen, A. (1997), Dynamic Capabilities and Strategic Management, In: Strategic Management Journal, 18. Jg., Nr. 7, 1997, S. 509–533.

The Economist (2002), Merchandising and chidrens's films - The spider`s bite, http://www.economist.co.uk/PrinterFriendly.cfm?Story_ID=1124311&CFID=7160934&C, Abruf: 26.07.2010.

The Internet Movie Database (2010), Psycho, http://www.imdb.com/title/tt0155975/, Abruf: 31.05.2010.

Thielmann, B. (2000), Strategisches Innovations-Management in konvergierenden Märkten. Medien- und Telekommunikationsunternehmen in Online-Diensten und im digitalen Fernsehen, Wiesbaden 2000.

Tietze, T. (2004), Bleiplatte bis Song-Plugging. Musikverlage an der Schwelle zum 21. Jahrhundert, In: Neue Musikzeitung, 53. Jg., Nr. 2, 2004, S. 5–6.

Timmers, P. (2001), Electronic Commerce: Strategies and Models for Business-to-Business Trading, Sussex 2001.

Tölle, K. (2001), Lehrjahr 2000: Das Sterben der Startups, In: Net-Business 2001, S. 35–36.

T-Online (2012), Wii U: Dritthersteller erhalten finale Entwickler-Kits, http://spiele.t-online.de/wii-u-dritthersteller-erhalten-finale-entwickler-kits-von-nintendo/id_53408780/index, Abruf: 12.01.2012.

Trachtenberg, J.A. (2009), 'Symbol' Feeds Publishers' Hopes. Dan Brown Thriller Sells Briskly, but Outlook for Fall Books Is Still a Mystery, http://online.wsj.com/article/SB125311905845416481.html, Abruf: 29.06.2010.

Literaturverzeichnis

Tschmuck, P. (2003), Kreativität und Innovation in der Musikindustrie, Innsbruck 2003.

Türnau, G. (1996), Das Zielsetzungs- und Beratungsgespräch im Hause Bertelsmann, In: Bertelsmann Stiftung/Hans-Böckler-Stiftung (Hrsg.): Information, Kommunikation und Partizipation im Unternehmen, Gütersloh 1996, S. 29–40.

Unger, F./Durante, N.-V./Gabrys, E./Koch, R./Wailersbacher, R. (2007), Mediaplanung. Methodische Grundlagen und praktische Anwendungen, 5. Auflage, Berlin 2007.

van Eimeren, B./Frees, B. (2007), Internetnutzung zwischen Pragmatismus und YouTube-Euphorie, Nr. 8, 2007, S. 362–378.

van Eimeren, B./Frees, B. (2009), Der Internetnutzer 2009 - multimedial und total vernetzt?, In: Media Perspektiven, Nr. 7, 2009, S. 334–348.

van Eimeren, B./Frees, B. (2011), Drei von vier Deutschen im Netz - ein Ende des digitalen Grabens in Sicht?, In: Media Perspektiven, Nr. 7, 2011, S. 334–349.

van Eimeren, B./Gerhard, H./Frees, B. (2001), ARD/ZDF-Online-Studie 2001: Internetnutzung stark zweckgebunden, In: Media Perspektiven, Nr. 3, 2001, S. 155–158.

van Eimeren, B./Ridder, C.-M. (2005), Trends in der Nutzung und Bewertung der Medien 1970 bis 2005, In: Media Perspektiven, Nr. 10, 2005, S. 490–504.

Varian, H. (2000), Versioning Information Goods, in Internet Publishing and Beyond, In: Kahin, B./Varian, H. (Hrsg.): The Economics of Digital Information and Intellectual Property, Cambridge 2000, S. 254–286.

Varian, H.R. (2003), Economics of Information Technology, http://www.sims.berkeley.edu/hal/Papers/mattioli/mattioli.pdf, Abruf: 10.11.2007.

Verband Deutscher Zeitschriftenverleger (2001), Fachpresse Statistik 2001, http://www.vdz.de/mediabase/documents/Fachpresse_Statistik_2001.pdf, Abruf: 21.02.2003.

Verband Deutscher Zeitschriftenverleger (2007), Branchendaten 2006, http://www.vdz.de/uploads/media/37_Branchendaten_PZ_2006.pdf, Abruf: 24.04.2008.

Verband Deutscher Zeitschriftenverleger (2008), Der deutsche Zeitschriftenmarkt, http://www.vdz.de/branchen-zeitschriftenmarkt.html, Abruf: 25.06.2008.

Verband Deutscher Zeitschriftenverleger (2011), Branchendaten, http://www.vdz.de/uploads/media/Branchendaten_2011.pdf, Abruf: 19.12.2011.

Verband Deutscher Zeitschriftenverleger/Sapient/EFOplan (2003), Neue Studie: Pricing von Paid Content und Paid Services, Berlin 2003.

Literaturverzeichnis

Verein Deutsche Fachpresse (2001), Fachpressestatistik 2000, Frankfurt am Main 2001.

Verein Deutsche Fachpresse (2011), Fachpresse Statistik 2010, http://www.deutsche-fachpresse.de/fileadmin/allgemein/bilder/branchenwissen/Fachpressestatistik_2010_FINAL.pdf, Abruf: 19.12.2011.

Verwertungsgesellschaft Wort (2011), Bericht des Vorstands über das Geschäftsjahr 2010, http://www.vgwort.de/fileadmin/pdf/geschaeftsberichte/Geschäftsbericht_2010.pdf, Abruf: 20.12.2011.

VG Chartz (2010a), Hardware Total, http://www.vgchartz.com/hardware_totals.php, Abruf: 07.06.2010.

VG Chartz (2010b), VG Chartz.com, http://www.vgchartz.com/, Abruf: 15.05.2010.

VG Chartz (2012), Worldwide Hardware Shipments, http://www.vgchartz.com/hwtable.php?cons%5B%5D=PS2&reg%5B%5D=Total&start=40608&end=40790, Abruf: 12.01.2012.

Vizjak, A./Spiegal, A. (2001), Organisation für globale Player der Medienindustrie, In: Vizjak, A. (Hrsg.): Medienmanagement: Content gewinnbringend nutzen, Wiesbaden 2001, S. 122–130.

Vogel, A. (2006), Stagnation auf hohem Niveau. Daten zum Markt und zur Konzentration der Publikumspresse in Deutschland im I. Quartal 2006, In: Media Perspektiven, Nr. 4, 2006, S. 380–398.

Vogel, A. (2008), Online-Geschäftsfelder der Pressewirtschaft. Web 2.0 führt zu neuem Beteiligungsboom der Verlage, In: Media Perspektiven, Nr. 2, 2008, S. 236–246.

Vogel, A. (2010a), Zeitschriftenmarkt: WAZ-Gruppe schließt zu dominierenden Konzern auf, In: Media Perspektiven, Nr. 6, 2010, S. 296–315.

Vogel, H. (2007), Entertainment Industry Economics: A Guide for Financial Analysis, 7. Auflage, Cambridge 2007.

Vogel, H. (2010b), Entertainment Industry Economics: A Guide for Financial Analysis, 8. Auflage, Cambridge 2010.

Vogelsberg (2006), Crossmedia, In: Altendorfer, O./Hilmer, L. (Hrsg.): Medienmanagement, Wiesbaden 2006, S. 359–381.

Vormehr, U. (2003), Independents, In: Moser, R./Scheuermann, A. (Hrsg.): Handbuch der Musikwirtschaft. Der Musikmarkt, Bd. 6, 6. Auflage, München 2003, S. 223–238.

Voss, A. (2004), Klein und dick. "The Times", http://www.welt.de/print-welt/article349798/Klein-und-dick-The-Times.html, Abruf: 02.11.2004.

Literaturverzeichnis

Wehrli, H./Wirtz, B. (1997a), Relationship Marketing - Auf welchem Niveau bewegt sich Europa?, In: Zeitschrift für Marketing, 43. Jg., Nr. 2, 1997, S. 24–30.

Wehrli, H.P./Wirtz, B.W. (1997b), Mass Customization und Kundenbeziehungsmanagement - Aspekte und Gestaltungsvarianten transaktionsspezifischer Marketingbeziehungen, In: Jahrbuch der Absatz- und Verbrauchsforschung, 43. Jg., Nr. 2, 1997, S. 116–138.

Weiber, A./Adler, J. (1995), Positionierung von Kaufprozessen im informationsökonomischen Dreieck: Operationalisierung und verhaltenswissenschaftliche Prüfung, In: Zeitschrift für betriebswirtschaftliche Forschung, 47. Jg., Nr. 2, 1995, S. 99–123.

Weinberg, T. (2010), Social media marketing - Strategien für Twitter, Facebook & Co, Beijing [u.a.] 2010.

Welge, M./Al-Laham, A. (2003), Strategisches Management, 4. Auflage, Wiesbaden 2003.

Wentz, R.C. (2008), Die Innovationsmaschine - Wie die weltbesten Unternehmen Innovationen managen, Heidelberg 2008.

Wernerfelt, B. (1984), A Resource-based View of the Firm, In: Strategic Management Journal, 5. Jg., Nr. 2, 1984, S. 171–180.

Wicke, P. (1997), Musikindustrie im Überblick. Ein historisch-systematischer Überblick, http://www.crossover-agm.de/txtwick2.htm, Abruf: 30.06.2010.

Wiesner, T. (2002), Tony Hawk bleibt Videospiel-Star bis mindestens 2015, http://www.golem.de/0207/20922.html, Abruf: 10.07.2003.

Wiesner, T. (2003), The Matrix Online: Multiplayer-Titel soll 2004 erscheinen, vom 15.05.2003, http://www.golem.de/0305/25507.html, Abruf: 10.07.2003.

Windeler, A./Lutz, A./Wirth, C. (2000), Netzwerksteuerung durch Selektion - Die Produktion von Fernsehserien in Projektnetzwerken, In: Sydow, J./Windeler, A. (Hrsg.): Steuerung von Netzwerken, Wiesbaden 2000, S. 178–205.

Winick, C. (1966), The Television Station Manager, In: Advanced Management Journal, 31. Jg., Nr. 1, 1966, S. 53–61.

Wirtz, B.W., Real-Time statt Just-in-Time Prozesse: Virtualisierung in der Logistik, In: Handelsblatt, 20.04.1995, S. 16.

Wirtz, B.W. (1994), Neue Medien, Unternehmensstrategien und Wettbewerb im Medienmarkt, Eine wettbewerbstheoretische und -politische Analyse, Frankfurt am Main 1994.

Wirtz, B.W. (1995a), Strategischer Wettbewerb im Televisionsmarkt - Aspekte der Entwicklung und Regulierung im Rundfunkbereich, In: List-Forum, 21. Jg., Nr. 2, 1995, S. 195–206.

Wirtz, B.W. (1995b), Technologie-Innovationen, Marketingstrategie und Preismanagement im Handel, In: THEXIS, 12. Jg., Nr. 4, 1995, S. 46–41.

Wirtz, B.W. (1996a), Unternehmensvision und strategisches Management, In: Wirtschaftswissenschaftliches Studium, 25. Jg., Nr. 7, 1996, S. 373–375.

Wirtz, B.W. (1996b), Vision Management, In: Die Betriebswirtschaft, 56. Jg., Nr. 2, 1996, S. 257–260.

Wirtz, B.W. (1999), Convergence Processes, Value Constellations and Integration Strategies in the Multimedia Business, In: The Journal of Media Management (JMM), 1. Jg., Nr. 1, 1999, S. 14–22.

Wirtz, B.W. (2000a), Der virtuelle Kunde im Internet ist flüchtig, In: Frankfurter Allgemeine Zeitung, 14.12.2000, S. 31.

Wirtz, B.W. (2000b), Die Mischung macht's: Neuer Branchenmix entsteht, In: Frankfurter Allgemeine Zeitung, 13.06.2000, S. B 17.

Wirtz, B.W. (2000c), eCommerce: Die Zukunft Ihres Unternehmens von @ bis z, In: Mittelstandsschriftenreihe der Deutschen Bank, 2000.

Wirtz, B.W. (2000d), Geschäftsansätze und Strategien im Online-Brokerage, In: Der Betriebswirt (DB), 42. Jg., Nr. 2, 2000, S. 14–21.

Wirtz, B.W. (2000e), Rekonfigurationsstrategien und multiple Kundenbindung in multimedialen Informations- und Kommunikationsmärkten, In: Zeitschrift für betriebswirtschaftliche Forschung (ZfbF), 52. Jg., Nr. 5, 2000, S. 290–306.

Wirtz, B.W. (2000f), Schöne neue Welt: Über den Aufstieg und Fall der dotcom-Unternehmen, In: WirtschaftsWoche, 20.06.2000, S. 108.

Wirtz, B.W. (2000g), Wissensmanagement und kooperativer Transfer immaterieller Ressourcen in virtuellen Organisationsnetzwerken, In: Zeitschrift für Betriebswirtschaft, ZfB-Ergänzungsheft, 70. Jg., Nr. 2, 2000, S. 97–115.

Wirtz, B.W. (2001), Reconfiguration of Value Chains in Converging Media and Communication Markets, In: Long Range Planning, 34. Jg., Nr. 4, 2001, S. 489–506.

Wirtz, B.W. (2002), Multi-Channel-Management: Struktur und Gestaltung multipler Distribution, In: Das Wirtschaftsstudium, 31. Jg., Nr. 5, 2002, S. 676–682.

Literaturverzeichnis

Wirtz, B.W. (2003), Kundenbindung durch E-Customer Relationship Management, In: Bruhn, M./Homburg, C. (Hrsg.): Handbuch Kundenbindungsmanagement, Bd. 4, Wiesbaden 2003, S. 372–387.

Wirtz, B.W. (2007), Medienbetriebe, In: Köhler, R./Küpper, H./Pfingsten, A. (Hrsg.): Handwörterbuch der Betriebswirtschaft, Stuttgart 2007, S. 1182–1195.

Wirtz, B.W. (2008a), Deutschland Online 5: Unser Leben im Netz, Darmstadt 2008.

Wirtz, B.W. (2008b), Multi-Channel-Marketing: Grundlagen - Instrumente - Prozesse, Wiesbaden 2008.

Wirtz, B.W. (2010), Electronic Business, 3. Auflage, Wiesbaden 2010.

Wirtz, B.W. (2011a), Business Model Management: Design - Instruments - Success Factors, Wiesbaden 2011.

Wirtz, B.W. (2011b), Direktmarketing-Management: Grundlagen - Instrumente - Prozesse, 3. Auflage, Wiesbaden 2011.

Wirtz, B.W. (2011c), Media and Internet Management, Wiesbaden 2011.

Wirtz, B.W. (2012), Mergers & Acquisitions Management: Strategie und Organisation von Unternehmenszusammenschlüssen, 2. Auflage, Wiesbaden 2012.

Wirtz, B.W./Becker, D. (2002), Geschäftsmodellansätze und Geschäftsmodellvarianten im Electronic Business - Eine Analyse zu Erscheinungsformen von Geschäftsmodellen, In: Wirtschaftswissenschaftliches Studium, 31. Jg., Nr. 2, 2002, S. 85–90.

Wirtz, B.W./Becker, D. (2006), Der Ressourcen-Fit bei M&A-Transaktionen: Wann passen Käufer und Verkäufer zusammen?, In: Die Betriebswirtschaft, 66. Jg., Nr. 1, 2006, S. 709–731.

Wirtz, B.W./Beckmann, R.C./Roth, K.P. (2004), Das Internet als Kommunikations- und Distributionskanal im Export: Perspektiven für den B2B- und B2C-Bereich, In: Zentes, J./Morschett, D./Schramm-Klein, H. (Hrsg.): Außenhandel - Marketingstrategien und Managementkonzepte, Wiesbaden 2004, S. 575–596.

Wirtz, B.W./Burda, H./Beaujean, R. (2006), Deutschland Online 3: Die Zukunft des Breitband-Internets, Darmstadt 2006.

Wirtz, B.W./Burda, H./Raizner, W. (2006), Deutschland Online 4: Die Zukunft des Breitband-Internets, Darmstadt 2006.

Wirtz, B.W./Eckert, U. (2001), Electronic Procurement - Einflüsse und Implikationen auf die Organisation der Beschaffung, In: Zeitschrift Führung und Organisation (zfo), 70. Jg., Nr. 3, 2001, S. 44–51.

Wirtz, B.W./Elsäßer, M. (2012a), Social Media: Erscheinungsformen, Nutzung und Internationale Entwicklungen, In: Wirtschaftswissenschaftliches Studium (WiSt), 41. Jg., Nr. 6, 2012, S. 188–194.

Wirtz, B.W./Elsäßer, M. (2012b), Instrumente im Social Media Marketing, In: Wirtschaftswissenschaftliches Studium (WiSt), 41. Jg., Nr. 10, 2012, S. 512–518.

Wirtz, B.W./Jaworski, B.J. (2001), B2B - eine Herausforderung für Zulieferer: Internetmarktplätze bedrohen mittelständische Unternehmen, In: Financial Times Deutschland, 26.05.2001, S. 34.

Wirtz, B.W./Kleineicken, A. (2000), Geschäftsmodelltypologien im Internet, In: Wirtschaftswissenschaftliches Studium, 29. Jg., Nr. 11, 2000, S. 628–635.

Wirtz, B.W./Krol, B. (2002), T-/Broadband Business, In: Wirtschaftswissenschaftliches Studium (WiSt), 31. Jg., Nr. 9, 2002, S. 504–510.

Wirtz, B.W./Lihotzky, N. (2001), Internetökonomie, Kundenbindung und Portalstrategien, In: Die Betriebswirtschaft, 61. Jg., Nr. 3, 2001, S. 285–305.

Wirtz, B.W./Lihotzky, N. (2003), Kundenbindungsmanagement bei Internet-Geschäftsmodellen - eine empirische Analyse, In: Zeitschrift für Betriebswirtschaft (ZfB), ZfB-Ergänzungsheft: Die Zukunft des Electronic Business, 73. Jg., Nr. 1, 2003, S. 31–52.

Wirtz, B.W./Lütje, S. (2006), Instrumente des integrierten Direktmarketing, In: Wirtz, B.W./Burmann, C. (Hrsg.): Ganzheitliches Direktmarketing, Wiesbaden 2006, S. 377–401.

Wirtz, B.W./Mathieu, A. (2001), Internetökonomie und B2B-Marktplätze, In: Das Wirtschaftsstudium (WISU), 30. Jg., Nr. 6, 2001, S. 825–830.

Wirtz, B.W./Olderog, T. (2000), Vom Spreu und Weizen in der New Economy, In: Financial Times Deutschland, 04.12.2000, S. 32, http://www.ftd.de/finanzen/maerkte/marktberichte/:von-spreu-und-weizen-in-der-new-economy/1062019.html, Abruf: 08.08.2012.

Wirtz, B.W./Olderog, T./Mathieu, A. (2002), Preis-Management für Business-to-Business-Marktplätze im Internet, In: Marketing - Zeitschrift Forschung und Praxis (ZFP), Spezialausgabe E-Marketing 2002, 24. Jg., 2002, S. 33–46.

Wirtz, B.W./Olderog, T./Schwarz, J. (2003), Strategische Erfolgsfaktoren in der Internetökonomie, In: Schmalenbachs Zeitschrift für betriebswirtschaftliche Forschung (ZfbF), 55. Jg., Nr. 2, 2003, S. 60–77.

Literaturverzeichnis

Wirtz, B.W./Pelz, R. (2006), Medienwirtschaft - Zielsysteme, Wertschöpfungsketten und -strukturen, In: Scholz, C. (Hrsg.): Handbuch Medienmanagement, Berlin 2006, S. 850–853.

Wirtz, B.W./Salzer, E. (2004), IPO-Management - Struktur und Ausgestaltung der Börseneinführung, In: Wirtschaftswissenschaftliches Studium, 33. Jg., 2004, S. 102–108.

Wirtz, B.W./Sammerl, N. (2005a), Integrierte Medienunternehmen, In: Wirtschaftswissenschaftliches Studium, 34. Jg., Nr. 2, 2005, S. 110–115.

Wirtz, B.W./Sammerl, N. (2005b), Medienmanagement als spezielle betriebswirtschaftliche Disziplin, In: Wirtschaftswissenschaftliches Studium, 34. Jg., Nr. 2, 2005, S. 86–91.

Wirtz, B.W./Schilke, O. (2004), Ansätze des Kundenwertmanagements, In: Wirtz, B.W. (Hrsg.): Integriertes Marken- und Kundenwertmanagement, Wiesbaden 2004, S. 19–56.

Wirtz, B.W./Schilke, O./Büttner, T. (2004), Channel-Management, In: Absatzwirtschaft (asw), 47. Jg., Nr. 2, 2004, S. 46–49.

Wirtz, B.W./Schilke, O./Ullrich, S. (2010), Strategic Development of Business Models: Implications of the Web 2.0 for Creating Value on the Internet, In: Long Range Planning, 43. Jg., Nr. 2, 2010, S. 272-290.

Wirtz, B.W./Schmidt-Holz, R./Beaujean, R. (2004), Deutschland Online 2: Die Zukunft des Breitband-Internets: Bericht 2004, http://www.studie-deutschland-online.de/do2/studie_do2.pdf, Abruf: 09.06.2010.

Wirtz, B.W./Schwarz, J. (2001), Strategic Implications of the Segment of One TV - The Evolution of the Personalised Television Structure, In: The International Journal of Media Management (JMM), 3. Jg., Nr. 1, 2001, S. 15–25.

Wirtz, B.W./Storm van's Gravesande, B. (2004), Electronic Business, In: Gabler Wirtschaftslexikon, Bd. 16, Wiesbaden 2004, S. 850–853.

Wirtz, B.W./Ullrich, S./Kerner, J.C. (2009), Geschäftsmodelle im IPTV - Wertschöpfungsstrukturen, Erscheinungsformen und Erfolgsfaktoren, In: Lantzsch, K./Altmeppen K.-D./Will A. (Hrsg.): Handbuch Unterhaltungsproduktion - Beschaffung und Produktion von Fernsehunterhaltung, Wiesbaden 2009, S. 316–344.

Wirtz, B.W./Vogt, P./Denger, K. (2001), Electronic Business in der Versicherungswirtschaft, In: Zeitschrift für die gesamte Versicherungswirtschaft, 90. Jg., Nr. 1, 2001, S. 161–190.

Wirtz, B.W./Wecker, R. (2006), Struktur und Ablauf des Post Merger Integrationsmanagement, In: Wirtz, B.W. (Hrsg.): Handbuch Mergers & Acquisitions Management, Wiesbaden 2006, S. 707–731.

Wöhe, G./Bilstein, J. (2002), Grundzüge der Unternehmensfinanzierung, 9. Auflage, München 2002.

Wöhe, G./Döring, U. (2008), Einführung in die Allgemeine Betriebswirtschaftslehre, 23. Auflage, München 2008.

Woldt, R. (2002), Pay-TV: Marktbereinigung auf breiter Front, In: Media Perspektiven, Nr. 11, 2002, S. 534–543.

Wössner, M. (1999), Vorlesungen zur Medienwirtschaft. Unveröffentlichtes Vorlesungsskript, St. Gallen 1999.

YouTube (2010), Youtube - Avatar Channel, http://www.youtube.com/user/officialavatar, Abruf: 26.07.2010.

ZDF (2011), Gebührenlast der privaten Haushalte im Rahmen halten, http://www.unternehmen.zdf.de/index.php?id=194&artid=160&backpid=26&cHash=f2f7c086f4, Abruf: 13.01.2012.

Zeiler, G. (2003), Strategische Wettbewerbspositionierung im deutschen TV-Markt: Beispiel RTL, In: Wirtz, B.W. (Hrsg.): Handbuch Medien- und Multimediamanagement, Wiesbaden 2003, S. 281–291.

Zeithaml, V. (1991), How Evaluation Processes Differ between Goods and Services, In: Lovelock, C. (Hrsg.): Services Marketing, Englewood Cliffs 1991, S. 39–47.

Zentralverband der deutschen Werbewirtschaft (1996), Werbung in Deutschland 1996, Bonn 1996.

Zentralverband der deutschen Werbewirtschaft (2004), Werbung in Deutschland 2004, Berlin 2004.

Zentralverband der deutschen Werbewirtschaft (2010), Werbung in Deutschland 2009, Berlin 2010.

Zentralverband der deutschen Werbewirtschaft (2011), Werbung in Deutschland 2011, Berlin 2011.

Zerdick, A./Picot, A./Schrape, K./Artopé, A./Goldhammer, K./Heger, D.K./Lange, U.T./Vierkant, E./López-Escobar, E./Silverstone, R. (2001), Die Internet-Ökonomie: Strategien für die digitale Wirtschaft, Berlin 2001.

Zohlnhöfer, W. (1989), Zur Ökonomie des Pressewesens in der Bundesrepublik Deutschland, In: Schenk, M./Donnerstag, J. (Hrsg.): Medienökonomie, München 1989, S. 35–75.

Literaturverzeichnis

Zubayr, C./Gerhard, H. (2009), Tendenzen im Zuschauerverhalten - Fernsehgewohnheiten und Fernsehreichweiten im Jahr 2009, In: Media Perspektiven, Nr. 3, 2009, S. 106–118.

Zukunft Kino Marketing/OpSec (2009), AfD-Studie, Online-Filmpiraterie transparent gemacht, http://www.kino-hdf.com/download/AfD-Studie_sep09.pdf, Abruf: 19.05.2010.

Stichwortverzeichnis

4 C-Modell 720

A

Abonnement 244
Ad Breaks 764
Administration 715
ADR 513
Anbieterkonzentration 698
Ancillary Markets 323
Application Hosting . 651, 652, 653, 669
Artist & Repertoire (A&R) 594
Auf- und Abwärtsspirale 630, 686
Auflagen-Anzeigen-Spirale 128, 195, 406
Auftragsproduktion 465
Auslandsaktivität 780

B

B2B .... Siehe Business To Business
B2C .... Siehe Business To Consumer
Backbone 706
Backlist 266, 272, 282
Bannerwerbung 764
Barsortiment 277
Barsortimenter 301
Basis
    installierte 631, 632, 661
Beschaffungsmanagement 117
Beschaffungsmärkte 35
Beschaffungsmarktplätze 716
Beschaffungsmodell 96
Beschaffungsstrategie 121
Betriebsgesellschaft 508

Blockbuster 315, 677, 679
Blockbuster-Strategien 372
Branchenkonvergenz 749
Buch 257
Buchdruck 29
Buchpreisbindung 44, 267
Bundesdatenschutzgesetz 709
Bundling-Angebote 684
Business Model. Siehe Geschäftsmodell
Business To Business 716
Business To Consumer 715, 716
Buyout-Verträge 289

C

CD-Rohlinge 570
Clans 647
Client Server-Prinzip 706
Co-Branding 673, 685
Commerce 730
Compact Disc 566
Compilation 601, 603
    Zusammenstellung der 576
Connection 734
Consumer To Business 716
Content 696
Content Broker 752
Content Creation 756
Content Management System . 717, 755
Content Partnership 752
Content Syndication 752
Content-Geber 752
Content-Partnerschaft 752
Content-Produktion 234
Content-Syndication 722

923

Stichwortverzeichnis

Country Of Origin 819
Cross Promotion 262, 484, 855
Cross Selling 855
Cross-Marketing 687
Crossmedia 648, 673, 836
   Definition 837
   Erfolgsfaktoren 842, 850
   Erscheinungsformen 838, 839
   Katalysatoren 840
   Management 837
   Potenziale 843, 844
   Prozesse 842, 848
   Strategien 842, 845
   Systematisierung 838
   Treiber 842
   Ursachen 840
Cultural Discount-Theorie 781
Customization 737

D

DAB 512
Datenschutz 709
demeritorische Güter 45
Dienstleistungen 43, 137
Differenzierungsstrategie 108
Digital Audio Broadcasting 512
Digitales Kino 333
Digitales Potenzial 375
Digitalisierung 199
Direct Response Television 432
Direktinvestition 795
Direktkommunikation 764
Direktkontrahierung 122, 460
Direktmarketing 144
Disintermediation 763
Distribution, terrestrische 548
Distributionsmodell 97
Distributionspolitik 141
Diversifikationsstrategie 799
Documercials 432
Doppelmonopol 501

DRM 513
Duale Rundfunkordnung 413, 497
DVB 513
DVD 317

E

E-Attraction 731
E-Bargaining/E-Negotiation 731
E-Book 33, 266, 271
Economies Of Networks 51
Economies Of Scale 50, 195
Economies Of Scope 196
Editionsform 273
   Hörbuch 272, 273
   Paperback 273
   Taschenbuch 273
E-Education 727
Eigenproduktion 125, 465
E-Infotainment 727
Ein-Zeitungs-Kreise 193, 195
Einzelmarktstrategie 801
Electronic Programm Guide .*Siehe* EPG
Electronic Publishing 266
elektronische Programmführer .... *Siehe* EPG
Elektronisches Papier 205
E-Mail 764
EPG 412
Erfahrungsqualitäten 46
Erlösformen 721
Erlösmodell 97
E-Tailing 732
E-Transaction 731
Event-Marketing 686
Exklusivrechte 637, 638, 672, 675
Export 786
Externer Faktor 43

F

Fachzeitschriften 216
Fensterprogramm 429, 516
Fernsehen
   analoges 412
   digitales 412
   interaktives 633, 650
Fernsehrichtlinie 414, 459
Filmfestival 364
Filmförderungsanstalt 336
Filmförderungsgesetz 336
Filmförderungspolitik 336
Filmproduktion 349, 453
Filmproduktionsunternehmen 405
Filmproduzent 316
Filmtheater 354
Filmverleih 321, 351
Film-Versioning 373
Finanzierungsmodell 97
First Copy Costs .. 50, 236, 701, 757, 858
First Copy Costs-Effekt 702, 755
First Mover-Stratgie 809
Fokussierungsstrategien 113
Follower-Strategie 809
Franchise-Rechte 664, 665, 673, 675
Free Content 697
Free TV 427, 443
Fremdproduktion 125
Frequenzteilung 516
FSK 337
Fusion 798

G

Gebühren 99
GEMA 561, 569
General Interest 700
General Interest-Zeitschriften 214
Geschäftsmodell 94
Geschäftstypen 94
Grammophon 29

Gratiszeitungen 210
Grossist 277
Grundversorgungsauftrag414, 458, 522
Gutenberg 29
Güter, meritorische 44

H

Händlerkommunikation 303
Hardcover 273, 295
Hieroglyphen 27
Home Entertainment 339
Hörfunk 495
Horizontale Produktions-
   integration 371

I

Immaterialität 43
Increasing returns 53
Independents 563
Index
   Liste jugendgefährdender Schriften
   und Medieninhalte 643
Infomercials 432
Informationswirtschaft 25
Inhaltemärkte 404
Instrumentelle Werbung 475
Integrationsstrategie 721
Integrationsstrategien 114
Interaction Orientation 737
Inter-Connection 736
Intermediation 763
Internationalisierung 71, 780
Internationalisierungsstrategie 784
Internet 548, 706
Internetdienstleister 767
Internet-Host 696
Internetinhalte 696
Internetrecht 708
Internet-User 696
Intra-Connection 736

Stichwortverzeichnis

J

Jingle 532, 534, 542
Joint Ventures 791
Jugendschutz 638, 643, 667

K

Kabelnetz 548
Kapitalmodell 97
Kassette 31
Kernkompetenz 763
Kodex 27
Ko-Eigenproduktion 465
Kommunicationsanwendungen 27
Kommunikationspolitik 144
Kondratieff 24
Konkurrentenanalyse 110
Konsumentenmärkte 35
Konvergenz 701
Konzentration 48, 260, 391, 500, 562
   ökonomische 190
   publizistische 190
Konzentrationsstrategie 799
Kooperation 122, 791
Koproduktion 370, 465
Kostenführerschaft 108
Kundenbeziehung 765
Kundenbindung 855
Kurzberichterstattung 459
Kurzwelle 506

L

Label 602
Landesmediengesetze 413
LAN-Partys 647
Launch 238
Lebenszyklus 239, 294, 295
Leistungsangebotsmodell 96
Leistungsbündel 131, 856
Leistungserstellungsmodell 96
Leistungskern 132
Leistungsunterschied 682
Lektorat 281
Leser-Blatt-Bindung 140
Lesezapping 270
Lizenzierung 788
Lokalprogramm 516
LP 581

M

Mainstream 341
Major Companies 404
Major Labels 562
Major Studios 319
Managementregelkreis 19
Mantelprogrammanbieter 499
Manuskript 281
Markenbildung 134
Markentransfer 226
Markentypen 135
Markstruktur 96
Marktanalyse 109
Markteintritts- und Markt-
   bearbeitungsstrategien 785
Marktmodell 96
Marktpräsenzstrategien 799
Marktsegmentierungsstrategien 807
Marktselektionsstrategien 803
Marktverhalten 96
Massive Multiplayer Online
   Games 646, 652
M-Connection 749
Media Economics 20
Media Management 21
Media Packaging 133
Mediaanalyse 545
Mediale Werbung 475
Medien
   Definition 14
Medienanwendungen 27
Medienbetriebslehre 22

Medienbranche 15
Medienmanagement 22, 23
Medienökonomie 20
Medienzugang 99
Mega Merger 835
Mehrfachverwertung 673
Meinungsvielfalt 507
Merchandising 485, 588
Mergers & Acquisitions 73, 701, 798
Metcalfe's Law 52
Mission Statement 106
MP3 .... 33, 567
Multi-Channel-Marketing 839
Multieinzelmarktstrategie 801
Multiplex 326
Multiregionalmarktstrategie 801
Musikpiraterie 570
Musiktauschbörse 576
Musikverlag 590

N

Nachfragermodell 96
Narrow Casting 475
Near Video On Demand 431
Netzwerkeffekte 631, 702, 719
Netzwerkstrategien 115
Newsletter 757
Nullkopie 321
Nutzertypologie 510

O

Öffentliche Güter 42
Öffentlich-rechtliche Sende-
   anstalten 441
Online-Befragung 709
Online-Distribution 652
Online-Music-Store 578
Online-Werbung 764
Opening Weekend 372
Optionsklausel 289

Output Deals 364, 457
Overscreening 329

P

Package Deals 120, 457
Packaging 717
Page Impressions 709
Paid Content 697
Papyrus 27
Partnerschaft 122
Pay Per Channel 430
Pay Per Track 603
Pay Per View 430
Pay TV 403, 429, 445
PC 31
Peer To Peer 716
Personalisierung 737, 758
Personal-Leasing 162
Pop Up 764
Post Production 366
Postproduktion 462
Pre Production 366
Pre Sales-Verträge 120, 456
Preisbündelung 857
Preisdifferenzierung 140
Preiselastizität 139
Preispolitik 139, 758
Pressebranche 189
Pressefreiheit 202
Presse-Grosso 246
Pressekodex 202
Price Seeking 731
Print On Demand 266
Printprodukte 187
Privatkopie 571
Product Placement 337, 438
Produktion 123
Produktionskosten 125
Produktionsprozess 123
Produktionsprozess i. e. S. 366
Produktionsstrategie 125

Stichwortverzeichnis

Produktionsverantwortung............. 370
Produktlebenszyklus........ 624, 684, 686
Produktmarkenkonzept.................. 542
Produktpolitik................................... 131
Produktstandardisierung................ 820
Programmfamilie............................. 538
Programmkino................................. 340
Programmpolitik.............................. 131
Programmqualität............................ 471
Programmsortiment......................... 473
Programmstruktur
    horizontal.................................. 471
    vertikal....................................... 472
Programmverpackung..................... 476
Provisionen...................................... 722
Public Relations............................... 144
Publikumskommunikation............. 303
Publikumszeitschriften.................... 213
Publizistischen Einheiten................ 193
Pure Player...................................... 748

Q

Qualität... 45

R

Rack Jobber...................................... 277
Radio, digital................................... 512
Radiosender, öffentlich-rechtlich.... 499
Radiosender, privat......................... 499
Radiosendung.................................... 29
Rasierer-Rasierklingen-Modell 661, 684
Rattenrennen................................... 362
Raubkopie.......... 575, 638, 643, 644, 680
Rechte und Lizenzen......................... 99
Rechtehandel............................ 321, 352
Rechtemärkte.................................. 118
Regionalmarktstrategie................... 801
Regulierung..................................... 413
Relaunch.. 240
Remissionsrecht.............................. 246

Remittenten..................................... 246
Resource Based View...................... 108
Ressourcen...................................... 124
Risikodiversifikation....................... 860
Rundfunk................................. 390, 495
Rundfunkänderungsstaatsvertrag.. 459
Rundfunkgebühren.......... 100, 407, 416
Rundfunkstaatsvertrag.................... 413

S

Sammelrevers................................... 267
Satellit.. 548
Schleichwerbung............................. 415
Schreibmaschine............................... 29
Sekundärdienstleistungen............... 137
Sendelizenz..................................... 507
Senderkette..................................... 506
Server Logfile-Analyse.................... 709
Set Top Box..................................... 621
Single... 581
Skrivekugle....................................... 29
Smartphone....................................... 33
Social Media.................................... 737
    Aktivitäten................................ 743
    Finanzierung............................. 746
    Geschäftsmodelle...................... 744
    Instrumente............................... 745
    Nutzer.. 743
Social Networking.......................... 737
Spartenprogramm.................... 428, 516
Spartensender................................. 539
Special Interest............................... 700
Special Interest-Zeitschriften.......... 214
Spiraleffekt....................................... 53
Split
    chronologischer........................ 299
    simultaner................................. 299
Sponsorship.................................... 438
Sportrechte.............................. 405, 454
Sprinklerstrategie............................ 811
Standardisierung............................... 52

Stichwortverzeichnis

Standleitungen 706
Standort 817
Start Up-Unternehmen 699
Steinzeit 27
Strategische Allianzen 115, 791
Strategische Netzwerke 115
Strategisches Management 106
Structure Conduct Performance 107
Stundenuhr 539
Subventionen 100
Suchmaschinen 733
Sunk Costs 195, 633
Supplements 230
Syndikation 122, 231
Syndikationsmarkt 456
Systemgut 631, 671, 680

T

Tageszeitungen 211
Taschenbücher 295
Tausender-Kontakt-Preis 242
Technologie
    proprietäre 629, 680
Technologiekonvergenz 749
Telefon 29
Tele-Shopping 415, 432, 447
    interaktiv 433
Timing-Strategien 808
Tochtergesellschaft 796
Tonbandgerät 31
Tonträgerhersteller 587
Tonträgermarkt
    Definition 560
    Gesamtumsätze 562
    Preisbildung 603
    Struktur 563
Track Record 320
Transaktionskostenreduktion 716
Treatment 462
Trial-Version 757
TV-Nutzung 417

U

Übernahme 465, 534
Übertragung, analog 506
Ultrakurzwelle 506
Umfeldanalyse 109
Urheberrecht 268, 289
    Lizenzierung 582, 590
    Urhebergesetz 569, 571
    Verletzung des 569
    Verwaltung des 560
Urheberrechtsgesetz 709
User Added Value 737
User Generated Content ... 702, 756, 765

V

Veranstaltergemeinschaft 508
Verbundprodukt 41
Verkaufsförderung 144
Verkaussshows 433
Verlagsauslieferer 301
Versioning 757, 854
Vertragsbedingungen 120
Vertrauensqualitäten 46
Vervielfältigungsrechte 561, 570
Verwertungsgesellschaften 569
Verwertungsrechte 288, 456
Video On Demand 430
Video-Malls 433
Videorekorder
    digitaler 424
Virtual Community 765
Vision Statement 106
Visits 709
Vollprogramm 428, 516

W

Wasserfallstrategie 811
Web 2.0 - Four Factors Model 737

Stichwortverzeichnis

Web-Kataloge 734
Web-Radio 548
Wechselkosten 52
Werbekombi 545
Werbemarkt 35, 396
Werberaumleistung 99
Werbung 144
Wertkette 77
Wertschöpfung 77
Wettbewerb 121
    ökonomischer 39
    publizistischer 39
Wettbewerbsmodell 96

Windowing 757, 853
Winner Take It All-Märkte 703
Wochenzeitungen 212
World Wide Web 33

Z

Zeitungen/Zeitschriften 187
Zeitungsmantel 230
Zielmarktstrategien 799
Zusteller 245
Zwei-Säulen-Modell 508

Autor

Bernd W. Wirtz studierte Betriebswirtschaftslehre in Köln, London und Dortmund. Die Promotion erfolgte im Bereich Strategisches Management im Medienmarkt (TU Dortmund) und die Habilitation erfolgte mit einem Thema zu den Erfolgsfaktoren des Geschäftsbeziehungsmanagements an der Universität Zürich. Seit 1999 ist Bernd Wirtz Universitätsprofessor für Betriebswirtschaftslehre (Deutsche Bank-Lehrstuhl für Unternehmensführung an der Universität Witten/Herdecke) sowie Privat-Dozent für Betriebswirtschaftslehre an der Universität Zürich.

Vor seiner wissenschaftlichen Laufbahn war Bernd Wirtz als Unternehmensberater für Roland Berger & Partners, München, und als Manager für Andersen Consulting (Accenture), Strategic Competency Group, Frankfurt tätig. Bernd W. Wirtz verfügt über langjährige Erfahrungen in Strategieprojekten für international führende Unternehmen und die Europäische Kommission. Univ.-Prof. Dr. Bernd W. Wirtz ist seit 2004 Inhaber des Lehrstuhls für Informations- und Kommunikationsmanagement an der DHV in Speyer. Bernd W. Wirtz hat bisher ca. 220 Publikationen veröffentlicht, darunter mehr als 20 Bücher und ist Editoral Board Member bei Long Range Planning, dem International Journal on Media Management und dem Journal of Media Business Studies.

Univ.-Prof. Dr. Bernd W. Wirtz bietet besonders qualifizierten Interessenten eine Promotion am Lehrstuhl an (ls-wirtz@dhv-speyer.de).